제 9 판

# 인 권 법

## -사회적 이슈와 인권-

이 준 일

弘 文 社

9th

# Human Rights Law

## —Social Issues and Human Rights—

Prof. Dr. Zoonil Yi

Hongmoonsa Publishing Co.

# 제 9 판 머리말

지난 해 한국 사회는 다시 야만의 시대로 돌아간 것처럼 잔혹한 '아동학대' 사건들로 심각한 몸살을 앓았다. 입양한 자녀를 학대하거나 자신이 낳은 자녀를 잔인하게 구타하거나 방치하여 죽음에 이르게 한 사건 등 아동학대 사건이 빈번하게 발생하였다. 이에 따라 아동인권보호를 위한 아동학대 예방 및 대응 법체계가 한층 강화되었다. 조금 다른 맥락에서 소위 '엔(n)번방 사건'으로 알려진 아동 포르노도 새로운 유형의 아동학대로 등장하여 '아동·청소년 성착취물'이라는 새로운 개념을 만들어냈다. 그리고 강제전역결정을 받은 성소수자 군인의 죽음은 많은 사람들에게 일반적(포괄적) 차별금지법의 입법 필요성을 다시 한 번 깨닫게 하는 계기가 되기도 하였다. 한편 이 책에서 오랫동안 주장해왔던 세입자의 계약갱신청구권과 전월세상한제가 이른바 '임대차 3법'이라는 이름으로 전월세계약신고제와 함께 도입되었다. 또한 대체복무에 관한 법률에 제정되어 2020년 1월 1일부터 시행되었고, 실제로는 같은 해 6월 30일부터 대체복무 신청이 개시되어 10월 말부터 역사적인 대체복무제가 시행되었다. 여기서 새로운 인권침해의 쟁점이 발생하고 있어 이를 논의할 필요도 있었다. 그밖에도 그동안 많은 내용이 변경되거나 추가된 장기이식법, 연명의료결정법, 개인정보 보호법, 생명윤리법 등의 개정 내용을 반영할 필요가 생겼다.

개인적으로 2020년 2월 말부터 국가인권위원회 인권위원(비상임)의 직무를 수행해오면서 인권과 관련된 실제적이고 구체적인 사건들을 접해 보았다. 인권침해는 매우 평범하고 일상적인 생활 속에서 빈번하게 발생하고 있다. 학생들의 두발이나 휴대폰 사용에 대한 제한에서부터 학교폭력과 여전히 사라지지 않고 있는 스포츠 분야의 폭력, 그리고 교육이나 고용 등 다양한 영역에서 발생하는 차별에 이르기까지 셀 수 없을 만큼 다양한 형태의 인권침해가 우리 일상에서 일어나고 있다는 사실을 확인하게 되었다. 특히 코로나(COVID-19)는 우리의 일상을 완전히 바꾸어 놓았는데 누구보다도 외국인은 이러한 코로나 상황에서 더욱 차별받는 존재가 되어 가고 있다. 이런 경험들을 통해 이론적 차원에 머물렀던 인권연구가 실제적 차원의 인권연구로 발전할 수 있는 계기를 매일매일 발견하고 있다. 무엇보다도 이 책을 새롭게 보완하면서 인권위원의 경험은 좋은 재료가 되고 있다. 이 자리를 빌려 언제나 좋은 책을 만들기 위해 수고하는 홍문사 편집진에게 다시 한 번 감사의 말을 전하고 싶다.

2021년 여름
저자 이 준 일(YI. Z.I.)

# 제 1 판 머 리 말

모든 국민에게, 특히 헌법전공자들에게 수많은 헌법사례를 만들어준 대통령의 임기가 끝나가는 것이 안타깝기까지 하다. 지나칠 만큼 헌법재판소의 부담이 가중되기는 했지만 적어도 헌법이 '살아 있는 법'이라는 사실을 많은 국민에게 분명하게 각인시켜 주었기 때문이다. 헌법이 살아 있다는 것은 헌법의 핵심가치인 '기본적 인권'이 살아 있음을 의미하기 때문에 더욱 그렇다. 1948년 대한민국에 최초로 헌법이 만들어진 이후 사실상 헌법은 죽어 있었고, 그와 더불어 헌법에 보장된 기본적 인권도 살아 숨 쉬지 못했다. 헌법과 기본적 인권이 비로소 되살아난 것은 건국헌법이 만들어지고 40년이 지난 1988년 9월 헌법재판소가 움직이기 시작하면서부터다. 헌법재판소는 사회의 많은 이슈들을 헌법적 문제로 재구성하는 데 크게 기여했다.

헌법적 문제는 사실 기본적 인권과 관련된 문제인 경우가 많고, 사회적 이슈를 헌법적 관점에서 해결하려고 하는 경우에 가장 바람직한 방식은 기본적 인권의 관점에서 해결하는 방식이다. 기본적 인권은 헌법으로 묶인 공동체구성원들이 합의한 보편적 가치이기 때문이다. 그 명칭에서도 드러나 있듯이 헌법상 보장된 기본적 인권의 뿌리는 실정법 이전에 존재하는 '인권(human rights)'이다. 오해의 여지를 없애기 위해 인권을, 통상 우리가 그렇게 부르듯이, '기본권(constitutional rights)'으로 부른다면 가장 이상적인 상태는 모든 인권이 헌법에 기본권으로 규정되는 경우다. 이렇게 되면 인권에 관한 이슈는 기본권에 관한 이슈가 되고, 인권과 기본권의 구분은 무의미해진다. 우리 헌법도 사실상 모든 인권을 기본권으로 보장했다고 할 수 있으므로 이 책에서도 인권과 기본권의 구분은 그 의미가 크지 않다.

한국사회의 사회적 이슈들을 인권의 관점에서 접근하면서 이러한 이슈들의 한 복판에 서 있는 '사회적 약자(소수자, minority)'들을 만나게 된다. 사회적 약자들의 문제는 '차별(discrimination)'의 관점에서도 접근할 수 있다. 이러한 접근은 이미 저자의 다른 책인 ≪차별금지법≫(고려대학교출판부, 2007)에서 충분히 보여주었다. 이와 달리 이 책에서 사회적 약자는 '인권을 침해당한 자'로 등장한다. 차별과 인권침해는 문제의 본질이 전혀 다르다. 이 점을 놓치면 차별이 인권침해인 것처럼, 인권침해가 차별인 것처럼 매우 혼란스러워 보일 수도 있다. 하지만 차별과 인권침해를 구분하는 경우에만 사회적 약자가 그 중심에 서 있는 사회적 이슈들에 대하여 합리적이고 효과적인 대안이 제시될 수 있다.

법률가(jurist)로서, 그리고 헌법학자로서 사회적 약자들에 대해 꾸준히 가져온 관심이 한국사회의 다양한 이슈들에 대한 인권적 대안을 제시하는 한 권의 책으로 묶여 나오게 되었다. 이 책이 한국사회의 사회적 이슈들에 대한 대안의 하나로서 기여할 수 있기를 기대한다. 작은 이 책을 기꺼이 내주신 홍문사 임권규 사장님과 더운 여름 편집을 위해 땀 흘려주신 홍문사 편집실 여러분께 감사드린다. 그리고 교정을 위해 여름방학을 희생해 준 고려대학교 법과대학 헌법연구실의 조교 김용태, 이승택, 원용연에게도 깊은 고마움을 표시하고 싶다.

2007년 여름

안암동 고려대 법대 연구실에서

이 준 일(YI, Z. I.)

# 차 례

## 서 론: 사회적 이슈에 대한 인권적 접근과 해결을 위한 하나의 모델



## 제 1 장 사형제도와 생명권

## 제 2 장 안락사와 존엄하게 죽을 권리



## 제 3 장 장기이식과 건강하게 살 권리



## 제 4 장 간통죄와 성적 자기결정권

## 제 5 장 로또와 도박할 권리



## 제 6 장 대마흡연과 행복추구권

## 제 7 장 신상공개제도와 사생활의 비밀



## 제 8 장 지문날인과 개인정보자기결정권

## 제 9 장 민간인 사찰과 감시받지 않을 권리



## 제10장 양심적 병역거부와 양심의 자유



## 제11장 국가보안법과 사상의 자유

## 제12장 채플과 종교의 자유



## 제13장 생명복제와 학문의 자유

## 제14장 포르노와 예술의 자유



## 제15장 사전검열과 표현의 자유

## 제16장 촛불시위와 집회의 자유



## 제17장 스크린쿼터와 직업의 자유



## 제18장 선거권연령과 정치적 자유

## 제19장　재개발과 철거민의 인권



## 제20장　전세대란의 시대에 세입자의 인권

## 제21장 4대강 사업과 환경권



## 제22장 양극화와 가난한 자의 권리

## 제23장 기부를 필요로 하는 시대에 구걸할 권리
### —노숙인의 권리와 함께—



## 제24장 체벌과 아동의 인권



## 제25장 위기청소년의 인권

## 제26장 미등록 이주아동의 인권



## 제27장 낙태와 여성의 인권

## 제28장 감옥과 재소자의 인권



## 제29장 성(性)의 상품화와 성매매여성의 인권

## 제30장 대리출산과 대리모의 인권



## 제31장 고령사회에서 사는 노인의 인권



## 제32장 성(性)의 개방화와 미혼모의 인권

## 제33장 위험한 스포츠와 격투기선수의 인권



## 제34장 광기의 시대에 정신장애인의 인권

## 第35장 한반도의 분단과 탈북자의 인권



## 第36장 세계화와 외국인노동자의 인권



## 第37장 다문화시대와 혼혈인의 인권

## 제38장 국경을 넘은 결혼의 증가와 결혼이주여성의 인권



## 제39장 끝나지 않은 박해와 난민의 인권

## 제40장 실업의 시대와 비정규직 노동자의 인권



## 제41장 기업의 사회적 책임과 인권

## 제42장 사이버세상에서 네티즌의 인권
### -인터넷실명제·허위사실유포죄·사이버모욕죄를 중심으로-



## 제43장 섹슈얼리티와 성적 소수자의 인권



## 제44장 잔혹한 시대에 범죄피해자의 인권

## 제45장 문민의 시대에 군인의 인권

## 제46장 대중문화 시대에 연예인과 운동선수의 인권



## 제47장 디아스포라 시대에 재외동포의 인권

## 제48장 소수자의 차별과 평등권



## 제49장 증오의 시대와 혐오표현

## 제50장 의문의 죽음과 변사자의 인권



## 제51장 홈스쿨링과 대안 교육을 받을 권리

## 第52장 코로나시대의 인권



## 결 론: 인권의 조화롭고 균형있는 실현을 위하여

# 서 론

## 사회적 이슈에 대한 인권적 접근과 해결을 위한 하나의 모델

### Ⅰ. 합리적 논증이 가능한 권리로서 인권

인권(human rights)은 보통 자연법적이고 천부적인 권리로 이해된다. 쉽게 표현하자면 우리는 인권을 '너무나 당연한 권리'로 받아들인다. 이것은 인권이 인정되어야 하는 다른 근거에 대해서 더 이상 논의할 필요가 없다는 뜻이다. 물론 이러한 이해가 전적으로 잘못된 것은 아니다. 적어도 인권은 어떠한 공동체에서도 보편적으로 인정되어야 할 당위적 권리다. 따라서 인권이 실정법 이전에 존재하는 권리(自然法的 權利)라는 사실은 틀림없다. 그리고 심지어 하늘이 내려준 권리(天賦的 權利)라고 생각할 수도 있다.

하지만 인권의 보편적 당위성을 선험적이고 형이상학적인 것만으로 이해하는 것은 곤란하다. 인권에 대한 선험적이고 형이상학적 이해에 따르면 인권의 '존재'는 처음부터 당연하다. 그리고 인권의 '내용'은 의심할 여지없이 자명하다. 따라서 인권에 대한 선험적이고 형이상학적인 이해는 자칫 인권에 관한 논의에서 논증이 필요없는 자명한 영역을 확대시킨다. 그리고 인권에 관한 논의에서 이성이나 합리성을 제거시킬 수 있다. 이러한 이해는 인권을 절대화되도록 만들 것이다. 특히 인권이 서로 충돌할 때 전혀 합리적인 해결책을 제시하지 못할 수도 있다. 제한될 수 없다는 의미를 가지는 절대적인 인권들이 서로 충돌한다고 가정하자. 각각의 인권은 제한될 수 없기 때문에 충돌의 문제는 결코 해결될 수 없게 된다.

그러므로 인권의 보편적 당위성은 이성적 논증이 가능한 것으로 이해되어야 한다. 이 글에서 인권의 보편적 당위성에 대한 이성적 논증을 시도하지는 않을 것이다.[1] 다만 인권의 보편적 당위성에 대한 이성적 논증이 필요하고, 또한 가능하

1) 인권의 보편적 당위성에 대한 논증은 이준일, ≪법학입문≫(2004), 제1장 및 제3장 참조.

다는 사실만을 다시 한 번 확인하는 데 만족하기로 한다. 그럼으로써 인권에 관한 논의가 반드시 이성이나 합리성과 결합될 수밖에 없다는 사실로부터 출발하기로 한다.

## Ⅱ. 인권의 본질로서 인간존엄 및 자유와 평등

이성적으로 논증될 수 있는 인권의 출발점은 인간의 존엄성과 가치성에 대한 확인이다. 인간은 존엄하고 가치있는 존재이어야만 한다. 이러한 규범적 명제가 인권에 대한 이해의 시작이다. '왜' 인간이 존엄하고 가치있는 존재이어야만 하는지에 대해서는 다양한 견해가 주장될 수 있다. 하지만, 적어도 인간의 존엄성과 가치성에 관한 규범적 명제 자체는 이미 보편적 합의 또는 "중첩적 합의(overlapping consensus)"[2]를 획득하고 있다.

인간이 존엄하고 가치있는 존재가 되기 위한 필수적인 조건은 '자유'와 '평등'이다. 인간의 존엄성과 가치성을 위해 요구되는 여러 가지 조건들을 상정해볼 수 있다. 하지만 적어도 자유와 평등은 그러한 조건들 가운데 보편적이고 필수적인 것으로 이해된다. 인간은 자유롭고 평등한 존재일 때에만 존엄하고 가치있는 존재가 될 수 있다.

우선 '자유'란 무엇인가? 자유는 자유 전체를 의미하는 '일반적 자유(general freedom)'와 일반적 자유를 구체화하는 '개별적 자유(individual freedom)'로 구분해 볼 수 있다. 어떠한 형태의 자유든 자유는 다양한 '권리'들을 통해 보강될 필요가 있다. 자유를 보강하는 권리에는 ① 방어권,[3] ② 보호권,[4] ③ 절차권,[5] ④ 사회권[6]

---

2) J. Rawls, Die Idee des politischen Liberalismus, Frankfurt/M. 1992, 293면 이하 참조.

3) 방어권이란 자유에 대하여 국가가 제약할 때 그것을 중지해 주도록 요구하는 권리를 말한다. 예를 들어 직업의 자유를 제약하는 국가의 각종 규제(금지)행위나 강제(명령)행위를 중지해 주도록 요구하는 권리를 생각해 볼 수 있다. 직업의 자유를 제약하는 규제행위로는 일정한 직업(성매매업 또는 킬러)의 선택을 금지하거나 일정한 시간(심야)과 장소(학교근처)에서의 직업수행(영업)을 금지하는 행위를 들 수 있는데 방어권이란 이러한 행위의 중지를 요구하는 권리를 말한다. 이렇게 방어권은 국가의 부작위(不作爲)를 청구하는 권리이기 때문에 '부작위청구권'으로 부를 수 있다.

4) 보호권이란 자유에 대하여 다른 사람(제3자)이 제약하는 경우에 국가가 이로부터 보호해 주도록 요구하는 권리를 뜻한다. 예를 들어 다른 사람(제3자)의 생명을 침해하거나 신체에 상해를 입히는 행위를 금지하는 법률이 없는 경우에 국가에 대해서 그러한 행위로부터 피해자를 보호하기 위한 법률의 제정을 요구할 수 있는 권리가 보호권이다. 보호권에 대한 자세한 설명은 이준일, 기본권으로서 보호권과 기본권의 제3자효, ≪저스티스≫(한국법학원),

이 있다. 자유가 있는 곳에는 반드시 그 자유를 보강하는 권리가 있어야 한다. 권리 없는 자유는 효과적으로 실현될 수 없다.

한편 '평등'도 평등 전체를 의미하는 '일반적 평등(general equality)'과 일반적 평등을 구체화하는 '개별적 평등(individual equality)'으로 구분할 수 있다. 일반적 평등은 다양한 차별사유나 차별영역과 상관없이 일반적으로 요청되는 평등을 말한다. 이러한 일반적 평등은 성별, 종교, 사회적 신분과 같은 다양한 '차별사유'에 따라, 그리고 정치, 경제, 사회, 문화영역과 같은 다양한 '차별영역'에 따라 개별적 평등으로 구체화된다.

## 1. 자　유

### (1) 형식적 자유로서 법적 자유

자유란 행위 여부를 자기 스스로 결정할 수 있는 주관적 지위(position)를 말한다. 자유는 어떤 행위를 하고 싶으면 할 수 있고, 하기 싫으면 하지 않을 수 있는 규범적 상태(자유방임의 상태)를 전제한다. 그리고 이러한 상태는 개인에게 행위 여부를 자주적으로 결정할 수 있는 주관적 지위를 부여한다. 이러한 의미에서 자유는 행위 여부의 결정에 관한 **형식적 자유**다.

이와 같은 형식적 자유에 대한 제한은 두 가지 형태로 나타난다. 첫째, 하고 싶은 것을 하지 못하게 금지(규제, forbidden)하는 것이다. 예를 들어 흡연의 금지는 담배 피울 수 있는 자유에 대한 제한을 의미한다. 둘째, 하기 싫은 것을 하도록 명령(강제, obligated)하는 것이다. 예를 들어 안전벨트착용의무는 안전벨트를 착용하지 않을 수 있는 자유에 대한 제한을 의미한다.

금지나 명령은 형식적 자유를 제약한다. 이러한 금지나 명령의 공통점은 일정한 의무를 부과하는 것이다. 다시 말해 금지는 '하지 말라'는 부작위의 의무를, 명령은 '하라'는 작위의 의무를 부과한다. 따라서 **형식적 자유는 의무가 없는 상태**를 의미한다. 그리고 이러한 상태에서 개인이 누리는 주관적 지위가 형식적 자유

---

통권 제65호(2002), 65면 이하 참조.

5) 절차권이란 자유를 보장하기 위한 절차에 관한 입법을 요구하는 권리를 의미한다. 절차권에 관한 자세한 설명은 이준일, 조직과 절차에 관한 기본권, ≪아・태공법연구≫(아세아・태평양공법학회), 제9집(2001), 133면 이하 참조.

6) 사회권은 다양하게 이해된다. 여기서 사회권은 자유를 실현하는 사실적・물질적 기초를 제공해 주도록 요구하는 권리로 이해하기로 한다. 사회권에 관한 자세한 설명은 이준일, 사회적 기본권, ≪헌법학연구≫(한국헌법학회), 제10집 제1호(2004), 449면 이하 참조.

다. 결론적으로 형식적 자유는 '의무 없는 상태'이고, 의무는 형식적 자유에 대한 제한이다.

### (2) 실질적 자유로서 사실적 자유

형식적 자유와 대칭되는 것이 **실질적 자유**이다. 실질적 자유는 단순히 의무를 제거한 상태가 아니니다. 실질적 자유는 자유를 실현하는 현실적 기초나 물질적 토대를 보장한다. 그리고 개인에게 자유를 누릴 수 있는 경제적 수단을 요구하는 주관적 지위를 보장한다. 물론 자유는 무엇보다 의무가 없는 상태에서 보장된다. 하지만 자신의 자유를 실현하는 경제적 여력이 없으면 자신에게 보장된 자유는 현실적으로 아무런 의미가 없다.[7] 따라서 완전한 자유는 의무를 제거할 뿐만 아니라 재정적으로 지원함으로써 실현될 수 있다.

형식적 자유에 대한 제한은 '의무'라는 규범적 성격의 것이다. 반면에 실질적 자유에 대한 제한은 '경제적 장애'라는 사실적 성격의 것이다. 경제적 장애를 제거한 실질적 자유를 '사실적 자유'라고도 한다. 사실적 자유는 사회적 기본권 또는 사회권으로 부르기도 한다.

### (3) 자유의 제한과 비례성원칙

형식적 자유든 실질적 자유든 자유는 제한될 수 있다. 자유는 공동체의 이익이나 타인의 자유와 부딪히는 곳에서 제한되어야 하기 때문이다. 하지만 자유의 제한도 무제한적으로 이루어질 수는 없다. 자유의 제한은 과도하지 않아야 하는 것이다. 여기서 자유의 제한에 대한 한계로 요구되는 보편적 원칙이 '**비례성원칙**'이다. 비례성원칙에 따르면 자유를 제한하는 목적은 정당해야 한다(목적의 정당성). 또한 자유를 제한하는 수단은 자유를 제한하려는 목적에 적합해야 한다(수단의 적합성). 그리고 제한되는 자유의 제한 정도는 최소한에 그쳐야 한다(피해의 최소성). 마지막으로 제한하는 목적과 제한되는 자유 사이에 균형과 조화가 이루어져야 한다(법익의 균형성). 이러한 비례성원칙이 네 가지 부분원칙들 가운데 하나

---

7) 예를 들어 모든 사람에게 해외여행의 자유가 보장되어 있다고 하자. 그런데 해외여행을 갈 때 법률로써 여권을 발급받아야 하는 의무를 부과한다든지 병역을 미필한 남자 대학생에게 소속된 대학 총장의 허가를 받도록 강제하는 것은 법적 제한에 해당한다. 하지만 여권을 발급받고, 대학총장의 허가를 얻었다고 할지라도 비행기표를 살 돈이나 여행비가 없다면 해외여행의 자유는 현실적으로 관철될 수 없다. 해외여행을 하기로 결정한 자신의 자유를 실제로 관철시키기 위해서는 항공권 구입비용과 여행비가 필수적으로 요구되는 것이다.

라도 위배되면 그러한 자유 제한은 과도한 것으로 허용될 수 없다.

## 2. 평　　등

### (1) 절대적 평등과 상대적 평등

평등은 모든 것을 동일하게 대우하는 **절대적 평등**이 아니다. 평등은 같은 것은 같게(=평등하게) 대우하고 다른 것은 다르게(=차별적으로) 대우하는 **상대적 평등**을 의미한다.[8] 평등을 상대적 평등으로 이해하는 경우에 문제는 무엇이 같고, 무엇이 다른지를 판단할 수 있는 기준을 정하는 것이다. 하지만 이러한 기준은 객관적으로 확정되어 있지 않다. 따라서 무엇을 같게 대우하고, 무엇을 다르게 대우할 것인지도 객관적으로 확정될 수 없게 된다.

무엇이 같고, 무엇이 다른지에 관한 판단은 판단하는 주체의 '가치관'에 따라 달라진다. 동일한 비교대상에 대해서 여러 판단주체에 따라 판단의 결과가 달라지는 것이다. 따라서 동일한 대상을 같은 것으로서 같은 대우를 할 수도 있고, 다른 것으로서 다른 대우를 할 수도 있다.[9] 이처럼 평등을 둘러싼 논쟁은 비교대상을 바라보는 상이한 가치관들 사이의 논쟁이다. 따라서 평등에 관한 논쟁은 비교대상에 대한 서로 다른 가치관들이 벌이는 '논증게임(argumentation-game)'으로 이해될 수 있다.[10]

그렇다면 평등의 문제를 합리적으로 해결하는 방법은 평등을 둘러싼 논증게임의 과정을 '합리적인 논증의 절차'로 재구성하는 것이다. 우선 평등을 둘러싼 논증게임은 다양한 가치관을 전제로 한다. 이러한 가치관에 따라 비교대상을 같은 것으로 보아 평등하게 대우해야 한다는 주장이 제기된다. 또한 비교대상을 다른 것으로 보아 불평등하게 대우해야 한다는 주장도 제기된다. 그리고 이들 사이에 공격과 방어가 오고가는 과정이 계속된다. 이러한 과정에서 자신의 주장을 정당화하기 위하여 다양한 논거가 동원된다.

평등에 관한 논증게임에서 논증의 승패는 오로지 '논거의 질(quality of argument)'

---

8) 평등에 대한 자세한 설명은 이준일, ≪헌법학강의≫(2019), 제2편 제2부 제3장 및 같은 이, ≪차별없는 세상과 법≫(2012), 14면 이하 참조.

9) 예를 들어 여성과 남성은 어떤 기준에 따르면 동일한 대상으로 동등한 대우를 받아야 하지만 다른 어떤 기준에 따르면 상이한 대상으로 동등한 대우를 받아서는 안 된다.

10) 평등에 관한 논쟁에 가치관이 개입한다는 사실은 눈에 잘 보이는 것이 아니다. 하지만 굳이 가치관의 문제로 보지 않더라도 평등대우에 찬성하는 논거와 차별대우에 찬성하는 논거 사이에 벌어지는 논증게임이라는 사실은 분명하다.

이 결정한다. 다시 말해 '더 설득력있는 논거'만이 논증게임을 승리로 이끌 수 있다. 따라서 평등은 원칙적으로 개방된 논증의 절차를 전제로 해야 한다. 더 설득력있는 논거가 있다면 언제나, 누구라도 주장할 수 있어야 한다.

하지만 평등은 원칙적으로 '평등대우에 유리한 논증부담규칙'이다. 따라서 평등대우를 주장하는 쪽이 아니라 불평등(차별)대우를 주장하는 쪽에서 자신의 주장을 먼저 논증해야 하는 부담(=논증부담)을 진다.[11] 이것은 게임에서 공격과 방어의 순서를 정하는 것과 같다. 먼저 방어를 하는 경우에 게임의 승패에 불리하게 작용할 수 있다. 하지만 공격과 방어의 순서가 게임의 승패를 반드시 결정하지는 않는다.

### (2) 법적 평등과 사실적 평등

평등은 **법적 평등**뿐만 아니라 **사실적 평등**을 포함한다. 평등은 단순히 기회나 가능성의 평등이 아니라 결과의 평등까지 포함하기 때문이다. 예를 들어 취미로 축구를 즐기는 축구동호회와 직업적으로 축구를 하는 프로축구팀에게 축구대회에 참여할 수 있는 평등한 기회나 가능성을 부여한다고 하자. 이러한 평등의 보장이 우승컵을 안게 되는 결과까지 평등하게 보장하는 것은 아니다. 이처럼 기회나 가능성의 평등이 결과의 평등으로까지 이어지지 않는 까닭은 전제조건이나 출발상황이 상이하기 때문이다. 따라서 결과의 평등은 전제조건이나 출발상황까지 고려한 평등을 의미한다.

평등을 법적 평등(=행위의 평등)뿐만 아니라 사실적 평등(=결과의 평등)까지 포함하는 것으로 이해하는 경우에 평등은 '법적 평등에 유리한 논증부담규칙'을 의미한다. 즉 법적 평등을 주장하는 쪽이 아니라 사실적 평등을 주장하는 쪽에서 자신의 주장을 논증해야 하는 부담을 진다. 사실적 평등은 법적 불평등(역차별)을 야기할 수 있다.[12] 따라서 앞서 설명한 논증부담규칙에 따라 법적 불평등을 야기하는 사실적 차별을 주장하는 쪽에서 자신의 주장을 논증해야 하는 것이 당연하다.

---

11) '논증부담'을 소송법학에서는 '입증부담'(증명책임)이라고 부르기도 한다.

12) 전제조건이나 출발상황이 불리한 사회적 약자(소수자)에게 일정한 혜택을 주는 경우에 이것은 다른 사람에게 역차별을 발생시킬 수 있다. 역차별에 대해서는 이준일, ≪차별없는 세상과 법≫(2012), 48면 이하 참조.

## Ⅲ. 인권의 특성

자유와 평등은 인간의 존엄과 가치를 보장하기 위한 필수적 조건이다. 그리고 인간의 존엄과 가치는 인권의 기본적 전제다. 이러한 인권은 보편성(universality), 도덕성(morality), 근본성(fundamentality), 추상성(abstracity), 우월성(priority)이라는 다섯 가지 본질적 특성을 가진다.13)

### 1. 보 편 성

인권은 무엇보다도 '모든 인간이 누구나 향유할 수 있는 권리'다. 따라서 인권은 보편적 주체성이 인정되는 '**보편적 권리**(universal rights)'다. 이것은 부(富)나 권력, 인종이나 성별 또는 장애 여부 등 인간을 둘러싼 어떠한 조건과도 상관없이 누구에게나 인권이 보장되어야 함을 의미한다. 오로지 인간이라는 생물학적 조건을 갖춘 모든 존재에게 인권은 인정되어야 한다. 따라서 어떤 권리가 특정한 개인이나 집단만이 향유할 수 있는 권리에 해당한다면 그러한 권리를 인권이라고 부를 수는 없다. 물론 어떤 권리가 인권이라고 하더라도 현실적으로 모든 사람이 그러한 권리를 향유하는 것은 아니다. 하지만 어떤 권리가 인권인 경우에 그러한 권리를 모든 사람이 향유해야만 한다는 당위적 명제가 변하지는 않는다.

### 2. 도 덕 성

또한 인권은 '어떠한 시대와 공간에서도 인정되어야만 하는 권리'라는 점에서 보편적 효력이 인정되는 '**도덕적 권리**(moral rights)'다. 따라서 특정한 시대나 특정한 공간(국가 또는 지역)에서만 제한적으로 효력이 인정되는 권리는 인권이라고 부를 수 없다. 물론 일정한 권리들이 대단히 중요한 경우에는 각국의 형편에 따라 헌법상의 권리로 보장될 수는 있다. 그렇다고 해도 헌법상 보장된 권리가 모두 인권인 것은 아니다. 인권은 모든 국가의 헌법에서 반드시 보장되어야 하는 권리다. 반면에 헌법적 권리는 이러한 인권과 함께 각국의 현실적 필요에 따라 헌법에 명시된 권리를 포함한다.

13) R. Alexy, Die Institutionalisierung der Menschenrechte im demokratischen Verfassungsstaat, S. Gosepath/G. Lohmann(편), Philosophie der Menschenrechte, 제2판, Frankfurt/M. 1999, 246면 이하 참조.

### 3. 근 본 성

한편 인권은 '모든 인간에게 필수적으로 요구되는 권리'라는 점에서 '**근본적 권리**(fundamental rights)' 또는 '기본적 권리(basic rights)'다. 따라서 인권은 다른 권리는 포기하더라도 이 권리는 결코 포기할 수 없는 가장 기초적인 권리를 의미한다. 다시 말해 인권은 인간이 인간으로서 존엄하고 가치로운 존재가 되기 위해서 최소한 보장되어야 하는 필수적인 권리로 이해된다. 이러한 의미에서 인권은 인간이 가져야 하는 권리의 최소한이다.

### 4. 추 상 성

인권은 의미내용의 경계가 대단히 불확정적인 '**추상적 권리**(abstract rights)'다. 따라서 인권은 구체적 권리가 되기 위하여 의미내용의 경계가 확정될 필요가 있는 권리를 뜻한다. 인권의 추상성은 앞서 설명한 인권의 다른 특성, 즉 보편성, 도덕성, 근본성으로부터 유래한다. 모든 사람에게, 모든 시대와 공간을 뛰어 넘어, 인간인 모든 존재에게 반드시 인정되어야 하는 권리는 그만큼 추상적일 수밖에 없는 것이다.

### 5. 우 월 성

마지막으로 인권은 '실정법보다 우선한다'는 점에서 '**우월적 권리**(priory rights)'다. 이것은 실정법과 인권이 충돌하는 경우에 인권이 실정법을 판단하는 기준이 되고, 실정법의 효력을 상실시킬 수 있는 권리가 된다는 뜻이다. 인권은 모든 실정법의 존재목적이고, 모든 실정법은 직접적으로 또는 적어도 간접적으로 인권을 보장하기 위하여 존재하기 때문이다.

## Ⅳ. 인권과 기본권

### 1. 인권의 헌법화

이러한 특성을 가지는 인권은 헌법에 규정됨으로써 실정(헌)법적 권리를 의미하는 '기본권(constitutional rights)'이 된다. 인권을 실정헌법상의 권리인 기본권으로 전환시켜야 되는 까닭은 인권의 불명확성과 비강제성에 있다. 다시 말해 인권은 추상적이고 도덕적인 권리로서 보호영역이 불명확하고, 권리의 관철이 강제될 수 없기 때문에 명확한 보호영역을 확정하고, 강제로라도 관철시킬 필요성이 있다. 따라서 인권은 기본권이라는 헌법적 권리로 전환됨으로써 보호영역이 비교적 명확해지고, 강제적 관철이 가능해진다.

### 2. 기본권을 통한 인권의 논의

법과 국가의 목적은 인권의 보장과 실현에 있다. 따라서 모든 법체계의 헌법에는 적어도 인권을 기본권으로 규정해야 한다. 이처럼 인권은 기본권체계를 구성하는 최소한의 요소다. 그렇기 때문에 적어도 인권이 기본권목록에 포함되어 있지 않는 헌법은 그 정당성을 의심받을 수밖에 없다. 정당한 헌법이라고 주장하는 모든 헌법은 인권을 포함시켜야 한다. 이것은 인권과 기본권이 중첩될 수 있음을 의미한다. 이런 맥락에서 인권에 대한 논의는 헌법상의 기본권에 대한 논의로 진행될 수도 있다. 앞으로 진행할 인권에 관한 논의에서도 헌법상 규정된 기본권에 관한 논의가 자주 등장하게 되는 이유가 여기에 있다.

## V. 사회적 이슈에 대한 인권적 접근의 의미와 방법

### 1. 국가공동체의 헌법화와 헌법국가

이 책에서는 인권이면서 동시에 헌법상 중요한 기본권의 측면에서 사회적 이슈들을 고찰하기로 한다. 사회적 이슈들은 다양한 관점에서 접근이 가능하지만 인권과 기본권의 관점에서 접근하는 것은 대단히 중요한 의미를 갖는다. 그것은 무엇보다도 국가공동체의 모든 생활영역에 대한 '헌법화(constitutionalization)'를 의미한다. 국가공동체에서 발생할 수 있는 이슈들을 그 구성원들의 '중첩적 합의'인 인권과 기본권을 통해서 해명함으로써 국가공동체를 인권과 기본권에 구속된 '헌법국가(constitutional state)'로서 실현할 수 있기 때문이다.

## 2. 논증과 토론을 통한 기본적 인권의 균형과 조화

사회적 이슈들을 인권과 기본권의 관점에서 접근하면서 가장 합리적인 해결책은 문제가 되는 권리나 이익의 **균형**과 **조화**에서 찾을 수 있다. 왜냐하면 인권과 기본권이 문제되는 사회적 이슈에는 반드시 그와 충돌하는 다른 사람의 기본적 인권이나 공동체의 이익 또는 헌법적 법익이 등장하기 때문이다.

따라서 사회적 이슈에서 문제가 되는 인권과 기본권이 합리적 근거를 갖는지 또는 헌법에 보장되어 있는지를 확인하는 것만으로 충분하지 않다. 극단적으로 표현하면 합리적 근거가 없는, 또는 헌법에 보장되어 있지 않은 인권과 기본권이란 존재하지 않는다고 해도 지나치지 않다. 이것은 문제가 된 사회적 이슈에서 일정한 합리적 또는 헌법적 근거를 가지고 인권과 기본권을 주장할 수 있는지가 중요하지 않은 것은 아니지만 문제해결의 본질적인 요소는 아니라는 뜻이다. 결국 가장 중요한 것은 어떤 식으로든 그 근거를 찾을 수 있는 인권과 기본권이 문제될 때, 그와 함께 주장될 수 있는 다른 사람의 기본적 인권이나 공동체의 이익 또는 헌법적 법익과 조화롭고 균형잡힌 방식으로 실현될 수 있는지 여부이다.

이러한 균형과 조화는 협상(negotiation)이나 타협(compromise)의 과정을 통해서도 달성될 수 있다. 그러나 이러한 과정은 합리성과 정당성을 결여한다. 사회적 이슈들에서 등장하는 권리나 이익의 균형과 조화는 논증(argumentation)과 토론(discussion)의 절차를 통해서만 그 합리성과 정당성을 획득할 수 있다. 문제가 되는 각각의 권리와 이익에 찬성하는 주장과 반대하는 주장을 정당화하기 위하여 합리적인 논거를 제시하고 비판하는 논증게임 안에서 도달한 사회적 합의만이 공동체의 균형과 조화를 만들어낼 수 있다.

이 책은 다양한 사회적 이슈와 관련하여 인권의 관점에서 어떻게 합리적인 논증게임이 가능한지를 보여줄 것이다. 결국 인권과 기본권의 관점에서 사회적 이슈들을 논의하면서 얻을 수 있는 결론은 사회적 이슈에 대한 합리적 해결은 무엇보다도 공동체 전체의 합리성의 수준을 전제한다는 사실이다. 사회적 이슈에 대한 해결책의 합리성은 그러한 이슈가 발생한 전체 사회의 합리성 수준에 의존하는 것이다. 공동체 안에서 발생할 수 있는 모든 사회적 이슈들에 대한 합리적 대안은 오로지 거시적이든 미시적이든 그러한 이슈에 관한 자유롭고 평등한 이성적 시민의 논의 과정 속에서만 찾아질 수 있다는 사실을 다시 한 번 확인하면서 본론으로 들어가 보도록 한다.

# 제 1 장
# 사형제도와 생명권

"사형의 폐지가 인간존엄의 향상과 인권의 전진적 발전에 기여한다고 믿으며, …
사형폐지를 위한 모든 조치가 생명권의 향유에서 전진으로
간주되어야 함을 확신하며, … "
≪사형폐지를 위한 시민적·정치적 권리에 관한 국제규약 제2선택의정서(1989)≫

수많은 사람들을 잔인하게 살해한 연쇄살인범, 혹은 유괴한 아이를 태연히 목 졸라 죽인 유괴범의 모습이 티비(TV)에 비친다. 우리는 그 사람들을 손가락질하며 외친다. '저 놈들도 똑같이 죽여라!' '죽은 자를 대신하여 살인자에게 복수의 칼을 꽂자!' 우리 안에 살인범의 영혼이 살아있다. 언제라도 현실로 나타날 수 있는 살의(殺意)가 우리 안에도 꿈틀거리고 있다.

자신의 장기를 모두 기증하고 형장(刑場)의 이슬로 사라진 사형수가 있었다. 그는 우리에게 큰 감동을 주고 갔다. 어떻게 저런 사람이 사람을 죽일 수 있었단 말인가? 수십 년 전 인혁당사건 관련자에게 언도된 사형판결이 잘못되었단다. 미국에서는 이미 몇 년 전 형이 확정된 범인의 사형이 집행되었는데 범행도구에서 다른 사람의 디엔에이(DNA)가 발견되었고, 그 주인이 진범일 가능성이 매우 높다고 한다. 이미 죽어버린 그들의 억울한 영혼을 누가 위로할 것인가? 잘못된 사형판결을 내린 자들의 책임을 묻는다고 죽은 자들의 영혼을 달래는 진혼곡(鎭魂曲)이 될 수 있을까?

사람의 생명은 소중하다. 목숨은 하나밖에 없기 때문이다. 목숨이 하나밖에 없는 것은 모든 사람에게 다 똑같다. 살인한 자의 목숨을 빼앗는 것은 '정의로운 보복'일 수도 있다. 하지만 죽은 자나 그의 가족이 이미 살인자를 용서했다면 살인자를 죽이는 것은 누구를 위한 보복인가? 살인한 자를 살해하는 것은 사람을 죽이려는 생각을 가진 자들에게 큰 두려움이 될 수 있다. 하지만 목숨을 걸고 살인하려는 자에게 자신도 살해될 수 있다는 위협이 무슨 소용이 있단 말인가? 지금부터 '또 하나의 살인'으로서 '국가살인'이나 '사법(司法)살인'으로도 불리는 형벌, 사

형에 대해서 생각해 보기로 하자.

## Ⅰ. 사형제도에 찬성하는 논거와 반대하는 논거

사형(死刑, death penalty)이란 사람의 생명(목숨)을 박탈하는 것을 내용으로 하는 형벌을 말한다. 대한민국의 형법도 사형을 형벌의 하나로 규정하고 있고,1) 매년 5명 내외의 범죄인에게 사형이 확정되어 왔다. 1998년부터는 사실상 사형이 집행되지 않고 있으며, 2011년부터는 사형의 확정도 이루어지지 않고 있는 상태에서 2021년 6월을 기준으로 55명의 사형수가 처형을 기다리고 있다(아래 [표 1.1] 참조). 이러한 사형제도에 대해서는 찬성하는 견해와 반대하는 견해가 팽팽하게 대립되어 있는데, 각각의 견해가 주장하는 논거는 다음과 같다.2)

**[표 1.1] 사형 집행 및 미집행(사형수) 현황**(2021년 6월 현재) (단위: 명)

| | 확정 | 집행 | 감형 | 사망 | 미집행(사형수) |
|---|---|---|---|---|---|
| 1997 | 8 | 23 | − | − | 38 |
| 1998 | 4 | − | 2 | − | 40 |
| 1999 | 4 | − | 5 | − | 39 |
| 2000 | 9 | − | 2 | − | 46 |
| 2001 | 8 | − | − | − | 54 |
| 2002 | 2 | − | 4 | − | 52 |
| 2003 | 5 | − | − | − | 57 |
| 2004 | 2 | − | − | − | 59 |
| 2005 | 3 | − | − | − | 62 |
| 2006 | 2 | − | − | 1 | 63 |
| 2007 | 3 | − | − | 2 | 64 |
| 2008 | − | − | 6 | − | 58 |

1) 형법 제41조는 형벌의 종류로 다음과 같은 9가지를 규정하고 있다: ① 사형, ② 징역, ③ 금고, ④ 자격상실, ⑤ 자격정지, ⑥ 벌금, ⑦ 구류, ⑧ 과료, ⑨ 몰수. 현재 사형이 규정된 범죄는 형법과 군형법 및 국가보안법과 다수의 특별법을 포함해서 총 21개의 법률, 113개 조항에 이른다고 한다. 사형을 규정한 조항들에 대한 자세한 분석은 강석구/김한균(2005), 136면 이하 참조.

2) 자세한 내용은 이준일(2002), 275면 이하 참조.

| | | | | | |
|---|---|---|---|---|---|
| 2009 | 3 | – | – | 4 | 57 |
| 2010 | 2 | – | – | – | 59 |
| 2011 | – | – | – | 1 | 58 |
| 2012 | – | – | – | – | 58 |
| 2013 | – | – | – | – | 58 |
| 2014 | – | – | – | – | 58 |
| 2015 | 1 | – | – | 2 | 57 |
| 2016 | – | – | – | – | 57 |
| 2017 | – | – | – | – | 57 |
| 2018 | – | – | – | – | 57 |
| 2019 | – | – | – | 1 | 56 |
| 2020 | – | – | – | – | 56 |
| 2021 | – | – | – | 1 | 55 |

자료: 법무부(www.moj.go.kr) 정보공개 행정자료실, 보안과(2021).

## 1. 찬성론(사형존치론)

① 사형제도를 찬성하는 사형존치론(死刑存置論)은 무엇보다도 사형제도가 가지는 '위하력(威嚇力)'을 주장의 기초로 삼는다. 위하력이란 범죄에 대한 형벌을 규정함으로써 일반인에게 범죄를 저지르지 못하도록 위협하고 겁주는 효과(**일반예방효과**)를 말한다. 이러한 위하력의 측면에서 사형제도는 어떠한 형벌보다 강력하다는 것이다. ② 그리고 사형제도는 극악한 범죄자를 사회로부터 영원히 격리함으로써 범죄자로부터 선량한 시민을 보호하는 효과(**범죄자격리효과**)도 있다고 한다.

③ 또한 형벌의 목적을 우선적으로 '응보(retribution)'에 둠으로써 형벌의 하나인 사형은 가해자에 대한 가장 강력한 응징이나 보복으로서 정당화될 수 있다(**형벌의 목적으로서 가해자 응징**). 더욱이 사형폐지론의 입장에서 형벌의 목적으로 제시하는 교화나 재사회화는 사형에 해당하는 범죄를 저지른 자에게는 애초에 불가능하다고 반박하면서 오히려 응징이나 보복의 정당성을 강조한다. 물론 이러한 응징이나 보복이 피해자나 그 가족의 억울함을 달래줄 수 있다는 점도 무시될 수 없다. ④ 이처럼 범죄자를 강력하게 응징하거나 이로 인하여 피해자의 보복감정을 만족시키는 것이 정의의 원리에 합치한다는 견해도 제시된다(**정의의 실현**).[3)]

3) '눈에는 눈, 이에는 이'라는 동해보복의 원칙(同害報復 · lex talioni: 탈리오법칙)이 많은 사람들에게 인기가 있는 홍콩 무협영화의 흔한 주제라는 사실은 이 원칙이 여전히 많은 사람들의 무의식 속에 정의에 관한 하나의 원칙으로 자리 잡고 있다는 것을 잘 보여준다. "정의의 실현은 피해자의 억울한 감정을 달래주는 효과가 있다"는 주장도 비슷한 맥락 안에 있다.

⑤ 한편 사형은 종신형보다 인간적이며, 심지어 경제학적 관점에서 볼 때 훨씬 경제적이라는 논거가 제시되기도 한다(**경제학적 비교우위**). 범죄자를 평생토록 감옥에 가두어 두는 종신형(가석방이 허용되는 '상대적 종신형'과 가석방이 허용되지 않는 '절대적 종신형'으로 구분되기도 하는데 대체로 사형을 대체하는 종신형은 후자를 의미)이 더 비(非)인간적일 뿐만 아니라 비용도 더 많이 든다는 뜻이다.[4)]

⑥ 심지어 사형제도는 나쁘지만 범죄라는 악을 제거하기 위하여 어쩔 수 없이 존재해야 하는 '필요악'이며(**필요악**), ⑦ '국민의 법감정'에도 부합한다는 논거(**국민법감정론**)까지 제시된다.[5)] ⑧ 오판가능성이나 남용가능성이 존재한다는 사형폐지론의 반론에 대해서는 절차적·제도적 장치를 통해서 줄여가거나 제거할 수 있다고 반박한다(**오판·남용가능성의 축소·제거가능**). ⑨ 극단적인 입장에 따르면 사형에 해당하는 범죄를 저지른 자들은 자신의 인권을 포기한 자로 굳이 그들의 인권을 보장할 필요가 없다고도 한다(**인권포기론**). ⑩ 마지막으로 사형제도의 폐지는 여러 가지 사정을 고려할 때 아직 '시기상조'라는 상황론적 논거(**시기상조론**)가 추가되기도 한다.[6)]

## 2. 반대론(사형폐지론)

① 사형제도를 반대하는 사형폐지론(死刑廢止論)은 사형존치론이 논거로 삼고 있는 위하력을 인정하지 않는다. 다시 말해 그러한 위하력에 대한 객관적 증명이 불가능하다거나, 더 적극적으로는 그러한 효과가 전혀 없다는 사실이 증명되었다고 주장한다(**일반예방효과 부정**).[7)] 특히 양심범이나 확신범 또는 심지어 대부분의

---

문성학(1997), 101면 참조. 한편 보복을 정의로 이해하는 관점은 기독교적으로 정당화되기도 하는데 이러한 관점에서 사형폐지론은 "생명을 빼앗긴 피해자에 대한 하나님의 정의를 간과한 소위 '인도적인 감상주의'로밖에" 볼 수 없게 된다. 정일웅(2006), 26면 참조.

4) "헌법적 가치질서를 파괴한 자를 위해 재원을 부담해야 한다는 것은 정서에 반한다"는 견해도 있다. 김상겸(2004), 255면.

5) 국가인권위원회가 2003년 10월부터 12월까지 3개월 동안 실시한 여론조사에 따르면 일반국민의 경우 전체국민의 65.9퍼센트가 사형존치에 찬성하였고, 사형폐지에 찬성한 국민은 34.1퍼센트로 나타났다고 한다. 국가인권위원회, 사형제도에 관한 국가인권위원회의 의견(2005), 2면.

6) 단계적 폐지론 또는 소극적 폐지론도 시기상조론과 유사하지만 궁극적으로 사형폐지를 주장한다는 점에서는 다르다. 이훈동(2002), 162면 이하 참조. 이 견해는 제1단계 사형제도의 개선(사형규정의 축소, 사형적용기준의 확립, 사형절차의 엄격화), 제2단계 사형집행유예제도의 도입, 제3단계 특별무기자유형제도의 도입을 거치며 사형제도의 폐지를 주장한다.

7) 국제적 인권단체인 국제엠네스티(Amnesty International: AI)는 사형제도를 "극도로 잔인

범죄가 그렇듯이 억제할 수 없는 우발적인 충동으로 저질러지는 범죄의 경우에는 사형제도의 위하력이 전혀 존재하지 않는다고 한다.[8]

② 또한 형벌의 목적은 범죄자에 대한 응보가 아니라 범죄자의 '교화'나 '재사회화'이어야 한다는 점도 지적된다(**형벌의 목적으로서 가해자의 교화**). 당연히 범죄자에 대한 응징으로 피해자나 그 가족의 보복감정을 충족시키는 것은 형벌의 목적이 아니며 정의의 원리에 부합하는 것도 아니라는 결론을 끌어내게 된다.[9]

③ 그 밖에도 법관이 내리는 대부분의 판결에 문제가 없겠지만 만에 하나라도 일어날 수 있는 '법관의 오판가능성'을 배제할 수 없다는 점은 사형제도에 반대하는 강력한 논거가 된다(**오판가능성**).[10] ④ 그리고 어떤 제도도 악용가능성이 있지만 사형제도만큼 정치적으로 악용될 가능성이 큰 제도가 없다는 점도 사형제도의 약점으로 지적된다(**악용가능성**). 특히 사형제도에는 사회적 소외계층의 불만을 효과적으로 통제할 목적이 있으며, 실제로도 사회적 약자에게 더 많이 적용된다는 점도 문제점으로 부각된다.[11]

⑤ 또한 사형을 통하여 영원히 사회로부터 격리되는 범죄자의 범죄에 대한 책임은 범죄자 개인의 책임이 아니라 사회 전체의 책임일 수 있다는 논리도 있다(**범죄의 사회적 책임설**). ⑥ 마지막으로 사형제도는 세계적으로 폐지의 추세를 보이고 있다는 점도 하나의 논거(**비교법적 논거**)로 제시된다.[12]

---

(cruel)하고 비인간적(inhumane)이며 존엄성을 침해하는(degrading) 형벌"로 정의하면서 ① 회복불가능(irrevocable)하고, ② 무고한(innocent) 사람에게도 선고될 수 있으며, ③ 범죄예방효과가 증명되지 않은 형벌이라고 주장하고 있는데, 여기에 사형제도에 반대하는 가장 핵심적인 요소가 모두 담겨 있다.

8) 심지어 사형제도는 "정신적 결함이 있는 자에게 오히려 범죄의 암시와 영웅심리를 부추기게 되어 모방에 의한 사형범죄가 빈발하게 될" 가능성이 있다는 주장도 있다. 박선영(1997a), 43면.

9) 피해자의 억울함은 국가의 보상과 가해자의 사죄에서 찾을 수 있다는 주장도 같은 취지로 이해된다. 박기석(2001), 99면 참조.

10) 미국의 경우 1973년 이후 사형선고를 받고 난 뒤 다시 무죄임이 증명되어 무죄판결을 받은 사형수가 122명에 이른다는 통계가 있다. 강석구/김한균(2005), 43면 이하 참조.

11) 비슷한 맥락에서 사형제도는 "계급 지배의 도구"라는 주장도 있다. "미국의 사형제도는 '똘레랑스 제로'를 추구하는 일반 형사제와 함께 계급 지배의 반영이며 도구이다. 가난하고 힘없는 자들을, 곧 흑인들과 남미계와 인디언들을 사회로부터 추방하고 탄압을 강화함으로써 백인 중산층의 헤게모니를 강고히 하려는 것이다." 홍세화, ≪빨간 신호등≫(2003), 55면.

12) 사형제도가 폐지되어가는 세계적 추세에 대해서는 허일태(2009), 265면 이하 참조. 그 밖에 사회계약의 한계 또는 헌법제정권력의 한계에서 사형폐지를 주장하는 견해도 있다. 박기석(2001), 79면 이하 참조. 그리고 기독교적 용서와 사랑의 관점에서 사형폐지를 주장하는 견해로 김상균(2008), 406면 참조.

[표 1.2] 사형폐지국 및 사형존치국 현황

<table>
<tr><td rowspan="3">사형폐지국<br>(142개국)</td><td colspan="2">모든 범죄에 대하여 사형을 폐지한 국가</td><td>106개국[13]</td></tr>
<tr><td colspan="2">보통범죄(전쟁범죄와 같은 예외적 범죄 제외)에 한하여 사형을 폐지한 국가</td><td>8개국</td></tr>
<tr><td colspan="2">사실상 폐지국(과거 10년 이상 사형집행이 없고 사형집행을 하지 않는 것을 정책 또는 확립된 관행으로 갖고 있는 국가)</td><td>28개국<br>(한국 포함)[14]</td></tr>
<tr><td rowspan="14">사형존치국<br>(56개국)</td><td rowspan="2">2006년</td><td>사형선고</td><td>55개국; 3,361명 이상</td></tr>
<tr><td>사형집행</td><td>25개국; 1,591명 이상(91%는 중국, 이란, 파키스탄, 이라크, 수단, 미국[15]에서 집행)[16]</td></tr>
<tr><td rowspan="2">2007년</td><td>사형선고</td><td>51개국; 3,347명 이상</td></tr>
<tr><td>사형집행</td><td>24개국; 1,252명 이상(88%는 중국, 이란, 파키스탄, 사우디아라비아, 미국에서 집행)</td></tr>
<tr><td rowspan="2">2008년</td><td>사형선고</td><td>52개국; 8,864명 이상</td></tr>
<tr><td>사형집행</td><td>25개국; 2,390명 이상(93%는 중국, 이란, 파키스탄, 사우디아라비아, 미국에서 집행)</td></tr>
<tr><td rowspan="2">2009년</td><td>사형선고</td><td>56개국; 2,001명 이상</td></tr>
<tr><td>사형집행</td><td>18개국; 714명 이상(중국 제외, 92%는 이란, 이라크, 사우디아라비아, 미국, 예멘에서 집행)</td></tr>
<tr><td rowspan="2">2010년</td><td>사형선고</td><td>67개국; 2,024명 이상</td></tr>
<tr><td>사형집행</td><td>23개국; 527명 이상(중국 제외, 83%는 이란, 북한, 예멘, 사우디아라비아, 미국에서 집행)</td></tr>
<tr><td rowspan="2">2011년</td><td>사형선고</td><td>63개국; 1,792명 이상</td></tr>
<tr><td>사형집행</td><td>21개국; 680명 이상(중국 제외, 84%는 이란, 이라크, 북한, 사우디아라비아, 미국에서 집행)</td></tr>
<tr><td rowspan="2">2012년</td><td>사형선고</td><td>58개국; 1,722명 이상</td></tr>
<tr><td>사형집행</td><td>21개국; 682명 이상(중국 제외, 91%는 이란, 이라크, 사우디아라비아, 수단, 미국, 예멘에서 집행)</td></tr>
</table>

13) 2016년 배냉(Benin)과 나우루(Nauru), 2017년 기니(Guinea)와 몽골이 모든 범죄에 대해서 사형을 폐지하여 사형폐지국이 106개국이 되었다.

14) 한국은 1997년 12월 30일 사형수 23명에 대한 형집행 이후 2007년 12월 29일까지 더 이상 사형집행이 없어 '사실상 폐지국'이 되었다. 2006년 8월 18일 50세 된 사형수가 1999년 확정판결을 받은 지 7년 만에 폐암으로 자연사(병사)했다는 보도가 있었고, 2007년 4월 29일에는 사형수가 수감되어 있던 구치소에서 자살했다는 보도도 있었다. 이런 보도들은 사형수에 대한 사형집행이 이루어지지 않으면서 일어날 수 있는 일들을 보여준다. 정일웅(2006), 26면 참조. 한편 기독교의 교리는 사형제도에 대해서 중립적이라는 주장으로 박인성(2009), 54면 이하 참조.

| | | |
|---|---|---|
| 2013년 | 사형선고 | 57개국; 1,925명 이상 |
| | 사형집행 | 22개국; 778명 이상(중국 제외, 93%는 이란, 이라크, 사우디아라비아, 미국, 소말리아, 수단, 예멘에서 집행) |
| 2014년 | 사형선고 | 55개국; 2,466명 이상 |
| | 사형집행 | 22개국; 607명 이상(중국 제외, 92%는 이란, 사우디아라비아, 이라크, 미국, 예멘, 수단, 이집트, 소말리아, 요르단에서 집행) |
| 2015년 17) | 사형선고 | 61개국; 1,998명 이상 |
| | 사형집행 | 25개국; 1,634명 이상 (중국 제외, 89%는 이란, 파키스탄, 사우디아라비아에서 집행) |
| 2016년 | 사형선고 | 55개국: 3,117명 이상 |
| | 사형집행 | 23개국: 1,032명 이상(중국 제외, 87%는 이란, 파키스탄, 사우디아라비아, 이라크에서 집행) |
| 2017년 | 사형선고 | 53개국; 2,591명 이상 |
| | 사형집행 | 23개국; 993명 이상(중국 제외, 84%는 사우디아라비아, 이라크, 파키스탄에서 집행) |
| 2018년 | 사형선고 | 54개국; 2,531명 이상 |
| | 사형집행 | 20개국; 690명 이상(중국 제외, 78%는 이란, 사우디아라비아, 베트남, 이라크에서 집행) |
| 2019년 | 사형선고 | 56개국; 2,307명 이상 |
| | 사형집행 | 20개국; 657명 이상(중국 제외, 81%는 이란, 사우디아라비아, 이라크에서 집행) |

자료: 국제엠네스티(Amnesty international: AI) 웹사이트(www.amnesty.org) 참조, 2019년 12월 31일 기준.

15) 미국은 50개 주(州) 가운데 38개 주가 사형제도를 두고 있다. 2006년도의 경우 53명에 대한 사형집행이 있었고, 1977년 이래 사형이 집행된 총 사형수는 1,057명이다. 2007년 1월 1일 현재 3,350명의 사형수가 수감되어 있다. 국제엠네스티 웹사이트 참조. 한편 미국 연방대법원은 사형제도에 대해서 1972년 Furman판례(Furman v. Georgia 408 U.S. 238)에서 사형은 수정헌법 제8조에서 금지하고 있는 잔혹하고 비정상적인 형벌(cruel and unusual punishment)에 해당하여 위헌이라고 판결하였다. 이 판례에 대한 자세한 설명은 문홍주(1976), 124면 이하 참조. 하지만 1976년 Gregg판결(Gregg v. Georgia 428 U.S. 153) 이후의 판례에서 극악한 살인범에게 사형을 적용할 필요가 있으므로 사형은 합헌이라고 견해를 바꾸었다. 자세한 설명은 오영근(1983), 297면 이하; 김배원(1988), 347면 이하; 김영옥(1995), 65면 이하 참조. 최근 미국 사형제도의 폐지와 제한에 관한 입법과 판례의 동향에 대해서는 박용철(2020), 13면 이하 참조.

16) 국제엠네스티의 통계는 최소수치를 의미한다. 예를 들어 중국의 경우 공식적으로는 2006년에 1,010명을 사형집행한 것으로 보고되고 있지만, 실제로는 대략 7,500~8,000명에 대해서 사형집행했을 것이라는 추정도 있다. 국제엠네스티는 중국이 사형에 관한 정보를 국가기밀로 하고 있어서 2009년부터 중국에 대한 추정수치를 발표하지 않고 있으며, 북한의 경우

# Ⅱ. 사형제도에서 문제가 되는 인권

사형제도를 둘러싸고 다양한 찬반의 논거가 제시됨을 확인하였다. 이제 사형제도에서 어떤 인권이 문제될 수 있는지 검토해보자. 사형제도의 경우에 사형을 선고해야 되는 법관이나 사형을 집행해야 되는[18] 사형집행공무원의 인권도 간접적으로 문제될 수 있다.[19] 하지만 사형제도에서 직접적으로 문제되는 인권은 우선적으로 사형을 당하는 범죄인의 '생명권'이다.[20] 사형은 생명을 박탈하는 극형(極刑)으로서 사형이 선고되면 범죄인의 생명을 박탈하는 효과를 초래하기 때문이다. 여기서 먼저 생명권에 대해서 살펴볼 필요가 있다.

## 1. 생명권의 헌법적 근거

생명에 관한 권리는 앞에서 정의한 인권의 특성에 비추어 볼 때[21] 인권에 속하는 권리다. 하지만 우리 헌법은 생명권에 관한 명시적 규정을 두고 있지 않다. 헌법제정자가 생명권과 같이 대단히 중요한 권리를 명시적으로 규정하지 않은 이유는 명확하지 않다. 단지 너무 당연하다고 생각할 만큼 중요하기 때문에 규정하지 않았을 것이라고 추측해볼 뿐이다.

---

에도 사형이 선고되고 집행된다는 사실 외에 구체적인 통계 수치는 확인되지 않고 있다. 국제엠네스티 웹사이트(www.amnesty.org) 참조.

17) 2015년까지는 사형제도에 대한 국제엠네스티의 연례보고에서 이란에 대해서 공식 발표된 사형집행 수와 비공식적으로 발표된 수를 따로 적용했으나, 2016년부터는 공식과 비공식으로 발표된 사형집행수의 총합을 주요 수치에 반영하고 있다.

18) 사형집행의 방법으로는 ① 단두(Beheading: 사우디아라비아, 이라크), ② 전기충격(Electrocution: 미국), ③ 교수(Hanging: 이집트, 이란, 일본, 파키스탄, 싱가포르, 한국 등), ④ 약물주사(Lethal injection: 중국, 과테말라, 필리핀, 대만, 미국), ⑤ 총살(Shooting: 벨라루스, 중국, 소말리아, 대만, 우즈베키스탄, 베트남, 한국의 군형법 등), ⑥ 투석(Stoning: 아프가니스탄, 이란) 등이 사용되는 것으로 알려져 있다. 어떤 방법이든 직접적으로 사형을 집행하는 공무원이 필요하다. 투석형의 잔혹함은 영화 <더 스토닝(The stoning of Soraya M.), 2008> 참조.

19) 한인섭(1990), 45면 이하; 박선영(1997b), 32면 참조. 사형집행공무원의 인간적 고뇌는 영화 <집행자>(2009)에서 볼 수 있는 것처럼 "우리는 사람을 죽이는 것이 아니라 법을 집행하는 것"이라는 역설적 외침에서 잘 드러난다.

20) '시민적 · 정치적 권리에 관한 국제규약(International Covenant on Civil and Political Rights: ICCPR, 1966)'도 생명권을 규정하면서 사형제도를 언급하고 있다(ICCPR 제6조). 이 국제규약을 구체화하는 국제법규로 '사형폐지를 위한 시민적 · 정치적 권리에 관한 국제규약 제2선택의정서(Second Optional Protocol to the International Covenant on Civil and Political Rights, aiming at the abolition of the death penalty, 1989)'가 있다.

21) 인권의 다섯 가지 특성에 대해서는 이 책의 서론 Ⅲ. 참조.

어쨌든 생명권처럼 헌법에 명시되지는 않았지만 다른 헌법상의 권리만큼 중요한 권리를 '**열거되지 않은 권리**'라고 부른다. 이와 대칭되는 권리를 '**열거된 권리**'라고 부르는데 이것은 헌법이 제정되거나 개정될 당시에 헌법제·개정자가 대단히 중요한 권리로서 예상할 수 있었던 권리를 헌법에 명시적으로 규정한 경우를 말한다.

현행 헌법은 헌법 제10조 인간의 존엄과 가치에 관한 권리 및 행복추구권으로부터 시작하여 헌법 제36조 혼인과 가족에 관한 권리까지를 '열거된 권리'로서 명시적으로 규정하고 있다.[22] 그리고 헌법 제37조 제1항에서 '열거되지 않은 권리'도 경시되어서는 안 된다고 규정하고 있다. 따라서 헌법이 제정되거나 개정될 당시에 미처 예상할 수 없었던 권리까지도 빠짐없이 보장받게 된다. 결국 현행 헌법상 '**헌법에 근거하여 보장되지 않는 권리는 없다**'라고도 말할 수 있다. 이로써 현행 헌법은 모든 인권을 기본권으로서 보장하고 있다고 보아도 지나치지 않다.

같은 맥락에서 인권인 생명권의 헌법적 근거를 찾는 일도 어렵지 않아 보인다. 생명권은 인권에 속할 뿐만 아니라, 인간의 존엄과 가치를 실현하기 위해 필수적인 기본권이다. 또한 헌법에 명시되지 않은 권리인 생명권도 헌법 제37조 제1항의 '열거되지 않은 권리'에 포함된다. 결론적으로 생명권은 인권임과 동시에 헌법 제10조와 제37조 제1항에 근거하여 도출할 수 있는 **헌법상의 기본권**이기도 하다.

## 2. 생명권의 제한가능성

그렇다면 생명권은 제한될 수 있는가? 인권으로서의 생명권은 언뜻 제한될 수 없는 권리처럼 보인다. 하지만 기본권으로서의 생명권이 제한될 수 있는지에 대한 논의는 가능하다. 생명권을 헌법상 보장된 기본권으로 이해하는 경우에 생명권에 대한 제한은 법리적으로 볼 때 '절대적 기본권'이나 '절대적 본질내용'에 관한 문제가 된다.

첫째, 절대적 기본권이란 어떠한 경우에도 제한될 수 없는 기본권을 말한다. 기본권이 어떠한 경우에도 제한될 수 없다는 것은 다른 기본권과 처음부터 충돌

22) 예를 들어 헌법에 명시적으로 규정된 ① 정신적 자유권(양심·종교·학문·예술·언론·출판·집회·결사의 자유), ② 사생활에 관한 권리(주거·사생활·통신의 비밀), ③ 경제적 자유권(거주·이전·직업의 자유 및 재산권), ④ 정치적 기본권(선거권·공무담임권), ⑤ 절차적 기본권(재판청구권·국가배상청구권 등), ⑥ 사회적 기본권(교육·근로·주거·의료·환경권) 등이 '열거된 권리'에 해당한다.

할 수 없거나, 다른 기본권과 충돌하는 경우에도 항상 우월하다는 것을 뜻한다. 생명권은 절대적 기본권의 대표적 예로 들어지곤 한다.[23] 생명권이 절대적 기본권이라면 생명권은 결코 제한될 수 없게 된다.

둘째, 절대적 본질내용이란 기본권을 제한하는 경우에 결코 제한될 수 없는 기본권의 핵심영역을 의미한다. 이러한 핵심영역이 사안에 따라 달라질 수 있는 영역이라면 '상대적 본질내용'이 된다. 하지만, 핵심영역이 어떠한 경우에도 변하지 않는 영역이라면 '절대적 본질내용'이 된다. 기본권의 절대적 본질내용으로 이해되곤 하는 것이 생명권이다.[24] 생명권을 기본권의 절대적 본질내용으로 이해하는 경우에 생명권은 어떠한 경우에도 제한될 수 없다.

생명권을 절대적 기본권이나 절대적 본질내용으로 이해하는 입장은 대체적으로 생명권이 선험적이고 자명한 권리라는 전제를 깔고 있다. 하지만 인권에 대한 선험적이고 자명한 이해를 넘어 인권을 '논증가능한 권리'로 이해하고자 하는 우리의 입장에서[25] 그러한 전제는 받아들이기 힘들다. 생명권으로부터 선험적이고 자명한 내용을 제거해 버리면 생명권도 다른 인권과 마찬가지로 '논증가능한 권리'가 된다. 다시 말해 생명권도 다른 기본권이나 가치들과 충돌하는 경우에 합리적 논거가 있는 경우에만 주장가능한 권리가 된다. 이것은 물론 극히 예외적이기는 하겠지만 생명권도 제한될 가능성이 있는 기본권으로 이해됨을 의미한다.

또한 현행 헌법 제37조 제2항에 따르면 국민의 '모든' 자유와 권리는 제한될 수 있다.[26] 이와 같은 실정헌법상의 명문 규정을 근거로 할 때도 절대적 기본권은 인정될 수 없으므로 **모든 기본권은 제한될 수 있다**. 따라서 헌법에 명시적으로 열거된 기본권이든 열거되지 않은 기본권이든 상관없이 어떠한 기본권도 제한될 수 있다. 이로써 인권으로 인정됨과 동시에 실정헌법적 근거에 의하여 열거되지 않은 권리에 포함시킬 수 있는 **생명권도 제한될 수 있다**는 결론을 도출할 수 있다.

---

23) 생명권을 "절대적 권리"로 이해하여 기본권제한에 관한 일반적 법률유보조항인 헌법 제37조 제2항이 적용될 수 없다는 견해가 있다. 박선영(1997b), 30면 참조. 또한 국가인권위원회도 사형제도폐지의 의견을 제시하면서 생명권을 "절대적 권리"로 이해하고 있다. 국가인권위원회, 사형제도에 관한 국가인권위원회의 의견(2005), 10면.

24) 국가인권위원회는 동시에 사형제도가 "생명권의 본질적인 내용을 침해하므로 위헌"이라고 하는데 이러한 본질내용은 비례성원칙이 적용되지 않는 절대적 본질내용으로 이해되고 있다고 판단된다. 국가인권위원회, 사형제도에 관한 국가인권위원회의 의견(2005), 10면 및 18면 참조.

25) 인권에 대한 이성적 논증의 필요성에 대해서는 이 책의 서론 Ⅰ. 참조.

26) 헌법 제37조 제2항: 국민의 모든 자유와 권리는 국가안전보장·질서유지 또는 공공복리를 위하여 필요한 경우에 한하여 법률로써 제한할 수 있고, 제한하는 경우에도 자유와 권리의 본질적인 내용을 침해할 수 없다.

## Ⅲ. 생명권에 대한 제한의 정당화

생명권에 대한 제한이 가능하다고 하여 무제한적으로 가능한 것은 아니다. 생명권의 제한에는 헌법적인 한계가 있다. 기본권을 제한할 때 헌법상 요구되는 비례성원칙이나 본질내용침해금지원칙에 따른 제한이 그것이다(헌법 제37조 제2항: "필요한 경우에 한하여", "본질내용을 침해할 수 없다").

### 1. 비례성원칙

비례성원칙이란 기본권을 제한하는 목적을 위하여 사용되는 수단은 그 목적과의 관계에서 비례적이어야 한다는 원칙을 말한다. 구체적으로는 ① 첫째, 수단은 목적의 실현에 적합해야 한다는 원칙(**적합성원칙**), ② 둘째, 수단은 목적의 실현과 동시에 발생하는 다른 목적에 대한 피해를 최소화해야 한다는 원칙(**필요성원칙**), ③ 셋째, 수단의 사용으로 실현되는 목적과 피해가 발생하는 목적을 조화롭고 균형있게 실현해야 한다는 원칙(**좁은 의미의 비례성원칙**)으로 구분된다. 이러한 비례성원칙에 따라 생명권을 제한하는 경우에도 제한하는 목적의 실현에 적합하고, 생명권에 대한 피해를 최소화하며, 생명권을 제한하는 목적과 생명권을 조화롭고 균형있게 실현하는 수단이 사용되어야 한다.

#### (1) 사형의 위하력, 격리효과 및 응징효과와 적합성원칙

적합성원칙과 관련하여 우선 사형제도의 위하력이 문제될 수 있다. 사형제도를 두는 공익적 목적은 범죄를 예방하려는 데 있다. 사형제도가 이러한 공익적 목적의 실현에 효과가 있는 적합한 수단이기 위해서는 사형제도의 위하력이 인정되어야 한다. 앞에서 살펴본 것처럼 사형제도의 위하력에 대해서 사형존치론은 인정하고, 사형폐지론은 부정한다.27) 결론적으로 사형제도의 위하력에 관하여 인정하는 견해와 부정하는 견해가 팽팽하게 대립되어 있으므로 '의심스러운 경우에는 자

27) 사형제도의 위하력에 대한 몇 가지 실증적 조사를 소개하는 글로 정영일(1986), 322면 이하 참조. 이러한 소개 뒤에 내리는 결론은 다음과 같다. "매년 사형집행되는 사람의 수효에 있어서의 변화가 살인율의 증감으로 곧바로 반영될 것이라고 볼 수는 없고 또 그렇게 볼 수 없다고 해서 사형제도가 범죄억지력을 가지고 있다는 주장을 반박하는 것 또한 적절하지 못한 것으로 볼 수 있다(328면)." 정리하자면 사형제도와 범죄율의 관련성 여부를 증명할 수 있는 증거는 없다는 뜻이다. 한편 사형제도의 범죄억지력에 관한 법경제학적 논의에 대해서는 홍기원(2010), 3면 이하 참조.

유(권리)에 유리하게'라는 법리를 적용하는 것이 타당하다. 따라서 범죄인의 생명권을 보호하는 데 유리한 부정설을 선택하는 것이 타당하다고 생각된다. 특히 완전범죄를 꿈꾸며 치밀하게 계획된 범죄나 반사회적 인격장애(antisocial personality disorder)를 가진 사이코패스(psychopath)에 의해 저질러지는 연쇄살인과 같은 범죄의 경우에는 사형이 범죄를 예방하는 효과를 전혀 발생시킬 수 없다. 또한 사형이 선고될 수 있는 범죄가 우발적이거나 충동적으로 저질러진 경우에는 범죄예방효과도 전혀 없으면서 사형선고를 두려워한 범죄자가 자수하지 않고 도피행각을 지속하거나 증거를 완벽하게 인멸하기 위하여 노력하도록 만들어 도리어 범죄인의 검거를 어렵게 하거나 범죄수사를 미궁에 빠뜨리게 할 뿐이다.

한편 사형제도를 통하여 실현하려는 또 다른 목적은 범죄자를 사회로부터 영원히 격리함으로써 선량한 시민을 보호하는 것이다. 이러한 공익적 목적은 사형제도에 의하여 실현될 수 있을 것으로 보인다. 비록 종신형도 비슷한 효과를 거둔다고 볼 수 있지만 종신형의 경우에는 어떠한 형태로든 범죄인이 사회로 돌아올 수 있는 가능성을 완전히 배제하지는 못하기 때문이다(상대적 종신형의 경우에 사면이나 감형 또는 가석방, 절대적 종신형의 경우에 탈옥). 또한 사형제도의 공익적 목적이 응보와 보복 및 보복감정의 충족을 통한 정의실현에 있다면 이러한 목적도 사형제도에 의하여 충분히 달성될 수 있을 것이다.[28] 다만 이 경우에 응보와 보복 및 보복감정의 충족이 과연 정의인지에 대해서는 더 많은 논의가 필요할 것으로 보인다.

### (2) 종신형 및 사형축소와 필요성원칙

필요성원칙과 관련하여 사형제도보다 피해를 최소화할 수 있는 수단으로서 종신형제도가 언급된다. 하지만 종신형제도를 오히려 사형제도보다 더 비인간적이고 비경제적이라고 보는 사형존치론의 주장에 따르면 종신형제도가 반드시 필요성원칙을 충족한다고 볼 수는 없다. 하지만 법관의 오판가능성이라는 사형폐지론의 논거를 추가해 볼 때 결론이 달라질 수 있다. 법관이 사형선고를 하고 범죄인에 대한 사형집행이 마쳐진 후 그러한 사형선고가 잘못된 것이라는 사실이 밝혀진다면 사형은 회복할 수 없는 결과를 발생시킨다. 특히, 유능한 변호사를 선임할 수 있는 경제적 능력이 없어 충분한 방어권을 행사하지 못하는 사회적 약자의

---

28) 사형제도를 다룬 대표적 영화인 <데드 맨 워킹(Dead Man Walking)>을 보면 사형제도를 통해 피해자 가족의 보복감정이 충분히 달성될 수 없음을 알 수 있고, 오히려 가해자와 피해자의 화해가 중요하다는 사실을 확인할 수 있다. 같은 맥락에서 '용서'를 사형제도 폐지의 근거로 들기도 한다. 최경(2018), 114면 이하 참조.

경우에 오판가능성이 더 높아져 주로 사회적 약자에게 회복할 수 없는 결과가 발생할 수 있다는 점을 고려할 필요가 있다. 물론 사형존치론의 입장에서 오판가능성은 인간의 근본적 한계로서 불가피하다고 주장할지 모르지만 어떤 인간도 피해갈 수 없는 바로 그 오판가능성 때문에 단 한 번의 오판으로도 회복할 수 없는 피해가 발생하는 사형제도는 허용될 수 없다. 사형폐지론자가 사형을 대체하는 형벌로 제시하는 종신형이나 무기자유형의 경우에 이러한 회복불가능한 결과는 피할 수 있다. 결론적으로 회복불가능성이라는 사형제도의 치명적 한계를 고려할 때 범죄자의 인권에 대한 피해를 최소화하는 수단이 무엇인지는 분명해진다. 역설적이지만 형벌이 가혹해질수록 범죄예방효과가 높아진다고 믿는 사형존치론자가 주장하는 것처럼, 종신형이 더 가혹한 형벌이라면 사형존치론자는 적합성원칙에 따라 범죄예방에 더 효과적인 종신형을 선택한 후 오히려 사형제가 피해를 최소화할 수 있는 수단이라고 주장해야 논리일관된 입장이 될 수 있다.

한편 현실적으로 존재하는 사형제도를 잠정적으로 인정할 수밖에 없는 경우도 있다. 하지만 이 경우에도 ① 사형이 선고될 수 있는 범죄의 숫자를 생명박탈범죄에 한정하여 축소(특히 특별법에 규정된 사형의 폐지 및 반드시 사형을 선고해야 되는 절대적 사형제의 폐지)하라든지(**사형범죄 축소**), ② 사형선고에 필요한 정족수를 가중하라든지(**사형선고정족수 가중**), ③ 사형을 선고한 뒤 집행할 때까지 반드시 유예기간을 두는 제도(**사형집행유예제도**)[29]를 도입하라는 주장[30]이 있다. 이러한 주장은 기본권제한을 받는 자의 피해를 최소화하라는 필요성원칙의 관점에서 이해될 수 있다. 또한 사형선고의 요건을 엄격하게 정하여(**사형선고요건 강화**) 신중하게 사형을 선고하고 있는 대법원의 태도(아래 [판례 1.1] 참조)도 피해의 최소성이라는 관점에 서 있다고 볼 수 있다.

**[판례 1.1] 사형선고의 요건**

[1] 우리 법이 사형제도를 두고 있지만, 사형은 사람의 목숨을 빼앗는 마지막 형벌이므로, 사형의 선고는 범행에 대한 책임의 정도와 형벌의 목적에 비추어 그것이 정당화될 수 있는 특별한 사정이 있는 경우에만 허용되어야 하고, 따라서

---

29) 사형집행유예제도는 중국에서 실시되고 있는 제도로서 사형선고와 함께 2년 동안 사형집행의 유예를 선고하고, 그 기간이 지난 후 사형집행을 할 것인지 아니면 감형을 할 것인지를 결정하는 제도를 말한다. 이에 대한 자세한 설명은 이훈동(2003), 94면 이하 참조. 그리고 이 제도를 한국에 도입할 수 있는 가능성과 그 구체적 대안에 대해서는 하태훈(2007), 705면 이하 참조.

30) 한인섭(1991), 42면 이하; 이훈동(2002), 162면 이하; 강석구/김한균(2005), 163면 이하; 김종덕(2005), 26면 이하 참조.

사형을 선고함에 있어서는 범인의 연령, 직업과 경력, 성행, 지능, 교육정도, 성장과정, 가족관계, 전과의 유무, 피해자와의 관계, 범행의 동기, 사전계획의 유무, 준비의 정도, 수단과 방법, 잔인하고 포악한 정도, 결과의 중대성, 피해자의 수와 피해감정, 범행 후의 심정과 태도, 반성과 가책의 유무, 피해회복의 정도, 재범의 우려 등 양형의 조건이 되는 모든 사항을 참작하여 위와 같은 특별한 사정이 있음을 명확하게 밝혀야 한다. 교제하던 여자의 어머니와 임신중인 올케를 살해하고 그 오빠도 살해하려고 하였으나 미수에 그친 사안에서 피고인이 교화개선의 여지가 있고 범행이 우발적인 충동에서 비롯된 것이며 수사 및 재판과정에서 범행 모두를 시인하면서 용서를 빌고 참회하고 있는 점 등에 비추어 사형으로 처단하는 것은 형의 양정이 심히 부당하다(대판 2001. 3. 9. 2000도5736).

[2] 사형의 선택 여부를 결정하기 위하여는 법원으로서는 마땅히 기록에 나타난 양형조건들을 평면적으로만 참작하는 것에서 더 나아가, 피고인의 주관적인 양형요소인 성행과 환경, 지능, 재범의 위험성, 개선교화 가능성 등을 심사할 수 있는 객관적인 자료를 확보하여 이를 통하여 사형선택 여부를 심사하여야 할 것은 물론이고, 피고인이 범행을 결의하고 준비하며 실행할 당시를 전후한 피고인의 정신상태나 심리상태의 변화 등에 대하여서도 정신의학이나 심리학 등 관련 분야의 전문적인 의견을 들어 보는 등 깊이 있는 심리를 하여 본 다음에 그 결과를 종합하여 양형에 나아가야 한다(대판 2003. 6. 13. 2003도924).

**주요개념**

**【사면(赦免)】** 형을 선고함으로써 발생하는 효과 가운데 전부 또는 일부를 소멸시키거나 형을 선고하기 전에 공소권을 소멸시키는 행위 또는 형이 확정된 후에 형의 집행을 면제시키는 행위를 말한다. 사면은 일정한 범죄를 저지른 모든 범죄인을 사면하는 '일반사면'과 특정인을 사면하는 '특별사면'으로 구분되고, 일반사면을 위해서는 국회의 동의가 필요하다(헌법 제79조 제2항).

**【감형(減刑)】** 형을 경감시키는 행위 또는 형이 확정된 후에 형의 집행을 경감시키는 행위를 말한다. 감형은 일정한 범죄를 저지른 모든 범죄인을 감형하는 '일반감형'과 특정한 범죄인을 감형하는 '특별감형'으로 구분된다.

### (3) 사형찬반의 논거와 좁은 의미의 비례성원칙

좁은 의미의 비례성원칙과 관련하여 사형제도를 통하여 달성하려는 목적(=범죄예방+시민의 생명보호+응보와 보복감정의 충족 등)과 그로 인하여 발생하는 다른 목적(=범죄인의 생명권)에 대한 피해를 조화시키는 방법은 무엇인가? 결국 이러한 두 가지 목적이 모두 중요하기 때문에 사형제도를 둘러싸고 결론이 나지 않는 논쟁이 계속되는 것으로 보인다. 어쨌든 사형제도를 통해서 범죄예방의 효과를 만들어내고 무고한 시민의 생명이 보호될 수 있는지, 그리고 범죄에 대한 응징과 보복이 과연 정의인지에 대해서는 여전히 의문이 제기된다.

또한 사형제도는 피할 수 없는 '필요악'이라거나 충분히 예측될 수 있는 '국민의 법감정'이라는 논증될 수 없는 논거들은 논쟁의 핵심을 혼란시킨다. 이러한 논거들은 흔히 사형제도를 둘러싼 논쟁을 비이성적이고 감정적인 것으로 만들기 때문이다.[31] 오히려 사형제도는 많은 국가에서 정치적으로 악용되는 사례가 자주 발견되고 있다는 점, 그리고 사형제도를 완전히 폐지하거나 극히 예외적인 범죄를 제외하고 사형제도를 폐지하는 국가 또는 사형집행을 거의 하지 않음으로써 사실상 사형제도를 폐지한 국가가 증가하고 있다는 점은 사형제도를 반대하는 강력한 현실적 논거가 되고 있다.

한편 범죄에 대한 책임이 전적으로 범죄자 개인의 책임이 아니라 범죄에 대해서는 일정 부분 사회의 책임도 존재한다는 주장은 경청할 만한 가치가 있다. 이 주장에 따르면 사형제도를 통해 실현하려는 가치와 이익의 조화는 다른 관점에서 접근해야 하기 때문이다. 범죄의 책임이 범죄자 개인이 아니라 사회 전체에도 있다고 가정해보자. 그렇다면 사회 전체가 범죄환경을 만들지 않도록 변화, 개선되지 않는 한 사형제도는 범죄예방도 시민생명보호도 다할 수 없다. 또한 범죄자 개인에 대한 응보를 통한 정의실현은 사회 전체의 범죄에 대하여 한 사람을 희생양으로 만들어 다른 사회구성원들의 책임을 면해보려는 것에 지나지 않는다.

## 2. 본질내용침해금지원칙

헌법에 따르면 기본권을 제한하는 경우에도 그 본질내용을 침해해서는 안된다(헌법 제37조 제2항). 법리적으로는 본질내용이 무엇인지에 대해서는 이미 설명한 것처럼 ① 어떠한 경우에도 제한될 수 없는 절대적 핵심영역으로 이해하는 견해(**절대설**)와 ② 앞에서 설명한 비례성원칙에 따라 제한되고 남은 나머지의 영역으로 이해하는 견해(**상대설**)가 대립하고 있다.

---

31) 사형제도가 '필요악'이라거나 '국민의 법감정'이라는 주장에 대해서는 사형제도 안에서 '인간의 권력의지'를 읽고 있는 견해가 좋은 답변이 될 수 있을 것으로 생각된다. "보수적인 사람일수록 사형에 찬성하는 경향을 보인다. 이는 사형제도 존속론의 바탕에 권력 의지가 깔려 있음을 보여준다. 이들은 자기들이 가진 권력의 행사 범위를 타인의 생명에까지 연장시키고 싶어 한다. 인간에게 생명을 주었다가 다시 빼앗을 권리를 가진 존재, 즉 신의 전능을 갖고 이 땅에서 누리고 싶어 한다. 사형제도는 신이 주재하는 '최후의 심판'의 패러디. 그런데 누가 이들에게 신이 될 권리를 주었단 말인가?" 진중권, ≪폭력과 상스러움≫(2002), 152면 이하.

절대설은 이 견해에서 주장하는 절대적 핵심영역이 무엇인지에 대한 명확한 설명이 어렵다는 문제점이 발생한다. 어쨌든 생명권은 기본권의 절대적 본질내용으로 이해되는 대표적인 예에 해당한다. 한편 상대설은 기본권을 빈껍데기로 만들 수 있다는 문제점이 지적된다. 무엇보다도 생명권의 경우에 본질내용을 상대적인 것으로 이해하면 생명권에 대한 보장이 무의미해질 수도 있다는 비판이 제기된다.

헌법재판소의 판례를 예로 들자면 "사형제도는 생명권의 본질적 내용을 침해하는 생명권의 제한이므로 헌법 제37조 제2항 단서에 위반된다"[32]는 소수견해의 주장은 본질내용에 관한 절대설의 입장이다. 비례성원칙에 따르더라도 제한될 수 없는 절대적 본질내용을 상정하기 때문이다. 반면에 "사형이 비례의 원칙에 따라서 최소한 동등한 가치가 있는 다른 생명 또는 그에 못지 아니한 공공의 이익을 보호하기 위한 불가피성이 충족되는 예외적인 경우에만 적용되는 한, 그것이 비록 생명을 빼앗는 형벌이라 하더라도 헌법 제37조 제2항 단서에 위반되는 것으로 볼 수는 없다"는 다수견해의 주장은 본질내용에 관한 상대설의 입장이다. 본질내용을 비례성원칙에 따라 결정되는 상대적인 것으로 이해하기 때문이다.

이 책은 헌법적 법리를 지루하게 논쟁하는 자리가 아니다. 따라서 본질내용에 관한 법리를 더 이상 자세하게 설명할 필요는 없다고 생각된다.[33] 다만 이 책이 인권에 관한 이성적 접근과 해결을 시도하고 있다는 점에서 다음과 같은 사실만을 확인하기로 한다. "본질내용에 관한 절대설은 기본적 인권에 대한 자명한 영역을 확대시키는 견해다. 따라서 기본적 인권에 대한 이성적 논의를 지향하는 우리는 절대설에 동의할 수 없다."

**[판례 1.2] 사형제도에 대한 헌법재판소의 견해 1**

생명권 역시 헌법 제37조 제2항에 의한 일반적 법률유보의 대상이 될 수밖에 없는 것이나, 생명권에 대한 제한은 곧 생명권의 완전한 박탈을 의미한다 할 것이므로, 사형이 비례의 원칙에 따라서 최소한 동등한 가치가 있는 다른 생명 또는 그에 못지 아니한 공공의 이익을 보호하기 위한 불가피성이 충족되는 예외적인 경우에만 적용되는 한, 그것이 비록 생명을 빼앗는 형벌이라 하더라도 헌법 제37조 제2항 단서에 위반되는 것으로 볼 수는 없다. 모든 인간의 생명은 자연적 존재로서 동등한 가치를 갖는다고 할 것이나 그 동등한 가치가 서로 충돌하게 되거나 생명의 침해에 못지 아니한 중대한 공익을 침해하는 등의 경우에는 국민의 생명·재산 등

32) 헌재 2010. 2. 25. 2008헌가23, 판례집 22-1상, 75이하 참조.

33) 기본권의 본질내용에 대한 자세한 설명은 이준일, ≪헌법학강의≫(2019), 제2편 제1부 제3장 제4절 Ⅱ. 2. 참조.

을 보호할 책임이 있는 국가는 어떠한 생명 또는 법익이 보호되어야 할 것인지 그 규준을 제시할 수 있는 것이다. 인간의 생명을 부정하는 등의 범죄행위에 대한 불법적 효과로서 지극히 한정적인 경우에만 부과되는 사형은 죽음에 대한 인간의 본능적 공포심과 범죄에 대한 응보욕구가 서로 맞물려 고안된 "필요악"으로서 불가피하게 선택된 것이며 지금도 여전히 제 기능을 하고 있다는 점에서 정당화될 수 있다. 따라서 사형은 이러한 측면에서 헌법상의 비례의 원칙에 반하지 아니한다 할 것이고, 적어도 우리의 현행 헌법이 스스로 예상하고 있는 형벌의 한 종류이기도 하므로 아직은 우리의 헌법질서에 반하는 것으로 판단되지 아니한다(헌재 1996. 11. 28. 95헌바1).

**[판례 1.3] 사형제도에 대한 헌법재판소의 견해 2**

① 사형은 일반국민에 대한 심리적 위하를 통하여 범죄의 발생을 예방하며 극악한 범죄에 대한 정당한 응보를 통하여 정의를 실현하고, 당해 범죄인의 재범 가능성을 영구히 차단함으로써 사회를 방어하려는 것으로 그 입법목적은 정당하고, 가장 무거운 형벌인 사형은 입법목적의 달성을 위한 적합한 수단이다. ② 사형은 무기징역형이나 가석방이 불가능한 종신형보다도 범죄자에 대한 법익침해의 정도가 큰 형벌로서, 인간의 생존본능과 죽음에 대한 근원적인 공포까지 고려하면, 무기징역형 등 자유형보다 더 큰 위하력을 발휘함으로써 가장 강력한 범죄억지력을 가지고 있다고 보아야 하고, 극악한 범죄의 경우에는 무기징역형 등 자유형의 선고만으로는 범죄자의 책임에 미치지 못하게 될 뿐만 아니라 피해자들의 가족 및 일반국민의 정의관념에도 부합하지 못하며, 입법목적의 달성에 있어서 사형과 동일한 효과를 나타내면서도 사형보다 범죄자에 대한 법익침해 정도가 작은 다른 형벌이 명백히 존재한다고 보기 어려우므로 사형제도가 침해최소성원칙에 어긋난다고 할 수 없다. 한편, 오판가능성은 사법제도의 숙명적 한계이지 사형이라는 형벌제도 자체의 문제로 볼 수 없으며 심급제도, 재심제도 등의 제도적 장치 및 그에 대한 개선을 통하여 해결할 문제이지, 오판가능성을 이유로 사형이라는 형벌의 부과 자체가 위헌이라고 할 수는 없다. ③ 사형제도에 의하여 달성되는 범죄예방을 통한 무고한 일반국민의 생명 보호 등 중대한 공익의 보호와 정의의 실현 및 사회방위라는 공익은 사형제도로 발생하는 극악한 범죄를 저지른 자의 생명권이라는 사익보다 결코 작다고 볼 수 없을 뿐만 아니라, 다수의 인명을 잔혹하게 살해하는 등의 극악한 범죄에 대하여 한정적으로 부과되는 사형이 그 범죄의 잔혹함에 비하여 과도한 형벌이라고 볼 수 없으므로, 사형제도는 법익균형성원칙에 위배되지 아니한다(헌재 2010. 2. 25. 2008헌가23).

**[판례 1.4] 사형제도에 대한 대법원의 견해**

헌법 제12조 제1항에 의하면 형사처벌에 관한 규정이 법률에 위임되어 있을 뿐 그 처벌의 종류를 제한하지 않고 있으며, 현재 우리나라의 실정과 국민의 도덕적 감정 등을 고려하여 국가의 형사정책으로 질서유지와 공공복리를 위하여 형법 등에 사형이라는 처벌의 종류를 규정하였다 하여 이것이 헌법에 위반된다고 할 수 없다(대판 1991. 2. 26. 90도2906; 1990. 4. 24. 90도319; 1987. 9. 8. 87도1458; 1983. 3. 8. 82도3248).

# Ⅳ. 대체형벌에 관한 논의

사형이 생명권을 침해하는 위헌적 형벌인 경우에 사형을 대체할 형벌이 무엇인지에 대한 논의가 필요하다. 우선 감형이나 사면 또는 가석방이 없는 절대적 종신형이 대안으로 제시되지만[34] 평생 동안을 감옥에 가두는 것은 사형만큼 인간의 존엄에 반한다거나 신체의 자유를 지나치게 제한한다는 반론이 있다.[35] 이에 따라 무기자유형이 대체형벌로 제시되기도 하지만 현행법상 무기자유형은 사면이나 감형이 가능하고, 일정 기간이 지나면 가석방이 가능하다는 점에서 사형을 대체하는 형벌로서 충분하지 않다는 반론이 있다. 특히 무기자유형은 피해자 가족의 감정에도 합치하지 않는다는 문제점이 지적된다. 이에 따라 가석방을 위한 의무복역기간의 하한을 높인 무기자유형이나 상대적 종신형으로 법률을 개정하는 대안이 제시되기도 한다.[36]

**토론문제**

1. 사형제도로 인해 범죄발생이 감소할 수 있는가?
2. 사형제도를 폐지할 때 대안은 무엇인가?
3. 사형제도를 존치할 때 피해를 줄이는 대안은 무엇인가?
4. 사형과 종신형의 장·단점은 무엇인가?
5. 범죄에 대한 책임은 범죄자와 사회구성원 가운데 누구에게 더 있는가?

**내 입장은?**

1. 사형제도는 전면적으로 폐지되어야 한다.
2. 반인도적 범죄에 대한 사형제도는 유지되어야 한다.
3. 사형제도는 다양한 범죄에 대해서 인정될 수 있다.

---

34) 이보영/박봉진(2007), 363면 참조. 절대적 종신형의 필요성과 문제점에 대해서는 허일태(2001), 61면 이하 참조.

35) 김선택(2005), 166면 이하 참조.

36) 무기징역 또는 무기금고의 집행 중에 있는 자가 가석방되기 위한 의무복역기간이 기존에는 10년이었지만, 2010년 형법이 개정되면서 20년으로 변경되었다(동법 제72조 제1항).

# 참고문헌

강석구/김한균(2005), ≪사형제도의 합리적 축소정비방안≫(한국형사정책연구원), 2005.

김배원(1988), 미국의 사형제도－Furman 사건 판결 이후의 입법동향 및 판례를 중심으로－, ≪법학연구≫(부산대학교 법학연구소), 제30권 제1호(1988), 335～363면.

김상겸(2004), 생명권과 사형제도－사형제도 존치론을 중심으로－, ≪헌법학연구≫(한국헌법학회), 제10권 제2호(2004), 221～261면.

김상균(2008), 사형제도에 대한 신학적 쟁점, ≪법학연구≫(한국법학회), 제31집(2008), 389～409면.

김선택(2005), 사형제도의 헌법적 문제점－사형의 위헌성과 대체형벌－, ≪고려법학≫(고려대학교 법학연구원), 제44호(2005), 141～172면.

김영옥(1995), 사형제도에 관한 판례연구, ≪형사법연구≫(한국형사법학회), 제8권(1995), 63～82면.

김종덕(2005), 사형제도의 개선방안, ≪법학연구≫(한국법학회), 제20집(2005), 23～49면.

문성학(1997), 사형제도의 도덕성 논쟁, ≪철학연구≫(대한철학회), 제62집(1997), 93～118면.

문홍주(1976), 미국의 사형제도위헌성, ≪공법연구≫(한국공법학회), 제4집(1976), 123～138면.

박기석(2001), 사형제도에 관한 연구, ≪형사정책연구≫(한국형사정책연구원), 제12권 제3호(2001), 75～116면.

박선영(1997a), 사형제도 합헌결정에 대한 소고(상), ≪사법행정≫(한국사법행정학회), 제38권 제2호(1997), 37～47면.

박선영(1997b), 사형제도 합헌결정에 대한 소고(하), ≪사법행정≫(한국사법행정학회), 제38권 제3호(1997), 29～36면.

박용철(2020), 미국의 형법 개정 동향, ≪비교형사법연구≫(한국비교형사법학회), 제21권 제4호(2020), 1～24면.

박인성(2009), 사형제도 존・폐의 검토－기독교적 윤리와 연관하여－, ≪철학연구≫(대한철학회), 제110집(2009), 43～68면.

오경식(2012), 사형제도에 대한 국제협약과 국내 현황에 대한 연구, ≪비교형사법연구≫(한국비교형사법학회), 제14권 제2호(2012), 275～295면.

오영근(1983), 미국의 사형제도, ≪서울대학교 법학≫(서울대학교 법학연구소), 제24권 2・3호(1983), 291～306면.

윤영철(2010), 사형제도에 대한 헌법재판소 결정(2010. 2. 25, 2008헌가23)의 문제점과 사형제도 폐지에 관한 소고, ≪중앙법학≫(중앙법학회), 제12집 제3호(2010), 253～284면.

윤진숙(2014), 사형제도의 유효성에 대한 법사회학적 고찰－미국의 사례를 중심으로－, ≪법조≫(법조협회), 제63권 제5호(2014), 103～131면,

이덕인(2011), 사형제도의 정당성에 대한 비판적 검토, ≪형사정책≫(한국형사정책학회), 제23권 제1호(2011), 277～300면.

이동명(2010), 사형제도의 위헌성 고찰, ≪법학연구≫(한국법학회), 제38집(2010), 223～251면.

이보영/박봉진(2007), 사형제도의 존폐와 그 현실적 대안－절대적 종신형제 도입을 촉구하며－, ≪법학연구≫(한국법학회), 제25집(2007), 347～370면.

이준일(2002), 헌법적 정의와 사형제도, ≪현대공법이론연구≫(금촌 육종수박사 정년기념논문집, 2002), 275～290면.

이훈동(2002), 사형제도에 대한 새로운 시각, ≪교정연구≫(한국교정학회), 제16호(2002), 155～178면.

이훈동(2003), 사형의 집행유예제도와 형사정책적 의의, ≪교정연구≫(한국교정학회), 제20호(2003), 93～115면.

정영일(1986), 사형제도에 대한 형사정책적 음미, ≪형사정책≫(한국형사정책학회), 창간호(1986), 309～333면.

정일웅(2006), 사형제도와 인간의 생명, ≪신학지남≫, 2006년호(통권 제287호), 16～32면.

최 경(2018), '용서'라는 치유의 길: 영화 <용서, 그 먼 길 끝에 당신이 있습니까?>로 다시 생각해보는 사형제도, ≪가톨릭 평론≫(우리신학연구소), 제18호(2018), 114～122면.

하태훈(2007), 한국에서의 사형집행유예제도에 관한 논의, ≪비교형사법연구≫(한국비교형사법학회), 제9권 제2호(2007), 697～718면.

한인섭(1991), 사형제도의 문제와 개선방안, ≪형사정책≫(한국형사정책학회), 제5호(1991), 23～55면.

허일태(2001), ≪형벌과 인간의 존엄≫(동아대학교 출판부, 2001), 제1장 한국의 사형제도의 위헌성(17～48면), 제2장 사형의 대체형벌로서 절대적 종신제의 검토(49～67면).

허일태(2009), 사형제도의 세계적 추세와 위헌성, ≪동아법학≫(동아대학교 법학연구소), 제45호(2009), 263～298면.

홍기원(2010), 사형제도의 범죄억지력에 관한 최근 미국 법경제학의 연구성과에 대한 검토, ≪고려법학≫(고려대학교 법학연구원), 제57호(2010), 1～24면.

# 제 2 장
# 안락사와 존엄하게 죽을 권리

"나는 누가 요구해도 치명적인 약을 처방하지 않을 것이며,
사람을 죽음에 이르게 하는 조언을 하지 않겠습니다."
≪히포크라테스 선서 중에서≫

"To please no one will I prescribe a deadly drug
nor give advice which may cause his death."
≪Hippocratic Oath≫

불치병으로 고통당하는 환자를 본 적이 있는가? 아니면 불치병환자를 가족으로 둔 사람들이 엄청난 치료비 때문에 힘들어하는 것을 본 적이 있는가? 불치병환자와 그 가족들에게 치료약이 개발될 때까지 기다리며 고통스런 나날을 보내도록 하는 것이 맞는 일일까? 만약 당신이, 또는 당신의 가족이 불치병으로 고통스러워할 때 당신은 어떻게 행동하겠는가?

우리는 불치병환자들에게 편안하게 죽을 수 있는 장치를 마련해 자살에 이르게 한 의사를 알고 있다. 그는 자비로운 의사인가? 아니면 냉혹한 살인자인가? 불치병환자의 자살을 돕는 것이 선한 일이라면 어떤 이유에서든 사는 것이 힘들고 고통스러워 스스로 목숨을 끊고자 하는 사람을 돕는 것도 선한 일이 아닌가? 심지어 살 만한 가치가 없다고 생각되는 사람들의 목숨까지 빼앗아 버리는 것도 올바른 일이 아닌가?

인간으로서 아름답게 사는 것도 중요하지만 아름답게 죽는 것도 중요한 일이다. 불치의 질병으로 고통하는 것은 아름답지 못하다. 차라리 그들에게 아름다운 죽음을 선택하도록 내버려두거나 돕는 것이 모두에게 아름다운 일일 수 있다. 여기서 불치병을 앓고 있는 사람들에게 아름다운 죽음을 선택할 수 있는 권리가 있는지를 생각해보기로 한다.

# Ⅰ. 안락사의 개념과 유형

## 1. 개　　념

안락사(euthanasia)는 그리스어에서 '좋다'(good)는 의미를 가진 'eu'와 '죽음'(death)을 의미하는 'thanatos'가 결합된 개념이다. 이러한 개념은 불치의 질병을 앓고 있는 환자 또는 사망이 임박한 환자(임종 환자 또는 말기 환자)가[1] 극심한 육체적, 정신적 고통을 당하고 있는 경우에 이러한 고통을 제거하기 위하여 의사가 환자의 생명을 중단시키는 행위를 뜻한다. 안락사는 결국 불치병 환자 또는 임종 환자의 생명을 박탈(단축)한다는 점에서 일종의 살인행위다.[2] 하지만 안락사는 많은 경우에 불치병 환자 또는 임종 환자의 자발적인 요구에 따라 실행된다는 점에서 '촉탁살인'(본인의 부탁을 받아 살인하는 행위)[3]에 가깝다. 이러한 의미에서 안락사를 '자비로운 살인'(mercy killing)이라고 부르기도 한다. 형법은 원칙적으로 피해자의 승낙이 있는 경우에 처벌하지 않지만(동법 제24조) 생명의 중대함에 비추어 살인행위의 경우에는 피해자의 승낙이 있어도 그 불법성이 완전히 배제되지는 않는다(동법 제252조 제1항).

안락사는 의사 등 타인이 환자의 생명을 종지시킨다는 점에서 자살이나 '자살방조'(자살을 돕는 행위)[4]와는 다르다. 따라서 안락사를 위한 투약이나 주사를 위한 준비행위는 의사 등 타인이 행하고, 직접적으로 환자의 생명을 종지시키는

---

1) 불치의 질병이 곧바로 죽게 된다는 것을 의미하는 것은 아니기 때문에 불치병 환자와 말기 환자는 구분되어야 한다. 물론 안락사가 문제되는 것은 대부분 불치병의 말기에 있는 환자의 경우이기 때문에 이러한 구분이 무의미할 수도 있다. 하지만 일반적으로 말기 환자가 극심한 고통을 겪는 것은 사실일지라도 불치병 그 자체만으로도 육체적, 정신적 고통을 동반할 수 있어 이 경우에도 안락사가 문제될 수 있기 때문에 일단 양자를 구분하기로 한다.

2) 안락사를 진정안락사와 부진정안락사로 구분하기도 한다. 이러한 구분에 따르면 진정안락사는 "임종에 직면한 환자에게 생명의 단축 없이 안락한 죽음에 이르도록 그의 죽음을 도와주는 행위"를 말한다. 허일태(2001), 71면; 이상용(2003), 146면; 윤종행(2003), 454면 참조. 안락사를 이렇게 정의하면 안락사는 편안하게 죽도록 돕는 행위에 지나지 않기 때문에 살인행위에 해당하지 않게 된다. 견해에 따라서는 진정안락사의 경우에도 환자의 승낙 여부에 따라 다른 법적 평가를 하기도 한다. 전지연(2006), 116면 이하 참조.

3) 형법은 어떤 사람의 촉탁 또는 승낙을 받아 그 사람을 살해한 자를 1년 이상 10년 이하의 징역에 처하도록 규정하고 있다(동법 제252조 제1항).

4) 형법에 따르면 사람을 교사 또는 방조하여 자살하게 한 범죄는 촉탁살인죄와 마찬가지로 1년 이상 10년 이하의 징역에 처한다(동법 제252조 제2항). 독일의 경우 촉탁살인은 처벌받지만 자살의 교사나 방조는 처벌되지 않는다. 이에 관한 설명은 임웅(1999), 48면 이하 및 한상훈(2004), 172면 이하 참조. 그 밖에 독일에서의 안락사에 관한 논의에 대해서는 정문식(2005) 참조.

투약이나 주사행위 자체는 의사가 아니라 환자 본인에 의해서 이루어지는 경우는 '의사가 조력한 자살(suicide assisted by physician)'[5]로서 안락사와 구별된다.[6] 이러한 행위는 형식적으로 자살이면서 의사 등 타인에 의한 자살방조를 동반한다는 데 특징이 있다. 따라서 원칙적으로 살인행위에 해당하는 안락사와 자살관여행위인 의사조력자살은 구분되어야 한다. 하지만 넓은 의미의 안락사에 관한 논의는 의사조력자살을 포함시켜 진행된다.

### 주요개념

**【위법성조각사유】** 범죄의 구성요건에 해당해도 그 위법성을 배제하게 만드는 사유를 의미한다. 이러한 사유에는 ① 정당행위(형법 제20조), ② 정당방위(동법 제21조), ③ 긴급피난(동법 제22조), ④ 자구행위(동법 제23조), ⑤ 피해자의 승낙(동법 제24조) 등이 포함된다.

**【책임조각사유】** 범죄의 구성요건에 해당하고 그 위법성도 인정되지만 행위자의 책임을 물을 수 없는 사유를 의미한다. ① 책임무능력자의 행위(형법 제9조에서 제11조), ② 강요된 행위(동법 제12조), ③ 과잉방위(동법 제21조 제2항 및 제3항), ④ 과잉피난(동법 제22조 제3항), ⑤ 과잉자구행위(동법 제23조 제2항) 등이 포함된다.

---

5) '의사조력자살'(physician-assisted suicide)이라는 용어가 드러내는 부정적 인식을 배제하고 중립적인 접근을 하기 위해 '의사조력죽음'(physician-assisted dying 또는 physician-assisted death)이라는 표현이 사용되기도 한다. 의사조력자살의 헌법적 근거를 죽을 권리, 즉 "죽음의 시기와 방법을 스스로 선택할 수 있는 권리"에서 찾는 견해, 문제완(2020), 4면 이하 및 19면 이하 참조. 그리고 죽을 권리를 일종의 생성중인 인권으로 이해하면서 의사조력자살의 비범죄화 가능성을 검토하고 있는 견해로 이소영(2020), 11면 이하 참조. 한편 사회상규에 위반되지 않는 행위(형법 제20조) 등 의사조력자살을 포함한 적극적 안락사를 허용할 수 있는 근거 및 형법이나 연명의료결정법의 개정 등 적극적 안락사를 허용하는 입법적 방안에 대한 연구로 이문호(2019), 153면 이하 참조.

6) 미국에서 최초로 안락사를 합법화했다고 알려진 오리건(Oregon)주에서 허용되는 안락사가 '의사의 조력에 의한 자살(죽음)'이다(입법, 1997). 그 뒤로 안락사는 워싱턴(Washington)주(입법, 2008), 몬태나(Montana)주(판결, 2009), 버몬트(Vermont)주(입법, 2013), 뉴멕시코(New Mexico)주(판결, 2014)에서 입법 또는 판결을 통해 합법화되었다. 오리건주의 존엄사법(The Oregon Death with Dignity Act)에 대한 자세한 설명은 한상훈(2004), 165면 이하 참조. 한편 미국에서 안락사 논쟁을 촉발시킨 1976년 Quinlan판례(70 N.J.10, 355 A.2d 647)와 1990년 Cruzan판례(497 U.S. 261) 등 안락사에 관한 미국의 논의에 대해서는 노동일(2009), 6면 이하; 김명식(2010), 52면 이하 참조. 그 밖에 호주 등 외국의 논의에 대해서는 문성제(2009), 73면 이하 참조.

## 2. 유　　형

### (1) 소극적 안락사와 적극적 안락사

소극적(passive) 안락사는 환자의 생명유지에 필수적으로 요구되는 치료나 투약을 중지하거나 생명유지에 필요한 장치(예: 인공호흡장치)를 제거함으로써[7] 환자의 생명을 중단시키는 행위를 말한다.[8] 환자의 생명에 위해를 가하여 생명을 박탈하는 일정한 행위를 적극적으로 하는 것(작위)이 아니라, 생명유지에 필수적인 일정한 행위를 소극적으로 하지 않는 것(부작위, 생명유지의무의 불이행)이라는 점에서 '소극적 안락사'라고 부른다. 소극적 안락사의 경우에 환자에 대한 치료나 투약을 중지하거나 생명유지장치를 제거하는 행위와 환자의 죽음 사이에는 상당한 인과관계가 존재해야 한다.

적극적(active/aggressive) 안락사는 환자에게 치명적인 약물(예: 독극물) 등을 주사하여 환자의 생명을 인위적으로 중단시키는 행위를 말한다.[9] 환자의 생명에 위해를 가하는 일정한 행위를 적극적으로 시도한다는 점에서 '적극적 안락사'라고 부른다. 적극적 안락사는 불치의 질병을 앓고 있는 환자에 대해서 행해진다는 점에서 생존의 가치가 없는 사람의 생명을 인위적으로 단축시키는 '도태적(selective) 안락사'와 구분되기도 한다.

소극적 안락사와 적극적 안락사를 구분하는 이유는 환자가 '죽게 내버려두는 행위'와 환자를 '죽이는 행위' 사이에 대체로 도덕적인 또는 법적인 평가의 차이가 존재한다는 데 있다.[10] 환자가 죽게 내버려두는 행위는 도덕적으로 또는 법적으

---

7) 생명유지장치의 제거가 부작위에 의한 소극적 안락사인지 아니면 작위에 의한 적극적 안락사인지에 대한 논란이 있다. 이에 대한 자세한 설명은 김재봉(1999), 157면 이하; 전지연(2006), 145면 이하 참조.

8) 소극적 안락사를 "연명치료(life-sustaining treatment)의 중단"이라고 부르기도 한다. 김동건(2006), 188면 이하 참조. 반면에 소극적 안락사와 연명치료중단을 구분하기도 한다. 정진연(2009), 267면 이하 참조.

9) 2002년부터 안락사법을 시행하고 있는 네덜란드가 세계에서 적극적 안락사를 합법화한 최초의 나라로 알려져 있다. 네덜란드의 안락사법에 대해서는 한상훈(2004), 168면 이하 참조. 네덜란드는 미성년자의 경우 안락사가 허용되는 범위를 16세 이상으로 제한했는데, 네덜란드에 이어 2002년부터 적극적 안락사를 합법화한 벨기에는 2014년 2월 최초로 18세 미만의 미성년자를 포함한 전 연령층에 대해 안락사를 법적으로 허용하였다. 벨기에의 안락사법과 안락사의 인적 적용범위에 대해서는 이브 앙리 르뢰(Yves-Henri Leleu), 박수곤 역(2015), 464면 이하 참조.

10) 하지만 죽게 방치하는 행위와 죽이는 행위는 구분이 어렵기 때문에 양자의 구분을 전제로 도덕적 평가를 달리 하는 것은 타당하지 않고, 죽게 방치하는 행위가 언제나 죽이는 행위보다 도덕적으로 좋은 평가를 받는 것은 아니라는 점에서 양자를 달리 평가하는 것은 타당하

로 반드시 비난할 수는 없지만 환자를 죽이는 행위는 도덕적으로든 법적으로든 당연히 비난받아야 하기 때문이다. 환자가 죽게 내버려두는 행위는 환자를 치료해야 할 도덕적 또는 법적 의무가 존재하지 않는 경우에는 비난할 수 없다. 한편 환자를 죽이는 행위도 환자의 부탁에 따라 행해지는 경우에는 책임과 비난의 정도가 완화될 수는 있다.

**[판례 2.1] 보라매병원 사건**

보호자가 의학적 권고에도 불구하고 치료를 요하는 환자의 퇴원을 강청하여 담당 전문의와 주치의가 치료중단 및 퇴원을 허용하는 조치를 취함으로써 환자를 사망에 이르게 한 행위에 대하여 보호자, 담당 전문의 및 주치의가 부작위에 의한 살인죄의 공동정범으로 기소된 사안에서, 담당 전문의와 주치의에게 환자의 사망이라는 결과 발생에 대한 정범의 고의는 인정되나 환자의 사망이라는 결과나 그에 이르는 사태의 핵심적 경과를 계획적으로 조종하거나 저지·촉진하는 등으로 지배하고 있었다고 보기는 어려워 공동정범의 객관적 요건인 이른바 기능적 행위지배가 흠결되어 있다는 이유로 작위에 의한 살인방조죄만 성립한다고 본 사례(대판 2004. 6. 24. 2002도995).

### (2) 직접적 안락사와 간접적 안락사

직접적(direct) 안락사는 환자의 생명에 직접적으로 영향을 미치는 약물 등을 주사함으로써 극심한 고통을 겪고 있는 환자의 생명을 인위적으로 중단시키는 행위를 말한다. 반면에 간접적(indirect) 안락사는 환자의 고통을 경감시키기 위하여 투여한 진통제나 마취제가 부작용의 결과로 환자의 생명에 간접적으로 영향을 미치게 됨으로써 환자의 생명이 중단되는 결과가 초래되는 경우를 말한다.[11)]

직접적 안락사는 앞서 설명한 적극적 안락사와 혼용되는 경우도 있다.[12)] 하지만 개념상 직접적 안락사나 간접적 안락사는 모두 적극적 안락사를 전제로 한다는 점에서 적극적 안락사가 ① 직접적인 적극적 안락사와 ② 간접적인 적극적 안락사로 구분된다고 보는 것이 적절하다. 굳이 직접적 안락사와 간접적 안락사의 구분을 소극적 안락사의 경우에 적용한다고 해도 소극적 안락사는 모두 죽음에 직접적으로 영향을 미치는 직접적 안락사일 것이므로 간접적 안락사가 문제될 여

---

지 않다는 견해도 있다. 임종식(2003), 108면 이하 참조.

11) 간접적 안락사가 허용되는 형법적 법리에 대해서는 최우찬(1989), 42면; 전지연(2006), 127면 이하 참조.

12) 적극적 안락사와 직접적 안락사를 동일한 개념으로 사용하는 견해로 임웅(1999), 45면; 이상용(2003), 151면 및 김재윤(2006), 600면 참조.

지는 없다.

### (3) 자발적 안락사와 비자발적 안락사

자발적(voluntary) 안락사는 환자의 직접적인 동의에 따라 행해지는 안락사를 말한다. 한편 비자발적(non-voluntary) 안락사는 환자의 직접적인 동의 없이 타인의 의사에 따라 결정되는 안락사를 말한다.

비자발적 안락사는 다시 두 가지로 구분된다. 첫째, 환자의 직접적인 의사를 확인할 수 없는 경우에 가족이나 친지들에 의해서 안락사의 결정이 이루어지는 것으로 이것은 '자발적 의사가 없는(involuntary)' 것으로 부를 수 있다.[13] 예를 들어 식물인간상태에 있는 환자를 그의 동의 없이 가족의 의사를 물어 안락사시키는 경우를 말한다. 둘째, 안락사에 반대하는 환자의 직접적 의사가 있음에도 불구하고 타인에 의하여 환자에 대한 안락사가 결정되는 경우도 비자발적 안락사에 포함된다.

## Ⅱ. 안락사에서 문제가 되는 인권

### 1. 생 명 권

안락사는 비록 불치의 질병 또는 말기의 질병을 앓고 있기는 하지만 여전히 살아 있는 사람의 생명을 인위적으로 종지시키는 것이므로 '생명권'의 박탈을 의미한다. 안락사가 '죽음'의 문제로 보이기도 하지만 여전히 '생명'의 문제인 까닭이 여기에 있다. 생명권에 대해서는 사형제도를 논의하면서 충분히 설명하였으므로 여기서 다시 자세하게 설명하지 않기로 한다.[14]

비자발적 안락사의 경우에는 본인의 직접적 동의가 존재하지 않기 때문에 생명권의 관점에서 고찰하는 것이 타당하다. 하지만 자발적 안락사의 경우에는 본인의 동의가 존재하기 때문에 생명권의 관점에서 접근하기보다 생명보호에 관한 국가의 의무라는 관점에서 접근하는 것이 타당하다.

---

13) 한편 환자 가족의 동의에 의한 안락사를 "비자의적 안락사(nonvoluntary euthanasia)"로, 환자의 의사에 반하는 안락사는 "반자의적 안락사(involuntary euthanasia)"로 부르는 견해도 있다. 임종식(1999), 78면 각주 2) 참조.

14) 이 책 제1장 Ⅱ. 참조.

### 2. 존엄하게 죽을 권리

한편 안락사에서 문제가 되는 또 다른 인권은 환자의 '인간답고 존엄하게 죽을 권리(right to humane and dignified death)'다. 인간은 살아 있는 동안에 '인간답고 존엄하게 살 권리'도 있지만 죽음을 맞는 순간에도 '인간답고 존엄하게 죽을 수 있는 권리'를 향유해야 한다는 것이다. 불치의 질병 또는 말기의 질병으로 극심한 고통을 겪어야 하는 환자는 인간의 존엄을 상실한 채 고통스럽게 삶을 연장하며 살아가기보다는 스스로 존엄하고 평화롭게 죽을 수 있는 권리가 보장되어야 한다는 뜻이다. 이것은 '죽음에 관한 자기결정권'을 인정하는 결론에 이른다.

하지만 죽음에 관한 자기결정권은 그 본질상 본인의 명시적인 의사가 존재하는 경우에만 인정될 수 있다. 따라서 적어도 본인의 의사를 추정할 수 있는 객관적인 자료가 존재하는 경우에만 죽음에 관한 자기결정권을 인정할 수 있다. 어쨌든 죽음에 관한 자기결정권을 인정하면 본인의 동의가 있는 경우에는 소극적 안락사뿐만 아니라 적극적 안락사도, 그리고 간접적 안락사뿐만 아니라 직접적 안락사도 허용될 수 있는 가능성이 생기게 된다.

## Ⅲ. 안락사에 찬성하는 논거와 반대하는 논거

### 1. 찬성하는 논거

#### (1) 죽음에 대한 결정권

안락사에 찬성하는 논거로는 무엇보다도 자발적 안락사를 전제로 죽음에 관한 선택은 개인의 자유에 속한다는 것이다. 개인이 스스로 선택한 결정에 대해서는 그것이 비록 죽음에 관한 결정이라고 하더라도 가치평가가 불가능하다는 뜻이다. 결국 앞서 설명한 '죽음에 관한 자기결정권'이 인정될 수 있다는 논리다.[15] 죽음에 관한 자기결정권이 인정된다면 누구도 삶의 연장을 강요당하지 않는다. 따라서 생명보호의 관점에서 스스로 죽기로 결정한 사람이 죽지 못하도록 국가가 개입하는 행위에 대해서는 지나친 '후견주의(paternalism)'라고 비판한다. 죽음에 관한 자발적인 결정까지도 국가가 간섭할 수 있다면 마치 국가가 미성숙하여 자주적인 의사결정을 할 수 없는 국민의 후견인인 것처럼 행동할 수 있게 된다는 뜻이

15) 죽음에 관한 자기결정권에 관한 본격적인 논의로 한상수(2010), 166면 이하 참조.

다. 다만 이 경우에 소극적 안락사만 허용할 것인지, 아니면 적극적 안락사, 그것도 직접적 안락사까지 허용할 것인지의 문제는 남는다.[16)]

여기서 또한 문제가 되는 것은 본인의 분명한 의사가 없는 경우에 가족이나 친지의 의사만으로 죽음에 대한 결정권을 인정할 수 있는지 여부다. 예를 들어 환자에게 제공되는 치료가 무의미하고, 본인의 의사로 추정할 수 있는 가족의 의사가 있는 경우 또는 본인이 살아있을 때 의사를 표현한 경우에 죽음을 결정한 것으로 볼 수 있다.[17)] 물론 이 경우에도 어떤 종류의 안락사를 허용할 것인지의 문제는 여전히 남는다.

### (2) 불치병으로 인한 고통의 이해불가능성

다음으로 불치의 질병을 앓고 있는 환자의 육체적, 정신적 고통의 정도는 당사자 이외에는 어느 누구도 결코 이해할 수 없다는 점도 안락사에 찬성하는 논거로 인용된다. 이에 따르면 당사자가 아닌 다른 사람들이 불치병 환자에게 그가 겪고 있는 극심한 고통을 계속해서 인내하며 살아가라고 요구하는 것은 과도한 요구라고 주장된다.[18)] 다만 육체적 고통과는 달리 정신적 고통은 사람마다 차이가 크기 때문에 정신적 고통만으로 안락사를 허용할 것인지는 논란이 될 수 있다.

### (3) 불치병치료비용

또한 경제적 관점에서 볼 때도 불치의 질병을 치료하기 위하여 소요되는 엄청난 비용을 불치병 환자 또는 그 가족에게 계속해서 부담하라고 요구하는 것은 과도한 요구라는 것이다. 불치의 질병은 대부분 일반적인 질병보다 치료에 소요

---

16) 예를 들어 "적극적 안락사는 인간의 생명에 대한 법익의 불가처분성, 불가형량성 및 절대적 생명보호의 원칙에 입각한 엄격한 법해석과 평가를 통해 어떠한 경우에도 허용해서는 안 된다"고 보면서도 "의사능력 있는 환자가 치료중단을 원하는 의사표시를 명시적이고 진지하며 자유로운 상태에서 진의에 합치하여 하거나 이에 관한 의사를 생전유언, 사전지시, 사전처분 등의 객관적 자료에 의해 추정할 수 있는 경우에 의사는 환자의 자기결정권 내지 치료거부권을 존중하여 치료를 중단할 수 있다"고 하여 소극적 안락사는 허용된다고 보는 견해가 있다. 김재윤(2006), 604면 이하 및 607면 참조.

17) 이에 관한 자세한 설명은 김혁돈(2006), 126면 이하 참조. 같은 취지로 김경화(2002), 63면 참조. 한편 이러한 주장에 반대하는 견해로 김재봉(1999), 168면 이하 및 김재윤(2006), 607면 이하 참조. 다만 환자의 추정적 의사가 없는 경우의 소극적 안락사에 반대하는 견해도 형법상 위법성이 조각되는 정당행위로 인정되는 예외적인 경우를 인정한다. 김재윤(2006), 209면 이하 참조. 이러한 예외적 경우조차 인정하지 않는 견해로 전지연(2006), 127면 참조.

18) 생명연장기술이 "회복불가능한 환자에게 죽음과 고통을 연장시키는 의미만"을 가질 수 있다는 비판도 같은 취지로 이해될 수 있다. 임웅(1999), 55면 참조.

되는 비용이 크고, 환자가 죽음을 맞이할 때까지 치료할 수밖에 없을 정도로 장기간 동안 계속되기 때문에 환자나 그 가족이 부담해야 할 비용은 상상할 수 있는 것 이상이라는 것이다. 물론 여기서 불치병환자에게 소요되는 비용을 사회적 부담으로 해결하면 된다는 반론이 제기될 수도 있다. 하지만 사회 전체가 부담할 수 있는 비용은 여전히 제한적일 수밖에 없기 때문에 현실적인 대안이 될 수 있을지는 의문이다.

치료비용의 문제를 안락사를 결정하는 문제에서 고려하는 경우에도 본인의 명시적 또는 추정적 의사가 없는 경우에만 고려할 것인지, 아니면 본인의 명백한 의사에 반해서도 고려될 수 있는 것인지에 대해서는 논란의 여지가 있다.[19]

### (4) 의료경제학적 관점

그리고 국가 전체의 관점에서 볼 때 불치병 환자를 계속해서 치료함으로써 치료할 수 있는 환자들마저 치료받을 수 없는 지경에 이르게 된다는 점도 안락사에 찬성하는 논거로 인용될 수 있다. 한 국가의 의사와 의료시설은 제한적일 수밖에 없으므로 불치병 환자에게 투여되는 의료서비스와 의료시설을 치료가능한 환자에게 제공하는 것이 훨씬 더 효과적이라는 것이다. 이것은 경제적 관점이 개인적 차원에서 사회적 차원으로 확대된 논거로서 환자 본인의 의사와 상관없이 안락사 여부가 결정될 수 있다는 점에서 대단히 위험스러운 결과를 초래할 수 있다. 물론 이러한 의료경제학적 논거를 환자 본인에게 설명하고 본인이 동의한 경우에 안락사가 가능한지는 논란이 될 수 있다.

## 2. 반대하는 논거

### (1) 살인행위로서 안락사

안락사에 반대하는 견해는 결국 안락사는 살인이거나 적어도 자살의 방조라고 주장한다.[20] 어떠한 조건을 붙이고 어떠한 수사로 포장해도 살인은 살인이고, 기껏해야 자살방조를 정당화하는 미사여구(美辭麗句)에 지나지 않는다는 뜻이다.

19) 본인이 명시적 또는 추정적 의사가 없는 경우에도 "외적 조건에 따라 생명의 가치가 달리 평가될 우려가 있기 때문"에 가족의 경제적 부담은 안락사 여부의 결정에서 고려될 수 없다는 견해가 있다. 김재봉(1999), 170면 참조.

20) 안락사를 살인으로 보는 견해에 따르면 안락사는 "안락살(安樂殺)"로 불러야 한다고 한다. 홍성방, ≪헌법학≫(2005), 378면.

하지만 본인이나 가족의 동의가 있는 경우에는 일반적인 살인과 법적 의미가 달라진다는 점, 직접 살인하는 행위와 자살하는 자를 도와주는 행위(방조)는 질적으로 전혀 다르다는 점, 적극적 안락사와 소극적 안락사는 구분된다는 점 등에서 이러한 주장은 서로 다른 개념을 하나의 개념에 뒤섞어 버리는 문제점을 안고 있다.

### (2) 절대적 가치로서 생명

또한 도덕적 관점에서 또는 종교적 관점에서 자살이 허용되지 않기 때문에 안락사는 허용될 수 없다고 한다. 이러한 도덕과 종교에서 생명은 어떠한 경우에도 포기될 수 없는 절대적 가치라거나 인간은 자신의 생명을 포기할 수 있는 권리가 없다는 신념이 전제된다. 특히 기독교적 관점에서 생명은 오로지 절대자(神)에게 속한 것이므로 생명을 중단시키는 죽음에 관한 결정은 결코 인간이 스스로 내릴 수 없는 것이라고 한다.[21] 물론 기독교 안에서도 견해에 따라서는 천주교[22] 또는 개신교[23]에서 안락사가 부분적으로 허용된다고 한다.

### (3) 안락사결정에서 합리성결여

비록 안락사가 환자의 동의에 의한 자발적인 것이라고 하더라도 극심한 고통을 겪고 있는 환자의 동의는 합리적인 결정으로 볼 수 없다고 한다.[24] 극도로 절박

---

21) 한국사회는 기독교가 국민 대다수의 종교가 아니기 때문에 생명에 대한 기독교적 신성불가침의 논리로 안락사가 정당화될 수 없다는 견해가 있다. 임웅(1999), 49면 이하 참조.

22) 안락사에 일반적으로 부정적인 태도를 보이고 있는 천주교(카톨릭)는 간접적 안락사를 허용하면서 직접적 안락사에 반대한다. 구경국(2003), 51면 이하: "이처럼 극단적인 고통의 경우에는 부작용으로 생명이 단축되더라도 진통제나 마취제를 허용하는 사실에서 볼 수 있듯이 교회도, 다른 많은 전문가들과 마찬가지로 간접적 안락사에 아무런 이의를 제기하고 있지 않다."; 같은 이, 같은 글, 53면: "적극적인 안락사의 허용은 인간존엄성을 보존하는 것이라기보다는 오히려 인간 생명의 신성함을 해치는 행위인 것이다." 한편 소극적 안락사도 특별한 경우에 허용하고 있다. 같은 이, 같은 글, 54면: "교회도, … 인간적 품위를 지니는 죽음을 맞이하고자 하는 인간적 권리의 존중이라는 측면에서 특별한 경우, … 환자의 조건으로 보아 더 이상 특수 치료가 필요하지 않다고 인정되는 경우 그 특수 치료 사용의 포기를 정당한 것으로 받아들이고 있다."

23) 김동건(2006), 191면 이하 참조. 그는 기독교 윤리를 율법주의(legalism), 무율법주의(antinominaism), 상황주의(situationism)로 나누면서 안락사를 다루기 적절한 입장은 상황주의라고 한다. 그리고 이러한 관점에서 ① 환자와 가족의 소명의식, ② 기독교적인 사랑, ③ 인간에 대한 기독교적인 존엄성을 기준으로 소극적 안락사가 허용될 수 있다고 한다.

24) 윤종행(2003), 472면 참조. 그 밖에 같은 취지의 견해로 전지연(2006), 126면: "죽지 않았으면 환자가 자상한 간호와 적합한 의료적 도움으로 극복될 수도 있었을 체념이나 공황상태에서 살해요청이 행하여질 가능성도 배제할 수는 없는 것이다."

한 상황에서 내린 환자의 결정에서 이성이나 합리성의 기본적 요청은 조금도 찾을 수 없기 때문이다. 이러한 맥락에서 안락사에 찬성하는 견해도 안락사 결정 이전에 자신의 안락사에 대한 동의와 관련하여 반드시 '숙려기간(cooling off period)'을 두어야 한다는 점에 대해서는 찬성한다. 하지만 문제는 자신의 안락사에 대하여 숙려할 수 없을 만큼의 고통을 겪고 있는 환자에게도 자신의 안락사에 대하여 깊이 생각하여 동의하도록 요구할 수 있는지 하는 점이다. 이 경우에는 가족이나 친지들의 동의로 안락사 여부를 결정할 수 있다는 것이 안락사에 찬성하는 견해의 주장이다.

더 큰 문제는 불치의 질병이 발생할 때를 대비하여 미리 자신이 불치병에 걸려 의식이 없을 때 자신을 안락사시켜 달라고 요구하는 '생전유언(living will)'이나 '사전지시(advance directives)'를 한 경우에조차 그러한 서약의 진지성을 죽음이 임박한 시점에서 다시 판단할 필요가 있다는 점이다. 하지만 안락사에 찬성하는 견해들은 안락사에 관한 생전유언이나 사전지시를 한 경우까지 동의의 진지성을 요구하는 것은 지나친 요구라고 주장한다.

### (4) 고통완화치료나 호스피스의 발전

고통완화치료(palliative care)나 호스피스(hospice)가 이전보다 발전되었다는 사실도 안락사에 반대하는 중요한 논거가 되고 있다. 하지만 이러한 논거에 반대하는 논거도 만만치 않다. 첫째, 고통완화치료는 환자를 더 고통스럽게 할 수 있는 부작용의 가능성이 항상 존재한다는 점, 둘째, 고통완화치료나 호스피스에 소요되는 비용이 엄청나기 때문에 누구나 그 혜택을 받을 수 없다는 점, 셋째, 궁극적으로 고통완화치료나 호스피스는 이것을 반대하면서 존엄하게 죽고자 하는 사람에게는 결코 강요할 수 없다는 점, 넷째, 불치병 환자의 고통은 단지 그러한 질병으로부터만 오는 고통이 아니라 다른 사람이나 의료기계에 의존할 수밖에 없다는 사실로부터 오는 고통일 수도 있다는 점 등이 그러한 반대논거에 해당한다.[25)]

### (5) 불치병의 치료가능성

현재의 의학수준에서 불치의 질병으로 평가되는 경우에도 일정한 시간이 흐르면 치료될 수 있는 질병이 될 수 있다는 점도 안락사에 반대하는 논거로 인용된다. 물론 경우에 따라서는 많은 시간이 필요할 수도 있을지 모르겠지만 조금만

25) 스탠포드 철학 백과사전 웹사이트(plato.stanford.edu): 자발적 안락사(voluntary euthanasia) 참조.

인내하면 치료될 수 있는 질병이 현재의 상황에서 치료될 수 없다는 사정 때문에 환자를 죽음으로 내모는 것은 대단히 안타깝다는 것이다.

#### (6) 미끄러운 경사길의 논거

자발적 안락사를 합법화하게 되면 모든 형태의 안락사까지 허용될 수밖에 없다는 이른바 '미끄러운 경사길(slippery slope)'의 논거도 안락사를 반대하는 견해에서 주장된다. 일단 한 번 허용하기 시작하면 그 결과는 예상할 수 없을 정도로 걷잡을 수 없게 된다는 주장이다.[26] 심지어 노인이나 장애인에 대한 살인행위도 안락사라는 이름으로 정당화될 수 있을 것이라는 것이 이들의 주장이다. 자발적 안락사와 비자발적 안락사는 구분이 명확하지 않다는 논거도 이러한 주장을 강화하는 논거가 된다. 안락사의 허용은 결국 생명을 경시하는 풍조를 강화하고, 악용되거나 남용될 개연성이 높다고 한다.

### 3. 평 가

안락사에 대해서는 ① 전면적으로 허용하는 모델, ② 전면적으로 금지하는 모델, ③ 원칙적으로 금지하면서 예외적으로 허용하는 모델이 가능하다. 전면적 허용 모델의 경우에 자발적 안락사만 전면적으로 허용하는 모델과 비자발적 안락사까지 전면적으로 허용하는 모델로 구분될 수 있다. 또한 자발적 안락사만 허용하는 모델의 경우에 소극적 안락사만 허용하는 모델과 적극적 안락사까지도 허용하는 모델이 가능하고, 자발적 의사(동의)는 명시적으로 표현되어야 하기도 하지만 추정적 의사로 충분할 수도 있다. 비자발적 안락사까지 허용하는 모델의 경우에 적어도 본인의 의사를 간접적으로 추정할 수 있는 가족이나 친지의 동의는 필요하다는 모델과 본인의 의사에 반하는 안락사도 가능하다는 모델로 다시 구분될 수 있다.

전면적 허용 모델은 원칙적으로 자살이 허용된다는 입장이고, 심지어 예외적이나마 촉탁살인이나 자살방조까지 허용된다는 점에서 생명의 경시를 조장할 가능성이 크다. 반면에 전면적 금지 모델은 불치병 환자의 고통을 고려하지 않은 채 무조건적으로 생명의 중요성만을 강조하거나 강요한다는 점에서 '존엄한 죽음'의 가치를 손상시킬 수 있다.

26) 예를 들어 "안락사는 자신에게 거추장스럽고 성가신 존재라고 생각되는 환자를 합법적으로 제거하는 수단으로 전락하게 될" 것이라는 주장이 있다. 윤종행(2003), 470면 참조.

따라서 원칙적 금지와 예외적 허용이 합리적 대안으로 제시되기도 한다. 생명의 가치가 가지는 중대성이라는 측면에서 원칙적으로 안락사는 허용될 수 없지만 극심한 고통을 겪는 환자의 입장을 고려하여 엄격한 조건하에서 극히 예외적으로만 안락사가 허용될 수 있다는 것이다. 일반적으로 제시되는 '엄격한 조건'으로는 ① 현재의 의학수준에서 불치의 질병으로 확인될 것, ② 이로 인해 환자가 극심한 육체적 또는 정신적 고통을 겪고 있을 것,[27] ③ 사망의 시기(임종)가 임박했을 것, ④ 안락사의 결정에 대한 본인의 동의 또는 적어도 가족이나 친지의 동의가 있을 것, ⑤ 안락사 결정 이전에 반드시 상담절차 및 숙려기간을 거칠 것, ⑥ 안락사가 의사에 의해 시술될 것, ⑦ 시술의 방법이 인간의 존엄과 가치를 보장할 것 등이다. 이와 유사하게 대법원도 ① 회복불가능한 사망의 단계에 진입한 환자가 ② 이러한 상황을 대비하여 미리 치료중단에 관한 의사를 명시적으로 표시하거나 객관적으로 추정할 수 있는 경우에 안락사(존엄사)가 허용될 수 있다고 한다.[28] 한편 헌법재판소는 죽음이 임박한 환자의 연명치료중단(소극적 안락사)에 관한 자기결정권을 인정하면서도 이에 관한 입법은 국회의 재량사항으로 보았다.[29]

**[표 2.1] 안락사에 관한 입법모델**

| 모델 | 비자발적 안락사 | | 자발적 안락사 | | 적극적 안락사 | 소극적 안락사 |
|---|---|---|---|---|---|---|
| | 의사 동의 | 가족 동의 | 명시적 동의 | 추정적 동의 | | |
| 전면 허용 | O | O | O | O | O | O |

27) 견해에 따라서는 육체적 고통만을 인정하고 정신적 고통은 해석과 범위에 대한 논란 때문에 인정하지 않기도 한다. 한상훈(2004), 180면 참조. 한편 육체적 고통은 안락사의 허용을 위한 조건에서 제외해야 한다는 견해도 있다. 임웅(1999), 43면 및 59면 참조.

28) 대판 2009. 5. 21. 2009다17417 참조. 이 판례에 대한 평석으로 이준일(2009), 정철(2009) 및 박준석(2010), 184면 이하 참조. 그 밖에 비교법적 연구를 통한 입법적 대안으로는 이준일(2010) 참조.

29) 헌재 2009. 11. 26. 2008헌마385 참조: "죽음에 임박한 환자에 대한 연명치료 중단에 관한 다툼은 법원의 재판을 통하여 해결될 수 있고, 법원의 재판에서 나타난 연명치료 중단의 허용요건이나 절차 등에 관한 기준에 의하여 연명치료 중단에 관한 자기결정권은 충분하지 않을지는 모르나 효율적으로 보호될 수 있으며, 자기결정권을 행사하여 연명치료를 중단하고 자연스런 죽음을 맞이하는 문제는 생명권 보호라는 헌법적 가치질서와 관련된 것으로 법학과 의학만의 문제가 아니라 종교, 윤리, 나아가 인간의 실존에 관한 철학적 문제까지도 연결되는 중대한 문제이므로 충분한 사회적 합의가 필요한 사항이다. 따라서 이에 관한 입법은 사회적 논의가 성숙되고 공론화 과정을 거친 후 비로소 국회가 그 필요성을 인정하여 이를 추진할 사항이다. 또한 '연명치료 중단에 관한 자기결정권'을 보장하는 방법으로서 '법원의 재판을 통한 규범의 제시'와 '입법' 중 어느 것이 바람직한가는 입법정책의 문제로서 국회의 재량에 속한다 할 것이다. 그렇다면 헌법해석상 '연명치료 중단 등에 관한 법률'을 제정할 국가의 입법의무가 명백하다고 볼 수 없다."

| 비자발・적극 | × | ○ | ○ | ○ | ○ | ○ |
|---|---|---|---|---|---|---|
| 비자발・소극 | × | ○ | ○ | ○ | × | ○ |
| 자발・적극 | × | × | ○ | ○ | ○ | ○ |
| 자발・소극 | × | × | ○ | ○ | × | ○ |
| 추정・자발・적극 | × | × | ○ | ○ | ○ | ○ |
| 추정・자발・소극 | × | × | ○ | ○ | × | ○ |
| 명시・자발・적극 | × | × | ○ | × | ○ | ○ |
| 명시・자발・소극 | × | × | ○ | × | × | ○ |

대법원과 헌법재판소가 소극적 안락사에 포함될 수 있는 연명치료중단을 인정하는 공통적인 전제는 사망을 '순간'이 아니라 '과정'으로 이해하는 것이다. 이에 따르면 연명치료중단은 '살아 있는 사람'의 생명을 단축시키는 것이 아니라 '죽어가는 사람'의 죽음을 단축시키는 것을 의미한다. 하지만 이러한 견해에 대해서는 사망을 하나의 과정으로 이해할 수 있는지 여부와 함께 사망의 과정이 시작하는 시점은 언제부터인지에 대한 의문을 제기할 수 있다. 동시에 사망을 하나의 과정으로 전제하면서 연명치료중단을 이미 죽어가기 시작한 사람의 죽음을 단축시키는 것으로 이해함으로써 연명치료중단에서 중요한 의미를 가지는 생명권이나 죽음에 관한 자기결정권의 문제를 우회하고 있는 것은 아닌지에 대한 의문도 제기해볼 수 있다.

한편 **호스피스・완화의료 및 임종과정에 있는 환자의 연명의료결정에 관한 법률**(2016. 2. 3. 법률 제14013호로 제정, 2017. 8. 4. 시행)[30]이 제정되어 임종과정에 있는 환자에게 하는 심폐소생술, 혈액 투석, 항암제 투여, 인공호흡기 착용의 의학적 시술로서 치료효과 없이 임종과정의 기간만을 연장하는 연명의료를 시행하지 아니하거나 중단하기로 하는 결정(동법 제2조)을 일정 요건하에 가능하게 하였다. 이 법률에 따라 '임종과정에 있는 환자'와 '말기환자'는 구분된다. 우선 임종과정에 있는 환자는 "담당의사와 해당 분야의 전문의 1명으로부터 임종과정에 있다는 의학적 판단을 받은 자"를 의미하는데 여기서 임종과정은 "회생의 가능성이 없고, 치료에도 불구하고 회복되지 아니하며, 급속도로 증상이 악화되어 사망에 임박한 상태"를 뜻한다(동법 제2조 제1호 및 제2호). 다음으로 말기환자는 "적극적인 치료에도 불구하고 근원적인 회복의 가능성이 없고 점차 증상이 악화되어" 법령에서 정해진 절차와 기준에 따라 "담당의사와 해당 분야의 전문의 1명으로부터 수개월 이내에 사망할 것으로 예상되는 진단을 받은 환자"를 의미한다(동조 제3호). 이러

30) 이 법률의 주요 내용에 대한 자세한 설명은 엄주희(2019), 39면 이하 참조.

한 임종과정에 있는 환자와 말기환자는 '연명의료계획서'의 작성을 요청할 수 있다(동법 제10조 제2항). 이 때 연명의료계획서는 임종과정에 있는 환자나 말기환자 본인의 의사에 따라 담당의사가 환자에 대한 연명의료를 처음부터 시행하지 않거나 중단하기로 하는 결정 또는 호스피스에 관한 사항을 계획하여 문서(전자문서를 포함)로 작성한 것을 말한다. 여기서 호스피스는 '호스피스 · 완화치료'를 줄인 말로 암이나 후천성면역결핍증 등 법률에 열거된 "질환으로 말기환자로 진단을 받은 환자 또는 임종과정에 있는 환자와 그 가족에게 통증과 증상의 완화 등을 포함한 신체적, 심리사회적, 영적 영역에 대한 종합적인 평가와 치료를 목적으로 하는 의료"를 뜻한다(동법 제2조 제6호). 작성된 연명의료계획서는 등록 · 보관되어야 하고(동법 제10조 제6항), 연명의료계획서는 언제든지 변경되거나 철회될 수 있다(동조 제5항). 장래에 임종과정에 있는 환자나 말기환자가 될 수 있는 상황을 가정하여 19세 이상인 사람은 '사전연명의료계획서'를 작성하여 미리 연명치료중단이나 호스피스에 관한 의사를 결정하여 등록 · 보관시킬 수 있다(동법 제12조).[31]

연명의료계획서나 사전연명의료계획서가 없는 경우에도 ① 19세 이상의 환자가 의사를 표현할 수 없는 의학적 상태에 있고, ② 환자의 연명의료를 시행하지 않거나 중단하겠다는 결정에 관한 의사로 보기에 충분한 기간 동안 그러한 의사를 일관되게 표시하였으며, ③ 이와 같은 환자 의사에 대하여 환자가족(19세 이상인 자로서 배우자, 직계비속, 직계존속 또는 이러한 세 유형의 가족이 없는 경우 형제자매) 2명 이상의 일치하는 진술(환자가족이 1명인 경우에는 그 1명의 진술)이 있으면 담당의사와 해당 분야의 전문의 1명의 확인을 거쳐 이러한 의사를 원칙적으로 환자 본인의 의사로 보아 연명의료를 시행하지 않거나 중단할 수 있다(동법 제17조 제1항 제3호). 이처럼 환자의 의사로 추정할 수 있는 의사(추정적 의사)를 환자의 진정한 의사로 의제하는 요건이 불명확하다는 비판이 제기되기도 한다.[32] 또한 이 같은 방식으로 환자의 의사를 확인할 수 없고 환자가 의사표현을 할 수 없는 의학적 상태인 경우에도 ① 미성년자인 환자의 법정대리인(친권자에 한정)이 연명의료를 시행하지 않거나 중단하겠다는 결정의 의사표시를 하고 담당의사와 해당 분야 전문의 1명이 확인하거나, ② 환자가족 중 배우자, 1촌 이내의 직계 존속 · 비속, 이러한 두 가지 유형에 해당하는 사람이 없는 경우 2촌 이내의 직계 존속 · 비속, 이러한 세 가지 유형에 해당하는 사람이 없는 경우 형제자매(19세 이상인 사람으로 한

31) 연명의료계획서 및 사전연명의료계획서의 작성 절차에 대한 자세한 설명은 이재석(2016), 229면 이하 참조.

32) 김학태(2017), 429면 참조.

정, 행방불명자 등 대통령령으로 정하는 사유에 해당하는 사람은 제외) 전원의 합의로 연명의료를 시행하지 않거나 중단하겠다는 결정의 의사표시를 하고 담당의사와 해당 분야 전문의 1명이 확인하면 원칙적으로 해당 환자를 위한 연명의료중단 등에 관한 결정이 있는 것으로 본다(동법 제18조 제1항). 연명의료를 중단하겠다는 등의 결정에 관한 의사를 확인하면서 가족의 의사로 대체하는 것은 죽음에 관한 자기결정권을 고려할 때 상당히 문제가 있어 보인다.[33]

**[법령 2.1] 호스피스·완화의료 및 임종과정에 있는 환자의 연명의료결정에 관한 법률**(최근개정: 2020. 4. 7. 법률 제17218호)

**제1조 (목적)**

이 법은 호스피스·완화의료와 임종과정에 있는 환자의 연명의료와 연명의료중단 등 결정 및 그 이행에 필요한 사항을 규정함으로써 환자의 최선의 이익을 보장하고 자기결정을 존중하여 인간으로서의 존엄과 가치를 보호하는 것을 목적으로 한다.

**제2조 (정의)**

이 법에서 사용하는 용어의 뜻은 다음과 같다.

1. "임종과정"이란 회생의 가능성이 없고, 치료에도 불구하고 회복되지 아니하며, 급속도로 증상이 악화되어 사망에 임박한 상태를 말한다.
2. "임종과정에 있는 환자"란 제16조에 따라 담당의사와 해당 분야의 전문의 1명으로부터 임종과정에 있다는 의학적 판단을 받은 자를 말한다.
3. "말기환자(末期患者)"란 적극적인 치료에도 불구하고 근원적인 회복의 가능성이 없고 점차 증상이 악화되어 보건복지부령으로 정하는 절차와 기준에 따라 담당의사와 해당 분야의 전문의 1명으로부터 수개월 이내에 사망할 것으로 예상되는 진단을 받은 환자를 말한다.
   가.~마. 삭제
4. "연명의료"란 임종과정에 있는 환자에게 하는 심폐소생술, 혈액 투석, 항암제 투여, 인공호흡기 착용의 의학적 시술로서 치료효과 없이 임종과정의 기간만을 연장하는 것을 말한다.
5. "연명의료중단 등 결정"이란 임종과정에 있는 환자에 대한 연명의료를 시행하지 아니하거나 중단하기로 하는 결정을 말한다.
6. "호스피스·완화의료"(이하 "호스피스"라 한다)란 다음 각 목의 어느 하나에 해당하는 질환으로 말기환자로 진단을 받은 환자 또는 임종과정에 있는 환자(이하 "호스피스대상환자"라 한다)와 그 가족에게 통증과 증상의 완화 등을 포함한 신체적, 심리사회적, 영적 영역에 대한 종합적인 평가와 치료를 목적으로 하는 의료를 말한다.
   가. 암
   나. 후천성면역결핍증
   다. 만성 폐쇄성 호흡기질환

---

33) 같은 취지로 김화(2016), 229면 이하; 김정아(2017), 61면 이하; 김학태(2017), 430면 이하; 원혜욱/백경희(2017), 187면 이하 참조.

라. 만성 간경화
마. 그 밖에 보건복지부령으로 정하는 질환

7. “담당의사”란 「의료법」에 따른 의사로서 말기환자 등을 직접 진료하는 의사를 말한다.
8. “연명의료계획서”란 말기환자 등의 의사에 따라 담당의사가 환자에 대한 연명의료중단 등 결정 및 호스피스에 관한 사항을 계획하여 문서로 작성한 것을 말한다.
9. “사전연명의료의향서”란 19세 이상인 사람이 자신의 연명의료중단 등 결정 및 호스피스에 관한 의사를 직접 문서로 작성한 것을 말한다.

**제3조 (기본 원칙)**

① 호스피스와 연명의료 및 연명의료중단 등 결정에 관한 모든 행위는 환자의 인간으로서의 존엄과 가치를 침해하여서는 아니 된다.
② 모든 환자는 최선의 치료를 받으며, 자신이 앓고 있는 상병(傷病)의 상태와 예후 및 향후 본인에게 시행될 의료행위에 대하여 분명히 알고 스스로 결정할 권리가 있다.
③ 「의료법」에 따른 의료인(이하 “의료인”이라 한다)은 환자에게 최선의 치료를 제공하고, 호스피스와 연명의료 및 연명의료중단 등 결정에 관하여 정확하고 자세하게 설명하며, 그에 따른 환자의 결정을 존중하여야 한다.

**제15조 (연명의료중단 등 결정 이행의 대상)**

담당의사는 임종과정에 있는 환자가 다음 각 호의 어느 하나에 해당하는 경우에만 연명의료중단 등 결정을 이행할 수 있다.

1. 제17조에 따라 연명의료계획서, 사전연명의료의향서 또는 환자가족의 진술을 통하여 환자의 의사로 보는 의사가 연명의료중단 등 결정을 원하는 것이고, 임종과정에 있는 환자의 의사에도 반하지 아니하는 경우
2. 제18조에 따라 연명의료중단 등 결정이 있는 것으로 보는 경우

**제17조 (환자의 의사 확인)**

① 연명의료중단 등 결정을 원하는 환자의 의사는 다음 각 호의 어느 하나의 방법으로 확인한다.

1. 의료기관에서 작성된 연명의료계획서가 있는 경우 이를 환자의 의사로 본다.
2. 담당의사가 사전연명의료의향서의 내용을 환자에게 확인하는 경우 이를 환자의 의사로 본다. 담당의사 및 해당 분야의 전문의 1명이 다음 각 목을 모두 확인한 경우에도 같다.
   가. 환자가 사전연명의료의향서의 내용을 확인하기에 충분한 의사능력이 없다는 의학적 판단
   나. 사전연명의료의향서가 제2조 제4호의 범위에서 제12조에 따라 작성되었다는 사실
3. 제1호 또는 제2호에 해당하지 아니하고 19세 이상의 환자가 의사를 표현할 수 없는 의학적 상태인 경우 환자의 연명의료중단 등 결정에 관한 의사로 보기에 충분한 기간 동안 일관하여 표시된 연명의료 중단 등에 관한 의사에 대하여 환자가족(19세 이상인 자로서 다음 각 목의 어느 하나에 해당하는 사람을 말한다) 2명 이상의 일치하는 진술(환자가족이 1명인 경우에는 그 1명의 진술을 말한다)이 있으면 담당의사와 해당 분야의 전문의 1명의 확인을 거쳐

이를 환자의 의사로 본다. 다만, 그 진술과 배치되는 내용의 다른 환자가족의 진술 또는 보건복지부령으로 정하는 객관적인 증거가 있는 경우에는 그러하지 아니하다.
가. 배우자
나. 직계비속
다. 직계존속
라. 가목부터 다목까지에 해당하는 사람이 없는 경우 형제자매

② 담당의사는 제1항 제1호 및 제2호에 따른 연명의료계획서 또는 사전연명의료의향서 확인을 위하여 관리기관에 등록 조회를 요청할 수 있다.

③ 제1항 제2호나 제3호에 따라 환자의 의사를 확인한 담당의사 및 해당 분야의 전문의는 보건복지부령으로 정하는 바에 따라 확인 결과를 기록하여야 한다.

**제18조 (환자의 의사를 확인할 수 없는 경우의 연명의료중단 등 결정)**

① 제17조에 해당하지 아니하여 환자의 의사를 확인할 수 없고 환자가 의사표현을 할 수 없는 의학적 상태인 경우 다음 각 호의 어느 하나에 해당할 때에는 해당 환자를 위한 연명의료중단 등 결정이 있는 것으로 본다. 다만, 담당의사 또는 해당 분야 전문의 1명이 환자가 연명의료중단 등 결정을 원하지 아니하였다는 사실을 확인한 경우는 제외한다.

1. 미성년자인 환자의 법정대리인(친권자에 한정한다)이 연명의료중단 등 결정의 의사표시를 하고 담당의사와 해당 분야 전문의 1명이 확인한 경우
2. 환자가족 중 다음 각 목에 해당하는 사람(19세 이상인 사람에 한정하며, 행방불명자 등 대통령령으로 정하는 사유에 해당하는 사람은 제외한다) 전원의 합의로 연명의료중단 등 결정의 의사표시를 하고 담당의사와 해당 분야 전문의 1명이 확인한 경우
가. 배우자
나. 1촌 이내의 직계 존속・비속
다. 가목 및 나목에 해당하는 사람이 없는 경우 2촌 이내의 직계 존속・비속
라. 가목부터 다목까지에 해당하는 사람이 없는 경우 형제자매

② 제1항 제1호・제2호에 따라 연명의료중단 등 결정을 확인한 담당의사 및 해당 분야의 전문의는 보건복지부령으로 정하는 바에 따라 확인 결과를 기록하여야 한다.

**[판례 2.2] 대법원의 존엄사 허용요건**

[1] 의학적으로 환자가 의식의 회복가능성이 없고 생명과 관련된 중요한 생체기능의 상실을 회복할 수 없으며 환자의 신체상태에 비추어 짧은 시간 내에 사망에 이를 수 있음이 명백한 경우(이하 '회복불가능한 사망의 단계'라 한다)에 이루어지는 진료행위(이하 '연명치료'라 한다)는 원인이 되는 질병의 호전을 목적으로 하는 것이 아니라 질병의 호전을 사실상 포기한 상태에서 오로지 현 상태를 유지하기 위하여 이루어지는 치료에 불과하므로, 그에 이르지 아니한 경우와는 다른 기준으로 진료중단 허용 가능성을 판단하여야 한다.

환자가 회복불가능한 사망의 단계에 진입한 경우, 환자는 전적으로 기계적인 장치에 의존하여 연명하게 되고, 전혀 회복가능성이 없는 상태에서 결국 신체의 다른 기능까지 상실되어 기계적인 장치에 의하여서도 연명할 수 없는 상태에 이르기를

기다리고 있을 뿐이므로, 의학적인 의미에서는 치료의 목적을 상실한 신체 침해 행위가 계속적으로 이루어지는 것이라 할 수 있으며, 이는 죽음의 과정이 시작되는 것을 막는 것이 아니라 자연적으로는 이미 시작된 죽음의 과정에서의 종기를 인위적으로 연장시키는 것으로 볼 수 있다.

생명권이 가장 중요한 기본권이라고 하더라도 인간의 생명 역시 인간으로서의 존엄성이라는 인간 존재의 근원적인 가치에 부합하는 방식으로 보호되어야 할 것이다. 따라서, 이미 의식의 회복가능성을 상실하여 더 이상 인격체로서의 활동을 기대할 수 없고 자연적으로는 이미 죽음의 과정이 시작되었다고 볼 수 있는 회복불가능한 사망의 단계에 이른 후에는, 의학적으로 무의미한 신체 침해 행위에 해당하는 연명치료를 환자에게 강요하는 것이 오히려 인간의 존엄과 가치를 해하게 되므로, 이와 같은 예외적인 상황에서 죽음을 맞이하려는 환자의 의사결정을 존중하여 환자의 인간으로서의 존엄과 가치 및 행복추구권을 보호하는 것이 사회 상규에 부합되고 헌법정신에도 어긋나지 아니한다고 할 것이다.

그러므로, 회복불가능한 사망의 단계에 이른 후에 환자가 인간으로서의 존엄과 가치 및 행복추구권에 기초하여 자기결정권을 행사하는 것으로 인정되는 경우에는 특별한 사정이 없는 한 연명치료의 중단이 허용될 수 있다.

[2] 환자가 회복불가능한 사망의 단계에 이르렀을 경우에 대비하여 미리 의료인에게 자신의 연명치료 거부 내지 중단에 관한 의사를 밝힌 경우(이하 '사전의료지시'라 한다)에는 비록 진료 중단 시점에서 자기결정권을 행사한 것은 아니지만 사전의료지시를 한 후 환자의 의사가 바뀌었다고 볼 만한 특별한 사정이 없는 한 사전의료지시에 의하여 자기결정권을 행사한 것으로 인정할 수 있다.

다만, 이러한 사전의료지시는 진정한 자기결정권 행사로 볼 수 있을 정도의 요건을 갖추어야 한다. 따라서, 의사결정능력이 있는 환자가 의료인으로부터 직접 충분한 의학적 정보를 제공받은 후 그 의학적 정보를 바탕으로 자신의 고유한 가치관에 따라 진지하게 구체적인 진료행위에 관한 의사를 결정하여야 하며, 이와 같은 의사결정 과정이 환자 자신이 직접 의료인을 상대방으로 하여 작성한 서면이나 의료인이 환자를 진료하는 과정에서 위와 같은 의사결정 내용을 기재한 진료기록 등에 의하여 진료 중단 시점에서 명확하게 입증될 수 있어야 비로소 사전의료지시로서의 효력을 인정할 수 있다.

환자 본인의 의사에 따라 작성된 문서라는 점이 인정된다고 하더라도, 의료인을 직접 상대방으로 하여 작성하거나 의료인이 참여한 가운데 작성된 것이 아니라면, 환자의 의사결정능력, 충분한 의학적 정보의 제공, 진지한 의사에 따른 의사표시 등의 요건을 갖추어 작성된 서면이라는 점이 문서 자체에 의하여 객관적으로 확인되지 않으므로 위 사전의료지시와 같은 구속력을 인정할 수 없고, 아래에서 보는 바와 같이 환자의 의사를 추정할 수 있는 객관적인 자료의 하나로 취급할 수 있을 뿐이다.

[3] 한편, 환자의 사전의료지시가 없는 상태에서 회복불가능한 사망의 단계에 진입한 경우에는 환자에게 의식의 회복가능성이 없으므로 더 이상 환자 자신이 자기결정권을 행사하여 진료행위의 내용 변경이나 중단을 요구하는 의사를 표시할 것을 기대할 수 없다. 그러나 환자의 평소 가치관이나 신념 등에 비추어 연명치료를 중단하는 것이 객관적으로 환자의 최선의 이익에 부합한다고 인정되어 환자에게 자기결정권을 행사할 수 있는 기회가 주어지더라도 연명치료의 중단을 선택하였을 것이라고 볼 수 있는 경우에는 그 연명치료 중단에 관한 환자의 의사를 추정할

수 있다고 인정하는 것이 합리적이고 사회상규에 부합된다.

이러한 환자의 의사 추정은 객관적으로 이루어져야 한다. 따라서 환자의 의사를 확인할 수 있는 객관적인 자료가 있는 경우에는 반드시 이를 참고하여야 하고, 환자가 평소 일상생활을 통하여 가족, 친구 등에 대하여 한 의사표현, 타인에 대한 치료를 보고 환자가 보인 반응, 환자의 종교, 평소의 생활 태도 등을 환자의 나이, 치료의 부작용, 환자가 고통을 겪을 가능성, 회복불가능한 사망의 단계에 이르기까지의 치료 과정, 질병의 정도, 현재의 환자 상태 등 객관적인 사정과 종합하여 환자가 현재의 신체상태에서 의학적으로 충분한 정보를 제공받는 경우 연명치료 중단을 선택하였을 것이라고 인정되는 경우라야 그 의사를 추정할 수 있을 것이다.

[4] 환자 측이 직접 법원에 소를 제기한 경우가 아니라면, 환자가 회복불가능한 사망의 단계에 이르렀는지 여부에 관하여는 전문의사 등으로 구성된 위원회 등의 판단을 거치는 것이 바람직하다(대판 2009. 5. 21. 2009다17417).

**[판례 2.3] 안락사에 대한 헌법재판소의 견해**

'연명치료 중단, 즉 생명단축에 관한 자기결정'은 '생명권 보호'의 헌법적 가치와 충돌하므로 '연명치료 중단에 관한 자기결정권'의 인정 여부가 문제되는 '죽음에 임박한 환자'란 '의학적으로 환자가 의식의 회복가능성이 없고 생명과 관련된 중요한 생체기능의 상실을 회복할 수 없으며 환자의 신체상태에 비추어 짧은 시간 내에 사망에 이를 수 있음이 명백한 경우', 즉 '회복 불가능한 사망의 단계'에 이른 경우를 의미한다 할 것이다. 이와 같이 '죽음에 임박한 환자'는 전적으로 기계적인 장치에 의존하여 연명할 수밖에 없고, 전혀 회복가능성이 없는 상태에서 결국 신체의 다른 기능까지 상실되어 기계적인 장치에 의하여서도 연명할 수 없는 상태에 이르기를 기다리고 있을 뿐이므로, '죽음에 임박한 환자'에 대한 연명치료는 의학적인 의미에서 치료의 목적을 상실한 신체침해 행위가 계속적으로 이루어지는 것이라 할 수 있고, 죽음의 과정이 시작되는 것을 막는 것이 아니라 자연적으로는 **이미 시작된 죽음의 과정에서의 종기를 인위적으로 연장**시키는 것으로 볼 수 있어, 비록 연명치료 중단에 관한 결정 및 그 실행이 환자의 생명단축을 초래한다 하더라도 이를 생명에 대한 임의적 처분으로서 자살이라고 평가할 수 없고, 오히려 인위적인 신체침해 행위에서 벗어나서 자신의 생명을 자연적인 상태에 맡기고자 하는 것으로서 인간의 존엄과 가치에 부합한다 할 것이다. 그렇다면 환자가 장차 죽음에 임박한 상태에 이를 경우에 대비하여 미리 의료인 등에게 연명치료 거부 또는 중단에 관한 의사를 밝히는 등의 방법으로 죽음에 임박한 상태에서 인간으로서의 존엄과 가치를 지키기 위하여 연명치료의 거부 또는 중단을 결정할 수 있다 할 것이고, 위 결정은 헌법상 기본권인 자기결정권의 한 내용으로서 보장된다 할 것이다(헌재결 2009. 11. 26. 2008헌마385).

## Ⅳ. 안락사와 자살의 문제

안락사는 불치병 환자의 부탁에 따라 이루어진다는 점에서 자살할 수조차 없는 환자의 자살을 돕는 행위가 될 수 있다. 현행법상 자살은 처벌받지 않는다. 다만 자살을 교사하거나 방조하는 행위는 처벌받는다. 또한 자살을 하고자 하는 사람의 부탁이나 승낙을 받아 타인을 살해한 경우에도 촉탁·승낙살인죄로 처벌을 받게 된다. 이것은 비록 자신의 생명이라도 스스로 처분할 수 없다는 뜻으로 해석될 수도 있다.

하지만 자살의 문제와 관련하여 죽음에 관한 자기결정은 존중받아야 한다. 많은 경우 죽음에 대한 자기결정은 진지할 수밖에 없기 때문이다. 하나밖에 없는 생명의 중단을 의미하는 죽음의 결정 앞에서 누가 진지하지 않을 수 있겠는가? 어느 누구도 죽음에 관한 다른 사람의 결정을 경솔하다거나 충동적이라고 감히 말할 수 없다. 경우에 따라서 그 죽음은 아름답고 감동적일 수조차 있다.34) 그렇다면 소극적 안락사든 적극적 안락사든 죽음에 관한 자기결정은 존중받는 것이 마땅하다. 본인 이외의 다른 사람은 단지 그 사람의 결정이 더욱 진지해지도록 옆에서 조언하고 상담해줄 수 있을 뿐이다. 결국 중요한 것은 본인의 의사다. 따라서 본인의 명시적 의사가 없는 경우에는 안락사의 결정에 신중해야 한다. 단지 본인의 의사를 추정할 수 있는 데 지나지 않는 자료들은 대단히 엄격한 기준과 절차에 따라 심사해야 한다.

죽음에 관한 자기결정이 존중받아야 한다고 하더라도 생명보호라는 가치에 비추어 국가는 안락사를 엄격한 요건과 절차에 의해서만 허용할 수 있다. 또한 국가는 안락사를 결정할 수 있는 전문적 기구를 설치함으로써 안락사의 허용을 절차적으로 통제할 수도 있다.35)

---

34) 대형 교통사고 후 3년 동안 식물인간상태로 살다가 결국 자신의 어머니의 도움으로 안락사를 선택한 프랑스의 한 청년은 죽기 전에 자신의 선택을 다음과 같이 묘사하고 있다. "내가 죽었다는 소식을 듣고 어떤 이들은 분명 슬퍼할 것이다. 그들은 비극이니, 절망이니 … 하면서 떠들어댈 것이다. 오해하지 말기를! 마침내 떠날 수 있게 되어 내가 얼마나 행복해하는지 제발 알아주기를! 그토록 바라던 죽음이 찾아왔을 때, 그것도 몇 달을 기다린 끝에 마침내 찾아왔을 때, 죽음은 아름다운 것이다. 그건 마치 누군가가 건네준 꽃과도 같다. 꽃은 아직 봉오리 상태다. 어느 날 문득, 꽃이 조금씩 피어나려는 기미를 발견한다. 그 후로 나는 날마다 아침에 잠에서 깨자마자 꽃이 얼마나 벌어졌는지를 확인하러 꽃에게로 달려갈 것이다. 그러다가 마침내 꽃잎이 활짝 벌어진 것을 발견하고는 말로 형언할 수 없는 행복감에 휩싸일 것이다. 나 또한 그런 심정으로 죽음을 기다린다. 날마다 나는 그 부드럽고 연약한 꽃잎이 벌어지기를 기다린다. 그 날이 오면, 나는 그 부드러움 속으로 빠져들어 평온 속에서 마침내 쉴 수 있을 것이다." 뱅상 욍베르(최내경 옮김), ≪나는 죽을 권리를 소망한다≫(2003), 244면.

35) 안락사의 절차주의적 정당화에 대해서는 이상돈(1999), 387면 이하 참조. 비슷한 맥락에서 안락사에 대한 "상호주관적" 정당화를 시도하고 있는 견해로 양천수(2007), 255면 이하 참조.

### 주요개념

**【교사(教唆)】** 타인에게 범죄를 저지르도록 만드는 행위를 말한다. 범죄를 교사한 자(교사자)는 범죄인과 동일한 형벌을 받게 된다(형법 제31조 제1항). 범죄의 교사를 받은 자(피교사자)가 범죄를 저지르기로 승낙하였으나 실제로 범죄를 저지르지 않은 경우에는 두 사람 모두 음모・예비에 준하는 형벌을 받게 되고(동법 동조 제2항), 범죄의 교사를 받은 자가 승낙하지 않은 경우에는 교사자만 음모・예비에 준하는 형벌을 받게 된다(동법 동조 제3항).

**【방조(幫助)】** 타인의 범죄를 도와주는 행위를 말한다. 범죄를 방조한 자(종범)는 범죄인(정범)보다는 감경되지만 범죄인과 마찬가지로 형벌을 받게 된다(형법 제32조 제1항 및 제2항).

### 토론문제

1. 생명을 포기할 수 있는 권리가 존재하는가?
2. 환자의 치료비에 대한 부담을 가족에게만 지우는 것이 정당한가?
3. 혼자서 죽을 수 없는 불치병환자의 죽음을 도와줄 수 있는가?

### 내 입장은?

1. 안락사는 전면적으로 금지되어야 한다.
2. 사망의 단계에 진입한 환자의 소극적 안락사만 허용되어야 한다.
3. 본인의 결정에 따른 소극적 안락사는 허용되어야 한다.
4. 소극적 안락사는 전면적으로 허용될 수 있다.
5. 본인이 원하면 적극적 안락사도 허용될 수 있다.

## 참고문헌

구경국(2003), 안락사와 연명 치료 중단에 관한 교회의 입장, ≪사목≫(천주교중앙협의회), 통권 제289호(2003).

권혁남(2010), 연명치료중단에 관한 사례비교 및 존엄사의 정당화 가능성 연구, ≪생명윤리≫(한국생명윤리학회), 제11권 제1호(2010), 33～49면.

김경화(2002), 자의퇴원으로 인한 치료중단과 안락사, ≪형사법연구≫(한국형사법학회), 제17호(2002), 43～68면.

김계순(2008), 연명치료중단에 대한 의료인의 민사적 책임, ≪민주법학≫, 통권38호(2008) 137～162면.

김동건(2006), 안락사에 대한 신학적 고찰, ≪기독교사상≫, 통권 제571호(2006년 7월호), 188～204면.

김명식(2010), 미국헌법상 안락사와 존엄사에 관한 연구, ≪헌법학연구≫(한국헌법학회), 제16권 제1호(2010), 37～73면.

김재봉(1999), 치료중단과 소극적 안락사, ≪형사법연구≫(한국형사법학회), 제12호(1999), 153～174면.

김재윤(2006), 안락사 허용론에 대한 고찰, ≪형사법연구≫(한국형사법학회), 제26호(2006), 597～614면.

김정아(2017), 연명의료 대리결정에서의 자율성의 두 관념: 호스피스・완화의료 및 임종과정에 있는 환자의 연명의료결정에 관한 법률 제18조를 중심으로, ≪한국의료윤리학회지≫(한국의료윤리학회), 제20권 제1호(2017), 56～77면.

김학태(2008), 안락사 허용 여부에 관한 법철학적 연구, ≪외법논집≫(한국외국어대학교 법학연구소), 제29집(2008), 305～336면.

김학태(2017), 죽음의 의미와 결정에 관한 법윤리적 고찰－「호스피스・완화의료 및 임종과정에 있는 환자의 연명의료결정에 관한 법률」의 쟁점과 비판－, ≪외법논집≫(한국외국어대학교 법학연구소), 제41권 제1호(2017), 411～440면.

김 화(2016), 호스피스・완화의료 및 임종과정에 있는 환자의 연명의료결정에 관한 법률, 이른바 웰다잉법에 대한 비판적 고찰, ≪사법≫(사법발전재단), 통권 제37호(2016), 205～244면.

김혁돈(2006), 환자의 자기결정권과 치료중단, ≪형사법연구≫(한국형사법학회), 제25호(2006), 113～138면.

나달숙(2014), 연명치료중단의 자기결정권을 둘러싼 논의점 연구, ≪법학논총≫(단국대학교 법학연구소), 제38권 제4호(2014), 97～123면.

노동일(2009), 치료거부권, 죽을 권리 및 존엄사에 대한 재검토, ≪공법학연구≫(한국비교공법학회), 제10권 제2호(2009), 3～29면.

문성제, 무의미한 연명치료 중단을 위한 제 요건, ≪한국의료법학회지≫(한국의료법학회), 제17권 제1호(2009), 67～94면.

문제완(2020), 죽을 권리에 관한 연구－의사조력자살을 중심으로, ≪헌법학연구≫(한국헌법학회), 제26권 제3호(2020), 1～36면.

박준석(2010), 존엄사 판단의 기초로서 자연과 목적, ≪법철학연구≫(한국법철학회), 제13권 제2호(2010), 181～202면.

손미숙(2014), 소극적 안락사 혹은 연명치료중단의 정당화 근거에 관한 고찰, ≪강원법학≫(강원대학교 비교법학연구소), 제42권(2014), 173～212면.

양천수(2007), 안락사의 정당화 구조, ≪형사법연구≫(한국형사법학회), 제19권 제4호(2007), 241～260면.

엄주희(2019), 연명의료결정법에 관한 사후적 입법평가, ≪법제≫(법제처), 통권 제687호(2019), 36～67면.

원혜욱/백경희(2017), 호스피스 완화의료와 임종과정에 있는 환자의 연명의료 결정에 관한 법률의 문제점에 관한 검토－독일의 법제 및 판례와의 비교를 중심으로－, ≪법제연구≫(법제연구원), 제52호(2017), 159～199면.

윤종행(2003), 안락사와 입법정책, ≪비교형사법연구≫(한국비교형사법학회), 제5권 제1호(2003), 451～478면.

이문호(2019), 적극적 안락사 및 의사조력자살 허용 입법의 필요성－실존적 사실 및 통계적 근거를 중심으로－, ≪인권과 정의≫(대한변호사협회), 통권 482호(2019), 143～162면.

이브 앙리 르뢰(Yves-Henri Leleu), 박수곤 역(2015), 벨기에 법에서의 질병과 삶의 종말－안락사를 중심으로－, ≪저스티스≫(한국법학원), 통권 제146-1호(2015), 458～477면.

이상돈(1999), 안락사의 절차적 정당화－안락사의 실태와 법적대응－, ≪한일법학연구≫(한일법학회), 제18호(1999), 375～406면.

이상용(2003), 안락사, 그 용어의 재음미, ≪비교형사법연구≫(한국비교형사법학회), 제5권 제2호(2003), 141～175면.

이석배(2007), 독일의 치료중단 기준과 입법론, ≪형사정책≫(한국형사정책학회), 제19권 제1호(2007), 229～251면.

이석배(2019), 인간의 존엄, 생명권 그리고 연명의료, ≪형사법연구≫(한국형사법학회), 제31권 제3호(2019), 119～151면.

이소영(2020), '죽을 권리'와 생명정치 : 생명의 종결을 둘러싼 법담론 분석의 한 예, ≪법학연구≫(부산대학교 법학연구소), 제61권 제2호(2020), 257～282면.

이승호(2016), 안락사 논의와 「연명의료 중단 법률」의 주요쟁점에 대한 소고, ≪일감법학≫(건국대학교 법학연구소), 제35호(2016), 187～214면.

이인영(2008), 안락사 유형별 규범해석과 사회적 인식도, ≪형사법연구≫(한국형사법학회), 제20권 제2호(2008), 167~200면.

이재석(2016), "호스피스·완화의료 및 임종과정에 있는 환자의 연명의료결정에 관한 법률"에 대한 비판적 고찰, ≪법학연구≫(한국법학회), 제16권 제4호(2016), 219~245면.

이주희/조한상(2010), '안락사'란 무엇인가?-역사적 고찰을 통한 개념짓기-, ≪한양법학≫(한양법학회), 제21권 제2집(2010), 63~85면.

이준일(2009), 대법원의 존엄사 인정(대판 2009다17417)과 인간의 존엄 및 생명권, ≪고시계≫, 통권 제629호(2009년 7월호), 92~102면.

이준일(2010), 안락사(존엄사)에 관한 헌법이론적 논의-독일의 논의를 중심으로-, ≪헌법학연구≫(한국헌법학회), 제16권 제1호(2010), 1~35면.

이희훈(2014), 독일의 연명치료중단 판례와 입법에 대한 비교법적 고찰, ≪토지공법연구≫(한국토지공법학회), 제64집(2014), 423~444면.

임미원(2008), 안락사 문제의 법철학적 고찰, ≪윤리연구≫(한국윤리학회), 제71호(2008), 173~198면.

임 웅(1999), 안락사의 정당화, ≪고시연구≫, 통권 제309호(1999년 12월호), 42~61면.

임종식(1999), 안락사의 정당화에 대한 윤리학적 연구-뇌사 및 장기이식 문제와 관련하여-, ≪철학연구≫(고려대학교 철학연구소), 제22호(1999), 77~100면.

임종식(2002), 안락사-죽임/죽게 방치함 구분에 대한 비판적 검토-, ≪법철학연구≫(한국법철학회), 제5권 제2호(2002), 105~140면.

장 욱(2013), 연명치료중단에 대한 법제화 방향 및 기준에 대한 소고, ≪한양법학≫(한양법학회), 통권 제43집(2013), 321~350면.

전지연(2006), 안락사의 형사법적 처벌가능성, ≪한일법학연구≫(한일법학회), 제23·24호(2006), 109~152면.

점승헌(2013), 안락사와 존엄사에 대한 입법론적 고찰, ≪의생명과학과 법≫(원광대학교 법학연구소), 제10권(2013), 59~100면,

정문식(2005), 독일에서의 안락사 논의와 입법방향, ≪법과 정책연구≫(한국법정책학회), 제5집 제1호(2005), 477~501면.

정진연(2009), 연명치료중단에 관한 형법적 고찰, ≪법학연구≫(한국법학회), 제36집(2009), 263~287면.

정 철(2009), 연명치료중단 판결의 헌법적 검토-대법원 2009. 5. 21. 선고 2009다17417 판결-, ≪서울대학교 법학≫(서울대학교 법학연구소), 제50권 제4호(2009), 111~140면.

조민석/문하영(2014), 연명시술의 중단에 관한 법적 연구-존엄사를 중심으로-, ≪법학연구≫(전북대학교 법학연구소), 통권 제41집(2014), 31~53면,

조한상(2011), 안락사에 관한 헌법학적 고찰, ≪동아법학≫(동아대학교 법학연구소), 제53호(2011), 41~71면.

최민영(2011), 안락사와 생명처분권－형법 제252조 해석을 중심으로－, ≪안암법학≫(안암법학회), 제34호(2011), 305～328면.

최우찬(1989), 안락사와 존엄사－아름다운 죽음에 관한 권리－ 특히 인간의 생명의 신성함과 질에 관하여, ≪고시계≫, 통권 제384호(1989년 2월호), 36～46면.

한상수(2010), 존엄하게 죽을 권리에 관한 연구, ≪공법학연구≫(한국비교공법학회), 제11권 제3호(2010), 153～181면.

한상훈(2004), 안락사의 허용성에 대한 비교법적 고찰－미국, 네덜란드, 독일, 일본을 중심으로－, ≪형사법연구≫(한국형사법학회), 제21호(2004), 158～184면.

스탠포드철학사전(Stanford Encyclopedia of Philosophy) 웹사이트: 자발적 안락사 http://plato.stanford.edu/entries/euthanasia-voluntary

# 제 3 장
# 장기이식과 건강하게 살 권리

"인간을 합성하는 것과 같은 장기이식 기술은 '호의가 오히려 상대에게
불이익을 준다'며 가볍게 웃어넘길 수 없을 정도로
심각한 패러독스를 초래할 수밖에 없다."
≪미야모토 코우지/키미즈카 히로사토/모리시타 신야,
삐딱이로의 초대(2004) 중에서≫

이미 기능이 정지된 자신의 장기를 대체하기 위하여 다른 사람의 건강한 장기를 찾아 나선 사람들을 아는가? 다른 사람의 장기를 사기 위해 자신의 전재산도 바칠 각오가 되어 있는 사람들을 이해할 수 있는가? 그들에게 그냥 그렇게 살다가 하늘이 준 수명(壽命)만큼 살고 가면 되지 뭐하러 그렇게 힘들게 살고자 노력하느냐고 물을 수 있겠는가?

우리는 자신의 모든 장기를 다른 사람에게 기증하고 죽은 선한 사람들의 이야기에 감동을 받는다. 그렇다면 이미 살아날 가망이 거의 없는 사람의 장기를 다른 사람에게 나눠주는 일은 본인의 의사를 확인할 것도 없이 당연히 해도 되는 일이 아닌가? 말 그대로 장기의 '기증'이 아니더라도 장기의 '매매'면 어떤가? 다른 사람의 건강과 생명을 구할 수 있다면 그것만으로도 충분히 선한 일이 아닌가?

건강하게 오래 사는 것은 모든 인간의 소망이다. 따라서 어느 누구에게도 왜 그렇게 건강하게 살려고 하는지, 그리고 왜 그렇게 오래 살려고 하는지 감히 물을 수 없다. 단지 죽음이 두려워서가 아니다. 이 땅에 태어났기에 그저 건강하게 오래 살고 싶을 뿐이다. 무엇보다도 사랑하는 가족과 친구들이 곁에 있기 때문이다. 그렇다면 건강하게 오래 살기 위하여 다른 사람의 장기를 필요로 하는 사람들의 이야기를 들어보도록 하자.

# Ⅰ. 개 관

## 1. 개 념

장기이식(organ transplantation)이란 사람의 장기 또는 조직을 적출하여 자기 또는 다른 사람의 신체로 옮기는 시술을 말한다.[1] 대표적인 장기이식으로는 각막이식, 골수이식, 간이식, 신장이식, 심장이식 등이 있다. 현행 **장기 등 이식에 관한 법률**(최근개정: 2020. 4. 7. 법률 제17214호, 이하 **장기이식법**)[2]은 이식될 수 있는 '장기 등'을 "사람의 내장이나 그 밖에 손상되거나 정지된 기능을 회복하기 위하여 이식이 필요한 조직으로서" ① 신장·간장·췌장·심장·폐, ② 말초혈(조혈모세포를 이식할 목적으로 채취하는 경우에 한정)·골수·안구, ③ 뼈·피부·근육·신경·혈관 등으로 구성된 복합조직으로서의 손·팔 또는 발·다리 및 ④ '장기 등 이식윤리위원회'의 심의를 거쳐 보건복지부장관이 결정·고시한 것과 ⑤ 그 밖에 사람의 내장 또는 조직 중 기능회복을 위하여 적출·이식할 수 있는 것으로서 대통령령으로 정하는 것을 포함한다고 정의한다(동법 제2조 제1호).

## 2. 문제제기

의학의 눈부신 발전은 인간의 장기나 조직을 적출하여 자기 또는 타인에게 이식할 수 있는 기술을 만들어냈다.[3] 장기이식기술의 발전은 이식된 장기의 면역거부반응을 억제하는 물질(cyclosporin A)이 1980년대 초부터 개발되면서 더욱 급속하게 진행되었다고 한다. 이로 인하여 장기나 조직의 기능이 손상되거나 정지된 사람들은 장기이식을 통해 새로운 삶을 살 수 있는 기회가 마련되었다. 2020년 현재 대한민국에 약 4만 3천 명이 넘는 사람들이 장기이식을 기다리고 있는 것으

---

1) 장기이식을 ① 자기의 신체 일부를 다른 곳으로 이식하는 자가이식(autograft), ② 사람의 장기를 다른 사람의 신체로 이식하는 동종이식(allograft), ③ 동물의 장기를 사람에게 이식하는 이종이식(xenograft), ④ 인공적으로 만든 장기를 이식하는 인공장기이식으로 나누기도 한다. 김상득(1999), 90면 참조.

2) '장기 등 이식에 관한 법률'은 1999년 2월 8일 제정되어 2000년 2월 9일부터 시행되었다. 한국에서 장기이식이 시작된 시점이 1969년 신장이식수술이 성공한 때라는 점을 고려한다면 장기이식에 관한 법률의 제정은 상당히 늦은 감이 있다. 한편 장기가 아니라 조직으로 구분되는 각막과 골수의 이식이 갖는 특수성에 비추어 이들의 이식을 규율하는 독립적인 법률이 필요하다는 견해가 제시되고 있다. 배현아(2010) 및 최행식/송영민(2011) 참조.

3) 장기이식기술의 발전은 이식된 장기의 면역거부반응을 억제하는 물질(cyclosporin A)이 1980년대 초부터 개발되면서 더욱 급속하게 진행되었다고 한다. 이영균(1993), 7면 참조.

**[표 3.1] 장기이식대기자 현황** (단위: 명)

| 2010 | 2011 | 2012 | 2013 | 2014 | 2015 | 2016 | 2017 | 2018 | 2019 | 2020 |
|---|---|---|---|---|---|---|---|---|---|---|
| 21,057 | 21,861 | 22,695 | 26,036 | 24,607 | 27,444 | 30,285 | 34,187 | 37,217 | 40,253 | 43,182 |

자료: 국립장기조직혈액관리원(www.konos.go.kr) 장기이식 현황 통계(2020).

**[표 3.2] 장기이식환자 현황** (단위: 명)

| 이식대상 | | 2010 | 2011 | 2012 | 2013 | 2014 | 2015 | 2016 | 2017 | 2018 | 2019 | 2020 |
|---|---|---|---|---|---|---|---|---|---|---|---|---|
| 고형장기 | 신장 | 1,287 (491) | 1,639 (680) | 1,788 (768) | 1,760 (750) | 1,808 (808) | 1,891 (901) | 2,233 (1,059) | 2,164 (903) | 2,108 (807) | 2,293 (794) | 2,280 (848) |
| | 간장 | 1,066 (242) | 1,210 (313) | 1,283 (363) | 1,186 (367) | 1,259 (404) | 1,398 (456) | 1,469 (508) | 1,482 (450) | 1,475 (369) | 1,579 (391) | 1,541 (395) |
| | 심장 | 73 (73) | 98 (98) | 107 (107) | 127 (127) | 118 (118) | 145 (145) | 156 (156) | 184 (184) | 176 (176) | 194 (194) | 173 (173) |
| | 소장 | 1 (1) | 2 (2) | 1 (1) | 5 (4) | 5 (5) | 1 (1) | 1 (-) | – | 1 (1) | – | 1 (1) |
| | 폐 | 18 (18) | 35 (35) | 37 (37) | 46 (46) | 55 (55) | 64 (64) | 89 (89) | 93 (93) | 92 (92) | 157 (157) | 150 (150) |
| | 췌장 | 27 (25) | 43 (43) | 36 (34) | 61 (57) | 55 (55) | 59 (57) | 74 (74) | 63 (62) | 58 (58) | 75 (75) | 32 (32) |
| | 췌도 | – | 3 (3) | 3 (3) | 3 (3) | – | 4 (4) | 2 (2) | 1 (1) | – | 1 (1) | – |
| 조직 | 안구 | 503 (258) | 626 (374) | 632 (438) | 521 (371) | 485 (359) | 478 (363) | 569 (418) | 375 (287) | 340 (262) | 315 (215) | 286 (235) |
| | 골수 | 158 | 141 | 103 | 86 | 94 | 67 | 66 | – | 37 | 29 | 16 |
| | 말초혈 | – | – | – | – | – | – | – | – | 465 | 1,212 | 1,290 |

자료: 국립장기조직혈액관리원(www.konos.go.kr) 장기이식 현황 통계(2020).
* 괄호 안은 뇌사자로부터 장기를 이식받은 환자(전체=뇌사+생존+사후).
** 안구 이식은 뇌사자로부터 이식하지 않은 경우는 사후 이식.

**[표 3.3] 장기기증 희망 등록자(누계)** (단위: 명)

| | 2010 | 2011 | 2012 | 2013 | 2014 | 2015 |
|---|---|---|---|---|---|---|
| 장기 | 124,378 | 94,921 | 88,243 | 160,039 | 110,631 | 1,231,217 |
| 골수 | 18,132 | 19,891 | 20,254 | 19,065 | 18,900 | 297,739 |

| | 2016 | 2017 | 2018 | 2019 | 2020 |
|---|---|---|---|---|---|
| 장기 | 1,311,181 | 1,380,279 | 1,444,190 | 1,522,770 | 1,581,907 |
| 골수 | 313,699 | 329,415 | 344,882 | 361,546 | 371,520 |

자료: 국립장기조직혈액관리원(www.konos.go.kr) 장기이식 현황 통계(2020).

로 보고되고 있다([표 3.1] 참조).

문제는 이식받고자 희망하는 장기의 수보다 실제로 기증받는 장기의 수가 적다는 데 있다([표 3.2] 참조). 국립장기조직혈액관리원에 따르면 2019년 이식자 평균 대기시간은 1,228일에 이르는데 신장 이식대기자의 대기시간이 2,196일로 가장 길고, 이식대기자 가운데 사망자도 2,136명이나 된다. 물론 장기기증운동의 힘을 입어 장기기증을 희망하는 사람의 숫자는 매년 늘고 있다([표 3.3] 참조). 하지만 사후기증자가 대부분이고, 기증희망장기의 수와 이식희망장기의 수에 불균형이 있다는 점이 문제로 지적된다. 또한 살아 있는 사람의 장기나 조직을 적출하여 이식하는 것은 일정한 조건에서만 허용된다. 그리고 심지어 장기나 조직을 사고파는 일은 인간의 존엄성에 반하는 일이기 때문에 허용되지 않는다. 여기서 건강하게 살고 싶은 인간의 욕망은 어디까지 허용되는 것인지가 문제된다. 한편으로 건강하게 살 수 있는 권리가 인간에게 당연한 권리로서 보장되어야 하지만, 다른 한편으로 자신의 건강을 위하여 타인의 신체나 생명에 위협을 주거나 심지어 인륜에 반하는 행위는 금지되기 때문이다.

## Ⅱ. 장기이식에서 문제가 되는 인권

### 1. 신체를 훼손당하지 않을 권리와 신체에 관한 자기결정권

장기나 조직은 인간의 신체의 일부에 해당한다. 따라서 본인의 의사에 반하는 강제적인 장기이식은 신체의 완전성이나 건강성을 보호법익으로 하는 '신체를 훼손당하지 않을 권리'를 침해할 수 있다. 장기이식에 의해 침해될 수 있는 이러한 기본적 인권은 생명권과 마찬가지로 인권이면서 헌법에 '열거되지 않은 권리'에 해당한다.

그렇다면 자신의 신체일부나 장기 또는 조직을 자발적으로 타인에게 기증하는 행위도 여전히 신체의 완전성이나 건강성을 침해하는데 이것은 어떻게 정당화될 수 있는가? 그것은 신체에 관한 자기결정권에 의해서 정당화될 수 있다. 인간은 자신의 신체일부나 장기 또는 조직을 처분할 수 있는 권리가 있다고 보아야 하기 때문이다. 따라서 강제적인 장기이식은 신체를 훼손당하지 않을 권리를 침해할 뿐만 아니라 신체에 관한 자기결정권을 침해하게 된다.

어떤 경우에도 장기이식이 강제적으로 이루어져서는 안 되는 이유가 여기에 있다. 여기서 장기이식은 무엇보다도 본인의 의사에 의한 자발적인 것이어야 한다는 점을 확인할 수 있다. 이에 따라 장기이식법은 "장기 등을 기증하고자 하는 자가 자신의 장기 등의 기증에 관하여 표시한 의사는 존중되어야 한다"고 규정하면서도 "이 경우 장기 등을 기증하고자 하는 자의 의사는 자발적인 것이어야 한다"고 요구한다(동법 제2조 제2항).

## 2. 건강하게 살 권리

인간은 누구나 건강하게 살 권리를 향유한다. 이러한 권리는 건강하게 살고 있는 사람이 계속해서 건강하게 살 권리를 의미하기도 하지만 질병을 앓고 있는 환자가 건강한 상태로 회복될 수 있는 권리를 의미하기도 한다. 따라서 이 권리는 손상되거나 기능이 정지된 장기나 조직을 가진 사람이 새로운 장기나 조직을 이식받을 수 있는 권리를 포함한다. 이러한 건강하게 살 권리도 인권이면서 헌법에 열거되지는 않았지만 반드시 존중되어야 할 권리로 이해된다. 다만 건강하게 살기 위해서는 타인의 장기를 제공받아야 한다는 점에서 본의 아니게 장기를 제공할 수밖에 없는, 특히 경제적 여건 때문에 사실상 강제적으로 장기를 판매할 수밖에 없는 사람의 인권도 동시에 고려될 필요가 있다.

## 3. 해결방안

장기이식의 문제는 장기를 제공하는 자의 기본적 인권(신체를 훼손당하지 않을 권리와 신체에 관한 자기결정권) 및 장기를 제공받는 자의 기본적 인권(건강하게 살 권리)과 결부된다. 여러 가지 기본적 인권이 동시에 관련되는 사안에서 합리적인 해결방법은 관련된 기본적 인권들의 균형적 실현을 도모하는 것이다.

### (1) 장기매매의 금지

장기를 기증하고자 하는 사람이 있고, 장기를 이식받고자 하는 사람이 있기 때문에 장기를 주고받는 일은 그것이 자발적인 행위라면 원칙적으로 금지될 이유가 없다. 하지만 장기를 주고받는 일이 돈과 같은 일정한 대가를 지불하고 이루어지는 것이라면 허용될 수 없다. 돈을 주고 장기를 사고파는 장기매매나 그 밖에 다른 대가를 주고 장기를 주고받는 일은 인간의 존엄과 윤리에 반하는 일이기 때문이다.[4] 세상의 대부분을 팔고 살 수 있는 자본주의 경제질서 속에서 살고 있지만 팔고 살 수 없는 것도 존재한다는 사실을 확인할 필요가 있다. 만약 장기매매가 허용된다면 시장에 장기를 내다파는 사람(장기판매자)은 대부분 생활이 어려운 경제적 약자이고, 시장에서 돈을 주고 장기를 구입할 수 있는 사람(장기구매자)은 대체로 형편이 넉넉한 경제적 강자일 가능성이 높다. 따라서 장기매매는 비록 자발적 결정이라고 하더라도 신체의 일부를 팔아서라도 먹고살아야 되는 궁지에 몰린 가난한 자에게 장기판매를 사회적으로 강요하는 것이고, 경제력으로 장기이식 순위를 결정하고 변경함으로써 국가에 의해 관리되는 장기기증을 통해 합리적으로 형성된 장기분배의 절차를 왜곡시키는 것이다. 이것은 경제적 약자인 장기판매자의 건강하게 살 권리를 침해할 뿐만 아니라 경제력에 따라 건강하게 살 권리가 불평등하게 향유되는 것을 의미한다.

한편 ① 현실적으로는 자발적인 장기기증자가 적고, ② 장기기증자에게 일정한 대가가 지불되는 것도 장기기증자의 치료와 회복이라는 관점에서 바람직한 측면이 있으며, ③ 장기가 필요한 사람의 인권(건강하게 살 권리)도 대단히 중대하고 시급하고, ④ 장기매매를 금지하는 경우에 장기밀매로 인하여 고액의 장기대가를 지불해야 하며, ⑤ 이미 음성적으로 이루어지고 있는 장기밀매(암거래)를 양성화(합법화)하여 국가가 관리하고 통제함으로써 안전하고 위생적인 장기이식이 가능해진다는 점을 고려할 때 적정한 대가를 지불하는 한도에서 장기매매가 허용되어야 한다는 견해가 주장될 수도 있다. 그렇지만 대부분의 국가에서 장기매매는 금지되고 있고, 현행 장기이식법도 장기매매를 금지한다.

**[법령 3.1] 장기매매의 금지: 장기 등 이식에 관한 법률**(최근개정: 2020. 4. 7. 법률 제17214호)

**제7조 (장기 등의 매매행위 등 금지)**

① 누구든지 금전 또는 재산상의 이익, 그 밖의 반대급부를 주고 받거나, 주고 받을 것을 약속하고 다음 각 호의 어느 하나에 해당하는 행위를 하여서는 아니 된다.

1. 다른 사람의 장기 등을 제3자에게 주거나 제3자에게 주기 위하여 받는 행위 또는 이를 약속하는 행위
2. 자신의 장기 등을 다른 사람에게 주거나 다른 사람의 장기 등을 자신에게 이

---

4) 장기매매가 허용될 수 없는 논거로 ① 자신의 신체에 대한 처분권이 없다는 점, ② 장기판매자가 자신의 장기의 품질을 보증할 수 없다는 점, ③ 장기판매자가 이성에 기초한 자발적 판단을 내릴 수 없다는 점, ④ 장기는 재생산이 불가능하다는 점을 제시하는 견해가 있다. 김형철(1994), 295면 이하 참조. 또한 비슷한 맥락에서 장기는 공급자보다 수요자가 항상 많기 때문에 독과점이 이루어질 수 있고 이에 대한 국가의 통제가 불가능하다는 점에서 장기매매를 반대하는 견해도 있다. 김상득(1999), 91면 이하 참조.

식하기 위하여 받는 행위 또는 이를 약속하는 행위
3. 제1호 및 제2호의 행위를 교사·알선·방조하는 행위
② 누구든지 제1항 제1호 및 제2호에 위반되는 행위를 교사·알선·방조하여서는 아니 된다.
③ 누구든지 제1항 또는 제2항의 규정에 위반되는 행위가 있음을 알게 된 경우에는 그 행위와 관련되는 장기 등을 적출하거나 이식하여서는 아니 된다.

### (2) 자발적 장기기증

대가를 받지 않고 장기를 기증하는 장기이식은 원칙적으로 허용된다. 이 경우에 물론 장기를 타인에게 주겠다는 본인의 자발적인 동의가 있어야 한다.[5] 하지만 본인의 자발적인 동의는 현재 '살아있는 자'가 자신의 장기를 기증하는 경우에만 적용할 수 있다.[6] 이미 죽은 자 또는 뇌사자는 그들이 살아있을 때 장기기증의 의사를 표시하지 않은 경우에 장기기증의 의사를 확인할 수 없기 때문이다. 그리고 본인의 자발적 동의는 명시적이고 적극적인 형태의 것이어야 한다. 단지 본인의 동의를 추정할 수 있는 소극적인 형태의 것으로는 충분하지 않다는 뜻이다. 장기이식법도 살아있는 자의 동의를 "본인이 서명한 문서에 의한 동의 또는 민법의 유언에 관한 규정에 의한 유언의 방식에 따른 동의"로 한정하고 있다(동법 제12조 제1항 제1호).

여기서 이미 죽은 자 또는 뇌사자의 경우에는 사망 또는 뇌사 전에 본인의 명시적인 장기기증의 의사가 없다면 절대로 장기를 적출할 수 없다는 견해도 있다. 반면에 이미 죽은 자 또는 뇌사자의 경우에 본인의 명시적인 장기기증의 의사가 없더라도 가족이나 친지의 동의로서 본인의 의사를 추정하여 장기를 적출할 수 있다는 견해도 있다. 더욱이 본인이 살아 있을 때 장기기증을 하지 않겠다는 명시적인 의사를 표시하지 않는 한 이미 죽은 자 또는 뇌사자의 장기를 적출할 수 있는 '옵트아웃(opt-out)제도'가 도입되어야 한다고 주장되기도 한다. 현행 장기이식

---

5) 법리적으로 볼 때 장기이식은 의료행위로서 형법상 허용되는 정당행위, 즉 "업무로 인한 행위 기타 사회상규에 위배되지 아니하는 행위"(형법 제20조)이기 때문에 처벌받지 않는다. 하지만 장기이식에 관한 계약은 민법의 일반원칙에 따라 "선량한 풍속 기타 사회질서에 위반한 사항을 내용"(민법 제103조)으로 하는 경우에 무효가 된다. 따라서 자발적인 동의가 있는 장기이식의 경우에도 선량한 풍속 기타 사회질서에 위반되는 방법과 내용의 시술은 허용되지 않는다. 이에 관한 자세한 설명은 문성제(2006), 154면 이하 참조. 한편 환자의 동의는 의사의 '설명을 전제로 한 동의(informed consent)'이어야 한다는 견해로 최상회(2008), 226면 이하 참조.

6) 살아 있는 장기기증자의 비밀유지와 사후건강관리 등과 같은 문제점에 대해서는 유수정/이봄이/박소연(2019), 27면 이하 참조. 이러한 문제점을 고려할 때 장기기증법이 장기기증자를 중심으로 개정되어야 한다는 주장은 경청할 만하다. 김휘원/김현철(2017), 71면 이하 참조.

법에 따르면 사망 또는 뇌사 전에 본인의 장기기증 의사가 없다고 하더라도 가족이나 유족의 동의가 있는 경우에는 장기를 적출할 수 있도록 규정하고 있다(동법 제22조 제3항 제2호).

**[법령 3.2] 장기매매의 금지: 장기 등 이식에 관한 법률**(최근개정: 2020. 4. 7. 법률 제17214호)

**제22조 (장기 등의 적출요건)**

① 살아있는 자의 장기 등은 본인이 동의한 경우에만 적출할 수 있다. 다만, 16세 이상인 미성년자의 장기 등과 16세 미만인 미성년자의 말초혈 또는 골수를 적출하려는 경우에는 본인과 그 부모(부모가 없고 형제자매에게 말초혈 또는 골수를 이식하기 위하여 적출하려는 경우에는 법정대리인)의 동의를 함께 받아야 한다.

② 제1항 단서의 경우 부모 중 1명이 행방불명, 그 밖에 대통령령이 정하는 부득이한 사유로 동의를 할 수 없으면 부모 중 나머지 1명과 제4조 제6호 각 목에 따른 가족 또는 유족의 순서에 따른 선순위자 1명의 동의를 받아야 한다.

③ 뇌사자와 사망한 자의 장기 등은 다음 각 호의 어느 하나에 해당하는 경우에만 적출할 수 있다.

1. 본인이 뇌사 또는 사망하기 전에 장기 등의 적출에 동의한 경우. 다만, 그 가족 또는 유족이 장기 등의 적출을 명시적으로 거부하는 경우는 제외한다.
2. 본인이 뇌사 또는 사망하기 전에 장기 등의 적출에 동의하거나 반대한 사실이 확인되지 아니한 경우로서 그 가족 또는 유족이 장기 등의 적출에 동의한 경우. 다만, 본인이 16세 미만의 미성년자인 경우에는 그 부모(부모 중 1명이 사망・행방불명, 그 밖에 대통령령으로 정하는 부득이한 사유로 동의할 수 없으면 부모 중 나머지 1명)가 장기 등의 적출에 동의한 경우로 한정한다.

④ 제1항부터 제3항까지에 따라 동의한 사람은 장기 등을 적출하기 위한 수술이 시작되기 전까지는 언제든지 장기 등의 적출에 관한 동의의 의사표시를 철회할 수 있다.

### (3) 장기기증이 금지되는 경우

자발적인 장기기증이 원칙적으로 허용되지만 장기기증에는 일정한 제한이 따른다. ① 첫째, 장기를 기증할 수 있는 사람에 제한이 있다(**기증자의 제한**). 따라서 살아 있는 자의 경우에 일정한 연령(만 16세)에 도달하지 않은 사람이나 임산부 또는 일정한 질병을 앓고 있는 사람의 장기를 이식하는 것은 허용되지 않는다. ② 둘째, 기증할 수 있는 장기에 제한이 있다(**대상장기의 제한**). 따라서 장기이식이 허용되는 경우에도 이식되는 장기의 숫자나 범위에 일정한 제한이 가해질 수 있다. 또한 이식이 허용되지 않는 장기도 있다. ③ 셋째, 장기를 기증받는 사람도 제한될 수 있다(**수증자의 제한**). 미성년자의 장기를 기증하는 경우에 장기를 받을 수 있는 대상을 가족에 한정하는 것이다.

**[법령 3.3] 장기이식이 금지되는 대상: 장기 등 이식에 관한 법률**(최근개정: 2020. 4. 7. 법률 제17214호)

**제11조 (장기 등의 적출·이식의 금지 등)**

① 다음 각 호의 어느 하나에 해당하는 장기 등은 이를 적출하거나 이식하여서는 아니 된다.

1. 장기 등을 이식하기에 적합하지 아니한 감염성병원체에 감염된 장기 등
2. 암세포가 침범한 장기 등
3. 그 밖에 이식대상자의 생명·신체에 위해를 가할 우려가 있는 것으로서 대통령령으로 정하는 장기 등

② 이식대상자가 정하여지지 아니한 경우에는 장기 등을 적출하여서는 아니 된다. 다만, 안구 등 상당한 기간이 지난 후에도 이식이 가능한 장기 등으로서 대통령령으로 정하는 장기 등의 경우에는 그러하지 아니하다.

③ 살아있는 사람으로서 다음 각 호의 어느 하나에 해당하는 사람의 장기 등은 적출하여서는 아니 된다. 다만, 제1호에 해당하는 사람의 경우에는 말초혈과 골수에 한정하여 적출할 수 있다.

1. 16세 미만인 사람
2. 임신한 여성 또는 해산한 날부터 3개월이 지나지 아니한 사람
3. 정신질환자·지적(知的)장애인. 다만, 정신건강의학과전문의가 본인 동의 능력을 갖춘 것으로 인정하는 사람은 그러하지 아니하다.
4. 마약·대마 또는 향정신성 의약품에 중독된 사람

④ 살아있는 사람으로서 16세 이상인 미성년자의 장기 등(말초혈과 골수는 제외한다)은 배우자·직계존비속·형제자매 또는 4촌 이내의 친족에게 이식하는 경우가 아니면 적출할 수 없다.

⑤ 살아있는 사람으로부터 적출할 수 있는 장기 등은 다음 각 호의 것에 한정한다.

1. 신장은 정상인 것 2개 중 1개
2. 간장·말초혈·골수·폐 및 대통령령으로 정하는 장기 등은 의학적으로 인정되는 범위에서 그 일부

**[법령 3.4] 장기 등 이식에 관한 법률 시행령**(최근개정: 2019. 7. 16. 대통령령 제29984호)

**제12조 (이식 금지 장기 등)**

법 제11조 제1항 제3호에서 "대통령령으로 정하는 장기 등"이란 다음 각 호의 어느 하나에 해당하는 장기 등을 말한다.

1. 다음 각 목의 어느 하나에 해당하는 질환이 있는 사람의 장기 등으로서 의학적으로 이식에 적합하지 않다고 판단되는 장기 등
   가. 고혈압, 패혈증, 길랭바레증후군 등 인체 전반에 영향을 미치는 질환
   나. 심실부정맥, 폐기종(폐공기증), 당뇨, 사구체신염, 간경화 등 특정 장기 등에 영향을 미치는 질환
2. 부적절한 보존, 외상 등으로 인하여 손상되거나 오염된 장기 등으로서 의학적으로 이식에 적합하지 않다고 판단되는 장기 등

# Ⅲ. 장기이식과 뇌사

## 1. 뇌사의 개념과 판정절차

뇌사(brain death)란 뇌가 죽은 상태로서 뇌의 기능이 완전히 정지하여 회복이 불가능한 상태(불가역적 소실상태)에 이른 것을 말한다.7) 장기이식과 관련하여 뇌사가 문제되는 이유는 일반적으로 뇌가 죽고 일정한 시간(2시간에서 14일)이 흐른 뒤에 심장이 죽기 때문에 그 기간 동안 뇌사한 사람의 신선한 장기를 적출하여 이식할 수 있다는 점에 있다. 앞서 언급한 것처럼 장기를 기증하고자 하는 공급자보다는 장기를 필요로 하는 수요자가 항상 많기 때문에 뇌사자의 장기에 대한 필요성이 증가하게 된다.

우리는 보통 사람의 맥박(심장)이 뛰지 않고 숨(호흡)이 멎었을 때 그 사람이 죽었다고 판단한다. 이러한 일상적 이해에 맞게 종래에 사람의 죽음은 심장(순환기)과 폐(호흡기)의 기능이 정지하는 시점을 기준으로 결정되었다.8) 하지만 과학기술의 발전은 인공심폐소생장치를 통해 인공적으로 심장박동과 호흡을 유지시킬 수 있게 하여 심폐사의 시점은 불확정적인 것이 되었고, 심폐사 이전에 뇌사를 판단할 수 있는 기술을 발전시켰다.9) 따라서 뇌사는 이에 반대하는 견해에도 불구하고10) 죽음의 시기를 결정하는 새로운 기준으로 부각되었다.11) 이제 문제는

---

7) 뇌는 대뇌, 소뇌, 뇌간으로 구성되기 때문에 뇌사를 ① 뇌 전체의 기능이 정지되는 전뇌사(whole-brain death), ② 대뇌의 기능이 정지하는 대뇌사(cerebrium death); ③ 뇌간의 기능이 정지하는 뇌간사(brain stem death)로 구분하기도 한다. 견해에 따라서는 의식과 정신활동을 지배하는 대뇌가 죽은 경우를 뇌사로 이해하기도 한다(대뇌사설 또는 부분뇌사설). 하지만 대뇌사의 경우에 뇌간이 살아 있다면 이것은 의식은 없고 호흡만 하는 이른바 '식물인간상태'에 놓인 것을 말한다. 따라서 대뇌사를 뇌사로 인정하게 되면 식물인간상태에 놓인 모든 환자를 사망했다고 판정해야 하는 문제가 발생한다. 또한 대뇌가 위축되어 태어나는 무뇌아(anencephaly)를 사망했다고 판정해야 하는 문제도 있다. 여기서 뇌사를 뇌 전체의 기능이 정지하는 전뇌사로 이해해야 할 필요성이 있다(전뇌사설). 뇌의 기능과 정지에 대한 자세한 설명은 김상득(1999), 97면 이하 참조. 뇌사의 개념에 대한 더 상세한 구분은 김동림(1992a), 116면 이하 참조. 대뇌사를 뇌사로 보는 경우에 발생하는 여러 가지 문제점을 고려하여 이 글에서 뇌사는 전뇌사의 의미로 사용하기로 한다.

8) 죽음의 여러 가지 개념 및 이에 기초한 죽음의 시기에 관한 다양한 견해에 대해서는 김동림(1992a), 110면 이하 및 김동림(1992b), 160면 이하 참조.

9) 뇌사를 판단하는 기술적 방법으로 ① 무호흡검사, ② 뇌파검사, ③ 뇌혈류검사 등이 있다. 이러한 기술적 방법의 불확실성에 대한 비판으로 이상돈(1999), 255면 이하 참조.

10) 뇌사의 개념에 반대하는 견해에 대해서는 구인회(2004), 60면 이하 참조. 그 핵심은 뇌사는 인간의 죽음의 일부일 뿐이라는 점, 뇌사판정에 오진가능성이 있다는 점, 장기이식의 목적으로 인정되고 있다는 점 등이다. 또한 인체의 상품화가 뇌사의 개념에 반대하는 논거로 지적되기도 한다. 김영기(1996), 23면 참조. "뇌사의 오용가능성"에 대한 지적도 비슷한 맥락

뇌사의 판정을 누가, 어떠한 절차에 따라 할 것인지로 옮겨가고 있다. 현행 장기이식법에 따르면 원칙적으로 '**뇌사판정의료기관**'만이 뇌사판정을 할 수 있다. 뇌사판정의료기관이 되기 위해서는 일정한 시설과 장비 및 인력을 갖추고 '**뇌사판정위원회**'를 설치해야 하는데 뇌사판정위원회에는 의료인이 아닌 위원이 반드시 1인 이상 포함되도록 함으로써(동법 제16조 제3항) 뇌사판정이 단순히 의학적 판단이 아니라 윤리적 판단도 포함된다는 사실을 확인하고 있다.

**[법령 3.5] 뇌사판정기관: 장기 등 이식에 관한 법률**(최근개정: 2020. 4. 7. 법률 제17214호)

**제16조 (뇌사판정의료기관 및 뇌사판정위원회)**

① 장기 등의 적출 및 이식을 위한 뇌사판정업무를 하려는 의료기관은 보건복지부령으로 정하는 바에 따라 국립장기이식관리기관의 장에게 알려야 한다.

② 뇌사판정업무를 하려는 의료기관은 제1항에 따른 통보 전까지 보건복지부령으로 정하는 시설・장비・인력 등을 갖추고, 해당 의료기관에 뇌사판정위원회를 설치하여야 한다.

③ 제2항에 따른 뇌사판정위원회는 대통령령으로 정하는 바에 따라 전문의사 2명 이상과 「의료법」 제2조 제1항에 따른 의료인(이하 "의료인"이라 한다)이 아닌 위원 1명 이상을 포함한 4명 이상 6명 이하의 위원으로 구성한다.

④ 제1항에 따라 통보한 의료기관(이하 "뇌사판정기관"이라 한다)이 아니면 장기 등의 적출 및 이식을 위한 뇌사판정업무를 할 수 없다. 다만, 뇌사판정기관이 아닌 의료기관에서 뇌사판정을 수행하고자 할 때는 제2항에 따른 뇌사판정위원회를 활용하여 업무를 수행할 수 있다.

⑤ ~ ⑥ 생략

뇌사판정을 받기 위해서는 뇌사판정의료기관에 뇌사판정을 신청해야 한다(동법 제17조 제1항). 뇌사판정을 신청할 수 있는 자는 뇌사추정자의 가족 또는 법정대리인이나 진료담당의사다(동법 동조 제2항). 뇌사판정의 신청이 있으면 뇌사판정의료기관의 장은 전문의사 2명 이상과 진료를 담당한 의사가 함께 작성한 뇌사조사서를 첨부하여 뇌사판정위원회에 뇌사판정을 요청해야 한다(동법 제18조 제1항). 뇌사판정의 요청을 받은 뇌사판정위원회는 전문의사인 위원 2명 이상과 의료

---

이다. 성진기(1997), 182면 이하 참조. 그리고 뇌사를 인정하는 견해를 뇌와 신체의 이원주의라는 "의학형이상학"으로 규정하면서 반대하는 견해도 있다. 박은정(1992), 296면 이하 참조. 그 밖에 뇌사는 "생활세계적 죽음 개념"을 대체한다는 이유로 이에 반대하기도 한다. 이상돈(1999), 261면 이하 참조.

11) 한국에서 뇌사 문제에 대한 논의는 1983년부터 시작되었고, 본격적으로 진행된 시기는 1988년 서울대병원에서 뇌사환자의 간을 적출하여 이식한 때부터라고 한다. 한국에서 진행된 뇌사 문제에 대한 논의의 역사에 대해서는 김민중(1993), 18면 이하 참조. 그 밖에 이영균(1993), 8면 이하도 참조.

인이 아닌 위원 1명 이상을 포함한 재적위원 과반수의 출석과 출석위원 전원의 찬성으로 뇌사판정을 한다(동법 동조 제2항). 법률은 대통령령으로 뇌사판정기준을 마련해놓고 있다.12)

**[법령 3.6] 장기 등 이식에 관한 법률 시행령**(최근개정: 2019. 7. 16. 대통령령 제29984호)

**[별표] 뇌사판정기준(제21조 관련)**

1. 뇌사판정의 기준
   뇌사판정대상자를 뇌사자로 판정하기 위해서는 제2호 및 제3호에 모두 적합해야 한다.
2. 선행 조건
   가. 원인질환이 확실할 것
   나. 치료될 가능성이 없는 기질적(器質的)인 뇌병변(腦病變)이 있을 것
   다. 깊은 혼수상태로서 자발호흡(自發呼吸)이 없고 인공호흡기로 호흡이 유지되고 있을 것
   라. 치료 가능한 약물중독(마취제, 수면제, 진정제, 근육이완제, 독극물 등으로 인한 중독을 말한다)이나 대사성(代謝性) 장애의 가능성이 없을 것
   마. 치료 가능한 내분비성 장애[간성혼수(肝性昏睡), 요독성혼수(尿毒性昏睡), 저혈당성뇌증(低血糖性腦症) 등을 말한다]의 가능성이 없을 것
   바. 저체온상태[직장온도(直腸溫度)가 섭씨 32° 이하인 상태를 말한다]가 아닐 것
   사. 쇼크상태가 아닐 것
3. 판정 기준
   가. 외부 자극에 전혀 반응이 없는 깊은 혼수상태일 것
   나. 자발호흡이 되살아날 수 없는 상태로 소실되었을 것
   다. 두 눈의 동공이 확대·고정되어 있을 것
   라. 뇌간반사(腦幹反射)가 완전히 소실되어 있을 것(다음의 반사가 모두 소실된 것을 말한다)
      1) 광반사(光反射, Light reflex)
      2) 각막반사(角膜反射, Corneal reflex)
      3) 안구두부반사(眼球頭部反射, Oculo-cephalic reflex)
      4) 전정안구반사(前庭眼球反射, Vestibular-ocular reflex)
      5) 모양체척수반사(毛樣體脊髓反射, Cilio-spinal reflex)
      6) 구역반사(嘔逆反射, Gag reflex)
      7) 기침반사(Cough reflex)
   마. 자발운동, 제뇌경직(除腦硬直), 제피질경직(除皮質硬直), 경련 등이 나타나지 않을 것
   바. 무호흡검사 결과 자발호흡이 유발되지 않아 자발호흡이 되살아날 수 없다고 판정될 것
      ※ 무호흡검사

---

12) 체계적인 뇌사판정기준으로는 1968년 하바드(Harvard) 의대에서 제시한 것이 최초의 것으로 알려져 있다.

자발호흡이 소실된 후 자발호흡의 회복 가능 여부를 판정하는 임상검사로서 그 검사방법은 다음과 같다. 100% 산소 또는 95% 산소와 5% 이산화탄소를 10분 동안 인공호흡기로 흡입시킨 후 인공호흡기를 제거한 상태에서 100% 산소 6ℓ/min를 기관내관(氣管內管)을 통하여 공급하면서, 10분 이내에 혈압을 관찰하여 혈액의 이산화탄소분압($PaCO_2$)이 50torr 이상으로 상승하는 것을 확인하였음에도 불구하고 자발호흡이 유발되지 않으면 자발호흡이 되살아날 수 없다고 판정하며, 검사가 불충분하거나 중단된 경우에는 혈류검사로 추가 확인해야 한다.

사. 다음의 구분에 따른 방법에 따라 가목부터 바목까지의 규정에 따른 판정 결과를 재확인하였을 때에도 그 결과가 같을 것

1) 뇌사판정대상자가 6세 이상인 경우: 1차 판정부터 6시간이 지난 후에 실시
2) 뇌사판정대상자가 1세 이상 6세 미만인 경우: 1차 판정부터 24시간이 지난 후에 실시
3) 뇌사판정대상자가 생후 2개월 이상 1세 미만인 경우: 1차 판정부터 48시간이 지난 후에 실시

아. 다음의 구분에 따른 방법에 따라 뇌파검사를 하였을 때에 평탄뇌파가 30분 이상 지속될 것

1) 뇌사판정대상자가 1세 이상인 경우: 사목에 따른 재확인 이후에 실시
2) 뇌사판정대상자가 생후 2개월 이상 1세 미만인 경우: 사목에 따른 재확인 이전과 이후에 각각 실시

## 2. 현행 장기이식법의 문제점

### (1) 뇌사를 사망으로 볼 것인가?

현행 장기이식법에 따르면 "뇌사자"란 장기이식법에 의한 뇌사판정기준 및 뇌사판정절차에 따라 뇌 전체의 기능이 되살아날 수 없는 상태로 정지되었다고 판정된 자를 말한다. 이러한 뇌사자는 "살아있는 자"에서 제외된다(동법 제4조 제5호). 그렇다면 뇌사자는 "죽은 자"인가? 과거(1999. 2. 8. 제정 후 2010. 5. 31. 개정 전까지)의 장기이식법은 뇌사자가 장기 등의 적출로 사망한 경우에 뇌사의 원인이 된 질병 또는 행위로 인하여 사망한 것으로 보면서(동법 제17조) 사망의 시점을 확정하지 않았다. 이것은 사망의 시점을 기본적으로 '장기 등이 적출된 시점'으로 본다는 뜻이다. 단지 사망의 원인을 뇌사의 원인이 된 질병 또는 행위로 보겠다는 것이다. 따라서 뇌사자는 아직 죽은 자가 아니다.[13] 결론적으로 과거의 장기이식법

13) 이에 따라 과거의 장기이식법은 물론 현행 장기이식법도 뇌사자와 관련되는 경우에 '가족'이라는 용어를 사용하면서 사망한 자에 대해서는 '유족'이라는 용어를 사용하고 있다. 현행 장기이식법 제12조 제2항 및 제22조 제3항 참조. 또한 본인이나 가족의 동의 없이 뇌사자의 장기를 적출하는 경우(무기 또는 2년 이상의 징역 및 장기적출로 사망에 이르게 된 경우 사

에 따르면 뇌사자는 "살아있는 자"도 아니고, "죽은 자"도 아니다. 이것은 사람을 ① 살아있는 자, ② 뇌사자, ③ 죽은 자로 구분한다는 뜻이다. 그렇다면 뇌사자를 "아직 죽지 않은 자"[14]라고 표현하는 것도 무리는 아니다.

**[표 3.4] 뇌사자 현황** (단위: 명)

| 2010 | 2011 | 2012 | 2013 | 2014 | 2015 | 2016 | 2017 | 2018 | 2019 | 2020 |
|---|---|---|---|---|---|---|---|---|---|---|
| 268 | 368 | 409 | 416 | 446 | 501 | 573 | 515 | 449 | 450 | 478 |

자료: 국립장기조직혈액관리원(www.konos.go.kr) 장기이식 현황 통계(2020).

과거의 장기이식법은 뇌사를 죽음으로 보지 않는다.[15] 그럼에도 불구하고 뇌사자의 장기를 적출하도록 허용하고 있다. 그것도 본인의 동의는 물론 일정한 범위의 가족의[16] 동의로도 장기의 적출을 허용하고 있는 것이다. 이것은 뇌사를 죽음으로 볼 것인지에 관한 논쟁을 피해가면서도 장기이식의 효과를 챙기는 현명한 입법이라고 볼 수도 있다. 하지만 뇌사를 죽음으로 보지 않는 경우에 뇌사자의 장기이식이 허용되는 논거가 제시되어야 한다. 뇌사를 사망으로 인정하지 않음에도 불구하고 뇌사자의 장기이식으로 뇌사자를 사망하게 하는 것은 본인의 동의가 없는 경우에는 살인죄, 본인의 동의가 있는 경우에도 촉탁살인죄에 해당하기 때문이다. 따라서 예를 들어 이미 앞 장에서 설명한 안락사의 논리를 가지고[17] 설명하거나 다른 윤리적 논리를 가지고[18] 정당화해야 하는 것이다. 이러한 문제점을 해결하기 위하여 현행 장기이식법은 뇌사자가 사망한 시점을 뇌사판정위원회가 뇌

형, 무기, 5년 이상의 징역)에는 본인이나 가족의 동의 없이 사망한 자의 장기를 적출하는 경우(5년 이하의 징역 또는 3천만원 이하의 벌금)보다 무겁게 처벌한다. 동법 제44조 및 제48조 참조.

14) 임상규(2000), 146면.

15) 하지만 장기이식법을 전체적으로 평가했을 때 동법은 실질적으로 뇌사를 사망으로 전제하고 있다는 견해도 있다. 문채규(2003), 727면 이하 참조. 특히 728면: "장기이식에 관한 한, 뇌사자를 사망한 자와 전적으로 동일하게 취급함으로써 실질적으로는 뇌사설을 채택한 것과 같은 결과를 확보하면서도, 동시에 그러한 형식적인 구별을 통하여 입법자가 결코 뇌사를 일반적인 생활세계의 죽음으로 인정한 것은 아니라는 것을 표명해 줌으로써 뇌사반대론자들의 입지를 배려한 것으로 해석할 수 있다."

16) 장기이식법에 따르면 뇌사자 또는 사망한 자의 장기적출에 동의할 수 있는 "가족" 또는 "유족"은 ① 배우자, ② 직계비속, ③ 직계존속, ④ 형제자매, ⑤ 이러한 가족 또는 유족이 없는 경우에는 4촌 이내의 친족을 말한다. 다만, 14세 미만인 자는 제외된다(동법 제4조 제6호).

17) 안락사가 허용되는 논리에 대해서는 이 책 제2장 III. 참조.

18) 예를 들어 일반의료윤리의 원칙(자기결정권 존중의 원칙, 불가해의 원칙, 선행의 원칙, 정의의 원칙), 사회적 공리주의 원칙, 연대성의 원칙, 상황윤리의 원칙과 같은 원칙을 가지고 정당화될 수 있다. 김학태(2007), 401면 이하 참조.

사판정한 시각으로 확정하고 있다(동법 제21조 제2항).[19]

### (2) 가족의 동의에 의한 장기적출

앞서 설명한 것처럼 장기이식법에 따르면 뇌사자와 사망한 자의 장기를 적출하는 것은 본인이 뇌사 또는 사망 전에 장기의 적출에 동의한 경우(동법 제22조 제3항 제1호)에만 허용되는 것이 아니다. 본인이 뇌사 또는 사망 전에 장기의 적출에 동의 또는 반대하였다는 사실이 확인되지 않은 때에는 그 가족 또는 유족이 장기의 적출에 동의한 경우(동법 동조 동항 제2호)에도 장기적출이 허용된다. 이것은 장기이식이 타인의 의사에 따라 결정된다는 점에서 문제가 있다. 이러한 입법에는 타인을 위한 장기이식은 선하다거나 한 사람의 장기이식으로 여러 사람의 생명을 살리는 것은 유익하다는 공리주의적 명제가 전제되어 있다. 하지만 타인을 위한 희생 또는 여러 사람의 이익을 위한 한 사람의 희생이 반드시 옳은 것인지는 의문이 제기된다. 따라서 "공리주의적 단순논리"[20]라는 지적은 타당하다. 결국 어떤 방식으로든[21] 본인의 명시적인 동의가 필요하다는 점은 장기적출에서 반드시 고려되어야 한다.[22]

한편 본인이 뇌사 또는 사망 전에 장기의 적출에 동의한 경우에도 그 가족 또는 유족이 장기의 적출을 명시적으로 거부하는 경우에는 장기적출이 허용되지 않는다(동법 동조 동항 제1호 단서). 이것도 장기이식의 결정에 본인의 의사보다 가족의 의사를 우선시하는 것을 의미한다. 비록 공동체문화가 강한 한국사회에서 가족의 의사를 존중하다고 하더라도 본인의 의사가 명백한 경우까지 가족의 의사에 따라 장기이식 여부를 결정하는 것은 문제가 있다고 생각된다.[23]

---

19) 이러한 사망시점 결정 방식의 문제점에 대해서는 고형석(2019), 88면 이하 참조.

20) 김학태(2007), 414면 참조.

21) 장기적출에 대한 본인의 동의를 확인하는 방법 및 명시적인 동의를 얻는 방법에 대해서는 김민중(1993), 22면 이하, 특히 명시적인 동의를 얻는 방법은 24면 이하 및 문채규(2003), 737면 이하 참조.

22) 본인의 동의가 있는 장기기증의 허용조차 장기기증에 대한 압박으로 작용하여 심지어 "죄의식"이나 "부채의식"으로 발전할 수 있다는 주장은 주목할 만하다. 김영기(1996), 25면 참조.

23) 본인의 의사에 반하는 가족의 의사에 따라 안락사가 결정되는 것은 '자율성존중의 원칙'이라는 윤리적 관점에서도 문제가 될 수 있다. 구인회(2008), 207면 참조. 또한 '사자(死者)의 인격권'이라는 관점에서 문제가 제기된다. 송영민(2010), 124면 이하 참조. 하지만 본인의 동의도 중요하지만 가족의 의사도 중요하기 때문에 이러한 제도가 타당하다는 견해도 있다. 문채규(2003), 738면 이하 참조. 또한 뇌사자의 장기기증에 관한 결정에서 가족 간의 의사소통을 고려하는 입장에서도 가족의 동의를 장기기증 결정의 중요한 요소로 이해하기도 한다. 이상돈(1999), 266면: "뇌사자의 장기기증이라는 의사결정의 사회적 의미에 대한 의사소통

### (3) 미성년자의 장기적출

장기이식법에 따르면 원칙적으로 16세 미만인 살아있는 사람의 장기를 적출하는 것은 금지된다. 다만 16세 미만인 살아있는 사람의 '골수'를 적출하는 것은 허용된다(동법 제11조 제3항 제1호). 따라서 살아있는 미성년자는 16세 이상이 되면 장기를 적출할 수 있고, 16세 미만이라고 하더라도 골수는 적출할 수 있다. 물론 살아있는 16세 이상의 미성년자의 장기를 적출하는 것은 배우자・직계존비속・형제자매 또는 4촌 이내의 친족에게 이식하는 경우로 한정된다(동법 동조 제4항). 그리고 16세 이상인 미성년자의 장기와 16세 미만인 미성년자의 골수를 적출하고자 하는 경우에는 본인의 동의 외에 그 부모(부모가 없고 형제자매에게 골수를 이식하기 위하여 적출하고자 하는 경우에는 법정대리인)의 동의를 얻어야 한다(동법 제22조 제1항). 물론 본인의 동의도 요구되지만 부모나 법정대리인의 동의로 미성년자의 장기적출을 허용하는 것이 미성년자의 보호에 충실한 것인지에 대해서는 의문이 제기된다.[24]

**주요개념**

**【법정대리인】** 법률에 의하여 대리권을 부여받은 대리인을 말한다. 법정대리인은 법률상 당연히 대리인이 되는 경우(친권자, 후견인 등)와 법률에 따라 선임됨으로써 대리인이 되는 경우(재산관리인 등)로 구분된다. 법정대리인이 행사할 수 있는 대리권의 범위는 대리권을 부여하는 법률에서 정해진다.

**【임의대리인】** 본인으로부터 대리권을 부여받음으로써 대리인이 되는 경우를 말한다. 임의대리인이 행사할 수 있는 대리권의 범위는 대리권을 부여하는 행위(수권행위)의 내용에 따라 결정된다.

**토론문제**

1. 시장에서 사고 팔 수 없는 대상이 존재하는가?
2. 장기매매의 금지보다 장기가 필요한 환자의 생명이 더 중요하지 않은가?
3. 자신의 장기까지 팔아서라도 생계를 유지해야 하는 사람의 처지가 고려되어야 하지

---

적 교류의 과정에서 가족은 다른 사람들보다 특별한 지위, 예를 들어 장기적출에 대한 거부권(Vetorecht)을 부여할 필요가 있다."

24) 김학태(2007), 412면 참조.

않은가?

**내 입장은?**

1. 장기매매는 전면적으로 금지되어야 한다.
2. 국가가 관리하는 장기매매는 허용될 수 있다.
3. 생명이 위독한 환자를 위한 장기매매는 허용되어야 한다.
4. 생계를 목적으로 하는 장기매매는 허용되어야 한다.
5. 모든 형태의 장기매매는 허용되어야 한다.

## 참고문헌

고형석(2019), 뇌사자의 사망시기에 관한 연구, ≪비교사법≫(한국비교사법학회), 제26권 제2호(2019), 77～111면.

구인회(1999), 장기이식에 대한 사회윤리학적 고찰, ≪철학과 현실≫(철학문화연구소), 통권 제42호(1999), 183～200면.

구인회(2004), 죽음의 개념과 뇌사 찬반론, ≪과학사상≫, 제48호(2004), 51～72면.

구인회(2008), 우리나라 "장기 등 이식에 관한 법률"의 윤리적 검토, ≪법철학연구≫(한국법철학회), 제11권 제1호(2008), 197～222면.

김동림(1992a), 사람의 종기와 뇌사설, ≪형사법연구≫(한국형사법학회), 제5권(1992), 107～124면.

김동림(1992b), 죽음의 개념과 시점, 뇌사입법에 관한 고찰, ≪형사정책≫(한국형사정책학회), 제6호(1992), 155～212면.

김민중(1993), 뇌사환자로부터의 장기이식의 법률문제, ≪사법행정≫(한국사법행정학회), 제34권 제5호(1993), 15～31면.

김상득(1999), 장기이식과 뇌사의 윤리, ≪과학사상≫, 제28호(1999), 88～106면.

김영기(1996), 기술시대의 생명윤리－생명 윤리학의 방법론과 뇌사 및 장기이식 문제를 중심으로－, ≪철학연구≫(대한철학회), 제56집(1996), 13～31면.

김학태(2004), 뇌사와 장기이식에 관한 법철학적 연구(뇌사개념에 대한 법철학적 고찰), ≪외법논집≫(한국외국어대학교 법학연구소), 제16집(2004), 391～420면.

김학태(2007), 한국 장기이식법의 윤리적 정당성에 관한 연구, ≪외법논집≫(한국외국어대학교 법학연구소), 제25집(2007), 397～424면.

김현철/김휘원(2013), 한국 장기이식제도의 쟁점과 대안, ≪법학논집≫(이화여자대학교 법학연구소), 제17권 제4호(2013), 225～251면.

김형철(1994), 뇌사판정과 장기 이식에 대한 도덕적 평가, ≪철학연구≫(철학연구회), (1994), 289～303면.

김휘원/김현철(2017), 「장기 등 이식에 관한 법률」 개정을 위한 입법적 쟁점, ≪대한이식학회지≫(대한이식학회), 제31권 제2호(2017), 68～74면.

문성제(2006), 우리나라 장기이식의 현황과 법률문제, ≪외법논집≫(한국외국어대학교 법학연구소), 제24집(2006), 147～172면.

문채규(2003), 뇌사의 법적 의미와 장기등이식에관한법률, ≪비교형사법연구≫(한국비교형사법학회), 제5권 제2호(2003), 721～744면.

박은정(1992), 뇌사와 장기이식의 법윤리, ≪철학과 현실≫(철학문화연구소), 통권 제14호(1992), 292～323면.

배현아(2010), 각막기증 및 이식 활성화를 위한 법제 연구, ≪영남법학≫(영남대학교 법학연구소), 제30호(2010), 343～371면.

성진기(1997), 의료윤리에 관한 연구－뇌사 문제에 대한 철학적 반성－, ≪철학연구≫(대한철학회), 제63집(1997), 203～222면.

송영민, 「장기 등 이식에 관한 법률」상의 유족의 지위, ≪의생명과학과 법≫(원광대학교 법학연구소), 제3호(2010), 107～131면.

유수정/이봄이/박소연(2019), 살아있는 장기기증자의 건강과 자기결정권 보장을 위한 법정책적 제언: 신장기증자를 중심으로, ≪생명윤리≫(한국생명윤리학회), 제20권 제1호(2019), 25～44면.

이상돈(1999), 뇌사와 인권－죽음 개념의 의사소통이론적 재구성－, ≪법철학연구≫(한국법철학회), 제2권(1999), 251～270면.

이영균(1993), 한국에서의 뇌사문제와 장기이식, ≪사법행정≫(한국사법행정학회), 제34권 제5호(1993), 6～14면.

이종원(2012), 뇌사판정과 장기이식의 윤리적 문제, ≪철학논총≫(새한철학회 논문집), 제69집(2012), 271～295면,

임상규(2000), 장기이식법상의 뇌사관련규정의 문제점, ≪형사법연구≫(한국형사법학회), 제13권(2000), 145～162면.

정연철(2008), 장기이식에 관한 헌법적 고찰, ≪공법학연구≫(한국비교공법학회), 제9권 제2호(2008), 183～207면.

최상회(2008), 생체장기이식의 윤리와 법률문제, ≪법학연구≫(충북대학교 법학연구소), 제19권 제2호(2008), 219～243면.

최행식/송영민(2011), 조혈모세포이식에 관한 입법론적 연구, ≪법학연구≫(한국법학회), 제41권(2011), 457～478면.

# 제 4 장
# 간통죄와 성적 자기결정권

"I have one thing to tell you. However, I won't tell anyone again.
And I hope you could remember this. In this chaotic universe,
this kind of certain feeling comes just once through whole life.
It won't come again through living ever again."
≪영화 The Bridges of Madison County(1995) 중에서≫

유부남을 사랑한 여자가 있다. 혹은 아내가 아닌 다른 여자를 사랑한 남자가 있다. 사랑은 죄(罪)가 아니다. 비록 '금지된 사랑'일지라도 그렇다. 오히려 그것은 운명에 가깝다. 죽음보다 강한 운명적 사랑을 벌하는 것보다 차라리 '살아있는 것이 죄'라고 말하라. 누가 누구의 죄를 탓할 것인가? '너희 가운데 죄 없는 자가 먼저 돌로 쳐라!'

수십 년 동안 외도(바람피우기)를 밥 먹듯이 하는 남편을 바라보며 사는 여자가 있다. 이 여자는 남편에게 맞기도 한다. 이 '악마'를 감옥에 처넣고 싶지만 그가 감옥에 가는 순간 자신의 삶도 산산조각날 것 같은 두려움이 엄습한다. 이것도 운명일 수 있다. 플레이보이를 만난 비슷한 처지의 친구는 이혼을 하며 큰 재산을 벌었다. 악마를 감옥에 집어넣는 것보다 악마와 타협하는 것이 돈이 된다는 친구의 말이 뒤통수를 때린다.

오늘 우리는 두 여자의 운명에 대해서 이야기해 보도록 한다. 바람둥이 남편을 참으며 살 것인가 아니면 감옥에 보낼 것인가? 이것도 저것도 아니면 그냥 이혼해주고 위자료나 많이 챙길 것인가? 간통에 관한 논쟁은 간통한 자의 사랑을 정당화하기 위한 것만은 아니다. 오히려 그것은 간통한 자의 아내 혹은 남편이 걸어가야 될 희망의 길을 제시하기 위한 것이기도 하다. 그 길이 무엇인지 알아보도록 하자.

# Ⅰ. 간통죄에 찬성하는 논거와 반대하는 논거

## 1. 간통죄의 개념과 입법례

형법(제241조: 2015. 2. 26. 2009헌바17 등 사건에서 헌법재판소에 의해 단순위헌으로 결정되기 이전의 것을 말한다. 이하 동일)에 규정된 간통죄는 배우자 있는 자(유부남 또는 유부녀)가 배우자 이외의 남성 또는 여성과 간통하는 경우에 처벌되는 범죄를 말한다. 여기서 간통이란 성행위(성관계 또는 성교)를 의미하고,[1] 성행위는 일반적으로 남녀 간에 비밀리에 이루어지기 때문에 증명이 대단히 어렵다는 특징을 갖는다. 따라서 법원은 간통사실에 관한 직접적 증거가 없다고 하더라도 구체적인 정황과 같은 간접적 증거를 종합하여 경험법칙에 따라 간통 여부를 판단하고 있다.

**[판례 4.1] 간통 여부의 판단**

남녀 간의 정사를 내용으로 하는 간통죄는 행위의 성질상 통상 당사자 간에 극비리에, 또는 외부에서 알아보기 어려운 상태 하에서 감행되는 것이어서 이에 대한 직접적인 물적 증거나 증인의 존재를 기대하기가 극히 어렵다 할 것이어서, 간통죄에 있어서는 범행의 전후 정황에 관한 제반 간접증거들을 종합하여 경험칙상 범행이 있었다는 것을 인정할 수 있을 때에는 이를 유죄로 인정하여야 한다. 서로 사랑하여 상대방을 재혼대상으로까지 생각하고 있었던 성인 남녀가 심야에 여관에 함께 투숙하였고, 투숙한 지 1시간 30분가량 지난 뒤에 그들이 함께 묵고 있던 여관 객실에 다른 사람들이 들어가 보니 남자는 팬티만을 입고 있었고 여자는 팬티와 브라우스만을 입고 있었으며 방바닥에 구겨진 화장지가 여러 장 널려 있었다면 두 남녀가 서로 정을 통하였다고 인정하는 것이 경험칙에 비추어 상당하다(대판 1997. 7. 25. 97도974).

배우자 있는 자와 간통한 상대방 남성 또는 여성도 동일하게 처벌된다(동법 동조 제1항 제2문).[2] 간통죄는 친고죄이기 때문에 반드시 피해자인 배우자의 고소가 있어야 한다. 피해자인 배우자가 간통을 종용(동의)하거나 유서(용서)한 경우에는 고소할 수 없다(동법 동조 제2항). 배우자가 고소를 하려면 반드시 혼인을 해소하거나 이혼소송을 제기하여야 한다(형사소송법 제229조 제1항). 고소를 제기한 후 다시 혼인을 하거나 이혼소송을 취하하면 고소가 취소된 것으로 간주한다(동

1) 성행위는 생식행위를 의미하는 것은 아니기 때문에 체외수정(인공수정)을 위해 정자나 난자를 제공하는 행위는 간통행위에 포함되지 않는다. 같은 견해로 차용석(1987), 22면 참조.
2) 간통한 상대방에 대한 제한이 없기 때문에 성매매인 경우에도 간통죄가 성립한다. 다시 말해 상대방이 성매매여성 또는 남성인 경우도 간통죄에 해당한다. 같은 견해로 송기춘/이정원(2004), 332면 이하 참조.

법 동조 제2항).

**주요개념**

**【친고죄】** 피해자나 그 법정대리인과 같은 고소권자(형사소송법 제223조 및 제225조)의 고소가 있는 경우에만 검사가 공소를 제기할 수 있는 범죄를 말한다(형법 제241조 제2항, 제306조, 제312조 제1항, 제328조 제2항).

**【반의사불벌죄】** 피해자의 의사와 상관없이 검사가 공소를 제기할 수는 있지만 피해자가 처벌을 희망하지 않으면 처벌할 수 없는 범죄를 말한다(형법 제110조, 제260조 제3항, 제266조 제2항, 제283조 제3항, 제312조 제2항). 반의사불벌죄에 대하여 공소가 제기되었으나 피해자가 처벌을 희망하지 않으면 법관은 공소기각판결을 선고해야 한다(형사소송법 제327조 제6호).

**[판례 4.2] 간통의 종용**

당사자가 더 이상 혼인관계를 지속할 의사가 없고 이혼의사의 명백한 합치가 있는 경우에는 비록 법률적으로는 혼인관계가 존속한다 하더라도 상대방의 간통에 대한 사전 동의라고 할 수 있는 종용에 관한 의사표시가 그 합의 속에 포함되어 있는 것으로 보아야 하고, 이혼의사의 명백한 합의가 있었는지 여부는 반드시 서면에 의한 합의서가 작성된 경우뿐만 아니라, 당사자의 언행 등 여러 가지 사정으로 보아 혼인당사자 쌍방이 더 이상 혼인관계를 유지할 의사가 없었던 사정이 인정되고, 어느 일방의 이혼요구에 상대방이 진정으로 응낙하는 언행을 보이는 사정이 인정되는 경우에도 그와 같은 의사의 합치가 있었다고 인정할 수 있다(대판 2006. 5. 11. 2006도1759).

**[판례 4.3] 간통의 유서**

간통죄에 있어서의 유서는 배우자의 일방이 상대방의 간통사실을 알면서도 혼인관계를 지속시킬 의사로 악감정을 포기하고 상대방에게 그 행위에 대한 책임을 묻지 않겠다는 뜻을 표시하는 일방행위로서, 간통의 유서는 명시적으로 할 수 있음은 물론 묵시적으로도 할 수 있는 것이어서 그 방식에 제한이 있는 것은 아니지만, 감정을 표현하는 어떤 행동이나 의사의 표시가 유서로 인정되기 위하여는, 첫째 배우자의 간통사실을 확실하게 알면서 자발적으로 한 것이어야 하고, 둘째 그와 같은 간통사실에도 불구하고 혼인관계를 지속시키려는 진실한 의사가 명백하고 믿을 수 있는 방법으로 표현되어야 한다. 간통죄의 고소 이후 이혼 등 청구의 소가 계속중에 혼인 당사자인 고소인과 피고소인이 동침한 사실이 있다는 사정만으로는 고소인이 피고소인의 간통행위를 유서하였다고 볼 수 없다(대판 2000. 7. 7. 2000도868).

간통죄에 대해서는 ① 개정전 프랑스형법이나 이탈리아의 구형법과 같이 남편과 부인의 간통에 대하여 다르게 처벌하거나 1947년 폐지되기 전의 일본의 구형법이나 이와 유사한 1953년 폐지되기 전의 우리나라 구형법과 같이 부인의 간통만을 처벌한 '**남녀불평등처벌주의**', ② 2015년 위헌 결정 이전의 우리나라 형법과 유럽의 오스트리아, 스위스, 그리고 미국의 일부 주에서 규정한 '**남녀평등처벌주의**', ③ 간통죄를 폐지하여 간통에 대하여 형사적 제재를 하지 않는 덴마크(1930년 폐지), 스웨덴(1937년 폐지), 일본(1947년 폐지), 독일(1969년 폐지), 프랑스(1975년 폐지)와 같은 '**남녀평등불벌주의**'가 있다.[3] 남녀평등처벌주의를 채택했던 우리나라에서[4] 2000년대 초 검찰에서 처리된 간통범(간통죄 피의자)의 인원은 매년 1만 명을 넘었으나 감소 추세를 이어가다 2010년대에 접어들면서 3천 명대를 기록하였다(아래 [표 4.1] 참조).

**[표 4.1] 간통범 검찰처리인원** (단위: 명)

| | 2002 | 2003 | 2004 | 2005 | 2006 | 2007 | 2008 | 2009 | 2010 | 2011 | 2012 | 2013 |
|---|---|---|---|---|---|---|---|---|---|---|---|---|
| 검찰연감 | 11,329 | 11,038 | 9,911 | 8,720 | 8,071 | 7,301 | 5,346 | 5,424 | 3,961 | 3,994 | 4,149 | 3,984 |
| 범죄백서 | 10,329 | 9,979 | 8,917 | 7,575 | 7,024 | 6,062 | 4,609 | 4,721 | 3,311 | 3,144 | 3,413 | 3,015 |

자료: 대검찰청(www.spo.go.kr) <검찰연감>(2014) 및 법무연수원(www.ioj.go.kr) <범죄백서>(2003~2014).

## 2. 간통죄에 찬성하는 논거

위헌 결정 이전의 헌법재판소 판례[5]의 다수견해에 따르면 간통죄를 존치시켜야 하는 논거는 ① 선량한 성도덕과 일부일처주의(一夫一妻主義) 혼인제도의 유지 및 가족생활의 보장,[6] ② 부부간의 성적 성실의무의 수호, 그리고 ③ 간통으로 인하여 야기되는 사회적 해악(가정의 파괴, 배우자와 자녀의 유기, 혼외자녀문제 및 이혼)의 사전예방 등이다. 이러한 논거는 2015년 간통죄 위헌 결정에 대한 재판관 2

3) 간통에 대한 각국의 입법태도에 대해서는 차용석(1987), 19면 이하 및 이희훈(2009), 498면 이하 참조.

4) 우리나라의 경우에 1953년 형법이 제정될 때까지 유부녀의 간통만 처벌되었다. 1953년 형법 제정과정에서 간통죄를 둘러싸고 벌어진 찬반논쟁에 대해서는 송기춘/이정원(2004), 335면 이하 참조. 그 밖에 형법제정 당시의 간통죄 찬반론에 대해서는 허일태(2008), 121면 이하 참조.

5) 헌재 1990. 9. 10. 89헌마82; 1993. 3. 11. 90헌가70; 2001. 10. 25. 2000헌바60 참조.

6) 간통죄는 성도덕의 보호보다는 혼인제도나 가족제도의 유지에 더 강조점이 놓여야 한다는 주장이 있다. 송기춘/이정원(2004), 354면 참조. 그리고 간통죄는 혼인제도를 보호하지 않고 오히려 종식시킨다는 견해로 김영환(2008), 10면 참조.

인의 반대의견에서도 찾아볼 수 있다([판례 4.6] 참조). 그 밖에 ④ 여성의 보호도 간통죄에 찬성하는 중요한 논거로서 여성운동 진영에서 자주 인용된다.[7] 또한 ⑤ 간통죄 조항의 일반예방효과를 전제하면서 간통죄를 폐지하면 간통행위가 걷잡을 수 없이 증가함으로써 사회 전반적으로 성적 문란이 초래되는 부작용을 염려하기도 한다. 간통죄 찬성론을 한마디로 요약하자면 간통죄는 가정과 여성 및 성도덕을 보호하는 제도라는 것이다.

### 3. 간통죄에 반대하는 논거

이와 달리 간통죄의 위헌성을 주장하는 견해의 논거는 ① 간통죄에 대해서 징역형 이외에 달리 선택의 여지를 없게 한 응보적 대응의 형벌제도, ② 선량한 풍속을 해하는 다른 범죄보다 강력한 처벌의 규정,[8] ③ 여성에게 더 가혹하게 적용되는 파행성(경제적 약자인 여성이 간통한 경우에는 남편에게 위자료를 주고 고소를 취하하게 할 수 있는 가능성이 적음), ④ 과도한 위자료를 받아내려는 목적을 위한 악용가능성, ⑤ 다른 나라에서는 폐지되는 세계적 경향,[9] ⑥ 간통죄는 친고죄이며 고소는 혼인의 해소나 이혼소송의 제기를 전제로 하기 때문에 오히려 가정을 파괴한다는 점, ⑦ 간통죄의 일반예방효과가 없다는 점, ⑧ 피해자의 성향이나 간통행위자의 경제적 능력에 따른 불평등한 적용가능성 등이다. 간통죄 반대론을 정리하자면 간통죄는 가정이나 여성 또는 성도덕을 보호하지도 못하면서 악용가능성만 대단히 큰 제도라는 것이다.

## Ⅱ. 간통죄에서 문제가 되는 인권

간통죄의 성립은 성행위와 연결되기 때문에 간통죄에서 문제가 되는 인권은 **성적 자기결정권**, 즉 성행위의 여부와 성행위의 상대방 등을 스스로 결정할 수 있는 자유(섹스할 자유)를 말한다. 헌법재판소의 판례에서 나타나는 것처럼 성적 자기결정권은 자기운명결정권을 매개로 도출되기도 한다.

---

7) 간통죄에 관한 찬반논거에 대한 자세한 설명은 이준일(2006), 136면 이하 참조.

8) 성풍속 또는 성윤리 자체가 불명확한 개념이기 때문에 형벌권 발동은 타당하지 않다는 비판도 있다. 차용석(1987), 15면 이하 참조.

9) 간통죄폐지론에서 주장하는 세계적 추세라는 논거는 다른 나라와 우리나라의 사정이 많이 다르다는 점에서 "비교대상의 사안 부적합성"이라고 비판하는 견해가 있다. 신동일(1999), 133면 이하, 특히 136면 참조.

## 1. 성적 자기결정권의 헌법적 근거

성행위에 관한 자유로운 결정권도 인권의 특성에 비추어 인권에 속한다. 하지만 성적 자기결정권은 헌법에 명시되어 있지 않다. 그렇다면 이미 앞에서 살펴본 생명권과 같이 이러한 권리도 우선적으로 헌법 제37조 제1항에서 도출되는 '열거되지 않은 권리'에 속한다.[10)]

한편 헌법은 행복추구권(제10조 제1문 후단)을 규정하고 있는데 이러한 권리는 헌법 전체의 체계에 비추어 볼 때 '일반적 자유권'으로 해석되는 것이 타당하다. 왜냐하면 헌법 제10조 제1문 전단의 인간의 존엄과 가치에 관한 기본권은 모든 기본권의 이념적 출발점이고, 이러한 기본권을 근거로 자유권과 평등권이 도출되는데 헌법 제11조에 평등권이 규정되어 있으므로 체계적 위치상 행복추구권은 일반적 자유권을 의미할 수 있기 때문이다. 게다가 행복추구권이라는 기본권의 개념상으로도 자신의 가치관에 따라 자유롭게 행복을 추구할 수 있는 권리를 뜻하기 때문에 행복추구권은 일반적 자유권으로 해석될 수 있다.[11)]

행복추구권이 일반적 자유권을 의미할 수 있다면 이러한 일반적 자유권은 개별적 자유권으로 구체화된다. 헌법은 일반적 자유권을 구체화하는 개별적 자유권으로서 양심의 자유, 종교의 자유, 학문의 자유, 예술의 자유, 거주·이전의 자유, 직업의 자유, 언론·출판의 자유 등을 명시적으로 규정하고 있다. 이러한 열거된 개별적 기본권과 함께 헌법 제37조 제1항에 근거하여 열거되지 않은 개별적 기본권이 보장된다. 따라서 헌법에 명시되지 않은 기본권은 우선은 헌법 제37조 제1항에서 직접적으로 도출되지만 적어도 열거되지 않은 자유권의 경우에는 간접적으로 일반적 자유권을 의미하는 행복추구권을 근거로 삼을 수도 있다. 결론적으로 성적 자기결정권도 열거되지 않은 개별적 기본권으로서 헌법 제37조 제1항을 직접적 근거로 하면서 헌법 제10조의 행복추구권을 간접적 근거로 하여 도출할 수 있다.[12)]

열거되지 않은 권리인 성적 자기결정권은 '혼인빙자간음죄'나 '동성동본금혼제'에서도 등장한다. 왜냐하면 혼인빙자간음죄는 성행위의 여부와 상대방을 자유롭게 결정할 수 있는 자유를 제한하고, 동성동본금혼제도 결혼을 전제로 하는 성

---

10) 이 책 제1장 Ⅱ. 1. 참조.

11) 행복추구권과 일반적 자유권에 대한 자세한 설명은 이준일, ≪헌법학강의≫(2019), 제2편 제2부 제2장 참조.

12) 성적 자기결정권의 헌법적 근거로 사생활의 비밀과 자유를 규정한 헌법 제17조를 드는 견해도 있다. 김일환(2006), 143면: "성적 자기결정권은 헌법 제10조에 규정된 행복추구권이 아니라 헌법 제17조의 사생활의 자유를 통하여 보호되어야 하는 권리이다."

행위의 여부와 상대방을 자유롭게 결정할 수 있는 자유를 제한하기 때문이다.

**[판례 4.4] 혼인빙자간음죄**

이 사건 법률조항의 경우 입법목적에 정당성이 인정되지 않는다. 첫째, 남성이 위력이나 폭력 등 해악적 방법을 수반하지 않고서 여성을 애정행위의 상대방으로 선택하는 문제는 그 행위의 성질상 국가의 개입이 자제되어야 할 사적인 내밀한 영역인데다 또 그 속성상 과장이 수반되게 마련이어서 우리 형법이 혼전 성관계를 처벌대상으로 하지 않고 있으므로 혼전 성관계의 과정에서 이루어지는 통상적 유도행위 또한 처벌해야 할 이유가 없다. 다음 여성이 혼전 성관계를 요구하는 상대방 남자와 성관계를 가질 것인가의 여부를 스스로 결정한 후 자신의 결정이 착오에 의한 것이라고 주장하면서 상대방 남성의 처벌을 요구하는 것은 여성 스스로가 자신의 성적자기결정권을 부인하는 행위이다. 또한 혼인빙자간음죄가 다수의 남성과 성관계를 맺는 여성 일체를 '음행의 상습 있는 부녀'로 낙인찍어 보호의 대상에서 제외시키고 보호대상을 '음행의 상습없는 부녀'로 한정함으로써 여성에 대한 남성우월적 정조관념에 기초한 가부장적·도덕주의적 성 이데올로기를 강요하는 셈이 된다. 결국 이 사건 법률조항은 남녀평등의 사회를 지향하고 실현해야 할 국가의 헌법적 의무(헌법 제36조 제1항)에 반하는 것이자, 여성을 유아시(幼兒視)함으로써 여성을 보호한다는 미명 아래 사실상 국가 스스로가 여성의 성적자기결정권을 부인하는 것이 되므로, 이 사건 법률조항이 보호하고자 하는 여성의 성적자기결정권은 여성의 존엄과 가치에 역행하는 것이다. 결혼과 성에 관한 국민의 법의식에 많은 변화가 생겨나 여성의 착오에 의한 혼전 성관계를 형사법률이 적극적으로 보호해야 할 필요성은 이미 미미해졌고, 성인이 어떤 종류의 성행위와 사랑을 하건, 그것은 원칙적으로 개인의 자유 영역에 속하고, 다만 그것이 외부에 표출되어 명백히 사회에 해악을 끼칠 때에만 법률이 이를 규제하면 충분하며, 사생활에 대한 비범죄화 경향이 현대 형법의 추세이고, 세계적으로도 혼인빙자간음죄를 폐지해 가는 추세이며 일본, 독일, 프랑스 등에도 혼인빙자간음죄에 대한 처벌규정이 없는 점, 기타 국가 형벌로서의 처단기능의 약화, 형사처벌로 인한 부작용 대두의 점 등을 고려하면, 그 목적을 달성하기 위하여 혼인빙자간음행위를 형사처벌하는 것은 수단의 적절성과 피해의 최소성을 갖추지 못하였다. 이 사건 법률조항은 개인의 내밀한 성생활의 영역을 형사처벌의 대상으로 삼음으로써 남성의 성적자기결정권과 사생활의 비밀과 자유라는 기본권을 지나치게 제한하는 것인 반면, 이로 인하여 추구되는 공익은 오늘날 보호의 실효성이 현격히 저하된 음행의 상습없는 부녀들만의 '성행위 동기의 착오의 보호'로서 그것이 침해되는 기본권보다 중대하다고는 볼 수 없으므로, 법익의 균형성도 상실하였다. 결국 이 사건 법률조항은 목적의 정당성, 수단의 적절성 및 피해최소성을 갖추지 못하였고 법익의 균형성도 이루지 못하였으므로, 헌법 제37조 제2항의 과잉금지원칙을 위반하여 남성의 성적자기결정권 및 사생활의 비밀과 자유를 과잉제한하는 것으로 헌법에 위반된다(헌재결 2009. 11. 26. 2008헌바58).

**[판례 4.5] 동성동본금혼제**

중국의 동성금혼 사상에서 유래하여 조선시대를 거치면서 법제화되고 확립된 동성동본금혼제는 그 제도 생성 당시의 국가정책, 국민의식이나 윤리관 및 경제구조와 가족제도 등이 혼인제도에 반영된 것으로서, 충효정신을 기반으로 한 농경중심의 가부장적, 신분적 계급사회에서 사회질서를 유지하기 위한 수단의 하나로서의 기능을 하였다. 그러나 자유와 평등을 근본이념으로 하고 남녀평등의 관념이 정착되었으며 경제적으로 고도로 발달한 산업사회인 현대의 자유민주주의사회에서 동성동본금혼을 규정한 민법 제809조 제1항은 이제 사회적 타당성 내지 합리성을 상실하고 있음과 아울러 "인간으로서의 존엄과 가치 및 행복추구권"을 규정한 헌법이념 및 "개인의 존엄과 양성의 평등"에 기초한 혼인과 가족생활의 성립·유지라는 헌법규정에 정면으로 배치될 뿐 아니라 남계혈족에만 한정하여 성별에 의한 차별을 함으로써 헌법상의 평등의 원칙에도 위반되며, 또한 그 입법목적이 이제는 혼인에 관한 국민의 자유와 권리를 제한할 "사회질서"나 "공공복리"에 해당될 수 없다는 점에서 헌법 제37조 제2항에도 위반된다 할 것이다(헌재 1997. 7. 16. 95헌가6).

### 2. 성적 자기결정권의 제한가능성

성적 자기결정권도 앞서 설명한 '절대적 기본권'이 아니기 때문에[13] 제한될 수 있다. 무엇보다도 현행 헌법에 따르면 모든 자유와 권리는 제한될 수 있기 때문이다. 여기서 제한될 수 있는 자유와 권리는 헌법에 명시되어 열거된 자유와 권리뿐만 아니라 헌법에 명시·열거되지 않은 자유와 권리도 포함하기 때문에 열거되지 않는 개별적 기본권에 해당하는 성적 자기결정권도 제한될 수 있다. 법률에 따라 성매매에 의한 성행위가 금지되는 것이 대표적인 예에 해당한다.[14]

## Ⅲ. 성적 자기결정권에 대한 제한의 정당화

### 1. 논증부담의 문제

성적 자기결정권도 제한될 수 있지만 제한을 정당화할 수 있는 합리적인 논거가 존재하는 경우에만 확정적으로 제한될 수 있다. 앞에서 살펴본 것처럼 간통죄를 찬성하는 논거들은 개인의 자기결정권보다 가족이라는 공동체의 가치에 더 중요한 비중을 두고 있다. 반면에 간통죄를 반대하는 논거들은 가족공동체의 가치보다는 개인의 자기결정권에 더 중요한 비중을 두고 있다. 이런 맥락에서 원칙

13) 절대적 기본권에 대해서는 이 책 제1장 Ⅱ. 2. 참조.
14) 성매매의 문제에 대해서는 이 책 제29장 참조.

적으로 간통죄에 대해서는 찬성하는 쪽에 논증부담을 지우는 것이 타당하다. 다시 말해 간통죄에 대한 찬성의 논거가 불충분한 경우에는 간통죄는 정당성을 상실한다. 그러나 간통죄에 대한 논의는 폐지를 주장하는 쪽에서 논증부담을 지는 방향에서 진행되고 있다. 이런 점에서 우선 간통죄에 대한 논의의 방향은 수정되어야 한다.

## 2. 간통죄의 일반예방효과

간통죄를 찬성하는 논거는 결국 배우자 있는 자의 간통에 대하여 형벌을 부과함으로써 그러한 간통을 억제(예방)할 수 있다는 데(일반예방효과) 모아진다. 물론 간통을 억제하면 가정을 보호할 수 있고,[15] 특히 남성의 간통이 더 많다는 점에서 여성(아내)을 보호하는 효과도 있게 된다. 하지만 간통은 간통죄에 관한 헌법재판소의 소수견해에서 주장되고 있듯이[16] 개인의 심리적인 상태와 관련된 일종의 확신범이나 양심범의 문제이기 때문에 범죄예방의 효과가 반드시 존재한다고 예상하기는 어려운 면이 있다.[17] 간통의 전제가 된 애정(사랑)은 개인의 감정에 관한 문제로서 외부적 위협으로 통제될 수 있는 성질의 것도 아니고, 심지어 통제되어서는 안 되는 영역에 속하기 때문이다. 특히 간통죄로 처벌되는 애정행위는 육체적 행위(간통)에 한정되기 때문에 정신적 사랑에 대한 예방효과는 전혀 없다고 볼 수 있다.

15) 간통죄는 법률혼만을 전제로 하고 있기 때문에 사실혼 관계에 있는 가정은 보호할 수 없다는 비판도 있다. 송기춘/이정원(2004), 361면 이하 참조.

16) 헌재 1990. 9. 10. 89헌마82 김양균 재판관의 반대의견: "어느 경우이건 애정에서 비롯된 경우에는 이는 어떤 의미에서 확신범 내지 양심범적인 면이 없지 않아서 형사처벌이 하등 일반 예방적 기능을 수행하지 못하는 것이며, 애정에 충실한 행위를 애정이 따르지 않는 정절이라는 보호법익개념으로 매도하는 간통죄의 쌍벌은 오늘날 여성의 지위가 현저히 향상되고 정절못지 않게 애정을 중시하는 사회풍토가 조성되어 가고 있음에 비추어 볼 때 남녀의 동반하향비하(同伴下向卑下)로서 구시대적인 방법이라 할 수 있는 것이다."

17) 간통죄의 범죄예방효과는 일종의 "직감론"이라는 비판이 있다. 차용석(1987), 30면: "기껏해야 간통행위를 처벌하면 성도덕이 향상될 것이라는 느낌을 주는 것뿐이다." 한편 간통행위의 대부분을 차지하는 성매매에 의한 간통은 간통죄에 해당하지 않는다는 일반인의 잘못된 인식 때문에 간통죄의 실효성을 기대하기 어렵다는 견해로 이주희(2008), 339면 참조.

## 3. 다양한 제도적 문제점

설령 간통죄의 예방효과가 있다고 하더라도 혼인의 해소나 이혼소송의 제기를 전제로 하는 피해자의 고소는 가정을 보호하기보다 오히려 가정의 해체를 촉진시키는 역할을 하고 있다.[18] 또한 어떠한 범죄를 규정해도 악용가능성이 있지만 간통죄만큼 악용될 가능성이 큰 범죄는 없다. 간통죄는 배우자를 협박하거나 위자료를 더 받아내는 수단 또는 간통당사자를 정치적으로 매장시키는 수단으로 악용될 수 있기 때문이다.[19] 그리고 간통죄는 기소율이 15~25퍼센트 정도로 대단히 낮다는 점에서도([표 4.2] 참조) 이 범죄의 실효성에 대해서는 의문이 제기된다.

더 나아가 그러한 악용가능성을 전제로 할 때 간통죄는 이른바 '유전무죄 무전유죄'의 현실에 따라 경제적 강자(남성이든 여성이든)보다는 경제적 약자에게 대단히 불리하게 적용될 수 있다는 점도 간과될 수 없다. 경제적 강자는 많은 위자료를 지급할 수 있는 능력으로 인해 간통죄로 처벌받지 않을 가능성이 크지만 경제적 약자는 위자료를 지급할 수 있는 능력이 없어 간통죄로 처벌받을 수밖에 없기 때문이다. 특히 여성의 경제력이 향상되었다고는 하지만 여전히 경제적 약자인 여성에게 간통죄는 불리하게 적용될 가능성이 크다.[20] 이런 점에서 간통죄가 여성을 보호하기 위한 제도인지는 의심스럽다.

또한 이전보다 여성의 지위가 많이 향상되었고, 이혼소송 과정에서 위자료청구권이나 재산분할청구권 또는 자녀양육비청구권을 행사함으로써 여성이 보호될 수 있기 때문에 간통죄가 더 많은 위자료나 재산을 받아내는 수단으로서 여성을 보호하는 기능은 사라졌다고 볼 수도 있다. 그리고 이미 간통죄의 개념에서 살펴보았듯이 간통죄의 성립 여부는 성행위가 있었는지에 관한 증명 여부에 달려 있

18) 간통죄가 가정의 해체를 유도하지만 여전히 가족제도의 보호에 기여하고 있다는 주장이 있다. 송기춘/이정원(2004), 356면: "한 부부관계의 유지와 가족제도의 유지는 다름을 인식할 필요가 있다. 이혼에도 불구하고 가족제도는 의연히 존속하는 것이다."

19) 간통죄가 정치적으로 악용된 적절한 예가 있다. "특히 박정희는 섹스 스캔들로 정적을 망신주고 매장시키는 것을 즐겼다. 이병린 대한변호사회 회장도 민권운동을 하다가 간통죄로 몰려 변호사 자격을 박탈당하고 온갖 비난을 받았다." 한상범, ≪박정희와 친일파의 유령들≫(2006), 153면.

20) 물론 여성의 취약한 경제력만이 간통죄가 여성에게 불리하게 작용한다는 뜻은 아니다. 따라서 여성의 간통에 대한 더 큰 사회적 비난가능성 및 이혼여성에 대한 덜 우호적인 사회적 시각 등 "여성이 이혼을 쉽게 선택할 수 없도록 하는 사회·경제·문화적 환경 속에서 간통죄는 간통한 여성에게 보다 엄혹하게 적용될 수밖에 없다"는 지적은 타당하다. 조국(2004), 231면.

다. 따라서 수사나 재판 과정에서 개인이 공개하고 싶지 않은 사생활이 과도하게 노출될 수 있다는 단점도 지적된다.[21]

**[표 4.2] 간통범 기소인원과 기소율** (단위: 명, %)

| 연도 | 간통범 처리인원 | 간통범 기소인원 | 간통범 기소율(%) | 전체범죄 기소율(%) | 형법범* 기소율(%) |
|---|---|---|---|---|---|
| 2001 | 11,611 | 1,883 | 16.2 | 56.2 | 34.2 |
| 2002 | 10,329 | 1,675 | 16.2 | 58.1 | 34.5 |
| 2003 | 9,979 | 1,589 | 15.9 | 56.1 | 32.3 |
| 2004 | 8,917 | 1,459 | 16.4 | 55.7 | 29.5 |
| 2005 | 7,575 | 1,196 | 15.8 | 52.0 | 29.3 |
| 2006 | 7,024 | 1,180 | 16.8 | 49.4 | 30.9 |
| 2007 | 6,062 | 1,083 | 17.9 | 52.4 | 32.3 |
| 2008 | 4,609 | 893 | 19.4 | 51.3 | 32.8 |
| 2009 | 4,721 | 1,005 | 21.3 | 45.8 | 32.0 |
| 2010 | 3,311 | 729 | 22.0 | 44.9 | 30.4 |
| 2011 | 3,144 | 696 | 22.1 | 42.8 | 30.0 |
| 2012 | 3,413 | 853 | 25.0 | 40.1 | 30.4 |
| 2013 | 3,015 | 782 | 25.9 | 39.9 | 31.0 |

자료: 법무연수원(www.ioj.go.kr) <범죄백서>(2001~2014).
* 형법범은 전체범죄에서 특별법(도로교통법, 병역법, 부정수표단속법, 교통사고특례법, 폭력행위처벌법, 향군법 등)범을 제외한 인원.

마지막으로 간통죄가 보호하려는 가족제도는 혼인한 부부와 그 자녀로 구성된 전통적 의미의 가족개념을 전제로 하면서 혼인이나 혈연을 매개로 하지 않는 다양한 형태의 가족개념을 배제하고 있다는 점을 문제점으로 지적할 수 있다. 또한 간통죄를 통해 보호되는 가족제도는 부모가 모두 존재하는 가정을 '정상'으로, 반면에 이혼한 부부의 한부모가정은 '비정상'으로 차별하고 있다는 점에서 '정상가족의 신화(神話)'를 강화한다는 비판도 가능하다.

21) 간통죄의 이러한 부당성은 다음과 같이 묘사되기도 한다. "두 남녀가 전혀 낯선 권력대리인에게 자신들의 벌거벗은 모습을 적나라하게 노출시킬 수밖에 없는 상황은 그 어떤 논리로도 정당화될 수 없는 비인간적인 상황의 극치인 것이다." 김정오(2001), 323면.

## 4. 간통죄에 관한 논쟁의 올바른 이해를 위하여

간통죄를 폐지해야 한다는 주장이 간통 자체를 정당화하는 주장은 아니다. 따라서 간통죄 존치론이 더 도덕적·윤리적이라는 견해는 타당하지 않다. 분명히 간통은 도덕적·윤리적으로 문제가 될 뿐만 아니라 법적으로도 문제가 된다. 배우자와 자녀들에게 심한 배신감과 마음의 상처를 남기기 때문이다. 하지만 간통의 문제를 국가가 형벌을 동원하여 해결하는 것이 정당한 것인지에 대해서는 의문의 여지가 충분히 있다.22) 간통은 일종의 범죄로서 형벌로 다루어야 할 것이 아니라 개인 간에 발생한 분쟁의 하나로서 피해에 대한 배상으로도 해결될 수 있기 때문이다. 혼인계약으로 혼인 당사자에게 발생하는 다양한 의무들(예: 동거의무, 부양의무, 성적 성실의무 등)은 국가의 형벌권이 아니라 손해배상제도를 통해 관철시키는 것이 합리적이다. 따라서 간통죄의 폐지가 간통을 부추기고 사회를 윤리적으로 더럽힐 것이라는 추정은23) 속단에 지나지 않는다. 형벌이 부과되는 범죄로 규정된 간통죄를 폐지함으로써 개인의 생활영역에 대한 국가의 간섭을 줄이고, 또한 범죄로 규정되어 있기 때문에 악용가능성이 높은 간통죄를 폐지함으로써 간통죄의 폐해를 없애보자는 것이 간통죄 폐지론의 핵심적 내용이다. 굳이 간통죄로 보호하려는 일부일처제를 관철하려 한다면 중혼(重婚)을 금지하고 이를 처벌하는 편이 바람직하다고 보인다.

## 5. 헌법재판소의 입장변화

헌법재판소는 2001년 결정에서 "첫째 기본적으로 개인간의 윤리적 문제에 속하는 간통죄는 세계적으로 폐지추세에 있으며, 둘째 개인의 사생활 영역에 속하는 내밀한 성적 문제에 법이 개입함은 부적절하고, 셋째 협박이나 위자료를 받기 위한 수단으로 악용되는 경우가 많으며, 넷째 수사나 재판과정에서 대부분 고소

22) 일정한 행위에 대해서 형사처벌이 가능하기 위해서는 도덕적으로 악한 행위임과 동시에 타인의 권리를 침해해야 한다는 주장이 있다. 최봉철(2006), 692면 참조. 이러한 견해에 따르면 간통은 도덕적으로 악한 행위이며 타인(배우자와 자녀)의 권리를 침해하기 때문에 형사처벌이 가능하다. 하지만 도덕적으로 악한 행위이면서 타인의 권리를 침해하는 행위는 형사처벌로 대응해야 하는 경우와 민사배상으로 대응해야 하는 경우로 구분될 수 있다. 따라서 도덕적으로 악한 행위이면서 타인의 권리를 침해하는 간통행위의 경우에도 반드시 형사처벌이 정당화된다고 볼 수는 없다.

23) 예를 들어 간통죄를 폐지하면 "정조관념이 문란해지고 가정파탄이 늘 수밖에 없다"는 주장이 그렇다. 김상철(1992), 61면.

취소되어 국가 형벌로서의 처단기능이 약화되었을 뿐만 아니라, 다섯째 형사정책적으로 보더라도 형벌의 억지효나 재사회화의 효과는 거의 없고, 여섯째 가정이나 여성보호를 위한 실효성도 의문이라는 점 등과 관련, 우리의 법의식의 흐름과의 면밀한 검토를 통하여 앞으로 간통죄의 폐지 여부에 대한 진지한 접근"을 입법자에게 요구함으로써 간통죄에 대한 전향적인 태도를 요청하고 있다.[24] 그리고 2008년 결정[25]에서 위헌의견이 다수인 5인(헌법불합치의견 1인 포함)에 이르렀지만 안타깝게도 정족수 미달로 합헌결정을 하게 된다. 결국 7년이 지난 2015년에 이르러서야 7인의 찬성으로 위헌결정을 하게 됐다(아래 [판례 4.6] 참조).

**[판례 4.6] 간통죄의 위헌성**

[1] (재판관 박한철, 재판관 이진성, 재판관 김창종, 재판관 서기석, 재판관 조용호의 위헌의견) 사회 구조 및 결혼과 성에 관한 국민의 의식이 변화되고, 성적 자기결정권을 보다 중요시하는 인식이 확산됨에 따라 간통행위를 국가가 형벌로 다스리는 것이 적정한지에 대해서는 이제 더 이상 국민의 인식이 일치한다고 보기 어렵고, 비록 비도덕적인 행위라 할지라도 본질적으로 개인의 사생활에 속하고 사회에 끼치는 해악이 그다지 크지 않거나 구체적 법익에 대한 명백한 침해가 없는 경우에는 국가권력이 개입해서는 안 된다는 것이 현대 형법의 추세여서 전세계적으로 간통죄는 폐지되고 있다. 또한 간통죄의 보호법익인 혼인과 가정의 유지는 당사자의 자유로운 의지와 애정에 맡겨야지, 형벌을 통하여 타율적으로 강제될 수 없는 것이며, 현재 간통으로 처벌되는 비율이 매우 낮고, 간통행위에 대한 사회적 비난 역시 상당한 수준으로 낮아져 간통죄는 행위규제규범으로서 기능을 잃어가고, 형사정책상 일반예방 및 특별예방의 효과를 거두기도 어렵게 되었다. 부부 간 정조의무 및 여성 배우자의 보호는 간통한 배우자를 상대로 한 재판상 이혼 청구, 손해배상청구 등 민사상의 제도에 의해 보다 효과적으로 달성될 수 있고, 오히려 간통죄가 유책의 정도가 훨씬 큰 배우자의 이혼수단으로 이용되거나 일시 탈선한 가정주부 등을 공갈하는 수단으로 악용되고 있기도 하다. 결국 심판대상조항은 과잉금지원칙에 위배하여 국민의 성적 자기결정권 및 사생활의 비밀과 자유를 침해하는 것으로서 헌법에 위반된다.

[2] (재판관 김이수의 위헌의견) 간통죄의 본질은 자유로운 의사에 기하여 혼인이라는 사회제도를 선택한 자가 의도적으로 배우자에 대한 성적 성실의무를 위배하는 성적 배임행위를 저지른 데 있다. 혼인생활을 영위하고 있는 간통행위자 및 배우자 있는 상간자에 대한 형사처벌은 부부 간의 성적 성실의무에 기초한 혼인제도에 내포되어 있는 사회윤리적 기본질서를 최소한도로 보호하려는 정당한 목적하에 이루어지는 것으로서 개인의 성적 자기결정권에 대한 과도한 제한이라고 하기 어렵다. 그러나 사실상 혼인관계의 회복이 불가능한 파탄상태로 인해 배우자에

24) 헌재 2001. 10. 25. 2000헌바60 참조.

25) 헌재 2008. 10. 30. 2007헌가17 참조. 이 판례에 대한 비판으로 이용식(2009), 307면 이하 및 이희훈(2009), 503면 이하 참조.

대한 성적 성실의무를 더 이상 부담하지 아니하는 간통행위자나 미혼인 상간자의 상간행위 같이 비난가능성 내지 반사회성이 없는 경우도 있다. 그럼에도 불구하고, 심판대상조항이 일률적으로 모든 간통행위자 및 상간자를 형사처벌하도록 규정한 것은 개인의 성적 자기결정권을 과도하게 제한하는 국가형벌권의 과잉행사로서 헌법에 위반된다.

[3] (재판관 강일원의 위헌의견) 간통 및 상간행위가 내밀한 사생활의 영역에 속하는 것이라고 해도 이에 대한 법적 규제를 할 필요성은 인정되고, 그에 대한 규제의 정도는 원칙적으로 입법자가 결정할 사항이므로, 입법자가 간통행위를 예방하기 위하여 형벌이라는 제재수단을 도입한 것이 그 자체로 헌법에 위반된다고 볼 수는 없다. 그러나 형법은 간통죄를 친고죄로 규정하면서, 배우자의 종용이나 유서가 있는 경우 간통죄로 고소할 수 없도록 규정하고 있는데, 소극적 소추조건인 종용이나 유서의 개념이 명확하지 않아 수범자인 국민이 국가 공권력 행사의 범위와 한계를 확실하게 예측할 수 없으므로 심판대상조항은 명확성원칙에 위배되며, 간통 및 상간행위에는 행위의 태양에 따라 죄질이 현저하게 다른 수많은 경우가 존재함에도 반드시 징역형으로만 응징하도록 한 것은 구체적 사안의 개별성과 특수성을 고려할 수 있는 가능성을 배제 또는 제한하여 책임과 형벌간 비례의 원칙에 위배되어 헌법에 위반된다.

[4] (재판관 이정미, 재판관 안창호의 반대의견) 간통은 일부일처제에 기초한 혼인이라는 사회적 제도를 훼손하고 가족공동체의 유지·보호에 파괴적인 영향을 미치는 행위라는 점에서 개인의 성적 자기결정권의 보호영역에 포함되어 있다고 보기 어렵다. 배우자 있는 자의 간통 및 그에 동조한 상간자의 행위는 단순한 윤리적·도덕적 차원의 문제를 넘어서 사회질서를 해치고 타인의 권리를 침해하는 것이라고 보는 우리 사회의 법의식은 여전히 유효하다. 특히 간통죄의 폐지는 우리 사회 전반에서 성도덕 의식의 하향화를 가져오고 성도덕의 문란을 초래할 수 있으며, 그 결과 혼인과 가족 공동체의 해체를 촉진시킬 수 있다는 점에서, 간통죄를 형사처벌하도록 한 입법자의 판단이 자의적인 것이라고 보기는 어렵다. 부부공동생활이 파탄되어 회복될 수 없을 정도의 상태에 이르러 더 이상 배우자에 대한 성적 성실의무를 부담한다고 볼 수 없는 경우에는 간통행위가 사회윤리 내지 사회상규에 위배되지 아니하는 행위로서 위법성이 조각될 여지가 있으므로 과잉처벌의 문제는 발생하지 않을 수 있다. 심판대상조항은 징역형만을 규정하고 있으나 법정형의 상한 자체가 높지 않아 지나치게 과중한 형벌을 규정하고 있다고 볼 수 없고, 벌금형에 의할 경우 간통행위자에 대하여 위하력을 가지기 어려우므로 형벌체계상 균형에 반하는 것이라고 할 수도 없다. 또한 현행 민법상의 제도나 재판실무에 비추어보면, 간통죄를 폐지할 경우 수많은 가족공동체가 파괴되고 가정 내 약자와 어린 자녀들의 인권과 복리가 침해되는 사태가 발생하게 될 것을 우려하지 않을 수 없다. 따라서 심판대상조항은 과잉금지원칙에 위반된다고 할 수도 없다(헌재 2015. 2. 26. 2009헌바17 등).

토론문제

1. 애정행위를 처벌할 수 있는가?
2. 처벌로 애정행위를 예방할 수 있는가?
3. 악의적(상습적 · 중혼적) 간통행위를 방지할 수 있는 대안은 무엇인가?

내 입장은?

1. 간통죄는 폐지되어야 한다.
2. 반복적(상습적) 간통행위만 처벌되어야 한다.
3. 사실혼에 해당하는 간통행위만 처벌되어야 한다.
4. 간통죄는 유지되어야 한다.

## 참고문헌

김상철(1992), '간통죄 폐지'를 보는 눈, ≪고시계≫, 통권 제426호(1992년 8월호), 59~61면.

김영환(2008), 법과 도덕의 관계-특히 한국형법을 중심으로, ≪법학논총≫(한양대학교 법학연구소), 제25집 제4호(2008), 5~26면.

김일환(2006), 성적 자기결정권의 헌법상 도출근거에 관한 비판적 검토, ≪헌법학연구≫(한국헌법학회), 제12권 제2호(2006), 107~140면.

김정오(2001), 헌법판례에 나타난 법적 논증의 구조적 · 비판적 분석-간통죄의 위헌여부에 관한 헌법판례(89헌마82)를 중심으로-, ≪법철학연구≫(한국법철학회) 제4권 제2호(2001), 299~326면.

송기춘/이정원(2004), 간통죄 폐지 여부에 관한 헌법적 · 형사법적 고찰, ≪헌법학연구≫(한국헌법학회), 제10권 제2호(2004), 331~367면.

신동일(1999), 간통죄, ≪안암법학≫(안암법학회), 1999, 125~142면.

이용식(2009), 판례를 통해서 본 성(性)에 대한 법인식의 변화, ≪형사법연구≫(한국형사법학회), 제21권 제4호(2009), 295~314면.

이주희(2008), 간통의 형사처벌과 그 헌법적 정당성, ≪법과 정책연구≫(한국법정책학회), 제8집 제2호(2008), 329~347면.

이준일(2006), 헌법적 정의와 간통죄, ≪인권과 정의≫(대한변호사협회), 275~290면.

이호중(2011), 성형법 담론에서 섹슈얼리티의 논의지형과 한계, ≪형사정책≫(한국형사정책학회), 제23권 제1호(2011), 337~362면.

이희훈(2009), 간통죄의 위헌성에 대한 연구－헌법재판소 2008. 10. 30. 2007헌마17 결정에 대한 비판을 중심으로－, ≪토지공법연구≫(한국토지공법학회), 제43집 제3호(2009), 491~510면.

전광석(1990a), 헌법과 간통죄(상), ≪월간고시≫, 1990. 7월호, 54~63면.

전광석(1990b), 헌법과 간통죄(하), ≪월간고시≫, 1990. 8월호, 111~121면.

조　국(2004), ≪형사법의 성편향≫, 2004.

조　국(2014), '비범죄화' 관점에 선 간통죄 소추조건의 축소해석, ≪형사법연구≫(한국형사법학회), 제26권 제1호(2014), 125~153면.

차용석(1987), 간통죄에 관한 고찰, ≪고시계≫, 통권 제361호(1987년 3월호), 14~33면.

최민영(2012), 간통죄 규정을 통해 본 문화적 정체성 보호와 형법, ≪성균관법학≫(성균관대학교 법학연구소), 제24권 제3호(2012), 475~492면.

한국형사정책연구원(1991), ≪간통의 실태 및 의식에 관한 연구≫, 1991.

허일태(1999), 간통죄폐지를 위한 변론, ≪동아법학≫(동아대학교 법학연구소), 제26호(1999), 107~116면.

허일태(2008), 간통죄의 위헌성, ≪저스티스≫(한국법학원), 저스티스 통권 제104호(2008), 118~135면.

최봉철(2006), 도덕의 법적 강제에 대한 논쟁과 헌법재판소의 결정, ≪성균관법학≫(성균관대학교 비교법연구소), 제18권 제3호(2006), 661~697면.

# 제 5 장
# 로또와 도박할 권리

"사람이 제비를 뽑지만, 그 결정은 여호와께서 하신다." ≪잠언 16:33≫
"The lot is cast into the lap, but its every decision is from the LORD."
≪Proverbs 16:33≫

오늘 펀드하는 친구에게 대박이 났다. 투자한 상품이 수십 배로 올랐단다. 남편이 벌어온 돈을 눈물 나게 아껴 저축하러 은행에 가는 아내의 뒷모습이 오늘 따라 더 작아 보인다. 로또나 한 번 사 볼까? 당첨되면 불쌍한 아내를 위해 해외여행이라도 다녀오자. 로또를 사러 온 사람들의 줄이 오늘따라 유난히 길기만 하다.

옆집 아저씨가 폐광을 개발해 만든 카지노에서 큰돈을 잃었다. 그동안 일해오던 직장에서도 쫓겨났다. 빚쟁이들이 찾아오고 그의 아내와 아이들은 어젯밤 다른 사람들의 눈을 피해 어디론가 도망갔다. 차라리 이 아저씨의 인생이 행복해 보이기도 한다. 큰돈을 날렸지만 큰돈을 벌어보기도 했을 테니까.

인생역전을 꿈꾸며 사람들이 로또에 몰려든다. 그들의 돈도 함께 몰려온다. 어차피 우연하게 온 인생, 우연에 기대어 사는 것이 무슨 잘못이냐고 물을 수도 있다. 하지만 하루하루를 성실하게 사는 사람들에게 인생이 모두 우연이라고 말하는 것은 모욕이다. 마약보다 끊기 힘들다는 도박, 어떤 스포츠보다 스릴감이 넘친다는 도박, 이것이 정말 권리인지에 대해서 살펴보도록 한다.

## Ⅰ. 개 념

### 1. 도 박

도박이란 넓은 의미로 우연이나 요행(僥倖/儌幸, 뜻밖의 행운)을 바라면서 불가능해 보이거나 위험스러운 일을 감행하는 모든 행위를 말한다. 심지어 '인생은 도박'이라는 말도 있다.1) 이 말은 사실상 인간이 행하는 모든 행위가 도박의 성격을 가진다는 함의를 갖는다.2) 거의 모든 사람이 가지고 있을지도 모를 '신데렐라 콤플렉스'는 인생의 도박적 성격을 가장 극적으로 표현하는 심리학 용어가 아닐까?3) 그리고 인생 자체가 도박이라면 도박은 하나의 권리로 주장할 수 있는 것이 아닌가?

한편 좁은 의미의 도박은 인간의 사행심(射倖心, 요행을 기대하는 마음)을 조장하는 내기나 노름 따위처럼 돈을 걸고 행해지는 모든 행위를 뜻하기도 한다. 돈을 걸고 여러 사람이 참여하는 화투놀이나 카드놀이를 예로 들 수 있다. 물론 이 경우에는 우연이라는 요소 이외에도 개인의 기술이 승패를 결정하는 요소로 작용한다는 점에서 도박의 혐의에서 벗어날 수 있는 가능성이 있다. 하지만 참여자들이 돈을 걸고 이긴 사람이 모아진 돈을 모두 챙겨간다는 점에서 도박의 성격으로부터 완전히 자유롭지는 못하다.4)

도박은 합법적인 경우도 있고, 불법적인 경우도 있다. 원칙적으로 모든 도박은 불법이고, 형법에 의해 처벌받는다(동법 제246조). 하지만 예외적으로 도박이 법률상 허용되는 경우가 있다. 로또(복권)나 카지노는 합법적인 도박에 해당한다. 또한 상금을 걸고 행해지는 스포츠경기나 자동차경주 등 모든 형태의 게임도 비록 우연이 승패를 결정하지는 않지만 돈을 걸고 행해진다는 점에서 합법적인 도박의 성격을 갖는다. 문제는 합법적인 도박과 불법적인 도박의 경계가 어디인지 하는 점이다. 예를 들어 상금의 액수가 크고 작은지에 따라, 아니면 개인의 기량이나 우연성 가운데 어떠한 요소가 더 승패의 결정에 중요한지 등이 도박의 경계를 결

---

1) 다음과 같은 주장도 같은 취지라고 이해된다. 거다 리스(2006), 20면: "우리는 모두 도박자이다. 우연과 불확실성이 인간 존재의 본질로 존재하는 한 우리는 언제나 도박자일 수밖에 없다." 이러한 견해는 도박의 추구를 인간 존재의 근본적인 측면으로 보면서 도박하는 인간(호모 알레아토르, homo aleator)을 인간활동의 중요한 영역으로 포함시킨다. 같은 이, 372면. 좀 더 구체적으로 말하자면 다음과 같은 명제가 타당할지도 모른다. "자본주의사회는 확장된 카지노이며, 카지노는 축소된 사회이다." 노명우(2006), 222면.

2) 같은 맥락에서 "도박이 역사와 함께 시작되었다"는 주장도 과장은 아니다. 서해성(2006), 101면. 이러한 주장을 정당화하는 듯 이 글에는 동서양을 넘나들며 도박의 역사가 상세하게 서술되어 있다. 같은 글, 100면 이하 참조. 한편 도박에 관한 한국의 역사에 대해서는 강준만(2006), 132면 이하 참조.

3) 신데렐라가 되기를 원하는 마음이 '희망'이나 '비전'으로 이해되지 않고, 정신의학적 이상증세로 이해되는 까닭은 신데렐라가 될 수 있는 확률의 희박성과 우연성에 있다.

4) 대법원은 도박의 우연성을 다음과 같이 보고 있다. "(도박의) '우연'이라 함은 주관적으로 '당사자에 있어서 확실히 예견 또는 자유로이 지배할 수 없는 사실에 관하여 승패를 결정하는 것'을 말하고, 객관적으로 불확실할 것을 요구하지 아니하며, 당사자의 능력이 승패의 결과에 영향을 미친다고 하더라도 다소라도 우연성의 사정에 의하여 영향을 받게 되는 때에는 도박죄가 성립할 수 있다(대법원 2008. 10. 23. 선고 2006도736)".

정하는 기준으로 제시될 수 있다.

**[법령 5.1] 도박의 처벌: 형법 제23장 도박과 복표에 관한 죄**

**제246조 (도박, 상습도박)**

① 도박을 한 사람은 1천만원 이하의 벌금에 처한다. 다만, 일시오락 정도에 불과한 경우에는 예외로 한다.

② 상습으로 제1항의 죄를 범한 사람은 3년 이하의 징역 또는 2천만원 이하의 벌금에 처한다.

**제247조 (도박장소 등 개설)**

영리의 목적으로 도박을 하는 장소나 공간을 개설한 사람은 5년 이하의 징역 또는 3천만원 이하의 벌금에 처한다.

**제248조 (복표의 발매 등)**

① 법령에 의하지 아니한 복표를 발매한 사람은 5년 이하의 징역 또는 3천만원 이하의 벌금에 처한다.

② 제1항의 복표발매를 중개한 사람은 3년 이하의 징역 또는 2천만원 이하의 벌금에 처한다.

③ 제1항의 복표를 취득한 사람은 1천만원 이하의 벌금에 처한다.

우연에 의해 결정되는 도박의 행운을 얻는 것은 사실상 거의 불가능하지만 여전히 가능성이 남아있다는 점에서 도박은 그 일을 하는 사람에게 스릴감을 가져다 준다. 또한 실제로 그러한 가능성이 실현되는 경우에 상금과 경제적 이익을 가져다 주기 때문에 도박은 인간으로 하여금 끊임없이 도전하게 하는 유혹성도 강하다.[5) 심지어 도박은 결과적으로 많은 사람의 돈을 모아 한 사람에게 모아주는 효과가 있어서 도박을 하는 사람들에게 부도덕한 일을 하고 있지 않다거나 오히려 선한 일을 하고 있다는 심리적 위안마저 준다.[6) 또한 도박은 일종의 게임이나 오락의

---

5) 도박은 노동의 고통 없이 경제적 계급의 이동을 가능하게 하는 통로로 묘사되기도 한다. "도박은 노동과 달리 시지프스의 운명을 타고난 계급에 속한 사람을 다른 계급의 사람으로 만들어준다. 도박은 시간을 압축하는 마술이다. 도박은 노동이 우리에게 요구하는 기나긴 고통의 순간을 생략한 채 부에 도달할 수 있도록 한다." 노명우(2006), 218면 이하. 같은 맥락에서 합법적 도박(국가도박)에 대한 몰두를 신분이동에 대한 희망으로 분석하는 견해도 있다. "계급 고착화와 격차는 좀처럼 좁혀질 것으로 보이지 않는다. 당연히 민중의 박탈감은 점점 커지고 있다. 기회는 차단되고 신분이동이 봉쇄되고 있음은 물론이다. 국가도박의 질과 내용과 규모는 이러한 토대 아래 빠른 속도로 확장되고 있다. 국가도박의 크기와 몰입 정도는 민중이 갖고 있는 불확실한 미래의 크기와 정확하게 일치하고 있다." 서해성(2006), 117면.

6) 개인적인 경험으로 보면 군대에서 병사들이 월급 받는 날에 돈을 모아 '가위 바위 보'로 이긴 사람에게 몰아주는 경우가 있었다(물론 이제는 이런 관행이 사라졌기를 바란다). 로또도 만찬가지다. 돈을 걸고, 건 돈을 모두 모아 당첨된 사람에게 몰아주는 것이다. 이렇게 돈을 모아 한 사람에게 몰아주는 경우에 사람들이 죄의식을 느끼지 못하는 것은 개인에게 오는 손해가 미미하기 때문이기도 하지만 일종의 '십시일반(十匙一飯)'의 심리가 작용하기 때문이라고 생각된다. 친지나 이웃에게 어려운 일이 일어났을 때 조금씩 모아서 도와주는 십

성격을 가지므로 피로나 긴장감을 풀어주는 이른바 '여가선용'의 긍정적 행위로 이해되기도 한다. 도박을 불법으로 규정하는 형법도 '일시적 오락에 지나지 않는 도박'은 예외적으로 허용되는 행위로 본다. 다만 무엇이 일시적 오락에 지나지 않는 도박인지는 구체적인 재판과정에서 결정될 수밖에 없다(아래 [판례 5.1] 참조).

**[판례 5.1] 일시적 오락에 지나지 않는 도박**

[1] 일시 오락 정도에 불과한 도박은 그 재물의 경제적 가치가 근소하여 건전한 근로의식을 침해하지 않을 정도이므로 건전한 풍속을 해할 염려가 없는 정도의 단순한 오락에 그치는 경미한 행위에 불과하고, **일반 서민대중이 여가를 이용하여 평소의 심신의 긴장을 해소**하는 오락은 이를 인정함이 국가정책적 입장에서 보더라도 허용된다(대판 2004. 4. 9. 2003도6351).

[2] 한 사람이 아들 생일이라면서 사 온 돼지고기를 안주로 술을 사 마시자고 하여 4명이 각각 금 1000원씩을 내어 모아 놓고 성냥개비 열개씩을 나누어 가지고 속칭 "고스톱"을 치면서 3점, 5점, 7점에 각 성냥개비 1개, 2개, 3개씩을 내기로 하고 한 사람이 성냥개비 전부를 따면 자신이 내놓은 금 1,000원은 회수하고 나머지 돈으로 술을 사기로 한 경우라면 4명의 **연령**, **직업**, **재산정도** 등에 비추어 일시 오락의 정도에 불과하여 도박죄를 구성하지 않는다(대판 1984. 7. 10. 84도1043).

[3] 작업을 나간 자신들의 차량이 돌아오기를 기다리는 동안 무료함을 달래기 위하여 자신들이 취식한 막걸리, 음료수의 값 4천원 상당을 갹출하기 위하여 각기 2천 원 정도의 금원을 소지하고 1회 3점에 300원씩, 판돈 합계 8,500원 상당의 도박을 하였다면, 차주들의 화투놀이는 그 **동기**, **목적**, **판돈의 사소함**, **장소** 등을 종합하여 볼 때 단순히 오락을 목적으로 한 것이고 도박죄를 구성한다고 볼 수 없다(대판 1984. 4. 24. 84도324).

[4] 피고인들이 서로 친숙한 사이로서 이 사건 당일 우연히 다방에서 만나게 되어, 약 3,000원 상당의 음식내기 화투놀이를 약 30분간 한 소위는 피고인들의 **친분관계**, **화투놀이의 시간과 장소**, **도박의 경위 및 그 금액의 근소성**에 비추어 일시 오락의 정도에 불과하고 도박죄를 구성하지 않는다(대판 1984. 4. 10. 84도194).

## 2. 복 권

복권(lottery)이란 일정한 숫자나 그림을 표시한 표찰로서 추첨된 숫자와 일치한 숫자가 나오거나 미리 정해진 당첨방식에 따른 내용과 일치하는 그림이 나온 경우에 당첨금을 지급하는 것을 말한다.7) 일반적으로 복권을 구매하는 자에게 일정한 금액을 납부하도록 하고, 이러한 금액을 모아 복권의 발매 등 복권운영에 필

시일반의 심리 말이다.

7) 복권의 어원과 역사에 대해서는 거다 리스(2006), 112면 이하 참조.

요한 비용을 제외하고 소수의 당첨된 사람에게 당첨금을 지급한다. 대법원도 복권의 개념을 ① 표찰, ② 금품모집, ③ 당첨금지급이라는 세 가지 표지를 가지고 이해한다(아래 [판례 5.2] 참조).

**[판례 5.2] 복권의 개념**

형법은 각칙 제23장에서 '도박과 복표에 관한 죄'라는 제목 아래 도박죄와 함께 복표발매죄 등을 규정하고 있는바, 복표도 **우연에 의하여 승패가 결정된다**는 의미에서 도박에 유사한 측면이 있으므로, 건전한 국민의 근로관념과 사회의 미풍양속을 보호하려는 데에 그 발매 등의 행위를 제한하고 처벌할 이유가 있는 것이고, 여기에다가 사행행위등규제및처벌특례법 제2조 제1항 제1호 (가)목의 규정 취지를 종합하여 보면, 형법 제248조가 규정하는 복표의 개념요소는 ① 특정한 표찰일 것, ② 그 표찰을 발매하여 다수인으로부터 금품을 모을 것, ③ 추첨 등의 우연한 방법에 의하여 그 다수인 중 일부 당첨자에게 재산상의 이익을 주고 다른 참가자에게 손실을 줄 것의 세 가지로 파악할 수 있으며, 이 점에서 경제상의 거래에 부수하는 특수한 이익의 급여 내지 가격할인에 불과한 경품권이나 사은권 등과는 그 성질이 다른 것이지만, 어떠한 표찰이 형법 제248조 소정의 복표에 해당하는지 여부는 그 표찰 자체가 갖는 성질에 의하여 결정되어야 하고, 그 기본적인 성질이 위와 같은 개념요소를 갖추고 있다면, 거기에 광고 등 다른 기능이 일부 가미되어 있는 관계로 당첨되지 않은 참가자의 손실을 그 광고주 등 다른 사업주들이 대신 부담한다고 하더라도, 특별한 사정이 없는 한 복표로서의 성질을 상실하지는 않는다(대판 2003. 12. 26. 2003도5433).

복권도 우연에 따라 그 당첨 여부가 결정된다는 점에서 도박의 일종이다. 따라서 도박과 마찬가지로 복권의 발매도 원칙적으로 처벌받는다(형법 제248조). 하지만 복권은 이른바 공익사업을 위하여 법령에 근거하여 발매되기 때문에 국가에 의해 허용된 '합법적 도박'이라고 부를 수 있다. 문제는 국가가 이러한 합법적 도박을 확대하는 경우에 도박에 대한 불법의식이 사라지고 건전한 근로의욕을 상실시켜 국민의 도덕불감증과 불로소득에 대한 기대를 강화할 수 있다는 점이다. 합법적 도박과 불법적 도박의 경계는 점차 사라지고, 땀 흘려 일하지 않아도 한 번의 요행으로 큰돈을 벌 수 있다면 많은 국민이 열심히 일해서 돈 벌려고 하지 않을 것은 너무 분명하다.

**[법령 5.2] 복권 및 복권기금법**(최근개정: 2020. 3. 31. 법률 제17146호)
**제2조 (정의)**
이 법에서 사용하는 용어의 뜻은 다음과 같다.
1. "복권"이란 다수인으로부터 금전을 모아 추첨 등의 방법으로 결정된 당첨자에게 당첨금을 지급하기 위하여 발행하는 표권(票券)으로서 다음 각 목의 것

을 말한다.

가. 추첨식 인쇄복권: 복권면에 추첨용 번호를 미리 인쇄한 후에 추첨으로 당첨번호를 결정하는 복권

나. 즉석식 인쇄복권: 당첨방식을 미리 정한 후 복권면에 당첨방식에 관한 내용을 인쇄하여 복권의 최종 구매자가 구입하는 즉시 당첨 여부를 확인할 수 있는 복권

다. 추첨식 전자복권: 「정보통신망 이용촉진 및 정보보호 등에 관한 법률」 제2조 제1항 제1호에 따른 정보통신망(이하 "정보통신망"이라 한다)을 통하여 발행 및 판매가 이루어지는 전자적 형태의 복권으로서 복권면에 추첨용 번호를 미리 정하여 두거나 최종 구매자가 번호를 선택할 수 있도록 한 후에 추첨으로 당첨번호를 결정하는 복권

라. 즉석식 전자복권: 정보통신망을 통하여 발행 및 판매가 이루어지는 전자적 형태의 복권으로서 당첨방식을 미리 정한 후 복권면에 당첨방식에 관한 내용을 표시하고 복권의 최종 구매자가 구입하는 즉시 당첨 여부를 확인할 수 있는 복권

마. 온라인복권: 복권의 최종 구매자가 직접 번호를 선택하거나 전산에 의하여 자동으로 번호를 받은 후에 추첨으로 당첨번호를 결정하는 복권으로서 복권발행시스템을 갖춘 중앙전산센터와 정보통신망으로 연결된 복권의 발매단말기를 통하여 출력된 복권 또는 복권발행시스템을 갖춘 중앙전산센터와 연결된 정보통신망을 통하여 발행 및 판매가 이루어지는 전자적 형태의 복권

바. 가목과 다목의 복권을 혼합한 형태의 복권(이하 "추첨식 인쇄·전자결합복권"이라 한다). 이 경우 추첨 등의 방법에 관하여는 대통령령으로 정한다.

## 3. 사행행위

도박은 본질적으로 요행을 바라는 사행심 때문에 행해진다. 따라서 근본적으로 인간의 사행심을 조장하는 모든 사행행위를 금지할 필요가 있다. 사행행위는 여러 사람으로부터 돈을 모아 우연에 의한 방법으로 당첨자를 결정하여 당첨자에게 당첨금을 주는 행위로 정의될 수 있다. **사행행위 등 규제 및 처벌특례법**에 따르면 이러한 사행행위를 내용으로 하는 영업에는 ① 복권발행업, ② 현상업, ③ 영리를 목적으로 회전판돌리기·추첨·경품 등 사행심을 유발할 우려가 있는 기구 또는 방법 등에 의한 영업을 말한다(동법 제2조 제1항 제2호). 이와 같은 '사행행위영업'은 공공복리의 증진, 상품의 판매선전, 관광진흥과 관광객의 유치촉진과 같은 제한된 목적으로 허가를 받은 경우에만 가능하다(동법 제4조 및 제5조). 앞서 설명한 것처럼 공익목적을 위하여 복권의 발매가 허용되거나 카지노, 경마, 경

륜・경정 등이 허용되는 경우가 이에 해당한다. 국가는 허가받은 사행행위영업을 이른바 '사행산업'으로 허용하면서도 통합적 감독을 위하여 '사행산업통합감독위원회'를 설치해 놓고 있다.

**주요개념**

**【허가】** 특정한 영업을 허가해주는 것처럼 일정한 행위를 일반적으로 금지하면서 특정인에게만 그러한 금지를 해제함으로써 허용(Erlaubnis)해주는 행정행위를 말한다. 금지된 행위를 허가 없이 하는 것은 불법행위가 되고, 형사처벌을 받게 된다.

**【인가】** 법인설립에 대한 인가처럼 일정한 법률행위에 대해서 동의(Genehmigung)해주는 행정행위를 말한다. 동의를 받지 않은 법률행위는 형사처벌을 받지는 않지만 무효가 된다.

**【특허】** 특정인에게 법률적 권리나 권한을 부여(Verleihung)해주는 행정행위를 말한다.

**【면허】** 직업면허처럼 '허가'의 의미를 갖는 경우도 있지만 광・어업면허처럼 '특허'의 의미를 갖는 경우도 있다.

**[법령 5.3] 사행행위 등 규제 및 처벌 특례법**(최근개정: 2020. 12. 22. 법률 제17689호)
**제2조 (정의)**
① 이 법에서 사용하는 용어의 뜻은 다음과 같다.
1. "사행행위"란 여러 사람으로부터 재물이나 재산상의 이익(이하 "재물 등"이라 한다)을 모아 우연적(偶然的) 방법으로 득실(得失)을 결정하여 재산상의 이익이나 손실을 주는 행위를 말한다.
2. "사행행위영업"이란 다음 각 목의 어느 하나에 해당하는 영업을 말한다.
   가. 복권발행업(福券發行業): 특정한 표찰(컴퓨터프로그램 등 정보처리능력을 가진 장치에 의한 전자적 형태를 포함한다)을 이용하여 여러 사람으로부터 재물 등을 모아 추첨 등의 방법으로 당첨자에게 재산상의 이익을 주고 다른 참가자에게 손실을 주는 행위를 하는 영업
   나. 현상업(懸賞業): 특정한 설문 또는 예측에 대하여 그 답을 제시하거나 예측이 적중하면 이익을 준다는 조건으로 응모자로부터 재물 등을 모아 그 정답자나 적중자의 전부 또는 일부에게 재산상의 이익을 주고 다른 참가자에게 손실을 주는 행위를 하는 영업
   다. 그 밖의 사행행위업: 가목 및 나목 외에 영리를 목적으로 회전판돌리기, 추첨, 경품(景品) 등 사행심을 유발할 우려가 있는 기구 또는 방법 등을 이용하는 영업으로서 대통령령으로 정하는 영업
3. "사행기구 제조업"이란 사행행위영업에 이용되는 기계, 기판(機板), 용구(用具) 또는 컴퓨터프로그램(이하 "사행기구"라 한다)을 제작・개조하거나 수리하는 영업을 말한다.
4. "사행기구 판매업"이란 사행기구를 판매하거나 수입(輸入)하는 영업을 말한다.

5. “투전기”란 동전·지폐 또는 그 대용품(代用品)을 넣으면 우연의 결과에 따라 재물 등이 배출되어 이용자에게 재산상 이익이나 손실을 주는 기기를 말한다.
6. “사행성 유기기구”란 제5호의 투전기 외에 기계식 구슬치기 기구와 사행성 전자식 유기기구 등 사행심을 유발할 우려가 있는 기계·기구 등을 말한다.

② 제1항 제2호부터 제4호까지의 영업은 대통령령으로 정하는 바에 따라 세분할 수 있다.

**제3조 (시설기준)**

사행행위영업을 하는 자는 영업의 종류별로 행정안전부령으로 정하는 시설 및 사행기구를 갖추고 유지·관리하여야 한다.

**제4조 (허가 등)**

① 사행행위영업을 하려는 자는 제3조에 따른 시설 등을 갖추어 행정안전부령으로 정하는 바에 따라 시·도경찰청장의 허가를 받아야 한다. 다만, 그 영업의 대상 범위가 둘 이상의 특별시·광역시·도 또는 특별자치도에 걸치는 경우에는 경찰청장의 허가를 받아야 한다.

② 제1항에 따른 허가를 받은 자가 대통령령으로 정하는 중요 사항을 변경하려면 행정안전부령으로 정하는 바에 따라 경찰청장이나 시·도경찰청장의 허가를 받아야 한다.

③ 국가기관이나 지방자치단체가 사행행위영업을 하려면 경찰청장의 승인을 받아야 한다.

**제5조 (허가의 요건)**

① 경찰청장이나 시·도경찰청장은 제4조 제1항에 따른 사행행위영업의 허가신청을 받으면 다음 각 호의 어느 하나에 해당하는 경우에만 그 영업을 허가할 수 있다.

1. 공공복리의 증진을 위하여 특별히 필요하다고 인정되는 경우
2. 상품을 판매·선전하기 위하여 특별히 필요하다고 인정되는 경우
3. 관광 진흥과 관광객 유치를 위하여 특별히 필요하다고 인정되는 경우

② 제1항 각 호의 “특별히 필요하다고 인정되는 경우”에 관하여는 대통령령으로 정한다.

**[법령 5.4] 사행산업통합감독위원회법**(최근개정: 2019. 11. 26. 법률 제16598호)

**제2조 (정의)**

이 법에서 사용하는 용어의 정의는 다음과 같다.

1. “사행산업”이라 함은 다음 각 목의 규정에 따른 것을 말한다.
   가. 카지노업: 「관광진흥법」과 「폐광지역개발 지원에 관한 특별법」의 규정에 따른 카지노업
   나. 경마: 「한국마사회법」의 규정에 따른 경마
   다. 경륜·경정: 「경륜·경정법」의 규정에 따른 경륜과 경정
   라. 복권: 「복권 및 복권기금법」의 규정에 따른 복권
   마. 체육진흥투표권: 「국민체육진흥법」의 규정에 따른 체육진흥투표권
   바. 소싸움경기: 「전통 소싸움경기에 관한 법률」에 따른 소싸움경기
2. “사행산업사업자”라 함은 다음 각 목의 규정에 따른 자를 말한다.

가. 「관광진흥법」과 「폐광지역개발 지원에 관한 특별법」의 규정에 따른 카지노사업자
나. 「한국마사회법」의 규정에 따른 한국마사회
다. 「경륜・경정법」의 규정에 따른 경주사업자
라. 「복권 및 복권기금법」의 규정에 따른 복권사업자
마. 「국민체육진흥법」의 규정에 따른 서울올림픽기념국민체육진흥공단과 수탁사업자
바. 「전통 소싸움경기에 관한 법률」에 따른 소싸움경기시행자와 수탁사업자
3. "불법사행산업"이란 다음 각 목의 어느 하나에 해당하는 행위를 업으로 하는 행위를 말한다.
가. 제1호 각 목의 법률에서 해당 사행산업과 관련하여 금지 또는 제한하는 행위
나. 「게임산업진흥에 관한 법률」에 따른 사행성게임물을 이용하여 사람들이 사행행위를 할 수 있게 서비스를 제공하는 행위
다. 「정보통신망 이용촉진 및 정보보호 등에 관한 법률」에 따른 정보통신망을 통하여 사람들이 사행행위를 할 수 있게 서비스를 제공하는 행위(제1호에 따른 사행산업 및 「사행행위 등 규제 및 처벌 특례법」에 따른 사행행위영업은 제외한다)

**제4조 (사행산업통합감독위원회의 설치와 그 지위)**
① 사행산업에 관한 감독 업무와 불법사행산업에 관한 감시 업무를 효율적으로 수행하기 위하여 국무총리 소속하에 사행산업통합감독위원회(이하 "위원회"라 한다)를 둔다.
② 위원회는 그 권한에 속하는 사무를 독립적으로 수행한다.

## Ⅱ. 도박할 권리와 합법적 도박

도박은 금지되어야 하지만 예외적으로 법률의 테두리 안에서 허용되는 경우가 있다. 합법적 도박의 예로서 로또와 카지노가 허용되는 것을 들 수 있다. 주로 공익적 목적을 위하여 법률에 의하여 도박이 허용된다. 이것은 도박을 허용함으로써 발생할 수 있는 건전한 근로의욕의 상실보다 도박으로 실현하는 공익의 중대성이 인정되는 경우가 있다는 근거에 기초하고 있다. 또한 우연과 함께 기술이 승패를 결정하는 경마, 경륜・경정 등의 경우에 우연이 승패의 전부를 결정하는 것이 아니라는 이유로 도박이 합법화되고 있다. 그리고 도박은 흥분과 자극을 주는 일종의 게임으로서 정당화되기도 한다.

## 1. 합법적 도박으로서 복권

현재 복권은 **복권 및 복권기금법**에 따라서만 발행되고, 원칙적으로 '복권위원회'가 복권의 종류·액면가액 및 발행조건을 정한다(동법 제4조 제2항).[8)9)] 그리고 국민체육진흥법상의 "체육진흥투표권", 한국마사회법상의 "승마투표권(마권)", 경륜·경정(競輪·競艇)법상의 "승자투표권"도 돈을 걸고 당첨자를 결정하여 당첨금을 지급하므로 일종의 복권으로 볼 수 있다.[10)] 이 가운데 체육진흥투표권은 '체육복표'라고도 불리며 공식명칭은 '스포츠토토'다. 스포츠토토는 경기결과를 예측하고 실제 경기결과에 따라 당첨금(환급금)을 받아가는 방식으로 운영되는데 여기서 문제는 선수나 감독을 매수하거나 협박하여 경기결과를 인위적 조종하는 '승부조작'이다. 이러한 승부조작은 도박의 본질적 요소인 우연성이 결여되어 있고 타인을 기망하는 행위가 개입되어 있어 이른바 '사기도박'의 일종으로 형법상 사기죄에 해당할 수 있다.[11)] 대법원도 "도박이란 2인 이상의 자가 상호간에 재물을 도(賭)하여 우연한 승패에 의하여 그 재물의 득실을 결정하는 것이므로, 이른바 사기도박과 같이 도박당사자의 일방이 사기의 수단으로써 승패의 수를 지배하는 경우에는 도박에서의 우연성이 결여되어 사기죄만 성립하고 도박죄는 성립하지 아니한다."고 본다.[12)]

**[법령 5.5] 국민체육진흥법**(최근개정: 2020. 12. 8. 법률 제17592호)
**제2조 (정의)**
1.~11. 생략
12. "체육진흥투표권"이란 운동경기 결과를 적중시킨 자에게 환급금을 내주는 표권(票券)으로서 투표 방법과 금액, 그 밖에 대통령령으로 정하는 사항이 적혀 있는 것을 말한다.

---

8) 복권의 통합적인 관리와 복권수익금의 효율적이고 투명한 사용을 위하여 국무총리하에 복권위원회가 설치되어 있다. 복권위원회에 대해서는 웹사이트(www.bokgwon.go.kr) 참조.

9) 2016년도의 복권시장현황을 보면 총 판매액이 3조 8,855억원(로또복권이 3조 5,660억원으로 최대) 규모이고, 이 중 수익금이 1조 5,957억원(로또복권이 1조 5,207억원으로 최대) 규모로 수익률이 41퍼센트를 기록하고 있다. 자료는 위의 복권위원회 웹사이트 참조.

10) 국내 사행산업별 시장규모를 보면 2003년 매출액 기준으로 총 13조 8,231억원이고, ① 경마가 6조 1,729억원(44.7%), ② 복권이 4조 2,342억원(30.6%), ③ 경륜·경정이 2조 7,389억원(19.8%), ④ 카지노가 6,771억원(4.9%)을 차지하고 있다. 한편 경마는 요행이나 운에 의존하지 않기 때문에 사행산업에서 제외되어야 한다는 견해가 주장된다. 김문영(2008), 183면 이하 참조.

11) 승부조작의 사기죄 해당 여부에 대해서는 김두상(2016), 168면 이하; 설종호/정신교(2020), 185면 이하 참조.

12) 대판 2011. 1. 13. 2010도9330 참조.

**제24조 (체육진흥투표권의 발행사업 등)**

① 서울올림픽기념국민체육진흥공단은 국민의 여가 체육 육성 및 체육 진흥 등에 필요한 재원 조성을 위하여 체육진흥투표권 발행 사업을 할 수 있다.

② 체육진흥투표권의 종류, 투표 방법, 단위 투표 금액, 대상 운동경기 및 각종 국내외 운동경기대회, 그 밖에 필요한 사항은 대통령령으로 정한다. 다만, 체육진흥투표권의 연간 발행회차는 서울올림픽기념국민체육진흥공단과 제25조에 따른 수탁사업자가 매년 협의하여 정하되, 문화체육관광부장관의 승인을 받아야 한다.

③ 제1항에 따른 체육진흥투표권의 발행 사업에 대하여는 「사행행위 등 규제 및 처벌특례법」을 적용하지 아니한다.

**제26조 (유사행위의 금지)**

① 서울올림픽기념국민체육진흥공단과 수탁사업자가 아닌 자는 체육진흥투표권 또는 이와 비슷한 것을 발행(정보통신망에 의한 발행을 포함한다)하여 결과를 적중시킨 자에게 재물이나 재산상의 이익을 제공하는 행위(이하 "유사행위"라 한다)를 하여서는 아니 된다.

② 누구든지 다음 각 호의 어느 하나에 해당하는 행위를 하여서는 아니 된다.

1. 「정보통신망 이용촉진 및 정보보호 등에 관한 법률」 제2조 제1항 제1호에 따른 정보통신망을 이용하여 체육진흥투표권이나 이와 비슷한 것을 발행하는 시스템을 설계·제작·유통 또는 공중이 이용할 수 있도록 제공하는 행위
2. 유사행위를 위하여 해당 운동경기 관련 정보를 제공하는 행위
3. 유사행위를 홍보하거나 체육진흥투표권 또는 이와 비슷한 것의 구매를 중개 또는 알선하는 행위

③ 삭제

④ 삭제

**[법령 5.6] 한국마사회법**(최근개정: 2020. 12. 22. 법률 제17724호)

**제2조 (정의)**

1.~5. 생략

6. "승마투표권"이란 경마시행 시 승마(勝馬)를 적중시켜 환급금을 받으려는 자의 청구에 따라 마사회가 발매하는 승마투표방법·마번(馬番) 및 금액 등이 적힌 표(票)를 말한다.

7.~9. 생략

**제6조 (마권의 발매 등)**

① 마사회는 경마를 개최할 때에는 경마장 안에서 마권을 발매할 수 있다.

② 마사회는 경마장 외의 장소에 마권의 발매 등을 처리하기 위한 시설(이하 "장외발매소"라 한다)을 설치·이전 또는 변경(관람시설의 바닥면적을 확대하는 경우에 한정한다)하려면 농림축산식품부장관의 승인을 받아야 한다.

③ 제1항에 따른 마권의 단위투표금액(單位投票金額)·발매방법 및 제2항에 따른 장외발매소의 시설기준, 처리사무 등에 필요한 사항은 대통령령으로 정한다.

**제48조 (유사행위의 금지 등)**

① 마사회가 아닌 자는 다음 각 호의 어느 하나에 해당하는 행위를 하여서는 아니 된다.

1. 경마를 시행하는 행위

2. 마사회가 시행하는 경주에 관하여 승마투표와 비슷한 행위를 하게 하여 적중자에게 재물 또는 재산상의 이익을 지급하는 행위

② 누구든지 다음 각 호의 어느 하나에 해당하는 행위를 하여서는 아니 된다.
1. 외국에서 개최되는 말의 경주에 전자적 방법으로 국내에서 승마투표나 이와 비슷한 행위를 하게 하여 적중자에게 재물 또는 재산상의 이익을 지급하는 행위
2. 영리 목적으로 마권 또는 이와 비슷한 것의 구매를 대행 또는 알선하거나 마권을 양도하는 행위

③ 누구든지 다음 각 호의 어느 하나에 해당하는 행위를 하여서는 아니 된다.
1. 제1항 또는 제2항의 행위를 위하여 마사회가 제공하는 경주의 배당률, 경주화면 및 음성, 컴퓨터 프로그램 저작물(경마정보에 관한 전자문서를 포함한다) 등을 복제·개작 또는 전송하는 행위
2. 제1항 또는 제2항의 행위를 위하여 「정보통신망 이용촉진 및 정보보호 등에 관한 법률」 제2조 제1항 제1호에 따른 정보통신망을 이용하여 마권이나 이와 비슷한 것을 발행하는 시스템을 설계·제작·유통하거나 공중이 이용할 수 있도록 제공하는 행위
3. 제1항 또는 제2항의 행위를 홍보하는 행위

**[법령 5.7] 경륜·경정법**(최근개정: 2020. 12. 8. 법률 제17592호)

**제2조 (정의)**

이 법에서 사용하는 용어의 뜻은 다음과 같다.
1. "경륜"이란 자전거 경주에 대한 승자투표권(勝者投票券)을 발매하고 경주 결과를 맞힌 사람에게 환급금을 내주는 행위를 말한다.
2. "경정"이란 모터보트 경주에 대한 승자투표권을 발매하고 경주 결과를 맞힌 사람에게 환급금을 내주는 행위를 말한다.
3. "승자투표권"이란 경륜 또는 경정에서 경주 결과를 맞혀 환급금을 교부받기를 원하는 사람의 청구에 따라 경륜사업자 또는 경정사업자가 발매하는 승자투표 방법·선수번호 및 금액 등이 적혀 있는 표를 말한다.
4. ~ 6. 생략

**제3조 (다른 법률과의 관계)**

승자투표권의 발매에 관하여는 「사행행위 등 규제 및 처벌특례법」을 적용하지 아니한다.

**제4조 (경륜 및 경정의 시행)**

① 경륜 또는 경정(이하 "경주"라 한다)은 지방자치단체 또는 국민체육진흥법에 따라 설립된 서울올림픽기념국민체육진흥공단(이하 "진흥공단"이라 한다)이 문화체육관광부장관의 허가를 받아 시행한다.

② 생략

[표 5.1] 카지노(외국인 대상) 매출액 및 입장객 현황 (단위: 백만원)

| | 2010 | 2011 | 2012 | 2013 | 2014 |
|---|---|---|---|---|---|
| 매출액 | 1,005,734 | 1,056,742 | 1,251,021 | 1,368,479 | 1,377,219 |
| 입장객(명) | 1,945,819 | 2,106,698 | 2,383,587 | 2,707,315 | 2,961,833 |
| | 2015 | 2016 | 2017 | 2018 | 2019 |
| 매출액 | 1,243,268 | 1,275,697 | 1,207,237 | 1,625,273 | 1,448,868 |
| 입장객(명) | 2,613,620 | 2,362,544 | 2,216,459 | 2,839,017 | 3,233,761 |

자료: 문화체육관광부 웹사이트(www.mcst.go.kr).

[표 5.2] 강원랜드카지노 매출액 및 입장객 (단위: 백만원/명)

| 구 분 | 매출액 | 입장객 | 1일 평균매출액/입장객 |
|---|---|---|---|
| 2010 | 1,256,850 | 3,091,209 | 3,443/8,469 |
| 2011 | 1,186,299 | 2,983,440 | 3,250/8,174 |
| 2012 | 1,209,332 | 3,024,511 | 3,313/8,286 |
| 2013 | 1,279,032 | 3,067,992 | 3,504/8,405 |
| 2014 | 1,422,002 | 3,006,900 | 3,896/8,238 |
| 2015 | 1,561,145 | 3,133,391 | 4,277/8,585 |
| 2016 | 1,627,612 | 3,169,656 | 4,459/8,683 |
| 2017 | 1,503,102 | 3,114,948 | 4,118/8,534 |
| 2018 | 1,400,081 | 2,851,889 | 3,836/7,813 |
| 2019 | 1,481,555 | 2,895,191 | 4,059/7,932 |

자료: 문화체육관광부 웹사이트(www.mcst.go.kr).

## 2. 합법적 도박으로서 카지노

카지노는 관광진흥법상의 "관광사업"으로서 허용되고 있다(관광진흥법 제3조 제1항 제5호). 카지노는 주사위, 트럼프, 슬러트머신과 같은 기구가 사용된다는 점에서 일종의 게임일 수도 있다.[13] 하지만 우연에 따라 당첨자가 결정되고 여러 사람

13) 다른 합법적 도박과 카지노의 차이로 첫째, 다른 도박이 내기하는 사람들 사이의 게임인데 비하여 카지노는 운영자와 게임하는 사람들 사이의 내기라는 점, 둘째, 다른 도박은 정해진 날짜에 한정해서 하는 데 비해 카지노는 1년 365일 할 수 있고 게임의 종류가 여러 가지라는 점, 셋째, 자극과 흥분의 정도가 크기 때문에 중독성이 강하다는 점을 들기도 한다. 이태원(2004), 176면 참조.

의 돈을 모아 한 사람에게 몰아준다는 점에서 카지노는 여전히 도박에 포함된다. 그럼에도 불구하고 카지노는 관광진흥을 위한 사업으로서 법적으로 허용되고 있는 것이다. 현재 대한민국에는 16개의 카지노 업체(외국인 대상)가 있고, 2019년의 경우에 매출액이 1조 4천억원을 훨씬 넘어서는 규모이며, 입장객은 320만 명을 넘는다([표 5.1] 참조).

**[법령 5.8] 관광진흥법**(최근개정: 2021. 4. 13. 법률 제18009호)
**제3조 (관광사업의 종류)**
① 관광사업의 종류는 다음 각 호와 같다.
1.~4. 생략
5. 카지노업: 전문 영업장을 갖추고 주사위·트럼프·슬롯머신 등 특정한 기구 등을 이용하여 우연의 결과에 따라 특정인에게 재산상의 이익을 주고 다른 참가자에게 손실을 주는 행위 등을 하는 업
6.~7. 생략
② 생략
**제5조 (허가와 신고)**
① 제3조 제1항 제5호에 따른 카지노업을 경영하려는 자는 전용영업장 등 문화체육관광부령으로 정하는 시설과 기구를 갖추어 문화체육관광부장관의 허가를 받아야 한다.
②~⑤ 생략

한편 경제사정이 열악한 폐광지역에 카지노가 허용되기도 한다(폐광지역개발지원에 관한 특별법 제11조). 원칙적으로 관광사업의 하나로 카지노가 허용되지만 폐광지역의 경제진작을 위해서도 카지노가 허용되고 있다. 이로써 특정한 관광지의 관광진흥을 위하여 카지노가 개설되는 것이 원칙이지만 카지노를 위하여 그것이 위치한 지역이 관광지로 개발되는 웃지 못할 일이 벌어지고 있다. 2000년 10월 강원도 정선에 카지노(내국인 대상)가 설치되었고, 2019년을 기준으로 매출액은 1조 5천억원 규모이며, 입장객은 거의 290만 명(하루 평균 약 8천 명)에 이른다([표 5.2] 참조).[14] 이것은 외국인대상 카지노와 비교할 때 매출액과 입장객 수가 비슷한 것으로 카지노 설치의 목적을 되새겨 볼 필요가 있는 대목이다.

**[법령 5.9] 폐광지역 개발 지원에 관한 특별법**(최근개정: 2021. 3. 9. 법률 제17918호)
**제11조 (관광진흥법 적용의 특례)**
① 문화체육관광부장관은 폐광지역 중 경제사정이 특히 열악한 지역으로서 대통령령으로 정하는 지역의 한 곳에만 「관광진흥법」 제21조에 따른 허가요건에도 불

14) 내국인 대상 카지노 출입자의 특성에 대한 다양한 측면의 분석으로 이태원(2004), 191면 이하 참조.

구하고 같은 법 제5조 제1항에 따른 카지노업의 허가를 할 수 있다. 이 경우 카지노업의 허가를 할 때에는 관광객을 위한 숙박시설, 체육시설, 오락시설 및 휴양시설 등(그 시설의 개발추진계획을 포함한다)과의 연계성을 고려하여야 한다.
② ~ ④ 생략
⑤ 제1항에 따른 허가를 받은 카지노업에서 발생되는 총매출액의 100분의 13 이내에서 대통령령으로 정하는 금액은 폐광지역과 관련된 관광진흥 및 지역개발을 위하여 사용하여야 한다.
⑥ 생략

## 3. 도박할 권리

앞서 말한 것처럼 인생은 도박일 수 있다. 다시 말해 인생 자체가 결국 우연의 연속이고, 경우에 따라 어떤 우연이 대박을 가져다줄 수도 있다.[15] 그렇다면 우연을 통해 엄청난 경제적 이득을 얻는 것이 반드시 정의에 반한다고 말할 수는 없고, 따라서 도박도 반드시 정의에 반하는 행위라고 단정할 수는 없다. 오히려 인생 자체의 도박적 성격은 도박을 하나의 권리로 주장하게 만들 수도 있다. 실제로 헌법은 인간의 존엄과 가치를 보장하기 위한 모든 자유를 일반적 행동자유권(행복추구권)을 통해 허용하고 있기 때문에 헌법재판소가 주장하는 것처럼 가치있는 행동에 대해서만 자유가 인정되는 것이 아니다.[16] 따라서 인간에게는 도박할 자유와 권리도 있다. 심지어 도박은 인간의 의지가 개입될 수 없다는 점에서 '신의 뜻'이 지배하는 영역일 수도 있다.[17] 하지만 인생의 우연은 인간의 의지와 상관없이 주어지는 자연적인 것이라는 점에서 인간이 인위적으로 만들어낸 우연인 도박과 다르다. 아무리 인생이 우연으로 연결되는 도박의 성격을 갖는다고 하더라도 거기에 인간이 만들어낸 도박까지 허용하여 인위적인 우연을 첨가할 필요가 있는가? 어쨌든 일단 도박할 권리도 인간의 권리로서 인정될 수 있다는 점을 확인하기로 한다.

---

15) 이른바 '줄을 잘 서서' 정치적으로 또는 경제적으로 성공하게 된 사람들의 예를 자주 보게 된다. 또한 결혼을 잘해서 인생을 보장받게 된 경우도 흔하게 경험할 수 있다.

16) 헌재 2003. 10. 30. 2002헌마518: "일반적 행동자유권은 모든 행위를 할 자유와 행위를 하지 않을 자유로 가치있는 행동만 그 보호영역으로 하는 것은 아닌 것으로, 그 보호영역에는 개인의 생활방식과 취미에 관한 사항도 포함되며, 여기에는 위험한 스포츠를 즐길 권리와 같은 위험한 생활방식으로 살아갈 권리도 포함된다."

17) 도박을 지배하는 우연에 필연적 의미를 부가할 수 있다면 그것은 인간의 이성으로 이해할 수 없는 '신의 뜻'이 될 것이기 때문이다. "결과를 예측할 수 없는 행위나 우연에서 결과를 구하고자 한 일은 신의 뜻을 묻는 것과 같은 격이었다." 서해성(2006), 101면 이하.

## Ⅲ. 합법적 도박의 허용가능성

도박은 그 우연성이 주는 스릴감이 매우 강렬하다. 그리고 엄청난 경제적 이득이 가져다주는 유혹도 뿌리치기 힘들다. 그렇기 때문에 도박은 중독성이 대단히 강하다.[18] 인간의 영혼을 빼앗아가는 힘이 악마적이기까지 하다.[19] 자신의 전 재산을 쏟아 부으며, 심지어 감당할 수 없는 빚더미까지 안으며 도박에 빠져드는 이유가 바로 여기에 있다. 따라서 도박의 허용은 성실하게 일하고자 하는 의욕을 한 순간에 빼앗아가 버린다. 이는 국가가 도박을 범죄로 규정하고 처벌해야 하는 이유가 된다.

그럼에도 불구하고 도박을 예외적으로 허용하는 것은 모순이다. 그것도 공익목적이라는 그럴싸한 이름으로 도박을 허용하는 것은 도박의 허상을 좇는 사람들의 돈을 모아 공익적 사업을 해보겠다는 사기에 가까운 유혹이다. 도대체 도박의 위법성을 배제할 만큼 반드시 실현해야 할 중대한 공익이 어디 있단 말인가?[20] 국민들을 도박으로 내몰아 얻은 이익으로 공익을 실현한다면 수단과 방법을 가리지 않고서라도 목적을 달성하면 된다는 의식을 국민들에게 심어주는 것 아닌가?

사회심리적 관점에서 도박의 허용을 긍정적으로 보는 견해도 있다. 예외적으로나마 허용된 불법의 영역에서 사람들은 욕망의 배출구를 찾는 것이다. 마치 엄격한 법적용으로 너무 빡빡하다는 평가를 받는 독일에서 무한속도 고속도로인 아우토반(Autobahn)을 두고 있는 것과 같다.[21] 사람들은 그곳에서 독일사회의 촘촘한 법망으로부터 벗어나는 탈출구를 발견한다. 하지만 대가는 치명적이다. 아우토반에서 발생하는 사망사고의 숫자를 기억하는가? 도박의 허용은 사망의 개연성을 알면서 국민을 아우토반으로 몰아넣는 것과 같다. 불법을 허용한 결과는 죽음이

18) 도박중독에 대한 심리학적 분석으로 이홍표(2002), 55면 이하 참조.

19) 같은 맥락에서 도박에 대한 한 신부의 다음과 같은 고백이 지나친 것만도 아니다. "도박은 하느님을 거스르는 맘몬 우상의 숭배로 하느님을 직접 거스르고 우리의 신앙을 해치는 영혼의 암인 것이다." 이우갑(2006), 29면.

20) 도박의 합법화 근거를 국가의 체제유지적 성격과 자본주의 국가의 재정 압박에서 찾으려는 견해에 따르면 도박은 "국가가 재정을 확보하려 할 때 조세 저항을 피하면서 선택할 수 있는 우량한 현실적 대안"이 된다. 또한 "자본주의의 모순으로부터 발생하는 잠재적으로 위험한 에너지를 다른 방향으로 방출시키는 카타르시스적 불만 해소 기능"도 한다. 이태원/김석준(1999), 183면 이하 참조.

21) 비슷한 예로 미국의 거대한 도박도시 라스베가스(Las Vegas)는 사막과 같은 현실에서 벗어날 수 있는 오아시스로 묘사되기도 한다. 거다 리스(2006), 233면: "라스베가스라는 오아시스가 실제로 현혹되기 쉬운 신기루라는 것을 상상하기란 어렵지 않다. 현실 세계로 돌아가는 비행기가 이륙한 직후 비행기에서 볼 수 있는 것은 사막뿐이다."

거나 치유될 수 없는 도박중독이다.

도박의 합법화는 도박으로 이득을 보는 사람이 존재하게 되는 부정의의 관점에서, 그리고 도박으로 피해를 입고 심지어 패가망신하는 사람들의 재산적, 정신적, 신체적 피해라는 인권의 관점에서, 오로지 도박의 합법화로 얻는 경제적 이득(국가재정확보 또는 고용창출)이 클 수도 있다는 경제적 논리로만은 정당화될 수 없다. 도박의 합법화는 합법적 도박과 불법적 도박의 경계를 무너뜨림으로써 결국 합법적 도박의 범위를 확대하여 자칫 모든 도박을 합법화 또는 적어도 심리적으로 정당화할 위험성을 내포하게 된다. 또한 도박의 원칙적 불법화와 예외적 합법화라는 이중적 전략은 조세저항 없이 엄청난 세금을 거두려는 국가가 일확천금을 꿈꾸는 국민의 이기심을 절묘하게 이용한 도박중독의 기제다.

**토론문제**

1. 도박을 처벌해야 하는가?
2. 국가가 관리하는 도박은 허용될 수 있는가?
3. 인생 전체가 도박인 것은 아닌가?

**내 입장은?**

1. 모든 도박은 금지되어야 한다.
2. 게임이나 오락의 성격을 갖는 도박은 허용될 수 있다.
3. 국가가 관리하는 도박은 허용될 수 있다.
4. 모든 도박은 허용되어야 한다.

## 참고문헌

강준만(2006), 한국 도박의 역사: 사회적 불안정성과의 투쟁인가?, ≪인물과 사상≫, 통권 103호(2006년 11월호), 124~177면.

그레이스김(2007), 도박의 심리학, ≪상담과 선교≫(한국상담선교연구원), 제54호(2007),

30～50면.
김두상(2016), 프로야구 승부조작에 관한 형사법적 소고, ≪스포츠엔터테인먼트와 법≫(한국스포츠엔터테인먼트법학회), 제19권 제4호(2016), 159～173면.
김문영(2008), 사행산업통합감독위원회법에서 경마가 제외되어야 하는 이유에 대한 연구, ≪동서언론≫(동서언론학회), 제11집(2008), 179～214면.
김시몬(2007), 도박의 역사학, ≪상담과 선교≫(한국상담선교연구원), 제54호(2007), 6～29면.
노명우(2006), 도박과 자본주의, ≪문화과학≫, 통권 48호(2006), 213～223면.
서해성(2006), 도박과 복권, 그 올인의 사회학, ≪인물과 사상≫, 통권 103호(2006년 11월호), 97～123면.
설종호/정신교(2020), 스포츠경기 승부조작의 형사법적 고찰, ≪한국부패학회보≫(한국부패학회), 제25권 제1호(2020), 171～190면.
이우갑(2006), 도박 산업의 실태와 교회의 대응, ≪사목≫(한국천주교중앙협의회), 통권 제326호(2006), 21～31면.
이재목(2015), 스포츠 레저와 스포츠 도박의 경계－경륜사업의 건전성 제고를 위한 입법정책적 제언을 중심으로－, ≪스포츠와 법≫(한국스포츠엔터테인먼트법학회), 제18권 제1(2015), 95～119면.
이태원(2004), 카지노 출입자의 사회인구적 특성, 도박중독, 그리고 도박동기와 실태에 관한 연구, ≪형사정책연구≫(한국형사정책연구원), 제15권 제2호(2004), 173～214면.
이태원/김석준(1999), 도박의 정치경제학－한국 사회의 도박 합법화와 도박 문제의 확산에 관한 비판적 접근－, ≪사회와 역사≫(한국사회사학회), 제56권(1999), 179～214면.
이홍표(2002), ≪도박의 심리≫, 2002.
거다 리스(2006), ≪도박≫(김영선 옮김), 2006.

# 제 6 장
# 대마흡연과 행복추구권

푸른 공기를 풀어놓으며 일제히 비상하는 새들의 자유는 얼마나 눈부신가.
새들은 죄가 없다. 마리화나를 피워도 새는 새를 조롱에 가두지 않는다.
≪정현우의 詩, 새들은 죄가 없다(2004) 중에서≫

새삼스럽지 않지만 신문과 티비(TV)에 대문짝만하게 유명 연예인의 사진과 기사가 실렸다. 대마초를 피웠단다. 평소 방송에서 보던 것과는 달리 그는 초라한 모습으로 모자를 꾹 눌러쓰고 있다. 기어들어가는 목소리로 '사회에 물의를 빚어 죄송하다'고 말한다. 뭔가 잘못하기는 잘못했는가 보다. 옆에서 사람들이 조롱한다. '잘 나간다 싶더니 꼴좋다. 저런 놈들은 콩밥을 먹여서 정신을 차리게 해줘야 돼!'

어, 저건 늘 보던 것과는 많이 다른 광경이다. 연예인들이 모여 기자회견을 가지고 있다. '대마초 합법화'. 기자회견장에 걸린 플랜카드가 낯설기만 하다. 담배보다 차라리 대마초가 건강에 좋다고 떠들어댄다. 혼돈스럽다. 그 사람들 중에는 얼마 전까지만 해도 모자를 눌러쓰고 뉴스에 나왔던 사람도 있다. 악의 화신과도 같았던 대마초가 갑자기 정의의 불사조로 변화하기라도 했단 말인가? 혹시 저 사람들 대마초를 피우고 정신이 몽롱한 상태에서 저런 발언을 하고 있는 것은 아닌가?

유명 연예인의 스캔들은 열애설만 있는 것이 아니다. 대마초 스캔들은 유명 연예인을 한 순간 천당에서 지옥으로 끌어내린다. 정말 그들은 큰 잘 못을 한 것일까? 아니면 그들은 시대를 앞서가는 선각자들인가? 그들의 정체가 우리의 논의 속에서 드러날 것이다. 그럼 대마초에 관한 논쟁 속으로 들어가 보자.

## Ⅰ. 대마흡연에 관한 찬반논거

'대마(大麻)'는 그냥 '마(麻)'라고도 부르는 '삼(hemp)'의 일종이다. 통상 대마라고 부르는 것은 ① 대마초(marihuana)와 ② 대마수지(hashish)로 구분된다. 첫째,

대마의 잎과 꽃에는 테트라하이드로카나비놀(tetrahydrocannabinol: THC)을 주성분으로 하는 환각 성분이 들어 있다. 이러한 대마의 잎과 꽃을 흡연하기 위하여 담배로 만든 것을 대마초라고 부른다.[1] 둘째, 대마 암그루의 꽃이삭과 상부의 잎에서 분리한 호박색 수지(樹脂)를 가루로 만든 것을 해쉬시(hashish)라고 하며, 기름(oil) 형태의 것도 있다. 이러한 대마수지는 일반 대마초보다 테트라히드로카나비놀 성분이 3~4배 정도가 많이 함유되어 있다.

현행 **마약류 관리에 관한 법률**(최근개정: 2020. 3. 31. 법률 제17190호)은 대마를 "대마초[칸나비스 사티바 엘(Cannabis satiba L)]와 그 수지 및 대마초 또는 그 수지를 원료로 하여 제조된 일체의 제품을 말한다"고 규정하면서 "대마초의 종자・뿌리 및 성숙한 대마초의 줄기와 그 제품"은 제외하고 있다(동법 제2조 제4호). 이러한 대마를 흡연 또는 섭취하는 행위는 물론 제조, 매매, 수입・수출하는 행위 등(동법 제3조 제7호에서 제11호까지)과 대마를 재배・소지하는 행위 등(동법 제4조 제1항 제2호)도 금지되며, 이를 위반하면 처벌받는다(동법 제58조에서 제68조까지).[2] 매년 대마사범으로 검거되고 있는 사람의 숫자는 1천 명을 넘고 있고, 단속이 강화되는 경우에는 2천 명 가까이 검거되기도 한다([표 6.1] 참조).

**[법령 6.1] 마약류 관리에 관한 법률**(최근개정 2020. 3. 31. 법률 제17190호)
**제3조 (일반 행위의 금지)**
누구든지 다음 각 호의 어느 하나에 해당하는 행위를 하여서는 아니 된다.

1.~6. 생략
7. 대마를 수출입・제조・매매하거나 매매를 알선하는 행위. 다만, 공무, 학술연구 또는 의료 목적을 위하여 대통령령으로 정하는 바에 따라 식품의약품안전처장의 승인을 받은 경우는 제외한다.
8. 삭제
9. 삭제
10. 다음 각 목의 어느 하나에 해당하는 행위
    가. 대마 또는 대마초 종자의 껍질을 흡연 또는 섭취하는 행위(제7호 단서에 따라 의료 목적으로 섭취하는 행위는 제외한다)
    나. 가목의 행위를 할 목적으로 대마, 대마초 종자 또는 대마초 종자의 껍질을 소지하는 행위
    다. 가목 또는 나목의 행위를 하려 한다는 정(情)을 알면서 대마초 종자나 대

1) 대마는 대마초든 대마수지든 흡연의 방법으로 사용하는 것이 보통이지만 대마수지의 경우에는 다른 음식물과 함께 섭취하는 방법으로 사용하기도 한다고 한다. 대마의 사용형태에 대해서는 이은모(1995), 315면 이하 참조.

2) 대마와 관련하여 ① 대마제조죄, ② 대마수출입죄, ③ 대마 양도・양수죄 및 매매알선죄, ④ 대마소지죄, ⑤ 대마사용죄, ⑥ 장소 등 제공죄 등에 대한 자세한 설명은 이은모(1995), 316면 이하 참조.

마초 종자의 껍질을 매매하거나 매매를 알선하는 행위

11. 제4조 제1항 또는 제1호부터 제10호까지의 규정에서 금지한 행위를 하기 위한 장소·시설·장비·자금 또는 운반 수단을 타인에게 제공하는 행위
12. 다음 각 목의 어느 하나에 해당하는 규정에서 금지하는 행위에 관한 정보를 「표시·광고의 공정화에 관한 법률」 제2조 제2호에서 정하는 방법으로 타인에게 널리 알리거나 제시하는 행위
    가. 제1호부터 제11호까지의 규정
    나. 제4조 제1항 또는 제3항
    다. 제5조 제1항 또는 제2항
    라. 제5조의2 제4항

**제4조 (마약류취급자가 아닌 자의 마약류 취급 금지)**

① 마약류취급자가 아니면 다음 각 호의 어느 하나에 해당하는 행위를 하여서는 아니 된다.

1. 마약 또는 향정신성의약품을 소지, 소유, 사용, 운반, 관리, 수입, 수출, 제조, 조제, 투약, 수수, 매매, 매매의 알선 또는 제공하는 행위
2. 대마를 재배·소지·소유·수수·운반·보관 또는 사용하는 행위
3. 마약 또는 향정신성의약품을 기재한 처방전을 발급하는 행위
4. 한외마약을 제조하는 행위

②~④ 생략

**[표 6.1] 마약류사범 죄명별 검거 현황** (단위: 명)

| 연도 / 죄명 | 2009 | 2010 | 2011 | 2012 | 2013 | 2014 | 2015 | 2016 | 2017 | 2018 |
|---|---|---|---|---|---|---|---|---|---|---|
| 대 마 | 1,712 (165.9) | 1,837 (178.0) | 1,189 (115.2) | 1,042 (101.0) | 1,177 (114.1) | 1,154 (111.8) | 1,139 (66.5) | 1,435 (83.8) | 1,727 (100.9) | 1,533 (89.5) |
| 마 약 | 2,198 (286.2) | 1,124 (146.4) | 759 (98.9) | 582 (75.8) | 685 (89.2) | 669 (87.1) | 1,153 (52.5) | 1,383 (62.9) | 1,475 (67.1) | 1,467 (66.7) |
| 향정신성 의약품 | 7,965 (148.8) | 6,771 (126.5) | 7,226 (135.0) | 7,631 (142.5) | 7,902 (147.6) | 7,919 (147.9) | 9,624 (120.8) | 11,396 (143.0) | 10,921 (137.1) | 9,613 (120.7) |
| 합 계 | 11,875 (166.0) | 9,732 (136.0) | 9,174 (128.2) | 9,255 (129.3) | 9,764 (136.5) | 9,742 (136.2) | 11,916 (100.3) | 14,214 (119.7) | 14,123 (118.9) | 12,613 (106.2) |

자료: 법무연수원(www.ioj.go.kr) <2019 범죄백서>(2020).

* 괄호 안은 2009년을 100으로 했을 때의 지수.

** 2000년 7월 1일부터 마약법, 대마관리법, 향정신성의약품관리법이 마약류관리에관한법률로 통합되었으므로 2000년 이후의 통계는 마약류관리에관한법률 위반사범 중 마약사범, 대마사범, 향정사범으로 분류한 것임.

**[판례 6.1] 대마초의 개념과 명확성원칙**

대마초는 칸나비스사티바엘이라는 식물학상의 학명을 가진 식물로서, 대마를 규제하던 습관성의약품관리법, 대마관리법 등을 비롯하여 현행 마약류관리에관한 법률에 이르기까지 그 입법 목적이나 연혁, 입법 경과 등에 비추어 볼 때 테트라하이드로칸나비놀이라는 환각물질을 함유하고 있는 칸나비스속의 식물 전체를 가리키는 것으로 그 의미가 불명확하다고 할 수 없으므로 죄형법정주의의 명확성원칙에 위반된다고 볼 수 없다(헌재 2004. 2. 26. 2001헌바75).

## 1. 대마흡연에 반대하는 논거

대마흡연 반대론은 대마흡연이 인체에 유해하며(**인체유해성**), 범죄나 사회적 해악을 발생시킬 위험성이 있기(**사회적 해악성**) 때문에 금지되어야 한다고 주장한다. 구체적으로 ① 대마는 정신분열증이나 인식기능손상을 일으키고 발암물질을 포함하고 있어 인체에 유해하고,[3] ② 대마의 환각성이나 중독성(의존성)으로 인해 다른 마약의 사용으로 이어지는 관문(gateway) 역할을 하며(관문이론),[4] ③ 심지어 대마의 흡연 뒤에 강력범죄나 조직범죄를 저지를 가능성이 있어 사회적 해악도 크다고 한다.

## 2. 대마흡연에 찬성하는 논거

한편 대마흡연 찬성론에 따르면 대마의 환각성은 대단히 약하고, 중독성이나 의존성도 없으며, 인체유해성도 술이나 담배에 비해 대단히 약하다고 한다.[5] 더욱이 대마흡연이 강력범죄나 조직범죄로 이어질 것이라는 우려는 기우에 지나지 않는다고 한다. 견해에 따라서는 대마사범, 특히 유명 연예인의 대마흡연 사건을 언론에 보도하게 하여 국민의 관심을 집중시킴으로써 정치적인 난관에 부딪힌 정부가 국면전환용으로 악용하는 범죄라는 비판도 있다.[6]

3) 대마의 위험요인들에 대한 실증적 연구에 대해서는 윤명숙(2005), 299면 이하 참조.
4) '관문이론'에 대한 설명과 논쟁에 대해서는 윤명숙(2005), 303면 이하 참조.
5) 대마초가 헤로인이나 코카인과 같은 마약은 물론 니코틴, 알코올, 카페인보다도 중독성이 약하다는 통계가 있다. 오은(2006), 398면 참조.
6) 오은(2006), 397면 참조.

# Ⅱ. 대마흡연과 관련된 기본적 인권

## 1. 대마흡연의 자유

대마흡연에 관한 기본권은 열거된 명시적 기본권에 근거하고 있지 않기 때문에 열거되지 않은 기본권으로 이해된다. 또한 대마흡연의 자유는 자유권의 영역에 속하기 때문에 일반적 자유권인 행복추구권에 근거해서도 주장될 수 있다. 그리고 행복추구권이라는 일반적 자유권으로부터 대마흡연의 자유라는 개별적 자유권을 도출하는 데 있어서 인간의 존엄과 가치에 관한 기본권도 근거로 인용할 수 있다. 인간의 존엄과 가치에 관한 기본권은 모든 기본권의 최종적 근거로서 개별적 자유권의 실질적 내용을 결정하는 기능을 하기 때문이다. 결론적으로 대마흡연의 자유는 인간의 존엄과 가치에 관한 기본권과 일반적 자유권인 행복추구권, 그리고 열거되지 않은 기본권에 근거하여 기본적 인권의 하나로 주장할 수 있다고 할 것이다.

여기서 제기되는 의문은 현행 법률에 의해서 금지된 행위가 헌법상 보장된 자유에 근거해서 주장될 수 있는지 하는 점이다. 이미 앞서 살펴본 간통[7]이나 도박[8]도 현행 법률에 의해서 금지되고 처벌을 받는다. 하지만 헌법상 보장된 자유는 법률이 허용하는 행위만을 보장하는 것은 아니다. 극단적인 예지만 헌법상 보장된 자유는 사람을 살해하는 자유(살인의 자유)나 다른 사람의 물건을 훔치는 자유(절도의 자유)도 보장한다. 물론 자유는 다른 사람의 자유를 침해하는 경우에 제한될 수 있다. 따라서 다른 사람의 자유를 침해하는 살인의 자유나 절도의 자유는 법률로써 금지될 수 있다.

중요한 것은 헌법상 보장된 자유가 법률에서 일정한 행위를 금지하고 처벌하는 것이 정당한 것인지를 판단하는 기준이 된다는 점이다. 다시 말해 헌법이 보장하는 자유는 그것을 침해하는 법률을 위헌적 법률로서 선언하는 기능을 한다. 이러한 기능 때문에 헌법이 보장하는 자유의 영역에는 비록 법률상 금지된 행위라고 하더라도 포함된다. 헌법재판소도 행복추구권에서 도출되는 일반적 행동자유권의 보호영역에는 가치있는 행동만이 포함되는 것이 아니므로 대마흡연도 포함된다고 하였다.[9]

---

7) 이 책 제4장 참조.
8) 이 책 제5장 참조.
9) 헌재 2005. 11. 24. 2005헌바46 참조.

### 2. 평 등 권

술과 담배는 금지하지 않으면서 대마흡연을 금지하고 제재하는 것은 대마흡연자를 차별하는 행위가 될 수 있다. 또한 대마흡연을 금지하고 제재하는 경우에 다른 마약이나 향정신성의약품과 대마를 동일하게 다루어 동일한 법정형을 규정하는 것도 대마흡연자를 차별하는 것일 수 있다.[10] 여기서 대마흡연자는 평등권을 주장할 수도 있다. 평등이란 같은 것(술・담배와 대마)을 같게 다루고, 다른 것(코카인・헤로인과 대마)은 다르게 다루도록 요구하기 때문이다.

## Ⅲ. 대마흡연에 관한 기본권의 제한가능성

### 1. 자유권의 경우

대마흡연에 관한 자유권이 인정된다고 하더라도 이는 다른 모든 기본적 인권과 마찬가지로 무제한적으로 보장된 권리가 아니라 제한될 수 있는 상대적 권리다. 무엇보다 현행 헌법의 명시적 문구에 따르면 국민의 모든 자유와 권리는 제한될 수 있기 때문에 대마흡연에 관한 자유권도 공익적 목적을 위하여 제한될 수 있는 자유권에 해당한다. 헌법재판소에 따르면 대마흡연은 국민보건향상과 사회적 위험성 예방이라는 공익적 목적을 위하여 제한될 수 있다고 한다.[11]

### 2. 평등권의 경우

평등권은 상대적 평등을 내용으로 하기 때문에 반드시 모든 경우에 평등한 대우를 요청하지 않고, 같은 대상을 평등하게 대우하고 다른 대상을 불평등하게 대우하도록 요청한다.[12] 이것은 비교대상을 같은 것으로 또는 다른 것으로 볼만한 합리적인 근거가 있는 경우에는 평등한 대우 또는 불평등한 대우(=차별대우)를 할 수 있음을 의미한다. 따라서 대마흡연이 술이나 담배와 같은 것임에도 불구

---

10) 연성마약(soft drug)과 강성마약(hard drug)의 비구분은 차별이라는 주장도 같은 취지로 이해된다. 이러한 주장에 대해서는 윤명숙(2006), 308면 참조.

11) 헌재 2005. 11. 24. 2005헌바46 참조.

12) 평등권에 대해서는 이준일, ≪헌법학강의≫(2019), 제2편 제2부 제3장 및 같은 이, ≪차별없는 세상과 법≫(2012), 14면 이하 참조.

하고 다른 대우를 하는 것, 즉 대마를 술이나 담배와 다른 것으로 보고 차별대우를 해야 할 합리적 근거가 없음에도 불구하고 금지하고 제재를 가함으로써 차별대우를 하는 것은 대마흡연자의 평등권을 침해하는 것이다.13) 또한 같은 맥락에서 대마흡연이 다른 마약(코카인이나 헤로인)이나 향정신성의약품과 다른 것임에도 불구하고 같은 대우를 하는 것, 즉 대마를 다른 마약이나 향정신성의약품과 같은 것으로 보고 평등대우를 해야 할 합리적 근거가 없음에도 불구하고 다른 마약이나 향정신성의약품과 동일한 법정형을 규정함으로써 평등대우를 하는 것은 대마흡연자의 평등권을 침해하는 것이다.14)

## Ⅳ. 대마흡연에 관한 기본권에 대한 제한의 한계

대마흡연에 관한 자유권은 제한될 수 있지만 무제한적으로 제한될 수는 없다. 모든 기본적 인권에 대한 제한의 헌법적 한계를 판단하는 기준인 비례성원칙이 대마흡연에 관한 기본적 인권의 제한에도 적용되어야 한다.

### 1. 대마의 해악과 적합성원칙

대마흡연과 관련된 찬반논거를 검토해 보면 그 핵심은 대마의 ① 인체유해성과 ② 사회적 해악성에 대한 경험적 판단이다. 대마흡연에 관한 자유권을 제한하는 공익적 목적이 '국민보건의 향상'과 '사회적 위험성의 예방'이기 때문이다. 따라서 대마의 인체유해성과 사회적 해악성이 경험적으로 증명되면 대마흡연의 금

13) 더 나아가 대마가 담배보다 좋은 다음과 같은 일곱 가지 이유를 제시하는 흥미로운 주장이 있다. 유현(2004), 88면 이하: ① 대마초가 폐암을 유발한다는 증거가 없으며 오히려 폐암환자에 대한 치료제로 사용될 수 있다는 점, ② 대마초의 THC는 담배의 니코틴과 달리 연속으로 피울 필요가 없는 충분한 효과를 가지고 있다는 점, ③ 대마펄프는 목재펄프를 대체하여 삼림환경을 보존할 수 있고, 대마는 화학섬유를 대체할 수 있는 대안작물이기 때문에 친환경적이라는 점, ④ 담배는 인간을 죽음으로까지 몰고 가는 유해한 물질이지만 대마초는 녹내장 환자의 치료를 위해서 사용할 수도 있다는 점, ⑤ 담배와 달리 대마초에는 중독성이나 의존성이 현저하게 낮다는 점, ⑥ 대마초가 합법화될 경우에 담배보다 훨씬 저렴한 가격에 구매할 수 있다는 점, ⑦ 대마초를 합법화하여 사용하게 하면 강한 마약의 사용을 예방함으로써 마약의 폐해를 줄일 수 있다는 점.

14) 마약류관리에 관한 법률에 따르면 대마사범의 경우에 다른 마약사범과 같은 법정형을 규정하고 있기 때문에 영리목적으로 또는 상습적으로 대마를 수입·수출하는 행위는 사형까지 가능하다는 점(동법 제58조 제2항)에 주목할 필요가 있다.

지는 국민보건의 향상과 사회적 해악성의 예방이라는 공익목적을 실현하는 적합한 수단이 될 수 있다. 이 경우에 대마흡연의 금지를 관철하기 위하여 더 적합한 수단으로서 행정벌보다는 형사벌이 요구되고, 형사벌을 부과하는 경우에 더 강력한 형사벌이 부과될 수 있다.

## 2. 대마의 효용과 필요성원칙

대마흡연을 금지하는 경우에도 ① 전면적으로 금지하는 방법과 ② 원칙적으로 금지하되 제한적으로나마 허용하는 방법이 있을 수 있다. 후자의 방법이 기본권에 대한 피해를 최소화하도록 요청하는 필요성원칙에 합치할 수 있다. 특히 대마의 의료적 효용이 인정되는 경우에는 대마의 사용을 예외적으로나마 허용하는 것이 필요성원칙을 충족하는 방법이 된다. 또한 전면적이든 부분적이든 대마흡연을 금지하고 그에 대한 제재를 가하는 경우에도 징역형이나 벌금형과 같은 형사벌보다는 과태료와 같은 행정벌이 피해를 최소화하는 수단이 되고, 징역형이나 벌금형의 경우에 가능하면 형량을 줄이는 것이 피해를 최소화하는 수단이 될 수 있다.

**주요개념**

**【형사벌】** 형법상의 의무(명령・금지)를 위반한 경우에 부과되는 형법상의 처벌을 말하고, 일정한 법익의 박탈을 내용으로 한다. 형사벌은 박탈되는 법익에 따라 생명형(사형), 자유형(징역・금고・구류), 재산형(벌금・과료・몰수), 자격형(자격상실・자격정지)으로 구분된다.

**【행정벌】** 행정법상의 공익목적을 달성하기 위하여 부과된 의무(명령・금지)의 위반에 대해서 부과되는 행정법상의 처벌을 말한다. 행정벌은 행정형벌과 행정질서벌(과태료)로 구분된다.

## 3. 좁은 의미의 비례성원칙

좁은 의미의 비례성원칙에 따르면 대마흡연과 관련하여 문제가 되는 공익적 목적인 국민보건 향상 및 사회적 위험성 예방과 이를 위하여 제한되는 기본권은 조화롭고 균형있게 실현되어야 한다. 공익적 목적뿐만 아니라 그로 인하여 제한되는 기본적 인권도 동시에 중요한 것이기 때문이다.

**[판례 6.2] 대마흡연**

① 마약류관리에관한법률 제61조 제1항은 대마 흡연자를 같은 법 제2조 제4호 가목의 향정신성의약품의 원료가 되는 식물을 흡연한 자와 같은 법정형으로 처벌하고 있으나, 대마의 사용자가 흡연 행위를 한 후 그에 그치지 않고 환각상태에서 다른 강력한 범죄로 나아갈 경우와 같은 사회적인 위험성의 측면에서 보면 대마의 흡연 행위가 법 제2조 제4호 가목 소정의 향정신성의약품 원료식물의 흡연 등의 행위보다 사회적 위험성 면에서 결코 약하다고 만은 할 수 없고, 법 제61조 제1항이 위 두 경우를 같은 법정형으로 처벌하도록 규정하고 있으면서도 5년 이하의 징역이나 5천만원 이하의 벌금에 처하도록 법정형의 상한만을 정하여 그 죄질에 따라 법원이 적절한 선고형을 정하는 것이 가능하도록 하고 있으므로, 단순히 법률규정 자체가 향정신성의약품과 대마 자체가 가진 위험성의 비례관계를 엄격히 지키지 않았다는 이유로 과잉금지의 원칙에 반하여 행복추구권을 침해하는 것이라고 할 수는 없다. ② 대마에 포함된 환각성분 및 발암물질, 대마사용으로 인한 환각상태에서 다른 범죄로 나아갈 위험성, 대마에 관한 우리의 역사와 문화, 입법당시의 시대적 상황과 국민일반의 가치관 내지 법감정, 범죄의 실태와 죄질 및 보호법익, 그리고 범죄예방효과 등을 종합적으로 고려할 때 이 사건 법률조항이 술, 담배의 경우와 달리 대마의 수수 및 흡연을 범죄로 규정해 처벌하는 것은 합리적인 이유가 있으므로 평등의 원칙에 위반되지 아니한다(헌재 2005. 11. 24. 2005헌바46).

## Ⅴ. 금지된 행위의 정당성

대마흡연에 관한 논의를 인권의 관점에서 진행하는 것은 앞서 지적했듯이 일정한 행위에 대한 법률적 금지의 정당성을 다시 한 번 평가하기 위한 것이다. 대마흡연과 같이 법률상 금지된 행위인 간통의 경우에도 마찬가지였다. 간통의 경우에 법률상 금지한다고 하더라도 성적 자기결정권을 고려한다는 측면에서 간통을 금지하고 형사처벌을 하는 것이 정당한 것인지에 대해서 논란이 있다. 비슷한 맥락에서 대마흡연의 금지에 대한 정당성을 인권의 관점에서 검토할 필요가 있다.

대마흡연이 인권으로서 보장될 수 있다면 그에 대한 제한은 다른 사람의 기본권이나 공공의 이익 또는 헌법적 법익을 침해하는 경우에만 정당화될 수 있다.[15] 물론 여기서 중요한 것은 다른 사람의 기본권이나 공공의 이익 또는 헌법적 법익에 대한 침해가 구체적이어야 한다는 점이다. 대마흡연을 금지하는 목적은

15) 대마흡연과 비슷한 담배흡연의 경우에 흡연자들의 흡연권은 비흡연자들의 혐연권을 침해하거나, 국민의 건강을 해치거나, 공기를 오염시켜 환경을 해치는 경우에 제한될 수 있다. 헌재 2004. 8. 26. 2003헌마457 참조.

국민의 건강을 보호하고, 대마흡연으로 인한 범죄의 예방에 있다. 우선 국민건강의 보호라는 측면에서 대마흡연을 금지하려면 인체에 대한 유해성을 증명하는 객관적 자료가 제시되어야 한다. 하지만 이에 대해서는 찬성론과 반대론의 주장이 서로 엇갈린다. 한편 범죄예방이라는 측면에서 대마흡연을 금지하는 경우에는 대마흡연이 강력범죄나 조직범죄로 이어질 수 있다(사회적 해악성)는 사실을 증명하는 객관적 자료가 제시되어야 한다. 여기에 대해서도 찬성론과 반대론의 주장은 상치된다.

결국 대마흡연의 금지가 인권의 관점에서 정당한지에 대한 논의에서 핵심은 대마흡연의 인체에 대한 유해성 또는 사회에 대한 유해성 여부의 경험적 증명이다.[16] 하지만 이에 대해서는 견해의 대립이 있다. 그렇다면 대마흡연의 경우에도 의심스러운 경우에는 자유에 유리하게 해석하는 결론이 타당하다고 생각된다. 특히 대마흡연의 인체에 대한 유해성의 경우에 비록 그것이 증명된다고 해도 문제가 다 끝난 것은 아니다. 왜냐하면 대마흡연의 인체에 대한 유해성은 다른 사람의 기본권을 침해하는 것이 아니라 자신의 기본권(신체의 건강성에 관한 권리)을 침해하는 것을 의미하기 때문이다. 원칙적으로 신체나 건강에 대해서는 자기결정권이 보장된다. 따라서 국가가 국민건강을 보호해준다는 명분으로 국민의 자유와 권리에 개입할 수는 없다. 대마흡연의 경우에도 타인의 건강에 해악을 끼치지 않는 경우에, 그리고 자신의 건강에 대한 해악의 정도가 미미하거나 증명되지 않는 경우에 국가가 이러한 행위를 금지하여 처벌하는 것은 개인의 자유에 대한 과도한 개입이 될 수 있다.[17]

**토론문제**

1. 담배와 대마초의 차이는 무엇인가?
2. 마약과 대마초의 차이는 무엇인가?
3. 자신에게 해악이 되는 행위를 국가가 금지할 수 있는가?

---

16) 대마흡연의 유해성 논쟁과는 달리 대마흡연이 주는 환각은 "가상현실의 원형"으로서 "무한한 예술 가능성"을 열어준다고 하여 대마흡연의 유익성을 적극적으로 옹호하는 주장도 있다. 김정환(2000), 459면 참조.

17) 같은 맥락에서 대마흡연이 여러 나라에서 합법화되고 있는데 대마흡연이 합법화되는 외국의 사례에 대해서는 박진실(2017), 245면 이하; 허경미(2017), 244면 이하; 허경미(2018), 292면 이하 참조.

내 입장은?

1. 대마흡연은 담배흡연과 같이 허용되어야 한다.
2. 대마흡연은 마약과 같이 금지되어야 한다.
3. 대마흡연은 치료를 위한 목적에서만 허용될 수 있다.

## 참고문헌

권혜령(2009), 미국 연방헌법상 헌법에 열거되지 아니한 권리의 분석방법: 실체적 적법절차론과 수정 제9조에 의한 분석론, ≪공법학연구≫(한국비교공법학회), 제10권 제1호(2009), 3～28면.

김정환(2000), 대중 예술 가수 전인권, 그리고 대마초, ≪당대비평≫, 통권 제11호(2000), 455～461면.

김주일(2013), 독일 대마합법화론에 관한 연구, ≪한・독사회과학논총≫(한・독사회과학회), 제23권 제3호(2013), 141～182면.

남궁현(2014), 마리화나 정책 변화의 고찰: 콜로라도 마리화나 합법화의 경우, ≪형사정책연구≫(한국형사정책연구원), 제25권 제3호(2014), 325～352면.

박진실(2017), 대마초 합법화 논쟁: 미국과 네덜란드 사례의 비교분석, ≪경찰법연구≫(한국경찰법학회), 제15권 제2호(2017), 245～274면.

오　은(2006), 대마, 지구상에서 가장 오해된 작물, ≪문학과 경계≫, 통권 20호(2006), 394～404면.

유　현(2004), ≪대마를 위한 변명≫, 2004.

윤명숙(2005), 대마사용자에 대한 낙인과 편견 그리고 논쟁들, ≪한국사회복지학회 2005년도 추계공동학술대회 자료집≫(한국사회복지학회), 291～312면.

이은모(1995), 대마의 성질과 그에 관한 현행법상의 규제, ≪형사정책≫(한국형사정책학회), 제7호(1995), 309～332면.

정현우(2005), ≪대마초는 죄가 없다≫, 2005.

허경미(2017), 캐나다의 대마초 비범죄화에 관한 연구, ≪한국공안행정학회보≫(한국공안행정학회), 제26권 제2호(2017), 241～268면.

허경미(2018), 미국의 대마초 합법화 과정 및 주요 쟁점 연구, ≪한국경찰연구≫(한국경찰연구학회), 제17권 제2호(2018), 291～316면.

# 제 7 장
# 신상공개제도와 사생활의 비밀

"어느 누구도 그의 사생활, 가정, 주거 또는 통신에 대하여 자의적이거나
불법적인 간섭을 받거나 또는 그의 명예와 신용에 대한
불법적인 비난을 받지 아니한다."
≪시민적 및 정치적 권리에 관한 국제규약(B규약, 1966) 제17조≫

'저런 나쁜 놈들이 어디 있어? 돈을 주고 여자 아이들을 사다니. 자기 딸이라도 저렇게 했을까?' 청소년위원회가 청소년의 성을 산 사람들의 명단을 공개했다. 점잖은 사람들의 이름도 보인다. 이름이 공개되고 직장을 잃은, 혹은 이혼을 했다는 사람의 소식도 들린다. 이미 죄의 대가를 지불한 사람들을 두 번 죽이는 일이라는 소리도 들려온다.

몰래카메라를 설치해놓고 연예인들을 불러다 웃음거리가 되게 하는 방송프로그램이 인기다. 다른 사람들의 말과 행동을 몰래 엿보는 것은 일종의 관음증(觀淫症)이다. 공개된 성범죄자들의 이름을 가리키며 욕을 퍼붓는 것에도 비슷한 정신병적 증세가 있다. '그 인간이 그럴 줄 알았어.' 확인된 의심은 확인되기 전부터 이미 진실이 된다. 의심이 진실이 된 것은 오로지 공개되었다는 사실 때문임에도 불구하고.

성범죄자를 알아볼 수 있도록 전자발찌까지 채우자고 요구하는 시대에 살고 있다. 하지만 우리는 지금 문명의 시대를 살고 있다는 반론도 만만치 않다. 범죄예방도 중요하지만 인간을 범죄예방의 수단으로 취급하는 것은 허용될 수 없다는 것이다. 그러나 피해자인 청소년과 그 부모의 입장으로 돌아가 보라는 주장도 강력하다. 어떤 주장이 더 설득력이 있는지 살펴보도록 하자.

# Ⅰ. 신상공개제도에 찬성하는 근거와 반대하는 근거

## 1. 신상공개제도의 개념

신상공개제도는 **구 청소년의 성보호에 관한 법률**에 따라 청소년의 성을 사는 행위와 같이 청소년을 대상으로 하여 성범죄[1]를 저지른 자의 성명, 연령, 직업 등의 신상과 범죄사실의 요지를 그 형이 확정된 후 게재하여 공개하는 제도를 말한다. 이러한 제도는 국가청소년위원회가[2] 청소년의 성을 사는 행위 등의 범죄방지를 위한[3] '계도문'의 형식으로 관보게재 등의 방법을 통해 전국에 걸쳐 게시 또는 배포함으로써 시행되었다.[4]

**[법령 7.1] 구 청소년의 성보호에 관한 법률**(2005. 12. 29. 법률 제7801호로 개정되어, 2006. 6. 30.부터 2008. 2. 3.까지 시행된 것)

**제20조 (범죄방지 계도)**

① 국가청소년위원회는 청소년의 성을 사는 행위 등의 범죄방지를 위한 계도문을 연 2회 이상 작성하여 관보게재를 포함한 대통령령이 정하는 방법으로 전국에 걸쳐 게시 또는 배포하여야 한다.

② 제1항의 규정에 의한 계도문에는 다음 각 호의 어느 하나에 해당하는 죄를 범한 자의 성명, 연령, 직업 등의 신상과 범죄사실의 요지를 그 형이 확정된 후 이를 게재하여 공개할 수 있다. 다만 죄를 범한 자가 청소년인 경우에는 그러하지 아니하다.

1. 제5조(청소년의 성을 사는 행위)의 규정을 위반한 자
2. 제6조(청소년에 대한 강요행위 등) 제1항 내지 제3항의 규정을 위반한 자
3. 제7조(알선영업행위 등) 제1항의 규정을 위반한 자

---

1) 아동대상 성범죄의 원인과 대책에 대해서는 박기범(2006), 241면 이하 및 253면 이하 참조.

2) '국가청소년위원회'는 청소년보호위원회로 출발하여 2005년 4월 27일 '국무총리실 청소년위원회'로 개편되었고, 다시 2006년 3월 30일 국가청소년위원회로 바뀌었으며 보건복지부에 흡수되어 아동청소년정책실로 되었다가 현재는 여성가족부 아동청소년보호과로 되었다.

3) 신상공개제도의 입법목적이 범죄방지에 있다는 것을 인정하면서도 이러한 목적을 실현하기 위하여 잠재적 피해자에게 범죄자의 정보를 제공하자는 것인지, 아니면 범죄자를 징벌함으로써 당사자 또는 잠재적 범죄자에게 위협을 주자는 것인지가 불분명하다는 비판이 있다. 김문현(2004), 164면 참조. 이러한 견해에 따르면 범죄자정보의 제공은 형벌이 아니지만 범죄자의 징벌은 형벌이라는 결론에 이르게 된다.

4) 성범죄자의 신상을 공개하는 제도의 모형으로는 일반적으로 미국의 메건법(Megan's Law)을 든다. 이 법률은 1994년 뉴저지(New Jersey)주에서 강간당한 뒤 살해된 일곱 살짜리 소녀의 이름을 따서 제정되었다. 살해된 소녀의 부모는 성범죄 전과자의 신상을 공개할 수 있도록 하는 입법을 요구하였다. 이 법률에 따라 성범죄자는 거주지 경찰서에 신상정보를 등록해야 할 의무가 있고, 경찰서는 주민의 요구에 따라 신상정보를 공개할 수 있다. 메건법에 대한 자세한 설명은 이병희(2001), 61면 이하, 특히 65면 이하 참조.

4. 제8조(청소년이용음란물의 제작·배포 등) 제1항의 규정을 위반한 자
5. 제9조(청소년 매매행위)의 규정을 위반한 자
6. 제10조(청소년에 대한 강간, 강제추행 등)의 규정을 위반한 자
7. 청소년에 대하여「성폭력범죄의 처벌 및 피해자보호 등에 관한 법률」제5조 내지 제10조의 죄를 범한 자 및 그 미수범
8. 청소년에 대하여「형법」제301조, 제301조의2 및 제339조의 죄를 범한 자와「형법」제305조의 죄를 범한 자

③ 국가청소년위원회는 제2항의 규정에 의한 신상 등의 공개를 결정함에 있어서 공개대상자 및 대상 청소년의 연령, 범행동기, 범행수단과 결과, 범행전력, 죄질, 공개대상자의 가족관계 및 대상 청소년에 대한 관계, 범행후의 정황 등을 고려하여 공개대상자 및 그 가족 등에 대한 부당한 인권침해가 없도록 하여야 한다.

④ 제2항의 규정에 의한 신상공개의 경우 제5조 내지 제10조의 규정에 의한 죄의 대상청소년과 피해 청소년의 신상은 공개할 수 없다.

⑤ 국가청소년위원회는 제2항의 규정에 의한 신상공개 대상자의 결정과 관련한 사항에 대한 사전검토를 하기 위하여 대통령령이 정하는 바에 따라 관계기관의 공무원과 관련 전문가 등으로 구성되는 검토위원회를 설치·운영할 수 있다. 이 경우 공무원이 아닌 위원은「형법」제129조 내지 제132조의 적용에 있어서 이를 공무원으로 본다.

⑥ 제1항 및 제2항의 규정에 의한 계도문 게재 등과 관련한 구체적인 시기·기간·절차 등에 관하여 필요한 사항은 대통령령으로 정한다.

**제2조 (정의)**

이 법에서 사용하는 용어의 정의는 다음과 같다.

1. "청소년"이라 함은「청소년보호법」제2조 제1호의 규정에 의한 청소년을 말한다.
2. "'청소년'의 성을 사는 행위"라 함은 청소년, 청소년을 알선한 자 또는 청소년을 실질적으로 보호·감독하는 자 등에게 금품 기타 재산상 이익이나, 직무·편의제공 등 대가를 제공하거나 이를 약속하고 다음 각 목의 어느 하나에 해당하는 행위를 청소년을 대상으로 하거나 청소년으로 하여금 이를 하게 하는 것을 말한다.
   가. 성교행위
   나. 구강·항문 등 신체의 일부 또는 도구를 이용한 유사성교행위
   다. 신체의 전부 또는 일부를 접촉·노출하는 행위로서 일반인의 성적 수치심이나 혐오감을 일으키는 행위
   라. 자위행위
3. "청소년이용음란물"이라 함은 청소년이 등장하여 제2호 각 목의 어느 하나에 해당하는 행위를 하거나, 그 밖에 성적 행위를 하는 내용을 표현한 것으로서 필름·비디오물·게임물 또는 컴퓨터 그 밖의 통신매체를 통한 화상·영상 등의 형태로 된 것을 말한다.

## 2. 신상공개제도에 찬성하는 논거

신상공개제도에 찬성하는 논거로는 우선 ① 성범죄자의 신상을 공개함으로써 성범죄자가 피해를 입는 이익보다 잠재적 피해자인 청소년을 보호해야 하는 공익이[5] 더 중대하고 우월하다는 점이다(**청소년보호의 중대성**).[6] 특히 성범죄로 청소년이 받게 될 신체적·정신적 피해가 평생 동안 지속될 수 있다는 점을 고려한다면 신상공개제도는 불가피하다. 이 경우 청소년의 보호를 위하여 더 효과적인 신상공개제도가 요구되기도 한다. 예를 들어 공개되는 신상범위의 확대(예: 사진공개)나 공개기간의 연장, 그리고 공개방법의 개선 등이다.

② 신상공개제도에 찬성하는 주장은 성범죄자의 신상을 공개하는 것은 형벌이 아니라는 논거에 기초한다.[7] 따라서 이미 처벌받은 성범죄자의 신상을 공개해도 이중처벌에 해당할 수 없다고 한다(**이중처벌금지와 무관**). 신상공개로 인한 불가피한 사실상의 불이익이 있다고 하더라고 그것이 곧 처벌이 될 수 없다는 논리다. 처벌이란 오로지 형법에 규정된 형벌을 의미하기 때문이다.[8]

③ 한편 신상공개제도는 성범죄자의 재범을 예방하고(특별예방효과), 잠재적 성범죄자인 일반인의 범죄를 예방하는 효과(일반예방효과)가 있다는 점도 찬성의 논거로 인용된다(**범죄예방효과**). 특히 성범죄의 특성상 '재범의 가능성'이 높다는 점을 강조한다. ④ 그 밖에 청소년성범죄자는 사회적 비난을 각오하고 범죄를 저지른 자이므로 이미 사생활의 비밀에 관한 권리를 포기한 것이라는 논거도 있다(**범죄자의 권리포기**).[9]

**[참고] 특별예방효과와 일반예방효과**

◉ 특별예방효과: 범죄자를 형사처벌함으로써 특별히 그 범죄자가 다시 범죄를 저지르는 것을 미리 막을 수 있는 효과를 말한다.

---

5) 청소년보호의 이익을 "청소년의 성장발달권"이라는 기본권의 관점에서 이해하는 견해도 있다. 김상겸(2003), 189면 이하 참조.

6) 같은 취지에서 신상공개제도는 "아동의 보호에 관하여 혁명적인 의식전환을 도모하기 위하여 필요한 잠정적이고 부득이한 수단"으로 이해되기도 한다. 심희기(2003), 142면. 이러한 견해는 기본적으로 아동성매매는 "강요된 노동, 현대판 노예"라는 인식에 기초하고 있다. 심희기(2002), 94면.

7) 김상겸(2003), 186면: "신상공개제도는 형벌적 속성은 있지만, 정식형벌 이외의 제재에 해당하고, 최광의의 보안처분적 성격에 따른 행정처분에 해당하기 때문에 이중처벌이라고 볼 수 없다."

8) 형법에 규정된 형벌의 종류로는 ① 사형, ② 징역, ③ 금고, ④ 자격상실, ⑤ 자격정지, ⑥ 벌금, ⑦ 구류, ⑧ 과료, ⑨ 몰수의 9가지가 있다.

9) 김상겸(2003), 189면 참조.

◉ 일반예방효과: 범죄자를 형사처벌함으로써 잠재적 범죄자인 일반인이 범죄를 저지르는 것을 미리 막을 수 있는 효과를 말한다.

## 3. 신상공개제도에 반대하는 논거

신상공개제도에 반대하는 논거로는 ① 무엇보다도 성매수자의 인격권이나 사생활의 비밀에 관한 권리와 같은 기본적 인권을 침해한다는 점이다(**범죄자 기본권의 침해**). 범죄자의 신상을 공개하는 것은 본인이 원하지 않음에도 범죄사실과 신상이 공개되고, 그럼으로써 당사자의 인격과 명예에 심대한 타격을 준다는 것이다. ② 게다가 청소년 대상 성범죄자의 신상만을 공개하고 이 범죄보다 더 불법성이 큰 범죄를 저지른 자의 신상을 공개하지 않는 것은 평등원칙에 위반된다는 점도 지적된다(**평등원칙 위반**).[10)]

③ 신상공개에 반대하는 또 다른 논거로는 성범죄자에 대하여 형벌을 부과하는 이외에 그의 신상을 공개하는 것은 성범죄자를 거듭 처벌하는 것으로서 헌법원칙인 이중처벌금지의 원칙(헌법 제13조 제1항[11)])에 위배된다는 점이다(**이중처벌금지 위반**). 비록 정식형벌이 아니지만 당사자에게 모욕을 주는 수치형에 해당한다는 것이다.[12)] 또한 신상공개로 인하여 성범죄자의 거주·이전의 자유나 직업의 자유, 더 나아가 생명권과 같은 기본권을 사실상 박탈할 수도 있다는 점도 지적된다. 성범죄자의 신상을 공개함으로써 성범죄자라는 낙인이 찍히는 경우에(낙인효과) 거주지의 변경을 강요당하고, 직업의 선택과 수행에서도 방해를 받으며, 더 이상 사회적 적응이 불가능할 때에는 스스로 목숨을 끊는 결론에 도달할 수도 있기 때문이다. 더욱이 성범죄자의 신상공개로 성범죄자에 대한 '사적 보복의 가능성'이 생기고, 그 가족까지 피해를 입게 됨으로써 '연좌제적 성격'을 갖게 된다는 점

---

10) 견해에 따라서는 신상공개제도가 적용되는 청소년대상 성범죄도 구분이 필요하다는 지적이 있다. 예를 들어 청소년대상 강간범과 청소년대상 성매매범은 질적으로 다르다는 것이다. 조국/변리나/송경아(2001), 160면 및 163면 참조.

11) 헌법 제13조 제1항: 모든 국민은 … 동일한 범죄에 대하여 거듭 처벌받지 아니한다.

12) 문재완(2003), 366면: "잠재적 피해 그룹에게 정보를 제공함으로써 범죄예방이라는 공익을 달성하기보다는 신상공개 당사자에 대한 주변 사람들의 조소를 유발하는 효과, 다시 말해 당사자에게 수치심을 느끼게 만드는 것이 현행 신상공개제도이다." 같은 취지에서 신상공개는 명예를 실추시키는 "실질적인 명예형"이고, "사실상의 형벌"이라고 보는 견해도 있다. 박선영(2003), 148면, 152면 참조. 또한 같은 맥락에서 신상공개를 "치욕형이라는 명예형의 부활"(이병희[2002], 272면), "제3의 형사제재"이거나 "변형된 또는 부활된 형사제재"(임상규[2003], 377면), "19세기의 일반예방적 형벌"(강태수[2006], 142면), "본질이 주홍글씨에 다름 아닌 형벌"(최상욱[2002], 205면)이라고 부르기도 한다.

도 부차적인 불이익으로 제시된다.

④ 신상공개제도를 통하여 성범죄율이 감소되지 않는다는 점도 반대논거로 제시된다(**범죄예방효과 부정**). 성범죄는 치료가 필요한 일종의 정신병적 증상일 수도 있고, 우발적인 범죄일 가능성이 높기 때문이다. 잠재적 피해자의 측면에서도 신상공개를 통해 자기방어에 대한 경각심을 제고시키려는 시도는 한계가 있어 범죄예방효과가 없다고 지적된다. 잠재적 피해자에게 성범죄자의 신상을 공개한다고 해도 시간이 지나면서 성범죄자에 대한 경각심은 자연스럽게 약화될 수 있기 때문이다. ⑤ 또한 신상공개는 사실상 형벌과 동일한 효과가 있기 때문에 신상공개를 법원의 재판에 의하지 않고 행정기관인 국가청소년위원회에서 결정하는 것은 재판받을 권리나 적법절차의 원리에 위반된다는 점도 지적된다(**적법절차 위반**).

## Ⅱ. 신상공개제도에서 문제가 되는 인권

범죄자의 신상을 공개하는 것은 범죄자에 대한 사회적 평가를 의미하는 명예에 타격을 줄 수 있고,[13] 본인이 공개하기 꺼려하는 개인적 사항을 공개하는 것이므로 범죄자의 명예권과 사생활의 비밀에 관한 권리를 침해할 수 있다.

### 1. 명예권과 사생활의 비밀에 관한 권리의 헌법적 근거

#### (1) 행위관련적 자유와 상태관련적 자유

인간의 자유는 ① '행위'와 관련된 자유와 ② '상태'와 관련된 자유로 구분할 수 있다.[14] 따라서 일반적 자유권인 행복추구권은 행위와 관련된 일반적 자유권과 상태와 관련된 일반적 자유권으로 구분될 수 있다. 행위와 관련된 자유권을 ① '일반적 행동자유권'이라고 부르고, 상태와 관련된 자유권을 ② '일반적 인격권'이라는 부른다. 예를 들어 앞서 간통죄[15]에서 설명한 '성적 자기결정권'은 행위와 관련된 자유이고, 사형제도[16]에서 설명한 '생명권'은 상태와 관련된 자유에 해당한다. 따라서 성적 자기결정권이나 생명권은 모두 다 헌법에 명시되지 않은 권리이기 때

13) 신상공개제도를 명예권의 관점에서 검토하고 있는 견해로 김경제(2002), 137면 이하 참조.

14) 이준일, ≪헌법학강의≫(2019), 제2편 제2부 제2장 참조.

15) 이 책 제4장 참조.

16) 이 책 제1장 참조.

문에 '열거되지 않은 권리'(헌법 제37조 제1항)에 속하고 일반적 자유권을 간접적 근거로 삼을 수 있다는 점에서 공통된다. 하지만 성적 자기결정권은 일반적 행동자유권에서, 생명권은 일반적 인격권에서 도출될 수 있다는 점에서 차이가 있다.

#### (2) 상태관련적 자유로서 명예권과 사생활의 비밀에 관한 권리

신상공개제도에서 문제가 되는 명예권도 헌법에 명시적으로 규정되지 않은 권리, 즉 열거되지 않은 권리이기 때문에 직접적으로 헌법 제37조 제1항을 근거로 하고, 동시에 상태와 관련된 자유이기 때문에 일반적 자유권인 행복추구권, 정확하게 말하자면 그 안에 포함된 일반적 인격권을 간접적 근거로 도출될 수 있다. 한편 사생활의 비밀에 관한 권리는 열거된 권리로서 헌법에 명시적으로 규정되어 있다(헌법 제17조). 하지만 이 권리도 상태와 관련된 자유라는 점에서 명예권과 다르지 않다.

### 2. 명예권과 사생활에 관한 권리의 제한가능성

이미 앞에서 설명한 대로 모든 기본권은 상대적 기본권으로서 제한될 수 있다. 적어도 "모든 자유와 권리"가 제한될 수 있도록 규정한 현행 헌법에 따르면 제한될 수 없는 절대적 기본권은 존재하지 않는다. 따라서 명예권이나 사생활의 비밀에 관한 권리도 무제한의 절대적 권리가 아니라 제한될 수 있는 상대적 권리에 속한다. 명예권이나 사생활의 비밀에 관한 권리도 무엇보다도 공익적 목적을 위하여 제한될 수 있다. 따라서 청소년보호라는 공익적 목적을 위하여 명예권이나 사생활의 비밀에 관한 권리는 제한될 수 있다.

## Ⅲ. 명예권 및 사생활의 비밀의 권리에 대한 제한의 정당성

### 1. 공익이 기본권보다 우월한 경우

명예권이나 사생활의 비밀에 관한 권리에 대한 제한이 가능하다고 하더라도 그것은 정당한 것이어야 한다. 명예권이나 사생활의 비밀에 관한 권리에 대한 제한이 정당하기 위해서는 그와 충돌하는 공익인 청소년보호의 이익이 이러한 권리들에 의해 보호되는 이익보다 우월한 경우이다. 청소년보호의 이익이 명예권이나 사생활의 비밀에 관한 권리에 의하여 보호되는 이익보다 우월한 경우는 신상공개제도에 찬성하는 논거가 반대하는 논거보다 더 설득력이 있는 경우를 뜻한다. 그렇다면 신상공개제도에 대한 찬반논거들 가운데 무엇이 더 설득력이 있는지를 검토할 필요가 있다.

## 2. 찬반논거에 대한 검토

앞에서 제시된 각각의 논거를 검토해보면 첫째, 신상공개는 불가피하게 사실상의 불이익이 초래될 수밖에 없지만 형법에 규정된 형벌이 아니기 때문에 헌법에 규정된 이중처벌금지원칙이나 적법절차의 원칙이 적용될 수 없다. 어쨌든 형식논리적으로만 보면 신상공개는 형벌이 아니라는 점은 분명하기 때문이다. 하지만 신상공개로 인한 사실상의 불이익(=범죄자라는 낙인으로 입는 다양한 생활상의 불이익: 이사의 강제, 직업활동의 어려움 등)은 형벌에 버금가는 효과가 있으므로 사실상 이중, 삼중의 형벌이라고 볼 수 있는 여지가 있다.[17] 게다가 신상공개로 성범죄자의 가족이 입게 될 피해까지 고려한다면 신상공개가 가지는 형벌적 효과는 더욱 가중된다.[18]

둘째, 신상공개제도에 의하여 성범죄율이 감소할 수 있다는 점에 대해서는 명백한 증거가 존재하지 않는다. 따라서 '의심스러운 경우에는 자유에 유리하게'라는 법원칙에 따라 범죄인의 명예권이나 사생활의 비밀에 관한 권리가 보장될 수 있도록 신상공개제도를 인정하지 않는 것이 타당하다. 특히 문제가 된 신상공개제도는 계도문 형식으로 전국적으로(전국민을 대상으로) 게시, 배포된다는 점에서 애초에 범죄예방효과를 기대하기가 어렵다. 신상공개제도를 통해 범죄를 효과적으로 예방하려면 범죄자가 사는 지역에 한정해서 또는 잠재적 피해자에 대해서만 범죄자의 정보를 제공해야 하기 때문이다. 결국 문제가 된 신상공개제도에 따르면 공개대상자를 알아볼 수 있는 사람에게만 신상공개가 의미있게 된다. 이것은 신상공개제도의 명시적인 입법목적인 범죄예방의 의미가 공개대상자에게 수치심을 줌으로써 범죄를 예방하는 것이라는 의심을 주기에 충분하다. 하지만 재범의 억제를 통한 범죄예방은 범죄자에게 수치심을 주기보다는 범죄자를 교육·

17) 같은 맥락에서 신상공개제도 대신에 "성범죄자의 의무등록제"를 제안하는 견해가 있다. 문재완(2003), 368면 참조.

18) 성범죄자와 그 가족의 입게 되는 피해를 다룬 영화로 <돌이킬 수 없는>(2010)을 추천한다.

치료함으로써 이루어지는 것이 바람직하다.

셋째, 신상공개제도를 실시함으로써 청소년에 대한 성범죄의 예방이라는 공익이 실현될 수 있다고 가정하자. 그러나 이렇게 실현되는 공익과 함께 범죄자의 인격권이나 사생활의 비밀과 같은 기본권에 대한 침해도 반드시 고려되어야 한다. 신상공개제도는 성범죄자의 인격권에 대한 침해가 지나치게 현저하고,[19] 낙인효과가 상당히 장기간 지속될 수 있을 뿐만 아니라, 사실상 다른 기본권(거주・이전의 자유, 직업의 자유)에 대한 침해도 유발할 수 있다. 성범죄자의 신상이 공개되는 경우에 같은 지역에서 더 이상 살 수 없어 거주의 이전을 강요당하고, 직업의 선택이나 수행을 방해받을 뿐만 아니라, 성범죄자를 사회로부터 고립시킴으로써 심지어 스스로 목숨을 끊게 만들 수 있는 위험성도 존재하는 것이다.

결론적으로 신상공개제도는 공개대상자의 인권을 고려할 때 대단히 신중하게 시행될 필요가 있다. 예를 들어 문제가 된 신상공개제도의 대안으로서 재범의 위험성이 매우 높은 성범죄, 특히 청소년대상 성범죄에 한정하여 국가가 일정기간 동안 범죄자의 신상정보를 관리하면서 잠재적 피해자와 그 보호자에게만 요구가 있을 때 성범죄자의 신상에 관한 정보를 제공하는 제도를 생각해볼 수 있다. 하지만 현재의 신상공개제도처럼 성범죄자라는 이유로 그들의 인격이 덜 가치 있다거나, 심지어 하나의 인격체로 취급받을 수 없다는 전제가 깔려 있다면 신상공개제도는 신중하게 검토되어야 한다.[20] 인간의 존엄과 가치는 어떤 이유로도 비하되거나 훼손될 수 없는 것이기 때문이다.

**[판례 7.1] 신상공개제도에 관한 헌법재판소의 견해**(헌재 2003. 6. 26. 2002헌가14)[21]

[재판관 4인의 합헌의견]

① **이중처벌금지의 원칙 위배 여부**: 헌법 제13조 제1항에서 말하는 '처벌'은 원

19) 특히 16세 이상의 청소년이 적극적으로 유인하여 이루어진 성매매의 경우에는 신상공개제도가 "과도한 보호"라고 하는 비판이 있다. 강태수(2002), 136면 참조.

20) 헌법재판소(2003. 6. 26. 2002헌가14)의 법정의견에도 이러한 전제가 깔려 있다: "신상과 범죄사실이 공개되는 범죄인들은 이미 국가의 형벌권 행사로 인하여 해당 **기본권의 제한 여지를 일반인보다는 더 넓게** 받고 있다. 청소년 성매수 범죄자들이 자신의 신상과 범죄사실이 공개됨으로써 수치심을 느끼고 명예가 훼손된다고 하더라도 그 보장 정도에 있어서 **일반인과는 차이를 둘 수밖에** 없어, 그들의 인격권과 사생활의 비밀의 자유도 그것이 본질적인 부분이 아닌 한 **넓게 제한될 여지**가 있다." 물론 이러한 법정의견(합헌의견)은 4인으로 소수의견이고, 위헌정족수인 6인에 미달되었지만 다수의견은 위헌의견이었다는 점을 주목할 만하다.

21) 이 결정은 합헌견해가 4인이고 위헌견해가 5인으로 위헌견해가 다수이지만 위헌결정에 필요한 정족수(6인)에 미달하여 종국적으로 합헌이 된 사례에 해당한다.

칙적으로 범죄에 대한 국가의 형벌권 실행으로서의 과벌을 의미하는 것이고, 국가가 행하는 일체의 제재나 불이익처분을 모두 그 '처벌'에 포함시킬 수는 없다. 법 제20조 제1항은 "청소년의 성을 사는 행위 등의 범죄방지를 위한 계도"가 신상공개제도의 주된 목적임을 명시하고 있는바, 이 제도가 당사자에게 일종의 수치심과 불명예를 줄 수 있다고 하여도, 이는 어디까지나 신상공개제도가 추구하는 입법목적에 부수적인 것이지 주된 것은 아니다. 또한, 공개되는 신상과 범죄사실은 이미 공개재판에서 확정된 유죄판결의 일부로서, 개인의 신상 내지 사생활에 관한 새로운 내용이 아니고, 공익목적을 위하여 이를 공개하는 과정에서 부수적으로 수치심 등이 발생된다고 하여 이것을 기존의 형벌 외에 또 다른 형벌로서 수치형이나 명예형에 해당한다고 볼 수는 없다. 그렇다면, 신상공개제도는 헌법 제13조의 이중처벌금지 원칙에 위배되지 않는다.

② **과잉금지의 원칙 위배 여부**: 신상공개제도는 범죄자 본인을 처벌하려는 것이 아니라, 현존하는 성폭력위험으로부터 사회 공동체를 지키려는 인식을 제고함과 동시에 일반인들이 청소년 성매수 등 범죄의 충동으로부터 자신을 제어하도록 하기 위하여 도입된 것으로서, 이를 통하여 달성하고자 하는 '청소년의 성보호'라는 목적은 우리 사회에 있어서 가장 중요한 공익의 하나라고 할 것이다. 이에 비하여 청소년 성매수자의 일반적 인격권과 사생활의 비밀의 자유가 제한되는 정도를 살펴보면, 법 제20조 제2항은 "성명, 연령, 직업 등의 신상과 범죄사실의 요지"를 공개하도록 규정하고 있는바, 이는 이미 공개된 형사재판에서 유죄가 확정된 형사판결이라는 공적 기록의 내용 중 일부를 국가가 공익 목적으로 공개하는 것으로 공개된 형사재판에서 밝혀진 범죄인들의 신상과 전과를 일반인이 알게 된다고 하여 그들의 인격권 내지 사생활의 비밀을 침해하는 것이라고 단정하기는 어렵다. 또한, 신상과 범죄사실이 공개되는 범죄인들은 이미 국가의 형벌권 행사로 인하여 해당 기본권의 제한 여지를 일반인보다는 더 넓게 받고 있다. 청소년 성매수 범죄자들이 자신의 신상과 범죄사실이 공개됨으로써 수치심을 느끼고 명예가 훼손된다고 하더라도 그 보장 정도에 있어서 일반인과는 차이를 둘 수밖에 없어, 그들의 인격권과 사생활의 비밀의 자유도 그것이 본질적인 부분이 아닌 한 넓게 제한될 여지가 있다. 그렇다면 청소년 성매수자의 일반적 인격권과 사생활의 비밀의 자유가 제한되는 정도가 청소년 성보호라는 공익적 요청에 비해 크다고 할 수 없으므로 결국 법 제20조 제2항 제1호의 신상공개는 해당 범죄인들의 일반적 인격권, 사생활의 비밀의 자유를 과잉금지의 원칙에 위배하여 침해한 것이라 할 수 없다.

③ **평등원칙의 위배 여부**: 신상공개가 되는 청소년 대상 성범죄를 규정한 법률조항의 의미와 목적은 성인이 대가관계를 이용하여 청소년의 성을 매수하는 등의 행위로 인하여 야기되는 피해로부터 청소년을 보호하려는데 있는 것이고, 이에 비추어 볼 때 청소년 대상 성범죄와 그 밖의 일반 범죄는 서로 비교집단을 이루는 '본질적으로 동일한 것'이라고 단언하기는 어려우며, 나아가 그러한 구분기준이 특별히 자의적이라고 볼 만한 사정이 없다. 또한 청소년 대상 성범죄자 가운데 공개대상에서 제외되는 경우는 그 행위의 대상이나 형태에 있어서 청소년 성매수 행위의 공범적 성격의 것들로서 행위불법성의 차이 등을 고려한 것으로 보이므로, 청소년 대상 성범죄자 중 일부 범죄자의 신상이 공개되지 않는다 하더라도 그러한 차별입법이 자의적인 것이라거나 합리성이 없는 것이라고 단정하기 어렵다. 신상공개제도로 인하여 기본권 제한상의 차별을 초래하나, 그 입법목적과 이를 달성하

려는 수단 간에 비례성을 벗어난 차별이라고 보기 어렵고, 달리 평등권을 침해한 것이라고 볼 수 없다.

④ **법관에 의한 재판을 받을 권리의 침해 여부**: 제청법원은 신상공개제도가 청소년보호위원회에 의하여 이루어진다는 점에서 법관에 의한 재판을 받을 권리를 침해한 것이라고 하나, 앞서 보았듯이 신상공개제도는 '처벌'에 해당한다고 할 수 없으므로 이 제도가 법관에 의한 재판을 받을 권리를 침해한 것이라 할 수 없다.

⑤ **적법절차 위배 여부**: 법 제20조 제3항은 청소년보호위원회가 신상 등의 공개를 결정함에는 범행동기, 범행 후의 정황 등을 고려하도록 하고 있고, 제5항은 구체적인 절차 등에 관하여 필요한 사항을 대통령령으로 정하도록 하고 있으며, 하위법규에서는 이러한 법의 취지에 따라 신상공개 대상자로 선정된 자에 대하여 10일 이상의 기간을 정하여 서면에 의한 의견진술기회를 주도록 하고, 지정된 기일까지 의견진술을 하지 않은 자에 대하여는 의견이 없는 것으로 간주하며, 의견진술을 한 자에 대하여는 재심의를 하여 신상공개 여부를 결정한다고 규정하고 있다. 한편 청소년보호위원회는 최소한의 독립성과 중립성을 갖춘 기관이고(청소년보호법 제29조, 제32조 등 참조), 신상공개결정에 대해서는 행정소송을 통해 그 적법 여부를 다툴 기회가 보장되고 있으며, 이미 법관에 의한 재판을 거쳐 형이 확정된 이후에 신상공개가 결정된다. 그렇다면 법 제20조 제2항 제1호의 신상공개제도는 법률이 정한 형식적 절차에 따라 이루어지며 그 절차의 내용도 합리성과 정당성을 갖춘 것이라고 볼 것이므로 절차적 적법절차원칙에 위반되는 것이라 할 수 없다.

[재판관 5인의 위헌의견]

① **인격권의 침해**: 사회활동을 통한 개인의 자유로운 인격발현을 위해서는, 타인의 눈에 비치는 자신의 모습을 형성하는 데 있어 결정적인 인자가 될 수 있는 각종 정보자료에 관하여 스스로 결정할 수 있는 권리, 다시 말하여 사회적 인격상에 관한 자기결정권이 보장되어야 한다. 그런데 이 사건 신상공개제도는 이러한 사회적 인격상에 관한 자기결정권을 현저하게 제한함으로써 범죄인의 인격권에 중대한 훼손을 초래한다. 신상공개제도는 소위 '현대판 주홍글씨'에 비견할 정도로 수치형과 매우 흡사한 특성을 지닌다. 즉 현행 신상공개제도는 대상자를 독자적 인격의 주체로서 존중하기보다는 대중에 대한 전시(展示)에 이용함으로써 단순히 범죄퇴치수단으로 취급하는 인상이 짙다. 그러나 이는 비록 범죄인일망정 그가 지니는 인간으로서의 기본적인 존엄과 가치를 보장하는 것이 국가적 의무임을 천명한 우리 헌법의 이념에 정면으로 배치되는 것이라 아니할 수 없다. 청소년 성매매의 폐습을 치유함에 있어서는, 형벌이나 신상공개와 같은 처벌 일변도가 아니라, 성범죄자의 치료나 효율적 감시, 청소년에 대한 선도, 기타 청소년 유해환경을 개선하기 위한 정책 추진과 같은 다양한 수단들을 종합적으로 활용하는 것이 얼마든지 가능하고, 오히려 전체 청소년 성매수 사건 중 적발되는 사건의 비율이 극히 미미한 현실에 비추어 볼 때 이와 같은 근본적인 예방책에 치중하는 것이 더 바람직한 것으로 보인다. 그러함에도 국가가 이러한 노력을 다하기도 전에 개인의 인격권에 중대한 침해를 가져올 수 있는 신상공개라는 비정상적인 방법을 동원하는 것은 최소침해성의 관점에서도 문제가 있다. 무릇 형벌은 개인의 자유와 안전에 대한 중대한 침해를 가져오는 탓에 국가적 제재의 최후수단(ultima ratio)으로 평가된다. 그런데 이미 그러한 형벌까지 부과된 마당에, 형벌과 다른 목적이나 기능을 가지는 것도 아니면서, 형벌보다 더 가혹할 수도 있는 신상공개를 하도록 한 것은 국가공권력의 지나

친 남용이다. 더구나, 신상공개로 인해 공개대상자의 기본적 권리가 심대하게 훼손되는 데에 비해 그 범죄억지의 효과가 너무도 미미하거나 불확실한바, 이러한 점에서도 법익의 균형성을 현저히 잃고 있다고 판단된다. 결국 청소년 성매수자에 대한 신상공개는 대상자의 인격권을 과도하게 침해하고 있다고 할 것이다.

② **평등원칙 위반**: 법 제20조 제2항 제1호는 범죄방지를 이유로 청소년 성매수자의 사회적 인격상에 관한 자기결정권을 제한한다. 그런데 일반 범죄자 및 일부 청소년 대상 성범죄자(이하 '일반범죄자등'이라 한다)에 대해서는 신상공개를 통한 위와 같은 제한을 허용하고 있지 않다. 그러나 범죄방지의 필요성은 일반범죄자등의 경우에도 마찬가지로 인정된다. 그러므로 양자를 차별하는 것이 과연 정당화될 수 있는지는 헌법상 해명의 필요가 있는 바, 청소년 성매수자가 신상공개되는 것은 일반범죄자등보다 죄질이나 법정형이 더 무겁거나 재범의 위험성이 보다 더 높아서가 아니다. 그리고 청소년에게 성매수행위의 상대방이 되도록 유인·권유한 자(법 제6조 제4항) 등은 모두 청소년 성매매를 유발·조장하는 범죄자들로서, 청소년 성매수자보다 더 무거운 법정형이 예정되어 있는 데도, 신상공개는 되지 않는 점에서 '청소년의 성 보호'라는 보호법익의 특수성이 신상공개 여부를 나누는 결정적인 기준이 되고 있다고 할 수도 없다. 결국 일반범죄자등과 청소년 성매수자를 차별할 만한 다른 합리적 이유는 찾기 어렵고, 다만 성인 남성들에게 청소년 성매수행위를 하지 말라는 강력한 경고의 메시지를 전하려는 입법의도만 유일한 차별근거가 아닌가 생각된다. 그러나 이러한 입법의도가 청소년 성매수자에 대한 신상공개를 정당화할 만큼의 성질이나 비중을 가지고 있지 않음은 이미 앞에서 인격권의 침해 여부를 논하면서 살펴본 바와 같다. 따라서 일반범죄자등과는 달리 청소년 성매수자만 차별하여 신상공개를 하는 것은 그 차별의 이유와 차별의 내용 사이의 적절한 균형관계를 인정할 수 없으므로 평등원칙에 위배된다고 할 것이다.

## 3. 신상등록·열람제도 및 신상등록·공개·고지제도

신상공개제도는 앞서 제기된 문제점 때문에 **구 청소년의 성보호에 관한 법률**의 개정(2007. 8. 3. 법률 제8634호)에 의해 신상등록·열람제도로 변경되었다. 이 제도에 따르면 청소년대상 성범죄자에게는 성명·주민번호·주소·직업·사진 등을 제출해야 할 의무가 부과된다(동법 제32조 및 제33조). 제출된 신상정보는 국가에 등록이 되고, 10년 동안 보존·관리된다(동법 제34조 및 제35조). 그리고 법원의 판결로 신상정보의 열람이 명령되는 경우에 해당 범죄자의 주소지에 거주하는 청소년의 법정대리인 등에게 신상정보의 열람이 허용된다(동법 제37조).

신상등록·열람제도는 신상정보의 열람이 가능한 주체를 제한하고, 신상정보의 열람을 법원의 판결에 의하도록 함으로써 모든 사람에게 신상이 공개되고, 행정기관이 신상공개를 결정하는 등과 같이 신상공개제도가 가지고 있던 문제점을 일부 개선하였다. 하지만 청소년대상 성범죄자의 신상정보를 등록하고 열람하게 함으로써 해당 범죄자의 사생활이 침해되고, 명예가 침해될 가능성이 여전히 남아 있다는 점에서 신상공개제도의 문제점을 완전히 해소했다고 보기는 어렵다.[22)]

그럼에도 불구하고 최근 아동에 대한 성폭력범죄가 증가함에 따라 법률명칭이 **아동·청소년의 성보호에 관한 법률**로 바뀌었고, 아동·청소년대상 성범죄자뿐만 아니라 성인대상 성폭력범죄자에 대해서도 성폭력범죄의 처벌 등에 관한 특례법에 의해 신상정보를 등록·공개·고지하는 제도로 한층 강화되었다. 따라서 **성폭력범죄의 처벌 등에 관한 특례법**에 열거된 성폭력범죄로 유죄판결을 받거나 신상정보 공개명령을 받은 자는 신상정보를 제출할 의무가 있고(동법 제42조 및 제43조), 경찰관서나 교정시설의 장을 통해 신상정보를 송달받은 법무부장관은 이를 등록하여 등록대상 성범죄의 종류, 등록대상자의 특성에 따라 법률이 정한 기간동안 보존·관리해야 한다(동법 제44조 및 제45조, 제45조의 2, 제45조의 3). 등록된 신상정보는 법원의 판결로 공개 또는 고지되는데(동법 제47조 및 제49조), 구체적으로는 아동·청소년의 성보호에 관한 법률에 규정된 방식에 따라 정보통신망을 이용하여 공개되고(동법 제49조 및 제52항), 그 중에 고지명령을 선고 받은 성범죄자가 거주하는 지역의 아동·청소년의 친권자 또는 법정대리인이 있는 가구나 아동·청소년을 보육 또는 교육하는 기관이나 시설 등의 장에게 고지된다(동법 제50조 및 제51조). 물론 관련 업무 종사자가 등록정보에 관한 비밀을 누설하거나, 공개정보가 악용되는 경우 처벌되도록 하고 있지만(동법 제54조, 제55조 및 제65조) 신상공개제도의 부활을 의미하는 이 제도의 위헌성에 대해서는 이미 충분히 논의한 바와 같다.[23)]

---

22) 개정된 신상공개제도의 문제점에 대해서는 이종갑(2008), 106면 이하 참조. 한편 미국 텍사스주의 신상등록·열람제도가 일반인의 성범죄예방이라는 일반예방효과의 측면과 성범죄전과자의 재범방지라는 특별예방효과의 측면에서 어느 정도 실효성을 보여준다는 경험적 반론이 제기된다. 최응렬/장현석/이창배(2007), 371면 이하 참조.

23) 부활한 신상공개제도의 문제점에 대해서는 송광섭(2016), 23면 이하; 유창훈(2019), 191면 이하 참조. 헌법재판소는 신상등록·공개제도가 헌법에 합치한다고 본다. 헌재 2018. 3. 29. 2017헌마396: "헌법재판소의 헌법불합치결정에 따라 개정된 성폭력처벌법 제45조 제1항은 선고형에 따라 등록기간을 10년부터 30년까지 달리하여 형사책임의 경중 및 재범의 위험성에 따라 등록기간을 차등화하였다. 이 사건 범죄로 3년 이하의 징역형을 선고받은 사람은 재범의 위험성이 상당히 인정되는 사람이므로, 심판대상조항이 등록기간을 보다 세분화하거나 법관의 판단을 받을 수 있는 별도의 절차를 두지 않았더라도 불필요한 제한을 부과한 것이라 보기 어렵다. 성폭력처벌법은 신상정보 등록 면제제도를 도입하여, 재범의 위험성이 낮아진 경우 신상정보의 등록을 면할 수 있는 수단도 마련되어 있으므로 침해의 최소성이 인정된다. 심판대상조항으로 인하여 침해되는 사익보다 성범죄자의 재범 방지 및 사회 방위의 공익이 우월하므로, 법익의 균형성도 인정된다. 그렇다면, 심판대상조항은 청구인의 개인정보자기결정권을 침해하지 않는다."

부언하자면 우발적이고 충동적이며 정신병적 성향에서 기인할 수도 있는 성범죄의 특성을 고려할 때 신상공개제도는 일반인의 범죄 또는 범죄경력자의 재범을 예방하지도 못하면서 단지 국가가 범죄예방을 위해 노력하고 있다는 사실을 국민에게 홍보하는 데 지나지 않는 일종의 '이벤트성 책임회피수단'이라는 의혹을 지우기 어렵다. 더 심각한 문제는 범죄예방효과도 없는 신상공개제도를 통해 범죄예방책임으로부터 벗어나려는 국가가 범죄발생의 책임을 피해자에게 떠넘길 수도 있다는 점이다. 범죄예방을 위해 국가가 최선을 다했음에도 불구하고 범죄가 발생한 원인이 범죄자에게 있지 않다면 범죄발생의 책임은 범죄를 스스로 예방하지 못한, 심지어 유발하기까지 한 피해자에게 있다고 국가가 주장할 가능성이 크기 때문이다. 여기서 성범죄, 특히 아동·청소년대상 성범죄의 특성을 고려하여 국가는 범죄예방효과가 없는 신상공개제도나 형량의 강화와 같은 대증적(對症的) 수단이 아니라 성범죄자를 교육·치료하는 프로그램의 개발과 같은 장기적이고 지속적인 수단을 통해 범죄예방을 위해 실질적으로 노력할 것이 요구된다.[24)]

**[판례 7.2] 신상정보 등록대상의 범위 제한의 필요성**

성범죄자의 재범을 억제하고 재범 발생시 수사의 효율성을 제고하기 위하여, 일정한 성범죄를 저지른 자로부터 신상정보를 제출받아 보존·관리하는 것은 정당한 목적을 위한 적합한 수단이다. 그러나, 모든 성범죄자가 신상정보 등록대상이 되어서는 안되고, 신상정보 등록제도의 입법목적에 필요한 범위 내로 제한되어야 한다. 통신매체이용음란죄의 구성요건에 해당하는 행위 태양은 행위자의 범의·범행 동기·행위 상대방·행위 횟수 및 방법 등에 따라 매우 다양한 유형이 존재하고, 개별 행위유형에 따라 재범의 위험성 및 신상정보 등록 필요성은 현저히 다르다. 그런데 심판대상조항은 통신매체이용음란죄로 유죄판결이 확정된 사람은 누구나 법관의 판단 등 별도의 절차 없이 필요적으로 신상정보 등록대상자가 되도록 하고 있고, 등록된 이후에는 그 결과를 다툴 방법도 없다. 그렇다면 심판대상조항은 통신매체이용음란죄의 죄질 및 재범의 위험성에 따라 등록대상을 축소하거나, 유죄판결 확정과 별도로 신상정보 등록 여부에 관하여 법관의 판단을 받도록 하는 절차를 두는 등 기본권 침해를 줄일 수 있는 다른 수단을 채택하지 않았다는 점에서 침해의 최소성 원칙에 위배된다. 또한, 심판대상조항으로 인하여 비교적 불법성이 경미한 통신매체이용음란죄를 저지르고 재범의 위험성이 인정되지 않는 이들에 대하여는 달성되는 공익과 침해되는 사익 사이에 불균형이 발생할 수 있다는 점에서 법익의 균형성도 인정하기 어렵다(헌재 2016. 3. 31. 2015헌마688).

**[판례 7.3] 신상정보 등록기간의 범위**

성범죄의 재범을 억제하고 수사의 효율성을 제고하기 위하여, 법무부장관이 등

24) 성범죄자에 대한 교육과 치료를 강조하는 견해로 정신교(2010), 285면 이하 참조.

록대상자의 재범 위험성이 상존하는 20년 동안 그의 신상정보를 보존·관리하는 것은 정당한 목적을 위한 적합한 수단이다. 그런데 재범의 위험성은 등록대상 성범죄의 종류, 등록대상자의 특성에 따라 다르게 나타날 수 있고, 입법자는 이에 따라 등록기간을 차등화함으로써 등록대상자의 개인정보자기결정권에 대한 제한을 최소화하는 것이 바람직함에도, 이 사건 관리조항은 모든 등록대상 성범죄자에 대하여 일률적으로 20년의 등록기간을 적용하고 있으며, 이 사건 관리조항에 따라 등록기간이 정해지고 나면, 등록의무를 면하거나 등록기간을 단축하기 위해 심사를 받을 수 있는 여지도 없으므로 지나치게 가혹하다. 그리고 이 사건 관리조항이 추구하는 공익이 중요하더라도, 모든 등록대상자에게 20년 동안 신상정보를 등록하게 하고 위 기간 동안 각종 의무를 부과하는 것은 비교적 경미한 등록대상 성범죄를 저지르고 재범의 위험성도 많지 않은 자들에 대해서는 달성되는 공익과 침해되는 사익 사이의 불균형이 발생할 수 있으므로 이 사건 관리조항은 개인정보자기결정권을 침해한다(헌재 2015. 7. 30. 2014헌마340 등).

### [판례 7.4] 아동·청소년이용음란물 배포·소지 범죄자의 신상등록제도

등록조항은 아동·청소년대상 성범죄의 발생 및 재범을 예방하고 그 범행이 현실적으로 이뤄진 경우에 수사의 효율성과 신속성을 높이기 위한 것으로, 목적의 정당성과 수단의 적합성이 인정된다. 영리를 목적으로 아동·청소년이용음란물을 배포하는 행위는 영리를 위하여 적극적으로 아동·청소년이용음란물을 유포하여 그에 대한 접촉을 확산시킴으로써 아동·청소년에 대한 왜곡된 성적 인식과 태도를 광범위하게 형성하고, 그 결과 아동·청소년대상 성범죄로 이어질 가능성을 가중시킨다는 점에서 그 죄질이 결코 경미하다고 할 수 없다. 또한 아동·청소년이용음란물 단순소지의 경우에는 행위 태양이나 그 불법성의 정도가 다양하게 나타날 수 있는데, 등록조항은 아동·청소년이용음란물을 소지한 행위로 징역형이 선고된 경우에는 신상정보 등록대상이 되지만, 벌금형이 선고된 경우에는 신상정보 등록대상에서 제외함으로써 신상정보 등록대상의 범위를 입법목적에 필요한 범위 내로 제한하고 있으므로 침해의 최소성에 위배되지 않는다. 등록조항에 의하여 제한되는 사익에 비하여 아동·청소년대상 성범죄의 발생 및 재범 방지와 사회 방위라는 공익이 크다는 점에서, 법익의 균형성도 인정된다. 따라서 등록조항은 청구인의 개인정보자기결정권을 침해하지 않는다(헌재 2017. 10. 26. 2016헌마656).

### [판례 7.5] 공중밀집장소추행죄 유죄판결 확정자의 신상등록제도

헌법재판소는 2017. 12. 28. 2016헌마1124 결정에서 심판대상조항과 실질적으로 내용이 동일한 구 성폭력처벌법(2012. 12. 18. 법률 제11556호로 전부개정되고, 2016. 12. 20. 법률 제14412호로 개정되기 전의 것) 제42조 제1항 중 '제11조의 범죄로 유죄판결이 확정된 자는 신상정보 등록대상자가 된다.' 부분이 개인정보자기결정권을 침해하지 않는다고 보았다. 심판대상조항은 공중밀집장소추행죄로 유죄판결이 확정되면 모두 신상정보 등록대상자가 되도록 함으로써 그 관리의 기초를 마련하기 위한 것이므로, 등록대상 여부를 결정함에 있어 대상 성범죄로 인한 유죄판결 이외에 반드시 재범의 위험성을 고려해야 한다고 보기 어렵고, 현재 사용되는 재범의 위험성 평가 도구의 오류 가능성을 배제하기 어려워 일정한 성폭력범죄자를 일률적으로 등록대상자가 되도록 하는 것이 불가피한 점, 등록대상 성폭력범죄로 유죄판결을 선고할 경우 등록대상자에게 등록대상자라는 사실과 신상정보 제출의무가 있음을 알려주도록 하며, 등록대상자의 범위, 신상정보 제출의무의 내용 및 신상정보의 등록·보존·관리 또한 법률에서 규율하고 있는 점 등을 고려할 때, 헌법재판소의 2016헌마1124 결정은 이 사건에서도 타당하다. 따라서 심판대상조항은 청구인의 개인정보자기결정권을 침해하였다고 볼 수 없다(헌재 2020. 6. 25. 2019헌마699).

**[법령 7.2] 성범죄자의 신상정보 등록·공개·고지제도**

**성폭력범죄의 처벌 등에 관한 특례법**(최근개정: 2020. 10. 20. 법률 제17507호)

**제42조 (신상정보 등록대상자)**

① 제2조 제1항 제3호·제4호, 같은 조 제2항(제1항 제3호·제4호에 한정한다), 제3조부터 제15조까지의 범죄 및 「아동·청소년의 성보호에 관한 법률」 제2조 제2호 가목·라목의 범죄(이하 "등록대상 성범죄"라 한다)로 유죄판결이나 약식명령이 확정된 자 또는 같은 법 제49조 제1항 제4호에 따라 공개명령이 확정된 자는 신상정보 등록대상자(이하 "등록대상자"라 한다)가 된다. 다만, 제12조·제13조의 범죄 및 「아동·청소년의 성보호에 관한 법률」 제11조 제3항 및 제5항의 범죄로 벌금형을 선고받은 자는 제외한다.

②~④ 생략

**제43조 (신상정보의 제출 의무)**

① 등록대상자는 제42조 제1항의 판결이 확정된 날부터 30일 이내에 다음 각 호의 신상정보(이하 "기본신상정보"라 한다)를 자신의 주소지를 관할하는 경찰관서의 장(이하 "관할경찰관서의 장"이라 한다)에게 제출하여야 한다. 다만, 등록대상자가 교정시설 또는 치료감호시설에 수용된 경우에는 그 교정시설의 장 또는 치료감호시설의 장(이하 "교정시설등의 장"이라 한다)에게 기본신상정보를 제출함으로써 이를 갈음할 수 있다.

1. 성명
2. 주민등록번호
3. 주소 및 실제거주지
4. 직업 및 직장 등의 소재지
5. 연락처(전화번호, 전자우편주소를 말한다)
6. 신체정보(키와 몸무게)
7. 소유차량의 등록번호

②~⑦

**제44조 (등록대상자의 신상정보 등록 등)**

① 법무부장관은 제43조 제5항, 제6항 및 제43조의2 제3항에 따라 송달받은 정보와 다음 각 호의 등록대상자 정보를 등록하여야 한다.

1. 등록대상 성범죄 경력정보
2. 성범죄 전과사실(죄명, 횟수)
3. 「전자장치 부착 등에 관한 법률」에 따른 전자장치 부착 여부

② 법무부장관은 등록대상자가 제1항에 따라 등록한 정보를 정보통신망을 이용하

여 열람할 수 있도록 하여야 한다. 다만, 등록대상자가 신청하는 경우에는 등록한 정보를 등록대상자에게 통지하여야 한다.

③~⑦ 생략

**제45조 (등록정보의 관리)**

① 법무부장관은 제44조 제1항 또는 제4항에 따라 기본신상정보를 최초로 등록한 날(이하 "최초등록일"이라 한다)부터 다음 각 호의 구분에 따른 기간(이하 "등록기간"이라 한다) 동안 등록정보를 보존·관리하여야 한다. 다만, 법원이 제4항에 따라 등록기간을 정한 경우에는 그 기간 동안 등록정보를 보존·관리하여야 한다.

1. 신상정보 등록의 원인이 된 성범죄로 사형, 무기징역·무기금고형 또는 10년 초과의 징역·금고형을 선고받은 사람: 30년
2. 신상정보 등록의 원인이 된 성범죄로 3년 초과 10년 이하의 징역·금고형을 선고받은 사람: 20년
3. 신상정보 등록의 원인이 된 성범죄로 3년 이하의 징역·금고형을 선고받은 사람 또는 「아동·청소년의 성보호에 관한 법률」 제49조 제1항 제4호에 따라 공개명령이 확정된 사람: 15년
4. 신상정보 등록의 원인이 된 성범죄로 벌금형을 선고받은 사람: 10년

②~⑧ 생략

**제45조의2 (신상정보 등록의 면제)**

① 신상정보 등록의 원인이 된 성범죄로 형의 선고를 유예받은 사람이 선고유예를 받은 날부터 2년이 경과하여 「형법」 제60조에 따라 면소된 것으로 간주되면 신상정보 등록을 면제한다.

② 등록대상자는 다음 각 호의 구분에 따른 기간(교정시설 또는 치료감호시설에 수용된 기간은 제외한다)이 경과한 경우에는 법무부령으로 정하는 신청서를 제출하여 법무부장관에게 신상정보 등록의 면제를 신청할 수 있다.

1. 제45조 제1항에 따른 등록기간이 30년인 등록대상자: 최초등록일부터 20년
2. 제45조 제1항에 따른 등록기간이 20년인 등록대상자: 최초등록일부터 15년
3. 제45조 제1항에 따른 등록기간이 15년인 등록대상자: 최초등록일부터 10년
4. 제45조 제1항에 따른 등록기간이 10년인 등록대상자: 최초등록일부터 7년

③ 법무부장관은 제2항에 따라 등록의 면제를 신청한 등록대상자가 다음 각 호의 요건을 모두 갖춘 경우에는 신상정보 등록을 면제한다.

1. 등록기간 중 등록대상 성범죄를 저질러 유죄판결이 확정된 사실이 없을 것
2. 신상정보 등록의 원인이 된 성범죄로 선고받은 징역형 또는 금고형의 집행을 종료하거나 벌금을 완납하였을 것
3. 신상정보 등록의 원인이 된 성범죄로 부과받은 다음 각 목의 명령의 집행을 모두 종료하였을 것
   가. 「아동·청소년의 성보호에 관한 법률」에 따른 공개명령·고지명령
   나. 「특정 범죄자에 대한 보호관찰 및 전자장치 부착 등에 관한 법률」에 따른 전자장치 부착명령
   다. 「성폭력범죄자의 성충동 약물치료에 관한 법률」에 따른 약물치료명령
4. 신상정보 등록의 원인이 된 성범죄로 부과받은 다음 각 목의 규정에 따른 보호관찰명령, 사회봉사명령, 수강명령 또는 이수명령의 집행을 완료하였을 것

가. 제16조 제1항 · 제2항 · 제4항 및 제8항
나. 「형법」 제62조의2 제1항
다. 「아동 · 청소년의 성보호에 관한 법률」 제21조 제1항 · 제2항 · 제4항 및 같은 법 제61조 제3항
라. 「전자장치 부착 등에 관한 법률」 제21조의3

5. 등록기간 중 다음 각 목의 범죄를 저질러 유죄판결을 선고받아 그 판결이 확정된 사실이 없을 것
가. 제50조 제3항 및 제5항의 범죄
나. 「아동 · 청소년의 성보호에 관한 법률」 제65조 제3항 · 제5항 및 같은 법 제66조의 범죄
다. 「전자장치 부착 등에 관한 법률」 제38조 및 제39조(성폭력범죄로 위치추적 전자장치의 부착명령이 집행 중인 사람으로 한정한다)의 범죄
라. 「성폭력범죄자의 성충동 약물치료에 관한 법률」 제35조의 범죄

④ 법무부장관은 제3항 각 호에 따른 요건의 충족 여부를 확인하기 위하여 관계 행정기관의 장에게 협조를 요청하거나 등록대상자에게 필요한 자료의 제출을 요청할 수 있다.

**제45조의3 (신상정보 등록의 종료)**

① 신상정보의 등록은 다음 각 호의 어느 하나에 해당하는 때에 종료된다.
1. 제45조 제1항의 등록기간이 지난 때
2. 제45조의2에 따라 등록이 면제된 때

② 법무부장관은 제1항에 따라 등록이 종료된 신상정보를 즉시 폐기하여야 한다.

③ 법무부장관은 제2항에 따라 등록정보를 폐기하는 경우에는 등록대상자가 정보통신망을 이용하여 폐기된 사실을 열람할 수 있도록 하여야 한다. 다만, 등록대상자가 신청하는 경우에는 폐기된 사실을 통지하여야 한다.

④ 제3항에 따른 등록정보 폐기 사실의 열람, 통지 신청과 통지의 방법 및 절차 등에 필요한 사항은 대통령령으로 정한다.

**제47조 (등록정보의 공개)**

① 등록정보의 공개에 관하여는 「아동 · 청소년의 성보호에 관한 법률」 제49조, 제50조, 제52조, 제54조, 제55조 및 제65조를 적용한다.

②~④ 생략

**제49조 (등록정보의 고지)**

① 등록정보의 고지에 관하여는 「아동 · 청소년의 성보호에 관한 법률」 제50조 및 제51조를 적용한다.

②~④ 생략

**아동 · 청소년의 성보호에 관한 법률**(최근개정: 2021. 3. 23. 법률 제17972호)

**제49조 (등록정보의 공개)**

① 법원은 다음 각 호의 어느 하나에 해당하는 자에 대하여 판결로 제4항의 공개정보를 「성폭력범죄의 처벌 등에 관한 특례법」 제45조 제1항의 등록기간 동안 정보통신망을 이용하여 공개하도록 하는 명령(이하 "공개명령"이라 한다)을 등록대상 사건의 판결과 동시에 선고하여야 한다. 다만, 피고인이 아동 · 청소년인 경

우, 그 밖에 신상정보를 공개하여서는 아니 될 특별한 사정이 있다고 판단하는 경우에는 그러하지 아니하다.

1. 아동・청소년대상 성범죄를 저지른 자
2. 「성폭력범죄의 처벌 등에 관한 특례법」 제2조 제1항 제3호・제4호, 같은 조 제2항(제1항 제3호・제4호에 한정한다), 제3조부터 제15조까지의 범죄를 저지른 자
3. 제1호 또는 제2호의 죄를 범하였으나 「형법」 제10조 제1항에 따라 처벌할 수 없는 자로서 제1호 또는 제2호의 죄를 다시 범할 위험성이 있다고 인정되는 자

② 생략

③ 제1항에 따라 공개하도록 제공되는 등록정보(이하 "공개정보"라 한다)는 다음 각 호와 같다.

1. 성명
2. 나이
3. 주소 및 실제거주지(「도로명주소법」 제2조 제5호의 도로명 및 같은 조 제7호의 건물번호까지로 한다)
4. 신체정보(키와 몸무게)
5. 사진
6. 등록대상 성범죄 요지(판결일자, 죄명, 선고형량을 포함한다)
7. 성폭력범죄 전과사실(죄명 및 횟수)
8. 「전자장치 부착 등에 관한 법률」에 따른 전자장치 부착 여부

④~⑥ 생략

**제50조 (등록정보의 고지)**

① 법원은 공개대상자 중 다음 각 호의 어느 하나에 해당하는 자에 대하여 판결로 제49조에 따른 공개명령 기간 동안 제4항에 따른 고지정보를 제5항에 규정된 사람에 대하여 고지하도록 하는 명령(이하 "고지명령"이라 한다)을 등록대상 성범죄 사건의 판결과 동시에 선고하여야 한다. 다만, 피고인이 아동・청소년인 경우, 그 밖에 신상정보를 고지하여서는 아니 될 특별한 사정이 있다고 판단하는 경우에는 그러하지 아니하다.

1. 아동・청소년대상 성범죄를 저지른 자
2. 「성폭력범죄의 처벌 등에 관한 특례법」 제2조 제1항 제3호・제4호, 같은 조 제2항(제1항 제3호・제4호에 한정한다), 제3조부터 제15조까지의 범죄를 저지른 자
3. 제1호 또는 제2호의 죄를 범하였으나 「형법」 제10조 제1항에 따라 처벌할 수 없는 자로서 제1호 또는 제2호의 죄를 다시 범할 위험성이 있다고 인정되는 자

② 생략

③ 생략

④ 제1항에 따라 고지하여야 하는 고지정보는 다음 각 호와 같다.

1. 고지대상자가 이미 거주하고 있거나 전입하는 경우에는 제49조 제4항의 공개정보. 다만, 제49조 제4항 제3호에 따른 주소 및 실제거주지는 상세주소를 포함한다.
2. 고지대상자가 전출하는 경우에는 제1호의 고지정보와 그 대상자의 전출 정보

⑤ 생략

**제51조 (고지명령의 집행)**

① 고지명령의 집행은 여성가족부장관이 한다.

② 법원은 고지명령의 판결이 확정되면 판결문 등본을 판결이 확정된 날부터 14일 이내에 법무부장관에게 송달하여야 하며, 법무부장관은 제50조 제3항에 따른 기간 내에 고지명령이 집행될 수 있도록 최초등록 및 변경등록 시 고지대상자, 고지기간 및 같은 조 제4항 각 호에 규정된 고지정보를 지체 없이 여성가족부장관에게 송부하여야 한다.

③ 법무부장관은 고지대상자가 출소하는 경우 출소 1개월 전까지 다음 각 호의 정보를 여성가족부장관에게 송부하여야 한다.

1. 고지대상자의 출소 예정일
2. 고지대상자의 출소 후 거주지 상세주소

④ 여성가족부장관은 제50조 제4항에 따른 고지정보를 관할구역에 거주하는 아동·청소년의 친권자 또는 법정대리인이 있는 가구, 「영유아보육법」에 따른 어린이집의 원장 및 「유아교육법」에 따른 유치원의 장과 「초·중등교육법」 제2조에 따른 학교의 장, 읍·면사무소와 동 주민자치센터의 장, 「학원의 설립·운영 및 과외교습에 관한 법률」 제2조의2에 따른 학교교과교습학원의 장과 「아동복지법」 제52조 제1항 제8호에 따른 지역아동센터 및 「청소년활동 진흥법」 제10조 제1호에 따른 청소년수련시설의 장에게 우편으로 송부하고, 읍·면 사무소 또는 동(경계를 같이 하는 읍·면 또는 동을 포함한다) 주민자치센터 게시판에 30일간 게시하는 방법으로 고지명령을 집행한다.

⑤ 여성가족부장관은 제4항에 따른 고지명령의 집행 이후 관할구역에 출생신고·입양신고·전입신고가 된 아동·청소년의 친권자 또는 법정대리인이 있는 가구 및 관할구역에 설립·설치된 「영유아보육법」에 따른 어린이집의 원장, 「유아교육법」에 따른 유치원의 장 및 「초·중등교육법」 제2조에 따른 학교의 장, 「학원의 설립·운영 및 과외교습에 관한 법률」 제2조의2에 따른 학교교과교습학원의 장과 「아동복지법」 제52조 제1항 제8호에 따른 지역아동센터 및 「청소년활동 진흥법」 제10조 제1호에 따른 청소년수련시설의 장으로서 고지대상자의 고지정보를 우편으로 송부받지 못한 자에 대하여 제50조 제4항에 따른 고지정보를 우편으로 송부하여야 한다.

⑥~⑨ 생략

**제52조 (공개명령의 집행)**

① 공개명령은 여성가족부장관이 정보통신망을 이용하여 집행한다.

② 법원은 공개명령의 판결이 확정되면 판결문 등본을 판결이 확정된 날부터 14일 이내에 법무부장관에게 송달하여야 하며, 법무부장관은 제49조 제2항에 따른 공개기간 동안 공개명령이 집행될 수 있도록 최초등록 및 변경등록 시 공개대상자, 공개기간 및 같은 조 제3항 각 호에 규정된 공개정보를 지체 없이 여성가족부장관에게 송부하여야 한다.

③ 생략

**제54조 (비밀준수)**

등록대상 성범죄자의 신상정보의 공개 및 고지 업무에 종사하거나 종사하였던 자는 직무상 알게 된 등록정보를 누설하여서는 아니 된다.

**제55조 (공개정보의 악용금지)**

① 공개정보는 아동·청소년 등을 등록대상 성범죄로부터 보호하기 위하여 성범죄 우려가 있는 자를 확인할 목적으로만 사용되어야 한다.
② 공개정보를 확인한 자는 공개정보를 활용하여 다음 각 호의 행위를 하여서는 아니 된다.
  1. 신문·잡지 등 출판물, 방송 또는 정보통신망을 이용한 공개
  2. 공개정보의 수정 또는 삭제
③ 공개정보를 확인한 자는 공개정보를 등록대상 성범죄로부터 보호할 목적 외에 다음 각 호와 관련된 목적으로 사용하여 공개대상자를 차별하여서는 아니 된다.
  1. 고용(제56조 제1항의 아동·청소년 관련기관 등에의 고용은 제외한다)
  2. 주택 또는 사회복지시설의 이용
  3. 교육기관의 교육 및 직업훈련

**제65조 (벌칙)**

① 다음 각 호의 어느 하나에 해당하는 자는 5년 이하의 징역 또는 5천만원 이하의 벌금에 처한다.
  1. 제54조를 위반하여 직무상 알게 된 등록정보를 누설한 자
  2. 제55조 제1항 또는 제2항을 위반한 자
  3. 생략

②~⑤ 생략

## 4. 전자발찌의 문제

성폭력범죄의 예방을 목적으로 범죄자에게 일명 '전자발찌(위치추적 전자장치)'를 부착시킬 수 있도록 하는 법률(특정 성폭력범죄자에 대한 위치추적 전자장치 부착에 관한 법률)이 제정되어 논란을 불러일으켰다(2007. 4. 27. 법률 제8394호). 이에 따르면 이 법률은 아동을 유괴하여 살해하거나 연쇄적으로 사람을 살해하는 범죄의 잔혹성이 사회적 이슈가 되면서 '특정 범죄자에 대한 위치추적 전자장치 부착 등에 관한 법률'로 바뀌고(2009. 5. 8. 법률 제9654호), 형 종료 후의 보호관찰제도가 신설되면서 '특정 범죄자에 대한 보호관찰 및 전자장치 부착 등에 관한 법률'로 개정되었다(2016. 1. 6. 법률 제13722호). 이에 따라 전자발찌의 부착 대상과 기간은 점점 더 확대되어 재범의 위험성이 있는 특정 범죄(성폭력범죄, 미성년자 대상 유괴범죄, 살인범죄 및 강도범죄)를 저지른 사람에게 검사의 청구와 법관의 판결로 최장 30년(가중시 45년)까지의 부착명령을 선고할 수 있게 되었다(동법 제2조 제1호, 제5조 및 제9조). 2020년 법률명이 개정되어 현재는 '전자장치 부착 등에 관한 법률'로 변경되었다.

신상공개제도와는 달리 전자발찌의 부착을 검사의 청구와 법관의 명령이라는 절차를 거치게 함으로써 적법절차원리의 문제를 해결한 듯 보인다. 하지만 전자발찌는 부착기간 동안 잠시라도 제거할 수 없다는 점에서 범죄자에 대한 전면

적 감시를 가능하게 하는 대단히 가혹한 감시수단이다. 무엇보다도 범죄자에게 부착되는 전자발찌의 감시범위에 대한 규정은 전혀 찾아볼 수 없다.[25] 따라서 위치추적 전자장치의 기능에 따라 전자발찌를 착용한 범죄자는 자신의 일거수일투족까지 완전히 감시당할 수 있다. 이것은 범죄자에게 보장된 사생활의 비밀에 관한 권리와 인격권이 심각하게 제한되고 있음을 의미한다.[26] 결국 범죄자의 기본적 인권에 대한 가혹한 침해를 의미하는 전자발찌는 위헌의 가능성이 농후하다.

**[판례 7.6] 수용자에 대한 전자장치의 부착**

① '특정범죄자에 대한 보호관찰 및 전자장치 부착 등에 관한 법률'에 의한 위치추적 전자장치 부착과는 달리 이 사건 부착행위(교도소·구치소의 수용자가 교정시설 외부로 나갈 경우 도주 방지를 위하여 해당 수용자의 발목에 전자장치를 부착하는 행위)는 교정시설에서의 안전과 질서유지를 위해 형집행법에 따라 수용자들을 대상으로 이루어진 것이므로, 전자장치 부착에 앞서 법원의 명령이 필요한 것은 아니다. 또한 수용자에 대해서는 교정시설의 안전과 구금생활의 질서유지를 위하여 신체의 자유 등 기본권 제한이 어느 정도 불가피한 점, 행형 관계 법령에 따라 행하는 사항에 대하여는 의견청취·의견제출 등에 관한 행정절차법 조항이 적용되지 않는 점(행정절차법 제3조 제2항 제6호), 전자장치 부착은 도주 우려 등의 사유가 있어 관심대상수용자로 지정된 수용자를 대상으로 하는 점, 형집행법상 소장에 대한 면담 신청이나 법무부장관 등에 대한 청원 절차가 마련되어 있는 점(제116조, 제117조)을 종합해 보면, 이 사건 부착행위는 적법절차원칙에 위반되어 수용자인 청구인들의 인격권과 신체의 자유를 침해하지 아니한다.

② 이 사건 부착행위는 외부 의료시설 입원, 이송·출정, 그 밖의 사유로 교정시설 밖으로 나가는 수용자에 대하여 전자장치를 부착함으로써 교정시설 밖에서 발생할 수 있는 수용자의 도주를 방지하고, 도주 수용자에 대한 신속한 대응 및 검거를 가능하게 하며, 일반 국민의 안전을 보장하기 위한 것으로, 그 목적의 정당성 및 수단의 적절성이 인정되는 점, 전자장치가 부착된 상황에서 수용자가 도주하는 경우 곧바로 교도관이 도주사실을 인지하고 신속하게 검거에 나설 수 있고, 도주 후 일정한 거리를 벗어나지 않은 상황에서 도주자를 추격하여 체포할 수 있으므로, 전자장치는 수용자의 도주 방지를 위한 용이한 수단이고, 이를 대체할 만한 다른 수단을 상정하기 어려운 점, 이 사건 부착행위는 관심대상수용자 중에서도 도주 우려 등이 있다고 인정되는 수용자를 대상으로 제한적으로 이루어지며, 그것도 해당 수용자가 교정시설 외부로 이동할 필요가 있을 경우 일시적으로 취해지는 조

25) 특정 범죄자에 대한 보호관찰 및 전자장치 부착 등에 관한 법률에 따르면 '위치추적 전자장치'는 "전자파를 발신하고 추적하는 원리를 이용하여 위치를 확인하거나 이동경로를 탐지하는 일련의 기계적 설비로서 대통령령으로 정하는 것"으로 정의된다(동법 제2조 제4호). 이에 따르면 위치확인이나 이동경로탐지의 방법에 대한 제한이 없다. 따라서 위치확인이나 이동경로탐지의 방법에 따라 다양한 형태의 감시와 통제가 이루어질 수 있다.

26) 전자발찌의 부착을 비롯하여 위치감시에 관한 자세한 내용은 이준일, ≪감시와 법≫(2014), 146면 이하 참조.

치인 점, 교도관이 전자장치를 사용하는 경우 호송계획서나 수용기록부에 그에 관한 사항을 기록하도록 함으로써 전자장치 부착이 남용되지 않도록 통제하고 있는 점, 이 사건 부착행위를 통하여 수용자의 도주 사고를 미연에 방지하고, 도주 사고가 발생한 경우에도 신속하게 검거할 수 있도록 함으로써 일반국민의 안전을 확보할 수 있는바, 이와 같은 전자장치 부착을 통하여 달성하고자 하는 공익은 수용자가 수인해야 하는 기본권 제한의 정도에 비하여 크다고 할 수 있는 점 등을 종합하면, 이 사건 부착행위는 과잉금지원칙에 위반되어 수용자인 청구인들의 인격권과 신체의 자유를 침해하지 아니한다(헌재 2018. 5. 31. 2016헌마191).

### 토론문제

1. 신상공개는 범죄예방에 효과적인가?
2. 신상공개로 재범의 위험성을 방지할 수 있는가?
3. 신상공개로 재범을 막을 수 없다면 어떠한 대안이 가능한가?

### 내 입장은?

1. 범죄자의 신상공개는 전면적으로 금지되어야 한다.
2. 재범의 위험성이 큰 범죄에 대해서만 신상공개제도가 적용되어야 한다.
3. 중범죄(연쇄살인 등)에 대해서만 신상공개제도가 적용되어야 한다.
4. 범죄자의 신상공개는 모든 범죄로 확대되어야 한다.

## 참고문헌

강태수(2006), 성범죄자의 신상공개제도에 관한 헌법적 고찰, ≪공법학연구≫(한국비교공법학회), 제7권 제2호(2006), 131~162면.

김경제(2002), 청소년의 성 관련 범죄자 신상공개의 위헌성, ≪토지공법연구≫(한국토지공법학회), 제16집 제2호(2002), 133~162면.

김문현(2004), 청소년대상 성범죄자의 신상공개의 위헌 여부, ≪고시연구≫, 2004년 12월호(통권 제369호), 161~171면.

김상겸(2003), 청소년의 성보호와 신상공개제도: 청소년성범죄자 신상공개의 헌법합치여부를 중심으로, ≪헌법학연구≫(한국헌법학회), 제9권 제4호(2003), 175~203면.

문재완(2003), 성범죄자 신상공개제도 위헌성 재검토－미국의 메간법 판결과의 비교를 중심으로-, ≪헌법학연구≫(한국헌법학회), 제9권 제2호(2003), 343~369면.
박기범(2006), 아동성폭력과 그 대책에 관한 연구, ≪형사정책≫(한국형사정책학회), 제18권 제2호(2006), 237~270면.
박선영(2003), 신상공개제도 합헌결정에 대한 비판적 검토: 2002헌가14를 중심으로, ≪헌법학연구≫(한국헌법학회), 제9권 제4호(2003), 139~174면.
송광섭(2016), 신상정보공개제도의 문제점, ≪원광법학≫(원광대학교 법학연구소), 제32집 제4호(2016), 9~36면.
심희기(2002), 청소년 성보호법과 성매매 방지, ≪형사정책≫(한국형사정책학회), 제14권 제2호(2002), 75~103면.
심희기(2003), 청소년 성매수자에 대한 신상공개의 위헌성, ≪고시연구≫, 통권 제356호(2003), 128~142면.
오경식(2014), 성범죄자 전자감시제도에 대한 운용과 문제점에 대한 연구, ≪교정연구≫(한국교정학회), 제63호(2014), 87~113면.
오삼광(2012), 현행법상 전자감시제도의 문제점과 발전방안에 관한 연구, ≪서울법학≫(서울시립대학교 법학연구소), 제20권 제1호(2012), 311~343면.
유창훈(2019), 형사제재수단으로서 신상정보 등록제도에 관한 비판적 고찰-위헌성 여부를 중심으로-, ≪법이론실무연구≫(한국법이론실무학회), 제7권 제4호(2019), 183~207면.
이병희(2001), ≪프라이버시의 보호와 범죄자의 신상공개≫, 형사정책연구원, 2001.
이병희(2002), 성범죄자 신상공개에 대한 형사법적 고찰, ≪형사법연구≫(한국형사법학회), 제17권(2002), 259~278면.
이정훈(2013), 최근 개정된 아동・청소년의 성보호에 관한 법률상 신상공개 및 취업제한 제도의 문제점과 개선방안, ≪경찰법연구≫(한국경찰법학회), 제11권 제2호(2013), 65~94면.
이종갑(2008), 성범죄자 신상공개제도의 법정책적 고찰, ≪법과 정책연구≫(한국법정책학회), 제8집 제1호(2008), 89~110면.
임상규(2003), 성범죄자 신상공개의 필요성과 허구성, ≪형사법연구≫(한국형사법학회), 제19권(2003), 372~392면.
정신교(2010), 성범죄자 신상공개의 예방적 효과, ≪법학연구≫(한국법학회), 제39집(2010), 269~290면.
조 국/변리나/송경아(2001), 미성년 상대 성범죄자 신상공개를 어떻게 볼 것인가?, ≪사회비평≫, 제30권(2001), 2001. 11, 155~168면.
최응렬/장현석/이창배(2007), 성범죄자 신상공개제도의 효과성에 관한 연구, ≪형사정책≫(한국형사정책학회), 제19권 제1호(2007), 359~386면.
최상욱(2002), 청소년 성범죄자 신상공개에 관한 소고, ≪법학연구≫(연세대학교 법학연구소), 제12권 제4호(2002), 193~214면.

# 제 8 장
# 지문날인과 개인정보자기결정권

"외국인에게 지문날인을 강요하는 것은 많은 사람들을
불쾌하게 만드는 행위입니다.
그것은 법을 준수하는 시민 아닌 주민들을 범죄자 대하듯 선별하여
2류 인간 취급을 하는 행위이기 때문입니다."
≪데이비드 스즈키/오이와 게이보, 강이, 나무가, 꽃이 돼 보라(2004) 중에서≫

미국비자를 받으면서 지문을 찍을 때 들었던 불쾌한 기분을 잊을 수 없다. 지문은 범죄자들에게만 요구하는 것이라는 선입관 때문일까? 주민등록증을 발급받기 위하여 지문을 찍으라고 했을 때는 아직 어려서 그런지, 아니면 이제 성인이 된다는 착각 때문이었는지 그냥 하라는 대로 했다. 하지만 지금 생각해 보면 아무것도 몰랐기 때문에 그렇게 응한 것이지 좀 더 생각이 있었다면 왜 찍어야 되는지 이유라도 물어보았을 것이다.

인터넷 웹사이트에 가입할 때마다 이름과 주민등록번호, 심지어 결혼 여부에 날짜까지 물어본다. 잠시 미국에 살면서 그곳 웹사이트에 가입할 때는 이메일 주소를 제시하는 것으로 충분하다는 사실을 알고 한국에서 뭔가 속았다는 기분이 들었다. 뭐가 궁금해서 개인의 신상을 그렇게 세세하게 물어보는지 이해할 수 없다.

혈액형을 가지고 사람의 성격을 판단한다. 물론 그건 통계에 불과하지만, 그리고 그것이 정확한 것인지도 모르지만 일상적으로 사용된다. 하지만 많은 곳에서 혈액형을 물어본다. 어디에다 쓸 건지 말해주지도 않으면서. 뭘 그렇게 따지냐고 말할지도 모른다. 필요한 데가 있겠지. 개인이 비밀로 하고 싶은 것은 모두 비밀이 될 수 있는가? 아니면 공개하라면 공개해야 하는 비밀도 있는 걸까? 지금부터 그것을 알아보자.

# Ⅰ. 문제제기

**주민등록법**에 따르면[1] 17세 이상의 주민에게 주민등록증을 발급하도록 하면서(동법 제24조 제1항), 주민등록증에는 성명, 사진, 주민등록번호, 주소 등과 함께 지문을 수록하도록 규정하고 있다(동법 동조 제2항). 또한 주민등록증을 발급받을 연령에 달한 자(재외국민 제외)는 주민등록증의 발급을 신청하여야 하고(동법 동조 제4항),[2] 이러한 신청을 할 때 **주민등록법시행령**에 따라 사진 1매를 제출하고 본인임을 소명한 후에 신청서에 지문을 날인하여야 한다(동시행령 제36조 제3항). 같은 시행령의 별지 서식 제30호에 따르면 지문은 열 손가락의 지문(열 손가락의 회전지문 및 양손 엄지손가락의 평면지문)을 날인하도록 되어 있다. 한편 **주민등록법시행규칙**에 따르면 '주민등록증 발급 신청서'와 '주민등록증 발급 신청서 집계표'를 관할 경찰서의 지구대장 또는 파출소장에게 송부하도록 규정하고 있다(동시행규칙 제8조).

주민등록증을 발급받고, 이를 위해 지문을 날인하는 것에 대해서 대부분의 사람들은 전혀 문제의식을 갖지 않고 살아간다. 하지만 어떤 사람들은 주민등록증 발급을 위하여 지문날인을 하는 것에 대해서 거부운동을 벌이고 있다.[3] 지문날인은 국민의 기본권을 심각하게 침해하는 제도라는 것이다.[4] 여기서 주민등록

1) 주민등록법은 1962년 5월 10일에 제정되었고, 이 법률에는 주민등록증제도가 규정되지 않았다. 주민등록증제도는 1968년 5월 29일에 개정된 주민등록법에서 도입되었고, 이 법률 시행령에서 지문날인제도가 규정되었다. 주민등록법의 제·개정 과정 및 헌법적 문제점에 대해서는 김일환(2004), 287면 이하 참조. 특히 개인식별번호로서 주민등록번호가 가지는 문제점에 대해서는 김일환(2005), 324면 이하 참조. 그 밖에 주민등록제도의 문제점에 대해서는 김승환(2005), 219면 이하 참조. 한편 지문날인제도의 역사와 국제비교에 대해서는 권건보(2008), 41면 이하 참조. 그리고 지문과 같은 개인정보의 수집·관리에 관한 영국과 미국 등 외국의 제도에 대해서는 명재진(2006), 197면 이하; 명재진(2008), 150면 이하 참조.

2) 주민등록법에 따르면 주민등록증을 발급받을 연령에 도달했음에도 불구하고 발급신청을 하지 않은 사람(재외국민 제외)에게 행정관청은 발급신청을 하도록 최고(재촉)하고(동법 제24조 제4항), 그래도 정당한 사유 없이 계속해서 발급신청을 하지 않은 사람에게는 10만원 이하의 과태료를 부과할 수 있다(동법 제40조 제2항).

3) 지문날인거부운동은 지문날인을 국가에 의한 개인의 감시와 통제로 이해한다. 지문날인거부운동은 1999년 7월 1일 사회인사 151인의 지문날인거부선언으로부터 시작되었다고 한다. 지문날인거부운동의 역사와 의미에 대해서는 홍석만(2001), 73면 이하 참조. 지문날인을 거부하는 시민단체들은 지문날인을 강제하는 법률이 자신들의 기본권을 침해한다고 주장하면서 1999년 9월 1일 헌법소원을 청구하기에 이른다. 헌재 2005. 5. 26. 99헌마513 참조.

4) 외국인의 경우에도 출입국관리법에 따라 지문이 요구되는 경우가 있다. 현행 **출입국관리법**(최근개정: 2021. 3. 16. 법률 제17934호)에 따르면 외국인 중에 ① 외국인등록 또는 국내거소 신고를 하여야 하는 사람으로서 17세 이상인 사람, ② 이 법을 위반하여 조사를 받거나 그 밖에 다른 법률을 위반하여 수사를 받고 있는 사람, ③ 신원이 확실하지 아니한 사람, ④

증에 지문날인을 하도록 강제하는 것은 국민의 어떠한 기본적 인권을 제약하는지, 그리고 이러한 기본적 인권에 대한 제약이 허용될 수 있는지, 또한 행정기관에 의하여 수집된 지문정보를 경찰이 전산화하여 범죄수사의 목적으로 이용할 수 있는지 등의 의문을 제기해볼 수 있다.

**[법령 8.1] 주민등록법**(최근개정: 2020. 6. 9. 법률 제17385호)

**제1조 (목적)**

이 법은 시(특별시・광역시는 제외하고, 특별자치도는 포함한다. 이하 같다)・군 또는 구(자치구를 말한다. 이하 같다)의 주민을 등록하게 함으로써 주민의 거주관계 등 인구의 동태를 항상 명확하게 파악하여 주민생활의 편익을 증진시키고 행정사무를 적정하게 처리하도록 하는 것을 목적으로 한다.

**제24조 (주민등록증의 발급 등)**

① 시장・군수 또는 구청장은 관할 구역에 주민등록이 된 자 중 17세 이상인 자에 대하여 주민등록증을 발급한다. 다만, 「장애인복지법」 제2조 제2항에 따른 장애인 중 시각장애인이 신청하는 경우 시각장애인용 점자 주민등록증을 발급할 수 있다.

② 주민등록증에는 성명, 사진, 주민등록번호, 주소, 지문(指紋), 발행일, 주민등록기관을 수록한다. 다만, 혈액형에 대하여는 대통령령으로 정하는 바에 따라 주민의 신청이 있으면 추가로 수록할 수 있다.

③ 시장・군수 또는 구청장은 재외국민에게 발급하는 주민등록증에는 재외국민임을 추가로 표시하여야 한다.

④ 제1항에 따라 주민등록증을 발급받을 나이가 된 사람(재외국민 및 해외체류자는 제외한다)은 대통령령으로 정하는 바에 따라 시장・군수 또는 구청장에게 주민등록증의 발급을 신청하여야 한다. 이 경우 시장・군수 또는 구청장은 대통령령

그 밖에 법무부장관이 대한민국의 안전이나 이익 또는 해당 외국인의 안전이나 이익을 위하여 특히 필요하다고 인정하는 사람은 지문・얼굴・홍채 및 손바닥 정맥 등의 개인정보, 즉 생체정보를 제공하여야 한다(동법 제38조 제1항). 그리고 지방출입국・외국인관서의 장은 생체정보의 제공을 거부하는 외국인에게는 체류기간 연장허가 등 출입국관리법에 따른 허가를 하지 않을 수 있다(동법 동조 제2항). 출입국관리법에서 외국인의 지문을 채취할 수 있도록 한 것은 1977년 12월 31일 개정(1978. 4. 1. 시행)에 의해서였고, 그 범위는 체류기간이 1년 이상인 14세 이상의 외국인이었다(동법 제37조 제1항 및 제2항). 1992년 12월 8일 개정(1993. 4. 1. 시행)에서는 등록을 위해 지문을 찍어야 하는 외국인의 연령을 17세 이상으로 높이면서 그 밖의 개별사유들을 추가했고(동법 제38조 제1항 제1호에서 제4호), 1999년 2월 5일 개정(1999. 3. 1. 시행)을 통해 대상 외국인의 연령을 20세 이상으로 상향 조정했다(동법 제38조 제1항 제1호). 급기야 2003년 12월 31일 개정(같은 날 시행)에서는 외국인 등록시의 지문찍기 규정을 삭제하기까지 했지만, 2010년 5월 14일 개정(2010. 8. 15. 시행)을 통해 외국인에게 지문뿐만 아니라 얼굴에 관한 정보도 제공하도록 강제하면서 그 범위는 외국인등록을 해야 하는 17세 이상의 사람까지 포함하는 것으로 확대하였다. 2020년 6월 9일 개정에서는 지문과 얼굴뿐만 아니라 홍채와 손바닥 정맥 등에 관한 정보로까지 확대되었다. 외국인의 지문날인에 관한 규정에 대해서는 명확성원칙의 관점에서 비판하는 견해가 있다. 김승환(2005), 232면 이하 참조.

으로 정하는 기간 내에 발급신청을 하지 아니한 사람(재외국민 및 해외체류자는 제외한다)에게 발급신청을 할 것을 최고할 수 있다.

⑤ 주민등록증을 발급받지 아니한 17세 이상의 재외국민 또는 해외체류자가 국내에 30일 이상 거주할 목적으로 입국하는 때에는 대통령령으로 정하는 바에 따라 시장·군수 또는 구청장에게 주민등록증의 발급을 신청하여야 한다.

⑥ 행정안전부장관은 필요하다고 인정되면 시장·군수 또는 구청장에게 주민등록증을 일제히 갱신하거나 검인(檢印)하게 할 수 있다.

⑦ 주민등록증 및 그 발급신청서의 서식과 발급절차는 대통령령으로 정한다.

⑧ 주민등록증을 발급할 때에는 제27조에 따른 경우 외에는 수수료를 징수하지 못하며, 주민등록증의 발급을 이유로 조세나 그 밖의 어떠한 명목의 공과금(公課金)도 징수하여서는 아니 된다.

**[법령 8.2] 주민등록법 시행령**(최근개정: 2021. 1. 5. 대통령령 제31380호)

**제36조 (주민등록증의 발급절차)**

① 시장·군수 또는 구청장은 법 제24조 제1항에 따라 주민등록증을 발급하려면 그 발급대상자에게 12개월 이상의 신청기간을 정하여 별지 제29호서식에 따라 통지하되, 그 발급대상자의 무단전출 등으로 인하여 통지서를 내줄 수 없으면 이를 읍·면사무소 또는 동 주민센터의 게시판과 인터넷 홈페이지에 공고하여야 하며, 통지하거나 공고한 사실을 개인별 주민등록표에 기록하여야 한다.

② 생략

③ 제1항 및 제2항에 따라 주민등록증 발급통지를 받은 사람 또는 공고된 사람은 그 통지서 또는 공고문에 적힌 발급신청기간 내에 본인이 직접 주민등록이 되어 있는 시·군·자치구(이하 "주민등록지의 시·군·구"라 한다)의 관계 공무원에게 사진(6개월 이내에 촬영한 가로 3센티미터, 세로 4센티미터 또는 가로 3.5센티미터, 세로 4.5센티미터의 귀와 눈썹이 보이는 탈모상반신 사진을 말한다. 이하 같다) 1장을 제출하고 본인임을 밝힌 후, 그 공무원 앞에서 별지 제30호서식에 따른 주민등록증 발급신청서에 지문을 찍거나 전산조직을 이용하여 지문을 찍어 신청하여야 한다. 다만, 제출한 사진으로 본인임을 확인하기 곤란한 경우에는 보완을 요구할 수 있으며, 이에 대한 구체적인 사항은 행정안전부령으로 정한다.

④~⑥ 생략

**[법령 8.3] 주민등록법 시행규칙**(최근개정: 2017. 5. 29. 행정자치부령 제119호)

**제8조 (주민등록증 발급신청서의 송부)**

시장·군수 또는 구청장은 주민등록증 발급신청서와 별지 제4호 서식의 주민등록증 발급신청서 집계표를 다음 달 5일까지 해당자의 주민등록지를 관할하는 경찰서의 지구대장 또는 파출소장에게 보내야 한다.

# Ⅱ. 문제가 되는 인권

지문은 개인을 식별할 수 있게 하는 개인정보에 해당한다.5) 따라서 지문날인을 강제함으로써 개인정보를 공개하도록 강제하는 주민등록법은 개인정보에 관한 기본권을 제한하는 법률이다. 이러한 개인정보에 관한 기본권은 사생활의 비밀과 자유에 관한 기본권(헌법 제17조)에 의해서 보호받는다.6)

**[법령 8.4] 개인정보 보호법**(최근개정: 2020. 2. 4. 법률 제16930호)
**제2조 (정의)**
이 법에서 사용하는 용어의 뜻은 다음과 같다.
1. "개인정보"란 살아 있는 개인에 관한 정보로서 다음 각 목의 어느 하나에 해당하는 정보를 말한다.
   가. 성명, 주민등록번호 및 영상 등을 통하여 개인을 알아볼 수 있는 정보
   나. 해당 정보만으로는 특정 개인을 알아볼 수 없더라도 다른 정보와 쉽게 결합하여 알아볼 수 있는 정보. 이 경우 쉽게 결합할 수 있는지 여부는 다른 정보의 입수 가능성 등 개인을 알아보는 데 소요되는 시간, 비용, 기술 등을 합리적으로 고려하여야 한다.
   다. 가목 또는 나목을 제1호의2에 따라 가명처리함으로써 원래의 상태로 복원하기 위한 추가 정보의 사용・결합 없이는 특정 개인을 알아볼 수 없는 정보(이하 "가명정보"라 한다)

1의2. ~ 8. 생략

---

5) 개인정보의 개념과 종류에 대해서는 길준규(2003), 245면 이하; 한상훈(2004), 209면 이하 참조. 그 밖에도 "정보 프라이버시"의 관점에서 개인정보를 정의하는 견해도 있다. 정영화(2000), 72면 이하 및 정영화(2002), 22면 이하 참조.

6) 헌법재판소는 개인정보에 관한 기본권을 '개인정보자기결정권'이라고 부르면서 이 기본권의 헌법상 근거를 사생활의 비밀과 자유를 포함한 다양한 기본권과 헌법원리에서 찾는다. "개인정보자기결정권의 헌법상 근거로는 헌법 제17조의 사생활의 비밀과 자유, 헌법 제10조 제1문의 인간의 존엄과 가치 및 행복추구권에 근거를 둔 일반적 인격권 또는 위 조문들과 동시에 우리 헌법의 자유민주적 기본질서 규정 또는 국민주권원리와 민주주의원리 등을 고려할 수 있으나, 개인정보자기결정권으로 보호하려는 내용을 위 각 기본권들 및 헌법원리들 중 일부에 완전히 포섭시키는 것은 불가능하다고 할 것이므로, 그 헌법적 근거를 굳이 어느 한 두개에 국한시키는 것은 바람직하지 않은 것으로 보이고, 오히려 개인정보자기결정권은 이들을 이념적 기초로 하는 독자적 기본권으로서 헌법에 명시되지 아니한 기본권이라고 보아야 할 것이다(2005. 5. 26. 99헌마513)." 개인정보자기결정권의 헌법적 근거를 '일반적 인격권'에서 찾는 독일의 논의에 대해서는 임철규(2002), 242면 이하 참조. 한편 사생활의 비밀과 자유를 사생활보호에 관한 일반적 규정으로 이해하면서 개인정보자기결정권의 직접적 근거가 아니라 보충적 근거로 보는 견해도 있다. 김일환(2001), 99면 이하 및 102면 이하 참조.

## 1. 개인의 비밀영역과 관련된 기본적 인권

사생활의 비밀과 자유에 관한 기본권은 주거의 자유(헌법 제16조) 및 통신의 비밀에 관한 기본권(헌법 제18조)과 함께 사적 영역, 즉 비밀영역을 보호하는 기본권으로 이해된다.[7] 여기서 비밀영역이란 본인이 공개하기 꺼려하는 영역, 즉 본인의 동의 없이는 공개될 수 없는 영역을 말한다. 이러한 비밀영역 가운데 '공간'과 관련된 비밀영역은 주거의 자유가 보호하고, '통신'과 관련된 비밀영역은 통신의 비밀에 관한 기본권이 보호한다. 따라서 사생활의 비밀과 자유에 관한 기본권은 그 밖의 비밀영역을 보호영역으로 한다고 볼 수 있다.

## 2. 개인정보에 관한 비밀영역과 사생활의 비밀과 자유

사생활의 비밀과 자유에 관한 기본권이 보호하는 비밀영역에는 개인의 성명, 초상, 지문, 주소, 전화번호, 주민등록번호, 학력, 병력 등과 같은 개인정보가 속한다. 이러한 개인정보는 원칙적으로 본인의 동의 없이는 공개될 수 없다. 따라서 국가는 이러한 개인정보를 수집·관리·이용하기 위하여 본인의 의사에 반하여 개인정보의 공개를 강제할 수 없다. 만약 국가가 본인의 동의 없이 개인정보를 수집·관리·이용하거나 비록 본인의 동의가 있다고 하더라도 본래의 목적 이외의 목적으로 이용하는 경우에는 중지를 요구할 수 있다(방어권). 또한 수집된 정보의 내용에 오류가 있는지 확인하기 위하여 개인정보에 자유롭게 접근할 수 있고, 오류가 있는 경우에는 개인정보의 내용에 대한 수정·보완·삭제를 요구할 수 있다(절차권). 이와 같이 개인정보와 관련된 자유와 방어권 및 절차권을 묶어 '개인정보자기결정권'이라고 부른다.[8]

**[판례 8.1] 개인정보자기결정권의 개념**

개인정보자기결정권은 자신에 관한 정보가 언제 누구에게 어느 범위까지 알려지고 또 이용되도록 할 것인지를 그 정보주체가 스스로 결정할 수 있는 권리이다. 즉 정보주체가 개인정보의 공개와 이용에 관하여 스스로 결정할 권리를 말한다. 개인정보자기결정권의 보호대상이 되는 개인정보는 개인의 신체, 신념, 사회적 지

7) 사적 영역에 관한 기본권에 대해서는 이준일, ≪헌법학강의≫(2019), 제2편 제2부 제6장 참조.

8) 개인정보자기결정권을 "정보자기결정권"(김일환[2001], 87면 이하; 김승환[2003], 149면 이하), "자기정보통제권"(권형준[2004], 89면 이하; 권건보[2008], 40면 이하; 한상훈[2004], 208면), "개인정보(자기)통제권"(김종철[2006], 81면 이하), "개인정보권"(권헌영[2007], 315면 이하) 등으로 부르기도 한다.

위, 신분 등과 같이 개인의 인격주체성을 특징짓는 사항으로서 그 개인의 동일성을 식별할 수 있게 하는 일체의 정보라고 할 수 있고, 반드시 개인의 내밀한 영역이나 사사(私事)의 영역에 속하는 정보에 국한되지 않고 공적 생활에서 형성되었거나 이미 공개된 개인정보까지 포함한다. 또한 그러한 개인정보를 대상으로 한 조사・수집・보관・처리・이용 등의 행위는 모두 원칙적으로 개인정보자기결정권에 대한 제한에 해당한다(헌재 2005. 5. 26. 99헌마513등).

## Ⅲ. 범죄수사의 목적을 위한 지문정보의 이용

### 1. 근거법률의 존재 여부

개인정보자기결정권의 관점에서 지문날인제도는 행정기관이 국민에게 지문의 공개를 강제한다는 점에만 문제가 있는 것이 아니다. 지문날인제도의 핵심은 행정기관에 의해 수집된 개인의 지문정보를 경찰이 넘겨받아 이를 전산화하고 범죄수사의 목적을 위하여 이용할 수 있도록 한다는 점에 있다. 여기서 쟁점은 과연 경찰이 개인의 지문정보를 수집하여 전산화할 뿐만 아니라 범죄수사의 목적으로 이용할 수 있도록 하는 근거법률이 존재하는지 여부이다.9)

근거법률이 존재한다는 견해에 따르면 경찰법과 경찰관직무집행법 및 구 공공기관의 개인정보보호에 관한 법률 등을 그 근거로 제시한다. 이에 따르면 경찰의 지문정보수집・전산화・이용에 관한 명시적인 법적 근거는 없다. 하지만 개인정보를 보유한 기관은 범죄의 수사와 공소의 제기 및 유지에 필요한 경우에 컴퓨터로 처리된 정보뿐만 아니라 처리되기 이전의 원정보까지도 다른 기관에 제공할 수 있다(구 공공기관의 개인정보보호에 관한 법률 제10조 제3항 제6호). 따라서 지문정보를 수집한 행정기관은 범죄수사의 목적으로 경찰에 지문정보를 제공할 수 있다. 또한 경찰은 범죄의 예방・진압 및 수사, 공공안녕에 대한 위험의 예방과 대응을 위한 정보의 수집에 관한 임무 또는 직무를 맡고 있다(경찰법 제3조, 경찰관 직무집행법 제2조 제2호 및 제4호). 이러한 소관업무를 수행하기 위하여 필요한 범위 안에서 개인정보파일을 보유할 수 있으므로(구 공공기관의 개인정보보호에 관한 법률 제5조) 행정기관으로부터 넘겨받은 지문정보를 전산화하여 이용할 수도 있다.

---

9) 법리적으로 볼 때 근거법률을 묻는 문제는 '법률유보원칙'과 관련된다. 법률유보원칙에 따르면 국민의 기본권과 관련되는 '중대하고 본질적인 내용'은 법률의 형식으로 규정해야 한다. 따라서 지문날인의 경우에 지문날인이 국민의 기본권과 관련되는 중대하고 본질적인 내용인지에 따라 법적 근거가 반드시 필요한지가 결정된다.

**[법령 8.5] 구 공공기관의 개인정보보호에 관한 법률**(2007. 5. 17. 법률 제8448호로 개정되어 2011. 9. 30. 폐지될 때까지 시행된 것)

**제5조 (개인정보화일의 보유범위)**

공공기관은 소관업무를 수행하기 위하여 필요한 범위 안에서 개인정보파일을 보유할 수 있다.

**제10조 (처리정보의 이용 및 제공의 제한)**

① 보유기관의 장은 다른 법률에 의하여 보유기관의 내부에서 이용하거나 보유기관 외의 자에게 제공하는 경우를 제외하고는 당해 개인정보화일의 보유목적 외의 목적으로 처리정보를 이용하거나 다른 기관에 제공하여서는 아니된다.

② 보유기관의 장은 보유목적에 따라 처리정보를 이용하게 하거나 제공하는 경우에도 업무수행에 필요한 최소한의 범위로 그 이용 또는 제공을 제한하여야 한다.

③ 보유기관의 장은 제1항의 규정에 불구하고 다음 각 호의 1에 해당하는 경우에는 당해 개인정보화일의 보유목적 외의 목적으로 처리정보를 이용하거나 다른 기관에 제공할 수 있다. 다만, 다음 각 호의 1에 해당하는 경우에도 정보주체 또는 제3자의 권리와 이익을 부당하게 침해할 우려가 있다고 인정되는 때에는 그러하지 아니하다.

1.~5. 생략

6. 범죄의 수사와 공소의 제기 및 유지에 필요한 경우

7.~8. 생략

④~⑥ 생략

**[법령 8.6] 국가경찰과 자치경찰의 조직 및 운영에 관한 법률**(최근개정: 2021. 3. 30. 법률 제17990호)

**제3조 (국가경찰의 임무)**

경찰의 임무는 다음 각 호와 같다.

1. 국민의 생명·신체 및 재산의 보호
2. 범죄의 예방·진압 및 수사
3. 범죄피해자 보호
4. 경비·요인경호 및 대간첩·대테러 작전 수행
5. 공공안녕에 대한 위험의 예방과 대응을 위한 정보의 수집·작성 및 배포
6. 교통의 단속과 위해의 방지
7. 외국 정부기관 및 국제기구와의 국제협력
8. 그 밖에 공공의 안녕과 질서유지

**[법령 8.7] 경찰관 직무집행법**(최근개정: 2020. 12. 22. 법률 제17689호)

**제2조 (직무의 범위)**

경찰관은 다음 각 호의 직무를 수행한다.

1. 국민의 생명·신체 및 재산의 보호
2. 범죄의 예방·진압 및 수사

2의2. 범죄피해자 보호

3. 경비, 주요 인사(人士) 경호 및 대간첩·대테러 작전 수행
4. 공공안녕에 대한 위험의 예방과 대응을 위한 정보의 수집·작성 및 배포

5. 교통 단속과 교통 위해(危害)의 방지
6. 외국 정부기관 및 국제기구와의 국제협력
7. 그 밖에 공공의 안녕과 질서 유지

반면에 근거법률이 존재하지 않는다는 견해에 따르면 원칙적으로 경찰의 지문정보수집·전산화·이용에 관한 명시적인 법적 근거는 존재하지 않는다. 개인정보를 보유한 행정기관이 범죄의 수사와 공소의 제기 및 유지에 필요한 경우에도 해당 행정기관의 소관업무를 수행하기 위하여 이미 컴퓨터로 처리된 정보만을 경찰에 제공할 수 있을 뿐이다. 따라서 행정기관이 컴퓨터로 처리하기 이전의 원정보까지 경찰에 제공할 수 있는 것은 아니므로 경찰에 지문정보를 제공할 수 없다. 물론 경찰이 범죄의 예방·진압 및 수사, 치안정보의 수집에 관한 임무 또는 직무를 맡고 있고 이러한 소관업무를 수행하기 위하여 필요한 범위 안에서 개인정보를 제공받을 수는 있다. 하지만 모든 지문정보를 넘겨받아 전산화하고 범죄수사의 목적으로 이용할 수 있도록 한 것은 아니다.

## 2. 범죄수사를 위한 지문날인강제의 정당성

일단 경찰의 지문정보수집·전산화·이용에 관한 법적 근거가 있다고 가정하자. 이 경우에도 경찰이 범죄수사의 목적을 위하여 17세 이상의 '모든' 국민의 지문날인을 강제하고, 수집된 지문정보를 전산화하여 관리, 이용할 수 있는지가 문제된다.

긍정하는 견해에 따르면 범죄수사의 목적을 위하여 효과적으로 지문정보를 활용하기 위해서는 17세 이상의 모든 국민의 지문정보를 수집하고, 그것도 열 손가락 지문 모두를 수집하는 것이 필요하다고 한다. 이미 범죄를 저지른 자(전과자)의 지문을 수집하는 것만으로는 지문정보를 효과적으로 범죄수사에 활용할 수 없고, 엄지손가락(무지拇指)의 지문정보만을 수집할 수 있는 경우에는 그 손가락의 지문이 훼손되었을 때 지문정보를 효과적으로 활용할 수 없기 때문이라고 한다.

한편 부정하는 견해에 따르면 비록 범죄수사의 목적을 위하여 지문정보의 활용이 필요하다고 하더라도 17세 이상의 모든 국민에게 지문날인을 요구할 수는 없고, 더욱이 열 손가락의 지문날인을 요구할 필요는 없다고 한다. 범죄수사를 위하여 필요하다면 전과자의 지문정보를 수집하는 것으로 충분하고, 그것도 한 손 또는 양손 엄지손가락의 지문정보를 수집하는 것만으로도 충분하기 때문이라고 한다. 만약 범죄수사의 목적을 위하여 모든 국민의 열 손가락 지문정보를 수집하여 이용할 수 있도록 하게 된다면 그것은 모든 국민을 범죄자로 취급하여 감시하고 통제하는 것에 지나지 않을 것이라고 한다.10)

**[판례 8.2] 지문날인제도에 대한 헌법재판소의 견해 1**

지문날인제도가 범죄자 등 특정인만이 아닌 17세 이상 모든 국민의 열 손가락 지문정보를 수집하여 보관하도록 한 것은 신원확인기능의 효율적인 수행을 도모하고, 신원확인의 정확성 내지 완벽성을 제고하기 위한 것으로서, 그 목적의 정당성이 인정되고, 또한 이 사건 지문날인제도가 위와 같은 목적을 달성하기 위한 효과적이고 적절한 방법의 하나가 될 수 있다. … 범죄자 등 특정인의 지문정보만 보관해서는 17세 이상 모든 국민의 지문정보를 보관하는 경우와 같은 수준의 신원확인기능을 도저히 수행할 수 없는 점, 개인별로 한 손가락만의 지문정보를 수집하는 경우 그 손가락 자체 또는 지문의 손상 등으로 인하여 신원확인이 불가능하게 되는 경우가 발생할 수 있고, 그 정확성 면에 있어서도 열 손가락 모두의 지문을 대조하는 것과 비교하기 어려운 점, 다른 여러 신원확인수단 중에서 정확성·간편성·효율성 등의 종합적인 측면에서 현재까지 지문정보와 비견할 만한 것은 찾아보기 어려운 점 등을 고려해 볼 때, 이 사건 지문날인제도는 피해 최소성의 원칙에 어긋나지 않는다. … 지문날인제도로 인하여 정보주체가 현실적으로 입게 되는 불이익에 비하여 경찰청장이 보관·전산화하고 있는 지문정보를 범죄수사활동, 대형사건·사고나 변사자가 발생한 경우의 신원확인, 타인의 인적사항 도용 방지 등 각종 신원확인의 목적을 위하여 이용함으로써 달성할 수 있게 되는 공익이 더 크다고 보아야 할 것이므로, 이 사건 지문날인제도는 법익의 균형성의 원칙에 위배되지 아니한다. … 결국 지문날인제도가 과잉금지의 원칙에 위배하여 청구인들의 개인정보자기결정권을 침해하였다고 볼 수 없다.

[재판관 송인준, 재판관 주선회, 재판관 전효숙의 반대의견]

주민의 거주관계 등 인구 동태를 파악하여 주민생활의 편익을 증진시키고 행정사무의 적정한 처리를 도모하고자 하는 주민등록법의 입법취지를 달성하기 위하여 반드시 하나가 아니라 열 손가락의 지문 모두를 수집하여야 할 필요성이 있다고 보기는 어렵다. 수사상의 목적을 위한 경우라도 범죄의 전력이 있는 자나 성향을 가진 자의 지문정보를 수집·보관하고 이를 후일 범죄수사에 활용할 수 있을 것임에도, 그런 전력이 없는 모든 일반 국민의 주민등록증발급신청의 기회에 열 손가락의 지문 일체를 보관·전산화하고 있다가 이를 그 범위, 대상, 기한 등 어떠한 제한도 없이 일반적인 범죄수사목적 등에 활용하는 것은 개인정보자기결정권에 대한 최소한의 침해라고 할 수 없다. 그리고 전 국민을 대상으로 하는 지문정보는 위와 같은 구체적인 범죄수사를 위해서 뿐 아니라 일반적인 범죄예방이나, 범죄정보수집 내지는 범죄예방을 빙자한 특정한 개인에 대한 행동의 감시에 남용될

10) 비례성원칙에 따라 지문날인제도의 부당성을 지적하고 있는 대표적 견해로 권건보(2008), 59면 이하 참조. 특히 이 견해는 지문날인제도의 효과성(적합성)에도 의문을 제기하고 있다. 그 밖에 비례성원칙의 관점에서 지문날인제도의 위헌성을 주장하는 견해로 이희훈(2008), 299면 이하 참조.

수 있어 법익균형성도 상실될 우려가 있다. 그러므로 이 사건 심판대상조항과 행위는 법률상 근거가 없거나 과잉금지원칙에 위배되므로 그 위헌확인을 선언함이 마땅하다(헌재 2005. 5. 26. 99헌마513 등).

**[판례 8.3] 지문날인제도에 대한 헌법재판소의 견해 2**

① 구 주민등록법 제24조 제2항은 주민등록증의 수록사항의 하나로 지문을 규정하고 있을 뿐 '오른손 엄지손가락 지문'으로 특정한 바 없고, 이 사건 시행령조항은 구 주민등록법 제24조 제5항의 위임규정에 근거하여 주민등록증 발급신청서의 서식을 정하면서 보다 정확한 신원확인을 위하여 열 손가락의 지문을 날인하도록 규정한 것이므로, 법률유보원칙에 위배되지 않는다. 다만, 국가는 개인정보자기결정권을 제한함에 있어 개인정보의 수집 · 보관 · 이용 등의 주체, 목적, 대상 및 범위 등을 법률에 구체적으로 규정함으로써 그 법률적 근거를 보다 명확히 하는 것이 바람직하므로, 지문정보의 수집 · 보관 · 활용에 있어서도 그 목적과 대상, 범위, 기한 등의 요건을 구체적으로 규정하는 입법개선의 노력이 필요하다.

② 이 사건 시행령조항은 신원확인기능의 효율적 수행을 도모하고, 신원확인의 정확성 내지 완벽성을 제고하기 위하여 열 손가락 지문 전부를 주민등록증 발급신청서에 날인하도록 규정하고 있는바, 지문정보가 유전자, 홍채, 치아 등 다른 신원확인수단에 비하여 간편하고 효율적이며, 일정한 범위의 범죄자나 손가락 일부의 지문정보를 수집하는 것만으로는 열 손가락 지문을 대조하는 것과 그 정확성 면에서 비교하기 어렵다는 점 등을 고려하면, 이 사건 시행령조항이 과도하게 개인정보자기결정권을 침해하였다고 볼 수 없다.

[재판관 이정미, 재판관 김이수, 재판관 이진성의 반대의견]

① 구 주민등록법 제24조 제2항 본문의 '지문'은 입법목적에 부합하는 필요 최소한의 범위 내의 지문이라고 해석하여야 하고, 같은 조 제5항 역시 이러한 범위 내에서 주민등록증 발급신청서의 내용을 구체화하도록 위임하고 있는 것이므로, 행정상 필요한 최소한의 범위를 넘어 열 손가락 지문 전부를 날인하도록 규정한 이 사건 시행령조항은 법률의 위임 범위를 벗어난 것이다. 한편, 이 사건 시행령조항에 의하여 수집된 지문정보는 범죄수사 등 치안유지의 목적을 위한 신원확인을 위해서도 사용되고 있으나, 수사목적을 위하여 지문을 채취할 수 있는 법적 근거는 존재하지 않고, 설령 존재한다고 보더라도 모든 17세 이상의 국민에 대하여 열 손가락 지문 전부를 날인하도록 하는 것은 수사상 필요한 범위를 벗어난 것이므로, 법률유보원칙에 위배된다.

② 이 사건 시행령조항은 행정상 신원확인에 필요한 범위를 넘어 열 손가락 지문 전부를 날인하도록 요구하고 있고, 수사상 신원확인을 위하여 지문정보를 수집할 법적 근거가 없으며, 설령 범죄수사 등의 목적을 위하여 지문정보를 수집할 수 있다고 보더라도 그 수집범위나 인적 대상을 한정하지 않고 과도하게 수집하므로, 개인정보자기결정권을 침해한다(헌재 2015. 5. 28. 2011헌마731).

### 3. 소 결

주민등록증 발급과 관련된 현행 지문날인제도는 개인정보에 관한 기본권을 제한하는 제도다. 특히 주민등록이라는 행정목적을 위하여 수집된 지문정보를 범죄수사의 목적으로 관리, 이용한다는 점에서 개인정보에 관한 기본권을 침해한다는 의심을 주기에 충분하다. 그리고 17세 이상의 국민 전체에 대해서, 그것도 모든 손가락의 지문정보를 수집하여 전산화하고 이용한다는 점에서 범죄수사나 신원확인이라는 공익목적을 고려한다 해도 개인정보에 관한 기본권을 심대하게 침해하고 있는 제도임을 확인할 수 있다.

## Ⅳ. 개인정보보호를 위한 법제의 필요성

지문정보를 포함하여 개인정보는 기본적 인권에 의하여 보호되는 대상이다. 따라서 개인정보에 대한 국가 또는 개인의 침해로부터 국민을 보호해야 할 필요성이 있다. 이른바 정보화사회가 급속하게 진행되면서 개인정보에 대한 무분별한 수집과 이용이 빈번하게 발생하고 있다. 이에 대처하기 위하여 세계 각국은 개인정보를 보호하기 위한 법제를 서둘러 마련하고 있다.[11)]

개인정보에 관한 기본권도 제한될 수 없는 절대적 기본권은 아니다. 따라서 어느 정도의 제한은 불가피하고, 특히 정보화사회에서 일정한 개인정보의 수집은 수인할 수밖에 없는 것이 현실이다. 심지어 "전자정부"의 출현은[12)] 개인정보의 공개와 관리를 필수적인 것처럼 보이게도 한다. 하지만 정보화사회든 전자정부든 이러한 현실적 상황이 개인정보에 관한 기본권을 무제한적으로 제약할 수 있는 근거가 되지는 못한다. 여기서 '정보화의 촉진'이라는 현실적 요청과 '정보에 관한 기본권'의 보호라는 규범적 요청을 균형적으로 실현하는 입법이 요구된다.[13)]

국가에 의한 개인정보의 수집과 관리에서 문제가 되는 것은 개인에 대한 국

---

11) 개인정보를 보호하기 위한 세계 각국의 법제에 대해서는 김일환(1999), 6면 이하; 길준규(2003), 256면 이하; 임규철(2003), 78면 이하; 권형준(2004), 103면 이하; 한상훈(2004), 211면 이하 참조.

12) 전자정부법(2016. 12. 27. 법률 제14474호)에 따르면 "전자정부"는 "정보기술을 활용하여 행정기관 및 공공기관의 업무를 전자화하여 행정기관등의 상호 간의 행정업무 및 국민에 대한 행정업무를 효율적으로 수행하는 정부"를 뜻한다(동법 제2조 제1호). 전자정부와 개인정보보호의 관계에 대해서는 김종철(2006), 80면 이하 참조.

13) 개인정보보호법의 바람직한 대안에 대해서는 서계원(2005), 211면 이하 참조.

가의 감시와 통제다. 반면에 개인에 의한 개인정보의 수집과 관리에서는 상업적 유통과 이용이 문제가 된다. 따라서 개인정보를 보호하는 법제는 각각의 보호목적을 고려하여 국가영역과 민간영역을 구분하는 것도 의미가 있다. 하지만 개인정보보호의 목적을 효과적으로 관철하기 위해서는 두 영역을 아우르는 통일적인 법제의 제정도 필요하다. 이러한 필요성에 따라 '개인정보 보호법'이 제정되었다. 이 법률에서는 개인정보의 보호에 관한 중요한 기본원칙을 규정(동법 제3조)하면서 정보주체에게 자신의 개인정보에 대한 열람과 정정·삭제 및 처리정지를 요구할 수 있는 권리 등을 보장하고 있다(동법 제4조 및 제35조, 제36조, 제37조). 한편 개인정보에 관한 분쟁을 조정하기 위하여 '개인정보 분쟁조정위원회'가 설치된다(동법 제40조).

**[법령 8.8] 개인정보 보호법**(최근개정: 2020. 2. 4. 법률 제16930호)
**제3조 (개인정보 보호 원칙)**
① 개인정보처리자는 개인정보의 처리 목적을 명확하게 하여야 하고 그 목적에 필요한 범위에서 최소한의 개인정보만을 적법하고 정당하게 수집하여야 한다.
② 개인정보처리자는 개인정보의 처리 목적에 필요한 범위에서 적합하게 개인정보를 처리하여야 하며, 그 목적 외의 용도로 활용하여서는 아니 된다.
③ 개인정보처리자는 개인정보의 처리 목적에 필요한 범위에서 개인정보의 정확성, 완전성 및 최신성이 보장되도록 하여야 한다.
④ 개인정보처리자는 개인정보의 처리 방법 및 종류 등에 따라 정보주체의 권리가 침해받을 가능성과 그 위험 정도를 고려하여 개인정보를 안전하게 관리하여야 한다.
⑤ 개인정보처리자는 개인정보 처리방침 등 개인정보의 처리에 관한 사항을 공개하여야 하며, 열람청구권 등 정보주체의 권리를 보장하여야 한다.
⑥ 개인정보처리자는 정보주체의 사생활 침해를 최소화하는 방법으로 개인정보를 처리하여야 한다.
⑦ 개인정보처리자는 개인정보를 익명 또는 가명으로 처리하여도 개인정보 수집목적을 달성할 수 있는 경우 익명처리가 가능한 경우에는 익명에 의하여, 익명처리로 목적을 달성할 수 없는 경우에는 가명에 의하여 처리될 수 있도록 하여야 한다.
⑧ 개인정보처리자는 이 법 및 관계 법령에서 규정하고 있는 책임과 의무를 준수하고 실천함으로써 정보주체의 신뢰를 얻기 위하여 노력하여야 한다.
**제4조 (정보주체의 권리)**
정보주체는 자신의 개인정보 처리와 관련하여 다음 각 호의 권리를 가진다.
1. 개인정보의 처리에 관한 정보를 제공받을 권리
2. 개인정보의 처리에 관한 동의 여부, 동의 범위 등을 선택하고 결정할 권리
3. 개인정보의 처리 여부를 확인하고 개인정보에 대하여 열람(사본의 발급을 포함한다. 이하 같다)을 요구할 권리

4. 개인정보의 처리 정지, 정정·삭제 및 파기를 요구할 권리
5. 개인정보의 처리로 인하여 발생한 피해를 신속하고 공정한 절차에 따라 구제 받을 권리

## V. 보론: 개인정보 보호법의 쟁점들

### 1. 처리 개념의 포괄성과 동의 제도의 적용범위

현행 개인정보 보호법은 개인정보의 '처리'와 관련하여 그 개념을 "개인정보의 수집, 생성, 연계, 연동, 기록, 저장, 보유, 가공, 편집, 검색, 출력, 정정(訂正), 복구, 이용, 제공, 공개, 파기(破棄), 그 밖에 이와 유사한 행위"로 정의하고 있다(동법 제2조 제2호). 그리고 '개인정보처리자'는 "업무를 목적으로 개인정보파일을 운용하기 위하여 스스로 또는 다른 사람을 통하여 개인정보를 처리하는 공공기관, 법인, 단체 및 개인 등"으로 정의한다(동조 제5호). 이렇게 처리의 개념을 매우 넓게 이해하면서도 개인정보처리자에게 허용된 행위는 처리의 개념에 속하는 다양한 행위유형 가운데 일정한 행위유형으로만 한정한다. 우선 개인정보처리자의 개인정보 '수집' 및 '이용'은 정보주체의 동의가 있는 경우 등 6가지 경우에만 가능한 것으로 제한하고 있다(동법 제15조 제1항). 그리고 개인정보처리자의 개인정보 '제공'도 정보주체의 동의가 있는 경우 등 2가지 경우로 제한한다(동법 제17조 제1항). 따라서 개인정보의 수집·이용 또는 제공은 개인정보를 수집하거나 이용하는 목적의 범위 안에서만 허용되고, 이러한 목적 범위를 초과하는 수집·이용이나 제공은 원칙적으로 금지된다(동법 제18조 제1항). 하지만 정보주체로부터 별도의 동의를 받는 등의 경우에는 정보주체나 제3자의 이익을 부당하게 침해할 우려가 있는 경우가 아니면 예외적으로 목적 외의 용도로 개인정보를 이용하거나 제공할 수 있다(동조 제2항). 이처럼 개인정보의 처리 개념은 매우 포괄적으로 규정하면서도 처리 개념에 포함되는 다양한 유형의 행위유형과 관련해서는 주로 수집·이용이나 제공에 대해서만 규율함으로써 처리 개념에 포함되는 다른 행위유형에 대해서는 법적 공백으로 남겨두는 문제가 발생한다.

한편 최근에 법률개정으로 당초 수집 목적과 합리적으로 관련된 범위에서 정보주체에게 불이익이 발생하는지 여부, 암호화 등 안전성 확보에 필요한 조치를 하였는지 여부 등을 고려하여 정보주체의 동의 없이도 개인정보의 이용이 가능한 예외가 추가되었다(동조 제3항). 이러한 입법은 그동안 정보주체의 동의가 없는 경

우에도 이익형량을 통해 개인정보의 이용이나 제공이 허용된다는 판례의 입장을 반영한 것으로 평가된다.[14] 물론 이전에도 개인정보처리자의 정당한 이익을 달성하기 위하여 필요한 경우로서 명백하게 정보주체의 권리보다 우선하는 경우로 개인정보처리자의 정당한 이익과 상당한 관련이 있고 합리적인 범위를 초과하지 아니하는 경우에 한하여 정보주체의 동의가 없이도 개인정보의 이용이나 제공이 허용되었다. 하지만 이러한 예외는 개인정보처리자의 정당한 이익 이외에도 명백한 우선성, 상당한 관련성, 합리적 범위라는 엄격한 요건 하에서만 인정되어 정보주체의 동의가 없는 개인정보의 예외적 허용은 사실상 인정되기 어려웠다. 따라서 정보주체에 대한 불이익의 발생 여부 및 안전성 확보에 필요한 조치의 마련 여부에 따라 정보주체의 동의가 없는 개인정보의 이용이나 제공이 허용되도록 한 것은 구체적 타당성을 제고할 수 있는 대안으로 평가될 수 있다.[15] 결국 개인정보와 관련해서는 정보주체의 입장에서 보면 개인정보의 '보호'가 중요하고, 개인정보처리자의 입장에서는 개인정보의 '활용'이 중요한데 원칙적으로 개인정보의 활용을 위해서는 정보주체의 동의를 필수적인 것으로 요구하면서도 정보주체가 입게 될 피해발생이나 이러한 피해를 막기 위한 안전조치의 유무에 따라 정보주체의 동의가 필요없는 예외를 인정하는 것은 보호와 활용이라는 개인정보와 관련된 두 가지 이익을 조화롭게 실현하기 위한 불가피한 선택으로 볼 수도 있을 것이다.[16]

개인정보 보호법에 따르면 시간·비용·기술 등을 합리적으로 고려할 때 다른 정보를 사용하여도 더 이상 개인을 알아볼 수 없는 정보에는 이 법이 적용하지 않는다(동법 제58조2). 이에 따라 "시간·비용·기술 등을 합리적으로 고려할 때 다른 정보를 사용하더라도 더 이상 개인을 알아볼 수 없는 정보"는 개인정보라고 하더라도 개인정보 보호법의 적용을 받지 않게 된다. 한편 개인정보 보호법은 개인정보의 정의조항에서 "해당 정보만으로는 특정 개인을 알아볼 수 없더라도 다른 정보와 쉽게 결합하여 알아볼 수 있는 정보"도 개인정보에 포함되고, 이 경우 쉽게 결합할 수 있는지 여부에 대한 판단은 "다른 정보의 입수 가능성 등 개인을 알아보는 데 소요되는 시간, 비용, 기술 등을 합리적으로 고려하여" 진행되어야 한다고 규정한다(동법 제2조 제1호 나목).[17] 이러한 정의조항에 따르면 '다른 정보

14) 자세한 내용은 이소은(2020), 263면 이하 참조.

15) 하지만 여전히 개인정보 보호법이 기초하고 있는 정보주체의 동의 제도와 관련해서는 지나친 경직성과 형식화에 대한 비판이 제기된다. 강달천(2020), 28면 이하 참조. 한편 정보주체의 동의 없는 개인정보의 수집·이용과 관련된 예외의 확장에 대해서 오히려 비판이 가해지기도 한다. 오길영(2020), 97면 이하 참조.

16) 같은 견해로 이정념(2020), 261면 참조.

와 쉽게 결합하여 개인을 알아볼 수 있는 정보'는 개인정보에 포함되지만 다른 정보와 쉽게 결합될 수 있는지 여부에 대한 판단을 할 때는 다른 정보의 입수 가능성 등 '개인을 알아보는 데 소요되는 시간, 비용, 기술 등을 합리적으로 고려하여야' 하기 때문에 개인을 알아보는 데 소요되는 되는 시간, 비용, 기술 등을 합리적으로 고려했을 때 다른 정보와 쉽게 결합될 수 없는 정보는 개인정보에 포함되지 않게 된다.18) 이처럼 개인정보 보호법의 정의조항과 적용배제조항은 특정한 정보에 대해서 결과적으로는 법의 효력이 발생하지 않는다는 점에서는 동일하지만 합리성 판단에 따라 특정한 정보가 개인정보에 포함되는지 여부에 대한 판단에서는 서로 다른 결과를 도출하게 되는 문제점이 발생한다.

**[법령 8.9] 개인정보의 수집 · 이용 및 제공이 허용되는 경우**

**제15조 (개인정보의 수집 · 이용)**

① 개인정보처리자는 다음 각 호의 어느 하나에 해당하는 경우에는 개인정보를 수집할 수 있으며 그 수집 목적의 범위에서 이용할 수 있다.
1. 정보주체의 동의를 받은 경우
2. 법률에 특별한 규정이 있거나 법령상 의무를 준수하기 위하여 불가피한 경우
3. 공공기관이 법령 등에서 정하는 소관 업무의 수행을 위하여 불가피한 경우
4. 정보주체와의 계약의 체결 및 이행을 위하여 불가피하게 필요한 경우
5. 정보주체 또는 그 법정대리인이 의사표시를 할 수 없는 상태에 있거나 주소불명 등으로 사전 동의를 받을 수 없는 경우로서 명백히 정보주체 또는 제3자의 급박한 생명, 신체, 재산의 이익을 위하여 필요하다고 인정되는 경우
6. 개인정보처리자의 정당한 이익을 달성하기 위하여 필요한 경우로서 명백하게 정보주체의 권리보다 우선하는 경우. 이 경우 개인정보처리자의 정당한 이익과 상당한 관련이 있고 합리적인 범위를 초과하지 아니하는 경우에 한한다.

② 개인정보처리자는 제1항 제1호에 따른 동의를 받을 때에는 다음 각 호의 사항을 정보주체에게 알려야 한다. 다음 각 호의 어느 하나의 사항을 변경하는 경우에도 이를 알리고 동의를 받아야 한다.
1. 개인정보의 수집 · 이용 목적
2. 수집하려는 개인정보의 항목
3. 개인정보의 보유 및 이용 기간
4. 동의를 거부할 권리가 있다는 사실 및 동의 거부에 따른 불이익이 있는 경우에는 그 불이익의 내용

③ 개인정보처리자는 당초 수집 목적과 합리적으로 관련된 범위에서 정보주체에게

---

17) 개인정보 해당성을 판단하는 기준으로서 식별의 용이성의 기준인 합리성의 의미에 대하여 유럽연합(EU)의 일반적 정보보호규정(GDPR)을 근거로 하는 해석하는 견해로 이민영(2020), 190면 이하 참조.

18) 따라서 개인정보의 판단기준으로서 입수가능성은 개인정보처리자가 아니라 일반인을 기준으로 판단되어야 한다는 견해는 주목할 만하다. 김해원(2018), 79면 이하 참조.

불이익이 발생하는지 여부, 암호화 등 안전성 확보에 필요한 조치를 하였는지 여부 등을 고려하여 대통령령으로 정하는 바에 따라 정보주체의 동의 없이 개인정보를 이용할 수 있다.

**제17조 (개인정보의 제공)**

① 개인정보처리자는 다음 각 호의 어느 하나에 해당되는 경우에는 정보주체의 개인정보를 제3자에게 제공(공유를 포함한다. 이하 같다)할 수 있다.

1. 정보주체의 동의를 받은 경우
2. 제15조 제1항 제2호・제3호・제5호 및 제39조의3 제2항 제2호・제3호에 따라 개인정보를 수집한 목적 범위에서 개인정보를 제공하는 경우

② 개인정보처리자는 제1항 제1호에 따른 동의를 받을 때에는 다음 각 호의 사항을 정보주체에게 알려야 한다. 다음 각 호의 어느 하나의 사항을 변경하는 경우에도 이를 알리고 동의를 받아야 한다.

1. 개인정보를 제공받는 자
2. 개인정보를 제공받는 자의 개인정보 이용 목적
3. 제공하는 개인정보의 항목
4. 개인정보를 제공받는 자의 개인정보 보유 및 이용 기간
5. 동의를 거부할 권리가 있다는 사실 및 동의 거부에 따른 불이익이 있는 경우에는 그 불이익의 내용

③ 생략

④ 개인정보처리자는 당초 수집 목적과 합리적으로 관련된 범위에서 정보주체에게 불이익이 발생하는지 여부, 암호화 등 안전성 확보에 필요한 조치를 하였는지 여부 등을 고려하여 대통령령으로 정하는 바에 따라 정보주체의 동의 없이 개인정보를 제공할 수 있다.

**제18조 (개인정보의 목적 외 이용・제공 제한)**

① 개인정보처리자는 개인정보를 제15조 제1항 및 제39조의3 제1항 및 제2항에 따른 범위를 초과하여 이용하거나 제17조 제1항 및 제3항에 따른 범위를 초과하여 제3자에게 제공하여서는 아니 된다.

② 제1항에도 불구하고 개인정보처리자는 다음 각 호의 어느 하나에 해당하는 경우에는 정보주체 또는 제3자의 이익을 부당하게 침해할 우려가 있을 때를 제외하고는 개인정보를 목적 외의 용도로 이용하거나 이를 제3자에게 제공할 수 있다. 다만, 이용자(「정보통신망 이용촉진 및 정보보호 등에 관한 법률」 제2조 제1항 제4호에 해당하는 자를 말한다. 이하 같다)의 개인정보를 처리하는 정보통신서비스 제공자(「정보통신망 이용촉진 및 정보보호 등에 관한 법률」 제2조 제1항 제3호에 해당하는 자를 말한다. 이하 같다)의 경우 제1호・제2호의 경우로 한정하고, 제5호부터 제9호까지의 경우는 공공기관의 경우로 한정한다.

1. 정보주체로부터 별도의 동의를 받은 경우
2. 다른 법률에 특별한 규정이 있는 경우
3. 정보주체 또는 그 법정대리인이 의사표시를 할 수 없는 상태에 있거나 주소불명 등으로 사전 동의를 받을 수 없는 경우로서 명백히 정보주체 또는 제3자의 급박한 생명, 신체, 재산의 이익을 위하여 필요하다고 인정되는 경우
4. 삭제
5. 개인정보를 목적 외의 용도로 이용하거나 이를 제3자에게 제공하지 아니하면

다른 법률에서 정하는 소관 업무를 수행할 수 없는 경우로서 보호위원회의 심의·의결을 거친 경우
6. 조약, 그 밖의 국제협정의 이행을 위하여 외국정부 또는 국제기구에 제공하기 위하여 필요한 경우
7. 범죄의 수사와 공소의 제기 및 유지를 위하여 필요한 경우
8. 법원의 재판업무 수행을 위하여 필요한 경우
9. 형(刑) 및 감호, 보호처분의 집행을 위하여 필요한 경우

③ 개인정보처리자는 제2항 제1호에 따른 동의를 받을 때에는 다음 각 호의 사항을 정보주체에게 알려야 한다. 다음 각 호의 어느 하나의 사항을 변경하는 경우에도 이를 알리고 동의를 받아야 한다.
1. 개인정보를 제공받는 자
2. 개인정보의 이용 목적(제공 시에는 제공받는 자의 이용 목적을 말한다)
3. 이용 또는 제공하는 개인정보의 항목
4. 개인정보의 보유 및 이용 기간(제공 시에는 제공받는 자의 보유 및 이용 기간을 말한다)
5. 동의를 거부할 권리가 있다는 사실 및 동의 거부에 따른 불이익이 있는 경우에는 그 불이익의 내용

④~⑥ 생략

## 2. 가명정보의 문제

개인정보 보호법에 따르면 '가명정보'는 "가명처리함으로써 원래의 상태로 복원하기 위한 추가 정보의 사용·결합 없이는 특정 개인을 알아볼 수 없는 정보"를 의미한다(동법 제2조 제1호 다목). 여기서 '가명처리'는 "개인정보의 일부를 삭제하거나 일부 또는 전부를 대체하는 등의 방법으로 추가 정보가 없이는 특정 개인을 알아볼 수 없도록 처리하는 것"을 뜻한다(동조 제1의2호). 그러니까 '성명, 주민등록번호 및 영상 등을 통하여 개인을 알아볼 수 있는 정보'뿐만 아니라 '해당 정보만으로는 특정 개인을 알아볼 수 없더라도 다른 정보와 쉽게 결합하여 알아볼 수 있는 정보'도 이 정보의 일부를 삭제하거나 일부 또는 전부를 대체하는 등의 방법으로 추가 정보가 없이는 특정 개인을 알아볼 수 없도록 처리되어 가명정보로 변형될 수 있는 것이다. 이러한 가명정보는 통계작성, 과학적 연구, 공익적 기록보존 등을 위한 목적이라면 정보주체의 동의가 없어도 처리가 가능하다(동법 제28조의2). 또한 가명정보의 결합도 가능하고(동법 제28조의3 제1항), 전문기관의 장의 승인을 받으면 결합된 가명정보의 외부반출도 가능하다(동조 제2항).

물론 앞서 언급한 대로 개인정보와 관련된 두 가지 이익인 보호와 활용을 조화롭게 실현하기 위해서는 개인정보를 가명처리하여 정보주체의 동의 없이도 활

용해야 할 필요성도 있다. 하지만 가명정보는 활용되거나 결합되는 과정에서 정보주체가 식별될 수 있는 가능성을 배제할 수 없다. 특히 가명정보는 통계작성, 과학적 연구, 공익적 기록보존 등을 위한 목적에서 허용되는데 이러한 가명정보의 활용이 허용되는 목적의 범위가 매우 광범위하다는 점에서 문제가 있다. 더욱이 이러한 가명정보의 주체에게는 정보주체에게 일반적으로 인정되는 상당수의 권리들이 배제되는 문제점도 있다.

## 3. 민감정보와 개인식별정보의 특별한 취급

개인정보 보호법에 따르면 개인정보 가운데서도 '민감정보'와 '개인식별정보'는 다른 개인정보와 다르게 취급된다. 우선 민간정보는 "사상·신념, 노동조합·정당의 가입·탈퇴, 정치적 견해, 건강, 성생활 등에 관한 정보, 그 밖에 정보주체의 사생활을 현저히 침해할 우려가 있는 개인정보"를 의미하는데 이러한 민감정보의 처리를 위해서는 '별도의 동의'가 요구된다(동법 제23조 제1항). 그리고 개인식별정보는 "개인을 고유하게 구별하기 위하여 부여된 식별정보"로 정의하면서 민감정보와 마찬가지로 개인식별정보의 처리를 위해서는 '별도의 동의'가 요구된다(동법 제24조 제1항). 앞서 살펴본 대로 개인정보의 처리에 속하는 행위유형 가운데 수집·이용이나 제공만을 위해서만 정보주체의 동의가 요구되는 반면에 민감정보와 개인식별정보의 경우에는 처리에 속하는 모든 행위유형에 대해서 정보주체의 동의가 요구된다는 점이다. 더욱이 민감정보나 개인식별정보를 처리하는 경우에는 다른 개인정보의 처리에 속하는 모든 행위유형에 대해서 별도의 동의가 필요하게 된다. 이렇게 되면 민감정보나 개인식별정보와 무관하게 다른 개인정보를 처리하는 경우와 민간정보나 개인식별정보와 동시에 다른 개인정보를 처리하는 경우가 서로 다르게 취급되는 문제가 발생한다.

**[법령 8.10] 민감정보와 개인식별정보의 특별한 취급**
**제23조 (민감정보의 처리 제한)**

① 개인정보처리자는 사상·신념, 노동조합·정당의 가입·탈퇴, 정치적 견해, 건강, 성생활 등에 관한 정보, 그 밖에 정보주체의 사생활을 현저히 침해할 우려가 있는 개인정보로서 대통령령으로 정하는 정보(이하 "민감정보"라 한다)를 처리하여서는 아니 된다. 다만, 다음 각 호의 어느 하나에 해당하는 경우에는 그러하지 아니하다.

1. 정보주체에게 제15조 제2항 각 호 또는 제17조 제2항 각 호의 사항을 알리고

다른 개인정보의 처리에 대한 동의와 별도로 동의를 받은 경우
2. 법령에서 민감정보의 처리를 요구하거나 허용하는 경우
② 생략

**제24조 (고유식별정보의 처리 제한)**
① 개인정보처리자는 다음 각 호의 경우를 제외하고는 법령에 따라 개인을 고유하게 구별하기 위하여 부여된 식별정보로서 대통령령으로 정하는 정보(이하 "고유식별정보"라 한다)를 처리할 수 없다.
1. 정보주체에게 제15조 제2항 각 호 또는 제17조 제2항 각 호의 사항을 알리고 다른 개인정보의 처리에 대한 동의와 별도로 동의를 받은 경우
2. 법령에서 구체적으로 고유식별정보의 처리를 요구하거나 허용하는 경우
②~⑤ 생략

## 4. 주민등록번호의 특례

개인식별정보 가운데 대표적인 것이 '주민등록번호'인데 개인정보 보호법은 주민등록번호의 처리와 관련된 특례를 규정하고 있다. 이에 따라 주민등록번호의 처리는 원칙적으로 금지되고, 법령에서 주민등록번호의 처리를 요구하거나 허용한 경우 또는 정보주체나 제3자의 급박한 생명, 신체, 재산의 이익을 위하여 명백히 필요한 경우에만 주민등록번호의 처리가 허용된다(동법 제24조의2 제1항). 주민등록번호의 경우에는 변경이 허용되지 않아 불법유출 등으로 인한 피해에 대처할 수 없다는 문제점이 지적되었는데 헌법재판소의 헌법불합치 결정(헌재 2015.12.23. 2013헌바68) 후 주민등록번호의 변경이 예외적으로 허용되고 있다(주민등록법 제7조의4 제1항).

**[법령 8.11] 주민등록번호의 처리**
**제24조의2 (주민등록번호 처리의 제한)**
① 제24조 제1항에도 불구하고 개인정보처리자는 다음 각 호의 어느 하나에 해당하는 경우를 제외하고는 주민등록번호를 처리할 수 없다.
1. 법률·대통령령·국회규칙·대법원규칙·헌법재판소규칙·중앙선거관리위원회규칙 및 감사원규칙에서 구체적으로 주민등록번호의 처리를 요구하거나 허용한 경우
2. 정보주체 또는 제3자의 급박한 생명, 신체, 재산의 이익을 위하여 명백히 필요하다고 인정되는 경우
3. 제1호 및 제2호에 준하여 주민등록번호 처리가 불가피한 경우로서 보호위원회가 고시로 정하는 경우
② 생략
③ 개인정보처리자는 제1항 각 호에 따라 주민등록번호를 처리하는 경우에도 정보

주체가 인터넷 홈페이지를 통하여 회원으로 가입하는 단계에서는 주민등록번호를 사용하지 아니하고도 회원으로 가입할 수 있는 방법을 제공하여야 한다.
④ 생략

## 5. 개인정보 관련 다른 법률과의 관계

개인정보 보호법 이외에도 개인정보와 관련된 법률이 존재한다. 우선 **신용정보의 이용 및 보호에 관한 법률**(이하 '신용정보법'으로 약칭)은 개인의 신용정보와 관련된다. 여기서 '신용정보'는 "금융거래 등 상거래에서 상대방의 신용을 판단할 때 필요한 정보"로 정의된다(동법 제2조 제1호). 이러한 신용정보에는 정보주체의 거래내용, 신용도, 신용거래내용 등을 판단할 수 있는 정보 및 이러한 정보와 결합되어 정보주체를 식별할 수 있는 정보가 포함된다. 신용정보회사 등이 신용정보를 수집하고 처리하기 위해서는 원칙적으로 정보주체의 동의가 필요하다(동법 제15조 제1항 및 제2항). 신용정보는 가명처리나 익명처리가 가능하다. 신용정보에 대해서는 정보주체에게 '전송요구권'이 보장된다(동법 제33조의2 제1항). 이에 따라 정보주체는 자신의 신용정보를 본인이나 신용정보제공・이용자 등에게 전송해주도록 요구할 수 있다. '데이터 이동권(right to data portability)'[19]이라고 불리는 이러

19) 데이터 이동권은 유럽연합(EU)의 '데이터보호에 관한 일반규정(General Data Protection Regulation: 이하 'GDPR'로 약칭)'에서 유래한다. GDPR 제20조(데이터 이동권: Right to data portability): ① 정보주체는 구조화되고 일반적으로 사용되며 기계적 인식이 가능한 형태로 본인이 정보처리자에게 제공한 자신과 관련된 개인정보를 수령할 권리를 가져야 하고, (a) 정보처리가 제6조 제1항이나 제9조 제2항 (a)에 따른 동의 또는 제6조 제1항 (b)에 따른 계약에 근거하는 경우 및 (b) 정보처리가 자동화된 방식으로 수행되는 경우에는 개인정보를 제공받은 정보처리자로부터 방해받지 않고 해당 데이터를 다른 정보처리자에게 전송할 수 있는 권리를 가져야 한다(The data subject shall have the right to receive the personal data concerning him or her, which he or she has provided to a controller, in a structured, commonly used and machine-readable format and (have the right to transmit those data to another controller without hindrance from the controller to which the personal data have been provided, where: (a) the processing is based on consent pursuant to point (a) of Article 6(1) or point (a) of Article 9(2) or on a contract pursuant to point (b) of Article 6(1); and (b) the processing is carried out by automated means). ② 제1항에 따른 자신의 데이터 이동권을 행사할 때 정보주체는 기술적으로 가능한 경우 개인정보를 특정 정보처리자로부터 다른 정보처리자에 직접 전송되도록 하게 할 수 있는 권리를 가져야 한다(In exercising his or her right to data portability pursuant to paragraph 1, the data subject shall have the right to have the personal data transmitted directly from one controller to another, where technically feasible). ③ 제1항에 열거된 권리의 행사는 제17조에 영향을 주지 않는다. 이 권리는 공익을 위하여 수행된 업무의 실행이나 정보처리자에게 부여된 공식적 권한의 행사에 필수적인 정보처리에는 적용되지 않는다(The exercise of the right referred to in paragraph 1 of this Article shall be without

한 전송요구권은 개인의 신용정보를 처리하는 은행, 신용카드사, 보험사, 증권사 등 금융기관뿐만 아니라 다른 개인정보를 다루는 통신사나 의료기관 등에 각각 분산되어 보관되고 있는 자신의 개인정보를 제3자인 특정한 업체를 통해 통합시켜 자산운용(재테크)이나 건강증진 등 자신을 위한 새로운 정보를 생성시키도록 만드는 이른바 '마이데이터' 산업과 관련하여 주목을 받고 있다. 이에 따라 신용정보법은 신용정보 전송요구권과 함께 '본인신용정보관리업'을 허용하고 있다. 여기서 중요한 것은 신용정보를 포함한 개인정보의 산업적 활용도 필요하지만 개인정보자기결정권이 보장되는 취지를 고려하여 이러한 활용과정에서 개인정보에 관한 인권이 침해되지 않도록 충분한 보장책을 마련해야 한다는 점이다.

**[법령 8.12] 신용정보의 이용 및 보호에 관한 법률**(최근개정: 2021. 4. 20. 법률 제18124호)
**제2조 (정의)**
이 법에서 사용하는 용어의 뜻은 다음과 같다.
1. "신용정보"란 금융거래 등 상거래에서 거래 상대방의 신용을 판단할 때 필요한 정보로서 다음 각 목의 정보를 말한다.
   가. 특정 신용정보주체를 식별할 수 있는 정보(나목부터 마목까지의 어느 하나에 해당하는 정보와 결합되는 경우만 신용정보에 해당한다)
   나. 신용정보주체의 거래내용을 판단할 수 있는 정보
   다. 신용정보주체의 신용도를 판단할 수 있는 정보
   라. 신용정보주체의 신용거래능력을 판단할 수 있는 정보
   마. 가목부터 라목까지의 정보 외에 신용정보주체의 신용을 판단할 때 필요한 정보

1의2. ~ 14. 생략

15. "가명처리"란 추가정보를 사용하지 아니하고는 특정 개인인 신용정보주체를 알아볼 수 없도록 개인신용정보를 처리(그 처리 결과가 다음 각 목의 어느 하나에 해당하는 경우로서 제40조의2 제1항 및 제2항에 따라 그 추가정보를 분리하여 보관하는 등 특정 개인인 신용정보주체를 알아볼 수 없도록 개인신용정보를 처리한 경우를 포함한다)하는 것을 말한다.
   가. 어떤 신용정보주체와 다른 신용정보주체가 구별되는 경우
   나. 하나의 정보집합물(정보를 체계적으로 관리하거나 처리할 목적으로 일정한 규칙에 따라 구성되거나 배열된 둘 이상의 정보들을 말한다. 이하 같

prejudice to Article 17. That right shall not apply to processing necessary for the performance of a task carried out in the public interest or in the exercise of official authority vested in the controller). ④ 제1항에 열거된 권리는 다른 사람의 권리와 자유에 불리하게 작동해서는 아니 된다(The right referred to in paragraph 1 shall not adversely affect the rights and freedoms of others). 유럽연합의 GDPR에서 인정되고 있는 데이터 이동권에 대한 자세한 설명은 박훤일(2017), 214면 이하 참조. 그리고 한국에서 데이터 이동권의 인정 배경에 대해서는 고수윤/이수안/손경호(2020), 7면 이하; 정원준(2020), 73면 이하 참조.

다)에서나 서로 다른 둘 이상의 정보집합물 간에서 어떤 신용정보주체에 관한 둘 이상의 정보가 연계되거나 연동되는 경우

다. 가목 및 나목과 유사한 경우로서 대통령령으로 정하는 경우

16. "가명정보"란 가명처리한 개인신용정보를 말한다.

17. "익명처리"란 더 이상 특정 개인인 신용정보주체를 알아볼 수 없도록 개인신용정보를 처리하는 것을 말한다.

18. 생략

**제15조 (수집 및 처리의 원칙)**

① 신용정보회사, 본인신용정보관리회사, 채권추심회사, 신용정보집중기관 및 신용정보제공·이용자(이하 "신용정보회사 등"이라 한다)는 신용정보를 수집하고 이를 처리할 수 있다. 이 경우 이 법 또는 정관으로 정한 업무 범위에서 수집 및 처리의 목적을 명확히 하여야 하며, 이 법 및 「개인정보 보호법」 제3조 제1항 및 제2항에 따라 그 목적 달성에 필요한 최소한의 범위에서 합리적이고 공정한 수단을 사용하여 신용정보를 수집 및 처리하여야 한다.

② 신용정보회사 등이 개인신용정보를 수집하는 때에는 해당 신용정보주체의 동의를 받아야 한다. 다만, 다음 각 호의 어느 하나에 해당하는 경우에는 그러하지 아니하다.

1. 「개인정보 보호법」 제15조 제1항 제2호부터 제6호까지의 어느 하나에 해당하는 경우

2. 다음 각 목의 어느 하나에 해당하는 정보를 수집하는 경우

가. 법령에 따라 공시(公示)되거나 공개된 정보

나. 출판물이나 방송매체 또는 「공공기관의 정보공개에 관한 법률」 제2조 제3호에 따른 공공기관의 인터넷 홈페이지 등의 매체를 통하여 공시 또는 공개된 정보

다. 신용정보주체가 스스로 사회관계망서비스 등에 직접 또는 제3자를 통하여 공개한 정보. 이 경우 대통령령으로 정하는 바에 따라 해당 신용정보주체의 동의가 있었다고 객관적으로 인정되는 범위 내로 한정한다.

3.~4. 생략

**제33조의2 (개인신용정보의 전송요구)**

① 개인인 신용정보주체는 신용정보제공·이용자 등에 대하여 그가 보유하고 있는 본인에 관한 개인신용정보를 다음 각 호의 어느 하나에 해당하는 자에게 전송하여 줄 것을 요구할 수 있다.

1. 해당 신용정보주체 본인

2. 본인신용정보관리회사

3. 대통령령으로 정하는 신용정보제공·이용자

4. 개인신용평가회사

5. 그 밖에 제1호부터 제4호까지의 규정에서 정한 자와 유사한 자로서 대통령령으로 정하는 자

②~⑨ 생략

### 토론문제

1. 왜 국가는 국민의 생체정보를 수집하기 원하는가?
2. 국민의 생체정보에 대한 수집은 어떠한 경우에 허용될 수 있는가?
3. 생체정보에 관한 권리는 어떠한 기본권에서 도출될 수 있는가?
4. 개인정보는 권리의 대상인가, 아니면 산업의 대상인가?

### 내 입장은?

1. 열 손가락의 지문을 요구하는 현행 제도가 유지되어야 한다.
2. 지문날인을 요구하는 손가락의 숫자는 최소한으로 축소되어야 한다.
3. 지문날인은 전면적으로 금지되어야 한다.

## 참고문헌

강달천(2020), 개인정보자기결정권 보호의 한계의 관점에서 본「개인정보보호법」 개정의 문제점, ≪중앙법학≫(중앙법학회), 제22집 제3호(2020), 7～50면.

고수윤/이수안/손경호(2020), 데이터이동권 도입을 위한 비교법적 연구, ≪과학기술법연구≫(한남대학교 과학기술법연구원), 제26권 제2호(2020), 3～58면.

권건보(2008), 지문날인제도의 현황과 헌법적 문제점의 검토, ≪세계헌법연구≫(국제헌법학회, 한국학회), 제14권 1호(2008), 39～74면.

권헌영(2007), 개인정보권의 헌법적 수용, ≪토지공법연구≫(한국토지공법학회), 제35집(2007), 315～333면.

권형준(2004), 자기정보통제권에 관한 고찰, ≪헌법학연구≫(한국헌법학회), 제10권 제2호(2004), 89～116면.

길준규(2003), 개인정보의 개념과 특징, ≪토지공법연구≫(한국토지공법학회), 제18집(2003), 241～264면.

김승환(2003), 정보자기결정권, ≪헌법학연구≫(한국헌법학회), 제9권 제3호(2003), 149～179면.

김승환(2005), 열 손가락 지문 강제날인 제도와 관련된 쟁점들, ≪민주법학≫(민주주의법학연구회), 제28호(2005), 215～235면.

김일환(1999), 미국의 개인정보보호법제에 관한 연구, ≪미국헌법연구≫(미국헌법학회), 제10호(1999), 325～400면.

김일환(2001), 정보자기결정권의 헌법상 근거와 보호에 관한 연구, ≪공법연구≫(한국공법학회), 제29집 제3호(2001), 87~112면.

김일환(2004), 주민등록법에 대한 헌법적 고찰, ≪성균관법학≫(성균관대학교 비교법연구소), 제16권 제2호(2004), 285~303면.

김일환(2005), 주민등록번호의 위헌성여부에 관한 고찰, ≪헌법학연구≫(한국헌법학회), 제11권 제3호(2005), 303~336면.

김일환(2012), 주민등록법상 지문정보의 목적 외 이용에 대한 헌법적 고찰, ≪공법연구≫(한국공법학회), 제41집 제1호(2012), 3~109면.

김종철(2006), 전자정부와 개인정보보호의 조화, ≪세계헌법연구≫(국제헌법학회 한국학회), 제12권(2006), 69~86면.

김해원(2019), 개인정보에 대한 헌법적 검토－「개인정보보호법」의 목적 및 정의 규정을 중심으로－, ≪공법학연구≫(한국비교공법학회), 제20권 제4호(2019), 63~98면.

명재진(2006), 국가에 의한 지문강제날인제도의 헌법적 문제점, ≪공법학연구≫(한국비교공법학회), 제7권 제1호(2006), 195~218면.

명재진(2008), 지문강제날인제도의 헌법적 문제점과 헌법의 세계화－영미의 논의를 중심으로－, ≪세계헌법연구≫(국제헌법학회 한국학회), 제14권 1호(2008), 140~168면.

박훤일(2017), 정보이동권의 국내 도입 방안－EU GDPR의 관련 규정을 중심으로－, ≪경희법학≫(경희법학연구소), 제52권 제3호(2017), 211~232면.

서계원(2005), 정보 프라이버시와 개인정보의 보호－개인정보보호기본법안을 중심으로－, ≪세계헌법연구≫(국제헌법학회 한국학회), 제11권 제1호(2005), 195~232면.

오길영(2020), 개정 개인정보 보호법에 대한 검토와 비판－정보주체의 자기결정권에 대한 사항을 중심으로－, ≪민주법학≫(민주주의법학연구회), 제73호(2020), 79~116면.

이민영(2020), 「개인정보 보호법」에 규율된 합리성 심사의 합리적 이해, ≪미국헌법연구≫(미국헌법학회), 제31권 제2호(2020), 171~208면.

이상명(2011), 주민등록 지문날인제도의 위헌성, ≪한양법학≫(한양법학회), 통권 제36집(2011), 319~353면.

이소은(2020), 개인정보 보호법의 주요 개정 내용과 그에 대한 평가－개인정보 처리의 정당화 사유를 중심으로－, ≪법학논집≫(이화여자대학교 법학연구소), 제24권 제3호(2020), 249~286면.

이정념(2020), 개인정보 보호법의 개정 의의와 적용상 한계, ≪저스티스≫(한국법학원), 통권 제179호(2020), 242~270면.

이희훈(2008), 주민등록법상 지문날인제도의 위헌성에 대한 연구－헌법재판소 2005. 5. 26. 99헌마513・2004헌마190(병합)결정에 대한 비판을 중심으로－, ≪외법논집≫(한국외국어대학교 법학연구소), 제31집(2008), 279~307면.

임규철(2002), 정보화사회에서의 개인정보자기결정권에 대한 연구－독일에서의 논의를 중심으로－, ≪헌법학연구≫(한국헌법학회), 제8권 제3호(2002), 231~260면.

임규철(2003), 각 국의 개인정보보호법제 비교연구－미국과 유럽연합의 개인정보보호법제를 중심으로－, ≪공법연구≫(한국공법학회), 제31집 제5호(2003), 71~90면.

정영화(2000), 사이버스페이스와 프라이버시권－현행 개인정보보호법제의 문제점을 중심으로－, ≪헌법학연구≫(한국헌법학회), 제6권 제3호(2000), 50~85면.

정영화(2002), 인터넷상 개인정보보호 및 분쟁해결에 관한 연구, ≪인터넷법연구≫(한국인터넷법학회), 제1호(2002), 15~58면.

정원준(2020), 데이터 이동권 도입의 실익과 입법적 방안 모색, ≪성균관법학≫(성균관대학교 법학연구원), 제32권 제2호(2020), 69~112면.

한상훈(2004), 개인정보의 법적 보호, ≪경찰법연구≫(한국경찰법학회), 제2권 제1호(2004), 202~234면.

홍석만(2001), 지문날인거부운동의 교훈과 과제－지문날인거부, 역감시의 권리로－, ≪사회비평≫, 제28호(2001), 73~83면.

# 제 9 장
# 민간인 사찰과 감시받지 않을 권리

개인정보는 공정하고 합법적으로 처리되어야 하고,
명확하고 정당한 특정의 목적을 위해서 처리되어야 하며
그러한 목적과 양립할 수 없는 방식으로 처리되어서는 안 된다.
≪개인정보 보호에 관한 1995년 제46호 EU지침≫
Personal data must be processed fairly and lawfully,
collected for specified, explicit and legitimate purposes and
not further processed in a way incompatible with those purposes.
≪Directive 95/46/EC on the protection of individuals with regard to
the processing of personal data and on the free movement of such data, 1995≫

인권변호사로 유명한 시민운동가가 국가정보원의 시민단체 사찰을 언론에 공개했다. 정부에 비판적인 시민단체의 한 간부도 자신에 대한 국가의 사찰을 폭로했다. 심지어 공무원의 비리를 감찰하기 위해 설치된 총리실 부속기관에서 민간인을 사찰했단다. 타임머신을 타고 다시 혹독했던 1970년대 유신시대로 돌아간 것인가?

국가정보원이 국회의원마저 사찰하는 시대다. 권력의 유지와 독점을 위해 수단과 방법을 가리지 않는다. 권력의 속성이 원래 그런 것이라고 말할지도 모른다. 비판세력을 감시하지 않으면 권력을 잃을 수밖에 없고, 적어도 권력을 나누어 가질 수밖에 없다. 정글 같은 현실에서 감시하지 않으면 감시당하고, 먼저 잡아먹지 않으면 잡아먹히는 것이 생존법칙이지 않은가?

곳곳에 설치된 폐쇄회로 텔레비전(CCTV)이 더 이상 낯설지 않을 만큼 감시가 일상화되어 있는 시대다. 몰래 설치된 카메라를 통해 사람이 희화화(戲畵化)되어도 아무도 거기에 대해서 문제삼지 않는 세상이다. 불법의 예방을 위해 불법의 감시가 정당화되기도 하지만 그렇다고 모든 감시가 정당화될 수는 없다. 지루한 일상에 즐거움을 주는 '몰래카메라'가 항상 웃음을 주는 것도 아니다. 감시 또는 훔쳐보기가 왜 문제가 되는지에 대해서 살펴보자.

# Ⅰ. 민간인 사찰의 역사와 이유

국군 보안사령부(이하 '보안사'로 약칭)에 소속된 병사의 양심선언[1]으로 보안사의 민간인 사찰이 세상에 알려진 것이 1990년의 일이다. 그리고 20년이나 지난 2010년 국무총리실에 설치된 '공직윤리지원관실'의 민간인 사찰로 또다시 민간인 사찰의 문제가 뜨거운 사회적 이슈로 등장했다. 보안사 사령관 출신인 두 명의 전직대통령(전두환, 노태우)이 통치했던 군사정부시절에 발생한 민간인 사찰보다 문민정부시대에 발생한 민간인 사찰은 국민의 이목을 집중시키기에 충분하다. 그리고 대통령 탄핵으로 시끄럽던 시절 문화체육관광부가 문화예술인들의 정치적 성향을 수집·분석하여 이른바 '블랙리스트'를 작성한 뒤 여기에 오른 인사들을 정부 지원 사업에서 의도적으로 배제한 일도 일어났다. 불법적으로 권력을 차지한 군사정부가 자신에 대한 비판을 감시하고 억압하기 위하여 민간인에 대한 사찰을 자행한 것은 '태생적 한계'라고 치자. 하지만 실용을 기치로 국민의 과반수 지지를 얻어 권력에 오른 통치집단이 민간인을 사찰하는 불법행위를 저지른 것은 어떻게 이해되어야 할까? 두 가지 민간인 사찰 사건과 블랙리스트 사건은 불법적으로든 합법적으로든 권력을 잡은 집단은 자신에 대한 비판세력을 감시하고 통제하기 위해 권력을 남용할 수 있다는 현실을 보여준다. 더욱이 2016년에 제정된 테러방지법에 따라 테러위험인물에 대한 정보수집이 허용됨으로써 민간인에 대한 정보수집이 합법의 외관을 가지며 용이해진 것이 현실이다. 이러한 현실에 대항하기 위하여 국민에게 어떠한 인권이 보장되어야 하는지 검토하기로 한다.

# Ⅱ. 민간인 사찰에서 문제가 되는 인권

## 1. 감시받지 않을 권리

인간은 '감시받지 않을 권리'를 향유한다. 여기서 감시는 본인의 의사에 반하여 타인이 개인의 생활을 몰래 훔쳐보는 행위를 말한다.[2] 개인의 생활을 몰래 훔

1) 1990년 9월 4일 보안사에 소속되어 있던 윤석양 이병은 탈영하면서 보안사에서 작성된 동향파악대상자 색인표와 개인신상카드 및 개인별 동향파악내용이 들어있는 컴퓨터디스켓을 들고 나와 보안사의 민간인 사찰에 관한 양심선언을 하였다. 2년여를 도피하던 윤 이병은 체포되어 징역형을 받았지만 사찰 대상이었던 김대중(당시 평민당 총재)씨 등은 국가를 상대로 손해배상소송을 제기하여 승소하였다.

2) 감시의 개념과 유형에 관한 자세한 설명은 이준일, ≪감시와 법≫(2014), 9면 이하 참조.

쳐보는 이유는 쉽게 말해서 개인에 관한 무언가를 캐내어 알아내려는 데 있다. 따라서 감시의 목적은 개인의 신상이나 활동내용 또는 인간관계, 심지어 사상이나 신념에 관한 정보를 수집하려는 데 있다. 구체적으로 미행(몰래 따라다니기)이나 도청(몰래 듣기) 또는 도촬(몰래 사진·동영상찍기) 등을 통해 감시가 이루어진다.[3] 감시의 수단들을 통해 알 수 있는 것은 감시의 본질이 본인 모르게 본인에 관한 정보와 사실이 알려지고 공개된다는 점이다.[4] 감시하는 쪽에서는 해당 정보와 사실이 진실이라면 문제될 것 없다고 말할지도 모른다. 하지만 중요한 것은 해당 정보와 사실의 진실성이 아니라 그러한 정보와 사실이 본인의 의사에 반하여 알려지고 공개된다는 점에 있다. 따라서 감시받지 않을 권리의 핵심은 원칙적으로 본인과 관련된 어떠한 정보나 사실도 본인의 동의 없이 인지·수집·공개될 수 없다는 점이다. 다시 말해 감시받지 않을 권리는 본인과 관련된 정보나 사실에 관하여 '비밀에 부칠 권리'라고 말할 수 있고, 견해에 따라서는 "정보프라이버시권"으로 부르기도 한다.[5] 물론 본인과 관련된 정보나 사실은 본인이 원하면 자발적으로 공개할 수도 있다. 그러므로 감시받지 않을 권리는 소극적으로 보면 본인이 원하여 공개할 때까지 본인과 관련된 정보나 사실에 관하여 간섭받지 않을 권리이고,[6] 적극적으로 보면 본인과 관련된 정보나 사실에 관하여 공개 여부를 자기 스스로 결정할 수 있는 권리를 의미한다. 후자를 '개인정보자기결정권'으로 부르기도 한다.[7] 감시받지 않을 권리는 감시의 대상에 따라 주거의 비밀에 관한 권리, 통신의 비밀에 관한 권리, 사생활의 비밀에 관한 권리로 세분화된다.

## 2. 주거의 비밀에 관한 권리

본인에 관한 정보나 사실 가운데 가장 기본적인 것은 '개인의 생활공간'에 관

---

특히 국가감시에 대해서는 같은 책, 40면 이하 참조.

3) 최근의 정보통신기술의 발달로 가능해진 전자감시의 유형으로 도청이나 도촬 이외에 인터넷감시, 위치데이터를 통한 감시, 사이버범죄의 국제감시, 인공위성에 의한 감시 등이 제시된다. 최승원(2006), 100면 이하 참조.

4) 개인에 대한 감시의 헌법적 의의에 대해서는 남중권(2014), 22면 이하 참조.

5) 강경근(2005), 215면 이하; 이인호(2008), 45면 이하. 이 견해는 정보프라이버시권과 정보의 자유를 묶어 "정보기본권" 또는 "정보인권"으로 부른다.

6) 유엔의 '시민적·정치적 권리에 관한 국제협약(ICCPR)'도 이와 같은 권리를 명시하고 있다. ICCPR 제17조 제1항: "어느 누구도 자신의 사생활, 가족, 주거 또는 통신에 대한 자의적이거나 불법적인 감시를 받지 않아야 한다(No one shall be subjected to arbitrary or unlawful interference with his privacy, family, home or correspondence)."

7) 개인정보자기결정권에 대해서는 이 책 제8장 참조.

한 것이다. 이러한 개인적 생활공간에 관한 비밀을 유지할 수 있는 권리는 '주거의 비밀에 관한 권리'를 통해 보장된다(헌법 제16조). 이에 따라 우선 국가는 개인의 생활공간에 본인의 동의 없이 출입할 수 없다. 예외적으로 본인의 동의 없이 개인의 생활공간에 강제로 출입하는 것도 허용되지만 이것이 가능하려면 법관이 발부한 '영장'이 필요하다(**영장주의원칙**).[8] 국가가 아닌 사인도 다른 사람의 생활공간에 본인의 동의 없이 출입할 수 없고, 본인의 동의 없는 출입은 **주거침입죄**로 처벌을 받게 된다(형법 제319조). 개인의 생활공간에 대한 침범은 출입이라는 직접적 형태가 아니라 기계적 장치를 이용한 '도청'이나 '도촬'이라는 간접적 형태로 이루어질 수도 있다. 사실 개인의 생활공간에 대한 감시는 주로 이러한 간접적 형태로 은밀하게 진행된다. 물론 국가안보나 범죄예방을 위하여 주거에 대한 감시가 정당화될 수 있다. 하지만 다른 모든 기본권에 대한 제한처럼 주거의 비밀에 대한 제한을 의미하는 감시의 경우에도 헌법적 원칙에 따라 국가안보나 범죄예방의 공익목적의 실현에 적합하고(적합성원칙), 주거의 비밀에 관한 기본권에 대한 피해를 최소화하며(필요성원칙 또는 피해최소성원칙), 특히 공익목적과 기본권을 균형있게 실현하는(법익균형성원칙) 수단과 방법이 채택되어야 한다.

### 3. 통신의 비밀에 관한 권리

통신활동도 본인에 관한 정보나 사실로서 중요한 의미를 갖는다. 이에 따라 헌법은 '통신의 비밀에 관한 권리'를 규정함으로써(헌법 제18조) 통신활동의 비밀성을 보장하고 있다. 특히 최근에 비밀이 강조되는 개인의 활동영역으로 통신활동(휴대전화 또는 인터넷)이 부각되고 있다. 통신활동에 대한 감시가 급격하게 증가하고 있기 때문이다. 휴대전화나 이메일에 대한 감시처럼 무차별적으로 이루어지는 통신활동의 감시는 고도의 기술이 요구되고, 녹취나 저장의 기록이 없는 한 흔적이 남지 않는 것이 특징이다. 따라서 은밀하고도 치밀하게 진행되는 통신활동의 감시는 이에 대한 주장과 소명이 곤란할 수밖에 없다. 따라서 통신활동에 대한 감시는 엄격하게 제한되어야 하고, 위법적 감시에 대한 엄격한 처벌도 요구된다. 이에 따라 **통신비밀보호법**에 의해 통신활동에 대한 감시(통신제한조치 및 통신사실확인)는 오로지 국가안보나 범죄수사의 목적을 위해서만 엄격한 요건과 절차에 따

8) 헌법은 주거에 대한 압수나 수색의 경우에 영장주의원칙을 명시적으로 요구하고 있다. 헌법 제16조 제2문: "주거에 대한 압수나 수색을 할 때에는 검사의 신청에 의하여 법관이 발부한 영장을 제시하여야 한다."

라 허용된다(통신비밀보호법 제5조, 제7조, 제8조, 제13조, 제13조의2, 제13조의4).9) 이에 따라 통신제한조치는 원칙적으로 '법원의 허가'가 필요한데(동법 제6조) 국가안보를 위한 정보수집의 경우에는 법원의 허가가 필요없고, 중대한 범죄가 발생할 수 있는 긴박한 상황인 경우에도 법원의 허가를 거치지 않아도 된다는 점에서 국가가 통신제한조치를 남용할 여지가 있다.

**[법령 9.1] 통신제한조치 및 통신사실확인자료요청: 통신비밀보호법**(최근개정: 2021. 3. 16. 법률 제17935호)

**제5조 (범죄수사를 위한 통신제한조치의 허가요건)**

① 통신제한조치는 다음 각 호의 범죄를 계획 또는 실행하고 있거나 실행하였다고 의심할만한 충분한 이유가 있고 다른 방법으로는 그 범죄의 실행을 저지하거나 범인의 체포 또는 증거의 수집이 어려운 경우에 한하여 허가할 수 있다.
1. ~ 11. 생략

② 생략

**제6조 (범죄수사를 위한 통신제한조치의 허가절차)**

① 검사(군검사를 포함한다. 이하 같다)는 제5조 제1항의 요건이 구비된 경우에는 법원(군사법원을 포함한다. 이하 같다)에 대하여 각 피의자별 또는 각 피내사자별로 통신제한조치를 허가하여 줄 것을 청구할 수 있다.

② 사법경찰관(군사법경찰관을 포함한다. 이하 같다)은 제5조 제1항의 요건이 구비된 경우에는 검사에 대하여 각 피의자별 또는 각 피내사자별로 통신제한조치에 대한 허가를 신청하고, 검사는 법원에 대하여 그 허가를 청구할 수 있다.

③ ~ ⑧ 생략

**제7조 (국가안보를 위한 통신제한조치)**

①대통령령이 정하는 정보수사기관의 장(이하 "정보수사기관의 장"이라 한다)은 국가안전보장에 상당한 위험이 예상되는 경우 또는 「국민보호와 공공안전을 위한 테러방지법」 제2조 제6호의 대테러활동에 필요한 경우에 한하여 그 위해를 방지하기 위하여 이에 관한 정보수집이 특히 필요한 때에는 다음 각호의 구분에 따라 통신제한조치를 할 수 있다.
1. ~ 2. 생략

② ~ ④ 생략

**제13조 (범죄수사를 위한 통신사실 확인자료제공의 절차)**

① 검사 또는 사법경찰관은 수사 또는 형의 집행을 위하여 필요한 경우 전기통신사업법에 의한 전기통신사업자(이하 "전기통신사업자"라 한다)에게 통신사실 확인자료의 열람이나 제출(이하 "통신사실 확인자료제공"이라 한다)을 요청할 수 있다.

---

9) 통신비밀보호법의 문제점으로는 대상범죄가 포괄적이고, 통신제한조치의 허가요건이 준수되지 않으며 통신제한조치의 요건이 불명확하고, 긴급감청의 남용으로 영장주의원칙이 무력화될 위험성이 지적된다. 문병효(2009), 507면 이하 참조. 같은 취지의 견해로 성낙인(2004), 140면 이하; 오길영(2007), 376면 이하 참조.

②~⑨ 생략

**제13조의2 (법원에의 통신사실확인자료제공)**

법원은 재판상 필요한 경우에는 민사소송법 제294조 또는 형사소송법 제272조의 규정에 의하여 전기통신사업자에게 통신사실확인자료제공을 요청할 수 있다.

**제13조의4 (국가안보를 위한 통신사실 확인자료제공의 절차 등)**

① 정보수사기관의 장은 국가안전보장에 대한 위해를 방지하기 위하여 정보수집이 필요한 경우 전기통신사업자에게 통신사실 확인자료제공을 요청할 수 있다.

②~③ 생략

## 4. 사생활의 비밀에 관한 권리

통신활동을 제외한 인간의 활동, 즉 대화, 거래, 이동(왕래), 여행, 이사, 학문활동, 예술활동, 직업활동 등과 같은 '활동에 대한 비밀'은 '사생활의 비밀에 관한 권리'(헌법 제17조)에 의해 보장된다. 이에 따라 개인의 다양한 활동영역에 대한 여러 가지 형태의 감시는 금지된다. 예를 들어 통신비밀보호법은 누구든지 공개되지 아니한 타인간의 대화를 녹음하거나 전자장치 또는 기계적 수단을 이용하여 청취하는 행위를 금지하고 있다(동법 제14조 제1항). 따라서 국가에 의한 감시는 물론이고, 이른바 '심부름센터'와 같은 사설기관의 형태로 이루어지는 개인에 의한 감시도 금지된다.

또한 사생활의 비밀에 관한 권리는 '개인정보의 비밀'도 보장한다. 따라서 국가 또는 기업에 의해 무차별적으로 진행되고 있는 개인정보의 수집·관리·이용행위는 이러한 권리에 의해 금지된다. '**개인정보 보호법**'에 따르면 개인정보는 ① "살아 있는 개인에 관한 정보로서 성명, 주민등록번호 및 영상 등을 통하여 개인을 알아볼 수 있는 정보, ② 해당 정보만으로는 특정 개인을 알아볼 수 없더라도 다른 정보와 쉽게 결합하여 알아볼 수 있는 정보(이 경우 쉽게 결합할 수 있는지 여부는 다른 정보의 입수 가능성 등 개인을 알아보는 데 소요되는 시간, 비용, 기술 등을 합리적으로 고려하여야 한다), ③ ① 또는 ②의 정보를 가명처리함으로써 원래의 상태로 복원하기 위한 추가 정보의 사용·결합 없이는 특정 개인을 알아볼 수 없는 정보(가명정보)를 의미한다. 이러한 개인정보의 보호와 관련하여 개인정보 보호법은 몇 가지 중요한 원칙을 제시하고 있다.[10] ① 첫째, 개인정보 처리의 목적이 명확

---

10) '개인정보 보호법'에서 제시된 원칙은 1980년 9월 23일에 경제협력개발기구(OECD)가 개인정보 보호지침(OECD Guidelines on the Protection of Privacy and Transborder Flows of Personal Data)에서 제시한 원칙을 반영하고 있다. 이 지침에서 제시된 원칙으로는 ① 수집제한의 원칙(Collection Limitation Principle), ② 정보의 품질에 관한 원칙(Data Quality

하게 제시되어야 하고 그 목적에 필요한 범위에서 최소한의 개인정보만 적법하고 정당하게 수집되어야 한다(동법 제3조 제1항). ② 둘째, 개인정보는 목적에 필요한 범위에서 적합하게 처리되어야 하며, 그 목적 외의 용도로 활용될 수 없다(동조 제2항). ③ 셋째, 목적에 필요한 범위에서 개인정보의 정확성, 완전성 및 최신성이 보장되어야 한다(동조 제3항). ④ 넷째, 개인정보는 그 처리 방법 및 종류 등에 따라 정보주체의 권리가 침해받을 가능성과 그 위험 정도를 고려하여 안전하게 관리되어야 한다(동조 제4항). ⑤ 다섯째, 개인정보의 처리에 관한 사항이 공개되어야 하며, 열람청구권 등 정보주체의 권리가 보장되어야 한다(동조 제5항). ⑥ 여섯째, 개인정보는 정보주체의 사생활 침해를 최소화하는 방법으로 처리되어야 한다(동조 제6항). ⑦ 일곱째, 익명이나 가명으로 처리가 가능한 경우에 개인정보는 익명 또는 가명에 의하여 처리되어야 한다(동조 제7항). ⑧ 개인정보처리자는 법령에서 규정하고 있는 책임과 의무를 준수하고 실천함으로써 정보주체의 신뢰를 얻기 위하여 노력해야 한다(동조 제8항). 이러한 원칙에 따르면 민간인 사찰은 그 목적 자체부터가 정당하지 않다. 민간인 사찰 사건에서 잘 드러나듯이 국가가 사찰 대상에 관한 다양한 개인정보를 담은 신상카드를 작성하거나 이를 컴퓨터디스켓에 보관하여 관리하는 것이 민간인 사찰의 전형적인 형태다. 개인정보의 수집은 행정상의 필요를 위해 정당화될 수 있지만 이러한 민간인 사찰은 정치적 목적을 위해 이루어진다는 점에서 법적 근거가 없는 명백한 불법행위에 해당한다.

한편 개인정보의 비밀과 관련하여 최근에 문제가 되고 있는 것이 범죄예방이나 교통단속을 위해 골목이나 도로마다 설치된 폐쇄회로 텔레비전(CCTV)이다.[11] CCTV는 개인의 위치와 행동에 관한 정보를 감시하는 수단이기 때문이다. CCTV는 공익적 목적을 위해 설치되지만 개인의 활동을 감시한다는 점에서 개인의 사생활을 침해할 수 있는 문제를 발생시킨다. 따라서 CCTV의 설치를 위해서는 법적 근거가 필요한데 개인정보 보호법은 법적 근거를 마련하고 있다. 이 법률에 따르면 CCTV는 "영상정보처리기기"에 포함되고,[12] 영상정보처리기기는 "일정한

---

Principle), ③ 목적특정의 원칙(Purpose Specification Principle), ④ 사용제한의 원칙(Use Limitation Principle), ⑤ 정보보안의 원칙(Security Safeguards Principle), ⑥ 개방성의 원칙(Openness Principle), ⑦ 개인참여의 원칙(Individual Participation Principle), ⑧ 책임준수의 원칙(Accountability Principle)이 있다.

11) CCTV는 "무인감시카메라"로 불리기도 하고, 대표적인 "비디오감시"의 수단이다. 이민영(2008), 107면 이하 참조. CCTV의 설치에 관한 구체적 현황에 대해서는 권건보(2009), 193면 이하 참조.

12) CCTV 이외에 영상정보처리기기로는 "네트워크 카메라"(일정한 공간에 지속적으로 설치된 기기로 촬영한 영상정보를 그 기기를 설치·관리하는 자가 유무선 인터넷을 통하여 어

공간에 지속적으로 설치되어 사람 또는 사물의 영상 등을 촬영하거나 이를 유·무선망을 통하여 전송하는 장치"로 정의된다(동법 제2조 제7호). 이러한 CCTV의 설치가 허용되는 경우는 ① 법령에서 구체적으로 허용하고 있는 경우, ② 범죄의 예방 및 수사를 위하여 필요한 경우, ③ 시설안전 및 화재 예방을 위하여 필요한 경우, ④ 교통단속을 위하여 필요한 경우, ⑤ 교통정보의 수집·분석 및 제공을 위하여 필요한 경우로 한정된다(동법 제25조 제1항). 이러한 공익적 목적에서 CCTV가 설치될 수 있다고 하여도 사생활의 비밀을 침해하는 감시행위로서 CCTV의 설치는 그러한 목적의 달성에 필요한 범위에서, 다시 말해 사생활의 비밀에 대한 침해를 최소화할 뿐만 아니라 달성하려는 공익목적과 침해되는 사생활의 비밀을 균형적으로 실현할 수 있는 범위에서만 허용될 수 있다.[13] 따라서 CCTV의 설치 외에 공익목적을 달성하면서도 사생활의 비밀에 대한 피해를 줄일 수 있는 다른 수단(방법)이 있다면 그러한 수단을 사용해야 하고, CCTV를 설치할 수밖에 없다면 사생활의 비밀에 대한 권리가 고려될 수 있도록 CCTV에 녹화된 정보의 이용, 관리, 폐기에 대한 엄격한 규제가 요구된다.

현재 **영유아보육법**에 따라 어린이집에는 'CCTV 설치의무'가 부과되어 보호자 전원의 동의를 받는 등의 예외적인 경우를 제외하고 원칙적으로 CCTV를 설치해서 기록된 영상정보를 60일 이상 보관해야 한다(동법 제15조의4 제1항 및 제3항). 또한 기록된 영상정보는 부모나 보호자가 자녀나 보호아동의 안전을 확인할 목적으로 요청하는 등의 경우를 제외하고는 원칙적으로 열람이 금지된다(동조 제2항). 어린이집 CCTV의 경우에 아동의 안전을 확보하기 위해 불가피한 측면이 없지 않지만 이로 인하여 어린이집에 종사하는 보육교사 등의 노동이 감시되지 않도록 세심한 주의가 요구된다. 한편 **아동복지법**은 국가와 지방자치단체에 대해서 아동보호구역에 CCTV를 설치해야 하는 의무를 부과하고 있다(동법 제32조 제3항). 이에 따라 아동보호구역으로 지정된 어린이집, 유치원, 초등학교 등에 국가와 지방자치단체는 반드시 CCTV를 설치해야만 한다. 그리고 **여객자동차 운수사업법**에 따라 차량 내 범죄예방 등을 목적으로 버스와 같은 여객자동차 운송사업자에게, **응급의료에 관한 법률**에 따라 응급환자의 이송상황 등을 파악하기 위한 목적으로 구급차 운용자에게, **주택건설기준 등에 관한 기준**(대통령령)에 따라 아파트와 같

---

는 곳에서나 수집·저장 등의 처리를 할 수 있도록 하는 장치)가 있다(개인정보 보호법 시행령 제3조 제2호).

13) 같은 취지에서 CCTV의 설치에는 비례성원칙이 준수되어야 한다는 주장으로 성선제(2004), 342면 참조.

은 공동주택을 건설하는 주택단지에 대해서(동규정 제39조) CCTV 설치의무가 부과된다(동법 제27조의3 제1항). 그밖에도 병원 수술실에 CCTV 설치를 의무화하는 법률의 제정이 무산된 적도 있다. 어쨌든 사회적으로 주목받는 사건이 발생할 때마다 등장하는 CCTV 설치의무는 분명히 실현하고자 하는 공익적 목적(범죄나 안전사고의 예방 등)이 존재하겠지만 이로 인하여 발생하는 관련자들의 인권이 최소한 침해되도록 설치목적에 부합하는 범위에서 CCTV가 활용되는 장소와 시간, 기록된 영상정보의 보유기간[14] 등을 명확하게 한정할 필요가 있다.

**[법령 9.2] CCTV 설치의무**
**영유아보육법**(2020. 12. 29. 법률 제17785호 일부개정)
**제15조의4 (폐쇄회로 텔레비전의 설치 등)**
① 어린이집을 설치·운영하는 자는 아동학대 방지 등 영유아의 안전과 어린이집의 보안을 위하여 「개인정보 보호법」 및 관련 법령에 따른 폐쇄회로 텔레비전(이하 "폐쇄회로 텔레비전"이라 한다)을 설치·관리하여야 한다. 다만, 다음 각 호의 어느 하나에 해당하는 경우에는 그러하지 아니하다.
1. 어린이집을 설치·운영하는 자가 보호자 전원의 동의를 받아 특별자치시장·특별자치도지사·시장·군수·구청장에게 신고한 경우
2. 어린이집을 설치·운영하는 자가 보호자 및 보육교직원 전원의 동의를 받아 「개인정보 보호법」 및 관련 법령에 따른 네트워크 카메라를 설치한 경우
② 제1항에 따라 폐쇄회로 텔레비전을 설치·관리하는 자는 영유아 및 보육교직원 등 정보주체의 권리가 침해되지 아니하도록 다음 각 호의 사항을 준수하여야 한다.
1. 아동학대 방지 등 영유아의 안전과 어린이집의 보안을 위하여 최소한의 영상정보만을 적법하고 정당하게 수집하고, 목적 외의 용도로 활용하지 아니하도록 할 것
2. 영유아 및 보육교직원 등 정보주체의 권리가 침해받을 가능성과 그 위험 정도를 고려하여 영상정보를 안전하게 관리할 것
3. 영유아 및 보육교직원 등 정보주체의 사생활 침해를 최소화하는 방법으로 영상정보를 처리할 것
③ 어린이집을 설치·운영하는 자는 폐쇄회로 텔레비전에 기록된 영상정보를 60일 이상 보관하여야 한다.
④ 생략
**제15조의5 (영상정보의 열람금지 등)**
① 폐쇄회로 텔레비전을 설치·관리하는 자는 다음 각 호의 어느 하나에 해당하는 경우를 제외하고는 제15조의4 제1항의 영상정보를 열람하게 하여서는 아니 된다.
1. 보호자가 자녀 또는 보호아동의 안전을 확인할 목적으로 열람시기·절차 및 방법 등 보건복지부령으로 정하는 바에 따라 요청하는 경우
2. 「개인정보 보호법」 제2조 제6호 가목에 따른 공공기관이 제42조 또는 「아동

14) 예컨대 학교 내 CCTV의 영상정보 보유기간에 대한 논의로 김수민/이완희(2020), 206면 이하 참조.

복지법」 제66조 등 법령에서 정하는 영유아의 안전업무 수행을 위하여 요청하는 경우

3. 범죄의 수사와 공소의 제기 및 유지, 법원의 재판업무 수행을 위하여 필요한 경우
4. 그 밖에 보육관련 안전업무를 수행하는 기관으로서 보건복지부령으로 정하는 자가 업무의 수행을 위하여 열람시기·절차 및 방법 등 보건복지부령으로 정하는 바에 따라 요청하는 경우

② 어린이집을 설치·운영하는 자는 다음 각 호의 어느 하나에 해당하는 행위를 하여서는 아니 된다.

1. 제15조의4 제1항의 설치 목적과 다른 목적으로 폐쇄회로 텔레비전을 임의로 조작하거나 다른 곳을 비추는 행위
2. 녹음기능을 사용하거나 보건복지부령으로 정하는 저장장치 이외의 장치 또는 기기에 영상정보를 저장하는 행위

③~⑤ 생략

**아동복지법**(최근개정: 2020. 12. 29. 법률 제17784호)

**제32조 (아동보호구역에서의 영상정보처리기기 설치 등)**

① 국가와 지방자치단체는 유괴 등 범죄의 위험으로부터 아동을 보호하기 위하여 필요하다고 인정하는 경우에는 다음 각 호의 어느 하나에 해당되는 시설의 주변구역을 아동보호구역으로 지정하여 범죄의 예방을 위한 순찰 및 아동지도 업무 등 필요한 조치를 할 수 있다.

1. 「도시공원 및 녹지 등에 관한 법률」 제15조에 따른 도시공원
2. 「영유아보육법」 제2조 제3호의 어린이집, 같은 법 제7조에 따른 육아종합지원센터 및 같은 법 제26조의2에 따른 시간제보육서비스지정기관
3. 「초·중등교육법」 제38조 따른 초등학교 및 같은 법 제55조에 따른 특수학교
4. 「유아교육법」 제2조에 따른 유치원

② 생략

③ 국가와 지방자치단체는 제1항에 따라 지정된 아동보호구역에 「개인정보 보호법」 제2조 제7호에 따른 영상정보처리기기를 설치하여야 한다.

④ 생략

**여객자동차 운수사업법**(최근개정: 2021. 3. 23. 법률 제17976호)

**제27조의3 (영상기록장치의 설치 등)**

① 운송사업자는 여객자동차운송사업에 사용되는 차량의 운행상황 기록, 교통사고 상황 파악, 차량 내 범죄예방을 위하여 대통령령으로 정하는 여객자동차운송사업의 사업용 자동차에 영상기록장치를 설치하여야 한다. 다만, 「교통안전법」 제55조 제1항에 따른 운행기록장치가 영상기록장치의 기능을 가지고 있는 때에는 영상기록장치를 설치한 것으로 본다.

② 운송사업자는 제1항에 따라 영상기록장치를 설치하는 경우 운수종사자, 승객 등이 쉽게 인식할 수 있도록 대통령령으로 정하는 바에 따라 안내판 설치 등 필요한 조치를 하여야 한다.

③ 운송사업자는 영상기록장치와 관련하여 다음 각 호의 행위를 하여서는 아니 된다.
  1. 설치 목적과 다른 목적으로 영상기록장치를 임의로 조작하거나 다른 곳을 비추는 행위
  2. 운행기간 외에 영상기록을 하는 행위
  3. 녹음기능을 사용하여 음성기록을 하는 행위

④ 운송사업자는 다음 각 호의 어느 하나에 해당하는 경우 외에는 영상기록을 이용하거나 다른 자에게 제공해서는 아니 된다.
  1. 교통사고 상황 파악을 위하여 필요한 경우
  2. 범죄의 수사와 공소의 제기 및 유지에 필요한 경우
  3. 법원의 재판업무 수행을 위하여 필요한 경우

⑤ 영상기록장치의 설치·관리 및 영상기록의 이용·제공 등은 「개인정보 보호법」에 따라야 한다.

⑥~⑧ 생략

**응급의료에 관한 법률**(최근개정: 2021. 3. 23. 법률 제17968호)

**제47조 (구급차 등의 장비)**

① 구급차 등에는 응급환자에게 응급처치를 할 수 있도록 의료장비 및 구급의약품 등을 갖추어야 하며, 구급차 등이 속한 기관·의료기관 및 응급의료지원센터와 통화할 수 있는 통신장비를 갖추어야 한다.

② 구급차에는 응급환자의 이송 상황과 이송 중 응급처치의 내용을 파악하기 위하여 보건복지부령으로 정하는 기준에 적합한 다음 각 호의 장비를 장착하여야 한다. 이 경우 보건복지부령으로 정하는 바에 따라 장비 장착에 따른 정보를 수집·보관하여야 하며, 보건복지부장관이 해당 정보의 제출을 요구하는 때에는 이에 따라야 한다.
  1. 구급차 운행기록장치 및 영상기록장치(차량 속도, 위치정보 등 구급차의 운행과 관련된 정보를 저장하고 충돌 등 사고발생 시 사고 상황을 영상 등으로 저장하는 기능을 갖춘 장치를 말한다)
  2. 구급차 요금미터장치(거리를 측정하여 이를 금액으로 표시하는 장치를 말하며, 보건복지부령으로 정하는 구급차에 한정한다)
  3. 「개인정보 보호법」 제2조 제7호에 따른 영상정보처리기기

③ 생략

④ 제2항 제3호에 따른 장비는 보건복지부령으로 정하는 구급차 이용자 등의 동의 절차를 거쳐 개인영상정보를 수집하도록 하고, 이 법에서 정한 것 외에 영상정보처리기기의 설치 등에 관한 사항은 「개인정보 보호법」에 따른다.

# Ⅲ. 감시의 법적 문제들

## 1. 사인간의 감시

국가에 의한 감시(국가감시)도 문제가 되지만 사인에 의한 감시(민간감시)도 큰 문제다. 배우자의 부정을 밝혀내기 위한 감시에서부터 기업간 경쟁에서 승리하기 위한 정보수집 목적의 감시와 노동통제를 위한 감시에 이르기까지 사인에 의한 감시는 다양하게 나타난다. 국가에 의한 감시는 범죄수사나 국가안보를 위하여 정당화되는 경우가 있지만 사인에 의한 감시는 감시받지 않을 권리를 침해하는 행위로서 모두가 불법이다. **통신비밀보호법**에 따라 국가기관뿐만 아니라 모든 사인에 대해서도 '우편물'의 검열이나 '전기통신'의 감청 또는 '통신사실확인자료'의 제공, 공개되지 않은 '타인간 대화'의 녹음이나 청취는 원칙적으로 금지되고(동법 제3조 제1항), 이를 위반하면 처벌받는다(동법 제16조 제1항). 그럼에도 불구하고 사인에 의한 감시의 피해자는 또 다른 감시나 보복이 두려워 수사를 의뢰하기 어려운 것이 현실이다. 감시피해자의 법적 보호가 필요한 이유가 여기에 있다.

## 2. 합법적 국가활동에 의한 감시

수사기관이나 정보기관은 수사와 정보수집에 관한 활동을 할 수 있는 권한을 합법적으로 부여받는다. 예를 들어 **경찰관 직무집행법**은 경찰관에게 범죄의 예방과 진압 및 수사, 그리고 공공안녕에 대한 위험의 예방과 대응을 위한 정보의 수집과 작성 및 배포의 권한을 부여하고 있다(동법 제2조 제2호 및 제4호). 또한 **국가정보원법**에 따르면 국가정보원은 국외정보와 국내보안정보의 수집과 작성 및 배포에 관한 권한을 가진다(동법 제3조 제1항 제1호). 여기서 문제는 국가가 민간인에 대한 사찰을 합법적인 직무수행으로 주장할 수 있다는 점이다. 하지만 수사기관이나 정보기관의 모든 수사활동과 정보수집활동이 합법적인 직무수행으로 정당화될 수는 없다. 법률에 정해진 목적 외의 목적을 위한 활동이나 합법적 목적을 실현하는 데 필요한 범위를 넘는 활동 또는 법적 절차를 무시한 활동은 모두 불법적인 직무수행에 해당한다. 적법을 가장한 위법적인 직무활동을 예방하기 위해서는 법률에 정해진 목적을 엄격하게 해석하고, 합법적 목적의 실현을 위하여 필요한 범위 내에서 이루어진 직무수행인지 여부를 반드시 사후적으로 통제하며, 법적 절차의 준수 여부에 대한 심사를 강화하여 수사기관이나 정보기관의 주관적 판단(재량)의 여지를 가능하면 축소해야 한다.

## 3. 감시의 책임

국가에 의한 감시든 사인에 의한 감시든 불법적 감시를 지시한 '책임자'가 아니라 실제로 감시행위를 수행한 '실무자'가 처벌을 받는 것이 현실이다. 불법적 감시를 근절하기 위해서는 실무자뿐만 아니라 책임자까지도 처벌할 수 있는 법적 근거의 마련이 필요하다. 특히 책임자의 지시에 따를 수밖에 없는 지위에 있는 자에 대하여 감시를 지시·강요하거나 금품을 대가로 감시를 청탁하는 행위에 대해서는 강화된 처벌이 요구된다. 불법적 감시에 대한 처벌의 법적 근거를 마련하는 것보다 중요한 것은 불법적 감시를 수사하고 기소할 수 있는 권한을 가진 검찰이 불법적 감시를 철저하게 수사하려는 적극적 의지다. 불법적 감시의 주체나 지시자가 최고권력자라고 하더라도 검찰은 공익의 수호자로서 불법적 감시를 척결하기 위해 적극적인 의지와 행동을 보여야 한다.

## 4. 감시의 위축효과

감시는 그 자체로 개인의 생활영역과 활동의 비밀에 대한 간섭을 의미하지만 더 중요한 것은 이를 통해 개인의 다양한 활동이 위축될 수 있다는 점이다. 감시를 받고 있다는 사실만으로 개인에게 위협이 되고, 특히 막강한 권력을 가진 국가에 의한 감시는 개인에게 저항하기 힘든 위협이 될 수 있다. '누군가 나를 지켜보고 있다'는 사실만으로 사고와 행동이 심각하게 위축된 경험을 상상해보자. 항상 주위를 살펴야 하고, 끊임없이 자기검열의 기제가 머릿속에 작동하며 거침없이 자유로워야 할 활동은 심각하게 방해를 받게 된다. 사람을 만나면 상대방이 감시자인지 의심해야 되고, 여러 사람 앞에서 말할 때는 그 가운데 있을지도 모르는 감시자를 의식해야 한다. 누구를 만나고 무슨 일을 하는지, 현재 어디에 있고 어떤 경로로 이동하는지, 어떤 말을 하고 심지어 무슨 생각을 하는지에 대해서까지 감시의 강도가 강화되면 감시당하는 사람은 주체적으로 결정하는 인격체가 아니라 누군지도 모르는 감시자에 의해 통제되는 타율적 객체로 전락하고 만다. 바로 이처럼 인격체의 주체성을 말살하는 감시가 불러오는 위축효과 때문에 국가뿐만 아니라 사인에 의한 감시는 엄격하게 금지되어야 한다.[15)]

## Ⅳ. 민간인 사찰과 권력의 남용 및 사유화

국가의 민간인 사찰은 국가권력이 남용되는 전형적인 사례에 해당한다. 민간인에 대한 국가의 사찰은 국민 전체의 복리를 위해 행사되어야 할 국가권력이 특정 개인이나 집단의 이익을 위해 행사됨으로써 어떻게 국가권력이 사유화(私有化)되고 폭력화되어 가는지를 잘 보여주는 사례다. 또한 민간인 사찰은 주로 정부에 비판적인 개인이나 단체에 대하여 이루어진다는 점에서 문제가 더욱 크다. 정부가 자신에게 비판적인 개인이나 단체에 대해서 사찰을 하는 이유는 명백하다. 사찰을 통해 정부는 자신에게 비판적인 의견을 가지거나 주장을 하는 개인이나 단체를 통제하고 억압하려든다. 사찰은 결국 정부에 대해서 비판적인 세력의 목소리를 잠재워 정부에 대한 부정적 여론을 무마시키려는 목적에서 행해진다.16) 따라서 사찰은 '민주주의의 적'이다. 민주주의는 다양한 의견과 주장을 전제로 하여 통제나 억압이 아니라 대화와 토론을 통해 합의에 이르러가는 정치적 과정을 의미하기 때문이다. 또한 민주주의에 따르면 권력은 자신과 다른 의견과 주장을 배제하거나 탄압함으로써가 아니라 다양한 의견과 주장의 자유로운 논쟁 가운데 다수에게 동의를 받음으로써 획득·유지되어야 하기 때문이기도 하다. 다양한 의견과 주장을 인정하지 않는 권력, 자유로운 소통과 합의를 통해 권력을 획득·유지하지 않는 권력만이 감시와 사찰을 일상화한다. 이를 통해 국민으로부터 고립된 권력은 오로지 자신들의 이익만을 위해 국가권력을 사유화하고, 폭력의 길로 들어서게 된다. 권력이 감시와 사찰의 유혹으로부터 벗어날 수 있는 유일한 길은 국민, 특히 권력에 비판적인 세력과 대화하고 소통함으로써 상호이해와 합의에 도달하는 것이다. 국가는 감시의 '주체'가 아니라 감시의 '대상'이 되어야 한다. 권력의 속성상 국가가 감시의 주체가 되면 국민에게 횡포를 부리게 되고, 감시의 대상이 되면 국민과 소통하게 된다. 이러한 맥락에서 국민에게는 국가의 감시를 감시하는 "역감시의 권리"17)가 인정되어야 한다. 특히 국가에 대한 국민의 감시에서 '언론(기관)의 역할'이 강조되어야 한다. 국가권력의 불법적 감시를 감시하여 국가권력을 견제할 수 있는 기관은 '제4의 권력'이라고도 불리는 언론밖에 없기 때문이다. 그리고 국가권력의 불법적 감시에 대한 법적 책임을 관철시키기 위해서는

15) 개인의 비밀을 침해하는 범죄에 대한 형법적 논의로 김성규(2006), 136면 이하 참조.

16) 정부가 정부정책에 반대하거나 야당 정치인을 지지하는 인사들의 명단을 만들어 논란이 된 이른바 '블랙리스트' 문제도 이러한 사찰에 해당한다. 이에 대한 헌법적 검토와 평가는 이준일(2017), 62면 참조.

17) 홍영두(2005), 145면.

'검찰의 정치적 중립'이 중요하다. 국가권력의 불법적 감시는 최고권력(통치)집단과 연계될 수 있고, 이에 대한 수사는 검찰에게 큰 부담이 될 수밖에 없기 때문이다.

### 토론문제

1. 국가는 왜 국민을 감시하려 하는가?
2. 공익(국가안보, 범죄예방 · 수사) 목적을 위한 감시는 항상 허용될 수 있는가?
3. 불법적 감시를 예방할 수 있는 방법은 무엇인가?

### 내 입장은?

1. 모든 감시는 금지되어야 한다.
2. 공익을 위한 감시는 전면적으로 허용되어야 한다.
3. 공익을 위한 감시도 반드시 필요한 경우로 한정되어야 한다.
4. 공익을 위해 필요한 감시도 절차적 원칙이 준수되어야 한다.

## 참고문헌

강경근(2005), 정보보호의 헌법규범적 접근과 전망, ≪공법학연구≫(한국비교공법학회), 제6권 제2호(2005), 203~223면.

권건보(2009), 지방자치단체의 CCTV 설치 · 운영과 프라이버시, ≪유럽헌법연구≫(유럽헌법학회), 제6호(2009), 187~234면.

김성규(2006), 형법에 의한 정보프라이버시보호의 범위와 과제, ≪형사정책≫(한국형사정책학회), 제18권 제2호(2006), 127~148면.

김수민/이완희(2020), 학교 내 CCTV 설치 및 운영규정의 문제점 및 개선방안 : 경기도 소재 학교를 중심으로, ≪사화과학 담론과 정책≫(경북대학교 사회과학연구원), 제13권 제2호(2020), 185~209면.

남중권(2014), ≪개인위치정보 감시에 관한 헌법적 연구≫, 고려대학교 대학원 석사학위논문, 2014.

문병효(2009), 통신비밀보호법 개정안에 대한 비판적 고찰, ≪토지공법연구≫(한국토지공법학회), 제45집(2009), 503~531면.

성낙인(2004), 정보보호와 인권, ≪서울대학교 법학≫(서울대학교 법학연구소), 제45권 제1호(2004), 101~142면.

성선제(2004), 정보화시대에서 프라이버시의 변화, ≪공법연구≫(한국공법학회), 제32집 제5호(2004), 317~346면.

오길영(2007), 통신비밀보호법 개정안 비판, ≪민주법학≫(민주주의법학연구회), 제34호(2007), 357~390면.

이민영(2008), 공공기관의 CCTV 운용과 정보인권 관련논의, ≪법학연구≫(가톨릭대학교 법학연구소), 제3권(2008), 107~135면.

이인호(2008), 정보인권 논의가 시사하는 헌법학적 프레임－디지털시대에 있어서 정보를 둘러싼 권력과 자유의 긴장과 조화－, ≪법학연구≫(가톨릭대학교 법학연구소), 제3권(2008), 37~92면.

이준일(2014), ≪감시와 법-감시사회와 정보사회의 경계≫(고려대학교출판부), 2014.

이준일(2017), 블랙리스트의 헌법적 쟁점, ≪세계헌법연구≫(세계헌법학회 한국학회), 제23권 제1호(2017), 53~72면.

최승원(2006), 전자감시와 개인정보보호, ≪법학논집≫(이화여자대학교 법학연구소), 제11권 제1호(2006), 99~120면.

한성훈(2012), '사찰'국가의 인권침해와 생활세계의 식민화, ≪역사비평≫(역사비평사), 통권 제100호(2012), 422~453면.

홍영두(2005), 일상적 전자감시와 정보통신윤리－프라이버시, 정체성, 익명성－, ≪시대와 철학≫(한국철학사상연구회), 제16권 제2호(2005), 131~153면.

# 제10장
# 양심적 병역거부와 양심의 자유

"양심적 병역거부권은 종교적, 도덕적, 윤리적, 인도주의적 또는 이와 유사한 동기에서 발생하는 심오한 신념 또는 양심에서 유래하는 것이고, 이미 군복무를 하고 있는 사람에게도 양심적 병역거부권이 있다."
≪유엔인권위원회 1998년 제77호 결의≫

군대에 대해서 어떤 생각을 가지고 있는가? 군대에 '기꺼이 가야겠다'고 생각하는가? 아니면 국민의 의무니까 '어쩔 수 없이 끌려간다'고 생각하는가? 제대한 군인에 대해서는 어떻게 생각하는가? 정말 '사람이 되어 나왔다'고 생각하는가? 아니면 '인생 허비하고 왔다'고 생각하는가? 군대에 대해서, 그리고 군대에 가는 것에 대해서는 여러 가지 입장이 있을 수 있다.

우리는 양심대로 사는 사람을 정직한 사람이라 부른다. 사실 모든 사람들이 정직하다. 각자 나름대로, 양심대로 살고 있으니까. 각자가 생각하는 양심이 다를 뿐이다. 다른 사람의 양심도 옳다고 생각해 본 적이 있는가? 왜 저 사람은 저런 양심을 가지며 살아가고 있을까? 때때로 양심대로 사는 인생은 고통을 동반한다.

특별히 군대와 전쟁을 싫어하고, 군대에 가거나 총을 들고 훈련하는 것에 대해서 부담스러워하는 양심을 가진 사람들을 주목하고자 한다. 우리는 이들을 '양심적 병역거부자'라고 부른다. 물론 이러한 병역거부자가 '양심적'이고, 군대에 가는 사람이 '비(非)양심적'이라는 뜻은 아니다. 따라서 사실 정확한 표현은 '양심에 따른 병역거부자'다. 명칭이야 어떻든 자신의 양심 때문에 군대에 갈 수 없는 사람들, 총을 드는 것이 자신의 양심에 심각하게 거슬리는 사람들에 대해서 생각해 보기로 한다.

# Ⅰ. 양심적 병역거부에서 문제가 되는 인권

## 1. 개　관

양심적 병역거부란 평화주의 또는 비폭력주의를 추구하는 양심에 따라 전쟁이나 무력행위에 참가하는 것과[1] 군복무를 반대하여 병역 일반 또는 집총 병역을 거부(=징집거부 또는 집총거부)하는 행위를 말한다.[2] 따라서 양심적 병역거부에서 문제가 되는 기본적 인권은 '양심의 자유'가 된다. 더 구체적으로 말하면 양심적 병역거부는 '양심에 반하는 행동(전쟁참가나 병역 또는 집총)을 강제당하지 않을 자유'에 의하여 보호된다.

**[표 10.1] 병역거부자 발생 현황** (2013. 6. 30. 현재, 명)

| 연 도 | 계 | 2013 | 2012 | 2011 | 2010 | 2009 | 2008 | 2007 | 2006 | 2005 | 2004 |
|---|---|---|---|---|---|---|---|---|---|---|---|
| 병역 거부자수 | 6,090 | 100 | 598 | 633 | 721 | 728 | 375 | 571 | 781 | 828 | 755 |

자료: 국회입법조사처(www.nars.go.kr) <양심적 병역거부에 대한 논의 현황과 향후과제> (2013. 7. 29. 보고서).

물론 병역거부나 집총거부의 양심이 종교적 신념(신앙)에 기초한 양심인 경우에는[3] '종교의 자유'에 의해서도 보호받을 수 있다.[4] 실제로 양심적 병역거부의

1) 양심적 병역거부는 모든 전쟁을 거부하는 경우와 특정한 전쟁을 거부하는 경우로 구분하여 전자를 '보편적 거부', 후자를 '선택적 거부'로 구분하기도 한다. 김병록(2003), 42면.

2) 한국 내 양심적 병역거부의 역사는 1939년 여호와의 증인 신자 38명이 신사참배와 일제징병을 거부했던 일로 거슬러 올라가고, 그동안 약 1만 2천여 명의 여호와의 증인 신자가 처벌받았으며, 매년 600여 명이 징역형을 받고, 연인원 1,200명 정도가 수감되어 있다고 한다. 임종인(2006), 105면 이하 참조. 국가인권위원회는 2005년 7월 11일 기준으로 1,053명의 양심적 병역거부자가 교도소에 수감되어 있다고 보고하고 있다. 국가인권위원회, 국가인권정책기본계획(NAP) 권고안, 84면. 이러한 양심적 병역거부자의 통계와 "각종 병역특례나 공익근무요원 등으로 현역복무를 면제받는 20여만 명"을 비교하면서 비판하는 견해가 있다. 유경동(2005), 205면. 한편 양심적 병역거부를 "징병제에 대한 저항"으로 이해하는 견해로 임재성(2010), 390면 이하 참조.

3) 한 병역거부자의 다음과 같은 물음에는 병역거부가 무엇보다 종교적 신념과 결부될 수 있다는 사실이 잘 나타나 있다. "불살생의 계율을 자기와의 약속으로 삼아야 하는 불교도가 사격 훈련과 총칼 찌르기 훈련을 받지 않겠다는 것이 왜 인정될 수 없으며, 모든 전쟁과 살인은 악이며 그 악에 동참하는 것도 악이라는 성경의 말씀을 따라 사는 것이 정말 문제가 있는지 나는 잘 모르겠다." 염창근(2004), 167면.

4) 종교의 자유에 대해서는 이 책 제12장 참조.

문제를 사회적 이슈로서 공론화시키는 계기가 된 '여호와의 증인'은 기독교의 한 종파로 종교적 교리에 기초하여 병역 또는 집총을 거부하고 있다.[5] 어쨌든 종교적 양심은 넓은 의미의 양심의 개념에 포함될 수도 있으므로 이하에서는 종교적 양심을 포함한 넓은 의미의 양심에 관한 자유를 중심으로 살펴보기로 한다.

헌법에 따르면 모든 국민은 병역의 의무를 진다(헌법 제39조 제1항). 그리고 병역법이 개정되기 이전에 징집을 거부하면 병역법 위반으로, 집총(총기 수령)을 거부하면 군형법상의 항명죄(抗命罪)로 처벌을 받았다. 따라서 대한민국에서 양심을 이유로 병역이나 집총을 거부하는 것은 법적으로 허용되지 않으며 처벌을 받을 수밖에 없었다.[6] 이것은 유엔 인권위원회가[7] 여러 차례의 결의를 통해 양심적 병역거부권을 개인의 권리로 인정한 국제적 상황과는 많이 다른 입법태도

---

5) 여호와의 증인 이외에 기독교적 양심을 이유로 병역을 거부하는 종파에는 제칠일안식일예수재림교(안식교)와 퀘이커교(the Quaker)가 있다고 한다. 유경동(2005), 199면 참조. 한편 전쟁과 평화에 대한 기독교의 입장은 ① 악에 대한 징계로서 하나님이 직접 전쟁을 요구하는 경우가 있다고 보는 성전(Holy War)이론, ② 전쟁을 선포할 수 있는 여러 가지 조건을 제시하고 이러한 조건이 모두 충족된 경우에만 전쟁이 정당화된다고 보는 정의전쟁(Just War)이론, ③ 어떠한 형태의 폭력도 거부하는 평화주의(Pacifism)이론으로 구분된다고 한다. 정종훈(2002), 198면 이하 참조. 이러한 구분에 따르면 양심적 병역거부자는 기독교평화주의의 입장이고, 이에 반대하는 견해는 기독교정의전쟁이론의 입장이다.

6) 국제엠네스티에 따르면(2016. 4월 기준) 유엔 회원국 193개국 중 징병제 국가로 병역 거부권을 인정하지 않은 국가는 36개국 뿐이며, 2000년 이후 매년 수백명의 규모로 병역 거부자가 감옥에 가는 나라는 한국이 유일하다고 한다. 이에 대해서는 국제엠네스티 웹사이트(amnesty.or.kr) 참조.

7) 양심적 병역거부를 개인의 권리로 인정한 유엔인권위원회의 결의에는 1987년(제46호), 1989년(제59호), 1993년(제84호), 1995년(제83호), 1998년(제77호), 2000년(제34호), 2002년(제45호), 2004년(제54호) 결의 등이 있다. 이 가운데 양심적 병역거부권에 관한 '마그나 카르타'라고 불리는 1998년 제77호 결의는 다음과 같은 내용을 담고 있다. ① 양심적 병역거부권은 종교적, 도덕적, 윤리적, 인도주의적 또는 이와 유사한 동기에서 발생하는 심오한 신념 또는 양심에서 유래하는 것으로서, 이미 군복무를 하고 있는 사람도 양심적 병역거부권이 있다. ② 양심적 병역거부권을 보장하는 제도가 없는 국가는 양심적 병역거부자의 신념을 차별하여서는 아니 되며, 양심적 병역거부가 특정한 사안에서 타당한지 여부를 결정할 임무를 맡을 독립적이고 공정한 의사결정기관을 마련하여야 한다. ③ 징병제를 채택하고 있는 국가의 경우 양심적 병역거부의 이유에 부합하는 다양한 형태의 대체복무를 도입하되, 그 대체복무는 공익적이고, 징벌적 성격이 아닌 비전투적 또는 민간적 임무의 성격을 띤 것이어야 한다. ④ 국가는 양심적 병역거부자를 구금하거나 반복적으로 형벌을 부과하지 않도록 하여야 한다. ⑤ 국가는 양심적 병역거부자를 경제적·사회적·문화적·시민적 또는 정치적 권리 등의 측면에서 차별해서는 안 된다. ⑥ 양심적 병역거부로 인하여 박해를 피해 자국을 떠난 사람들은 난민으로서 보호하여야 한다. ⑦ 양심적 병역거부권과 양심적 병역거부자로 신청하는 데에 대한 정보가 병역문제로 영향을 받는 모든 사람들에게 쉽게 제공될 수 있도록 하여야 한다. 국가인권위원회, 2005. 12. 26. 양심적 병역거부권 및 대체복무제도에 대한 권고 결정, 13면에서 인용.

였다.[8)]

**[법령 10.1] 병역법**(2019. 12. 31. 제16852호로 개정되기 이전의 것)
**제88조 (입영의 기피 등)**
① 현역입영 또는 소집 통지서(모집에 의한 입영 통지서를 포함한다)를 받은 사람이 정당한 사유 없이 입영일이나 소집일부터 다음 각 호의 기간이 지나도 입영하지 아니하거나 소집에 응하지 아니한 경우에는 3년 이하의 징역에 처한다. 다만, 제53조 제2항에 따라 전시근로소집에 대비한 점검통지서를 받은 사람이 정당한 사유 없이 지정된 일시의 점검에 참석하지 아니한 경우에는 6개월 이하의 징역이나 500만원 이하의 벌금 또는 구류에 처한다.
1. 현역입영은 3일
2. 사회복무요원 소집은 3일
3. 군사교육소집은 3일
4. 병력동원소집 및 전시근로소집은 2일

②~③ 생략

**[법령 10.2] 군형법**(최근개정: 2016. 5. 29. 법률 제14183호)
**제44조 (항명)**
상관의 정당한 명령에 반항하거나 복종하지 아니한 사람은 다음 각 호의 구분에 따라 처벌한다.
1. 적전인 경우: 사형, 무기 또는 10년 이상의 징역
2. 전시, 사변 시 또는 계엄지역인 경우: 1년 이상 7년 이하의 징역
3. 그 밖의 경우: 3년 이하의 징역

## 2. 양심의 자유의 헌법적 근거

### (1) 양심의 개념

양심적 병역거부에서 문제가 되는 양심의 자유는 가장 기본적인 인권으로 이해될 뿐만 아니라 실정헌법(제19조)에 명시적으로 규정된 '열거된 개별적 기본권'이기도 하다. 여기서 제일 먼저 문제가 되는 것은 양심의 개념, 즉 '양심이란 무엇인지' 하는 점이다.

일상적 용어사용에서 '양심적인 사람'이라든지 '양심에 털 난 사람'이라는 표현

8) 2016년 12월 현재 그리스, 스위스, 핀란드 등이 대체복무제를 운영하고 있으며, 독일, 노르웨이 등의 국가는 징병제를 폐지하거나 강제성 없는 징병제를 채택하여 현재에는 대체복무제를 시행하고 있지 않은 것으로 나타났다. 국가인권위원회, 2017. 7. 21. 대체복무제 도입 권고 및 「병역법 일부개정법률안」에 대한 의견표명 참조.

이 자주 사용된다. 이것은 적어도 양심이라는 것이 누구나 동의할 수 있는 보편타당한 도덕이나 가치 또는 규범에 기초하는 것으로 이해될 수 있다는 점을 잘 보여준다. 이러한 이해에 따르면 '양심적이다'라는 말은 그러한 보편타당한 도덕이나 가치 또는 규범에 합치하게 행동하는 것을 뜻하고, '양심에 털 난 사람'이라는 말은 그러한 보편타당한 도덕이나 가치 또는 규범에 어긋나게 행동하는 것을 뜻한다.

하지만 양심의 자유에서 의미하는 양심이란 누구나 동의할 수 있는 것으로서 이미 보편타당한 것으로 인정된 도덕이나 가치 또는 규범을 의미하지 않는다. 오히려 양심이란 각 개인이 도덕이나 가치 또는 규범에 관하여 가지고 있는 주관적 판단을 의미한다.[9] 따라서 각 개인의 양심은 서로 충돌할 수 있다. 즉 어떤 사람이 옳거나 그르다고 판단하는 데 기준이 되는 양심은 옳고 그름에 관한 다른 사람의 양심과 반드시 일치하는 것은 아니다. 한 사람의 양심에 따라 옳은 일이 다른 사람의 양심에 따르면 옳지 못한 일이 될 수 있는 것이다. 이것이 바로 '양심 충돌의 상황'이다. 이렇게 양심이 충돌할 수 있다는 사실은 **양심의 주관성과 상대성**을 분명하게 보여준다.

예를 들어 전철에 설치된 '노약자보호석'은 어떤 사람의 양심에 따르면 젊은 사람이 절대 앉아서는 안 되는 자리로 이해된다.[10] 대부분의 '어르신들'은 그렇게 생각하는 듯싶다. 지하철에서 노약자보호석 때문에 벌어지는 어르신들과 젊은이들의 언쟁을 떠올려보자. 하지만 다른 어떤 사람의 양심에 따르면 경우에 따라서는 젊은 사람도 앉을 수 있는 자리로 이해된다. 마찬가지로 군대는 어떤 사람의 양심에 따르면 반드시 가야만 되는 것으로 이해되지만 다른 어떤 사람의 양심에 따르면 가지 않을 수도 있는, 심지어 가서는 안 되는 것으로 이해될 수도 있다.[11]

양심의 문제는 이미 서로 합의된 보편타당한 도덕이나 가치 또는 규범을 전

9) 따라서 다음과 같은 지적은 타당하다. "일단 우리는 행동의 양태가 서로 다르다고 할지라도, 양심에 근거해서 결정된 행동이라고 하면 우선은 존중하는 것이 필요하다. 우리는 내부적인 양심의 순수성을 객관화할 수 없기 때문에, 자신의 입장에서 다른 사람의 양심을 판단하거나 재단할 수 없다." 정종훈(2002), 197면. 같은 맥락에서 양심적 병역거부와 관련하여 "양심의 획일화"를 지적하는 견해는 타당하다. 이재승(2007), 265면 참조.

10) 한 때 유행했던 광고를 보면 어떤 젊은이가 비어 있는 노약자보호석을 앞에 두고 그냥 서서 가는 장면과 함께 '지킬 것은 지킨다'는 광고카피가 나온다. 아마도 이 광고에서 말하고 싶은 '지킬 것'이란 '노약자보호석은 절대로 젊은이가 앉아서는 안 된다'는 양심이었을 것이다.

11) 또 하나의 광고를 예로 들자면 군입대를 위한 신체검사를 받고 있던 청년 하나가 시력검사를 받으면서 옆에서 비굴하게 시력검사표의 위치를 가르쳐주는 친구의 협조를 거부하면서 '꼭 가고 싶다'고 외치는 것은 '군대는 반드시 가야 한다'는 양심과 '군대 안가는 사람은 비겁한 사람'이라는 양심을 잘 형상화하고 있다.

제로 하는 경우에는 발생하지 않고, 오히려 각 개인이 생각하는 도덕과 가치가 서로 충돌하는 경우에 발생할 수 있다. 이로써 양심의 자유는 양심의 충돌 또는 서로 다른 양심의 가능성을 인정한다는 것을 전제한다는 점에서 민주주의의 본질적인 구성요소가 된다. 민주주의는 서로 다른 생각과 신념이 존재할 수 있다는 다원주의에서 출발하기 때문이다.

### (2) 양심과 사상

주관적인 도덕적 판단으로 이해되는 양심에서 다음으로 문제가 되는 것은 '양심'의 개념에 '사상'이 포함될 수 있는지 여부다.[12] 여기에 대해서는 ① 현행 헌법이 양심의 자유는 규정하고 있지만 사상의 자유를 규정하고 있지 않기 때문에 양심의 자유에는 사상의 자유가 당연히 포함된다고 보는 견해도 있다. 하지만 ② 양심은 도덕적·윤리적 가치판단과 관련되고, 사상의 자유는 세계관적 확신을 의미하는 것으로서 열거되지 않은 개별적 기본권을 보장하는 헌법 제37조 제1항에 의하여 보호될 수 있기 때문에 양심의 자유에는 사상의 자유가 포함되지 않는다는 견해도 있다.

사상은 세계관, 인생관, 가치관 등을 포함하는 대단히 넓은 개념으로서 그 안에는 도덕적·윤리적 가치판단도 포함될 수 있다. 따라서 양심의 본질적 표지인 도덕적·윤리적 가치판단이 포함되는 한 사상도 양심에 속할 수 있다. 다시 말해 어떤 것이 양심인지를 판단할 때 가장 중요한 기준은 그것이 도덕적·윤리적 가치판단인지 여부다. 그러므로 일정한 사상에 도덕적·윤리적 가치판단이 포함되면 그것은 양심에 포함될 수 있고, 도덕적·윤리적 가치판단이 포함되지 않으면 그것은 양심에 포함될 수 없다.

한편 헌법재판소는 양심의 개념을 다음과 같이 정의한다. "양심이란 세계관·인생관·주의·신조 등은 물론 이에 이르지 아니하여도 보다 널리 개인의 인격형성에 관계되는 내심에 있어서의 가치적·윤리적 판단도 포함된다." 따라서 양심의 개념에 관한 헌법재판소의 정의에 따르면 양심의 핵심적 표지는 두 가지, 즉 ① 가치적·윤리적 판단, ② 개인의 인격형성에 대한 관련성이다.[13] 이러한 개

12) 양심개념과 사상개념의 관계에 대해서는 이준일, ≪헌법학강의≫(2019), 제2편 제2부 제5장 제2절 제2항 Ⅱ. 참조.

13) 헌재 1991. 4. 1. 89헌마160(사죄광고 사건); 1997. 3. 27. 96헌가11(음주측정 사건); 1997. 11. 27. 92헌바28(보안관찰처분 사건); 1998. 7. 16 96헌바35(불고지죄 사건); 2001. 8. 30. 99헌바92등(의정활동보고 사건) 참조.

념정의에 따르면 예를 들어 주민등록증발급을 신청할 때 요구되는 열 손가락 지문날인을 할 것인지를 결정하는 것은 윤리적 결정이 아니므로 양심의 자유에 의해 보호되지 않게 된다.[14]

더 나아가 헌법재판소는 헌법이 보호하는 양심을 "어떤 일의 옳고 그름을 판단함에 있어서 그렇게 행동하지 아니하고는 자신의 인격적인 존재가치가 허물어지고 말 것이라는 강력하고 진지한 마음의 소리"라고도 정의한다. 이러한 양심개념에는 앞서 언급한 표지 이외에 ③ '강력성'과 '진지성'이라는 표지가 추가된다.[15] 그 밖에도 헌법재판소에 따르면 양심이란 "절박하고 구체적인 양심"으로서 양심의 개념에 ④ '절박성'과 '구체성'이라는 표지도 추가된다.[16] 이것은 양심의 개념을 엄격하게 제한하여 양심의 범위를 대단히 축소하는 것을 의미한다. 따라서 이러한 엄격한 양심개념에 따르면 사상은 양심의 범위에 포함될 수 없게 된다.

### (3) 양심의 자유의 내용

양심의 자유는 ① 자신의 내면에 자신이 옳다고 생각하는 것을 자유롭게 양심으로 형성할 수 있는 자유(**양심형성의 자유**), ② 그러한 양심을 자유롭게 외부에 표현하거나 표현하지 않을 수 있는 자유(**양심표현의 자유**), 그리고 ③ 자신이 믿는 양심에 따라 행동으로 실천하거나 하지 않을 수 있는 자유(**양심실천의 자유**)를 포함한다. 물론 견해에 따라서는 양심의 자유를 내면적인 자유로 한정해서 이해하기도 한다. 이러한 견해에 따르면 양심의 자유는 양심형성의 자유만을 의미하고, 양심표현의 자유나 양심실천의 자유는 포함하지 않는다. 한편 양심의 자유를 소극적 자유와 적극적 자유로 구분하고, 양심표현의 자유나 양심실천의 자유의 경우에는 양심을 외부에 표현하지 않을 소극적 자유나 양심에 반하는 행동을 강제당하지 않을 소극적 자유가 양심의 자유에 포함된다고 보는 견해도 있다. 이와 같은 견해에 따르면 자신의 양심을 외부에 적극적으로 표현할 수 있는 자유나 행동으로 실천할 수 있는 자유는 양심의 자유에 포함되지 않는다.

서두에서 개념정의한 바와 같이 양심적 병역거부는 자신의 양심에 반하는 전쟁참가나 병역 또는 집총을 거부하는 것을 말한다. 따라서 양심적 병역거부는 자신의 양심에 반하는 행동을 거부할 수 있는 자유 또는 자신의 양심에 반하는 행동을 강제당하지 않을 자유가 보장되는 경우에만 인정될 수 있다. 그러므로 양심의 자유를 내

14) 헌재 2005. 5. 26. 99헌마513등(지문날인 사건) 참조.
15) 헌재 1997. 3. 27. 96헌가11; 2001. 8. 30. 99헌바92등 참조.
16) 헌재 2002. 4. 25. 98헌마425등(준법서약서 사건) 참조.

면적 양심형성의 자유로 한정하는 경우에 양심적 병역거부에 관한 자유는 인정될 수 없다. 양심의 자유를 양심표현의 자유 및 양심실천의 자유까지 포함하는 것으로 이해하거나, 적어도 양심표현의 소극적 자유 및 양심실천의 소극적 자유까지 포함하는 것으로 이해하는 경우에만 양심적 병역거부에 관한 자유가 인정될 수 있다.

개인적인 생각으로는 양심의 본질상 표현될 수 없거나 실천될 수 없는 양심은 양심이라 볼 수 없기 때문에 양심의 자유에는 양심표현의 자유와 양심실천의 자유가 모두 포함된다고 본다. 또한 자유의 본질은 소극적 행위와 적극적 행위를 선택할 수 있다는 데 있으므로 양심표현의 자유와 양심실천의 자유를 인정하면서도 오로지 소극적 자유만을 인정하는 것은 합리적이지 못하다고 생각한다. 결론적으로 양심적 병역거부에 관한 자유는 양심의 자유에 의해 보호된다고 본다.

## Ⅱ. 양심의 자유의 제한가능성

### 1. 양심의 자유의 내용에 따른 구분

양심의 자유는 내면적 양심형성의 자유든 외면적 양심표현 및 실천의 자유든 모두 다 제한될 수 있다고 보는 견해가 있다. 반면에 양심의 자유는 내면적 양심형성의 자유 또는 양심표현이나 양심실천에 관한 소극적 자유의 경우에는 제한될 수 없다는 견해도 있다.[17] 후자의 경우에 양심적 병역거부는 양심실천의 소극적 자유에 의해 주장될 수 있으므로 절대적 자유가 된다. 하지만 이러한 견해는 타당하지 못하다. 양심의 자유는 내면의 자유든 외부로 표현되거나 행동으로 나타난 자유든 제한될 수 있다고 보는 것이 타당하기 때문이다.

### 2. 양심의 자유를 제한할 수 있는 실정헌법적 근거

"모든 자유와 권리"가 제한될 수 있다는 헌법 제37조 제2항에 따라서 양심의 자유도 당연히 "국가안전보장, 질서유지 또는 공공복리"를 위하여 "법률로써" 제한될 수 있다. 또한 헌법 제39조 제1항에서 국방(병역)의 의무를 규정하고 있으므로 비록 각자의 양심에 반한다고 하더라도 일단은 모든 국민에게 병역의 의무가

17) 양심표현이나 양심실천에 관한 소극적 자유를 "양심적 부작위"라고 부르면서 이것은 "절대적으로 보호되어야 한다"는 견해로 오승철(2009), 302면 이하, 특히 306면 이하 참조.

부과될 수 있다. 따라서 헌법이 직접적으로 부과한 병역의무에 따라 양심에 반하는 병역의 의무조차 잠정적으로 허용됨으로써 병역의무에 의하여 양심의 자유는 제한될 수 있다.

## Ⅲ. 양심의 자유에 대한 제한의 정당화

양심의 자유는 제한될 수 있다. 하지만 그 제한이 무제한적으로 인정되는 것은 아니다. 기본권제한과 관련된 헌법의 일반적 원칙을 준수하는 한도에서만 양심의 자유에 대한 제한은 허용된다. 기본권제한과 관련된 헌법상 원칙인 비례성원칙을 양심적 병역거부의 문제에 적용하여 이 문제를 해결해보도록 한다.[18)]

### 1. 병역거부의 금지 및 제재와 적합성원칙

#### (1) 병역거부의 전면적 금지

양심적 병역거부를 인정하지 않음으로써 실현하는 공익목적은 안정적인 병력확보를 통해 '국가의 안전을 보장한다는 공익'이다. 이러한 국가안전보장이라는 공익은 분단된 한반도에서 특별히 중요한 의미를 갖는다. 그리고 이러한 공익은 양심적 병역거부를 전면적으로 인정하지 않는 경우에만 완벽하게 보장될 수 있다. 왜냐하면 양심적 병역거부에 대한 전면적 금지만이 단 한 명의 양심적 병역거부자에게조차 병역을 면제하거나 병역의무를 대체하는 다른 의무를 부과해주지 않음으로써 병력손실의 가능성을 원천적으로 배제할 수 있기 때문이다. 따라서 양심적 병역거부를 전면적으로 인정하지 않고 있는 현행 병역법은 국가안전보장이라는 공익적 목적의 실현에 매우 적합한 수단, 즉 목적의 실현을 최대화하는 수단을 사용하라는 적합성원칙(=최대화명령)에 가장 부합하는 수단이 될 수 있다.

18) 양심적 병역거부의 문제는 비례성원칙의 관점에서 논의되어야 한다는 견해로 김명재(2008), 233면 참조. 한편 양심적 병역거부와 대체복무제를 인정하지 않는 것은 평등원칙의 관점에서 검토하여 헌법에 위반된다는 견해도 있다. 노혁준(2003), 291면 이하 참조. 양심적 병역거부의 문제를 '소수자의 인권'이라는 관점에서 검토하면서 "차이가 있는 타자들을 존중하기 위하여 우리는 타자에 대한 감수성의 회복이 필요하다"고 보는 견해도 본질적으로 평등의 관점에서 양심적 병역거부를 접근하고 있다. 유경동(2005), 219면 이하 참조. 한편 대법원은 양심적 병역거부자에게 대체복무제를 인정하지 않는 것이 차별은 아니라고 본다. 대판 2004. 7. 15. 2004도2965([판례 10.2] ②) 참조.

### (2) 병역거부에 대한 형벌부과

하지만 양심적 병역거부의 전면적 금지를 관철하기 위하여 형벌이라는 수단을 사용하는 것이 적합한 것인지는 매우 의심스럽다. 양심적 병역거부자를 다른 병역기피자와 동일하게 취급하여 형벌을 부과함으로써 국가안전보장이라는 공익을 효과적으로 실현할 수 있을지가 대단히 의심스럽기 때문이다. 병역기피자에게 형벌을 부과하는 목적은 형벌을 통해 병역의무이행을 강제하려는 데 있다. 하지만 양심적 병역거부자에게는 이러한 이행을 전혀 기대할 수가 없다.[19] 어차피 그들은 형벌을 택하지 병역을 택하지는 않을 것이기 때문이다.

따라서 형벌의 목적 가운데 하나인 일반예방효과가 적어도 양심적 병역거부자에게는 미치지 않는다.[20] 이것은 양심적 병역거부자에 대한 형벌의 부과가 형벌의 목적이라는 관점에서 적합성원칙을 충족하지 않는다는 사실을 보여준다. 오히려 형벌의 목적이 오로지 응보에 있는 경우에만 양심적 병역거부자에 대한 형벌의 부과는 적합성원칙에 합치하게 된다. 양심적 병역거부자를 징역형으로 처벌함으로써 적어도 그들에 대한 응보의 목적은 충분히 달성될 수 있기 때문이다.

## 2. 병역거부자의 인권과 필요성원칙

양심적 병역거부를 인정하지 않음으로써 피해가 발생하는 이익은 우리가 앞서 살펴본 '양심의 자유라는 기본적 인권'이다. 이러한 기본적 인권은 양심적 병역거부를 전면적으로 인정하여 병역을 면제하거나 적어도 병역의무를 대체하는 다른 의무를 부과해주는 경우에만 충분히 보장될 수 있다. 또한 양심적 병역거부를 인정하지 않는다고 해도 병역의무의 이행을 강제하기 위하여 일률적으로 징역형으로 처벌하지 않고, 징역형 이외의 다른 형벌이나 행정벌을 부과하는 것도 가능하다. 따라서 양심적 병역거부를 전면적으로 인정하지 않은 채, 양심적 병역거부자에게 오로지 징역형만을 부과하도록 규정하고 있는 현행 병역법은 공익목적의 실현에 '필요한' 수단, 즉 목적의 실현을 위하여 발생하는 '피해를 최소화하는' 수

---

19) 이러한 고민은 양심적 병역거부자에 대한 대법원 판결(대판 2004. 7. 15. 2004도2965)의 소수견해인 이강국 대법관의 견해에서 잘 나타나 있다. "피고인('여호와의 증인' 신도로서 집총병역거부자)에 대한 형벌은 그 정도에 상관없이 범죄에 대한 응징과 예방, 피고인의 교육 등 그 어떠한 관점에서도 형벌의 본래적 목적을 충족할 수 없음이 명백해 보이고, …"

20) 양심적 병역거부에 반대하는 견해는 양심적 병역거부자에 대한 처벌은 일반예방적 효과가 있다고 주장한다. 김병렬/이재승(2006), 142면 참조.

단을 사용하라는 필요성원칙(=최소화명령)에는 가장 부합하지 않는 수단이 된다.

## 3. 병역거부에서 충돌하는 이익과 좁은 의미의 비례성원칙

양심적 병역거부에서는 국가안전보장이라는 공익과 양심의 자유라는 기본적 인권이 충돌한다. 여기서 오직 국가안전보장이라는 공익의 실현만을 고려한다면 양심적 병역거부는 현행 병역법에서처럼 전면적으로 금지될 수 있다. 한편 오로지 양심의 자유라는 기본적 인권만을 고려한다면 양심적 병역거부는 전면적으로 인정되어야 한다. 하지만 실현되는 목적과 피해가 발생하는 목적을 균형있고 조화롭게 실현하라는 좁은 의미의 비례성원칙(=최적화명령)에 따르면 서로 충돌하는 두 가지 이익은 동시에 고려되어야 하고,[21] 조화롭고 균형있게 최적의 상태로 실현되어야 한다.

### (1) 대체복무의 병역대체가능성

이러한 두 가지 이익을 동시에, 그리고 충분히 고려한 최적의 수단은 '대체복무제'로 평가된다. 즉 양심에 따라 병역 일반을 거부하거나 집총 병역을 거부하는 자에게 병역의무를 대체할 수 있는 다른 공익적 의무를 부과하는 제도를 마련함으로써 공익과 기본권을 동시에 실현하는 것이다. 물론 병역의무의 이행으로 달성하려는 공익적 목적(국토방위 또는 국가안보)과 대체복무제로 실현하는 공익적 목적(치안유지 또는 사회봉사)은 동일하지 않다. 따라서 대체복무제는 결국 국방력을 약화시켜 병역의무의 이행으로 달성하려는 공익적 목적을 침해할 수도 있다는 측면에서 대체복무제에 반대하는 견해도 있다. 하지만 각종 국제대회에서 일정한 성적 이상을 올린 국가대표 운동선수들에게 병역을 면제시켜 주는 제도도 병역의무의 이행으로 달성하려는 공익적 목적과 동일하지는 않지만 그에 상응하는 공익적 목적(=국익 또는 국위선양[國威宣揚])을 실현하는 것으로서 인정되고 있다. 이것은 병역의무의 이행으로 달성하려는 목적과 반드시 동일하지 않지만 그에 상응하는 일정한 공익적 목적을 실현할 수 있다면 병역의무가 면제될 수도 있다는 주장에 대한 대단히 설득력 있는 현실적 논거가 될 수 있다.

---

21) 양심적 병역거부의 경우에 국가안보는 보편적이고 추상적인 법익으로서 "형법상 보호될 수 있는 법익으로 인정될 수 없을 것"이며 양심적 병역거부는 국가안보에 대한 "추상적 위험에 불과"하기 때문에 범죄성이 인정될 수 없다는 견해도 있다. 윤영철(2004), 107면 이하 참조.

### (2) 대체복무제의 악용가능성

한편 대체복무제는 병역기피를 위한 수단으로 악용될 수 있다는 점도 반대 논거로 인용된다. 대체복무제가 병역기피수단으로 악용될 수 있다면 이 제도는 국방력을 약화시키는 결과를 야기한다. 그리고 언제라도 전쟁이 발발할 수 있는 분단된 한반도의 특수한 상황에서 대체복무제로 인한 국방력약화는 국가안보에 치명적인 결과를 초래할 수 있다. 따라서 국가 없이 양심도 존재할 수 없다는 점을 고려하여 국가안보를 위해 양심의 자유는 물러나야 한다는 주장이 가능하다.

사실 모든 제도는 악용될 수 있다. 그리고 아직 대체복무제가 실시되지도 않은 상황에서 이러한 악용가능성의 효과를 성급하게 예측하는 것은 국가안보에 대한 지나친 걱정이거나 정치적 의도가 있는 선전일 수 있다.[22] 중요한 것은 제도를 어떻게 구성하여 운영할 것인지 하는 점이다. 대체복무제가 인정되는 경우에 양심적 병역거부자를 판단하는 요건과 절차를 매우 엄격하게 규정하면 악의적인 병역기피자는 충분히 막을 수 있을 것이다.[23] 또한 대체복무의 기간과 내용을 병역의무와 동일한 정도 또는 더 강한 정도로 설정한다면 대체복무제가 병역기피의 수단으로 악용되는 것도 예방할 수 있다고 생각된다.[24] 실제로 대체복무제가 도입된 이후에도 이 제도를 악용하는 사례는 드러나고 있지 않다.

### (3) 병역거부자의 책임과 형벌

양심적 병역거부자를 다른 병역기피자와 동일하게 취급하여 형벌을 부과하는 것도 충돌하는 법익의 균형이라는 관점에서 문제가 될 수 있다. 형벌은 법익위반에 대한 책임의 정도에 비례해서 부과되어야 하기 때문이다. 병역기피나 병역거부는 객관적으로 위법한 행위라는 점에서는 같지만 당사자에게 물을 수 있는 주관적 책임의 정도는 다르다. 의도적으로 병역을 기피한 자와 어쩔 수 없이 병역을 거부한 자의 책임이 어떻게 동일할 수 있겠는가?[25] 더 나아가 강력하고 진지

---

22) 대체복무제로 병역기피자가 증가할 것이라는 주장은 "애매한 공포감"에서 기인한다는 견해가 있다. 박노자(2006), 62면 참조.

23) 병역거부권과 대체복무제에 반대하는 입장에서는 양심적 병역거부자를 판정하는 기준이 모호할 수밖에 없다고 지적한다. 김병렬/이재승(2006), 143면 이하 참조.

24) 대체복무의 기간을 늘리고 직무를 힘들게 하여 사이비 신자를 구별해 낼 수 있다는 대안에 대해서도 오히려 병역거부자에게 가혹한 결과를 초래할 수 있고, 국민의 정서에도 부합하지 않는다고 한다. 김병렬/이재승(2006), 144면 참조.

25) 양심적 병역거부자는 전형적인 양심범이므로 이들에게 형벌을 부과하는 것은 인간으로서의 존엄과 가치를 중대하게 침해하고, 적법행위의 기대가능성도 없다는 견해도 같은 맥락이다. 윤영철(2004), 102면 이하 및 111면 이하 참조.

한 양심의 명령에 따라 자신의 정체성을 확인하기 위하여[26] 병역을 거부할 수밖에 없는 자에게 책임을 물으며 형벌을 부과하는 것은 너무나 가혹한 행위가 아닌가?[27]

### (4) 병역거부자와 병역이행자의 형평성

병역거부자에게 대체복무제를 보장하는 것은 병역이행자와의 관계에서 형평성에 관한 의문을 제기하게 할 수 있다. 병역의무와 비교할 때 대체복무는 편할 수밖에 없다는 인식이 지배하기 때문이다. 사실 대체복무제에 대한 반대는 병역이행자가 병역거부자에 대해서 가지는 감정적 성격이 강하다. '나는 이렇게 고생하는데 저들은 뭐야'라는 식의 불만과 반감이 대체복무제에 대한 반대론의 정서적 기초를 이룬다. 하지만 앞서 언급한 것처럼 대체복무가 병역의무와 동일한 내용으로 평가될 수 있을 만큼 그 기간을 연장한다면 병역거부자와 병역이행자의 형평성 문제는 해결될 수 있다. 여기서 중요한 것은 형평성을 근거로 대체복무기간을 병역의무기간보다 비합리적으로 강화함으로써 병역거부자에 대한 보복과 응징이 가해질 수는 없다는 점이다.

---

26) 평화주의를 견지하는 양심 때문에 병역을 거부한 어떤 교사의 고민은 개인의 신념이나 양심의 명령이 개인의 정체성과 대단히 밀접하게 관련되어 있다는 사실을 웅변적으로 보여준다. "나는 상대가 나를 죽이려 할 때도 그 사람을 해쳐서는 안 된다는 신념이 있어요. 그런 내가 이 병역의 문제에서 타협해서 신념을 지키지 못하면 내 삶에 일관성이 유지되겠는가, 떳떳하겠는가 하는 생각을 해요. 나의 신념은 분명히 손상을 입을 수밖에 없어요. 강력한 내면의 소리가 허물어지면 교육자로서도 허물어질 수밖에 없는 문제였어요. 아이들 앞에서 떳떳하고 싶었어요." 박효정(2006), 55면 이하.

27) 앞에서 인용한 이강국 대법관의 소수견해에 이러한 생각이 잘 드러나 있다. "피고인에게 병역법상의 형벌법규의 기속력이 미치지 않는다고 할 수는 없겠지만, 그렇다고 하여 절대적이고도 진지한 종교적 양심의 결정에 따라 병역의무를 거부한 피고인에게 국가의 가장 강력한 제재 수단인 형벌을 가하게 된다면 그것은, 피고인의 인간으로서의 존엄성을 심각하게 침해하는 결과가 될 것이고 형벌 부과의 주요 근거인 행위자의 책임과의 균형적인 비례관계를 과도하게 일탈한 과잉조치가 될 것이며, … 특히 보편적 가치관을 반영한 집총병역의무와 종교적 양심의 명령 사이의 갈등으로 인한 심각한 정신적 압박 상황에서 절박하고도 무조건적인 종교적 양심의 명령에 따른 피고인에게는 실정 병역법에 합치하는 적법한 행위를 할 가능성을 기대하기가 매우 어렵다고 보인다(…). 따라서 이 사건의 피고인과 같은 경우에는 국가의 형벌권이 한 발 양보함으로써 개인의 양심의 자유가 보다 더 존중되고 보장되도록 하는 것이 상당하다." 그러면서 다음과 같이 결론을 맺고 있다. "피고인에게는 범죄의 성립요건인 책임성을 인정할 수 없다고 보아야 하고, 이러한 점에서 피고인에게는 이 사건 법률조항의 적용을 배제할 '정당한 사유'가 존재한다"(대판 2004. 7. 15. 2004도2965, 이강국 대법관의 반대의견). 전적으로 동의할 수 있는 견해라고 생각된다. 같은 취지의 견해로 윤진숙(2010), 131면 참조.

## 4. 결론과 대안

결론적으로 양심적 병역거부자에 대한 대체복무제를 전혀 인정하지 않고 있는 병역법은 좁은 의미의 비례성원칙에 위반된다고 볼 수 있다. 만약 대체복무제로 인하여 병역기피를 목적으로 하는 양심적 병역거부자의 숫자가 급격하게 증가할 수 있다면 매년 인정되는 양심적 병역거부자 숫자를 제한함으로써(연간쿼터제) 문제를 해결하는 방법도 생각해 볼 수 있다. 구체적으로 병역거부자를 처벌하는 현행 제도 아래에서 발생하는 병역거부자의 숫자나 비율을 고려하여 대체복무가 가능한 인원의 상한제를 실시하는 방안이 가능하다.

한편 병역거부권과 대체복무제를 인정하는 경우에 독일과 같이[28] 헌법에 규정하는 방법도 있고, 대만처럼[29] 법률로써 규정하는 방법도 가능하다.[30] 헌법에 규정하는 방식은 요건과 절차가 까다롭다는 단점이 있는 반면에 입법자가 함부로 폐기할 수 없다는 장점이 있다. 반면에 법률에 규정하는 방식은 비교적 절차가 간단하지만 위헌논란의 소지를 남긴다는 점에서는 한계가 있다.

2018년 헌법재판소가 양심적 병역거부자에 대한 대체복무제를 규정하지 않는 것은 양심의 자유를 침해한다고 결정한 뒤(아래 [판례 10.3] 참조) 현재는 병역법이 개정되어 병역의 종류로 대체복무제가 추가되었다(동법 제5조 제6호). 이에 따라 제정된 '**대체역의 편입 및 복무 등에 관한 법률**'(이하 '대체역법'으로 약칭)은 양심의 자유를 이유로 현역, 예비역 또는 보충역의 복무를 대신하여 병역을 이행하려는 사람에게 입영일 또는 소집일의 5일 전까지 **대체역 심사위원회**에 대체역으로 편입되도록 신청할 수 있는 기회를 부여하고 있다(동법 제3조 제1항). 대체역으로 편입된 대체복무요원은 교정시설 등 대통령령으로 정하는 대체복무기관에서

28) 독일 기본법(헌법)은 대체복무제에 대해서 다음과 같이 규정하고 있다(동법 제12a조 제2항): "양심상의 이유로 집총병역을 거부하는 자에게는 대체복무의 의무를 부과할 수 있다. 대체복무의 기간은 병역의 기간을 초과할 수 없다. 상세한 것은 법률로 정한다. 이 법률은 양심에 따른 결정의 자유를 침해할 수 없고, 군대나 연방국경수비대와 무관한 대체복무도 가능하도록 규정해야 한다." 양심적 병역거부자들이 수행하는 대체복무는 환자수송이나 장애인보호 등과 같은 공공적이고 사회복지적인 업무다. 독일의 대체복무제에 대해서는 이재승(2001) 및 김병렬/이재승(2006), 157면 이하 참조.

29) 대만은 2000년 1월 대체복무제 법안을 통과시켜 같은 해 7월부터 시행하고 있다. 대만의 대체복무에는 경찰업무와 소방업무가 포함되어 있는 것이 특징이다. 대만의 대체복무제에 대해서는 김병렬/이재승(2006), 158면 이하 참조.

30) 그 밖에 양심적 병역거부권과 대체복무제에 관한 국제법규 및 국제 판례와 각국의 입법상황에 대해서는 장복희(2006), 240면 이하 참조. 그리고 조국(2001), 139면 이하; 이상명(2007), 914면 이하; 나달숙(2008), 455면 이하 및 472면 이하도 참조.

공익에 필요한 업무(대체업무)에 복무하게 된다(동법 제16조 제1항). 현재 대체복무요원의 복무기간은 36개월이다(동법 제18조 제1항).31) 진정한 양심에 따른 병역거부는 병역법에 따라 허용되는 입영 거부의 "정당한 사유"에 해당한다고 보는 대법원은 진정한 양심의 의미와 증명방법과 관련하여 다음과 같이 판시하였다. "인간의 내면에 있는 양심을 직접 객관적으로 증명할 수는 없으므로 사물의 성질상 양심과 관련성이 있는 간접사실 또는 정황사실을 증명하는 방법으로 판단하여야 한다. 예컨대 종교적 신념에 따른 양심적 병역거부 주장에 대해서는 종교의 구체적 교리가 어떠한지, 그 교리가 양심적 병역거부를 명하고 있는지, 실제로 신도들이 양심을 이유로 병역을 거부하고 있는지, 그 종교가 피고인을 정식 신도로 인정하고 있는지, 피고인이 교리 일반을 숙지하고 철저히 따르고 있는지, 피고인이 주장하는 양심적 병역거부가 오로지 또는 주로 그 교리에 따른 것인지, 피고인이 종교를 신봉하게 된 동기와 경위, 만일 피고인이 개종을 한 것이라면 그 경위와 이유, 피고인의 신앙기간과 실제 종교적 활동 등이 주요한 판단요소가 될 것이다. 피고인이 주장하는 양심과 동일한 양심을 가진 사람들이 이미 양심적 병역거부를 이유로 실형으로 복역하는 사례가 반복되었다는 등의 사정은 적극적인 고려요소가 될 수 있다. 그리고 위와 같은 판단 과정에서 피고인의 가정환경, 성장과정, 학교생활, 사회경험 등 전반적인 삶의 모습도 아울러 살펴볼 필요가 있다. 깊고 확고하며 진실한 양심은 그 사람의 삶 전체를 통하여 형성되고, 또한 어떤 형태로든 그 사람의 실제 삶으로 표출되었을 것이기 때문이다."32)

**[판례 10.1] 양심적 병역거부에 대한 헌법재판소의 견해 1**

① 양심의 자유는 단지 국가에 대하여 가능하면 개인의 양심을 고려하고 보호할 것을 요구하는 권리일 뿐, 양심상의 이유로 법적 의무의 이행을 거부하거나 법적 의무를 대신하는 대체의무의 제공을 요구할 수 있는 권리가 아니다. 따라서 양심의 자유로부터 대체복무를 요구할 권리도 도출되지 않는다. 우리 헌법은 병역의무와 관련하여 양심의 자유의 일방적인 우위를 인정하는 어떠한 규범적 표현도 하고 있지 않다. 양심상의 이유로 병역의무의 이행을 거부할 권리는 단지 헌법 스스로 이에 관하여 명문으로 규정하는 경우에 한하여 인정될 수 있다. 이 사건 법률조항을 통하여 달성하고자 하는 공익은 국가의 존립과 모든 자유의 전제조건인 '국가안보'라는 대단히 중요한 공익으로서, 이러한 중대한 법익이 문제되는 경우에는 개인의 자유를 최대한으로 보장하기 위하여 국가안보를 저해할 수 있는 무리한 입

31) 대체복무요원의 복무기간과 관련하여 대체로 육군 복무기간의 1.5배에서 2배가 적절하다는 견해가 제시되었다. 예컨대 국가인권위원회(2018a) 30면 이하; 국가인권위원회(2018b), 68면 이하; 홍완식(2018), 250면 이하 참조.

32) 대판 2018.11.1. 2016도10912; 2020.9.3. 2020도8055; 2021.1.28. 2018도4708 참조.

법적 실험을 할 것을 요구할 수 없다. 한국의 안보상황, 징병의 형평성에 대한 사회적 요구, 대체복무제를 채택하는 데 수반될 수 있는 여러 가지 제약적 요소 등을 감안할 때, 대체복무제를 도입하더라도 국가안보라는 중대한 헌법적 법익에 손상이 없으리라고 단정할 수 없는 것이 현재의 상황이라 할 것인바, 대체복무제를 도입하기 위해서는 남북한 사이에 평화공존관계가 정착되어야 하고, 군복무여건의 개선 등을 통하여 병역기피의 요인이 제거되어야 하며, 나아가 우리 사회에 양심적 병역거부자에 대한 이해와 관용이 자리잡음으로써 그들에게 대체복무를 허용하더라도 병역의무의 이행에 있어서 부담의 평등이 실현되며 사회통합이 저해되지 않는다는 사회공동체 구성원의 공감대가 형성되어야 하는데, 이러한 선행조건들이 충족되지 않은 현 단계에서 대체복무제를 도입하기는 어렵다고 본 입법자의 판단이 현저히 불합리하다거나 명백히 잘못되었다고 볼 수 없다.

② 입법자는 헌법 제19조의 양심의 자유에 의하여 공익이나 법질서를 저해하지 않는 범위 내에서 법적 의무를 대체하는 다른 가능성이나 법적 의무의 개별적인 면제와 같은 대안을 제시함으로써 양심상의 갈등을 완화해야 할 의무가 있으며, 이러한 가능성을 제공할 수 없다면, 적어도 의무위반시 가해지는 처벌이나 징계에 있어서 그의 경감이나 면제를 허용함으로써 양심의 자유를 보호할 수 있는 여지가 있는가를 살펴보아야 한다. 그러므로 입법자는 양심의 자유와 국가안보라는 법익의 갈등관계를 해소하고 양 법익을 공존시킬 수 있는 방안이 있는지, 국가안보란 공익의 실현을 확보하면서도 병역거부자의 양심을 보호할 수 있는 대안이 있는지, 우리 사회가 이제는 양심적 병역거부자에 대하여 이해와 관용을 보일 정도로 성숙한 사회가 되었는지에 관하여 진지하게 검토하여야 할 것이며, 설사 대체복무제를 도입하지 않기로 하더라도, 법적용기관이 양심우호적 법적용을 통하여 양심을 보호하는 조치를 취할 수 있도록 하는 방향으로 입법을 보완할 것인지에 관하여 숙고하여야 한다.

[재판관 김경일, 재판관 전효숙의 반대의견]

① 양심적 병역거부가 인류의 평화적 공존에 대한 간절한 희망과 결단을 기반으로 하고 있음을 부인할 수는 없으며, 평화에 대한 이상은 인류가 오랫동안 추구하고 존중해온 것이다. 그런 의미에서 양심적 병역거부자들의 병역거부를 군복무의 고역을 피하기 위한 것이거나 국가공동체에 대한 기본의무는 이행하지 않으면서 무임승차 식으로 보호만 바라는 것으로 볼 수는 없다. 그들은 공동체의 일원으로서 납세 등 각종의무를 성실히 수행해야함을 부정하지 않고, 집총병역의무는 도저히 이행할 수 없으나 그 대신 다른 봉사방법을 마련해달라고 간청하고 있다. 그럼에도 불구하고 병역기피의 형사처벌로 인하여 이들이 감수하여야 하는 불이익은 심대하다. 특히 병역거부에 대한 종교와 신념을 가족들이 공유하고 있는 많은 경우 부자가 대를 이어 또는 형제들이 차례로 처벌받게 되고 이에 따라 다른 가족 구성원에게 더 큰 불행을 안겨준다. 우리 군의 전체 병력수에 비추어 양심적 병역거부자들이 현역집총병역에 종사하는지 여부가 국방력에 미치는 영향은 전투력의 감소를 논할 정도라고 볼 수 없고, 이들이 반세기 동안 형사처벌 및 유·무형의 막대한 불이익을 겪으면서도 꾸준히 입영이나 집총을 거부하여 온 점에 의하면 형사처벌이 이들 또는 잠재적인 양심적 병역거부자들의 의무이행을 확보하기 위해 필요한 수단이라고 보기는 어렵다.

② 국방의 의무는 단지 병역법에 의하여 군복무에 임하는 등의 직접적인 집총병력형성의무에 한정되는 것이 아니므로 양심적 병역거부자들에게 현역복무의 기간

과 부담 등을 고려하여 이와 유사하거나 보다 높은 정도의 의무를 부과한다면 국방의무이행의 형평성회복이 가능하다. 또한 많은 다른 나라들의 경험에서 보듯이 엄격한 사전심사절차와 사후관리를 통하여 진정한 양심적 병역거부자와 그렇지 않은 자를 가려내는 것이 가능하며, 현역복무와 이를 대체하는 복무의 등가성을 확보하여 현역복무를 회피할 요인을 제거한다면 병역기피 문제도 효과적으로 해결할 수 있다. 그럼에도 불구하고 우리 병역제도와 이 사건 법률조항을 살펴보면, 입법자가 이러한 사정을 감안하여 양심적 병역거부자들에 대하여 어떠한 최소한의 고려라도 한 흔적을 찾아볼 수 없다(헌재 2004. 8. 26. 2002헌가1).

**[판례 10.2] 양심적 병역거부에 대한 헌법재판소의 견해 2**

① i) 이 사건 법률조항은, '국민의 의무인 국방의 의무의 이행을 관철하고 강제함으로써 징병제를 근간으로 하는 병역제도 하에서 병역자원의 확보와 병역부담의 형평을 기하고 궁극적으로 국가의 안전보장이라는 헌법적 법익을 실현하고자 하는 것'으로 그 입법목적이 정당하고, 입영을 기피하는 현역 입영대상자에 대하여 형벌을 부과함으로써 현역복무의무의 이행을 강제하고 있으므로, 이 같은 입법목적을 달성하기 위한 적절한 수단이다. ii) 또한 병역의무와 관련하여 대체복무제를 도입할 것인지의 문제는 결국 '대체복무제를 허용하더라도 국가안보라는 중대한 공익의 달성에 아무런 지장이 없는지 여부'에 대한 판단의 문제로 귀결되는바, 남북이 대치하고 있는 우리나라의 특유한 안보상황, 대체복무제 도입 시 발생할 병력자원의 손실 문제, 병역거부가 진정한 양심에 의한 것인지 여부에 대한 심사의 곤란성, 사회적 여론이 비판적인 상태에서 대체복무제를 도입하는 경우 사회통합을 저해하여 국가 전체의 역량에 심각한 손상을 가할 우려가 있는 점 및 종전 헌법재판소의 결정에서 제시한 선행조건들이 아직도 충족되지 않고 있는 점 등을 고려할 때 대체복무제를 허용하더라도 국가안보와 병역의무의 형평성이라는 중대한 공익의 달성에 아무런 지장이 없다는 판단을 쉽사리 내릴 수 없으므로, 양심적 병역거부자에 대하여 대체복무제를 도입하지 않은 채 형사처벌 규정만을 두고 있다고 하더라도 이 사건 법률조항이 최소침해의 원칙에 반한다고 할 수 없다. iii) 양심적 병역거부자는 이 사건 법률조항에 따라 3년 이하의 징역이라는 형사처벌을 받는 불이익을 입게 되나 이 사건 법률조항이 추구하는 공익은 국가의 존립과 모든 자유의 전제조건인 '국가안보' 및 '병역의무의 공평한 부담'이라는 대단히 중요한 공익이고, 병역의무의 이행을 거부함으로써 양심을 실현하고자 하는 경우는 누구에게나 부과되는 병역의무에 대한 예외를 요구하는 것이므로 병역의무의 공평한 부담의 관점에서 볼 때 타인과 사회공동체 전반에 미치는 파급효과가 대단히 큰 점 등을 고려해 볼 때 이 사건 법률조항이 법익균형성을 상실하였다고 볼 수는 없다. 따라서 이 사건 법률조항은 양심의 자유를 침해하지 아니한다.

② 이 사건 법률 조항은 병역거부가 양심에 근거한 것이든 아니든, 그 양심이 종교적 양심이든, 비종교적 양심이든 가리지 않고 일률적으로 규제하는 것일 뿐, 양심이나 종교를 사유로 차별을 가하는 것도 아니므로 평등원칙에 위반되지 아니한다.

③ 우리나라가 1990. 4. 10. 가입한 시민적·정치적 권리에 관한 국제규약(International Covenant on Civil and Political Rights)에 따라 바로 양심적 병역거부권이 인정되거나 양심적 병역거부에 관한 법적인 구속력이 발생한다고 보기 곤란하고, 양심적

병역거부권을 명문으로 인정한 국제인권조약은 아직까지 존재하지 않으며, 유럽 등의 일부국가에서 양심적 병역거부권이 보장된다고 하더라도 전 세계적으로 양심적 병역거부권의 보장에 관한 국제관습법이 형성되었다고 할 수 없어 양심적 병역거부가 일반적으로 승인된 국제법규로서 우리나라에 수용될 수는 없으므로, 이 사건 법률조항에 의하여 양심적 병역거부자를 형사처벌한다고 하더라도 국제법 존중의 원칙을 선언하고 있는 헌법 제6조 제1항에 위반된다고 할 수 없다.

[재판관 이강국, 재판관 송두환의 한정위헌의견]

i) 헌법상의 기본권과 헌법상의 국민의 의무 등 헌법적 가치가 상호 충돌하고 대립하는 경우에는 어느 하나의 가치만을 선택하여 나머지 가치를 희생시켜서는 안되고, 충돌하는 가치를 모두 최대한 실현시킬 수 있는 규범조화적 해석원칙을 사용해야 한다. 양심의 자유와 국방의 의무라는 헌법적 가치가 상호 충돌하고 있는 이 사건 법률조항의 문제도 이와 같은 규범조화적 해석의 원칙에 의하여 해결해야 한다. 따라서 이 사건 법률조항의 '정당한 사유'는 진지하고 절박한 양심을 결정한 사람들의 양심의 자유와 국방의 의무라는 헌법적 가치가 비례적으로 가장 잘 조화되고 실현될 수 있는 조화점을 찾도록 해석하여야 한다. 하지만 헌법재판소와 대법원 판례는 이 사건 법률조항의 '정당한 사유'에는 종교적 양심상의 결정에 의하여 병역을 거부한 행위는 포함되지 아니한다고 해석하고 있는데, 그 결과 절대적이고 진지한 양심의 결정에 따라 병역의무를 거부한 청구인들에게 국가의 가장 강력한 제재수단인 형벌이, 그것도 최소한 1년 6개월 이상의 징역형이라고 하는 무거운 형벌이 부과되고 있다. 이는 인간으로서의 존엄과 가치를 심각하게 침해하는 것이고, 나아가 형벌부과의 주요근거인 행위와 책임과의 균형적인 비례관계를 과도하게 일탈한 과잉조치이다. ii) 양심적 병역거부자들에 대한 대체복무제를 운영하고 있는 많은 나라들의 경험을 살펴보면, 대체복무제가 도입될 경우 사이비 양심적 병역거부자가 급증할 것이라고 하는 우려가 정확한 것이 아니라는 점을 알 수 있다. 엄격한 사전심사와 사후관리를 통하여 진정한 양심적 병역거부자와 그렇지 못한 자를 가려낼 수 있도록 대체복무제도를 설계하고 운영한다면 이들의 양심의 자유 뿐 아니라 국가안보, 자유민주주의의 확립과 발전에도 도움이 될 것이다. 결국, 이 사건 법률조항 본문 중 '정당한 사유'에, 양심에 따른 병역거부를 포함하지 않는 것으로 해석하는 한 헌법에 위반된다(헌재 2011. 8. 30. 2008헌가22 등).

**[판례 10.3] 양심적 병역거부에 대한 헌법재판소의 견해 3**

병역종류조항은, 병역부담의 형평을 기하고 병역자원을 효과적으로 확보하여 효율적으로 배분함으로써 국가안보를 실현하고자 하는 것이므로 정당한 입법목적을 달성하기 위한 적합한 수단이다. 병역종류조항이 규정하고 있는 병역들은 모두 군사훈련을 받는 것을 전제하고 있으므로, 양심적 병역거부자에게 그러한 병역을 부과할 경우 그들의 양심과 충돌을 일으키는데, 이에 대한 대안으로 대체복무제가 논의되어 왔다. 양심적 병역거부자의 수는 병역자원의 감소를 논할 정도가 아니고, 이들을 처벌한다고 하더라도 교도소에 수감할 수 있을 뿐 병역자원으로 활용할 수는 없으므로, 대체복무제를 도입하더라도 우리나라의 국방력에 의미 있는 수준의 영향을 미친다고 보기는 어렵다. 국가가 관리하는 객관적이고 공정한 사전심사절차와 엄격한 사후관리절차를 갖추고, 현역복무와 대체복무 사이에 복무의 난이도나 기간과 관련하여 형평성을 확보해 현역복무를 회피할 요인을 제거한다면, 심사의 곤란성과 양심을 빙자한 병역기피자의 증가 문제를 해결할 수 있으므로, 대체복무제를 도입하면서도 병역의무의 형평을 유지하는 것은 충분히 가능하다. 따라서 대체복무제라는 대안이 있음에도 불구하고 군사훈련을 수반하는 병역의무만을 규정한 병역종류조항은, 침해의 최소성 원칙에 어긋난다. 병역종류조항이 추구하는 '국가안보' 및 '병역의무의 공평한 부담'이라는 공익은 대단히 중요하나, 앞서 보았듯이 병역종류조항에 대체복무제를 도입한다고 하더라도 위와 같은 공익은 충분히 달성할 수 있다고 판단된다. 반면, 병역종류조항이 대체복무제를 규정하지 아니함으로 인하여 양심적 병역거부자들은 최소 1년 6월 이상의 징역형과 그에 따른 막대한 유·무형의 불이익을 감수하여야 한다. 양심적 병역거부자들에게 공익 관련 업무에 종사하도록 한다면, 이들을 처벌하여 교도소에 수용하고 있는 것보다는 넓은 의미의 안보와 공익실현에 더 유익한 효과를 거둘 수 있을 것이다. 따라서 병역종류조항은 법익의 균형성 요건을 충족하지 못하였다. 그렇다면 양심적 병역거부자에 대한 대체복무제를 규정하지 아니한 병역종류조항은 과잉금지원칙에 위배하여 양심적 병역거부자의 양심의 자유를 침해한다(헌재 2018. 6. 28. 2011헌바379 등).

**[판례 10.4] 양심적 병역거부에 대한 대법원의 견해**

① 병역법 제88조 제1항은 가장 기본적인 국민의 국방의 의무를 구체화하기 위하여 마련된 것이고, 이와 같은 병역의무가 제대로 이행되지 않아 국가의 안전보장이 이루어지지 않는다면 국민의 인간으로서의 존엄과 가치도 보장될 수 없음은 불을 보듯 명확한 일이므로, 병역의무는 궁극적으로는 국민 전체의 인간으로서의 존엄과 가치를 보장하기 위한 것이라 할 것이고, 양심적 병역거부자의 양심의 자유가 위와 같은 헌법적 법익보다 우월한 가치라고는 할 수 없으니, 위와 같은 헌법적 법익을 위하여 헌법 제37조 제2항에 따라 피고인의 양심의 자유를 제한한다 하더라도 이는 헌법상 허용된 정당한 제한이다.

② 병역의무의 이행을 확보하기 위하여 현역입영을 거부하는 자에 대하여 형벌을 부과할 것인지, 대체복무를 인정할 것인지 여부에 관하여는 입법자에게 광범위한 입법재량이 유보되어 있다고 보아야 하므로, 병역법이 질병 또는 심신장애로 병역을 감당할 수 없는 자에 대하여 병역을 면제하는 규정을 두고 있고, 일정한 자에 대하여는 공익근무요원, 전문연구요원, 산업기능요원 등으로 근무할 수 있는 병역특례제도를 두고 있음에도 양심 및 종교의 자유를 이유로 현역입영을 거부하는 자에 대하여는 현역입영을 대체할 수 있는 특례를 두지 아니하고 형벌을 부과하는 규정만을 두고 있다고 하더라도 과잉금지 또는 비례의 원칙에 위반된다거나 종교에 의한 차별금지 원칙에 위반된다고 볼 수 없다.

③ 양심적 병역거부자에게 그의 양심상의 결정에 반한 행위를 기대할 가능성이 있는지 여부를 판단하기 위해서는, 행위 당시의 구체적 상황 하에 행위자 대신에 사회적 평균인을 두고 이 평균인의 관점에서 그 기대가능성 유무를 판단하여야 할 것인바, 양심적 병역거부자의 양심상의 결정이 적법행위로 나아갈 동기의 형성을 강하게 압박할 것이라고 보이기는 하지만 그렇다고 하여 그가 적법행위로 나아가는 것이 실제로 전혀 불가능하다고 할 수는 없다고 할 것인바, 법규범은 개인으로 하여금 자기의 양심의 실현이 헌법에 합치하는 법률에 반하는 매우 드문 경우에는 뒤로

물러나야 한다는 것을 원칙적으로 요구하기 때문이다(대판 2004. 7. 15. 2004도2965).

**[판례 10.5] 양심적 병역거부에 대한 대법원의 견해 2**

양심적 병역거부의 현황과 함께 우리나라의 경제력과 국방력, 국민의 높은 안보의식 등에 비추어 양심적 병역거부를 허용한다고 하여 국가안전보장과 국토방위를 달성하는 데 큰 어려움이 있을 것으로는 보이지 않는다. 따라서 진정한 양심적 병역거부자에게 집총과 군사훈련을 수반하는 병역의무의 이행을 강제하고 그 불이행을 처벌하는 것은 양심의 자유에 대한 과도한 제한이 되거나 본질적 내용에 대한 위협이 된다.

자유민주주의는 다수결의 원칙에 따라 운영되지만 소수자에 대한 관용과 포용을 전제로 할 때에만 정당성을 확보할 수 있다. 국민 다수의 동의를 받지 못하였다는 이유로 형사처벌을 감수하면서도 자신의 인격적 존재가치를 지키기 위하여 불가피하게 병역을 거부하는 양심적 병역거부자들의 존재를 국가가 언제까지나 외면하고 있을 수는 없다. 일방적인 형사처벌만으로 규범의 충돌 문제를 해결할 수 없다는 것은 이미 오랜 세월을 거쳐 오면서 확인되었다. 그 신념에 선뜻 동의할 수는 없다고 하더라도 이제 이들을 관용하고 포용할 수는 있어야 한다.

요컨대, 자신의 내면에 형성된 양심을 이유로 집총과 군사훈련을 수반하는 병역의무를 이행하지 않는 사람에게 형사처벌 등 제재를 해서는 안 된다. 양심적 병역거부자에게 병역의무의 이행을 일률적으로 강제하고 그 불이행에 대하여 형사처벌 등 제재를 하는 것은 양심의 자유를 비롯한 헌법상 기본권 보장체계와 전체 법질서에 비추어 타당하지 않을 뿐만 아니라 소수자에 대한 관용과 포용이라는 자유민주주의 정신에도 위배된다. 따라서 진정한 양심에 따른 병역거부라면, 이는 병역법 제88조 제1항의 '정당한 사유'에 해당한다(대판 2018. 11. 1. 2016도10912).

### 토론문제

1. 개인의 양심과 공공의 질서(법질서)가 충돌하면 무엇이 우선해야 하는가?
2. 대체복무제를 허용하면 양심적 병역거부자가 증가하는가?
3. 대체복무제를 허용한다면 병역의무기간과 비교하여 어느 정도가 타당한가?

### 내 입장은?

1. 양심적 병역거부는 전면적으로 금지되어야 한다.
2. 양심적 병역거부는 전면적으로 허용되어야 한다.
3. 일정한 요건과 절차에 따라 양심적 병역거부는 허용될 수 있다.

# 참고문헌

김두식(2002), ≪칼을 쳐서 보습으로－양심에 따른 병역거부와 기독교 평화주의≫, 2002.

김두식(2007), ≪평화의 얼굴≫, 2007.

김명재(2008), 양심의 자유와 병역의무－2004. 8. 26. 2002헌가1 결정에 대한 평석, ≪공법학연구≫(한국비교공법학회), 제8권 제3호(2008), 215～240면.

김병렬/이재승(2004), 양심적 병역거부에 관한 찬반논쟁, ≪고시계≫, 통권 제569호(2004년 7월호), 131～161면.

김병록(2003), 양심적 병역거부의 헌법이론적 검토, ≪헌법학연구≫(한국헌법학회), 제9권 제1호(2003), 39～58면.

김성민(2011), 양심적 병역거부, ≪여/성이론≫(도서출판여이연), 통권 제24호(2011), 202～219면.

나달숙(2008), 양심적 병역거부의 국제적 논의와 현황, ≪토지공법연구≫(한국토지공법학회), 제41집(2008), 453～479면.

노혁준(2003), 양심적 병역거부에 관한 병역법상 처벌조항의 위헌성 검토, ≪민주법학≫(민주주의법학연구회), 제24호(2003), 279～311면.

류기환(2013), 양심적 병역거부에 대한 비범죄화 가능성, ≪법학연구≫(한국법학회), 제52집(2013. 12.), 209～227면.

박노자(2005), 근대의 공포에 맞서는 이에게－양심적 병역거부자 오태양님에게, ≪당대비평≫, 통권 제29호(2005), 59～64면.

박찬걸(2012), 양심적 병역거부자에 대한 형사처벌의 타당성 여부, ≪한양법학≫(한양법학회), 통권 제38집(2012), 61～98면.

박찬운(2014), 양심적 병역거부－국제인권법적 현황과 한국의 선택－, ≪저스티스≫(한국법학원), 통권 제141호(2014. 4.), 5～30면.

박효정(2006), "교사로서 평화주의 신념을 지키고 싶어요"－양심에 따른 병역거부 선언한 김훈태 교사, ≪중등 우리교육≫, 통권 제195호(2006년 5월호), 118～121면.

염창근(2004), '군인되기'를 거부한 젊은이들의 살아남기, ≪월간 말≫, 통권 215호(2004년 5월호), 164～169면.

오승철(2009), 부작위에 의한 양심실현의 자유, ≪헌법학연구≫(한국헌법학회), 제15권 제2호(2009), 301～333면.

유경동(2005), 양심적 병역거부와 기독교 사회윤리: 정의와 인권을 중심으로, ≪신학과 세계≫(감리교신학대학교), 제52권(2005), 192～220면.

윤영철(2004), 양심적 병역거부에 대한 형사처벌의 형법적 문제점, ≪형사정책≫(한국형사정책학회), 제16권 제2호(2004), 93～120면.

윤진숙(2010), 종교의 자유의 의미와 한계에 대한 고찰, ≪법학연구≫(연세대학교 법학연구원), 제20권 제2호(2010), 113~136면.
이상명(2007), 양심적 병역거부와 양심의 자유, ≪고려법학≫(고려대학교 법학연구원), 제49호(2007), 911~933면.
이재승(2001), 독일에서 병역거부와 민간봉사, ≪민주법학≫(민주주의법학연구회), 제20호(2001), 153~177면.
이재승(2007), 병역거부에 대한 반응양상, ≪법과 사회≫(법과사회이론학회), 제32호(2007), 263~284면.
임재성(2010), 징병제 형성과정을 통해서 본 양심적 병역거부의 역사, ≪사회와 역사≫(한국사회사학회), 제88집(2010), 387~422면.
임종인(2006), 양심적 병역거부자에게 대체복무를 인정하여 우리도 인권선진국으로 나아가자, ≪인물과 사상≫, 통권 제95호(2006년 3월호), 105~113면.
장복희(2006), 양심적 병역거부자의 인권 보호, ≪공법연구≫(한국공법학회), 제35집 제2호(2006), 237~265면.
정연주(2012), 양심적 병역거부, ≪헌법학연구≫(한국헌법학회), 제18권 제3호(2012), 405~434면.
정종훈(2002), 기독교윤리적 논점에서 본 양심적 병역 거부의 논쟁과 대안 모색, ≪한국기독교신학논총≫(한국기독교학회), 제26집(2002), 187~215면.
조 국(2001), 양심적 집총거부권-병역기피의 빌미인가 양심의 자유의 구성요소인가?-, ≪민주법학≫(민주주의법학연구회), 제20호(2001), 131~152면.
조 국(2001), ≪양심과 사상의 자유를 위하여≫, 2001.
홍완식(2018), 대체복무제 법안에 관한 입법평론, ≪토지공법연구≫(한국토지공법학회), 제84집(2018), 235~256면.

국가인권위원회(2018a), ≪헌법 및 국제인권기준에 부합하는 대체복무제 도입을 위한 토론회≫, 2018.
국가인권위원회(2018b), ≪양심적 병역거부 관련 대체복무제 도입방안 실태조사≫, 2018.

# 제11장
# 국가보안법과 사상의 자유

"국가보안법은 그 자체가 하나의 폭력이며 야만이라는 사실을
우리 모두가 깨닫게 되리라고 본다.
법의 이름을 빌어 법전에 수록되어 있지만 그것은 법의 이름에 값할 이성과
합리성을 가지고 있지 못하다."
≪박원순, 국가보안법연구3(1997) 중에서≫

대한민국의 영토가 '한반도 전체'라는 사실을 알고 있는가? '당연하지!' 그렇게 대답할지도 모른다. 그럼 북한은 뭐지? 유엔에 가입된 한 나라가 자기 땅도 없단 말인가? 남의 땅을 차지하고 뻔뻔하게 자기 땅이라고 주장하는 건가? 아니면 독도가 자기 땅이라고 주장하는 일본처럼 막무가내로 남한이 북한 땅을 자기 땅이라고 주장하고 있는 건가?

아직도 이름만 들어도 겁나는 법이 있다. 가슴이 답답해지고 생각이 정지된다. 내가 이렇게 생각하고 말해도 되는지 스스로 검열하게 된다. 무엇보다도 북한에 대해서 말하고 생각할 때마다 뇌 속에 감춰져 있던 검열 장치를 가동시키게 된다. 그래서 북한을 생각하면 짜증이 난다. 북한은 우리에게 무엇인가? 통일을 함께 이뤄가야 할 민족의 동반자인가? 남침을 꿈꾸는 우리의 주적(主敵)인가?

북한을 생각하면 떠오르는 국가보안법이 문제다. 철저한 반공교육의 효과가 국민의 평생을 지배한다. 우리는 이렇게 배웠다. 북한은 악(惡)이다. 그러므로 국가보안법은 선(善)이다. 하지만 세상은 그처럼 선과 악으로 명확하게 구분되지 않는다. 북한도 선할 수 있고, 국가보안법도 악할 수 있다. 생각(사상)은 자유다. 하지만 북한을 생각할 때는 자유롭지 못하다. 국가보안법 때문이다. 그래서 이 법이 문제다. 뭐가 문제인지 함께 생각해 보기로 한다.

## Ⅰ. 문제제기

국가보안법은[1] 많은 규정의 불명확성으로 인하여 국민의 사상과 양심의 자유, 학문의 자유, 표현의 자유 등을 침해할 수 있는 여지가 크다.[2] 따라서 이 법률이 제정된 이후로 계속해서 논란이 되고 있다.[3] 실제로 국가보안법의 여러 조항들이 법률명확성원칙을 위반했다는 이유로 끊임없이 헌법재판소에 위헌법률심판이나 헌법소원심판이 청구되었다. 2004년 8월 국가인권위원회도 국가보안법의 폐지를 권고하였다.[4] 또한 유엔인권이사회도 한국정부에 국가보안법의 개폐를 여러 차례 권고한 바 있다.[5]

하지만 남북이 분단되어 있는 한반도의 현실에서 국가보안법은 여전히 필요하다는 견해도 상존하고 있다. 비록 남북한이 하나의 민족으로서 통일되어야 한다는 당위성 때문에 상호 평화·공존해야 하겠지만 때로는 상호 대립·적대하는 관계도 형성되기 때문이다. 심지어 극단적인 견해들은 북한을 흡수하는 방식을 넘어 정복하는 방식으로 통일되어야 하는 대상으로 인식하기도 한다. 이러한 인식에 기초할 때 흡수통일 이전이라도 북한을 반국가단체로 규정하고 그에 대한

1) 국가보안법은 1948년 12월 1일에 제정되었다. 그 후 1949년(제1차 개정), 1960년(제4차 개정), 1980년(제6차 개정)의 3차례 전면개정을 포함하여 총 12번 개정되었다. 현행 국가보안법은 2011년 9월 15일에 법률 제11042호로 개정된 것이다. 국가보안법의 개정사에 대해서는 최관호(2004), 80면 이하 참조.

2) 국가보안법의 인권침해 현실을 한 인권운동가는 다음과 같이 요약하고 있다. 박래군(2000), 548면: "나의 생각이 반국가 또는 이적에 해당하는지를 늘 자기 검열하게 만든 이 법은 따라서 우리 사회의 모든 악의 근원이다. 이런 법을 근거로 독재 권력은 자신들의 자리를 안전하게 지킬 수 있었고, 공안 기구가 비대해질 수밖에 없었다. 이런 사회에서 인권은 질식할 수밖에 없는 것이다."

3) 국가보안법에 대한 견해는 ① 폐지론, ② 개정론, ③ 존치론으로 구분해볼 수 있다. 대표적인 폐지론으로는 현행 형법상 내란·외환의 죄에 관한 규정으로 충분하다고 보는 한인섭(2004), 131면 이하 및 146면 이하 참조. 그 밖에 김종서(2000), 김종서(2001), 조국(2002), 오동석(2004)도 참조. 한편 대표적인 개정론으로는 국가보안법의 순기능(국가안보)적 측면을 유지하면서 역기능(인권침해)적 측면을 개정하면 된다고 보는 김상겸(2004), 177면 이하 및 국가보안법의 개폐를 둘러싼 국론분열(남남갈등)을 줄이기 위한 중도적 방법으로 부분개정이 필요하다고 보는 제성호(2003), 103면 이하 참조. 존치론에 대한 자세한 설명은 제성호(2003), 95면 이하 및 국가인권위원회(2004), 83면 이하에 실린 김용철 변호사의 주장 참조.

4) 2004년 8월 23일 국가인권위원회의 국가보안법 폐지 권고 결정문은 국가인권위원회 웹사이트(www.humanrights.go.kr) 참조. 한편 2006년 1월 국가인권위원회는 '국가인권정책기본계획(NAP: National Action Plans for the Promotion and Protection of Human Rights) 권고안'에서 다시금 포괄적이고 추상적인 규정으로 양심의 자유를 침해하는 국가보안법의 폐지를 권고하고 있다(동권고안, 116면 이하 참조).

5) 유엔인권이사회의 권고에 대한 자세한 설명은 김승교(2003), 34면 이하 참조. 그 밖에 국제기구를 통한 국가보안법 폐지운동에 대해서는 정경수(2007), 200면 이하 참조.

경계를 늦출 수 없다는 주장이 가능하다.

여기서 남북한의 분단현실을 냉정하게 인정하면서도 민족통일이라는 역사적 과제를 동시에 고려하는 큰 안목을 가지고 국가보안법의 문제를 해결하는 합리적인 대안이 필요하다. 민족통일은 역사적 당위일지 몰라도 그것이 언제 실현될 수 있을지는 아무도 모른다. 그렇다면 그때까지 분단의 현실 때문에 국민의 기본권들을 심각하게 제한하면서까지 특정한 법률의 효력을 유지시켜야 하는지 묻지 않을 수 없다. 우선 국가보안법에 어떤 문제가 있는지 헌법재판소에 제기되었던 사건들을 중심으로 살펴보도록 한다.

**[표 11.1] 국가보안법 적용실태(접수 및 기소 인원) 현황** (단위: 명)

| 정부 | 구분 | | | | | | |
|---|---|---|---|---|---|---|---|
| **김영삼 정부** | 연 도 | 1993 | 1994 | 1995 | 1996 | 1997 | **합 계** |
| 1993. 2. 25.~ | 접 수 | 223 | 705 | - | 595 | 830 | - |
| 1998. 2. 24. | 기 소 | 136 | 403 | 226 | 413 | 633 | 1,811 |
| **김대중 정부** | 연 도 | 1998 | 1999 | 2000 | 2001 | 2002 | **합 계** |
| 1998. 2. 25.~ | 접 수 | 802 | 716 | 307 | 247 | 278 | 2,350 |
| 2003. 2. 24. | 기 소 | 395 | 288 | 196 | 116 | 146 | 1,141 |
| **노무현 정부** | 연 도 | 2003 | 2004 | 2005 | 2006 | 2007 | **합 계** |
| 2003. 2. 25.~ | 접 수 | 174 | 133 | 87 | 105 | 53 | 552 |
| 2008. 2. 24. | 기 소 | 101 | 75 | 33 | 23 | 24 | 256 |
| **이명박 정부** | 연 도 | 2008 | 2009 | 2010 | 2011 | 2012 | **합 계** |
| 2008. 2. 25.~ | 접 수 | 35 | 36 | 74 | 210 | 224 | 579 |
| 2013. 2. 24. | 기 소 | 16 | 9 | 22 | 45 | 56 | 148 |
| **박근혜 정부** | 연 도 | 2013 | 2014 | 2015 | 2016 | 2017 | **합 계** |
| 2013. 2. 25.~ | 접 수 | 205 | 194 | 206 | 149 | 211 | 965 |
| 2017. 3. 10. | 기 소 | 62 | 41 | 42 | 16 | 11 | 172 |
| **문재인 정부** | 연 도 | 2018 | 2019 | | | | |
| 2017. 5. 10.~ | 접 수 | 209 | 139 | | | | |
| 현 재 | 기 소 | 2 | 3 | | | | |

자료: 민주화실천가족운동협의회 통계(2003) 및 대검찰청(www.spo.go.rk) <검찰연감>(2003~2020).
* 2004년부터는 해당 연도의 통계임.

## Ⅱ. 문제조항

### 1. 개정 전의 찬양·고무

국가보안법에서 가장 문제가 되는 조항 중에 하나가 제7조의 찬양·고무죄다. 문제가 되었던 개정 전의 국가보안법(1980. 12. 31. 법률 제3318호로 전문개정된 것) 제7조의 내용은 다음과 같다.

① 반국가단체나 그 구성원 또는 그 지령을 받은 자의 활동을 찬양·고무 또는 이에 동조하거나 기타의 방법으로 반국가단체를 이롭게 한 자는 7년 이하의 징역에 처한다.

⑤ 제1항 내지 제4항의 행위를 할 목적으로 문서·도화 기타의 표현물을 제작·수입·복사·소지·운반·반포·판매 또는 취득한 자는 그 각항에 정한 형에 처한다.

이 조항에 대해서 헌법재판소는 합헌이나 위헌이라는 단순결정이 아니라 변형결정의 하나인 '한정합헌결정'을 내리고 있다.[6)]

> "어떤 법률의 개념이 다의적이고 그 어의의 테두리 안에서 여러 가지 해석이 가능할 때 헌법을 최고법규로 하는 통일적인 법질서의 형성을 위하여 **헌법에 합치되는 해석, 즉 합헌적인 해석**을 택하여야 하며, 이에 의하여 위헌적인 결과가 될 해석은 배제하면서 합헌적이고 긍정적인 면을 살려야 한다는 것이 헌법의 일반법리이다. 국가보안법 제7조 제1항 및 제5항의 규정은 각 그 소정의 행위가 **국가의 존립·안전을 위태롭게 하거나 자유민주적 기본질서에 위해를 줄 명백한 위험이 있을 경우에만 축소적용**되는 것으로 해석한다면 헌법에 위반되지 아니한다."[7)]

국가보안법을 일정한 범위로 한정해서 그 의미를 이해하면 합헌이 될 수도 있다는 논리다. 국가의 존립이나 안전을 위태롭게 할 만큼, 그리고 자유민주적 기본질서에 위해가 될 만큼 심각한 법익침해가 있는 경우로 한정해서 처벌한다면 문제될 것이 없다는 뜻이다. 이 결정에서 핵심적 개념이 되고 있는 '자유민주적 기본질서에 대한 위해'를 헌법재판소는 다음과 같이 정의한다.

6) 변형결정에 관한 자세한 설명은 이준일, ≪헌법학강의≫(2019), 제4편 제3장 제5절 3. 참조.
7) 헌재 1990. 4. 2. 89헌가113.

> "**자유민주적 기본질서**에 위해를 준다 함은 모든 폭력적 지배와 자의적 지배, 즉 반국가단체의 일인독재 내지 일당독재를 배제하고 다수의 의사에 의한 국민의 자치, 자유·평등의 기본원칙에 의한 법치주의적 통치질서의 유지를 어렵게 만드는 것으로서 구체적으로는 기본적 인권의 존중, 권력분립, 의회제도, 복수정당제도, 선거제도, 사유재산과 시장경제를 골간으로 한 경제질서 및 사법권의 독립 등 우리의 내부체제를 파괴·변혁시키려는 것이다."[8)]

한편 헌법재판소는 국가보안법에 관한 다른 결정에서 한정합헌결정을 정당화하기 위하여 학설에서 일반적으로 인정되고 있는 '헌법합치적 법률해석(합헌적 법률해석)'의 법리를 동원하고 있다.

> "**합헌해석** 또는 **합헌한정해석**이라 함은 법률의 규정을 넓게 해석하면 위헌의 의심이 생길 경우에 이를 좁게 한정하여 해석하는 것이 당해 규정의 입법목적에 부합하여 합리적 해석이 되고 그와 같이 해석하여야 비로소 헌법에 합치하게 될 때 행하는 헌법재판의 한 가지 형태인 바, 이것은 헌법재판소가 위헌심사권을 행사할 때 해석 여하에 따라서는 위헌이 될 부분을 포함하고 있는 광범위한 규정의 의미를 한정하여 위헌이 될 가능성을 제거하는 해석기술이기도 하다. 이와 같은 합헌해석은 헌법을 최고법규로 하는 **통일적인 법질서의 형성**을 위하여서 필요한 뿐 아니라, 입법부가 제정한 법률을 위헌이라고 하여 전면폐기하기보다는 그 효력을 되도록 유지하는 것이 **권력분립의 정신**에 합치하고 **민주주의적 입법기능을 최대한 존중**하는 것이어서 헌법재판의 당연한 요청이기도 하다."[9)]

## 2. 개정 후의 찬양·고무

국가보안법이 헌법재판소로부터 한정합헌결정을 받은 후, 1991년 5월 31일 이 법률은 헌법재판소의 결정취지를 살려 다음과 같은 내용으로 개정되었다.

> **국가의 존립·안전이나 자유민주적 기본질서를 위태롭게 한다는 정을 알면서** 반국가단체나 그 구성원 또는 그 지령을 받은 자의 활동을 찬양·고무·선전 또는 이에 동조하거나 국가변란을 선전·선동하는 자는 7년 이하의 징역에 처한다.

8) 헌재 1990. 4. 2. 89헌가113.
9) 헌재 1990. 6. 25. 90헌가11. 같은 취지의 판례: 헌재 1992. 1. 28. 89헌가8.

이러한 개정법률에 대해서 헌법재판소는 앞에서 살펴본 판례의 취지를 고려하여 다음과 같이 합헌이라고 결정하였다.

> "국가보안법 제7조 제1항을 구법 제7조 제1항과 대비하여 보면 두 가지 점에서 뚜렷한 변경이 있었다. 그 하나는 '국가의 존립·안전이나 자유민주적 기본질서를 위태롭게 한다는 정을 알면서'라는 주관적 구성요건을 추가한 점이고, 다른 하나는 구법 제7조 제1항 후단의 '기타의 방법으로 반국가단체를 이롭게 한 자'라는 부분을 삭제한 대신 '국가변란을 선전·선동한 자'라는 부분을 삽입한 점이다. 국가보안법 제7조 제1항에 위와 같은 주관적 구성요건이 추가된 것은 입법자가 구법 제7조 제1항 및 제5항에 대한 우리 헌법재판소의 1990. 4. 2. 선고 89헌가113 결정의 취지를 받아들인 것으로 보이는 바, 구법규정보다는 그 구성요건이 훨씬 명확히 규정되었다고 보여지며, 그래도 남는 용어의 추상성은 법적용·집행자의 합리적 해석에 맡겨도 된다. 국가보안법 제7조 제1항에는 '국가의 존립·안전이나 자유민주적 기본질서를 위태롭게 한다는 정을 알면서'라는 주관적 구성요건이 추가됨으로써 이 법의 입법목적을 일탈하는 확대해석의 위험은 거의 제거되었으며, 현행법은 제2조 '반국가단체'의 정의규정에서 이 법의 적용대상이 되는 반국가단체의 범위를 축소하였고, 나아가 제1조 제2항에서 '이 법을 해석·적용함에 있어서는 제1항의 목적달성을 위하여 필요한 최소한도에 그쳐야 하며, 이를 확대 해석하거나 헌법상 보장된 국민의 기본적 인권을 부당하게 제한하는 일이 있어서는 아니 된다'고 규정함으로써 법집행자의 합헌적인 법해석과 적용을 이끌어 내는 데 중대한 역할을 할 수 있도록 하였다.
>
> 그리고 국가보안법 제7조 제1항 후단에 새로이 신설된 '국가변란을 선전·선동한 자'라는 구성요건 중 '변란'이라는 개념은 1948. 12. 1. 법률 제10호로 공포, 시행되었던 구법에서부터 계속 사용되어온 용어이고, 국가보안법 제2조의 '반국가단체'의 정의규정에서도 사용되고 있는 용어로서 이미 판례에 의하여 그 개념이 상당한 정도로 정립되어 있어 개념의 불명확성은 제거되었다고 볼 수 있고, 또 국가보안법 제7조 제1항에서도 '구성원', '활동', '동조' 등의 개념이 사용되고 있으나 구법규정과는 달리 이들 개념을 모두 같은 항 앞머리의 '국가의 존립·안전이나 자유민주적 기본질서를 위태롭게 한다는 정을 알면서'라는 주관적 구성요건과 결합하여 하나의 구성요건을 이루고 있고, 이 주관적 구성요건을 우리 재판소의 위 견해와 같이 제한 해석한다면 이들 개

념의 다의성과 적용범위의 광범성은 제거된다. 또한 신법 제7조 제3항 및 제5항은 모두 같은 조 제1항을 전제로 하는 조항들로서 위에서 본 바와 같이 제1항에서 그 위헌성이 제거된 이상 이들 조항도 그 구법규정이 띠고 있던 위험성은 제거된 것으로 보여지고 달리 이 조항들 그 자체에 어떤 독립적인 위헌적 요소가 있다고도 볼 수 없다."[10]

하지만 '국가의 존립 · 안전이나 자유민주적 기본질서를 위태롭게 한다'는 구성요건에 대해서는 여전히 위험의 실체가 불명확하다는 비판이 제기된다.[11] 또한 반국가단체의 찬양 · 고무 등을 위한 **이적단체구성 · 가입죄**(동법 제7조 제3항)의 경우, 그리고 반국가단체의 찬양 · 고무 등과 이적단체구성원의 허위사실날조 · 유포(동조 제4항)를 목적으로 한 **이적표현물제작 등의 죄**(동조 제5항)의 경우에도 찬양 · 고무죄를 전제로 하고 있다는 점에서 명확성원칙에 위반된다는 비판이 있다.

**[판례 11.1] 이적단체 및 그 구성의 의미**

① 국가보안법 제7조 제3항에 규정된 '이적단체'함은 반국가단체 등의 활동을 찬양 · 고무 · 선전 또는 이에 동조하거나 국가의 변란을 선전 · 선동할 목적으로 특정 다수인에 의하여 결성된 계속적이고 독자적인 결합체라고 할 것인데, 이러한 이적단체의 인정은 국가보안법 제1조에서 규정하고 있는 위 법의 목적달성을 위하여 필요한 최소한도에 그쳐야 하며, 유추해석이나 확대해석을 금지하는 죄형법정주의의 기본정신에 비추어서 그 구성요건을 엄격히 제한 해석하여야 한다. ② 국가보안법 제7조 제3항에 규정된 이적단체를 구성한다는 의미는, 이적단체가 하고자 하는 행위가 객관적으로 반국가단체의 이익이 될 수 있다는 것을 인식하면서도 그 단체를 구성하는 것을 말하고, 그 행위자에게 반국가단체를 이롭게 하려는 목적의식이나 그 이익이 되는 결과를 가져오게 할 것까지를 요구하는 것은 아니며, 반국가단체의 이익이 될 수 있다는 미필적 인식이 있으면 충분하다(대판 2004. 7. 22. 2002도539; 2004. 7. 9. 2000도987).

**[판례 11.2] 이적표현물의 의미**

국가보안법상 이적표현물로 인정되기 위하여는 그 표현물의 내용이 국가보안법의 보호법익인 대한민국의 존립 · 안전과 자유민주주의 체제를 위협하는 **적극적이고 공격적인 것**이어야 하고, 표현물에 이와 같은 이적성이 있는지 여부는 표현물의 전체적인 내용뿐만 아니라, 그 작성의 동기는 물론 표현행위 자체의 태양 및 외부와의 관련사항, 표현행위 당시의 정황 등 **모든 사정을 종합하여 결정**하여야 한다(대판 2004. 7. 22. 2002도539; 2004. 7. 9. 2000도987; 2003. 10. 10. 2001도3936[12]);

10) 헌재 1996. 10. 4. 95헌가2. 같은 취지의 판례: 헌재 1999. 4. 29. 98헌바66.
11) 김종서(2001), 177면 참조.
12) 초등학교 학생들을 상대로 통일관련 교양도서를 발간할 목적으로 제작 · 반포한 '나는야

2003. 6. 24. 2000도5442; 2002. 2. 22. 2000도1632; 2001. 3. 9. 99도4777; 2001. 2. 23. 99도5117: 2000년 이후의 판례만 정리).

## 3. 잠입 · 탈출

국가보안법에서 다음으로 문제가 되는 조항은 잠입 · 탈출죄(동법 제6조 제1항)다. 이 조항의 내용은 다음과 같다.

> 국가의 존립 · 안전이나 자유민주적 기본질서를 위태롭게 한다는 정을 알면서 반국가단체의 지배하에 있는 지역으로부터 잠입하거나 그 지역으로 탈출한 자는 10년 이하의 징역에 처한다.

이 조항에 대해서 헌법재판소는 합헌결정을 한 바 있다. 그 결정요지는 다음과 같다.

> "구법 제6조 제1항을 문리 그대로 해석 · 운영한다면 '잠입'과 '탈출'의 동기나 목적 또는 수단, 방법을 가리지 아니하고 반국가단체의 지배하에 있는 지역으로부터 우리나라에 들어오거나 그곳으로 나가는 행위가 모두 그 처벌대상이 될 수 있으므로 국가의 존립 · 안전이나 자유민주적 기본질서에 해악을 끼칠 명백한 위험이 없는 경우까지로 형사처벌이 확대될 위헌적 요소가 있었으나, 신법 제6조 제1항은 '국가의 존립 · 안전이나 자유민주적 기본질서를 위태롭게 한다는 정을 알면서'라는 주관적 구성요건을 이에 추가함으로써 구법 규정이 띠고 있던 위헌적 요소는 제거되었다고 볼 수 있다. 따라서 신법 제6조 제1항은 헌법에 위반된다고 할 수 없다."[13]

헌법재판소가 내린 한정합헌결정의 취지를 잘 살려 입법자가 법률을 개정했기 때문에 위헌요소는 제거되었고 합헌이라는 뜻으로 요약할 수 있다.

## 4. 회합 · 통신

회합 · 통신죄(동법 제8조 제1항)도 국가보안법에서 문제가 되는 조항 중의 하

---

통일 1세대'라는 책자가 국가보안법상의 이적표현물이라고 보기는 어렵다고 한 사례다.

13) 헌재 1997. 1. 16. 92헌바6등.

나다. 이 조항의 내용은 다음과 같다.

> 국가의 존립·안전이나 자유민주적 기본질서를 위태롭게 한다는 정을 알면서 반국가단체의 구성원 또는 그 지령을 받은 자와 회합·통신 기타의 방법으로 연락을 한 자는 10년 이하의 징역에 처한다.

이 조항은 앞서 설명한 잠입·탈출죄와 같은 판례에서 문제가 되었고, 헌법재판소는 다음과 같이 합헌으로 결정하였다.

> "구법 제8조 제1항의 구성요건 가운데 '이익이 된다는 정을 알면서'라는 부분은 지나치게 포괄적이고 그 적용범위가 광범하여 이 조항을 그 문리대로 해석·적용하면 국가의 존립·안전이나 자유민주적 기본질서 또는 국민의 생존 및 자유에 아무런 해악을 끼칠 우려가 없는 사항에 관한 회합·통신 등마저 처벌대상이 될 우려가 있어 위헌적 소지가 있었으나 신법 제8조 제1항은 '이익이 된다는 정을 알면서'라는 부분을 삭제하고 그 대신 '국가의 존립·안전이나 자유민주적 기본질서를 위태롭게 한다는 정을 알면서'라는 주관적 구성요건을 추가함으로써 구법 규정의 위헌적 요소를 제거하였다. 따라서 국가보안법 제8조 제1항은 헌법에 위반된다고 할 수 없다."[14)]

앞서 살펴본 찬양·고무 및 잠입·탈출과 만찬가지로 부가된 문구로 인해 위헌적 요소가 모두 제거되었기 때문에 합헌이라는 취지다.

## 5. 목적수행

국가보안법에서 문제가 되었던 또 다른 조항은 잠입·탈출죄 조항에 함께 규정되어 있었던 '목적수행'의 개념이다(동법 제6조 제2항). 이것은 다음과 같이 규정되어 있다.

> 반국가단체나 그 구성원의 지령을 받거나 받기 위하여 또는 그 목적수행을 협의하거나 협의하기 위하여 잠입하거나 탈출한 자는 사형, 무기 또는 5년 이상의 징역에 처한다.

---

14) 헌재 1997. 1. 16. 92헌바6등.

이 조항에 대해서 헌법재판소는 앞서 설명한 헌법합치적 법률해석의 법리를 다시 인용하면서 앞의 판례에서 자주 등장했던 "국가의 존립·안전이나 자유민주적 기본질서에 해악을 끼칠 명백한 위험성이 있는 경우"로 한정하여 적용하는 한 합헌이라는 견해를 설시하였다.

"국가보안법 제6조 제2항의 구성요건 가운데 '목적수행'이라는 개념은 다의적이고 그 적용범위가 광범하다. '목적수행'에는 '정부참칭'이나 '국가변란'으로 직접 이어지는 행위가 포함됨은 물론 반국가단체나 그 구성원의 존속·유지를 위한 모든 행위도 간접적으로는 목적수행을 위한 행위로 평가될 수도 있다. 또 이 조항은 같은 조 제1항(단순잠입·탈출죄)의 경우와는 달리, 반국가단체의 지배하에 있는 지역으로부터의 잠입이나 그 지역으로의 탈출을 그 요건으로 하고 있지 아니하므로 잠입죄에 있어서는 잠입전의 출발장소에, 탈출죄에 있어서는 탈출목적지에 아무런 제한이 없다. 그만큼 적용의 범위가 확대되어 있음을 뜻한다. 따라서 이 조항을 그 문리대로만 해석하는 경우에는 '정부참칭'이나 '국가변란'과 실질적으로 관련성이 매우 희박하거나 그 중요성에 있어서 극히 사소한 것으로 인정되는 행위이어서, 그것이 국가의 존립·안전이나 자유민주적 기본질서에 해악을 끼칠 위험성이 거의 없는 경우에도 적용될 소지가 없지 않다. 그러므로 이 사건 법률조항은 그 소정의 행위가 **국가의 존립·안전이나 자유민주적 기본질서에 해악을 끼칠 명백한 위험성이 있는 경우에만 이를 적용하는 것으로 그 적용범위를 축소·제한하면 헌법에 합치**한다."15)

## 6. 불고지죄

양심의 자유를 침해하는 조항으로 문제되고 있는 국가보안법 규정은 제10조의 불고지죄다. 헌법재판소에서 문제가 되었던 1980년 불고지죄 조항은 다음과 같다.

제3조 내지 제9조의 죄를 범한 자라는 정을 알면서 수사기관 또는 정보기관에 고지하지 아니한 자는 5년 이하의 징역 또는 200만원 이하의 벌금에 처한다. 다만, 본범과 친족관계가 있는 때에는 그 형을 감경 또는 면제할 수 있다.

헌법재판소는 불고지죄 조항에 대해서 다음과 같이 합헌이라고 결정하였다.

"불고지죄는 국가의 존립과 안전에 저해가 되는 타인의 범행에 관한 객관적

15) 헌재 1997. 1. 16. 89헌마240. 같은 취지의 판례: 헌재 1998. 8. 27. 97헌바85.

**[표 11.2] 국가보안법 조항별 적용실태(구속자) 현황** (단위: 명)

| | | 제7조 (찬양·고무) | 제3조 (반국가 단체) | 제6조 (잠입·탈출) | 제8조 (회합·통신) | 제4조 (국가 기밀) | 제9조 (편의 제공) | 제10조 (불고 지죄) | 합 계 |
|---|---|---|---|---|---|---|---|---|---|
| 김영삼 정부 | 1993 | 69 | 30 | 4 | 8 | 1 | 0 | 0 | 112 |
| | 1994 | 339 | 24 | 0 | 23 | 2 | 5 | 0 | 393 |
| | 1995 | 244 | 28 | 4 | 4 | 1 | 0 | 4 | 285 |
| | 1996 | 450 | 28 | 3 | 15 | 1 | 2 | 0 | 499 |
| | 1997 | 666 | 0 | 3 | 3 | 0 | 5 | 0 | 667 |
| | 1998 | 23 | 0 | 0 | 0 | 0 | 0 | 0 | 23 |
| | 합 계 | 1,791 | 110 | 14 | 53 | 5 | 12 | 4 | 1,989 |
| 김대중 정부 | 1998 | 354 | 15 | 5 | 9 | 2 | 4 | 0 | 389 |
| | 1999 | 263 | 0 | 10 | 10 | 5 | 0 | 0 | 288 |
| | 2000 | 117 | 5 | 1 | 3 | 1 | 1 | 0 | 128 |
| | 2001 | 106 | 1 | 7 | 4 | 0 | 0 | 0 | 118 |
| | 2002 | 122 | 1 | 0 | 2 | 0 | 1 | 0 | 126 |
| | 2003 | 9 | 0 | 0 | 0 | 0 | 0 | 0 | 9 |
| | 합 계 | 971 | 22 | 23 | 28 | 8 | 6 | 0 | 1,058 |
| 노무현 정부 | 2003 | 111 | 1 | 3 | 2 | 0 | 1 | 0 | 118 |
| | 2004 | 70 | 1 | 3 | 1 | 0 | 0 | 0 | 75 |
| | 2005 | 35 | 0 | 0 | 0 | 0 | 0 | 0 | 35 |
| | 2006 | 8 | 0 | 4 | 0 | 0 | 0 | 0 | 12 |
| | 2007 | 5 | 0 | 2 | 1 | 0 | 0 | 0 | 8 |
| | 합 계 | 229 | 2 | 12 | 4 | 0 | 1 | 0 | 248 |
| 이명박 | 2008 | 7 | 0 | 4 | 0 | 0 | 0 | 0 | 11 |
| | 2009 | 2 | 1 | 1 | 0 | 0 | 0 | 0 | 4 |

| | | | | | | | | | |
|---|---|---|---|---|---|---|---|---|---|
| 정부 | 2010 | 6 | 3 | 6 | 1 | 0 | 0 | 0 | 15 |
| | 2011 | 10 | 5 | 1 | 1 | 0 | 0 | 0 | 17 |
| | 2012 | 14 | 4 | 1 | 2 | 0 | 0 | 0 | 21 |
| | 합 계 | 39 | 13 | 13 | 4 | 0 | 0 | 0 | 68 |
| 박근혜 정부 | 2013 | 11 | 0 | 7 | 5 | 0 | 0 | 0 | 23 |
| | 2014 | 1 | 0 | 1 | 1 | 0 | 0 | 0 | 3 |
| | 2015 | 13 | 0 | 7 | 1 | 0 | 0 | 0 | 21 |
| | 2016 | – | – | 7 | – | – | – | – | – |
| | 2017 | 2 | – | 4 | 1 | 0 | 0 | 0 | 7 |
| | 합 계 | 25 | 0 | 15 | 7 | 0 | 0 | 0 | 47 |
| 문재인 정부 | 2018 | 0 | 0 | 1 | 0 | 0 | 0 | 0 | 4 |
| | 2019 | 0 | 0 | 0 | 0 | 0 | 0 | 0 | 0 |

자료: 민주화실천가족운동협의회 통계(2003) 및 대검찰청(www.spo.go.rk) <검찰연감>(2003~2020).

사실을 고지할 의무를 부과할 뿐이고, 개인의 세계관·인생관·주의·신조 등이나 내심에 있어서의 윤리적 판단을 그 고지의 대상으로 하는 것은 아니므로, 양심의 자유 특히 침묵의 자유를 직접적으로 침해하는 것이라고 볼 수 없을 뿐만 아니라, 국가의 존립·안전에 저해가 되는 죄를 범한 자라는 사실을 알고서도 그것이 본인의 양심이나 사상에 비추어 범죄가 되지 아니한다거나 이를 수사기관 또는 정보기관에 고지하는 것이 양심이나 사상에 어긋난다는 등의 이유로 고지하지 아니하는 것은 결국 부작위에 의한 양심실현 즉 내심의 의사를 외부에 표현하거나 실현하는 행위가 되는 것이고, 이는 이미 순수한 내심의 영역을 벗어난 것이므로 이에 대하여는 필요한 경우 법률에 의한 제한이 가능하다 할 것이다. 그리고 여러 가지 국내외 정세의 변화에도 불구하고 남·북한의 정치·군사적 대결이나 긴장관계가 여전히 존재하고 있는 우리의 현실, 불고지죄가 보호하고자 하는 국가의 존립·안전이라는 법익의 중요성,

범인의 친족에 대한 형사처벌에 있어서의 특례설정 등 제반사정에 비추어 볼 때 불고지죄 조항이 양심의 자유를 제한하고 있다 하더라도 그것이 헌법 제37조 제2항이 정한 과잉금지의 원칙이나 기본권의 본질적 내용에 대한 침해금지의 원칙에 위반된 것이라고 볼 수 없다."[16]

한편 국가인권위원회는 국가보안법의 폐지를 권고하면서 불고지죄가 양심의 자유를 침해한다고 결정하였다.

"불고지죄는 국가보안법에 대한 비판적 가치평가를 허용하지 않을 뿐만 아니라 친척이나 친구에 대하여도 신고하도록 하여 사회의 건전한 인륜도덕, 직업윤리에 반하도록 강제한다. 즉 어떤 일의 옳고 그름을 판단함에 있어 그렇게 행동하지 아니하고는 자신의 인격적인 존재가치가 허물어지고 말 것이라는 강력하고 진지한 마음의 소리, 사상·양심을 자유롭게 형성·유지할 권리를 침해한다."[17]

### 7. 최근판례

국가보안법에서 문제가 되고 있는 찬양·고무, 잠입·탈출, 회합·통신, 목적수행의 개념에 대하여 헌법재판소의 견해는 최근의 결정에서도 그대로 유지되고 있다.[18] 개정법률은 불법행위가 되는 범위를 한정했으므로 합헌이라는 것이다.

## Ⅲ. 국가보안법의 법적 문제

헌법재판소는 국가보안법을 합헌이라고 했지만 여전히 문제는 남는다. 특히 국가보안법의 전제가 되고 있는 북한의 실체가 문제다. 북한의 실체에 대해서 헌법은 명확하게 말하고 있지 않다. 하지만 북한의 실체를 이해할 수 있는 규정들이 있다. 헌법 제3조의 영토조항과 제4조의 통일조항이 그것이다.

---

16) 헌재 1998. 7. 16. 96헌바35.

17) 국가인권위원회 2004. 8. 23. 국가보안법 폐지 권고 결정.

18) 헌재 2002. 4. 25. 99헌바27등(제6조 ②: 한정합헌; 제6조 ①, 제7조 ①, ③, ⑤, 제8조 ①: 합헌); 2003. 5. 15. 2000헌바66(제8조 ①: 합헌); 2004. 8. 26. 2003헌바85(제7조 ①, ⑤: 합헌). 국가보안법에 관한 헌법재판소의 결정에 대해서는 김도협(2007), 258면 이하도 참조.

## 1. 영토조항과 통일조항의 관계

### (1) 헌법 제3조: 영토조항

헌법 제3조에 따르면 대한민국의 영토는 한반도와 그 부속도서(附屬島嶼)를 포함한다. 이것은 북한지역도 대한민국의 영토라는 뜻이다. 따라서 북한은 반국가단체이고, 북한주민은 반국가단체의 구성원이며, 북한지역은 반국가단체가 불법적으로 점령하고 있는 지역(미수복지역)이 된다. 결국 헌법 제3조에 따르면 북한은 하나의 '국가'로서의 실체는 인정되지 않고, 반국가활동을 하는 불법적 '단체'에 지나지 않게 된다.

### (2) 헌법 제4조: 통일조항

한편 헌법 제4조에 따르면 대한민국은 통일을 지향하며, 자유민주적 기본질서에 입각한 평화적 통일정책을 수립하고 이를 추진한다. 이것은 북한을 '민족통일을 위한 동반자'로서 인정한다는 뜻이다. 더 나아가 북한에 대해서 하나의 '국가'로서의 실체를 인정하는 뜻으로 해석될 수 있다.

### (3) 해결모델

하나의 헌법 안에서 북한에 대해서 국가로서의 실체를 인정하지 않는 조항과 인정하는 조항이 동시에 규정되어 있기 때문에 현행 헌법은 모순적 내용을 담고 있다. 이러한 문제를 해결하기 위하여 '특별법우선의 원칙'(일반법과 특별법이 충돌하면 특별법이 우선한다) 또는 '신법우선의 원칙'(구법과 신법이 충돌하면 신법이 우선한다)과 같은 '갈등해결규칙'이 동원되기도 한다. 다시 말해 영토조항은 일반법이고 통일조항은 특별법이기 때문에 특별법우선원칙에 따라 통일조항이 우선한다든지, 영토조항은 구법이고 통일조항은 신법이기 때문에 신법우선원칙에 따라 통일조항이 우선한다는 것이다. 하지만 영토조항과 통일조항이 일반법과 특별법 또는 구법과 신법의 관계에 있는지는 대단히 의문스럽다. 결국 이러한 해결방식들은 설득력 있는 대안이 될 수 없다.

한편 헌법재판소는 '북한의 이중적 성격론'으로 이 문제를 해결하려고 한다(아래 [판례 11.3] 참조). 즉 북한은 남한을 공격하려는 반국가단체의 성격과 민족통일을 위한 동반자로서의 성격을 동시에 가지고 있다고 한다. 따라서 북한의 반국가단체적 성격을 고려한 영토조항과 북한의 동반자적 성격을 고려한 통일조항은 서로 모순되지 않게 된다. 대법원의 입장도 동일하다(아래 [판례 11.4] 참조). 하지만 이러한 견해도 납득하기 어려운 점이 있다. 현실적으로 북한이 그러한 이중적 성격을 보일지라도 이것만으로 규범적으로 모순되는 규정을 두어도 되는 이유가 될 수는 없기 때문이다.

**[판례 11.3] 북한에 대한 헌법재판소의 이해**

이는 현 단계에 있어서의 북한은 조국의 평화적 통일을 위한 **대화와 협력의 동반자임과 동시에** 대남적화노선을 고수하면서 우리자유민주체제의 전복을 획책하고 있는 **반국가단체**라는 성격도 함께 갖고 있음이 엄연한 현실인 점에 비추어, 헌법 제4조가 천명하는 자유민주적 기본질서에 입각한 평화적 통일정책을 수립하고 이를 추진하는 한편 국가의 안전을 위태롭게 하는 반국가활동을 규제하기 위한 법적 장치로서, 전자를 위하여는 남북교류협력에관한법률 등의 시행으로써 이에 대처하고 후자를 위하여는 국가보안법의 시행으로써 이에 대처하고 있는 것이다(헌재 1993. 7. 29. 92헌바48; 1997. 1. 16. 92헌바6).

**[판례 11.4] 북한에 대한 대법원의 이해**

북한이 여전히 우리나라와 대치하면서 우리나라의 자유민주주의 체제를 전복하고자 하는 적화통일노선을 완전히 포기하였다는 명백한 징후를 보이지 않고 있고, 그들 내부에 뚜렷한 민주적 변화도 보이지 않고 있는 이상, 북한은 조국의 평화적 통일을 위한 대화와 협력의 **동반자임과 동시에** 적화통일노선을 고수하면서 우리의 자유민주주의 체제를 전복하고자 획책하는 **반국가단체**라는 성격도 아울러 가지고 있다고 보아야 하고, 남북 사이에 정상회담이 개최되고 남·북한 사이의 교류와 협력이 이루어지고 있다고 하여 바로 북한의 반국가단체성이 소멸하였다거나 대한민국의 안전을 위태롭게 하는 반국가활동을 규제함으로써 국가의 안전과 국민의 생존 및 자유를 확보함을 목적으로 하는 국가보안법의 규범력이 상실되었다고 볼 수는 없다(대판 2004. 8. 30. 2004도3212; 2004. 7. 22. 2002도539; 2003. 9. 23. 2001도4328; 2003. 4. 8. 2002도7281).

## 2. 국가보안법과 남북교류협력법의 관계

헌법이 북한에 대해 모순적 태도를 보이고 있는 상황은 헌법을 구체화하는 법률들에서도 나타난다. 북한을 '반국가단체'로 전제하고 있는 국가보안법과는[19]

---

19) 국가보안법에서 말하는 "반국가단체"는 "정부를 참칭하거나 국가를 변란할 것을 목적으로 하는 국내외의 결사 또는 집단으로서 지휘통솔체제를 갖춘 단체"로 정의된다(동법 제2조 제1항). 따라서 북한은 '조선민주주의인민공화국'이라는 정부(국가)명칭을 사용함으로써 정부를 참칭(걸맞지 않는 명칭을 감히 사용)하는 반국가단체가 된다.

달리 **남북교류협력에 관한 법률**(이하 **남북교류협력법**)은[20] 북한을 '교류와 협력의 파트너'로 전제하는 다음과 같은 규정을 두고 있다(동법 제9조 및 제9조의2).

**[법령 11.1] 남북교류협력에 관한 법률**(최근개정: 2014. 3. 11. 법률 제12396호)
**제9조 (남북한 방문)**
① 남한의 주민이 북한을 방문하거나 북한의 주민이 남한을 방문하려면 대통령령으로 정하는 바에 따라 통일부장관의 방문승인을 받아야 하며, 통일부장관이 발급한 증명서(이하 "방문증명서"라 한다)를 소지하여야 한다.
②~⑦ 생략
⑧ 다음 각 호의 어느 하나에 해당하는 사람(이하 "재외국민"이라 한다)이 외국에서 북한을 왕래할 때에는 통일부장관이나 재외공관(在外公館)의 장에게 신고하여야 한다. 다만, 외국을 거치지 아니하고 남한과 북한을 직접 왕래할 때에는 제1항에 따라 발급된 방문증명서를 소지하여야 한다.
1. 외국정부로부터 영주권을 취득하였거나 이에 준하는 장기체류허가를 받은 사람
2. 외국에 소재하는 외국법인 등에 취업하여 업무수행의 목적으로 북한을 방문하는 사람

⑨ 생략
**제9조의2 (남북한 주민 접촉)**
① 남한의 주민이 북한의 주민과 회합·통신, 그 밖의 방법으로 접촉하려면 통일부장관에게 미리 신고하여야 한다. 다만, 대통령령으로 정하는 부득이한 사유에 해당하는 경우에는 접촉한 후에 신고할 수 있다.
②~⑥ 생략

이 조항을 통해서 헌법의 수준에서 발생했던 충돌의 문제가 법률의 수준에서 더욱 분명하게 드러나게 된다. 국가보안법에 따르면 금지되었던 행위가 남북교류협력법에 따르면 허용되는 행위가 될 수도 있기 때문이다. 이것은 두 가지 법률의 규율을 받은 구성원들에게 매우 혼란스러운 기준을 제공할 뿐만 아니라 자칫 자의적으로 이 두 가지 법률을 적용하면 구성원들의 기본적 인권을 침해하고, 매우 정의롭지 못한 결과를 초래할 수도 있다. 그럼에도 불구하고 헌법재판소는 국가보안법과 남북교류협력법은 입법목적과 규제대상이 다르기 때문에 서로 양립할 수 있다고 한다([판례 11.6] 참조).

**[판례 11.5] 남북교류협력법의 합헌성**

남북교류협력에관한법률은 기본적으로 북한을 평화적 통일을 위한 대화와 협력의 동반자로 인정하면서 남북대결을 지양하고, 자유왕래를 위한 문호개방의 단계로 나아가기 위하여 종전에 원칙적으로 금지되었던 대북한 접촉을 허용하며, 이를

20) 남북교류협력법은 1990년 8월 1일 제정되었다.

법률적으로 지원하기 위하여 제정된 것으로서, 그 입법목적은 평화적 통일을 지향하는 헌법의 제반규정에 부합하는 것이다(헌재 2000. 7. 20. 98헌바63).

**[판례 11.6] 국가보안법과 남북교류협력법의 관계**

두 법률은 상호 그 입법목적과 규제대상을 달리하고 있는 것이므로 남북교류협력에관한법률 등이 공포·시행되었다 하여 국가보안법의 필요성이 소멸되었다거나 북한의 반국가단체성이 소멸되었다고는 할 수 없다(헌재 1997. 1. 16. 92헌바6).

### 3. 법률명확성의 문제

앞에서 살펴본 것처럼 국가보안법에서 문제가 되는 조항들은 법치국가원리에서 도출되는 법률명확성의 원칙에 위반된다는 문제점을 안고 있다. 법치국가원리에 따르면 국가는 반드시 법률에 의해서만 국민을 통치할 수 있다. 객관적 기준인 법률에 의해서 통치하는 경우에만 국민의 기본적 인권이 보장될 수 있기 때문이다. 여기서 반드시 전제되어야 하는 것은 국가공동체의 구성원들에게 행동의 기준을 제공하는 법규범은 반드시 명확한 문언으로 규정되어야 한다는 점이다. 법규범의 문언이 명확하지 않으면 국가가 법규범을 자의적으로 집행할 수 있고, 이로 인하여 국민의 기본적 인권이 침해될 수 있기 때문이다.

헌법재판소의 판례들은 문제가 된 국가보안법 조항들이 법률명확성의 원칙에 위반될 수 있다는 점을 지적하고 있다. 그러면서도 "국가의 존립과 안전이나 자유민주적 기본질서에 해악을 끼칠 명백한 위험성이 있는 경우에만 적용한다"는 전제조건을 달아 축소해석하면 한정적으로 합헌이 될 수 있다고 판단한다. 하지만 여전히 의문스러운 것은 헌법재판소가 전제로 부가한 "국가의 존립과 안전이나 자유민주적 기본질서에 해악을 끼칠 명백한 위험성이 있는 경우"라는 문구도 만족스러울 만큼 명확하지는 않다는 점이다. 따라서 국가보안법은 계속해서 명확하지 않은 문언으로 인하여 자의적으로 적용될 가능성과 이 때문에 국민의 기본적 인권이 침해될 수 있는 가능성이 존재한다.

## Ⅳ. 합리적 대안

국가보안법과 남북교류협력법은 분단의 현실이 가져다주는 고민을 고스란히 담고 있다. 그러한 고민은 이미 헌법에도 잘 드러나 있다. 궁극적으로 이러한 고민은 북한의 실체를 어떻게 규정할 것인지로 귀결된다. 헌법재판소가 이해하는 것처럼 북한은 "이중적 성격"을 가지고 있는지도 모른다. 그러나 이러한 이해는 무척 혼돈스럽다. 자의적 집행의 위험도 있다. 반국가단체를 위한 행동인지, 민족통일의 동반자를 위한 행동인지 분명하지 않은 중간영역이 항상 존재하기 때문이다.

법은 현실을 잘 반영해야만 하지만 현실을 일정한 방향으로 지도할 수 있어야 한다. 법규범은 혼돈스러운 현실에 일관되고 명확한 지침을 제시할 수 있어야 한다. 그렇기 때문에 법규범에 의해 북한은 국가이든지 국가가 아니든지 둘 중의 하나가 되어야 한다. 국가이면서 동시에 국가가 아니라는, 논리학의 기본법칙에도 어긋나는 명제를 헌법이 담고 있는 것은 심각한 문제다. 따라서 헌법은 북한을 국가로 규정하든지, 아니면 국가가 아닌 것으로 규정하는 방식으로 개정되는 것이 타당하다.[21)]

북한을 국가로 인정하지 않는 것은 국제사회의 현실에도 맞지 않고, 민족공동체의 이상과도 일치하지 않는다. 오히려 남북의 신뢰구축과 한반도의 평화정착에 걸림돌이 되고 있다.[22)] 따라서 북한이 하나의 독립된 국가로 인정되는 방식으로 헌법을 개정하는 것이 합리적이다. 이것은 현행 영토조항의 개정을 필요로 한다. 대한민국의 주권이 실제적으로 미치는 한반도의 남쪽으로 대한민국의 영토를 한정하는 것이다. 물론 한반도 전체를 한민족의 영토로 규정하는 것도 대외적으로는 매우 의미있는 일이다. 그렇다면 통일된 후의 영토를 한반도로 하고, 통일되기 전까지는 대한민국의 영토를 한반도의 남쪽으로 하는 헌법개정도 과도기적으로 필요하다고 생각된다.

북한을 국가로 인정하고, 영토조항을 개정하는 것은 동시에 국가보안법의 폐지를 의미한다. 사실상 북한을 반국가단체로 전제한 국가보안법은 북한을 국가로

---

21) 헌법 제3조 영토조항에 대해서 '사문화된 조항'이라는 다소 극단적인 주장도 있다. 조국(2002), 100면: "헌법 규범과 헌법 현실 사이의 괴리 속에서 헌법 제3조의 '영토조항'은 실효성을 상실하고 사문화되었다고 보아야 할 것이다." 이러한 주장은 다음과 같은 주장과 유사하다. 김일수(1989), 23면: "우리 헌법상 영토규정은 실효성이 없는 선언규정에 불과하다. 그것은 국민의 통일염원을 담은 낭만적 표현에 불과한 것으로 현실적인 이행효력이 나타나지 못하는 자연채권에 불과한 것이다." 하지만 헌법에 명시적으로 규정된 내용을 사문화되었다거나 실효성이 없다고 주장하는 것은 자칫 헌법의 어떤 내용도 사문화되었다거나 실효성이 없다고 주장할 수 있다는 뜻을 포함한다. 이것은 헌법 자체의 사문화나 실효성상실을 초래할 가능성도 있다. 따라서 헌법개정 없이 헌법의 특정한 조항의 효력상실을 주장하는 것은 남북통일의 당위성이나 국가보안법 개폐의 시급성에도 불구하고 자제되어야 한다.

22) 같은 맥락에서 다음과 같은 주장은 설득력이 있다. 정태욱(1999), 58면: "북한사람들이 남한을 계속하여 적대시하고, 남한사람들도 계속하여 북한을 멸시한다면 한반도의 평화는 요원하다. 북한사람들이 과도한 피해의식으로 군사적 긴장을 높여가고, 남한사람들은 북한에 대한 응징과 제압에서 우월감과 쾌감을 느낀다면 한반도에는 희망이 없다."

인정함으로써 존재근거가 상실되기 때문이다. 그 밖에 국가보안법이 규율하고자 하는 내용은 형법으로도 충분히 규율될 수 있고, 실제로 국가보안법이 찬양・고무죄 중심으로 운영되고 있으며 이 조항이 국민의 표현의 자유를 심각하게 제한한다는 점에서도 국가보안법은 폐지되는 것이 바람직하다.[23)]

### 토론문제

1. 자유민주적 기본질서에 위반되는 사상은 내면에 있어서도 허용될 수 없는가?
2. 국가보안법을 폐지한다면 대체수단은 무엇인가?
3. 헌법의 영토조항에 대한 합리적 대안은 무엇인가?

### 내 입장은?

1. 자유민주적 기본질서에 위반되는 사상은 금지되어야 한다.
2. 자유민주적 기본질서에 위반되는 사상은 행동으로 나타났을 때만 처벌할 수 있다.
3. 자유민주적 기본질서에 위반되는 사상이 행동으로 나타나도 폭력적이지만 않다면 허용될 수 있다.

## 참고문헌

강경선(2018), 헌법의 미래상－국가보안법 폐지를 제안함－, ≪민주법학≫(민주주의법학연구회), 제67호(2018), 75～116면.

김도협(2007), 헌법재판소의 국가보안법 관련 결정에 관한 소고, ≪헌법학연구≫(한국헌법학회), 제13권 제1호(2007), 255～281면.

김상겸(2004), 국가보안법 개정론－헌법국가의 관점에서－, ≪헌법학연구≫(한국헌법학회), 제10권 제4호(2004), 155～185면.

김승교(2003), 국가보안법과 양심, ≪사목≫(한국천주교중앙협의회), 통권 제290호(2003년 3월호), 29～41면.

---

23) 국가보안법은 이미 "빈사상태"에 빠져 있다면서 이제는 국가보안법이 아니라 "국민보안법"이 필요하다는 지적이 타당해 보인다. 강경선(2018), 104면, 111면 참조.

김일수(1989), 국가보안법 폐지에 관한 소견, ≪사법행정≫(한국사법행정학회), 제30권 제12호(1989년 12월호), 22~28면.

김종서(2000), 냉전의 청산은 국가보안법 철폐로부터, ≪실천문학≫, 통권 60호(2000), 107~122면.

김종서(2001), 국가보안법 폐지론-제7조를 중심으로-, ≪공법연구≫(한국공법학회), 제29집 제4호(2001), 167~187면.

박래군(2000), 21세기에도 국가보안법의 나라인가, ≪당대비평≫, 통권 제10호(2000), 543~549면.

오동석(2004), 국가보안법의 현재 상황과 폐지의 당위성, ≪민주법학≫(민주주의법학연구회), 제26호(2004), 105~130면.

정경수(2007), 반국가보안법운동 국제화의 성과와 과제, ≪민주법학≫(민주주의법학연구회), 제33호(2007), 199~227면.

정태욱(1999), 국가보안법과 한반도의 평화, ≪민주법학≫(민주주의법학연구회), 제16호(1999), 39~61면.

제성호(2003), 국가보안법과 남남갈등, ≪중앙법학≫(중앙법학회), 제4집 제3호(2003), 69~112면.

조 국(2002), 국가보안법 전면 폐지론, ≪정치비평≫(한국정치연구회), 제8권(2002년 상반기), 96~116면.

최관호(2004), 한반도 평화와 국가보안법, ≪민주법학≫(민주주의법학연구회), 제25호(2004), 78~103면.

한인섭(2004), 국가보안법 폐지론, ≪헌법학연구≫(한국헌법학회), 제10권 제4호(2004), 123~154면.

허일태(2004), 국가보안법 폐지의 정당위성, ≪형사정책≫(한국형사정책학회), 제16권 제1호(2004), 237~274면.

홍윤기(2004), 양심과 사상의 자유와 국가보안법-송두율 교수 사건을 중심으로-, ≪민주법학≫(민주주의법학연구회), 제26호(2004), 29~81면.

국가인권위원회(2004), ≪국가보안법, 쟁점과 대안≫(2004년 5월 20일 국가인권위원회 공청회 자료집).

민주화실천가족운동협의회(2003), ≪국가보안법 적용상에서 나타난 인권 실태≫(2003년도 국가인권위원회 연구용역 보고서).

# 제12장
# 채플과 종교의 자유

"어느 누구도 스스로 선택하는 종교나 신념을 가지거나 받아들일 수 있는 자유를 침해하게 되는 강제를 받지 아니한다."
≪시민적 및 정치적 권리에 관한 국제규약(B규약, 1966) 제18조≫

'난 기독교인도 아닌데 왜 채플에 들어가야 하죠?' '기독교학교인 줄 알고 갔으면 당연히 채플에 들어가야죠.' 우리는 채플을 거부하다 퇴학당한 학생을 기억한다. 그는 인권의식이 투철한 모범학생인가? 아니면 학칙을 위반한 불량학생인가? 학생은 종교를 강요당했다고 주장한다. 학교는 설립이념을 실천했을 뿐이라고 대답한다.

오늘도 지하철에서 자신의 종교를 큰 소리로 전파하는 사람들을 만난다. 저 사람은 광신도일까? 신앙심이 깊은 사람일까? 아무튼 너무 시끄럽다. 그래서 저 사람을 정신병원에라도 가두어야 할 것 같다. 그런데 저 사람이 저토록 절절하게 외치는 종말이 당장 내일이라도 오면 어떡하지? 나도 저 사람의 신앙을 가져야 할 듯싶다. 시끄럽던 종교인의 목소리는 잡상인의 목소리와 섞이면서 다른 칸으로 사라진다. 종교에 관한 상념은 이내 뇌리에서 떠나고 만다.

종교는 마약처럼 강하다. 종교는 전염병과 같다. 종교는 인간을 선하게 만든다. 종교는 인간을 망가뜨릴 수도 있다. 어떤 종교를 믿든, 어떻게 전파하든 자유다. 그렇지만 종교에 관한 다른 사람의 신념도 인정받아야 한다. 종교를 갖든 말든, 나와 같은 종교를 갖든 말든 그것도 그 사람의 자유다. 종교는 토론이 불가능한 영역일 수도 있다. 그래서 종교의 문제는 서로 피하려고 한다. 자칫 싸움이 될지도 모르고, 그냥 결론도 없는 논쟁이 귀찮기 때문이기도 하다. 이제부터 이 다루기 힘든 종교에 대해서 이야기해 보자.

# Ⅰ. 문제제기

각급 학교에서[1] 시행되고 있는 종교교육(예를 들어 채플)은 피교육자인 학생들에게 헌법이 보장하는 종교의 자유를 침해할 수 있다는 점에서 논란의 여지가 있다. 문제는 이러한 종교교육을 실시하는 학교가 사립학교인지 아니면 국・공립학교인지에 따라 사태를 해결하는 방식이 달라질 수 있다는 점이다.

우선 각종 학교가 사립학교인 경우에[2] 학교에서 시행되는 종교교육은 학교법인이 헌법에 의하여 보장된 종교의 자유를 실현하는 것으로 이해될 수 있다. 현재 대한민국에는 약 2천 개에 이르는 사립학교가 있는데, 이 가운데 특정종교를 기반으로 설립된 학교(종립학교)는 전체 사립학교의 4분의 1인 500개에 좀 못 미치고, 대부분 종교와 관련된 교육을 실시하는 것으로 알려져 있다.[3] 좀 더 상세한 통계에 따르면 전국의 유・초・중등학교 총 20,674개교 중 사립학교는 5,517개교(아래 [표 12.1] 참조), 전국의 대학 총 429개교 중 사립학교는 371개교이므로(아래 [표 12.2] 참조) 대략 사립학교 가운데 종립학교가 20～25퍼센트 정도를 차지한다고 가정하면 6천 개교에 가까운 전국 사립학교 가운데 1천2백에서 1천5백 개교는 종립학교로 추정할 수 있다. 여기서 학교에서 실시하는 종교교육이 학생들의 종교적 신념과 부딪힌다면 학교법인과 학생들의 종교의 자유가 서로 충돌하는 문제

---

1) **초・중등교육법**(최근개정: 2021. 3. 23. 법률 제17958호)은 초・중등교육을 실시하기 위한 학교를 ① 초등학교, ② 중학교・고등공민학교, ③ 고등학교・고등기술학교, ④ 특수학교, ⑤ 각종학교로 구분한다(동법 제2조). **고등교육법**(최근개정: 2021. 3. 23. 법률 제17954호)은 고등교육을 실시하기 위한 학교를 ① 대학, ② 산업대학, ③ 교육대학, ④ 전문대학, ⑤ 방송대학・통신대학・방송통신대학 및 사이버대학(원격대학), ⑥ 기술대학, ⑦ 각종학교로 구분하고 있다(동법 제2조). 한편 **사립학교법**(최근개정: 2020. 12. 22. 법률 제17659호)은 학교의 종류를 ① 초등학교・중학교・고등학교・특수학교・대학, ② 산업대학・사이버대학・전문대학・기술대학, ③ 대학・산업대학・전문대학 또는 기술대학에 준하는 각종학교로 분류하고 있다(동법 제3조 제1항).

2) **사립학교법**에 따르면 “사립학교”는 “학교법인 또는 공공단체 외의 법인 또는 그 밖의 사인이 설치하는 「유아교육법」 제2조 제2호와 「초・중등교육법」 제2조 및 「고등교육법」 제2조에 규정된 학교”라고 정의한다(동법 제2조 제1항). 그 밖에 사립학교의 개념에 대해서는 손희권(2004), 151면 이하 참조.

3) 2004년 4월을 기준으로 대한민국의 전체 사립학교 1,974개 가운데 특정종교에 기초하여 설립된 학교는 482개(24.4%)이고, 구체적으로 ① 전체 사립초등학교 75개 가운데 17개(22.7%) 학교, ② 전체 사립중학교 662개 가운데 167개(25.2%) 학교, ③ 전체 사립고등학교 939개 가운데 227개(24.2%) 학교, ④ 전체 사립전문대 143개 가운데 22개(15.4%) 학교, ⑤ 전체 사립대학교 155개 가운데 49개(31.6%) 학교가 특정종교에 기초하여 설립된 학교라는 통계가 있다. 고병철(2007), 5면 이하 참조. 이 통계는 또한 특정종교에 기초한 사립학교가 대부분 정규수업이든 정규수업 이외의 활동이든 종교교육을 실시하고 있다고 확인해주고 있다.

[표 12.1] 유·초·중등학교 현황 (단위: 개교)

| 설립 | 학교수 | 유치원 | 초등학교 | 중학교 | 고등학교 | 특수학교 | 고등공민 | 고등기술학교 | 각종학교 |
|---|---|---|---|---|---|---|---|---|---|
| 국립 | 55 | 3 | 17 | 9 | 19 | 5 | 0 | 0 | 2 |
| 공립 | 15,102 | 4,973 | 6,029 | 2,581 | 1,402 | 87 | 1 | 0 | 29 |
| 사립 | 5,517 | 3,729 | 74 | 633 | 946 | 90 | 2 | 7 | 36 |
| 합계 | 20,674 | 8,705 | 6,120 | 3,223 | 2,367 | 182 | 3 | 7 | 67 |

자료: 국가교육통계센터 교육통계서비스(kess.kedi.re.kr).

[표 12.2] 대학 현황 (단위: 개교)

| 설립 | 학교수 | 전문대학 | 교육대학 | 일반대학 | 방송통신대학 | 산업대학 | 기술대학 |
|---|---|---|---|---|---|---|---|
| 국립 | 50 | 2 | 10 | 34 | 1 | 0 | – |
| 공립 | 8 | 7 | – | 1 | – | – | – |
| 사립 | 371 | 127 | – | 156 | – | 2 | 1 |
| 합계 | 429 | 136 | 10 | 191 | 1 | 2 | 1 |

| 설립 | 각종학교 | 원격 및 사이버대학 | 사내대학 | 전공대학 | 기능대학 | 대학원 | |
|---|---|---|---|---|---|---|---|
| | | | | | | 대학원 | 부설 대학원 |
| 국립 | 1 | – | – | – | – | 2 | 230 |
| 공립 | – | – | – | – | – | 0 | 10 |
| 사립 | 1 | 21 | 8 | 3 | 9 | 43 | 884 |
| 합계 | 2 | 21 | 8 | 3 | 9 | 45 | 1,124 |

자료: 국가교육통계센터 교육통계서비스(kess.kedi.re.kr).

가 발생한다. 결국 이 문제는 상호 충돌하는 기본권을 조화롭게 제한함으로써만 해결될 수 있다.4)

또한 여기서 중요한 것은 통상 국민과 국가의 관계에서 효력(대국가적 효력)을 미친다고 이해되는 기본권이 국민(학생)과 국민(학교) 상호간에도 효력(대사인적

4) 학교에서 실시되는 종교교육의 문제에 대해서 "학교교육의 본질은 보편적 지식을 전수하는 장이지 선교의 장은 아니"라고 하면서 "학교를 선교의 장으로 삼으려는 비교육적 이기심"이 학생들의 종교의 자유를 침해한다는 주장이 있다. 김용표(2006), 4면. 이러한 주장은 학교의 종교교육에서 발생하는 인권침해의 문제를 해결할 수 있는 방안을 종교적 관용과 대화 및 다원주의적 종교관에서 찾는다. 김용표(2006), 12면 이하 참조. 이러한 근본적인 문제해결방식도 본질적으로 종교와 관련된 충돌하는 기본권을 조화시키려는 노력으로 이해할 수 있다.

효력)을 미치고 있다는 점이다. 따라서 학교에서 실시되는 종교교육을 '기본권의 대사인적 효력'이라는 헌법이론적 관점에서 해결하는 방법을 모색할 필요가 있다.

한편 각종 학교가 국·공립학교인 경우에 원칙적으로 종교교육은 금지된다.[5] 헌법이 명시적으로 국교부인과 정교분리의 원칙을 선언(헌법 제20조 제2항)하고 있기 때문이다.[6] 따라서 이하에서 주로 문제가 되는 것은 사립학교에서의 종교교육이다.

## Ⅱ. 종교교육과 관련된 인권

### 1. 종교의 자유

#### (1) 내　　용

특정한 종교에 관한 교육을 받지 않을 자유는 종교의 자유에 의해서 보장된다. 일반적으로 종교의 자유는 ① 신앙의 자유, ② 종교의식의 자유, ③ 종교교육 및 선교의 자유, ④ 종교적 집회·결사의 자유를 내용으로 한다.[7]

첫째, 신앙의 자유는 일정한 종교적 신앙을 갖거나 갖지 않을 수 있는 자유를 말한다. 둘째, 종교의식의 자유는 종교와 관련된 의식(예: 예배, 미사, 법회 등)을 실시하고 진행하며 참여할 수 있는 자유이다. 셋째, 종교교육 및 선교의 자유는 일정한 종교에 대해서 교육하거나 전파(=선교·포교·전도)할 수 있는 자유를 뜻한다. 넷째, 종교적 집회·결사의 자유는 종교와 관련된 집회(모임)를 가지거나 단체를 구성할 수 있는 자유를 말한다.

결국 종교교육과 관련하여 특정한 종교에 관한 교육을 받지 않을 자유는 종교의 자유의 내용 가운데 특정한 종교적 신앙을 강요당하지 않을 '신앙의 자유'(①)와 특정한 종교적 목적을 위한 집회에 참석하지 않을 '종교적 집회의 자유'(④)에 의해서 보장된다.

---

5) **교육기본법**(최근개정: 2021. 3. 23. 법률 제17954호)은 국가와 지방자치단체가 설립한 학교에서는 특정한 종교를 위한 종교교육을 금지하고 있다(동법 제6조 제2항).

6) 기독교를 기초로 성립된 미국의 경우에도 헌법상 정교분리의 원칙이 규정되어 있고, 이에 따라 연방대법원은 공립학교에서의 기도, 묵상, 성경낭독과 공립학교에서 실시되는 종교교육을 위헌으로 판결하였고, 공립학교에서 종교교리로서 창조론을 가르치는 것도 위헌이라는 입장이다. 이에 관한 자세한 설명은 염철현(2002), 200면 이하 참조.

7) 종교의 자유에 대해서는 이준일, ≪헌법학강의≫(2019), 제2편 제2부 제5장 제3절 참조.

### (2) 종교의 자유를 제약하는 행위

이러한 종교의 자유를 제약하는 행위로는 다음과 같은 것들을 들 수 있다. ① 첫째, 특정한 종교적 신앙을 갖지 못하게 '금지(규제)'하거나 특정한 종교적 신앙을 갖도록 '명령(강제)'하는 행위, ② 둘째, 특정한 종교와 관련된 의식을 허용하지 않거나 종교의식의 시간, 장소, 방법 등을 제한하는 행위, ③ 셋째, 특정한 종교에 관한 교육이나 전파를 금지하거나 명령하는 행위, ④ 넷째, 종교적 집회 또는 결사를 금지하거나 명령하는 행위 등이 그러한 제약행위에 포함된다.

여기서 종교교육과 관련하여 특정한 종교에 관한 교육을 받도록 강제하는 것은 원하지 않는 종교적 교육에 노출됨으로써 신앙의 형성을 강제당하는 것이고, 종교교육을 위한 수업(집회)에 참석하도록 강제당하는 것을 뜻한다. 따라서 종교교육의 강요는 특정한 신앙을 갖지 않을 자유에 대한 제약행위(①)임과 동시에 특정한 종교적 집회에 참석하지 않을 자유에 대한 제약행위(④)로도 이해된다.

### (3) 국교부인의 원칙과 정교분리의 원칙

한편 종교의 자유에 따르면 원칙적으로 국교는 부인되어야 한다. 그리고 정치와 종교는 분리되어야 한다. 헌법은 이와 같은 내용을 국교부인원칙과 정교분리원칙을 명시함으로써 선언하고 있다.

첫째, 국교부인원칙에 따르면 국가가 특정한 종교를 국교로 지정하여 재정적으로 지원하는 등 특혜를 부여하는 것은 금지된다. 둘째, 정교분리원칙에 따르면 국가가 종교에 간섭한다든지, 종교가 국가에 간섭하는 것은 금지된다. 예를 들어 국가가 특정종교에 관한 교육을 실시한다거나 국가의 의식을 특정한 종교의식에 따라 거행하는 것, 특정종교의 기념일을 국정공휴일로 지정하는 것 등은 금지된다(석가탄신일이나 크리스마스처럼 종교적 의미보다는 문화적 의미가 더 강한 경우에는 예외). 따라서 국·공립학교의 경우에 특정한 종교에 관한 교육을 실시하거나, 심지어 학칙상의 졸업요건으로서 종교교육에 관한 이수의무를 규정하는 것은 금지된다.

## 2. 종교의 자유에 대한 제한가능성

종교의 자유가 제한될 수 있는 기본권인지에 대해서는 논란이 있다. 종교의 자유가 신앙의 자유처럼 내면적인 자유인 경우에는 결코 제한될 수 없는 '절대적 기본권'이라는 견해도 있고, 내면적인 자유의 경우에도 제한될 수 있다는 견해도 있다. 한편 종교적 신앙을 외부에 표현하는 종교의식, 종교교육 및 종교전파, 종교적 집회·결사의 자유는 제한될 수 있다는 점에 대해서는 대체로 의견이 일치된다. 이에 따르면 종교의 자유는 "국가안전보장, 질서유지 또는 공공복리"와 같은 '공익적 목적'을 위하여 제한될 수 있다. 또한 '다른 사람의 기본권'이나 '헌법적 법익'을 침해하는 종교의 자유도 제한될 수 있다. 예를 들어 교통을 방해하는 종교의식은 질서유지를 위하여 제한될 수 있고, 또한 다른 사람의 종교의 자유를 침해하는 종교교육은 제한될 수 있다.

사립학교에서 실시되는 종교교육의 경우처럼 학생의 기본적 인권과 학교의 기본적 인권이 충돌하는 경우에 이것을 '기본권의 충돌'이라고도 부른다. 그리고 이것을 공익적 목적을 위하여 기본권을 제한하는 '기본권의 제한'과 구별하기도 한다. 하지만 기본권과 기본권이 서로 충돌하는 경우는 기본권이 공익적 목적에 의하여 제한되는 경우와 구조적으로 다르지 않다. 기본권과 기본권이 서로 충돌하는 경우에도 이러한 기본권들을 제한하여 조화롭게 실현되어야 하는 것처럼 기본권이 공익적 목적에 의하여 제한되는 경우에도 기본권과 공익적 목적을 제한하여 조화롭게 실현되어야 하기 때문이다. 따라서 기본권의 충돌이든 기본권의 제한이든 서로 충돌하는 이익들이 있고, 이러한 이익들이 조화롭게 실현되기 위하여 모든 이익들이 제한되어야 한다는 점에서 공통되기 때문에 양자를 구별하지 않기로 한다.

**[판례 12.1] 지하철 전동차 내에서의 선교행위와 공공의 질서**

헌법 제20조 제1항이 보장하는 종교의 자유에는 자기가 신봉하는 종교를 선전하고 새로운 신자를 규합하기 위한 **선교의 자유가 포함**되고, 공공장소 등에서 자신의 종교를 선전할 목적으로 타인에게 그 교리를 전파하는 것 자체는 이러한 선교의 자유의 한 내용을 당연히 이루는 것이라고 볼 것이며, 따라서 헌법이 보장하고 있는 이러한 종교의 자유의 허용범위와 내용에 더하여 경범죄처벌법의 적용에 있어서 국민의 권리를 부당하게 침해하지 아니하도록 세심한 주의를 기울여야 한다는 경범죄처벌법 제4조 소정의 입법정신을 아울러 고려할 때, 불가불 타인의 주목을 끌고 자신의 주장을 전파하기 위하여 목소리나 각종 음향기구를 사용하여 이루어지는 선교행위가 경범죄처벌법 제1조 제26호 소정의 인근소란행위의 구성요건에 해당되어 형사처벌의 대상이 된다고 판단하기 위해서는 당해 선교행위가 이루어진 구체적인 시기와 장소, 선교의 대상자, 선교행위의 개별적인 내용과 방법 등 제반 정황을 종합하여 그러한 행위가 통상 선교의 범위를 일탈하여 다른 법익의 침해에 이를 정도가 된 것인지 여부 등 **법익간의 비교교량을 통하여 사안별로 엄격하게 판단해**야 한다(대판 2003. 10. 9. 2003도4148).

**[판례 12.2] 국기에 대한 경례와 종교의 자유**

김해여자고등학교는 1950. 5. 16.자 총제430호 국무총리의 국기에 대한 경례통첩과 이에 의한 문교부의 국기에 대한 예절에 관한 지시 및 1973년도 고등학교 학생교련교육 지침서에 따라 국기에 대한 예절은 "국기에 대한 경례"의 구령으로 시작되어 경례방법은 제복 제모를 착용한 학생들은 거수경례를 하도록 되어 있는데 위 학교의 학생인 원고들이 나라의 상징인 국기의 존엄성에 대한 경례를 우상숭배로 단정하고 그 **경례를 거부한 것은 국기예절에 관한 위 학교의 교육방침에 위배되는 행위라고 보아 퇴학처분한 징계처분은 적법**하다(대판 1976. 4. 27. 75누249).

**[판례 12.3] 신앙의 자유와 부부생활**

신앙의 자유는 부부라고 하더라도 이를 침해할 수 없는 것이지만, 부부 사이에는 서로 협력하여 원만한 부부생활을 유지하여야 할 의무가 있으므로 그 신앙의 자유에는 일정한 한계가 있다 할 것인바, **처가 신앙생활에만 전념하면서 가사와 육아를 소홀히 한 탓에 혼인이 파탄에 이르게 되었다면 그 파탄의 주된 책임은 처에게 있는 것**으로 보아야 할 것이다(대판 1996. 11. 15. 96므851).

**[판례 12.4] 종교의 자유와 질서유지**

종교의 자유는 인간의 정신세계에 기초를 둔 것으로서 인간의 내적 자유인 신앙의 자유를 의미하는 한도 내에서는 밖으로 표현되지 아니한 양심의 자유에 있어서와 같이 제한할 수 없는 것이지만 그것이 종교적 행위로 표출되는 경우에 있어서는 대외적 행위의 자유이기 때문에 질서유지를 위하여 당연히 제한을 받아야 하며 공공복리를 위하여서는 법률로써 이를 제한할 수도 있다(대판 1995. 4. 28. 95도250). → 세칭 '승리제단' 교주가 신도들로부터 헌금 명목으로 금원을 교부받은 것을 사기죄로 처단한 사례.

**[판례 12.5] 일본계 불교단체 일련정종(日蓮正宗)과 종교의 자유**

우리 헌법은 양심과 종교의 자유, 결사의 자유를 기본권으로 보장하고 있으므로(헌법 제19조, 제20조 제1항, 제21조 제1항) 다양한 가치관 내지 종교적 신념은 헌법적 가치와 이념, 헌법질서와 충돌하지 않는 한 존중되어야 한다. 같은 가치관이나 신념을 가진 사람들이 공동의 목적을 위하여 자유로이 결합하여 단체를 설립하고 나아가 법인으로 허가받아 활동하는 것 역시 원칙적으로 보장된다. 따라서 그와 대립하거나 반대되는 가치관이나 신념을 가진 개인이나 단체가 그 법인의 존재를 부정하고 활동을 저지하려고 하여 사회적으로 갈등이 생길 염려가 있더라도 그러한 사정만으로 곧바로 당해 법인의 목적사업 또는 존재 자체가 공익을 해하는 경우에 해당한다고 쉽게 단정하여서는 아니 된다(대판 2017. 12. 22. 2016두49891).

## 3. 종교의 자유에 대한 제한의 정당화

종교의 자유가 공익적 목적을 위하여, 그리고 다른 사람의 기본권이나 헌법적 법익을 위하여 제한되는 경우에도 그 제한에는 또 다른 제한이 따른다. 앞에서 여러 차례 설명한 것처럼 기본권제한에 관한 헌법적 원칙인 비례성원칙에 따른 제한만이 가능하다.

### (1) 학교의 인권과 적합성원칙

기본권제한을 위한 일정한 목적의 실현에 가장 효과적인 방법을 선택하도록 요청하는 적합성원칙에 따라 학교법인의 종교의 자유를 실현한다는 목적을 고려한다면 학교에서 실시되는 모든 형태의 종교교육은 허용되어야 한다. 실현하고자 하는 기본권만을 고려하여 적합성원칙의 측면에서만 평가한다면 어떤 형태의 종교교육도 허용하는 것이 종교의 자유를 가장 효과적으로 실현하는 적합한 수단으로 평가될 수 있기 때문이다.

### (2) 학생의 인권과 필요성원칙

하지만 학교법인의 종교의 자유를 실현하는 모든 형태의 종교교육을 허용하는 경우에 학생에게 보장되어야 하는 종교의 자유가 침해될 수 있다. 여기서 학생의 종교의 자유에 대한 침해를 최소화하는 수단을 선택하도록 요청하는 필요성원칙이 고려되어야 한다. 예를 들어 종교교육이수를 학생의 선택에 맡긴다든지, 비록 학칙에[8] 이수의무를 두어 졸업을 위한 필수과목으로 한다고 하더라도 종교교육의 내용을 종교적 의식으로 채우는 것이 아니라 인성교육이나 교양교육처럼 교육적 목적을 가진 것들로 시행하는 것 등이다.

### (3) 종교교육에서 인권의 충돌과 좁은 의미의 비례성원칙

마지막으로 서로 충돌하는 기본권이나 법익들을 조화롭고 균형있게 실현하도록 요청하는 좁은 의미의 비례성원칙에 따라 학교 측의 종교의 자유와 학생 측의 종교의 자유를 조화롭고 균형있게 실현하는 방법은 무엇인가?

#### 1) 학생의 학교선택권

우선 전제조건은 학생에게 자율적인 학교선택권이 부여되어야 한다는 점이

---

8) 고등교육법에 따르면 대학의 장은 법령의 범위 안에서 학교규칙(학칙)을 제정하거나 개정할 수 있는 권한이 있다(동법 제6조 제1항). 또한 초·중등교육법에 따라 초·중·고등학교의 장은 법령의 범위 안에서 학칙을 제정하거나 개정할 수 있는 권한을 가진다(동법 제8조 제1항).

다.[9] 학생에게 자율적인 학교선택권이 부여되는 경우에만 학교에서 요구하는 종교교육에 대해서 학생이 미리 인지했을 뿐만 아니라 동의했다고 추정할 수 있기 때문이다. 따라서 현행 중·고등학교배정방식에 따라 학생의 의지와 상관없이 학생에게 학교를 강제로 배정한다는 점을 고려할 때 종교의 자유에 대한 학교 측의 일방적인 주장은 받아들이기 어렵다.[10] 학교 측의 종교교육에 대한 학생 측의 사전적 인지나 자발적 동의를 추정할 수 없기 때문이다.

사립대학의 경우에 형식적으로는 학생에게 학교선택권이 부여되어 있다. 하지만 한국현실에서 대학선택에서 가장 중요한 동기는 학교서열과 성적(내신성적 또는 수능성적)이라는 점에서 학생에게 실질적으로 대학선택권이 있는지가 의심될 수 있다.[11] 현실이 이렇다면 대학의 경우에도 학생들에게 종교교육을 강제하는 것에 대해서는 종교의 자유를 침해할 수 있다는 주장이 가능하다.

### 2) 종교교육에 관한 학교의 설명의무

다음으로 비록 학생에게 학교선택권이 부여된다고 하더라도 학교는 지원 또는 입학 이전에 학생에게 종교교육에 관한 충분한 설명을 제공해야 할 의무가 있다. 올바른 학교선택권은 학교의 교육내용에 관한 충분한 정보의 제공을 전제로 하기 때문이다. 만약 종교교육의 이수가 의무로 요구됨에도 불구하고 그러한 정보를 학교지원이나 입학 전에 학생들에게 충분히 설명하지 않았다면 학생의 종교교육 거부에 대해서는 학교측도 상당 부분 책임이 있다고 볼 수 있다. 따라서 지원 또는 입학하기 전에 학교에서 실시하게 될 종교교육에 관한 충분한 정보를 설

9) 이와 같은 논거에 기초하여 사립학교, 특히 특정 종교에 기초하여 설립된 사립학교들은 학생을 강제로 배정받는 평준화정책을 폐지하고 사립학교에 자유로운 학생선발권을 부여할 것을 요구한다. 대표적으로 이철(2011), 61면 이하 참조. 같은 취지에서 평준화정책의 폐지와 자립형 사립학교의 확대를 주장하는 견해로 김유환(2008), 310면 이하 참조. 하지만 평준화정책의 폐지로 학교가 서열화될 것이라는 우려와 함께 사립학교가 학생선발권을 갖는 경우에 자칫 학교가 학생에게 종교를 강요할 수 있게 된다는 점에서 비판이 가해지기도 한다. 이러한 비판에 대해서는 최준규(2005), 225면 참조. 또한 종교교육의 문제는 학교선택권이나 학생선발권이 아니라 교육과정의 편성과 운영에 있다는 비판도 같은 맥락이다. 고병철(2005), 115면 이하 참조.

10) 따라서 "현재 대부분의 평준화지역에서 학생의 학교선택권이 부인되거나 극히 미미하게 인정되는 현실에서 종교예배, 기도회참석 등을 강제하는 것은 학생의 종교의 자유를 침해한다"(송기춘[2004], 337면)는 견해에 동의할 수 있다.

11) 같은 취지의 견해로 성낙인(1995), 167면: "한국과 같이 학벌선호 경향이 치열하고 학교간의 서열이 엄격하게 매겨져 있는 상황하에서, 대표적인 여자대학이 특정 종교재단이 설립한 학교일 뿐만 아니라, 양대 사학을 대표하는 학교 중의 하나가 또한 특정 종교재단이 설립한 학교임에 비추어, 학생들의 종교문제까지도 고려한 실질적인 학교선택권이 보장되어 있다고 볼 수 있을 것인지는 의심스럽다."

명받지 못한 학생에게는 학교가 종교교육의 이수를 강제할 수 없다고 보아야 한다.[12] 한편 학생의 신앙은 입학 후에 변경될 수도 있기 때문에 입학 전에 종교교육에 관한 충분한 설명이 있었다고 하더라도 강제적인 종교교육은 허용되지 않는다는 견해도 있다.[13]

### 3) 학교의 대체과목개설의무

학교가 미리 종교교육에 관한 충분한 정보를 학생에게 제공한 후에 학생이 해당 학교를 선택했다고 하더라도 대체과목의 개설이 가능한 경우에는 학생이 원하지 않는 종교교육은 여전히 강제될 수 없다. 적어도 대체과목을 개설함에 있어서 학교에 '부당한(과도한) 부담'을 주지 않는 경우에는 그 과목을 대체할 수 있는 과목이 개설되어 학생에게 선택권이 부여되어야 한다는 뜻이다. 따라서 대체과목이 개설될 수 있음에도 불구하고 대체과목을 개설하지 않거나 종교교육을 필수과목으로 지정하면서 종교교육의 이수를 하지 않은 학생을 퇴학시키거나 졸업시키지 않는 행위는 금지된다.

### 4) 종교교육내용의 탄력성

종교교육을 실시하는 경우에도 그 내용은 학생의 종교의 자유를 침해하지 않는 방식으로 진행되는 것이 바람직하다. 다시 말해 종교교육은 종교적 교리에 관한 교육(education of religion)이나 심지어 종교적 의식의 거행이 아니라 종교에 관한 교육(education about religion) 또는 일반적인 교양이나 철학에 관한 강의처럼 진행되는 것이 합리적이다.[14] 하지만 앞에서 전제한 조건들(학교선택권, 종교교육에 관한 충분한 설명, 대체과목선택권)이 충족된다면 종교교육을 선택한 학생들에 대한 종교교육은 종교적 교리의 교육이나 종교적 의식의 형태로 진행되는 것도 허용된다.

---

12) 학생이 대학에 지원하기 이전에 종교교육이 졸업요건으로 학칙에 포함되어 있다는 사실을 대학으로부터 고지받지 않았으면 이러한 학칙은 학생의 종교의식 또는 종교교육에 불참할 자유를 침해할 소지가 있다는 견해도 같은 취지로 이해된다. 손희권(2004), 159면 참조. 또한 종교교육의 내용에 대한 구체적 고지와 숙지를 요구하는 견해도 같은 맥락이다. 윤영미(2008), 487면 참조.

13) 송기춘(2004), 340면.

14) 비슷한 맥락에서 종교교육은 종교교리에 관한 지식이나 종교의식에 관한 경험이 아니라 "종교 그 자체를 체험적으로 인식하는 일"로서 종교성에 관한 교육으로 전환되어야 한다는 대안이 제시되기도 한다. 고진호(2006), 27면 이하 참조. 또한 종교교육은 "인문학적 교양교육"이어야 한다는 주장도 있다. 고병철(2005), 131면 이하 참조.

#### 5) 이수요건의 완화

종교교육에 관한 강의에 대해서는 시험을 동반한 학점부여와 같은 이수요건을 두지 않는 것이 합리적이다. 단순한 수업참여와 필수적 수업시간만 충족되면 이수한 것으로 보는 것이 타당하다는 뜻이다. 하지만 이것도 앞에서 전제한 세 가지 조건들이 충족되는 경우에는 학교 측에 강제될 수는 없다. 다시 말해 앞의 전제조건들이 충족된 경우에 학교는 종교교육을 학점부여의 방식으로 운영할 수 있다.

#### 6) 종교교육과 관련된 재정적 지원

종교교육의 활성화와 참여확대를 위하여 학교 측의 특정과목에 대한 배려와 지원은 허용될 수 있다. 즉 학교의 설립이념에 기초가 되는 종교에 관한 교육을 위하여 학교가 교사(교수)충원과 시설확보 및 강의내용향상을 목적으로 특별한 재정적 지원을 하는 것은 허용된다.

#### 7) 교사의 종교적 다양성 확보

종립학교에서 실시되는 종교교육의 색채는 기반이 된 종교마다, 그리고 개별 학교마다 다를 수 있다. 종교교육의 색채는 무엇보다도 개별 종립학교의 종교적 분위기(문화·전통)와 연관되어 있다. 이러한 종교적 분위기는 계속적으로 순환되는 학생들보다는 교사들에 의해 결정될 수밖에 없다. 더욱이 교사는 학생과의 관계에서 우월적 지위를 가진다. 따라서 종립학교의 입장에서는 학교의 종교적 분위기를 유지하기 위하여 교사의 채용에서 해당 종교의 신앙을 갖고 있는지 여부를 우선적인 선발기준으로 삼을 수밖에 없다. 교사의 채용에서 종교가 결정적 선발기준이 되는 경우에는 우선적으로 교사의 입장에서 종교의 자유가 문제되고, 직업의 자유도 문제될 수 있다. 하지만 더 중요한 것은 이를 통해 종립학교의 종교적 색채가 강화됨으로써 학생의 종교의 자유가 더욱 심각하게 제한될 수 있다는 점이다. 따라서 학생의 종교의 자유를 보장하기 위해서는 학교의 종교적 분위기를 사실상 지배하는 교사의 종교적 배경이 다양해질 필요가 있다. 이것은 비록 종립학교라고 하더라도 특정 학교에 소속된 교사들 가운데 특정 종교를 가진 교사의 비율이 일정 정도를 넘지 않도록 통제함으로써 가능해질 수 있다.

**[판례 12.6] 채플에 대한 대법원의 견해**

사립학교는 국·공립학교와는 달리 종교의 자유의 내용으로서 종교교육 내지는 종교선전을 할 수 있고, 학교는 인적·물적 시설을 포함한 교육시설로써 학생들에게 교육을 실시하는 것을 본질로 하며, 특히 대학은 헌법상 자치권이 부여되어 있으므로 사립대학은 교육시설의 질서를 유지하고 재학관계를 명확히 하기 위하여 법률상 금지된 것이 아니면 학사관리, 입학 및 졸업에 관한 사항이나 학교시설의 이용에 관한 사항 등을 학칙 등으로 제정할 수 있으며, 또한 구 교육법시행령 제55조는 학칙을 학교의 설립인가신청에 필요한 서류의 하나로 규정하고, 제56조 제1항은 학칙에서 기재하여야 할 사항으로 '교과와 수업일수에 관한 사항', '고사(또는 시험)와 과정수료에 관한 사항', '입학·편입학·퇴학·전학·휴학·수료·졸업과 상벌에 관한 사항' 등을 규정하고 있으므로, 사립대학은 종교교육 내지 종교선전을 위하여 학생들의 신앙을 가지지 않을 자유를 침해하지 않는 범위 내에서 **학생들로 하여금 일정한 내용의 종교교육을 받을 것을 졸업요건으로 하는 학칙을 제정할 수 있다**(대판 1998. 11. 10. 96다37268).

## 4. 사인간에서 종교의 자유의 효력

앞에서 이미 설명한 것처럼 종교교육과 관련된 문제는 본질적으로 기본권에 대한 제한을 의미하지만 기본권의 충돌이라고도 부를 수 있는 특수한 측면이 있다. 이로써 채플을 포함한 종교교육의 문제는 국가가 아닌 사인에 의해 기본권이 침해되는 문제이기도 하다. 공익목적으로 국가가 학생의 기본권을 침해하는 것이 아니라 사인(학교)이 종교의 자유를 주장하며 학생의 기본권을 침해하기 때문이다. 또한 종교교육에 관한 문제는 '기본권의 대사인적 효력'이라는 법리와 밀접하게 관련된다.[15] 종교의 자유를 국가에 대해서 주장하는 것이 아니라 사인(학교)에 대해서 주장하고 있기 때문이다. 여기서 기본권의 충돌과 대사인적 효력이라는 형태로 사인간에 기본권의 효력이 발생하는 경우에 이를 어떻게 실현할 수 있는지가 문제된다. 사인간에 발생하는 기본권의 효력은 두 가지 방식으로 실현된다.

### (1) 보호권의 법리

기본권의 충돌에서 사인간에 발생하는 기본권의 효력은 보호권의 법리,[16] 즉 국민은 자신의 기본권을 침해하는 제3자로부터 국가의 보호를 청구하는 권리를 가진다는 법리에 따라 실현될 수 있다. 이 법리에 따르면 국가는 사인의 기본권을

15) 종교의 자유와 관련하여 비슷한 법리적 문제를 제기하는 경우로 사립대학에서 교수를 채용하는 경우에 해당 대학의 설립이념인 종교를 신봉할 것을 요구하는 것을 들 수 있다. 이 문제에 대한 법적 검토는 손희권(2006), 417면 이하 참조.

16) 보호권의 법리에 대해서는 이준일, 기본권으로서 보호권과 기본권의 제3자효, 《저스티스》(한국법학원), 통권 제65호(2002), 65면 이하 참조.

침해하는 자를 형법상 처벌함으로써 다른 사람의 기본권을 침해하는 제3자의 행위로부터 국민을 보호한다. 결국 이 법리에서 중요한 것은 기본권의 보호와 관련된 '입법자의 형사법제정에 관한 의무'이다. 채플의 문제와 관련하여 예를 들어 입법자가 학생의 종교의 자유를 보호하기 위하여 채플을 강요하는 행위를 형사처벌할 수 있는 입법을 하면 학생의 종교의 자유에 대한 학교의 침해가 예방될 수 있다. 물론 종교교육을 강요하는 행위에 대해서 처벌이 지나치다고 판단한 경우에 입법자는 처벌에 관한 형사법이 아니라 손해배상에 관한 민사법의 제정으로 학생의 종교의 자유를 보호할 수도 있다.

### (2) 대사인적 효력의 법리

기본권의 충돌에서 사인간에 발생하는 기본권의 효력은 기본권의 제3자효 또는 대사인적 효력의 법리에 따라 이해될 수도 있다. 이에 따르면 법관이 사인의 기본권을 침해하는 계약을 민사상 무효화시킴으로써 제3자에 대한 기본권의 효력이 실현될 수 있다. 여기서 중요한 것은 민사재판을 담당하는 '법관의 기본권존중의무'이다. 채플과 관련하여 예를 들어 학칙상 종교교육이수의무를 이행하지 않은 학생을 퇴학시키거나 졸업(학위수여)시키지 않는 처분에 관한 민사재판에서 법관이 학생의 종교의 자유를 존중하여 그러한 처분이 무효임을 확인하는 판결을 내리면 학생의 종교의 자유가 침해되는 것을 예방할 수 있다.[17)]

**[판례 12.7] 종교교육의 강제에 의한 손해배상책임**

종립학교와 학생의 기본권 모두 일정 한도에서 제한이 될 필요가 있다고 하더라도 종립학교의 종교교육을 할 자유는 독립한 기본권의 주체인 학생들에 대하여 영향을 미치기 위한 것인 반면 학생의 종교교육을 거부할 자유는 소극적으로 자신의 권리를 지키기 위한 것인 점, 종립학교의 종교교육이 비판의식이 성숙되지 않은 학생에게 일방적으로 주입되는 방식으로 행하여진다면 그 자체로 교육 본연의 목적을 벗어났다고 볼 소지가 높은 점, 그로 인하여 학생이 입게 되는 피해는 지속적이

---

17) 예를 들어 사립 고등학교의 종교교육강제 등으로 인한 손해배상청구소송에서 2007년 서울중앙지방법원은 원고일부승소판결(2007. 10. 5. 2005가단205176)을 내렸지만 2008년 서울고등법원은 원심판결을 기각하는 판결(2008. 5. 8. 2007나102476)을 내렸는데 종교의 자유의 대사인적 효력을 인정하는지 여부에 따라 다른 결과가 나올 수 있음을 잘 보여준다. 서울고등법원의 판례에 대한 비판으로 송기춘(2008), 418면 이하 참조. 한편 대법원은 종교교육의 강제로 인한 학교의 손해배상책임을 인정하였다. 대판 2010. 4. 22. 2008다38288 참조. 이 판례에 대한 비판으로 정형근(2010), 198면 이하 참조. 견해에 따라서는 대법원 판례에서 "자발적이고 명시적인 동의의사"가 있으면 종립학교의 종교교육이 허용된다고 하면서 오히려 대법원이 허용되는 종교교육의 범위를 제시했다는 주장도 제기된다. 허종렬(2020), 242면 이하 참조.

> 고 치유되기 어려울 것이라는 점들을 고려한다면 종립학교와 학생 사이의 관계에 있어서 **학생의 법익이 보다 두텁게 보호될 필요**가 있다. … 종립학교가 고등학교 평준화정책에 따라 학생 자신의 신앙과 무관하게 입학하게 된 학생들을 상대로 종교적 중립성이 유지된 보편적인 교양으로서의 종교교육의 범위를 넘어서서 학교의 설립이념이 된 특정의 종교교리를 전파하는 종파교육 형태의 종교교육을 실시하는 경우에는 그 종교교육의 구체적인 내용과 정도, 종교교육이 일시적인 것인지 아니면 계속적인 것인지 여부, 학생들에게 그러한 종교교육에 관하여 사전에 충분한 설명을 하고 동의를 구하였는지 여부, 종교교육에 대한 학생들의 태도나 학생들이 불이익이 있을 것을 염려하지 아니하고 자유롭게 대체과목을 선택하거나 종교교육에 참여를 거부할 수 있었는지 여부 등의 구체적인 사정을 종합적으로 고려하여 **사회공동체의 건전한 상식과 법감정에 비추어 볼 때 용인될 수 있는 한계를 초과한 종교교육**이라고 보이는 경우에는 위법성을 인정할 수 있다(대판 2010. 4. 22. 2008다38288).

## 토론문제

1. 종교의 특성은 무엇인가?
2. 종립학교는 자신의 기반이 되는 종교를 전파할 자유를 갖지 않는가?
3. 종교교육은 어떠한 형태로 실시되는 것이 바람직한가?
4. 종립학교임을 알고 입학한 경우에는 종교교육을 거부할 수 없는가?

## 내 입장은?

1. 학교에서 실시되는 모든 종교교육은 금지되어야 한다.
2. 학교는 원하는 학생에게만 종교교육을 실시할 수 있다.
3. 특정한 종교적 내용이나 형식만 없다면 학교는 모든 학생에게 종교교육을 실시할 수 있다.
4. 학교는 모든 학생에게 원하는 형태의 모든 종교교육을 실시할 수 있다.

## 참고문헌

고병철(2005), 종교교육학 어떻게 할 것인가: 한국 종교교육의 정황과 방향－종립 고등학교의 경우를 중심으로－, ≪종교교육학연구≫(한국종교교육학회), 제21권(2005), 109～139면.

고병철(2007), 한국의 종교교육－중등 종립학교를 중심으로－, ≪종교연구≫(한국종교학회), 제46집(2007), 1～34면.

고진호(2006), 종교자유와 종교교육; 종교교육의 실천적 대안을 위한 방향 탐색, ≪종교교육학연구≫(한국종교교육학회), 제23권(2006), 17～30면.

김용표(2006), 종교와 교육에서의 자유의 의미, ≪종교교육학연구≫(한국종교교육학회), 제23권(2006), 1～16면.

김유환(2008), 초·중등학교 종교교육의 문제점과 해결방향, ≪공법학연구≫(한국비교공법학회), 제9권 제1호(2008), 305～322면.

박종보(2007), 사립학교에서 종교교육의 자유와 학생의 신앙의 자유, ≪법학논총≫(한양대학교 법학연구소), 제24집 제3호(2007), 49～67면.

성낙인(1995), 종교의 자유와 학교에서의 종교교육, ≪고시계≫, 통권 제464호(1995년 10월호), 160～169면.

손희권(2004), 사립학교에서의 의무적 종교교육의 헌법 위반 여부 검토, ≪교육행정학연구≫(한국교육행정학회), 제22권 제4호(2004), 149～169면.

손희권(2006), 종교계 사립대학에서 교수 신규 채용 조건으로서 특정 종교 요구의 헌법적합성 검토, ≪교육행정학연구≫(한국교육행정학회), 제24권 제4호(2006), 415～435면.

송기춘(2004), 종교학교에서의 종교교육과 학생의 종교의 자유－평준화지역의 중등학교를 중심으로－, ≪공법연구≫(한국공법학회), 제33집 제1호(2004), 329～347면.

송기춘(2008), 사학의 종교교육의 자유와 학생의 종교의 자유, ≪민주법학≫, 제37호(2008), 405～444면.

윤영미(2008), 학생의 기본권에 관한 몇 가지 문제, ≪헌법학연구≫(한국헌법학회), 제14권 제3호(2008), 471～496면.

윤진숙(2010), 종교의 자유의 의미와 한계에 대한 고찰, ≪법학연구≫(연세대학교 법학연구원), 제20권 제2호(2010), 113～136면.

염철현(2002), 미국 공립학교에서의 종교교육 및 활동에 대한 교육법적 검토, ≪교육행정학연구≫(한국교육행정학회), 제20권 제2호(2002), 199～214면.

이 철(2011), 사립학교 종교교육 반대 의견에 대한 비판적 고찰, ≪현상과 인식≫(한국인문사회과학회), 제35권 제3호(2011), 59～74면.

임지봉(2008), 사립고등학교의 종교교육의 자유와 청소년의 권리: 서울고등법원의 강의

석군 사건 판결에 대한 평석을 중심으로, ≪헌법학연구≫, 제14권 제4호(2008), 233~268면.

정형근(2010), 사립학교의 종교교육의 자유-대법원 2010. 4. 22. 선고, 2008다38288 전원합의체 판결-, ≪한양법학≫(한양법학회), 제21권 제3집(2010), 189~213면.

최준규(2005), 한국 가톨릭학교 종교교육의 쟁점-법적, 개념적, 실천적 관점에서-, ≪교육법학연구≫(대한교육법학회), 제17권 제2호(2005), 209~234면.

허종렬(2020), 고교평준화제도에서 종립사학 종교교육의 범위, ≪교육법학연구≫(대한교육법학회), 제32권 제1호(2020), 223~250쪽.

# 제13장 생명복제와 학문의 자유

"허구 속에서 복제 인간은 좀비나 벌레 같은 존재로 암시된다.
때로는 복제 인간 군대나 노예로 인식되기도 한다.
그리고 지금 '복제'란 용어는 한 사람의 인종적·윤리적·성적 기원을 헐뜯는
수십 가지의 다른 역겨운 말들과 같은 부류에 있다."
≪그레고리 E. 펜스, 누가 인간복제를 두려워하는가(2001) 중에서≫

복제된 히틀러가 대낮에 길거리를 활보하면 어떻게 하지? 나를 복제한 어떤 인간은 나의 쌍둥이 동생인가? 아니면 나의 아들인가? 힘세고 싸움 잘하는 사람들을 엄청나게 복제해서 군대에 보내면 좋을 것 같기도 하다. 국가대표 운동선수들을 복제해서 장기적으로 관리하면 올림픽이나 월드컵에서 항상 좋은 성적을 올릴 수 있을 것도 같다.

아이 갖기를 간절히 원하는 부부가 있다. 시험관아기를 갖기 위해 여러 차례 시도했지만 번번이 실패했다. 아이를 입양해보라고들 하지만 그냥 '내 아기'를 갖고 싶다. 내가 내 아기를 갖겠다는 것이 어떻게 쓸데없는 욕심일 수 있는가? 기능이 정지된 장기를 이식받고자 하는 불치병환자가 있다. 복제기술은 마지막 희망이다. 건강하게 오래살고 싶은 소망이 어떻게 부질없는 욕망일 수 있는가?

생명의 복제는 정반대의 환상을 만들어냈다. 두려움과 기대감. 그러나 두 가지 모두 막연하다는 점에서는 똑같다. 막연한 두려움과 막연한 기대감은 이성적 논쟁을 방해한다. 반대를 위한 반대만 있다. 그래서 생명복제에 관한 논의에서 가장 필요한 것은 생명복제의 과정에 대한 올바른 이해다. 지금의 생명복제기술은 일반적인 발생학적 과정을 생략할 수 없다. 그저 새로운 생명탄생의 방법을 제시했을 뿐이다. 생명복제기술의 가능성과 위험성은 누구도 예측할 수 없다. 인류에게 행복을 가져다 줄 수도 있고, 재앙을 끼칠 수도 있는 생명복제에 대해서 살펴보도록 한다.

# Ⅰ. 생명복제와 관련된 인권

생명복제와 어떠한 인권이 관련될 수 있는지를 이해하기 위해서는 먼저 생명복제와 관련된 정확한 사실관계를 확인하는 것이 중요하다. 이러한 사실관계에 대한 정확한 이해가 없이는 생명복제와 관련된 논의가 자칫 공허한 논쟁이 되거나, 단지 생명복제에 대한 막연한 환상이나[1] 두려움만을[2] 전파할 수 있기 때문이다.

## 1. 개　　념

생명복제는 '체세포핵이식(치환)기술'을 이용하여 배아를 생성시키는 것을 말한다.[3] 이런 의미에서 생명복제는 '배아복제'라고 부를 수도 있다. 생명복제에서 핵심적 기술인 '체세포핵이식(치환)기술'이란 난자에서 핵을 제거한 후에 본인 또는 다른 사람의 체세포에서 추출한 핵을 핵이 제거된 난자에 이식(치환)함으로써 생명체를 복제하는 기술을 뜻한다.[4] 일반적인 생식의 과정은 정자(n)와 난자(n)의

---

1) 같은 맥락에서 생명복제와 관련된 뉴스에 쉽게 흥분하는 국민과 그것을 부추기는 언론의 태도를 비판하는 견해는 주목할 만하다. 허남결(2005), 352면 이하 참조. 우리가 잘 아는 이른바 '황우석 사태'도 이러한 배경 속에서 만들어졌기 때문이다. 이 사태를 학문적으로 분석하고 이 사태의 본질이 "저돌적 과학관"에 있다고 정리하면서 "성찰적 과학관"을 주문하는 견해가 눈길을 끈다. 김근배(2006), 46면 이하 참조.

2) 예를 들어 생명복제를 통해 "어느 누군가의 일방적인 의사로도 기존의 형질 가운데 특정형을 기하급수적으로 다수화시킬 수 있"다는 주장이 있다. 김민웅(2005), 35면. 이러한 주장은 생명복제가 불순한 의도를 가진 형질선택의 방법으로 악용될 수 있다는 점을 지적했다는 점에서 타당하지만 생명복제로 일정한 형질의 '기하급수적 다수화'가 가능하다는 결론은 여전히 생명복제에 대한 오해에 기초하고 있다. 생명복제는 인간을 복사기처럼 찍어내는 기술이 아니기 때문이다.

3) 체세포핵이식의 방법 외에 수정란분할도 생명복제의 방법으로 설명된다. 이에 대해서는 이동호(1997), 95면 이하 및 조홍석(2001), 25면 이하 참조. 또한 수정란분할에 의한 생명복제의 윤리적 문제점에 대해서는 구영모(1999), 54면 참조.

4) 이러한 생명복제의 방식을 불교의 윤회설과 비교하는 견해는 매우 흥미롭다. 정승석(1997), 119면: "단적으로 말해서 체세포를 이용한 동물복제의 성공은, 과학이 불교의 무아윤회를 실증했다는 의미를 지닌다." 반면에 카톨릭의 관점에서 생명복제는 "혼인에 대한 하느님의 법과 섭리를 원칙적으로 거스르는 패륜 행위"이고, "남녀 양성에 의한 생명 질서를 근본적으로 어지럽게 하는 행위"이며, "인간의 존엄성과 품위를 원천적으로 모독하는 행위"로 이해된다. 이동훈(1997), 107면 이하 참조. 한편 철학적 관점에서 생명을 "가치의 가치, 모든 가치의 원천의 원천"으로 이해함으로써 생명복제에 반대하기도 한다. 박이문(1999), 19면: "궁극적 가치로서의 생명은 그 밖의 다른 목적/가치를 위해 도구적으로 조작될 수 없다는 것이다. 바로 이와 같은 사실이 인간복제는 물론 생명복제를 윤리적으로 금해야 하는 철학적 근거다."

융합으로 수정란(2n)이 만들어진다(유성생식). 이것과 비교하여 체세포핵이식(치환)에 의한 생식의 과정은 핵이 제거된 난자와 체세포핵(2n)의 융합으로 수정란에 해당하는 세포(배아)가 만들어진다(무성생식)는 점에서 차이가 있다.[5]

이렇게 난자와 체세포(핵)의 융합으로 만들어진 세포는 수정란과 마찬가지로 약 14일 동안 세포분열을 계속하면서 배반포(blastocyst) 단계에 이르게 된다.[6] 수정 후 배반포 단계까지의 세포를 '전배아(pre-embryo)'로 부르기도 한다.[7] 배반포에 원시선(primitive streak)이 생기고 난 후 세포들은 수정 후 8주차가 될 때까지 신체기관과 장기로 분화하여 성장하게 된다. 수정 후 모든 신체기관과 장기가 형성되는 8주차가 되는 기간 동안을 '배아(embryo)'라고 부른다. 한편 모든 장기가 형성된 배아가 양적 성장을 하는 시기를 '태아(fetus)'라고 부른다.

체세포핵이식기술을 이용한 생명의 복제는 ① 생식의 목적과 ② 치료 및 연구의 목적을 위하여 시행된다. 첫째, 생식을 목적으로 하는 생명복제(=개체복제 또는 인간복제)는 복제된 배아를 자궁에 착상시켜 성장시킴으로써 궁극적으로 생명을 탄생시키기 위한 목적으로 시행된다. 둘째, 치료 및 연구를 목적으로 하는 생명복제(=배아복제)는 질병의 치료를 위한 목적 또는 연구를 위한 목적에 필요한 배아를 만들기 위한 목적으로 시행된다. 물론 치료나 연구의 목적으로 생성된 배아도 자궁에 착상시켜 성장하도록 하면 생식 목적의 생명복제와 차이가 없게 된다.

## 2. 관련된 인권

### (1) 복제된 인간의 존엄성 및 배아의 생명권

생명복제는 우선 복제로 태어난 생명체(인격체)의 측면에서 볼 때는 복제된

---

5) 생명복제가 무성생식이라는 점에서 복제에 의한 생식은 남녀 두 사람의 상호의존관계를 기초로 하는 성교에 의한 생식이 아니기 때문에 인간의 상호의존성과 인간사회를 파괴할 뿐만 아니라, 남녀 구분을 없애 결혼제도와 가족제도 및 인간의 존엄성도 파괴할 것이라는 견해가 있다. 진교훈(1997), 85면 참조.

6) 체내에서 수정된 수정란은 수정 후 14일이 되면 자궁에 착상하게 된다. 복제된 배아의 경우에는 배아를 배양해 자궁 내에 주입하여 착상시킨다. 배아의 발생학적 성장 과정에 대해서는 김수갑(2009), 3면 이하 참조.

7) 수정 후 14일까지의 전배아 단계에서는 아직 신체기관의 분화가 이루어지지 않기 때문에 생명체가 아니라는 주장이 나온다. 이러한 전배아를 둘러싼 논쟁에 대해서는 김상호/이을상(2005), 31면 이하 참조. 한편 배아는 생물학적 의미의 생명이지만 생명권의 주체가 되는 생명은 뇌가 형성되어 자발적으로 활동하기 시작하는 시점부터라는 견해(뇌생설)가 있다. 민병로(2007), 71면 이하 참조.

인간의 존엄과 가치가 문제되고, 다음으로 치료나 연구를 목적으로 배아를 복제하여 배아의 줄기세포를 추출하는 과정에서 볼 때는 배아가 파괴된다는 점에서 배아의 생명권이 문제될 수 있다.

첫째, 복제된 인간의 존엄과 가치가 문제되는 것은 ① 복제된 인간은 체세포의 핵을 제공한 성체와 동일한 유전정보(DNA)를 갖기 때문에 그 유일무이성이 파괴될 수 있다는 점,[8] ② 복제된 인간의 건강에 문제가 발생할 수 있고 그 수명(壽命)이 단축될 수 있다는 점, ③ 본인의 의사에 반하는 생식방식으로 태어나게 된다는 점 등 때문이다. 둘째, 배아의 생명권이 문제되는 것은 우선 배아가 생명이라는 전제에서 출발한다. 따라서 배아가 생명인지에 대한 물음이 먼저 해결되어야 한다.

### (2) 난자제공자(여성)의 인권

생명복제가 핵을 제거한 난자에 체세포의 핵을 이식하는 방법으로 이루어지기 때문에 생명복제에서 난자의 제공은 필수적이다. 여기서 난자를 제공하는 여성의 인권도 중요한 문제다.[9] 배란을 유도하기 위해 호르몬제를 주사하는 과정에서 불임증이 발생할 수 있고, 난자를 적출하기 위해서는 전신마취를 해야 하는데 이 과정에서도 여성의 건강에 손상을 줄 수 있기 때문이다.

### (3) 복제연구자의 학문의 자유

한편 생명을 복제하는 주체의 측면에서는 학문의 자유가 문제될 수 있다.[10] 학문의 자유의 핵심인 연구의 자유에는 복제연구자들의 복제연구를 위한 자유도 포함되기 때문이다. 여기서 연구의 대상이 되는 복제는 생식을 위한 복제일 수도

---

8) 그 밖에도 인간복제는 무성생식이기 때문에 복제된 배아와 체세포를 제공한 사람의 관계가 부모와 자식의 관계인지, 아니면 형제자매의 관계인지가 문제될 수도 있다. 또한 배아의 복제를 위하여 난자를 제공한 사람, 체세포의 핵을 제공한 사람, 복제된 배아를 자궁에 임신하여 출산한 사람이 모두 동일한 사람일 수도 있고, 모두 다른 사람일 수도 있으며, 일부가 일치할 수도 있는데(난자제공자와 핵공여자가 동일인이면서 대리모가 임신하는 경우 또는 난자제공자나 핵공여자가 임신을 하는 경우 등) 이런 경우에 부모자식관계나 형제자매관계를 어떻게 설정할 것인지도 문제가 될 수 있다.

9) 난자기증이나 난자매매에서 발생하는 윤리적 문제에 대해서는 구인회(2005), 112면 이하 참조.

10) 생명복제의 문제를 배아연구에 관한 기본권의 관점에서 접근하는 견해로 김명재(2006), 213면 이하 참조. 이 견해는 연구의 자유를 과잉금지원칙의 관점에서, 그리고 생명권은 과소금지원칙의 관점에서 이해하고 있다는 점이 독특하다. 한편 연구의 자유와 함께 의사의 치료의 자유를 내용으로 하는 직업의 자유도 문제될 수 있다는 주장으로 권형둔(2009), 572면 이하 참조.

있고, 치료나 연구를 위한 복제일 수도 있다.

## Ⅱ. 논의의 전제조건

### 1. 인권으로서 연구의 자유

생명복제에 관한 논의는 우선 복제된 인간 또는 배아의 '인격권'이나 '생명권'에 관한 논의에 초점이 맞춰짐으로써 그와 관련된 다른 기본적 인권이 고려되지 않을 수 있다. 왜냐하면 인격권이나 생명권은 언뜻 보기에 어떤 경우에도 제한될 수 없는 '절대적 기본권'으로 이해되기 때문이다. 하지만 생명복제에 관한 논의에서 주목해야 할 것은 복제된 인간 또는 배아의 인격권이나 생명권만큼 생명복제 연구자들의 '연구의 자유'도 중요하다는 점이다. 생명복제 연구자들의 연구의 자유는 적어도 인격권이나 생명권보다 열등한 가치를 가지는 권리가 아니라는 점을 인정하는 것이 중요한 것이다. 이렇게 인간의 기본적 인권 상호간에는 서열이 인정될 수 없으므로 연구의 자유가 인격권이나 생명권과 마찬가지로 중요하다면 양자는 일단 동등한 가치로서 고려되어야 한다.

### 2. 생명에 관한 논의에서 형이상학의 배제

생명에 관한 논의는 대부분 많은 형이상학적 또는 종교적 신념이 전제된 상태에서 진행된다. 따라서 그만큼 합리적 논증의 과정이 생략된 채 '선언적 정언명제'들만 나열될 가능성이 크다.[11] 다시 말해 아무런 설명이나 논증 없이 그럴싸한 당위적 명제들을 열거하면서 상대방에게 동의해 달라고 강요하는 식의 논의가 되어 버리는 것이다. 결국 이런 식의 논의과정은 생명의 객관적 가치성 또는 절대적 우월성에 대한 반복적 주장과 확인으로 끝날 개연성이 크다.

하지만 생명에 대한 객관적 가치성을 인정한다고 하더라도 생명에 관한 주관적 결정권을 배제할 수는 없다. 생명의 포기에 관한 본인의 주관적 의사는 여전히 존중되어야 하는 것이다. 이것은 또한 생명에 대한 결정이 오로지 공리주의적 가

11) 예를 들어 '생명은 소중하다'든지 '생명은 절대적이다' 또는 '생명은 하늘이 준 것이다'라는 명제를 생각해볼 수 있다. 이러한 선언적 정언명령에서 생명공학을 이해하는 견해를 "윤리주의"라고 부르는 견해가 있다. 이상돈(2004), 15면 이하 참조.

치, 즉 다른 사람의 권리나 공익에 의해서 제한되어서는 안 된다는 것을 의미한다. 결국 생명에 대한 논의에서 가능한 한 논증이 불가능한 형이상학적 신념(생명의 절대성)이나 자명한 종교적 가치(생명의 천부성)를 배제하는 것뿐만 아니라 본인의 동의와 상관없이 결정되는 공리주의적 가치나 이익을 제거하는 것이 생명에 대한 합리적 논의를 가능하게 한다.12)

## Ⅲ. 합리적 대안

이러한 전제조건하에서 생명복제의 문제에 관한 합리적 대안을 제시해보면 다음과 같다. 앞에서 설명한 바와 같이 생명복제는 ① 생식을 위한 복제(=개체복제)와 ② 치료 및 연구를 위한 복제(=좁은 의미의 배아복제)로 구분되므로 이러한 구분에 기초하여 세분화된 논의를 진행해야 한다. 그리고 두 가지 복제에 공통적으로 문제가 되는 난자제공자의 인권에 대한 고려가 반드시 필요하다.

### 1. 개체복제의 경우

우선 개체복제의 경우에는 복제된 배아로부터 탄생한 인간의 존엄성이 문제된다. 따라서 개체복제의 허용 여부는 생명권의 문제보다는 인격권의 문제로 논의되어야 한다. 복제된 배아에서 탄생한 인간의 인격권에 대한 침해가 전혀 없거나 수인할 수 있는 정도라면 개체복제는 허용될 수 있다. 하지만 배아의 복제로 태어났다는 사실이 복제된 인간의 인격에 심각한 침해를 줄 수 있다면 개체복체는 허용되지 말아야 한다.

#### (1) 존엄성의 기초로서 유일무이성(唯一無二性)의 문제

복제된 인간의 존엄성에 문제를 제기하는 입장에서 주장하는 논리의 핵심은 복제된 인간의 유일무이성에 대한 침해다. 복제된 인간은 체세포의 핵을 제공한 사람과 동일한 유전정보를 가짐으로써 유일무이한 존재로서 가지는 존엄성이 파

12) 물론 생명에 관한 형이상학적 신념이나 종교적 가치를 부정하는 것은 아니다. 하지만 이런 것들은 그러한 신념과 종교를 가진 사람에게만 의미가 있다. 그리고 그러한 신념과 종교를 갖지 않은 사람들에게 강요될 수도 없다.

괴될 수 있다는 것이다.[13)]

하지만 이러한 주장은 복제에 대한 오해에서 출발한다. 복제된 배아도 일반적인 생식의 방식(체내수정 또는 체외수정)으로 수정된 배아와 마찬가지로 일반적인 발생학적 과정을 거쳐야만 완전한 생명체가 될 수 있다. 그러한 일반적인 발생학적 과정을 생략한 채 단기간에 체세포의 핵을 제공한 사람과 동일한 또는 유사한 연령의 성인이 될 수는 없다. 따라서 복제된 인간은 성인으로 성장하는 과정에서 다양한 문화적, 사회적, 자연적 환경을 만나게 된다. 이것은 복제된 인간이 체세포의 핵을 제공한 성인과 동일한 성격과 성향을 지닌 인간이 될 수 없다는 뜻이다. 이러한 사실은 동일한 유전정보를 가진 일란성 쌍생아가 서로 다른 성격과 행동양식을 보여준다는 점에서 분명하게 증명된다.

그리고 더 근본적으로는 난자를 제공하는 여성의 건강상 문제로 난자의 추출에는 한계가 있고, 복제기술의 제한성으로 인하여 배아복제의 성공가능성도 낮으며, 복제된 배아도 출생하기 위해서는 수정된 배아와 동일한 임신기간이 필요하다는 점을 지적해야 한다. 따라서 동일한 유전자를 가진 생명체를 탄생시키는 데는 일정한 한계가 존재할 수밖에 없다. 동일한 유전자를 가진 생명체를 기계가 물건을 만들어내듯이 복제할 수는 없다는 뜻이다. 결국 복제된 인간의 유일무이성에서 도출할 수 있는 존엄성의 문제는 생명복제 기술에 대한 오해를 제거함으로써 극복될 수 있다고 생각된다.[14)]

### (2) 복제된 인간의 수명과 건강의 문제

복제된 인간의 경우에 체세포를 제공한 성인의 수명이 반영되어 수명이 단축될 수 있고(예를 들어 예상되는 수명이 80세이고 현재 나이가 30세인 사람의 체세포핵으로부터 복제된 인간의 수명은 50세로 예측된다),[15)] 생명복제과정에서 발생한 여러 가

13) 심지어 핵이 제거된 난자를 제공한 여성이 이식될 체세포의 핵을 제공하는 경우에는 엄마와 자녀가 일치하는 문제도 발생함으로써 또 다른 윤리적 문제를 야기할 수도 있다.

14) 우리가 여기서 전제한 생명복제는 체세포핵이식기술에 의한 복제에 한정했지만 수정란을 인위적으로 분할하는 할구분할기술에 의한 복제의 경우에도 동일한 문제가 발생할 수 있다. 할구분할기술에 의한 복제는 쌍생아가 태어나는 방식과 동일한 것으로 쌍생아의 경우에는 거의 시간차가 없이 태어나지만 할구분할기술에 의한 복제의 경우에는 상당한 시차를 두고 쌍생아가 태어날 수 있다는 점에서 차이가 있다. 어쨌든 유전정보가 같은 일란성 쌍생아든 할구분할방식에 의한 쌍생아든 유일무이성으로 인한 존엄의 문제가 발생하지 않는다면 체세포핵이식기술에 의한 복제로 태어난 인간의 경우에도 유일무이성 때문에 복제된 인간의 존엄성이 침해된다고 볼 수는 없다.

15) 체세포의 나이를 물려받는 현상은 실제로 복제된 양에서 증명되었다고 한다. 김균진

지 기술상의 한계로 인하여 신체적, 정신적 건강상의 문제(기형이나 장애)가 발생할 수 있는 위험이 존재한다고 한다. 물론 이 문제는 대단히 중요하다. 복제된 인간은 결코 실험의 대상이 아니기 때문이다.[16]

따라서 가능한 한 확보할 수 있는 의학적 또는 기술적 안정성은 확보되어야 한다.[17] 하지만 현재의 과학수준에서 고려할 수 있는 최대한의 안정성이 확보된다고 하더라도 생명복제로부터 실험적 성격을 완전히 배제할 수는 없다. 왜냐하면 어차피 최초로 복제된 인간은 어느 정도 실험적 성격을 띨 수밖에 없기 때문이다. 하지만 이러한 사실로 인해 복제된 인간의 존엄성이 상실된다고 말할 수는 없다. 체내수정이 일반적이던 시절에 최초로 체외수정(시험관아기)의 방식으로 태어난 사람을 생각해보자. 이렇게 태어난 사람의 인간존엄이 과연 상실되었는가?

한편 인간의 수명은 아무도 알 수 없고, 심지어 사고나 질병으로 단축될 수도 있다는 점에서 수명의 길고 짧음이 인간존엄을 결정하는 요소가 될 수는 없다.

### (3) 불임부부의 자녀출산권과 생식방법선택권

복제된 인간의 존엄성에 관한 논의만이 주목을 받으면서 쉽게 잊혀지고 있는 것은 오로지 복제의 방식으로만 자녀의 임신과 출산이 가능한 불임부부들의 기본적 인권이다.[18] 적어도 체내수정이나 체외수정(시험관아기)으로는 임신이 불가능한 불임부부들에게는 체세포핵이식기술을 이용하여 자신의 유전정보(DNA)와 동일한 유전정보를 가진 자녀를 출산할 수 있는 권리가 보장되어야 한다.[19] 이러한 불임부부들에게 입양과 같은 방법은 도덕적 의무일 수는 있어도 법적 의무로 강제될 수는 없다. 자신의 유전정보와 같은 유전정보를 가진 자녀를 임신하여 출산할 수 있는 권리가 이들 불임부부들에게 보장되기 때문이다.[20]

---

(2001), 113면 참조.

16) 인간복제에 반대하는 입장에서는 복제된 인간이 실험의 대상이 되고 있다는 점이 중요한 비판의 근거가 된다. 박충구(1997), 77면: "과학적 실험의 결과로서 인간을 복제하는 행위는 … 인간을 물적인 조건에 따라서 조작하고 실험할 뿐이다."

17) 예를 들어 1997년 세계최초의 복제양 돌리(Dolly)를 만든 윌머트(I. Wilmut) 박사의 체세포핵이식 기술에는 안정성의 문제가 있다고 지적된다. 진교훈(1997), 84면 이하 및 이동훈(1997), 97면 이하 참조.

18) 물론 여기서 먼저 해결되어야 하는 쟁점은 앞에서 언급한 바와 같이 복제되어 태어난 인간과 체세포나 난자를 제공한 사람의 관계가 부모자식관계인지 하는 점이다.

19) 이에 대해서는 복제된 인간이 "자신의 정체성에 대하여 갈등과 회의"를 할 수 있다는 점을 간과하고 있다는 비판이 있다. 조홍석(2001), 30면 참조.

20) 복제에 의한 생식으로 출산할 수 있는 권리는 복제에 의한 생식으로 태어난 인간의 권리를 침해한다는 견해가 있다. 그 근거로 "자신의 출생방식에 의해 심리적으로나 사회적으로 갈

이것은 체내수정이나 체외수정과 함께 복제가 하나의 생식방법으로 인정되는 것을 의미한다. 인간은 기본적 인권으로서 자신이 원하는 생식방법으로 '생식(재생산)할 수 있는 권리'를 가진다. 따라서 일정한 생식방법만이 도덕적 또는 윤리적으로 정상이라는 이유에서 그러한 생식방법을 법적으로 강제하는 것은, 혹은 일정한 생식방법이 도덕적 또는 윤리적으로 비정상이라는 이유에서 그러한 생식방법을 법적으로 금지하는 것은 인간의 생식 또는 재생산에 관한 권리를 제한한다. 기본권에 대한 모든 제한과 마찬가지로 생식에 관한 권리의 제한도 헌법적 법익이나 공공의 이익 또는 타인이 기본권을 침해하는 경우에만 가능하다. 결국 문제는 생명(배아)복제라는 생식방법이 어떤 헌법적 법익이나 공공의 이익 또는 타인의 기본권을 침해하는지를 확인하는 것이다. 만약 생명복제라는 생식방법으로 어떠한 헌법적 법익이나 공공의 이익 또는 타인의 기본권에 대한 침해가 없다면 생명복제는 선택할 수 있는 생식의 방법으로서 허용되어야 한다.

## 2. 배아복제의 경우

### (1) 원 칙

한편 배아복제는 연구나 치료의 목적으로 줄기세포를 추출하는 과정에서 배아를 파괴해야 한다. 따라서 배아를 인간의 생명체로 보는 경우에 배아의 생명권에 대한 침해가 발생한다.21) 여기서 과연 배아가 인간의 생명체인지에 대한 확인이 필요하다. 배아가 인간의 생명체인지에 대해서는 긍정하는 입장과 부정하는 입장이 대립한다.22)

배아가 인간의 생명체라는 견해는 배아 단계에서 이미 인간의 유전적 정체성이 결정된다는 점, 수정란으로 시작하여 배아와 태아 그리고 성인으로 이어지는 발생학적 과정은 연속적 과정이라는 점, 배아는 성숙한 인간이 될 수 있는 잠재성

등을 겪을 수 있"다는 점과 "기형적 출생에 대한 부담"이 제시된다. 김형성(2003), 283면 참조. 하지만 복제된 인간의 심리적·사회적 부담은 복제에 의한 생식방법에 대한 올바른 이해와 사회적 인정을 통해 극복될 수 있고, 기형적 출산에 대한 부담도 복제기술의 안정성 확보를 통해 제거될 수 있을 것이다.

21) 연구 및 치료의 목적으로 복제된 배아의 경우뿐만 아니라 체외수정으로 만들어진 배아(잉여배아 또는 잔여배아)의 경우에도 줄기세포를 얻기 위하여 실험하는 경우에 배아를 파괴해야 하므로 동일한 문제가 발생한다. 배아복제의 기술적 과정에 대해서는 김수갑(2009), 7면 이하 참조.

22) 배아가 인간의 생명체인지에 대한 논쟁은 수정 후 14일까지의 전배아가 생명체인지에 대한 논쟁으로 이해되기도 한다. 이에 대해서는 조홍석(2001), 27면 이하 참조.

을 가지고 있다는 점, 배아도 인격체로서 인간의 존엄성을 가진다는 점을 근거로 제시한다.[23] 하지만 배아가 생명체라는 주장은 무엇보다도 생명은 정자와 난자가 만나 수정되는 시점부터 시작된다는 근거에 기초한다.[24]

반면에 배아가 인간의 생명체가 아니라는 견해에 따르면 배아는 세포(단백질) 덩어리에 지나지 않는다. 이러한 견해는 원시선이 발생하는 수정 후 14일부터 생명이 시작된다는 주장으로 수정되기도 한다. 원시선이 발생하기 전의 단계에서는 쌍생아가 될 수도 있어 개체의 동일성이 존재하지 않기 때문이다. 특히 복제된 배아의 경우에는 인간배아가 아니라 복제로 생성된 구조물이므로 생명체로 보지 않는다.[25] 헌법재판소는 적어도 체외수정된 배아의 경우에 자궁에 착상되기 전에는 인간의 생명체가 아니라고 본다(아래 [판례 13.1] 참조).

**[판례 13.1] 배아에 대한 인간의 생명체성 부인**

출생 전 형성 중의 생명에 대해서 헌법적 보호의 필요성이 크고 일정한 경우 그 기본권 주체성이 긍정된다고 하더라도, 어느 시점부터 기본권 주체성이 인정되는지, 또 어떤 기본권에 대해 기본권 주체성이 인정되는지는 생명의 근원에 대한 생물학적 인식을 비롯한 자연과학·기술 발전의 성과와 그에 터 잡은 헌법의 해석으로부터 도출되는 규범적 요청을 고려하여 판단하여야 할 것이다. 청구인 1, 2는 생명윤리법상의 '배아'(생명윤리법 제2조 제2호 참조)에 해당하며, 그 중에서도 수정 후 14일이 경과하여 원시선이 나타나기 전의 수정란 상태인 초기배아들이다. 청구인 1, 2가 수정이 된 배아라는 점에서 형성 중인 생명의 첫걸음을 떼었다고 볼 여지가 있기는 하나 아직 모체에 착상되거나 원시선이 나타나지 않은 이상 현재의 자연과학적 인식 수준에서 독립된 인간과 배아 간의 개체적 연속성을 확정하기 어렵다고 봄이 일반적이라는 점, 배아의 경우 현재의 과학기술 수준에서 모태 속에서 수용될 때 비로소 독립적인 인간으로의 성장가능성을 기대할 수 있다는 점, 수정 후 착상 전의 배아가 인간으로 인식된다거나 그와 같이 취급하여야 할 필요성이 있다는 사회적 승인이 존재한다고 보기 어려운 점 등을 종합적으로 고려할 때, 초기배아에 대한 국가의 보호필요성이 있음은 별론으로 하고, 청구인 1, 2의 기본권 주체성을 인정하기 어렵다. 그렇다면 청구인 1, 2는 기본권의 주체가 될 수 없으므로 헌법소원을 제기할 수 있는 청구인적격이 없다(헌재 2010. 5. 27. 2005헌마346).

결론적으로 중요한 것은 '의심스러운 경우에는 자유에 유리하게'라는 법원칙이다. 배아가 인간의 생명체인지 아닌지가 불명확하다면 배아를 인간의 생명체로 보아 그 생명권을 인정하는 방향으로 논의가 시작되어야 한다.[26] 그리고 생명권

23) 구인회(2005), 107면 이하 참조.
24) 이동훈(1997), 103면 이하 참조.
25) 정규원(2005), 19면 참조.
26) 배아가 인간의 생명체인지 불분명할 때도 배아를 보호해야 한다는 주장은 다음과 같은 은유에

이 제한될 수 있는 경우에, 또한 배아의 생명권을 제약하는 것이 정당화되는 경우에 배아의 생명권을 제한하는 것이 합리적인 논리라고 생각된다.27) 우선 생명권의 제한과 관련하여 생명권은 제한될 수 없는 절대적 기본권이라는 견해와 제한될 수 있는 상대적 기본권이라는 견해가 대립한다.28) 생명권을 상대적 기본권으로 이해하는 경우에 예를 들어 "수정 후 14일 이전의 배아보다는 환자들의 고통을 덜어주는 것이 중요하다"는29) 논거를 가지고 한정적으로나마 배아의 생명권에 대한 제약이 정당화될 수 있다. 하지만 일정한 기간을 가지고 생명권의 중요성을 차별화할 수 있는지는 의심스럽다. 결국 생명권의 제약을 정당화할 수 있는 가장 강력한 논거는 희귀병이나 난치병을 앓고 있는 환자의 기본적 인권이 아닐까 싶다.

### (2) 난치병환자의 권리와 공리주의적 논거

치료나 연구 목적의 배아복제가 허용되어야 한다는 논리 속에는 예를 들어 파킨슨병이나 알츠하이머병과 같은 희귀·난치병을 앓고 있는 환자들의 고통과 건강하게 살 권리가 고려되고 있다. 그리고 더 많은 사람들의 고통을 제거하고 건강을 회복시킬 수 있다면 한 사람의 생명이 희생될 수 있다는 공리주의적 논거가 숨어 있다. 물론 희귀병이나 난치병 환자들의 고통스러운 사정과 권리가 고려되어야 한다는 점은 충분히 이해될 수 있다. 하지만 그것이 다른 생명의 박탈을 대가로 가능한 것이라면 재고(再考)되어야 한다. 또한 어떤 경우에도 여러 사람의 생명과 한 사람의 생명은 그 가치로 비교될 수 없다. '한 사람의 생명의 가치가 우주보다 귀하다'는 명제 앞에서 왜 이러한 공리주의적 논거가 힘을 얻지 못하는지 진지한 성찰이 필요한 대목이다. 굳이 희귀병이나 난치병 환자들의 치료나 이를 위한 연구 목적에서 줄기세포(stem cell)가 필요하다면 생명체 여부에 대한 논란이 있

서 잘 나타난다. "어두운 밤에 안개 속을 달리는데 길 위에 희미하게 보이는 존재가 사람인지 분명하지 않을 때에는 자동차를 멈추어야 할 것이며, 덤불 속에 움직이는 것이 멧돼지인지 사람인지 분명치 않을 때 사냥꾼은 총을 쏘지 말아야 하는 것이 당연하다." 구인회(2005), 108면.

27) 이러한 맥락에서 "배아의 생명권에 기초하여 사회적으로 배려와 연대의 의무는 발생하지만, 예외적으로 중대한 난치병환자의 생명권과 복제배아의 생명권이 충돌하는 경우이고, 치료를 위한 다른 대안이 없는 경우라면 예외적으로 배아복제는 사회상규에 반하지 않는 범위 내에서 정당화가 인정되는 것으로 보는 것이 타당하다"는 주장은 주목할 만하다. 서계원(2004), 123면, 125면. 이러한 주장이 다음과 같은 자명성에 기초한 주장보다 합리적이라고 생각된다. "어떤 목적도, 설사 그것이 인간의 생명을 구하기 위한 목적이라고 하더라도, 다른 인간의 희생을 전제로 추구되어서는 안 된다. 그것은 인간을 수단화하는 것이요, 인간의 존엄성에 위배되는 일이기 때문이다." 박찬구(2005), 48면.

28) 생명권의 법적 성격에 대한 논의는 이 책 제1장 참조.

29) 구인회(2001), 134면.

는 복제배아의 줄기세포(배아줄기세포, embryonic stem cell)보다는 윤리적 논쟁이 없는 성체줄기세포(adult stem cell)를 이용하는 것이 바람직해 보인다.

## 3. 난자제공자의 인권에 대한 보호

생명복제를 위해서는 난자의 제공이 필수적이고, 현재의 기술수준으로는 복제성공률이 아주 낮기 때문에 그만큼 많은 숫자의 난자가 필요하다. 우선 생명복제가 허용될 수 있고, 이를 위하여 필요한 난자가 자발적으로 제공되는 경우에는 한 가지 문제만 남는다. 다시 말해 배란유도나 난자적출의 한계만 문제가 된다. 자발적 난자제공자의 경우에는 그의 건강이나 생명에 대한 위험이 발생할 수 있을 정도의 과도한 배란유도나 난자적출만 허용되지 않는다는 한계가 있을 뿐이다. 다음으로 문제가 되는 것은 난자의 매매와 강요된 난자제공이다. 장기매매의 경우처럼 난자매매는 윤리적으로 문제가 있다는 점에서, 그리고 난자제공의 강요는 난자제공자의 자기결정권을 침해한다는 점에서 허용될 수 없다. 다만 난자의 원활한 공급을 위하여, 그리고 난자제공자의 건강회복을 위하여 일정한 대가를 지불하고 난자를 구매하는 것도 허용될 수 있다는 주장이 가능하다. 하지만 난자매매는 법적으로 금지된다.[30] 특히 난자매매가 금지되는 목적에 비추어 채무변제와 같은 소극적 목적으로 난자를 제공하는 행위도 난자매매에 해당한다고 보인다(아래 [판례 13.2] 참조).[31] 여기서 난자매매의 금지를 포함하여 여성의 난자 제공과 관련된 법적 제한을 국가의 기본권보호의무의 관점에서 이해할 필요도 있다.[32]

**[판례 13.2] 난자매매의 법적 금지**

구 생명윤리 및 안전에 관한 법률(2012. 2. 1. 법률 제11250호로 전부 개정되기 전의 것. 이하 '생명윤리법'이라 한다)은 생명과학기술에 있어서의 생명윤리 및 안전을 확보하여 인간의 존엄과 가치를 침해하거나 인체에 위해를 주는 것을 방지하려는 목적에서 "누구든지 금전 또는 재산상의 이익 그 밖에 반대급부를 조건으로 정자 또는 난자를 제공 또는 이용하거나 이를 유인 또는 알선하여서는 아니된다."고

30) 생명윤리 및 안전에 관한 법률 제23조 제3항: 누구든지 금전, 재산상의 이익 또는 그 밖의 반대급부(反對給付)를 조건으로 배아나 난자 또는 정자를 제공 또는 이용하거나 이를 유인하거나 알선하여서는 아니 된다.

31) 대법원 판례의 내용에 대한 분석과 비판으로 김은애(2015), 43면 이하 참조.

32) 난자제공과 관련된 법적 문제를 국가의 기본권보호의무의 관점에서 논의하는 견해로 신옥주(2017), 24면 이하, 특히 29면 이하 참조.

규정하고(제13조 제3항), 이를 위반하여 금전 또는 재산상 이익 그 밖에 반대급부를 조건으로 정자 또는 난자를 제공하거나 이를 이용한 사람을 3년 이하의 징역에 처하도록 하고 있다(제51조 제1항 제5호). 위와 같은 생명윤리법 규정의 목적과 내용에 비추어 볼 때, 위 조항의 '재산상의 이익 그 밖에 반대급부를 조건으로' 난자를 이용하는 행위에는 난자 제공의 대가로 물건 또는 권리의 이전 등 적극적 이익을 제공하는 것뿐만 아니라 채무면제 등 소극적 이익을 제공하는 것도 포함되고, 한편 난자의 유상거래를 금지하고 처벌하는 위 규정은 난자를 인공수정배아의 생성에 이용하는 경우뿐만 아니라 체세포복제배아의 생성에 이용하는 경우에도 마찬가지로 적용된다(대판 2014. 2. 27. 2011도48).

## 4. 인체유래물과 관련된 인권

생명복제의 과정에서 난자뿐만 아니라 체세포나 줄기세포를 추출할 수 있는 인체조직이 필요하다. 여기서 인체에서 유래된 세포나 조직 등의 물질은 인권의 대상이 될 수 있는지가 문제된다. 생명윤리법은 이러한 '인체유래물'을 "인체로부터 수집하거나 채취한 조직·세포·혈액·체액 등 인체 구성물 또는 이들로부터 분리된 혈청, 혈장, 염색체, DNA(Deoxyribonucleic acid), RNA(Ribonucleic acid), 단백질 등"으로 정의하고 있다(동법 제2조 제11호). 인체유래물의 기증은 증여계약이 아니라 의료계약과 유사한 준위임계약이라는 견해[33]가 타당해 보인다. 왜냐하면 인체유래물의 기증은 생명윤리법의 제약을 받기 때문이다. 예컨대 인체유래물을 기증받아 연구하려는 사람은 연구계획서를 작성하여 기관위원회의 '심의'를 받아야 하고(동법 제36조 제1항), 연구목적과 인체유래물의 보존·폐기 등에 관한 사항 등에 대하여 충분히 설명하고 이러한 내용이 포함된 '서면동의'를 기증자로부터 받아야 한다(동법 제37조 제1항 및 제5항).[34] 인체유래물을 기증받은 사람이 다시 제3자에게 제공하는 경우에도 기증자의 서면동의와 기관위원회의 심의가 필요하고(동법 제38조 제1항), 동의서에 포함된 보존기간이 지나면 해당 인체유래물을 폐기해야만 한다(동법 제39조 제1항). 또한 인체유래물이나 유전정보 등을 수집·보존·이용·제공하는 인체유래물은행도 직접 인체유래물을 기증자로부터 체취하거나 체취를 의뢰할 때 충분한 설명을 하고 서면동의를 받아야 한다(동법 제42조 제1항).[35] 그리고 인체유래물은행은 의료기관으로부터 치료나 진단의 목적으로

33) 유지홍(2019), 183면 이하 참조.

34) 인체유래물의 증여에 대한 동의를 철회하면 철회의 효력이 인체유래물에 대해서만 발생하는지, 아니면 그것을 연구한 결과물에까지 미치는지 등이 문제될 수 있는데 이에 관한 논의는 이한주(2016), 85면 이하 참조. 한편 동의의 포괄성 등 인체유래물의 체취·이용 및 제공에 관한 동의제도가 가지는 법적 문제점에 대해서는 이동진/이선구(2019), 118면 이하 참조.

사용하고 남은 인체유래물(잔여검체)을 제공받을 수 있는데[36] 이 경우에도 해당 의료기관은 기관위원회의 승인을 받아야 하고, 잔여검체가 인체유래물은행에 제공될 수 있다는 사실 등을 피체취자에게 서면으로 고지해야만 하며 제공 전에 반드시 익명화해야 한다(동법 제42조의2 제2항, 제5항 및 제6항). 이처럼 인체유래물이 생명윤리법의 엄격한 규율을 받고 있는 것은 인간의 유전자(DNA)를 가진 물질은 더 이상 인체로부터 분리된 물건이 아니라 인간의 한 구성부분으로서 인권의 대상임을 확인하고 있는 명백한 증거다.

## 5. 현행법의 태도와 문제점

현행 '생명윤리 및 안전에 관한 법률'은 생식을 목적으로 한 개체복제를 원칙적으로 금지한다(동법 제20조).[37] 하지만 일정한 보존기간이 지난 잔여배아(잉여배아 또는 냉동배아), 즉 인공수정으로 생성된 배아 중 임신의 목적으로 이용하고 남은 배아의 이용을 일정한 불임치료나 희귀・난치병치료를 위한 연구 등의 목적에 한정하여 예외적으로 허용하고 있다(동법 제29조). 여기서 잔여배아에 대한 연구를 "원시선이 나타나기 전까지"로 한정한 것은 생명이 시작하는 시점을 원시선이 발생하는 때로 보고 있기 때문인 듯하다. 한편 희귀・난치병치료를 위한 연구 등의 목적에 한정하여 체세포핵이식에 의한 배아복제를 허용하고 있다(동법 제31조). 체세포핵이식으로 복제된 배아의 경우에는 '원시선이 나타나기 전까지'로 제한하는 규정이 없다는 점에 대해서 주목할 필요가 있다.

**[법령 13.1] 생명윤리 및 안전에 관한 법률**(최근개정: 2020. 12. 29. 법률 제17783호)
**제20조 (인간복제의 금지)**
① 누구든지 체세포복제배아 및 단성생식배아(이하 "체세포복제배아 등"이라 한

---

35) 서면동의 없이 인체유래물은행이 인체유래물을 체취하거나 의뢰하는 행위, 사전고지 없이 인체유래물은행에 잔여검체를 제공하는 행위, 피체취자가 거부의사를 표시한 잔여검체를 인체유래물은행에 제공하는 행위에 대해서는 형사처벌이 가해지는데(생명윤리법 제68조 제9호, 제9의2호, 제9의3호) 인체유래물의 체취, 이용 및 제공과 관련된 형사처벌의 법적 문제점에 대해서는 최민영(2018). 31면 이하 참조.

36) 생명윤리법에 따르면 의료기관이 잔여검체를 제공할 목적으로 치료 및 진단에 필요한 정도를 초과하는 인체유래물을 채취하는 행위는 금지된다(동법 제42조의 제1항 제2문).

37) 생명복제에 대한 기본법으로서 '생명윤리 및 안전에 관한 법률'에 대한 정책학적 분석으로 김인자/박형준(2011), 122면 이하 참조. 한편 생명복제에 대한 세계 각국의 입법 방향에 대해서는 김향미(2002), 16면 이하, 서계원(2004), 126면 이하 및 윤명석(2010), 78면 이하 참조. 특히 배아와 관련된 미국의 입법과 판례에 대해서는 박선영(2006), 178면 이하 참조.

다)를 인간 또는 동물의 자궁에 착상시켜서는 아니 되며, 착상된 상태를 유지하거나 출산하여서는 아니 된다.[38]

② 누구든지 제1항에 따른 행위를 유인하거나 알선하여서는 아니 된다.

**제29조 (잔여배아 연구)**

① 제25조에 따른 배아의 보존기간이 지난 잔여배아는 발생학적으로 원시선(原始線)이 나타나기 전까지만 체외에서 다음 각 호의 연구 목적으로 이용할 수 있다.

1. 난임치료법 및 피임기술의 개발을 위한 연구
2. 근이영양증(筋異營養症), 그 밖에 대통령령으로 정하는 희귀·난치병의 치료를 위한 연구
3. 그 밖에 국가위원회의 심의를 거쳐 대통령령으로 정하는 연구

②~③ 생략

**제31조 (체세포복제배아 등의 연구)**

① 누구든지 제29조 제1항 제2호에 따른 희귀·난치병의 치료를 위한 연구 목적 외에는 체세포핵이식행위 또는 단성생식행위를 하여서는 아니 된다.

② 제1항에 따른 연구의 종류·대상 및 범위는 국가위원회의 심의를 거쳐 대통령령으로 정한다.

③~⑤ 생략

이러한 법률의 태도는 우리가 앞에서 설명한 논의와는 상당히 거리가 있다. 첫째, 원칙적으로 모든 생명복제를 금지하는 법률의 태도는 예외적으로나마 생식목적의 개체복제를 허용할 수 있다는 우리의 결론과 배치된다. 둘째, 연구나 치료목적의 배아복제에서 배아가 생명인지에 대한 명확한 확인도 없이 잔여배아(잉여배아 또는 냉동배아)의 연구와 연구목적의 배아복제를 허용하고 있는 법률의 태도는 생명체일 수도 있는 배아의 파괴를 정당한 이유도 제시하지 않은 채 허용하고 있다는 점에서 타당하지 못하다.[39] 오로지 원시선이 나타나기 전까지의 배아(전배아)만을 이용하거나 복제하는 것을 허용했다면 이것은 그러한 배아를 생명체로 보지 않는다는 것인지, 아니면 생명체임에도 불구하고 정당한 이유에서 생명의 박탈을 허용한 것인지를 분명히 해야 한다. 셋째, 자발적 난자제공의 경우에 난자를 제공하는 여성의 인권을 보호하기 위하여 필요한 난자제공의 범위와 한계가 규정되어 있지 않았던 문제점은 법률의 개정으로 해결되었다.[40]

---

38) 구 생명윤리 및 안전에 관한 법률(2012. 2. 1. 법률 제11250호로 개정되기 이전의 것) 제11조는 "누구든지 체세포복제배아를 자궁에 착상시켜서는 아니"된다고 하여 복제배아의 착상이 금지된 자궁은 인간의 자궁인지 아니면 동물의 자궁도 포함하는 것인지 불명확했으나, 법률 개정을 통해 "인간 또는 동물의 자궁"이라고 함으로써 이러한 문제점을 해결하였다.

39) 치료목적의 체세포핵이식 배아복제를 원칙적으로 허용하고 있는 현행 법제를 "원칙적 금지와 예외적 허용"으로 개정해야 한다는 견해가 있다. 서계원(2004), 132면 참조.

40) **생명윤리 및 안전에 관한 법률** 제27조 (난자 기증자의 보호 등)

① 배아생성의료기관은 보건복지부령으로 정하는 바에 따라 난자를 채취하기 전에 난자

한편 잔여배아의 보존기간을 동의권자의 동의에 따라 5년 미만으로 정할 수 있도록 한 점,[41] 불임시술을 위하여 정자와 난자를 채취할 때 잔여배아의 이용에 대한 동의를 하도록 한 점,[42] 미성년자의 체세포 제공에 관한 명시적 규정이 없다

---

기증자에 대하여 건강검진을 하여야 한다.
② 배아생성의료기관은 보건복지부령으로 정하는 건강 기준에 미치지 못하는 사람으로부터 난자를 채취하여서는 아니 된다.
③ 배아생성의료기관은 동일한 난자 기증자로부터 대통령령으로 정하는 빈도 이상으로 난자를 채취하여서는 아니 된다.
④ 배아생성의료기관은 난자 기증에 필요한 시술 및 회복에 걸리는 시간에 따른 보상금 및 교통비 등 보건복지부령으로 정하는 항목에 관하여 보건복지부령으로 정하는 금액을 난자 기증자에게 지급할 수 있다.

41) **생명윤리 및 안전에 관한 법률** 제25조 (배아의 보존기간 및 폐기)
① 배아의 보존기간은 5년으로 한다. 다만, 동의권자가 보존기간을 5년 미만으로 정한 경우에는 이를 보존기간으로 한다(구 생명윤리 및 안전에 관한 법률 제16조 제1항과 같음—필자주); 헌법재판소는 같은 내용의 구법 규정이 헌법에 위반되지 않는다고 판시하였다. 헌재 2010. 5. 27. 2005헌마346: "생명윤리법 제16조 제1항, 제2항이 생성된 배아의 보존기간을 최장 5년으로 정하면서 보존기간이 지난 후 연구목적에 이용되지 않는 배아는 폐기하도록 하고 있으므로, 이로 인해 배아생성자의 배아에 대한 결정권이 직접 제한된다. 그러나 체외수정기법에 의한 임신성공률을 높이기 위해 한 번에 다수의 체외수정배아를 생성함으로써 잔여배아가 발생하는 것은 불가피한 측면이 있다고 할 때, 냉동된 잔여배아 수의 증가로 인한 사회적 비용을 절감하고 의료기관의 관리 소홀로 배아가 부적절한 연구목적으로 부당하게 사용되는 것을 방지해야할 필요성이 크므로, 이 사건 심판대상 조항이 배아에 대한 5년의 보존기간 및 보존기관 경과 후 폐기의무를 규정한 것은 그 입법목적의 정당성과 방법의 적절성이 인정된다. 나아가 5년의 보존기간 및 폐기의무를 규정하는 것과 다른 방식으로 입법의 목적을 실현하면서도 기본권을 덜 침해하는 수단이 명백히 존재한다고 할 수 없는 점, 5년 동안의 보존기간이 임신을 원하는 사람들에게 배아를 이용할 기회를 부여하기에 명백히 불합리한 기간이라고 볼 수 없는 점, 배아 수의 지나친 증가와 그로 인한 사회적 비용의 증가 및 부적절한 연구목적의 이용가능성을 방지하여야 할 공익적 필요성의 정도가 배아생성자의 자기결정권이 제한됨으로 인한 불이익의 정도에 비해 작다고 볼 수 없는 점 등을 고려하면, 이 사건 심판대상조항이 피해의 최소성에 반하거나 법익의 균형성을 잃었다고 보기도 어렵다."

42) **생명윤리 및 안전에 관한 법률** 제24조 (배아의 생성 등에 관한 동의)
① 배아생성의료기관은 배아를 생성하기 위하여 난자 또는 정자를 채취할 때에는 다음 각 호의 사항에 대하여 난자 기증자, 정자 기증자, 체외수정 시술대상자 및 해당 기증자·시술대상자의 배우자가 있는 경우 그 배우자(이하 "동의권자"라 한다)의 서면동의를 받아야 한다. 다만, 장애인의 경우는 그 특성에 맞게 동의를 구하여야 한다.
1. 배아생성의 목적에 관한 사항
2. 배아·난자·정자의 보존기간 및 그 밖에 보존에 관한 사항
3. 배아·난자·정자의 폐기에 관한 사항
4. 잔여배아 및 잔여난자를 연구 목적으로 이용하는 것에 관한 사항
5. 동의의 변경 및 철회에 관한 사항
6. 동의권자의 권리 및 정보 보호, 그 밖에 보건복지부령으로 정하는 사항

② 배아생성의료기관은 제1항에 따른 서면동의를 받기 전에 동의권자에게 제1항 각 호의 사항에 대하여 충분히 설명하여야 한다.

는 점 등에 대해서 비판이 제기된다.[43] 그리고 연구나 치료의 목적으로 복제된 배아의 경우에 연구허용기간이나 보존기간의 제한이 없다는 점에 대해서도 비판을 받고 있다.[44] 또한 국가생명윤리위원회에 대해서도 "생명공학적 대화의 나선형적 흐름을 협소"하게 만들고 있다는 비판도 있다.[45]

### 토론문제

1. 생명의 시작은 언제인가(배아는 생명인가)?
2. 생명의 발생학적 시기에 따라 질적 차이가 존재하는가?
3. 복제된 인간은 동일한 존엄성을 갖는가?

### 내 입장은?

1. 개체복제를 금지하면서 예외적으로 배아복제를 허용하는 현행 입법이 유지되어야 한다.
2. 개체복제는 계속해서 금지하되 배아복제는 전면적으로 허용되어야 한다.
3. 개체복제를 포함한 모든 생명복제는 허용되어야 한다.

---

③ 배제1항에 따른 서면동의를 위한 동의서의 서식 및 보관 등에 필요한 사항은 보건복지부령으로 정한다.

43) 정규원(2005), 15면, 21면 이하, 23면 이하 참조.

44) 김기창(2006), 72면 이하 참조.

45) 이상돈(2004), 26면 참조. 이 견해에 따르면 생명윤리위원회는 "매우 제한된 범위 내에서 구체적인 위임만을 받아", "국가 기구이기보다 국가와 사회를 연결하는 중간 위치에서 활동"하며, "권력이나 금전의 영향을 받지 않고, 생명공학적 대화의 논리에 맞게" 구성되어야 한다고 한다.

## 참고문헌


구영모(1999), 생명공학 발전의 윤리적 쟁점들, 환경과 생명, 통권 제21호(1999), 48~57면.

구인회(2001), 인간배아복제에 관한 윤리적 검토, ≪철학과 현실≫(철학문화연구소), 통권 제51호(2001년 겨울호), 123~138면.

구인회(2005), 생명복제기술: 과연 우리에게 무엇을 가져다 줄 것인가?, ≪철학과 현실≫(철학문화연구소), 통권 제67호(2005), 105~117면.

권형둔(2009), 생명공학법제의 헌법적 조화와 과제, ≪토지공법연구≫(한국토지공법학회), 제45집(2009), 559~582면.

김균진(2001), 인간복제, 신에 대한 인간의 도전인가, ≪기독교사상≫, 통권 제506호(2001년 2월호), 96~115면.

김근배(2006), 동물복제에서 인간배아복제로－황우석 연구팀의 복제기술 진화－, ≪역사비평≫(역사문제연구소), 통권 74호(2006), 22~54면.

김기창(2006), 배아와 복제배아에 대한 한국법의 입장, ≪한일법학≫(한일법학회), 제23-24호(2006), 65~98면.

김명재(2001), 인간복제와 존엄성, ≪공법연구≫(한국공법학회), 제30집 제1호(2001), 73~97면.

김명재(2006), 배아연구의 법적 규제의 헌법적 문제, ≪공법연구≫(한국공법학회), 제34집 제3호(2006), 203~223면.

김민우(2014), 인간배아복제의 정당성에 관한 법적 쟁점, ≪법학연구≫(전북대학교 법학연구소), 제41집(2014), 117~144면.

김민웅(2005), 인간복제, 뚜껑 열린 판도라 상자?, ≪기독교사상≫, 통권 제559호(2005년 7월호), 34~43면.

김상호/이을상(2005), 한국에서 생명복제의 도덕성 논란, ≪철학연구≫(대한철학회), 제93집(2005), 27~54면.

김은애(2015), 난자의 연구 이용 관련 우리나라 법원 판결에 대한 고찰: 난자매매 및 난자채취손해배상청구 관련 판결을 중심으로, ≪생명윤리≫(한국생명윤리학회), 제16권 제1호(2015), 39~65면.

김인자/박형준(2011), 과학기술 규제 정책의 형성과 변동 과정분석 －「생명윤리 및 안전에 관한 법률」을 중심으로－, ≪한국정책학회보≫(한국정책학회), 제20권 제1호(2011), 111~150면.

김수갑, 인간배아복제의 허용여부에 관한 법적 쟁점과 과제, ≪법학연구≫(충북대학교 법학연구소), 제20권 제1호(2009), 1~33면.

김향미(2002), 인간복제의 윤리 및 법적 규제, ≪외법논집≫(한국외국어대학교 법학연구소), 제12집(2002), 357~381면.

김형성(2003), 생명공학의 헌법적 가능성과 한계, ≪공법연구≫(한국공법학회), 제32집 제1호(2003), 263~291면.

류병운(2014), 인간복제를 규제하는 국제규범－「생명윤리 및 안전에 관한 법률」의 문제점과 개정방향 모색－, ≪홍익법학≫(홍익대학교 법학연구소), 제15권 제1호(2014), 809~834면.

민병로(2007), 인간의 존엄과 미출생 생명의 헌법상 지위, ≪공법연구≫(한국공법학회), 제35집 제3호(2007), 57~80면.

박선영(2006), 생명과학기술의 발전과 인간의 존엄, ≪미국헌법연구≫(미국헌법학회), 제17권 제2호(2006), 165~213면.

박이문(1999), 우주, 생명 그리고 인간－인간복제기술시대의 윤리학적 명상, ≪과학사상≫, 제28호(1999), 1~23면.

박찬구(2005), 인간배아복제와 인간의 존엄성, ≪철학과 현실≫(철학문화연구소), 통권 제65호(2005년 여름호), 39~50면.

박충구(1997), 생명복제와 인간성의 위기, ≪기독교사상≫, 통권 제463호(1997년 7월호), 62~81면.

서계원(2004), 생명윤리법상 생명권과 인간배아복제의 문제, ≪세계헌법연구≫(국제헌법학회 한국학회), 제10호(2004), 113~144면.

신옥주(2017), 생명의료영역에서 여성인권존중의 필요성, ≪법학논집≫(이화여자대학교 법학연구소), 제22권 제2호(2017), 1~42면.

양천수, 인간배아복제 연구를 둘러싼 논쟁의 논증분석, ≪법학논총≫(조선대학교 법학연구원), 제15권 제2호(2008), 361~388면.

유지홍(2019), 의학연구를 위한 인체유래물 기증계약의 법적성격, ≪과학기술과 법≫(충북대학교 법학연구소), 제10권 제1호(2019), 165~211면.

윤명석(2010), 인간복제에 관한 국내외의 입법의 규제동향, ≪의생명과학과 법≫(원광대학교 법학연구소), 제3권(2010), 71~105면.

이동진/이선구(2019), 인체유래물연구에 대한 동의 소고(小考)－개정 생명윤리법 제42조의2를 계기로－, ≪의료법학≫(대한의료법학회), 제20권 제2호(2019), 111~140면.

이동호(1997), 가톨릭 입장에서 본 인간복제, ≪과학사상≫, 제22호(1997), 94~109면.

이상돈(2004), 생명공학법: 윤리와 공학 사이에, ≪현상과인식≫(한국인문사회과학회), 통권 92호(2004), 13~31면.

이준일(2004), 생명복제와 기본권, ≪고려법학≫(고려대학교 법학연구원), 제42호(2004), 123~141면.

이한주(2016), 인체유래물 기증자의 동의 및 동의철회의 법적 문제, ≪한국의료법학회지≫(한국의료법학회), 제24권 제1호(2016), 75~96면.

정규원(2005), <생명윤리및안전에관한법률>에 대한 검토－배아연구와 줄기세포연구를 중심으로–, ≪가족법연구≫(한국가족법학회), 제19권 2호(2005), 7~33면.
정승석(1997), 인간복제의 불교적 의미, ≪과학사상≫, 제22호(1997), 110~125면.
조홍석(2001), 생명복제와 인간의 존엄, ≪공법연구≫(한국공법학회), 제30집 제1호 (2001), 23~45면.
진교훈(1997), 생명조작과 인간복제에 대한 철학적 고찰, ≪과학사상≫, 제22호 (1997), 78~93면.
최민영(2018), 인체유래물의 이용과 형사법적 규제, ≪의료법학≫(대한의료법학회), 제19권 제3호(2018), 27~52면.
허남결(2005), 생명조작 기술의 급속한 발달과 윤리적 입장 정리의 문제, ≪불교연구≫ (한국불교연구원), 제23집(2005), 337~359면.

# 제14장 포르노와 예술의 자유

"포르노그래피는 판타지다. 섹스의 물리적 작동에 초점을 맞춘 포르노그래피에는 절대로 로맨스가 관여하지 않는다."
≪레너드 쉴레인, 지나 사피엔스(1996) 중에서≫

오늘도 이메일(e-mail)함은 포르노그래피를 선전하는 스팸메일로 가득 차 있다. 남녀가 온 몸을 드러내고 부둥켜안고 있는 동영상들은 인터넷 포털사이트에서도 어렵지 않게 볼 수 있다. 누구나 마음만 먹으면 스마트폰, 태블릿 PC 등을 이용해 언제, 어디서든 포르노를 감상할 수 있다. 이른바 '아이-폰(i-porn)' 시대이다. 이런 시대에 도대체 포르노가 왜 문제인가? 포르노도 하나의 예술장르로 인정하면 되지 않는가? 괜히 점잖은 척 하는 사람들이 쓸데없는 걱정을 하는 것은 아닌가? 사실 그 사람들도 몰래 이런 걸 보는 건 아닐까?

요즘 웬만한 영화에서 여자배우들의 나신(裸身)을 보는 것은 어렵지 않다. 경쟁이라도 하듯 여성 연예인들이 자신의 벗은 알몸을 예술의 이름으로 팔고 있다. 어차피 어른들끼리 보는 것은 문제가 없다. 다 아는 건데 뭐 숨길 필요가 없는 것이다. 말초신경을 자극하는 성(性)은 폭력이나 공포와 함께 가장 매력적인 상품이다. 오늘도 성은 예술과 포르노의 경계를 오가며 쏟아져 나오고 있다.

외설과 예술의 경계는 '종이 한 장 차이'라고도 한다. 표현의 범위나 강도 또는 분량에 따라, 표현의 흐름이나 맥락에 따라 예술이 되기도 하고 외설이 되기도 한다. 자칫 자의적인 기준이 개입될 가능성도 있다. 또는 보는 사람의 입장에 따라 전혀 다른 평가가 나올 수도 있다. 그래서 상품화된 성은 일단 예술이라고 주장한다. 그게 아니라면 그냥 외설은 아니라고 주장한다. 성을 상품화하는 것을 욕할 수만도 없다. 성 자체가 나쁜 것은 아니므로, 그리고 자본주의 경제질서 안에서 어차피 모든 것이 상품화되는 것이므로. 좋은 것이 좋은 것 같은, 그래서 결론도 나지 않은 채 골치만 아픈, 성적 표현물의 허용과 금지를 나누는 경계에 대해서 살펴보도록 한다.

# Ⅰ. 외설적 표현과 관련된 인권

이름만 들으면 누구나 다 아는 대학교수가 쓴 소설이 음란물 판정을 받았다.[1] 유명 소설가의 책에 대해서도 음란하다는 판결이 나왔다.[2] 염재만의 소설 '반노'가 음란하지 않다는 판결이 나온 지 40년도 넘었지만[3] 여전히 소설의 음란성은 사회적 이슈가 되었다. "침대 위에 비스듬이 위를 보고 누워있는 천연색 여자 나체화 카드 사진이 비록 명화집에 실려 있는 그림이라 하여도 이것을 성냥갑 속에 넣어서 판매할 목적으로 그 카드 사진을 복사 제조하거나 시중에 판매하였다고 하면 이는 그

1) 대법원은 마광수 교수의 소설 '즐거운 사라'에 대해서 "미대생인 여주인공 '사라'가 성에 대한 학습요구의 실천이라는 이름 아래 벌이는 자유분방하고 괴벽스러운 섹스행각 묘사가 대부분을 차지하고 있는데, 그 성희의 대상도 미술학원 선생, 처음 만난 유흥가 손님, 여중 동창생 및 그의 기둥서방, 친구의 약혼자, 동료 대학생 및 대학교수 등으로 여러 유형의 남녀를 포괄하고 있고, 그 성애의 장면도 자학적인 자위행위에서부터 동성연애, 그룹섹스, 구강성교, 항문성교, 카섹스, 비디오섹스 등 아주 다양하며, 그 묘사방법도 매우 적나라하고 장황하게 구체적이고 사실적으로, 또한 자극적이고 선정적으로 묘사하고 있어서 위 소설은 위와 같이 때와 장소, 상대방을 가리지 않는 다양한 성행위를 선정적 필치로 노골적이고 자극적으로 묘사하고 있는데다가 나아가 그러한 묘사 부분이 양적, 질적으로 문서의 중추를 차지하고 있을 뿐만 아니라 그 구성이나 전개에 있어서도 문예성, 예술성, 사상성 등에 의한 성적 자극 완화의 정도가 별로 크지 아니하여 주로 독자의 호색적 흥미를 돋우는 것으로 밖에 인정되지 아니하는바, 위와 같은 여러 점을 종합하여 고찰하여 볼 때 이 사건 소설은 작가가 주장하는 '성 논의의 해방과 인간의 자아확립'이라는 전체적인 주제를 고려한다고 하더라도 음란한 문서에 해당되는 것"이라고 판시하였다. 대판 1995. 6. 16. 94도2413 참조.

2) 대법원은 장정일의 소설 '내게 거짓말을 해봐'에 대해서 "38세의 유부남인 작가 '제이'가 서울과 여러 도시들을 다니며 18세의 여고생 '와이'와 벌이는 괴벽스럽고 변태적인 섹스행각의 묘사가 대부분을 차지하고 있는 점(이 사건 소설책의 맨 뒤에 있는 작품해설에 의하더라도 이러한 부분이 3/4이라고 한다), 주인공인 '제이'는 여러 여자를 성적으로 탐닉하는 유부남이며, '와이'는 성 경험이 전혀 없는 상태에서 한 달여 동안 '제이'와 이른바 폰섹스를 하고 '제이'와 함께 괴벽스러운 섹스행각을 벌이면서도 이를 자연스럽게 받아들일 뿐만 아니라 이를 행복이라고 생각하는 점, 주인공 외에 위 소설에 등장하는 인물들도 학생을 성의 대상으로 보는 미술선생 및 교수, 동성에 대한 연애의 감정을 가지고 있는 듯한 여학생 등 성적으로 왜곡된 인물들인 점, '제이'가 '와이' 등과 하는 성애의 장면이 폰섹스, 구강성교, 항문성교, 가학 및 피학적인 성행위, 1남 2녀 간의 섹스 등 매우 다양할 뿐만 아니라 그 묘사방법도 노골적이고도 아주 구체적인 점, 그러한 묘사부분이 양적으로나 질적으로 이 사건 소설의 중추를 차지하고 있는 점을 알 수 있는바, 그렇다면 이 사건 소설은 피고인이 주장하는 바와 같은 주제를 고려하더라도, 그리고 오늘날 우리 사회의 보다 개방된 성관념에 비추어 보더라도 음란하다"고 판시하였다. 대판 2000. 10. 27. 98도679 참조.

3) 1975년 대법원은 염재만의 소설 '반노' 13장과 14장이 음란하지 않다고 판결하였다. "소설 반노의 13장 내지 14장에 기재된 사실은 그 표현에 있어 과도하게 성욕을 자극시키거나 또는 정상적인 성적 정서를 크게 해칠 정도로 노골적이고 구체적인 묘사라고 볼 수 없고 더우기 그 전체적인 내용의 흐름이 인간에 내재하는 향락적인 성욕에 반항함으로서 결국 그로부터 벗어나 새로운 자아를 발견하는 과정으로 이끌어 매듭된 경우에는 이 소설을 음란한 작품이라고 단정할 수 없다." 대판 1975. 12. 9. 74도976 참조.

명화를 모독하여 음화(淫畵)화시켰다 할 것이므로"[4] 이 사진은 음화에 해당한다고 보았던, 이제는 납득하기 어려운, 50년이 지난 대법원 견해가 아직도 유효한가?

흔히 '포르노그래피(pornography)'라 부르는 노골적인 성적 표현물도 원칙적으로 예술의 자유나 표현의 자유에 의하여 보호를 받는다. 표현물이 외설적이거나 음란하다는 사실이 불명확한 경우뿐만 아니라 명확한 경우에도 우선은 기본적 인권으로서 보호를 받는 것이다. 왜냐하면 기본적 인권에 관한 논의는 기본적 인권에 의하여 보호받는 영역을 우선적으로 넓게 이해하고, 그 후에 그러한 확장된 보호영역에 반대하는 정당한 근거가 있을 때 비로소 그 보호영역을 축소해가는 것이 합리적일 수 있기 때문이다.[5] 여기서 우선 예술의 자유와 표현의 자유가 갖는 의미를 살펴볼 필요가 있다.

## 1. 예술의 자유와 표현의 자유

표현의 자유(헌법 제21조)[6]는 인간내면의 다양한 정신활동을 외부로 표현할 수 있는 자유를 의미한다. 그런데 인간의 정신활동은 양심의 자유(헌법 제19조), 종교의 자유(헌법 제20조), 학문의 자유(헌법 제22조), 예술의 자유(헌법 제22조)[7]에 의해서도 보장받을 수 있다. 따라서 다양한 정신활동의 결과물을 표현할 수 있는 자유는 각각의 정신활동과 관련된 이러한 개별적인 자유에 의하여 우선적으로 보호받는다.

하지만 인간의 정신활동은 명확하게 구분되기가 어렵고, 따라서 개별적인 정신적 자유권에 의하여 보호받지 못하는 경우에 일반적 자유권인 표현의 자유에 의하여 보호받을 수 있게 된다. 이처럼 표현의 자유에 대한 보장은 정신활동을 엄격하게 구분하는 경우에 개별적인 정신적 자유권에 의하여 보호받지 못할 수도

---

4) 대판 1970. 10. 30. 70도1879 참조. 여기서 "침대 위에 비스듬히 위를 보고 누워있는 천연색 여자 나체화"는 스페인의 화가 고야(Francisco Goya, 1746~1828)가 그린 '나체의 마야(The Nude Maya, 1800)'를 뜻한다.

5) 예술의 자유가 넓게 보호되어야 하는 이유는 중학교 미술교사가 자신과 아내의 나체사진을 인터넷 홈페이지에 공개하여 사회적 이슈가 된 후 고백한 자신의 예술철학에서 찾을 수 있다. "저는 더 진실한 예술철학을 얻어냈습니다. 예술이라는 것은 삶 위에 왕관을 씌우는 게 아니다, 삶 그 자체가 예술이어야 한다는 것이지요." 고길섶(2001), 477면. 인간의 삶이 예술이라면 예술을 가능한 한 넓게 보호하는 것은 인간의 삶 자체를 더욱 확장시키는 것으로 이해할 수 있다.

6) 헌법의 규정은 "언론·출판·집회·결사의 자유"로 되어 있지만 이 규정은 인간의 내면적 정신활동을 외부로 자유롭게 표현할 수 있도록 보장하는 표현의 자유로 이해된다.

7) 학문의 자유와 예술의 자유는 동일한 조항에 규정되어 있다. 헌법 제22조 제1항: 모든 국민은 학문과 예술의 자유를 가진다.

있는 정신활동들을 빠짐없이 보호할 수 있는 기능을 한다. 결론적으로 예술적 표현물 또는 외설적 표현물은 예술의 자유에 의하여 우선적으로 보호를 받고, 적어도 표현의 자유에 의하여 보충적으로 보호받을 수 있게 된다.8)

### 2. 표현의 자유의 의의

표현의 자유는 다른 모든 자유와 권리에 대한 논의의 기초이기 때문에 중요한 의미를 가진다. 특별히 정치적 표현의 자유는 국가공동체와 관련된 의사결정에 참여할 수 있는 권리로서 민주주의와 관련하여 중요하다. 따라서 표현의 자유는 다른 모든 자유의 논리적 근거로서 잠정적 우월성을 갖는다고 할 수 있다. 이러한 표현의 자유는 발언의 자유, 즉 '말할 수 있는 자유(freedom to say)'를 본질로 하는 것으로서 다른 모든 기본권에 대한 논의의 기초가 된다. 물론 예술의 자유에 의하여 우선적으로 보호받는 예술적 표현(창작물의 표현)의 자유는 민주주의와 관련된 의미는 적다고 할지라도 가장 기본적 권리인 표현의 자유로서 가지는 의미를 공유한다.

## Ⅱ. 예술의 자유와 표현의 자유에 대한 제한

### 1. 원　　칙

예술의 자유나 표현의 자유도 무제한적 자유가 아니므로, 다른 사람의 권리나 공공의 이익 또는 헌법적 법익을 위하여 제한될 수 있다.

---

8) 종래에 헌법재판소는 음란한 표현은 표현의 자유에 의해 보호되지 않는다고 보았다. 헌재 1998. 4. 30. 95헌가16: "이러한 엄격한 의미의 음란표현은 언론·출판의 자유에 의해서 보호되지 않는다고 할 것이다." 하지만 헌법재판소는 다른 판례에서 음란한 표현도 표현의 자유에 의해 보호된다고 보았다. 헌재 2002. 4. 25. 2001헌가27: "문제가 되고 있는 '청소년이용음란물' 역시 의사형성적 작용을 하는 의사의 표현·전파의 형식 중 하나임이 분명하므로 언론·출판의 자유에 의하여 보호되는 의사표현의 매개체라는 점에는 의문의 여지가 없(다)." 그리고 명시적으로 판례를 변경하여 음란한 표현도 표현의 자유에 의해 보호된다는 점을 확인하였다. 헌재 2009. 5. 28. 2006헌바109: "'일단 표출되면 그 해악이 처음부터 해소될 수 없거나 또는 너무나 심대한 해악을 지닌 음란표현'이 존재할 수 있다 하더라도, 어떤 표현이 바로 위와 같은 이유에 의하여 '국가의 개입이 1차적인 것으로 용인되고, 헌법상 언론·출판의 자유에 의하여 보호되지 않는 표현'에 해당하는지 여부는 '표현의 자유'라는 헌법상의 중요한 기본권을 떠나서는 규명될 수 없는 것이다. … **음란표현도 헌법 제21조가 규정하는 언론·출판의 자유의 보호영역에는 해당**(한다)." 이 판례에 대한 평석으로 문재완(2009), 293면 이하 참조.

### (1) 타인의 기본권

예술의 자유나 표현의 자유는 다른 사람의 인격권이나 명예권, 사생활에 관한 권리 또는 성적 자기결정권을 이유로 제한될 수 있다. 다른 사람의 인격권이나 명예권, 사생활에 관한 권리 또는 성적 자기결정권을 침해하는 표현활동은 보호받을 수 없기 때문이다. 따라서 다른 사람을 비방하거나 모욕하는 표현, 다른 사람의 명예를 손상시키는 표현, 다른 사람이 비밀로 하고 싶은 사실을 본인의 의사에 반하여 공개하는 표현, 성과 관련된 것으로서 타인에게 혐오감이나 불쾌감을 주는 표현은 금지될 수 있다. 이 가운데 포르노가 외설적이거나 음란한 표현과 관련될 수 있는 것은 타인에게 혐오감이나 불쾌감이라는 해악을 주는 성적 표현이 될 것이다.

### (2) 공공의 이익

예술의 자유나 표현의 자유는 청소년의 보호와 같은 공공의 이익을 위하여 제한될 수 있다. 일정한 표현물은 청소년에게 폭력이나 범죄의 충동을 일으켜 청소년에게 유해할 수 있기 때문이다.[9] 따라서 청소년에게 유해한 표현물은 청소년을 대상으로 표현되는 것이 금지된다. 현행 **청소년 보호법**(최근개정: 2020. 12. 29. 법률 제17761호)에 따르면 ① 청소년에게 성적인 욕구를 자극하는 선정적인 것이거나 음란한 것, ② 청소년에게 포악성이나 범죄의 충동을 일으킬 수 있는 것, ③ 성폭력을 포함한 각종 형태의 폭력 행위와 약물의 남용을 자극하거나 미화하는 것, ④ 도박과 사행심을 조장하는 등 청소년의 건전한 생활을 현저히 해칠 우려가 있는 것, ⑤ 청소년의 건전한 인격과 시민의식의 형성을 저해하는 반사회적·비윤리적인 것, ⑥ 그 밖에 청소년의 정신적·신체적 건강에 명백히 해를 끼칠 우려가 있는 것은 '청소년유해매체물'에 해당한다(동법 제9조 제1항). 이러한 개념정의에 따를 때 선정적이고 음란한 청소년유해매체물이 외설적이거나 음란한 표현으로서 문제될 수 있다.

### (3) 헌법적 법익

예술의 자유나 표현의 자유는 헌법적 수준에서 보장된 이익과 가치를 보호하기 위하여 제한될 수 있다. 헌법은 "공중도덕이나 사회윤리"에 반하는 표현을 허용하지 않는다(헌법 제21조 제4항). 여기서 공중도덕이나 사회윤리는 헌법이 보호

---

9) 표현물의 직접적인 청소년유해성을 반대하는 견해도 있다. 이용식(2006), 367면 참조.

하고자 하는 법익으로 이해된다. 헌법적 법익의 보호를 목적으로 하여 표현의 자유에 대하여 가해지는 이러한 '헌법직접적 제한'은[10] 예술의 자유에는 규정되어 있지 않다. 하지만 예술의 자유가 예술적 표현의 자유를 포함하는 한 동일한 헌법직접적 제한이 가능한 것으로 이해된다. 따라서 공중도덕에 포함될 수 있는 성도덕에 반하는 표현, 즉 음란한 표현은 헌법에 의해서 허용되지 않는다.[11]

### (4) 음란한 표현물의 금지

다른 사람의 성적 자기결정권에 대한 보장, 청소년의 보호, 그리고 공중도덕이나 사회윤리의 보호를 위하여 "인간존엄 내지 인간성을 왜곡하는 노골적이고 적나라한 성표현으로서 오로지 성적 흥미에만 호소할 뿐 전체적으로 보아 하등의 문학적, 예술적, 과학적 또는 정치적 가치를 지니지 않은"[12] 표현물([판례 14.1] 참조) 또는 "일반 보통인의 성욕을 자극하여 성적 흥분을 유발하고 정상적인 성적 수치심을 해하여 성적 도의관념에 반하는"[13] 표현물은([판례 14.2] 참조) 음란한

---

10) '헌법직접적 제한'은 헌법에 의하여 직접적으로 기본권이 제한되는 것을 말한다. 그에 비해 헌법에 의해서는 기본권이 제한될 수 있는 가능성만 부여되고, 직접적인 기본권제한은 법률에 의해서 결정되는 것을 '헌법간접적 제한(법률유보)'이라고 부른다.

11) 한편 성도덕은 형법상의 보호법익이 될 수 없다는 견해가 있다. 박미숙(2002), 263면 참조. 하지만 적어도 헌법적 관점에서 "공중도덕이나 사회윤리"는 헌법이 명시한 기본권제한의 근거이기 때문에 형벌의 부과를 포함하여 기본권을 제한하는 국가작용의 헌법직접적 근거로서 공중도덕과 사회윤리가 인용될 수 있다.

12) 헌재 1998. 4. 30. 95헌가16 참조. 헌법재판소의 이러한 기준은 미국 연방대법원이 1973년 Miller판결에서 제시한 기준을 차용했다는 견해가 있다. 박미숙(2002), 255면 이하 참조.

13) 이러한 기준에 대해서는 "음란성의 판단대상이 무한대로 확장"됨으로써 "음란성 판단기준의 칼날을 무디게 만드는 원인"이 된다는 비판이 있다. 이용식(2006), 363면 참조. 어쨌든 대법원이 이러한 기준을 적용하여 음란한 도화에 해당된다고 본 사례를 하나 들면 다음과 같다. 대판 1997. 8. 22. 97도937: "이 사건 오렌지걸(Orange Girl), 오렌지걸 2(Orange Girl 2), 오렌지걸 4(Orange Girl vol. 4), 헬로우미스터(Hello Mr.)는 여러 장소에서 전라 또는 반라의 상태로 다양한 자세를 취하고 있는 우리나라 여자 모델들을 촬영한 사진들을 수록한 사진첩으로서, 그 수록된 사진들 중에는 비키니 수영복 차림으로 서서 한쪽 손을 팬티 속에 넣어 국부를 만지는 모습의 사진, 음모의 일부가 보이는 전라의 상태로 침대 위에 눈을 감고 누워있는 모습의 사진(이상 오렌지걸), 수영복 차림 또는 속이 비치는 잠옷과 끈 형태의 팬티 차림으로 침대 또는 방바닥에서 무릎을 꿇고 엎드려 있는 모습을 뒤쪽에서 촬영하여 엉덩이와 국부 부위를 유난히 강조한 사진(오렌지걸, 헬로우미스터), 전라로 엎드린 자세에서 다리를 벌리고 엉덩이를 치켜세워 얇은 천으로 국부 주변을 가리고 있는 모습을 뒤쪽에서 촬영하여 역시 천으로 가려져 있는 국부 부위를 강조한 사진(오렌지걸 2), 여자가 사무실에서 성적 감정에 도취된 표정으로 자신의 유방이나 국부를 만지면서 옷을 하나씩 벗어 나가다가 전라로 되어 책상 위에 누워 국부 위에 종이를 대고 눈을 감고서 손으로 국부를 만지는 모습의 일련의 사진들(오렌지걸 4)이 있다. 이들 사진들은 모델의 의상 상태, 자세, 촬영배경, 촬영 기법이나 예술성 등에 의하여 성적 자극을 완화시키는 요소는 발견할 수 없고,

표현물로서 금지된다. 표현물의 음란성을 판단할 때 '나는 그런 의도로 표현하지 않았다'는 식으로 주장되는 표현주체의 주관적 의도는 중요하지 않다.14) 표현물의 음란성에 대한 판단은 오로지 표현물에 객관적으로 표현된 내용 자체의 음란성 여부에 달려 있다. 대법원도 음란성을 판단할 때 행위자의 주관적 의도는 결정적 요소가 아니라고 본다.15)

**[판례 14.1] 헌법재판소가 이해하는 음란의 개념**

'음란'이란 인간존엄 내지 인간성을 왜곡하는 노골적이고 적나라한 성표현으로서 오로지 성적 흥미에만 호소할 뿐 전체적으로 보아 하등의 문학적, 예술적, 과학적 또는 정치적 가치를 지니지 않은 것으로서, 사회의 건전한 성도덕을 크게 해칠 뿐만 아니라 사상의 경쟁메커니즘에 의해서도 그 해악이 해소되기 어렵다고 하지 않을 수 없다. 따라서 이러한 엄격한 의미의 음란표현은 언론·출판의 자유에 의해

---

오히려 **사진 전체로 보아 선정적 측면을 강조하여 주로 독자의 호색적 흥미를 돋구는 것**으로서 일반 보통인의 성욕을 자극하여 성적 흥분을 유발하고 정상적인 성적 수치심을 해하는 것으로서 성적 도의관념에 반하는 것이라고 아니할 수 없고, 성에 관한 표현이 종전과 비교하여 점차 자유로워지고 있는 작금의 세태를 감안하더라도 오늘날 우리의 사회통념에 비추어 볼 때 피고인의 주장과 같이, 이 사건 사진첩에 남자 모델이 전혀 등장하지 아니하고 남녀간의 정교 장면에 관한 사진이나 여자의 국부가 완전히 노출된 사진이 수록되어 있지 않다는 것만으로 달리 볼 수는 없다."

한편 동일한 기준을 적용했을 때 음란한 도화에 해당하지 않은 사례를 하나 들면 다음과 같다. 대판 1995. 6. 16. 94도1758: "이 사진첩은 여배우 공소외 인을 대중에게 홍보하기 위하여 발간된 것으로서 그 내용을 보면 옥내외에서 공소외 인을 모델로 하여 찍은 사진 80여 면으로 구성되어 있는데, 그 중 대부분은 평상복 혹은 나이트가운 차림으로 서 있거나 혹은 앉아 있거나 누워 있는 모습을 찍은 사진들이고, 위 사진들 중 전라인 것(음부가 보이는 것은 없다), 반라로서 유두가 보이는 것, 속옷 또는 타월 등으로 하반신 일부를 가린 차림으로서 유두가 보이는 사진들이 약 20여 면 정도 되고, 침대 위에 엎드려 야릇한 표정을 짓고 있거나 침대 위에서 엉덩이를 들고 엎드려 앞을 쳐다보고 있는 사진, 짧은 속옷만을 입고 침대 위에 앉아서 무엇인가를 생각하고 있는 사진, 침대 위에 엎드려 있는 모습으로 젖가슴이 보이고 하반신만 타월로 가린 사진, 전라의 모습으로 앉아서 왼손가락을 입에 물고 있는 사진, 전라의 모습 중 가슴 부분을 유난히 밝은 빛으로 처리하여 이를 강조한 사진 및 야간에 상반신을 전부 벗고 가슴 부분을 밝게 찍어 가슴 부분을 특히 강조한 사진 등이 게재되어 있는바, 위 사진들은 여성의 아름다움을 표현하기보다는 여성의 신체의 특정부분만을 유난히 강조하여 촬영한 것이거나 선정적인 측면을 강조한 것이어서 예술적 가치가 거의 없다고 할 것이지만 그 전체로서 보아 오늘날의 사회통념에 비추어 볼 때 **공연히 성욕을 흥분 또는 자극시키고 또한 보통인의 정상적인 성적 수치심을 해하고 선량한 성적 도의관념에 반하는 것이라고 인정하기 어렵다**고 할 것이다."

14) 같은 견해로 장영민(1995), 43면: "음란성 판단에 항상 행위자의 주관을 물어야 한다면 음란물이라는 것은 거의 존재하지 않을 것이다. 따라서 음란성 자체를 판단하기 위하여 작자의 주관을 고려하는 것은 불필요한 일이라고 생각된다."

15) 대판 1996. 6. 11. 96도980: "연극공연행위의 음란성의 유무는 그 공연행위 자체로서 객관적으로 판단해야 할 것이고, 그 행위자의 주관적인 의사에 따라 좌우되는 것은 아니다."

서 보호되지 않는다고 할 것이다(헌재 1998. 4. 30. 95헌가16).[16]

**[판례 14.2] 음란표현에 대한 헌법재판소의 이해 변화**

음란표현이 언론·출판의 자유의 보호영역에 해당하지 아니한다고 해석할 경우 음란표현에 대하여는 언론·출판의 자유의 제한에 대한 헌법상의 기본원칙, 예컨대 명확성의 원칙, 검열 금지의 원칙 등에 입각한 합헌성 심사를 하지 못하게 될 뿐만 아니라, 기본권 제한에 대한 헌법상의 기본원칙, 예컨대 법률에 의한 제한, 본질적 내용의 침해금지 원칙 등도 적용하기 어렵게 되는 결과, 모든 음란표현에 대하여 사전 검열을 받도록 하고 이를 받지 않은 경우 형사처벌을 하거나, 유통목적이 없는 음란물의 단순소지를 금지하거나, 법률에 의하지 아니하고 음란물출판에 대한 불이익을 부과하는 행위 등에 대한 합헌성 심사도 하지 못하게 됨으로써, 결국 음란표현에 대한 최소한의 헌법상 보호마저도 부인하게 될 위험성이 농후하게 된다는 점을 간과할 수 없다. 이 사건 법률조항의 음란표현은 헌법 제21조가 규정하는 언론·출판의 자유의 보호영역 내에 있다고 볼 것인바, 종전에 이와 견해를 달리하여 음란표현은 헌법 제21조가 규정하는 언론·출판의 자유의 보호영역에 해당하지 아니한다는 취지로 판시한 우리 재판소의 의견(위 [판례 14.1] 참조-필자주)을 변경한다(헌재 2009. 5. 28. 2006헌바109등).

**[판례 14.3] 대법원이 이해하는 음란의 개념**

'음란'이라 함은, 일반 보통인의 성욕을 자극하여 성적 흥분을 유발하고 정상적인 성적 수치심을 해하여 성적 도의관념에 반하는 것을 말하고, 표현물의 음란 여부를 판단함에 있어서는 당해 표현물의 성에 관한 노골적이고 상세한 묘사·서술의 정도와 그 수법, 묘사·서술이 그 표현물 전체에서 차지하는 비중, 거기에 표현된 사상 등과 묘사·서술의 관련성, 표현물의 구성이나 전개 또는 예술성·사상성 등에 의한 성적 자극의 완화 정도, 이들의 관점으로부터 당해 표현물을 전체로서 보았을 때 주로 그 표현물을 보는 사람들의 호색적 흥미를 돋우느냐의 여부 등 여러 점을 고려하여야 하며, 표현물 제작자의 주관적 의도가 아니라 그 사회의 평균인의 입장에서 그 시대의 건전한 사회 통념에 따라 객관적이고 규범적으로 평가하여야 한다(대판 2005. 7. 22. 2003도2911).[17]

**[판례 14.4] 음란의 개념에 대한 대법원의 이해 변화**

'음란'이라 함은 사회통념상 일반 보통인의 성욕을 자극하여 성적 흥분을 유발하고 정상적인 성적 수치심을 해하여 성적 도의관념에 반하는 것으로서, 표현물을 전체적으로 관찰·평가해 볼 때 단순히 저속하다거나 문란한 느낌을 준다는 정도를 넘어서서 존중·보호되어야 할 인격을 갖춘 존재인 사람의 존엄성과 가치를 심

16) 이 결정의 특징으로 ① 건전한 성도덕의 훼손과 음란물의 해악을 동일시한다는 점, ② 음란의 정의가 대단히 엄격하다는 점, ③ 헌법재판소의 엄격한 기준이 대법원에서 고려되고 있지 않다는 점이 들어진다. 문재완(2006), 26면 이하 참조.

17) 이 판례에 대해서는 음란의 개념이 너무 넓고 불명확하여 표현의 자유를 침해한다는 견해가 있다. 문재완(2006), 29면 이하 참조.

각하게 훼손·왜곡하였다고 평가할 수 있을 정도로, 노골적인 방법에 의하여 성적 부위나 행위를 적나라하게 표현 또는 묘사한 것으로서, 사회통념에 비추어 전적으로 또는 지배적으로 성적 흥미에만 호소하고 하등의 문학적·예술적·사상적·과학적·의학적·교육적 가치를 지니지 아니하는 것을 뜻한다고 볼 것이고, 표현물의 음란 여부를 판단함에 있어서는 표현물 제작자의 주관적 의도가 아니라 그 사회의 평균인의 입장에서 그 시대의 건전한 사회통념에 따라 객관적이고 규범적으로 평가하여야 한다(대판 2008. 3. 13. 2006도3558).

## 2. 전제조건

### (1) 모든 자유와 권리의 동등성

다른 사람의 자유나 권리를 근거로 예술의 자유나 표현의 자유를 제한할 때 중요한 것은 양자의 균형과 조화를 실현하는 것이다. 모든 자유와 권리는 일단 동등한 것으로 전제되기 때문이다. 동등한 지위를 가지는 다양한 자유와 권리가 서로 충돌할 때 합리적인 실현이 요구되고, 그것은 충돌하는 자유와 권리들의 균형적이고 조화로운 실현을 의미한다. 이러한 조화와 균형의 과정에서 절대적 권리란 존재할 수 없다. 다른 사람의 자유와 권리보다 어떠한 경우에도 우월한, 그래서 제한될 수 없는 권리란 존재할 수 없다는 뜻이다. 만약 누군가 절대적 권리에 대한 주장을 하게 되는 경우에 자유와 권리에 대한 다툼은 합리적 논쟁의 과정에 의해서 해결되는 것이 아니라 비이성적 투쟁의 과정에 의해서 해결될 위험성이 크다.

이러한 사실은 예술의 자유나 표현의 자유에 대한 제한에서도 타당하다. 예술의 자유나 표현의 자유가 절대적 자유가 아닌 것처럼 이러한 자유를 제한하는 타인의 자유나 권리도 절대적이지 않다. 이것은 타인의 인격권이나 명예권, 사생활에 관한 권리 또는 성적 자기결정권을 이유로 예술의 자유나 표현의 자유가 언제나 그리고 무한정 제한될 수 없음을 의미한다. 타인의 권리를 근거로 예술의 자유나 표현의 자유를 제한하는 것은 합리적인 근거가 있는 경우에, 그리고 합리적인 범위 안에서만 허용된다. 따라서 헌법상 허용되지 않는 '음란한 표현물'이 합리적인 근거를 가지고 합리적인 범위로 한정되는 경우에만 예술의 자유나 표현의 자유가 충분히 보장될 수 있게 된다.

### (2) 공익을 이유로 한 제한에서 고려되어야 할 사항

공공의 이익을 보호하기 위한 목적으로 예술의 자유나 표현의 자유를 제한하는 경우에 무엇보다도 이러한 자유들을 보장함으로써 발생할 수 있는 공공의 이익에 대한 명백하고 현존하는 해악이 존재하는지가 확인되어야 한다. 예술의 자유나 표현의 자유가 공공의 이익에 대하여 명백하고 현존하는 해악을 주지 않는 경우에는 이러한 자유들을 제한해야 할 필요성이 존재하지 않기 때문이다. 예를 들어 청소년보호라는 공공의 이익을 위하여 청소년에게 해악을 끼치는 음란한 표현물을 금지함으로써 예술의 자유나 표현의 자유를 제한하려고 하는 경우에 이러한 자유들의 보장을 통해 음란한 표현물을 허용함으로써 청소년에게 미치는 구체적인 해악이 확인되어야 한다.[18] 그리고 공공의 이익을 위하여 예술의 자유나 표현의 자유를 제한해야 할 필요성이 있는 경우에도 조화와 균형의 이념은 중요하다. 어느 한쪽의 일방적 선택과 집중적 실현은 곤란하다는 뜻이다.

또한 헌법은 공공의 이익을 이유로 기본권을 제한하는 경우에는 반드시 '법률'의 형식으로 제한하도록 요구한다(헌법 제37조 제2항). 여기서 중요한 것은 법률의 '명확성'에 대한 요청이다.[19] 명확하지 않은 법률에 의한 기본권제한은 자의적

---

18) 여기서 음란물이 청소년에게 미치는 해악성을 포함하여 그 사회적 해악성은 확증되지 않았다는 견해를 주목할 만하다. 박미숙(2002), 265면 및 268면 이하 참조.

19) 지금은 폐지된 미성년자보호법은 미성년자에게 음란성이나 잔인성을 조장할 우려가 있거나 범죄의 충동을 일으킬 수 있게 하는 '불량만화'의 제작과 판매 등을 금지하였다(동법 제2조의2 제1호). 유명한 만화가인 이현세의 만화 '천국의 신화'가 이 법률조항 위반으로 문제된 적이 있었다. 이에 대해서 1심(서울지법 2000. 7. 18. 98고단5625)은 "① 이 사건 만화에 등장하는 남자들은 야만적인 원시인의 모습 그대로 표현하면서 여자들은 대부분 현대의 미인으로서 매우 세련된 누드로 표현하고, 여자들의 자세나 얼굴 표정 등을 **필요 이상 선정적이고 자극적으로 묘사**한 점, ② 이 사건 만화의 신화적이고 교훈적인 의도를 고려한다고 하더라도 다수의 남자가 한 여자를 집단강간하거나 인간과 짐승들간의 정사를 현실 속에 가능한 것처럼 묘사하는 등 **비이성적이고 비인간적인 성과 관련된 장면과 정사장면에 지나치게 많은 지면을 할애**하여 인간의 성적 본성과 성적 행동을 자극할 우려가 있는 점, ③ 성인들조차 건전한 상식으로는 이해하기 어려운 여자와 곰, 여자와 구렁이, 여자와 늑대 등 **인간과 짐승간의 정사장면을 매우 세부적이고도 필요 이상으로 자세히 표현**하고 그것이 마치 현실처럼 묘사하여 정신적 육체적으로 성숙하지 못한 미성년자의 성적 본능을 자극하고 그들로 하여금 잘못된 성관념을 형성하도록 할 우려가 있는 점, ④ 인간과 인간, 인간과 짐승 사이의 싸움을 표현함에 있어서 공격의 대상이 된 **인간이나 짐승이 죽임을 당하게 되는 장면을 노골적이고도 지나치게 자세하게 묘사**하여 성숙하지 못한 미성년자들에게 폭력적이고 비이성적인 행동을 야기시킬 우려가 있다고 보여지는 점 등을 종합하여 보면 이 사건 만화는 앞서 제시한 보통인의 가치기준에 따라 객관적으로 판단해 볼 때 미성년자에게 그 음란성, 폭악성, 잔인성을 조장하거나, 미성년자로 하여금 성적 범죄와 폭력 관련 범죄의 충동을 일으키게 할 우려가 있다"고 판단하였다.

하지만 항소심(서울지법 2001. 6. 14. 2000노7104)은 전혀 다른 판단을 하였다. 첫째, 음란성과 관련하여 "① 여신은 그 상징적 의미상 현대의 미인으로 표현한 것이 **이 사건 만화를 전체적으로 고찰해 볼 때 필요한 표현방법**으로 보이는 점, 이 사건 만화에 등장하는 여자들의 자세나 얼굴표정 등도 '천국의 신화 성인용'의 여자들의 그것과 비교해 볼 때 유방꼭지를 지우거나 머리카락으로 가리는 등 **최대한 선정적이고 자극적인 장면을 완화**시킨 점 등

에 비추어 볼 때 이 사건 만화에 등장하는 여자들의 모습, 자세, 얼굴표정 등이 선정적이고 자극적으로 묘사되어 있어 청소년에게 음란성을 조장할 우려가 있다고 볼 수는 없고, ② 다수의 남자가 한 여자를 **집단강간하는 장면은 한 장면**이 있을 뿐 그 외, 인간과 짐승들 간의 정사를 묘사한 장면은 어디에도 나타나지 않으며, ③ 여자와 곰, 여자와 구렁이, 여자와 늑대 등 인간과 짐승간의 정사장면을 묘사한 장면도 나타나지 않으며, 단지 이를 암시하는 듯한 장면이 있으나, 만화의 암시적인 표현기법을 고려한다고 하여도 이것이 세부적이고도 필요 이상으로 자세히 표현한 것이라고는 볼 수 없고, ④ 여신으로 표현된 여자가 여러 가지 동물과 교미하는 장면은 나오지 않고 있으며, 직접 짐승의 새끼를 출산하는 장면은 나오지 않고 다만 짐승의 새끼들이 탯줄을 단 채 여자가 쳐다보는 아랫쪽에 그려져 있어 여자가 짐승의 새끼를 출산하는 것으로 추측할 수 있을 뿐이고, 이 장면이 여자로 표현된 여신이 죽은 여러 짐승들을 새롭게 탄생한 것이라는 **신화를 묘사한 것일 뿐**이라고 보여져서 이 장면만으로 청소년에게 음란성이나 비이성적인 행동을 야기할 우려가 있다고 보여지지는 않으며, ⑤ 여자를 반나체로 표현하였다고는 하나 '천국의 신화 성인용'과 달리 여자의 유방꼭지를 삭제하고 표현한 점, 공소사실의 표현과는 달리 늑대가 여자의 몸을 비비거나 여자의 음부를 비비는 그림이라고 볼 수는 없는 점 등에 비추어 보면 단지 이 장면만으로 음란성을 조장하는 것이라고 보기는 어렵다"고 한다.

둘째, 잔인성과 관련하여 "① 공격의 대상이 된 인간이나 짐승에 대한 묘사가 잔인성을 조장할 우려가 있다고 볼 수도 있는 장면이 부분적으로 없지는 아니하나, 첫째 이러한 표현들은 모두 그 시대배경이 원시시대의 모습을 그린 것이며, 그 당시에는 인간이 아직 짐승과 다를 바 없다는 상황을 묘사할 수밖에 없는 점, 둘째 인간이 돼지의 목을 자른다거나 늑대를 죽이는 장면 등은 비단 이 사건 만화의 시대적 배경인 원시시대뿐 아니라 현대에서도 대중매체 등을 통해 쉽게 접해 볼 수 있는 장면인 점, 셋째, 문제가 된 장면들이 이 사건 만화에서 차지하는 비중이 만화 내용에 비추어 보아 그리 크지 않은 점, 넷째 앞서 판단한 바와 같이 만화의 과장, 생략이라는 특성상 구독자들은 그림으로 주로 구성된 문제 장면들을 찬찬히 보기보다는 대충 보면서 책장을 넘기는 것이 일반적인 방식이고, 그 묘사된 장면을 현실 그대로 받아들인다고는 보기 어려운 점, 다섯째 이 사건 만화는 거의 대부분 흑백그림으로만 구성되어 있는 데 반해 이 사건 만화 출간 당시나 현재 미성년자들이 일상생활에서 접하는 TV나 컴퓨터 게임물 등은 그 장면이 모두 컬러로 되어 있어, 흑백그림으로만 구성되어 있는 이 사건 만화는 상대적으로 시각적 효과가 훨씬 미약한 점, 여섯째 이 사건 만화의 구독 대상은 앞서 판단한 바와 같이 신화나 역사에 대한 기본적 지식이나 관심이 있는 약 15세 이상의 미성년자들로서 위와 같은 장면들을 신화 속에서나 원시시대에서 흔히 있을 수 있는 상황으로 보아 별다른 감정의 동요 없이 받아들일 수 있는 점 등을 종합하여 보면 문제가 된 장면들이 현대의 약 15세 이상의 보통 미성년자들에게 잔인한 행동을 야기시킬 우려가 있다고는 보기 어렵다"고 하고, "'발가벗고 기절한 여자를 운반하여 죽은 짐승들을 두는 구덩이에 던져 넣는 장면'의 경우 역시 그 시대배경이 원시시대인 점과, 그 시대에는 인간이 아직 짐승과 다를 바 없는 상황인 점을 묘사한 것인 점, 죽은 짐승들을 두는 구덩이에 기절한 여자를 던져 넣는 것은 먹이이거나 적의 포로를 가두어 두는 일반적인 행태라는 것을 묘사한 것인 점에 비추어 보면, 이 장면이 청소년에게 잔인성을 야기하는 것이라고는 보이지 않으며, '중독된 어린 아이가 온 몸에 부작용을 일으켜 눈알에 핏발이 서고 입에 거품을 문 채 온몸에 끔찍한 부스럼이 생겨 경련하며 괴로워하는 그림'의 경우 독버섯을 먹은 어린아이가 부작용을 일으켜 온몸에 부스럼이 생긴 장면을 자세하게 묘사하기는 하였으나, 이 사건 만화를 전체적으로 고찰하여 볼 때, 이 어린아이는 아무 풀이나 음식을 직접 먹어 보면서 그 효용 및 부작용을 연구하였다는 내용으로서 그 마지막 장면에 "이 아이가 자라서 바로 염제 신농씨가 된다."는 해설에 비추어 보면 극심한 부작용을 겪은 후 약초나 독에 대한 지식을 습득하게 된다는 내용으로 해석할 수 있어, 단지 부작용을 일으켜 경련하며 괴로워하는 장

집행을 가능하게 만들어 기본권을 침해할 수 있기 때문이다. 예를 들어 헌법재판소는 미성년자의 보호를 위하여 "음란성이나 잔인성을 조장할 우려가 있거나 범죄의 충동을 일으키게 할 수 있게 하는" 불량만화의 제작·판매 등을 금지한 법률조항에 대해서 "음란성"은 명확, "잔인성"은 불명확하다는 이유로 위헌이라고 선언한 바 있다(아래 [판례 14.5] 참조).

**[판례 14.5] 표현의 자유를 제한하는 법률의 명확성원칙**

먼저 이 사건 미성년자보호법 조항의 불량만화에 대한 정의 중 전단 부분의 "음란성 또는 잔인성을 조장할 우려"라는 표현을 보면, '음란성'은 법관의 보충적인 해석을 통하여 그 규범내용이 확정될 수 있는 개념이라고 할 수 있으나, 한편 '잔인성'에 대하여는 아직 판례상 개념규정이 확립되지 않은 상태이고 그 사전적 의미는 "인정이 없고 모짊"이라고 할 수 있는바, 이에 의하면 미성년자의 감정이나 의지, 행동 등 그 정신생활의 모든 영역을 망라하는 것으로서 살인이나 폭력 등 범죄행위를 이루는 것에서부터 윤리적·종교적·사상적 배경에 따라 도덕적인 판단을 달리할 수 있는 영역에 이르기까지 천차만별이어서 법집행자의 자의적인 판단을 허용할 여지가 높고, 여기에 '조장' 및 '우려'까지 덧붙여지면 사회통념상 정당한 것으로 볼 여지가 많은 것까지 처벌의 대상으로 할 수 있게 되는바, 이와 같은 경우를 모두 처벌하게 되면 그 처벌범위가 너무 광범위해지고, 일정한 경우에만 처벌하게 된다면 어느 경우가 그에 해당하는지 명확하게 알 수 없다. 다음으로 불량만화에 대한 정의 중 후단 부분의 "범죄의 충동을 일으킬 수 있게"라는 표현은 그것이 과연 확정적이든 미필적이든 고의를 품도록 하는 것에만 한정되는 것인지, 인식의 유무를 가리지 않고 실제로 구성요건에 해당하는 행위로 나아가게 하는 일체의 것을 의미하는지, 더 나아가 단순히 그 행위에 착수하는 단계만으로도 충분한 것인지, 결과까지 의욕하거나 실현하도록 하여야만 하는 것인지를 전혀 알 수 없어 그 규범내용이 확정될 수 없는 것이다. 그러므로, 이 사건 미성년자보호법 조항은 법관의 보충적인 해석을 통하여도 그 규범내용이 확정될 수 없는 모호하고 막연한 개념을 사용함으로써 그 적용범위를 법집행기관의 자의적인 판단에 맡기고 있으므로, 죄형법정주의에서 파생된 명확성의 원칙에 위배된다(헌재 2002. 2. 28, 99헌가8).

---

면만으로 잔인하거나 비이성적인 행동을 야기할 우려가 있다고 보기는 어렵다"고 한다.
이 사건은 근거조항인 '불량만화'조항이 법률명확성원칙 위반으로 헌법재판소에 의하여 위헌으로 선언됨으로써 2003년 1월 24일 대법원이 무죄를 확정하여 종결되었다. 이 사건에서 확인할 수 있듯이 명확성원칙에 위반되는 법률은 동일한 표현물에 대하여 서로 다른 평가를 가능하게 하고, 예술의 자유나 표현의 자유를 침해하게 된다. 한편 '천국의 신화 소년용'을 유죄로 판결한 것에 대해서는 "공권력이 문화를 판단하고 재단하겠다는 대단히 무섭고 파쇼적인 발상"이라는 비판이 있다. 박인하(2000), 389면.

### (3) 헌법적 법익을 이유로 한 제한

헌법적 법익, 즉 성도덕이나 성윤리를 포함하는 공중도덕이나 사회윤리를 근거로 예술의 자유나 표현의 자유를 제한함에 있어서 고려되어야 할 것들이 있다.[20] 보편적 공중도덕이나 사회윤리 또는 적어도 다수가 동의하는 공중도덕이나 사회윤리의 존재와 내용에 대한 확인이 필요하다. 경우에 따라서는 사회구성원들이 공통으로 행위기준으로 삼았던 일반적 도덕이나 윤리는 시대가 바뀌면서 이미 사라지고 더 이상 존재하지 않을 수 있다. 또한 그런 도덕이나 윤리가 여전히 존재한다고 해도 그 내용과 의미가 이미 상당히 변화되었을 수도 있다. 따라서 이미 존재하지 않거나 낡아빠진 도덕이나 윤리를 근거로 예술의 자유나 표현의 자유를 제한하는 것은 합리적이지 못하다.

### (4) 음란성의 개념

다른 사람의 기본권이나 공공의 이익 또는 헌법적 법익을 위하여 음란한 표현이 허용될 수 없다고 할 때 결국 문제의 핵심은 음란성의 개념으로 모아진다. 여기서 고려되어야 하는 것들이 있다.

첫째, 대법원은 음란의 개념을 정의하면서 "그 시대의 건전한 사회통념에 따라" 판단할 것을 요구한다([판례 14.3] 참조). 이것은 시대의 변화에 따라 공중도덕이나 사회윤리도 변화될 수 있고, 변화된 공중도덕이나 사회윤리에 따라 음란성을 판단해야 된다는 사실을 확인해준다. 음란의 개념은 고정적이거나 절대적이지 않고, 시대의 변화에 따라 함께 변화되는 가변적이고 상대적인 것이다. 따라서 표현물의 음란성을 판단해야 하는 법관은 고정되고 절대적인 도덕과 윤리에 얽매이지 말고, 새롭게 변화된 도덕과 윤리를 읽어내 판단의 기준으로 삼을 수 있는 개방적 태도가 필요하다.

둘째, 예술의 자유나 표현의 자유를 제한하는 법규범은 규율하고자 하는 내

---

20) 성도덕이나 성윤리에 반하는 포르노그래피의 경우에는 타인에게 혐오감이나 불쾌감이라는 해악을 끼치기 때문에 타인의 권리에 대한 침해의 관점에서 접근할 수도 있다. 더 나아가 일부 여성주의의 주장에 따르면 포르노그래피는 단순한 혐오를 넘어서 '여성에 대한 차별의 실제'라는 주장도 있다. 이에 대해서는 장영민(1995), 48면 이하 참조. 또한 반(anti)포르노 여성주의에 대해서는 문재완(2006), 14면 이하도 참조. 한편 포르노그래피에 대한 여성주의의 입장에 대해서는 다음과 같은 반론이 있다. "포르노 혹은 음란물은 남성과 여성이 모두 가진 성욕과 성애를 적극적으로 표현하는 매체이며, 인간의 성욕과 성애는 사회적으로 금지되거나 회피해야 할 것이라기보다는 존재론적 차원에서 인간 존재의 외침을 드러내는 중요한 방식의 하나라고 보아야 한다." 문화과학편집위원회(2001), 106면 참조.

용을 가능한 한 명확하게 규정하여야 한다. 자유와 권리를 제한하는 모든 법규범은 명확해야 하지만 앞에서 설명한 대로 잠정적으로 다른 자유와 권리보다 우월한 표현의 자유 또는 예술적 표현의 자유를 제한하는 경우에는 법규범의 명확성이 더욱 엄격하게 요구된다. 예를 들어 일반적 성도덕이나 사회윤리에 반하는 외설적 표현 또는 음란한 표현의 개념을 정의할 때는 금지된 표현물이 무엇인지에 대한 명확한 표지들이 제공되어야 한다.

만약 외설적 표현이나 음란의 표현이 무엇인지를 구체적으로 정의하지 않은 채 그냥 외설적 표현이나 음란한 표현을 금지한다고 규정할 수도 있다. 이 경우에 표현물의 외설성이나 음란성을 판단하기 위해서는 표현물의 '전체적 맥락'을 고려하는 것이 필요하다.[21] 대법원도 표현물의 음란성을 판단할 때 "당해 표현물을 전체로서" 평가할 것을 요구한다([판례 14.3] 참조). 그리고 이러한 전체적 평가에서 고려되어야 하는 것으로 ① 외설적이거나 음란하다고 보이는 표현이 "전체에서 차지하는 비중", ② 표현물 전체가 표현하고자 하는 "사상과의 관련성", ③ 표현물 전체의 "구성과 전개", ④ 표현물 전체가 표현하고자 하는 예술성이나 사상성을 통해 "완화된 성적 자극의 정도"[22] 등이 예로 들어진다. 전

21) 표현물의 음란성을 판단할 때 전체적 맥락이 고려되어야 한다는 점은 이미 1975년 소설 '반노' 사건에서 대법원이 "전체적인 내용의 흐름"을 강조할 때부터 분명하게 나타나 있다. 대판 1975. 12. 9. 74도976 참조.

22) 예를 들어 대법원(대판 1995. 6. 16. 94도1758)은 사진첩의 음란성을 판단하면서 이러한 기준을 적용하여 하나는 '음란한 도화(음화)'가 아니고, 하나는 '음란한 도화'라고 판결하였다.
먼저 음화가 아닌 것부터 보자. "산타페는 일본의 여배우 미야자와 리에(宮澤りえ)를 모델로 하여 사진작가 시노야마 기신(篠山紀信)이 찍은 사진 60여장을 모아 발간한 누드집을 국내에 들여와 인쇄·출판한 것인데, 위 사진들은 옷을 입거나 벗은 상태에서 앞과 뒤 혹은 앉거나 눕는 등의 여러 가지 자태를 찍은 사진들로 구성되어 있고, 그 중 일부 사진은 가슴이 노출되어 있음은 물론 전라이고 드물게는 음모부분까지 드러나 있는 것도 있지만 그렇다고 하여 그것이 난잡스레 유방이나 국소 부위를 강조하거나 성교 장면을 연상케 하지 않을 뿐더러 그 사진들의 구성 등에 비추어 보면 선정성보다는 예술성이 강조된 것으로 보여져 그 **예술성으로 인하여 독자로 하여금 성적표현에 의한 성적 자극을 감소·완화**시키고 있으며, 위 사진첩의 사진들을 **전체로서 보았을 때** 주로 독자의 호색적 흥미를 돋구는 것으로는 인정되지 아니하므로 위 사진첩들은 오늘날의 사회통념상 공연히 성욕을 흥분 또는 자극시키고 또한 보통인의 정상적인 성적 수치심을 해하고 선량한 성적 도의관념에 반하는 것이라고 인정하기 어렵다고 할 것이다."
다음으로 음화로 판단된 것을 보자. "에이스(원제목: SEXY STAR NUDE PROFESSIONAL PHOTO SENSUALITY ACE)는, 소피마르소·브룩 쉴즈·마돈나·샤론 스톤·마릴린 몬로 등 외국의 유명 여배우 또는 여자누드모델들이 옷을 입거나 벗은 상태에서 앞과 뒤 혹은 앉거나 눕는 등의 여러 가지 모습을 찍은 사진들을 모아 편집한 사진첩으로서, 그 사진첩에는 전라로 말등(馬上)에 눈을 감고 누워 가슴부위를 강조하여 찍은 것으로서 얼굴에 성적 감정에 도취한 듯한 표정을 짓고 있는 사진, 전라로 양다리를 벌리고 누워 성적감정에 도취되어 있는 듯한 모습을 머리 부분에서부터 찍은 사진, 전라로 다리를 벌리고 양손을 국부에 대고

적으로 동의할 수 있는 타당한 기준들이다.

특히 표현물의 음란성을 판단할 때 그 표현물에 포함된 예술성을 고려하는 것이 중요하다. 물론 결론적으로는 '예술이냐, 외설이냐'라는 이분법적 선택이 될 수밖에 없다. 중요한 것은 표현물을 전체적으로 고려하여 예술성이 압도하는지 아니면 음란성이 압도하는지를 판단하는 일이다. 따라서 표현물 전체에 흐르는 예술성을 고려하지 않은 채 부분적인 음란성을 문제삼아 음란물로 판정하는 것은 곤란하다. 물론 표현물 전체에 음란성이 지배하는 경우에는 부분적으로 예술성을 가지고 있다고 하더라도 외설적 표현물이 예술작품이 되는 것은 아니라고 볼 수도 있지만,[23] 변화된 대법원의 음란 개념에 따르면 "하등의 문학적·예술적·사상적·과학적·의학적·교육적 가치를 지니지 아니하는 것"이어야 하므로 부분적 예술성을 가진 경우 음란물에서 제외될 수 있다([판례 14.4] 참조).

---

머리를 뒤로 젖히고 성적감정에 도취한 듯이 눈을 감고 있는 사진, 전라의 모습으로 엉덩이를 높이 들고 머리를 바닥에 대고 엎드려서 유혹하는 눈빛으로 앞을 쳐다보고 있는 사진, 전라로 바닥에 누워 자위를 하며 성적 만족감을 느껴 눈을 지그시 감고 있는 사진들이 포함되어 있는바, 그 사진들을 살펴보아도 거기에 **예술성 등 성적자극을 감소·완화시키는 요소를 발견할 수 없을 뿐더러** 그 사진 **전체로 보아** 선정적 측면을 특히 강조하여 주로 독자의 호색적 흥미를 돋구는 것으로 인정되므로 위 사진첩은 오늘날의 사회통념상 공연히 성욕을 흥분 또는 자극시키고 또한 보통인의 정상적인 성적 수치심을 해하고 선량한 성적 도의관념에 반하는 것이라고 인정된다고 할 것이다."

23) 이러한 기준에 따라 대법원은 중남미 에로티시즘 문학의 대표작들 가운데 하나인 번역소설 '아마티스타'가 음란한 간행물에 해당한다고 보았다. "이 사건 소설은 이름이 밝혀지지 않고 '부인'으로만 불리는 여인이 역시 이름이 밝혀지지 않고 '변호사 선생님'으로만 등장하는 남성에게, 상상적인 인물인 '아마티스타'라는 여인이 '피에르'라는 청년 등과 카페의 밀실, 해변 등 여러 장소에서 나누는 은밀한 성체험 이야기를 들려주면서 '변호사'를 성적으로 도취시키는 한편, 서술자인 자신과 직접 성적 실습까지 하게 함으로써 '변호사'가 온전하게 성적 쾌락에 눈뜨게 하는 과정을 아르헨티나 수도 부에노스아이레스에서 일어난 아홉 개의 사건을 통하여 다루는 가운데, 그 전편에 걸쳐 자위행위와 혼음, 구강성교, 항문성교 등의 다양한 성행위를 자극적으로 적나라하게 묘사하고 있는 점을 엿볼 수 있는바, '음란'이란 개념 자체가 사회와 시대적 변화에 따라 변동하는 상대적이고도 유동적인 것이고 그 시대에 있어서 사회의 풍속, 윤리, 종교 등과도 밀접한 관계를 가지는 것이므로 중남미의 애정선정물에 대한 긍정적 평가를 그대로 우리 사회에 적용할 수 없음은 물론, 그 내용 속에 성에 관한 묘사서술이 우리 사회에서 용인될 수 없을 정도로 노골적이고도 상세한 것인 이상 비록 성적인 폭력이나 동물로 묘사하는 등과 같은 비인간화된 성적 표현이 나타나 있지 않다는 점만으로 그 음란성이 부정될 수 없다고 할 것이고, 이렇게 볼 때 이 사건 소설은 성에 관한 노골적이고 상세한 묘사서술이 전편에 흐르고 있고 성적 요소를 주제로 한 실험적 시도나 성교육의 기능이 내재하여 있다고 할지라도 그러한 **예술성 등의 사회적 가치로 인하여 성적 자극의 정도가 완화되었다고 보이지 아니하며**, 그 전편에 걸쳐 다양한 성행위를 반복하여 묘사하고 있는 점 등을 종합하여 볼 때, 우리 시대의 건전한 사회통념에 비추어 공연히 성욕을 흥분 또는 자극시키고 또한 보통인의 정상적인 성적 수치심을 해하고 선량한 성적 도의관념에 반하는 것이라고 아니할 수 없다." 대판 1997. 12. 26. 97누11287 참조.

그러나 어떤 사람을 기준으로 음란성을 판단할 것인지는 여전히 문제이다. 대법원의 판례에 따르면 음란의 개념은 "사회의 평균인의 입장에서 그 시대의 건전한 사회통념에 따라 객관적이고 규범적으로 평가하여야 한다"고 한다([판례 14.3] 및 [판례 14.4] 참조).[24] 하지만 "사회의 평균인"은 누구이고, "그 시대의 건전한 사회통념"은 무엇인지, 그리고 "객관적이고 규범적으로 평가"하는 것이 어떠한 방법을 말하는지에 대해서 명확하게 규정하지 않은 한 대법원이 제시한 기준은 불명확한 개념을 다시금 불명확한 표지로 설명하는 데 지나지 않게 된다.[25] 한편 헌법재판소도 음란의 개념은 객관적으로 확정될 수 있는 명확한 의미가 있다고 본다(아래 [판례 14.6] 참조). 하지만 진정으로 음란의 개념이 객관적 확정이 가능한 개념인지에 대해서는 충분한 논의가 필요하다. 그리고 만약 음란의 개념이 확정될 수 있다고 하더라도 그것은 공동체구성원들이 구체적인 시대와 상황에 따라 지속적으로 확정해 나가야 하는 개념이다.[26]

**[판례 14.6] 음란 개념의 명확성**

"음란" 개념은 적어도 수범자와 법집행자에게 적정한 지침을 제시하고 있다고 볼 수 있고 또 법적용자의 개인적 취향에 따라 그 의미가 달라질 수 있는 가능성도 희박하다고 하지 않을 수 없다. 따라서 "음란" 개념은 그것이 애매모호하여 명확성의 원칙에 반한다고 할 수 없다(헌재 1998. 4. 30. 95헌가16).

---

24) 2008년의 대법원 판결은 음란 개념에 대한 헌법재판소의 견해를 받아들여 음란 개념의 범위를 축소·제한한 것으로 보이지만, "사회의 평균인", "시대의 건전한 사회통념" 등 기존에 대법원 판례가 사용해 온 음란성 판단기준을 병렬적으로 나열한 것은 그 한계로 지적되기도 한다. 이에 대해서는 조국(2013), 414면 이하 참조.

25) 미국 연방대법원은 '3단계 음란성 판단기준'을 사용하여 ① 그 지역공동체의 평균인이 느끼기에 그 표현물이 '호색적 흥미에 호소'하는 것으로 받아들여지고, ② 그 표현물이 적용가능한 구체적으로 정의된 대로 성적 행위를 '명백히 공격적인 방법으로 묘사'하며, ③ 전국적 기준으로 판단했을 때 그 표현물이 '중대한 문학적, 예술적, 정치적 혹은 과학적 가치를 결하는 것'인지 여부에 따라 표현물의 음란성을 판단한다고 한다. 임지봉(2005), 472면 참조. 미국판례에서 음란성을 판단하는 기준이 최초로 제시된 사건은 1957년 Roth판결(Roth v. United States 354 U.S. 476)로 ① 동시대에 사는 특정지역의 평균인(average person)을 기준으로 할 것, ② 표현물을 전체적으로(as a whole) 판단할 것, ③ 호색적 흥미(prurient interest)를 자극하는 것이라는 세 가지 기준이 형성되었다. 그리고 1973년 Miller판결(Miller v. California 413 U.S. 15)은 이러한 세 가지 기준에다 ① 묘사·서술의 방식이 명백하게 노골적일 것(patently offensive), ② 중대한 문학적·예술적·정치적·과학적 가치를 가지고 있지 않을 것(lack of serious literary, artistic, political, or scientific value)을 추가하였다. 이러한 판결들을 포함하여 음란성에 관한 미국판례의 역사에 대해서는 서주실(2000), 5면 이하 및 박영철(2001), 215면 이하 참조. 또한 음란물과 관련된 미국의 사상적 논쟁에 대해서는 문재완(2006), 3면 이하 참조.

26) 음란개념의 확정과 관련하여 "전문가들의 의견수렴, 그리고 시민사회에서의 토론을 통해 합의를 도출한 이후 사법적 기준을 정해야 한다"는 견해가 있다. 강내희(2000), 168면 참조.

셋째, 법규범을 적용하는 법관의 의식은 일반적 도덕이나 윤리를 충분히 반영하고 있어야 하고, 법규범을 자의적으로 적용하지 않도록 가능한 한 명확한 법규범에 의한 규율이 필요하다. 그렇지 않은 경우에 공중도덕이나 사회윤리를 기준으로 금지된 표현물의 구체적 경계를 설정해야 하는 법관은 자칫 자신의 주관적 도덕이나 윤리관을 가지고 판단할 수 있기 때문이다.[27] 실제로 대법원은 음란성에 대한 "최종적인 판단의 주체"가 법관이라고 하고 있기 때문에[28] 법관이 자신의 주관적 도덕·윤리관이 아니라 일반적 도덕·윤리관에 따라 판단하는 것은 대단히 중요하다.[29]

**[판례 14.7] 아동·청소년이용 음란물 제작의 의미와 명확성**

다소 광범위하여 어느 정도 법관의 보충적 해석을 필요로 하는 개념을 사용하였다고 하더라도, 통상의 해석방법에 의하여 건전한 상식과 통상적인 법감정을 가진 사람이 당해 처벌법규의 보호법익과 금지된 행위 및 처벌 종류와 정도를 알 수 있도록 규정하였다면 헌법이 요구하는 죄형법정주의의 명확성 원칙에 반한다고 할 수 없다. 아동·청소년의 성의 상품화, 즉 아동·청소년의 성매매 및 이의 알선행위, 아동·청소년을 이용하여 음란물을 제작·배포하는 행위 및 아동·청소년에 대한 성폭력행위 등 아동·청소년에 대한 성적 착취가 심각한 사회문제로 대두되면서, 이로부터 아동·청소년을 보호·구제하여 이들의 인권을 보장하고 건전한

27) 대법관은 일반 보통인이 아니기 때문에 음란성 판단을 배심재판에 맡길 필요성이 있다는 주장도 있다. 임지봉(2005), 477면 이하 참조.

28) 대판 1995. 2. 10. 94도2266: "형법 제243조 소정의 '음란'이라는 개념 자체가 사회와 시대적 변화에 따라 변동하는 상대적이고도 유동적인 것이고, 그 시대에 있어서 사회의 풍속, 윤리, 종교 등과도 밀접한 관계를 가지는 추상적인 것이므로 결국 구체적인 판단에 있어서는 사회통념상 일반 보통인의 정서를 그 판단의 규준으로 삼을 수밖에 없다고 할지라도, 이는 법관이 일정한 가치판단에 의하여 내릴 수 있는 규범적인 개념이라 할 것이어서 그 **최종적인 판단의 주체는 어디까지나 당해 사건을 담당하는 법관**이라 할 것이니, 음란성을 판단함에 있어 법관이 자신의 정서가 아닌 일반 보통인의 정서를 규준으로 하여 이를 판단하면 족한 것이지 법관이 일일이 일반 보통인을 상대로 과연 당해 문서나 도화 등이 그들의 성욕을 자극하여 성적 흥분을 유발하거나 정상적인 성적 수치심을 해하여 성적 도의관념에 반하는 것인지의 여부를 묻는 절차를 거쳐야만 되는 것은 아니라고 할 것이다." 같은 취지의 최근 하급심 판례로 서울중앙지법 2006. 5. 16. 2006노435: "영상물등급위원회가 등급분류 과정에서 음란성 여부에 관한 판단을 하였다 하더라도 영상물등급위원회의 등급분류 또는 등급분류 보류에 관한 결정에 대하여 이의를 신청하거나 행정소송을 제기할 수 있는 점에 비추어 그 판단은 중간적인 것에 불과하고, 음란성 **판단의 최종적인 주체는 어디까지나 당해 사건을 담당하는 법관**이라 할 것이므로, 음반·비디오물 및 게임물에 관한 법률상 영상물등급위원회가 18세관람가로 등급분류를 하였다 하여 무조건 음란성이 부정되는 것은 아니고, 법관은 음란성을 별도로 판단할 수 있다."

29) 결국 음란성에 대한 판단은 "법관의 직관적 판정"일 것이라는 주장이 있다. 심희기(1997), 61면 참조. 또한 "최종판단자인 법관의 개인적인 가치가 음란성 판단에 필연적·전적으로 개입하게 된다"는 견해도 있다. 박선영(2006), 426면 참조.

사회구성원으로 성장할 수 있도록 한다는 청소년성보호법의 입법목적에 따라, 아동·청소년에 대한 성적 착취의 대표적 사례인 **청소년을 이용한 필름, 비디오테이프, 컴퓨터 기타 통신매체를 통한 영상 등의 음란물 제작행위**에 대하여 처벌을 강화하려는 것이 심판대상조항의 입법취지이다. 제작의 사전적 의미상 재료나 방법에 어떠한 제한이 있지는 않고, 청소년성보호법도 제작의 방법이나 목적 등에 아무런 제한을 하고 있지 않다. 영상과 음향 등으로 구성된 무형물을 대상으로 하는 저작권법도 제작의 의미를 '음반 또는 영상물을 전체적으로 기획하고 책임을 지는 것'으로만 규정하고 있다. 현재의 기술 수준에서는 단순 촬영한 디지털 영상만으로도 즉시 유포가 가능한 음란물을 쉽게 생성할 수 있어 촬영과 제작을 명백히 구분할 실익이 없고, 촬영이 종료되어 영상정보가 재생가능한 형태로 디지털기기의 주기억장치에 입력되는 시점에 하나의 아동·청소년이용음란물이 완성된 것으로 볼 수 있다. 일단 제작되면 언제라도 무차별적으로 유통에 제공될 수 있으므로 '제작'을 엄격히 규제할 필요도 인정된다. 그렇다면 심판대상조항이 규정하는 '제작'의 의미는 **객관적으로 아동·청소년이용음란물을 촬영하여 재생이 가능한 형태로 저장할 것을 전체적으로 기획하고 구체적인 지시를 하는 등으로 책임을 지는 것**이며, **피해자인 아동·청소년의 동의 여부나 영리목적 여부를 불문함은 물론 해당 영상을 직접 촬영하거나 기기에 저장할 것을 요하지도 않는 것**으로 해석되고, 죄형법정주의의 명확성 원칙에 위반되지 아니한다(헌재 2019. 12. 27. 2018헌바46).

## Ⅲ. 예술의 자유와 표현의 자유에 대한 제한의 일반적 위험성과 쟁점들

### 1. 후견주의

다른 사람의 자유와 권리 또는 공익을 이유로 예술의 자유나 표현의 자유를 제한할 수 있다고 하더라도 예술의 자유나 표현의 자유에 대한 제한은 항상 후견주의(paternalism)의 위험성이 있다. 국가가 국민을 성숙하지 못한 존재로 전제하고, 후견인으로서 국민의 모든 표현활동에 간섭할 수 있는 가능성이 항상 존재하는 것이다. 마치 미성년자인 자녀의 행동에 대하여 부모가 걱정스런 마음으로 사사건건 잔소리하는 것과 마찬가지로 국가도 미성숙한 국민의 활동을 감시하고 통제할 수 있게 되는 것이다. 이러한 후견적 감시와 통제의 극단적 형태가 사전검열이다.[30] 실제로 예술의 자유나 표현의 자유에 대한 대부분의 제한은 사전검열의 형태를 띠고 있다.

하지만 헌법은 이와 같은 사전검열을 절대적으로 금지하고 있다(헌법 제21조 제2항).[31] 이러한 헌법정신에 따른다면 국가는 가능한 한 후견적 감시와 통제의

30) 사전검열에 대해서는 이 책 제15장을 참조.

태도를 버리고 비록 미성숙할지는 몰라도 감시나 통제 없이 자유롭게 표현할 수 있을 때 성숙해질 수 있는 국민을 신뢰하고 자유로운 표현을 보장해야 할 것이다. 오히려 국가는 이미 알 것 다 아는 국민을 어린아이 취급하지 말고, 본인도 모르게 이미 어른이 되어 버린 자식을 고치겠다고 회초리를 들고 설치는 어리석은 부모처럼 행동하지 않기를 기대한다.

국민에 대한 국가의 감시와 통제의 포기는 무엇보다 음란물에 대한 금지와 처벌, 즉 범죄화를 최소화함으로써 가능해진다. 여기서 음란물을 형법상 금지되는 것(형벌이 불가피한 것)과 형법상 금지되지 않는 것(형벌이 불필요한 것)으로 명확하게 구분할 필요가 있다.[32] 형법상 금지되는 음란물에는 범죄에 해당하는 '하드코어 포르노그래피'와 같이 극히 예외적인 경우가 포함될 것이다.[33] 한편 형법상 허용되는 '소프트코어 포르노그래피'의 경우에도 타인에게 혐오감이나 불쾌감을 주는 것이라면 타인에게 노출되도록 강요할 수 없다. 따라서 음란물을 등급화하여 타인에게 혐오감이나 불쾌감을 줄 수 있는 포르노그래피는 영화의 경우에 전용관과 같은 제한된 장소에서만 상영하든지, 간행물의 경우에 불특정 다수인이 볼 수 없도록 포장한 뒤 포르노그래피라는 사실을 표시하도록 규율할 필요는 있다.[34] 이처럼 성인전용관에 대한 청소년의 출입을 금지하거나 성인전용 간행물에 대한 청소년의 구독을 금지하는 법률의 제정이 필요한 경우에만 국가의 개입이 정당화될 수 있다.

음란물의 분류를 통한 국가의 감시와 통제의 제한은 우선 음란물이라는 포괄적 용어의 포기 또는 수정을 전제로 한다. 모든 성적 표현물과 거의 같은 의미에서[35] 포괄적으로 사용될 수 있는 음란물이라는 개념은 ① 형법상 금지되는 포르노그래피, ② 형법상 금지되지는 않지만 타인에게 혐오감이나 불쾌감을 줄 수 있

31) '절대적으로'라는 표현은 오해의 여지가 있다. 사전검열이 극히 예외적으로 허용되는 경우가 있기 때문이다. 헌법은 비상계엄이 선포된 경우에 법률로써 표현의 자유에 '특별한 조치'를 할 수 있다고 규정하고 있는데(헌법 제77조 제3항) 이러한 '특별한 조치'에 사전검열이 포함될 수 있다. 따라서 사전검열의 절대적 금지는 비상계엄이라는 극히 이례적인 상황을 제외한 정상적인 상황에서 사전검열이 절대적으로 금지된다는 뜻이다.

32) 따라서 "어떤 문화생산물이 외설물이라는 사실과 위법적이라는 사실은 서로 다른 사안일 수 있다"는 지적은 전적으로 타당하다. 강내희(2000), 162면 참조.

33) 예를 들어 집단강간이나 성고문, 아동포르노그래피가 있다. 장영민(1995), 51면 이하 참조.

34) 사이버상의 음란물에 대한 규제는 독특한 성격을 갖는데 이에 대해서는 김용화(2003), 373면 이하 참조.

35) '음란물'이라는 부정적 표현보다 '성표현물'이라는 중립적 개념을 제안하는 견해가 있다. 장영민(1995), 42면 참조. 포르노그래피를 '성표현물'로 번역하는 다른 예로 김배원(2005), 64면도 참조.

는 포르노그래피, ③ 형법상 금지되지도 않고 타인에게 혐오감이나 불쾌감도 주지 않는 성적 표현물로 구분해서 사용해야 한다. 이런 의미에서 현재의 음란물에 대한 형법의 태도는 형법상 금지되는 포르노그래피와 함께 형법상 금지되지는 않지만 단지 타인에게 혐오감이나 불쾌감을 줄 수 있는 포르노그래피까지 포함시킴으로써 국가의 감시와 통제를 과도하게 확장하고 있다고 판단된다.

## 2. 상업주의를 빙자한 통제

상업주의의 관점에서 모든 것을 상품화하는 자본주의 경제체제는 자극적인 표현물들이 한계없이 유통될 수 있는 위험성이 있다고 염려하기도 한다. 그리고 이러한 위험성을 사전에 예방하기 위하여 예술의 자유나 표현의 자유가 제한되어야 한다는 논리가 전개되기도 한다.

그러나 첫째, 외설스럽다고 의심되는 표현물들이 시장에 다량 유통되어 다수의 성인인 국민이 구매하게 된다면 그것은 곧바로 국민의 일반적인 성도덕을 의미할 수 있다. 따라서 그러한 표현물에 대한 국가의 감시와 통제는 오히려 일반적 성도덕에 반하는 것으로서 허용될 수 없다. 만약 이러한 경우에도 국가가 국민의 행동을 감시하고 통제할 수 있다면 이것이야말로 국가의 극단적인 후견주의적 태도를 보여주는 것이다. 국가만이, 혹은 국가로 대변되는 특정 집단만이 국민의 일반적인 성도덕과 전혀 상관없는 낡아빠진 성도덕을 고집하면서 국민에게 강요하는 것이기 때문이다. 아니면 자신들도 이미 그러한 일반적인 성도덕을 가지고 있으면서 이중적 성도덕을 국민에게 주입시킬 가능성이 크다.

둘째, 외설스럽다고 의심되는 표현물들이 시장에서 전혀 유통되지 않거나 유통량이 극히 적다면 굳이 국가의 감시와 간섭을 통하여 통제될 필요가 없다. 상업주의적 위험성에 대한 우려는 국가의 감시와 통제가 아니라 시장의 법칙에 의하여 시장으로부터 자연스럽게 퇴출됨으로써 해결되는 것이 바람직하다.

결론적으로 선정적이거나 자극적인 표현물의 상업적 유통을 우려하여 국가가 국민의 표현물을 감시하고 통제하는 것은 가능하면 허용하지 않는 것이 타당하다. 국가는 오히려 자유롭게 형성되는 성도덕에 관한 광장이나 사상의 시장을 신뢰하면서 그러한 광장이나 시장을 자유롭고 열린 공간으로 보장하는 것이 국가에게 부과된 의무라는 사실을 확인할 필요가 있다.

## 3. 성적 욕망의 억압

성적 욕망은 인간의 본질적인 욕망 가운데 하나다. 따라서 성적 욕망은 그 자체로 혐오스러운 것도 아니고, 악한 것은 더욱 아니다. 다른 욕망과 달리 성적 욕망은 절제되기 어렵기 때문에 외부적 통제가 필요하다고 말할지도 모른다. 하지만 절제되기 어려운 욕망의 특성은 성적 욕망에 국한되지 않으므로 성적 욕망을 다른 욕망과 달리 취급할 이유는 없다. 다른 사람의 재물을 훔치는 경우처럼 다른 사람의 권리를 침해하는 물적 욕망은 허용될 수 없다. 마찬가지로 스토킹, 희롱(원치 않는 성적 언행과 행동), 추행, 강간 등과 같이 다른 사람에게 피해를 주는 성적 욕망만이 허용될 수 없다. 다른 사람의 권리에 대한 침해가 없음에도 불구하고 단지 막연하기 그지없는 도덕과 윤리의 이름으로 국가가 성적 욕망의 분출을 통제하거나 억압할 근거는 없다. 특히 성적 표현을 통한 성적 욕망의 분출은 표현주체의 입장에서도, 그리고 혐오감이나 불쾌감을 느끼지 않는다면 표현물을 수용하는 주체의 입장에서도 금지될 수 없다. 성적 표현이 성범죄를 증가시키는지 또는 감소시키는지에 관한 객관적 증거는 없지만 적어도 표현주체와 표현수용자의 성적 욕망을 충족시킬 수 있음은 분명하다.

성적 욕망이 자연스럽고 당연한 것이라면 반드시 성인, 특히 남성의 성적 욕망만이 보호받을 이유도 없다. 청소년의 성적 욕망에 대해서도 보호가 필요하고, 보수적 사회에서 과도하게 억압받는 여성의 성적 욕망에 대한 보호의 당위성도 요구된다. 따라서 형법상 금지되어야 하는 표현물과 금지될 필요가 없는 표현물이 구분될 수 있는 것처럼 오로지 성인의 접근만이 허용되는 성적 표현물과 청소년의 접근도 허용되는 성적 표현물도 섬세하게 구분될 필요가 있다. 그리고 여성도 단지 남성의 성적 욕망을 위한 대상에서 해방되어 성적 욕망의 주체로 당당하게 자신을 표현하고 성적 표현물을 향유할 수 있어야 한다. 성에 관한 엄숙주의나 금욕주의는 특정한 개인이나 집단의 도덕과 윤리가 될 수는 있을지언정 사회전체의 도덕이나 윤리가 될 수는 없다는 점에서 국가를 빙자한 특정 개인이나 집단의 엄숙주의·금욕주의가 음란이라는 이름으로 성적 욕망의 분출을 억압할 수는 없다.

## 4. 성적 담론의 위축

성에 관한 이야기는 흔히 부끄럽고 민망한 것으로 취급되어 공적 토론의 대상이 되기 어렵다. 성적 담론은 음담패설이 되기 쉽고, 진지하지 못한 웃음거리나 은밀하게 주고받는 패거리들의 밀담이 되어 버리곤 한다. 이런 상황에서 음란물을 판단하는 명확한 기준도 제시하지 않은 채 성적 표현물을 모두 음란물로 규정하고 형사처벌을 하게 되면 성적 담론은 더욱 더 지하로 내려가 음성화된다. 건강하고 합리적인 성적 담론은 사라지고, 성적 담론은 불쾌하고 부담스러운 것이 된다. 심지어 성적 담론은 성에 관한 왜곡된 인식과 이해를 전달하는 장이 된다. 이런 맥락에서 성적 표현의 자유뿐만 아니라 성적 담론 자체를 위축시키는 포괄적인 음란 개념은 포기되어야 한다. 이를 통해 자유로운 성적 담론을 보장함으로써 무엇이 범죄가 되는 성적 표현인지 명확하게 분리해 내고, 범죄는 아니지만 타인에게 불쾌감을 주는 성적 표현과 청소년의 접근을 금지해야 하는 성적 표현도 세밀하게 구분하는 것이 가능해질 수 있다.

## 5. 여성의 대상화에 대한 고려

성적 표현이 원칙적으로 허용된다고 하더라도 남성중심의 성문화 속에서 성적 표현이 여성을 남성의 성적 욕구를 해소하기 위한 대상으로 전락시키지 않도록 특별한 고려가 필요하다.36) 오로지 남성의 성적 욕망을 만족시키기 위하여 여성을 대상화하는 성적 표현만이 지배한다면 성적 표현은 원칙적으로 금지해도 무방하다. 따라서 성적 표현의 자유를 보장하기 위한 전제는 여성을 포함한 다양한 성적 소수자의 성적 욕망을 만족시키기 위한 여러 가지 형태의 성적 표현물이 생산될 수 있는 환경이 조성되는 것이다. 이를 위해서는 여성이나 다른 성적 소수자가 자신의 성적 욕망을 자유롭게 표현할 수 있도록 남성중심, 그리고 이성애(heterosexuality)중심에서 형성된 성에 관한 다양한 금기와 편견을 제거하는 것이 필요하다.

## 6. 아동 포르노그래피의 문제

성적 표현의 자유를 주장하면서 표현의 대상에는 제한이 있을 수 없다고 주장할 수 있다. 만약 성적 표현의 대상을 제한하면 성적 표현의 자유 자체가 침해될 수 있기 때문이다. 하지만 성적 표현의 자유가 인정된다고 하더라도 아동을 출

36) 같은 맥락에서 팔라비치노의 소설 '창녀의 수사학'을 분석하면서 포르노그래피를 여성혐오의 관점에서 이해하려는 시도는 흥미롭다. 곽차섭(2019), 369면 이하 참조.

연시켜 제작된 아동 포르노그래피[37]의 경우에는 아동의 동의와 상관없이 절대적으로 금지될 필요가 있다.[38] 아동이 포르노그래피의 제작에 참여함으로써 성적으로 학대당하고 착취당하기 때문이다. **아동·청소년의 성보호에 관한 법률**은 아동 포르노그래피를 "아동청소년성착취물"로 표현하면서 "아동·청소년 또는 아동·청소년으로 명백하게 인식될 수 있는 사람이나 표현물이 등장하여" ① 성교 행위, ② 구강·항문 등 신체의 일부나 도구를 이용한 유사 성교 행위, ③ 신체의 전부 또는 일부를 접촉·노출하는 행위로서 일반인의 성적 수치심이나 혐오감을 일으키는 행위, 또는 ④ 자위 행위 가운데 "어느 하나에 해당하는 행위를 하거나 그 밖의 성적 행위를 하는 내용을 표현하는 것으로서 필름·비디오물·게임물 또는 컴퓨터나 그 밖의 통신매체를 통한 화상·영상 등의 형태로 된 것"이라고 정의한다(동법 제2조 제5호). 이에 따르면 아동·청소년이 실제로 등장하는 포르노그래피뿐만 아니라 아동·청소년으로 명백하게 인식될 수 있는 사람이나 표현물(애니메이션 등)이 등장하는 포르노그래피(가상 아동 포르노그래피)도 아동·청소년성착취물에 포함된다. 여기에 대해서는 실제로 아동·청소년이 등장하는 포르노그래피와는 달리 아동·청소년으로 명백하게 인식될 수 있는 사람이나 표현물이 등장하는 포르노그래피의 경우에는 아동·청소년에 대한 직접적인 성적 학대나 성적 착취가 없다는 점에서 양자는 구분되어 법적인 처우를 다르게 받아야 한다는 점에서 비판이 제기되기도 한다.[39] 어쨌든 아동·청소년성착취물을 제작하거나 배포하는 행위, 소지하거나 시청하는 행위 등에 대해서는 형사처벌이 부과된다(동법 제11조). 헌법재판소는 아동 포르노그래피에 대한 가중된 처벌이 헌법에 위반되지 않는다고 본다(아래 [판례14.8] 참조). 한편 19세 이상의 사람이 이른바 '디지털 성범죄', 즉 성적 착취를 목적으로 정보통신망을 통하여 아동·청소년에게 ① 성적 욕망이나 수치심 또는 혐오감을 유발할 수 있는 대화를 지속적 또는 반복적으로 하거나 그러한 대화에 지속적 또는 반복적으로 참여시키는 행위, ② 대가를 제공하고 아동청소년을 대상으로 성교행위나 유사 성교행위 등을 하거나 이러한 행위 등을 하게 하는 '아동청소년의 성을 사는 행위'를 하도록 유인·권유하는 행위를 하는 경우에도 형사처벌이 된다(동법 제15조의2 제1항).

---

37) 아동 포르노그래피의 개념에 대해서는 이원상(2011), 118면 이하 참조.

38) 아동 포르노그래피를 금지해야 하는 이유로 아동대상 성범죄와의 연관성을 들기도 한다. 박기범(2007), 162면 이하 참조.

39) 박강우(2014), 181면; 이원상(2014), 89면 참조.

**[판례 14.8] 아동 포르노그래피에 대한 가중처벌**

아동·청소년은 성인과 달리 정신적으로나 사회적으로 자기방어능력이 부족하여 다른 사람에게 신체적·정신적으로 제압당할 가능성이 높다. 그런데 아동·청소년이용음란물의 제작으로 인한 피해는 성적 자기결정권의 침해에 그치는 것이 아니라 인격의 파괴에까지 이를 수 있으며 회복되기 어려울 정도로 삶이 훼손될 수도 있으므로 아동·청소년을 성범죄의 영역으로부터 분리하고 건전한 사회구성원으로 성장할 수 있도록 하기 위하여, 아동·청소년을 보호할 필요가 있다. 아동·청소년이용음란물은 그 직접 피해자인 아동·청소년에게는 치유하기 어려운 정신적 상처를 안겨줄 뿐만 아니라, 이를 시청하는 사람들에게까지 성에 대한 왜곡된 인식과 비정상적 가치관을 조장한다. 게다가 정보통신 기술 등의 발달로 인하여 음란물을 제작하는 행위와 이미 만들어진 음란물을 유통시키는 행위의 구별도 점차 불분명해지고 있다는 점 등을 고려하면, 음란물의 제작행위 자체에는 그 유통의 위험성까지 상당부분 내재되어 있다. 아동·청소년의 '인간으로서의 존엄성' 역시 온전히 보호되어야 할 필요성이 있는 점, 제작행위에 관여된 피해 아동·청소년에게 영구히 씻을 수 없는 기록을 남기고 그러한 피해는 쉽사리 해결되기 어려운 점 등까지 고려하면 아동·청소년이용음란물 제작행위는 인간의 존엄과 가치에 정면으로 반하는 범죄로서 죄질과 범정이 매우 무겁고 비난가능성 또한 대단히 높다. 심판대상조항이 정한 유기징역형의 하한은 5년으로 집행유예를 선고할 수 있으며 법관은 작량감경 또는 법률상 감경을 통해 구체적인 사안별로 죄질과 형사정책적 고려사항을 감안하여 집행유예를 선고할 수 있으므로 행위자의 책임에 상응하는 선고형도 가능하다. 이를 종합하여 보면, 입법자가 아동·청소년이용음란물을 제작한 행위에 대하여 '무기징역 또는 5년 이상의 유기징역'이라는 비교적 중한 법정형을 정한 데는 나름대로 합리적인 이유가 있고, 그것이 범죄의 죄질 및 행위자의 책임에 비하여 지나치게 가혹하다고 할 수 없다(헌재 2019. 12. 27. 2018헌바46).

**[판례 14.9] 음란의 개념에 대한 대법원의 이해**(2000년 이후의 판례)

[1] 방송통신심의위원회 심의위원인 피고인이 자신의 인터넷 블로그에 위원회에서 음란정보로 의결한 '남성의 발기된 성기 사진'을 게시함으로써 정보통신망을 통하여 음란한 화상 또는 영상인 사진을 공공연하게 전시하였다고 하여 정보통신망 이용촉진 및 정보보호 등에 관한 법률 위반(음란물유포)으로 기소된 사안에서, 피고인의 게시물은 사진과 학술적, 사상적 표현 등이 결합된 결합 표현물로서, 사진은 음란물에 해당하나 결합 표현물인 게시물을 통한 사진의 게시는 형법 제20조에 정하여진 '사회상규에 위배되지 아니하는 행위'에 해당한다(대판 2017. 10. 26. 2012도13352).

[2] 남성용 자위기구가 음란한 물건에 해당하지 않는다고 한 사례(대판 2014. 5. 29. 2013도15643)[40]: 어떠한 물건을 음란하다고 평가하려면 그 물건을 전체적으로

40) 이 판결은 대법원이 기존에 음란한 물건에 해당한다고 했던 남성용 자위기구에 대해([판례 14.9]의 [11] 참조) 음란한 물건이 아니라고 함으로써 음란 개념의 변화([판례 14.9] 참조)에 의해 음란성 판단이 달라질 수 있다는 점을 보여준다. 그 밖에 남성용 자위기구의 음란성을

관찰하여 볼 때 단순히 저속하다는 느낌을 주는 정도를 넘어 사람의 존엄성과 가치를 심각하게 훼손·왜곡하였다고 평가할 수 있을 정도로 노골적으로 사람의 성적 부위 등을 적나라하게 표현 또는 묘사하는 것이어야 할 것이다.

[3] 나이트클럽 무용수인 피고인이 무대에서 공연하면서 겉옷을 모두 벗고 성행위와 유사한 동작을 연출하거나 속옷에 부착되어 있던 모조 성기를 수차례 노출한 공연행위는 … 단순히 일반인들에게 부끄러운 느낌이나 불쾌감을 주는 정도를 넘어서서 형사법상 규제의 대상으로 삼을 만큼 노골적인 방법에 의하여 성적 부위를 노출하거나 성적 행위를 표현한 음란행위에 해당한다(대판 2011. 9. 8. 2010도10171).

[4] 유흥주점 여종업원들이 웃옷을 벗고 브래지어만 착용하거나 치마를 허벅지가 다 드러나도록 걷어 올리고 가슴이 보일 정도로 어깨끈을 밑으로 내린 채 손님을 접대한 사안에서, 위 종업원들의 행위와 노출 정도는 형사법상 규제의 대상으로 삼을 만큼 사회적으로 유해한 영향을 끼칠 위험성이 있다고 평가할 수 있을 정도로 노골적인 방법에 의하여 성적 부위를 노출하거나 성적 행위를 표현한 것이라고 단정하기에 부족하다(대판 2009. 2. 26. 2006도3119).

[5] 인터넷에 게재된 야설의 내용은 비정상적인 남녀관계를 설정하여 그들 사이의 성행위를 저속하고 천박한 느낌을 주는 의성어·의태어 등을 동원하여 지나치게 노골적·사실적·집중적으로 묘사하거나 등장하는 남녀의 나신을 선정적·자극적으로 묘사하고 있고, 오로지 독자의 성적 흥미에만 호소하여 남녀의 신체와 성 정체성, 성행위 등을 성적 쾌락의 대상과 수단에 불과한 것처럼 비하적으로 표현함으로써 인격체로서의 인간의 존엄과 가치를 훼손·왜곡하고 성적 도의관념에 반하여 사회평균인의 입장에서 불쾌감을 느낄 정도에 이르렀고, 거기에 어떤 문학적·예술적·사상적·과학적·의학적·교육적 가치가 있는 등으로 성적 자극을 감소·완화시키는 요소를 전혀 발견할 수 없으므로 '음란한 문언'에 해당한다(대판 2008. 6. 12. 2007도3815).

[6] 인터넷 폰팅광고 및 연예인 누드광고 사이트에 게시한 것은 주로 전라의 여성 및 여성의 치마 속 등을 촬영한 사진이나 남녀의 성행위 장면을 묘사한 만화 등인데, 그 중 사진은 주로 전라 또는 반라의 여성이 혼자 포즈를 취하고 있는 것으로서 그 자체만으로 남녀 간의 성행위를 연상하게 하는 것도 아니고, 남녀 간의 성행위를 묘사하고 있는 만화 역시 남성이 여성의 가슴을 뒤에서 만지거나 앞에서 애무하는 장면을 그 상반신만 표현한 것으로서, 어느 것이나 남녀의 성기나 음모의 직접적인 노출은 전혀 없는 것임을 알 수 있는바, 그렇다면 … 그 내용이 상당히 저속하고 문란한 느낌을 주는 것은 사실이라고 할지라도 이를 넘어서서 형사법상 규제의 대상으로 삼을 만큼 사람의 존엄성과 가치를 심각하게 훼손·왜곡하였다고 평가할 수 있을 정도로, 노골적인 방법에 의하여 성적 부위나 행위를 적나라하게 표현 또는 묘사한 것이라고 단정할 수는 없다(대판 2008. 4. 11. 2008도254).

[7] 주로 남녀 간의 성교나 여성의 자위 장면 또는 여성에 대한 애무 장면 등을 묘사한 것이기는 하지만, 남녀 성기나 음모의 직접적인 노출은 없고 여성의 가슴을 애무하거나 팬티 안이나 팬티 위로 성기를 자극하는 장면을 가까이에서 촬영한 것을 보여주는 것이 대부분이라는 것인바, 그렇다면 앞서 본 법리에 비추어 이러한 동영상들은 전체적으로 관찰·평가해 볼 때 그 내용이 상당히 저속하고

부정한 것으로는 대판 2014. 6. 12. 2013도6345; 대판 2014. 7. 24. 2013도9228 등 참조.

문란한 느낌을 주는 것은 사실이라고 할지라도, 이를 넘어서서 형사법상 규제의 대상으로 삼을 만큼 사람의 존엄성과 가치를 심각하게 훼손·왜곡하였다고 평가할 수 있을 정도로 노골적인 방법에 의하여 성적 부위나 행위를 적나라하게 표현 또는 묘사한 것이라고 단정할 수는 없다(**대판** 2008. 3. 13. 2006도3558).

[8] 요구르트 제품의 홍보를 위하여 전라의 여성 누드모델들이 일반 관람객과 기자 등 수십 명이 있는 자리에서, 알몸에 밀가루를 바르고 무대에 나와 분무기로 요구르트를 몸에 뿌려 밀가루를 벗겨내는 방법으로 알몸을 완전히 드러낸 채 음부 및 유방 등이 노출된 상태에서 무대를 돌며 관람객들을 향하여 요구르트를 던진 행위가 공연음란죄에 해당한다고 한 사례(2006. 1. 13. 2005도1264): 형법 제245조 소정의 '음란한 행위'라 함은 일반 보통인의 성욕을 자극하여 성적 흥분을 유발하고 정상적인 성적 수치심을 해하여 성적 도의관념에 반하는 행위를 가리키는 것이고, 그 행위가 반드시 성행위를 묘사하거나 성적인 의도를 표출할 것을 요하는 것은 아니다.

[9] 미술교사가 자신의 인터넷 홈페이지에 게시한 자신의 미술작품, 사진 및 동영상의 일부에 대하여 음란성이 인정된다고 한 사례(대판 2005. 7. 22. 2003도2911)[41]: 예술성과 음란성은 차원을 달리하는 관념이고 어느 예술작품에 예술성이 있다고 하여 그 작품의 음란성이 당연히 부정되는 것은 아니라 할 것이며, 다만 그 작품의 예술적 가치, 주제와 성적 표현의 관련성 정도 등에 따라서는 그 음란성이 완화되어 결국은 처벌대상으로 삼을 수 없게 되는 경우가 있을 뿐이다.

[10] 말다툼을 한 후 항의의 표시로 엉덩이를 노출시킨 행위가 음란한 행위에 해당한다고 판단한 원심판결을 파기한 사례(대판 2004. 3. 12. 2003도6514): 경범죄처벌법 제1조 제41호가 '여러 사람의 눈에 뜨이는 곳에서 함부로 알몸을 지나치게 내놓거나 속까지 들여다보이는 옷을 입거나 또는 가려야 할 곳을 내어 놓아 다른 사람에게 부끄러운 느낌이나 불쾌감을 준 사람'을 처벌하도록 규정하고 있는 점 등에 비추어 볼 때, 신체의 노출행위가 있었다고 하더라도 그 일시와 장소, 노출 부위, 노출 방법·정도, 노출 동기·경위 등 구체적 사정에 비추어, 그것이 일반 보통인의 성욕을 자극하여 성적 흥분을 유발하고 정상적인 성적 수치심을 해하는 것이 아니라 단순히 다른 사람에게 부끄러운 느낌이나 불쾌감을 주는 정도에 불과하다고 인정되는 경우 그와 같은 행위는 경범죄처벌법 제1조 제41호에 해당할지언정, 형법 제245조의 음란행위에 해당한다고 할 수 없다.

[11] 남성용 자위기구인 모조여성성기가 음란한 물건에 해당한다고 한 사례(대판 2003. 5. 16. 2003도988)[42]: 음란한 물건이라 함은 성욕을 자극하거나 흥분 또는

---

41) 이 사건에 대해서는 "지역권력, 교육권력, 국가권력이 동상이몽으로 합동작전을 펼치는 가운데 한 사람의 희생양을 만들어 낸 보수주의자들의 문화전쟁"이란 평가가 눈길을 끈다. 고길섶(2001), 475면. 한편 당사자인 교사는 이 사건이 "일종의 아버지 콤플렉스", 즉 "스스로 알아서 할 수 있는데 자신들이 가르쳐 주어야 하고 지시해 주어야 하고, 이른바 통제하고 길을 지시해 주지 않으면 사회가 혼란에 빠질 거라는 공포"라고 주장했다. 이태준(2005), 46면.

42) 이 사건에서는 여성의 몸(성기)을 연상하게 하는 남성용 자위기구에 대해 음란성을 인정함으로써, 대법원이 남성의 몸(성기)을 연상시키는 여성용 자위기구에 대해서는 음란성을 인정하지 않았던 것([판례 14.9]의 [15] 참조)과 비교할 때 성별을 기준으로 차별적 판단을 한 것은 아닌지 의문이 제기된다. 같은 취지에서 이러한 차별이 평등원칙에 위반될 소지가 있다는 견해로 임지봉(2013), 49면 참조.

만족케 하는 물건들로서 일반인의 정상적인 성적 수치심을 해치고 선량한 성적 도의관념에 반하는 것을 의미하며, 어떤 물건이 음란한 물건에 해당하는지 여부는 행위자의 주관적 의도나 반포, 전시 등이 행하여진 상황에 관계없이 그 물건 자체에 관하여 객관적으로 판단하여야 한다.

[12] 교복을 입은 여고생이 성인 남자의 성기를 빨고 있는 모습, 교복을 입은 여고생이 팬티를 벗어 음부와 음모를 노출시킨 모습 등을 극히 사실적으로 묘사하고 있는 도화의 음란성을 인정한 사례(대판 2002. 8. 23. 2002도2889): 형법 제243조에 규정된 '음란한 도화'라 함은 일반 보통인의 성욕을 자극하여 성적 흥분을 유발하고 정상적인 성적 수치심을 해하여 성적 도의관념에 반하는 것을 가리킨다고 할 것이고, 이는 당해 도화의 성에 관한 노골적이고 상세한 표현의 정도와 그 수법, 당해 도화의 구성 또는 예술성, 사상성 등에 의한 성적 자극의 완화의 정도, 이들의 관점으로부터 당해 도화를 전체로서 보았을 때 주로 독자의 호색적 흥미를 돋구는 것으로 인정되느냐의 여부 등을 검토, 종합하여 그 시대의 건전한 사회통념에 비추어 판단하여야 할 것이며, 예술성과 음란성은 차원을 달리하는 관념이므로 어느 예술작품에 예술성이 있다고 하여 그 작품의 음란성이 당연히 부정되는 것은 아니라 할 것이고, 다만 그 작품의 예술적 가치, 주제와 성적 표현의 관련성 정도 등에 따라서는 그 음란성이 완화되어 결국은 형법이 처벌대상으로 삼을 수 없게 되는 경우가 있을 수 있을 뿐이다.

[13] 고속도로에서 승용차를 손괴하거나 타인에게 상해를 가하는 등의 행패를 부리던 자가 이를 제지하려는 경찰관에 대항하여 공중 앞에서 알몸이 되어 성기를 노출한 경우, 음란한 행위에 해당하고 그 인식도 있었다고 한 사례(대판 2000. 12. 22. 2000도4372): 형법 제245조 소정의 '음란한 행위'라 함은 일반 보통인의 성욕을 자극하여 성적 흥분을 유발하고 정상적인 성적 수치심을 해하여 성적 도의관념에 반하는 것을 가리킨다고 할 것이고, 위 죄는 주관적으로 성욕의 흥분 또는 만족 등의 성적인 목적이 있어야 성립하는 것은 아니지만 그 행위의 음란성에 대한 의미의 인식이 있으면 족하다.

[14] 소설 '내게 거짓말을 해봐'가 음란한 문서에 해당한다고 한 사례(대판 2000. 10. 27. 98도679): 형법 제243조 및 제244조에서 말하는 '음란'이라 함은 정상적인 성적 수치심과 선량한 성적 도의관념을 현저히 침해하기에 적합한 것을 가리킨다 할 것이고, 이를 판단함에 있어서는 그 시대의 건전한 사회통념에 따라 객관적으로 판단하되 그 사회의 평균인의 입장에서 문서 전체를 대상으로 하여 규범적으로 평가하여야 할 것이며, 문학성 내지 예술성과 음란성은 차원을 달리하는 관념이므로 어느 문학작품이나 예술작품에 문학성 내지 예술성이 있다고 하여 그 작품의 음란성이 당연히 부정되는 것은 아니라 할 것이고, 다만 그 작품의 문학적·예술적 가치, 주제와 성적 표현의 관련성 정도 등에 따라서는 그 음란성이 완화되어 결국은 형법이 처벌대상으로 삼을 수 없게 되는 경우가 있을 수 있을 뿐이다.

[15] 여성용 자위기구나 돌출콘돔이 음란한 물건에 해당하는지 않는다고 본 사례(대판 2000. 10. 13. 2000도3346): 음란한 물건이라 함은 성욕을 자극하거나 흥분 또는 만족케 하는 물품으로서 일반인의 정상적인 성적 수치심을 해치고 선량한 성적 도의관념에 반하는 것을 가리킨다고 할 것인바, 여성용 자위기구나 돌출콘돔의 경우 그 자체로 남성의 성기를 연상케 하는 면이 있다 하여도 그 정도만으로 그 기구 자체가 성욕을 자극, 흥분 또는 만족시키게 하는 물건으로 볼 수 없을 뿐만

아니라 일반인의 정상적인 성적 수치심을 해치고 선량한 성적 도의관념에 반한다고도 볼 수 없으므로 음란한 물건에 해당한다고 볼 수 없다.

**토론문제**

1. 예술과 음란의 경계를 설정할 수 있는가?
2. 예술과 음란을 구분하는 기준은 무엇인가?
3. 음란을 판단하는 기준은 여성의 관점과 남성의 관점에 따라 달라질 수 있는가?

**내 입장은?**

1. 모든 포르노그래피는 금지되어야 한다.
2. 하드코어 포르노그래피만 금지되어야 한다.
3. 성인에게는 하드코어 포르노그래피도 허용될 수 있다.
4. 모든 포르노그래피는 누구에게나 허용되어야 한다.

## 참고문헌

강내희(2000), <거짓말> 사태가 제기한 문제들－예술의 음란성 논란과 음란물의 사회적 관리, ≪문화과학≫, 통권 21호(2000), 159～182면.

고길섶(2001), 김인규 교사사건을 생각한다, ≪문학과 경계≫, 2001년 가을호(통권2호), 471～478면.

곽차섭(2019), 키메라 되기와 여성혐오로서의 포르노그래피, ≪코기토≫(부산대학교 인문학연구소), 제87호(2019), 349～380면.

김동민(2000), 「천국의 신화」가 음란물이면 「조선일보」도 음란물, ≪인물과 사상≫, 통권 29호(2000년 9월호), 96～105면.

김배원(2005), 청소년성표현물과 수정헌법 제1조, ≪미국헌법연구≫(미국헌법학회), 제16권 제1호(2005), 63～127면.

김용화(2003), Cyber 공간에서의 음란물의 규제에 관한 연구, ≪토지공법연구≫(한국토지공법학회), 제19집(2003), 365～381면.

문재완(2006), 언론의 자유와 성(性)표현(Sexual Expression) 규제, ≪외법논집≫(한국외국어대학교 법학연구소), 제22집(2006), 1～34면.

문재완(2009), 음란과 헌법상 표현의 자유의 보호영역－헌재 2009. 5. 28. 2007헌바83결정을 중심으로－, ≪언론과 법≫(한국언론법학회), 제8권 제2호(2009), 293～329면.

문화과학편집위원회(2001), 누가 음란을 두려워하랴－성 복지와 숭고의 미학을 위해, ≪문화과학≫, 통권 28호(2001), 93～120면.

박강우(2014), 아동 포르노그래피의 형법적 규제－국제적 동향과 현행법의 개선방안－, ≪형사정책≫(한국형사정책학회), 제26권 제1호(2014), 161～190면.

박기범(2007), 아동성범죄와 인터넷상의 아동포르노그래피, ≪형사정책연구≫(한국형사정책연구원), 제18권 제1호(2007), 145～182면.

박미숙(2001), 성표현물의 음란성 판단기준에 관한 연구－독일·일본에서의 논의를 중심으로－, 한국형사정책연구원, 2001.

박미숙(2002), 음란물의 위기에서 본 형법적 규제의 기본 방향, ≪형사정책≫(한국형사정책학회), 제14권 제1호(2002), 251～276면.

박선영(2006), 언론활동과 음란책임, ≪헌법학연구≫(한국헌법학회), 제12권 제3호(2006), 405～434면.

박영철(2001), 미국 연방대법원의 음란성과 저속성의 판단, ≪헌법학연구≫(한국헌법학회), 제7권 제4호(2001), 213～238면.

박인하(2000), 신화적 상상력과 음란한 상상력 (『천국의 신화』 유죄 판결을 지켜보며), ≪창작과 비평≫, 통권 109호(2000), 388～390면.

서주실(2000), 미국 헌법 판례상 음란(obscenity)규제의 기준, ≪미국헌법연구≫(미국헌법학회), 제11호(2000), 1～51면.

심희기(1997), 문예작품의 음란성 판단기준, ≪고시연구≫, 1997년 12월호(통권 제285호), 51～64면.

이용식(2006), 성적 표현의 형법적 통제에 대한 비판적 고찰, ≪형사정책≫(한국형사정책학회), 제18권 제1호(2006), 351～371면.

이원상(2011), 아동포르노그래피 소지죄에 대한 온라인 서비스제공자의 형사책임에 관한 연구, ≪안암법학≫(안암법학회), 제35호(2011), 115～141면.

이원상(2014), 아동포르노그래피 처벌 목적에 따른 관련 규정 개선방안, ≪비교형사법연구≫(한국비교형사법학회), 제16권 제2호(2014), 73～96면.

이인호(2004), 영화검열법제에 대한 비판과 그 개선방향－엄격한 의미의 음란에 대한 사전검열의 정당화요건－, ≪법과 사회≫(법과사회이론학회), 제26권(2004), 171～206면.

이태준(2005), 김인규 서천 애니메이션고 미술교사－누가 예술을 음란으로 즐기나?, ≪인물과 사상≫, 통권 89호(2005년 9월호), 14～15면 및 42～46면.

임지봉(2005), 대법원의 음란성 판단기준에 대한 비판적 검토－김인규 교사사건 판결에 대한 분석을 중심으로－, ≪민주법학≫(민주주의법학연구회), 제29호(2005), 467～486면.

임지봉(2013), 헌법재판소의 사생활의 비밀과 자유 적용에 나타난 문제점－성기구 사건(헌재 2013. 8. 29. 2011헌바176)에 대한 평석을 중심으로－, ≪외법논집≫(한국외국어대학교 외국학종합연구센터 법학연구소), 제37권 제4호(2013), 43～60면.

장영민(1995), 음란물죄에 관한 약간의 고찰, ≪고시연구≫, 통권 제251호(1995년 2월호), 40～53면.

조 국(2013), 시각적 성 표현물 및 표현행위의 음란성 판정 기준 비판, ≪민주법학≫(민주주의법학연구회), 제51호(2013), 395～426면.

# 제15장
# 사전검열과 표현의 자유

"총독부는 1920년 영화의 통제와 검열을 위한 조치로 중앙과 도 단위로 영화반을 설치했다. 영화는 사전검열이 필요했는데 나쁜 사상이 조선민중에게 전파되는 것을 막는다는 것이 그 이유였다."
≪이이화, 빼앗긴 들에 부는 근대화 바람(2004) 중에서≫

'저 장면 너무 야한 것 아냐?' '저건 좀 심하게 잔인한데.' 아무래도 너무 선정적이거나 폭력적인 장면들은 미리 잘라야 될 것 같다. 아이들이 볼지도 모르니까. 근데 누가 그걸 판단하지? 노인들이 그 일을 하면 영화가 재미없을 것 같고, 젊은 사람들이 그 일을 하면 노인들은 말세라고 할 것이 분명하다. 그렇다면 우리 사회의 평균적인 사람들에게 그 일을 맡기면 어떨까? 그런데 우리 사회에서 평균적인 사람들은 누구지?

이전에 보던 영화들 가운데는 모자이크 처리가 되어 있거나 필름의 일부가 잘려나간 것들이 있었다. 그러다보니 알아서 자르는 경우도 있었다. 이른바 '자기검열'의 시대를 산 적이 있다. 하긴 그때는 머리(카락)가 길어도 잘랐고, 치마가 짧아도 안 되는 시대였으니까 그럴 수 있다. 지금은 대통령도 희화화할 수 있는 시대다. 하지만 여전히 표현물에 대한 통제와 검열의 칼날은 살아 움직이고 있다.

우리는 어디까지 표현할 수 있는가? 표현하는 자유는 절대적 자유가 아닌가? 표현으로 인해 피해를 입는 사람들은 어떻게 할 것인가? 갈 때까지 간 돈의 논리는 극단으로 치달을지 모른다. 돈만 되면 무슨 표현도 할 것이다. 그러니까 표현의 자유는 당연히 제한되어야 한다. 표현할 수 있는 자유, 이것은 절대로 제한될 수 없는 것인지, 아니면 반드시 제한되어야 하는 것인지 지금부터 살펴보도록 한다.

## Ⅰ. 문제제기

영화인들에게는 특별한 날로 기억되는 1996년 10월 4일 헌법재판소는 영화를 상영하기 전에 공연윤리위원회(이하 '공윤'으로 약칭)의 심의를 받지 않은 채 영화를 상영하면 처벌한다는 법률조항에 대해서 위헌이라고 결정하였다.[1] 공윤의 사전심의는 헌법이 금지하는 사전검열에 해당하기 때문이다. 이 사건에서 문제가 된 법률조항은 다음과 같다.

**[법령 15.1] 구 영화법**(1984. 12. 31. 법률 제3776호로 개정된 것)
**제12조 (심의)**
① 영화(그 예고편을 포함한다)는 그 **상영 전**에 공연법에 의하여 설치된 **공연윤리위원회의 심의**를 받아야 한다.
② 제1항의 규정에 의한 심의를 필하지 아니한 영화는 이를 상영하지 못한다.
③ ~ ④ 생략
**제13조 (심의기준)**
① 공연윤리위원회 또는 방송심의위원회는 제12조 제1항 또는 제4항의 규정에 의한 심의에 있어서 다음 각 호의 1에 해당한다고 인정되는 영화에 대하여는 이를 심의필한 것으로 결정하지 못한다. 다만, 그 해당 부분을 삭제하여도 상영에 지장이 없다고 인정될 때에는 그 부분을 삭제하고 심의필을 결정할 수 있다.
1. 헌법의 기본질서에 위배되거나 국가의 권위를 손상할 우려가 있을 때
2. 공서양속을 해하거나 사회질서를 문란하게 할 우려가 있을 때
3. 국제간의 우의를 훼손할 우려가 있을 때
4. 국민정신을 해이하게 할 우려가 있을 때
② 생략
**제32조 (벌칙)**
다음 각 호의 1에 해당하는 자는 2년 이하의 징역 또는 500만원 이하의 벌금에 처한다.
1. ~ 4. 생략
5. 제12조 제1항 또는 제4항의 규정에 의한 심의를 받지 아니하고 영화를 상영한 자

영화, 비디오, 음반 등 다양한 표현물이 표현되기도 전에 국가가 그것을 규제하고자 하는 이유는 간단하다. 국가가 표현이 허용되는 것과 허용되지 않는 것을 미리 구분하여 국민의 정신활동을 통제하려는 것이다. 인간의 정신적 내면활동은 본래 통제될 수 없는 것이지만 국가는 사회적 해악을 방지한다는 명분으로 끊임없이 국민의 정신세계에 침투하여 그것을 통제하고자 시도한다.

직접적이고 노골적인 정신통제는 일정한 사상이나 이데올로기를 강제로 주입하거나 세뇌시키는 행위다. 하지만 간접적이고 은폐된 정신통제는 표현의 허가를 통해 이루어진다. 겉으로 보기에 표현의 허가는 공중도덕이나 사회윤리의 보호 또는 청소년보호와 같은 공익적 목적을 위해 수행되는 것처럼 정당화된다. 하

1) 헌재 1996. 10. 4. 93헌가13등 참조.

지만 표현의 허가는 단순히 공익적 목적을 위해 표현 그 자체만을 막는 것이 아니라 표현되는 대상인 정신작용까지 중단시키려는 데 궁극적인 목적이 있다.

표현의 허가를 통해 표현이 타인에 의해 결정되도록 하는 것은 궁극적으로 자신에 의한 표현의 통제로 발전하게 된다. 표현하는 주체 스스로 표현할 수 있는 것과 표현이 금지되는 것을 구분하는 기준을 내면화하고, 이러한 기준에 따라 표현 이전에 자기 통제를 하게 되는 것이다. 국민의 내면적 정신활동에 개입하려는 국가의 목적은 국민 스스로 자기검열 시스템을 정신세계에 고정시킴으로써 완성된다.

자기검열 시스템이 정신세계 깊숙이 자리를 잡은 국민의 정신은 조종의 대상이 되기도 한다. 국가는 국민의 자기검열 시스템에 국가가 원하는 도덕이나 이데올로기 프로그램을 입력한다. 국민이 입력된 프로그램에 따라 자기검열 시스템을 작동시키면 국가는 자신의 목적을 달성하게 된다. 국민은 국가가 원하는 대로 움직이는 로봇으로 만들어지는 것이다.

이처럼 표현의 허가는 자율적인 정신활동을 중단시키고, 자기검열 시스템을 내면화하도록 만들며, 국가에 의한 내면의 조종을 가능하게 하기 때문에 문제가 된다. 이러한 표현의 허가에 대한 최선의 방어책은 표현의 자유가 가지는 의미와 기능을 회복하는 것이다. 표현의 자유가 가지는 중대성을 확인하고, 그동안 국가가 어떻게 표현의 허가를 위해 노력했는지, 그리고 헌법재판소는 이에 대해서 어떻게 대응했는지를 검토하기로 한다.[2]

## Ⅱ. 문제가 되는 기본권

### 1. 표현의 자유

영화의 상영은 표현의 자유(헌법 제21조 제1항) 및 학문・예술의 자유(헌법 제22조 제1항)에 의하여 보호를 받는다. 영화의 상영이 학문의 자유나 예술의 자유로 문제되는 경우에도 문제가 되는 기본권은 학문적 연구의 결과를 표현하거나 예술적 창작을 표현하는 자유이기 때문에 표현의 자유와 밀접한 관련을 갖는다. 영화 이외에도 표현의 매체는 다양하다. "언론・출판의 자유의 보호대상이 되는 의사표현 또는 전파의 매개체는 어떠한 형태이건 가능하므로, 담화・연설・토론・연극・방송・음악・영화・가요 등과 문서・소설・시가・도화・사진・조각・서화 등 모

2) 표현의 자유에 대한 미국의 사전억제금지원칙에 대한 논의로 임지봉(2009), 289면 이하 참조.

[표 15.1] 표현규제법의 개정사 및 헌법재판소의 위헌결정례

| | |
|---|---|
| 1984. 12. 31. | 영화법－공연윤리위원회의(공윤) 사전심의 |
| 1991. 3. 8. | ‘음반 및 비디오에 관한 법률’ 제정－공연윤리위원회의 사전심의 |
| 1995. 12. 6. | ‘음반 및 비디오에 관한 법률’ 개정 |
| 1995. 12. 30. | 영화법 폐지 및 영화진흥법 제정 |
| 1996. 7. 1. | 영화진흥법 개정－제12조, 제13조 그대로 유지 |
| 1996. 10. 4. | **헌재 위헌결정－공윤의 영화 사전심의 위헌** |
| 1996. 10. 31. | **헌재 위헌결정－공윤의 음반(판매・제작) 사전심의 위헌** |
| 1997. 3. 27. | **헌재 위헌결정－공윤의 음반(보관) 사전심의 위헌** |
| 1997. 4. 10. | 영화진흥법 일부개정<br>－헌재의 위헌결정으로 상영등급부여제도(사전등급제) 도입 및 한국공연예술진흥협회(공진협)로 심의기관 변경<br>－등급(전체・12세・15세・18세) |
| 1997. 4. 10. | ‘음반 및 비디오에 관한 법률’ 개정<br>－한국공연예술진흥협의회(공진협)로 심의기관 변경 |
| 1998. 12. 24. | **헌재 위헌결정－공윤의 비디오 사전심의는 위헌** |
| 1999. 2. 8. | 영화진흥법 전문개정－영상물등급위원회의 심의, 15세관람가 삭제 |
| 1999. 2. 8. | ‘음반・비디오물 및 게임물에 관한 법률’ 제정 |
| 1999. 9. 16. | 헌재 위헌결정－공진협의 비디오 사전심의는 위헌 |
| 2000. 1. 21. | 영화진흥법 일부개정－15세관람가 신설 |
| 2000. 2. 24. | **헌재 위헌결정－공윤의 비디오물 복제 사전심의 위헌** |
| 2001. 8. 30. | **헌재 위헌결정－영상물등급위원회의 등급보류제도 위헌** |
| 2002. 1. 26. | 영화진흥법 일부개정－등급분류보류제도 폐지 및 제한상영가 등급과 제한상영관 제도 도입 |
| 2005. 2. 23. | **헌재 위헌결정－영상물등급위원회의 외국비디오물 수입추천제도 위헌** |
| 2006. 4. 28. | ‘영화 및 비디오물의 진흥에 관한 법률’ 제정(시행일: 2006년 10월 29일) |
| 2006. 10. 26. | **헌재 위헌결정－영상물등급위원회의 외국음반 국내제작 추천제도 위헌** |
| 2008. 6. 26. | **헌재 위헌결정－한국광고자율심의기구의 텔레비전 방송광고 사전심의** |
| 2008. 10. 30. | **헌재 위헌결정－영상물등급위원회의 비디오물 등급분류제도** |
| 2015. 12. 23. | **헌재 위헌결정－의사협회의 의료광고 사전심의** |
| 2018. 6. 28. | **헌재 위헌결정－한국건강기능식품협회의 건강기능식품 기능성광고 사전심의** |
| 2019. 5. 30. | **헌재 위헌결정－한국건강기능식품협회의 건강기능식품 기능성광고 사전심의** |
| 2020. 8. 28. | **헌재 위헌결정－한국의료기기산업협회의 의료기기 광고 사전심의** |

든 형상의 의사표현 또는 의사전파의 매개체를 포함한다."[3)]

헌법에 규정된 일반적 법률유보조항(제37조 제2항)에 근거하여 모든 자유와 권리는 제한될 수 있기 때문에 표현의 자유, 그리고 학문·예술의 자유도 법률로써 제한이 가능하다. 하지만 제한의 방법으로서 사전검열은 어떠한 경우에도 금지된다(헌법 제21조 제2항).[4)]

## 2. 사전검열

앞에서 언급한 판례에서 헌법재판소는 사전검열을 "행정권이 주체가 되어 사상이나 의견 등이 발표되기 이전에 예방적 조치로서 그 내용을 심사, 선별하여 발표를 사전에 억제하는 제도, 즉 허가받지 아니한 것의 발표를 금지하는 제도"로 정의한다. 그러나 검열금지의 원칙은 모든 형태의 사전적인 규제를 금지하는 것이 아니고, 단지 의사표현의 발표 여부가 오로지 행정권의 허가에 달려 있는 사전심사만을 금지하는 것을 뜻한다.[5)] 그러므로 검열은 일반적으로 ① 허가를 받기 위한 표현물의 **제출의무**, ② 행정권이 주체가 된 **사전심사절차**, ③ 허가를 받지 아니한 의사표현의 **금지** 및 ④ 심사절차를 관철할 수 있는 **강제수단**이라는 네 가지 요건을 갖춘 경우에만 이에 해당하는 것이다. 여기서 검열을 행정기관이 아닌 독립적인 위원회에서 행한다고 하더라도 행정권이 주체가 되어 **검열절차**를 형성하고,

3) 헌재 2001. 8. 30. 2000헌가9.

4) 1962년 헌법(제18조 제2항)은 사전검열을 허용했다. "언론·출판에 대한 허가나 검열과 집회·결사에 대한 허가는 인정되지 아니한다. 다만, 공중도덕과 사회윤리를 위하여는 영화나 연예에 대한 검열을 할 수 있다."

5) 행정기관에 의한 사전검열 이외에 사법부(법원)에 의한 사전검열도 문제될 수 있다는 점에서 사전검열의 주체를 행정기관으로 한정하는 것에 대해서는 비판이 제기된다. 김형성(2005), 53면: "법관의 압수영장에 의한 압수의 과정이나 재판절차와는 다르게 진행되는 가처분절차를 고려해 볼 때 위원회 등의 다양한 인적 구성과 결정과정을 통해서 이루어지는 행정권에 의한 사전제한보다 더 합리적이라고 볼 수 없다." 하지만 헌법재판소는 사전검열이 행정권에 의한 사전심사만을 의미하기 때문에 법원의 방영정지가처분은 사전검열에 해당하지 않는다고 한다. "헌법 제21조 제2항에서 규정한 검열 금지의 원칙은 모든 형태의 사전적인 규제를 금지하는 것이 아니고 단지 의사표현의 발표 여부가 오로지 행정권의 허가에 달려있는 사전심사만을 금지하는 것을 뜻하므로, 이 사건 법률조항에 의한 방영금지가처분은 행정권에 의한 사전심사나 금지처분이 아니라 개별 당사자간의 분쟁에 관하여 사법부가 사법절차에 의하여 심리, 결정하는 것이어서 헌법에서 금지하는 사전검열에 해당하지 아니한다"(2001. 8. 30. 2000헌바36). 행정권의 사전검열은 금지되지만 사법권의 사전금지조치는 허용된다는 견해로 김욱(2001), 162면 참조. 한편 방송금지가처분과 같이 사법부에 의한 사전억제조치는 사전검열은 아니지만 헌법적 원칙을 준수하지 않을 때 위헌이 될 수 있다는 견해로 김태수(2008), 47면 이하 참조.

**검열기관의 구성**에 지속적인 영향을 미칠 수 있는 경우라면 실질적으로 보아 검열기관은 행정기관이라고 보아야 한다.

공윤에 의한 사전심의의 경우 사전검열의 네 가지 요건을 충족하고, 국가(법률)에 의한 검열절차의 형성, 공윤의 위원은 문화체육부장관에 의하여 위촉, 위원장과 부위원장의 선출은 장관의 승인, 위원장은 심의결과를 장관에게 보고, 공윤의 예산은 국가로부터 보조 등 행정청의 지속적인 영향하에 있으므로 행정주체에 의한 사전검열로 볼 수 있다.

## Ⅲ. 사전검열에 관한 헌법재판소 판례와 심의제도에 관한 입법

### 1. 영화에 대한 사전심의

앞서 설명한 것과 같이 헌법재판소는 '공연윤리위원회'의 사전심의는 사전검열에 해당하는 것으로서 위헌이라고 결정하였다.[6] 이 결정 후에 영화진흥법이 개정되어(1997년 10월 4일) '사전등급제'가 도입되고, 심의기관도 '한국공연예술진흥협의회'(약칭: 공진협)로 바뀌었다. 이 법률은 다시 전면 개정되면서(1999년 2월 8일) 심의기관이 '영상물등급위원회'로 바뀌게 된다.

다시 위헌의 문제가 제기된 것은 '영상물등급위원회'의 '**등급분류보류제도**'에 관한 것이었다. 여기서 등급분류보류제도는 등급분류를 받지 않은 영화의 상영을 금지하면서 등급분류를 받지 않은 영화의 상영에 대해서 과태료・상영금지명령・형벌을 부과하는 제도를 말한다. 이러한 제도의 특징은 등급분류보류를 결정하는 데 횟수의 제한이 없기 때문에 계속해서 등급분류보류결정을 하게 되면 해당 영화는 영원히 상영할 수 없게 된다는 점에 있다. 헌법재판소도 이 점을 지적하면서 영상물등급위원회의 위원을 대통령이 위촉한다는 점, 영상물등급위원회의 구성방법 및 절차에 관하여 필요한 사항은 대통령령으로 규정한다는 점, 영상물등급위원회의 운영에 필요한 경비를 국가에서 보조한다는 점을 들어 영상물등급위원회를 행정기관으로 보고, 등급분류보류제도는 사실상 사전검열에 해당하여 위헌이라고 결정하였다.[7]

한편 현행 '영화 및 비디오물의 진흥에 관한 법률'에 따르면[8] 영상물등급위

---

6) 헌재 1996. 10. 4. 93헌가13등 참조.
7) 헌재 2001. 8. 30. 2000헌가9 참조.

원회가 영화의 상영등급을 다섯 가지(① 전체관람가, ② 12세 이상 관람가, ③ 15세 이상 관람가, ④ 청소년 관람불가, ⑤ 제한상영가)로 분류하고 있다. 여기서 문제가 될 수 있는 것은 상영등급의 하나로 **"제한상영가"**를 규정하고 있다는 점이다. 이러한 제한상영가 등급은 등급분류보류처럼 사실상 사전심의와 상영허가를 의미할 수 있다는 점에서 사전검열에 해당할 수 있다.9)

**[법령 15.2] 영화 및 비디오물의 진흥에 관한 법률**(최근개정: 2021. 5. 18. 법률 제18161호)
**제29조 (상영등급분류)**

① 영화업자는 제작 또는 수입한 영화(예고편 및 광고영화를 포함한다)에 대하여 그 상영 전까지 제71조의 규정에 의한 영상물등급위원회(이하 "영상물등급위원회"라 한다)로부터 상영등급을 분류 받아야 한다. 다만, 다음 각 호의 어느 하나에 해당하는 영화에 대하여는 그러하지 아니하다.

1. 대가를 받지 아니하고 특정한 장소에서 청소년이 포함되지 아니한 특정인에 한하여 상영하는 소형영화·단편영화
2. 영화진흥위원회가 추천하는 영화제에서 상영하는 영화
3. 국제적 문화교류의 목적으로 상영하는 영화 등 문화체육관광부장관이 등급분류가 필요하지 아니하다고 인정하는 영화

② 제1항 본문의 규정에 의한 영화의 상영등급은 영화의 내용 및 영상 등의 표현 정도에 따라 다음 각 호와 같이 분류한다. 다만, 영화 상영 전후에 상영하는 광고영화는 제1호에 해당하는 경우에 한하여 상영등급을 분류받을 수 있고, 예고편영화는 제1호 또는 제4호에 따라 상영등급을 분류하고 청소년 관람불가 예고편영화는 청소년 관람불가 영화의 상영 전후에만 상영할 수 있다.

1. 전체관람가: 모든 연령에 해당하는 자가 관람할 수 있는 영화
2. 12세 이상 관람가: 12세 이상의 자가 관람할 수 있는 영화
3. 15세 이상 관람가: 15세 이상의 자가 관람할 수 있는 영화
4. 청소년 관람불가: 청소년은 관람할 수 없는 영화
5. 제한상영가: 선정성·폭력성·사회적 행위 등의 표현이 과도하여 인간의 보편적 존엄, 사회적 가치, 선량한 풍속 또는 국민 정서를 현저하게 해할 우려가 있어 상영 및 광고·선전에 일정한 제한이 필요한 영화

③ 누구든지 제1항 및 제2항의 규정을 위반하여 상영등급을 분류 받지 아니한 영화를 상영하여서는 아니 된다.

---

8) 영화진흥법은 2006년 4월 28일의 폐지법률(법률 제7943호)에 따라 2006일 10일 29일부터 효력이 상실되었다. 현재는 2006년 4월 28일 법률 제7943호로 제정된 '영화 및 비디오물의 진흥에 관한 법률'(시행일: 2006년 10월 29일)에 따라 영화, 음반, 비디오물이 통합적으로 규율되고 있다.

9) 같은 취지의 견해로 이인호(2003), 201면: "등급분류보류제도에서 등급을 받고 싶으면 영화제작자 스스로 심의기관의 비위에 거슬리지 않게 자진해서 잘라오라는 것이나, 제한상영가를 받고 싶지 않으면 자진해서 잘라오라는 것이나, 양자는 자기검열을 강요한다는 점에서 동일한 것이다." 비슷한 맥락에서 제한상영관이 사실상 존재하지 않고, 광고·선전이 제한되는 등의 문제점을 지적하는 견해로 황창근(2008), 515면 이하 참조.

④ 누구든지 제2항 제2호 또는 제3호의 규정에 의한 상영등급에 해당하는 영화의 경우에는 해당 영화를 관람할 수 있는 연령에 도달하지 아니한 자를 입장시켜서는 아니 된다. 다만, 부모 등 보호자를 동반하여 관람하는 경우에는 그러하지 아니하다.
⑤ 누구든지 제2항 제4호 또는 제5호의 규정에 의한 상영등급에 해당하는 영화의 경우에는 청소년을 입장시켜서는 아니 된다.
⑥ 누구든지 제1항의 규정에 의하여 분류 받은 상영등급을 변조하거나 상영등급을 분류 받은 영화의 내용을 변경하여 영화를 상영하여서는 아니 된다.
⑦ 제2항 각 호의 상영등급에 대한 구체적인 분류기준은 다음 각 호의 사항을 고려하여 대통령령으로 정한다.
1. 「대한민국헌법」의 민주적 기본질서의 유지와 인권존중에 관한 사항
2. 건전한 가정생활과 아동 및 청소년 보호에 관한 사항
3. 사회윤리의 존중에 관한 사항
4. 국가정체성 및 외교관계의 유지에 관한 사항
5. 주제 및 내용의 폭력성 · 선정성 · 반사회적 행위 등에 관한 사항
6. 인간의 보편적 존엄과 사회적 가치, 선량한 풍속 및 국민정서에 관한 사항
⑧ 영상물등급위원회는 제1항에 따른 상영등급을 분류하는 경우에는 내용정보 제공에 관한 사항을 심의하여야 한다.
⑨ 영상물등급위원회는 영화의 상영등급을 분류한 경우에는 다음 각 호의 서류를 신청인에게 교부하여야 한다.
1. 영화의 상영등급과 내용정보를 기재한 등급분류증명서
2. 등급분류에 따른 의무사항을 기재한 서류
⑩ 제1항 · 제8항 및 제9항에 따른 상영등급분류 절차 · 방법, 내용정보 제공의 절차 · 방법 및 등급분류증명서의 교부절차 등에 필요한 사항은 영상물등급위원회 규정으로 정한다.

**제43조 (제한상영가 영화의 상영 및 유통 제한)**

① 누구든지 제한상영관이 아닌 장소 또는 시설에서 제한상영가 영화를 상영하여서는 아니 된다.
② 누구든지 제한상영가 영화와 동일한 영화를 비디오물 등 다른 영상물로 제작하거나 그 제작된 영상물을 상영 · 판매 · 전송 · 대여하거나 시청에 제공하여서는 아니 된다.
③ 제한상영관에서는 제29조 제2항 제1호 내지 제4호의 규정에 의한 영화를 상영하여서는 아니 된다.

**제94조 (벌칙)**

다음 각 호의 어느 하나에 해당하는 자는 3년 이하의 징역 또는 3천만원 이하의 벌금에 처한다.

1. 제29조 제3항의 규정을 위반하여 상영등급을 분류받지 아니한 영화를 상영한 자
2. 제29조 제5항의 규정을 위반하여 제한상영가 영화를 관람할 수 없는 청소년을 입장시킨 자
3. 제43조 제1항의 규정을 위반하여 제한상영가 영화를 제한상영관이 아닌 장소 또는 시설에서 상영한 자

4. 제43조 제2항의 규정을 위반하여 제한상영가 영화를 다른 영상물로 제작하거나 그 제작된 영상물을 상영·판매·전송·대여 또는 시청에 제공한 자
5. 제53조의2 제1항을 위반하여 제한관람가 비디오물을 제한관람가비디오물소극장이 아닌 장소 또는 시설에서 시청에 제공한 자
6. 제53조의2 제2항을 위반하여 제한관람가 비디오물을 유통한 자
7. 제62조 제4호를 위반하여 제한관람가비디오물소극장 또는 복합영상물제공업소에 청소년 출입을 허용한 자

## 2. 음반에 대한 사전심의

한편 '공연윤리위원회'의 사전심의를 받지 아니한 '음반'의 제작·판매 및 보관을 금지한 '음반및비디오에관한법률'의[10] 조항이 문제된 사건에서 헌법재판소는 영화에 대한 사전심의와 동일한 취지에서 마찬가지로 위헌결정을 하였다.

첫째, 심의기관인 공연윤리위원회가 **음반의 제작·판매**에 앞서 그 내용을 심사하여 심의기준에 적합하지 아니한 음반에 대하여는 판매를 금지할 수 있고, 심의를 받지 아니한 음반을 판매할 경우에는 형사처벌까지 할 수 있도록 규정하고 있으면서, 공연윤리위원회가 공연법에 의하여 설치되고 행정권이 그 구성에 지속적인 영향을 미칠 수 있게 되어 있기 때문에 음반에 대한 사전심의제도는 명백히 사전검열제도에 해당하여 헌법에 위반된다고 한다.[11] 둘째, 음반의 판매·배포 또는 대여할 목적으로 **음반을 보관**하는 것에 대하여도 같은 내용을 규정하는 것도 사전검열금지원칙을 규정하고 있는 헌법 제21조 제2항에 위반된다고 한다.[12] 이러한 결정들에 따라 영화뿐만 아니라 음반에 대한 사전심의도 헌법상 금지된 사전검열로서 금지된다.

또한 헌법재판소는 구 음반·비디오물및게임물에관한법률(2001. 5. 24. 법률 제6473호로 전문 개정된 것)에 규정된 '외국음반 국내제작 추천제도'는 사전검열에 해당하여 위헌이라고 결정하였다. "외국음반 국내제작 추천제도는 외국음반의 국내제작이라는 의사표현행위 이전에 그 표현물을 행정기관의 성격을 가진 영상물등

---

10) '음반및비디오물에관한법률'은 1999년 2월 8일의 폐지법률(법률 제5925호)에 따라 1999년 5월 9일부터 효력이 상실되었고, 새로 '음반·비디오물및게임물에관한법률'이 제정되었다. 이 법률은 2005년 3월 24일 '음반·비디오물 및 게임물에 관한 법률'(법률 7416호)로 법명이 개정되었고, 2006년 4월 28일의 폐지법률(법률 제7943호)에 따라 2006년 10월 29일부터 효력을 상실했다. 현재 음반과 비디오물은 2006년 4월 28일 법률 제7943호로 제정된 '영화 및 비디오물의 진흥에 관한 법률'(시행일: 2006년 10월 29일)에 따라 영화와 통합되어 규율되고 있다. 한편 게임물은 '게임산업진흥에 관한 법률'에 의해 독립적으로 규율되고 있다.
11) 헌재 1996. 10. 31. 94헌가6 참조.
12) 헌재 1997. 3. 27. 97헌가1 참조.

급위원회에 제출토록 하여 당해 표현행위의 허용 여부가 행정기관의 결정에 좌우되도록 하고 있으며, 더 나아가 이를 준수하지 않는 자들에 대하여 형사처벌 등 강제수단까지 규정하고 있는바, 허가를 받기 위한 표현물의 제출의무, 행정권이 주체가 된 사전심사절차, 허가를 받지 아니한 의사표현의 금지, 심사절차를 관철할 수 있는 강제수단의 존재라는 제 요소를 모두 갖추고 있으므로, 이 사건 법률조항들은 우리 헌법 제21조 제2항이 절대적으로 금지하고 있는 사전검열에 해당하여 헌법에 위반된다."[13]

## 3. 비디오에 대한 사전심의

영화 및 음반의 경우와 마찬가지로 '공연윤리위원회'의 사전심의를 받지 아니한 '비디오'의 제작·판매에서의 사전심의[14] 및 복제·대여·보관·상영에서의 사전심의도[15] 사전검열에 해당되어 위헌결정을 받았다. 또한 '한국공연예술진흥협의회'(1997. 4. 10. 개정된 법률에 따라 변경된 심의기관)의 사전심의를 받지 아니한 '비디오' 제작과 판매에서의 사전심의도 위헌이라는 결정이 있었다.[16] 이로써 영화, 음반과 함께 중요한 표현수단인 비디오에 대한 사전심의도 헌법상 금지된 사전검열에 해당하여 허용될 수 없게 되었다.

헌법재판소는 외국비디오물을 수입할 경우에 반드시 영상물등급위원회로부터 수입추천을 받도록 규정하고 있는 구 음반·비디오물및게임물에관한법률(1999. 2. 8. 법률 제5925호로 제정되고, 2001. 5. 24. 법률 제6473호로 전면개정되기 전의 것)에 대해서 사전검열에 해당하여 위헌이라고 결정하였다. "외국비디오물 수입추천제도는 외국비디오물의 수입·배포라는 의사표현행위 전에 표현물을 행정기관의 성격을 가진 영상물등급위원회에 제출토록 하여 표현행위의 허용 여부를 행정기관의 결정에 좌우되게 하고, 이를 준수하지 않는 자들에 대하여 형사처벌 등의 강제조치를 규정하고 있는바, 허가를 받기 위한 표현물의 제출의무, 행정권이 주체가 된 사전심사절차, 허가를 받지 아니한 의사표현의 금지, 심사절차를 관철할 수 있는 강제수단이라는 요소를 모두 갖추고 있으므로, 우리나라 헌법이 절대적으로 금지하고 있는 사전검열에 해당한다."[17]

13) 헌재 2006. 10. 26. 2005헌가14.
14) 헌재 1998. 12. 24. 96헌가23 참조.
15) 헌재 2000. 2. 24. 99헌가17 참조.
16) 헌재 1999. 9. 16. 99헌가1 참조.
17) 헌재 2005. 2. 3. 2004헌가8.

한편 현행 '영화 및 비디오물의 진흥에 관한 법률'은 비디오물에 대한 등급분류제도를 시행하면서 등급분류보류제도(동법 제50조 제4항)를 두고 있었다. 이미 영화에 대한 등급분류보류제도가 사전검열에 해당한다는 결정을 받았기 때문에 비디오물에 대한 등급분류보류제도도 사전검열에 해당할 가능성이 높았는데 헌법재판소는 이 제도에 대해서 행정기관에 의한 사전검열에 해당하여 헌법에 위반된다고 판시하였다.[18]

**[법령 15.3] 영화 및 비디오물의 진흥에 관한 법률**(최근개정: 2021. 5. 18. 법률 제18161호)
**제50조 (등급분류)**

① 비디오물을 제작 또는 배급(수입을 포함한다. 이하 같다)하는 자는 당해 비디오물을 공급하기 전에 해당 비디오물의 내용에 관하여 영상물등급위원회로부터 등급분류를 받아야 한다. 다만, 다음 각 호의 어느 하나에 해당하는 비디오물의 경우에는 그러하지 아니하다.
1. 대가를 받지 아니하고 특정한 장소에서 청소년이 포함되지 아니한 특정인을 대상으로 하여 시청에 제공하는 비디오물
2. 대가를 받지 아니하고 정보통신망을 이용하여 공중의 시청에 제공하는 비디오물. 다만, 「음악산업 진흥에 관한 법률」 제2조 제8호부터 제11호까지에 해당하는 영업을 하는 자가 제작·유통하거나 공중의 시청에 제공하는 음악영상파일은 제외한다.
3. 문화체육관광부장관 또는 관계중앙행정기관의 장이 추천하는 영상물 대회, 전시회 등에서 시청에 제공하는 비디오물
4. 등급분류를 받은 영화(제한상영가 영화를 제외한다)를 동일한 내용으로 제작하는 비디오물. 이 경우 당해 영화의 상영등급을 비디오물의 등급으로 본다.
5. 그 밖에 비디오물의 제작 주체, 유통 형태 등에 비추어 보아 등급분류가 필요하지 아니한 비디오물로서 대통령령이 정하는 것

② 제1항의 규정에 따라 비디오물의 등급분류를 신청하는 자는 그 비디오물의 제작 또는 배급에 관한 정당한 권리를 가진 자임을 증명하는 서류를 갖추어 등급분류를 신청하여야 한다.

③ 제1항의 규정에 의한 비디오물의 등급은 비디오물의 내용, 영상 및 대사 등의 표현 정도에 따라 다음 각 호와 같이 분류한다.
1. 전체관람가: 모든 연령의 자가 시청할 수 있는 비디오물
2. 12세 이상 관람가: 12세 이상의 자가 시청할 수 있는 비디오물
3. 15세 이상 관람가: 15세 이상의 자가 시청할 수 있는 비디오물
4. 청소년관람불가: 청소년은 시청할 수 없는 비디오물
5. 제한관람가: 선정성·폭력성·사회적 행위 등의 표현이 과도하여 인간의 보편적 존엄, 사회적 가치, 선량한 풍속 또는 국민 정서를 현저하게 해할 우려가 있어 시청제공·유통 등에 일정한 제한이 필요한 비디오물

④ 삭제

---

18) 헌재 2008. 10. 30. 2004헌가18 참조.

⑤~⑦ 생략

## 4. 게임물에 대한 사전심의

게임물의 유통관련업자에게 등록의무를 부과하고 이러한 의무를 이행하지 않은 채 유통관련행위를 하는 경우에 처벌하는 법률조항이 문제된 사건에서 헌법재판소는 다음과 같이 결정하였다.[19] “의사표현의 자유는 언론·출판의 자유에 속하고, 여기서 의사표현의 매개체는 어떠한 형태이건 그 제한이 없다. 게임물은 예술표현의 수단이 될 수도 있으므로 그 제작 및 판매 배포는 표현의 자유를 보장하는 헌법 제21조 제1항에 의하여 보장을 받는다”고 한다. 이로써 헌법재판소는 표현의 수단을 게임물까지 포함시켜 대단히 넓게 보고 있다.

하지만 “헌법 제21조 제2항에서 정하는 허가나 검열은 행정권이 주체가 되어 사상이나 의견 등이 발표되기 이전에 예방적 조치로서 그 내용을 심사·선별하여 발표를 사전에 억제하는 제도를 뜻하는바, 이 사건 법률조항에 따른 등록사항을 살펴보면, ‘유통관련업자의 성명·주민등록번호·주소·본적, 상호(법인명), 영업소소재지, 업종’을 기재 내지 표시하도록 되어 있어 유통관련업자의 외형적이고 객관적인 사항에 한정되어 이 사건 등록제가 게임물의 내용을 심사·선별하여 게임물을 사전에 통제하기 위한 규정이 아님이 명백하다”고 한다. 단순한 등록제도는 사전검열에 해당하지 않는다는 취지로 이해된다.

한편 현행 ‘게임산업진흥에 관한 법률’[20]에서 게임물에 대한 등급분류제도를 규정하면서 **등급분류거부제도**를 두고 있다. 등급분류거부제도는 사행성게임물 등에 대하여 등급분류를 거부하는 제도다. 사행성 여부를 기준으로 등급분류를 거부하는 경우에 자칫 사전검열제도로 운영될 수 있다는 점에서 주의가 요망된다.[21]

**[법령 15.4] 게임산업진흥에 관한 법률**(최근개정: 2020. 12. 8. 법률 제17578호)
**제2조 (정의)**
이 법에서 사용하는 용어의 정의는 다음과 같다.

---

19) 헌재 2002. 2. 28. 99헌바117 참조.

20) 게임물은 종래에 ‘음반·비디오물 및 게임물에 관한 법률’에서 규율되어 오다가 2006년 10월 29일부터 시행된 ‘게임산업진흥에 관한 법률’에 의해 규율되고 있다.

21) 게임물에 대한 등급분류제도가 등급분류기관이 행정기관이고, 등급분류를 강제하며 등급분류기관이 등급분류거부권을 가지고 있다는 점에서 위헌이라는 주장으로 신순철(2008), 338면 이하 참조. 한편 사행성게임물의 등급분류거부제도는 사전검열에 해당하지 않는다는 견해로 황승흠(2007), 313면 이하 참조.

1. “게임물”이라 함은 컴퓨터프로그램 등 정보처리 기술이나 기계장치를 이용하여 오락을 할 수 있게 하거나 이에 부수하여 여가선용, 학습 및 운동효과 등을 높일 수 있도록 제작된 영상물 또는 그 영상물의 이용을 주된 목적으로 제작된 기기 및 장치를 말한다. 다만, 다음 각 목의 어느 하나에 해당하는 것을 제외한다.
   가. 사행성게임물
   나. 「관광진흥법」 제3조의 규정에 의한 관광사업의 규율대상이 되는 것. 다만, 게임물의 성격이 혼재되어 있는 유기시설(遊技施設) 또는 유기기구(遊技機具)는 제외한다.
   다. 게임물과 게임물이 아닌 것이 혼재되어 있는 것으로서 문화체육관광부장관이 정하여 고시하는 것

1의2. “사행성게임물”이라 함은 다음 각 목에 해당하는 게임물로서, 그 결과에 따라 재산상 이익 또는 손실을 주는 것을 말한다.
   가. 베팅이나 배당을 내용으로 하는 게임물
   나. 우연적인 방법으로 결과가 결정되는 게임물
   다. 「한국마사회법」에서 규율하는 경마와 이를 모사한 게임물
   라. 「경륜・경정법」에서 규율하는 경륜・경정과 이를 모사한 게임물
   마. 「관광진흥법」에서 규율하는 카지노와 이를 모사한 게임물
   바. 그 밖에 대통령령이 정하는 게임물

2.~10. 생략

**제16조 (게임물관리위원회)**

① 게임물의 윤리성 및 공공성을 확보하고 사행심 유발 또는 조장을 방지하며 청소년을 보호하고 불법 게임물의 유통을 방지하기 위하여 게임물관리위원회(이하 “위원회”라 한다)를 둔다.

**제21조 (등급분류)**

① 게임물을 유통시키거나 이용에 제공하게 할 목적으로 게임물을 제작 또는 배급하고자 하는 자는 해당 게임물을 제작 또는 배급하기 전에 위원회 또는 제21조의2 제1항에 따라 지정을 받은 사업자로부터 그 게임물의 내용에 관하여 등급분류를 받아야 한다. 다만, 다음 각 호의 어느 하나에 해당하는 게임물의 경우에는 그러하지 아니하다.
   1. 중앙행정기관의 장이 추천하는 게임대회 또는 전시회 등에 이용・전시할 목적으로 제작・배급하는 게임물
   2. 교육・학습・종교 또는 공익적 홍보활동 등의 용도로 제작・배급하는 게임물로서 대통령령이 정하는 대상・기준과 절차 등에 따른 게임물
   3. 게임물 개발과정에서 성능・안전성・이용자만족도 등을 평가하기 위한 시험용 게임물로서 대통령령이 정하는 대상・기준과 절차 등에 따른 게임물
   4. 영리를 목적으로 하지 아니하고 제작・배급하는 게임물로서 대통령령으로 정하는 것. 다만, 제2항 제4호에 따른 청소년이용불가 등급의 기준에 해당하는 내용을 포함하는 게임물은 제외한다.

② 게임물의 등급은 다음 각 호와 같다.
   1. 전체이용가 : 누구나 이용할 수 있는 게임물
   2. 12세이용가 : 12세 미만은 이용할 수 없는 게임물

3. 15세이용가 : 15세 미만은 이용할 수 없는 게임물
4. 청소년이용불가 : 청소년은 이용할 수 없는 게임물

③ 제2항의 규정에 불구하고 청소년게임제공업과 일반게임제공업에 제공되는 게임물은 전체이용가와 청소년이용불가 게임물로 분류한다.

④ 위원회는 등급분류를 신청한 게임물에 대하여 사행성게임물 여부를 확인하여야 한다.

⑤~⑨ 생략

**제22조 (등급분류 거부 및 통지 등)**

① 위원회는 제16조 제2항 제1호부터 제4호까지의 규정에 따른 업무의 수행을 위하여 필요한 경우에는 등급분류를 신청한 자에게 등급심사에 필요한 자료의 제출을 요구할 수 있다.

② 위원회는 「사행행위 등 규제 및 처벌특례법」, 「형법」 등 다른 법률의 규정에 의하여 규제 또는 처벌대상이 되는 행위 또는 기기에 대하여 등급분류를 신청한 자, 정당한 권원을 갖추지 아니하였거나 거짓 그 밖의 부정한 방법으로 등급분류를 신청한 자 또는 사행성게임물에 해당되는 게임물에 대하여 등급분류를 신청한 자에 대하여 등급분류를 거부할 수 있다.

③ 위원회는 등급분류 결정을 한 경우에는 다음 각 호의 서류를 신청인에게 교부하고, 사행성게임물에 해당되어 등급분류를 거부결정한 경우에는 결정의 내용 및 그 이유를 기재한 서류를 지체 없이 신청인에게 교부하여야 한다.
1. 게임물의 해당등급을 기재한 등급분류증명서
2. 등급분류에 따른 의무사항을 기재한 서류
3. 게임물내용정보를 기재한 서류

④ 위원회는 등급분류를 받은 게임물이 제2항의 규정에 따른 등급분류 거부 대상인 사실을 알게 된 때에는 지체 없이 등급분류 결정을 취소하여야 한다.

⑤ 생략

## 5. 정기간행물에 대한 심의

헌법재판소는 정기간행물의등록등에관한법률 제7조 제1항이 정한 등록사항은 정기간행물의 외형적이고 객관적인 사항에 한정되어 있으므로 위 규정이 정기간행물의 내용을 심사·선별하여 정기간행물을 사전에 통제하기 위한 규정이 아님이 명백하기 때문에 헌법 제21조 제2항이 정하는 허가나 검열에 해당되지 않는다고 한다.[22]

한편 현행 출판문화산업 진흥법은 간행물(소설·만화·사진집 및 화보집)의 발행자에게 한국간행물윤리위원회의 유해성 심의를 받도록 규정한다(동법 제19조 제1항). 이러한 간행물유해성 심의는 출판된 후에 행해지는 사후심의라는 점에서

22) 헌재 1997. 8. 21. 93헌바51 참조.

사전검열에 해당한다고 볼 수는 없다.

**[법령 15.5] 출판문화산업 진흥법**(최근개정: 2019. 12. 3. 법률 제16693호)
**제16조 (한국출판문화산업진흥원의 설치 등)**
① 출판문화산업의 진흥·발전을 효율적으로 지원하기 위하여 한국출판문화산업진흥원(이하 "진흥원"이라 한다)을 둔다.
②~④ 생략
**제17조 (간행물윤리위원회의 설치 등)**
① 간행물의 윤리적·사회적 책임을 구현하고 간행물의 유해성 여부를 심의하기 위하여 진흥원에 간행물윤리위원회(이하 "위원회"라 한다)를 둔다.
②~⑥ 생략
**제19조 (간행물의 유해성 심의)**
① 위원회는 간행물의 유해성을 심의한 결과 간행물이 다음 각 호의 어느 하나에 해당하면 유해간행물로 결정하여야 한다.
1. 자유민주주의 체제를 전면 부정하거나 체제 전복 활동을 고무(鼓舞)하거나 선동하여 국가의 안전이나 공공질서를 뚜렷이 해치는 것
2. 음란한 내용을 노골적으로 묘사하여 사회의 건전한 성도덕을 뚜렷이 해치는 것
3. 살인, 폭력, 전쟁, 마약 등 반사회적 또는 반인륜적 행위를 과도하게 묘사하거나 조장하여 인간의 존엄성과 건전한 사회질서를 뚜렷이 해치는 것

②~④ 생략

## 6. 방송에 대한 심의

방송도 중요한 표현매체다. 이러한 방송의 공정성과 공공성에 대하여 독립적으로 설치된 방송통신심의위원회(방송통신위원회의 설치 및 운영에 관한 법률 제18조 제1항)가 심의한다. 하지만 방송통신심의위원회의 방송에 대한 심의는[23] 방송된 후의 심의를 의미하기 때문에(방송법 제32조 및 방송심의에 관한 규정 제4조 제1항) 사전검열에 해당하지 않는다. 반면에 방송광고에 대한 심의는 방송되기 전의 심의를 의미하기 때문에(구 방송법 제32조 제1항 및 구 방송심의에 관한 규정 제4조 제2항) 사전검열에 해당할 수 있다.[24] 헌법재판소도 방송위원회로부터 위탁을 받은 한국광고자율심의기구로 하여금 텔레비전 방송광고의 사전심의를 담당하도록 한 것

23) 방송심의에 관한 규정에 따르면 방송심의의 기준으로는 ① 공정성, ② 객관성, ③ 권리침해금지, ④ 윤리성, ⑤ 소재 및 표현기법(주로 음란성과 폭력성), ⑥ 어린이·청소년의 보호, ⑦ 간접광고, ⑧ 방송언어(표준어 사용) 등이다.

24) 방송광고에 대한 사전심의가 사전검열에 해당하여 위헌이라는 견해로 전정환(2006), 535면 이하 참조. 한편 방송광고에 대한 사전심의는 위헌이 아니라는 견해도 있다. 정연우(2007), 146면 참조.

은 행정기관에 의한 사전검열로서 헌법이 금지하는 사전검열에 해당한다고 판시하였다.25)

**[법령 15.6] 방송법**(최근개정: 2020. 12. 29. 법률 17799호)

**제32조 (방송의 공정성 및 공공성 심의)**

방송통신심의위원회는 방송·중계유선방송 및 전광판방송의 내용과 그 밖에 회선을 통하여 공개를 목적으로 유통되는 정보 중 방송과 유사한 것으로서 대통령령이 정하는 정보의 내용이 공정성과 공공성을 유지하고 있는지의 여부와 공적 책임을 준수하고 있는지의 여부를 방송 또는 유통된 후 심의·의결한다. 이 경우 매체별·채널별 특성을 고려하여야 한다.

**제33조 (심의규정)**

① 방송통신심의위원회는 방송의 공정성 및 공공성을 심의하기 위하여 방송심의에 관한 규정(이하 "심의규정"이라 한다)을 제정·공표하여야 한다.

② 제1항의 심의규정에는 다음 각호의 사항이 포함되어야 한다.

1. 헌법의 민주적 기본질서의 유지와 인권존중에 관한 사항
2. 건전한 가정생활 보호에 관한 사항
3. 아동 및 청소년의 보호와 건전한 인격형성에 관한 사항
4. 공중도덕과 사회윤리에 관한 사항
5. 양성평등에 관한 사항
6. 국제적 우의 증진에 관한 사항
7. 장애인 등 방송소외계층의 권익증진에 관한 사항
8. 인종, 민족, 지역, 종교 등을 이유로 한 차별 금지에 관한 사항
9. 민족문화의 창달과 민족의 주체성 함양에 관한 사항
10. 보도·논평의 공정성·공공성에 관한 사항
11. 언어순화에 관한 사항
12. 자연환경 보호에 관한 사항
13. 건전한 소비생활 및 시청자의 권익보호에 관한 사항
14. 법령에 따라 방송광고가 금지되는 품목이나 내용에 관한 사항
15. 방송광고 내용의 공정성·공익성에 관한 사항
16. 그 밖에 이 법의 규정에 의한 방송통신심의위원회의 심의업무에 관한 사항

③ 방송사업자·중계유선방송사업자·전광판방송사업자 및 외주제작사는 심의규정을 준수하여야 한다.

④ 방송사업자는 아동과 청소년을 보호하기 위하여 방송프로그램의 폭력성 및 음란성 등의 유해정도, 시청자의 연령 등을 고려하여 방송프로그램의 등급을 분류하고 이를 방송중에 표시하여야 한다.

⑤ 방송통신심의위원회는 제4항에 따른 방송프로그램 등급분류와 관련하여 분류기준 등 필요한 사항을 방송통신심의위원회규칙으로 정하여 공표하여야 한다. 이 경우 분류기준은 방송매체와 방송분야별 특성등을 고려하여 차등을 둘 수 있다.

⑥ 방송통신심의위원회는 제4항에 따라 방송사업자가 자율적으로 부여한 방송프로

---

25) 헌재 2008. 6. 26. 2005헌마506 참조.

그램의 등급에 대하여 적절하지 아니하다고 판단되는 경우 해당 방송사업자에게 해당 방송프로그램의 등급분류를 조정하도록 요구할 수 있다.

**[법령 15.7] 방송심의에 관한 규정**(최근개정: 2020. 12. 21. 방송통신심의위원회규칙 제150호)

**제4조 (심의의 방법)**

① 방송통신심의위원회(이하 "위원회"라 한다)는 법 제32조의 사항이 방송 또는 유통된 후 심의・의결한다.

② 삭제

③ 이 규정에서 규정한 것 외에 방송광고심의에 필요한 사항은 별도의 규칙으로 정한다.

## 7. 공연에 대한 심의

공연법에 따르면 연소자(18세 미만)에게 유해한 공연물이나 선전물을 관람시키거나 광고할 수 없다. 연소자에게 유해한지 여부는 영상물등급위원회가 확인한다. 연소자유해성 여부에 확인은 사후심사이기 때문에 허용된다. 하지만 영상물등급위원회의 외국인국내공연 추천제도는 공연 이전에 영상물등급위원회가 공연 여부를 심사하고 허가한다는 점에서 사전검열에 해당할 수 있다.

**[법령 15.8] 공연법**(최근개정: 2020. 12. 22. 법률 제17702호)

**제2조 (정의)**

이 법에서 사용하는 용어의 뜻은 다음과 같다.

1. "공연"이란 음악・무용・연극・연예・국악・곡예 등 예술적 관람물을 실연(實演)에 의하여 공중(公衆)에게 관람하도록 하는 행위를 말한다. 다만, 상품 판매나 선전에 부수(附隨)한 공연은 제외한다.
2. "선전물"이란 「옥외광고물 등의 관리와 옥외광고산업 진흥에 관한 법률」에 따른 옥외광고물과 초대권을 말한다.
3. "공연자"란 공연을 주재(主宰)하거나 직접 하는 자를 말한다.
4. "공연장"이란 공연을 주된 목적으로 설치하여 운영하는 시설로서 대통령령으로 정하는 것을 말한다.
5. "공연연습장"이란 공연연습을 주된 목적으로 설치하여 운영하는 시설을 말한다.
6. "연소자"란 18세 미만의 사람(「초・중등교육법」 제2조에 따른 고등학교에 재학 중인 사람을 포함한다)을 말한다.

**제5조 (연소자유해공연물 등)**

① 누구든지 「청소년 보호법」 제9조의 기준에 따른 연소자 유해 공연물을 연소자에게 관람시킬 수 없다.

② 「청소년 보호법」 제9조에 해당하는 선전물은 공중이 통행하는 장소에 공공연히

설치·부착하거나 배포할 수 없고, 같은 내용으로 관람을 권유하는 등 광고를 할 수 없다.

③ 공연자는 「영화 및 비디오물의 진흥에 관한 법률」에 따른 영상물등급위원회(이하 "위원회"라 한다)에 제1항의 공연물 및 제2항의 선전물의 연소자 유해성 여부에 대하여 확인을 요청할 수 있다.

**제6조 (외국인의 국내공연 추천)**

① 국내에서 공연하려는 외국인이나 외국인을 국내에 초청하여 공연하려는 자는 위원회의 추천을 받아야 한다. 추천받은 사항을 변경하려는 때에도 또한 같다.

② 제1항에 따른 위원회의 추천을 받지 아니한 외국인의 공연물은 다음 각 호의 어느 하나에 해당하는 경우를 제외하고는 국내에서 공연할 수 없다.

1. 국가나 지방자치단체가 외국인을 국내에 초청하여 공연하게 하려는 경우
2. 외국의 단체 또는 개인이 종교의식·친목 또는 연구발표를 목적으로 국내에서 공연하려는 경우
3. 국내의 단체 또는 개인이 종교의식·친목 또는 연구발표를 목적으로 외국인을 국내에 초청하여 공연하게 하려는 경우
4. 「공익법인의 설립·운영에 관한 법률」에 따라 설립된 공익법인이 사회 일반의 이익에 이바지할 목적으로 외국인을 국내에 초청하여 공연하게 하려는 경우

③ 제1항에 따른 추천 또는 변경추천에 필요한 사항은 대통령령으로 정한다.

④ 위원회는 제1항에 따른 추천을 할 때에는 관람객의 안전이나 공연질서 유지에 필요한 조건을 붙일 수 있다.

**제7조 (외국공연물의 공연제한)**

① 위원회는 제6조에 따라 외국인 공연 추천신청서를 받은 경우에 공연내용이나 그 출연자가 다음 각 호의 어느 하나에 해당할 때에는 추천하지 아니할 수 있다.

1. 국가이익을 해칠 우려가 있을 때
2. 공공의 질서와 선량한 풍속을 해칠 우려가 있을 때
3. 국내의 공연질서를 문란하게 하거나 해칠 우려가 있을 때
4. 그 밖에 대통령령으로 정하는 기준에 해당할 때

② 위원회는 제6조에 따라 외국인 공연 추천을 받은 자가 다음 각 호의 어느 하나에 해당할 때에는 그 추천을 취소할 수 있다. 다만, 제1호에 해당하는 경우에는 그 추천을 취소하여야 한다.

1. 거짓이나 그 밖의 부정한 방법으로 추천을 받았을 때
2. 제6조 제1항에 따른 변경추천을 받지 아니하고 공연을 하였을 때
3. 제5조 제1항 또는 제2항을 위반하였을 때
4. 제6조 제4항에 따른 공연 추천 조건을 위반하였을 때

③ 위원회가 제6조에 따라 외국인의 국내 공연을 추천 또는 변경추천하거나 제1항 또는 제2항에 따라 추천하지 아니하거나 추천을 취소한 경우에는 문화체육관광부령으로 정하는 바에 따라 그 결과를 문화체육관광부장관에게 제출하여야 한다.

## 8. 청소년유해매체물에 대한 심의

청소년보호위원회나 매체물의 윤리성·건전성을 심의하는 기관은 매체물의 청소년유해성을 심의할 수 있다. 이러한 청소년유해매체물 여부에 대한 심의는 사후심의라는 점에서 사전검열에는 해당하지 않는다.

**[법령 15.9] 청소년 보호법**(최근개정: 2020. 12. 29. 법률 제17761호)

**제7조 (청소년유해매체물의 심의·결정)**

① 청소년보호위원회는 매체물이 청소년에게 유해한지를 심의하여 청소년에게 유해하다고 인정되는 매체물을 청소년유해매체물로 결정하여야 한다. 다만, 다른 법령에 따라 해당 매체물의 윤리성·건전성을 심의할 수 있는 기관(이하 "각 심의기관"이라 한다)이 있는 경우에는 예외로 한다.

② 청소년보호위원회는 매체물이 청소년에게 유해한지를 각 심의기관에서 심의하지 아니하는 경우 청소년 보호를 위하여 필요하다고 인정할 때에는 심의를 하도록 요청할 수 있다.

③ 청소년보호위원회는 제1항 단서에도 불구하고 다음 각 호의 어느 하나에 해당하는 매체물에 대하여는 청소년에게 유해한지를 심의하여 유해하다고 인정하는 경우에는 그 매체물을 청소년유해매체물로 결정할 수 있다.

1. 각 심의기관이 심의를 요청한 매체물
2. 청소년에게 유해한지에 대하여 각 심의기관의 심의를 받지 아니하고 유통되는 매체물

④ 청소년보호위원회나 각 심의기관은 매체물 심의 결과 그 매체물의 내용이 「형법」등 다른 법령에 따라 유통이 금지되는 내용이라고 판단하는 경우에는 지체 없이 관계 기관에 형사처벌이나 행정처분을 요청하여야 한다. 다만, 각 심의기관별로 해당 법령에 따로 절차가 있는 경우에는 그 절차에 따른다.

⑤ 청소년보호위원회나 각 심의기관은 다음 각 호의 어느 하나에 해당하는 매체물에 대하여는 신청을 받거나 직권으로 매체물의 종류, 제목, 내용 등을 특정하여 청소년유해매체물로 결정할 수 있다.

1. 제작·발행의 목적 등에 비추어 청소년이 아닌 자를 상대로 제작·발행된 매체물
2. 매체물 각각을 청소년유해매체물로 결정하여서는 청소년에게 유통되는 것을 차단할 수 없는 매체물

⑥ 청소년보호위원회 심의·결정의 절차 등에 필요한 사항은 대통령령으로 정한다.

**제9조 (청소년유해매체물의 심의 기준)**

① 청소년보호위원회와 각 심의기관은 제7조에 따른 심의를 할 때 해당 매체물이 다음 각 호의 어느 하나에 해당하는 경우에는 청소년유해매체물로 결정하여야 한다.

1. 청소년에게 성적인 욕구를 자극하는 선정적인 것이거나 음란한 것
2. 청소년에게 포악성이나 범죄의 충동을 일으킬 수 있는 것
3. 성폭력을 포함한 각종 형태의 폭력 행위와 약물의 남용을 자극하거나 미화하

는 것

4. 도박과 사행심을 조장하는 등 청소년의 건전한 생활을 현저히 해칠 우려가 있는 것
5. 청소년의 건전한 인격과 시민의식의 형성을 저해(沮害)하는 반사회적·비윤리적인 것
6. 그 밖에 청소년의 정신적·신체적 건강에 명백히 해를 끼칠 우려가 있는 것

② 제1항에 따른 기준을 구체적으로 적용할 때에는 사회의 일반적인 통념에 따르며 그 매체물이 가지고 있는 문학적·예술적·교육적·의학적·과학적 측면과 그 매체물의 특성을 함께 고려하여야 한다.

③ 청소년 유해 여부에 관한 구체적인 심의 기준과 그 적용에 필요한 사항은 대통령령으로 정한다.

**[법령 15.10] 청소년유해매체물의 심의 기준: 청소년 보호법 시행령**(최근개정: 2021. 2. 17. 대통령령 제31450호)

**제9조 (청소년유해매체물의 심의 기준)**

법 제9조 제3항에 따른 청소년 유해매체물의 구체적인 심의 기준은 별표 2와 같다.

**[별표 2] 청소년유해매체물의 심의 기준 (제9조 관련)**

1. 일반 심의 기준
   가. 매체물에 관한 심의는 해당 매체물의 전체 또는 부분에 관하여 평가하되, 부분에 대하여 평가하는 경우에는 전반적 맥락을 함께 고려할 것
   나. 매체물 중 연속물에 대한 심의는 개별 회분을 대상으로 할 것. 다만, 법 제7조 제5항에 해당하는 매체물에 대한 심의는 그러하지 아니하다.
   다. 심의위원 중 최소한 2명 이상이 해당 매체물의 전체 내용을 파악한 후 심의할 것
   라. 법 제7조 제5항에 따라 실제로 제작·발행 또는 수입이 되지 아니한 매체물에 대하여 심의할 때에는 구체적·개별적 매체물을 대상으로 하지 않고 사회통념상 매체물의 종류, 제목, 내용 등을 특정할 수 있는 포괄적인 명칭 등을 사용하여 심의할 것
2. 개별 심의 기준
   가. 음란한 자태를 지나치게 묘사한 것
   나. 성행위와 관련하여 그 방법·감정·음성 등을 지나치게 묘사한 것
   다. 동물과의 성행위를 묘사하거나 집단 성행위, 근친상간, 가학·피학성 음란증 등 변태 성행위, 성매매 그 밖에 사회 통념상 허용되지 아니한 성관계를 조장하는 것
   라. 청소년을 대상으로 하는 성행위를 조장하거나 여성을 성적 대상으로만 기술하는 등 성 윤리를 왜곡시키는 것
   마. 존속에 대한 상해·폭행·살인 등 전통적인 가족 윤리를 훼손할 우려가 있는 것
   바. 잔인한 살인·폭행·고문 등의 장면을 자극적으로 묘사하거나 조장하는 것
   사. 성폭력·자살·자학행위, 그 밖에 육체적·정신적 학대를 미화하거나 조장하는 것

아. 범죄를 미화하거나 범죄방법을 상세히 묘사하여 범죄를 조장하는 것
자. 역사적 사실을 왜곡하거나 국가와 사회 존립의 기본체제를 훼손할 우려가 있는 것
차. 저속한 언어나 대사를 지나치게 남용하는 것
카. 도박과 사행심 조장 등 건전한 생활 태도를 현저하게 해칠 우려가 있는 것
타. 청소년유해약물등의 효능 및 제조방법 등을 구체적으로 기술하여 그 복용·제조 및 사용을 조장하거나 이를 매개하는 것
파. 청소년유해업소에의 청소년 고용과 청소년 출입을 조장하거나 이를 매개하는 것
하. 청소년에게 불건전한 교제를 조장할 우려가 있거나 이를 매개하는 것

## 9. 광고에 대한 사전심의

광고도 중요한 표현물 가운데 하나에 속한다. 헌법재판소도 "광고물도 사상·지식·정보 등을 불특정다수인에게 전파하는 것으로서 언론·출판의 자유에 의한 보호를 받는 대상이 됨은 물론"이라고 본다.[26] 따라서 광고에 대한 사전검열도 헌법에 따라 금지된다. 그렇지만 일정한 지역·장소 및 물건에 광고물 또는 게시시설을 표시하거나 설치하는 경우에 그 광고물 등의 종류·모양·크기·색깔, 표시 또는 설치의 방법 및 기간 등을 규제하는 것은 광고물 등의 내용을 심사·선별하여 광고물을 사전에 통제하려는 제도가 아니므로 사전검열에 해당되지 않는다는 것이 헌법재판소의 견해다.[27]

반면에 헌법재판소는 방송위원회로부터 위탁을 받은 '한국광고자율심의기구'로 하여금 텔레비전 방송광고에 대한 사전심의를 담당하도록 한 것은 헌법이 금지하는 사전검열에 해당한다고 본다.[28] 한국광고자율심의기구는 민간이 주도가 되어 설립된 기구이기는 하지만 그 구성에 행정권이 개입하고 있고, 행정법상 공무수탁사인으로서 그 위탁받은 업무에 관하여 국가의 지휘·감독을 받고 있으며, 방송위원회는 텔레비전 방송광고의 심의 기준이 되는 방송광고 심의규정을 제정, 개정할 권한을 가지고 있고, 자율심의기구의 운영비나 사무실 유지비, 인건비 등을 지급하고 있기 때문이라고 한다. 반면에 건강기능식품의 표시·광고에 관한 사전심의절차는 건강기능식품 광고가 영리 목적의 순수한 상업광고로서 사상이

26) 헌재 1998. 2. 27. 96헌바2 참조.
27) 헌재 1998. 2. 27. 96헌바2 참조.
28) 헌재 2008. 6. 26. 2005헌마506 참조.

나 지식에 관한 정치적 · 시민적 표현행위 등과 별로 관련이 없고, 이러한 광고를 사전에 심사한다고 해도 예술활동의 독창성과 창의성 등이 침해되거나 표현의 자유 등이 크게 위축될 위험성도 작아 사전검열에 해당하지 않는다고 한다.[29] 하지만 헌법재판소는 판례를 변경하여 건강기능식품법상 기능성 광고의 심의는 식약처장으로부터 위탁받은 '한국건강기능식품협회'에서 수행하고 있지만 법적으로 심의주체는 행정기관인 식약처장이며 언제든지 그 위탁을 철회할 수 있고, 심의위원회의 구성과 관련해서도 법령을 통해 행정권이 개입하여 지속적으로 영향을 미칠 가능성이 존재하는 이상 그 구성에 자율성이 보장되어 있다고 볼 수 없으며 식약처장이 심의기준 등의 제정과 개정을 통해 심의 내용과 절차에 영향을 줄 수 있을 뿐만 아니라 식약처장이 재심의를 권하면 심의기관이 이를 따라야 하고 분기별로 식약처장에게 보고가 이루어진다는 점에서도 그 심의업무의 독립성과 자율성이 있다고 어려워 건강기능식품 기능성광고에 대한 사전심의는 헌법이 금지하는 사전검열에 해당한다고 보았다.[30]

한편 헌법재판소에 따르면 의료광고에 대한 사전심의는 보건복지부장관으로부터 위탁을 받은 각 '의사협회'가 행하고 있으나 사전심의의 주체인 보건복지부장관이 언제든지 위탁을 철회하고 직접 의료광고 심의업무를 담당할 수 있는 점, 의료법 시행령이 심의위원회의 구성에 관하여 직접 규율하고 있는 점, 심의기관의 장은 심의 및 재심의 결과를 보건복지부장관에게 보고하여야 하는 점, 보건복지부장관은 의료인 단체에 대해 재정지원을 할 수 있는 점, 심의기준 · 절차 등에 관한 사항을 대통령령으로 정하도록 하고 있는 점 등을 종합해 볼 때 각 의사협회는 행정권의 영향력에서 벗어나 독립적이고 자율적으로 사전심의업무를 수행하고 있다고 보기 어려워 사전검열에 해당한다고 본다.[31] 또한 같은 맥락에서 의료기기 광고에 대한 사전심의도 사전검열에 해당하여 위헌이라고 한다.[32]

**[판례 15.1] 상업광고에 대한 사전심의 위헌성**

현행 헌법상 사전검열은 표현의 자유 보호대상이면 예외 없이 금지된다. 의료기기에 대한 광고는 의료기기의 성능이나 효능 및 효과 또는 그 원리 등에 관한 정보를 널리 알려 해당 의료기기의 소비를 촉진시키기 위한 상업광고로서 헌법 제21조 제1항의 표현의 자유의 보호대상이 됨과 동시에 같은 조 제2항의 사전검열금지

29) 헌재 2010. 7. 29. 2006헌바75 참조.
30) 헌재 2018. 6. 28. 2016헌가8; 2019. 5. 30. 2019헌가4 참조.
31) 헌재 2015. 12. 23. 2015헌바75 참조.
32) 헌재 2020. 8. 28. 2017헌가35 참조.

원칙의 적용대상이 된다.

광고의 심의기관이 행정기관인지 여부는 기관의 형식에 의하기보다는 그 실질에 따라 판단되어야 하고, 행정기관의 자의로 민간심의기구의 심의업무에 개입할 가능성이 열려 있다면 개입 가능성의 존재 자체로 헌법이 금지하는 사전검열이라고 보아야 한다.

의료기기법상 의료기기 광고의 심의는 식품의약품안전처장(식약처장)으로부터 위탁받은 한국의료기기산업협회가 수행하고 있지만, 법상 심의주체는 행정기관인 식약처장이고, 식약처장이 언제든지 그 위탁을 철회할 수 있으며, 심의위원회의 구성에 관하여도 식약처고시를 통해 행정권이 개입하고 지속적으로 영향을 미칠 가능성이 존재하는 이상 그 구성에 자율성이 보장되어 있다고 보기 어렵다. 식약처장이 심의기준 등의 개정을 통해 심의 내용 및 절차에 영향을 줄 수 있고, 심의기관의 장이 매 심의결과를 식약처장에게 보고하여야 하며, 식약처장이 재심의를 요청하면 심의기관은 특별한 사정이 없는 한 이에 따라야 한다는 점에서도 그 심의업무 처리에 있어 독립성 및 자율성이 보장되어 있다고 보기 어렵다.

따라서 이 사건 의료기기 광고 사전심의는 행정권이 주체가 된 사전심사로서 헌법이 금지하는 사전검열에 해당하고, 이러한 사전심의제도를 구성하는 심판대상조항은 헌법 제21조 제2항의 사전검열금지원칙에 위반된다(헌재 2020. 8. 28. 2017헌가35).

# Ⅳ. 사이버시대와 표현의 자유

## 1. 악성 리플(악플)과 인터넷실명제

여러 차례 언급한 것처럼 표현의 자유는 헌법상 보장된 기본적 인권이다. 하지만 표현의 자유가 다른 사람의 기본적 인권을 침해하거나 공익에 반하는 경우에는 반드시 제한이 따른다. 특히 최근에 문제가 되는 것은 하나의 표현행위로서 인터넷 게시판에 올리는 악성 리플(악플)이다. 악플은 근거 없이 타인을 비방하거나 모욕하고, 허위사실을 만들어 유포함으로써 사회질서에 해악을 가한다는 것을 본질로 한다. 인터넷의 특성인 신속한 전파력 때문에 악플은 더 이상 방치할 수 없는 사회악으로 등장한다.[33]

악플의 사회적 해악성을 예방하기 위하여 인터넷실명제가 부분적으로 실시되고 있다. 인터넷실명제란 인터넷게시판에 올리는 글은 반드시 실명으로만 할 경우에만 허용하는 제도를 말한다. 이러한 제도는 인터넷에 올리는 글에 대한 글쓰는 사람의 책임감을 제고시킨다는 장점을 가진다. 하지만 글 쓰는 사람의 글쓰

33) 악플과 같은 인터넷시대와 관련된 사회적 이슈에 대해서는 이 책 제42장 참조.

기를 위축시킬 수 있는 가능성도 크다. 자신의 이름을 밝히는 경우에 다양한 불이익을 고려해야 하고, 이로써 사실상 자기검열의 기제가 작동할 수 있는 가능성이 크기 때문이다.

### 2. 공인의 정보와 사생활

이른바 공인(public figures)과 관련된 표현은 상대적으로 제한이 덜 가해져왔다. 연예인, 스포츠선수, 정치인 등 대표적인 공인들은 대중에게 널리 알져진 사람들이기 때문이다. 한편으로 대중에게 널리 알려지는 것이 그들에게 유리하므로 그들 스스로 자신을 대중에게 알리려고 노력하는 측면도 있기 때문이다. 인터넷은 이러한 공인들의 정보와 사생활을 무차별적으로, 그리고 대단히 신속하게 전달하고 유포한다. 이에 따라 온라인(on-line)상에서 공인의 명예를 훼손하거나 사생활을 공개하는 정보의 표현을 제한하려는 움직임도 있다.

물론 공인이론이 전적으로 타당한 것은 아니다. 비록 공인이라고 하더라도 그들의 명예를 훼손하는 표현은 허용되지 않고, 그들의 의사에 반하는 사생활의 공개는 금지된다. 하지만 공인은 대중에게 널리 알려진 사람들이기 때문에 일반인에 비해 상대적으로 많은 개인정보나 사생활이 노출될 수밖에 없다. 이러한 사실은 인터넷상의 사이버세계에서도 여전히 타당하다. 따라서 인터넷의 강한 전파력 때문에 온라인상에서 이루어지는 공인의 정보와 사생활에 대한 표현이 오프라인에서 이루어지는 것보다 더 많은 제한을 받을 수는 없다. 자칫 신속하고 광범하게 정보를 전달하는 인터넷의 강점이 사전검열을 통해 위축될 수 있기 때문이다.

## Ⅴ. 검열없는 사회를 위하여

### 1. 검열하지 않는 문화의 형성

표현하고자 하는 내용이 표현되기도 전에 누군가에게 심사되어 표현 여부가 결정되는 것은 자유로운 표현을 심각하게 제한하는 것이기 때문에 헌법제정자는 사전검열을 금지하고 있다. 사전검열이 더욱 문제가 되는 것은 타인에 의한 사전검열이 만연된 사회에서는 자기검열이 행해질 수 있다는 점 때문이다. 이것은 구성원들의 표현활동을 위축시키고, 결국 그 사회의 문화적 수준을 하향시킬 수밖에 없는 결과에 이르게 된다. 따라서 국가에 의한 사전검열뿐만 아니라 사인에 의한 사전검열도 존재하지 않는 문화를 형성하는 것이 중요하다.[34]

문제는 다양한 형태의 제도들이 사전검열이라는 용어를 쓰지 않지만 실제로는 사전검열에 해당할 수 있다는 점이다.[35] 여기서 구체적인 판단기준이 필요하고 헌법재판소는 유용한 기준들을 제공하고 있다. 하지만 이것은 순전히 국가에 의한 사전검열을 판단하는 유용한 기준일 뿐이다. 법률에 위반되는 사전검열의 경우에는 해당 법률에 의해서 처벌하면 되지만 법망을 피해 교묘하게 이루어지는 사전검열의 경우에는 피해자에게 대단히 가혹한 결과를 초래할 수 있다. 따라서 법률에 의한 처벌을 두려워하여 사전검열이 없는 사회보다 사전검열이 자신과 타인에게 미치는 영향 및 공동체 전체에 미치는 효과를 고려하여 모든 사람에게 자유로운 표현이 보장되는 공동체를 형성하는 문화적 토대가 중요하다고 생각된다.

## 2. 자유로운 소통을 통한 해악성 있는 표현의 제거

공동체의 형성과 유지는 구성원들 사이의 자유로운 소통을 통해서만 가능하다. 자유로운 소통이 없는 공동체는 공동체가 아니라 단순히 사람들의 집합에 지나지 않는다. 사람들의 집합에 지나지 않는 공동체에는 공통의 규범과 가치가 존재할 수 없다. 특정한 개인이나 집단이 선호하는 규범과 가치가 그 공동체를 지배할 뿐이다. 따라서 자유로운 소통을 방해하는 사전검열은 특정한 개인이나 집단의 규범과 가치를 국가의 이름으로 강제하기 위한 수단이 된다. 자유로운 소통이 정지됨으로써 텅 비어 버린 공동체의 정신을 국가라는 정체모를 괴물이 차지하고, 그 국가를 지배하는 개인이나 집단의 생각들이 공동체의 정신으로서 구성원들의 정신세계를 지배하게 되는 것이다.

표현물의 사회적 해악은 사전검열로 제거되지 않는다. 사회적 해악을 판단하

---

34) 국가가 아닌 사인에 의한 사전검열, 그것도 이른바 인권운동을 하는 진보진영에서도 발생할 수 있다는 사실을 보여준 사건(한 인권영화제에서 다큐멘터리물의 상영을 둘러싸고 벌어진 사전검열 논쟁)과 비판에 대해서는 고길섶(2001)과 김규항(2001) 참조.

35) 최근에는 도박이나 포르노그래피와 관련된 불법 인터넷사이트 접속을 차단하기 위하여 가동되고 있는 SNI(Server Name Indication) 차단방식이 사전검열에 해당하는지 여부가 논란이 되고 있다. 기존의 차단방식은 도메인 네임의 주소(IP주소)를 찾아주는 DNS(Domain Name Server)에 불법사이트로 등록된 도메인 네임을 차단하는 방식인 데 비하여 현재의 차단방식은 기존의 차단방식을 우회해 암호화된 HTTPS를 이용한 접속을 차단하기 위하여 HTTPS을 이용하는 순간 노출될 수밖에 없는 SNI를 활용하여 불법사이트 접속을 차단하는 방식이다. 이와 관련된 자세한 논의는 김승주(2019), 63면 이하 참조.

는 기준이 사전검열을 수행하는 개인이나 집단의 가치관을 반영하기 때문이다. 따라서 사전검열은 표현물에 대한 '폐쇄적 통제시스템'이다. 표현물에 대한 '개방적 통제시스템'은 표현물의 사회적 해악을 판단하는 기준이 사회구성원 스스로에 의해 결정될 때 가능해진다. 결국 사전검열이라는 폐쇄적 통제시스템의 특징은 사회적 해악을 판단하는 절차가 특정한 집단의 구성원들에 의해 독점된다는 점에 있다. 반면에 개방적 통제시스템의 특징은 일정한 표현물이 사회적 해악을 발생시키는지에 관한 판단에 대해서 사회구성원 전체가 참여할 수 있다는 데 있다. 표현물의 사회적 해악을 판단하는 기준과 절차가 모든 사회구성원들에게 개방된 통제시스템을[36] 가진 공동체만이 건강한 공동체라는 칭호를 부여받을 수 있다.

### 3. 생각의 다양성과 자유시장의 보장

사전검열의 본질적 의도는 허용되지 않는 표현을 금지하려는 데 있다. 정확히 말하면 표현될 수 없는 것을 생각조차 못하게 하려는 것이다. 그렇다면 왜 허용된 생각과 허용되지 않는 생각을 구분하려 드는가? 근본적인 이유는 정신세계의 다양성을 인정하지 않고 획일화하려고 하기 때문이다. 정신세계의 다양성을 인정하지 않으면 타인의 다른 정신세계에 대해서 부정적 평가를 내리고 배제하게 된다. 궁극적으로 다른 사람의 생각을 개조하여 모든 사람이 동일한 생각을 갖도록 강요하게 된다. 이것은 개인의 사고력과 창의력을 말살시키고, 공동체 전체의 문화적 수준을 끌어내리는 결과를 초래한다. 따라서 개인의 인격적 존엄과 공동체의 문화적 풍요를 확보하기 위해서는 생각의 자유시장을 보장하고, 표현의 열린 광장을 인정해야 한다. 비록 사전검열이 타인의 권리나 공동체의 이익에 해악이 되는 생각과 표현을 미리 막아내는 긍정적 효과를 가진다는 점을 부인할 수는 없어도 개인과 공동체에 대한 사전검열의 부정적 효과가 그러한 긍정적 효과를 압도한다면 사전검열은 어떠한 형태로도 허용될 수 없다. 허용될 수 없다고 보이는 생각조차도 일단 표현될 수는 있어야 생각 자체를 정지시키지 않는다. 그리고 잘못된 생각과 표현은 다양한 창의적 생각과 표현이 공동체 전체를 지배함으로써 추방되어야지 생각과 표현을 미리 보고 판단해서 금지함으로써 추방될 수는 없다.

---

36) 사회적 해악을 판단하는 개방적 시스템은 밀턴의 '사상의 자유시장론' 및 이를 이어받은 미국 연방대법원의 홈즈 대법관의 사상과 취지를 같이 한다. 사상의 자유시장론에 대해서는 이인호(2004), 175면 이하 참조.

## 4. 보이지 않는 검열에 대한 인식과 극복

국가에 의한 사전검열이든 사인에 의한 사전검열이든 눈에 보이는 사전검열은 그나마 비판의 대상이 될 수는 있다. 하지만 눈에 보이지 않은 채 사람의 생각과 표현을 지배하는 사전검열은 비판과 성찰의 대상이 되기 쉽지 않다. 무엇보다도 '시장'은 오로지 돈이 되는 생각과 표현만을 요구함으로써 사람들의 생각과 표현을 지배한다는 점에서 '눈에 보이지 않는 사전검열'의 기제가 된다. 이른바 '상품성'이 있는 생각과 표현만이 시장에서 유통됨으로써 상품성이 없는 생각과 표현은 억압되고 추방된다. 심지어 생각과 표현의 주체인 개인들이 자기검열을 통해 상품성이 없는 생각과 표현을 스스로 억제하고 제거하기까지 한다. 생각의 자유시장을 상품의 자유시장이 포위하여 위축시킬 때 국가의 개입이 요구된다. 국가는 자유로운 생각과 표현을 보호하기 위하여 적극적으로 개입하고, 특히 돈이 안 되는 생각과 표현(예: 순수예술·학문)이 시장의 검열과 자기검열을 통해 매장되지 않도록 경제적인 지원을 아끼지 않아야 한다.

## 5. 감시로서 검열과 신뢰의 회복

사전검열의 또 다른 본질은 감시다.[37] 감시는 상대방에 대한 '불신'에서 나오고, 감시의 목적은 대체로 '처벌'이다. 상대방을 못 믿으니까 감시하고, 감시를 통해 상대방의 잘못을 지적하여 처벌함으로써 교정하려고 한다. 하지만 상대방의 잘못은 감시자의 관점에서 본 주관적인 잘못일 수 있다. 혹시나 그것이 객관적인 잘못이라고 하더라도 그러한 잘못은 다른 사람을 통해 지적되거나 처벌됨으로써 교정될 필요는 없고, 자신이 스스로 반성하거나 교육받음으로써 교정될 수도 있다. 따라서 사람의 생각이나 표현에서 잘못(틀림)으로 보이는 것이 단지 다양한 생각과 표현에 나타날 수 있는 '차이(다름)'에 지나지 않거나 '자기교정'이나 '교육에 의한 교정'이 가능한 것이라면 감시나 검열은 불필요하다. 오히려 국민에 대한 국가의 신뢰와 국민 상호간의 신뢰를 회복함으로써 생각과 표현에서 나타나는 차이나 잘못의 문제가 해결될 필요가 있다. 생각과 표현에서 나타나는 다름과 틀림에 대한 이성적 대응은 신뢰와 인내이지 감시(검열)와 처벌일 수 없다.

---

37) 감시의 문제에 대해서는 이 책 제9장 참조

**토론문제**

1. 해악의 발생이 명백한 표현물에 대한 검열은 허용되어야 하지 않는가?
2. 검열이 주는 해악은 무엇인가?
3. 타인이나 사회에 해악이 되는 표현물을 제거하는 바람직한 수단은 무엇인가?

**내 입장은?**

1. 사전검열은 전면적으로 허용될 수 있다.
2. 비상계엄과 같은 극히 예외적인 상황에서만 사전검열이 허용될 수 있다.
3. 사전검열은 절대적으로 금지되어야 한다.

## 참고문헌

고길섶(2001), 『밥・꽃・양』과 사전검열, 보이지 않는 손들의 연대?, ≪인물과 사상≫, 통권 44호(2001년 12월호), 183～193면.

김규항(2001), 울산인권영화제 출품작 「밥 꽃 양」 사전검열 논란, ≪월간 말≫, 통권 185호(2001년 11월호), 212～215면.

김승주(2019), 강화된 불법 음란물 차단 정책 : 인터넷 사전 검열인가, 디지털 성범죄 방지책인가, ≪언론중재≫(언론중재위원회), 통권 제151호(2019), 62～67면.

김 욱(2001), 영화에서의 사전검열금지의 원칙과 표현의 자유의 한계－2000헌가9 위헌법률심판제청사건에 부쳐－, ≪민주법학≫(민주주의법학연구회), 제19호(2001), 155～174면.

김태수, 방송금지가처분의 헌법적 한계－시사보도 프로그램을 중심으로－, ≪안암법학회≫(안암법학), 제26호(2008), 45～75면.

김형성(2005), 간행물 심의와 표현의 자유, ≪성균관법학≫(성균관대학교 비교법연구소), 제17권 제2호(2005), 45～68면.

신순철(2008), 현행 게임물 등급분류제도의 법리적 문제점과 대안, ≪언론과 법≫(한국언론법학회), 제7권 제2호(2008), 329～352면.

이인호(2004), 영화검열법제에 대한 비판과 그 개선방향－엄격한 의미의 음란에 대한 사전검열의 정당화요건－, ≪법과 사회≫(법과사회이론학회), 제26권(2004), 171～206면.

임지봉(2009), 미국헌법상의 표현의 자유와 사전억제금지의 원칙, ≪미국헌법연구≫(미국헌법학회), 제20권 제2호(2009), 287~315면.

전정환(2006), 방송위원회의 방송광고에 대한 사전심의·의결의 위헌성 여부, ≪헌법학연구≫(한국헌법학회), 제12권 제3호(2006), 523~552면.

정연우(2013), 방송광고심의제도에 관한 쟁점과 제도적 모델에 대한 시론적 연구, ≪광고한연구≫(한국광고학회), 제18권 5호(2007), 141~156면.

최우정(2013), 헌법상 방송의 자유보장을 위한 현행 방송심의제도의 문제점과 개선방향, ≪공법학연구≫(한국비교공법학회), 제14권 제2호(2013), 3~30면.

황승흠(2007), 2007년 개정 게임산업진흥법상 사행성게임물제도의 의의와 법적 성격, ≪공법학연구≫(한국비교공법학회), 제8권 제4호(2007), 305~327면.

황창근(2008), 영화등급분류제도의 개선 방향－제한상영가 등급을 중심으로－, ≪세계헌법연구≫(국제헌법학회 한국학회), 제14권 제3호(2008), 495~526면.

# 제16장 촛불시위와 집회의 자유

"집회의 권리는 인생이 더불어 살아야 한다는 큰 진리다.
평화롭게 우호적인 친근감을 표현하기 위한 목적이든
중대한 일에서 널리 의견을 모으기 위한 목적이든
국법에 따라 금지된 규정을 어기지 않는 한 이 권리를 제지할 수는 없다."
"集會의權利ᄅᆞᆯ究ᄒᆞ건ᄃᆡ人生의相與ᄒᆞᄂᆞᆫ大道라
和平ᄒᆞᆫ意思로友好ᄒᆞᆫ情誼ᄅᆞᆯ表ᄒᆞ기爲흠이든지
重大ᄒᆞᆫ事工으로廣博ᄒᆞᆫ議論을採ᄒᆞ기爲흠이든지
國法을遵守ᄒᆞ야禁例에無違ᄒᆞᆫ時ᄂᆞᆫ制止ᄒᆞᆷ이不可ᄒᆞ니"
≪유길준, 서유견문 중에서≫

촛불의 시대다. 논란이 될 만한 사회적 이슈가 발생하면 국민의 손에 들린 촛불과 함께 광장에서 힘차게 타오른다. 월드컵의 열기로 가득 찼던 시청과 광화문은 이제 촛불의 열기로 후끈 달아오른다. 촛불은 정의로운 국민의 의사다. 따라서 촛불을 진압하려는 세력은 국민의 의사에 반하는 세력이 된다. 누가 촛불을 두려워하며 진화하려 하는가?

촛불은 위험하다. 수많은 군중이 촛불을 들고 집회를 하다니 남대문을 태웠던 큰 화재라도 나면 어떻게 하려고 그러나? 더욱이 촛불은 그 불꽃처럼 충동적이다. 촛불을 들고 광장에 모인 국민은 이성적 시민이라기보다 감성적 군중에 가깝다. 감성에 따라 충동적으로 모인 군중은 어떻게 행동할지 모른다. 그것도 야간에 촛불을 들고 모인 군중은 언제 폭도로 변할지도 모른다.

촛불을 들고 광장에 모인 국민, 그들은 의로운 시민인가 위험한 폭도인가? 모든 국가권력은 국민으로부터 나온다는 헌법의 규정이 '정의'라면 국민의 의사에 반하는 정책을 결정하고 추진하려는 국가권력에 대해서 촛불을 드는 것은 자연법적 권리에 해당한다. 하지만 다수의 의사결정에 대해서 사사건건 시비를 걸기 위해 불만에 가득 찬 소수가 촛불을 드는 것이라면 제한이 필요하다. 과연 촛불이 정의인지 아니면 단순한 발목잡기에 지나지 않는지 알아보기로 하자.

# Ⅰ. 무엇이 문제인가?

이전의 **집회 및 시위에 관한 법률**[1](이하 **집시법**, 2016. 1. 27. 법률 제13834호로 개정된 것)에 따르면 야간에 옥외에서 진행되는 집회는 원칙적으로 금지되었다(동법 제10조). 단지 허가된 야간옥외집회만이 예외적으로 허용될 뿐이었다. 여기서 '야간'이란 "해가 뜨기 전이나 해가 진 후"를 뜻하고, '옥외'란 "천장이 없거나 사방이 폐쇄되지 아니한 장소"를 말한다(동법 제2조 제1호).[2] 집회는 다양한 목적을 위하여 개최될 수 있는데 야간옥외집회는 문화적 목적으로 개최되는 경우에는 허용되었다(동법 제15조). 따라서 2017년을 전후로 하나의 트랜드처럼 확산되고 있었던 촛불집회[3]는 야간옥외집회로서 문화적 목적으로 개최되는 경우에는 허용되지만 정치적 목적으로 개최되는 경우에는 법률상 금지되었다. 이에 따라 촛불집회를 개최하거나 촛불집회에 참여하는 사람들은 자신들의 집회가 문화적 목적의 집회라고 주장하는 반면에 집회의 질서를 유지하고 통제해야 하는 정부는 대부분의 촛불집회에서 주장되는 이슈들이 정치적이어서 정치적 목적의 집회라고 주장했다. 이러한 견해의 차이는 '정치적 집회'가 무엇인지에 대한 이해의 차이일 수도 있다. 하지만 문제의 본질은 모든 야간옥외집회를 원칙적으로 금지하면서 오로지 문화적 목적의 야간옥외집회만을 예외적으로 허용하고 있는 법률에 의해 국민의 기본권이 과도하게 제약당하고 있다는 데 존재하는 것으로 보인다.

> **[법령 16.1] 구 집회 및 시위에 관한 법률**(2016. 1. 27. 법률 제13834호로 개정된 것)
> **제10조 (옥외집회와 시위의 금지 시간)**
> 누구든지 해가 뜨기 전이나 해가 진 후에는 옥외집회 또는 시위를 하여서는 아니 된다. 다만, 집회의 성격상 부득이하여 주최자가 질서유지인을 두고 미리 신고한 경우에는 관할경찰관서장은 질서 유지를 위한 조건을 붙여 해가 뜨기 전이나 해가 진 후에도 옥외집회를 허용할 수 있다.
> **제15조 (적용의 배제)**
> 학문, 예술, 체육, 종교, 의식, 친목, 오락, 관혼상제(冠婚喪祭) 및 국경행사(國慶行事)에 관한 집회에는 제6조부터 제12조까지의 규정을 적용하지 아니한다.

---

1) 집시법의 역사에 대해서는 전광석(2003), 77면 이하; 강태수(2004), 419면 이하 참조.

2) 이러한 집회의 개념에 "공중이 자유로이 통행할 수 있는 장소"라는 장소적 제한개념이 포함될 수 있는지 여부와 관련하여 헌법재판소는 부정한다. 헌재 1994. 4. 28. 91헌바14 참조.

3) 촛불집회의 전개과정과 특징에 대해서는 홍성태(2008), 13면 이하 참조. 한편 촛불집회 참여자에 대한 경험적 통계를 근거로 촛불집회를 "탈물질주의자"의 비전통적 정치참여방식으로 이해하는 견해가 흥미롭다. 조기숙/박혜윤(2008), 258면 이하 참조.

# Ⅱ. 문제가 되는 인권

## 1. 집회의 자유

### (1) 내 용

헌법은 집회의 자유를 보장한다(헌법 제21조 제1항). 언론・출판의 자유와 함께 집회・결사의 자유는 '표현의 자유'로 이해되고, 특히 집회・결사의 자유는 집단적으로 의사를 표현하는 자유로 이해된다.[4] 이러한 표현의 자유는 개인의 인격을 발현하는 통로이기도 하지만 표현의 자유와 관련해서는 무엇보다도 국가공동체의 민주적 의사결정과정에 대한 참여를 가능하게 만드는 기능이 강조되어야 한다.[5] 여기서 '집회'란 다수인이 공동의 목적[6]을 가지고 일정한 장소에 회합(모임)하는 행위를 말한다.[7] 그리고 집회의 '자유'는 ① 일정한 집회를 개최하고 진행할 수 있는 자유, ② 집회에 참여할 수 있는 자유 및 ③ 집회를 해산할 자유를 의미한다. 여기에는 집회의 시간, 장소, 방법, 목적을 선택할 수 있는 자유도 포함된다. 따라서 야간집회든 주간집회든, 옥외집회든 옥내집회든, 침묵집회든 연좌집회든, 또는 정치적 집회든 문화적 집회든 원칙적으로 모든 형태의 집회는 집회의 자유에 의해서 보장된다.

### (2) 제한과 한계

집회의 자유도 다른 사람의 기본권이나 공공의 이익에 해악을 발생시키는 경우에는 제한될 수 있다. 예를 들어 다른 사람의 영업장소 근처에서 시위를 벌여 영업활동을 방해하거나 확성기를 사용하여 다른 사람에게 소음으로 인한 피해를 준다든지 교통의 소통을 방해하여 많은 사람들에게 불편을 끼치는 집회의 경우에

---

4) 박용상(1999), 9면; 전광석(2003), 73면 이하 참조. 특히 미국에서는 집회의 자유가 집단적 표현의 자유로 이해된다. 김상겸(2004), 79면 이하 참조. 한편 집회・결사의 자유를 표현의 자유로 이해하는 것에 대해서 반대하는 견해도 있다. 한수웅(2004), 8면 및 17면 참조.

5) 같은 맥락에서 최근의 촛불집회를 "민주주의의 심화"로 평가하기도 한다. 홍성태(2008), 24면 이하 참조. 또한 촛불집회의 원인을 대의민주주의의 위기에서 찾으면서 촛불집회를 "직접행동민주주의"로 이해하기도 한다. 이국운(2008), 160면 이하 참조.

6) 공동의 목적은 정치적 의사의 형성일 수도 있고, 공적 의사의 형성 또는 모든 형태의 공동의 사형성이 될 수도 있으며 단순히 공동의 목적을 형성하겠다는 인적 유대가 있는 것으로 충분할 수도 있다. 자세한 내용은 강태수(2004), 423면 이하; 한수웅(2004), 11면 이하; 이희훈(2006), 153면 이하 참조. 한편 헌법재판소는 집회의 개념에서 공동의 목적은 '내적인 유대 관계'이면 족한 것으로 본다. 헌재 2009. 5. 28. 2007헌바22; 헌재 2014. 1. 28. 2011헌바174 등 참조.

7) 집회의 자유에 대한 자세한 설명은 이준일, ≪헌법학강의≫(2019), 제2편 제2부 제5장 제7절 참조.

는 제한될 수 있다. 폭력적 집회가 금지되는 이유도 다른 사람의 기본권이나 공공의 이익에 해악을 끼칠 수 있기 때문이다.[8] 같은 맥락에서 타인의 출입이나 교통의 소통을 일정 정도 방해할 수 있는 연좌시위는 그 자체로는 폭력적 집회가 아니기 때문에 다른 사람의 기본권이나 공공의 이익에 구체적인 해악이 되는 경우에만 허용되지 않을 수 있다.

물론 집회의 자유가 제한될 수 있다고 하더라도 기본권제한에 관한 헌법적 원칙(과잉금지원칙)에 따라 과도한 제한은 금지되므로 집회의 자유에 대한 과도한 제한도 위헌적 침해로서 허용되지 않는다. 특히 헌법은 명시적으로 언론·출판의 자유에 대한 '검열'의 금지와 함께 집회·결사의 자유에 대한 '허가'를 금지하고 있다(헌법 제21조 제2항). 따라서 집회에 대한 '허가제'는 위헌이지만 집회의 질서를 유지하기 위한 최소한의 조치로서 '신고제'는 허용된다고 볼 수 있다.[9] 다만 명칭은 신고제이지만 실질적으로 허가제처럼 운용되는 경우에는 헌법상 금지되는 허가제에 해당하게 된다.

**[법령 16.2] 집회 및 시위에 관한 법률**(최근개정: 2020. 12. 22. 법률 제17689호)

**제12조 (교통 소통을 위한 제한)**

① 관할경찰관서장은 대통령령으로 정하는 주요 도시의 주요 도로에서의 집회 또는 시위에 대하여 교통 소통을 위하여 필요하다고 인정하면 이를 금지하거나 교통질서 유지를 위한 조건을 붙여 제한할 수 있다.

② 집회 또는 시위의 주최자가 질서유지인을 두고 도로를 행진하는 경우에는 제1항에 따른 금지를 할 수 없다. 다만, 해당 도로와 주변 도로의 교통 소통에 장애를 발생시켜 심각한 교통 불편을 줄 우려가 있으면 제1항에 따른 금지를 할 수 있다.

**제14조 (확성기 등 사용의 제한)**

① 집회 또는 시위의 주최자는 확성기, 북, 징, 꽹과리 등의 기계·기구(이하 이 조에서 "확성기 등"이라 한다)를 사용하여 타인에게 심각한 피해를 주는 소음으로서 대통령령으로 정하는 기준을 위반하는 소음을 발생시켜서는 아니 된다.

---

8) 폭력적 집회는 애초에 집회의 개념에도 포함되지 않는다는 견해가 있다. 이희훈(2006), 153면 참조. 하지만 "평화롭고, 무기를 휴대하지 않는 집회의 자유"를 보장하고 있는 독일 기본법(GG)의 경우에도 폭력적 집회는 집회의 개념에서부터 배제되는 것이 아니라 집회의 자유에 대한 헌법직접적인 제한으로 이해될 수도 있는 것처럼 평화로운 집회만을 명시적으로 보장하지 않는 우리 헌법의 경우에는 폭력적 집회가 집회의 개념에서부터 배제되어 있다고 해석하기에는 어려움이 있다.

9) 헌재 2009. 5. 28. 2007헌바22; 2018. 6. 28. 2017헌바373 참조. 같은 맥락에서 헌법재판소는 미신고 집회에 대한 해산명령에 불응하는 자를 처벌하는 것도 합헌이라고 본다. 헌재 2016. 9. 29. 2014헌바492 참조. 또한 신고범위를 뚜렷이 벗어난 집회·시위에 대한 해산명령에 불응하는 자를 처벌하는 것도 합헌이라고 한다. 헌재 2016. 9. 29. 2015헌바209 참조. 한편 허가제의 개념 및 신고제와의 구분에 대해서는 한수웅(2004), 15면 이하 참조. 그리고 미국헌법상 집회의 자유에 대한 사전제한에 관한 논의로 이병규(2011), 27면 이하 참조.

② 관할경찰관서장은 집회 또는 시위의 주최자가 제1항에 따른 기준을 초과하는 소음을 발생시켜 타인에게 피해를 주는 경우에는 그 기준 이하의 소음 유지 또는 확성기 등의 사용 중지를 명하거나 확성기 등의 일시보관 등 필요한 조치를 할 수 있다.

**[판례 16.1] 재판에 영향을 미칠 염려가 있거나 미치게 하기 위한 집회 또는 시위의 금지**

구 집회 및 시위에 관한 법률(1962. 12. 31. 법률 제1245호로 제정되고, 1989. 3. 29. 법률 제4095호로 전부개정되기 전의 것) 제3조 (집회 및 시위금지) ①항의 제2호 부분은 법관의 직무상 독립을 보호하여 사법작용의 공정성과 독립성을 확보하기 위한 것으로 입법목적의 정당성은 인정되나, 국가의 사법권한 역시 국민의 의사에 정당성의 기초를 두고 행사되어야 한다는 점과 재판에 대한 정당한 비판은 오히려 사법작용의 공정성 제고에 기여할 수도 있는 점을 고려하면 사법의 독립성을 확보하기 위한 적합한 수단이라 보기 어렵다. 또한 구 집시법의 옥외집회·시위에 관한 일반규정 및 형법에 의한 규제 및 처벌에 의하여 사법의 독립성을 확보할 수 있음에도 불구하고, 이 사건 제2호 부분은 재판에 영향을 미칠 염려가 있거나 미치게 하기 위한 집회·시위를 사전적·전면적으로 금지하고 있을 뿐 아니라, 어떠한 집회·시위가 규제대상에 해당하는지를 판단할 수 있는 아무런 기준도 제시하지 아니함으로써 사실상 재판과 관련된 집단적 의견표명 일체가 불가능하게 되어 집회의 자유를 실질적으로 박탈하는 결과를 초래하므로 최소침해성 원칙에 반한다. 더욱이 이 사건 제2호 부분으로 인하여 달성하고자 하는 공익 실현 효과는 가정적이고 추상적인 반면, 이 사건 제2호 부분으로 인하여 침해되는 집회의 자유에 대한 제한 정도는 중대하므로 법익균형성도 상실하였다. 따라서 이 사건 제2호 부분은 과잉금지원칙에 위배되어 집회의 자유를 침해한다(헌재 2016. 9. 29. 2014헌가3 등).

### (3) 야간옥외집회의 금지

헌법재판소[10]에 따르면 야간옥외집회의 원칙적 금지는 '야간'이라는 특수성으로 인한 불가피한 입법으로 이해된다. 그 이유는 야간의 옥외집회가 가지는 ① 질서유지의 상대적 어려움, ② 난폭화의 우려, ③ 불순세력의 개입가능성 등 때문이라고 한다. 하지만 구체적인 상황에서 실제로 야간의 옥외집회가 반드시 이러한 특성을 가진다고 볼 수는 없기 때문에 헌법재판소가 지적한 '추상적 위험'만 가지고 야간의 집회를 원칙적으로 금지하는 것이 정당한지에 대해서는 의문이 든다. 한편 헌법재판소는 ① 예외적 허용을 규정한 단서조항, ② 문화적 집회에 대한 적용배제, ③ 야간의 옥내집회에 대한 허용 등을 들어 야간옥외집회의 원칙적 금지가 집회의 자유의 본질적 내용을 침해하지도 않고, 과잉금지원칙에도 위반되

10) 헌재 1994. 4. 28. 91헌바14 참조.

지 않는다고 한다. 하지만 국민의 기본권을 원칙적으로 금지하면서 예외적으로 허용하는 것은 사실상 '허가제'를 의미하기 때문에 집회에 대한 허가를 명시적으로 금지하고 있는 헌법에 위반될 수 있다는 점을 지적해야만 한다.11) 헌법재판소도 이러한 문제점을 인식하고 판례를 변경하여 야간옥외집회를 원칙적으로 금지하고 있는 집시법이 헌법에 합치하지 않는다고 판시하였다([판례 16.3] 참조).12) 그리고 심판대상조항의 계속적용을 명령하는 헌법불합치결정 이후 입법 개선이 이루어지지 않아 그 효력이 상실되자 헌법재판소는 같은 내용의 구 집시법(2007. 5. 11. 법률 제8424호로 개정되기 전의 것) 규정에 대해서 야간옥외집회에 "일몰시간 후부터 같은 날 24시까지의 옥외집회"가 포함되는 것으로 해석하는 한 헌법에 위반된다는 한정위헌결정을 하였다.13) 이 결정은 먼저 선고된 야간시위금지에 대한 한정위헌결정([판례 16.4] 참조)과 같은 취지를 담고 있다. 하지만 구 집시법(2007. 5. 11. 법률 제8424호로 개정된 것) 규정에 대한 2009년의 헌법불합치결정에서 다수의견(법정의견은 아님)이 야간옥외집회의 원칙적 금지가 허가제에 해당하여 헌법에 위반된다고 본 것과 달리, 구 집시법 규정에 대한 2014년의 한정위헌결정에서는 다수의 법정의견이 '사전허가금지'에 위반되지 않는다고 보고 있다. 아무튼 현재도 야간옥외집회는 원칙적으로 금지되지만 집회의 성격상 부득이하여 주최자가 질서유지인을 두고 미리 신고한 경우에는 예외적으로 허용된다(동법 제10조).

**[법령 16.3] 집회 및 시위에 관한 법률**(최근개정: 2020. 12. 22. 법률 제17689호)
**제10조 (옥외집회와 시위의 금지 시간)**
누구든지 해가 뜨기 전이나 해가 진 후에는 옥외집회 또는 시위를 하여서는 아니 된다. 다만, 집회의 성격상 부득이하여 주최자가 질서유지인을 두고 미리 신고한 경우에는 관할경찰관서장은 질서 유지를 위한 조건을 붙여 해가 뜨기 전이나 해가 진 후에도 옥외집회를 허용할 수 있다.

---

11) 같은 맥락에서 변정수 재판관의 소수견해는 주목할 만하다. "우리 헌법이 주간·야간을 구별하지 아니하고 집회에 대한 허가제를 금지하고 있는 이상 야간의 옥외집회·시위라 하여 전면금지를 원칙으로 할 것이 아니라 신고제를 통해 전면허용을 원칙으로 하고, 다만 제한요건을 객관적으로 엄격히 강화하여 국가안전보장·질서유지·공공복리를 위하여 부득이한 경우에 한하여 예외적으로 야간 옥외집회·시위를 금지하는 것이 집회·시위 자유의 최대한 보장과 허가제를 금지한 헌법정신에 부합할 것이다. 결국 집시법 제10조는 집회의 자유로 규정한 헌법 제21조 제1항 및 제2항, 그리고 기본권제한 과잉금지를 규정한 헌법 제37조 제2항에 위반된다." 헌법재판소 1994. 4. 28. 91헌바14 결정에서 변정수 재판관의 반대의견 참조. 같은 맥락에서 야간옥외집회의 원칙적 금지는 입법론적으로 삭제되어야 한다는 견해는 타당해 보인다. 이러한 견해로 전광석(2003), 114면 참조.

12) 이 판례에 대한 비판적 견해로 정영화(2010), 316면 이하 참조.

13) 헌재 2014. 4. 24. 2011헌가29.

**[판례 16.2] 야간옥외집회의 원칙적 금지**

야간의 옥외집회 및 시위는 "야간"이라는 상황적 특수성과 "옥외집회·시위"의 속성상 주간의 옥외집회·시위의 경우보다 공공의 안녕질서를 침해할 수 있는 높은 개연성을 지니고 있다는 점에서 야간의 옥외집회·시위의 원칙적 금지에 대한 현실적 타당성을 수긍할 수 있다. 일반적으로 야간의 옥외집회·시위는 주간의 옥외집회·시위보다 **질서유지가 어렵고** 따라서 그만큼 공공의 안녕질서에 해를 끼칠 개연성이 높으며, 심리학적으로도 야간에는 주간보다 자극에 민감하고 흥분하기 쉬워서 집회 및 시위가 본래의 목적과 궤도를 이탈하여 **난폭화할 우려**가 있고, 또 **불순세력의 개입이 용이**하며 이를 단속하기가 어려운 점 등 여러 가지의 특성이 있다. 형법 및 폭력행위등처벌에관한법률등에 있어서 "야간"의 행위를 더욱 엄격히 규제하고 있는 것도 이와 맥락을 같이 하는 것이다.

이와 같이 야간의 옥외집회·시위라는 특수한 상황조건으로 인하여 기본권 제한입법의 목적원리가 강화될 수밖에 없는 논리적 측면에서, 현행 집시법 제10조가 과거처럼 어떠한 경우에도 야간의 옥외집회·시위를 일률적으로 금지하지 아니하고(구 집시법 제6조 참조) 집회의 성격상 부득이한 경우에는 일정한 조건을 붙여 일출시간 전, 일몰시간 후의 **옥외집회를 허용할 수 있는 단서규정**을 두고 있는 점, 이 단서규정에 따른 야간옥외집회의 허용 여부는 헌법이념 및 조리상 관할경찰관서장의 편의재량사항이 아니고 기속재량사항이라고 해석되는 점, **학문·예술·체육·종교·의식·친목·오락 등에 관한 집회에는 이러한 금지규정이 적용되지 않을 뿐**만 아니라(집시법 제13조) 야간이라도 **옥내집회는 일반적으로 허용**되는 점 등을 고려할 때, 야간의 옥외집회·시위의 금지에 관한 집시법 제10조의 규정이 집회의 자유의 본질적 내용을 침해한 것이라고는 볼 수 없다.

다만 규정의 체재로는 야간의 옥외집회·시위도 원천적으로 이를 허용하고 예외적으로 금지할 수 있는 경우를 구체적으로 규정하는 것이 집회의 자유를 보장한 헌법규정에 비추어 바람직스러운 것이나, 야간의 옥외집회·시위를 원칙적으로 금지하고 야간옥외집회에 한하여 예외적으로 조건을 붙여 허용하였다고 하여, 즉 **원칙적 금지와 예외적 허용**이라는 규정체재로 되어 있다 하여 그 사실만으로 곧 기본권 제한입법의 한계로서 요구하는 과잉금지의 원칙에 위배된다고는 볼 수 없고, 더구나 집시법 전체의 규정체재에서 보면 이 법은 일정한 신고절차만 밟으면 일반적, 원칙적으로 옥외집회 및 시위를 할 수 있도록 보장하면서(즉 옥외집회 및 시위의 원칙적 허용) 그 집회 및 시위의 목적, 방법, 시간, 장소 등에 따라 그것이 공공의 안녕질서에 미칠 영향의 강약 등을 고려하여 개별적으로 이에 상응한 여러 가지의 규제를 하고 있는바 집시법 제10조는 바로 일몰상태하의 옥외집회 및 시위라는 특수한 상황조건하의 옥외집회·시위에 관한 특별한 예외적 규제규정(즉 옥외집회 및 시위의 예외적 금지규정 또는 "옥외집회 및 시위의 금지시간"에 관한 규정)이라고 볼 수도 있다(헌재 1994. 4. 28. 91헌바14).[14]

**[판례 16.3] 야간옥외집회금지의 위헌성**

[재판관 이강국, 재판관 이공현, 재판관 조대현, 재판관 김종대, 재판관 송두환의

14) 판례의 원문은 한 문단으로 되어 있으나 필자가 논리적 흐름에 따라 세 문단으로 나누었다.

**위헌의견]**
집시법 제10조 본문은 야간옥외집회를 일반적으로 금지하고, 그 단서는 행정권인 관할경찰서장이 집회의 성격 등을 포함하여 야간옥외집회의 허용 여부를 사전에 심사하여 결정한다는 것이므로, 결국 야간옥외집회에 관한 일반적 금지를 규정한 집시법 제10조 본문과 관할 경찰서장에 의한 예외적 허용을 규정한 단서는 그 전체로서 야간옥외집회에 대한 허가를 규정한 것이라고 보지 않을 수 없고, 이는 헌법 제21조 제2항에 정면으로 위반된다. 따라서 집시법 제10조 중 "**옥외집회**" **부분은 헌법 제21조 제2항에 의하여 금지되는 허가제를 규정한 것**으로서 헌법에 위반되고, 이에 위반한 경우에 적용되는 처벌조항인 집시법 제23조 제1호 중 "제10조 본문의 옥외집회" 부분도 헌법에 위반된다.
[재판관 민형기, 재판관 목영준의 **헌법불합치의견**]
집시법 제10조에 의하면 낮 시간이 짧은 동절기의 평일의 경우에는 직장인이나 학생은 사실상 집회를 주최하거나 참가할 수 없게 되어, 집회의 자유를 실질적으로 박탈하거나 명목상의 것으로 만드는 결과를 초래하게 된다. 또한 도시화·산업화가 진행된 현대 사회에서, "야간"이라는 시간으로 인한 특징이나 차별성은 보다 구체적으로 표현하면 "심야"의 특수성으로 인한 위험성이라고도 할 수 있다. 집시법 제10조는 목적달성을 위해 필요한 정도를 넘는 지나친 제한이다. 나아가 우리 집시법은 제8조, 제12조, 제14조 등에서 국민의 평온과 사회의 공공질서가 보호될 수 있는 보완장치를 마련하고 있으므로, 옥외집회가 금지되는 야간시간대를 집시법 제10조와 같이 광범위하게 정하지 않더라도 입법목적을 달성하는 데 큰 어려움이 없다. 집시법 제10조 단서는, 관할경찰관서장이 일정한 조건하에 집회를 허용할 수 있도록 규정하고 있으나, 그 허용 여부를 행정청의 판단에 맡기고 있는 이상, 과도한 제한을 완화하는 적절한 방법이라고 할 수 없다. 따라서 집시법 제10조는 침해최소성의 원칙에 반하고, 법익균형성도 갖추지 못하였다. 따라서 집시법 제10조 중 "**옥외집회"에 관한 부분은 과잉금지 원칙에 위배하여 집회의 자유를 침해하는 것**으로 헌법에 위반되고, 이를 구성요건으로 하는 집시법 제23조 제1호의 해당 부분 역시 헌법에 위반된다(헌재 2009. 9. 24. 2008헌가25).

## 2. 시위의 자유

### (1) 시위의 개념

집회의 자유는 시위의 자유를 포함한다.15) 여기서 시위는 "여러 사람이 공동의 목적을 가지고 도로, 광장, 공원 등 일반인이 자유로이 통행할 수 있는 장소를 행진하거나 위력(威力) 또는 기세(氣勢)를 보여, 불특정한 여러 사람의 의견에 영향을 주거나 제압(制壓)을 가하는 행위"를 의미한다(집시법 제2조 제2호). 헌법재판소에 따르면 시위는 불특정다수인의 의견에 영향을 주거나 제압을 가하는 행위를

15) 같은 견해로 김승환(1999), 305면; 이희훈(2006), 165면 참조. 헌법재판소도 같은 견해다. 헌재 2005. 11. 24. 2004헌가17 참조.

말하고, "공중(일반인)이 자유로이 통행할 수 있는 장소"라는 개념을 시위의 개념의 필요불가결한 요소는 아니라고 한다.[16] 이러한 견해에 따르면 대학구내는 일반인이 자유로이 통행할 수 없는 장소이지만 대학구내에서의 시위도 불특정다수인의 의견에 영향을 주거나 제압을 가하게 되면 시위에 포함되게 된다.[17] 한편 현행 집시법은 시위의 개념에 행진을 포함시키고 있는데 이처럼 시위는 행진을 포함하는 상위개념이기 때문에 시위가 '움직이는 집회'를 의미하는 행진과 동일한 의미로 이해될 필요는 없다.[18] 헌법재판소도 집시법상의 시위가 반드시 '행진' 등 장소 이동을 동반해야만 성립하는 것은 아니라고 한다.[19]

### (2) 야간시위의 금지

야간옥외집회의 경우 구 집시법 제10조의 본문에서 원칙적으로 금지하고, 단서를 통해 예외적으로 허용하는 것은 집회의 자유에 대한 사실상의 '허가제'와 같다([판례 16.2]의 위헌의견 참조). 그런데 구 집시법 제10조의 단서는 야간의 옥외집회에 대해서만 예외를 두고 시위에 대해서는 별다른 예외 규정을 두지 않아 시위를 옥외집회의 개념에서 제외할 경우 야간의 시위는 절대적으로 금지되는 것으로 해석될 여지가 있었다. 헌법재판소는 구 집시법 제10조 단서를 시위에 적용되지 않는 것으로 보아 집시법 제10조가 야간의 시위를 예외 없이 절대적으로 금지하는 것으로 해석하여 "해가 뜨기 전이나 해가 진 후"에 "해가 진 후부터 같은 날 24시까지"를 포함시키는 한 헌법에 위반된다고 판시하였다(아래 [판례 16.4] 참조). 그러나 야간옥외집회의 원칙적 금지에 대해서 헌법불합치 결정을 했던 것과 달리 야간시위의 절대적 금지에 대해서 한정위헌결정에 머문 것은 의문이다.[20] 특히

---

16) 헌재 1994. 4. 28. 91헌바14 참조.

17) 하지만 시위의 개념에는 '일반인이 자유로이 통행할 수 있는 장소'가 포함되어야 한다는 견해도 있다. 이희훈(2006), 163면 이하 참조. 이러한 견해에 따르면 대학구내처럼 일반인이 자유로이 통행할 수 없는 장소에서의 시위는 시위의 개념에 포함되지 않는다. 문제는 집시법에서 옥외시위에 대해서만 신고를 의무화하고 있다는 점에 있는데 '일반인이 자유로이 통행할 수 있는 장소'라는 표지가 시위의 개념에 포함되지 않으면 대학구내의 시위도 신고의무가 부과되는 이상한 결론에 이르게 된다. 그러나 문제의 본질은 옥외시위에 대해서 신고의무를 부과하고 있다는 점에 있지 않고, 옥외시위의 유형을 구분하지 않은 채 모든 옥외시위에 대해서 신고의무를 부과하고 있다는 점에 있다. 이러한 관점에서 시위의 개념에 반드시 '일반인이 자유로이 통행할 수 있는 장소'라는 표지가 포함될 필요는 없고, 이러한 헌법상 시위의 개념에 비추어볼 때 시위의 유형을 고려하지 않은 채 모든 옥외시위에 대해서 신고를 의무화한 법률규정의 위헌성이 검토될 필요가 있다.

18) 같은 견해로 한수웅(2004), 19면 참조.

19) 헌재 2014. 3. 27. 2010헌가2 등 참조.

야간시위의 절대적 금지 규정을 원칙적 허용이 아닌 원칙적 금지로 한정 해석하는 것은 야간옥외집회의 원칙적 금지와 마찬가지로 집회(시위)의 허가를 명시적으로 금지한 헌법에 위반된다고 볼 수 있다.

**[판례 16.4] 야간시위금지의 위헌성**

① 시위는 공공의 안녕질서, 법적 평화 및 타인의 평온에 미치는 영향이 크고, 야간이라는 특수한 시간적 상황은 시민들의 평온이 강하게 요청되는 시간대로, 야간의 시위는 주간의 시위보다 질서를 유지시키기가 어렵다. 야간의 시위 금지는 이러한 특징과 차별성을 고려하여 사회의 안녕질서를 유지하고 시민들의 주거 및 사생활의 평온을 보호하기 위한 것으로서 정당한 목적 달성을 위한 적합한 수단이 된다. 그런데 집시법 제10조 본문에 의하면, 낮 시간이 짧은 동절기의 평일의 경우, 직장인이나 학생은 사실상 시위를 주최하거나 참가할 수 없게 되는 등 집회의 자유가 실질적으로 박탈되는 결과가 초래될 수 있다. 나아가 도시화·산업화가 진행된 현대 사회에서 전통적 의미의 야간, 즉 '해가 뜨기 전이나 해가 진 후'라는 광범위하고 가변적인 시간대는 위와 같은 '야간'이 특징이나 차별성이 명백하다고 보기 어려움에도 일률적으로 야간 시위를 금지하는 것은 목적달성을 위해 필요한 정도를 넘는 지나친 제한으로서 침해의 최소성 원칙 및 법익균형성 원칙에 반한다. 따라서 심판대상조항들은 과잉금지원칙에 위배하여 집회의 자유를 침해한다.

② 야간시위를 금지하는 집시법 제10조 본문에는 위헌적인 부분과 합헌적인 부분이 공존하고 있으며, 위 조항 전부의 적용이 중지될 경우 공공의 질서 내지 법적 평화에 대한 침해의 위험이 높아, 일반적인 옥외집회나 시위에 비하여 높은 수준의 규제가 불가피한 경우에도 대응하기 어려운 문제가 발생할 수 있으므로, 현행 집시법의 체계 내에서 시간을 기준으로 한 규율의 측면에서 볼 때 규제가 불가피하다고 보기 어려움에도 시위를 절대적으로 금지하여 위헌성이 명백한 부분에 한하여 위헌 결정을 한다. 심판대상조항들은, 이미 보편화된 야간의 일상적인 생활의 범주에 속하는 '**해가 진 후부터 같은 날 24시까지의 시위**'에 적용하는 한 헌법에 위반된다.

[재판관 김창종, 재판관 강일원, 재판관 서기석의 **전부위헌의견**]

심판대상조항들이 과잉금지원칙에 위배하여 집회의 자유를 침해하는 것으로서 헌법에 위반된다는 점은 다수의견과 견해를 같이 한다. 그런데 법률조항의 내용 중 일부만이 위헌이라고 하더라도, 위헌적인 부분을 명확하게 구분해 낼 수 없는 경우에는 원칙적으로 그 법률조항 자체가 헌법에 위반된다고 보아야 한다. 헌법재

20) 헌법재판소는 "옥외집회는 집회 가운데 일정한 장소적 기준에 의하여 분류되는 집회를 의미하고, 시위는 집회 가운데 일정한 행위가 있는 경우를 말한다고 볼 여지가 있다. 개념적으로 시위는 집회의 부분집합이 되고, 옥외집회와 시위는 일부 교집합을 형성하게 될 가능성이 있는 것"이라고 보면서도, "집시법의 전체적인 규정체계를 종합하면, 입법자는 집시법상의 시위 개념을 집시법상의 집회, 옥외집회 개념으로부터 의도적하여 분리한 것으로 이해함이 상당하고, 집시법상의 집회와 옥외집회의 개념을 시위에 해당하는 부분을 제외한 부분으로 축소된다"고 하여 "기본권으로서의 집회의 자유의 내용을 이루는 집회, 시위의 개념과는 구분"되는 것으로 본다. 헌재 2014. 3. 27. 2010헌가2 등 참조.

판소가 스스로 일정한 시간대를 기준으로 하여 심판대상조항들의 위헌적인 부분과 합헌적인 부분의 경계를 명확하게 정하는 것은 입법자의 일차적인 입법 권한과 책임에 대한 제약으로 작용하여 권력분립의 원칙을 침해할 가능성을 배제할 수 없으며, 심판대상조항들의 위헌적인 부분을 일정한 시간대를 기준으로 명확하게 구분하여 특정할 수는 없다고 할 것이므로, 심판대상조항들에 대하여 전부위헌결정을 하여야 할 것이다(헌재 2014. 3. 27. 2010헌가2 등).

## Ⅲ. 집회의 자유와 관련된 현안

### 1. 중요시설근처집회의 금지

집회 및 시위에 관한 법률은 국가기관이나 각종 공관 또는 외교기관 등 중요시설의 근처(경계 지점으로부터 100미터)에서 개최되는 집회를 원칙적으로 금지하고 있다. 헌법재판소에 따르면 외교기관근처의 집회를 원칙적으로 금지하는 것은 위헌이지만[21] 법원근처의 집회를 원칙적으로 금지하는 것은 합헌이었다.[22] 물론 외교기관과 법원은 그 기능에서 많은 차이가 있고, 특히 '사법권의 독립'을 보장하는 헌법적 정신을 고려할 때 법원에 대한 특별한 보호의 필요성도 있다고 보인다. 하지만 외교기관근처의 집회에 대해서는 예외없는 금지가 위헌이라고 보면서 법원근처의 집회에 대해서는 예외없는 금지가 합헌이라고 보는 헌법재판소의 견해는 '일관성'이라는 관점에서 의문이 제기될 수 있는데 헌법재판소는 판례를 변경하여 법원근처 집회의 전면적 금지가 헌법에 불합치한다고 판시하였다.[23] 아무튼 법률이 개정되어 외교기관근처의 집회는 ① 외교기관을 대상으로 하지 않는 집회, ② 소규모의 집회, ③ 휴일의 집회인 경우에 예외가 인정되고 있다(집시법 제11조 제4호). 한편 같은 맥락에서 국회의사당 근처의 모든 집회를 금지하고 있는 부분에 대해서도 동일한 문제를 제기해볼 수 있다. 국민의 다양한 의견과 주장을 반영해야 하는 국회의 의사당 근처까지 집회를 전면적으로 금지하는 것은 권위주의적 국가에서나 가능한 발상은 아닌지 의심해볼 여지가 있다. 하지만 헌법재판소는 국회의사당 근처의 집회에 대한 전면적 금지를 합헌이라고 보기도 했으나[24] 판례를 변경하여 국회의사당 근처집회의 전면적 금지는 헌법에 불합치한다고 결정하

21) 헌재 2003. 10. 30. 2000헌바67; 2010. 10. 28. 2010헌마111 참조.
22) 헌재 2005. 11. 24. 2004헌가17 참조; 2009. 12. 29. 2006헌바13 참조.
23) 헌재 2018. 7. 26. 2018헌바137 참조.
24) 헌재 2009. 12. 29. 2006헌바20 참조.

였다([판례 16.6] 참조). 또한 국무총리 공관 근처의 집회에 대한 전면적 금지도 헌법불합치로 결정하였다.25)

**[법령 16.4] 집회 및 시위에 관한 법률**(최근개정: 2020. 12. 22. 법률 제17689호)
**제11조 (옥외집회와 시위의 금지 장소)**
누구든지 다음 각 호의 어느 하나에 해당하는 청사 또는 저택의 경계 지점으로부터 100미터 이내의 장소에서는 옥외집회 또는 시위를 하여서는 아니 된다.
1. 국회의사당. 다만, 다음 각 목의 어느 하나에 해당하는 경우로서 국회의 기능이나 안녕을 침해할 우려가 없다고 인정되는 때에는 그러하지 아니하다.
   가. 국회의 활동을 방해할 우려가 없는 경우
   나. 대규모 집회 또는 시위로 확산될 우려가 없는 경우
2. 각급 법원, 헌법재판소. 다만, 다음 각 목의 어느 하나에 해당하는 경우로서 각급 법원, 헌법재판소의 기능이나 안녕을 침해할 우려가 없다고 인정되는 때에는 그러하지 아니하다.
   가. 법관이나 재판관의 직무상 독립이나 구체적 사건의 재판에 영향을 미칠 우려가 없는 경우
   나. 대규모 집회 또는 시위로 확산될 우려가 없는 경우
3. 대통령 관저(官邸), 국회의장 공관, 대법원장 공관, 헌법재판소장 공관
4. 국무총리 공관. 다만, 다음 각 목의 어느 하나에 해당하는 경우로서 국무총리 공관의 기능이나 안녕을 침해할 우려가 없다고 인정되는 때에는 그러하지 아니하다.
   가. 국무총리를 대상으로 하지 아니하는 경우
   나. 대규모 집회 또는 시위로 확산될 우려가 없는 경우
5. 국내 주재 외국의 외교기관이나 외교사절의 숙소. 다만, 다음 각 목의 어느 하나에 해당하는 경우로서 외교기관 또는 외교사절 숙소의 기능이나 안녕을 침해할 우려가 없다고 인정되는 때에는 그러하지 아니하다.
   가. 해당 외교기관 또는 외교사절의 숙소를 대상으로 하지 아니하는 경우
   나. 대규모 집회 또는 시위로 확산될 우려가 없는 경우
   다. 외교기관의 업무가 없는 휴일에 개최하는 경우

**[판례 16.5] 외교기관근처집회의 전면적 금지**

특정장소에서의 집회가 이 사건 법률조항에 의하여 보호되는 법익에 대한 직접적인 위협을 초래한다는 일반적 추정이 구체적인 상황에 의하여 부인될 수 있다면, 입법자는 '최소침해의 원칙'의 관점에서 금지에 대한 예외적인 허가를 할 수 있도록 규정해야 한다. 이 사건 법률조항에 의하여 전제된 추상적 위험성에 대한 입법자의 예측판단은 구체적으로 다음과 같은 경우에 부인될 수 있다고 할 것이다. ① 첫째, 외교기관에 대한 집회가 아니라 **우연히 금지장소 내에 위치한 다른 항의대상에 대한 집회**의 경우, 이 사건 법률조항에 의하여 전제된 법익충돌의 위험성이 작다고 판단된다. 이 사건 법률조항의 문제점은, 집회금지구역 내에서 외

25) 헌재 2018. 6. 28. 2015헌가28 참조.

교기관이나 당해 국가를 항의의 대상으로 삼지 않는, 다른 목적의 집회가 함께 금지된다는데 있다. 특히, 서울과 같은 대도시에서 주요건물이 밀집해 있는 경우, 그곳에 우연히 위치한 하나의 보호대상건물이 1백미터의 반경 내에 위치한 다수의 잠재적 시위대상에 대한 집회를 사실상 함께 금지하는 효과가 있다. ② 둘째, **소규모 집회**의 경우, 일반적으로 이 사건 법률조항의 보호법익이 침해될 위험성이 작다. 예컨대 외국의 대사관 앞에서 소수의 참가자가 소음의 발생을 유발하지 않는 평화적인 피켓시위를 하고자 하는 경우, 일반 대중의 합세로 인하여 대규모시위로 확대될 우려나 폭력시위로 변질될 위험이 없는 이상, 이러한 소규모의 평화적 집회의 금지를 정당화할 수 있는 근거를 발견하기 어렵다. ③ 셋째, 예정된 집회가 외교기관의 업무가 없는 **휴일에 행해지는 경우**, 외교기관에의 자유로운 출입 및 원활한 업무의 보장 등 보호법익에 대한 침해의 위험이 일반적으로 작다고 할 수 있다. 따라서 입법자가 '외교기관 인근에서의 집회의 경우에는 일반적으로 고도의 법익충돌위험이 있다'는 예측판단을 전제로 하여 이 장소에서의 집회를 원칙적으로 금지할 수는 있으나, 일반·추상적인 법규정으로부터 발생하는 과도한 기본권 제한의 가능성이 완화될 수 있도록 일반적 금지에 대한 예외조항을 두어야 할 것이다. 즉 이 사건 법률조항의 보호법익에 대한 위험이 구체적으로 존재하지 않는 경우에 대하여 예외적으로 집회를 허용하는 규정을 두어야만, 이 사건 법률조항은 비례의 원칙에 부합하는 것이다. 그럼에도 불구하고 이 사건 법률조항은 전제된 위험상황이 구체적으로 존재하지 않는 경우에도 이를 함께 예외 없이 금지하고 있는데, 이는 입법목적을 달성하기에 필요한 조치의 범위를 넘는 과도한 제한인 것이다. 그러므로 이 사건 법률조항은 최소침해의 원칙에 위반되어 집회의 자유를 과도하게 침해하는 위헌적인 규정이다(헌재 2003. 10. 30. 2000헌바67).

**[판례 16.6] 법원근처집회의 전면적 금지**

[1] 법관의 독립은 공정한 재판을 위한 필수 요소로서 다른 국가기관이나 사법부 내부의 간섭으로부터의 독립뿐만 아니라 사회적 세력으로부터의 독립도 포함한다. 심판대상조항의 입법목적은 법원 앞에서 집회를 열어 법원의 재판에 영향을 미치려는 시도를 막으려는 것이다. 이런 입법목적은 법관의 독립과 재판의 공정성 확보라는 헌법의 요청에 따른 것이므로 정당하다. 각급 법원 인근에 집회·시위금지장소를 설정하는 것은 입법목적 달성을 위한 적합한 수단이다.

[2] 법원 인근에서 옥외집회나 시위가 열릴 경우 해당 법원에서 심리 중인 사건의 재판에 영향을 미칠 위협이 존재한다는 일반적 추정이 구체적 상황에 따라 부인될 수 있는 경우라면, 입법자로서는 각급 법원 인근일지라도 예외적으로 옥외집회·시위가 가능하도록 관련 규정을 정비하여야 한다. 법원 인근에서의 집회라 할지라도 법관의 독립을 위협하거나 재판에 영향을 미칠 염려가 없는 집회도 있다. 예컨대 법원을 대상으로 하지 않고 검찰청 등 법원 인근 국가기관이나 일반법인 또는 개인을 대상으로 한 집회로서 재판업무에 영향을 미칠 우려가 없는 집회가 있을 수 있다. 법원을 대상으로 한 집회라도 사법행정과 관련된 의사표시 전달을 목적으로 한 집회 등 법관의 독립이나 구체적 사건의 재판에 영향을 미칠 우려가 없는 집회도 있다. 한편 집시법은 심판대상조항 외에도 집회·시위의 성격과 양상에 따라 법원을 보호할 수 있는 다양한 규제수단을 마련하고 있으므로, 각급 법원

인근에서의 옥외집회·시위를 예외적으로 허용한다고 하더라도 이러한 수단을 통하여 심판대상조항의 입법목적은 달성될 수 있다. 심판대상조항은 입법목적을 달성하는 데 필요한 최소한도의 범위를 넘어 규제가 불필요하거나 또는 예외적으로 허용 가능한 옥외집회·시위까지도 일률적·전면적으로 금지하고 있으므로, 침해의 최소성 원칙에 위배된다.

[3] 심판대상조항은 각급 법원 인근의 모든 옥외집회를 전면적으로 금지함으로써 상충하는 법익 사이의 조화를 이루려는 노력을 전혀 기울이지 않아, 법익의 균형성 원칙에도 어긋난다.

[4] 심판대상조항은 과잉금지원칙을 위반하여 집회의 자유를 침해한다(헌재 2018. 7. 26. 2018헌바137).

**[판례 16.7] 국회근처집회의 전면적 금지**

가. 국회는 국민을 대표하는 대의기관으로서 법률을 제정하거나 개정하며, 국정통제기관으로서 특히 행정부에 대한 강력한 통제권한을 행사하는 등 국가정책결정의 주요한 기능을 담당하고 있다. 이와 같은 국회의 기능과 역할은 그 특수성과 중요성에 비추어 특별하고도 충분한 보호가 요청된다. 심판대상조항은 국회의원과 국회에서 근무하는 직원, 국회에 출석하여 진술하고자 하는 일반 국민이나 공무원 등이 어떠한 압력이나 위력에 구애됨이 없이 자유롭게 국회의사당에 출입하여 업무를 수행하며, 국회의사당을 비롯한 국회 시설의 안전이 보장될 수 있도록 하기 위한 목적에서 입법된 것으로 그 목적은 정당하고, 국회의사당 경계지점으로부터 100미터 이내의 장소(이하 '국회의사당 인근'이라 한다)에서의 옥외집회를 전면적으로 금지하는 것은 국회의 기능을 보호하는 데 기여할 수 있으므로 수단의 적합성도 인정된다.

나. 국회의 헌법적 기능은 국회의사당 인근에서의 집회와 양립이 가능한 것이며, 국회는 이를 통해 보다 충실하게 헌법적 기능을 수행할 수 있다. 국회의원은 국가이익을 우선하여 양심에 따라 직무를 수행해야 하므로, '민의의 수렴'이라는 국회의 기능을 고려할 때 국회가 특정인이나 일부 세력의 부당한 압력으로부터 보호될 필요성은 원칙적으로 국회의원에 대한 물리적인 압력이나 위해를 가할 가능성 및 국회의사당 등 국회 시설에의 출입이나 안전에 위협을 가할 위험성으로부터의 보호로 한정되어야 한다. 심판대상조항의 입법취지를 감안하여 '국회의사당'을 '국회 본관뿐만 아니라 의원회관, 국회도서관 등 국회의 기능적 활동이 이루어지는 국회 부지 내의 장소 전체'로 해석할 수 있으나, 심판대상조항을 이와 같이 해석하게 되면 국회의사당으로의 출입과 무관한 지역 및 국회 부지로부터 도로로 분리되어 있거나 인근 공원·녹지인 장소까지도 집회금지장소에 포함된다. 더욱이 대한민국 국회는 국회 부지의 경계지점에 담장을 설치하고 있고, 국회의 담장으로부터 국회의사당 건물과 같은 국회 시설까지 상당한 공간이 확보되어 있으므로 국회의 헌법적 기능은 이를 통하여서도 보장될 수 있다. 한편 국회의사당 인근에서의 집회가 심판대상조항에 의하여 보호되는 법익에 대한 직접적인 위협을 초래한다는 일반적 추정이 구체적인 상황에 의하여 부인될 수 있는 경우라면, 입법자로서는 예외적으로 옥외집회가 가능할 수 있도록 심판대상조항을 규정하여야 한다. 예를 들어, 국회의 기능을 직접 저해할 가능성이 거의 없는 '소규모 집회', 국회의 업무가 없는 '공휴일이나 휴회기 등에

행하여지는 집회', '국회의 활동을 대상으로 한 집회가 아니거나 부차적으로 국회에 영향을 미치고자 하는 의도가 내포되어 있는 집회'처럼 옥외집회에 의한 국회의 헌법적 기능이 침해될 가능성이 부인되거나 또는 현저히 낮은 경우에는, 입법자로서는 심판대상조항으로 인하여 발생하는 집회의 자유에 대한 과도한 제한 가능성이 완화될 수 있도록 그 금지에 대한 예외를 인정하여야 한다. 물론 국회의사당 인근에서 폭력적이고 불법적인 대규모 집회가 행하여지는 경우 국회의 헌법적 기능이 훼손될 가능성이 커지는 것은 사실이다. 그러나 '집회 및 시위에 관한 법률'은 이러한 상황에 대처할 수 있도록 다양한 규제수단들을 규정하고 있고, 집회 과정에서의 폭력행위나 업무방해행위 등은 형사법상의 범죄행위로서 처벌된다. 이처럼, 심판대상조항은 입법목적을 달성하는 데 필요한 최소한도의 범위를 넘어, 규제가 불필요하거나 또는 예외적으로 허용하는 것이 가능한 집회까지도 이를 일률적 · 전면적으로 금지하고 있으므로 침해의 최소성 원칙에 위배된다.

다. 심판대상조항은 국회의 헌법적 기능을 무력화시키거나 저해할 우려가 있는 집회를 금지하는 데 머무르지 않고, 그 밖의 평화적이고 정당한 집회까지 전면적으로 제한함으로써 구체적인 상황을 고려하여 상충하는 법익간의 조화를 이루려는 노력을 전혀 기울이지 않고 있다. 심판대상조항으로 달성하려는 공익이 제한되는 집회의 자유 정도보다 크다고 단정할 수는 없다고 할 것이므로 심판대상조항은 법익의 균형성 원칙에도 위배된다.

라. 심판대상조항은 과잉금지원칙을 위반하여 집회의 자유를 침해한다(헌재 2018. 5. 31. 2013헌바322).

## 2. 복면착용집회의 금지

최근에 국회는 과격한 폭력시위를 근절시킨다는 목표를 가지고 집회와 시위에 참여하는 사람들이 마스크 등 얼굴을 가리는 복면(覆面)을 착용할 수 없도록 하는 내용의 입법을 추진했다.[26] 앞서 언급한 것처럼 집회의 자유를 제한하기 위해서는 타인의 기본권이나 공공의 이익에 대한 해악이 존재해야 하고, 그러한 해악은 구체적이어야 한다. 따라서 복면착용집회가 과격한 폭력시위로 변화될 수도 있다는 '추상적인 위험'만 가지고 복면착용집회를 금지하는 것은 문제가 있다. 참여자가 복면을 착용한 모든 집회나 시위가 반드시 폭력적 집회 또는 과격한 시위가 되는 것은 아니기 때문이다. 오히려 집회나 시위에 대한 국가의 '과도한 감시와 통제'가 복면착용집회를 만들었다고 볼 수도 있다. 국가가 집회나 시위의 내용

26) 2009년 1월 30일에 신지호의원이 대표발의한 '집회 및 시위에 관한 법률 일부개정법률안'에 따르면 집회 또는 시위의 주최자가 신원확인을 어렵게 할 목적으로 가면, 마스크 등의 복면도구를 착용하거나 착용하게 하는 행위를 원칙적으로 금지하고, 참가자의 사생활이 침해될 경우 등에 한하여 예외를 인정한다(동법률안 제16조 제5항). 그리고 이 규정을 위반한 경우에 형사처벌할 수 있도록 하고 있다(동법률안 제22조 제2항).

과 참여자 및 진행상황을 감시하고 통제하면 할수록 자신을 드러내지 않기 원하는 국민은 더욱 더 깊은 복면 속으로 자신을 감출 수밖에 없다. 집회와 시위의 자유는 합법적인 집회나 시위에 관한 국가의 정보수집에 의해서 방해받지 않을 자유를 포함한다. 정당한 이유 없이 합법적인 집회나 시위에 관하여 국가가 정보를 수집할 수 있게 되면 집회와 시위의 자유가 위축될 개연성이 높기 때문이다. 따라서 국가가 집회나 시위에 관한 정보를 수집하는 것이 정당화되는 것은 오로지 집회나 시위가 폭력적인 것으로 변하여 불법행위가 되었을 때 그러한 불법행위에 대한 증거를 수집하기 위한 경우에 한정된다.

엑스(X)자를 표시한 마스크를 착용하는 시위가 보여주는 것처럼 복면의 착용은 하나의 '표현방식'일 수도 있기 때문에 시위의 자유에 포함되는 핵심적 내용으로서 불특정 다수인의 의견에 영향을 주기 위한 행동으로 보호받을 수도 있다. 또한 집회나 시위에서 복면을 착용하는 행위는 해당 집회나 시위에 참여했는지 여부를 타인이나 국가에 대해서 공개하지 않을 수 있는 자유로서 **사생활의 비밀에 관한 기본권**에 의해 보장될 수도 있다. 따라서 집회나 시위에 참여한 자신의 신원을 드러내지 않는 행위는 집회나 시위의 성격에 따라 특정한 집회나 시위에 대해서만 제한적으로 인정될 수 있는 것이 아니라 모든 집회나 시위에서 일반적으로 인정되어야 한다.

**[판례 16.8] 집회의 자유의 보장내용 - 복장**

집회의 자유는 집회의 시간, 장소, 방법과 목적을 스스로 결정할 권리를 보장한다. 집회의 자유에 의하여 구체적으로 보호되는 주요행위는 집회의 준비 및 조직, 지휘, 참가, 집회장소·시간의 선택이다. 그러나 집회를 방해할 의도로 집회에 참가하는 것은 보호되지 않는다. 주최자는 집회의 대상, 목적, 장소 및 시간에 관하여, 참가자는 참가의 형태와 정도, 복장을 자유로이 결정할 수 있다(헌재 2003. 10. 30. 2000헌바67 등).

## 3. 우발적 집회와 긴급집회

사전의 계획이 없는, 따라서 집회의 주최자가 없는 집회를 '우발적 집회'라고 부른다. 한편 긴급한 목적달성을 위하여 개최된 집회를 '긴급집회'라고 부르는데 긴급집회는 사전의 계획도 있고, 집회의 주최자도 있다는 점에서 우발적 집회와 구분된다.[27] 우발적 집회와 긴급집회의 공통점은 사전에 신고할 수 없다는 점에 있다. 현행 집시법은 신고제를 규정하고 있고, 옥외집회는 적어도 집회시작 48시간 전에 신고해야 한다(동법 제6조 제1항). 그렇지만 우발적 집회는 개념상 신고가 불가능한 집회이고, 긴급집회는 신고는 가능하지만 신고제를 적용하기 어려운 집회를 의미한다. 따라서 우발적 집회나 긴급집회에 대해서도 신고제를 강제하는 것은 집회의 자유를 침해할 수 있다. 그런데 현행 집시법은 미신고집회에 대해서는 해산을 명령할 수 있고(동법 제20조 제1항), 해산명령을 받고도 해산하지 않은 자는 처벌을 받는다(동법 제24조 제5호). 이처럼 신고가 불가능하거나 적용하기 어려운 우발적 집회 또는 긴급집회에 대해서 형사처벌로서 신고를 강제하는 것은 이러한 집회가 헌법상 보장된 집회에서 배제되는 것이므로 문제가 있다고 보인다. 따라서 현행 집시법상의 신고의무는 우발적 집회에 대해서는 적용되지 말아야 하고, 긴급집회에 대해서는 예외를 두는 조항의 삽입이 필요하다.[28]

## 4. 1인 시위

시위의 개념상 시위는 다수인(2인 이상)을 전제로 하므로 1인이 벌이는 시위는 애초에 시위라고 볼 수가 없다. 따라서 이른바 '1인 시위'는 집시법에 따라 규율을 받는 대상에서 제외된다. 실제로 1인 시위는 교통에 방해를 주지도 않고, 다른 사람들에게 소음의 피해를 주지도 않을 뿐만 아니라, 다른 사람의 영업에도 지장을 주지 않는다. 시위의 자유를 포함하는 집회의 자유가 '집단적' 의사표현의 자유라면 1인 시위는 '개인적' 의사표현의 자유인 언론·출판의 자유에 의해 보장받는다. 다만 외관상 1인 시위처럼 보이지만 사실상 1인 시위라고 볼 수 없는 이른바 "변형된 1인 시위"[29]의 경우에는 구체적인 상황에 따라 시위가 될 수도 있다. 예를 들어 외형상 1인 시위처럼 보이지만 일정한 간격을 두고 여러 사람이 동일한 내용의 1인 시위를 벌이는 '인간띠잇기 시위'의 경우에 이것을 모두 시위라고 보아야 하는지, 시위가 아니라면 적어도 어느 정도의 거리를 두어야 1인 시위라고 볼 수 있는지가 문제될 수 있다.[30] 또한 같은 장소에서 동일한 내용의 1인 시위를 여러 사람

27) 우발적 집회와 긴급집회에 대해서는 김승환(1999), 306면; 한수웅(2004), 21면 이하; 이희훈(2006), 167면 이하 참조.

28) 우발적 집회와 긴급집회뿐만 아니라 소규모집회나 단시간집회에 대해서는 신고제가 배제될 필요가 있다는 주장으로 이희훈(2018), 134면 이하 참조.

29) 이희훈(2006), 173면 이하 참조.

30) 2009년 2월 11일 국회 앞에서 용산참사에 항의하기 위해 20미터의 간격을 두고 여러 사람이 1인 시위를 하는 것을 경찰은 불허하였다. 인터넷판 <연합뉴스>(www.yonhapnews.co.kr) 2009년 2월 11일자 참조.

이 교대하면서 벌이는 '릴레이 시위'의 경우에 이것을 1인 시위로 볼 수 있는지도 문제가 될 수 있다. 조금 다른 맥락에 있기는 하지만 '기자회견'의 형식으로 이루어지는 집회나 시위의 경우에도 이것을 집시법에 따라 사전신고가 필요한 집회나 시위로 볼 수 있는지가 논란이 될 수 있는데[31] 결국 개별적이고 구체적인 사정에 따라 달리 판단될 수밖에 없을 것이다.

### 5. 불법시위에 대한 집단소송제

불법적인 집회나 시위로 피해를 입는 사람들의 효과적인 권리구제를 위하여 집단소송제의 도입이 주장된다.[32] 하지만 집단소송제는 우리 법체계에서 아직은 제한적으로만 수용되고 있고, 수용되는 경우에도 대부분 사회적 약자의 보호를 위해 수용되고 있다는 점, 집회나 시위로 인한 피해에 대해서 집단소송제를 도입하는 경우에 집회와 시위의 자유를 상당히 위축시킬 수 있다는 점에서 이 제도의 도입에는 신중함이 요구된다. 특히 집회나 시위에 참여한 사람들의 참여 정도가 다른 상황에서 공동불법행위를 구성할 수 있는 가해자 범위의 확정이 가능한지에 관한 근본적인 의문부터 해결되어야 한다. 게다가 광우병 촛불집회 당시 정부가 주최 측에 손해배상을 청구했던 것처럼 정부나 기업이 집회나 시위에 대하여 손해배상을 청구할 수 있게 되면 표현의 자유가 상당히 위축될 수 있다는 점에서 이에 대해 신중하게 접근해야 한다.

## Ⅳ. 평화로운 집회문화의 정착을 바라며

집회의 자유는 개인의 인격을 발현하고, 민주주의를 실현하는 기초가 된다. 여러 사람이 모이는 행위는 그 자체로 공동체를 이루며 살아가야 하는 인간에게 필수적인 조건일 뿐만 아니라, 리바이어던(Leviathan)과 같은 거대한 국가권력에

31) 자세한 설명은 이희훈(2018), 141면 이하 참조.

32) 2008년 10월 29일 손범규 의원이 대표발의한 '불법집단행위에 관한 집단소송법안'에 따르면 불법집단행위로 인하여 다수인에게 피해가 발생한 경우에 그 피해자 중의 1인 또는 수인이 대표당사자가 되어 손해배상청구소송을 수행할 수 있도록 하면서(동법률안 제2조 제2호) 불법집단행위에 관한 집단소송은 피해집단의 구성원이 50인 이상이어야 하고, 법률상 또는 사실상의 중요한 쟁점이 모든 구성원에게 공통되며, 당해 소송이 총원의 권리실현이나 이익보호에 적합하고 효율적인 수단인 경우에 허용하고 있다(동법률안 제12조 제1항).

대해서 국민의 의사를 전달하는 데 매우 효과적인 수단이기도 하다. 하지만 여러 사람이 모임으로써 다른 사람들에게 피해를 줄 수도 있고, 공동체의 안전과 질서에 위해를 가져올 수도 있다. 따라서 여러 사람이 모일 경우에는 다른 사람과 공동체에 대한 해악을 최소화할 수 있는 방식이 채택되어야 한다. 그러한 방식은 '평화로운(peaceful)' 집회일 수밖에 없다.[33] 그러나 오랫동안 독재정권과 군사정부의 억압적 통치를 겪으면서 집회는 과격하고 폭력적인 방식을 선택할 수밖에 없었고, '목소리 큰 놈이 최고'라는 식의 집회방식은 하나의 문화로 자리잡고 말았다. 따라서 평화로운 집회문화의 정착은 국민의 집회에 대한 국가의 태도와 밀접한 관련을 맺는다고 볼 수 있다.

이런 맥락에서 우선 국가는 원칙적으로 헌법상 보장된 집회의 자유를 최대한 보장하기 위해 노력해야 한다. 그렇다면 집회를 원천적으로 막기 위하여 경찰이 경찰버스를 빈틈없이 주차시키는 이른바 '차벽' 설치행위는 일반 시민의 통행까지도 방행한다는 점에서 자제될 필요가 있다(아래 [판례 16.9] [1] 참조). 그리고 이런 전제하에서 국민은 헌법상 보장된 집회의 자유에 따라서 집회를 한다고 해도 그것이 다른 사람과 공동체에게 해악을 초래할 수 있다는 점을 고려하여 평화로운 집회의 문화를 정착시키기 위해 최선을 다할 필요가 있다. 물론 무엇이 평화로운 집회인지에 대한 개념의 정립부터 필요하다. 평화로운 집회의 개념에 대한 정의 없이 집회의 평화적 성격을 요구하는 것은 자칫 집회의 자유에 대한 또 다른 제한이 될 수 있기 때문이다. 마지막으로 비록 평화로운 집회가 아니더라도 집회를 강제로 해산하는 과정에서 불필요한 인권침해가 발생하지 않도록 경찰은 직무집행상 요구되는 원칙과 지침을 반드시 준수해야만 한다는 점을 지적하고 싶다. 같은 맥락에서 경찰이 살수차에서 사용되는 살수액에 최루액을 혼합하거나 살수차를 이용하여 시민에게 일직선으로 살수하는 행위(직수살수행위)는 근절될 필요가 있다(아래 [판례 16.9] [2] 및 [3] 참조).

**[판례 16.9] 집회의 자유를 침해하는 경찰권의 행사**

[1] 이 사건 **통행제지행위**(경찰청장이 경찰버스들로 서울특별시 서울광장을 둘러싸 통행을 제지한 행위)는 서울광장에서 개최될 여지가 있는 일체의 집회를 금지하고 일반시민들의 통행조차 금지하는 전면적이고 광범위하며 극단적인 조치이므로 집회의 조건부 허용이나 개별적 집회의 금지나 해산으로는 방지할 수 없는

33) 유엔(UN)의 '시민적 · 정치적 권리에 관한 국제협약(International Covenant on Civil and Political Rights: ICCPR)'에서 보장하는 것도 '평화로운 집회의 자유(The right of peaceful assembly)'라는 데 주목할 필요가 있다(ICCPR 제21조).

급박하고 명백하며 중대한 위험이 있는 경우에 한하여 비로소 취할 수 있는 거의 마지막 수단에 해당한다. 서울광장 주변에 노무현 전 대통령을 추모하는 사람들이 많이 모여 있었다거나 일부 시민들이 서울광장 인근에서 불법적인 폭력행위를 저지른 바 있다고 하더라도 그것만으로 폭력행위일로부터 4일 후까지 이러한 조치를 그대로 유지해야 할 급박하고 명백한 불법·폭력 집회나 시위의 위험성이 있었다고 할 수 없으므로 이 사건 통행제지행위는 당시 상황에 비추어 필요최소한의 조치였다고 보기 어렵고, 가사 전면적이고 광범위한 집회방지조치를 취할 필요성이 있었다고 하더라도, 서울광장에의 출입을 완전히 통제하는 경우 일반시민들의 통행이나 여가·문화 활동 등의 이용까지 제한 되므로 서울광장의 몇 군데라도 통로를 개설하여 통제 하에 출입 하게 하거나 대규모의 불법·폭력 집회가 행해질 가능성이 적은 시간대라든지 서울광장 인근 건물에의 출근이나 왕래가 많은 오전 시간대에는 일부 통제를 푸는 등 시민들의 통행이나 여가·문화활동에 과도한 제한을 초래하지 않으면서도 목적을 상당 부분 달성할 수 있는 수단이나 방법을 고려하였어야 함에도 불구하고 모든 시민의 통행을 전면적으로 제지한 것은 침해의 최소성을 충족한다고 할 수 없다.

또한 대규모의 불법·폭력 집회나 시위를 막아 시민들의 생명·신체와 재산을 보호한다는 공익은 중요한 것이지만, 당시의 상황에 비추어 볼 때 이러한 공익의 존재 여부나 그 실현 효과는 다소 가상적이고 추상적인 것이라고 볼 여지도 있고, 비교적 덜 제한적인 수단에 의하여도 상당 부분 달성될 수 있었던 것으로 보여 일반 시민들이 입은 실질적이고 현존하는 불이익에 비하여 결코 크다고 단정하기 어려우므로 법익의 균형성 요건도 충족하였다고 할 수 없다.

따라서 이 사건 통행제지행위는 과잉금지원칙을 위반하여 청구인들의 일반적 행동자유권을 침해한 것이다(헌재 2011. 6. 30. 2009헌마406).

[2] 집회나 시위 해산을 위한 살수차 사용은 집회의 자유 및 신체의 자유에 대한 중대한 제한을 초래하므로 살수차 사용요건이나 기준은 법률에 근거를 두어야 하고, 살수차와 같은 위해성 경찰장비는 본래의 사용방법에 따라 지정된 용도로 사용되어야 하며 다른 용도나 방법으로 사용하기 위해서는 반드시 법령에 근거가 있어야 한다. 혼합살수방법은 법령에 열거되지 않은 새로운 위해성 경찰장비에 해당하고 이 사건 지침에 혼합살수의 근거 규정을 둘 수 있도록 위임하고 있는 법령이 없으므로, 이 사건 지침은 법률유보원칙에 위배되고 이 사건 지침만을 근거로 한 이 사건 **혼합살수행위**(최루액을 물에 혼합한 용액을 살수차를 이용하여 청구인들에게 살수한 행위) 역시 법률유보원칙에 위배된다. 따라서 이 사건 혼합살수행위는 청구인들의 신체의 자유와 집회의 자유를 침해한다(헌재 2018. 5. 31. 2015헌마476).

[3] 이 사건 **직사살수행위**(살수차를 이용하여 물줄기가 일직선 형태로 시민에게 도달되도록 살수한 행위)는 불법 집회로 인하여 발생할 수 있는 타인 또는 경찰관의 생명·신체의 위해와 재산·공공시설의 위험을 억제하기 위하여 이루어진 것이므로 그 목적이 정당하다.

이 사건 직사살수행위 당시 청구인은 살수를 피해 뒤로 물러난 시위대와 떨어져 홀로 경찰 기동버스에 매여 있는 밧줄을 잡아당기고 있었다. 따라서 이 사건 직사살수행위 당시 억제할 필요성이 있는 생명·신체의 위해 또는 재산·공공시설의 위험 자체가 발생하였다고 보기 어려우므로, 수단의 적합성을 인정할 수 없다.

피청구인 서울지방경찰청장은 이 사건 집회 당시 경찰 인력, 장비 운용, 안전 관리 등을 총괄 지휘하였고, 피청구인 서울지방경찰청 기동본부 제4기동단장은 이 사건 집회 당시 종로구청입구 사거리의 경찰 인력, 장비 운용, 안전 관리를 총괄 지휘하였다. 살수차의 사용을 명령하는 지위에 있는 피청구인들로서는 우선 시위대의 규모, 시위 방법, 위험한 물건을 소지하고 있는지 여부, 경찰관과 물리적 충돌이 있는지 여부, 살수차의 위치 및 시위대와의 거리, 시위대에 이루어진 살수의 정도와 그로 인하여 부상자가 발생하였는지 여부 등 구체적인 현장 상황을 정확하게 파악하여야 한다. 다음으로, 위와 같은 사실관계를 기초로 하여 타인의 법익이나 공공의 안녕질서에 대한 직접적인 위험이 명백히 초래되었고, 다른 방법으로는 그 위험을 제거할 수 없는지 여부를 신중히 판단하여야 한다. 위와 같은 직사살수의 필요성이 인정된다면, 그 위험을 제거하기 위하여 필요한 최소한의 직사살수의 시기, 범위, 거리, 방향, 수압, 주의사항 등을 구체적으로 지시하여야 한다. 또한 현장 상황의 변경을 예의주시하여 직사살수의 필요성이 소멸하였거나 과잉 살수가 이루어지는 경우에는 즉시 살수의 중단, 물줄기의 방향 및 수압 변경, 안전 요원의 추가 배치 등을 지시할 의무가 있다. 앞서 본 바와 같이 청구인의 행위로 인하여 타인의 법익이나 공공의 안녕질서에 대한 직접적인 위험이 명백하게 초래되었다고 볼 수 없어 이 사건 직사살수행위의 필요성을 인정할 수 없다. 오히려 이 사건 집회 현장에서는 시위대의 가슴 윗부분을 겨냥한 직사살수가 지속적으로 이루어져 인명 피해의 발생이 우려되는 상황이었으므로, 피청구인들로서는 과잉 살수의 중단, 물줄기의 방향 및 수압 변경, 안전 요원의 추가 배치 등을 지시할 필요가 있었다. 한편 이 사건 당시 야간에 비가 오고 있었고, 이 사건 직사살수행위를 한 살수차는 추가로 긴급 투입되었기 때문에 살수요원들이 현장 상황을 제대로 파악할 겨를이 없었으며, 살수구 노즐을 조작하는 조이스틱의 고장으로 물줄기 이동을 위한 미세 조정이 어려웠고, 살수압 제한 장치의 고장으로 물살세기 조절도 쉽지 않은 상황이었다. 그럼에도 불구하고 피청구인들은 현장 상황을 제대로 확인하지 않은 채, 위 살수차를 배치한 후 단순히 시위대를 향하여 살수하도록 지시하였다. 그 결과 청구인의 머리와 가슴 윗부분을 향해 약 13초 동안 강한 물살세기로 직사살수가 계속되었다. 이로 인하여 청구인은 상해를 입고 약 10개월 동안 의식불명 상태로 치료받다가 2016. 9. 25. 사망하였다. 그러므로 이 사건 직사살수행위는 침해의 최소성에 반한다.

이 사건 직사살수행위를 통하여 청구인이 홀로 경찰 기동버스에 매여 있는 밧줄을 잡아당기는 행위를 억제함으로써 얻을 수 있는 공익은 거의 없거나 미약하였던 반면, 청구인은 이 사건 직사살수행위로 인하여 사망에 이르렀으므로, 이 사건 직사살수행위는 법익의 균형성도 충족하지 못하였다.

그러므로 이 사건 직사살수행위는 과잉금지원칙에 반하여 청구인의 생명권 및 집회의 자유를 침해하였다(헌재 2020. 4. 23. 2015헌마1149).

**토론문제**

1. 집회가 허용될 수 없는 경우는 언제인가?
2. 복면집회는 허용될 수 있는가?
3. 집회의 신고제가 집회의 허가제로 변질되는 경우는 언제인가?

**내 입장은?**

1. 모든 평화적 집회는 절대적으로 허용되어야 한다.
2. 평화적 집회도 해악이 우려되면 사전에 금지될 수 있다.
3. 구체적 해악이 발생하기 전에는 평화적 집회를 금지할 수 없다.

## 참고문헌

강태수(2004), 집회의 자유와 개정된 '집회 및 시위에 관한 법률'의 문제점, ≪헌법학연구≫(한국헌법학회), 제10권 제1호(2004), 413~447면.

김상겸(2004), 미국헌법상 집회의 자유에 관한 연구, ≪미국헌법연구≫(미국헌법학회), 제15권 제1호(2004), 75~96면.

김승환(1999), 집회의 자유, ≪민주법학≫(민주주의법학연구회), 제16호(1999), 297~332면.

김종서(2015), 24시 이후 야간시위 금지에 대한 평가, ≪민주법학≫(민주주의법학연구회), 제57호(2015), 191~234면.

김종천(2012), 야간 옥외집회 및 시위에 관한 법규정의 공백에 따른 방향 설정을 위한 비교법적 고찰, ≪법학논문집≫(중앙대학교 법학연구원), 제36집 제1호(2012), 31~68면.

박용상(1999), 집회의 자유: 집단적 표현의 자유, ≪헌법논총≫(헌법재판소), 제10집(1999), 5~127면.

성중탁(2014), 집시법 제10조에 대한 헌법재판소의 한정위헌 결정의 문제점과 바람직한 집시법 개정 방안－헌법재판소 2014. 3. 27. 선고 2010헌가2, 2012헌가13(병합) 사건에 대한 판례평석을 겸하여, ≪법학논고≫(경북대학교 법학연구원), 제46호(2014), 89~118면.

이국운(2008), 직접행동민주주의와 헌정수호, ≪헌법학연구≫(한국헌법학회), 제14권 제3호(2008), 155～182면.
이병규(2011), 미국헌법상 집회의 자유와 사전제한, ≪동아법학≫(동아대학교 법학연구소), 제51호(2011), 27～57면.
이영우/신평우(2011), 야간옥외집회 허용문제의 법적 쟁점에 대한 공법적 검토, ≪토지공법연구≫(한국토지공법학회), 제52호(2011), 589～605면.
이희훈(2006), 집회의 개념에 대한 헌법적 고찰, ≪헌법학연구≫(한국헌법학회), 제12권 제5호(2006), 147～187면.
이희훈(2018), 집회 및 시위에 관한 법률과 경찰의 집회 신고에 대한 문제점과 개선방안, ≪입법학연구≫(한국입법학회), 제15집 제1호(2018), 127～159면.
임규철(2004), 집회의 자유－"집시법"과 "서울광장조례"를 중심으로－, ≪헌법학연구≫(한국헌법학회), 제10권 제3호(2004), 243～269면.
전광석(2003), 집회 및 시위의 자유와 자율, 그리고 경찰개입의 한계, ≪연세법학연구≫(연세법학회), 제9권 제2호(2003), 71～123면.
정영화(2010), 헌법상 야간옥외집회금지에 대한 위헌심사－헌법재판소 2009. 9. 24. 2008헌가25 헌법불합치결정의 비판－, ≪세계헌법연구≫(국제헌법학회 한국학회), 제16권 제3호(2010), 315～344면.
조기숙/박혜윤(2008), 광장의 정치와 문화적 충돌, ≪한국정치학회보≫(한국정치학회), 제42집 제4호(2008), 243～268면.
한수웅(2004), 집회의 자유와 '집회 및 시위에 관한 법률', ≪저스티스≫(한국법학원), 통권77호(2004), 5～33면.
홍성태(2008), 촛불집회와 민주주의, ≪경제와 사회≫(한국산업사회학회), 통권 제80호(2008), 10～39면.

# 제17장 스크린쿼터와 직업의 자유

"문화적 다양성은 선택의 범위를 넓히고 인간의 능력과 가치를 육성해주는
풍요롭고 다양한 세계를 창조함으로써 공동체, 민족, 국가의
지속가능한 발전을 위한 원천임을 인식하고 … "
≪유네스코 문화다양성협약(2005)≫

할리우드 영화가 판을 친다. 미국영화가 실감도 나고 스토리도 재미있다. 미국영화만 상영하고 싶은 극장주가 있다. 하지만 한국영화도 상영해야 한다. 법 때문이다. '젠장, 영화를 재미있게 만들던지.' 모르는 건 아니다. 돈도 많지 않고, 기술도 떨어지는 상황에서 열심히 한국영화를 만들고 있다는 건 안다. 그래도 재미없는 영화를 돈 내고 볼 수는 없지 않은가?

유명배우들이 삭발을 했다. 잘생긴 사람은 머리를 깎아도 멋있어. 근데 왜 저 사람들이 머리를 잘랐지? 극장에서 한국영화 상영하는 일수를 줄이려고 하기 때문이란다. 한국영화만 상영하는 날도 있었던가? 하긴 요즘 한국영화도 많이 재미있어졌다. 관객 천만을 넘긴 영화도 있는 걸 보면. 그게 한국영화만 상영하는 날 때문이었던가? 시위가 끝난 뒤 건장한 보디가드들에 둘러싸여 값비싼 외제차에 올라 잠시 팬들에게 손을 흔들어주며 사라지는 유명배우의 모습에 가슴이 쓸쓸해진다.

극장주는 자기가 원하는 영화만 상영할 자유가 있다. 한국극장이라고 꼭 한국영화를 상영해야 할 이유는 전혀 없다. 극장에서 한국영화가 상영되지 못하면 한국의 영화배우도, 영화감독도, 영화제작자도 다 죽는다. 그래서 울며 겨자 먹기로 한국영화도 상영해 주었다. 최근에는 한국영화도 제자리를 잡은 것 같다. 이제는 대등하게 경쟁할 때도 된 듯싶다. 하지만 영화인들은 아직 때가 아니라고 주장한다. 한국영화를 더 보호해 줘야 하는지, 아니면 스스로 경쟁력을 키우도록 이제 극장의 문을 활짝 열어야 하는지 지금부터 살펴보도록 하자.

# Ⅰ. 서　론

## 1. 개　념

'스크린쿼터(screen quota)제'란 영화상영관(극장)의 연간 상영일수 가운데 일정 비율을 반드시 한국영화를 상영하도록 강제하는 '한국영화의무상영제도'를 말한다. 경우에 따라서는 외국영화를 상영한 후에 반드시 한국영화를 교차로 상영하도록 요구하는 '교호(교차)상영제'와 결합되어 시행될 수도 있다. 이렇게 되면 더욱 강화된 형태의 한국영화상영의무제가 강제된다. 한국에서 스크린쿼터제를 실시하기 시작한 것은 1966년으로 거슬러 올라간다. 하지만 스크린쿼터제가 실제적으로 관철된 것은 1993년 스크린쿼터감시단이 활동하기 시작하면서부터라고 한다.[1] 현행 **영화 및 비디오물의 진흥에 관한 법률**(최근개정: 2021. 5. 18. 법률 제18161호) 및 동법 시행령(최근개정: 2021. 3. 30. 대통령령 제31576호)에 의하면 영화상영관 경영자는 연간 상영일 수의 5분의 1이상 한국영화를 상영해야 한다(동법 제40조 및 동법 시행령 제19조 제1항).

## 2. 문제제기

극장을 경영하는 자에게는 자신이 원하는 영화를 자유롭게 상영할 수 있는 권리가 있다. 따라서 극장경영자가 한국영화를 상영하고 싶으면 한국영화를 상영하고, 외국영화를 상영하고 싶으면 외국영화를 상영할 수 있다. 스크린쿼터제가 시행되는 경우에도 극장경영자가 한국영화를 상영하고 싶다면 전혀 문제되지 않는다. 하지만 극장경영자가 외국영화를 상영하고 싶은 경우에는 자신의 의사에 반하여 한국영화의 상영을 강제당한다.

한편 한국영화의 상영을 의무화하는 스크린쿼터제의 필요성도 인정되어야 한다. 한국영화를 상영하도록 강제하지 않고 극장경영자에게 어떤 영화를 상영할 것인지에 대해서 완전한 자유를 인정한다고 가정해 보자. 자본이나 기술이 뒤처지는, 그래서 재미도 없고 리얼리티(사실성)도 떨어지는 한국영화는 극장에서 상영되지 못하고, 결과적으로 제작되지도 않는 극단적인 경우도 배제할 수 없기 때문이다. 한국영화가 상영되지 못하고 제작되지 않으면 그 기초가 되는 한국문화도 보호받을 수 없게 된다. 여기서 한국영화와 한국문화를 보호해야 할 공익적 필요성이 강하게 요청되고, 그러한 요청은 한국영화의무상영제도로 구체화된다.

---

1) 김휴종(1999), 78면 참조.

또한 영화는 중요한 문화산업(콘텐츠산업) 가운데 하나다.2) 2018년을 기준으로 한국 콘텐츠산업 총매출액은 약 120조원이고, 이 가운데 영화산업은 6조원으로 5퍼센트 정도를 차지한다(아래 [표 17.1] 참조). 그리고 한국 콘텐츠산업의 총수출액은 96억 달러를 넘어서고, 이 가운데 영화산업은 4천만 달러를 넘어서 0.4퍼센트 정도를 차지한다(아래 [표 17.2] 참조). 총매출액 대비 총수출액의 비중은 10분의 1 정도밖에 되지 않는 것이다. 따라서 한국영화의 보호는 문화산업의 보호라는 측면에서도 이해될 수 있다. 산업의 발전과 도태는 시장의 경제논리에 따라 결정되는 것이 바람직하다. 하지만 문화산업은 문화를 내용으로 한다는 점에서 오로지 시장법칙에 따라 지배될 수 없는 공익적 측면이 존재한다. 따라서 스크린쿼터제는 문화산업의 보호라는 공익적 필요성에 따라 정당화될 수도 있다.

**[표 17.1] 한국 콘텐츠산업 매출액** (단위: 조원, 백억원 미만 생략)

| 구 분 | 2010년 | 2011년 | 2012년 | 2013년 | 2014년 | 2015년 | 2016년 | 2017년 | 2018년 | 비 중 |
|---|---|---|---|---|---|---|---|---|---|---|
| 출 판 | 21.24 | 21.24 | 21.1 | 20.80 | 20.59 | 20.51 | 20.77 | 20.76 | 20.90 | 24.2% |
| 만 화 | 0.74 | 0.75 | 0.76 | 0.80 | 0.85 | 0.92 | 0.98 | 1.08 | 1.20 | 0.9% |
| 음 악 | 2.96 | 3.82 | 3.99 | 4.28 | 4.61 | 4.98 | 5.31 | 5.80 | 6.10 | 4.6% |
| 게 임 | 7.43 | 8.80 | 9.75 | 9.72 | 9.97 | 10.72 | 10.89 | 13.14 | 14.30 | 11.2% |
| 영 화* | 3.43 | 3.77 | 4.40 | 5 | 5 | 5 | 5 | 5 | 6 | 5.0% |
| 애니메이션 | 0.51 | 0.53 | 0.52 | 0.52 | 0.56 | 0.61 | 0.68 | 0.67 | 0.60 | 0.6% |
| 방송(영상) | 11.18 | 12.75 | 14.18 | 15 | 16 | 16 | 17 | 18 | 20 | 16.3% |
| 광 고 | 10.32 | 12.17 | 12.48 | 13.36 | 13.74 | 14.44 | 15.19 | 16.41 | 17.20 | 14.3% |
| 캐릭터 | 5.90 | 7.21 | 7.52 | 8.31 | 9.05 | 10.08 | 11.66 | 11.92 | 12.20 | 8.6% |
| 지식정보 | 7.24 | 9.05 | 9.53 | 10.39 | 11.34 | 12.34 | 13.46 | 15.04 | 16.30 | 10.9% |
| 콘텐츠솔루션 | 2.36 | 2.87 | 3.03 | 3.44 | 3.89 | 4.31 | 4.58 | 4.85 | 5.10 | 3.5% |
| 합 계 | 73.32 | 82.97 | 87.27 | 91.21 | 94.95 | 100.49 | 105.51 | 113.20 | 119.60 | 100.0% |

자료: 문화체육관광부(www.mcst.go.kr) <콘텐츠산업 통계조사>.

2) 문화체육관광부의 '2008년 문화산업통계'에 따르면 문화산업이란 "문화상품을 생산, 유통, 소비하는 데 관련된 산업"으로 정의된다. 그리고 이러한 문화산업의 예로 출판, 만화, 음악, 게임, 영화 및 비디오, 애니메이션, 광고, 방송, 캐릭터, 에듀테인먼트를 들고 있다. 문화체육관광부(2009), 19면 참조. 문화산업통계는 문화산업의 실태 및 동향을 파악하고, 문화산업 진흥 및 육성을 위한 지표로 활용하기 위해 2008년 기준 조사까지 10회 발간되었고, 디지털콘텐츠산업에 대해서는 4회 발간되었다. 그러나 2008년 정부조직 개편에 따라 콘텐츠산업 진흥 정책이 일원화되면서 문화산업통계와 디지털콘텐츠산업통계가 일원화되었다. 이에 따르면 콘텐츠산업은 출판, 만화, 음악, 게임, 영화, 애니메이션, 방송, 광고, 캐릭터, 지식정보, 콘텐트솔루션, 공연의 12개 영역으로 구성되어 있으나 공연산업에 대한 정의가 명확하지 않아 통계에서는 제외되어 있다. 문화체육관광부(2013), 8~10면 참조.

[표 17.2] 한국 콘텐츠산업 수출액 (단위: 천달러)

| 구 분 | 2010년 | 2011년 | 2012년 | 2013년 | 2014년 |
|---|---|---|---|---|---|
| 출 판 | 357,881 | 283,439 | 245,154 | 291,863 | 247,268 |
| 만 화 | 8,153 | 17,213 | 17,105 | 20,982 | 25,562 |
| 음 악 | 83,262 | 196,113 | 235,097 | 277,328 | 335,650 |
| 게 임 | 1,606,102 | 2,378,078 | 2,638,916 | 2,715,400 | 2,973,834 |
| 영 화* | 13,583 | 15,829 | 20,175 | 37,071 | 26,380 |
| 애니메이션 | 96,827 | 115,941 | 112,542 | 109,845 | 115,652 |
| 방송(영상) | 184,700 | 222,372 | 233,821 | 309,399 | 336,019 |
| 광 고 | 75,554 | 102,224 | 97,492 | 102,881 | 76,407 |
| 캐릭터 | 276,328 | 392,266 | 416,454 | 446,219 | 489,234 |
| 지식정보 | 368,174 | 432,256 | 444,837 | 456,911 | 479,653 |
| 콘텐츠 솔루션 | 118,510 | 146,281 | 149,912 | 155,201 | 167,860 |
| 합 계 | 3,189,074 | 4,302,012 | 4,611,505 | 4,923,110 | 5,273,519 |

| 구 분 | 2015년 | 2016년 | 2017년 | 2018년 |
|---|---|---|---|---|
| 출 판 | 222,736 | 187,388 | 220,951 | 248,991 |
| 만 화 | 29,345 | 32,482 | 35,262 | 40,501 |
| 음 악 | 381,023 | 442,566 | 512,580 | 564,236 |
| 게 임 | 3,214,627 | 3,277,346 | 5,922,998 | 6,411,491 |
| 영 화* | 29,347 | 43,894 | 40,726 | 41,607 |
| 애니메이션 | 126,570 | 135,622 | 144,870 | 174,517 |
| 방송(영상) | 320,434 | 411,212 | 362,403 | 478,447 |
| 광 고 | 94,508 | 109,804 | 93,230 | 61,293 |
| 캐릭터 | 551,456 | 612,842 | 663,853 | 745,142 |
| 지식정보 | 515,703 | 566,412 | 616,061 | 633,878 |
| 콘텐츠 솔루션 | 175,583 | 188,495 | 201,508 | 214,933 |
| 합 계 | 5,661,368 | 6,008,063 | 8,814,441 | 9,615,036 |

자료: 문화체육관광부(www.mcst.go.kr) <콘텐츠산업 통계조사>.

## Ⅱ. 문제가 되는 인권과 그에 대한 제한

이미 언급한 바와 같이 극장경영자의 입장에서 스크린쿼터제는 자신이 원하는 영화를 자유롭게 상영하지 못하고 특정한 영화를 상영하도록 강제한다.[3] 자신이 원하는 영화를 자유롭게 상영할 수 있는 자유는 극장경영자에게 극장영업이라는 직업을 자유롭게 수행할 수 있는 자유를 의미하므로 직업의 자유에 의하여 보호된다.[4] 따라서 우선 직업의 자유가 무엇인지에 대해서 알아볼 필요가 있다.

## 1. 직업의 자유

직업의 자유는 자신이 원하는 직업을 자유롭게 선택하고, 또한 선택한 직업을 자신이 원하는 방식으로 자유롭게 수행할 수 있는 자유를 의미한다. 문제가 되고 있는 극장영업의 경우에 극장영업이라는 직업을 자유롭게 선택하고, 극장영업을 자신이 원하는 방식으로 운영할 수 있는 자유가 직업의 자유의 내용에 포함될 수 있다.

### (1) 헌법규정

그런데 헌법 제15조는 '직업선택의 자유'를 규정한다. 하지만 이러한 직업선택의 자유는 포괄적인 '직업의 자유'로 이해된다. 다시 말해 헌법이 보장하는 직업선택의 자유에는 ① 자유롭게 직업을 선택할 수 있는 '직업선택의 자유'와 ② 선택한 직업을 자유롭게 수행할 수 있는 '직업수행의 자유'가 포함된다. 따라서 현행 헌법은 명시적인 문구에도 불구하고 포괄적 의미의 직업의 자유를 규정한 것으로 이해된다.

여기서 규정양식이 '직업선택의 자유'로 되어 있음에도 불구하고 '직업의 자유'로 해석할 수 있다는 점은 대단히 중요하다. 다시 말해 법규범의 해석에 있어서 문자 그대로의 해석보다는 목적과 체계를 고려한 해석이 필요한 중요한 예로 들 수 있다. 따라서 법문언의 해석에 있어서 문자적(문법적 또는 사전적) 해석은 가장 기본적인 해석방법이지만 법의 목적과 체계를 고려한 확대해석이나 축소해석도 중요한 해석방법이라는 사실을 확인하게 된다.

---

3) 스크린쿼터제는 직접적으로 극장경영자의 자유를 제한한다. 하지만 극장경영자가 한국영화를 의무적으로 상영하게 됨으로써 극장을 이용하는 관객도 자신이 보고 싶은 영화를 보지 못하게 된다. 이것은 스크린쿼터제가 자신이 보고 싶은 영화를 자유롭게 볼 수 있는 관객의 권리도 간접적으로 제한할 수 있다는 것을 의미한다.

4) 직업의 자유는 대표적인 경제적 기본권이다. 경제적 기본권은 경제헌법과 밀접한 관련을 맺는다. 현행 헌법의 경제질서는 사회국가원리에 의해 수정된 사회적 시장경제질서지만 원칙적으로 자본주의적 시장경제질서다. 자본주의적 시장경제질서에서 직업의 자유는 필수적이다. 따라서 직업의 자유를 제한하는 스크린쿼터제는 동시에 자본주의적 시장경제질서에도 일정한 제한을 가한다.

[표 17.3] **한국영화의무상영제에 관한 입법의 역사**

| | |
|---|---|
| 1966년 영화법<br>(1966. 8. 3.) | •제19조에서 처음으로 국산영화의무상영제를 규정<br>•시행령(제25조)에서 연간 6편 이상을 상영하되 2월마다 1편 이상으로 하고, 총 상영일수는 **90일 이상**이어야 한다고 규정 |
| 1970년 영화법<br>(1970. 8. 4.) | •국산영화상영의무조항(제25조): 영화를 상영하는 공연장의 경영자 중 문화공보부 장관이 지정하는 자는 대통령령이 정하는 외국영화의 상영비율에 따라 국산영화를 상영하여야 한다.<br>•시행령에서 연간 3편 이상, 4월마다 1편 이상으로 하고, 총 상영일 수는 **30일 이상**이어야 한다고 규정 → 1966년 영화법보다 완화 |
| 1973년 영화법<br>(1973. 2. 16.) | •외국영화의 상영제한(제26조): 공연장의 경영자는 연간 영화상영일수의 3분의 2를 초과하여 외국영화를 상영할 수 없다. → 한국영화상영일수는 연간상영일수의 3분의 1(121일) 이상으로 강화 |
| 1984년 영화법<br>(1984. 12. 31.) | •시행령(1985. 7. 3.)에서 ① 연간 상영일수의 5분의 2(146일) 이상 상영 및 ② 서울특별시, 직할시, 인구 30만 이상의 시 지역 안에 있는 공연장은 외국영화를 상영한 다음에는 반드시 국산영화를 상영하도록 의무화(교호상영제) → 1973년 영화법보다 강화 |
| 2002년<br>영화진흥법<br>(2002. 1. 26.)[5] | •한국영화의무상영제(제28조): 영화상영관 경영자는 연간 대통령령이 정하는 일수 이상 한국영화를 상영하여야 한다.<br>•시행령(2002. 12. 26.) 제13조: ① 영화상영관의 경영자는 매년 1월 1일부터 12월 31일까지 연간 상영일수의 5분의 2 이상 한국영화를 상영하여야 한다. ② 문화관광부장관은 한국영화의 수급상황 등을 고려하여 특히 필요하다고 인정되는 경우에는 시(전년도말 기준 주민등록인구수 10만 이하의 시를 말한다)지역 및 군(광역시의 군을 제외한다) 지역의 영화상영관에 대하여는 **40일의 범위** 안에서, 그외 지역의 영화상영관에 대하여는 **20일의 범위** 안에서 한국영화의 연간상영일수를 단축할 수 있다. |
| 2006년 영화 및<br>비디오물의<br>진흥에 관한<br>법률<br>(2006. 4. 28.)[6] | •한국영화의 상영의무(제40조): 영화상영관 경영자는 연간 대통령령이 정하는 일수 이상 한국영화를 상영하여야 한다.<br>•시행령(2006. 10. 26.) 제19조: ① 법 제40조에 따라 영화상영관 경영자는 해마다 1월 1일부터 12월 31일까지 **연간 상영일 수의 5분의 1이상** 한국영화를 상영하여야 한다. → 2002년 영화진흥법과 비교하여 1/2로 축소. |

### (2) 직업의 자유에 대한 제한

지금까지 여러 차례 설명된 것처럼 모든 자유와 권리가 제한될 수 있다는 헌

5) 영화진흥법은 2006년 4월 28일 제정된 폐지법률이 효력을 발생하는 2006년 10월 28일에 폐지되었다.

6) 시행일은 공포일로부터 6개월 후인 2006년 10월 28일이다.

법 제37조 제2항에 따라 직업의 자유도 직업선택의 자유든 직업수행의 자유든 모두 다 제한될 수 있다. 따라서 직업의 자유는 “국가안전보장, 질서유지 또는 공공복리”와 같은 공익적 목적을 위하여 제한될 수 있다.

스크린쿼터제의 경우에 문제가 될 수 있는 공익적 목적은 우선적으로 한국영화의 보호다. 영화는 일정한 문화를 표현하고, 다른 어떠한 표현매체보다 더 강한 전달력을 가진다는 점에서 한국영화를 보호하는 것은 보호할 만한 공익적 목적이 될 수 있다.[7] 또한 앞서 살펴본 것처럼 영화는 문화산업의 중요한 부분을 차지하므로 한국영화의 보호는 경제적 측면에서도 보호할 가치가 있는 공익적 목적이 된다.[8] 그렇다면 이러한 공익적 목적을 실현하기 위하여 극장영업이라는 직업을 자유롭게 수행할 수 있는 기본적 인권은 제한될 수 있다.

### (3) 직업의 자유에 대한 제한의 정당성

직업의 자유가 국가안전보장, 질서유지 또는 공공복리를 위하여 제한될 수 있다고 하더라도 그러한 제한은 헌법적 원칙에 따라 정당화되어야 한다. 헌법은 기본권제한의 정당화를 위한 원칙으로서 ① 비례성원칙과 ② 본질내용침해금지원칙을 규정하고 있다. 따라서 이러한 두 가지 원칙을 준수하는 한도 내에서만 직업의 자유에 대한 제한이 정당화될 수 있다. 한국영화의 보호를 목적으로 하는 스크린쿼터제의 경우에도 이러한 헌법적 원칙에 따라서만 직업의 자유를 제한할 수 있다.

#### 1) 비례성원칙

우리가 지금까지 비례성원칙을 세 가지 원칙으로 설명한 것과는 달리 헌법재판소는 비례성원칙의 부분원칙으로서 ① 목적의 정당성원칙, ② 방법의 적정성원칙, ③ 피해의 최소성원칙, ④ 법익의 균형성원칙이라는 네 가지 원칙을 제시하고 있다. 그러면서 헌법재판소는 한국영화의 보호가 중요한 공공복리이기 때문에 목적의 정당성원칙이라는 관점에서 문제가 없고, 국산영화의무상영제는 이러한 공공복리를 실현하기 위한 가장 효과적이고 적정한 방법이기 때문에 방법의 적정성원칙에도 부합되며, 반드시 한국영화를 상영해야 하는 연간 상영일수의 5분의 2 안에서는 자유로운 선택이 가능하고 그 밖의 5분의 3은 외국영화 상영이 가능하

7) 한국영화의 보호를 ‘문화적 다양성’ 또는 ‘독과점 제한’의 관점에서 이해하기도 한다. 이태규(2006), 21면 이하 참조.

8) 물론 스크린쿼터제에 의해 한국영화가 성장하는 것이 아니라 경쟁력의 제고를 통해서만 한국영화가 발전할 수 있다는 주장에 따르면 한국영화의 보호는 보호할 만한 공익적 목적이 되지 못한다.

여 피해가 최소화되므로 피해의 최소성원칙에도 반하지 않고, 스크린쿼터제는 한국영화의 보호라는 공공복리와 직업의 자유를 비례적 관계에 있게 하므로 과잉금지원칙에 반하지 않는다고 한다.9)

헌법재판소가 이해하는 것처럼 한국영화의 보호라는 공익적 관점에서 스크린쿼터제는 정당한 것으로 인정된다.10) 한국영화 관객 점유율이 2001년 50퍼센트를 돌파한 후 2004년부터 거의 60퍼센트를 유지하였고, 2006년 스크린쿼터 축소 이후 2007년 50퍼센트와 2008년 40퍼센트대로 감소된 통계수치는 이러한 사실을 잘 보여준다. 한편 5년만인 2013년 한국영화 관객 점유율이 다시금 60퍼센트에 육박하게 됐다는 점은 한국영화가 더 이상 스크린쿼터제에 의존하지 않아도 되는 자생적 경쟁력을 갖추게 된 것으로 해석될 수도 있으나 2014년 이후 또 다시 50퍼센트 수준에서 계속 유지되고 있다는 점에서(아래 [표 17.4] 참조) 스크린쿼터의 축소는 아직 이르다고 볼 여지도 있다. 주요 영화산업국가 중 자국영화 점유율이 90퍼센트를 넘는 미국이나 인도에 비하면 한국의 수치는 낮은 편이지만, 영국, 독일, 스페인 등과 비교할 때 높은 수치를 나타내고 있다([표 17.5] 참조).

**[표 17.4] 한국의 연도별 극장 관람객 수** (단위: 만 명)

| 구 분 | 2004 | 2005 | 2006 | 2007 | 2008 | 2009 | 2010 | 2011 | 2012 |
|---|---|---|---|---|---|---|---|---|---|
| 총 관객수 | 13,517 | 14,552 | 15,341 | 15,878 | 15,083 | 15,696 | 14,918 | 15,972 | 19,489 |
| 한국영화 관객수 | 8,019 | 8,544 | 9,791 | 7,939 | 6,355 | 7,641 | 6,940 | 8,287 | 11,461 |
| 한국영화 관객 점유율 | 59.3% | 58.7% | 63.8% | 50.0% | 42.1% | 48.7% | 46.5% | 51.9% | 58.8% |

9) 헌재 1995. 7. 21. 94헌마125 참조.

10) 한국의 영화산업과 음반산업을 비교하면서 영화산업이 음반산업에 비해서 경쟁력이 없는 이유를 영화산업에 대한 국가의 지원에서 찾는 견해도 있다. 이러한 견해에 따르면 스크린쿼터가 영화산업에 대한 "온실정책"으로 한국영화를 보호했을지 모르지만 경쟁력을 떨어뜨려 궁극적으로 한국영화를 보호하지 못했다는 결론을 도출할 수 있다. 김정수(1999), 205면: "한국 영화산업은 그동안 국내시장에서 일정한 지분이 보장되었기 때문에 외국영화와 사활을 건 경쟁을 벌일 필요가 없었다. 그 결과 정부의 보호막 속에 안주하면서 자생적인 경쟁력을 상실하게 되었던 것이다."

| 구 분 | 2013 | 2014 | 2015 | 2016 | 2017 | 2018 | 2019 | 2020 |
|---|---|---|---|---|---|---|---|---|
| 총 관객수 | 21,335 | 21,506 | 21,729 | 21,702 | 21,987 | 21,639 | 22,668 | 5,952 |
| 한국영화 관객수 | 12,729 | 10,770 | 11,293 | 11,655 | 11,390 | 11,015 | 11,562 | 4,046 |
| 한국영화 관객 점유율 | 59.7% | 50.1% | 52.0% | 53.7% | 51.8% | 50.9% | 51.0% | 68.0% |

자료: 영화진흥위원회(www.kofic.or.kr) 정책사업본부 <2020년 한국 영화산업 결산>.

**[표 17.5] 주요국가의 자국영화 관객 점유율** (단위: %)

| 국가 / 연도 | 미국 | 일본 | 영국 | 프랑스 | 독일 | 이탈리아 | 스페인 | 중국 | 인도 | 한국 |
|---|---|---|---|---|---|---|---|---|---|---|
| 2004 | 93.9 | 37.5 | 23.4 | 39.0 | 23.8 | 20.3 | 13.4 | — | — | 59.4 |
| 2005 | 93.4 | 41.3 | 33.0 | 36.6 | 17.1 | 24.7 | 14.7 | 60 | 91 | 58.7 |
| 2006 | 94.0 | 53.2 | 19.1 | 44.7 | 25.8 | 24.8 | 15.4 | 55 | 94 | 63.8 |
| 2007 | 90.1 | 47.7 | 28.0 | 36.5 | 18.9 | 26.9 | 13.5 | 54 | 91 | 50.8 |
| 2008 | 91.7 | 51.9 | 31.1 | 45.3 | 21.0 | 28.9 | 13.3 | 61 | 96 | 42.1 |
| 2009 | 92.1 | 58.8 | 16.5 | 36.8 | 27.4 | 23.4 | 16.0 | 57 | 96 | 48.7 |
| 2010 | 92.0 | 53.6 | 24.0 | 35.7 | 16.8 | 32.0 | 12.7 | 56 | 95 | 46.5 |
| 2011 | 96.0 | 54.9 | 36.2 | 41.6 | 21.8 | 38.4 | 14.3 | 54 | 93 | 51.9 |
| 2012 | 91.1 | 65.7 | 31.9 | 40.2 | 18.1 | 26.5 | 19.5 | 49 | 94 | 58.8 |
| 2013 | 95.0 | 61.0 | 22.0 | 34.0 | 26.0 | 31.0 | 14.0 | 59 | 94 | 59.7 |
| 2014 | 95.0 | 58.0 | 26.0 | 44.0 | 26.0 | 27.0 | 25.0 | 54 | 91 | 50.0 |
| 2015 | 89.0 | 55.0 | 45.0 | 36.0 | 28.0 | 21.0 | 19.0 | 62 | 85 | 52.0 |

자료: 영화진흥위원회(www.kofic.or.kr) 정책연구부(세계 각국의 영화진흥위원회 통신원 보고서), e-나라지표(www.index.go.kr).

문제는 스크린쿼터제를 통해 한국영화의 상영을 극장경영자에게 의무화할 때 어느 정도의 기간을 두는 것이 합리적인지 하는 점이다. 이것은 바로 좁은 의미의 비례성원칙에서 문제가 되고 있는 직업의 자유와 공공의 이익을 합리적으로 조화시키고 균형을 잡게 하는 내용이 될 것이다. 여기서 합리적인 스크린쿼터제의 구성은 영화 또는 영화산업에 관한 전문가와 경제전문가 및 법률전문가가 함께 모여 사회적 합의를 찾아감으로써 가능하다는 사실을 확인하는 것이 중요하다.11)

11) 여기서 106일의 스크린쿼터 일수는 한국영화산업의 임계점이라는 주장이 있다. 심광현

### 2) 본질내용침해금지원칙

헌법재판소는 직업수행의 자유에 대한 제한, 즉 연간상영일수의 5분의 2 이상의 기간 동안 상영할 수 있는 국산영화의 종류에 대해서는 자유롭게 선택 가능하여 본질내용을 침해하지 않는다고 본다. 이러한 헌법재판소의 입장은 본질내용이 무엇인지에 대한 절대설의 입장에 서 있는 것으로 보인다.

본질내용에 대해서는 법리적으로 절대설과 상대설이 대립된다. 절대설은 절대적인 본질내용이 있고, 이러한 절대적 본질내용은 비례성원칙에 의해서도 제한될 수 없는 영역이라고 한다. 본질내용을 이렇게 해석하면 기본권에 대한 제한은 비례성원칙의 관점에서도 검토되어야 하지만 반드시 본질내용침해금지원칙의 관점에서도 다시 한 번 검토되어야 한다. 반면에 본질내용에 관한 상대설에 따르면 기본권의 본질내용은 절대적인 것이 아니라 비례성원칙에 따라 기본권을 제한하고 남는 상대적인 내용으로 이해된다. 기본권의 본질내용을 이렇게 이해하면 기본권에 대한 제한은 본질내용금지원칙에 따라 따로 검토될 것도 없이 오로지 비례성원칙에 따라 검토하는 것으로 충분하게 된다.

헌법재판소의 입장이 절대설이라고 본 이유가 바로 여기에 있다. 비례성원칙에 따라 스크린쿼터제의 정당성을 검토하고도, 따로 본질내용침해금지원칙에 따라 스크린쿼터에 의한 기본권제한의 정당성을 다시금 검토하고 있기 때문이다. 문제는 직업의 자유의 본질이 무엇인지 하는 점이다. 그리고 직업의 자유의 본질적 내용을 침해하는 스크린쿼터제는 무엇인지 하는 것도 중요하다. 하지만 직업의 자유의 본질적 내용은 확인하기가 어렵다. 따라서 개인적으로는 직업의 자유의 본질적 내용을 확인하는 것보다 앞서 설명한 비례성원칙에 따라 합리적인 기간을 넘어서 과도하게 한국영화상영을 강제하는 것이 직업의 자유를 침해한다고 생각된다.

## 2. 평 등 권

스크린쿼터제의 정당성은 평등권의 관점에서도 검토될 수 있다. 문화를 전달하는 다른 매체에 대해서는 의무상영제를 두지 않으면서 오로지 영화매체에 대해서만 이러한 제도를 두고 있기 때문이다. 여기서 평등을 어떻게 이해할 것인지가 문제된다.12)

---

(1999), 32면 참조. 또한 스크린쿼터의 축소는 제작편수의 감소로 이어지고, 이것은 다시 스크린쿼터의 축소로 이어지는 악순환 속에서 한국영화산업은 붕괴할 것이라는 주장도 있다. 김휴종(1999), 86면 참조.

결론만 이야기하자면 평등은 모든 것을 항상 똑같이 대우하는 절대적 평등이 아니라 경우에 따라 다르게 대우할 수도 있는 상대적 평등을 의미한다. 다시 말해 상대적 평등의 이념에 따르면 원칙적으로 비교대상을 평등하게 대우해야 하지만 합리적인 이유가 있는 경우에는 비교대상을 불평등하게(차별적으로) 대우할 수 있다. 따라서 스크린쿼터제의 경우에도 다른 매체와는 달리 영화매체를 다르게 대우해야 할 합리적인 이유가 있는 경우에는 영화매체만을 다르게 대우해도 그것은 평등권을 침해하는 차별행위라고 볼 수 없다.[13)]

영화산업의 경우에는 영화라는 매체가 가치는 독특한 성격이 있기 때문에 영화산업을 특별히 보호한다고 하더라도 여기에는 합리적인 이유가 있다. 따라서 다른 문화산업보다 영화산업을 보호하는 것은 합리적인 이유가 있는 차별로서 정당화된다고 볼 수 있다.

## Ⅲ. 스크린쿼터제의 전망과 과제

한미자유무역협정(FTA)을 체결하기 위해 스크린쿼터를 축소했다는 주장이 설득력을 갖고 있다. 다른 산업을 위해 영화산업을 포기했다는 의미일 것이다. 하지만 영화인들은 '문화주권'을 포기한 행위라고 비난하고 나섰다.[14)] 영화는 문화산업이기 때문에 '문화'이며 동시에 '산업'이다. 산업의 관점에서 접근할 필요도 있지만 문화의 관점에서 접근해야 할 당위성이 여기에 있다. 또한 비록 영화를 산업으로 이해해도 파급력이 강한 영상문화라는 점에서 다른 문화산업과 영화산업을 차별적으로 취급해야 할 이유도 충분한 것으로 이해된다.

시장경제질서의 기본이 되는 직업의 자유를 보장하기 위하여, 그리고 미국

12) 평등에 대해서는 이준일, ≪헌법학강의≫(2019), 제2편 제2부 제3장 및 같은 이, ≪차별없는 세상과 법≫(2012), 14면 이하 참조.

13) 예를 들어 영화산업은 "상업적 부가가치"의 측면에서 다른 문화산업과 달리 취급되어야 한다는 견해가 있다. 이동직(2004), 71면 참조. 더 나아가 영화는 "영상산업 전체의 경제적, 문화적 부가가치를 좌우하는 관건"이 된다는 점에서 차별취급을 정당화하는 견해도 있다. 심광현(1999), 28면 참조.

14) 스크린쿼터 축소 논의와 영화인의 시위는 두 차례 있었다. 첫 번째는 국제통화기금(IMF)의 구제금융 시절이었던 1998년과 1999년 사이에 미국과의 투자협정을 체결하기 위해 스크린쿼터를 축소한다는 계획이 나왔을 때이고, 두 번째는 2006년 한미자유무역협정의 체결을 앞두고 스크린쿼터를 축소한다는 계획이 발표되었을 때다. 1998년과 1999년 사이에 벌어진 스크린쿼터축소반대운동에 대해서는 김시무(1999), 121면 이하 참조. 또한 한국과 미국의 양자간투자협정(BIT)과 스크린쿼터제의 관계에 대한 분석으로 이해영(1999) 참조.

영화를 보고 싶어 하는 관객들의 권리를 보장하기 위하여 스크린쿼터가 축소되거나 폐지되어야 한다는 주장도 전혀 타당성이 없는 것은 아니다. 하지만 막강한 자본을 가진 미국영화(할리우드영화)가 한국의 영화시장을 독점적으로 점령하는 경우에[15] 오히려 한국영화를 상영하고 싶어도 상영하지 못하고, 한국영화를 보고 싶어도 보지 못하는 극단적인 상황도 완전히 배제하기는 어렵다. 바로 이러한 극단적 상황이 도래하면 스크린쿼터 때문에 방해받는다고 생각했던 직업의 자유와 원하는 영화를 볼 권리가 오히려 스크린쿼터 때문에 보호되었다고 생각할지도 모른다.

물론 한국영화도 2006년에 평균 제작비가 40억원에 이르면서 연간 제작편수도 110편에 육박한다는 통계가 있다(아래 [표 17.6] 참조). 또한 2005년 기준으로 서울관객 50만 명 이상을 동원한 한국영화는 15편(100만 명 이상은 7편)이나 된다.[16] 2019년의 경우에 전국관객수 1천만 명이 넘는 영화가 2편이고 3백만 명을 넘는 영화는 9편이나 된다.[17] 그리고 양적으로뿐만 아니라 질적으로도 수준이 높아졌다는 통계가 해외 영화제 출품 성적에서도 나타난다.[18] 따라서 더 이상 스크린쿼터제가 한국영화의 보호막이 될 수 없고 자생적 경쟁력을 키우기 위해서라도 스크린쿼터제를 철폐해야 한다는 주장도 있다. 하지만 한국영화의 양적, 질적 성장이 스크린쿼터제 때문이라면 스크린쿼터제의 완전철폐는 아직 시기상조라는 견해도 설득력이 있다. 그러나 앞에서 살펴봤듯이 한국영화의 의무상영일수를 축소한 뒤 감소됐던 한국영화 점유율은 점차 회복되었고 2011년 이후 50퍼센트대를 유지하고 있어 한국영화를 보호하거나 점유율을 높이기 위해 스크린쿼터제가 반드시 필요한 시기는 어느 정도 지나온 것으로 볼 수 있다.[19] 더욱이 2019년을 기

15) 2005년을 기준으로 수입된 외국영화(영상물등급위원회 추천 기준) 총 253편 가운데 미국영화는 135편이었고, 총 수입금액 46,830,799달러 가운데 미국영화의 수입금액은 35,189,509달러에 이른다. 이러한 사실은 미국영화의 독점이 결코 과장이 아니라는 점을 잘 보여준다. 통계자료는 영화진흥위원회의 웹사이트(www.kofic.or.kr)에 게시된 <2006년 한국영화연감 통계부분> 참조.

16) 서울 관객 100만 명 이상을 동원한 영화로 '웰컴 투 동막골', '말아톤', '가문의 위기(가문의 영광 2)', '친절한 금자씨', '공공의 적 2', '태풍', '너는 내 운명'이 있다(관객 동원 순). 영화진흥위원회 <2006년 한국영화연감 통계부분> 참조.

17) 1천만 명을 넘는 관객수를 기록한 영화는 '극한직업'과 '기생충'이고, 3백만 명을 넘는 관객수를 기록한 영화로는 '엑시트', '백두산', '봉오동 전투', '나쁜 녀석들: 더 무비', '82년생 김지영', '돈', '악인전'이 있다. 영화진흥위원회, <2019년 한국영화산업 결산> 참조.

18) 2005년 기준으로 장편영화의 경우에 172편의 한국영화를 130개 영화제에 487회 출품하여 27편의 한국영화가 29개 영화제에서 40회 수상하였다. 영화진흥위원회 <2006년 한국영화연감 통계부분> 참조.

19) 2014년 한 해 동안 천만 명 이상의 관객을 동원한 영화로는 한국영화 '변호인'(1,138만 명,

준으로 한국영화의 평균 제작비는 2005년에 비해 절반인 20억여 원으로 감소하였지만, 제작편수는 15년 전과 비교할 때 두 배 가까이 늘어났다(아래 [표 17.6] 2005년 이후 참조).

결론적으로 문화주권 또는 문화적 다양성을 확보하기 위해 한국영화를 보호하면서[20] 동시에 관객과 영화상영자의 기본권을 보장하고 한국영화의 경쟁력을 제고시키는 대안이 모색되어야 한다. 그것은 영화인들만의 과제가 아니라 한국영화를 통해 의사소통하는 대한민국 국가공동체의 모든 구성원들의 과제가 될 것이다. 덧붙이자면 문화다양성의 측면에서 한국영화 안에서도 특정영화가 스크린을 독과점하는 현실에 대한 법적 개입도 필요할 것으로 보인다.

**[표 17.6] 한국영화 평균 제작비** (단위: 억원)

| 구 분 | 순제작비 (A) | 마케팅비(P&A) (B) | 총제작비 (A+B) | 제작편수 | 연간총제작비 (추산) |
|---|---|---|---|---|---|
| 1996 | 9.0 | 1.0 | 10.0 | 65 | 650.0 |
| 1997 | 11.0 | 2.0 | 13.0 | 59 | 767.0 |
| 1998 | 12.0 | 3.0 | 15.0 | 43 | 645.0 |
| 1999 | 14.0 | 5.0 | 19.0 | 49 | 931.0 |
| 2000 | 15.0 | 6.5 | 21.5 | 59 | 1,268.5 |
| 2001 | 16.2 | 9.3 | 25.5 | 65(52) | 1,326.0 |
| 2002 | 24.5 | 12.7 | 37.2 | 78(82) | 3,075.0 |
| 2003 | 28.4 | 13.2 | 41.6 | 80(65) | 2,704.0 |
| 2004 | 28.0 | 13.6 | 41.6 | 82(74) | 3,078.4 |
| 2005 | 27.3 | 12.6 | 39.9 | 87(83) | 3,311.7 |
| 2006 | 25.8 | 14.4 | 40.2 | 110(108) | 4,341.6 |
| 2007 | 25.5 | 11.7 | 37.2 | 124(112) | 4,166.4 |
| 2008 | 20.7 | 9.4 | 30.1 | 113(108) | 3,250.8 |
| 2009 | 15.5 | 7.5 | 23.1 | 138(118) | 2,725.8 |
| 2010 | 14.2 | 7.4 | 21.6 | 152(140) | 3,024.0 |
| 2011 | 15.5 | 7.2 | 22.7 | 216(150) | 3,405.0 |

2013년 569만 명 포함), '명량'(1,761만 명)과 외국영화 '겨울왕국'(1,030만 명), '인터스텔라'(1,011만 명) 등 총 네 편이 있다. 2013년에는 한국영화 '7번방의 선물'(1,281만 명)이 유일하다. 영화진흥위원회, <2014년 한국영화산업 결산>, 8면 참조.

20) 자국의 문화를 보호하기 위한 세계 각국의 문화상품규제에 대해서는 김준기(1999), 202면 이하 참조.

| | | | | | |
|---|---|---|---|---|---|
| 2012 | 13.4 | 6.9 | 20.3 | 229(175) | 3,552.5 |
| 2013 | 15.0 | 6.4 | 21.4 | 207(183) | 3,916.2 |
| 2014 | 14.9 | 5.2 | 20.1 | 248(217) | 4,361.7 |
| 2015 | 14.5 | 5.4 | 19.9 | 269(232) | 4,616.8 |
| 2016 | 17.1 | 6.9 | 24.0 | 178* | 4,264.0 |
| 2017 | 19.1 | 7.3 | 26.3 | 174 | 4,576.2 |
| 2018 | 20.0 | 6.8 | 26.8 | 186 | 4,984.8 |
| 2019 | 21.5 | 7.5 | 29.0 | 190 | 5,510.0 |
| 2020 | 14.9 | 4.3 | 19.2 | 155 | 2,976.0 |

자료: 영화진흥위원회(www.kofic.or.kr) 정책연구부 <한국영화산업 결산>(2020).
* 2001년부터 연간총제작비(추산) = 개봉편수 × 평균 총제작비.
* 2016년부터는 극장 개봉한 한국영화 중 상영횟수 40회 미만인 작품을 제외한 나머지 영화에 한해 전수조사를 진행함.

### 토론문제

1. 스크린쿼터제는 국수주의적 발상이 아닌가?
2. 영화는 문화인가? 아니면 산업인가?
3. 문화적 다양성을 확보하는 데 특히 영화가 중요한 이유는 무엇인가?

### 내 입장은?

1. 스크린쿼터제는 금지되어야 한다.
2. 문화적 다양성을 확보하기 위한 목적에서만 스크린쿼터제가 허용될 수 있다.
3. 영화산업의 목적을 위해서도 스크린쿼터제가 허용될 수 있다.
4. 목적과 상관없이 스크린쿼터제는 허용될 수 있다.

## 참고문헌

김시무(1999), 스크린쿼터 사수투쟁의 필요성과 당위성, 원용진/유지나/심광현(편저), ≪스크린쿼터와 문화주권≫(1999), 116～130면.

김정수(1999), 스크린쿼터와 딴따라: 대중문화에 대한 정부개입과 문화산업경쟁력에 관한 시론, ≪한국행정학보≫(한국행정학회), 제33권 제3호(1999), 195～213면.

김준기(1999), 한국 스크린쿼터제도의 생존가능성: 국제무역체제에서의 문화적 예외, 원용진/유지나/심광현(편저), ≪스크린쿼터와 문화주권≫(1999), 192～239면.

김혜준(1999), 스크린쿼터제를 포기할 수 없는 이유, ≪역사비평≫, 통권 48호(1999년 가을호), 110～126면.

김휴종(1999), 스크린쿼터제와 한국 영화산업, 원용진/유지나/심광현(편저), ≪스크린쿼터와 문화주권≫(1999), 64～89면.

서순복(2011), 스크린쿼터제 규제법리에 관한 연구, ≪법학논총≫(조선대학교 법학연구원), 제18권 제1호(2011), 99～130면.

심광현(1999), 한국 영화산업의 발전을 위한 필요조건과 스크린쿼터, 원용진/유지나/심광현(편저), ≪스크린쿼터와 문화주권≫(1999), 19～42면.

양경미(2009), 한국의 영화시장 개방정책과 이익집단의 역할－스크린쿼더 정책을 중심으로, ≪영화연구≫(한국영화학회), 제42호(2009), 397～434면.

이동직(2004), 스크린쿼터에 대한 법적 고찰, ≪법학논문집≫(중앙대학교 법학연구소), 제28집 제1호(2004), 67～96면.

이태규(2006), 영화산업의 구조변화와 스크린쿼터의 유효성, ≪Issue Paper≫(한국경제연구원), 제21호(2006), 4～86면.

이해영(1999), 신자유주의적 지구화와 한미투자협정(BIT), 원용진/유지나/심광현(편저), ≪스크린쿼터와 문화주권≫(1999), 133～174면.

정성일(2006), Screen quota－왕의 노예들이 이 싸움의 진짜 주체, ≪월간 말≫, 통권 237호(2006년 3월호), 154～161면.

최용제(2011), 스크린쿼터의 국산영화 보호효과에 관한 연구, ≪국제지역연구≫(한국외국어대학교 국제지역연구센터), 제15권 제3호(2011), 227～247면.

문화체육관광부(2009), <2008 문화산업통계>, 2009.

문화체육관광부(2013), <2013 콘텐츠산업 통계조사>, 2013.

# 제18장
# 선거권연령과 정치적 자유

"1850년에 이리저리 옮겨 다니는 가난한 시민들의 선거권 박탈을 시도했던
자유주의적 입법부와 갈등을 겪게 되었을 때,
루이 나폴레옹 대통령은 과감하게도 성인 남자의 선거권을 옹호하였다."
≪로버트 O. 팩스턴, 파시즘(2005) 중에서≫

모든 국민에게 선거권이 있다고 해 놓고선 왜 선거연령을 정하는 거지? 당연하지. 나이가 어리면 기본적으로 판단력도 떨어지고 무조건 부모의 의견에 따라가는 경우가 많으니까 그렇지. 그러면 하한선만 정할 게 아니라 상한선도 정해야 되지 않나? 예를 들어 19세 이상 70세 미만 하는 것처럼. 나이가 많아지면 마찬가지로 판단력도 떨어지고 자식의 의사에 따라가는 경우가 많으니까 말이다.

선거 때마다 선거연령을 낮추라는 주장이 제기된다. 우리의 대표를 뽑는 일에 당당하게 참여하고 싶다는 젊은이들의 욕구가 분출되는 것이다. 대표를 뽑는 일뿐만 아니라 대표가 되는 일에도 나이를 낮춰 달라고 요구한다. 미국에는 고등학생 시장도 있다는데. 미국사람들은 우리하고 유전자가 다른가?

국가 전체의 일을 아무에게나 맡길 수는 없다. 그렇다고 아무런 이유 없이 그 일에 참여하고 싶어 하는 사람들의 의사를 무시할 수도 없다. 흔히 나이는 합리적인 이유로 등장한다. 하지만 정말 그런가? 나이 먹은 사람들이 하는 일은 모두 납득할 수 있는가? 요즘 아이들은 똑똑해서 고등학생만 되도 자신의 소신이 뚜렷하고 자신의 생각을 분명하게 표현할 줄 알지 않는가? 국가공동체의 의사를 결정하는 일에 누가 참여할 수 있고, 누가 참여할 수 없는지에 대해서 살펴보도록 한다.

## Ⅰ. 문제제기

헌법은 모든 국민이 선거권을 갖는다고 규정한다(헌법 제24조). 하지만 선거법

에 따라 현실적으로 선거권을 행사할 수 있는 국민은 18세 이상의 국민에 한정된다. 또한 헌법은 모든 국민이 피선거권을 포함한 공무담임권을 갖는다고 규정하고 있다(헌법 제25조). 그러나 이 경우에도 헌법과 법률에 의하여 실제로 피선거권을 행사할 수 있는 국민은 일정한 연령 이상의 국민으로 제한된다. 대통령선거의 경우에 40세 이상, 국회의원선거 및 지방자치단체선거의 경우에 25세 이상의 국민으로 국한되는 것이다.

**[법령 18.1] 선거권연령: 공직선거법**(최근개정: 2021. 3. 26. 법률 제17981호)
**제15조 (선거권)**
① 18세 이상의 국민은 대통령 및 국회의원의 선거권이 있다. 다만, 지역구국회의원의 선거권은 18세 이상의 국민으로서 제37조 제1항에 따른 선거인명부작성기준일 현재 다음 각 호의 어느 하나에 해당하는 사람에 한하여 인정된다.
1. 「주민등록법」 제6조 제1항 제1호 또는 제2호에 해당하는 사람으로서 해당 국회의원지역선거구 안에 주민등록이 되어 있는 사람
2. 「주민등록법」 제6조 제1항 제3호에 해당하는 사람으로서 주민등록표에 3개월 이상 계속하여 올라 있고 해당 국회의원지역선거구 안에 주민등록이 되어 있는 사람

② 18세 이상으로서 제37조 제1항에 따른 선거인명부작성기준일 현재 다음 각 호의 어느 하나에 해당하는 사람은 그 구역에서 선거하는 지방자치단체의 의회의원 및 장의 선거권이 있다.
1. 「주민등록법」 제6조 제1항 제1호 또는 제2호에 해당하는 사람으로서 해당 지방자치단체의 관할 구역에 주민등록이 되어 있는 사람
2. 「주민등록법」 제6조 제1항 제3호에 해당하는 사람으로서 주민등록표에 3개월 이상 계속하여 올라 있고 해당 지방자치단체의 관할구역에 주민등록이 되어 있는 사람
3. 「출입국관리법」 제10조에 따른 영주의 체류자격 취득일 후 3년이 경과한 외국인으로서 같은 법 제34조에 따라 해당 지방자치단체의 외국인등록대장에 올라 있는 사람

**[법령 18.2] 피선거권연령: 공직선거법**(최근개정: 2021. 3. 26. 법률 제17981호)
**제16조 (피선거권)**
① 선거일 현재 5년 이상 국내에 거주하고 있는 40세 이상의 국민은 대통령의 피선거권이 있다. 이 경우 공무로 외국에 파견된 기간과 국내에 주소를 두고 일정기간 외국에 체류한 기간은 국내거주기간으로 본다.
② 25세 이상의 국민은 국회의원의 피선거권이 있다.
③ 선거일 현재 계속하여 60일 이상(공무로 외국에 파견되어 선거일전 60일 후에 귀국한 자는 선거인명부작성기준일부터 계속하여 선거일까지) 해당 지방자치단체의 관할구역에 주민등록이 되어 있는 주민으로서 25세 이상의 국민은 그 지방의회의원 및 지방자치단체의 장의 피선거권이 있다. 이 경우 60일의 기간은 그 지방자치단체의 설치·폐지·분할·합병 또는 구역변경(제28조 각 호의 어느

하나에 따른 구역변경을 포함한다)에 의하여 중단되지 아니한다.

④ 제3항 전단의 경우에 지방자치단체의 사무소 소재지가 다른 지방자치단체의 관할 구역에 있어 해당 지방자치단체의 장의 주민등록이 다른 지방자치단체의 관할 구역에 있게 된 때에는 해당 지방자치단체의 관할 구역에 주민등록이 되어 있는 것으로 본다.

**[법령 18.3] 선거권연령 산정기준: 공직선거법**(최근개정: 2021. 3. 26. 법률 제17981호)
**제17조 (연령산정기준)**
선거권자와 피선거권자의 연령은 **선거일 현재**로 산정한다.

**[표 18.1] 선거권 및 피선거권 연령**

| | 선거권 | 피선거권 |
|---|---|---|
| **대통령선거** | 18세 이상의 국민 | 40세 이상의 국민<br>5년 이상 국내거주 |
| **국회의원선거** | 18세 이상의 국민 | 25세 이상의 국민 |
| **지방자치단체장 선거** | 18세 이상의 국민<br>18세 이상의 외국인<br>(영주권취득 후 3년) | 25세 이상의 국민<br>60일 이상 관할구역 주민등록[1]<br>(국내거소신고인 포함) |
| **지방의회의원 선거** | 18세 이상의 국민<br>18세 이상의 외국인<br>(영주권취득 후 3년) | 25세 이상의 국민<br>60일 이상 관할구역 주민등록<br>(국내거소신고인 포함) |

한편 선거권이나 피선거권은 일정한 요건에 해당하는 사람들에게도 보장되지 않는다. 예를 들어 ① 금치산자, ② 수형자,[2] ③ 선거법이나 정치자금법 위반사

1) 헌법재판소는 지방자치단체장의 피선거권 자격요건으로서 90일 이상 관할구역내에 주민등록이 되어 있을 것을 요구하는 것도 지역사정을 잘 알고 애향심이 많은 사람을 뽑을 수 있다는 취지에서 합헌이라고 결정한 바 있다. 1996. 6. 26. 96헌마200 참조. 결정요지는 다음과 같다. "헌법이 보장한 주민자치를 원리로 하는 지방자치제도에 있어서 지연적 관계를 고려하여 당해 지역사정을 잘 알거나 지역과 사회적·지리적 이해관계가 있어 당해 지역행정에 대한 관심과 애향심이 많은 사람에게 피선거권을 부여함으로써 지방자치행정의 민주성과 능률성을 도모함과 아울러 우리나라 지방자치제도의 정착을 위한 규정으로서, 그 내용이 공무담임권을 필요 이상으로 과잉제한하여 과잉금지의 원칙에 위배된다거나 공무담임권의 본질적인 내용을 침해하여 위헌적인 규정이라고는 볼 수 없다." 한편 현행 60일 이상 관할구역내 주민등록 규정도 과잉금지원칙에 위반할 정도로 피선거권을 제한하지 않고, 이러한 규정을 두고 있지 않은 국회의원선거와 비교할 때 합리적 이유가 있는 차별이기 때문에 평등권을 침해하지도 않으며, 거주·이전의 자유를 침해하지도 않는다는 견해가 있다. 권형준(1999), 20면 이하 참조. 일정기간 관할구역내 주민등록 강제는 "지역적 연대성을 고려"하는 것이라는 견해도 같은 맥락이다. 전학선(1999), 635면 참조.

2) 피선거권의 경우에는 수형자뿐만 아니라 출소하여 형이 실효될 때까지 일정한 기간이 지

범,[3] ④ 선거권이나 피선거권의 정지 또는 상실 선고를 받은 자에게는 선거권이나 피선거권이 보장되지 않을 수 있다.

**[법령 18.4] 선거권이 없는 자: 공직선거법**(최근개정: 2021. 3. 26. 법률 제17981호)
**제18조 (선거권이 없는 자)**
① 선거일 현재 다음 각 호의 어느 하나에 해당하는 사람은 선거권이 없다.
1. 금치산선고를 받은 자
2. 1년 이상의 징역 또는 금고의 형의 선고를 받고 그 집행이 종료되지 아니하거나 그 집행을 받지 아니하기로 확정되지 아니한 사람. 다만, 그 형의 집행유예를 선고받고 유예기간 중에 있는 사람은 제외한다.
3. 선거범, 「정치자금법」 제45조(정치자금부정수수죄) 및 제49조(선거비용관련 위반행위에 관한 벌칙)에 규정된 죄를 범한 자 또는 대통령·국회의원·지방의회의원·지방자치단체의 장으로서 그 재임중의 직무와 관련하여 「형법」(「특정범죄가중처벌 등에 관한 법률」 제2조에 의하여 가중처벌되는 경우를 포함한다) 제129조(수뢰, 사전수뢰) 내지 제132조(알선수뢰)·「특정범죄가중처벌 등에 관한 법률」 제3조(알선수재)에 규정된 죄를 범한 자로서, 100만원 이상의 벌금형의 선고를 받고 그 형이 확정된 후 5년 또는 형의 집행유예의 선고를 받고 그 형이 확정된 후 10년을 경과하지 아니하거나 징역형의 선고를 받고 그 집행을 받지 아니하기로 확정된 후 또는 그 형의 집행이 종료되거나 면제된 후 10년을 경과하지 아니한 자(형이 실효된 자도 포함한다)
4. 법원의 판결 또는 다른 법률에 의하여 선거권이 정지 또는 상실된 자

② 제1항 제3호에서 "선거범"이라 함은 제16장 벌칙에 규정된 죄와 「국민투표법」 위반의 죄를 범한 자를 말한다.
③ 「형법」 제38조에도 불구하고 제1항 제3호에 규정된 죄와 다른 죄의 경합범에 대하여는 이를 분리 선고하고, 선거사무장·선거사무소의 회계책임자(선거사무소의 회계책임자로 선임·신고되지 아니한 사람으로서 후보자와 통모(通謀)하여 해당 후보자의 선거비용으로 지출한 금액이 선거비용제한액의 3분의 1 이상에 해당하는 사람을 포함한다) 또는 후보자(후보자가 되려는 사람을 포함한다)의 직계존비속 및 배우자에게 제263조 및 제265조에 규정된 죄와 이 조 제1항 제3호에 규정된 죄의 경합범으로 징역형 또는 300만원 이상의 벌금형을 선고하는 때(선거사무장, 선거사무소의 회계책임자에 대하여는 선임·신고되기 전의 행위로 인한 경우를 포함한다)에는 이를 분리 선고하여야 한다.

**[법령 18.5] 피선거권이 없는 자: 공직선거법**(최근개정: 2021. 3. 26. 법률 제17981호)
**제19조 (피선거권이 없는 자)**
선거일 현재 다음 각 호의 어느 하나에 해당하는 자는 피선거권이 없다.
1. 제18조(선거권이 없는 자) 제1항 제1호·제3호 또는 제4호에 해당하는 자

---

나지 않은 자에게도 피선거권이 부여되지 않는다.

3) 선거범에 대한 선거권 및 피선거권 제한과 관련하여 벌금형을 받은 경우까지 포함되어 있는데 이것은 일정기간만을 한정하여 제한한 것이므로 문제가 없다는 견해가 있다. 전학선(1999), 639면 참조.

2. 금고 이상의 형의 선고를 받고 그 형이 실효되지 아니한 자
3. 법원의 판결 또는 다른 법률에 의하여 피선거권이 정지되거나 상실된 자
4. 「국회법」 제166조(국회 회의 방해죄)의 죄를 범한 자로서 다음 각 목의 어느 하나에 해당하는 자(형이 실효된 자를 포함한다)
   가. 500만원 이상의 벌금형의 선고를 받고 그 형이 확정된 후 5년이 경과되지 아니한 자
   나. 형의 집행유예의 선고를 받고 그 형이 확정된 후 10년이 경과되지 아니한 자
   다. 징역형의 선고를 받고 그 집행을 받지 아니하기로 확정된 후 또는 그 형의 집행이 종료되거나 면제된 후 10년이 경과되지 아니한 자
5. 제230조 제6항의 죄를 범한 자로서 벌금형의 선고를 받고 그 형이 확정된 후 10년을 경과하지 아니한 자(형이 실효된 자도 포함한다)

헌법상 보장된 모든 기본권은 제한될 수 있기 때문에 선거권과 피선거권을 포함한 정치적 기본권도 여러 가지 사유로 제한될 수 있다는 점에 대해서는 의문의 여지가 없다. 하지만 정치적 기본권을 제한하는 사유가 합리적인 사유인지에 대해서는 좀 더 논의가 필요하다. 이하에서는 정치적 기본권의 개념과 의미에 대해서 살펴보고, 정치적 기본권을 제한하는 합리적 사유가 무엇인지에 대해서 검토하기로 한다.

## Ⅱ. 정치적 기본권

### 1. 개　　념

넓은 의미의 정치적 기본권은 정치적 표현의 자유(정치적 내용을 갖는 언론, 출판, 집회, 결사의 자유)와 참정권(선거권, 피선거권, 국민투표권[4])을 의미한다. 정치적

4) 현행 헌법상 국민투표권은 헌법개정에서 필수적으로 인정되고(헌법 제130조 제2항), 대통령이 국가안위에 관한 중요정책에 대해서 국민투표에 부치는 경우에 인정될 수 있다(헌법 제72조). 대통령의 국민투표부의권과 관련하여 재신임을 국민투표의 대상으로 삼을 수 있는지가 문제될 수 있는데 긍정하는 견해와 부정하는 견해로 나뉜다. 이에 대해서는 김선택(2004), 30면 이하; 음선필(2004), 74면 이하; 김문현(2006), 35면 이하 참조. 한편 헌법재판소는 재신임은 국민투표부의권의 대상이 되지 않는다고 한다. 심지어 대통령이 자신의 재신임을 국민투표의 대상으로 삼는 것은 대통령에게 부여된 권한을 남용한 헌법의무위반행위라고 한다. 헌재 2004. 5. 14. 2004헌나1: “대통령이 자신에 대한 재신임을 국민투표의 형태로 묻고자 하는 것은 헌법 제72조에 의하여 부여받은 국민투표부의권을 위헌적으로 행사하는 경우에 해당하는 것으로, 국민투표제도를 자신의 정치적 입지를 강화하기 위한 정치적 도구로 남용해서는 안 된다는 헌법적 의무를 위반한 것이다. 물론, 대통령이 위헌적인 재신임 국민투표를 단지 제안만 하였을 뿐 강행하지는 않았으나, 헌법상 허용되지 않는 재신임 국민투표를 국민들에게 제안한 것은 그 자체로서 헌법 제72조에 반하는 것으로 헌법을 실

표현의 자유에 포함될 수 있는 내용 가운데 특별히 중요한 것으로 선거운동의 자유가 있다. 반면에 좁은 의미의 정치적 자유는 참정권을, 그리고 가장 좁은 의미의 정치적 자유는 선거권과 피선거권만을 의미한다.

인신에 관한 자유(생명권, 신체를 훼손당하지 않을 권리, 신체의 자유)와 정신적 자유(양심, 종교, 학문, 예술, 표현의 자유), 그리고 사생활에 관한 자유(주거, 사생활, 통신의 비밀)는 보통 모든 사람이 향유할 수 있는 '인간의 권리'로 이해된다. 심지어 경제적 자유(거주·이전, 직업의 자유 및 재산권)까지도 인권에 포함시키기도 하지만 정치적 자유(선거권과 피선거권)는 국민만이 향유할 수 있는 '국민의 권리'로 분류된다. 국민의 권리로 이해되는 권리는 국민의 자격인 국적을 가진 자만이 향유할 수 있고, 외국인은 주체가 될 수 없다.

## 2. 공적 자율성의 보장수단으로서 정치적 자유

자유는 인간의 존엄과 가치를 실현하기 위한 가장 중요한 요소 가운데 하나다. 이러한 자유의 본질은 자신의 문제에 대해서 자주적으로 결정할 수 있는 '자율성(autonomy)'에 있다. 즉 자신이 원하는 것을 하고, 원하지 않는 것을 하지 않을 수 있는 자주적 선택과 결정에 자유의 본질이 있다. 그러나 자신의 '개인적' 문제에 대한 자주적 선택과 결정은 자유의 출발점이지만 자유의 전부는 아니다. 진정한 의미의 자유는 '나'의 개인적 문제에 대한 자주적 선택과 결정을 넘어 '우리'의 '전체적' 문제에 대한 자주적 선택과 결정에까지 이르러야 한다. 왜냐하면 세상에는 순수하게 '나' 혼자만의 개인적 문제도 있지만 '나'에게 영향을 미치는 '우리' 모두의 문제도 존재하기 때문이다.

순수하게 나의 개인적 문제를 스스로 결정할 수 있는 자율성을 '사적 자율성(private autonomy)'으로 부른다면 우리의 전체적 문제를 우리 스스로 결정할 수 있는 자율성을 '공적 자율성(public autonomy)'이라고 부를 수 있다. 공적 자율성은 공동체 전체와 관련된 문제를 공동체구성원 전체가 참여하여 자주적으로 결정할 수 있다는 데 본질이 있다. 이러한 공적 자율성은 모든 공동체문제에 대하여 공동체구성원 전체가 자신의 의견을 표현할 수 있고, 궁극적으로 의사결정과정에 참여할 수 있는 권리를 통해 구체적으로 보장된다. 바로 이러한 권리가 정치적 기본권이다. **정치적 표현의 자유**는 공동체문제에 대한 의견표현을 보장하고, **국민투표권**

---

현하고 수호해야 할 대통령의 의무를 위반한 것이다."

은 공동체의사결정에 직접적으로 참여하는 권리를 보장하며, **선거권**과 **피선거권**은 국민을 대신하여 국가의사를 결정하는 대의기관의 구성에 참여함으로써 공동체의사결정에 간접적으로 참여하는 권리를 보장한다. 이러한 맥락에서 공적 자율성을 본질로 하는 정치적 기본권도 인권의 성격을 갖는 것으로 볼 수도 있다. 또한 정치적 기본권이 공적 자율성을 본질로 하고 있는 한, 특히 선거권이 의무로 이해될 수는 없다.[5)]

## Ⅲ. 정치적 기본권과 관련된 문제들

### 1. 연령에 따른 선거권 및 피선거권의 제한

현행 선거법은 연령에 따라 선거권과 피선거권을 제한한다. 이것은 선거권과 피선거권의 제한에 관한 문제일 뿐만 아니라 일정한 연령에 속한 그룹을 선거권과 피선거권의 보장에서 배제한다는 점에서 평등권에 관한 문제가 되기도 한다. 따라서 기본권제한에 관한 일반적 원칙에 따라 기본권제한의 정도가 가혹해서는 안 될 뿐만 아니라 평등권제한에 관한 일반적 원칙에 따라 합리적 근거에 따른 차별적 대우이어야 한다. 결국 선거권이나 피선거권의 연령은 입법자가 결정할 수 있는 사안이지만[6)] 헌법재판소는 그 구체적 연령의 합리성에 관하여 판단할 수 있다.[7)]

우선 선거권은 현행 공직선거법에 따라 18세 이상의 국민에게[8)] 부여되는데 종전의 19세 이상보다는 낮아졌지만 여전히 이러한 기준이 합리적인지에 대해서

5) 선거권을 의무로 이해하는 견해로 문광삼(1994), 29면 이하 참조. 이러한 견해에 따르면 선거는 "국가를 위한 기능으로서 공무적 성격을 갖는 동시에, 선거권은 공법에 의하여 보장된 주관적 권리, 즉 공법상의 권리의 성질을 가진다"고 본다. 같은 글, 31면. 또한 선거권에 공무적 성격을 인정한다고 해도 의무의 성격은 법적 의무가 아니라 도의적·윤리적 의무로 보는 견해가 있다. 권형준(1999), 73면 참조. 한편 투표율저하에 근거한 선거의무제 도입의 정당성에 대해서는 홍일선(2006), 359면 이하 참조. 또한 투표율을 제고하기 위한 '투표참여우대(인센티브)제'에 대해서는 조한상(2008), 304면 이하 참조.

6) 선거권연령은 "헌법정책적인 차원이라기보다는 입법정책적인 차원에서 해결할 수밖에 없다"는 견해도 같은 취지다. 성낙인(1998), 109면 참조.

7) 선거권연령과 관련된 헌법재판소의 판례에 대한 분석은 길성용/강태수(2020), 17면 이하; 이재희(2020), 44면 이하 참조.

8) **공직선거법**에 따르면 지방자치단체선거의 경우에 출입국관리법에 따른 영주의 체류자격 취득일 후 3년이 경과한 19세 이상의 외국인으로서 선거인명부작성기준일 현재 해당 지방자치단체의 외국인등록대장에 등재된 자는 선거권을 가진다(동법 제15조 제2항 제3호).

는 의문이 제기될 수 있다.[9] 세계적으로 대부분의 국가가 선거권의 기준 연령을 18세로 하고 있고, 16세인 국가도 있는데 18세로 정한 한국은 표준적인 범주에 속한다고 볼 수 있다(아래 [표 18.2] 참조).[10] 다음으로 피선거권은 대통령선거의 경우에 40세 이상의 국민에게, 국회의원선거와 지방자치단체선거의 경우에 25세 이상의 국민에게 부여되는데 이와 관련하여 이러한 연령기준이 합리적인지, 그리고 선거권과 관련하여 상대적으로 높게 설정한 것이 합리적인지에 대해서 논란이 될 수 있다.[11]

**[표 18.2] 세계의 선거권 연령** (단위, 개국, %)

<table>
<tr><th>선거권 연령</th><th colspan="2">국가(총 234개, 바티칸시국 및 EU 포함)</th><th>합계</th><th>구성비</th></tr>
<tr><td>16세</td><td colspan="2">오스트리아, 쿠바, 에콰도르*, 브라질*, 아르헨티나* 등</td><td>9</td><td>3.8</td></tr>
<tr><td>17세</td><td colspan="2">북한**, 그리스**, 인도네시아(혼인시 나이 무관), 수단 등</td><td>5</td><td>1.7</td></tr>
<tr><td rowspan="6">18세</td><td>아시아</td><td>중국, 일본, 네팔, 인도, 베트남, 태국**, 말레이시아, 사우디아라비아(남성만 가능), 필리핀, 러시아, 카자흐스탄, 우즈베키스탄 등</td><td rowspan="6">206</td><td rowspan="6">88.1</td></tr>
<tr><td>유럽</td><td>노르웨이, 스웨덴, 핀란드, 덴마크, 영국, 벨기에**, 룩셈부르크**, 독일(일부 지방선거 16세), 스위스, 이탈리아, 프랑스, 스페인, 포르투갈, 네덜란드, 체코, 폴란드, 헝가리(결혼시 16세 이상), 루마니아, 슬로베니아***, 크로아티아, 보스니아-헤르체코비나***, 우크라이나 등</td></tr>
<tr><td>북미</td><td>캐나다, 미국 등</td></tr>
<tr><td>중남미</td><td>멕시코**, 파나마, 도미니카 공화국**(혼인시 나이 무관), 콜롬비아, 에콰도르**, 파라과이**, 우루과이**, 페루** 자메이카, 칠레 등</td></tr>
<tr><td>중동</td><td>터키, 시리아, 이스라엘, 요르단, 이라크, 이란, 카타르, 예멘 등</td></tr>
<tr><td>아프리카</td><td>이집트**, 나이지리아, 가나, 코트디부아르, 말리,</td></tr>
</table>

9) 예를 들어 선거권연령은 18세 이상이 합리적이라는 견해가 있다. 안광일(1992), 978면 참조.

10) 일본은 1945년 '25세 이상'에서 '20세 이상'으로 선거권 연령을 낮춘 이래 70년간 이를 유지하다 2015년 6월 '18세 이상'으로 낮추는 공직선거법 개정안이 중의원과 참의원에서 각각 만장일치로 통과되었다(인터넷 교도뉴스(www.47news.jp), 2015년 6월 4일 및 17일자 참조). 이는 2016년 7월부터 시행되고 있다.

11) 예컨대 영국의 상원과 하원의 의원 피선거권연령은 18세다. 이와 관련하여 현재 피선거권의 연령이 하향되고 있는 외국의 추세에 대해서는 김효연(2020), 7면 이하 참조.

| | | | | |
|---|---|---|---|---|
| | | 콩고민주공화국**, 우간다, 르완다, 케냐, 소말리아, 세네갈, 남아프리카공화국 등 | | |
| | 오세아니아 | 호주**, 뉴질랜드, 피지 등 | | |
| 19세 | 없음 | | | |
| 20세 | 대만, 카메룬 등 | | 4 | 1.7 |
| 21세 | 싱가포르**, 쿠웨이트 등 | | 8 | 4.3 |

자료: 미연방정보국(www.cia.gov) 통계자료 <The World Factbook>(2021. 3. 31. 업데이트 기준) 재구성.

* 18~70세는 의무적 투표, 16~17세 및 70세 이상은 선택적 투표(에콰도르는 18세~65세 의무투표, 16세~17세 및 66세 이상은 선택적; 파라과이는 18세~75세 의무투표, 76세 이상은 선택적).

** 18세 이상에 대한 의무적 투표제를 시행하는 국가(파라과이 및 페루는 75세 이하).

*** 고용된 경우 16세 이상도 투표가 가능한 국가.

**[판례 18.1] 연령에 따른 선거권제한**

입법자가 공직선거및선거부정방지법에서 민법상의 성년인 20세 이상으로 선거권연령을 합의한 것은 미성년자의 정신적·신체적 자율성의 불충분 외에도 교육적 측면에서 예견되는 부작용과 일상생활 여건상 독자적으로 정치적인 판단을 할 수 있는 능력에 대한 의문 등을 고려한 것이다. 선거권과 공무담임권의 연령을 어떻게 규정할 것인가는 입법자가 입법목적 달성을 위한 선택의 문제이고 입법자가 선택한 수단이 현저하게 불합리하고 불공정한 것이 아닌 한 재량에 속하는 것인바, 선거권연령을 공무담임권의 연령인 18세와 달리 20세로 규정한 것은 입법부에 주어진 합리적인 재량의 범위를 벗어난 것으로 볼 수 없다(헌재 1997. 6. 26. 96헌마89; 2001. 6. 28. 2000헌마111; 2003. 11. 27. 2002헌마787).

**[판례 18.2] 연령에 따른 피선거권제한**

국가의 기관구성권과 정책결정권을 분리하고 정책결정권을 대의기관에게 자유위임하는 대의민주주의 통치질서에서 국가기능의 확대 및 복잡화에 따른 대의기관의 전문성 확보, 국회의원의 지위변화 및 권한의 확대로 인한 고양된 대의활동능력 및 정치적 인식능력에 대한 요구, 이러한 능력과 자질을 갖추기 위하여 요구되는 정규 또는 비정규적인 교육과정과 직접 또는 간접적인 경험을 쌓는 데 소요되는 최소한의 기간, 국가정책결정권자의 성실한 납세 및 병역 의무의 이행을 요구하는 국민의 기대와 요청 그리고 선거권의 행사연령에 비하여 피선거권의 행사연령을 일반적으로 높게 정하는 주요국가의 입법례 등을 고려할 때, 국회의원의 피선거권 행사연령을 25세 이상으로 정한 공직선거및선거부정방지법 제16조 제2항은 입법자의 입법형성권의 범위와 한계 내의 것으로, 청구인들의 공무담임권 등 기본권의 본질적 내용을 침해할 정도로 과도한 것이라 볼 수 없다(헌재 2005. 4. 28. 2004헌마219).

## 2. 기탁금제도에 의한 피선거권 제한

기탁금제도는 선거에 출마(입후보)하려는 자에게 일정 금액을 기탁하도록 의무화하는 제도를 말한다. 이러한 제도를 두는 취지는 입후보의 난립으로 인한 선거의 과열을 방지하여 선거의 공정성을 확보하고자 하는 데 있다.[12] 기탁금제도의 취지는 인정될 수 있지만 문제는 기탁금액수다. 기탁금액수가 지나치게 높아 성실한 후보의 출마를 불가능하게 만든다면 기탁금제도의 취지를 벗어나기 때문이다.[13] 헌법재판소도 기탁금제도의 취지를 인정하면서 기탁금액수의 과다에 따라 위헌성 여부를 판단하고 있다. 예비후보자로 등록하려는 사람의 경우에는 법정 기탁금의 20퍼센트를 납부해야 되는데(동법 제60조의2 제2항) 헌법재판소에 따르면 예비후보자의 선기비용을 보전대상에 제외한 것은 헌법에 합치하지만[14] 정당의 공천심사에서 탈락한 예비후보자의 기탁금을 반환하지 않는 것은 헌법에 불합치한다고 한다.[15]

**[표 18.3] 기탁금제도에 관한 판례**

| 선거유형 | 기탁금액수 | 헌법재판소 결정 |
|---|---|---|
| 대통령선거 | 3억원 | 합헌: 1995. 5. 25. 92헌마269 |
| | 5억원 | 헌법불합치: 2008. 11. 27. 2007헌마1024 |
| 국회의원선거 | 무 소 속 : 2천만원<br>정당추천: 1천만원 | 위헌: 1989. 9. 8. 88헌가6<br>(무소속과 정당후보 차별도 위헌) |
| | 2천만원 | 위헌: 2001. 7. 19. 2000헌마91 |
| | 1천5백만원 | 합헌: 2003. 8. 21. 2001헌마687 |
| 시 · 도지사 | 5천만원 | 합헌: 1996. 8. 29. 95헌마108;<br>2004. 3. 25. 2002헌마383 |
| 기초단체장 | 1천만원 | 합헌: 2004. 3. 25. 2002헌마383 |
| 시 · 도의회의원 | 7백만원 | 위헌: 1991. 3. 11. 91헌마21 |

12) 기탁금제도는 효용성이 없고 불필요하다는 견해가 있다. 정종섭(1991), 26면 참조.

13) 헌법재판소도 같은 견해다. 헌재 1989. 9. 8. 88헌가6: "기탁금제도 그 자체에 위헌성이 있는 것보다 그 기탁금의 액수가 너무 고액이어서 재산을 가지지 못한 국민의 후보등록을 현저히 제한하여 결과적으로 국민의 참정권을 침해하는 정도에 이르러 이에 대한 위헌 여부의 문제가 제기된다 할 것이다." 이와 관련하여 "기탁금 액수의 산정 및 차등기준이 불분명할 뿐만 아니라 금액 자체가 너무 고액"이라는 비판이 있다. 정연주(1994), 97면 참조.

14) 헌재 2018. 7. 26. 2016헌마524 참조.

15) 헌재 2018. 1. 25. 2016헌마541(지역구국회의원 선거); 2020. 9. 24. 2018헌가15(지방자치단체장 선거 참조.

| | 3백만원 | 합헌: 2004. 3. 25. 2002헌마383 |
|---|---|---|
| 기초의회의원 | 2백만원 | 합헌: 1995. 5. 25. 91헌마44;<br>2004. 3. 25. 2002헌마383 |

**[법령 18.6] 기탁금제도: 공직선거법**(최근개정: 2021. 3. 26. 법률 제17981호)
**제56조 (기탁금)**
① 후보자등록을 신청하는 자는 등록신청 시에 후보자 1명마다 다음 각 호의 기탁금을 중앙선거관리위원회규칙으로 정하는 바에 따라 관할선거구선거관리위원회에 납부하여야 한다. 이 경우 예비후보자가 해당 선거의 같은 선거구에 후보자등록을 신청하는 때에는 제60조의2 제2항에 따라 납부한 기탁금을 제외한 나머지 금액을 납부하여야 한다.
1. 대통령선거는 3억원
2. 국회의원선거는 1천500만원
2의2. 비례대표국회의원선거는 500만원
3. 시・도의회의원선거는 300만원
4. 시・도지사선거는 5천만원
5. 자치구・시・군의 장 선거는 1천만원
6. 자치구・시・군의원선거는 200만원
② ~ ③ 생략

## 3. 수형자의 선거권 제한

법원에서 형을 확정적으로 선고받고 형의 집행을 받고 있는 수형자는 자신의 범죄에 대한 대가로서 형벌을 받는 것으로 충분하다. 따라서 범죄에 대한 대가로 법률에 규정되어 있는 형벌 이외에 다른 불이익을 받는 것은 수형자에게 가혹한 행위일 수 있다. 하지만 현행 공직선거법은 금고 이상의 형을 선고받고 그 집행이 종료되지 않은 자에게 선거권이 없다고 규정한다. 이에 대해서 과거 헌법재판소는 형벌집행의 실효성과 선거의 공정성을 위하여 불가피한 수단이라고 보았다가, 최근에는 그와 같은 견해를 변경하여 유기징역 또는 유기금고의 선고를 받은 집행유예자의 선거권에 대한 제한은 단순위헌, 유기징역 또는 유기금고의 선고를 받은 수형자의 선거권에 대한 제한은 헌법불합치 결정을 선고하였다(아래 [판례 18.3] 참조).[16]

16) 수형자의 선거권제한에 관한 찬반론과 입법례에 대해서는 오경식(2007), 46면 이하 참조.

**[판례 18.3] 수형자의 선거권 제한에 대한 헌법재판소의 입장변경**

① 심판대상조항은 집행유예자와 수형자에 대하여 전면적·획일적으로 선거권을 제한하고 있다. 심판대상조항의 입법목적에 비추어 보더라도, 구체적인 범죄의 종류나 내용 및 불법성의 정도 등과 관계없이 이와 같이 일률적으로 선거권을 제한하여야 할 필요성이 있다고 보기는 어렵다. 범죄자의 선거권을 제한할 필요가 있다 하더라도 그가 저지른 범죄의 경중을 전혀 고려하지 않고 수형자와 집행유예자 모두의 선거권을 제한하는 것은 침해의 최소성 원칙에 어긋난다. 특히 집행유예자는 집행유예 선고가 실효되거나 취소되지 않는 한 교정시설에 구금되지 않고 일반인과 동일한 사회생활을 하고 있으므로, 그들의 선거권을 제한해야 할 필요성이 크지 않다. 심판대상조항에 의해 집행유예자와 수형자의 선거권을 제한함으로써 달성하고자 하는 '중대한 범죄자에 대한 제재나 일반 시민의 법치주의에 대한 존중의식 제고' 등의 공익보다 이로 인하여 침해되는 '집행유예자와 수형자 개인의 사익 또는 민주적 선거제도의 공익적 가치'가 더 크다. 그러므로 심판대상조항은 헌법 제37조 제2항에 위반하여 청구인들의 선거권을 침해하고, 헌법 제41조 제1항 및 제67조 제1항이 규정한 보통선거원칙에 위반하여 집행유예자와 수형자를 차별취급하는 것이므로 평등의 원칙에도 어긋난다. ② 심판대상조항 중 집행유예자에 관한 부분은 위헌선언을 통하여 선거권에 대한 침해를 제거함으로써 합헌성이 회복될 수 있으므로, 단순위헌결정을 선언한다. ③ 심판대상조항 중 수형자에 관한 부분의 위헌성은 지나치게 전면적·획일적으로 수형자의 선거권을 제한한다는 데 있는데, 그 위헌성을 제거하고 수형자에게 헌법합치적으로 선거권을 부여하는 것은 입법자의 형성재량에 속한다. 그러므로 심판대상조항 중 수형자에 관한 부분에 대하여 헌법불합치 결정을 선고한다(헌재 2014. 1. 28. 2012헌마409).

## 4. 해외거주자에 대한 부재자투표

선거권이 보장된 국민의 경우에 해외에 체류하면서 오로지 한 번의 선거만을 위하여 많은 비용을 들여 귀국하도록 하는 것은 경제적으로 과도한 부담이 되는 요구다. 따라서 해외에 체류하는 국민(재외국민)들을 위하여[17] 부재자투표제도를 실시하는 것은 선거권을 실질적으로 보장하는 수단이 될 수 있다. 하지만 헌법재판소는 해외거주자를 위한 부재자투표를 실시하지 않는 것은 선거비용의 증가라든지 선거의 공정성에 대한 위험 등 합리적인 근거가 있는 차별이라고 보았다(아래 [판례 18.4] 참조). 그렇지만 해외거주자에게 선거권을 보장함으로써 얻을 수 있는 이익은 경제적 가치로 평가될 수 없을 만큼 중대하고, 선거의 공정성도 해외주재공관을 이용한다면 충분히 확보할 수 있다는 점에서[18] 해외부재자투표의 도입

17) 해외에 체류하는 국민은 단기해외체류자와 장기해외체류자로, 다시 후자는 해외이주목적의 장기해외체류자와 해외이주목적이 없는 장기해외체류자로 구분될 수 있다. 이러한 구분에 기초하여 해외체류국민을 "국외부재자"로 부르는 견해로 정상우(2007), 194면 이하 참조.

은 적극적으로 검토할 필요가 있다. 이에 따라 헌법재판소는 판례를 변경하여 외국영주권자를 포함한 해외거주자에게 부재자투표를 인정하지 않는 것은 위헌임을 확인하였다([판례 18.5] 참조).19)

**[판례 18.4] 해외거주자에 대한 부재자투표의 불인정**

① 현행 공직선거및선거부정방지법상 해외에 거주하는 국민 모두에게 부재자투표를 허용하기 위해서는 선거기간을 연장하여야 하는데, 이는 국가와 후보자들의 선거비용 증가 등 그로 인한 국가적 부담이 가중되는 문제를 초래하게 되고, 국내보다 훨씬 공정선거감시 체제가 미약할 수밖에 없는 해외에서는 선거의 공정성을 확보하기가 더욱 어렵다. 또한 해외거주자들은 투표권 행사에 장해가 되는 사유를 스스로 초래하였다는 점에서 국내에 거주하는 사람들과는 근본적인 차이가 있으므로 자발적으로 출국하여 해외에 거주하는 국민들까지 같은 대우를 받아야 하는 것은 아니며, 해외에 거주하는 국민들에 대하여 부재자투표를 실시하는 데에는 훨씬 많은 비용과 시간을 소요하게 된다. 따라서 비록 해외거주자들에 대하여 부재자투표를 인정하지 아니하는 차별을 한다고 할지라도 합리적인 이유가 없는 것은 아니다. ② 해외거주자들에게 부재자투표에 의한 투표를 할 수 있도록 할 것인지 여부는 이들의 선거권 자체에 관련된 문제라기보다는 선거권을 행사함에 있어서 편의를 제공할 것인지 여부에 관한 문제로서, 어느 정도 범위의 국민까지 부재자투표를 허용할 것인지 여부는 입법재량의 범위에 속하는 문제이지 이로 인하여 국민의 선거권 자체가 제한되는 것은 아니므로, 위 같은 조항에 의하여 해외거주자들의 선거권 자체가 침해되었다고 할 수 없다(헌재 1999. 3. 25. 97헌마99).

**[판례 18.5] 해외거주자의 정치적 기본권**

① 공직선거법 제37조 제1항은 단지 주민등록이 되어 있는지 여부에 따라 선거인명부에 오를 자격을 결정하여 그에 따라 선거권 행사 여부가 결정되도록 함으로써, 엄연히 대한민국의 국민임에도 불구하고 주민등록법상 주민등록을 할 수 없는 재외국민의 선거권 행사를 전면적으로 부정하고 있는바, 그와 같은 재외국민의 선거권 행사에 대한 전면적인 부정에 관해서는 위에서 살펴본 바와 같이 어떠한 정당한 목적도 찾기 어렵다. 그러므로 법 제37조 제1항은 헌법 제37조 제2항에 위반하여 재외국민의 선거권과 평등권을 침해하고 헌법 제41조 제1항 및 제67조 제1항이 규정한 보통선거원칙에도 위반된다. ② 선거인명부에 오를 자격이 있는 국내거주자에 대해서만 부재자신고를 허용함으로써 재외국민과 단기해외체류자 등 국외거주자 전부에 대해 국정선거권의 행사 가능성을 부인하고 있는 공직선거법 제38조 제1항은 정당한 입법목적을 갖추지 못하여 헌법 제37조 제2항에 위반하여 국외거주자의 선거권과 평등권을 침해하고 보통선거원칙에도 위반된다. ③ 국내에 영

18) 해외거주 국민에 대한 부재자투표를 인정하지 않은 것에 대한 비판으로 방승주(2007), 329면 이하 참조.

19) 이 결정에 따라 해외거주 국민에 대한 부재자투표제도가 필요하게 되었는데 이에 관한 비교법적 검토와 법정책적 대안에 대해서는 정상우(2007), 198면 이하 참조.

> 주하는 외국인에 대해서까지 부여하는 지방선거 선거권을 국내거주 재외국민에 대해서는 그 체류기간을 불문하고 전면적, 획일적으로 박탈하는 것은 헌법상 평등원칙에 어긋날 뿐 아니라 헌법 제37조 제2항 제1호, 제37조 제1항은 국내거주 재외국민의 평등권과 지방의회 의원선거권을 침해한다. ④ 주권자인 국민의 지위에 아무런 영향을 미칠 수 없는 주민등록 여부만을 기준으로 하여, 주민등록을 할 수 없는 재외국민의 국민투표권 행사를 전면적으로 배제하고 있는 이 사건 국민투표법 조항은 앞서 본 국정선거권의 제한에 대한 판단에서와 동일한 이유에서 청구인들의 국민투표권을 침해한다고 할 것이다(헌재 2007. 6. 28. 2004헌마644).

## 5. 초·중등교원의 정치활동 금지

초·중등교원은 대학교수와 달리 정치활동이 금지된다. 따라서 초등학교와 중학교 및 고등학교의 교사는 정당가입과 선거운동이 금지된다(정당법 제22조 및 공직선거법 제60조). 헌법재판소는 이것이 공무원의 정치적 중립, 교육의 정치적 중립, 미성년자인 학생에 대한 교사의 영향력, 학생의 수업권에 대한 침해 등을 근거로 정당화된다고 본다. 하지만 정규근무시간 이외의 정치활동을 포함해서 교사의 정치활동을 전면적으로 금지하는 것이 불가피한 수단인지에 대해서는 의문이 든다.[20]

**[법령 18.7] 정당법**(최근개정: 2020. 6. 9. 법률 제17354호)
**제22조 (발기인 및 당원의 자격)**
① 국회의원 선거권이 있는 자는 공무원 그 밖에 그 신분을 이유로 정당가입이나 정치활동을 금지하는 다른 법령의 규정에 불구하고 누구든지 정당의 발기인 및 당원이 될 수 있다. 다만, 다음 각 호의 어느 하나에 해당하는 자는 그러하지 아니하다.
  1. 「국가공무원법」 제2조(공무원의 구분) 또는 「지방공무원법」 제2조(공무원의 구분)에 규정된 공무원. 다만, 대통령, 국무총리, 국무위원, 국회의원, 지방의회의원, 선거에 의하여 취임하는 지방자치단체의 장, 국회의원의 보좌관·비서관·비서, 국회 교섭단체의 정책연구위원과 「고등교육법」 제14조 제1항·제2항에 따른 교원은 제외한다.
  2. 「고등교육법」 제14조 제1항·제2항에 따른 교원을 제외한 사립학교의 교원
  3. 법령의 규정에 의하여 공무원의 신분을 가진 자
② 대한민국 국민이 아닌 자는 당원이 될 수 없다.

**[법령 18.8] 공직선거법**(최근개정: 2021. 3. 26. 법률 제17981호)
**제60조 (선거운동을 할 수 없는 자)**
① 다음 각 호의 어느 하나에 해당하는 사람은 선거운동을 할 수 없다. 다만, 제1호

---

20) 이와 관련하여 프랑스에서 교원에게 보장된 정치활동의 자유에 대해서는 전학선(2013), 75면 이하 참조.

에 해당하는 사람이 예비후보자 · 후보자의 배우자인 경우와 제4호부터 제8호까지의 규정에 해당하는 사람이 예비후보자 · 후보자의 배우자이거나 후보자의 직계존비속인 경우에는 그러하지 아니하다.

1. 대한민국 국민이 아닌 자. 다만, 제15조 제2항 제3호에 따른 외국인이 해당 선거에서 선거운동을 하는 경우에는 그러하지 아니하다.
2. 미성년자(18세 미만의 자를 말한다. 이하 같다)
3. 제18조(선거권이 없는 자)제1항의 규정에 의하여 선거권이 없는 자
4. 「국가공무원법」 제2조(공무원의 구분)에 규정된 국가공무원과 「지방공무원법」 제2조(공무원의 구분)에 규정된 지방공무원. 다만, 「정당법」 제22조(발기인 및 당원의 자격) 제1항 제1호 단서의 규정에 의하여 정당의 당원이 될 수 있는 공무원(국회의원과 지방의회의원 외의 정무직공무원을 제외한다)은 그러하지 아니하다.
5. 제53조(公務員 등의 立候補)제1항 제2호 내지 제8호에 해당하는 자(제4호 내지 제6호의 경우에는 그 상근직원을 포함한다)
6. 예비군 중대장급 이상의 간부
7. 통 · 리 · 반의 장 및 읍 · 면 · 동주민자치센터(그 명칭에 관계없이 읍 · 면 · 동사무소 기능전환의 일환으로 조례에 의하여 설치된 각종 문화 · 복지 · 편익시설을 총칭한다. 이하 같다)에 설치된 주민자치위원회(주민자치센터의 운영을 위하여 조례에 의하여 읍 · 면 · 동사무소의 관할구역별로 두는 위원회를 말한다. 이하 같다)위원
8. 특별법에 의하여 설립된 국민운동단체로서 국가 또는 지방자치단체의 출연 또는 보조를 받는 단체(바르게살기운동협의회 · 새마을동협의회 · 한국자유총연맹을 말한다)의 상근 임 · 직원 및 이들 단체 등(시 · 도조직 및 구 · 시 · 군조직을 포함한다)의 대표자
9. 선상투표신고를 한 선원이 승선하고 있는 선박의 선장

② 생략

**[판례 18.6] 초 · 중등교원의 정치활동 금지**

이 사건 법률조항이 청구인들과 같은 초 · 중등학교 교원의 정당가입 및 선거운동의 자유를 금지함으로써 정치적 기본권을 제한하는 측면이 있는 것은 사실이나, 공무원의 정치적 중립성 등을 규정한 헌법 제7조 제1항 · 제2항, 교육의 정치적 중립성을 규정한 헌법 제31조 제4항의 규정취지에 비추어 보면, 감수성과 모방성 그리고 수용성이 왕성한 초 · 중등학교 학생들에게 교원이 미치는 영향은 매우 크고, 교원의 활동은 근무시간 내외를 불문하고 학생들의 인격 및 기본생활습관 형성 등에 중요한 영향을 끼치는 잠재적 교육과정의 일부분인 점을 고려하고, 교원의 정치활동은 교육수혜자인 학생의 입장에서는 수업권의 침해로 받아들여질 수 있다는 점에서 현 시점에서는 국민의 교육기본권을 더욱 보장함으로써 얻을 수 있는 공익을 우선시해야 할 것이라는 점 등을 종합적으로 감안할 때, 초 · 중등학교 교육공무원의 정당가입 및 선거운동의 자유를 제한하는 것은 헌법적으로 정당화될 수 있다(헌재 2004. 3. 25. 2001헌마710).

### 6. 지방자치단체장의 선거전 사퇴강제

지방자치단체장은 임기중이라고 하더라도 대통령선거나 국회의원선거 등 다른 선거에 출마할 수 있다. 따라서 지방자치단체장이 임기중에 다른 공직선거에 입후보하는 것을 포괄적으로 금지하는 것은 지방자치단체장의 피선거권을 과도하게 제한하여 위헌이 된다.21) 하지만 지방자치단체장이 선거에 임박하여 그 직을 사퇴하게 되면 지방행정에 혼란(행정공백)을 야기할 수 있고, 선거의 공정성을 저해할 수 있으며, 단체장의 직무전념성도 확보할 수 없다. 따라서 다른 선거에 출마하려고 하는 지방자치단체장에게 선거가 실시되기 일정기간 전에 사퇴하도록 강제하는 규정을 둘 수 있다. 중요한 것은 그 기간을 합리적으로 설정하는 것이다. 지나치게 긴 기간 전에 사퇴하도록 강제하는 것은 지방자치단체장의 피선거권을 제한할 수 있기 때문이다.22) 어쨌든 지방자치단체장의 다른 공직선거 전 사퇴는 특정 정당의 최종후보자로서 등록하기 전까지 하면 되는 것으로 해석할 수 있으므로 특정 정당의 최종후보를 결정하기 위하여 실시되는 '당내 경선'에서 예비후보로 활동하는 단계에서는 사퇴의 필요성이 없고, 따라서 지방자치단체장의 직을 유치한 채 경선운동도 가능하다고 보아야 한다.

## Ⅳ. 정치적 기본권에 대한 관점의 전환

정치적 기본권은 자율성의 의미를 사적인 영역에서 공적인 영역으로 확대하는 의의를 갖는다. 따라서 정치적 기본권도 인권적 관점에서 검토될 필요성이 있다. 하지만 정치적 기본권은 종래에 '인간'의 권리라기보다 '국민'의 권리로서 이해되어 왔다. 이것은 단순히 정치적 기본권의 주체를 국민에 한정한다는 의미만을 갖지 않는다. 정치적 기본권이 국민의 권리로 이해되면 인간의 권리로 이해되는 경우보다 그 구체적 형성에 있어서 입법자의 재량을 더 많이 인정하는 결론에

---

21) 헌재 1999. 5. 27. 98헌마214 참조.

22) 예를 들어 헌법재판소는 지방자치단체장을 포함하여 공무원이 공직선거에 입후보하는 경우에 선거일 90일 전까지 사퇴하도록 강제하는 규정은 합헌이라고 결정하였다. 헌재 1995. 3. 23. 95헌마53 참조. 하지만 지방자치단체의 관할구역과 같거나 겹치는 선거구역에서 실시되는 지역구 국회의원선거에 입후보하고자 하는 지방자치단체장에게 선거일 180일 전에 사퇴하도록 강제한 규정은 위헌이라고 선언하였다. 헌재 2003. 9. 25. 2003헌마106 참조. 한편 그 기간을 120일로 규정하는 것은 합헌으로 결정하였다. 헌재 2006. 7. 27. 2003헌마758 참조.

이르게 된다. 그만큼 국민이 향유할 수 있는 정치적 기본권의 영역이 축소될 수밖에 없다는 뜻이다. 이런 의미에서 정치적 기본권도 자율성을 본질로 한다는 점에서 인권의 관점에서 이해되고, 이것을 제한하는 경우에는 다른 기본권과 마찬가지로 엄격하게 한계를 설정할 필요가 있다.

**토론문제**

1. 민주주의에서 선거가 차지하는 의미는 무엇인가?
2. 공무원에게도 정치적 참여가 보장되어야 하는가?
3. 수형자에게도 선거권이 보장되어야 하는가?

**내 입장은?**

1. 공무원의 정치적 참여는 금지되어야 한다.
2. 공무원의 정치적 참여는 허용되어야 한다.
3. 정치적 중립성이 요구되지 않는 공무원의 정치적 참여는 허용될 수 있다.

## 참고문헌


권형준(1997), 선거권의 본질, ≪고시연구≫, 통권 제281호(1997년 8월호), 64~73면.

권형준(1999), 공직선거 및 선거부정방지법 제16조 제3항(지방자치단체장 피선거권 자격요건으로서의 60일 거주요건)의 위헌 여부, ≪고시계≫, 통권 제507호(1999년 5월호), 15~23면.

길성용/강태수(2020), 연령에 의한 선거권 제한의 헌법적 문제, ≪경희법학≫(경희법학연구소), 제55권 제3호(2020), 3~36면.

김문현(2006), 대통령의 국민투표부의권, ≪고시계≫, 통권 제588호(2006년 2월호), 29~42면.

김선택(2004), 재신임국민투표의 법률적 무의미성과 정치적 유의미성, ≪공법연구≫(한국공법학회), 제32집 제3호(2004), 21~54면.

김효연(2020), 공직선거법 제16조 제2항의 국회의원 피선거권연령의 헌법적 정당성,

≪헌법학연구≫(한국헌법학회), 제26권 제1호(2020), 1~38면.
문광삼(1994), 선거권과 피선거권의 제한, ≪고시계≫, 통권 제447호(1994년 5월호), 27~35면.
방승주(2007), 재외국민 선거권제한의 위헌여부, ≪헌법학연구≫(한국헌법학회), 제13권 제2호(2007), 305~349면.
성낙인(1998), 선거인단의 조직과 선거권, ≪고시계≫, 통권 제500호(1998년 10월호), 99~110면.
안광일(1992), 선거의 민주적 기능과 현행 대통령선거제도의 제문제, ≪한국행정학보≫(한국행정학회), 제26권 제3호(1992), 971~988면.
오경식(2007), 교도소 수형자의 선거권 부여방안에 대한 연구, ≪교정연구≫(한국교정학회), 제36호(2007), 43~69면.
음선필(2004), 대통령 재신임 국민투표의 위헌성 논의, ≪공법연구≫(한국공법학회), 제32집 제3호(2004), 55~86면.
이상경(2014), 청소년의 선거연령 18세 인하문제에 관한 소고, ≪한양법학≫(한양법학회), 통권 제48집(2014), 369~396면.
이재희(2020), 18세 선거권 연령 개정과 정치참여권 확대, ≪헌법학연구≫(한국헌법학회), 제26권 제1호(2020), 39~76면.
전학선(1999), 피선거권에 관한 연구, ≪외법논집≫(한국외국어대학교 법학연구소), 제7집(1999), 631~654면.
전학선(2013), 프랑스 교육제도와 교원의 정치활동의 자유, ≪세계헌법연구≫(세계헌법학회 한국학회), 제19권 제3호(2013), 53~85면.
정상우(2007), 국외부재자 선거제도 도입방안에 관한 연구, ≪공법학연구≫(한국비교공법학회), 제8권 제4호(2007), 191~219면.
정연주(1994), 현행선거제도의 문제점, ≪고시계≫, 통권 제450호(1994년 8월호), 83~98면.
정종섭(1991), 현행 국회의원선거제도의 문제점과 개선의 대안적 방향, ≪사법행정≫(한국사법행정학회), 제32권 제8호(1991), 14~32면.
조한상(2008), 투표참여자 우대제도에 관한 헌법적 고찰, ≪헌법학연구≫(한국헌법학회), 제14권 제2호(2008), 287~323면.
홍일선(2006), 선거권과 선거의무, ≪공법연구≫(한국공법학회), 제34집 제3호(2006), 343~364면.

# 제19장
# 재개발과 철거민의 인권

인간의 삶의 질을 향상시키는 것은 모든 인간정주정책의
최우선순위 목표이자 가장 중요한 목표다.
≪유엔 인간정주위원회(UN-Habitat) 인간정주에 관한 밴쿠버 선언, 1976≫

옆 동네 아파트가 재개발되면서 아는 친구는 아파트 평수도 늘리고, 집값도 천정부지로 뛰었다. 얼마 전까지만 해도 비슷한 집값이었는데 이제 그 친구의 집값은 우리 집값의 두 배도 넘는다. 그 친구가 무리하게 은행대출을 받아서라도 함께 재개발 아파트를 사자고 했을 때 사지 않은 것이 갑자기 후회스러워진다.

재개발에 반대하는 사람들이 철거에 반대하다 목숨을 잃었다. 최루액이 섞인 물대포를 경찰이 쏘아댈 때 준비했던 시너병이 넘어지면서 큰 화재가 일어났고, 사람들은 불에 타 죽었다. 어떤 사람은 불을 피하다가 추락하여 사망하기도 했다. 강제로 철거하기 위해 동원된 용역들보다 이제 경찰을 무서워해야 할 시점이 된 모양이다. 그들을 죽음으로 몰아가기까지 저항할 수밖에 없도록 만든 것은 무엇일까?

재개발은 필요하다. 하지만 재개발로 인한 이득은 누구에게 돌아가는가? 또 재개발로 피해를 보는 사람들은 누구인가? 재개발로 모든 사람들이 지금보다 쾌적한 환경 속에서 살아갈 수 있다면 재개발을 하지 않을 이유가 없다. 하지만 재개발로 혜택을 받는 사람들이 특정한 집단에 국한된다면, 무엇보다도 그런 집단에 재개발지역에 살던 사람들이 포함될 수 없다면 그런 재개발은 재고(再考)가 필요하다.

## Ⅰ. 개념 및 문제제기

흔히 '재개발'이라고 부르는 사업의 공식적인 명칭은 **도시 및 주거환경정비법**(이하 **도시정비법**)에 따르면 '정비사업'이다.[1] 여기서 정비사업은 도시기능을 회복하기 위하여 정비구역 안에서 정비기반시설[2]을 정비하고, 주택 등 건축물을 개량하거나 건설하는 사업을 의미한다(동법 제2조 제2호). 이러한 정비사업에는 ① 주거환경개선사업, ② 재개발사업, ③ 재건축사업이 포함된다. 정비사업이 시행되는 구역을 '정비구역'이라고 부르고, 이에 대한 지정은 특별시장・광역시장・특별자치시장・특별자치도지사・시장 또는 군수가 '도시・주거환경정비 기본계획'에 적합한 범위에서 노후・불량건축물이 밀집하는 등 대통령령으로 정하는 요건에 해당하는 구역에 대하여 '정비계획'을 결정하여 행한다(동법 제8조 제1항). '도시・주거환경정비 기본계획'은 특별시장・광역시장・특별자치시장・특별자치도지사 또는 시장이 관할 구역에 대하여 10년 단위로 수립해야 하는데(동법 제4조 제1항) 기본계획에 대하여 5년마다 타당성을 검토하여 그 결과를 기본계획에 반영하여야 한다(동조 제2항).

흔히 '철거민'의 문제가 발생하는 정비사업은 주거환경개선사업과 재개발사업이다. 토지 등 소유자(조합이 설립된 경우에는 조합원)가 3분의 2 이상의 동의로 정비계획의 변경을 요청하는 경우에는 정비계획의 입안권자에게 정비계획의 입안을 제안할 수 있다(동법 제14조 제1항 제6호). 이처럼 주거환경개선사업이나 재개발사업은 토지 등 소유자 3분의 2 이상의 동의가 있으면 가능하기 때문에 이에 동의하지 않은 소유자는 원하지 않는 주거환경개선이나 재개발을 강요당한다는 점이다. 따라서 주거환경개선이나 재개발이 각 소유자의 의사에 따라 개별적으로 결정되지 않고 일정한 구역별로 전체적으로 결정되는 것이 과연 정당한 것인지에 대한 근본적인 의문을 제기해 볼 수 있다.

정비계획의 입안권자는 정비계획을 입안하거나 변경하려면 주민에게 서면으로 통보한 후 주민설명회 및 30일 이상 주민에게 공람하여 의견을 들어야 하는 '주민의견청취절차'가 보장되며(동법 제15조 제1항), 주민공람과 함께 지방의회의 의견을 들어야 하는데 지방의회는 60일 이내에 의견을 제시해야 한다(동조 제2항).

---

1) 이른바 '뉴타운'의 건설을 위한 도시재정비사업의 법적 기초로는 '도시재정비 촉진을 위한 특별법'(최근개정: 2017. 1. 17. 법률 제14540호)이 제정되어 있다. 이 법률에 대한 비판으로 오준근(2006), 31면 이하 참조.

2) 정비기반시설은 도로・상하수도・공원・공용주차장・공동구, 그 밖에 주민의 생활에 필요한 가스 등의 공급시설로서 대통령령이 정하는 시설을 뜻한다(도시정비법 제2조 제4호).

정비계획의 입안권자는 재건축사업 정비계획의 입안을 위하여 정비예정구역별 정비계획의 수립시기가 도래한 때에 '안전진단'을 실시하여야 한다(동법 제12조 제1항). 노후·불량건축물의 소유자가 재건축사업을 시행하기 위하여 해당 사업예정구역에 위치한 건축물 및 그 부속토지의 소유자 10분의 1 이상의 동의를 받아 안전진단의 실시를 요청할 수도 있다(동조 제2항 제3호). 재개발이나 재건축을 위하여 조합을 설립하려는 경우에는 정비구역 지정·고시 후 토지 등 소유자 과반수의 동의를 받아 조합설립을 위한 '추진위원회'를 구성하여 시장·군수 등의 승인을 받아야 한다(동법 제31조 제1항). 재개발사업의 경우에는 추진위원회가 조합을 설립하려면 토지 등 소유자의 4분의 3 이상 및 토지면적의 2분의 1 이상의 토지소유자의 동의를 받아 시장·군수 등의 인가를 받아야 한다(동법 제35조 제3항). 한편 재건축사업의 경우에는 추진위원회가 조합을 설립하려는 때에는 주택단지의 공동주택의 각 동별 구분소유자의 과반수 동의(공동주택의 각 동별 구분소유자가 5 이하인 경우는 제외)와 주택단지의 전체 구분소유자의 4분의 3 이상 및 토지면적의 4분의 3 이상의 토지소유자의 동의를 받아 시장·군수 등의 인가를 받아야 한다(동조 제3항). 이처럼 조합을 통한 재개발사업이나 재건축사업은 토지 등 소유자나 구분소유자 등의 4분의 3 이상의 동의로 가능하기 때문에 조합의 설립에 반대하는 4분의 1의 소유자 등의 의견은 재개발사업이나 재건축사업의 결정에서 반영되지 않는다는 근본적인 문제점을 안고 출발한다. 따라서 정비구역의 지정에서도 지적한 것처럼 각각의 소유자의 결정에 의한 개별적 재개발사업이나 재건축사업이 아니라 일정한 구역에 사는 주민의 다수결에 따른 전체적 재건축사업이나 재개발사업의 정당성에 대해서는 '자기결정권'이라는 인권의 관점에서 근본적인 의문을 제기하면서 재개발이나 재건축과 관련된 다른 인권의 문제를 검토하기로 한다.

**[법령 19.1] 도시 및 주거환경정비법**(최근개정: 2021. 4. 13. 법률 제18046호)
**제2조 (정의)**
이 법에서 사용하는 용어의 뜻은 다음과 같다.

1. "정비구역"이란 정비사업을 계획적으로 시행하기 위하여 제16조에 따라 지정·고시된 구역을 말한다.
2. "정비사업"이란 이 법에서 정한 절차에 따라 도시기능을 회복하기 위하여 정비구역에서 정비기반시설을 정비하거나 주택 등 건축물을 개량 또는 건설하는 다음 각 목의 사업을 말한다.
   가. 주거환경개선사업: 도시저소득 주민이 집단거주하는 지역으로서 정비기반시설이 극히 열악하고 노후·불량건축물이 과도하게 밀집한 지역의 주거환경을 개선하거나 단독주택 및 다세대주택이 밀집한 지역에서 정비기

반시설과 공동이용시설 확충을 통하여 주거환경을 보전·정비·개량하기 위한 사업

나. 재개발사업: 정비기반시설이 열악하고 노후·불량건축물이 밀집한 지역에서 주거환경을 개선하거나 상업지역·공업지역 등에서 도시기능의 회복 및 상권활성화 등을 위하여 도시환경을 개선하기 위한 사업

다. 재건축사업: 정비기반시설은 양호하나 노후·불량건축물에 해당하는 공동주택이 밀집한 지역에서 주거환경을 개선하기 위한 사업

3. "노후·불량건축물"이란 다음 각 목의 어느 하나에 해당하는 건축물을 말한다.

가. 건축물이 훼손되거나 일부가 멸실되어 붕괴, 그 밖의 안전사고의 우려가 있는 건축물

나. 내진성능이 확보되지 아니한 건축물 중 중대한 기능적 결함 또는 부실 설계·시공으로 구조적 결함 등이 있는 건축물로서 대통령령으로 정하는 건축물

다. 다음의 요건을 모두 충족하는 건축물로서 대통령령으로 정하는 바에 따라 특별시·광역시·특별자치시·도·특별자치도 또는 「지방자치법」 제175조에 따른 서울특별시·광역시 및 특별자치시를 제외한 인구 50만 이상 대도시(이하 "대도시"라 한다)의 조례(이하 "시·도조례"라 한다)로 정하는 건축물

1) 주변 토지의 이용 상황 등에 비추어 주거환경이 불량한 곳에 위치할 것

2) 건축물을 철거하고 새로운 건축물을 건설하는 경우 건설에 드는 비용과 비교하여 효용의 현저한 증가가 예상될 것

라. 도시미관을 저해하거나 노후화된 건축물로서 대통령령으로 정하는 바에 따라 시·도조례로 정하는 건축물

**제61조 (임시거주시설·임시상가의 설치 등)**

① 사업시행자는 주거환경개선사업 및 재개발사업의 시행으로 철거되는 주택의 소유자 또는 세입자에게 해당 정비구역 안과 밖에 위치한 임대주택 등의 시설에 임시로 거주하게 하거나 주택자금의 융자를 알선하는 등 임시거주에 상응하는 조치를 하여야 한다.

② 사업시행자는 제1항에 따라 임시거주시설(이하 "임시거주시설"이라 한다)의 설치 등을 위하여 필요한 때에는 국가·지방자치단체, 그 밖의 공공단체 또는 개인의 시설이나 토지를 일시 사용할 수 있다.

③ 국가 또는 지방자치단체는 사업시행자로부터 임시거주시설에 필요한 건축물이나 토지의 사용신청을 받은 때에는 대통령령으로 정하는 사유가 없으면 이를 거절하지 못한다. 이 경우 사용료 또는 대부료는 면제한다.

④ 사업시행자는 정비사업의 공사를 완료한 때에는 완료한 날부터 30일 이내에 임시거주시설을 철거하고, 사용한 건축물이나 토지를 원상회복하여야 한다.

⑤ 재개발사업의 사업시행자는 사업시행으로 이주하는 상가세입자가 사용할 수 있도록 정비구역 또는 정비구역 인근에 임시상가를 설치할 수 있다.

# Ⅱ. 문제가 되는 인권

## 1. 재 산 권

생명과 신체 및 자유에 관한 권리뿐만 아니라 재산권도 인권으로 볼 수 있다. 생명과 신체, 그리고 자유뿐만 아니라 재산도 인격실현과 밀접하게 관련되어 있기 때문이다. 현행 헌법도 재산권을 기본권으로서 보장하고 있다(헌법 제23조). 다만 다른 기본권과는 달리 재산권의 행사는 '공공복리적합성'이라는 사회적 의무(구속)에 의한 헌법직접적 제한을 받는다.[3] 또한 공공필요에 의하여 재산권은 법률로써 제한될 수도 있다.[4] 중요한 것은 헌법에 의한 직접적 제한이든 법률에 의한 간접적 제한이든 재산권에 대한 제한에도 기본권제한에 관한 헌법적 원칙인 비례성원칙이 적용되어야 한다는 점과 법률에 의한 간접적 제한의 경우에는 반드시 정당한 보상이 지급되어야 한다는 점이다. 특별히 재산권과 관련하여 정당한 보상은 재개발의 문제에서 핵심적인 쟁점인 것으로 보인다. 재개발과 관련해서는 원칙적으로 도시정비법에 따르지만 재개발사업과 관련하여 수용·사용된 토지나 건물의 보상에 관해서는 **공익사업을 위한 토지 등의 취득 및 보상에 관한 법률**(이하 **토지보상법**)을 준용한다(도시정비법 제40조 제1항).

재개발로 인해 발생하는 손해는 단지 재산권에 대한 손해에 한정되지 않는다. 일정한 지역에 거주하거나 영업하면서 향유했던 비가시적인 이득은 금전으로 환산될 수 없기 때문이다. 재개발이 되기 전까지 주거하거나 영업해 오던 지역과 이주해야 하는 다른 지역이 비록 재산적 가치에서는 동일하다고 하더라도 종래의 지역이 주는 익숙함과 편안함, 그 지역에서 형성된 인간관계, 자연적·지리적 환경 등을 어떻게 재산적 가치로 계산할 수 있겠는가?[5] 이러한 맥락에서 재개발은 종래에 재개발지역에서 살아오거나 영업해오던 사람들의 주거·영업환경을 개선하여 그 사람들이 그 지역에서 더욱 쾌적한 환경에서 계속적으로 주거·영업할 수 있도록 만들어준다는 관점에서 이해될 필요가 있다. 그렇지 않으면 재개발지역에서 살아오거나 영업해오던 사람들을 몰아내고 그 지역에서 새롭게 주거하거나 영업하게 될 사람들의 이익, 심지어 재개발사업을 시행하는 기업의 이익을 확

3) 헌법 제23조 제2항: 재산권의 행사는 공공복리에 적합하도록 하여야 한다.
4) 헌법 제23조 제3항: 공공필요에 의한 재산권의 수용·사용 또는 제한 및 그에 대한 보상은 법률로써 하되, 정당한 보상을 지급하여야 한다.
5) 같은 맥락에서 세입자의 주거권을 방어권으로서 점유권에 대한 존속보장으로 이해하려는 견해가 있다. 이계수(2011), 35면 이하 참조.

장시키는 도구로서 재개발이 악용될 가능성을 배제할 수 없다.

### (1) 소유자의 재산권

헌법은 법률로써 재산권을 제한하는 경우에는 반드시 '정당한 보상'에 관한 규정을 그 법률에 규정하도록 함으로써 재산권의 주체에게 손실보상청구권을 보장하고 있다(헌법 제23조 제3항). 도시정비법에서 준용하고 있는 토지보상법은 이러한 손실보상청구권을 구체화하여 재개발에 따라 수용·사용된 토지나 건물의 소유자에게는 기본적으로 보상금을 지급하도록 규정한다(**손실보상청구권**). 그 밖에도 재개발로 인하여 영업을 폐지하거나 휴업하는 경우에 발생한 영업손실에 대해서는 보상이 지급되어야 한다(**영업손실보상청구권**: 토지보상법 제77조). 또한 소유자에 대해서 이주대책을 수립·시행하거나 **이주정착금**을 지급해야 한다. 그리고 **주거이전비와 이사비**가 지급되어야 한다(동법 제78조). 우선 손실보상청구권이나 영업손실보상권의 경우에는 정당한 보상을 규정한 헌법의 취지에 비추어 '완전한 보상'이 지급되어야 한다.[6] 그리고 이주정착금과 주거이전비 및 이사비도 이주와 정착에 필요한 실질적인 금액이 지급될 필요가 있다.

### (2) 세입자의 재산권

소유권자가 아닌 세입자에게는 제한적으로만 손실보상청구권이 보장된다. 우선 세입자는 이주대책대상자에서 제외되기 때문에 택지나 주택을 공급받을 수는 없다(토지보상법 시행령 제40조 제3항 제3호). 또한 세입자에게는 **주거이전비**가 지급되어야 한다(토지보상법 시행규칙 제54조). 세입자의 경우에도 소유자와 마찬가지로 재개발지역에서 운영하던 영업을 폐지하거나 휴업하게 되면 **영업손실보상**을 지급받을 수 있다. 이와 같은 휴·폐업으로 인한 영업손실에 대해서는 완전한 보상이 이루어져야 하고, 이주정착금·주거이전비의 경우에도 실질적인 금액이 지급되어야 한다.

**[법령 19.2] 공익사업을 위한 토지 등의 취득 및 보상에 관한 법률**(최근개정: 2021. 4. 23. 법률 제18044호)

**제77조 (영업의 손실 등에 대한 보상)**

① 영업을 폐업하거나 휴업함에 따른 영업손실에 대하여는 영업이익과 시설의 이전

6) 헌법상 보장된 '정당한 보상'의 의미에 대해서는 이준일, ≪헌법학강의≫(2019), 제2편 제2부 제7장 제4절 제3항 Ⅱ. 2. (2) 참조.

비용 등을 고려하여 보상하여야 한다.

② 농업의 손실에 대하여는 농지의 단위면적당 소득 등을 고려하여 실제 경작자에게 보상하여야 한다. 다만, 농지소유자가 해당 지역에 거주하는 농민인 경우에는 농지소유자와 실제 경작자가 협의하는 바에 따라 보상할 수 있다.

③ 휴직하거나 실직하는 근로자의 임금손실에 대하여는 「근로기준법」에 따른 평균임금 등을 고려하여 보상하여야 한다.

④ 생략

**제78조 (이주대책의 수립 등)**

① 사업시행자는 공익사업의 시행으로 인하여 주거용 건축물을 제공함에 따라 생활의 근거를 상실하게 되는 자(이하 "이주대책대상자"라 한다)를 위하여 대통령령으로 정하는 바에 따라 이주대책을 수립·실시하거나 이주정착금을 지급하여야 한다.

②~⑨ 생략.

**[법령 19.3] 공익사업을 위한 토지 등의 취득 및 보상에 관한 법률 시행령**(최근개정: 2020. 12. 8. 대통령령 제31243호)

**제40조 (이주대책의 수립·실시)**

① 사업시행자가 법 제78조 제1항에 따른 이주대책(이하 "이주대책"이라 한다)을 수립하려는 경우에는 미리 그 내용을 같은 항에 따른 이주대책대상자(이하 "이주대책대상자"라 한다)에게 통지하여야 한다.

② 이주대책은 국토교통부령으로 정하는 부득이한 사유가 있는 경우를 제외하고는 이주대책대상자 중 이주정착지에 이주를 희망하는 자의 가구 수가 10호(戶) 이상인 경우에 수립·실시한다. 다만, 사업시행자가 「택지개발촉진법」 또는 「주택법」 등 관계 법령에 따라 이주대책대상자에게 택지 또는 주택을 공급한 경우(사업시행자의 알선에 의하여 공급한 경우를 포함한다)에는 이주대책을 수립·실시한 것으로 본다.

③ 법 제4조 제6호 및 제7호에 따른 사업(이하 이 조에서 "부수사업"이라 한다)의 사업시행자는 다음 각 호의 요건을 모두 갖춘 경우 부수사업의 원인이 되는 법 제4조 제1호부터 제5호까지의 규정에 따른 사업(이하 이 조에서 "주된 사업"이라 한다)의 이주대책에 부수사업의 이주대책을 포함하여 수립·실시하여 줄 것을 주된 사업의 사업시행자에게 요청할 수 있다. 이 경우 부수사업 이주대책대상자의 이주대책을 위한 비용은 부수사업의 사업시행자가 부담한다.

1. 부수사업의 사업시행자가 법 제78조 제1항 및 이 조 제2항 본문에 따라 이주대책을 수립·실시하여야 하는 경우에 해당하지 아니할 것
2. 주된 사업의 이주대책 수립이 완료되지 아니하였을 것

④ 제3항 각 호 외의 부분 전단에 따라 이주대책의 수립·실시 요청을 받은 주된 사업의 사업시행자는 법 제78조 제1항 및 이 조 제2항 본문에 따라 이주대책을 수립·실시하여야 하는 경우에 해당하지 아니하는 등 부득이한 사유가 없으면 이에 협조하여야 한다.

⑤ 다음 각 호의 어느 하나에 해당하는 자는 이주대책대상자에서 제외한다.

1. 허가를 받거나 신고를 하고 건축 또는 용도변경을 하여야 하는 건축물을 허가를 받지 아니하거나 신고를 하지 아니하고 건축 또는 용도변경을 한 건축물

의 소유자
2. 해당 건축물에 공익사업을 위한 관계 법령에 따른 고시 등이 있은 날부터 계약체결일 또는 수용재결일까지 계속하여 거주하고 있지 아니한 건축물의 소유자. 다만, 다음 각 목의 어느 하나에 해당하는 사유로 거주하고 있지 아니한 경우에는 그러하지 아니하다.
가. 질병으로 인한 요양
나. 징집으로 인한 입영
다. 공무
라. 취학
마. 해당 공익사업지구 내 타인이 소유하고 있는 건축물에의 거주
바. 그 밖에 가목부터 라목까지에 준하는 부득이한 사유
3. 타인이 소유하고 있는 건축물에 거주하는 세입자. 다만, 해당 공익사업지구에 주거용 건축물을 소유한 자로서 타인이 소유하고 있는 건축물에 거주하는 세입자는 제외한다.

⑥ 제2항 본문에 따른 이주정착지 안의 택지 또는 주택을 취득하거나 같은 항 단서에 따른 택지 또는 주택을 취득하는 데 드는 비용은 이주대책대상자의 희망에 따라 그가 지급받을 보상금과 상계(相計)할 수 있다.

**제41조 (이주정착금의 지급)**
사업시행자는 법 제78조 제1항에 따라 다음 각 호의 어느 하나에 해당하는 경우에는 이주대책대상자에게 국토교통부령으로 정하는 바에 따라 이주정착금을 지급하여야 한다.
1. 이주대책을 수립・실시하지 아니하는 경우
2. 이주대책대상자가 이주정착지가 아닌 다른 지역으로 이주하려는 경우

**[법령 19.4] 공익사업을 위한 토지 등의 취득 및 보상에 관한 법률 시행규칙**(최근개정: 2020. 12. 11. 국토교통부령 제788호)

**제53조 (이주정착금 등)**
① 생략
② 영 제41조에 따른 이주정착금은 보상대상인 주거용 건축물에 대한 평가액의 30퍼센트에 해당하는 금액으로 하되, 그 금액이 1천2백만원 미만인 경우에는 1천2백만원으로 하고, 2천4백만원을 초과하는 경우에는 2천4백만원으로 한다

**제54조 (주거이전비의 보상)**
① 공익사업시행지구에 편입되는 주거용 건축물의 소유자에 대하여는 해당 건축물에 대한 보상을 하는 때에 가구원수에 따라 2개월분의 주거이전비를 보상하여야 한다. 다만, 건축물의 소유자가 해당 건축물 또는 공익사업시행지구 내 타인의 건축물에 실제 거주하고 있지 아니하거나 해당 건축물이 무허가건축물 등인 경우에는 그러하지 아니하다.
② 공익사업의 시행으로 인하여 이주하게 되는 주거용 건축물의 세입자(무상으로 사용하는 거주자를 포함하되, 법 제78조 제1항에 따른 이주대책대상자인 세입자는 제외한다)로서 사업인정고시일 등 당시 또는 공익사업을 위한 관계 법령에 따른 고시 등이 있은 당시 해당 공익사업시행지구 안에서 3개월 이상 거주한 자에 대해서는 가구원수에 따라 4개월분의 주거이전비를 보상해야 한다. 다만, 무

허가건축물 등에 입주한 세입자로서 사업인정고시일 등 당시 또는 공익사업을 위한 관계 법령에 따른 고시 등이 있은 당시 그 공익사업지구 안에서 1년 이상 거주한 세입자에 대해서는 본문에 따라 주거이전비를 보상해야 한다.

③ 제1항 및 제2항에 따른 거주사실의 입증은 제15조 제1항 각 호의 방법으로 할 수 있다.

④ 제1항 및 제2항에 따른 주거이전비는 「통계법」 제3조 제3호에 따른 통계작성기관이 조사·발표하는 가계조사통계의 도시근로자가구의 가구원수별 월평균 명목 가계지출비(이하 이 항에서 "월평균 가계지출비"라 한다)를 기준으로 산정한다. 이 경우 가구원수가 5인인 경우에는 5인 이상 기준의 월평균 가계지출비를 적용하며, 가구원수가 6인 이상인 경우에는 5인 이상 기준의 월평균 가계지출비에 5인을 초과하는 가구원수에 다음의 산식에 의하여 산정한 1인당 평균비용을 곱한 금액을 더한 금액으로 산정한다.

1인당 평균비용 = (5인 이상 기준의 도시근로자가구 월평균 가계지출비 - 2인 기준의 도시근로자가구 월평균 가계지출비) ÷ 3

**제55조 (동산의 이전비 보상 등)**

① 토지 등의 취득 또는 사용에 따라 이전하여야 하는 동산(제2항에 따른 이사비의 보상대상인 동산을 제외한다)에 대하여는 이전에 소요되는 비용 및 그 이전에 따른 감손상당액을 보상하여야 한다.

② 공익사업시행지구에 편입되는 주거용 건축물의 거주자가 해당 공익사업시행지구 밖으로 이사를 하는 경우에는 별표 4의 기준에 의하여 산정한 이사비(가재도구 등 동산의 운반에 필요한 비용을 말한다. 이하 이 조에서 같다)를 보상하여야 한다.

③ 이사비의 보상을 받은 자가 당해 공익사업시행지구 안의 지역으로 이사하는 경우에는 이사비를 보상하지 아니한다.

## 2. 주 거 권

자신이 원하는 곳에서 주거할 수 있는 자유와 권리를 '넓은 의미의 주거권'으로 묶을 수 있다면 이러한 의미의 주거권에는 주거의 장소를 자유롭게 선택·결정할 수 있는 '형식적 자유'로서 거주·이전의 자유와 자신이 선택·결정한 주거의 장소에서 실제로 주거할 수 있는 '실질적 자유'로서 주거에 관한 권리가 포함된다. 전자를 전통적인 자유권의 의미에서 주거권으로 이해한다면 후자는 사회권 또는 복지권의 의미에서 주거권으로 이해될 수 있다. 같은 맥락에서 자유권으로서의 주거권을 '주거자유권'으로, 사회권 또는 복지권으로서의 주거권을 '주거복지권'으로 부를 수 있다.

### (1) 거주·이전의 자유

헌법은 '거주·이전의 자유'를 보장한다(헌법 제14조). 거주·이전의 자유는 자신이 원하는 곳을 거주 또는 체류의 장소로 결정할 뿐만 아니라 자신이 원하는 대로 거주 또는 체류의 장소를 변경할 수 있는 자유를 말한다.[7] 따라서 일정한 장소에 거주하거나 체류하지 못하도록 금지하거나 일정한 장소에 거주하거나 체류하는 사람을 강제로 퇴거시키는 행위 또는 일정한 장소에 강제로 이주시키는 행위는 거주·이전의 자유를 제약하는 것이 된다. 따라서 재개발을 이유로 지금까지 살아오거나 영업해오던 장소에서 강제로 퇴거시키는 행위는 거주·이전의 자유를 제약하는 행위가 된다.[8]

거주·이전의 자유는 제한될 수 있다. 예를 들어 군사시설보호구역[9]이나 전염병(감염병)발생지역에 거주하거나 체류하는 것은 금지되고, 입국허가 없이 국내에 주거하거나 체류하는 외국인을 강제로 퇴거시킬 수 있으며, 수형자를 일정한 수용시설에 강제로 이주시킬 수 있다. 이처럼 거주·이전의 자유를 제한하기 위해서는 그것을 압도하는 공익적 목적이 존재해야 한다. 재개발의 경우에는 도시 및 주거환경의 개선이라는 공공복리적 목적을 실현하기 위하여 일정한 지역에 거주하거나 영업하던 사람들을 강제로 퇴거시킴으로써 그들의 거주·이전의 자유를 제한하게 된다. 따라서 재개발이 정당화되기 위해서는 무엇보다도 강제퇴거의 목적인 도시 및 주거환경의 개선이라는 공익적 목적이 강제퇴거당하는 사람들의 거주·이전의 자유를 압도해야만 한다.

### (2) 주거에 관한 권리

한편 주거에 관한 권리는 사회적 기본권으로서 보장되고 있다(헌법 제35조 제3항).[10] 사회적 기본권이란 자유의 실현을 위한 경제적 기초를 보장해 주도록 요

---

7) 거주·이전의 자유에 대해서는 이준일, ≪헌법학강의≫(2019), 제2편 제2부 제7장 제2절 참조.

8) 거주·이전의 자유를 침해하지 않는 강제퇴거에 관한 입법대안으로 조규범(2009), 366면 이하 참조.

9) '군사시설보호구역'이란 군사기지 및 군사시설의 보호하고 군사작전을 원활히 수행하기 위하여 국방부장관이 지정하는 구역으로(군사기지 및 군사시설 보호법 제2조 제6호), ① 군사기지 및 군사시설 보호구역 중 고도의 군사활동 보장이 요구되는 군사분계선의 인접지역과 중요한 군사기지 및 군사시설의 기능보전이 요구되는 구역으로서 '통제보호구역'과 ② 보호구역 중 군사작전의 원활한 수행을 위하여 필요한 지역과 군사기지 및 군사시설의 보호 또는 지역주민의 안전이 요구되는 구역으로서 '제한보호구역'으로 구분된다(동법 제2조 제6호).

10) 현행 헌법상 주거에 관한 권리는 "국가는 주택개발정책 등을 통하여 모든 국민이 쾌적한

구하는 '사실적 자유'를 의미한다. 따라서 사회적 기본권으로서의 주거권이란 일정한 장소에서 주거나 체류를 원하는 사람이 실제로 그곳에서 주거하거나 체류할 수 있도록 직접적으로 주택을 제공하거나 주택의 마련에 필요한 경제적 기초를 제공해 주도록 요구하는 권리를 의미한다. 주거나 체류에 필요한 주택을 반드시 소유할 필요는 없기 때문에 임대가 가능하도록 만들어주는 것도 그러한 주택의 직접적 제공이나 경제적 기초의 제공에 포함될 수 있다. 재개발로 인해 철거되는 주택에 거주하는 소유자나 세입자에게 분양이든 임대든 새로운 주택을 제공해 주도록 요구할 수 있는 권리가 그러한 권리에 포함된다.

문제는 주거에 관한 권리가 인정된다고 할 때 반드시 재개발이 되는 해당 지역에 위치하는 주택만을 제공해 주도록 요구하는 권리가 헌법상의 기본권으로서 존재하는지 여부다. 만약 이러한 의미에서의 주거에 관한 헌법적 권리가 존재한다면 다른 대체지역에 주택을 제공하는 것만으로는 충분하지 않게 된다.[11] 하지만 주거에 관한 권리는 자신이 원하는 특정한 장소에서 주거할 수 있도록 경제적 기초를 제공해주는 권리로 이해될 수는 없다. 마치 사회적 기본권으로서 근로에 관한 권리가 자신이 원하는 특정한 직장에서 근로할 수 있도록 일자리를 제공해주는 권리가 아닌 것과 같다. 주거에 관한 권리는 재개발되는 해당 지역은 아닐지라도 일정한 대체지역에 주택이 제공될 수 있다면 실현된 것으로 보아야 한다. 예를 들어 철거민 대책으로 제시되는 "공공임대주택의 대량공급"[12]과 같은 정책들이 주거에 관한 권리를 실현하는 것으로 볼 수 있다. 물론 대체지역의 환경이 재개발되는 해당 지역의 환경과 동일할 수는 없지만 대체지역에 주택을 제공하는 것은 재개발의 공익적 목적과 철거민의 주거에 관한 권리를 균형있게 실현하는 합리적인 방식이 될 수 있다.

---

주거생활을 할 수 있도록 노력하여야 한다"는 형식으로 규정되어 국민의 주관적 권리로 이해되는 데 어려움이 없지 않다. 하지만 주거에 관한 권리는 사회적 기본권의 전체 체계(헌법 제31조에서 제36조) 안에서 해석되어야 하기 때문에 사회적 기본권의 하나로서 국민의 주관적 권리로 이해될 수 있다. 주거에 관한 권리에 대해서는 이준일, ≪헌법학강의≫(2019), 제2편 제2부 제10장 제4절 참조. 한편 유엔(UN)의 '경제적 · 사회적 · 문화적 권리에 관한 국제협약(ICESCR)'에 규정된 주거권에 대해서는 김수갑/여경수(2005), 343면 이하; 조형석(2005), 230면 이하 참조.

11) 기본적 인권으로서 철거민의 주거권을 재개발지역에 건설되는 주택에 관한 해당 지역주민의 최우선분양권으로 이해하는 견해가 이러한 주장을 하고 있는 것으로 보인다. 박창수(2005), 73면 이하 참조. 그 근거는 철거민이 다시 철거민이 되는 계속적인 악순환에서 찾는다. 물론 이러한 권리는 법률에서 보장하는 경우에 주장할 수 있지만 헌법상의 기본권 또는 인권으로 주장하기에는 어려움이 있다고 보인다.

12) 박규숙(2004), 26면 참조.

사회적 기본권으로서 주거에 관한 권리도 제한될 수 있다. 거주・이전의 자유와 같이 국가에 대해서 소극적 행위(부작위)를 요구하는 방어권과는 달리 국가에 대해서 적극적 행위(작위 또는 급부)를 요구하는 급부권으로서 주거에 관한 권리는 국가의 부작위(의무불이행)로 인해 제한된다. 따라서 국가가 주거와 관련된 의무를 불이행하는 정도가 크면 클수록 주거에 관한 권리는 그만큼 더 많이 제한된다. 중요한 것은 주거에 관한 권리의 '최소한(minimum)'도 보장하지 않을 만큼 국가가 의무를 불이행하는 경우에는 주거에 관한 권리를 침해하게 된다는 점이다.[13] 그렇다면 국가가 재개발로 인해 강제퇴거를 당하는 철거민에게 주거에 관한 최소한의 권리도 보장하지 않는 것은 주거에 관한 권리를 침해하는 것이 된다.

## Ⅲ. 누구를 위한 재개발인지를 성찰하는 재개발을 바라며

재개발이 도시와 주거의 환경을 개선하는 사업이라면 우선적으로 해당 도시와 주거지역에 지금까지 살아왔던 주민들의 이익을 위한 것이어야 한다. 만약 재개발의 이득이 재개발을 시공하는 건설기업이나 투기 목적으로 주택을 분양받은 일부 집단에게만 돌아간다면 이런 재개발은 소수의 특수한 이익을 위한 재개발에 지나지 않는다. 이렇게 되면 재개발 지역의 주민이 향유하는 거주・이전의 자유를 압도할 만한 공익적 목적은 존재하지 않게 되고, 재개발의 정당성도 사라지게 된다. 특정한 집단에 속한 소수만이 향유하는 이익을 공익이라고 부를 수는 없고, 설령 그것을 공익이라 부른다고 하더라도 사소한 공익에 지나지 않기 때문이다.

물론 재개발지역에 사는 소수의 시민을 희생시켜 재개발 후에 거주하게 될 다수의 시민에게 이익을 돌려준다는 식의 공리주의적 논거로 재개발을 정당화할 수도 있다. 하지만 희생되는 소수의 이익이 결코 경미한 것도 아니고, 실제로 희생되는 사람의 숫자가 소수인지도 의심스러울 뿐만 아니라, 다수의 이익으로 포장된 공익도 사실상 특정 건설기업이나 소수의 투기집단이 대부분을 차지하는 것이라면 공리주의적 논거도 재개발을 정당화할 수는 없다. 여기서 재개발은 재개발지역에 오랫동안 거주하거나 영업해오던 사람들의 이익, 더 나아가 진정한 의미에서의 공익인 공동체구성원 전체의 이익을 위한 것이어야 함을 다시 한 번 확

---

13) 국가가 이행해야 할 의무의 최소한도 이행하지 않음으로써 국민의 권리를 침해하지 않도록 요구하는 원칙을 '과소금지원칙'이라고 부른다. 이러한 원칙에 대해서는 이준일, ≪헌법학강의≫(2019), 제2편 제1부 제3장 제4절 Ⅱ. 1. (2) 참조.

인하게 된다. 특히 최근에 한국에서 밀양송전탑 설치나 4대강 사업의 무리한 추진으로 본인들의 의사와 무관하게 이주할 수밖에 없었던 현지 주민들의 사정을 생각해보면 전체의 이익이라는 미명으로 다수를 위한 소수의 희생이 얼마나 가혹한 일인지 확인할 수 있을 것이다.

### 토론문제

1. 재개발의 이익은 누구에게 돌아가는가?
2. 대다수 주민이 찬성하는 재개발에 반대하는 것은 이기적인 행동인가?
3. 재개발은 반드시 지역(구역) 단위로 시행되어야 하는가?

### 내 입장은?

1. 일정한 지역에 사는 주민의 대다수가 동의하면 해당 지역의 재개발이 허용되는 현재 방식이 유지되어야 한다.
2. 세입자를 충분히 보호할 수 있는 범위 내에서만 현재 방식의 재개발이 허용될 수 있다.
3. 재개발은 원하는 주민에게만 허용해야 한다.

## 참고문헌

김수갑/여경수(2005), 주택권 관련 국제법규의 분석과 국내법적 수용과제, ≪헌법학연구≫(한국헌법학회), 제11권 제2호(2005), 337~367면.

김수현(1999), 서울시 철거민운동사, ≪도시와 빈곤≫(한국도시연구소), 통권 제36호(1999), 51~77면.

박규숙(2004), 철거민 문제를 통해본 주거복지, ≪월간 복지동향≫(참여연대사회복지위원회), 제65호(2004), 25~26면.

박창수(2005), 철거민의 고통과 주거 인권, 그리고 토지정의, ≪기독교사상≫, 통권 제556호(2005년 4월호), 64~74면.

오준근(2006), 서울시 뉴타운 개발의 법적 문제점, ≪토지공법연구≫(한국토지공법학회), 제30집(2006), 27~46면.

이계수(2011), 강제퇴거와 재개발: 주거권의 재산권적 재구성: 강제퇴거금지법 제정운동에 붙여, ≪민주법학≫(민주법학연구회), 제46호(2011), 13~55면.

조규범(2009), 강제철거에서의 주거권 보호를 위한 입법론적 소고, ≪미국헌법연구≫(미국헌법학회), 제20권 제2호(2009), 345~375면.

조형석(2005), 사회권 규약을 통한 국내법상 주거권 보장, ≪토지공법연구≫(한국토지공법학회), 제29집(2005), 217~236면.

# 제20장
# 전세대란의 시대에 세입자의 인권

적절한 주거에 관한 인권은
적절한 생활기준에 관한 권리에서 도출되는 것으로
모든 경제적, 사회적, 문화적 권리들의 향유에서 핵심적으로 중요하다.
≪유엔사회권규약위원회 일반논평 제4호: 적절한 주거권, 1991≫
The human right to adequate housing,
which is thus derived from the right to an adequate standard of living, is
of central importance for the enjoyment of all economic, social and cultural rights.
≪CESCR General comment 4: The right to adequate housing, 1991≫

집주인이 전셋값을 올려 달란다. 하지만 너무 터무니가 없어 나가라는 뜻인 모양이다. 좀 무리하더라도 대출을 받아 집을 사두라는 친구의 말을 들을 걸 그랬다. 지난 몇 년 사이에 그렇게 집을 산 친구의 집값은 두 배가 올랐다. 벌써 이사가 몇 번째인가? 이젠 어디로 이사를 가야 하지? 아내와 아이들 볼 면목이 없다.

자본주의 사회에서 모든 것은 시장이 결정한다. 전셋값도 수요와 공급의 원칙에 따라 결정되는 것이 마땅하다. 수요가 많으니 전셋값이 오르는 거다. 왜 자꾸 집주인을 나쁜 사람으로 몰아가는가? '반값 등록금' 다음은 '반값 전세금'인가? 그럼 차라리 모든 집을 국유화하고 전세비나 임대료를 국가가 결정해라.

집 없는 설움은 당해본 사람만 안다. 일방적으로 집주인만 탓하는 것도 부당하다. 합리적인 수준에서 전세비나 임대료의 인상이 결정될 수 있는 타협점은 없는 것인가? 집주인의 재산권이 침해되지 않는 범위에서 세입자의 주거권이 확보될 수 있는 대안을 찾아보기로 한다.

## Ⅰ. 문제제기

2015년을 기준으로 총 1,911만여 가구 중에 '자기 소유의 집(자가)'에서 살지 않는 세입자 가구의 수는 826만여 가구로 43퍼센트 정도를 차지한다(아래 [표 20.1] 참조). 전체 가구의 절반에 가까운 숫자가 '자기 집'이 없다는 뜻이다. 더욱이 서울의 경우에 총 379만여 가구 중에 자기 소유의 집에서 살고 있는 가구의 수는 160만여 가구로 42퍼센트 정도에 지나지 않아 세입자 가구의 수는 60퍼센트에 육박한다.([표 20.2] 참조). 또한 2019년을 기준으로 할 때도 자기 소유의 집에서 사는 가구는 전국에서 58퍼센트, 수도권에서 50퍼센트 정도에 지나지 않는다(아래 [표 20.3] 참조). 이것은 주택의 수요에 비해 공급이 딸리는 도시, 특히 대도시의 경우에는 세입자 가구의 비율이 상대적으로 높다는 사실을 보여준다.

**[표 20.1] 점유형태별 가구 현황(전국)**

| | 1990 | 1995 | 2000 | 2005 | 2010 | 2015 |
|---|---|---|---|---|---|---|
| 합계 | 11,354,540 | 12,958,181 | 14,311,807 | 15,887,128 | 17,339,422 | 19,111,731 |
| 자가 | 5,667,280 | 6,909,953 | 7,753,100 | 8,828,100 | 9,389,855 | 10,849,993 |
| 전세(월세없음) | 3,157,073 | 3,844,964 | 4,039,514 | 3,556,760 | 3,766,390 | 2,960,679 |
| 보증금 있는 월세 | 925,627 | 1,333,256 | 1,524,279 | 2,394,557 | 3,148,209 | 3,878,055 |
| 보증금 없는 월세 | – | 202,590 | 279,141 | 333,206 | 341,583 | 489,701 |
| 사글세* | 1,246,927 | 339,180 | 309,823 | 284,092 | 229,725 | 160,787 |
| 무상(관사/사택 등) | 357,633 | 328,238 | 405,506 | 490,413 | 463,660 | 772,516 |
| 미상 | – | – | 444 | – | – | – |

자료: 통계청 국가통계포털(www.kosis.kr)
* 1990년의 경우 사글세에 보증금 없는 월세가 포함되어 있음.

**[표 20.2] 점유형태별 가구 현황(서울)**

| | 1990 | 1995 | 2000 | 2005 | 2010 | 2015 |
|---|---|---|---|---|---|---|
| 합계 | 2,814,845 | 2,965,794 | 3,085,936 | 3,309,890 | 3,504,297 | 3,785,433 |
| 자가 | 1,070,951 | 1,178,893 | 1,263,357 | 1,475,848 | 1,439,338 | 1,595,013 |
| 전세(월세없음) | 1,135,344 | 1,300,169 | 1,271,330 | 1,100,175 | 1,152,714 | 992,393 |
| 보증금 있는 월세 | 297,687 | 401,735 | 445,236 | 612,499 | 782,696 | 949,221 |
| 보증금 없는 월세 | – | 20,451 | 36,370 | 50,487 | 60,903 | 113,665 |
| 사글세* | 253,645 | 22,536 | 21,017 | 16,994 | 19,271 | 13,866 |
| 무상(관사/사택 등) | 57,218 | 42,010 | 48,619 | 53,887 | 49,375 | 121,275 |
| 미상 | – | – | 7 | – | – | – |

자료: 통계청 국가통계포털(www.kosis.kr)
* 1990년의 경우 사글세에 보증금 없는 월세가 포함되어 있음.

**[표 20.3] 점유형태별 가구 현황(전국 및 수도권)** (단위: %)

| 연 도 | 2016 | | 2017 | | 2018 | | 2019 | |
|---|---|---|---|---|---|---|---|---|
| 구 분 | 전 국 | 수도권 | 전 국 | 수도권 | 전 국 | 수도권 | 전 국 | 수도권 |
| 합 계 | 100.0 | 100.0 | 100.0 | 100.0 | 100.0 | 100.0 | 100.0 | 100.0 |
| 자 가 | 56.8 | 48.9 | 57.7 | 49.7 | 57.7 | 49.9 | 58.0 | 50.0 |
| 전 세 | 15.5 | 22.1 | 15.2 | 21.6 | 15.2 | 21.5 | 15.1 | 21.5 |
| 보증부 월세 | 20.3 | 22.5 | 19.9 | 22.1 | 19.8 | 22.0 | 19.7 | 21.9 |
| 월 세 | 2.7 | 2.7 | 2.6 | 2.9 | 3.3 | 3.0 | 3.3 | 3.0 |
| 사글세 | 0.7 | 0.0 | 0.8 | 0.0 | 0.0 | 0.0 | 0.0 | 0.0 |
| 무 상 | 4.0 | 3.7 | 3.9 | 3.7 | 4.0 | 3.7 | 3.9 | 3.7 |

자료: 통계청 국가통계포털(www.kosis.kr).

이처럼 전체 가구의 절반 정도가 세입자임에도 불구하고 집주인(주택소유자, 임대인)의 횡포로 전세금이나 월세를 과도하게 올린다든지 전세나 월세 기간을 갑자기 중단하거나 단축시키는 일이 흔히 발생하여 세입자(임차인)가 난처한 상황에 처하게 되는 일이 빈번하게 발생하였다. 심지어 세입자가 전세금이나 월세 보증금을 떼이는 일도 허다하게 발생하였다. 이 때문에 세입자의 권리를 보장하기 위하여 **주택임대차보호법**이 제정되었다.[1] 이 법률에 따르면 '주민등록'만으로 제3자에 대한 대항력이 부여되고(동법 제3조 제1항), '확정일자'를 받은 경우에 우선변제권이 보장되며(동법 제3조의2 제2항)[2] 임대계약 종료 후 보증금을 받지 못한 경우에 '임차권등기명령'을 법원에 신청할 수 있고(동법 제3조의3 제1항), 임대기간을 '최소 2년'으로 하며(동법 제4조 제1항), 갱신거절의 통지가 없는 경우에 '묵시적 계약갱신'으로 간주됨으로써(동법 제6조 제1항) 세입자가 보호되고 있다.

하지만 여전히 세입자의 권리가 보장되지 못하고 있다는 주장에 따라 '전월세상한제'와 '임대차계약갱신청구권제도'의 도입이 논의되었다. 전세금이나 월세 보증금 또는 월세를 과도하게 증액하지 못하도록 증액비율의 상한을 정하거나 특별한 사정이 없는 한 임차인이 요구하면 임대차계약이 자동적으로 갱신되도록 하

1) 임차인을 보호하는 외국의 입법례에 대해서는 안도찬(1991), 152면 이하 참조.

2) 우선변제를 받을 수 있는 임차인의 범위는 보증금이 ① 서울특별시의 경우에 9천500만원 이하, ② 「수도권정비계획법」에 따른 과밀억제권역(서울특별시는 제외한다)의 경우에 8천만원 이하, ③ 광역시(「수도권정비계획법」에 따른 과밀억제권역에 포함된 지역과 군지역은 제외), 안산시, 용인시, 김포시 및 광주시의 경우에 6천만원 이하, ④ 그 밖의 지역의 경우에 4천500만원 이하이다(주택임대차보호법 시행령 제11조).

는 제도가 그것이다. 그러나 이러한 제도를 통해 세입자의 권리는 보장되는 반면에 집주인의 권리(재산권)가 제한되는 결과가 발생하게 된다. 따라서 양자의 권리를 조화시키는 대안의 모색이 요구된다.

**[법령 20.1] 주택임대차보호법**(최근개정: 2020. 7. 31. 법률 제17470호)

**제3조 (대항력 등)**

① 임대차는 그 등기(登記)가 없는 경우에도 임차인(賃借人)이 주택의 인도(引渡)와 주민등록을 마친 때에는 그 다음 날부터 제삼자에 대하여 효력이 생긴다. 이 경우 전입신고를 한 때에 주민등록이 된 것으로 본다.

②~⑤ 생략

**제3조의2 (보증금의 회수)**

① 생략

② 제3조 제1항·제2항 또는 제3항의 대항요건(對抗要件)과 임대차계약증서(제3조 제2항 및 제3항의 경우에는 법인과 임대인 사이의 임대차계약증서를 말한다)상의 확정일자(確定日字)를 갖춘 임차인은 「민사집행법」에 따른 경매 또는 「국세징수법」에 따른 공매(公賣)를 할 때에 임차주택(대지를 포함한다)의 환가대금(換價代金)에서 후순위권리자(後順位權利者)나 그 밖의 채권자보다 우선하여 보증금을 변제(辨濟)받을 권리가 있다.

③~⑨ 생략

**제3조의3 (임차권등기명령)**

① 임대차가 끝난 후 보증금이 반환되지 아니한 경우 임차인은 임차주택의 소재지를 관할하는 지방법원·지방법원지원 또는 시·군 법원에 임차권등기명령을 신청할 수 있다.

②~⑨ 생략

**제4조 (임대차기간 등)**

① 기간을 정하지 아니하거나 2년 미만으로 정한 임대차는 그 기간을 2년으로 본다. 다만, 임차인은 2년 미만으로 정한 기간이 유효함을 주장할 수 있다.

② 임대차기간이 끝난 경우에도 임차인이 보증금을 반환받을 때까지는 임대차관계가 존속되는 것으로 본다.

**제6조 (계약의 갱신)**

① 임대인이 임대차기간이 끝나기 6개월 전부터 2개월 전까지의 기간에 임차인에게 갱신거절(更新拒絕)의 통지를 하지 아니하거나 계약조건을 변경하지 아니하면 갱신하지 아니한다는 뜻의 통지를 하지 아니한 경우에는 그 기간이 끝난 때에 전 임대차와 동일한 조건으로 다시 임대차한 것으로 본다. 임차인이 임대차기간이 끝나기 2개월 전까지 통지하지 아니한 경우에도 또한 같다.

② 제1항의 경우 임대차의 존속기간은 2년으로 본다.

③ 생략

# Ⅱ. 세입자의 인권으로서 주거권

## 1. 헌법적 근거

세입자는 '주거권'을 주장할 수 있다.[3] 문제는 주거권의 헌법적 근거가 무엇인지 하는 점이다.[4] 헌법은 주거와 관련하여 세 곳에서 언급하고 있다. 하나는 거주・이전의 자유(헌법 제14조)이고, 또 하나는 주거의 비밀(헌법 제16조), 그리고 다른 하나는 쾌적한 주거생활과 관련된 국가의 의무(헌법 제35조 제3항)이다. 거주・이전의 자유는 주거지(거주지나 체류지)를 자유롭게 결정하고 변경할 수 있는 권리를 의미한다.[5] 그리고 주거의 비밀은 주거(사적 공간)와 관련된 비밀을 보장받을 권리를 의미한다.[6] 마지막으로 주거와 관련된 국가의 의무는 주택개발정책을 통해 국민에게 주택을 제공할 의무를 의미한다. 주거권은 주거지의 자유로운 결정을 기본으로 하지만 내용적으로 이와 동일하지는 않고, 주거의 비밀과도 거리가 있으며 국가의 주택개발정책을 통한 충분한 주거의 제공과 내용적으로 중첩된다. 또한 헌법은 열거되지 않은 개별적 기본권(헌법 제37조 제1항)을 보장하고 있고, 사회적 기본권의 일반조항으로 부를 수 있는 인간다운 생활을 할 권리(헌법 제34조 제1항)도 보장하고 있다. 따라서 주거권을 헌법상 보장된 기본권으로 인정하는 데는 문제가 없는 것으로 보인다.

## 2. 내　　용

주거권(right to housing/housing rights)은 자유롭게 주거를 결정하고 변경할 수 있는 권리(자유권: 거주・이전의 자유)뿐만 아니라 국가에 대해서 충분한 주거를 제공해주도록 요구할 수 있는 권리(사회권: 주거복지권)를 포함하는 포괄적인 독립적 권리로 이해될 수 있지만 주거권의 핵심은 사회권적 측면이다.[7] 이러한 주거권의

---

3) 한국에서의 주거권 논의에 대해서는 김형국(1992), 4면 이하; 고은태(2009), 248면 이하 참조. 한편 한국에서의 주거권 운동에 대해서는 미류(2008), 190면 이하; 서종균(2011), 50면 이하; 특히 1990년대의 주거권 운동에 대해서는 박문수(2001), 63면 이하 참조.

4) 헌법상 권리가 대부분 도덕적 권리인 인권이라는 점에서 주거권의 도덕적 근거를 논증하려는 시도는 흥미롭다. 주거가 인간의 "심리적 안식처"라는 점에서 인간의 존엄성과 관련이 있다고 하여 주거권을 도덕적으로 정당화하는 견해로 김대군(2011), 68면 참조.

5) 거주・이전의 자유에 대해서는 이준일, ≪헌법학강의≫(2019), 제2편 제2부 제7장 제2절 참조.

6) 주거의 비밀에 대해서는 이준일, ≪헌법학강의≫(2019), 제2편 제2부 제6장 제2절 참조.

사회권적 측면은 '주택보급률'로 표현되는 양(quantity)적으로 충분한 주거의 제공뿐만 아니라 주거의 질(quality)과 환경, 주거기간의 안정성, 임대료의 지불가능성에 대한 보장을 내용으로 한다. 예를 들어 한국의 경우에 2015년을 기준으로 주택보급률은 100퍼센트를 넘어섰지만(아래 [표 20.4] 참조) 사용하는 방의 수가 1개(단칸방)인 가구의 숫자가 165만여 가구로 전체 가구의 8퍼센트에 이른다는 점([표 20.5] 참조)은 주거의 질에서 여전히 문제가 있음을 보여준다. 주거권은 '세입자'의 권리일 뿐만 아니라 기본적인 최저주거의 제공이 요구되는 '홈리스(homeless: 노숙인)'의 권리일 수 있고,[8] 도시개발이라는 이름으로 자신의 주거에서 강제로 퇴거당하는 '철거민'에게 보장되어야 하는 권리이기도 한다.[9]

**[표 20.4] 주택보급률 현황**

| | 2010 | 2011 | 2012 | 2013 | 2014 | 2015* | 2016 | 2017 | 2018 | 2019 |
|---|---|---|---|---|---|---|---|---|---|---|
| 보급률(%) | 101.9 | 102.3 | 102.7 | 103.0 | 103.5 | 102.3 | 102.6 | 103.3 | 104.2 | 104.8 |
| 가구수 (천가구) | 17,672.1 | 17,719.4 | 18,057.0 | 18,407.8 | 18,772.5 | 19,111.0 | 19,367.7 | 19,673.9 | 19,979.2 | 20,343.2 |
| 주택수 (천호) | 17,339.4 | 18,131.1 | 18,550.9 | 18,968.8 | 19,428.6 | 19,559.1 | 19,877.1 | 20,313.4 | 20,818.0 | 21,310.1 |

자료: 통계청 국가통계포털(www.kosis.kr).
* 2015년은 등록센서스 방식으로 집계

**[표 20.5] 가구별 사용방수 현황**

| 사용방수 | 1995 | 2000 | 2005 | 2010 | 2015 |
|---|---|---|---|---|---|
| 1개 | 1,589,752 | 1,123,518 | 1,025,443 | 1,309,944 | 1,647,523 |
| 2개 | 2,381,766 | 1,673,366 | 1,323,290 | 1,195,319 | 1,279,392 |
| 3개 | 3,881,105 | 4,351,684 | 4,070,078 | 3,700,778 | 3,887,917 |
| 4개 | 3,890,953 | 5,279,056 | 6,887,187 | 7,473,491 | 6,916,132 |
| 5개 | 870,679 | 1,413,391 | 1,915,897 | 2,817,366 | 4,110,053 |
| 6개 이상 | 343,926 | 470,792 | 665,233 | 842,524 | 1,270,714 |

7) 주거권에 포함된 자유권의 내용과 사회권의 내용에 대해서는 이 책 제19장 II. 2. 참조.
8) 홈리스의 주거권에 대해서는 김지혜(2011), 120면 이하 참조. 한편 다른 맥락에서 도시공간의 활용과 관련하여 노숙인의 '도시에 관한 권리'를 주장하는 견해로 김준호(2011), 51면 이하 참조.
9) 철거민의 주거권에 대해서는 이 책 제19장 참조.

| 합계 | 12,958,181 | 14,311,807 | 15,887,128 | 17,339,422 | 19,111,731 |
|---|---|---|---|---|---|

자료: 통계청 국가통계포털(www.kosis.kr).

**세계인권선언**(Universal Declaration of Human Rights)도 '적절한 생활기준에 관한 권리(right to adequate standard of living)'의 한 내용으로서 주거권을 언급하고 있다(제25조). 이에 따르면 모든 인간은 의 · 식 · 주와 의료서비스 및 필수적인 사회서비스를 포함하여 본인과 가족의 건강 및 복지를 위해서 적절한 생활기준에 관한 권리를 가진다.[10] 이를 구체화하고 있는 **유엔사회권규약**(International Covenant on Economic, Social and Cultural Rights: ICESCR) 제11조 제1항도 '적절한 생활기준에 관한 권리'의 내용에 주거권을 포함시키고 있다.[11] 그리고 **유엔사회권규약위원회(CESCR)의 일반논평(General comment) 제4호**[12]는 '적절한 주거에 관한 권리(right to adequate housing)'의 내용으로 ① 임대기간의 법적 안정성(Legal security of tenure), ② 주거기반시설의 사용가능성(Availability of services, materials, facilities and infrastructure), ③ 지불가능성(Affordability), ④ 주거가능성(Habitability), ⑤ 접근가능성(Accessibility), ⑥ 위치(Location), ⑦ 문화적 적합성(Cultural adequacy)을 제시한다(동논평 제8조).[13] 또한 주거권을 적절한 생활기준에 관한 권리의 하나로 확인하고 있는 유엔 **인간정주위원회**(UN-Habitat: United Nations Human Settlements Programme)도 2002년에 발표한 **해비타트 아젠다**(The Habitat Agenda Goals and Principles, Commitments and the Global Plan of Action)에서[14] 적절한 주거에 관한 권리의 보장을 강조하면서 모든 정부가 이 권리의 완전하고 점진적인 실현을 증진, 보호, 보장하기 위한 조치를 취해야 할 의무가 있다고 선언하고 있다(제61조). 이 아젠다에서 주거권과 관련하여 특별히 강조하고

10) UDHR 제25조: Everyone has the right to a standard of living adequate for the health and wellbeing of himself and his family, including food, clothing, housing and medical care and necessary social services.

11) ICESCR 제11조 제1항: The States Parties to the present Covenant recognize the right of everyone to an adequate standard of living for himself and his family, including adequate food, clothing and housing, and to the continuous improvement of living conditions. The States Parties will take appropriate steps to ensure the realization of this right, recognizing to this effect the essential importance of international co-operation based on free consent.

12) '일반논평'은 사회권규약에 보장된 권리의 구체적 내용과 범위에 대한 사회권규약위원회의 설명서를 의미한다. 자세한 설명은 조형석(2005), 221면 이하, 특히 주거권 관련 일반논평에 대해서는 230면 이하 참조.

13) 이러한 기준에 따라 주거권을 설명하는 견해로 하성규(1996), 111면; 미류(2008), 171면 이하 참조.

14) 주거권에 관한 국제규범에 대해서는 서종균(2005), 33면 이하; 하성규(2010), 331면 이하 참조.

있는 내용은 임대기간의 법적 안정성과 임대료의 지불가능성이다.15) 이처럼 안정적인 임대기간의 보장이나 지불가능한 임대료의 설정이 세입자에게 보장되어야 하는 주거권의 핵심적인 내용으로 이해될 수 있다.

## Ⅲ. 주택소유자의 권리에 대한 침해

### 1. 재산권에 대한 침해

전세금이나 월세의 인상을 제한하거나 최소한의 임대기간을 설정하게 되면 자신의 재산을 자유롭게 사용하거나 이를 통해 수익을 얻을 수 있는 집주인의 권리를 제한하게 된다. 헌법은 모든 국민의 '재산권'을 보장하고 있으며(헌법 제23조 제1항) 법률로써 재산권을 제한(사용, 제한, 박탈)할 때는 '정당한 보상'을 하도록 요구하고 있다(헌법 제23조 제3항). 하지만 재산권의 사용은 공공복리에 적합하도록 요구하여 재산권행사의 '사회적 구속(의무)'을 선언하고 있다(헌법 제23조 제2항). 이에 따르면 사회적 구속에 해당하는 재산권행사의 제한은 원칙적으로 보상이 필요하지 않다. 다만 이로 인한 손해가 발생할 수 있다면 정당한 보상이 아니라 이른바 '조정적 보상'을 하면 된다.

---

15) (b) Providing legal security of tenure and equal access to land for all, including women and those living in poverty, as well as effective protection from forced evictions that are contrary to the law, taking human rights into consideration and bearing in mind that homeless people should not be penalized for their status;

(c) Adopting policies aimed at making housing habitable, affordable and accessible, including for those who are unable to secure adequate housing through their own means, by, inter alia:

(i) Expanding the supply of affordable housing through appropriate regulatory measures and market incentives;

(ii) Increasing affordability through the provision of subsidies and rental and other forms of housing assistance to people living in poverty;

(iii) Supporting community-based, cooperative and non-profit rental and owner-occupied housing programmes;

(iv) Promoting supporting services for the homeless and other vulnerable groups;

(v) Mobilizing innovative financial and other resources – public and private – for housing and community development;

(vi) Creating and promoting market-based incentives to encourage the private sector to meet the need for affordable rental and owner-occupied housing;

(vii) Promoting sustainable spatial development patterns and transportation systems that improve accessibility of goods, services, amenities and work;

따라서 우선 세입자에 대한 일정한 임대기간의 보장이나 일정비율을 초과하는 임대료 인상의 금지가 사회적 구속의 내용에 포함되는 경우에는 주택소유자(집주인)에게 전월세상한제를 실시하거나 세입자에게 전월세(주택임대차)계약갱신청구권을 보장해도 헌법에 위반하지 않게 된다. 하지만 세입자에 대한 일정한 임대기간의 보장이나 일정비율을 초과하는 임대료 인상의 금지가 사회적 구속의 내용에 포함되지 않는 경우에는 전월세상한제의 실시나 전월세계약갱신청구권의 보장을 위해서는 이로 인한 주택소유자의 손해에 대해서 정당한 보상을 필요로 하게 되고, 이러한 제도를 도입하면서 정당한 보상을 규정하지 않는 법률은 위헌이 된다. 이러한 두 가지 경우의 중간 영역으로 세입자에 대한 일정한 임대기간의 보장이나 일정비율을 초과하는 임대료 인상의 금지가 사회적 구속의 내용에 포함되지만 전월세상한제나 전월세계약갱신청구권으로 인해 주택소유자에게 손해가 발생하는 경우가 있다. 이 경우에는 조정적 보상이 필요한데 전월세상한제나 전월세계약갱신청구권제도를 도입하면서 경과기간을 두는 방법 등이 있다.

## 2. 직업의 자유에 대한 침해

임대를 직업으로 하는 사람에게 전세금이나 월세의 증액제한이나 임대기간의 고정은 직업의 자유(헌법 제15조)를 제한하게 된다. 직업의 자유는 자유롭게 직업을 선택하고, 선택한 직업을 자유롭게 수행할 수 있는 권리를 의미하는데[16] 임대료나 임대기간의 설정을 강제하는 전월세상한제나 전월세계약갱신청구권은 직업을 자유롭게 수행할 수 있는 권리를 제한하게 된다. 하지만 직업의 자유도 “공공복리”를 위하여 제한될 수 있고(헌법 제37조 제2항), 세입자의 보호는 중요한 공공복리에 해당되기 때문에 세입자의 보호를 위하여 전월세상한제나 전월세계약갱신청구권은 보장될 수 있다. 하지만 전월세상한제나 전월세계약갱신청구권을 통하여 제한되는 주택임대업자의 직업의 자유가 과도하게 제한되는 것은 허용될 수 없다(과잉금지원칙). 전월세의 증액비율이 물가상승률에 훨씬 미치지 못한다든지 전월세계약갱신청구권을 행사할 수 있는 회수가 무제한이거나 기간이 너무 장기간이면 이것은 직업의 자유에 대한 허용될 수 없는 과도한 제한인 동시에 주택소유자의 재산권행사가 사실상 불가능해질 정도이어서 재산권에 대한 과도한 제한이기도 하다.

16) 직업의 자유에 대해서는 이 책 제17장 II. 1. 참조.

### 3. 계약의 자유에 대한 침해

우리 헌법은 "개인과 기업의 경제상의 자유와 창의를 존중"하는 '자본주의적 시장경제질서'를 경제질서의 기본으로 삼고 있다(헌법 제119조 제1항). 이러한 자본주의적 시장경제질서의 본질은 '계약의 자유'를 보장하는 데 있다.[17] 따라서 주택임대차와 관련된 계약의 내용도 자본주의적 시장경제질서의 원칙에 따라 당사자간의 자유로운 의사의 합치에 따라 결정되는 것이 타당하다. 한편 우리 헌법은 "균형있는 국민경제의 성장 및 안정과 적정한 소득의 분배를 유지하고, 시장의 지배와 경제력의 남용을 방지하며, 경제주체간의 조화를 통한 경제의 민주화를 위하여 경제에 관한 규제와 조정을 할 수" 있도록 규정하고 있다(헌법 제119조 제2항). 이로써 우리 헌법은 자본주의적 시장경제질서의 모순으로 발생하는 국민경제의 불균형한 성장과 소득의 부적정한 분배, 시장의 지배와 경제력의 남용, 경제주체간의 부조화와 경제의 비민주화를 해소하기 위하여 국가의 규제와 조정을 허용하는 '사회적 시장경제질서'를 채택하고 있다. 이것은 주택임대차와 관련된 계약에서도 사회적 약자인 세입자의 보호를 위하여 국가의 규제와 조정이 허용될 수 있음을 의미한다. 물론 이 경우에도 세입자의 보호를 위한 국가의 규제와 조정이 주택소유자의 재산권을 과도하게 침해할 수는 없다(과잉금지원칙). 또한 앞서 언급한 것처럼 정당한 보상이나 조정적 보상이 필요하다면 주택소유자에게 이러한 보상을 제공하는 것을 전제로 해서만 재산권에 대한 규제와 조정이 허용된다.

## Ⅳ. 충돌하는 권리의 조화를 위한 대안

세입자의 권리를 보호하면서도 집주인의 권리를 침해하지 않는 대안은 무엇인가? 세입자의 주거권을 보호하기 위해서 가장 필요한 것은 안정적인 임대기간의 보장과 지불가능한 임대료의 설정이다. 하지만 과도하게 장기간의 임대기간을 보장하거나 시장에서 자연스럽게 형성될 수 있는 임대료보다 과도하게 적은 임대료의 한계를 설정하게 되면 집주인의 재산권과 직업의 자유 및 계약의 자유가 침해될 수밖에 없다. 여기서 합리적인 임대기간의 최소한과 임대료의 한계가 설정될 필요가 있다. 이처럼 집주인의 재산권을 침해하지 않는 범위 안에서 최소한의 주거권을 보장하는 내용이 포함된 '주거권보장기본법'이 입법자(국회)에 의해 신

---

17) 계약의 자유에 대해서는 이 책 제46장 II. 2. 참조.

속하게 제정되는 것이 우선적으로 필요하다고 본다.[18] 이러한 입법에는 최소한 다음과 같은 내용이 포함되어야 한다.

## 1. 계약갱신청구권과 최소임대기간의 보장

우선 임대기간의 법적 안정성을 위하여 현재 1회에 한하여 보장되고 있는 최소한 2년의 임대기간은 세입자에게 안정적인 임대기간의 보장을 위하여 불충분하다고 보인다. 따라서 세입자에게 적어도 '1회 이상의 계약갱신청구권'을 보장하여 '최소한 4년 이상의 임대기간'을 보장할 필요가 있다고 보인다. 다만 집주인이 직접 해당 주택에 주거할 목적으로 계약갱신을 거부하는 등의 특별한 사정이 있는 경우에는 계약갱신청구권에 제한을 가하는 예외가 규정되어야 한다. 한편 세입자에 대한 계약갱신청구권과 최소임대기간의 보장은 전월세 가격이 안정될 때에는 큰 의미가 없고 전월세 가격이 급등하는 경우에만 의미가 있는데 전월세 가격이 급등하는 시점에서 집주인은 새로운 세입자를 찾게 될 가능성이 높아 실제적으로 종래의 세입자에게 크게 도움이 되지 않을 수도 있다. 아무튼 이른바 '임대차 3법'의 하나로 '계약갱신청구권'이 도입되어 임차인은 최소한 4년의 임대기간을 보장받게 되었다. 상가건물의 경우에도 계약갱신요구권을 행사할 수 있는데(상가건물 임대차보호법 제10조) 최초의 임대차기간을 포함하여 전체의 임대차기간이 10년을 초과하지 않는 범위에서 행사할 수 있다는 점에서 주택임대차보호법에 따른 계약갱신요구권과 차이가 있다.

**[법령 20.2] 계약갱신청구권: 주택임대차보호법**

**제6조의3 (계약갱신 요구 등)**

① 제6조에도 불구하고 임대인은 임차인이 제6조 제1항 전단의 기간 이내에 계약갱신을 요구할 경우 정당한 사유 없이 거절하지 못한다. 다만, 다음 각 호의 어느 하나에 해당하는 경우에는 그러하지 아니하다.

1. 임차인이 2기의 차임액에 해당하는 금액에 이르도록 차임을 연체한 사실이 있는 경우
2. 임차인이 거짓이나 그 밖의 부정한 방법으로 임차한 경우
3. 서로 합의하여 임대인이 임차인에게 상당한 보상을 제공한 경우
4. 임차인이 임대인의 동의 없이 목적 주택의 전부 또는 일부를 전대(轉貸)한 경우
5. 임차인이 임차한 주택의 전부 또는 일부를 고의나 중대한 과실로 파손한 경우

18) 세입자의 주거권뿐만 아니라 사회적 취약계층의 주거권을 보장하는 법률의 제정을 촉구하는 견해로 여경수(2011), 394면 이하 참조.

6. 임차한 주택의 전부 또는 일부가 멸실되어 임대차의 목적을 달성하지 못할 경우
7. 임대인이 다음 각 목의 어느 하나에 해당하는 사유로 목적 주택의 전부 또는 대부분을 철거하거나 재건축하기 위하여 목적 주택의 점유를 회복할 필요가 있는 경우
   가. 임대차계약 체결 당시 공사시기 및 소요기간 등을 포함한 철거 또는 재건축 계획을 임차인에게 구체적으로 고지하고 그 계획에 따르는 경우
   나. 건물이 노후・훼손 또는 일부 멸실되는 등 안전사고의 우려가 있는 경우
   다. 다른 법령에 따라 철거 또는 재건축이 이루어지는 경우
8. 임대인(임대인의 직계존속・직계비속을 포함한다)이 목적 주택에 실제 거주하려는 경우
9. 그 밖에 임차인이 임차인으로서의 의무를 현저히 위반하거나 임대차를 계속하기 어려운 중대한 사유가 있는 경우

② 임차인은 제1항에 따른 계약갱신요구권을 1회에 한하여 행사할 수 있다. 이 경우 갱신되는 임대차의 존속기간은 2년으로 본다.

③ 갱신되는 임대차는 전 임대차와 동일한 조건으로 다시 계약된 것으로 본다. 다만, 차임과 보증금은 제7조의 범위에서 증감할 수 있다.

④ 제1항에 따라 갱신되는 임대차의 해지에 관하여는 제6조의2를 준용한다.

⑤ 임대인이 제1항 제8호의 사유로 갱신을 거절하였음에도 불구하고 갱신요구가 거절되지 아니하였더라면 갱신되었을 기간이 만료되기 전에 정당한 사유 없이 제3자에게 목적 주택을 임대한 경우 임대인은 갱신거절로 인하여 임차인이 입은 손해를 배상하여야 한다.

⑥ 제5항에 따른 손해배상액은 거절 당시 당사자 간에 손해배상액의 예정에 관한 합의가 이루어지지 않는 한 다음 각 호의 금액 중 큰 금액으로 한다.

1. 갱신거절 당시 월차임(차임 외에 보증금이 있는 경우에는 그 보증금을 제7조의2 각 호 중 낮은 비율에 따라 월 단위의 차임으로 전환한 금액을 포함한다. 이하 "환산월차임"이라 한다)의 3개월분에 해당하는 금액
2. 임대인이 제3자에게 임대하여 얻은 환산월차임과 갱신거절 당시 환산월차임 간 차액의 2년분에 해당하는 금액
3. 제1항 제8호의 사유로 인한 갱신거절로 인하여 임차인이 입은 손해액

## 2. 임대료 최대인상률의 제한

한편 세입자가 지불가능한 임대료의 설정을 위해서는 지역과 상관없이 모든 주택에 대하여 일률적으로 임대료의 인상률을 제한하는 방법을 고려해볼 수 있다. 하지만 이것은 집주인에게는 경우에 따라서 과도한 요구가 될 수 있다. 대출을 받아 주택을 구매한 소유자는 금리가 인상되면 이를 전월세에 반영할 수밖에 없고, 지역의 경제상황이나 재개발・재건축과 같은 특별한 상황이 발생하면 전월세의 가격이 급격하게 변동될 수밖에 없어 금리수준이나 지역사정에 따라 임대료의 인

상률은 달라질 수 있기 때문이다. 따라서 집주인의 권리에 대한 침해가 발생하지 않도록 '지역의 주택시장 상황'을 반영하고, '물가상승률과 연동된 인상률제한'이 합리적인 대안으로 제시될 수 있다. 또한 전월세가 급등하는 특정 지역을 지정해서 이러한 제도를 해당 지역에 대해서만 제한적으로 실시하는 방법도 집주인의 재산권에 대한 침해를 최소화하는 대안이 될 수 있다. 아니면 수시로 변동되는 물가상승률을 임대료에 반영하는 것이 쉽지 않으므로 토지에 대한 '공시지가제도'를 주택의 경우에도 도입하여 일정 기간마다 공정임대료를 공시하는 제도(공정임대료제 또는 임대료공시제도)를 대안으로 고려해볼 만하다. 물론 표준지의 설정이 상대적으로 쉬운 토지의 경우와는 달리 특정한 지역이나 건물 안에 있는 주택이라고 하더라도 여러 가지 사정에 따라 공정한 임대료의 산정이 어려운 주택의 경우에는 공정임대료를 설정하는 것이 쉽지 않은 어려움이 우선 극복되어야 한다. 어쨌든 '임대차 3법'의 또 다른 내용의 하나로 전월세상한제가 도입되었다.

**[법령 20.3] 전월세상한제: 주택임대차보호법**

**제7조 (차임 등의 증감청구권)**

① 당사자는 약정한 차임이나 보증금이 임차주택에 관한 조세, 공과금, 그 밖의 부담의 증감이나 경제사정의 변동으로 인하여 적절하지 아니하게 된 때에는 장래에 대하여 그 증감을 청구할 수 있다. 이 경우 증액청구는 임대차계약 또는 약정한 차임이나 보증금의 증액이 있은 후 1년 이내에는 하지 못한다.

② 제1항에 따른 증액청구는 약정한 차임이나 보증금의 20분의 1의 금액을 초과하지 못한다. 다만, 특별시·광역시·특별자치시·도 및 특별자치도는 관할 구역 내의 지역별 임대차 시장 여건 등을 고려하여 본문의 범위에서 증액청구의 상한을 조례로 달리 정할 수 있다.

**제10조의2 (초과 차임 등의 반환청구)**

임차인이 제7조에 따른 증액비율을 초과하여 차임 또는 보증금을 지급하거나 제7조의2에 따른 월차임 산정률을 초과하여 차임을 지급한 경우에는 초과 지급된 차임 또는 보증금 상당금액의 반환을 청구할 수 있다.

## 3. 장기임대주택의 충분한 공급과 임차료보조제도

한편 전월세 가격의 인상은 본질적으로 수요에 비해 공급이 부족한 상황에서 발생한 것이므로 장기적으로는 국가가 '장기(영구)임대주택의 충분한 공급'을 통해서 전월세 가격을 안정시킬 필요가 있다.[19] 따라서 국가에 대해서 장기임대주

19) 주거권을 확보하는 대안으로서 영구임대주택제도에 대해서는 이영환(1990), 124면 이하 참조.

택의 충분한 공급에 관한 법적 의무를 부과하는 것이 요구된다. 또한 주택의 '공급' 측면과 함께 '수요' 측면에서도 국가는 세입자가 지불하기 어려운 임대료 부분에 대해서 지원할 필요가 있다. **구 주택법**(2015. 6. 22. 법률 제13378호로 개정되기 이전의 것)에 따르면 국가 또는 지방자치단체는 임차료 부담이 과다하여 주거생활을 하기가 어려운 무주택임차인가구에 대하여 「주거급여법」에 따른 주거급여와 별도로 예산의 범위에서 주택임차료의 전부 또는 일부를 보조할 수 있었다(동법 제5조의4).[20] 하지만 임차료보조는 의무사항이 아니라 재량사항이고, 예산의 범위에서 이루어지기 때문에 소득이 최저생계비에도 못 미치는 국민기초생활수급자에 한정될 가능성이 높다는 점에서 한계가 있다.

**주요개념**

**기간의 정함이 없는 임대차 계약**

**【민법】** 임대차 기간을 약정하지 않으면 당사자는 언제든지 계약을 해지할 수 있고, 토지나 건물 등 '부동산'의 경우에는 임대인이 해지를 통고하면 통고 후 6개월, 임차인이 해지를 통고하면 통고 후 1개월이 지나면 그 효력이 발생하는 반면에 '동산'의 경우에는 임대인이든 임차인이든 통고 후 5일이 지나면 그 효력이 발생한다(민법 제635조).

**【주택임대차보호법】** 보증금액과 상관없이 모든 '주택(주거용 건물)'은 임대차 기간을 약정하지 않은 경우 또는 2년 미만의 임대차 기간을 약정한 경우에 그 계약기간을 원칙적으로 '2년'으로 보지만 임차인은 2년 미만의 계약기간이 유효하다는 주장을 할 수 있고, 임대차 기간이 끝난 뒤에도 보증금을 돌려받을 때까지는 임대차 관계가 존속하는 것으로 본다(주택임대차보호법 제4조).

**【상가건물 임대차보호법】** 보증금액이 일정금액(현재 서울의 경우 9억 원)을 초과하는 '상가건물'은 임대차 기간을 약정하지 않은 경우 또는 1년 미만의 임대차 기간을 약정한 경우에 그 계약기간은 원칙적으로 '1년'으로 보지만 임차인은 1년 미만의 계약기간이 유효하다는 주장을 할 수 있고, 임대차 기간이 끝난 뒤에도 보증금을 돌려받을 때까지는 임대차 관계가 존속하는 것으로 본다(상가건물 임대차보호법 제9조).

**토론문제**

1. 세입자는 사회적 약자인가?
2. 전·월세상한제는 자본주의적 시장질서에 위배되는가?
3. 계약갱신청구권은 임대인에게 보장된 계약의 자유를 침해하는가?

20) 주택법에 따른 '임차료보조제도'에 대한 상세한 설명은 장경석(2012), 1면 이하 참조.

**내 입장은?**

1. 전・월세상한제는 절대적으로 허용될 수 없다.
2. 전・월세상한제는 일정한 범위내에서만 허용될 수 있다.
3. 전・월세상한제는 전면적으로 도입되어야 한다.

## 참고문헌


고은태(2009), 인권의 시각에서 본 주거권－인권 틀의 변화－, ≪공간과 사회≫(한국공간환경학회), 제32호(2009), 242～252면.

김대균(2011), 주거권의 도덕적 토대에 관한 연구, ≪윤리연구≫(한국윤리학회), 제81호(2011), 5～25면.

김용창(2013), 국제인권법 및 인권규범의 주거권 규정에 대한 연구, ≪한국지역지리학회지≫(한국지역지리학회), 제19권 제3호(2013), 514～540면.

김준호(2011), 공공공간에 대한 소수자의 권리를 위한 시론－거리노숙인의 '도시에 대한 권리'를 중심으로－, ≪공간과 사회≫(한국공간환경학회), 제21권 제2호(2011), 35～65면.

김지혜(2011), 홈리스의 주거권: 법적 근거와 구성요건, ≪사회복지정책≫(한국사회복지정책학회), 제38권 제2호(2011), 117～138면.

김형국(1992), 주거권의 역사적 전개, ≪환경논총≫(서울대학교 환경대학원), 제30호(1992), 3～21면.

노현숙(2020), 개정 주택임대차보호법의 헌법적 쟁점 검토－계약갱신청구권제와 전월세상한제를 중심으로－, ≪일감부동산법학≫(건국대학교 법학연구소), 제21호(2020), 201～229면.

미 류(2008), 한국의 주거권 현실과 주거권 실현을 위한 과제, ≪인권법평론≫(전남대학교 공익인권법센터), 제3호(2008), 169～195면.

박문수(2001), 한국의 주거권운동 또 전환기인가?, ≪도시와 빈곤≫(한국도시연구소), 제52호(2001), 63～71면.

서종균(2005), 주거권 보장과 인권, ≪월간 복지동향≫(참여연대 사회복지위원회), 제79호(2005), 33～41면.

서종균(2011), 주거권 운동의 역사와 과제, ≪도시와 빈곤≫(한국도시연구소), 제90호(2011), 45～59면.

안도찬(1991), 주거권의 법리에 관한 연구－임차권을 중심으로－, ≪토지법학≫(한국토지법학회), 제7호(1991), 147～187면.
여경수(2011), (가칭) 주거생활보장기본법 시안 작성의 필요성과 구성체계, ≪토지공법연구≫(한국토지공법학회), 제52집(2011), 383～402면.
이영환(1990), 영구임대주택과 주거권 운동, ≪사회복지연구≫(한국사회복지연구회), 제2호(1990), 121～139면.
이충은(2013), 주거권 보호를 위한 강제퇴거금지법 도입에 관한 연구, ≪국제법무≫(제주대학교 법과정책연구소), 제5권 제1호(2013), 61～83면.
장경석(2012), 주택 임차료 보조제도(주택 바우처 제도) 도입과 향후 과제, ≪이슈와 논점≫(국회입법조사처), 제371호(2012), 1～4면.
장은혜(2014), 주거권의 법리적 쟁점과 보장법제에 관한 연구, ≪아주법학≫(아주대학교 법학연구소), 제8권 제1호(2014), 47～82면.
조형석(2005), 사회권 규약을 통한 국내법상 주거권 보장, ≪토지공법연구≫(한국토지공법학회), 제29집(2005), 217～236면.
추선희/김제완(2020), 개정 주택임대차보호법상 갱신요구권에 관한 몇 가지 쟁점, ≪법학논집≫ 제25권 제1호(2020), 111～157면.
하성규(1996), 주거권보장과 서민주거안정－유엔 Habitat 2를 중심으로－, ≪한국사회정책≫(한국사회정책학회), 제3권 제1호(1996), 99～119면.
하성규(2010), 헌법과 국제인권규범을 통해서 본 주거권과 '적절한 주거(Adequate housing)' 확보 방안, ≪한국사회정책≫(한국사회정책학회), 제17집 제1호(2010), 321～351면.

# 제21장
# 4대강 사업과 환경권

"인간은 지속가능한 개발에 대한 관심의 중심에 놓인다.
인간은 자연과 조화롭게 건강하고 생산적인 삶을 향유할 권리를 가진다."
≪환경과 개발에 관한 리우 선언 원칙(1992) 제1조≫
"Human beings are at the centre of concerns for sustainable development.
They are entitled to a healthy and productive life in harmony with nature."
≪Rio Declaration on Environment and Development, 1992≫

한반도에 대운하를 건설하여 배를 띄우겠다는 야심찬 프로젝트가 발표되었다. 시대착오적 발상이라는 국민의 반대에 어느새 이 프로젝트는 남한의 큰 강 네 개를 정비하여 가뭄과 홍수에 대비하는 '4대강 살리기 사업'으로 이름을 바꾸어 달았다. 비를 한 방울도 주지 않다가 줄라치면 그야말로 넘치도록 퍼부어주는 하늘만 원망하지 않고, 민족의 운명을 스스로 개척해 나가겠다는 이 원대한 포부가 무엇이 잘못되었단 말인가?

건설기업의 최고경영자(CEO) 출신이 대통령이 되면서 국가 전체가 건설현장으로 변해간다는 우려가 커지고 있다. 지금이 어느 시대인데 불도저로 국토를 파헤쳐 국부(國富)를 만들어내고, 고용을 창출하겠다는 것인지 모르겠다는 아우성이 끊이질 않는다. 한 번 파괴되면 회복하기 어려운 자연과 생태계를 무자비하게 짓밟아 실현하려는 시급하고 중대한 공공의 이익은 도대체 무엇인가?

자연을 정복하여 인간의 복리에 봉사하도록 만드는 것은 자연이 인간에게 부여한 운명이며 인간이 신(神)으로부터 받은 사명일 수도 있다. 하지만 인간이 파괴한 자연은 인간의 복리에 치명적인 재앙으로 돌아올 수도 있다. 국토를 개발하여 돌아올 수 있는 공익과 건강하고 쾌적한 환경에서 살고 싶은 인간의 권리가 어떻게 조화될 수 있는지에 대해서 살펴보기로 한다.

# Ⅰ. 문제제기

## 1. 대형 국토개발사업과 환경권

한반도 남쪽에 위치한 네 개의 강(한강, 낙동강, 금강, 영산강)을 정비하는 것을 골자로 하는 이른바 '4대강 사업'은 소중한 환경을 파괴할 것이라는 반대론과 남한의 젖줄기와 같은 큰 강을 되살릴 것이라는 찬성론으로 극명하게 갈렸다. 한때 한강과 낙동강을 운하로 연결하고 이를 연장하여 일본 및 중국과도 수로를 개통하겠다는 취지의 '한반도대운하사업'으로 시작되었던 이 사업은 국민의 반대에 부딪히면서 가뭄과 홍수에 대비하는 하천정비사업으로 내용을 수정하였다. 하지만 그 이후에도 4대강 사업은 자연과 생태계를 심각하게 파괴할 것이라는 반대여론에 부딪혔다. 사실 4대강사업 이전에도 환경을 파괴하는 국가사업(예: 새만금사업,[1] KTX건설사업)이 많았지만 4대강 사업은 이제 환경파괴적인 국가사업의 상징이 되었다. 환경을 보호하고 보전해야 할 국가 스스로 '국토개발'이라는 미명하에 환경을 파괴하고 있는 것이 현실이다. 이러한 현실 속에서 환경권의 중요성이 새롭게 부각되고 있다.

## 2. 글로벌 환경위기와 환경권

폭설, 한파, 폭염, 폭우 등 기후와 관련된 이상징후들은 환경파괴가 그 주범이라는 주장이 설득력을 얻어가고 있다. 중요한 것은 이러한 기상이변들이 한 국가 차원에 국한되는 것이 아니라 주변국가, 심지어 세계 모든 국가에 영향을 미친다는 점이다. 여기서 환경권이 보편적 인권으로서 가지는 의미가 강조될 필요가 있다. 환경권은 단지 해당 국가의 국민이 그가 소속된 국가에 대해서 주장할 수 있는 권리를 넘어 모든 인류가 연대하여 모든 국가에 대해서 주장할 수 있는 권리로 확대되어야 할 필요성마저 제기되는 것이다. 어차피 피해자가 특정 개인에게 국한되지 않는 환경파괴에 대항하여 주장될 수 있는 환경권은 당사자들이 연대하여 행사되어야 하는 특성을 가지고 있다. 이러한 환경권이 점차 글로벌해지는 환경위기 속에서 그러한 권리주체의 연대를 국제적 수준으로 강화시키고 있다.

1) 새만금사업과 관련된 소송에 대해서는 김홍균(2004), 90면 이하 참조.

### 3. 개 념

**환경정책기본법**(최근개정: 2021. 1. 5. 법률 제17857호)은 환경을 ① **자연환경**과 ② **생활환경**으로 구분하면서(동법 제3조 제1호) 전자는 지하 · 지표(해양을 포함) 및 지상의 모든 생물과 이들을 둘러싸고 있는 비(非)생물적인 것을 포함한 자연의 상태(생태계 및 자연경관을 포함)로, 후자는 대기, 물, 토양, 폐기물, 소음 · 진동, 악취, 일조, 인공조명, 화학물질 등 사람의 일상생활과 관계되는 환경으로 정의한다(동법 동조 제2호 및 제3호).[2] 동시에 흔히 환경파괴로 부르는 개념을 ① **환경오염**과 ② **환경훼손**으로 구분하여 전자를 사업활동 및 그 밖의 사람의 활동에 따라 발생되는 대기오염, 수질오염, 토양오염, 해양오염, 방사능오염, 소음 · 진동, 악취, 일조방해, 인공조명에 의한 빛공해 등으로서 사람의 건강이나 환경에 피해를 주는 상태로(동법 동조 제4호), 후자를 야생동 · 식물의 남획 및 그 서식지의 파괴, 생태계질서의 교란, 자연경관의 훼손, 표토(表土)의 유실 등으로 인하여 자연환경의 본래적 기능에 중대한 손상을 주는 상태로 정의한다(동법 동조 제4의2호). 명확한 구분의 필요성이 없는 한 이하에서는 자연환경과 생활환경을 포함하는 개념으로 '환경'을, 환경오염과 환경훼손을 아우르는 용어로 '환경파괴'를 사용하기로 한다.

## Ⅱ. 환경권의 내용

'건강하고 쾌적한 환경(clean and healthy environment)에서 살 수 있는 권리'를 의미하는 환경권은 인간이면 누구나 향유할 수 있는 인권에 속하고,[3] 우리 헌법도

---

2) 헌법재판소도 환경의 개념에 자연환경과 생활환경이 포함된다고 본다. 헌재 2008. 7. 31. 2006헌마711 참조. 환경의 개념에 대해서는 김연태(1998), 194면 이하; 홍성방(2000), 480면 이하; 이재명(2003), 8면 이하; 김형성(2004), 116면 이하; 장영수(2006), 373면 이하; 박진완(2008), 12면 이하 참조.

3) 환경권을 인권으로 명시한 국제협약은 없다. 1972년 유엔 인간환경회의(United Nations Conference on the Human Environment)에서 채택된 '스톡홀름 선언(Stockholm Declaration)'이 환경권을 인권으로 규정한 국제적 문서로 언급되지만 이 선언은 말 그대로 선언에 그치고 법적 강제력을 가지는 협약의 성격을 갖지는 못한다. 따라서 유엔의 '시민적 · 정치적 권리에 관한 국제협약(ICCPR)'에 열거된 생명권(제6조)이나 '경제적 · 사회적 · 문화적 권리에 관한 국제협약(ICESCR)'에 열거된 보건권(제12조) 등을 기초로 환경권을 국제적으로 인정된 인권으로 위치시키려는 노력이 있다. 그럼에도 불구하고 환경권의 국제인권적 지위를 인정하기에는 어려움이 있어 환경권을 국제적 수준의 인권으로 명시하려는 시도가 계속되고 있다.

이러한 환경권을 명시하고 있다(헌법 제35조 제1항).[4] 다만 환경권이 국민의 '주관적 권리'가 될 수 있는지에 대해서 의문을 제기하면서 단지 환경보전에 관한 '국가의 의무'를 부과할 뿐이라는 견해도 만만치 않다.[5] 견해에 따라서는 환경권이 공동체적 연대에 기초한 "제3세대 인권"으로 이해되기도 한다.[6] 아무튼 환경권을 인권이면서 헌법상의 기본권으로 이해하는 경우에도 '환경에 관한 권리'로 요약될 수 있는 환경권은 다양한 내용으로 구성될 수 있다. 헌법재판소는 환경권에 포함될 수 있는 내용의 다양성 때문에 환경권을 "종합적 기본권"으로 이해한다.[7]

### 1. 국가의 환경파괴와 방어권

환경을 파괴하는 1차적인 주체는 '국가'다. 각종 국토개발사업을 주도하는 국가는 이를 통해 환경을 파괴하는 주범이 되고 있다. 국가는 원활한 교통소통을 확보하기 위해 도로를 건설하고, 가뭄과 홍수에 대비하기 위하여 하천을 정비하거나 보·제방·댐을 건설하는 사업을 계획하고 시행한다. 이 과정에서 국가는 산과 강을 파헤치고, 자연과 생태계를 파괴하게 된다. 국민이 향유해야 하는, 건강하고 쾌적한 환경에서 살 수 있는 환경권을 국가가 침해하는 것이다. 이 경우에 국민은 국가에 대해서 건강하고 쾌적한 환경을 침해하는 행위를 하지 않을 것(부작위)과 중지할 것을 요구할 수 있는 '방어권'을 행사할 수 있다. 그렇지만 국가에 의해 수행되는 도로의 건설이나 하천의 정비 등 국토개발사업은 공공복리로 정당화된다. 여기서 국가가 추구하는 공공복리와 국민이 향유해야 하는 환경권의 충돌을 확인하게 된다. 물론 공공복리를 위해서 국민의 권리는 제한될 수 있지만(헌법 제37조 제2항) 동시에 국민의 권리가 과도하게 제한되는 것을 헌법은 명시적으로 금지하고 있다(과잉금지원칙). 따라서 아무리 공공복리를 위해 수행되는 국토개발사업이라고 하더라도 국민의 환경권을 과도하게 제한하는 경우에는 위헌적 행위가 된다.

---

4) 환경권의 헌법적 수용에 대해서는 홍준형(2000), 272면 이하; 송기춘(2018), 79면 이하 참조. 한편 환경권이 한국 헌법에 규정된 배경에 대해서는 고문현(2001), 274면 이하 참조.

5) 환경권의 법적 성격에 대한 논의로 홍성방(2000), 474면 이하; 최윤철(2005), 378면 이하; 정극원(2009), 403면 이하; 남정아(2020), 230면 이하; 장철준(2021), 211면 이하 참조. 한편 국가의 의무로서 환경권은 '국가목표'로서 이해되기도 하는데 국가목표로서 환경권의 내용에 대해서는 문광삼(2000), 240면 이하; 김종세(2006), 616면 이하 참조.

6) 제3세대 인권으로서 환경권의 내용에 대해서는 고문현(2005), 268면 이하, 특히 273면 이하 참조.

7) 헌재 2008. 7. 31. 2006헌마711 참조.

4대강 사업과 같은 하천정비사업의 경우에 국가는 법률에 따라 부여받은 하천에 대한 관리책임을 주장할 수 있다(하천법 제3조 제1항). 이러한 관리책임에 따라 국가는 **하천기본계획**(동법 제25조)을 수립할 의무를 진다.[8] 그리고 이와 같은 장기적인 계획에 따라 국가가 구체적으로 하천공사를 시행하는 경우에 **하천공사 시행계획**(동법 제27조)을 수립하여 고시해야 한다. 따라서 국민의 입장에서는 우선 하천공사로 인한 환경권침해의 부작위 또는 중지를 요구하기 위해서 구체적이고 개별적인 하천공사시행계획을 '행정소송'을 통해 문제삼을 수 있다. 더 나아가 근본적으로는 수자원장기종합계획이나 유역종합치수계획 또는 하천기본계획과 같은 장기적 하천정비계획에 대해서 환경권침해를 다투는 '헌법소원'을 제기할 수도 있다.

**[법령 21.1] 하천법**(최근개정: 2020. 12. 31. 법률 제17814호)

**제3조 (국가 등의 책무)**

① 국가는 하천에 대한 효율적인 보전·관리를 위하여 하천에 관한 종합적인 계획을 수립하고 합리적인 시책을 마련할 책무를 진다.

②~③ 생략

**제25조 (하천기본계획)**

① 하천관리청은 그가 관리하는 하천에 대하여 대통령령으로 정하는 바에 따라 하천의 이용 및 자연친화적 관리·보전에 필요한 기본적인 사항 등을 내용으로 하는 10년 단위의 하천기본계획을 수립하여야 한다.

**제27조 (하천관리청의 하천공사 및 유지·보수)**

① 하천관리청(제28조 제1항에 따라 환경부장관이 하천공사를 대행하는 경우 환경부장관을 포함한다. 이하 이 조에서 같다)이 하천공사를 시행하려는 때에는 대통령령으로 정하는 바에 따라 하천공사의 시행에 관한 계획(이하 "하천공사시행계획"이라 한다)을 수립하여야 한다. 다만, 대통령령으로 정하는 경미한 하천공사를 시행하려는 때에는 그러하지 아니하다.

② 하천공사시행계획은 하천기본계획의 범위 안에서 수립되어야 한다.

③ 하천관리청은 하천공사시행계획을 수립하거나 변경한 때에는 대통령령으로 정하는 바에 따라 이를 고시하여야 한다.

④~⑨ 생략

중요한 것은 우선 하천공사로 인한 환경권에 대한 침해는 건강권이나 재산권 또는 그 밖의 권리에 대한 침해와 구분되어야 한다는 점이다. 그리고 하천공사로 인해 환경권이 침해되었다는 구체적인 증명(소명)이 필요한데 이러한 증명을 과도하게 요구하면 그 인과관계가 복잡하고, 결과발생까지 장기간이 요구되는 환경권

8) 도로의 경우에도 10년 단위의 '도로정비 기본계획'이 수립된다. 도로법 제22조 제1항 참조.

침해의 특성상 증명이 사실상 곤란해지는 문제가 발생할 수 있다는 점을 주목할 필요가 있다.9) 여기서 하천공사로 인한 환경권침해의 증명부담을 완화하거나 오히려 하천공사로 인한 환경권침해의 무발생을 국가가 증명하도록 입증책임을 전환시키는 대안이 모색되어야 한다. 그것도 아니라면 환경권에 대한 침해를 인정하지 않는 한 구체적으로 발생한 건강권이나 재산권에 대한 침해를 적극적으로 인정하는 방향으로 피해자의 권리구제를 모색할 필요가 있다.

**[판례 21.1] 4대강 사업으로 인한 환경권 침해**

[1] 국토해양부 등에서 발표한 '4대강 살리기 마스터플랜'에 따른 '한강 살리기 사업' 구간 인근에 거주하는 주민들이 각 공구별 사업실시계획승인처분에 대한 효력정지를 신청한 사안에서, 위 사업구간에 편입되는 팔당지역 농지 대부분이 국가 소유의 하천부지이고, 유기농업에 종사하는 주민들 대부분은 국가로부터 하천점용허가를 받아 경작을 해온 점, 위 점용허가의 부관에 따라 허가를 한 행정청은 공익상 또는 법령이 정하는 것에 따르거나 하천정비사업을 시행하는 경우 허가변경·취소 등을 할 수 있는 점 등에 비추어, 주민들 중 환경영향평가대상지역 및 근접 지역에 거주하거나 소유권 기타 권리를 가지고 있는 사람들이 위 사업으로 인하여 토지 소유권 기타 권리를 수용당하고 이로 인하여 정착지를 떠나 타지로 이주를 해야 하며 더 이상 농사를 지을 수 없게 되고 팔당지역의 유기농업이 사실상 해체될 위기에 처하게 된다고 하더라도, 그러한 손해는 행정소송법 제23조 제2항에서 정하고 있는 효력정지 요건인 금전으로 보상할 수 없거나 사회관념상 금전보상으로는 참고 견디기 어렵거나 현저히 곤란한 경우의 유·무형 손해에 해당하지 않는다(대결 2011. 4. 21. 2010무111).

[2] 국토해양부장관 등이 4대강 정비사업과 관련하여 고시로 한 '한강살리기 사업 실시계획승인 등'에 대하여 사업구간 인근에 거주하는 주민들이 수용으로 인한 손해와 식수 오염 등 환경상 이익 관련 손해 등을 이유로 그 집행정지를 신청한 사안에서, 토지 소유권 기타 권리의 수용으로 인한 손해는 통상적인 금전보상이 불능인 경우 내지는 금전보상으로는 사회관념상 행정처분을 받은 당사자가 참고 견딜 수 없거나 참고 견디기가 현저히 곤란한 경우의 손해라고 볼 수 없고, 시급히 위 처분의 효력을 정지하지 않을 경우 곧 한강 유역의 상수원을 식수원 등으로 사용할 수 없을 정도로 수질이 오염되거나 취수가 부족하게 되고 홍수 등 침수피해가 발생한다는 점에 대한 소명이 충분히 이루어졌다고 보기 어려우며, 수생태계에 미치는 악영향, 자연환경의 파괴, 미래 세대의 환경권 침해, 우리 민족의 역사와 문화의 부정 또는 파괴 등의 손해는 신청인의 개인적 손해가 아니라 공익상 손해 또는 제3자가 입는 손해라 할 것이므로, 집행정지의 요건인 회복하기 어려운 손해가 있거나 이를 예방하기 위한 긴급한 필요가 있다고 보기 어려워 신청인의 주장은 이유 없다(서울행정법원결정 2010. 3. 12. 2009아3749).

---

9) 환경권 침해의 특성에 대해서는 설계경(2006), 496면 참조.

## 2. 국민의 환경파괴와 보호권

환경을 파괴하는 주체는 국가에 국한되지 않고, '국민(사인)'이 환경을 파괴하는 주체가 되기도 한다. 물론 일반 국민 개개인이 환경을 파괴하는 주체가 될 수도 있겠지만 환경권을 파괴하는 주체는 단체나 법인, 특히 기업이 될 수도 있다. 개인은 주로 각종 생활쓰레기(폐기물)나 가스・매연으로 물과 공기(대기) 등 생활환경을 파괴하고, 기업은 대체로 주택과 골프장의 건설로 소음・진동과 먼지를 발생시킬 뿐만 아니라 각종 산업폐기물의 투기로 자연환경도 파괴한다. 아무튼 국민의 입장에서는 환경을 파괴하는 다른 국민(제3자)으로 인해 건강하고 쾌적한 환경에서 살 수 있는 환경권을 침해당하는 경우에 국가의 보호를 요구할 수 있는 '보호권'을 행사할 수 있다. 다만 보호권의 경우에 아직까지는 이것을 국민의 주관적 권리가 아니라 국가의 '보호의무'로 이해하는 경향이 강하기 때문에[10] 환경을 파괴하는 국민으로부터 보호하는 입법을 적극적 요구할 수 있는 권리가 국민에게 보장되는지에 대해서는 논란의 여지가 있다. 그렇지만 적어도 국가에게는 환경을 파괴하는 국민의 행위에 대해서 이를 범죄로 규정하여 처벌하거나 이에 대한 배상책임을 부과하는 법률을 제정해야 할 의무가 있다고 볼 수 있으므로 이러한 의무를 위반한 국가의 행위는 위헌으로 평가받을 수 있다. 헌법재판소도 제3자에 의한 환경권 침해로부터 국민을 보호해야 할 의무를 인정한다(아래 [판례 21.2] 참조). 환경을 파괴하는 행위를 범죄로 규정하면서 형벌을 부과하는 법률로는 대표적으로 자연환경보전법, 대기환경보전법, 물환경보전법, 토양환경보전법, 해양환경관리법, 소음・진동관리법, 폐기물관리법, 방사성 폐기물 관리법 등이 있다.[11]

**[판례 21.2] 제3자의 환경권침해에 대한 국가의 보호의무**

국가가 국민의 기본권을 적극적으로 보장하여야 할 의무가 인정된다는 점, 헌법 제35조 제1항이 국가와 국민에게 환경보전을 위하여 노력하여야 할 의무를 부여하고 있는 점, 환경침해는 사인에 의해서 빈번하게 유발되므로 입법자가 그 허용범위에 관해 정할 필요가 있다는 점, 환경피해는 생명・신체의 보호와 같은 중요한 기본권적 법익 침해로 이어질 수 있다는 점 등을 고려할 때, 일정한 경우 국가는 사인인 제3자에 의한 국민의 환경권 침해에 대해서도 적극적으로 기본권 보호조치를 취할 의무를 진다(헌재 2008. 7. 31. 2006헌마711).

---

10) 환경권에 포함된 국가의 보호의무에 대해서는 김연태(1998), 210면 이하; 최희수(2017), 446면 이하 참조.

11) 한국 환경법 체계의 문제점으로 복잡성과 산만성이 지적된다. 고문현(2011), 4면 이하 참조.

**[법령 21.2] 환경파괴범죄**

**자연환경보전법**(최근개정: 2021. 4. 13. 법률 제18031호)

**제15조 (생태・경관보전지역에서의 행위제한 등)**

① 누구든지 생태・경관보전지역안에서는 다음 각호의 어느 하나에 해당하는 자연생태 또는 자연경관의 훼손행위를 하여서는 아니 된다. 다만, 생태・경관보전지역안에 자연공원법에 의하여 지정된 공원구역 또는 문화재보호법에 의한 문화재(보호구역을 포함한다)가 포함된 경우에는 자연공원법 또는 문화재보호법에서 정하는 바에 의한다.

1. 핵심구역안에서 야생동・식물을 포획・채취・이식(移植)・훼손하거나 고사(枯死)시키는 행위 또는 포획하거나 고사시키기 위하여 화약류・덫・올무・그물・함정 등을 설치하거나 유독물・농약 등을 살포・주입(注入)하는 행위
2. 건축물 그 밖의 공작물(이하 "건축물 등"이라 한다)의 신축・증축(생태・경관보전지역 지정 당시의 건축연면적의 2배 이상 증축하는 경우에 한한다) 및 토지의 형질변경
3. 하천・호소 등의 구조를 변경하거나 수위 또는 수량에 증감을 가져오는 행위
4. 토석의 채취
5. 그 밖에 자연환경보전에 유해하다고 인정되는 행위로서 대통령령이 정하는 행위

②~⑤ 생략

**대기환경보전법**(최근개정: 2021. 4. 13. 법률 제18028호)

**제31조 (배출시설과 방지시설의 운영)**

① 사업자(제29조 제2항에 따른 공동 방지시설의 대표자를 포함한다)는 배출시설과 방지시설을 운영할 때에는 다음 각 호의 행위를 하여서는 아니 된다.

1. 배출시설을 가동할 때에 방지시설을 가동하지 아니하거나 오염도를 낮추기 위하여 배출시설에서 나오는 오염물질에 공기를 섞어 배출하는 행위. 다만, 화재나 폭발 등의 사고를 예방할 필요가 있어 환경부장관 또는 시・도지사가 인정하는 경우에는 그러하지 아니하다.
2. 방지시설을 거치지 아니하고 오염물질을 배출할 수 있는 공기 조절장치나 가지 배출관 등을 설치하는 행위. 다만, 화재나 폭발 등의 사고를 예방할 필요가 있어 환경부장관 또는 시・도지사가 인정하는 경우에는 그러하지 아니하다.
3. 부식(腐蝕)이나 마모(磨耗)로 인하여 오염물질이 새나가는 배출시설이나 방지시설을 정당한 사유 없이 방치하는 행위
4. 방지시설에 딸린 기계와 기구류의 고장이나 훼손을 정당한 사유 없이 방치하는 행위
5. 그 밖에 배출시설이나 방지시설을 정당한 사유 없이 정상적으로 가동하지 아니하여 배출허용기준을 초과한 오염물질을 배출하는 행위

② 생략

**물환경보전법**(최근개정: 2021. 4. 13. 법률 제18030호)

**제2조 (정의)**

이 법에서 사용하는 용어의 뜻은 다음과 같다.

1. "물환경"이란 사람의 생활과 생물의 생육에 관계되는 물의 질(이하 "수질"이라 한다) 및 공공수역의 모든 생물과 이들을 둘러싸고 있는 비생물적인 것을 포함한 수생태계(水生態系, 이하 "수생태계"라 한다)를 총칭하여 말한다.

**제15조 (배출 등의 금지)**

① 누구든지 정당한 사유 없이 다음 각 호의 어느 하나에 해당하는 행위를 하여서는 아니 된다.

1. 공공수역에 특정수질유해물질, 「폐기물관리법」에 따른 지정폐기물, 「석유 및 석유대체연료 사업법」에 따른 석유제품・가짜석유제품・석유대체연료 및 원유(석유가스는 제외한다. 이하 "유류"라 한다), 「화학물질관리법」에 따른 유독물질(이하 "유독물"이라 한다), 「농약관리법」에 따른 농약(이하 "농약"이라 한다)을 누출・유출하거나 버리는 행위
2. 공공수역에 분뇨, 가축분뇨, 동물의 사체, 폐기물(「폐기물관리법」에 따른 지정폐기물은 제외한다) 또는 오니(汚泥)를 버리는 행위
3. 하천・호소에서 자동차를 세차하는 행위
4. 공공수역에 환경부령으로 정하는 기준 이상의 토사(土砂)를 유출하거나 버리는 행위

②~⑧ 생략

**폐기물관리법**(최근개정: 2021. 1. 5. 법률 제17851호)

**제8조 (폐기물의 투기 금지 등)**

① 누구든지 특별자치시장, 특별자치도지사, 시장・군수・구청장이나 공원・도로 등 시설의 관리자가 폐기물의 수집을 위하여 마련한 장소나 설비 외의 장소에 폐기물을 버리거나, 특별자치시, 특별자치도, 시・군・구의 조례로 정하는 방법 또는 공원・도로 등 시설의 관리자가 지정한 방법을 따르지 아니하고 생활폐기물을 버려서는 아니 된다.

② 누구든지 이 법에 따라 허가 또는 승인을 받거나 신고한 폐기물처리시설이 아닌 곳에서 폐기물을 매립하거나 소각하여서는 아니 된다. 다만, 제14조 제1항 단서에 따른 지역에서 해당 특별자치시, 특별자치도, 시・군・구의 조례로 정하는 바에 따라 소각하는 경우에는 그러하지 아니하다.

③ 생략

## 3. 건강하고 쾌적한 환경을 제공받을 사회권

국가는 스스로 환경을 파괴해서도 안 되고, 환경을 파괴하는 국민의 행위를 금지하고 처벌하거나 제재하는 입법을 통해 국민의 환경권을 보호해야 할 뿐만 아니라 국민에게 건강하고 쾌적한 환경을 제공하기 위하여 필요한 재정과 시설을 제공해야 한다. 이것은 국민의 입장에서 볼 때 국가를 상대로 건강하고 쾌적한 환경을 위해 요구되는 물적 토대를 제공해 주도록 요구할 수 있는 '사회권'이 있음을 의미한다.[12] 물론 사회권과 관련해서는 이것이 국민의 주관적 권리인지에 대해서

논란이 있다. 사회권을 국민의 권리로 인정하지 않는 견해는 대체로 이것이 국가에 대해서 의무를 부과하는 것으로 이해한다. 그렇다면 국가는 적어도 국민에게 건강하고 쾌적한 환경을 위해 요구되는 물적 토대를 제공해야 할 의무를 부담한다. 이러한 의무는 국가에게 부여된 '사회복지국가적 과제'의 하나로 이해될 수 있다.

## 4. 환경에 관한 절차권

환경에 관한 권리 가운데 빠질 수 없는 것이 '절차권'적 내용이다.13) 환경에 관한 절차권은 환경권을 보장받기 위한 절차에 관한 권리로 요약할 수 있다. 환경권에 포함되는 절차는 환경권이 침해되기 전의 '사전적인' 절차와 환경권이 침해된 후의 '사후적인' 절차로 구분할 수 있다.14)

환경과 관련된 사전적인 절차는 주로 '행정절차'로 국민은 환경권에 근거해서 환경권을 보장받기 위한 행정절차에 관한 입법을 요구할 수 있는 권리를 가진다. **환경정책기본법**(최근개정: 2021. 1. 5. 법률 제17857호)은 환경기준의 적정성을 유지하고 자연환경을 보전하기 위하여 환경에 영향을 미치는 계획 및 개발사업이 환경적으로 지속가능하게 수립 시행될 수 있도록 전략환경영향평가, 환경영향평가, 소규모 환경영향평가를 실시하도록 규정하고 있는데(동법 제41조 제1항), 이러한 환경영향평가절차는 환경권을 보장하기 위한 구체적인 사전절차로 평가할 수 있다.15) 환경영향평가절차를 구체화하는 법률로는 **환경영향평가법**(최근개정: 2019.

12) 환경권의 사회권적 내용에 대해서는 박진완(2008), 33면 이하 참조.

13) 환경권의 절차권적 내용에 대해서는 박진완(2008), 34면 이하 참조.

14) 환경권 침해에 대한 다양한 권리구제절차에 대해서는 강현호(1997), 78면 이하; 김원중(2004), 76면 이하; 설계경(2006), 496면 이하 참조.

15) 대법원은 환경영향평가제도를 환경에 관한 국가의 의무로부터 도출한다. 대결 2006. 6. 2. 2004마1148, 1149: "헌법 제35조 제1항은 … 환경권을 헌법상의 기본권으로 명시함과 동시에 국가와 국민에게 환경보전을 위하여 노력할 의무를 부과하므로, 국가는 각종 개발·건설계획을 수립하고 시행함에 있어 소중한 자연환경을 보호하여 그 자연환경 속에서 살아가는 국민들이 건강하고 쾌적한 삶을 영위할 수 있도록 보장하고 나아가 우리의 후손에게 이를 물려줄 수 있도록 **적극적인 조치를 취하여야 할 책무**를 부담한다." 동시에 이러한 의무 안에 포함된 일정한 사법상의 권리를 인정한다. "피신청인이 국가의 전 지역에서 장기간 이루어지는 고속철도사업을 시행함에 있어서는 … 환경영향평가절차를 충실히 이행할 뿐 아니라, 환경영향평가절차를 이행한 후 환경영향평가시에 고려되지 아니하였던 새로운 사정이 발견되어 그 사업으로 인하여 사업시행구간 관련 토지 소유자들의 환경이익을 침해할 수 있다는 개연성이 나타나고 종전의 환경영향평가만으로는 그와 같은 개연성에 관한 우려를 해소하기에 충분하지 못한 경우에는 새로이 환경영향평가를 실시하거나 그 환경이익의 침해를 예방할 수 있는 적절한 조치를 먼저 행한 후 사업을 시행하도록 함이 상당하고, 토지

11. 26. 법률 제16617호)이 제정되어 있다.[16] 대법원에 따르면 환경영향평가를 거쳐야 하는 사업에 대하여 환경영향평가를 거치지 않은 채 승인하는 행정처분은 무효다(아래 [판례 21.3] 참조). 하지만 일단 환경영향평가를 거쳤다면 그 내용이 다소 부실하여도 무효가 되지는 않는다.[17]

**[판례 21.3] 환경영향평가를 거치지 않은 사업승인의 효력**

환경영향평가를 거쳐야 할 대상사업에 대하여 환경영향평가를 거치지 아니하였음에도 불구하고 승인 등 처분이 이루어진다면, 사전에 환경영향평가를 함에 있어 평가대상지역 주민들의 의견을 수렴하고 그 결과를 토대로 하여 환경부장관과의 협의내용을 사업계획에 미리 반영시키는 것 자체가 원천적으로 봉쇄되는바, 이렇게 되면 환경파괴를 미연에 방지하고 쾌적한 환경을 유지·조성하기 위하여 환경영향평가제도를 둔 입법 취지를 달성할 수 없게 되는 결과를 초래할 뿐만 아니라 환경영향평가대상지역 안의 주민들의 직접적이고 개별적인 이익을 근본적으로 침해하게 되므로, 이러한 행정처분의 하자는 법규의 중요한 부분을 위반한 중대한 것이고 객관적으로도 명백한 것이라고 하지 않을 수 없어, 이와 같은 행정처분은 당연무효이다(대판 2006. 6. 30. 2005두14363).

또한 환경과 관련된 사후적인 절차는 '행정절차'와 '재판절차'로 구분된다. 먼저 환경에 관한 사후적 행정절차로는 환경에 관한 분쟁을 신속하고 공정하며 효율적으로 해결할 수 있는 환경분쟁조정절차가 있는데 이를 구체화하는 법률로 **환경분쟁 조정법**(최근개정: 2021. 4. 1. 법률 제17985호)이 마련되어 있다. 환경에 관한 사후적 행정절차도 환경권을 보장받기 위한 행정절차에 관한 입법을 요구할 수 있는 권리에 의해 주장될 수 있다. 다음으로 환경에 관한 재판절차와 관련하여 국민은 환경권에 대한 침해로부터 구제(원상회복 및 손해배상)를 받기 위한 재판절차에 관한 입법을 요구할 수 있는 권리를 가진다. 재판절차에 관한 입법은 환경권을 포함한 모든 권리에 대한 침해의 구제절차로 입법화되어 있기 때문에 크게 문제가 되지 않는다. 예를 들어 국가가 환경권을 침해하는 경우에(예: 도로건설로 인한 소음·먼지의 발생) 이미 입법화된 행정소송제도를 이용하여 국민은 공무원의 직무

---

소유자들은 이를 **사법상의 권리**로 청구할 수 있을 것이다."

16) 환경영향평가제도와 환경영향평가법에 대해서는 김상겸(2003), 10면 이하 참조.

17) 대판 2001. 6. 29. 99두9902: "환경영향평가를 거쳐야 할 대상사업에 대하여 그러한 환경영향평가를 거치지 아니하였음에도 승인 등 처분을 하였다면 그 처분은 위법하다 할 것이나, 그러한 절차를 거쳤다면, 비록 그 환경영향평가의 내용이 다소 부실하다 하더라도, 그 부실의 정도가 환경영향평가제도를 둔 입법 취지를 달성할 수 없을 정도이어서 환경영향평가를 하지 아니한 것과 다를 바 없는 정도의 것이 아닌 이상 그 부실은 당해 승인 등 처분에 재량권 일탈·남용의 위법이 있는지 여부를 판단하는 하나의 요소로 됨에 그칠 뿐, 그 부실로 인하여 당연히 당해 승인 등 처분이 위법하게 되는 것이 아니다."

상 불법행위나 영조물의 하자로 인한 피해가 발생하면 국가를 상대로 국가배상청구권을 행사하면 된다.

국민은 환경권에 근거해 환경권을 보장하는 행정절차에 관한 입법을 요구할 수 있는 권리를 가지는데 이러한 권리는 대체로 '제도보장론'에 따라 환경에 관한 '제도의 보장'으로 이해되어 주관적 권리성이 부인되고 있다. 제도보장론에 따르면 기본권에 포함된 제도보장의 성격으로 인해 국가는 그러한 제도를 폐지하거나 사실상 무의미하게 만드는 입법을 할 수가 없다. 특히 절차에 관한 제도의 보장은 헌법상 보장된 '적법절차의 원리'(헌법 제12조)에 근거하여 설명되기도 한다. 하지만 환경권에 절차권적 내용이 포함될 수 있다면 환경권을 보장하는 절차에 관한 입법의 요청은 제도보장이나 적법절차원리에 따른 국가의 의무로만 설명될 필요가 없고, 절차권에 따른 국민의 권리로 설명될 수 있어야 한다.

## 5. 사인간의 환경분쟁과 기본권의 대사인적 효력

앞서 설명한 것처럼 환경권에 대한 침해는 국가가 아닌 국민(사인)에 의해서도 발생할 수 있는데 환경권 침해가 공익에 대한 침해가 아니어서 환경권 침해에 대한 금지와 처벌을 규정하는 형사입법으로 해결될 수 없는 경우가 있다. 예를 들어 주택의 건축으로 다른 사람의 환경권에 포함되는 조망권이나 일조권을 침해한다든지 소음·진동·분진 등을 일으키는 경우를 말한다. 이러한 경우에 환경권을 침해당한 국민은 자신의 환경권을 침해한 국민을 상대로 침해행위의 중지나 침해(불법행위)로 인한 손해배상을 청구하는 민사소송을 제기할 수 있는데 여기서 환경권의 '대사인적 효력(제3자효)'이 발생한다. 이때 중요한 것은 환경 관련 민사소송을 담당하는 법관이 환경권을 존중하는 판결을 내리는 것이다. 이를 위해서 법관은 민법상의 일반조항을 적용하면서 환경권을 고려해야 한다.[18]

18) 하지만 대법원은 환경권의 사법상 인정될 수 있는 권리의 성격을 일관되게 부인한다. 예를 들어 대결 1995. 5. 23. 94마2218: "헌법 제35조 제1항은 환경권을 기본권의 하나로 승인하고 있으므로, 사법의 해석과 적용에 있어서도 이러한 기본권이 충분히 보장되도록 배려하여야 하나, 헌법상의 기본권으로서의 환경권에 관한 위 규정만으로서는 그 보호대상인 환경의 내용과 범위, 권리의 주체가 되는 권리자의 범위 등이 명확하지 못하여 이 규정이 개개의 국민에게 직접으로 구체적인 사법상의 권리를 부여한 것이라고 보기는 어렵고, 사법적 권리인 환경권을 인정하면 그 상대방의 활동의 자유와 권리를 불가피하게 제약할 수밖에 없으므로, 사법상의 권리로서의 환경권이 인정되려면 그에 관한 명문의 법률규정이 있거나 관계 법령의 규정취지나 조리에 비추어 권리의 주체, 대상, 내용, 행사방법 등이 구체적으로 정립될 수 있어야 한다." 같은 취지로 대판 1995. 9. 15. 95다23378; 1997. 7. 22. 96다56153; 1999. 7. 27. 98다47528 참조.

**[판례 21.4] 사인에 의한 환경권 침해 판례**

[1] 건물의 신축으로 인하여 그 이웃 토지상의 거주자가 직사광선이 차단되는 불이익을 받은 경우에 그 신축행위가 정당한 권리행사로서의 범위를 벗어나 사법상 위법한 가해행위로 평가되기 위해서는 그 일조방해의 정도가 **사회통념상 일반적으로 인용하는 수인한도를 넘어야** 하고, 건축법 등 관계 법령에 일조방해에 관한 직접적인 단속법규가 있다면 그 법규에 적합한지 여부가 사법상 위법성을 판단함에 있어서 중요한 판단자료가 될 것이지만, 이러한 공법적 규제에 의하여 확보하고자 하는 일조는 원래 **사법상 보호되는 일조권**을 공법적인 면에서도 가능한 한 보장하려는 것으로서 특별한 사정이 없는 한 일조권 보호를 위한 최소한도의 기준으로 봄이 상당하고, 구체적인 경우에 있어서는 어떠한 건물 신축이 건축 당시의 공법적 규제에 형식적으로 적합하다고 하더라도 현실적인 일조방해의 정도가 현저하게 커 사회통념상 수인한도를 넘은 경우에는 위법행위로 평가될 수 있으며, 일조방해행위가 사회통념상 수인한도를 넘었는지 여부는 피해의 정도, 피해이익의 성질 및 그에 대한 사회적 평가, 가해 건물의 용도, 지역성, 토지이용의 선후관계, 가해 방지 및 피해 회피의 가능성, 공법적 규제의 위반 여부, 교섭 경과 등 모든 사정을 종합적으로 고려하여 판단하여야 한다(대판 2002. 12. 10. 2000다72213; 2007. 6. 14. 2005다72058).

[2] 도로에서 유입되는 소음 때문에 인근 주택의 거주자에게 **사회통념상 수인한도를 넘는 생활이익**의 침해가 발생하였다고 하더라도, 그 주택을 건축하여 분양한 분양회사는 도로의 설치·관리자가 아니고 그 주택의 건축으로 인하여 소음이 발생하였다고 볼 수도 없으므로, 주택의 거주자들이 분양회사를 상대로 소음 때문에 발생한 생활이익의 침해를 원인으로 하는 불법행위책임을 물을 수는 없다. 다만 분양회사는 주택의 공급 당시에 주택법상의 주택건설기준 등 그 주택이 거래상 통상 소음 방지를 위하여 갖추어야 할 시설이나 품질을 갖추지 못한 경우에 집합건물의 소유 및 관리에 관한 법률 제9조 또는 민법 제580조의 담보책임을 부담하거나, 수분양자와의 분양계약에서 소음 방지 시설이나 조치에 관하여 특약이 있는 경우에 그에 따른 책임을 부담하거나, 또는 분양회사가 수분양자에게 분양하는 주택의 소음 상황 등에 관한 정보를 은폐하거나 부정확한 정보를 제공하는 등 신의칙상의 부수의무를 게을리한 경우에 그 책임을 부담할 뿐이다(대판 2008. 8. 21. 2008다9358·9365).

## Ⅲ. 환경파괴에 대한 공익소송의 문제

환경파괴로 인한 피해는 특정 국민에게 국한되지 않고 다수의 국민, 심지어 '미래 세대'의 국민19)이 광범위하게 관련될 수 있다는 점(광범위성)이 특징이다.

19) 1972년 스톡홀름 선언에서도 '미래 세대(future generation)'를 위한 환경보호의 의미가 강조되고 있다(제1원칙). 또한 독일의 경우에도 환경권과 관련하여 '미래 세대(die künftigen Generation)'에 대한 명시적인 언급을 하고 있다. 자세한 내용은 정훈(2003), 443면 및 455면

최근에 원자력발전소 혹은 핵발전소를 둘러싸고 벌어지고 있는 환경파괴 논란에서도 확인할 수 있듯이 환경권을 미래세대의 권리라고 부르는 이유도 이 때문이다. 환경파괴로 인한 피해의 또 다른 특징은 특정 지역에서 환경파괴로 인한 피해가 다수 발생하였다면 같은 지역 또는 인근지역 안에 사는 대부분의 주민도 단지 피해가 현재 드러나지 않았을 뿐 장래의 어느 시점에 나타날 개연성이 높다고 추정할 수 있는 점(잠복성)이다.[20]

여기서 환경파괴로 인한 피해의 구제를 '공익소송'의 차원에서 다루어볼 필요가 있다. 공익소송이란 '좁게 이해'하면 특정 개인의 이익으로 환원될 수 없는 순수한 '공동체의 이익'이 관련된 소송을 의미한다. 예를 들어 국토개발사업으로 인한 생태계나 자연환경의 파괴처럼 순수하게 공동체의 이익이 문제되는 경우에 제기할 수 있는 소송이다. 따라서 단지 다수의 국민의 이익이 관련되어 있다는 사실만으로 공익소송이 필요하다고 볼 수는 없다. 환경파괴로 인한 권리침해는 대체로 다수의 이익과 관련되어 있기는 하지만 반드시 순수한 의미의 공동체의 이익과 관련되어 있지는 않기 때문이다. 하지만 공익소송을 '넓게 이해'하면 국가에 의한 인권침해로 '다수 국민의 이익'이 관련되는 소송까지도 포함할 수 있다. 인권침해의 주체가 국가이어서 피해의 대상이 전체 국민, 즉 공동체 전체가 될 수 있기 때문이다.

환경파괴는 국가에 의해 국민의 환경권이 침해되고, 이로 인해 국민 전체가 피해를 입을 수 있기 때문에 공익소송으로 해결해야 할 대표적인 경우에 해당한다. 더욱이 국가에 의한 환경파괴는 '자연과 생태계'라는 순수한 공동체의 이익을 침해하므로 공익소송의 대상이 될 수밖에 없다. 이러한 공익소송은 구체적으로 행정소송이나 헌법소원의 형태로 제기될 수 있다.[21] 그리고 이를 위해 피해자 집단

---

이하 참조. 독일 헌법상의 환경조항에 관한 논의에 대해서는 홍성방(1990), 149면 이하 참조.

20) 이러한 맥락에서 환경소송의 원고적격 범위가 확대되어야 한다는 주장으로 장경원(2011), 374면 이하; 최선웅(2011), 97면 참조. 한편 대법원은 인근지역 주민의 원고적격을 부정한다. 대판 2006. 3. 16. 2006두330: "헌법 제35조 제1항에서 정하고 있는 환경권에 관한 규정만으로는 그 권리의 주체·대상·내용·행사방법 등이 구체적으로 정립되어 있다고 볼 수 없고, 환경정책기본법 제6조도 그 규정 내용 등에 비추어 국민에게 구체적인 권리를 부여한 것으로 볼 수 없으므로, 환경영향평가 대상지역 밖에 거주하는 주민에게 헌법상의 환경권 또는 환경정책기본법에 근거하여 공유수면매립면허처분과 농지개량사업 시행인가처분의 무효확인을 구할 원고적격이 없다." 하지만 "환경영향평가 대상지역 밖의 주민이라 할지라도 공유수면매립면허처분 등으로 인하여 그 처분 전과 비교하여 수인한도를 넘는 환경피해를 받거나 받을 우려가 있는 경우에는, 공유수면매립면허처분 등으로 인하여 환경상 이익에 대한 침해 또는 침해우려가 있다는 것을 입증함으로써 그 처분 등의 무효확인을 구할 원고적격을 인정받을 수 있다"고 하여 원고적격을 인정받을 수 있는 여지를 남기고 있다.

21) 환경소송의 공익성에 기초하여 단체소송의 필요성을 제기하는 견해로 김현준(2010), 147

의 모집이나 피해의 수집 및 환경파괴의 증명과 같은 수고가 요구되고, 국가사업과 피해(또는 환경파괴) 사이의 복잡하고 장기적인 인과관계를 과학적·법리적으로 증명할 수 있는 전문가집단이 필요하다. 이처럼 피해자의 범위가 넓고 인과관계의 증명이 어려운 환경소송은 '단체(집단)소송'의 형태로 인정될 필요가 있다.[22)]

환경파괴로 인한 피해의 특수성 때문에 공익소송이 요구된다고 하더라도 환경, 특히 자연환경에 대한 파괴로 인한 피해는 회복이 불가능하거나 회복에 장기간이 필요한 경우가 많기 때문에 사후적 구제보다는 사전적 예방이 더욱 중요하다는 점을 지적할 필요가 있다. 건강하고 쾌적한 환경은 현재 세대뿐만 아니라 미래 세대도 향유해야 할 이익이다. 현재 세대의 무분별한 환경침해로 회복될 수 없는 피해를 미래 세대가 떠안지 않도록 국민과 국가는 환경의 보호를 위해 노력할 의무가 있다고 본다. 환경보전과 국토개발은 양자택일적 가치라기보다 조화로운 실현이 요구되는 가치이므로 환경보전을 위해 국토개발을 완전히 포기하거나 국토개발을 위해 환경보전을 전면적으로 폐기하는 정책은 바람직하지 못하다. 환경론자든 개발론자든 양자택일적 논리는 정치적 이데올로기거나 종교적 신념에 지나지 않는다. 따라서 환경보전이 가능한 범위 내에서 국토개발이 허용되어야 하고, 국토개발을 인정하는 범위 내에서 환경보전이 주장되어야 한다. 이처럼 환경보전과 국토개발이 균형을 이루는 '지속가능한 개발(sustainable development)'이야말로 바람직한 대안이라고 볼 수 있다. 유엔이 1992년 총회에서 '지속가능개발위원회(Commission on Sustainable Development: CSD)'를 두어 같은 해 6월 '지구정상회의(Earth Summit)'라고도 불리는 '유엔환경·개발회의(United Nations Conference on Environment and Development)'에서 결의된 '아젠다 21(Agenda 21)'과 '리우환경·개발선언(Rio Declaration on Environment and Development)'이 강조하고 있는 지속가능한 개발을 실천하고 있는 이유도 여기에 있다.

### 토론문제

1. 국토개발과 환경보전은 양자택일적 가치인가?
2. 국토개발과 환경보전을 동시에 실현할 수 있는 방법은 무엇인가?
3. 환경권만이 가지는 독특한 성격은 무엇인가?

---

면 이하 참조.

22) 같은 취지의 견해로 최윤철(2005), 395면 참조. 한편 환경소송과 관련된 단체소송의 구체적 내용에 대해서는 김영진(2003), 276면 이하 참조.

**내 입장은?**

1. 환경보전보다 국토개발이 우선되어야 한다.
2. 국토개발보다 환경보전이 우선되어야 한다.
3. 환경보전과 국토개발은 동시에 실현되어야 한다.

## 참고문헌

강현호(1997), 우리 헌법상의 환경권, ≪환경과학논집≫(계명대학교 낙동강환경원), 제2권 제1호(1997), 61~85면.

고문현(2001), 환경권, ≪토지공법연구≫(한국토지공법학회), 제13권(2001), 271~302면.

고문현(2005), 제3세대 인권으로서의 환경권, ≪환경법연구≫(한국환경법학회), 제27권 제4호(2005), 265~282면.

고문현(2011), 우리나라 환경법의 문제점과 과제, ≪법학논총≫(숭실대학교 법학연구소), 제25집(2011), 1~30면.

김상겸(2003), 환경국가와 환경영향평가제도, ≪환경법연구≫(한국환경법학회), 제25권 제1호(2003), 1~25면.

김연태(1998), 헌법상 환경권의 보호대상과 법적 효력 - 대상 판결: 부산고법 1995. 5. 18. 선고 95카합5 판결 및 대법원 1995. 9. 15. 선고 95다23378 -, ≪판례연구≫(고려대학교 법학연구원), 제9집(1998), 189~222면.

김영진(2003), 집단소송제 도입을 통한 환경권의 보호, ≪세계헌법연구≫(국제헌법학회 한국학회), 제7권(2003), 263~280면.

김원중(2004), 환경침해에 대한 공법적 규제와 구제에 관한 연구, ≪환경법연구≫(한국환경법학회), 제26권 제1호(2004), 67~86면.

김종세(2006), 환경권과 국가목표로서 환경보호에 관한 고찰, ≪환경법연구≫(한국환경법학회), 제28권 제1호(2006), 593~632면.

김현준(2010), 환경사법(司法)액세스권과 환경단체소송, ≪환경법연구≫(한국환경법학회), 제32권 제2호(2010), 134~163면.

김형성(2004), 헌법상 환경규정의 규범적 의의, ≪환경법연구≫(한국환경법학회), 제26권 제4호(2004), 115~134면.

김홍균(2004), 새만금 소송의 의의와 과제, ≪저스티스≫(한국법학원), 제81호(2004년 10월호), 90~119면.

남정아(2020), 헌법 질서 내에서 환경권의 의미와 환경권의 실현구조, ≪공법학연구≫

(한국비교공법학회), 제21권 제1호(2020), 227~253면.

문광삼(2000), 기본권으로서의 환경권과 국가목표로서의 자연환경, ≪환경법연구≫(한국환경법학회), 제22권(2000), 219~245면.

박진완(2008), 환경권과 자연보호－환경기본권의 기본권의 기능적 측면에서의 검토－, ≪환경법연구≫(한국환경법학회), 제30권 제3호(2008), 3~40면.

설계경(2006), 환경침해의 권리구제에 관한 고찰, ≪환경법연구≫(한국환경법학회), 제28권 제1호(2006), 491~518면.

송기춘(2018), 헌법상 환경권 조항의 개정론－2018년 대통령 발의 헌법개정안에 대한 평가를 중심으로－, ≪세계헌법연구≫(세계헌법학회 한국학회), 제24권 제2호(2018), 75~100면.

이재명(2003), 헌법상 환경권 보장의 문제, 제5집 제2호(2003), ≪중앙법학≫(중앙법학회), 7~29면.

장경원(2011), 환경행정소송과 제3자의 원고적격－대법원 2010. 4. 15. 선고 2007두16127 판결을 중심으로－, ≪환경법연구≫(한국환경법학회), 제33권 제2호(2011), 359~388면.

장영수(2006), 환경국가의 헌법적 기초, ≪헌법학연구≫(한국헌법학회), 제12권 제1호(2006), 369~398면.

장철준(2021), 헌법 안과 밖의 사회적 기본권, 그리고 사회국가원리－환경권 이해의 발상 전환을 위하여－, ≪공법학연구≫(한국비교공법학회), 제22권 제1호(2021), 209~232면.

정극원(2009), 헌법체계상 환경권의 보장, ≪헌법학연구≫(한국헌법학회), 제15권 제2호(2009), 399~429면.

정 훈(2003), 환경보호에 관한 헌법적 규율, ≪환경법연구≫(한국환경법학회), 제25권 제1호(2003), 433~462면.

최선웅(2011), 환경행정소송에서의 원고적격, ≪행정법연구≫(행정법이론실무학회), 제30호(2011), 67~103면.

최윤철(2005), 우리헌법에서의 환경권조항의 의미－기본권 보장 또는 환경보호?－, ≪환경법연구≫(한국환경법학회), 제27권 제2호(2005), 373~399면.

최희수(2017), 환경권과 국가의 보호의무－헌재 2006헌마711 결정의 의의에 관하여－, ≪강원법학≫(강원대학교 비교법학연구소), 제50권(2017), 429~460면.

홍성방(1990), 한국 헌법 제35조 「환경권」에 관한 연구, ≪강원법학≫(강원대학교 비교법학연구소), 제4호(1990), 147~176면.

홍성방(2000), 환경기본권－한국 헌법 제35조에 대한 해석론적·입법론적 소고－, ≪환경법연구≫(한국환경법학회), 제22권(2000), 473~489면.

홍준형(2000), 지속가능한 삶의 권리로서의 환경권, ≪법조≫(법조협회), 제531호(2000년 12월호), 247~289면.

# 제22장
# 양극화와 가난한 자의 권리

"세계인권선언에 따라 공포와 결핍으로부터의 자유를 향유하는 자유인간의 이상은 모든 사람이 자신의 경제적, 사회적 및 문화적 권리를 향유할 수 있는 여건이 조성되는 경우에만 성취될 수 있음을 인정하며 …"
≪경제적·사회적·문화적 권리에 관한 국제규약(A규약, ICESCR), 1966≫

가난은 죄가 아니다. 그러나 다른 어떤 죄보다 큰 형벌을 가져다줄 수도 있다. 배고프고 헐벗는 고통을 형벌의 고통에 비할 수 있을까? 가난은 범죄를 만들 수도 있다. 그러면 가난의 고통에 형벌의 질고가 추가된다. 가난은 범죄를 만들고, 범죄는 다시 가난을 만든다. 그리고 가난한 자는 범죄자라는 고정관념을 만들어낸다.

가난은 모든 자유를 쓸모없게 만든다. 돈이 없으면 어떤 자유도 실현하기 힘들다. 가난은 운명이 아닐 수도 있다. 가난은 여러 가지 방법으로 벗어날 수 있으니까. 하지만 개인의 노력으로 벗어나기 힘든 것이 가난이다. 가난한 자에게 도움이 필요하다. 도움을 주기 위해서는 나의 자유를 제한해야 한다. 무엇보다 나의 행복을 위하여 돈을 쓰는 자유가 제한되어야 한다.

가난에서 벗어나는 것은 단순히 도움을 받는 것이 아니다. 가난은 죄도, 운명도 아니므로 가난에서 벗어나는 것은 오히려 권리일 수 있다. 국가와 다른 사람들은 가난한 사람들을 도와 그들의 가난으로부터 벗어나게 해야 할 의무가 있다. 이러한 권리와 의무에 대해서 살펴보도록 한다.

# Ⅰ. 문제제기

## 1. 돈이 필요한 자유

인간의 존엄과 가치가 보장되기 위해서는 필수적으로 자유가 보장되어야 한다. 대부분의 자유는 그것을 행사하는 데 돈이 들지 않는다. 따라서 국가는 국민에게 법규범을 통해 자유를 보장해주는 것만으로도 그 의무를 다했다고 볼 수 있다. 가능하면 국민의 자유를 제한하지 않고, 다른 사람의 자유를 제한하려는 자들에게 제재(형벌이나 손해배상)를 가함으로써 국민의 자유를 보호해 주면 국가는 자신에게 맡겨진 책임을 충분히 이행한 것이다.

하지만 어떤 자유는 그것을 행사하는 데 많든 적든 돈이 들어간다. 예를 들어 공부할 수 있는 자유나 병원에 갈 수 있는 자유는 공부에 필요한 돈(교육비)이나 병원비가 없는 경우에는 실질적으로 행사할 수 없는 자유에 지나지 않게 된다. 이처럼 경제적 빈곤이 자유실현의 장애가 됨으로써 가난한 자는 일정한 자유를 단지 형식적으로만 향유하고 실질적으로는 향유할 수 없게 된다. 여기서 근본적으로 경제적 빈곤의 문제를 해결하거나, 아니면 가난한 자가 돈을 벌 수 있도록 일자리를 마련해 주거나, 적어도 가난한 자에게 생활에 필수적인 정도의 금전을 직접 제공해 줌으로써 자유를 실질적으로 보장할 의무가 국가에 부여된다.

## 2. 한국사회의 양극화

2020년을 기준으로 대한민국의 1인당 국민총소득(GNI)은 31,755달러(약 3,747만원)다(아래 [표 22.1] 참조). 한편 도시근로자 가구당 월평균소득은 579만원이다([표 22.2] 참조). 이처럼 규모로만 보면 한국경제는 이미 선진국에 들어섰다고 볼 수는 없지만 적어도 절대적 빈곤은 벗어났다고 볼 수 있다. 결국 산업화를 통한 경제성장이 대한민국의 빈곤 문제를 어느 정도 해결했다고 보아도 무리는 없다.

한편 2019년 12월을 기준으로 국민기초생활보장 수급권자인 약 188만여 명(137만 1천여 가구) 중에 72퍼센트 이상이 40만원 이하의 월소득에 그치고 있다([표 22.3] 참조). 이것은 경제규모의 전반적인 성장에도 불구하고 취약계층의 생활수준이 여전히 나아지고 있지 않다는 사실을 보여준다. 또한 아직도 최저생계비에도 미치지 못하는 절대적 빈곤의 문제에 직면한 계층이 존재한다는 사실을 확인할 수 있다.

[표 22.1] 국민총소득(GNI), 국내총생산(GDP) 및 국민처분가능소득 추이

| 연도 | 국민총소득 GNI(명목) (십억원) | 1인당 GNI (만원/$) | 국내총생산 GDP(명목) (십억원) | 국민처분 가능소득(명목) (십억원) | 노동소득 분배율* (%) |
|---|---|---|---|---|---|
| 1990 | 197,414 | 461(6,505) | 197,712 | 174,018 | 56.8 |
| 1995 | 427,012 | 947(12,282) | 428,927 | 366,889 | 60.2 |
| 2000 | 630,614 | 1,342(11,865) | 635,184 | 521,717 | 57.8 |
| 2005 | 912,608 | 1,896(18,508) | 919,797 | 750,310 | 61.2 |
| 2007 | 1,040,091 | 2,140(23,033) | 1,043,257 | 857,994 | 61.2 |
| 2010 | 1,266,579 | 2,563(22,170) | 1,265,308 | 1,028,321 | 59.4 |
| 2015 | 1,565,815 | 3,094(27,340) | 1,558,591 | 1,254,819 | 62.9 |
| 2020 | 1,940,348 | 3,747(31,755) | 1,924,453 | 1,549,005 | 65.5 |

자료: 통계청 국가통계포털(www.kosis.kr).

* 노동소득분배율: 국민소득(=영업잉여+피용자보수)에서 피용자보수가 차지하는 비율.

[표 22.2] 도시근로자 가구의 월평균소득 및 가계지출 추이

(단위: 천원)

| 연도 | 월평균 소득 | 처분가능 소득 | 가계지출 | 소비지출 | 평균 소비성향* | 흑자율** |
|---|---|---|---|---|---|---|
| 1990 | 945.3 | 791.0 | 733.6 | 579.3 | 73.2 | 26.8 |
| 1995 | 1,897.6 | 1,583.4 | 1,414.0 | 1,099.7 | 69.5 | 30.5 |
| 2000 | 2,388.2 | 1,977.2 | 1,901.8 | 1,490.8 | 75.4 | 24.6 |
| 2005 | 3,252.1 | 2,682.6 | 2,560.6 | 1,991.1 | 74.2 | 25.8 |
| 2007 | 3,656.2 | 2,993.2 | 2,826.6 | 2,163.6 | 72.3 | 27.7 |
| 2010 | 4,007.7 | 3,233.3 | 3,209.5 | 2,435.1 | 75.3 | 24.7 |
| 2015 | 4,816.6 | 3,876.9 | 3,662.5 | 2,722.8 | 70.2 | 29.8 |
| 2016 | 4,884.4 | 3,935.9 | 3,688.9 | 2,740.4 | 69.6 | 30.4 |
| 2020 | 5,794,406 | 4,610,809 | 4,303,602 | 3,120,005 | 67.7 | 32.3 |

자료: 통계청 국가통계포털(www.kosis.kr) 1990~2020년도 <가계동향조사>.

* 평균소비성향=소비지출/처분가능소득×100.

** 흑자율=(처분가능소득−소비지출)/처분가능소득×100.

[표 22.3] 기초생활수급자의 소득급간별 비율 (단위: %)

| 연도 | 소득 없음 | 0원초과 ~ 20만원이하 | 20만원초과 ~ 40만원이하 | 40만원초과 ~ 60만원이하 | 60만원초과 ~ 80만원이하 | 80만원초과 ~ 100만원이하 | 100만원초과 ~ 120만원이하 | 120만원 초과 |
|---|---|---|---|---|---|---|---|---|
| 2004 | 9.5 | 50.7 | 19.8 | 11.3 | 5.4 | 2.1 | 0.7 | 0.4 |
| 2005 | 11.8 | 50.1 | 19.0 | 10.3 | 5.3 | 2.2 | 0.8 | 0.5 |
| 2006 | 14.6 | 48.6 | 18.0 | 9.7 | 5.4 | 2.3 | 0.9 | 0.5 |
| 2007 | 16.5 | 47.4 | 17.5 | 9.3 | 5.4 | 2.4 | 0.9 | 0.5 |
| 2008 | 12.6 | 50.2 | 18.3 | 9.5 | 5.4 | 2.4 | 1.0 | 0.7 |
| 2009 | 13.9 | 47.7 | 18.4 | 10.1 | 5.4 | 2.6 | 1.1 | 0.9 |
| 2010 | 19.4 | 44.7 | 16.8 | 9.7 | 4.9 | 2.5 | 1.1 | 0.9 |
| 2011 | 18.6 | 45.5 | 15.6 | 9.3 | 5.4 | 2.8 | 1.4 | 1.4 |
| 2012 | 21.1 | 44.0 | 15.0 | 8.4 | 5.6 | 2.8 | 1.4 | 1.8 |
| 2013 | 22.4 | 43.3 | 14.2 | 7.8 | 5.5 | 2.7 | 1.5 | 2.5 |
| 2014 | 24.3 | 32.7 | 19.3 | 9.2 | 6.5 | 3.0 | 1.7 | 3.3 |
| 2015 | 26.9 | 13.7 | 32.1 | 7.5 | 6.0 | 3.6 | 3.1 | 7.1 |
| 2019 | 30.0 | 11.5 | 30.8 | 11.4 | 6.5 | 3.0 | 2.1 | 4.8 |

자료: 보건복지부(www.mohw.go.kr) <국민기초생활보장수급자현황>(2019) 재구성.

더욱 중요한 것은 상대적 빈곤의 문제다. 최상위계층과 최하위계층의 소득차이가 현격하게 벌어지고 있다. 가구를 소득순으로 나열하여 최하위 가구부터 최상위 가구까지를 5개의 구간(각 구간의 가구수는 전체 가구수의 20%)으로 등분한 뒤에 각 구간별 소득을 평균한 금액을 나타내는 '5분위별 소득'과 최하위인 1분위와 최상위인 5분위의 소득배율을 나타내는 '5분위 배율'은 이와 같은 사실을 분명하게 보여준다([표 22.4] 참조). 예를 들어 2019년 4/4분기 전국 가구의 평균소득은 약 472만원인데 1분위는 약 132만원, 5분위는 약 946만원으로 7배의 소득배율을 나타내고 있다. 도시 가구만을 기준으로 하더라도 평균소득은 약 488만원이고, 1분위는 약 138만원, 5분위는 약 965만원으로 소득배율은 7배다. 또한 소득불평등을 나타내 주는 지니계수[1])도 점차 증가하는 추세에 있다([표 22.4] 참조).

한국사회의 경제적 불평등과 양극화를 잘 보여주는 통계들이다. 부자는 점점 더 부유해지고, 가난한 자는 점점 더 가난해질 뿐만 아니라 중간계층은 점점 더 약화되고 있다. 이에 따라 사회구성원들은 부자와 가난한 자의 두 그룹으로 구분

1) 지니계수는 로렌츠곡선과 45° 선에 둘러싸인 면적을 45° 선 이하의 전체면적으로 나누어 계산한 값을 말한다. 그 값이 0에 가까울수록 소득분배가 완전한 평등에 가깝고, 1에 가까울수록 완전한 불평등에 가깝다. 채구묵(2007), 203면 참조.

[표 22.4] **월소득 5분위별 소득분포 및 배율** (단위: 천원)

| | 평균 | 1분위 | 2분위 | 3분위 | 4분위 | 5분위 | 배율 |
|---|---|---|---|---|---|---|---|
| 2010 | 3,631,713 | 1,191,107 | 2,399,893 | 3,294,378 | 4,358,248 | 6,913,149 | 5.80 |
| | 3,670,142 | 1,201,986 | 2,406,136 | 3,315,452 | 4,397,870 | 7,026,906 | 5.85 |
| 2011 | 3,841,586 | 1,254,913 | 2,550,619 | 3,505,276 | 4,591,021 | 7,303,126 | 5.82 |
| | 3,893,666 | 1,266,157 | 2,565,945 | 3,539,069 | 4,648,872 | 7,443,423 | 5.88 |
| 2012 | 4,076,876 | 1,352,073 | 2,713,871 | 3,696,992 | 4,873,068 | 7,746,812 | 5.73 |
| | 4,126,769 | 1,364,556 | 2,743,824 | 3,737,225 | 4,932,238 | 7,853,682 | 5.76 |
| 2013 | 4,161,833 | 1,382,632 | 2,803,754 | 3,780,828 | 4,993,435 | 7,846,514 | 5.68 |
| | 4,203,326 | 1,392,711 | 2,823,423 | 3,807,625 | 5,050,721 | 7,938,050 | 5.70 |
| 2014 | 4,302,352 | 1,460,535 | 2,866,229 | 3,917,422 | 5,136,732 | 8,129,491 | 5.57 |
| | 4,334,989 | 1,477,064 | 2,883,625 | 3,937,494 | 5,166,650 | 8,202,880 | 5.55 |
| 2015 | 4,373,116 | 1,532,152 | 2,937,876 | 4,003,394 | 5,203,264 | 8,176,797 | 5.34 |
| | 4,404,865 | 1,550,219 | 2,953,289 | 4,028,828 | 5,237,914 | 8,251,317 | 5.32 |
| 2016 | 4,399,190 | 1,446,963 | 2,914,445 | 4,009,979 | 5,270,734 | 8,347,922 | 5.77 |
| | 4,426,753 | 1,470,818 | 2,926,929 | 4,032,923 | 5,291,499 | 8,407,990 | 5.72 |
| 2017 | 4,445,156 | 1,504,820 | 2,912,230 | 4,038,302 | 5,316,661 | 8,449,671 | 5.62 |
| | 4,472,246 | 1,521,301 | 2,930,215 | 4,022,965 | 5,305,881 | 8,568,606 | 5.63 |
| 2018 | 4,606,125 | 1,238,216 | 2,772,971 | 4,109,752 | 5,572,905 | 9,324,318 | 7.53 |
| | 4,685,940 | 1,272,856 | 2,829,923 | 4,159,967 | 5,646,587 | 9,505,403 | 7.47 |
| 2019 | 4,771,921 | 1,323,744 | 2,940,270 | 4,291,111 | 5,840,672 | 9,458,855 | 7.15 |
| | 4,880,947 | 1,378,901 | 3,023,899 | 4,374,285 | 5,969,303 | 9,651,906 | 7.00 |

자료: 통계청 국가통계포털(www.kosis.kr) <가계동향조사>(2010~2019).
* 2017년 이후는 각 연도 4/4분기 통계

되고 있다. 이것은 가난한 자들의 인간존엄을 실현하기 위한 자유의 사실적 조건들이 점차 악화되고, 결국 부자들의 세금으로 가난한 자의 사실적 자유를 실현해야 할 필요성이 점차 증가하고 있음을 의미한다. 물론 이것은 더 많은 세금을 내야 하는 부자들의 동의를 전제로 한다.

한국사회의 양극화를 초래한 결정적 계기는 1997년 외환위기와 구조조정에서 찾는 것이 일반적 견해다.[2] 외환위기에 따라 외부적으로 강제된 기업의 구조조정이 실업률을 급격하게 증가시켰고, 정규직에 비해 상대적으로 임금이 낮은

2) 유철규(2004), 24면; 조성혜(2005), 215면 참조.

비정규직의 고용도 현격하게 증가시켰기 때문이다.[3] 한편 대외적 요소로서 자본의 세계화와 자유화가 이런 양극화를 심화시키고 있는 원인으로 지적되기도 한다.[4] 자본 또는 금융시장의 개방으로 국민소득에서 차지하는 이윤이나 지대소득은 높아진 반면에 근로자의 임금소득은 상대적으로 낮아졌기 때문이다. 또한 정보통신기술(ICT: Information Communication Technology)의 발달도 양극화의 원인으로 지적된다.[5] 상품시장의 세계화와 자유화는 비교우위에 있는 산업을 중심으로 산업구조가 재편되도록 만들면서 결국 기술집약적 산업만 살아남고, 노동집약적 산업은 도태될 수밖에 없기 때문이다. 그리고 외국투자자본의 노동유연성에 대한 강력한 요구도 양극화의 원인이 된다. 그 밖에 양극화의 대내적 요소로서 취약한 중소기업의 기반, 그리고 자산의 불평등과 부동산 문제도[6] 양극화의 원인으로 지적된다.

양극화의 근본적 해결은 양극화에 대한 엄밀한 분석에서 출발한다. 하지만 양극화는 다양한 관점에서 접근할 수 있기 때문에 다양한 원인이 제시될 수 있다. 이에 관한 연구는 경제학자와 사회학자의 몫이다. 우리의 맥락에서 중요한 것은 양극화의 결과인 빈곤 때문에 가난한 자들의 자유실현이 매우 어려운 지경에 처해 있다는 현실적 상황이다. 이러한 현실은 사회적 통합을 해치고 사회불안의 요소를 증가시키기 때문에 단지 가난한 자만의 문제라고 볼 수 없다. 여기서 공동체구성원 전체의 이익을 위하여 양극화를 해결할 수 있는 다양한 방안이 제시되어야 하는데 경제학적, 사회학적 정책대안은 역시 경제학자와 사회학자의 몫으로 돌리기로 한다. 그렇다면 양극화의 현실 속에서 법학은 가난한 자의 자유실현을 위하여 무엇을 할 수 있는가?

---

3) 정규직과 비정규직의 양극화가 초래된 원인과 대책에 대해서는 이병훈/김유선(2003), 143면 이하 참조. 한편 비정규직의 인권에 대해서는 이 책 제40장 참조.

4) 신명호(2006), 22면 참조.

5) 신명호(2006), 23면 이하 참조.

6) 토지소유의 편중으로 인한 토지자본이득(시세차익)의 집중과 부동산투기로 인한 주택가격(특히 서울, 그 중에서 강남의 주택가격)의 상승이 경제적 양극화를 불러왔다고 하면서 이에 대한 대안으로 토지보유세의 강화를 주장하는 견해가 있다. 전강수(2005), 173면 이하 참조. 같은 맥락에서 자산과 부동산의 양극화가 경제·사회적 양극화의 원인이라고 지적하면서 "토지 불로소득은 백해무익"이기 때문에 토지보유세를 대폭 강화해야 한다고 주장하는 견해로 박창수(2006), 54면 이하 참조.

# Ⅱ. 사실적 자유와 사회보장(사회복지)

## 1. 사실적 자유로서 사회적 기본권

자유에는 단지 법규범에 의하여 형식적으로만 보장된 자유가 있고, 자유를 실현하는 데 필요한 실질적인 재정적 기초까지 보장된 자유가 있다. 법적 자유는 원칙적으로 자유를 실현하는 실질적 기초까지는 보장하지 않는 '형식적 자유'를 의미한다. 따라서 법적 자유는 이것을 실현하기 위한 재정적 기초를 보장하도록 요구하는 '실질적 자유'에 의하여 보완될 필요가 있다. 이러한 실질적 자유를 '사실적 자유' 또는 '사회적 기본권(사회권 또는 생존권)'이라고 부른다.[7)]

이러한 사회적 기본권의 중요성을 인식하고 대한민국 헌법은 다양한 사회적 기본권들을 규정하고 있다. 인간다운 생활을 할 권리(헌법 제34조)를 필두로 교육(헌법 제31조), 의료(헌법 제36조 제3항), 주거(헌법 제35조 제3항), 환경(헌법 제35조 제1항), 노동(헌법 제32조)에 관한 권리가 대표적인 사회적 기본권에 해당한다. 유엔도 일찍이 '경제적·사회적·문화적 권리에 관한 국제규약(International Covenant on Economic, Social and Cultural Rights: ICESCR, 1966)'[8)]을 만들어 사회적 기본권의 중요성을 강조하고 있다.

사실적 자유는 자유를 실현하는 재정적 기초를 보장하는 것을 내용으로 하기 때문에 사실적 자유가 문제되는 것은 원칙적으로 자유의 실현에 재정적 수단(돈)이 반드시 필요한 경우다. 앞서 예로 든 공부(교육)나 병원(의료서비스) 이외에도 먹고 사는 일(생계)이나 집(주거)과 관련된 자유도 돈이 필요한 자유의 영역에 속한다. 게다가 자본주의를 원칙으로 하는 시장경제질서 안에서 돈이 필요하지 않는 자유는 사실상 찾기가 어려워지고 있다. 심지어 내면적 자유 또는 정신적 자유로 이해되었던 양심의 자유나 종교의 자유조차 이러한 자유를 실현하기 위한 재정적 기초가 보장되지 않으면 형식적 자유에 지나지 않게 되는 것이 현실이다. 우리가 자주 듣는 "돈 때문에 양심을 팔았다"는 고백은 이러한 현실을 웅변적으로 말해준다.

---

7) 사회적 기본권의 개념에 대해서는 이준일(2003), 449면 이하 참조.

8) '경제적·사회적·문화적 권리에 관한 국제규약(ICESCR)'은 1966년 12월 16일 유엔총회에서 채택되어 1976년 1월 3일부터 발효되었다. 대한민국은 1990년 4월 10일 이 규약에 가입하였고, 같은 해 7월 10일부터 이 규약이 대한민국에 적용되고 있다. 주요내용으로는 경제적·사회적·문화적 권리에서 양성평등권(제3조), 근로의 권리(제6조), 공정하고 유리한 근로조건에 관한 권리(제7조), 노동조합결성권(제8조), 사회보장에 관한 권리(제9조), 가정과 혼인에 관한 권리(제10조), 건강에 관한 권리(제12조), 교육을 받을 권리(제13조), 문화에 관한 권리(제15조) 등이다.

### 2. 국가의 사회보장의무

자유실현에 재정적 기초가 필요한 영역이 넓어지면서 사회적 기본권의 대상도 넓어지고 있다. 이것은 국가가 국민의 자유실현을 위한 재정적 기초를 제공해야 할 의무가 증대되고 있음을 의미한다. 어쨌든 국민이 국가에 대해서 자유실현의 재정적 기초를 제공해주도록 요구할 수 있는 권리에 상응해서 국가가 가지는 의무가 '사회보장(사회복지)의 의무'다.[9]

국가가 부담하는 사회보장의 의무로서 우선 국민에게 보장되어야 하는 사회적 기본권의 대상에 상응하여 국가는 국민의 생계와 건강의 유지, 교육 및 주거에 필요한 최소한의 **공적 부조를 제공**해야 할 의무가 있다. 또한 국가는 국민에게 직접적인 공적 부조를 제공하는 대신에 국민 스스로 생활의 수요를 획득할 수 있도록 많은 일자리를 창출함으로써 **고용을 증대**시키기 위하여 노력해야 할 의무도 있다. 그리고 국가는 건강보험, 고용보험, 산재보험, 국민연금 등 **사회보험제도를 완비**함으로써 사회적 안전망을 구축해야 할 의무도 있다.

## Ⅲ. 최소한의 사회권으로서 최저생계비와 최저보장수준

### 1. 최저생계비의 의의

재정적 수단이 필요한 모든 자유의 실현에 재정적 수단이 제공될 수 있다면 가장 이상적이다. 하지만 현실적으로 가능한 재화는 한정되어 있기 때문에 가장 필수적인 자유에 대해서만 재정적 수단을 보장하기 위하여 공적 부조를 제공할 필요가 있다. 예를 들어 먹고 사는 데 필요한 최소한의 비용이 그것이다. 이것을 보장하는 것이 '최저생계비'에 관한 제도다. 어느 정도의 최저생계비를 보장할 것인지는 해당 국가의 경제규모나 경제정책이 결정할 수밖에 없다.

**구 국민기초생활보장법**(2014. 12. 30. 법률 제12933호로 개정되기 이전의 것)에서는 보건복지부장관이 국민의 소득·지출수준과 수급권자의 가구유형 등 생활실태, 물가상승률 등을 고려하여 최저생계비를 결정하고(동법 제6조 제1항), 매년 9월 1일까지 중앙생활보장위원회의 심의·의결을 거쳐 다음 연도의 최저생계비를 공

9) 사회보장법은 사회적 기본권을 규정한 헌법 제34조를 구체화하는 것이라고 이해하는 견해로 이달휴(2000), 276면 이하 참조.

표하도록 했으며(동법 동조 제2항). 최저생계비를 결정하기 위하여 필요한 계측조사를 3년마다 실시하도록 했다(동법 동조 제3항). 그러나 2014년에 개정되어 2015년 7월 1일부터 시행된 국민기초생활보장법은 '최저보장수준'의 개념을 도입해서 "계측하는 금액"(최저생계비)과 "급여의 종류별로 공표하는 금액이나 보장수준"(최저보장수준)을 구분하여 최저생계비는 보건복지부장관이 계측하고, 최저보장수준은 보건복지부장관 또는 소관 중앙행정기관의 장이 공표하도록 한다.

현행 **국민기초생활 보장법**(최근개정: 2019. 12. 3. 법률 제16734호)은 **최저생계비**를 "국민이 건강하고 문화적인 생활을 유지하기 위하여 필요한 최소한의 비용"으로서 "보건복지부장관이 계측한 금액"으로 정의하고(동법 제2조 제7호), **보건복지부장관**이 최저생계비 계측을 위하여 3년마다 실태조사를 실시·공표하도록 요구한다(동법 제20조의2 제4항). 한편 보건복지부장관 또는 소관 중앙행정기관의 장이 국민의 소득·지출 수준과 수급권자의 가구 유형 등 생활실태, 물가상승률 등을 고려하여 급여의 종류별로 공표하는 금액이나 보장수준을 "**최저보장수준**"으로 정의하면서(동법 제2조 제6호), 최저보장수준을 **보건복지부장관** 또는 **소관 중앙행정기관의 장**이 결정하도록 한다(동법 제6조 제1항). 보건복지부장관 또는 소관 중앙행정기관의 장은 다음 연도의 최저보장수준을 **매년 8월 1일까지** 중앙생활보장위원회의 심의·의결을 거쳐 공표해야 한다(동법 동조 제2항).

**[법령 22.1] 국민기초생활 보장법**(최근개정: 2019. 12. 3. 법률 제16734호)

**제2조 (정의)**

이 법에서 사용하는 용어의 뜻은 다음과 같다.

1.~5. 생략

6. "최저보장수준"이란 국민의 소득·지출 수준과 수급권자의 가구 유형 등 생활실태, 물가상승률 등을 고려하여 제6조에 따라 급여의 종류별로 공표하는 금액이나 보장수준을 말한다.
7. "최저생계비"란 국민이 건강하고 문화적인 생활을 유지하기 위하여 필요한 최소한의 비용으로서 제20조의2제4항에 따라 보건복지부장관이 계측하는 금액을 말한다.

8.~11. 생략

**제6조 (최저보장수준의 결정 등)**

① 보건복지부장관 또는 소관 중앙행정기관의 장은 급여의 종류별 수급자 선정기준 및 최저보장수준을 결정하여야 한다.

② 보건복지부장관 또는 소관 중앙행정기관의 장은 매년 8월 1일까지 제20조 제2항에 따른 중앙생활보장위원회의 심의·의결을 거쳐 다음 연도의 급여의 종류별 수급자 선정기준 및 최저보장수준을 공표하여야 한다.

③ 삭제

**제20조 (생활보장위원회)**

① 이 법에 따른 생활보장사업의 기획·조사·실시 등에 관한 사항을 심의·의결하기 위하여 보건복지부와 시·도 및 시·군·구(자치구를 말한다. 이하 같다)에 각각 생활보장위원회를 둔다. 다만, 시·도 및 시·군·구에 두는 생활보장위원회는 그 기능을 담당하기에 적합한 다른 위원회가 있고 그 위원회의 위원이 제4항에 규정된 자격을 갖춘 경우에는 시·도 또는 시·군·구의 조례로 정하는 바에 따라 그 위원회가 생활보장위원회의 기능을 대신할 수 있다.

② 보건복지부에 두는 생활보장위원회(이하 "중앙생활보장위원회"라 한다)는 다음 각 호의 사항을 심의·의결한다.

1. 제20조의2 제3항에 따른 기초생활보장 종합계획의 수립
2. 소득인정액 산정방식과 기준 중위소득의 결정
3. 급여의 종류별 수급자 선정기준과 최저보장수준의 결정
4. 제20조의2 제2항 및 제4항에 따른 급여기준의 적정성 등 평가 및 실태조사에 관한 사항
5. 급여의 종류별 누락·중복, 차상위계층의 지원사업 등에 대한 조정
6. 제18조의3에 따른 자활기금의 적립·관리 및 사용에 관한 지침의 수립
7. 그 밖에 위원장이 회의에 부치는 사항

②~⑥ 생략

**제20조의2 (기초생활보장 계획의 수립 및 평가)**

① 소관 중앙행정기관의 장은 수급자의 최저생활을 보장하기 위하여 3년마다 소관별로 기초생활보장 기본계획을 수립하여 보건복지부장관에게 제출하여야 한다.

② 보건복지부장관 및 소관 중앙행정기관의 장은 제4항에 따른 실태조사 결과를 고려하여 급여기준의 적정성 등에 대한 평가를 실시할 수 있으며, 이와 관련하여 전문적인 조사·연구 등을 「공공기관의 운영에 관한 법률」에 따른 공공기관 또는 민간 법인·단체 등에 위탁할 수 있다.

③ 보건복지부장관은 제1항에 따른 기초생활보장 기본계획 및 제2항에 따른 평가결과를 종합하여 기초생활보장 종합계획을 수립하여 중앙생활보장위원회의 심의를 받아야 한다.

④ 보건복지부장관은 수급권자, 수급자 및 차상위계층 등의 규모·생활실태 파악, 최저생계비 계측 등을 위하여 3년마다 실태조사를 실시·공표하여야 한다.

⑤ 생략

[표 22.5] 연도별 최저생계비

(단위: 원/월)

| 가구 / 연도 | 1인 | 2인 | 3인 | 4인 | 5인 | 6인 | 7인 |
|---|---|---|---|---|---|---|---|
| 2010 | 504,344 | 858,747 | 1,110,919 | 1,363,091 | 1,615,263 | 1,867,435 | 2,119,607 |
| 2011 | 532,583 | 906,830 | 1,173,121 | 1,439,413 | 1,705,704 | 1,971,995 | 2,238,287 |
| 2012 | 553,354 | 942,197 | 1,218,873 | 1,495,550 | 1,772,227 | 2,048,904 | 2,325,580 |
| 2013 | 572,168 | 974,231 | 1,260,315 | 1,546,399 | 1,832,482 | 2,118,566 | 2,404,650 |
| 2014 | 603,403 | 1,027,417 | 1,329,118 | 1,630,820 | 1,932,522 | 2,234,223 | 2,535,925 |
| 2015 | 617,281 | 1,051,048 | 1,359,688 | 1,668,329 | 1,976,970 | 2,285,610 | 2,594,251 |
| 2016 | 649,932 | 1,106,642 | 1,431,680 | 1,756,574 | 2,081,540 | 2,406,506 | 2,731,473 |
| 2017 | 991,759 | 1,688,669 | 2,184,569 | 2,680,428 | 3,176,307 | 3,672,187 | 4,168,066 |
| 2018 | 1,003,263 | 1,708,258 | 2,209,890 | 2,711,521 | 3,213,152 | 3,714,784 | 4,216,415 |
| 2019 | 1,024,204 | 1,743,917 | 2,256,019 | 2,768,122 | 3,280,224 | 3,779,326 | 4,304,428 |
| 2020 | 1,054,316 | 1,795,188 | 2,322,346 | 2,849,504 | 3,376,663 | 3,903,821 | 4,433,829 |
| 2021 | 1,096,699 | 1,852,847 | 2,390,370 | 2,925,774 | 3,454,424 | 3,977,162 | 4,498,319 |
| 기 준 중 위 소 득 | | | | | | | |
| | 1인 | 2인 | 3인 | 4인 | 5인 | 6인 | 7인 |
| 2016 | 1,624,831 | 2,766,603 | 3,579,019 | 4,391,434 | 5,203,849 | 6,016,265 | 6,828,680 |
| 2017 | 1,652,931 | 2,814,449 | 3,640,915 | 4,467,380 | 5,293,845 | 6,120,311 | 6,946,776 |
| 2018 | 1,672,105 | 2,847,097 | 3,683,150 | 4,519,202 | 5,355,254 | 6,191,307 | 7,027,359 |
| 2019 | 1,707,008 | 2,906,528 | 3,760,032 | 4,613,536 | 5,467,040 | 6,320,544 | 7,174,048 |
| 2020 | 1,757,194 | 2,991,980 | 3,870,577 | 4,749,174 | 5,627,771 | 6,506,368 | 7,389,715 |
| 2021 | 1,827,831 | 3,088,079 | 3,983,950 | 4,876,290 | 5,757,373 | 6,628,603 | 7,497,198 |

자료: 보건복지부(www.mohw.go.kr) 고시(2010~2021).

## 2. 국민기초생활보장 수급권자

**구 국민기초생활보장법**(이하 **구법**)에 따르면 국가로부터 급여를 받을 수 있는 자격은 최저생계비를 기준으로 결정된다. 즉, 소득인정액이 최저생계비 이하인 자이면서 부양의무자가 없거나, 부양의무자가 있어도 부양능력이 없거나 부양을 받을 수 없는 경우 구법에 따라 일정한 급여를 받을 수 있는 권리(수급권)을 가지게 된다(동법 제5조 제1항). 2001년 이후의 누적된 통계를 살펴보면 국민기초생활보장 수급자는 전체 인구의 3퍼센트 내외에 해당하고, 2010년 이후 감소 추세에 있다는 것을 확인할 수 있다. 2019년 기준으로 국민기초생활보장 수급자는 전체 인구의 3.6퍼센트인 188만여 명이다(아래 [표 22.6] 참조).

그러나 현행 **국민기초생활보장법**(이하 **현행법**)은 수급권자의 범위를 구법과 같이 최저생계비를 기준으로 일률적으로 규정하지 않고, **최저보장수준**을 기준으로 **급여의 종류별**로 수급권자의 범위를 정한다. 개별 급여의 수급권자가 되기 위해서는 ① 구법과 마찬가지로 **부양의무자가 없거나, 부양의무자가 있어도 부양능력이 없거나 부양을 받을 수 없는 사람일 것**(이하 '**기초수급요건**'이라 한다)이 요구된다. 구법이 기초수급요건의 구체적 내용을 대통령령에 위임(구법 제5조 제3항)한

**[표 22.6] 기초생활보장 수급자 및 급여별 수급자 현황**

(단위: 명)

| | 기초생활보장 수급자 | | | 생계 급여 | 의료 급여 | 주거 급여 | 교육 급여 |
|---|---|---|---|---|---|---|---|
| | 총수급자 (총인구대비) | 일반 수급자 | 시설 수급자 | | | | |
| 2010 | 1,549,820 (3.1%) | 1,458,198 | 91,622 | - | 1,674,396 | - | - |
| 2011 | 1,469,254 (3.0%) | 1,379,865 | 89,389 | - | 1,609,481 | - | - |
| 2012 | 1,394,042 (2.8%) | 1,300,499 | 93,543 | - | 1,507,044 | - | - |
| 2013 | 1,350,891 (2.7%) | 1,258,582 | 92,309 | - | 1,458,871 | - | - |
| 2014 | 1,328,713 (2.6%) | 1,237,386 | 91,327 | - | 1,440,762 | - | - |
| 2015 | 1,646,363 (3.2%) | 1,554,484 | 91,879 | - | 1,544,267 | - | - |
| 2016 | 1,630,614 (3.2%) | 1,539,539 | 91,075 | 1,240,677 | 1,409,548 | 1,387,915 | 381,200 |
| 2017 | 1,581,646 (3.1%) | 1,491,650 | 89,996 | 1,234,559 | 1,390,944 | 1,351,427 | 335,004 |
| 2018 | 1,743,690 (3.4%) | 1,653,781 | 89,909 | 1,232,325 | 1,397,631 | 1,681,041 | 292,773 |
| 2019 | 1,881,357 (3.6%) | 1,792,012 | 89,345 | 1,232,325 | 1,397,631 | 1,681,041 | 292,773 |

자료: 보건복지부(www.mohw.go.kr) <국민기초생활보장 수급자 현황>(2010~2019).

것과 달리 현행법은 직접 법률에 기초수급요건을 규정(현행법 제8조의2)한다. ② 기초수급요건을 갖춘 사람 중에서 **소득인정액이 급여 종류별 선정기준 이하인 사람**은 국민기초생활법에 따라 해당 급여의 수급권자가 된다. 국민 가구소득의 중위값인 **기준 중위소득**을 보건복지부장관이 중앙생활보장위원회의 심의·의결을 거쳐 고시하면 이를 기준으로 법률에 정해진 하한 금액 이상의 범위에서 급여의 종류별로 보건복지부장관 또는 소관 중앙행정기관의 장이 중앙생활보장위원회의 심의·의결을 거쳐 선정기준을 결정한다. 그러면 소득인정액이 그 이하인 사람이

해당 급여의 수급권자가 되는 것이다. **급여의 종류별 선정기준의 하한**은 생계급여의 경우 기준 중위소득의 100분의 30 이상(동법 제8조 제2항), 주거급여는 기준 중위소득의 100분의 43 이상(동법 제11조 제2항 및 주거급여법 제5조 제1항), 교육급여는 기준 중위소득의 100분의 50 이상(국민기초생활보장법 제12조 제3항), 의료급여는 기준 중위소득의 100분의 40 이상(동법 제12조의3 제2항)이다. 그리고 생계급여, 주거급여, 의료급여를 받는 사람(수급자)은 해산급여 및 장제급여의 수급권자가 되고(동법 제13조 제1항 및 제14조 제1항). 모든 수급자는 자활급여의 수급권자가 된다(동법 제15조 제1항). ③ 이와 같은 수급권자에 해당하지 않는 경우에도 **생활이 어려운 사람**으로서 일정 기간 동안 이 법에서 정하는 급여의 전부 또는 일부가 필요하다고 보건복지부장관 또는 소관 중앙행정기관의 장이 정하는 사람은 수급권자가 된다(동법 제14조의 2). ④ 한편 **대한민국 국민과 혼인한 국내 체류 외국인** 중에 본인 또는 배우자가 임신 중이거나 대한민국 국적의 미성년 자녀를 양육하고 있거나 배우자의 대한민국 국적인 직계존속과 생계나 주거를 같이하고 있는 사람으로서 대통령령으로 정하는 사람도 위의 수급권자 조건을 충족하는 경우에 수급권자가 될 수 있다(동법 제5조의2).

**[표 22.7] 기준중위소득 교육 · 주거 · 의료 · 생계급여 선정기준** (단위: 원)

| 가구원수 | | 1인 | 2인 | 3인 | 4인 | 5인 | 6인 | 7인 |
|---|---|---|---|---|---|---|---|---|
| 교육급여 (중위 50%) | 2020 | 878,597 | 1,495,990 | 1,935,289 | 2,374,587 | 2,813,886 | 3,253,184 | 3,694,858 |
| | 2021 | 913,916 | 1,544,040 | 1,991,975 | 2,438,145 | 2,878,687 | 3,314,302 | 3,748,599 |
| 주거급여 (중위 45%) | 2020 | 790,737 | 1,346,391 | 1,741,760 | 2,137,128 | 2,532,497 | 2,927,866 | 3,325,372 |
| | 2021 | 822,524 | 1,389,636 | 1,792,778 | 2,194,331 | 2,590,818 | 2,982,871 | 3,373,739 |
| 의료급여 (중위 40%) | 2020 | 702,878 | 1,196,792 | 1,548,231 | 1,899,670 | 2,251,108 | 2,602,547 | 2,955,886 |
| | 2021 | 731,132 | 1,235,232 | 1,593,580 | 1,950,516 | 2,302,949 | 2,651,441 | 2,998,879 |
| 생계급여 (중위 30%) | 2020 | 527,158 | 897,594 | 1,161,173 | 1,424,752 | 1,688,331 | 1,951,910 | 2,216,915 |
| | 2021 | 548,349 | 926,424 | 1,195,185 | 1,462,887 | 1,727,212 | 1,988,581 | 7,497,198 |

**[법령 22.2] 급여의 수급권자: 국민기초생활 보장법**(최근개정: 2019. 12. 3. 법률 제16734호)
**제2조 (정의)**
이 법에서 사용하는 용어의 뜻은 다음과 같다.
1.~8. 생략

9. “소득인정액”이란 보장기관이 급여의 결정 및 실시 등에 사용하기 위하여 산출한 개별가구의 소득평가액과 재산의 소득환산액을 합산한 금액을 말한다.
10. 생략
11. “기준 중위소득”이란 보건복지부장관이 급여의 기준 등에 활용하기 위하여 제20조 제2항에 따른 중앙생활보장위원회의 심의·의결을 거쳐 고시하는 국민 가구소득의 중위값을 말한다.

**제8조 (생계급여의 내용 등)**

① 생계급여는 수급자에게 의복, 음식물 및 연료비와 그 밖에 일상생활에 기본적으로 필요한 금품을 지급하여 그 생계를 유지하게 하는 것으로 한다.
② 생계급여 수급권자는 부양의무자가 없거나, 부양의무자가 있어도 부양능력이 없거나 부양을 받을 수 없는 사람으로서 그 소득인정액이 제20조 제2항에 따른 중앙생활보장위원회의 심의·의결을 거쳐 결정하는 금액(이하 이 조에서 “생계급여 선정기준”이라 한다) 이하인 사람으로 한다. 이 경우 생계급여 선정기준은 기준 중위소득의 100분의 30 이상으로 한다.
③ 생계급여 최저보장수준은 생계급여와 소득인정액을 포함하여 생계급여 선정기준 이상이 되도록 하여야 한다.
④ 생략

**제11조 (주거급여)**

① 주거급여는 수급자에게 주거 안정에 필요한 임차료, 수선유지비, 그 밖의 수급품을 지급하는 것으로 한다.
② 주거급여에 관하여 필요한 사항은 따로 법률에서 정한다.

**제12조 (교육급여)**

① 교육급여는 수급자에게 입학금, 수업료, 학용품비, 그 밖의 수급품을 지급하는 것으로 하되, 학교의 종류·범위 등에 관하여 필요한 사항은 대통령령령으로 정한다.
② 생략
③ 교육급여 수급권자는 부양의무자가 없거나, 부양의무자가 있어도 부양능력이 없거나 부양을 받을 수 없는 사람으로서 그 소득인정액이 제20조 제2항에 따른 중앙생활보장위원회의 심의·의결을 거쳐 결정하는 금액(이하 “교육급여 선정기준”이라 한다) 이하인 사람으로 한다. 이 경우 교육급여 선정기준은 기준 중위소득의 100분의 50 이상으로 한다.
④ 생략

**제12조의3 (의료급여)**

① 의료급여는 수급자에게 건강한 생활을 유지하는 데 필요한 각종 검사 및 치료 등을 지급하는 것으로 한다.
② 의료급여 수급권자는 부양의무자가 없거나, 부양의무자가 있어도 부양능력이 없거나 부양을 받을 수 없는 사람으로서 그 소득인정액이 제20조 제2항에 따른 중앙생활보장위원회의 심의·의결을 거쳐 결정하는 금액(이하 이 항에서 “의료급여 선정기준”이라 한다) 이하인 사람으로 한다. 이 경우 의료급여 선정기준은 기준 중위소득의 100분의 40 이상으로 한다.
③ 의료급여에 필요한 사항은 따로 법률에서 정한다.

**제13조 (해산급여)**

① 해산급여는 제7조 제1항 제1호부터 제3호까지의 급여 중 하나 이상의 급여를 받

는 수급자에게 다음 각 호의 급여를 실시하는 것으로 한다.
1. 조산(助産)
2. 분만 전과 분만 후에 필요한 조치와 보호

②~③ 생략

**제14조 (장제급여)**

① 장제급여는 제7조 제1항 제1호부터 제3호까지의 급여 중 하나 이상의 급여를 받는 수급자가 사망한 경우 사체의 검안(檢案)·운반·화장 또는 매장, 그 밖의 장제조치를 하는 것으로 한다.

② 장제급여는 보건복지부령으로 정하는 바에 따라 실제로 장제를 실시하는 사람에게 장제에 필요한 비용을 지급하는 것으로 한다. 다만, 그 비용을 지급할 수 없거나 비용을 지급하는 것이 적당하지 아니하다고 인정하는 경우에는 물품을 지급할 수 있다.

**제15조 (자활급여)**

① 자활급여는 수급자의 자활을 돕기 위하여 다음 각 호의 급여를 실시하는 것으로 한다.
1. 자활에 필요한 금품의 지급 또는 대여
2. 자활에 필요한 근로능력의 향상 및 기능습득의 지원
3. 취업알선 등 정보의 제공
4. 자활을 위한 근로기회의 제공
5. 자활에 필요한 시설 및 장비의 대여
6. 창업교육, 기능훈련 및 기술·경영 지도 등 창업지원
7. 자활에 필요한 자산형성 지원
8. 그 밖에 대통령령으로 정하는 자활을 위한 각종 지원

② 생략

**제14조의2 (급여의 특례)**

제8조, 제11조, 제12조, 제12조의3, 제13조, 제14조 및 제15조에 따른 수급권자에 해당하지 아니하여도 생활이 어려운 사람으로서 일정 기간 동안 이 법에서 정하는 급여의 전부 또는 일부가 필요하다고 보건복지부장관 또는 소관 중앙행정기관의 장이 정하는 사람은 수급권자로 본다.

**제5조의2 (외국인에 대한 특례)**

국내에 체류하고 있는 외국인 중 대한민국 국민과 혼인하여 본인 또는 배우자가 임신 중이거나 대한민국 국적의 미성년 자녀를 양육하고 있거나 배우자의 대한민국 국적인 직계존속(直系尊屬)과 생계나 주거를 같이하고 있는 사람으로서 대통령령으로 정하는 사람이 이 법에 따른 급여를 받을 수 있는 자격을 가진 경우에는 수급권자가 된다.

**국민기초생활 보장법 시행령**(최근개정: 2020. 12. 22. 대통령령 제31286호)

**제4조 (수급권자에 해당하는 외국인의 범위)**

법 제5조의2에 따라 수급권자가 될 수 있는 외국인은 「출입국관리법」 제31조에 따라 외국인 등록을 한 사람으로서 다음 각 호의 어느 하나에 해당하는 사람으로 한다.
1. 대한민국 국민과 혼인 중인 사람으로서 다음 각 목의 어느 하나에 해당하는 사람

가. 본인 또는 대한민국 국적의 배우자가 임신 중인 사람
나. 대한민국 국적의 미성년 자녀(계부자·계모자 관계와 양친자관계를 포함한다. 이하 이 조에서 같다)를 양육하고 있는 사람
다. 배우자의 대한민국 국적인 직계존속과 생계나 주거를 같이 하는 사람
2. 대한민국 국민인 배우자와 이혼하거나 그 배우자가 사망한 사람으로서 대한민국 국적의 미성년 자녀를 양육하고 있는 사람 또는 사망한 배우자의 태아를 임신하고 있는 사람

**주거급여법**(제정: 2018. 1. 16. 법률 제15358호)
**제5조 (수급권자의 범위)**
① 수급권자는 부양의무자가 없거나 부양의무자가 있어도 부양능력이 없거나 부양을 받을 수 없는 사람으로서 소득인정액이 「국민기초생활 보장법」 제20조 제2항에 따른 중앙생활보장위원회의 심의·의결을 거쳐 결정하는 금액(이하 이 항에서 "주거급여 선정기준"이라 한다) 이하인 사람으로 한다. 이 경우 주거급여 선정기준은 기준 중위소득의 100분의 43 이상으로 한다.
② 제1항의 부양의무자가 있어도 부양능력이 없거나 부양을 받을 수 없는 경우는 국민의 소득·지출 수준 등을 고려하여 대통령령으로 정한다.

**주거법 시행령**(제정: 2020. 8. 4. 대통령령 제30893호)
**제2조 (부양능력이 없는 경우 등)**
「주거급여법」(이하 "법"이라 한다) 제5조 제2항에 따른 부양의무자가 있어도 부양능력이 없거나 부양을 받을 수 없는 경우는 「국민기초생활 보장법」 제8조의2 제1항 또는 제2항에 해당하는 경우로 한다.

**[법령 22.3] 부양의무자가 있어도 부양능력이 없거나 부양을 받을 수 없는 경우: 국민기초생활 보장법**(최근개정: 2019. 12. 3. 법률 제16734호)
**제8조의2 (부양능력 등)**
① 부양의무자가 다음 각 호의 어느 하나에 해당하는 경우에는 제8조 제2항, 제12조 제3항, 제12조의3 제2항에 따른 부양능력이 없는 것으로 본다.
1. 기준 중위소득 수준을 고려하여 대통령령으로 정하는 소득·재산 기준 미만인 경우
2. 직계존속 또는 「장애인연금법」 제2조 제1호의 중증장애인인 직계비속을 자신의 주거에서 부양하는 경우로서 보건복지부장관이 정하여 고시하는 경우
3. 그 밖에 질병, 교육, 가구 특성 등으로 부양능력이 없다고 보건복지부장관이 정하는 경우
② 부양의무자가 다음 각 호의 어느 하나에 해당하는 경우에는 제8조 제2항, 제12조 제3항, 제12조의3 제2항에 따른 부양을 받을 수 없는 것으로 본다.
1. 부양의무자가 「병역법」에 따라 징집되거나 소집된 경우
2. 부양의무자가 「해외이주법」 제2조의 해외이주자에 해당하는 경우
3. 부양의무자가 「형의 집행 및 수용자의 처우에 관한 법률」 및 「치료감호법」 등에 따른 교도소, 구치소, 치료감호시설 등에 수용 중인 경우

4. 부양의무자에 대하여 실종선고 절차가 진행 중인 경우
5. 부양의무자가 제32조의 보장시설에서 급여를 받고 있는 경우
6. 부양의무자의 가출 또는 행방불명으로 경찰서 등 행정관청에 신고된 후 1개월이 지났거나 가출 또는 행방불명 사실을 특별자치시장·특별자치도지사·시장·군수·구청장(자치구의 구청장을 말한다. 이하 “시장·군수·구청장”이라 한다)이 확인한 경우
7. 부양의무자가 부양을 기피하거나 거부하는 경우
8. 그 밖에 부양을 받을 수 없는 것으로 보건복지부장관이 정하는 경우

## 3. 급여의 유형

수급권자에 지급되는 급여는 7가지다. ① 생계급여, ② 주거급여, ③ 의료급여, ④ 교육급여, ⑤ 해산급여, ⑥ 장제급여, ⑦ 자활급여가 그것이다.

첫째, **생계급여**는 수급자에게 의복·음식물 및 연료비와 기타 일상생활에 기본적으로 필요한 금품을 지급하여 그 생계를 유지하게 하는 것으로서(국민기초생활보장법 제8조 제1항), 원칙적으로 금전으로 지급하고 물품으로 지급하는 것도 가능하며(동법 제9조 제1항), 매월 정기적으로 지급해야 한다(동법 동조 제2항). 둘째, **주거급여**는 수급자에게 주거안정에 필요한 임차료, 유지수선비 그 밖의 수급품을 지급하는 것을 말한다(동법 제11조 제1항). 셋째, **교육급여**는 수급자에게 입학금·수업료·학용품비 기타 수급품을 지원하는 것으로서 금전 또는 물품으로 지급한다(동법 제12조). 넷째, **의료급여**는 수급자에게 건강한 생활을 유지하는 데 필요한 각종 검사 및 치료 등을 지급하는 것이다(동법 제12조의3 제1항). 다섯째, **해산급여**는 수급자에게 조산(助産) 및 분만 전과 분만 후의 필요한 조치와 보호의 급여를 행하는 것을 말한다(동법 제13조 제1항). 여섯째, **장제급여**는 수급자가 사망한 경우 사체의 검안·운반·화장 또는 매장 기타 장제조치를 행하는 것으로서 실제로 장제를 행하는 자에게 장제에 필요한 비용을 지급하거나 물품을 지급하여 행한다(동법 제14조 제1항 및 제2항). 일곱째, **자활급여**는 수급자의 자활을 조성하기 위하여 자활에 필요한 금품의 지급 또는 대여, 자활에 필요한 근로능력의 향상 및 기능습득의 지원, 취업알선 등 정보의 제공, 자활을 위한 근로기회의 제공, 자활에 필요한 시설 및 장비의 대여, 창업교육, 기능훈련 및 기술·경영지도 등 창업지원, 자활에 필요한 자산형성지원, 기타 대통령령이 정하는 자활을 위한 각종 지원과 같은 급여를 행하는 것을 말한다(동법 제15조 제1항).

수급자에게 지급된 수급품과 이를 받을 권리는 압류할 수 없다(동법 제35조).

그리고 수급자는 급여를 받을 권리를 타인에게 양도할 수 없다(동법 제36조). 국민기초생활보장을 위한 급여는 생존에 필요한 최소한의 물질적 기초이기 때문에 이러한 권리의 압류나 양도를 금지하는 것은 권리의 내용에 비추어 당연하다.

## Ⅳ. 사회적 기본권으로서 근로의 권리

### 1. 근로의 권리의 개념

양극화를 해소할 수 있는 중요한 방안으로 고용증대를 통한 실업률완화가 제시된다.[10] 고용에 관한 사회적 기본권으로는 근로의 권리가 있다(헌법 제32조). 사회적 기본권으로서 근로의 권리의 핵심적 내용은 '근로기회제공청구권'이라는 데 있다. 근로기회제공청구권은 구체적인 일자리를 요구하는 권리는 아니고, 일자리를 가질 수 있도록 충분한 일자리의 창출을 요구하는 권리를 뜻한다.

자유의 실현을 위하여 재정적 수단이 필요한 사람들에게 직접적으로 최저생계비와 같은 재정적 급부를 제공할 수도 있다. 하지만 재정적 수단이 필요한 사람들이 스스로 자신의 노동을 제공하여 재정적 수단을 획득할 수 있다면 더 바람직한 방법이 될 것이다. 생활에 필요한 수단을 획득하기 위하여 자신의 노동을 제공하는 과정에서 자신의 인격을 실현할 수도 있기 때문이다. 여기서 '근로의 권리'가 자유의 실현을 위한 대단히 중요한 권리라는 사실을 확인하게 된다.

근로의 권리는 직장(일자리)의 제공을 요구할 수 있는 권리를 의미한다. 이러한 권리에 상응하여 국가는 국민에게 고용(일자리)을 창출해야 할 의무를 부담하게 된다. 한편 직장은 자유의 실현을 위한 재정적 수단을 획득하는 곳이므로 근로자는 자신의 노동을 통해 '적정한 임금'을 보장받아야 한다. 이것은 단지 임금이 자신의 노동에 대한 대가만을 의미하지 않고 생활에 필요한 최소한도의 금액일 것으로 요구한다. 따라서 '최저임금제'와 같은 제도가 보장되어야 한다. 최저임금의 보장을 위하여 **최저임금법**(최근개정: 2020. 5. 26. 법률 제17326호)이 제정되어 있다.

---

10) 채구묵(2007), 217면 참조.

## 2. 최저임금법의 주요내용

최저임금법에 따르면 원칙적으로 근로자를 사용하는 모든 사업 또는 사업장에 적용한다(동법 제3조 제1항). 특히 고용이 불안한 상태에 놓여 있는 비정규직 근로자에 대해서도 최저임금제가 적용된다는 사실이 강조되어야 한다.[11] 최저임금은 근로자의 생계비, 유사근로자의 임금, 노동생산성 및 소득분배율 등을 고려하여 정하되, 사업의 종류별로 구분하여 정할 수 있다(동법 제4조 제1항). 사업의 종류별 구분은 **최저임금위원회**의 심의를 거쳐 고용노동부장관이 정한다(동법 동조 제2항).

고용노동부장관은 매년 8월 5일까지 최저임금을 결정해야 한다. 고용노동부장관이 최저임금을 결정할 경우에는 대통령령이 정하는 바에 의하여 '최저임금위원회'의 심의를 요청하고, 최저임금위원회가 심의·의결한 최저임금안에 따라 최저임금을 결정해야 한다(동법 제8조 제1항). 최저임금위원회는 고용노동부장관으로부터 최저임금에 관한 심의요청을 받은 경우에 그 날로부터 90일 이내에 이를 심의하여 최저임금안을 고용노동부장관에게 제출하여야 한다(동법 동조 제2항).

한편 근로자를 대표하는 자 또는 사용자를 대표하는 자는 고시된 최저임금안에 대하여 이의가 있는 때에는 고시된 날부터 10일 이내에 대통령령이 정하는 바에 의하여 고용노동부장관에게 이의를 제기할 수 있다(동법 제9조 제2항). 고용노동부장관은 최저임금안에 대한 이의가 이유있다고 인정되는 경우에 그 내용을 밝혀 최저임금위원회에 최저임금안의 재심의를 요구하여야 한다(동법 동조 제3항).

고용노동부장관은 최저임금을 결정한 때에는 지체없이 그 내용을 고시하여야 한다(동법 제10조 제1항). 고시된 최저임금은 원칙적으로 다음 연도 1월 1일부터 효력을 발생한다(동법 동조 제2항). 최저임금의 적용을 받는 사용자는 대통령령이 정하는 바에 의하여 당해 최저임금을 그 사업의 근로자가 쉽게 볼 수 있는 장소에 게시하거나 그 외의 적당한 방법으로 이를 근로자에게 널리 알려야 할 의무(**주지의무**)가 있다(동법 제11조). 주지의무를 위반한 사용자에게는 100만원 이하의 과태료에 처한다(동법 제31조 제1항 제1호).

사용자는 최저임금의 적용을 받는 근로자에 대하여 최저임금액 이상의 임금을 지급해야 할 의무(**최저임금이상지급의무**)가 있고(동법 제6조 제1항), 최저임금을 이유로 종전의 임금수준을 낮추는 것은 금지된다(동법 동조 제2항). 최저임금의 적용을 받는 근로자와 사용자 사이에 최저임금액에 미달하는 임금을 정한 근로계약

11) 이런 맥락에서 정규직 근로자보다 비정규직 근로자에게 최저임금제가 적용되고 있지 않다는 통계에 주목할 필요가 있다. 이병훈/김유선(2003), 140면 이하 참조.

은 그 부분에 한하여 이를 무효로 하며, 무효로 된 부분은 최저임금액과 동일한 임금을 지급하기로 정한 것으로 본다(동법 동조 제3항). 또한 최저임금 이상의 임금 지급 의무를 위반하거나 최저임금을 이유로 종전의 임금수준을 낮춘 사용자는 3년 이하의 징역 또는 2천만원 이하의 벌금에 처하거나 이를 병과할 수 있다(동법 제28조).

**[표 22.8] 연도별 최저임금** (단위: 원)

| 연도 | 2010. 1. ~2010. 12. | 2011. 1. ~2011. 12. | 2012. 1. ~2012. 12. | 2013. 1. ~2013. 12. |
|---|---|---|---|---|
| 시간급 | 4,110 | 4,320 | 4,580 | 4,860 |
| 일급 (8시간 기준) | 32,880 | 34,560 | 36,640 | 38,880 |
| 연도 | 2014. 1. ~2014. 12. | 2015. 1. ~2015. 12. | 2016. 1. ~2016. 12. | 2017. 1. ~2017. 12. |
| 시간급 | 5,210 | 5,580 | 6,030 | 6,470 |
| 일급 (8시간 기준) | 41,680 | 44,640 | 48,240 | 51,760 |
| 연도 | 2018. 1. ~2018. 12. | 2019. 1. ~2019. 12. | 2020. 1. ~2020. 12. | 2021. 1. ~2021. 12. |
| 시간급 | 7,530 | 8,350 | 8,590 | 8,720 |
| 일급 (8시간 기준) | 60,240 | 66,800 | 68,720 | 69,760 |

자료: 고용노동부(www.moel.go.kr) 고시(2009~2020).

## V. 사회적 기본권과 사회보험제도

사회적 기본권에 근거하여 국가에 대해서 요구할 수 있는 사실적 급부에 사회보험이 포함된다.12) 위험에 대한 대비와 해결은 재정적 기초가 필수적인 것으로 사회적 기본권의 대상이 되기 때문이다. 사회보험을 요구할 수 있는 국민의 권리에 상응하여 국가는 사회보험을 제공해야 할 의무를 진다. 여기서 사회보험이

12) 한국사회에서 사회보험제도, 특히 국민연금과 의료보험은 이 제도의 원래 취지와 상관없이 경제정책의 실시를 수단으로서 이용되었다는 비판이 있다. 김영범(2002), 17면 이하, 특히 22면 및 27면 참조.

란 노령, 질병, 장애, 사망, 실업, 산업재해 등 국민에게 일반적으로 발생할 수 있는 위험에 대해 사회적으로 대처하기 위하여 실시되는 사회보장제도를 말한다.[13] 대표적인 사회보험으로는 ① 연금보험(국민연금),[14] ② 건강보험, ③ 고용보험, ④ 산재보험이 있다.[15] 국민연금과 건강보험은 전체 국민을 대상으로 하는 반면에 고용보험과 산재보험은 근로자만을 대상으로 한다는 점에서 차이가 있다.[16]

## 1. 국민연금

### (1) 국민연금 가입자

국민연금제도는 국민의 노령이나 질병(장애) 또는 사망에 대하여 연금급여를 지급하는 제도를 말한다.[17] 국민연금제도를 구체화하는 법률로서 **국민연금법**(최근개정: 2020. 12. 29. 법률 제17774호 일부개정)이 제정되어 있다. 국내에 거주하는 18세 이상 60세 미만의 국민은 국민연금의 가입대상이 된다. 다만, 공무원연금법, 군인연금법 및 사립학교교직원연금법의 적용을 받는 공무원·군인 및 사립학교교직원 기타 대통령령이 정하는 자는 제외된다(동법 제6조). 국민연금 가입자는 ① 사업장가

13) 전통적으로 발생했던 위험에 대응하기 위한 사회보험과 현대사회의 새로운 위험에 따르는 사회보험의 의미가 변화되고 있다는 지적에 대해서는 김연명(2003), 135면 이하 참조. 현대사회의 새로운 위험으로는 고실업률의 지속, 비정규직과 장기실업자 및 청년실업자의 증가, 가족해체로 인한 편부모가정의 증가, 노인인구의 증가와 평균수명의 연장, 사회보험체계에서 여성의 차별 등을 든다. 결국 현대사회의 새로운 위험도 전통적인 위험인 노령이나 실업이 현대사회의 변화된 구조에 따라 다양하게 변화된 형태로 이해될 수 있다.

14) 연금보험은 국민연금 이외에도 공무원연금, 사립학교교직원연금, 군인연금을 포함한다. 국민연금은 전체국민을 대상으로 하는 반면에 나머지 세 가지 공적 연금은 특정한 범위의 국민을 대상으로 한다는 점에서 차이가 있을 뿐이고, 노령연금, 장애연금, 유족연금 등을 주요내용으로 하고 있다는 점에서 양자가 동일하므로 여기서는 국민연금을 중심으로 살펴보기로 한다. 한편 국민연금과 나머지 세 가지 공적 연금의 연계성 결여로 소득재분배효과의 불충분과 양제도간 이동자의 수급권보장의 미확보를 지적하면서 양제도의 연계성을 강화해야 한다는 주장이 있다. 김영우(2003), 140면 및 145면 이하 참조.

15) 사회보험의 공통적인 문제점으로서 비정규직이나 영세자영업자 등 사회소외계층이 적용대상에서 배제되어 있다는 점, 제공되는 보험급여가 충분하지 않다는 점 등이 지적된다. 김연명(2003), 142면 이하 참조. 특히 비정규직의 사회보험 배제의 대책으로서 사회보험의 자격관리 및 보험료 부과·징수 기능의 일원화 또는 이러한 기능의 국세청 이관을 통한 조세와 보험료의 통합징수를 제시하는 견해로 김연명(2001), 93면 이하 참조.

16) 자영업자가 고용보험과 산재보험의 대상이 되지 못하는 역사적 배경 및 고용보험과 산재보험이 적용되는 근로자의 개념을 확대해야 한다는 견해로 박지순(2005), 166면 이하 참조.

17) 국민연금제도의 이론적 근거를 ① 시장실패의 보완, ② 소득의 재분배, ③ 온정적 간섭주의(paternalism)로 정리하는 견해가 있다. 김영우(2003), 127면 이하 참조.

입자, ② 지역가입자, ③ 임의가입자, ④ 임의계속가입자로 구분된다(동법 제7조). 2020년을 기준으로 국민연금 가입자는 총 2,210만여 명이고, 사업장가입자가 1,432만여 명으로 지역가입자 689만여 명보다 많다(아래 [표 22.9] 참조).

**[표 22.9] 국민연금 가입자 현황** (단위: 명)

| 연도 \ 구분 | 합 계 | 사업장 가입자 | 지역 가입자 | 임의 가입자 | 임의계속 가입자 |
|---|---|---|---|---|---|
| 2010 | 19,228,875 | 10,414,780 | 8,674,492 | 90,222 | 49,381 |
| 2011 | 19,885,911 | 10,976,501 | 8,675,430 | 171,134 | 62,846 |
| 2012 | 20,329,060 | 11,464,198 | 8,568,396 | 207,890 | 88,576 |
| 2013 | 20,744,780 | 11,935,759 | 8,514,434 | 177,569 | 117,018 |
| 2014 | 21,125,135 | 12,309,856 | 8,444,710 | 202,536 | 168,033 |
| 2015 | 21,568,354 | 12,805,852 | 8,302,809 | 240,582 | 219,111 |
| 2016 | 21,832,524 | 13,192,436 | 8,060,199 | 296,757 | 283,132 |
| 2017 | 21,824,172 | 13,459,240 | 7,691,917 | 327,723 | 345,292 |
| 2018 | 22,313,869 | 13,817,963 | 7,694,885 | 330,422 | 470,599 |
| 2019 | 22,216,229 | 14,157,574 | 7,232,063 | 328,727 | 497,865 |
| 2020 | 22,107,028 | 14,320,025 | 6,898,118 | 362,328 | 526,557 |

자료: 국민연금공단(www.nps.or.kr) 및 국민연금연구원 <2020년 8월 국민연금 통계>(2020. 8).

첫째, 원칙적으로 **사업장가입자**가 되는 자는 사업의 종류, 근로자의 수 등을 고려하여 대통령령이 정하는 사업장(당연적용 사업장)의 18세 이상 60세 미만의 근로자와 사용자다(동법 제8조 제1항). 둘째, 이러한 사업장가입자가 아닌 자로서 18세 이상 60세 미만인 자는 원칙적으로 당연히 **지역가입자**가 된다(동법 제9조 제1항). 셋째, 사업장가입자나 지역가입자에 해당하지 않는 자로서 18세 이상 60세 미만인 자는 보건복지부령이 정하는 바에 의하여 국민연금공단에 가입신청을 하는 경우에 **임의가입자**가 될 수 있다(동법 제10조 제1항). 넷째, 연금보험료를 납부한 사실이 없는 자, 노령연금 수급권자로 급여를 지급받고 있는 자 및 가입기간이 10년 미만이어서 반환일시금을 지급받은 자를 제외하고 국민연금 가입자 또는 가입자였던 자가 60세가 된 경우 또는 대통령령으로 정하는 직종에 종사하거나 종사하였던 근로자(특수직종근로자)로서 동법 제61조 제1항의 노령연금 수급권이나 국민복지연금법개정법률(법률 제3902호) 부칙 제5조의 특례노령연금 수급권을 취득한 사람 중 노령연금 급여를 지급받지 않는 사람은 65세에 달할 때까지 보건복지부령이 정하는 바에 따라 국민연금공단에 가입신청을 하는 경우에는 임의계속가입자가 될 수 있다(국민연금법 제13조 제1항 제1호 및 제2호).

### (2) 급여의 종류

국민연금법에 의한 급여의 종류는 ① 노령연금, ② 장애연금, ③ 유족연금, ④ 반환일시금의 네 가지다.

첫째, 국민연금은 무엇보다도 노령으로 발생할 수 있는 위험에 대한 사회적 보장이다. 따라서 노령연금이 국민연금의 핵심적인 내용이 된다. 노령연금은 원칙적으로 노령에 도달한 연령과 국민연금 가입기간을 기준으로 지급된다. ① 국민연금 가입기간이 10년 이상인 가입자 또는 가입자이었던 자가 60세(특수직종 근로자의 경우에는 55세)에 달한 때에는 그때부터 그가 생존하는 동안 **노령연금**을 지급받는다(동법 제61조 제1항). 그리고 ② 가입기간이 10년 이상인 가입자 또는 가입자였던 자로서 55세 이상인 자가 대통령령으로 정하는 소득이 있는 업무에 종사하지 아니하는 경우 본인이 희망하면 60세가 되기 전이라도 본인이 청구한 때로부터 그가 생존하는 동안 일정한 금액의 연금(**조기노령연금**)을 지급받는다(동법 동조 제2항).

한편 ③ 위의 노령연금 수급권자가 대통령령으로 정하는 소득이 있는 업무에 종사하면 60세 이상 65세 미만(특수직종근로자는 55세 이상 60세 미만)인 기간에는 부양가족연금액을 제외한 노령연금액에서 그 2분의 1을 초과하지 않는 범위에서 일정 금액을 뺀 나머지 금액을 연금(소득활동에 따른 노령연금)으로 지급받는다(동법 제63조의2).

둘째, 국민연금은 장애로 발생할 수 있는 위험에 대한 사회적 보장을 포함한다. 이에 따라 **장애연금**이 지급되는데 ① 가입자 또는 가입자였던 자가 질병 또는 부상으로 신체상 또는 정신상의 장애가 있고, 해당 질병 또는 부상의 초진일 당시 연령이 18세(다만, 18세 전에 가입한 경우에는 가입자가 된 날을 말한다) 이상이고 노령연금의 지급 연령 미만이었으며, 해당 질병 또는 부상의 초진일 당시 연금보험료를 낸 기간이 가입대상기간의 3분의 1 이상이거나 가입대상기간 중 체납기간이 3년 이상인 경우는 제외하고 해당 질병 또는 부상의 초진일 5년 전부터 초진일까지의 기간 중 연금보험료를 낸 기간이 3년 이상이거나 해당 질병 또는 부상의 초진일 당시 가입기간이 10년 이상인 경우에 해당하면 장애연금의 지급대상이 된다. ② 지급기간은 그 장애가 존속하는 동안이며, ③ 지급액은 장애정도에 따라 결정된다(동법 제67조 제1항).

셋째, 국민연금은 가입자의 사망으로 인하여 유족에게 발생하는 위험을 사회적으로 보장하는 수단이 되기도 한다. 이에 따라 노령연금수급권자, 가입자, 가입기간이 10년 이상인 가입자 또는 가입자였던 자, 연금보험료를 낸 기간이 가입대상기간의 3분의 1 이상인 가입자 또는 가입자였던 자, 가입대상기간 중 체납기간이 3년 이상인 사람은 제외하고 사망일 5년 전부터 사망일까지의 기간 중 연금보험료를 낸 기간이 3년 이상인 가입자 또는 가입자였던 자, 장애등급 2급 이상에 해당하는 장애연금수급권자가 사망한 때에는 그 유족에게 **유족연금**을 지급한다.(동법 제72조 제1항). 그러나 연금보험료를 낸 기간이 가입대상기간의 3분의 1 이상인 가입자 또는 가입자였던 자, 가입대상기간 중 체납기간이 3년 이상인 사람은 제외하고 사망일 5년 전부터 사망일까지의 기간 중 연금보험료를 낸 기간이 3년 이상인 가입자 또는 가입자였던 자가 가입대상에서 제외되는 기간이나 국외이주·국적상실 기간 중 사망하는 경우에는 유족연금을 지급하지 아니한다(동법 동조 제2항).

넷째, 국민연금 가입자 또는 가입자이었던 자가 ① 가입기간이 10년 미만인데 60세에 달하거나, ② 사망하거나(가입자 또는 가입자이었던 자가 사망한 때에는 유족연금이 지급되지 아니하는 경우에 한정), ③ 국적을 상실 또는 국외에 이주한 때에는 본인 또는 그 유족의 청구에 의하여 **반환일시금**을 지급받을 수 있다(동법 제77조 제1항).

## 2. 건강보험

건강보험제도를 구체화하는 법률은 국민건강보험법(최근개정: 2020. 12. 29. 법률 제17772호)이다. 국내에 거주하는 국민은 원칙적으로 건강보험의 가입자 또는 피부양자가 된다(동법 제5조 제1항). 여기서 피부양자는 ① 직장가입자의 배우자, ② 직계존속(배우자의 직계존속 포함), ③ 직계비속(배우자의 직계비속 포함) 및 그 배우자, ④ 형제·자매에 해당하는 자 중 직장가입자에 의하여 주로 생계를 유지하는 자로서 소득 및 재산이 보건복지부령으로 정하는 기준 이하에 해당하는 자를 말한다(동법 동조 제2항).

건강보험 가입자는 **직장가입자**와 **지역가입자**로 구분한다(동법 제6조 제1항). 그리고 모든 사업장의 근로자 및 사용자와 공무원 및 교직원은 직장가입자가 된다(동법 동조 제2항).[18] 여기서 근로자는 직업의 종별에 관계없이 근로의 대가로서 보수를 받아 생활하는 자(법인의 이사 기타 임원 포함)로서 공무원과 교직원을 제외한 자를 말한다(동법 제3조 제1호). 근로기준법의 근로자와는 달리 법인의 이사 기타 임원도 포함된다는 점이 특징이다. 2019년도를 기준으로 직장가입자는 5,288만여 명(재외국민 및 외국인 포함)의 가입자 가운데 직장가입자(피부양자 포함 = 근로자 + 공무원 · 교직원)는 3,722만여 명(70.4%), 지역가입자는 1,416만여 명(26.8%)으로 직장가입자가 지역가입자보다 2.5배 정도 많다(아래 [표 22.10] 참조).

**[표 22.10] 건강보험 가입자 현황** (단위: 명)

| | 직장 | 근로자 | 공무원 · 교직원 | 지역 | 재외국민 | 외국인 |
|---|---|---|---|---|---|---|
| 합 계 | 37,227,477 | 33,308,709 | 3,918,768 | 14,163,970 | 27,064 | 1,212,475 |
| 가입자 | 18,123,124 | 16,530,132 | 1,592,992 | | | |
| 피부양자 | 19,104,353 | 16,778,577 | 2,325,776 | | | |

자료: 국민건강보험공단(www.nhis.or.kr) <2019 건강보험통계연보>.

건강보험 가입자와 피부양자는 질병 · 부상 · 출산 등에 대하여 요양급여를 제공받는데, 요양급여의 종류에는 ① 진찰 · 검사, ② 약제 · 치료재료의 지급, ③ 처치 · 수술 기타의 치료, ④ 예방 · 재활, ⑤ 입원, ⑥ 간호, ⑦ 이송의 7가지가 있다(동법 제41조 제1항).

한편 보험급여를 받을 수 있는 자가 ① 국외에 여행중인 때, ② 국외에서 업무에 종사하고 있는 때, ③ 직장가입자 제외 사유(제6조 제2항 제2호)에 해당하게 된 때, ④ 교도소 기타 이에 준하는 시설에 수용되어 있는 때에는 그 기간 중 보험급여를 제공받지 못한다(동법 제54조).[19]

## 3. 고용보험

고용보험제도를 구체화하기 위하여 **고용보험법**(최근개정: 2021. 1. 5. 법률 제17859호)이 제정되어 있다. 고용보험의 피보험자는 근로자다. 2015년 현재 210만여 개

18) ① 1월 미만의 기간 동안 고용되는 일용근로자, ② 「병역법」의 규정에 의한 현역병(지원에 의하지 아니하고 임용된 하사 포함), 전환복무된 사람 및 무관후보생, ③ 선거에 의하여 취임하는 공무원으로서 매월 보수 또는 이에 준하는 급료를 받지 아니하는 자, ④ 기타 사업장의 특성, 고용형태 및 사업의 종류 등을 고려하여 대통령령으로 정하는 사업장의 근로자 및 사용자와 공무원 및 교직원은 직장가입자에서 제외된다(동법 제6조 제2항).

19) 교정시설 수용자의 건강보험 제외에 대해서는 이 책 제28장 Ⅲ. 9. 참조.

사업장에서 일하는 1,236만여 명의 근로자가 고용보험에 가입되어 있다(아래 [표 22.11] 참조). 고용보험사업은 ① 고용안정・직업능력개발 사업, ② 실업급여, ③ 육아휴직 급여 및 ④ 산전후휴가 급여로 구분된다.

**[표 22.11] 고용보험 적용현황** (단위: 명, 개)

| | 근 로 자 | 사 업 장 |
|---|---|---|
| 2010 | 10,131,058 | 1,408,061 |
| 2011 | 10,675,437 | 1,508,669 |
| 2012 | 11,152,354 | 1,610,713 |
| 2013 | 11,571,213 | 1,747,928 |
| 2014 | 11,930,602 | 1,935,302 |
| 2015 | 12,363,063 | 2,107,071 |
| 2016 | 12,655,202 | 2,174,508 |
| 2017 | 12,958,825 | 2,211,482 |
| 2018 | 13,432,497 | 2,308,327 |
| 2019 | 13,864,138 | 2,359,526 |

자료: 근로복지공단(www.kcomwel.or.kr) <2019년도 통계연보>.

첫째, 고용노동부장관은 고용보험의 피보험자 및 피보험자였던 자, 그 밖에 취업할 의사를 가진 자에 대한 실업의 예방, 취업의 촉진, 고용기회의 확대, 직업능력개발・향상의 기회 제공 및 지원, 그 밖에 고용안정과 사업주에 대한 인력 확보를 지원하기 위하여 **고용안정・직업능력개발 사업**을 실시한다(동법 제19조 제1항). 이러한 사업의 내용에는 ① 고용창출의 지원(동법 제20조), ② 고용조정의 지원(동법 제21조), ③ 지역고용촉진의 지원(동법 제22조), ④ 고령자 등 취업이 특히 곤란한 자의 고용촉진에 대한 지원(동법 제23조), ⑤ 건설근로자 등 고용상태가 불안정한 근로자의 고용안정에 대한 지원(동법 제24조), ⑥ 고용안정과 취업촉진의 지원(동법 제25조), ⑦ 고용촉진시설에 대한 지원(동법 제26조), ⑧ 직업능력개발훈련을 실시하는 사업주에 대한 지원(동법 제27조), ⑨ 직업능력개발훈련을 받는 피보험자에 대한 지원(동법 제29조), ⑩ 직업능력개발 훈련 시설에 대한 지원(동법 제30조), ⑪ 직업능력개발훈련의 지원(동법 제31조), ⑪ 건설근로자 등 고용상태가 불안정한 근로자의 직업능력개발에 대한 지원(동법 제32조), ⑫ 고용정보의 제공 및 고용 지원 기반의 구축(동법 제33조), ⑬ 고용안정・고용촉진 및 직업능력개발을 위한 사업을 실시하는 지방자치단체 또는 비영리법인 단체에 대한 지원(동법 제34

조)이 포함된다.

둘째, **실업급여**는 구직급여와 취업촉진 수당으로 구분한다(동법 제37조 제1항). 그리고 취업촉진 수당의 종류에는 ① 조기(早期)재취업 수당, ② 직업능력개발 수당, ③ 광역 구직활동비, ④ 이주비가 있다(동법 동조 제2항).

우선, **구직급여**는 ① 이직일 이전 18개월간(기준기간) 피보험 단위기간이 통산하여 180일 이상이고, ② 근로의 의사와 능력이 있음에도 불구하고 취업(영리를 목적으로 사업을 영위하는 경우를 포함)하지 못한 상태에 있으며, ③ 이직사유가 수급자격의 제한 사유에 해당하지 않을 뿐만 아니라, ④ 재취업을 위한 노력을 적극적으로 하는 경우에 지급받는다(동법 제40조 제1항). 구직급여를 지급받기 위해서는 이직 후 지체없이 직업안정기관에 출석하여 실업을 신고해야 하고(동법 제42조 제1항), 직업안정기관의 장으로부터 구직급여의 수급 요건을 갖추었다는 사실(수급자격)의 인정을 받아야 한다(동법 제43조 제1항).

다음으로, ① **조기재취업 수당**은 수급자격자('외국인근로자의 고용 등에 관한 법률' 제2조에 따른 외국인근로자는 제외)가 안정된 직업에 재취직하거나 스스로 영리를 목적으로 하는 사업을 영위하는 경우로서 대통령령으로 정하는 기준에 해당하면 지급한다(동법 제64조 제1항). ② **직업능력개발 수당**은 수급자격자가 직업안정기관의 장이 지시한 직업능력개발 훈련 등을 받는 경우에 그 직업능력개발 훈련 등을 받는 기간에 대하여 지급한다(동법 제65조 제1항). ③ **광역 구직활동비**는 수급자격자가 직업안정기관의 소개에 따라 광범위한 지역에 걸쳐 구직 활동을 하는 경우로서 대통령령으로 정하는 기준에 따라 직업안정기관의 장이 필요하다고 인정하는 경우에 지급할 수 있다(동법 제66조 제1항). ④ **이주비**는 수급자격자가 취업하거나 직업안정기관의 장이 지시한 직업능력개발 훈련 등을 받기 위하여 그 주거를 이전하는 경우로서 대통령령으로 정하는 기준에 따라 직업안정기관의 장이 필요하다고 인정하는 경우에 지급할 수 있다(동법 제67조 제1항).

셋째, **남녀고용평등과 일·가정 양립 지원에 관한 법률**에 따른 육아휴직을 30일(**근로기준법**에 따른 출산전후휴가기간과 중복되는 기간은 제외) 이상 부여받은 피보험자 가운데 ① 육아휴직을 시작한 날 이전에 피보험 단위기간이 통산하여 180일 이상이고, ② 같은 자녀에 대하여 피보험자인 배우자가 육아휴직(30일 미만은 제외한다)을 부여받지 않은 경우에 고용노동부장관은 **육아휴직 급여**를 지급해야 한다(동법 제70조 제1항).

넷째, **남녀고용평등과 일·가정 양립 지원에 관한 법률**에 따라 피보험자가 **근로기준법**에 따른 출산전후휴가 또는 유산·사산휴가를 받은 경우로서 ① 휴가가 끝난 날 이전에 피보험 단위기간이 통산하여 180일 이상이고, ② 휴가를 시작한 날(근로자의 수 등이 대통령령으로 정하는 기준에 해당하는 기업이 아닌 경우는 휴가 시작 후 60일이 지난 날, 한 번에 둘 이상의 자녀를 임신한 경우에는 75일) 이후 1개월부터 휴가가 끝난 날 이후 12개월 이내에 신청(다만, 그 기간에 대통령령으로 정하는 사유로 출산전후휴가 급여 등을 신청할 수 없었던 자는 그 사유가 끝난 후 30일 이내에 신청)하는 경우에 고용노동부장관은 **출산전후휴가 급여** 등을 지급해야 한다(동법 제75조).

## 4. 산재보험

산재보험제도를 구체화하고 있는 법률은 **산업재해보상보험법**(최근개정: 2021. 4. 13. 법률 제18040호)이다. 이 법률은 근로자를 사용하는 모든 사업 또는 사업장에 적용된다. 다만, 위험률・규모 및 장소 등을 고려하여 대통령령으로 정하는 사업에 대하여는 적용하지 않는다(동법 제6조). 2015년을 기준으로 대략 236만 개 사업장에서 일하는 1,796만여 명의 근로자가 산재보험에 가입되어 있다(아래 [표 22.12] 참조).

산재보험급여는 근로자가 업무상의 사유로 발생한 부상, 질병, 장애, 사망 등에 대하여 본인 또는 유족이 제공받는 급여로서 ① 요양급여, ② 휴업급여, ③ 장해급여, ④ 간병급여, ⑤ 유족급여, ⑥ 상병보상연금, ⑦ 장의비, ⑧ 직업재활급여의 8가지 종류가 있다(동법 제36조 제1항). 2019년을 기준으로 32만여 명의 근로자가 약 5조 5,293억원의 산재보험급여를 지급받았다(아래 [표 22.13] 참조). 이 가운

**[표 22.12] 산재보험 적용현황** (단위: 명, 개)

| 연 도 | 근로자(명) | 사업장(개) |
|---|---|---|
| 2010 | 14,198,748 | 1,608,361 |
| 2011 | 14,362,372 | 1,738,196 |
| 2012 | 15,548,423 | 1,825,296 |
| 2013 | 15,449,228 | 1,977,057 |
| 2014 | 17,062,308 | 2,187,391 |
| 2015 | 17,968,931 | 2,367,186 |
| 2016 | 18,431,716 | 2,457,225 |
| 2017 | 18,560,142 | 2,507,364 |
| 2018 | 19,073,438 | 2,654,107 |
| 2019 | 18,725,160 | 2,680,874 |

자료: 근로복지공단(www.kcomwel.or.kr) <2019년도 통계연보>.

데 장해급여(장해보상일시금 + 장해보상연금)가 차지하는 비율(35.4%)이 가장 높고, 그 다음으로 휴업급여(23.9%), 요양급여(19.6%) 등의 순이다.

**[표 22.13] 산재보험 급여종류별 지급 현황** (단위: 명, 건, 백만원)

| | | 수급자 | 지급건 | 금 액 |
|---|---|---|---|---|
| 합 계 | | 320,184 | 3,754,153 | 5,529,360 |
| 요양급여 | | 225,665 | 1,878,219 | 1,085,076 |
| 휴업급여 | | 137,309 | 621,555 | 1,319,085 |
| 장해급여 | 장해보상 일시금 | 38,097 | 38,720 | 636,432 |
| | 장해보상 연금 | 63,875 | 745,795 | 1,521,293 |
| 유족급여 | 유족보상 일시금 | 1,145 | 1,173 | 123,639 |
| | 유족보상 연금 | 29,714 | 347,531 | 586,535 |
| 장 의 비 | | 2,470 | 2,544 | 31,838 |
| 상병보상연금 | | 5273 | 57,288 | 53,633 |
| 간병급여 | | 3688 | 17,942 | 23,108 |
| 직업재활급여 | | 3,042 | 11,282 | 14,828 |

자료: 근로복지공단(www.kcomwel.or.kr) <2015년도 통계연보>.

첫째, **요양급여**는 근로자가 업무상의 사유로 부상을 당하거나 질병에 걸린 경우에 지급받는 급여를 말한다(동법 제40조 제1항). 둘째, **휴업급여**는 업무상 사유로 부상을 당하거나 질병에 걸린 근로자에게 요양으로 취업하지 못한 기간에 대하여 지급하는 것으로 1일당 지급액은 평균임금의 100분의 70에 상당하는 금액이다. 다만, 취업하지 못한 기간이 3일 이내이면 지급받지 못한다(동법 제52조). 셋째, **장해급여**는 근로자가 업무상의 사유로 부상을 당하거나 질병에 걸려 치유된 후 신체 등에 장해가 있는 경우에 지급받는 급여를 말한다(동법 제57조 제1항). 넷째, **간병급여**는 요양급여를 받은 자 중 치유 후 의학적으로 상시 또는 수시로 간병이 필요하여 실제로 간병을 받는 자에게 지급하는 급여를 말한다(동법 제61조 제1항). 다섯째, **유족급여**는 근로자가 업무상의 사유로 사망한 경우에 유족에게 지급하는 급여를 말한다(동법 제62조 제1항). 여섯째, **상병보상연금**은 요양급여를 받는 근로자가 요양을 시작한 지 2년이 지난 날 이후에 ① 그 부상이나 질병이 치유되지 않은 상태이고, ② 그 부상이나 질병에 따른 폐질(廢疾)의 정도가 대통령령으로 정하는 폐질등급 기준에 해당할 뿐만 아니라, ③ 요양으로 인하여 취업하지 못하면서 이러한 상태가 계속되는 경우에 휴업급여 대신 지급받는 급여를 말한다(동법 제66조 제1항). 이 경우 장해보상연금을 받고 있던 자가 재요양하고 있으면 요양을 시작한 후 2년이 지난 것으로 본다(동법 제69조 제1항). 일곱째, **장의비**는 근로자가 업무상의 사유로 사망한 경우에 지급하는 것으로서 평균임금의 120일분에 상당하는 금액을 그 장제(葬祭)를 행하는 자에게 지급한다(동법 제71조 제1항). 여덟째, **직업재활급여**는 ① 장해급여를 받은 자나 장해급여를 받을 것이 명백한 자(장해급여자)로서 취업을 위하여 직업훈련이 필요한 자에 대하여 실시하는 직업훈련에 드는 비용 및 직업훈련수당, ② 업무상의 재해가 발생할 당시의 사업에 복귀한 장해급여자에 대하여 사업주가 고용을 유지하거나 직장적응훈련 또는 재활운동을 실시하는 경우에 각각 지급하는 직장복귀지원금, 직장적응훈련비 및 재활 운동비로 구분되고, 직업훈련비용은 직업훈련기관에, 직업훈련수당은 훈련대상자에게 그리고 직장복귀지원금 등은 사업주에게 지급된다(동법 제72조에서 제75조).

## Ⅵ. 사회권과 사회보장을 통한 양극화해결의 한계와 대안

사회적 기본권과 그에 상응한 사회보장의무를 통해서 한국사회의 양극화 문제가 어느 정도 해결될 수 있다는 사실은 분명하다. 하지만 인권에 근거한 이러한 양극화해결 방식은 법과 제도를 통한 방식이라는 점에서 일정한 한계가 있다.

첫째, 사회권과 사회보장을 통한 양극화해결은 '최소한의 해결책'을 제시할 뿐이다. 물론 최소한의 해결책으로 제시된 제도들의 내용은 국가의 경제정책이나 사회복지정책에 따라 크게 달라질 수 있다. 하지만 이러한 해결책들은 가장 바람직하고 이상적인 수준의 것과는 일정한 거리가 있는, 실현가능한 현실적인 대안의 수준에 머물러 있을 가능성이 크다. 따라서 사회권과 사회보장을 통한 해결책들은 항상 이상적인 목표를 의식하고 지향하면서 수정될 필요가 있다.

둘째, 사회권과 사회보장을 통해 양극화를 해결하려는 시도는 문제의 원인을 사전에 근본적으로 제거하는 것이 아니라 문제가 발생한 뒤에 '사후적으로 시정하는 정책'이다. 따라서 이러한 해결방식은 문제의 원인에 대한 근본적 분석과 대안의 제시와 함께 실시되어야 한다. 물론 양극화의 근본적 원인에 대해서는 다양한 관점에서, 그리고 장기적인 관점에서 접근과 대안제시가 필요하다. 따라서 시간과 비용이 많이 필요할 수밖에 없다. 이러한 맥락에서 일단 현실적으로 발생한 양극화에 대한 즉각적이고 효과적인 대응으로서 사회권과 사회보장을 통한 해결책이 대단히 의미있는 것이라는 사실을 여전히 확인할 수는 있다.

**토론문제**

1. 사회보장제도로 경제적 양극화를 극복할 수 있는가?
2. 최소한의 사회보장제도를 요구할 수 있는 권리가 국민에게 있는가?
3. 사회보장제도는 외국인에게도 보장되어야 하는가?

**내 입장은?**

1. 사회보장제도의 실시 여부는 전적으로 국가의 재량에 맡겨져 있다.
2. 사회보장제도를 요구할 수 있는 국민의 권리가 보장되어야 한다.
3. 사회보장제도가 외국인에게 보장될 필요는 없다.

## 참고문헌

김순영(2006), 불평등과 한국의 민주주의, ≪아세아연구≫(고려대학교 아세아문제연구소), 통권 126호(2006), 37～67면.

김연명(2001), 비정규 근로자에 대한 사회보험 확대 쟁점과 정책, ≪한국사회복지학≫(한국사회복지학회), 제45권(2001), 72～100면.

김연명(2003), 위험사회와 한국의 사회보험체계, ≪문화과학≫, 통권 35호(2003), 135～149면.

김영범(2002), 한국 사회보험의 기원과 제도적 특징－의료보험과 국민연금을 중심으로－, ≪경제와 사회≫(한국산업사회학회), 제55권(2002), 8～34면.

김영우(2003), 한국 국민연금제도의 현황과 정책과제, ≪한국동서경제연구≫(한국동서경제학회), 제15집 제1호(2003), 123～150면.

박지순(2005), 사회보험의 인적 적용범위에 관한 고찰－사회보험법과 노동법상의 근로자개념을 중심으로－, ≪노동법학≫(한국노동법학회), 제20호(2005), 161～

200면.

박창수(2006), 양극화 해소를 위한 최선의 조세 개혁, ≪인물과 사상≫, 통권 제96호(2006년 4월호), 47～59면.

신명호(2006), 한국사회의 양극화와 빈곤, ≪아세아연구≫(고려대학교 아세아문제연구소), 통권 123호(2006), 7～34면.

유철규(2004), 양극화와 국민경제 해체의 경제구조－사회적 갈등의 심화와 민주주의의 위기, ≪아세아연구≫(고려대학교 아세아문제연구소), 통권 118호(2004), 23～41면.

이달휴(2000), 사회보험의 원리, ≪복지행정논총≫(한국복지행정학회), 제10권(2000), 271～288면.

이병훈/김유선(2003), 노동생활 질의 양극화에 관한 연구－정규・비정규의 분절성을 중심으로, ≪경제와 사회≫(한국산업사회학회), 제60권(2003년 겨울호), 129～149면.

이준일(2003), 사회적 기본권, ≪헌법학연구≫(한국헌법학회), 제10권 제1호(2003), 449～483면.

전강수(2005), 부동산 양극화의 실태와 해소 방안, ≪역사비평≫(역사문제연구소), 통권 71호(2005년 여름호), 171～201면.

전병유(2006), 양극화와 한반도경제, ≪창작과 비평≫, 통권 131호(2006), 231～243면.

전 훈(2006), 양극화해소대책과 보충성원칙, ≪공법연구≫(한국공법학회), 제35집 제1호(2006), 617～636면.

조성혜(2005), 글로벌 경제하에서의 노동시장, 고용보호와 노동법, ≪노동법학≫(한국노동법학회), 제21호(2005), 213～249면.

채구묵(2007), 소득불평등 실태, 원인분석 및 과제, ≪한국사회복지학≫(한국사회복지학회), 제59권 제1호(2007), 199～221면.

# 제23장
# 기부를 필요로 하는 시대에 구걸할 권리
## – 노숙인의 권리와 함께 –

노숙이냐, 쉼터냐, 쪽방이냐. 겨울의 문턱에서 노숙인들은 삶의 위기에 놓인다.
되풀이되는 악순환의 고리를 끊기 위해 일부 노숙인들이
주인 없이 방치된 집을 찾아 점거에 나섰다. 스캇(Squat)이다.
이수현, ≪우리 옆의 약자≫ 중에서

오늘도 지하철 전동차 안에서는 자신의 사정을 적은 하얀 종이를 돌리거나 껌을 팔며 구걸하는 사람들이 돌아다닌다. 특별히 피해를 주는 것은 없지만 마음이 불편하고 귀찮다. 경찰은 뭘 하는 거지? 저 사람들 저런 짓 못하도록 단속해야 되는 것 아닌가? 그러고 보니 국가가 저 사람들이 저런 행동을 하지 않도록 지원을 해야 된다는 생각도 든다.

지하철을 내리자 익숙한 종소리와 함께 '구세군 자선냄비'를 마주친다. 해마다 보는 광경이지만 볼 때마다 감동이 있다. 가난한 사람들을 돕기 위해 자신을 희생하는 따뜻한 마음 때문일까? 나도 모르게 주머니 속으로 손이 들어가고 천원짜리 몇 장을 꺼내 자선냄비에 밀어 넣는다. 순간 지하철에서 구걸하던 거지를 떠올린다. 거지와 구세군의 차이는 무엇이지?

구걸은 불편하다. 하지만 자선냄비는 감동이다. 둘의 차이는 뭐길래 전혀 다른 느낌을 주는 것일까? 다른 사람의 주머니를 열게 만드는 것은 동일한데 무엇이 마음의 차이를 불러내는 것일까? 심지어 구걸은 처벌까지 한다는 데 그 정당성은 어디서 나오는가? 이런 쟁점들에 대해서 논의해 보도록 한다.

# Ⅰ. 문제제기

도시마다 초고층아파트가 즐비하고, 백화점과 대형마트에는 상품이 넘쳐나지만 그것들이 단지 '그림의 떡'에 지나지 않는 사람들이 있다. 노숙인이나 부랑인 또는 홈리스(homeless) 등[1)]과 같이 일정한 거처도 없이 배회하거나 구걸하는 사람들에게 가장 절실하게 필요한 것은 한 끼의 식사와 몸을 누일 수 있는 쉼터다.[2)] 매년 변동이 있지만 대략 3천여 명 정도의 노숙인이 일시보호 시설이나 쉼터(자활시설) 또는 거리에서 생활하고 있고, 재활·요양 중인 노숙인이 평균 7천여 명인 것을 고려하면 전국적으로 노숙인의 숫자는 1만여 명 가량 되는 것으로 추정된다(아래 [표 23.1] 참조). 특히 1997년 IMF구제금융 사태 이후에 거리에서 생활하는 노숙인들이 급격하게 증가하였다.[3)] 이들에게 필요한 식사와 쉼터를 제공하기 위하여 봉사하는 단체도 늘어나고 있다. 이처럼 노숙하거나 구걸하는 사람을 돕는 것은 '자선행위'지만 구걸은 범죄다. 경범죄처벌법은 "구걸을 하여 다른 사람의 통행을 방해하거나 귀찮게" 하는 행위를 형벌이 부과될 수 있는 범죄로 규정하고 있다(동법 제3조 제1항 제18호).[4)]

**[표 23.1] 노숙인 현황** (단위: 명)

| 연 도 | 2015 | 2016 | 2017 | 2018 | 2019 |
|---|---|---|---|---|---|
| 노숙인 | 11,901 | 10,645 | 10,828 | 10,801 | 10,875 |
| 자 활 | 1,683 | 1,613 | 1,583 | 1,684 | 1,523 |
| 일시보호 | 1,045 | 798 | 994 | 1,047 | 1,173 |
| 거리 노숙인 | 1,125 | 969 | 862 | 895 | 1,246 |
| 재활·요양 | 8,048 | 7,265 | 7,389 | 7,175 | 6,933 |

---

1) '노숙인 등의 복지 및 자립지원에 관한 법률'(최근개정: 2020. 12. 29. 법률 제17775호)에 따르면 노숙인은 "① 상당한 기간 동안 일정한 주거 없이 생활하는 사람, ② 노숙인시설을 이용하거나 상당한 기간 동안 노숙인시설에서 생활하는 사람, ③ 상당한 기간 동안 주거로서의 적절성이 현저히 낮은 곳에서 생활하는 사람"으로 정의된다(동법 제2조). 이에 따라 종래에 노숙인과 부랑인 등은 구별되었으나 이제 유사한 개념들이 모두 '노숙인 등'이라는 개념으로 통합되었다. 노숙인의 개념에 대해서는 홍선미(2002), 110면 이하 참조. 한편 노숙인복지법의 내용과 문제점에 대해서는 이현석/여경수(2011), 327면 이하 참조.

2) 한국에서 노숙인은 40~50대의 고령자가 많은 비중을 차지하는 특징이 있다고 한다. 김수현(2010), 143면 이하 참조.

3) IMF구제금융사태 이후의 노숙인 증가 현황에 대해서는 강정희(2012), 119면 이하 참조.

4) 이 법률조항의 헌법적 문제점에 대해서는 김지혜(2012), 72면 이하 참조.

| 쪽방주민 | 6,072 | 6,053 | 5,705 | 5,664 | 5,641 |
|---|---|---|---|---|---|

자료: 보건복지부(www.mohw.go.kr) <2020년 노숙인 등의 복지사업 안내>.

이 규정을 엄격하게 해석하면 다른 사람의 통행을 방해하지 않거나 다른 사람을 귀찮게 하지 않는 구걸행위는 범죄가 아니다. 단지 냄새가 나고 더러워 보여 불편할 뿐 다른 사람의 통행을 방해하거나 다른 사람을 귀찮게 하지 않는다고 인식되는 노숙행위는 범죄가 아닌 것과 같다. 구걸행위로 다른 사람의 통행을 방해하거나 다른 사람을 귀찮게 한다면 그러한 구걸행위는 타인에게 피해를 준다는 점에서 그러한 구걸행위를 범죄행위로 규정한 경범죄처벌법은 언뜻 문제가 없어 보인다. 같은 맥락에서 노숙행위도 다른 사람의 통행을 방해하거나 다른 사람을 귀찮게 하는 경우(예를 들어 노숙하기 위하여 사람들이 지나다니는 장소에 눕거나 물건을 쌓아 놓는 경우 또는 노숙하면서 술을 마시거나 소리를 지르거나 지나가는 사람에게 시비를 거는 경우)에는 금지될 수 있다. 문제는 노숙행위와 달리 구걸행위는 모두 애초에 다른 사람의 통행을 방해하거나 다른 사람을 귀찮게 한다는 전제에서 구걸행위를 규제하고 있는 것은 아닌지, 범죄가 되는 구걸행위의 요건인 '다른 사람의 통행을 방해하는 것'과 '다른 사람을 귀찮게 하는 것'의 의미가 대단히 모호한 것은 아닌지 하는 점이다. 더 근본적으로는 비록 노숙이나 구걸이 다른 사람의 통행을 방해하거나 다른 사람을 귀찮게 한다고 해도 그것만으로 노숙이나 구걸을 금지하고 처벌해야 할 필요성이 있는지 의문이 든다.

**[법령 23.1] 경범죄 처벌법**(최근개정: 2017. 10. 24. 법률 제14908호)
**제3조 (경범죄의 종류)**

① 다음 각 호의 어느 하나에 해당하는 사람은 10만원 이하의 벌금, 구류 또는 과료(科料)의 형으로 처벌한다.

1. ~ 17. 생략

18. (구걸행위 등) 다른 사람에게 구걸하도록 시켜 올바르지 아니한 이익을 얻은 사람 또는 공공장소에서 구걸을 하여 다른 사람의 통행을 방해하거나 귀찮게 한 사람

19. ~ 41. 생략

## Ⅱ. 노숙할 권리와 구걸할 권리

### 1. 헌법적 근거

노숙할 권리 또는 구걸할 권리는 헌법에 명시적으로 열거된 기본권이 아니므로 '일반적 자유권'인 행복추구권(헌법 제10조 제1문 후단)에서 도출할 수 있다. 헌법은 명시적으로 '열거되지 않은 개별적 기본권'을 위하여 독립된 조항(헌법 제37조 제1항)을 두고 있지만 이 조항을 근거로 도출할 수 있는 개별적 기본권은 헌법에 명시적으로 '열거된 개별적 기본권'(예: 신체의 자유, 표현의 자유, 거주·이전의 자유 등)과 같은 수준으로 일반화될 수 있어야 한다.[5] 하지만 노숙할 권리나 구걸할 권리는 그러한 정도로 일반화할 수 있는 개별적 기본권이 아니므로 일반적 자유권인 행복추구권에 포함되어 있다고 보아야 한다. 일반적 자유권은 '일반적 행동자유권'을 포함하고, 이러한 일반적 행동자유권에는 노숙할 자유나 구걸할 자유도 포함되기 때문이다.

대부분의 행동이 일반적 행동자유권에 의해 보호된다고 해도 사람들이 대체로 부끄럽게 생각하는 행동은 일반적 행동자유권에 의해 보호될 수 없다는 주장이 가능하다. 하지만 일반적 행동자유권은 모든 사람이 또는 대부분의 사람이 부끄럽게 생각하지 않는 행동만을 보호하지 않는다. 모든 사람이 또는 대부분의 사람이 부끄럽게 생각한다고 해도 그것을 감내하고 어떤 행동을 할 수 있는 자유는 보장된다. 따라서 노숙할 자유나 구걸할 자유도 일반적 행동자유권에 의해서 보장된다. 다만 자유의 본질이 자기결정권에 있다는 점에서 노숙할 자유나 구걸할 자유도 스스로(자발적으로) 결정한 것이어야 하고, 타인에 의해 강요된 노숙이나 구걸까지 포함하지는 않는다. 특히 아동에 대한 구걸의 강요는 아동착취행위로 처벌받는다.[6]

### 2. 제 한

모든 자유와 권리는 제한될 수 있으므로(헌법 제37조 제2항) 노숙할 자유나 권

---

5) 일반적 자유권의 근거조항인 행복추구권(헌법 제10조 제1문 전단)과 열거되지 않은 개별적 기본권의 근거조항인 헌법 제37조 제1항의 관계에 대해서는 이준일, ≪헌법학강의≫(2019), 제2편 제2부 제1장 제2절 Ⅱ. 3. (2) 참조.

6) 아동착취의 한 유형으로서 구걸의 강요에 대해서는 김혜경(2010), 53면 이하 참조.

리 또는 구걸할 자유나 권리도 제한될 수 있다. 무엇보다도 '타인의 권리'를 침해하거나 '공공의 이익'을 침해하는 경우에 노숙할 자유나 권리 또는 구걸할 자유나 권리는 제한될 수 있다. 이러한 맥락에서 다른 사람을 귀찮게 하거나 다른 사람의 통행을 방해하는 구걸행위를 금지하는 경범죄처벌법은 정당화될 수 있다. 또한 같은 맥락에서 다른 사람을 귀찮게 하거나 다른 사람의 통행을 방해하는 노숙행위도 금지될 수 있다. 뒤집어서 말하면 다른 사람을 귀찮게 하지 않고, 다른 사람의 통행을 방해하지 않는 노숙행위 또는 구걸행위, 즉 타인의 권리나 공공의 이익에 대해서 전혀 피해(해악)를 주지 않는 노숙행위나 구걸행위는 금지될 수 없다. 물론 이러한 피해는 구체적이어야 하지 막연하고 추상적이어서는 안 된다. 예를 들어 노숙인은 범죄를 저지를 가능성이 높은 '위험한 존재'라는 막연한 인식에 기초하여 노숙행위를 금지할 수는 없다.

## 3. 제한의 정당성

노숙하는 행위 또는 구걸하는 행위를 타인의 권리나 공공의 이익을 위하여 제한하는 경우에도 법률에 의한 제한이어야 하고(법률유보원칙), 제한의 내용은 비례성원칙(과잉금지원칙)을 준수하는 것이어야 한다. 행동의 자유를 제한하는 법률의 형식에 대해서는 다양한 원칙이 요구되는데 형벌을 부과하는 경범죄처벌법의 경우에는 '죄형법정주의원칙'에 따라 특별히 강조되는 명확성원칙이 문제될 수 있다.

### (1) 명확성원칙

기본권을 제한하는 모든 법률의 경우에 명확성원칙을 준수해야 한다.[7] 법률의 문언이 표현하고자 하는 의미가 일반인의 관점에서 일의적으로 해석될 수 있어야 하는 것이다. 그런데 구걸행위를 금지하는 법률규정에서 사용한 "다른 사람의 통행을 방해"하거나 "다른 사람을 귀찮게" 하는 행위가 무엇인지 명확하지 않다.[8] 예를 들어 사람이 많지 않은 지하철 전동차에서 도와달라는 말을 하며 휠체

7) 기본권을 제한하는 법률의 형식에 대해서 요구되는 명확성원칙에 대해서는 포르노그래피와 같은 성적 표현물을 제한하면서 사용되는 "음란"이라는 개념의 명확성 여부를 논의하면서 이미 살펴보았다. 이 책 제14장 참조.

8) 명확성원칙의 관점에서 구걸행위금지규정이 가지는 문제점에 대한 상세한 논의는 김지혜(2012), 85면 이하 참조.

어를 타고 이동하며 구걸하는 행위는 다른 사람의 통행을 방해하는 행위인가? 또한 지하철에 조용히 앉아 있는 사람들에게 자신의 사정을 담은 하얀 종이를 나누어주거나 껌을 팔며 구걸하는 행위는 다른 사람을 귀찮게 하는 행위인가?

특별히 문제가 되는 것은 법적으로 허용되는 "기부금품의 모집"과 구걸이 어떻게 구별될 수 있는지 하는 점이다. 물론 기부금품의 모집을 위해서는 등록이 필수적으로 요구되고, 그 목적이 순수한 공익목적에 한정된다는 점에서 구걸과 구분될 수도 있다. 하지만 빈곤한 사람들의 생계를 지원할 목적에서 행해진다는 점에서 기부금품의 모집은 구걸과 다르지 않다. 기부금품의 모집은 타인을 위한 것이라는 점에서 자신을 위한 구걸과 구분된다고 말할지도 모른다. 하지만 구걸이 순수하게 자신을 위한 것이 아니라 그 가족을 위한 것이라면 어떻게 할 것인가? 기부금품의 모집이든 구걸이든 경제적 지원을 요청한다는 점에서 다르지 않다. 서로 다르지 않은 것을 다르게 취급하는 것을 차별이라 부른다면 기부금품의 모집과 구걸이 다르지 않은데도 다르게 취급하는 것은 차별이다. 기부금품의 모집은 선한 것인 데 비하여 구걸은 악한 것이라고 규정하는 이분법은 그 본질을 숙고하지 않은 편견에 지나지 않는다.

**[법령 23.2] 기부금품의 모집 및 사용에 관한 법률**(최근개정: 2017. 7. 26. 법률 제14839호)

**제2조 (정의)**

이 법에서 사용하는 용어의 뜻은 다음과 같다.

1. "기부금품"이란 환영금품, 축하금품, 찬조금품(贊助金品) 등 명칭이 어떠하든 반대급부 없이 취득하는 금전이나 물품을 말한다. 다만, 다음 각 목의 어느 하나에 해당하는 것은 제외한다.
   가. 법인, 정당, 사회단체, 종친회(宗親會), 친목단체 등이 정관, 규약 또는 회칙 등에 따라 소속원으로부터 가입금, 일시금, 회비 또는 그 구성원의 공동이익을 위하여 모은 금품
   나. 사찰, 교회, 향교, 그 밖의 종교단체가 그 고유활동에 필요한 경비에 충당하기 위하여 신도(信徒)로부터 모은 금품
   다. 국가, 지방자치단체, 법인, 정당, 사회단체 또는 친목단체 등이 소속원이나 제3자에게 기부할 목적으로 그 소속원으로부터 모은 금품
   라. 학교기성회(學校期成會), 후원회, 장학회 또는 동창회 등이 학교의 설립이나 유지 등에 필요한 경비에 충당하기 위하여 그 구성원으로부터 모은 금품
2. "기부금품의 모집" 이란 서신, 광고, 그 밖의 방법으로 기부금품의 출연(出捐)을 타인에게 의뢰·권유 또는 요구하는 행위를 말한다.
3. ~ 4. 생략

**제4조 (기부금품의 모집등록)**

① 1천만원 이상의 금액으로서 대통령령으로 정하는 금액 이상의 기부금품을 모집하려는 자는 다음의 사항을 적은 모집·사용계획서를 작성하여 대통령령으로

정하는 바에 따라 행정안전부장관 또는 특별시장·광역시장·도지사·특별자치도지사(이하 "등록청"이라 한다)에게 등록하여야 한다. 모집·사용계획서의 내용을 변경하려는 경우에도 또한 같다.
1.~5. 생략
② 제1항에 따른 등록은 다음 각 호의 어느 하나에 해당하는 사업의 경우에만 할 수 있다. 이 경우 같은 사업을 위하여 둘 이상의 등록청에 등록하여서는 아니 된다.
1. 국제적으로 행하여지는 구제사업
2. 천재지변이나 그 밖에 이에 준하는 재난(「재난 및 안전 관리기본법」 제3조 제1호 가목에 따른 재해는 제외한다)의 구휼사업(救恤事業)
3. 불우이웃돕기 등 자선사업
4. 영리 또는 정치·종교 활동이 아닌 사업으로서 다음 각 목의 어느 하나에 해당하는 사업
가. 교육, 문화, 예술, 과학 등의 진흥을 위한 사업
나. 소비자 보호 등 건전한 경제활동에 관한 사업
다. 환경보전에 관한 사업
라. 사회적 약자의 권익 신장에 관한 사업
마. 보건·복지 증진을 위한 사업
바. 남북통일, 평화구축 등 국제교류·협력에 관한 사업
사. 시민참여, 자원봉사 등 건전한 시민사회 구축에 관한 사업
아. 그 밖에 공익을 목적으로 하는 사업으로서 대통령령으로 정하는 사업

### (2) 비례성원칙

#### 1) 다른 사람의 권리를 침해하지 않는 경우

구걸행위를 금지하고 있는 법률의 목적을 오해하여 '모든 구걸행위'를 다른 사람의 통행을 방해하거나 다른 사람을 귀찮게 하는 행위로 규정하여 모든 구걸행위가 금지된다고 주장할 수도 있다. 하지만 다른 사람의 권리나 공공의 질서를 침해하는 행위만을 금지할 수 있다는 점에서 다른 사람의 통행을 방해하지 않거나 다른 사람을 귀찮게 하지 않은 구걸행위까지 금지할 수는 없다. 비록 냄새가 나고 더러워 보이기는 하지만 다른 사람의 통행을 방해하지도 않을 뿐만 아니라 다른 사람을 귀찮게 하지도 않는 노숙행위처럼 다른 사람의 통행을 방해하지도 않고, 다른 사람을 귀찮게 하지 않음에도 구걸행위를 금지해야 할 정당한 목적을 찾기 힘들다. 그저 노숙행위나 구걸행위가 보기 싫다 또는 마음이 불편하다는 것은 노숙행위나 구걸행위를 금지해야 할 정당한 목적이 될 수 없기 때문이다. 노숙행위나 구걸행위가 보기 싫거나 마음에 불편하다고 해도 알코올중독이나 도박중독 또는 범죄경력처럼 노숙이나 구걸을 하는 사람의 불성실이나 도덕성과 같은 개인적 이유 때문에 발생했다면 그것은 도덕적으로 비난할 일이지 법적으로 금지

하고 처벌할 일은 아니다. 특히 질병, 장애, 노령과 같이 개인적으로 극복하기 어려운 이유라면 비난할 이유가 아니라 오히려 도움이 필요한 이유다. 또한 노숙행위나 구걸행위가 보기 싫거나 마음에 불편하다는 감정 저편에는 노숙하거나 구걸하는 사람을 보지 않음으로써 노숙하거나 구걸하는 사람에 대한 '사회적 책임'을 모면해 보려는 의도가 숨어 있다. 노숙하거나 구걸하는 사람을 보이지 않게 눈앞에서 몰아낸다고 노숙하거나 구걸하는 사람들이 사라지는 것도 아니고, 노숙하거나 구걸하는 사람들에 대한 사회적 책임이 없어지는 것도 아니다.

### 2) 다른 사람의 권리를 침해하는 경우

한편 비록 다른 사람의 통행을 방해하거나 다른 사람을 귀찮게 하는 노숙행위나 구걸행위라고 하더라도 그것을 범죄로 규정하고 처벌해야 하는지에 대해서도 과도한 조치가 아닌지 하는 의문이 제기된다. 현재 다른 사람의 통행을 방해하거나 다른 사람을 귀찮게 하는 구걸행위만 처벌하면서 다른 사람의 통행을 방해하거나 다른 사람을 귀찮게 하는 노숙행위를 별도로 처벌하지 않는 것을 비교하면 더욱 그렇다. 누구도 즐거운 마음으로 노숙행위나 구걸행위를 하지 않는다. 노숙행위와 구걸행위의 배후에는 '빈곤'의 문제가 놓여 있다.[9] 거처조차 마련할 수 없는 빈곤한 사정이 노숙으로 내몰고, 구걸하지 않고는 하루의 생계조차 유지하기 어려운 정도로 빈곤한 상황이 구걸을 강요한다. 그렇다면 노숙이나 구걸은 자발적 선택이라는 외관을 보이지만 사회적으로 강요된 행위다. 빈곤은 개인의 능력이나 성실 또는 질병이나 장애 또는 노령에 의한 노동력상실과 무관하게 실업과 같이 사회구조적으로 결정될 수도 있기 때문이다.

이처럼 사회구조적으로 강요된 노숙행위나 구걸행위에 대해서 범죄로 규정하고 처벌해야 한다면 노숙하거나 구걸할 수밖에 없는 사람에게 이러한 금지와 처벌은 대단히 가혹하다.[10] 따라서 금지와 처벌 이전에 노숙할 수밖에 없는 사람에게 노숙하지 않아도 될 거처의 제공 또는 구입에 필요한 비용과[11] 구걸할 수밖에 없는 사람에게 구걸하지 않아도 될 정도의 생계비를 공동체가 부담해야 할 필

9) 한국에서 노숙인의 발생 원인에 대해서 빈곤을 근본적인 원인으로 들면서 그 밖에 극빈자에 대한 공공부조제도의 급여수준이 낮고, 실업부조제도가 없으며 저렴한 공공임대의 역할이 미미할 뿐만 아니라 노숙인에 대해서 우선적으로 주거를 제공하는 정책이 부재하기 때문이라는 지적이 있다. 구인회/김소영/유야마 아쓰시(2012), 340면 이하 참조.

10) 같은 맥락에서 "구걸의 범죄화"라는 비판은 타당하다. 김지혜(2012), 74면 이하 참조.

11) 노숙하지 않아도 될 거처의 제공 또는 구입에 필요한 비용을 요구할 수 있는 권리는 사회적 기본권으로 이해되는 '주거권'이라고 부를 수 있다. 노숙인의 주거권에 대해서는 김지혜(2011), 120면 이하 참조.

요가 있다.[12] 노숙이나 구걸할 수밖에 없는 상황은 그대로 내버려 둔 채 노숙이나 구걸을 금지하고 처벌하는 것은 노숙하거나 구걸하는 사람을 막다른 골목으로 몰아넣는 것과 같다. 이러한 막다른 궁지에서 노숙하거나 구걸하는 사람이 선택할 수 있는 것은 죽음이거나 자신을 궁지로 몰아넣는 사회에 대한 저항뿐이다. 구성원이 죽음이나 저항과 같은 극단적 선택을 할 수밖에 없도록 몰아가는 것은 공동체에도 해악이 될 수밖에 없다. 노숙하거나 구걸할 수밖에 없는 상황을 국가나 공동체구성원이 해결할 수 없다면 차라리 노숙이나 구걸이라도 할 수 있도록 내버려 두는 것이 공정할 수 있다. 이러한 맥락에서 노숙을 처벌하지 않는 것처럼 '구걸의 합법화'에 관한 주장이 정당화된다.

노숙하거나 구걸할 수밖에 없는 처지에 처한 모든 사람이 노숙하거나 구걸하는 것은 아니라고 말할지도 모른다. 왜 일해서 돈을 벌지 않고 노숙하거나 구걸하느냐고 물을지도 모른다. 그러나 일자리(고용기회)는 한정되어 있고, 일자리의 창출은 개인의 노력에 의해서가 아니라 경제정책적·사회구조적으로 해결될 문제이다. 또한 일자리가 있다고 해도 그 일자리에 적합한 능력을 갖고 있지 못할 수도 있고, 일해서 버는 돈만으로는 생계비나 주거비를 충당하는 데 충분하지 않을 수도 있다.[13] 그리고 일자리나 능력이 없어 자영업을 해보고자 하지만 신용이 없어 그에 필요한 적은 자본조차 대출받기 어려울 수 있다. 이처럼 일자리도 능력도 신용도 자본도 없어 자활할 수 없는 사람에게 노숙은 불가피한 마지막 선택이고, 구걸은 생존을 위한 최후수단일 수 있다.

그럼에도 불구하고 경미한 통행방해나 사소한 귀찮음이 어쩔 수 없이 내몰린 노숙이나 생존을 위한 최후수단인 구걸을 금지하고 처벌할 정도로 중대한 법익인지에 대해서는 의문이 든다. 노숙이나 구걸을 금지하고 처벌하려면 노숙이나 구걸을 하지 않아도 될 정도로 생계비와 주거비를 제공하거나, 적정한 임금을 보장하는 일자리를 제공하거나 또는 노숙이나 구걸을 하지 않아도 될 만큼의 수입을 보장하는 창업에 필요한 자금을 제공해야 한다. 노숙이나 구걸을 원해서 노숙하거나 구걸하는 사람은 없다. 노숙 외에는 다른 선택이 없기 때문에 노숙할 뿐이고,

12) '노숙인 등의 복지 및 자립지원에 관한 법률'에 따르면 노숙인 등에 대해서 국가와 지방자치단체는 주거지원, 급식지원, 의료지원, 고용지원, 응급조치를 제공할 수 있도록 규정하고 있다. 하지만 이 가운데 응급조치만이 의무조항이고 나머지는 재량사항으로 되어 있어 노숙인 등에게 현실적인 도움이 되지 않을 수도 있다는 문제점이 있다.

13) 구걸하는 사람 중에는 노숙인이 포함되어 있는데 노숙인의 경우에 주민등록의 말소, 노숙인에 대한 낙인, 일자리에 대한 정보부족, 일자리의 부족, 취약한 노동력, 노동착취의 관행 등 때문에 노동시장에 대한 접근이 어렵다는 지적으로 남기철(2006), 69면 이하 참조.

구걸이라도 하지 않으면 굶어 죽기 때문에 구걸할 뿐이다. 노숙이나 구걸을 하지 않아도 되는 사람은 단지 노숙이나 구걸밖에 할 수 없는 사람과 다르다. 노숙이나 구걸이 아닌 다른 선택가능성이 있는 사람들과 오로지 노숙이나 구걸밖에는 다른 선택가능성이 없는 사람을 비교하는 것 자체가 평등하지 않다. 노숙이나 구걸밖에 다른 선택가능성이 없는 사람들에게 주거제공, 취업보장, 생계비지원과 같은 다른 선택가능성을 보장하는 것이 노숙이나 구걸의 문제를 해결하는 최선의 대안이 될 수 있다.

#### 3) 공익을 침해하는 경우

노숙행위나 구걸행위로 인하여 '도시의 미관'을 해치고 외국인에게 비치는 '국가의 이미지'가 훼손될 수 있다고 주장할 수도 있다. 하지만 도시미관이나 국가 이미지는 노숙행위나 구걸행위를 감춘다고 향상되는 것이 아니라 그 원인을 제거해야만 실제로 향상되는 것이다. 노숙하거나 구걸하는 사람들이 존재하는 현실은 단지 미관이나 이미지를 이유로 감추어서 해결될 수 없고, 그들에게 노숙하지 않아도 되고, 구걸하지 않아도 될 만큼의 생계비와 주거비를 지원하거나 일자리 또는 자활자금을 제공함으로써 해결되어야 한다. 그들을 시설이나 감옥에 일시적으로 가두어 사람들에게 보이지 않게 한다고 근본적으로 노숙이나 구걸의 문제가 해결될 수는 없다. 노숙이나 구걸이 사람들에게 보이기에 불편하거나 부끄러운 것이라면 노숙이나 구걸이 발생하지 않도록 그 원인이 되는 빈곤을 사라지게 할 근본적인 해결책을 모색해야 한다.[14)]

## Ⅲ. 노숙인이나 구걸하는 사람이 없는 사회를 바라며

노숙이나 구걸을 금지하고 처벌하는 것보다 바람직한 대안은 노숙하거나 구걸하는 사람이 없는 세상, 굳이 노숙이나 구걸을 해야 할 필요가 없는 세상을 만드는 것이다. 경제적으로 완전하게 평등한 세상은 가능하지도 않고 바람직하지도 않다. 하지만 적어도 경제적 여력이 되지 못해 노숙을 해야만 하고, 구걸이라도 해야 살아갈 수 있는 사람이 존재하는 세상은 사라져야 한다. 노숙인이나 구걸하는 사람을 잠시 시설이나 감옥에 감추거나 가둔다고 문제가 해결되지는 않는다.

14) 같은 맥락에서 기차역사에서 노숙하는 사람들에 대한 강제퇴거조치의 부당성을 지적하는 견해로 이동현(2011), 11면 이하 참조.

그것은 마치 국가의 주요행사가 있을 때마다 노숙인이나 구걸행위를 집중적으로 단속하여 우리 눈에서 잠깐 동안 사라지게 하는 일시적인 현상과 같다. 노숙인이나 구걸하는 사람이 존재할 수밖에 없는 사회는 건강하지 못한 공동체다. 따라서 노숙인이나 구걸하는 사람에 대한 책임은 공동체 구성원 모두가 짊어져야 한다. 조금씩 양보하여 경제적 부담을 나누어 가진다면 노숙인이나 구걸하는 하는 사람을 공동체에서 볼 수 없을지도 모른다. 노숙이나 구걸은 무슨 디엔에이(DNA)처럼 특정한 사람이 태어날 때부터 가지고 나오는 본성에 따라 행해지는 것이 아니라 환경이나 사회구조에 의해 후천적으로 강요받은 것이다. 따라서 누구나 환경이나 사회구조가 주어지면 노숙하거나 구걸할 수밖에 없다. 사람을 노숙이나 구걸로 몰아가면서 그런 사람들을 비난하거나 심지어 처벌하는 사회는 매우 야만적이다. 공생의 의미는 무엇보다도 타인을 노숙이나 구걸로 내몰지 않을 뿐만 아니라 불가피한 노숙이나 구걸을 비난하거나 처벌하지 않는 데서부터 시작된다.[15]

## 토론문제

1. 노숙이나 구걸은 무조건 금지되어야 하는가?
2. 노숙이나 구걸을 처벌해야 하는가?
3. 노숙이나 구걸을 할 수밖에 없는 빈곤한 사람에 대한 사회적 책임은 없는가?

## 내 입장은?

1. 노숙이나 구걸은 절대적으로 금지되어야 한다.
2. 노숙이나 구걸은 허용될 수 있다.
3. 모든 사람이 노숙이나 구걸을 하지 않아도 될 만큼 경제적 여건이 제공되어야 한다.

15) 특히 코로나시대를 지나면서 재난지원금의 지급 등에서 노숙인에 대한 차별이 강화되고 있다는 지적이 주목할 만하다. 이동현(2020), 29면 이하 참조.

## 참고문헌


강정희(2010), 한국 노숙인 발생 원인에 관한 연구, ≪사회복지개발연구≫(사회복지개발연구원), 제16권 제2호(2010), 113~131면.

구인회/김소영/유야마 아쓰시(2012), 한국과 일본의 노숙 문제 비교 연구, ≪경제와 사회≫(비판사회학회), 통권 제96호(2012), 328~359면.

김수영(2012), 보편인권체계에서 배제된 사회적 소수자의 인권: 노숙인의 사례를 중심으로, ≪사회복지연구≫(한국사회복지연구회), 제43권 제3호(2012), 5~38면.

김수현(2010), 한국과 일본의 노숙인 비교, ≪서울도시연구≫(서울연구원), 제11권 제1호(2010), 139~159면.

김지혜(2011), 홈리스의 주거권: 법적 근거와 구성요건, ≪사회복지정책≫(한국사회복지정책학회), 제38권 제2호(2011), 117~138면.

김지혜(2012), 구걸행위금지조항의 위헌성 - 미국 주요판례를 통한 비교법적 고찰 -, ≪서울대학교 법학≫(서울대학교 법학연구소), 제53권 제3호(2012), 69~98면.

김혜경(2010), 아동복지법상 금지규정의 형사법적 검토, ≪형사정책연구≫(한국형사정책연구원), 제21권 제1호(2010), 33~63면.

남기철(2006), 일 못하게 막는 사회, 일 못하는 노숙인, ≪도시와 빈곤≫(한국도시연구소), 통권 제78호(2006), 67~80면.

이동현(2011), 서울역 노숙인 강제퇴거 조치의 문제점, ≪도시와 빈곤≫(한국도시연구소), 통권 제93호(2011), 9~21면.

이동현(2020), 홈리스에 대한 재난지원금 지급 실태와 제도 개선방안, ≪월간 복지동향≫(참여연대사회복지위원회), 제260호(2020), 29~34면.

이현석/여경수(2011), 「노숙인 등의 복지 및 자립지원에 관한 법률」의 평가와 향후 과제, ≪토지공법연구≫(한국토지공법학회), 제55집(2011), 319~338면.

홍선미(2002), 노숙인 대책의 현황과 발전과제, ≪상황과 복지≫(비판과 대안을 위한 사회복지학회), 제12호(2002), 109~140면.

# 제24장
# 체벌과 아동의 인권

"아동은 완전하고 조화로운 인격 발달을 위하여 가족적 환경과 행복, 사랑 및
이해의 분위기 속에서 성장하여야 함을 인정하고,
아동은 사회에서 한 개인으로서의 삶을 영위할 수 있도록
충분히 준비되어야 하며, …"
≪아동의 권리에 관한 협약(CRC, 1989)≫

애들은 좀 맞아야 정신을 차린다. 때리지 않으면 도대체 버릇도 없고, 말도 잘 안 듣는다. 요즘 애들이 얼마나 영악한가? 어른들 머리 꼭대기에 앉아 있다. 시대가 바뀌었다고 해도 여전히 때리지 않으면 말이 먹히지 않는다. 교육 현장을 알지 못하는 사람들이 체벌을 없애라고 한다. 특히 중·고등학교 학생들은 이미 어린 아이가 아니다. 그들의 범죄가 얼마나 잔인하고 조직적인지 몰라서 하는 얘기들이다.

중·고등학교 시절 참 많이 맞았다. 왜 그렇게 단체기합은 많은 건지. 때리는 선생님들에게 느끼는 두려움은 하교길에 만난 불량배에게 돈을 뺏길 때 느끼는 두려움과 똑같았다. 맞고 빼앗길 때 불타오르는 증오와 함께 참담한 수치심이 뼛속 깊이 느껴졌다. 내가 사람인가? 난 우리집 개도 이렇게 때리지 않는다.

어머니를 상습적으로 구타해오던 아버지를 살해한 사건이 있었다. 아버지에게 맞으면서 자란 아이가 자기 자식을 때리고 아내까지도 때린다고 한다. 때리는 문화는 어디서부터 시작되었는가? 일제가 식민지 한국의 국민에게 '조선놈들은 맞아야 말을 듣는다'고 세뇌시킨 때부터 시작되었다고도 하고, 오랫동안의 군사독재를 겪으면서 군사문화에서부터 나왔다고도 한다. 이제 많이 사라졌다고는 하지만 아직도 체벌과 구타의 문화는 남아있다. 아이들은 결코 어른들의 스트레스를 푸는 장난감이 아니다. '머리에 피도 안 마른' 녀석들에게 인간의 기본적 권리가 어른과 동등하게 인정되어야 하는지 한 번 알아보도록 하자.

# Ⅰ. 문제제기

체벌이란 상대방에게 신체적 고통을 주기 위하여 신체의 일부(예: 손, 주먹, 발 등)나 물건(예: 회초리, 출석부, 대걸레자루, 야구방망이 등)을 가지고 상대방의 신체에 물리력을 행사하거나 기합(예: 무릎 꿇기, 팔 들기, 엎드려뻗쳐, 원산폭격, 의자 들기, 오리걸음, 토기뜀뛰기, 선착순달리기 등)과 같은 벌을 주는 행위를 말한다.[1] 이러한 체벌은 나쁜 성적이나 학습태도, 규칙위반 또는 비행(非行)을 이유로 흔히 아동에게 가해지기 때문에 아동의 인격을 모욕하고 신체에 관한 인권을 침해할 뿐만 아니라 차별의 일종으로서 문제가 된다. 아동에 대한 체벌이 아동에 대한 폭력이나 가혹행위 또는 폭언 등과 함께 아동의 인권에 대한 중대한 침해행위로서 다루어져야 할 이유가 여기에 있다.

'아동'이란 말은 다양한 의미로 사용된다. 아동은 초등학교 이하(만 12세 이하)의 '어린이'만을 뜻할 수도 있고, 중・고등학교에 재학중인 '청소년'(이른바 틴에이저)까지 포함하는 넓은 개념일 수도 있다. 또한 아동은 성인과 대칭되는 개념으로서 성인의 연령에 도달하지 않은 '미성년자'를 의미할 수도 있다.[2]

현행 **아동복지법**(최근개정: 2020. 12. 29. 법률 제17784호)에 따르면 **아동**은 18세 미만의 사람을 말한다(동법 제3조 제1호). 그리고 **청소년 보호법**(최근개정: 2020. 5. 19. 법률 제17285호)에 따르면 **청소년**은 9세 이상 24세 이하인 사람을 말한다(동법 제3조 제1호). 결국 청소년이면서 아동이 아닌 사람은 19세부터 24세 이하인 사람이다. 민법상의 **미성년자**(동법 제4조)는 19세 미만인 사람으로 19세인 사람은 아동은 아니지만 미성년자이고, 공직선거법상 **선거권이 없는 자**(동법 제15조 제1항)는 18세 미만인 사람으로 아동과 동일하다. 다만 **형법상의 미성년자**는 14세 미만인 자로 그 행위는 벌하지 않는다(동법 제9조), 이 글에서는 아동의 개념을 유아와 초・중・고등학교 학생을 포함하는 것으로 사용하고자 한다. 따라서 아동과 청소년, 미성년자를 아우르는 개념으로 사용될 것이다.

---

1) 체벌을 직접체벌과 간접체벌(얼차려 또는 기합)로 나누고, 다시 직접체벌을 도구(회초리나 출석부 또는 몽둥이 등)를 이용한 체벌과 신체접촉(손이나 발 등)에 의한 체벌로 구분하기도 한다. 윤용규(2004), 131면 참조. 그 밖에 체벌의 유형을 체벌의 부위, 도구, 방법, 형태, 정도에 따라 구분하는 견해로 정진환(1996), 230면 이하 참조. 또한 체벌을 규칙위반, 권위, 신체적 고통이라는 세 가지 표지를 가지고 정의하는 견해도 있다. 정진곤(2001), 165면 참조.

2) 아동의 개념에 대해서는 이정식(2007), 196면 이하 참조.

**[표 24.1] 법령상 아동의 개념**

| | |
|---|---|
| 아동복지법 | 아 동 = 18세 미만 |
| 청소년 기본법 | 청 소 년 = 9세 이상 24세 미만 |
| 민법 | 미성년자 = 19세 미만 |
| 형법 | 형사미성년자 = 14세 미만 |
| 공직선거법 | 선거권자 = 18세 이상 |

아동은 대부분 유치원부터 고등학교에 이르기까지 학교에 다니는 학생을 의미한다. 따라서 아동에 대한 체벌은 가정에서의 부모에 의한 체벌이기도 하지만 학교에서의 교사에 의한 체벌이다. 여기서 다루려고 하는 체벌은 주로 학교에서 벌어지는 교사에 의한 체벌이다.

그동안 학생에 대한 체벌은 **초·중등교육법**(최근개정: 2021. 3. 23. 법률 제17958호)에 근거하여 정당화되었다. 이 법률에 따르면 학교의 장은 교육상 필요한 때에는 법령 및 학칙이 정하는 바에 의하여 학생을 '징계'하거나 기타의 방법으로 '지도'할 수 있다(동법 제18조 제1항). 학생에 대한 '징계'의 종류와 '지도'의 내용에 대해서는 시행령에서 규정하고 있다. 우선 **구 초·중등교육법 시행령**(2011. 3. 18. 대통령령 제22712호로 개정되기 이전의 것)에 따르면 학생에 대한 징계의 종류에는 ① 학교 내의 봉사, ② 사회봉사, ③ 특별교육이수, ④ 1회 10일 이내, 연간 30일 이내의 출석정지, ⑤ 퇴학처분이 있다(동시행령 제31조 제1항). 한편 '지도'의 내용과 관련하여 종래의 초·중등교육법 시행령은 학교의 장이 학생을 지도할 때 불가피한 경우를 제외하고는 학생에게 신체적 고통을 가하지 아니하는 훈육·훈계 등의 방법으로 행하여야 한다고 규정하였다(동시행령 제31조 제7항).[3] 이로써 학생에 대한 지도의 방법으로서 불가피한 경우에 신체적 고통을 가하는 체벌이 정당화되었다. 하지만 개정된 **초·중등교육법 시행령**(최근개정: 2021. 3. 23. 대통령령 제31541호)은 학생지도의 방법으로 도구나 신체 등을 이용하여 학생의 신체에 고통을 가하는 방법의 사용을 금지하고 있다(동시행령 제31조 제8항). 그러나 이것은 도구나 신체 등을 이용하지 않고 학생의 신체에 고통을 가하는 '간접체벌'이 여전히 허용될 수 있음을 의미한다.

3) 이러한 초·중등교육법 시행령 조항은 문민정부 시절 대통령 자문기구인 교육개혁위원회가 체벌에 관한 논쟁에 대하여 체벌을 제한적으로 금지하는 대안으로서 규정되었다고 한다. 신차균(2004), 82면 참조.

**[법령 24.1] 초·중등교육법 시행령**(최근개정: 2021. 3. 23. 대통령령 제31541호)
**제31조 (학생의 징계 등)**
① 법 제18조 제1항 본문의 규정에 의하여 학교의 장은 교육상 필요하다고 인정할 때에는 학생에 대하여 다음 각 호의 어느 하나에 해당하는 징계를 할 수 있다.
1. 학교내의 봉사
2. 사회봉사
3. 특별교육이수
4. 1회 10일 이내, 연간 30일 이내의 출석정지
5. 퇴학처분
② 학교의 장은 제1항의 규정에 의한 징계를 할 때에는 학생의 인격이 존중되는 교육적인 방법으로 하여야 하며, 그 사유의 경중에 따라 징계의 종류를 단계별로 적용하여 학생에게 개전의 기회를 주어야 한다.
③ 학교의 장은 제1항에 따른 징계를 할 때에는 학생의 보호자와 학생의 지도에 관하여 상담을 할 수 있다.
④ 교육감은 제1항 제3호 및 제4호의 특별교육이수 및 출석정지의 징계를 받은 학생을 교육하는데 필요한 교육방법을 마련·운영하고, 이에 따른 교원 및 시설·설비의 확보 등 필요한 조치를 하여야 한다.
⑤ 제1항 제5호의 퇴학처분은 의무교육과정에 있는 학생 외의 자로서 다음 각 호의 어느 하나에 해당하는 자에 한하여 행하여야 한다.
1. 품행이 불량하여 개전의 가망이 없다고 인정된 자
2. 정당한 이유없이 결석이 잦은 자
3. 기타 학칙에 위반한 자
⑥ 학교의 장은 퇴학처분을 하기 전에 일정기간 동안 가정학습을 하게 할 수 있다.
⑦ 학교의 장은 퇴학처분을 한 때에는 당해 학생 및 보호자와 진로상담을 하여야 하며, 지역사회와 협력하여 다른 학교 또는 직업교육훈련기관 등을 알선하는 데 노력하여야 한다.
⑧ 학교의 장은 법 제18조 제1항 본문에 따라 지도를 할 때에는 학칙으로 정하는 바에 따라 훈육·훈계 등의 방법으로 하되, 도구, 신체 등을 이용하여 학생의 신체에 고통을 가하는 방법을 사용해서는 아니 된다.

체벌에 대한 세계 각국의 입장은 상이하다.[4] 역사적 전통과 문화가 다르기 때문이다. 한국사회에서 스승은 군주와 동일한 권위를 가진 존재로 여겨져 왔다(君師父一體).[5] 이러한 역사적, 사회적 맥락에서 체벌은 당연시되었고, 체벌에 대한 최근의 논란에도 불구하고 여전히 체벌을 찬성하는 입장은 강력하다. 적어도

4) 영국, 미국, 인도, 나이지리아 등은 체벌이 허용되는 대표적인 국가다. 반면에 독일, 프랑스, 스페인 등은 대표적으로 체벌이 금지된 국가에 해당한다. 체벌에 대한 세계 각국의 입장에 대해서는 김은경(1999), 21면 이하; 정진곤(2001), 175면 이하; 이종근(2011), 191면 이하; 홍신기/김현욱/권동택(2010), 32면 이하 참조. 한편 최근 미국에서 체벌을 금지하는 입법과 판례에 대한 설명으로 정순원(2011a), 148면 이하 참조.

5) 교사로서의 직무를 '교편(敎鞭: 교사가 수업시간에 사용하는 막대기)생활'이라고 부르는 관행에서도 학생에 대한 체벌을 당연시하는 전통과 문화가 반영되어 있다.

원칙적으로는 금지될 수 있을지언정 예외적으로 불가피한 경우까지 배제하지는 않는 것이 한국의 현실이다. 현행법령은 이러한 현실을 반영하고 있다. 하지만 체벌이 예외적으로 허용되는 경우가 필요한지에 대해서는 검토가 필요하다.

## Ⅱ. 체벌에서 문제되는 인권

교사에 의한 체벌은 학생에게 물리력을 행사함으로써 학생에게 신체적 고통을 준다는 데 본질이 있다. 따라서 체벌은 학생의 '신체를 훼손당하지 않을 권리'를 침해한다.[6] 이러한 권리는 인권이면서 헌법상 보장된 '열거되지 않은 권리'로 이해될 수 있다. 한편 교사의 측면에서 볼 때 체벌은 '때릴 수 있는 권리'를 주장할 수 있다. 때릴 수 있는 권리 그 자체를 인권으로 주장할 수 없는 것은 아니지만 정당화될 수 있는 경우는 정당방위나 정당행위의 경우처럼 대단히 예외적이다. 따라서 교사의 때릴 수 있는 권리는 교사로서 학생을 징계하거나 지도할 수 있는 권리로 정당화될 수 있다.

### 1. 인권의 주체로서 아동

인권은 인간의 권리이기 때문에 성인의 권리만을 의미하는 것이 아니다. 따라서 아동에게도 모든 인간에게 인정되는 모든 권리가 당연히 인정되어야 한다. 따라서 일정한 기본권의 경우에 아동에게 인정되지 않을 수 있지만 이것은 기본권제한의 관점에서 이해되어야 한다. 다시 말해 아동에 대하여 기본권을 인정하지 않을 경우에는 기본권제한에 관한 헌법적 원칙이 준수되어야 한다. 신체를 훼손당하지 않을 권리의 경우에도 마찬가지다. 아동의 신체라고 하더라도 신체에 관한 이러한 기본권이 당연히 인정된다. 따라서 체벌은 기본권제한에 관한 헌법적 원칙에 따라 정당화될 수 있는 경우에만 허용된다.

### 2. 논증부담과 관련된 권리

아동의 인권을 제한하는 경우에 그것이 자유권이든 평등권이든 논증부담은

6) 신체를 훼손당하지 않은 권리에 대해서는 이 책 제3장 Ⅱ. 참조.

인권을 제한하는 쪽에서 부담한다. 우선 자유권의 경우에 자유를 주장하는 쪽이 아니라 자유를 제한하는 쪽에서 논증부담을 지기 때문에 아동의 인권에 대한 제한을 주장하는 쪽에서 자신의 주장을 논증해야 할 부담을 지는 것은 당연하다. 또한 평등권의 경우에도 평등은 '평등대우에 유리한 논증부담규칙'으로 이해되므로 아동의 차별에 대한 합리적 이유를 제시해야 할 의무는 차별받는 아동에게 있지 않고, 차별하는 자에게 있다. 따라서 아동의 '신체를 훼손당하지 않을 권리'를 침해하는 체벌의 경우에도 아동에 대한 체벌을 허용해야 한다고 주장하는 사람, 그리고 아동을 성인과 달리 취급하여 체벌해도 된다고 주장하는 자가 자신의 주장을 먼저 논증해야 할 부담을 진다.

### 3. 가혹한 인권침해의 금지

아동의 인권에 대한 제한이 정당화될 수 있는 경우에도 그러한 제한은 가혹하지 않아야 한다. 우선 자유권의 경우에 기본적 인권의 제한에 대한 헌법적 한계인 비례성원칙에 따라 비례성원칙에 반하는 가혹한 기본권침해는 허용되지 않는다. 또한 평등권의 경우에도 합리적인 근거가 있는 차별적 행위(구분·배제·우대·불리한대우)만 허용되기 때문에 합리적인 근거 없이 가해지는 가혹한 차별적 행위는 허용되지 않는다. 그리고 평등권을 제한하는 경우에 평등의 내용이 되는 자유와 권리가 심각하게 제한되는 것은 원칙적으로 가혹한 차별로 간주된다. 체벌의 경우에도 신체를 훼손당하지 않을 권리를 가혹하게 제한하는 것은 허용되지 않는다.

## Ⅲ. 체벌에 대한 찬반논거

### 1. 체벌에 찬성하는 논거

체벌에 찬성하는 논거로는 무엇보다 체벌은 교육상 필요하고 교육적 효과도 있다는 점이 주장된다. 학교는 학생들의 인격성장을 돕기 위해서 존재한다. 따라서 학생들이 아직 미성숙하기 때문에 잘못된 태도를 보이거나 올바르지 않은 행동(非行)을 하는 경우에 그것들을 교정하고, 이를 통해 학생들의 인격이 성숙해지도록 지도하는 행위가 필요하다.[7] 이러한 지도행위를 교육현장에서는 '생활지도'

라고 부른다. 생활지도를 통한 교정과 인격성숙은 말로 해서 되면 가장 바람직하겠지만 그것이 불가능하다면 체벌을 통한 각성과 충격의 방법으로라도 이루어져야 한다. 그리고 실제로 교육현장의 경험을 통해서 볼 때 체벌은 이러한 교정과 인격성숙의 목표를 달성하는 데 도움이 되고 있다고 한다.

또한 체벌은 성적향상에도 도움이 된다. 교육현장에 흔히 '학습지도'라고 부르는 교육목표를 위해서도 체벌이 필요하다고 한다. 학교는 학생들의 학업성취도를 높이고 성적을 향상시키려는 목표도 가진다. 체벌은 학업에서 학생들을 긴장시키고 동기를 부여한다. 또한 체벌을 통해서 시험을 준비할 때 나태해지거나 시험에서 부주의하여 실수하게 되는 경우를 방지할 수 있다.

체벌은 학교의 질서와 규율을 유지하기 위해서도 필요하다. 공동체생활을 하는 학교에서 질서와 규율은 필수적이다. 따라서 학교에는 규칙이 있고 규칙위반자에 대한 제재가 존재하며 체벌은 제재의 한 유형이다.[8] 어차피 학교를 졸업한 뒤 진출해야 하는 사회도 공동체생활이기 때문에 공동체생활에 요구되는 질서와 규율을 미리 배울 필요가 있다. 이러한 질서와 규율에 대한 통제는 말로 하는 훈육을 통해서도 가능하다. 하지만 여러 번 말로 권고하거나 경고해도 질서와 규율에 대한 통제가 가능하지 않은 경우에 체벌에 의한 통제가 요구된다. 특히 선진국에 비해서 상대적으로 많은 학생이 한 학급에 배정되는 것이 한국의 교육현실이라는 점을 고려해야 한다.[9] 따라서 훈육이나 훈계에 의한 통제는 한계가 있고, 체벌은 질서와 규율을 위한 불가피한 수단이 된다.

질서와 규율은 학교의 통제를 위해서만 존재하는 것이 아니다. 학교구성원들을 보호하기 위해서도 질서와 규율은 필요하다. 특히 선량한 다수의 학생들을 소수의 문제학생으로부터 보호하기 위해서도 질서와 규율이 요구된다. 실제로 체벌은 모든 학생, 또는 적어도 많은 학생에게 가해지는 것은 아니다.

7) 특히 어린이의 행동에 대한 교정의 필요성은 "어린이들이 잘못된 행동을 했을 때 그것을 내버려두면, 어린이들은 자신의 잘못을 깨닫지 못하게 되어 이후에 더욱 큰 잘못을 저지르게 된다"는 논거에 의하여 뒷받침된다. 정진곤(2001), 168면.

8) 질서와 규율의 목적을 위해 규칙위반에 대한 제재의 방법으로 체벌이 가능하다는 주장에는 체벌의 목적은 규칙위반자에 대한 보복과 함께 이를 통해 잠재적 규칙위반자에 대한 예방도 포함되어 있다는 전제가 있다. 또한 규칙위반자의 교정도 체벌의 목적이 될 수 있다는 전제도 있다. 마치 국가에 의한 형벌의 목적이 응보와 예방 또는 교화에 있다고 설명하는 것과 같은 맥락이다. 체벌을 포함한 벌(罰)의 철학적 정당화를 응보론, 예방론, 교도론(개전론)으로 설명하는 견해에 대해서는 신차균(2004), 88면 이하 참조.

9) 김은경(1999), 43면 참조.

## 2. 체벌에 반대하는 논거

체벌 반대론에 따르면 체벌은 교육상 필요하지도 않고, 교육적 효과도 없다. 비록 교육적 목적을 위해 체벌이 시작된다고 해도 경우에 따라서는 체벌에 교사의 주관적 감정이 수반된다. 따라서 체벌은 학생을 감정풀이의 대상으로 삼는 것이고, 학생에게 신체적인 손상은 끼치는 것은 물론이며 정신적으로도 심한 모욕감이나 수치감, 더 나아가 정신적 장애까지 안겨줄 수 있다.[10] 이로써 체벌은 아동의 인권을 심각하게 침해한다.

또한 체벌은 교사에 대한 증오와 분노를 만들어 학생과 교사 간에 적대적 관계를 형성할 수 있다.[11] 특히 체벌을 상습적으로 사용하는 교사의 경우에는 더욱 그렇다. 이러한 교사의 경우에는 체벌이 감정을 절제하지 못하는 개인적 성향에 의한 것이거나 체벌의 단기적 효과에 익숙해진 나머지 아무 때나 체벌을 사용함으로써 체벌이 남용되기 때문이다. 게다가 체벌이 반복되면 인간에 대한 폭력을 정당한 것으로 수용하여 규범화할 가능성도 있다.[12] 체벌을 경험한 학생들(직접 체벌을 당한 학생 및 체벌을 목격한 학생)은 일반적으로 동료를 폭력으로 제압하려는 공격적 성향으로 발전하는 것이다. 따라서 체벌은 학생들에게 반발심만을 일으켜 교육적 효과가 전혀 없거나 오히려 교육적으로 부정적 효과만 발생시킬 뿐이다.[13]

체벌이 학업성취나 성적향상에서 일시적인 효과를 만들지라도 장기적으로는 효과가 없다. 학업성취나 성적향상을 위해 계속적으로 체벌을 가할 수는 없기 때문

---

10) 물론 대부분의 사람들은 심한 체벌이라면 몰라도 가벼운 체벌로 정신적 장애까지 일으키지는 않을 것이다. 하지만 개인의 성향에 따라 가벼운 체벌로도 심각한 정신적 후유증을 발생시킬 수 있다. 중요한 것은 체벌이 허용되는 경우에 체벌이 가해지는 대상은 불특정의 학생들이며 이 가운데 반드시 가벼운 체벌에도 심각한 정신적 반응을 하는 소수의 학생들이 포함된다는 사실이다. 이것은 체벌의 금지가 소수자를 보호한다는 측면에서도 중요한 의미를 갖는다는 뜻이 된다.

11) 이러한 주장에 대해서는 "체벌과 교사에 대한 반감 간의 관계가 필연적인 것이 아니라 체벌을 하는 상황과 방식에 따라 달라질 수 있는 것"이라고 반박하면서, "교사는 만부득이하여 체벌을 사용할 경우 학생이 교사에 대하여 반감을 갖지 않도록 세심한 주의를 기울여야 하며, 이를 위하여 평소에 인간적 신뢰와 유대감을 형성하도록 노력해야 할 것"이라는 대안을 제시하는 견해가 있다. 신차균(2004), 96면 이하 참조. 그러나 이러한 주장은 아내나 자녀를 때리면서 '사랑하기 때문에 때린다'는 견강부회(牽强附會)의 논리와 '사랑의 매'로 표현되듯이 논리적으로 양립할 수 없는 두 개념을 문학적으로 조합시키는 자기변명의 논리에 정당성을 부여할 수 있다는 점에서 동의할 수 없다.

12) 체벌을 통해 폭력이 정당화되고 재생산되는 과정에 대한 이론적 접근으로 김은경(1999), 54면 이하 참조.

13) 체벌이 "교육에서 장기적인 효과를 내는 데는 아주 적절하지 못한 지도방법"이라는 견해도 취지는 같다고 생각된다. 정진환(1996), 229면.

이다. 오히려 효과적인 체벌의 필요성 때문에 더 강한 체벌을 요구할 수도 있다. 심지어 체벌은 학생에게 불안감이나 공포감을 주어 학업을 방해하고 학교에 대한 혐오를 가져올 수도 있다. 결국 교육적 목적이라는 미명(美名) 아래 가해지는 체벌은 학생들을 자율적으로 동기부여하는 인격체로 교육하는 것이 아니라, 두려움과 공포를 내면화시켜 자신을 통제하는 비굴하고 수동적인 인간으로 교육할 뿐이다.

학교의 질서와 규율이 필요하다면 정당한 절차와 방법을 통해서 실현하면 된다. 사회에서의 질서와 규율도 법과 절차에 따라 이루어진다. 따라서 학교에서 공동체생활에 요구되는 질서와 규율을 미리 가르치려고 한다면 질서와 규율에 대한 통제가 어떠한 절차와 방법을 거쳐 이루어지는지를 가르쳐야 한다. 그것이 학생을 성숙한 법치주의적 시민으로 교육하는 정도(正道)가 될 것이다.

다수의 학생을 보호하기 위해서 소수의 문제학생을 체벌할 수 있다는 것도 교육의 목적에 어긋난다. 교육적 측면에서 배려가 필요한 학생들은 오히려 그러한 문제학생들일 수 있기 때문이다. 문제학생의 배후에는 문제가정과 문제사회가 존재하므로 가정과 사회의 문제를 해결하지 않은 채 문제학생에게만 책임을 묻는 것은 본질적인 문제해결이 될 수 없다. 물론 소수의 문제학생들은 이미 사회의 폭력세계와 연관되어 있을 수 있고 그렇지 않다고 하더라도 대단히 폭력화되어 있다는 반론도 있다. 하지만 폭력을 폭력으로 응징하고 교화할 수 있다는 논리는 결국 학생들의 내면에 폭력이 정당화될 수 있다는 생각을 심기 때문에 비교육적일 수밖에 없다.

## 3. 체벌이 정당화되는 법적 근거

체벌에 관한 찬반논쟁에도 불구하고 한국사회에서 일정한 체벌은 법적으로 정당화된다. 일반적으로 체벌은 형법상 위법한 행위지만 정당행위로서 정당화된다. 대법원은 정당행위로서 정당화되는 체벌을 다음과 같이 판시하고 있다.

> "초・중등교육법령에 따르면 교사는 학교장의 위임을 받아 교육상 필요하다고 인정할 때에는 징계를 할 수 있고 징계를 하지 않는 경우에는 그 밖의 방법으로 지도를 할 수 있다. 그런데 그 지도에 있어서는 교육상 불가피한 경우에만 신체적 고통을 가하는 방법인 이른바 체벌로 할 수 있고 그 외의 경우에는 훈육, 훈계의 방법만이 허용되어 있다. 교사가 학생을 징계 아닌 방법으로 지도하는 경우에도 징계하는 경우와 마찬가지로 교육상의 필요가 있어야 될 뿐만 아니라 특히 학생에게 신체적, 정신적 고통을 가하는 체벌, 비하(卑下)하는

말 등의 언행은 **교육상 불가피한 때**에만 허용되는 것이다. 따라서 학생에 대한 폭행, 욕설에 해당되는 지도행위는 학생의 잘못된 언행을 교정하려는 목적에서 나온 것이었으며 다른 교육적 수단으로는 교정이 불가능하였던 경우로서 그 방법과 정도에서 사회통념상 용인될 수 있을 만한 객관적 타당성을 갖추었던 경우에만 법령에 의한 정당행위로 볼 수 있을 것이다.

그렇다면 교정의 목적에서 나온 지도행위가 아니어서 학생에게 체벌, 훈계 등의 교육적 의미를 알리지도 않은 채 지도교사의 성격 또는 감정에서 비롯된 지도행위라든가, 다른 사람이 없는 곳에서 개별적으로 훈계, 훈육의 방법으로 지도·교정될 수 있는 상황이었음에도 낯모르는 사람들이 있는 데서 공개적으로 학생에게 체벌·모욕을 가하는 지도행위라든가, 학생의 신체나 정신건강에 위험한 물건 또는 지도교사의 신체를 이용하여 학생의 신체 중 부상의 위험성이 있는 부위를 때리거나 학생의 성별, 연령, 개인적 사정에서 견디기 어려운 모욕감을 주어 방법·정도가 지나치게 된 지도행위 등은 특별한 사정이 없는 한 사회통념상 객관적 타당성을 갖추었다고 보기 어렵다."[14]

정리하자면, 체벌은 교육적 목적을 가지고, 교육적 방법으로는 불가능한 경우에, 사회통념상 용인될 수 있는 방법과 정도로 행해진다면 정당하다는 것이다. 헌법재판소도 비슷한 견해를 가지고 있다(아래 [판례 24.1] 참조).[15] 이러한 대법원과 헌법재판소의 견해는 도구나 신체를 이용한 직접체벌은 금지되었으나 도구나 신체를 이용하지 않는 간접체벌이 여전히 가능한 현재에도 체벌을 정당화하는 법적 논리가 될 수 있다.[16] 하지만 비록 교육적 목적을 위해서라도 과연 체벌이 교육적 방법이 될 수 있는지, 그리고 체벌의 방법과 정도에 따라 체벌이 정당화될 수 있는지에 대해서는 의문의 여지가 있다.

**[판례 24.1] 체벌에 대한 헌법재판소의 견해**

학교체벌이 사회적 상당성을 충족할 수 있는 범위는 매우 좁다고 해야 할 것인데, 좀더 구체적으로 현행 교육관련 법령 아래서 사회통념상 체벌의 객관적 타당성 여부를 판단하는 기준을 정리해 보면 다음과 같다. 첫째, 체벌은 "교육상 불가피한 경우"에만 행해져야 한다. "교육상 불가피한 경우"란 훈육이나 훈계 등 다른 교육적 수단으로는 교정이 불가능하여 체벌을 할 수밖에 없는 경우를 말한다. 교

---

14) 대판 2006. 4. 14. 2006도734; 대판 2004. 6. 10. 2001도5380. 원래 판결문은 한 문장으로 되어 있지만 이해의 편의를 위하여 여러 개의 짧은 문장으로 바꾸고, 문단도 나누었다.
15) 대법원과 헌법재판소의 견해에 대한 비판으로 한상희(2011), 221면 이하 참조.
16) 간접체벌의 허용기준에 대해서는 박찬걸(2011), 56면 이하 참조.

사의 성격에서 비롯되거나 감정을 내세워 행해지는 폭력행위는 교육상 필요한 목적을 위한 것이라고 하기 어렵고 다른 대체수단으로 지도할 수 있음에도 체벌을 하는 경우에는 체벌의 불가피성을 충족하기 어렵다. 둘째, 체벌의 절차를 준수해야 한다. 체벌 전에 학생에게 체벌의 목적을 알리고 훈계하여 변명과 반성의 기회를 주고, 신체의 이상 유무를 살핀 후 시행해야 한다. 만약 학칙에서 정한 체벌 절차가 따로 있는 경우에는 특별한 사정이 없는 한 그에 따라야 한다. 셋째, 방법이 적정해야 한다. 체벌은 부득이한 사정이 없는 한 정해진 체벌 도구를 사용해야 하고 위험한 도구나 교사의 신체를 이용하여 서는 아니 된다. 체벌의 장소는 가능한 한 비공개 장소에서 개별적으로 행해야 한다. 체벌 부위는 상해가 발생할 위험이 적은 둔부 등이어야 한다. 넷째, 그 정도가 지나치지 않아야 한다. 학생의 성별·연령·개인적인 사정에 따라 수인할 수 있는 정도이어야 하고, 특히 견디기 어려운 모욕감을 주어서는 아니된다(헌재 2006. 7. 27. 2005헌마1189).

## 4. 비판과 대안

체벌은 어떤 경우에도 정당화될 수 없다. 체벌은 본질적으로 폭력이기 때문이다. 폭력이 정당화될 수 있는 것은 정당행위가 아니라 정당방위와 같은 수준의 형법상 정당화사유가 필요하다. 교사가 학생에게 폭력을 행사할 수밖에 없다면 그것은 이미 학생과 교사의 관계가 아니다. 일반시민의 경우처럼 교사의 신체와 생명을 보호하기 위하여 어쩔 수 없이 폭력을 행사할 수밖에 없는 경우에만 체벌은 정당화된다. 체벌의 방법과 정도가 체벌을 정당화할 수 있다는 논리에도 문제가 있다. 체벌을 위한 회초리의 규격을 정하고 횟수를 제한하는 경우에도 체벌하는 교사의 주관적 감정상태에 따라 여전히 폭력으로 발전할 가능성이 있기 때문이다. 아니면 규격화된 체벌은 교육적인 훈육이 아니라 우스꽝스러운 장난에 지나지 않을 수 있다. 폭력이거나 장난에 지나지 않는 체벌이 허용될 이유는 없다. 체벌의 대상은 노예나 장난감이 아니라 인격을 가진 사람이기 때문이다.

체벌이 허용될 수 없다면 학생에 대한 훈육의 방법은 훈계나 징계다. 언어적 훈계는 어떠한 체벌보다 강하게 학생의 정신에 강하게 각인될 수 있다. 그리고 징계는 훈계나 체벌보다 객관적이고 공정하다는 것이 강점이다. 이미 초·중등교육법에 예정된 대로 일정한 기준과 절차에 따라 학생을 징계하는 것이 교육적이고 법치주의적이라고 생각된다. 만약 학생에 대한 징계의 기록이 남는 것을 우려한다면 사회에서의 전과처럼 다른 과오 없이 일정한 기간이 지나면 징계기록을 삭제하는 방법도 생각해 볼 수 있다.

하지만 체벌이나 징계를 포함한 처벌보다 학생을 규율하고 지도하는 교육적 방법은 칭찬과 격려일 것이다.[17] 칭찬과 격려에는 말이나 행동으로 하는 것과 상장이나 상품 또는 상금과 같은 물질적인 것이 포함될 수 있다. '고래도 춤추게 한다'는 칭찬과 격려는 처벌보다 교육적인 방법이고 장기적으로 본다면 처벌보다 훨씬 효과적일 수 있다.[18] 게다가 칭찬과 격려는 인격적이고 학생의 인권을 존중한다는 측면에서 지나칠 정도로 과다한 칭찬과 격려조차도 교육적이며 민주적일 수 있다고 생각된다. 체벌·징계와 칭찬·격려 사이에 고려해볼 수 있는 대안으로 '상담(counselling)'이 있다. 중요한 것은 이러한 상담이 전문적이고 체계적으로 이루어져야 한다는 점이다. 이를 위해서는 상담전문교사의 양성이 필수적이다.

## Ⅳ. 아동의 권리와 관련된 그 밖의 문제들

### 1. 아동학대

체벌보다 의도적인 폭력으로서 아동학대는 당연히 금지되어야 한다.[19] **아동복지법**에 따르면 "아동학대"는 보호자를 포함한 성인에 의하여 아동의 건강·복지를 해치거나 정상적 발달을 저해할 수 있는 신체적·정신적·성적 폭력 또는 가혹행위 및 아동의 보호자에 의하여 이루어지는 유기와 방임을 말한다(동법 제3조 제7호).[20] 국가와 지방자치단체는 아동학대의 예방과 방지를 위한 다양한 의무를 부여받고(동법 제22조), 특히 지방자치단체는 아동학대 관련 업무를 수행하는 '아동학대전담공무원'을 두어야 하고(동조 제4항), 학대받은 아동의 치료, 아동학대의 재발 방지 등 사례관리 및 아동학대예방을 담당하는 '아동보호전문기관'을 반

---

17) 처벌보다 칭찬이나 학생의 신체를 두드려 주기 또는 학생에게 긍정적 시선 주기와 같은 비물질적 보상이 학생과 교사에 의해서 선호되는 학생규율방안이라는 연구결과가 있다. 손희권(2003), 129면 이하 참조.

18) 같은 맥락에서 "벌은 다른 훈육방법을 다 쓴 후에 사용해야 하는 최후수단"이라는 주장에 동의한다. 신차균(2004), 93면 참조. 하지만 "수업의 질서는 유지되어야 하며, 보다 효과적인 다른 질서유지 방법을 고안해 내지 않는 한, 체벌은 질서유지를 위한 최후의 보루일 수 있다"는 주장은 동의할 수 없다. 신차균(2004), 96면. 이러한 주장은 여전히 체벌의 단기적 효과에 주목하고 있다. 그러나 체벌의 단기적 효과에 너무 집착하면 동시에 체벌의 장기적 효과가 과소평가된다는 점을 다시 한 번 확인해야 될 것이다.

19) 2007년 8월부터 1년 동안 학대를 받은 아동의 숫자는 10명 중 6.9명이라는 통계가 있다. 아동학대의 실태에 대해서는 김유경(2008), 31면 이하 참조.

20) 아동복지법상 아동학대의 개념에 대한 자세한 설명으로 곽병선(2008), 428면 이하; 김종세(2008), 52면 이하 참조. 그 밖에 아동학대에 대한 형법과 특별형법의 규율에 대해서는 박종선(2007), 274면 이하 참조.

드시 설치해야 한다(동법 제45조 제2항).

한편 보건복지부장관은 아동정책에 대한 종합적인 수행과 아동복지 관련 사업의 효과적인 추진을 위하여 '아동권리보장원'을 설립해야 하는데(동법 제10조의2 제1항) 아동권리보장원은 아동학대예방사업의 활성화 등을 위한 업무를 수행한다(동법 제22조 제6항). **아동학대범죄의 처벌에 관한 특례법**(이하 '아동학대처벌법'으로 약칭)에 따르면 누구든지 아동학대범죄를 알게 된 경우나 그 의심이 있는 경우에는 시·도나 자치구와 같은 지방자치단체 또는 수사기관에 신고할 수 있고(동법 제10조 제1항), 교사, 의료인, 복지시설이나 상담시설의 종사자, 사회복지 전담공무원 등이 아동학대를 알게 된 경우나 그 의심이 있는 경우에는 반드시 신고해야 할 의무가 있다(동법 동조 제2항). 이러한 아동학대 신고의무자는 아동학대예방 및 신고의무에 관한 교육을 받아야 한다(아동복지법 제26조 제1항).

한편 아동학대범죄 신고를 받은 사법경찰관리나 아동학대전담공무원은 지체 없이 아동학대범죄의 현장에 출동하여 아동학대범죄 관련자에게 '조사나 질문'을 할 수 있다(아동학대처벌법 제11조). 아동학대범죄 현장에 출동하거나 아동학대범죄 현장을 발견한 경우 또는 학대 현장 이외의 장소에서 학대피해가 확인되고 재학대의 위험이 급박·현저한 경우에 사법경찰관리 또는 아동학대전담공무원은 피해아동, 피해아동의 형제자매인 아동 및 피해아동과 동거하는 아동의 보호를 위하여 '응급조치'를 취하여야 한다(동법 제12조). 이러한 응급조치에는 ① 아동학대범죄 행위의 제지, ② 아동학대행위자를 피해아동 등으로부터 격리, ③ 피해아동 등을 아동학대 관련 보호시설로 인도, ④ 긴급치료가 필요한 피해아동을 의료기관으로 인도가 포함된다. 이와 같은 응급조치에도 불구하고 아동학대범죄가 재발될 우려가 있고, 긴급을 요하여 법원의 임시조치 결정을 받을 수 없을 경우에 사법경찰관리는 직권으로, 또는 피해아동 등이나 그 법정대리인(아동학대행위자를 제외), 변호사, 시·도지사, 시장·군수·구청장 또는 아동보호전문기관의 장의 신청에 따라 아동학대행위자를 주거로부터 격리시키거나, 피해아동 등에 대한 접근을 금지시키거나, 전기통신을 이용하여 피해아동 등에게 접근하는 것을 금지시키는 '긴급임시조치'를 취할 수 있다(동법 제13조 제1항).

아동학대범죄가 재발될 우려가 있다고 인정하는 경우에 검사는 직권으로 또는 사법경찰관이나 보호관찰관의 신청에 따라 법원에 '임시조치'를 청구할 수 있다(동법 제14조 제1항). 판사는 아동학대범죄의 원활한 조사·심리 또는 피해아동 등의 보호를 위하여 필요하다고 인정하는 경우에는 결정으로 아동학대행위자에게 ① 피해아동 등 또는 가정구성원(「가정폭력범죄의 처벌 등에 관한 특례법」 제2조 제2호에 따른 가정구성원)의 주거로부터 퇴거 등 격리, ② 피해아동 등 또는 가정구성원의 주거, 학교 또는 보호시설 등에서 100미터 이내의 접근 금지, ③ 피해아동 등 또는 가정구성원에 대한 「전기통신기본법」 제2조 제1호의 전기통신을 이용한 접근 금지, ④ 친권 또는 후견인 권한 행사의 제한 또는 정지, ⑤ 아동보호전문기관 등에의 상담 및 교육 위탁, ⑥ 의료기관이나 그 밖의 요양시설에의 위탁, ⑦ 경찰관서의 유치장 또는 구치소에의 유치와 같은 임시조치를 할 수 있다(아동학대처벌법 제19조 제1항).

이처럼 아동학대범죄와 관련해서는 아동학대전담공무원이나 사법경찰관을 중심으로 신고 → 조사 → 응급조치 → 긴급임시조치 → 임시조치 단계로 구성된 구조체계가 구축되어 있고, 그 과정에 아동보호전문기관이 아동보호와 사례관리를 위하여 참여하는 구조가 형성되어 있다. 하지만 구체적인 아동학대사례들에서 볼 수 있듯이 의료기관이나 보육기관 종사자 등의 신고자, 아동학대전담공무원과 사법경찰관의 긴밀한 협업이 요청되고, 체계적인 아동학대 사례관리와 아동학대의 의심이 있는 경우 신속하고도 지속적인 대응이 요구된다는 점을 확인할 수 있다.

**[법령 24.2] 아동학대 관련 법률조항**

**아동복지법**(최근개정: 2020. 12. 29. 법률 제17784호)

**제22조 (아동학대의 예방과 방지 의무)**

① 국가와 지방자치단체는 아동학대의 예방과 방지를 위하여 다음 각 호의 조치를 취하여야 한다.
  1. 아동학대의 예방과 방지를 위한 각종 정책의 수립 및 시행
  2. 아동학대의 예방과 방지를 위한 연구·교육·홍보 및 아동학대 실태조사
  3. 아동학대에 관한 신고체제의 구축·운영
  4. 피해아동의 보호와 치료 및 피해아동의 가정에 대한 지원
  5. 그 밖에 대통령령으로 정하는 아동학대의 예방과 방지를 위한 사항

② 지방자치단체는 아동학대를 예방하고 수시로 신고를 받을 수 있도록 긴급전화를 설치하여야 한다. 이 경우 그 설치·운영 등에 필요한 사항은 대통령령으로 정한다.

③ 시·도지사 또는 시장·군수·구청장은 피해아동의 발견 및 보호 등을 위하여 다음 각 호의 업무를 수행하여야 한다.
  1. 아동학대 신고접수, 현장조사 및 응급보호
  2. 피해아동, 피해아동의 가족 및 아동학대행위자에 대한 상담·조사
  3. 그 밖에 대통령령으로 정하는 아동학대 관련 업무

④ 시·도지사 또는 시장·군수·구청장은 제3항 각 호의 업무를 수행하기 위하여 아동학대전담공무원(이하 "아동학대전담공무원"이라 한다)을 두어야 한다.

⑤~⑦ 생략

**제45조 (아동보호전문기관의 설치 등)**

① 삭제
② 지방자치단체는 학대받은 아동의 치료, 아동학대의 재발 방지 등 사례관리 및 아동학대예방을 담당하는 아동보호전문기관을 시·도 및 시·군·구에 1개소 이상 두어야 한다. 다만, 시·도지사는 관할 구역의 아동 수 및 지리적 요건을 고려하여 조례로 정하는 바에 따라 둘 이상의 시·군·구를 통합하여 하나의 아동보호전문기관을 설치·운영할 수 있다.
③~⑤ 생략

**제46조 (아동보호전문기관의 업무)**

① 삭제
② 아동보호전문기관은 다음 각 호의 업무를 수행한다.
1. 삭제
2. 삭제
3. 피해아동, 피해아동의 가족 및 아동학대행위자를 위한 상담·치료 및 교육
4. 아동학대예방 교육 및 홍보
5. 피해아동 가정의 사후관리
6. 삭제
7. 그 밖에 대통령령으로 정하는 아동학대예방사업과 관련된 업무

**제26조 (아동학대 신고의무자에 대한 교육)**

① 관계 중앙행정기관의 장은 「아동학대범죄의 처벌 등에 관한 특례법」 제10조 제2항 각 호의 어느 하나에 해당하는 사람(이하 "아동학대 신고의무자"라 한다)의 자격 취득 과정이나 보수교육 과정에 아동학대 예방 및 신고의무와 관련된 교육 내용을 포함하도록 하여야 한다.
② 관계 중앙행정기관의 장 및 시·도지사는 아동학대 신고의무자에게 본인이 아동학대 신고의무자라는 사실을 고지할 수 있고, 아동학대 예방 및 신고의무와 관련한 교육(이하 이 조에서 "신고의무 교육"이라 한다)을 실시할 수 있다.
③ 아동학대 신고의무자가 소속된 다음 각 호의 기관의 장은 소속 아동학대 신고의무자에게 신고의무 교육을 실시하고, 그 결과를 관계 중앙행정기관의 장에게 제출하여야 한다.
1. 「영유아보육법」에 따른 어린이집
2. 「유아교육법」에 따른 유치원
3. 「초·중등교육법」에 따른 학교
4. 그 밖에 대통령령으로 정하는 기관
④ 제1항부터 제3항까지에 따른 교육 내용·시간 및 방법 등 그 밖에 필요한 사항은 대통령령으로 정한다.

**아동학대범죄의 처벌 등에 관한 특례법**(최근개정: 2021. 3. 16. 법률 제17932호)

**제10조 (아동학대범죄 신고의무와 절차)**

① 누구든지 아동학대범죄를 알게 된 경우나 그 의심이 있는 경우에는 특별시·광역시·특별자치시·도·특별자치도(이하 "시·도"라 한다), 시·군·구(자치구를 말한다. 이하 같다) 또는 수사기관에 신고할 수 있다.
② 다음 각 호의 어느 하나에 해당하는 사람이 직무를 수행하면서 아동학대범죄를 알게 된 경우나 그 의심이 있는 경우에는 시·도, 시·군·구 또는 수사기관에

즉시 신고하여야 한다.

1. 「아동복지법」 제10조의2에 따른 아동권리보장원(이하 "아동권리보장원"이라 한다) 및 가정위탁지원센터의 장과 그 종사자
2. 아동복지시설의 장과 그 종사자(아동보호전문기관의 장과 그 종사자는 제외한다)
3. 「아동복지법」 제13조에 따른 아동복지전담공무원
4. 「가정폭력방지 및 피해자보호 등에 관한 법률」 제5조에 따른 가정폭력 관련 상담소 및 같은 법 제7조의2에 따른 가정폭력피해자 보호시설의 장과 그 종사자
5. 「건강가정기본법」 제35조에 따른 건강가정지원센터의 장과 그 종사자
6. 「다문화가족지원법」 제12조에 따른 다문화가족지원센터의 장과 그 종사자
7. 「사회보장급여의 이용·제공 및 수급권자 발굴에 관한 법률」 제43조에 따른 사회복지전담공무원 및 「사회복지사업법」 제34조에 따른 사회복지시설의 장과 그 종사자
8. 「성매매방지 및 피해자보호 등에 관한 법률」 제9조에 따른 지원시설 및 같은 법 제17조에 따른 성매매피해상담소의 장과 그 종사자
9. 「성폭력방지 및 피해자보호 등에 관한 법률」 제10조에 따른 성폭력피해상담소, 같은 법 제12조에 따른 성폭력피해자보호시설의 장과 그 종사자 및 같은 법 제18조에 따른 성폭력피해자통합지원센터의 장과 그 종사자
10. 「119구조·구급에 관한 법률」 제2조 제4호에 따른 119구급대의 대원
11. 「응급의료에 관한 법률」 제2조 제7호에 따른 응급의료기관등에 종사하는 응급구조사
12. 「영유아보육법」 제7조에 따른 육아종합지원센터의 장과 그 종사자 및 제10조에 따른 어린이집의 원장 등 보육교직원
13. 「유아교육법」 제2조 제2호에 따른 유치원의 장과 그 종사자
14. 아동보호전문기관의 장과 그 종사자
15. 「의료법」 제3조 제1항에 따른 의료기관의 장과 그 의료기관에 종사하는 의료인 및 의료기사
16. 「장애인복지법」 제58조에 따른 장애인복지시설의 장과 그 종사자로서 시설에서 장애아동에 대한 상담·치료·훈련 또는 요양 업무를 수행하는 사람
17. 「정신건강증진 및 정신질환자 복지서비스 지원에 관한 법률」 제3조 제3호에 따른 정신건강복지센터, 같은 조 제5호에 따른 정신의료기관, 같은 조 제6호에 따른 정신요양시설 및 같은 조 제7호에 따른 정신재활시설의 장과 그 종사자
18. 「청소년기본법」 제3조 제6호에 따른 청소년시설 및 같은 조 제8호에 따른 청소년단체의 장과 그 종사자
19. 「청소년 보호법」 제35조에 따른 청소년 보호·재활센터의 장과 그 종사자
20. 「초·중등교육법」 제2조에 따른 학교의 장과 그 종사자
21. 「한부모가족지원법」 제19조에 따른 한부모가족복지시설의 장과 그 종사자
22. 「학원의 설립·운영 및 과외교습에 관한 법률」 제6조에 따른 학원의 운영자·강사·직원 및 같은 법 제14조에 따른 교습소의 교습자·직원
23. 「아이돌봄 지원법」 제2조 제4호에 따른 아이돌보미
24. 「아동복지법」 제37조에 따른 취약계층 아동에 대한 통합서비스지원 수행인력

25.「입양특례법」 제20조에 따른 입양기관의 장과 그 종사자

③ 누구든지 제1항 및 제2항에 따른 신고인의 인적 사항 또는 신고인임을 미루어 알 수 있는 사실을 다른 사람에게 알려주거나 공개 또는 보도하여서는 아니 된다.

④ 제2항에 따른 신고가 있는 경우 시·도, 시·군·구 또는 수사기관은 정당한 사유가 없으면 즉시 조사 또는 수사에 착수하여야 한다.

**아동복지법**상 금지된 행위로는 ① 아동을 매매하는 행위, ② 아동에게 음란한 행위를 시키거나 이를 매개하는 행위 또는 아동에게 성적 수치심을 주는 성희롱 등의 성적 학대행위, ③ 아동의 신체에 손상을 주거나 신체의 건강 및 발달을 해치는 신체적 학대행위, ④ 아동의 정신건강 및 발달에 해를 끼치는 정서적 학대행위, ⑤ 자신의 보호·감독을 받는 아동을 유기하거나 의식주를 포함한 기본적 보호·양육·치료 및 교육을 소홀히 하는 방임행위, ⑥ 장애를 가진 아동을 공중에 관람시키는 행위, ⑦ 아동에게 구걸을 시키거나 아동을 이용하여 구걸하는 행위, ⑧ 공중의 오락 또는 흥행을 목적으로 아동의 건강 또는 안전에 유해한 곡예를 시키는 행위 또는 이를 위하여 아동을 제3자에게 인도하는 행위, ⑨ 정당한 권한을 가진 알선기관 외의 자가 아동의 양육을 알선하고 금품을 취득하거나 금품을 요구 또는 약속하는 행위, ⑩ 아동을 위하여 증여 또는 급여된 금품을 그 목적 외의 용도로 사용하는 행위가 있다(동법 제17조). 아동에 대한 금지된 행위를 하는 자는 형사처벌을 받는다(동법 제71조).

## 2. 청소년대상유해행위

한편 **청소년 보호법**에 따르면 청소년을 대상으로 하여 청소년유해매체물이나 청소년유해약물을 판매하는 행위 등이 금지되고(동법 제16조 및 제28조), 청소년유해업소의 고용주는 청소년을 고용하거나 출입시키는 것이 금지된다(동법 제29조). 그 밖에 청소년 보호법상 금지된 행위로는 ① 영리를 목적으로 청소년으로 하여금 신체적인 접촉 또는 은밀한 부분의 노출 등 성적 접대행위를 하게 하거나 이러한 행위를 알선·매개하는 행위, ② 영리를 목적으로 청소년으로 하여금 손님과 함께 술을 마시거나 노래 또는 춤 등으로 손님의 유흥을 돋우는 접객행위를 하게 하거나 이러한 행위를 알선·매개하는 행위, ③ 영리 또는 흥행의 목적으로 청소년에게 음란한 행위를 하게 하는 행위, ④ 영리 또는 흥행의 목적으로 청소년의 장애기형 등 형상을 공중에게 관람시키는 행위, ⑤ 청소년에게 구걸을 시키거나, 청소년을 이용해서 구걸하는 행위, ⑥ 청소년을 학대하는 행

위, ⑦ 영리를 목적으로 청소년으로 하여금 손님을 거리에서 유인하는 행위를 하게 하는 행위, ⑧ 청소년에 대하여 이성혼숙을 하게 하는 등 풍기를 문란하게 하는 영업행위를 하거나 그를 목적으로 장소를 제공하는 행위, ⑨ 주로 다류(茶類)를 조리·판매하는 업소에서 청소년으로 하여금 영업장을 벗어나 다류를 배달하는 행위를 하게 하거나 이를 조장 또는 묵인하는 행위가 있다(동법 제30조).

**[법령 24.3] 청소년 보호법**(최근개정: 2020. 12. 29. 법률 제17761호)

**제2조 (정의)**

이 법에서 사용하는 용어의 뜻은 다음과 같다.

1. "청소년"이란 만 19세 미만인 사람을 말한다. 다만, 만 19세가 되는 해의 1월 1일을 맞이한 사람은 제외한다.
2. "매체물"이란 다음 각 목의 어느 하나에 해당하는 것을 말한다.
   가. 「영화 및 비디오물의 진흥에 관한 법률」에 따른 영화 및 비디오물
   나. 「게임산업진흥에 관한 법률」에 따른 게임물
   다. 「음악산업진흥에 관한 법률」에 따른 음반, 음악파일, 음악영상물 및 음악영상파일
   라. 「공연법」에 따른 공연(국악공연은 제외한다)
   마. 「전기통신사업법」에 따른 전기통신을 통한 부호·문언·음향 또는 영상정보
   바. 「방송법」에 따른 방송프로그램(보도 방송프로그램은 제외한다)
   사. 「신문 등의 진흥에 관한 법률」에 따른 일반일간신문(주로 정치·경제·사회에 관한 보도·논평 및 여론을 전파하는 신문은 제외한다), 특수일간신문(경제·산업·과학·종교 분야는 제외한다), 일반주간신문(정치·경제 분야는 제외한다), 특수주간신문(경제·산업·과학·시사·종교 분야는 제외한다), 인터넷신문(주로 정치·경제·사회에 관한 보도·논평 및 여론을 전파하는 신문은 제외한다) 및 인터넷뉴스서비스
   아. 「잡지 등 정기간행물의 진흥에 관한 법률」에 따른 잡지(정치·경제·사회·시사·산업·과학·종교 분야는 제외한다), 정보간행물, 전자간행물 및 그 밖의 간행물
   자. 「출판문화산업 진흥법」에 따른 간행물, 전자출판물 및 외국간행물(사목 및 아목에 해당하는 매체물은 제외한다)
   차. 「옥외광고물 등의 관리와 옥외광고산업 진흥에 관한 법률」에 따른 옥외광고물과 가목부터 자목까지의 매체물에 수록·게재·전시되거나 그 밖의 방법으로 포함된 상업적 광고선전물
   카. 그 밖에 청소년의 정신적·신체적 건강을 해칠 우려가 있어 대통령령으로 정하는 매체물
3. "청소년유해매체물"이란 다음 각 목의 어느 하나에 해당하는 것을 말한다.
   가. 제7조 제1항 본문 및 제11조에 따라 청소년보호위원회가 청소년에게 유해한 것으로 결정하거나 확인하여 여성가족부장관이 고시한 매체물
   나. 제7조 제1항 단서 및 제11조에 따라 각 심의기관이 청소년에게 유해한 것

으로 심의하거나 확인하여 여성가족부장관이 고시한 매체물

4. “청소년유해약물 등”이란 청소년에게 유해한 것으로 인정되는 다음 가목의 약물(이하 “청소년유해약물”이라 한다)과 청소년에게 유해한 것으로 인정되는 다음 나목의 물건(이하 “청소년유해물건”이라 한다)을 말한다.
   가. 청소년유해약물
      1) 「주세법」에 따른 주류
      2) 「담배사업법」에 따른 담배
      3) 「마약류 관리에 관한 법률」에 따른 마약류
      4) 「화학물질관리법」에 따른 환각물질
      5) 그 밖에 중추신경에 작용하여 습관성, 중독성, 내성 등을 유발하여 인체에 유해하게 작용할 수 있는 약물 등 청소년의 사용을 제한하지 아니하면 청소년의 심신을 심각하게 손상시킬 우려가 있는 약물로서 대통령령으로 정하는 기준에 따라 관계 기관의 의견을 들어 제36조에 따른 청소년보호위원회(이하 “청소년보호위원회”라 한다)가 결정하고 여성가족부장관이 고시한 것
   나. 청소년유해물건
      1) 청소년에게 음란한 행위를 조장하는 성기구 등 청소년의 사용을 제한하지 아니하면 청소년의 심신을 심각하게 손상시킬 우려가 있는 성 관련 물건으로서 대통령령으로 정하는 기준에 따라 청소년보호위원회가 결정하고 여성가족부장관이 고시한 것
      2) 청소년에게 음란성·포악성·잔인성·사행성 등을 조장하는 완구류 등 청소년의 사용을 제한하지 아니하면 청소년의 심신을 심각하게 손상시킬 우려가 있는 물건으로서 대통령령으로 정하는 기준에 따라 청소년보호위원회가 결정하고 여성가족부장관이 고시한 것
      3) 청소년유해약물과 유사한 형태의 제품으로 청소년의 사용을 제한하지 아니하면 청소년의 청소년유해약물 이용습관을 심각하게 조장할 우려가 있는 물건으로서 대통령령으로 정하는 기준에 따라 청소년보호위원회가 결정하고 여성가족부장관이 고시한 것

5. “청소년유해업소”란 청소년의 출입과 고용이 청소년에게 유해한 것으로 인정되는 다음 가목의 업소(이하 “청소년 출입·고용금지업소”라 한다)와 청소년의 출입은 가능하나 고용이 청소년에게 유해한 것으로 인정되는 다음 나목의 업소(이하 “청소년고용금지업소”라 한다)를 말한다. 이 경우 업소의 구분은 그 업소가 영업을 할 때 다른 법령에 따라 요구되는 허가·인가·등록·신고 등의 여부와 관계없이 실제로 이루어지고 있는 영업행위를 기준으로 한다.
   가. 청소년 출입·고용금지업소
      1) 「게임산업진흥에 관한 법률」에 따른 일반게임제공업 및 복합유통게임제공업 중 대통령령으로 정하는 것
      2) 「사행행위 등 규제 및 처벌 특례법」에 따른 사행행위영업
      3) 「식품위생법」 에 따른 식품접객업 중 대통령령으로 정하는 것
      4) 「영화 및 비디오물의 진흥에 관한 법률」 제2조 제16호에 따른 비디오물감상실업·제한관람가비디오물소극장업 및 복합영상물제공업
      5) 「음악산업진흥에 관한 법률」에 따른 노래연습장업 중 대통령령으로 정하

는 것
6) 「체육시설의 설치·이용에 관한 법률」에 따른 무도학원업 및 무도장업
7) 전기통신설비를 갖추고 불특정한 사람들 사이의 음성대화 또는 화상대화를 매개하는 것을 주된 목적으로 하는 영업. 다만, 「전기통신사업법」 등 다른 법률에 따라 통신을 매개하는 영업은 제외한다.
8) 불특정한 사람 사이의 신체적인 접촉 또는 은밀한 부분의 노출 등 성적 행위가 이루어지거나 이와 유사한 행위가 이루어질 우려가 있는 서비스를 제공하는 영업으로서 청소년보호위원회가 결정하고 여성가족부장관이 고시한 것
9) 청소년유해매체물 및 청소년유해약물 등을 제작·생산·유통하는 영업 등 청소년의 출입과 고용이 청소년에게 유해하다고 인정되는 영업으로서 대통령령으로 정하는 기준에 따라 청소년보호위원회가 결정하고 여성가족부장관이 고시한 것
10) 「한국마사회법」 제6조 제2항에 따른 장외발매소(경마가 개최되는 날에 한정한다)
11) 「경륜·경정법」 제9조 제2항에 따른 장외매장(경륜·경정이 개최되는 날에 한정한다)

나. 청소년고용금지업소
1) 「게임산업진흥에 관한 법률」에 따른 청소년게임제공업 및 인터넷컴퓨터게임시설제공업
2) 「공중위생관리법」에 따른 숙박업, 목욕장업, 이용업 중 대통령령으로 정하는 것
3) 「식품위생법」에 따른 식품접객업 중 대통령령으로 정하는 것
4) 「영화 및 비디오물의 진흥에 관한 법률」에 따른 비디오물소극장업
5) 「화학물질관리법」에 따른 유해화학물질 영업. 다만, 유해화학물질 사용과 직접 관련이 없는 영업으로서 대통령령으로 정하는 영업은 제외한다.
6) 회비 등을 받거나 유료로 만화를 빌려 주는 만화대여업
7) 청소년유해매체물 및 청소년유해약물 등을 제작·생산·유통하는 영업 등 청소년의 고용이 청소년에게 유해하다고 인정되는 영업으로서 대통령령으로 정하는 기준에 따라 청소년보호위원회가 결정하고 여성가족부장관이 고시한 것

6. "유통"이란 매체물 또는 약물 등을 판매·대여·배포·방송·공연·상영·전시·진열·광고하거나 시청 또는 이용하도록 제공하는 행위와 이러한 목적으로 매체물 또는 약물 등을 인쇄·복제 또는 수입하는 행위를 말한다.
7. "청소년폭력·학대"란 폭력이나 학대를 통하여 청소년에게 신체적·정신적 피해를 발생하게 하는 행위를 말한다.
8. "청소년유해환경"이란 청소년유해매체물, 청소년유해약물 등, 청소년유해업소 및 청소년폭력·학대를 말한다.

또한 **아동·청소년의 성보호에 관한 법률**(최근개정: 2021. 3. 23. 법률 제17972호)은 아동·청소년의 성과 관련된 범죄행위를 엄격하게 규율한다.[21] 따라서 ① 아동·청

소년성착취물을 제작하거나 배포하는 등의 행위(동법 제11조), ② 아동·청소년 매매행위(동법 제12조), ③ 아동·청소년의 성을 사는 행위(동법 제13조), ④ 아동·청소년에게 성을 팔도록 폭행·협박하거나, 위계·선불금 기타 채무를 이용하는 방법으로 청소년을 곤경에 빠뜨리거나, 업무·고용 기타의 관계로 인하여 자신의 보호 또는 감독을 받는 것을 이용하거나, 영업으로 청소년을 유인·권유하는 행위(동법 제14조), ⑤ 아동·청소년의 성을 사는 행위의 장소 제공이나 알선을 업으로 하는 것(동법 제15조)은 금지되고 처벌받는다. 한편 아동·청소년에 대한 강간이나 강제추행은 가중처벌받는다(동법 제7조). 특히 16세 미만의 아동·청소년 및 장애 아동·청소년의 성을 사는 행위는 가중처벌되고(동법 제13조 제3항), 이른바 'N번방 사건'으로 알려진 아동·청소년을 대상으로 하는 음란물 유포행위와 관련하여 19세 이상의 사람이 성적 착취를 목적으로 정보통신망을 통하여 아동·청소년에게 ① 성적 욕망이나 수치심 또는 혐오감을 유발할 수 있는 대화를 지속적 또는 반복적으로 하거나 그러한 대화에 지속적 또는 반복적으로 참여시키는 행위 또는 ② 아동·청소년의 성을 사는 행위를 유인하거나 권유하는 행위를 하는 경우에는 처벌된다(동법 제15조의2).

## 3. 학생의 권리

아동은 많은 경우에 학생을 의미한다. 물론 여기서 학생은 대학생을 제외한 초·중·고등학교의 학생을 뜻한다. 학생은 흔히 교육의 대상으로서 교육시설의 장이나 교사 또는 학부모의 지시와 명령에 절대적으로 복종해야 하는 대상으로 취급되곤 한다. 따라서 학생은 하나의 인격체로서 대우받지 못하고, 교육의 목적을 위해 존재하는 수단으로 전락하는 경우도 있다. 여기에 학생의 인권을 논의해야 할 필요성이 있다.

학생에게 가해지는 인권침해의 예는 체벌과 폭언, 성적이나 가정형편에 따른 모욕과 차별, 두발제한과 교복착용, 표현의 제한과 임금의 착취, 정치적 기본권의 제한 등 다양하다.[22] 이러한 모든 형태의 학생인권침해는 그 핵심이 학생을 하나의 인격체로서 대우하지 않거나 그들의 기본적 인권을 상당 부분 제한해도 문제가 없는 것이라고 보는 데 있다. 하지만 학생도 인권의 주체라는 점에 대해서는

21) 청소년대상 성범죄자의 신상공개제도에 대해서는 이 책 제7장 참조.

22) 아동과 학생의 기본권에 대해서는 이준일(2002), 225면 이하 및 윤영미(2008), 472면 이하 참조. 그 밖에도 아동의 안전과 관련하여 놀이시설이나 교통시설과 관련된 권리에 대해서는 이정식(2008), 211면 이하 참조.

의심의 여지가 없고, 학생의 기본적 인권을 제한하는 경우에도 기본권제한에 요구되는 헌법적 원칙이 반드시 지켜져야 한다.

이에 따라 원칙적으로 학생에 대한 지도는 훈육이나 징계의 방법으로 이루어져야 한다. 앞서 설명한 것처럼 법원은 체벌이 인정되는 예외적인 경우, 즉 "교육상 불가피한 경우에" "사회통념상 객관적 타당성을 갖춘" 체벌을 인정하고 있으나 이는 잘못이다. 다시 한 번 강조하지만 도대체 교육상 불가피한 체벌이 무슨 뜻인가? 어떻게 체벌이 그 동기나 방법에 따라 정당화될 수 있는가? 혹시 학생이기 때문에 체벌이 가능하다는 논리는 아닌가? 그렇다면 국가의 법질서를 위반한 범죄자나 특별히 복종이 요구되는 군인도 지도나 훈육을 위해 체벌(구타)할 수 있단 말인가? 아이러니컬하게도 체벌을 해야만 할 정도의 사람이라면 이미 그 사람에게는 체벌이 효과적이지 않을 수도 있다는 점을 기억해야 한다. 결국 체벌이나 구타가 완전히 사라진 세상(학교, 군대, 교도소 등)도 제대로 돌아갈 수 있다는 사실을 모든 사람의 인식 속에 새기고 실천하는 것이 수많은 말보다 중요하다. 이러한 맥락에서 최근에 '학생인권조례'를 제정하는 지방자치단체가 늘어가고 있는 추세는 긍정적인 변화로 보인다.[23]

**[법령 24.4] 경기도 학생인권 조례**(2010. 9. 17. 제정)

**제1조 (목적)**

이 조례는 「대한민국헌법」 제31조, 「유엔 아동의 권리에 관한 협약」, 「교육기본법」 제12조 및 제13조, 「초・중등교육법」 제18조의4에 근거하여 학생의 인권이 학교교육과정에서 실현될 수 있도록 함으로써 인간으로서의 존엄과 가치 및 자유와 권리를 보장하는 것을 목적으로 한다.

**제2조 (정의)**

이 조례에서 사용하는 용어의 뜻은 다음과 같다.

1. ~ 3. 생략
4. "학생의 인권"이란 헌법과 법률에서 보장하거나 「유엔 아동의 권리에 관한 협약」 등 대한민국이 가입・비준한 국제인권조약 및 국제관습법에서 인정하는 인간으로서의 존엄과 가치 및 자유와 권리 중 학생에게 적용될 수 있는 모든 권리를 말한다.

**제3조 (학생의 인권 보장원칙)**

① 이 조례에서 규정하는 학생의 인권은 학생이 인간으로서의 존엄성을 유지하고 행복을 추구하기 위하여 반드시 보장되어야 하는 최소한의 권리이며, 학생의 인권은 이 조례에 열거되지 아니한 이유로 경시되어서는 아니 된다.

---

23) 학생인권조례의 제정 현황에 대해서는 정순원(2011b), 195면 이하 참조. 그리고 학생인권조례의 필요성과 법적 쟁점에 대해서는 송기춘(2011), 55면 이하 참조. 특히 학생인권조례에 관련된 공법적 쟁점에 대해서는 오동석(2010), 130면 이하; 정연부(2011), 567면 이하 참조.

② 학생의 인권에 대한 제한은 인권의 본질적 내용을 침해하지 않는 최소한의 범위에서 교육의 목적상 필요한 경우에 한정하여 학생이 그 제·개정에 참여한 학칙 등 학교 규정으로써 할 수 있다.

**제6조 (폭력으로부터 자유로울 권리)**

① 학생은 따돌림, 집단 괴롭힘, 성폭력 등 모든 물리적 및 언어적 폭력으로부터 자유로울 권리를 가진다.
② 학교에서 체벌은 금지된다.
③ 학교와 교육감은 따돌림, 집단 괴롭힘, 성폭력 등 학교폭력 및 체벌을 방지하기 위하여 최선의 노력을 다하여야 한다.

### 토론문제

1. 모든 체벌은 폭력인가?
2. 체벌의 교육적 효과(성적향상, 비행예방)는 존재하는가?
3. 체벌을 금지하면 교사의 교권은 상실되는가?
4. 체벌의 대안은 무엇인가?

### 내 입장은?

1. 모든 체벌은 허용되어야 한다.
2. 방법과 절차만 적정하다면 모든 체벌은 허용될 수 있다.
3. 간접적 체벌(기합)은 허용될 수 있다.
4. 간접적 체벌도 적정한 방법과 절차에 따라야 허용될 수 있다.
5. 모든 체벌은 금지되어야 한다.

## 참고문헌

강동욱(2020), 2020년 개정 「아동학대범죄의 처벌 등에 관한 특례법」에 대한 비판적 검토, ≪법학연구≫(인하대학교 법학연구소), 제23집 제4호(2020), 95～124면.

곽병선(2008), 아동학대의 형사정책적 대응, ≪법학연구≫(한국법학회), 제31집(2008), 427～453면.

김유경(2008), 아동학대 실태와 정책방안, ≪보건복지포럼≫, 통권 제143호(2008), 30~43면.
김은경(1999), ≪체벌의 실태와 영향에 관한 연구－학교 체벌을 중심으로－≫(한국형사정책연구원), 1999.
김종세(2008), 아동인권과 아동학대, ≪법학연구≫(한국법학회), 제31집(2008), 47~76면.
김희균(2020), 아동학대 관련 법률의 개정방향－보호자의 아동학대에 대한 대응방안을 중심으로－, ≪서울법학≫(서울시립대학교 법학연구소), 제27권 제4호(2020), 265~296면.
민정욱/안가윤(2013), 학생인권조례의 체벌금지 조항에 관한 교육법 및 형법상 쟁점, ≪법과인권교육연구≫(한국법과인권교육학회), 제6권 제2호(2013. 8.), 43~63면.
박연주/김정우(2014), 판례분석을 통해 본 아동・청소년 인권과 체벌연구, ≪한국아동복지학≫(한국아동복지학회), 제48호(2014), 33~54면.
박종선(2007), 형사법상의 아동보호 법제에 대한 연구, ≪형사법연구≫(한국형사법학회), 제19권 제3호 (상)(2007), 273~294면.
박찬걸(2011), 교원에 의한 체벌행위의 정당성과 그 허용범위, ≪형사정책연구≫(한국형사정책학회), 제22권 제1호(2011), 39~64면.
손희권(2003), 체벌을 대체할 학생 규율 방안의 윤리성 및 교육적 효과에 관한 학생들과 교사들의 지각 비교, ≪교육문제연구≫(고려대학교 교육문제연구소), 제19집(2003), 111~133면.
송요원(2004), 학교 내에서 학생의 인권과 교원의 체벌－미국 법원의 판례를 중심으로－, ≪토지공법연구≫(한국토지공법학회), 제21집(2004), 313~331면.
신차균(2004), 학교체벌 논쟁에 대한 교육철학적 분석, ≪교육논총≫(국민대학교 교육연구소), 제23집(2004), 81~105면.
안소영/안현주(2020), 아동보호를 위한 국가의 역할과 책임 : 가정 내 아동학대를 중심으로, ≪이화젠더법학≫(이화여자대학교 젠더법학연구소), 제12권 제2호(2020), 135~174면.
오동석(2010), 학생인권조례에 관한 몇 가지 법적 쟁점, ≪교육법학연구≫(대한교육법학회), 제22권 제2호(2010), 125~144면.
유종민/정영선(2013), 학생에 대한 징계규정의 인권적 고찰, ≪법학연구≫(전북대학교 법학연구소), 제40집(2013), 411~446면.
윤영미(2008), 학생의 기본권에 관한 몇 가지 문제, ≪헌법학연구≫(한국헌법학회), 제14권 제3호(2008), 471~496면.
윤용규(2004), 교원의 학생체벌에 대한 형법적 고찰, ≪형사법연구≫(한국형사법학회), 제21권(2004), 128~157면.
이노홍(2015), 아동의 권리와 가정내 아동체벌금지에 관한 헌법적 고찰, ≪홍익법학≫(홍익대학교 법학연구소), 제16권 제1호(2015), 123~157면.
이정념(2021), 아동학대의 초기 대응체계에 관한 비판적 고찰 : 아동학대범죄의 처벌 등에 관한 특례법을 중심으로, ≪법과 사회≫(법과사회이론학회), 제66호(2021), 245~273면.

이종근(2013), 체벌의 본질과 헌법적 한계-미국의 체벌 관련판례의 분석을 중심으로, ≪동아법학≫(동아대학교 법학연구소), 제59호(2013), 1~30면.

이준일, 어린이와 청소년의 기본권, ≪공법연구≫(한국공법학회), 제30집 제5호(2002), 211~228면.

이정식(2007), 아동의 권리에 관한 고찰, ≪세계헌법연구≫(국제헌법학회 한국학회), 제13권 제2호(2007), 195~232면.

이정식(2008), 아동의 안전할 권리에 관한 고찰, ≪세계헌법연구≫(국제헌법학회 한국학회), 제14권 제1호(2008), 207~246면.

이종근(2011), 체벌의 허용범위에 대한 비교법적 연구, ≪동아법학≫(동아대학교 법학연구소), 제52호(2011), 189~218면.

송기춘(2011), 학생인권조례의 제정과 시행에 관한 법적 논의, ≪교육법학연구≫(대한교육법학회), 제23권 제2호(2011), 51~80면.

정순원(2011a), 미국의 학생체벌에 관한 입법과 판례 동향, ≪헌법학연구≫(한국헌법학회), 제17권 제1호(2011), 145~179면.

정순원(2011b) 학생인권조례의 현황과 공법적 쟁점, ≪교육법학연구≫(대한교육법학회), 제23권 제2호(2011), 193~212면.

정연부(2011), 학생인권 조례에 대한 공법적 검토, ≪토지공법연구≫(한국토지공법학회), 제52집(2011), 559~587면.

정진곤(2001), 체벌의 개념과 교육적 의미－영・미 계통 나라와의 비교를 토대로, ≪비교교육연구≫(한국비교교육학회), 제11권 제2호(2001), 161~184면.

정진환(1996), 학생 체벌 및 징계의 법리적 분석, ≪교육행정학연구≫(한국교육행정학회), 제14권 제4호(1996), 227~254면.

조 국(2013), 학생인권조례 이후 학교체벌의 허용 여부와 범위, ≪서울대학교 법학≫(서울대학교 법학연구소), 제54권 제1호(2013), 111~134면.

조성규(2013), 조례제정권의 관점에서 본 학생인권조례의 법적 쟁점, ≪행정법연구≫(행정법이론실무학회), 제35호(2013), 57~86면.

최준혁(2021), 아동학대에 대한 대응수단으로서의 형법－2020년의 아동복지법과 아동학대범죄 처벌 등에 관한 특례법의 개정을 중심으로－, ≪비교형사법연구≫, 제22권 제4호(2021), 31~61면.

한상희(2011), 체벌 및 초・중등교육법시행령 개정안의 위헌성－학생인권・교육자치 훼손 문제를 중심으로－, ≪민주법학≫(민주주의법학연구회), 제45호(2011), 213~254면.

홍신기/김현욱/권동택(2010), 주요국의 아동 체벌 금지 입법 사례와 시사점, ≪비교교육연구≫(한국비교교육학회), 제20권 제1호(2010), 29~50면.

# 제25장 위기청소년의 인권

가출 유혹 앞에서 어느 아이도 자유롭지 못하다.
부모와 뜻이 안 맞아서, 학교가 싫어서, 구속받기 싫어서,
돈을 마음껏 쓰고 싶어서 등 그 이유는 다양하지만
어쨌든 가출은 간과해서 안 될 중대한 사안이다.
장경근/정채기, ≪아버지 학교≫ 중에서

집에서는 부모와 대화가 안 된다. 공부도 하기 싫고 학교에 가기도 싫다. 가출을 한다. 일단 찜질방을 전전하다 노숙을 하기로 한다. 돈이 다 떨어졌다. 아르바이트를 해보기로 한다. 생활비와 유흥비가 부족하다. 범죄의 유혹이 계속되고, 심지어 성매매의 유혹까지 다가온다. 가출한 것을 후회해 보기도 하지만 집에 다시 들어가는 것도 쉽지 않다.

가출하거나 범죄를 저지른 청소년은 문제아로 낙인찍힌다. 불편한 시선 때문에 다시 가출을 하고 범죄를 저지른다. 반복된 가출과 범행으로 제대로 교육받지 못하고 직업도 변변치 못해 가난을 면치 못한다. 가출해서 만난 친구들도 자신의 처지와 크게 다르지 않아 개선의 여지도 없어 보인다. 그의 불행은 자식에게도 대물림될지 모른다.

위기에 처한 청소년들이 있다. 이들 뒤에는 위기에 빠진 가정과 학교, 그리고 사회가 있다. 행복하지 않은 가정, 재미없는 학교, 경쟁만 부추기는 사회는 뒷짐지고 그들을 손가락질한다. 청소년은 그 사회의 미래다. 그들이 위기에 빠지면 미래 사회가 위기에 빠질 수 있다. 그들에게 손을 내밀 수 있는 방법을 모색해 보기로 한다.

## Ⅰ. 개념과 현황

2014년을 기준으로 대한민국의 총인구는 5천만 명을 넘어서고 있는데 이 가

운데 아동복지법의 적용을 받는 18세 이하의 '아동'은 대략 1천만 명으로 전체 인구의 18.8퍼센트, 청소년 기본법의 적용을 받는 9세 이상 24세 이하의 '청소년'도 대략 1천만 명으로 전체 인구의 19퍼센트를 차지한다(아래 [표 25.1] 참조). 이러한 아동이나 청소년 가운데 여러 가지 이유로 정상적인 발달을 방해받고 있는 이들이 주변에 많다. **청소년복지 지원법**(최근개정: 2021. 3. 23. 법률 제17973호)은 이들을 "위기청소년"으로 지칭하면서 "가정 문제가 있거나 학업 수행 또는 사회 적응에 어려움을 겪는 등 조화롭고 건강한 성장과 생활에 필요한 여건을 갖추지 못한 청소년"으로 정의하고 있다(동법 제2조 제4호).[1] 이처럼 부모의 방임이나 학대 또는 가정불화나 가정폭력과 같은 가정 내 문제로 위험에 노출된 청소년, 집단따돌림(왕따)이나 학교폭력 또는 성적부진이나 학교부적응과 같은 학교생활의 문제로 학업 수행에 곤란을 겪고 있거나 학업을 중단한 청소년, 범죄나 약물중독, 성매매와 같은 개인적 비행이나 가출, 자살, 자해, 인터넷/게임 중독, 음주, 흡연과 같은 일탈행위로 사회 적응에 어려움을 겪고 있는 청소년을 모두 아울러서 '위기청소년(Youth at Risk/At-Risk Youth)'이라 부를 수 있다.[2]

**[표 25.1] 청소년 인구 현황**

(단위: 천 명)

| | 2011 | 2012 | 2013 | 2014 | 2015 | 2016 | 2017 | 2018 | 2019 | 2020 |
|---|---|---|---|---|---|---|---|---|---|---|
| 총인구 | 49,937 | 50,200 | 50,429 | 50,747 | 51,015 | 51,246 | 51,446 | 51,635 | 51,709 | 51,781 |
| 0~18세 | 10,540 | 10,303 | 10,065 | 9,812 | 9,561 | 9,319 | 9,079 | 8,874 | 3,754 | - |
| (%) | 21.1 | 20.5 | 20.0 | 19.3 | 18.7 | 18.2 | 17.6 | 17.2 | 7.3 | - |
| 9~24세 | 10,275 | 10,149 | 10,020 | 9,853 | 9,654 | 9,467 | 9,249 | 8,990 | 8,765 | 8,542 |
| (%) | 20.6 | 20.2 | 19.9 | 19.4 | 18.9 | 18.5 | 18.0 | 17.4 | 17.0 | 16.5 |

자료: 통계청 국가통계포털(www.kosis.kr) <장래인구추계>.

우선 '아동학대'의 발생 건수를 통해서 학대받고 있는 위기청소년의 숫자를 추정할 수 있는데 2019년의 경우에 3만여 건의 아동학대가 발생하였다(아래 [표

1) 위기청소년의 개념에 대해서는 윤철경/조홍식/김향초/이규미/우정자/윤진선(2005), 3면 및 17면 이하; 지승희/양미진/이자영/김태성(2006), 3면 이하 참조.

2) 미국 교육부 소속의 국립교육통계센터(National Center for Education Statistics)에서는 '위기청소년'이라는 용어 대신에 "위기학생(At-Risk Students)"이라는 용어를 사용하면서 "학교에서 실패할 개연성이 높은 학생"으로 정의하고 있다. 여기서 학교에서의 실패는 고등학교 졸업 이전에 탈락(중퇴)하는 것을 의미한다. National Center for Education Statistics, <Characteristics of At-Risk Students in NELS: 88>(1992) 참조.

25.2] 참조). 또한 '범죄'는 위기의 가장 부정적 표상인데 18세 이하의 '소년범죄'는 10만여 건에 이른다([표 25.3] 참조). 이 가운데 가장 많은 비중을 차지하는 15세와 16세는 3만5천여 명 정도를 차지하고([표 25.4] 참조), 소년범죄 가운데 가장 많은 절도는 15세와 16세의 범죄가 절반을 넘는 2만 건에 이른다는 점에서([표 25.5] 참조) 청소년의 연령을 24세까지로 보면 대략 10년 가까이 범죄자로 낙인찍힌 채 청소년시절을 보내야 하기 때문에 전과가 있는 위기청소년의 숫자를 40만에 가까운 것으로 추정해볼 수 있다. 그리고 '가출'은 위기의 표현이면서 또 다른 위기의 원인이 되기도 하는데 2012년에 가출한 사람 가운데 14세 이상 19세 이하의 청소년은 2만 명에 다다른다([표 25.6] 참조). 이런 통계를 종합하면 위기청소년의 숫자는 100만 명을 훌쩍 넘을 것으로 추정할 수 있다.

**[표 25.2] 아동학대 현황**

(단위: 건)

| | 합계 | 신체학대 | 정서학대 | 성학대 | 방임 | 유기 | 중복학대 |
|---|---|---|---|---|---|---|---|
| 2012 | 6,403 | 461 | 936 | 278 | 1,713 | –* | 3,015 |
| | | 7.2% | 14.6% | 4.3% | 26.8% | – | 47.1% |
| 2013 | 6,796 | 753 | 1,101 | 242 | 1,778 | – | 2,992 |
| | | 11.1% | 16.2% | 3.6% | 26.2% | – | 43% |
| 2014 | 10,027 | 1,453 | 1,582 | 308 | 1,870 | – | 4,814 |
| | | 14.5% | 15.8% | 3.1% | 18.6% | – | 48% |
| 2015 | 11,715 | 1,884 | 2,046 | 428 | 2,010 | – | 5,347 |
| | | 16.1% | 17.5% | 3.7% | 17.2% | – | 45.6% |
| 2016 | 18,700 | 2,715 | 3,588 | 493 | 2,924 | – | 8,980 |
| | | 14.5% | 19.2% | 2.6% | 15.6% | – | 40.4% |
| 2017 | 22,367 | 3,285 | 4,728 | 692 | 2,787 | – | 10,875 |
| | | 14.7% | 21.1% | 3.1% | 12.5% | – | 48.6% |
| 2018 | 24,604 | 3,436 | 5,862 | 910 | 2,604 | – | 11,792 |
| | | 14.0% | 23.8% | 3.7% | 10.6% | – | 47.9% |
| 2019 | 30,045 | 4,179 | 7,622 | 883 | 2,885 | – | 14,476 |
| | | 13.9% | 25.4% | 2.9% | 9.6% | – | 48.2% |

자료: 보건복지부(www.mohw.go.kr) 중앙아동보호전문기관 <2015 전국아동학대현황보고서>(2019).

* 2012년부터 '유기'를 방임학대의 세부유형으로 포함하여 집계.

[표 25.3] 소년범죄 현황

(단위: 건수, %)

| | 전체 범죄 (천명) | 소년 범죄 (명) | 구성비 (%) | 범죄유형별 구성비(%) | | | | 전과(%) | | | |
|---|---|---|---|---|---|---|---|---|---|---|---|
| | | | | 강력 (흉악) 범죄 | 강력 (폭력) 범죄 | 재산 범죄 | 기타 | 전과 없음 | 1범 | 2범 | 3범 이상 |
| 2010 | 1,954,331 | 89,776 | 4.6 | 3.5 | 25.9 | 45.1 | 25.5 | 61.7 | 14.7 | 7.9 | 15.7 |
| 2011 | 1,907,641 | 83,060 | 4.4 | 4.0 | 26.8 | 45.7 | 23.5 | 59.5 | 15.1 | 8.3 | 17.1 |
| 2012 | 1,944,906 | 107,490 | 5.1 | 3.1 | 32.8 | 47.6 | 16.5 | 52.6 | 13.4 | 7.1 | 16.9 |
| 2013 | 2,147,250 | 91,633 | 4.3 | 2.8 | 24.1 | 49.9 | 23.2 | 48.6 | 13.5 | 7.4 | 20.6 |
| 2014 | 1,879,548 | 77,567 | 4.2 | 4.1 | 24.9 | 46.7 | 24.2 | 52.8 | 12.7 | 6.8 | 18.7 |
| 2015 | 1,948,966 | 71,034 | 3.8 | 3.8 | 24.6 | 45.1 | 26.4 | 50.2 | 12.2 | 6.4 | 19.5 |
| 2016 | 2,020,196 | 76,000 | 3.9 | 3.9 | 25.6 | 43.5 | 26.4 | 54.2 | 11.1 | 5.9 | 17.6 |
| 2017 | 1,861,796 | 72,759 | 4.0 | 4.0 | 28.9 | 39.9 | 26.4 | 55.2 | 11.0 | 5.8 | 16.2 |
| 2018 | 1,749,459 | 66,142 | 3.9 | 3.9 | 29.8 | 40.1 | 24.8 | 56.0 | 10.8 | 5.6 | 17.3 |
| 2019 | 1,767,684 | 66,247 | 3.8 | 3.8 | 28.2 | 42.1 | 24.2 | 57.8 | 10.1 | 5.1 | 17.2 |

자료: 대검찰청(www.spo.go.rk) <범죄분석>(2010~2019).
* 강력범: 살인, 강도, 방화, 강간.
** 폭력범: 폭행, 상해, 공갈 등.
*** 재산범: 절도, 장물, 사기, 횡령 등.
**** 기타: 교통사범, 저작권법 위반 등의 기타 형법범, 특별법범.

[표 25.4] 소년범죄자의 연령

(단위: 명)

| 연도 | 합계 | 유형 | 소계 | 7~9세 | 10~13세 | 14세 | 15세 | 16세 | 17세 | 18세 |
|---|---|---|---|---|---|---|---|---|---|---|
| 2007 | 88,104 | 형법범 | 60,426 | 8 | 159 | 8,417 | 11,824 | 8,828 | 6,328 | 4,422 |
| | | 특별법범 | 27,678 | 5 | 165 | 1,084 | 2,711 | 3,708 | 3,643 | 3,325 |
| 2008 | 134,992 | 형법범 | 79,765 | 16 | 264 | 10,310 | 14,357 | 11,331 | 8,245 | 6,370 |
| | | 특별법범 | 55,227 | 37 | 1,765 | 3,421 | 6,071 | 7,125 | 6,232 | 5,577 |
| 2009 | 113,022 | 형법범 | 81,378 | 13 | 203 | 10,771 | 14,961 | 12,617 | 10,420 | 8,041 |
| | | 특별법범 | 31,644 | 31 | 977 | 2,251 | 4,100 | 4,971 | 4,696 | 4,025 |
| 2010 | 89,776 | 형법범 | 70,045 | 4 | 122 | 6,746 | 13,371 | 11,212 | 8,961 | 8,215 |
| | | 특별법범 | 19,731 | 7 | 69 | 884 | 2,342 | 3,408 | 3,587 | 3,245 |
| 2011 | 83,060 | 형법범 | 66,237 | 13 | 72 | 4,048 | 12,187 | 12,301 | 9,217 | 8,138 |
| | | 특별법범 | 16,823 | 8 | 30 | 456 | 1,890 | 3,025 | 3,380 | 2,907 |
| 2012 | 107,490 | 형법범 | 87,779 | 35 | 472 | 10,152 | 14,447 | 14,826 | 11,760 | 8,580 |
| | | 특별법범 | 19,711 | 5 | 89 | 1,129 | 2,328 | 3,604 | 3,484 | 2,773 |
| 2013 | 91,633 | 형법범 | 74,509 | 19 | 180 | 9,042 | 11,473 | 10,577 | 10,205 | 7,532 |
| | | 특별법범 | 17,124 | 4 | 60 | 871 | 1,845 | 2,922 | 3,078 | 2,630 |

| | | | | | | | | | | |
|---|---|---|---|---|---|---|---|---|---|---|
| 2014 | 93,910 | 형법범 | 67,867 | 23 | 240 | 9,913 | 13,318 | 13,499 | 13,283 | 10,162 |
| | | 특별법범 | 26,043 | 4 | 60 | 871 | 1,845 | 2,922 | 3,078 | 2,630 |

자료: 대검찰청(www.spo.go.kr) <범죄분석>(2008~2014).
* 특별법범: 교통사고처리특례법, 도로교통법, 정보통신망 이용촉진 및 정보보호 등에 관한 법률 등의 위반.

### [표 25.5] 연령별 소년범죄 유형 (2012년)

(단위: 명)

| 구 분 | 합계 | 13세 | 14세 | 15세 | 16세 | 17세 | 18세 |
|---|---|---|---|---|---|---|---|
| 절 도 | 37,256 | 278 | 6,483 | 9,261 | 9,763 | 6,806 | 4,665 |
| 강 도 | 877 | 2 | 63 | 115 | 223 | 270 | 204 |
| 폭 행 | 6,257 | 28 | 533 | 810 | 1,234 | 1,542 | 2,110 |
| 상 해 | 3,298 | 15 | 272 | 456 | 657 | 799 | 1,099 |
| 성 폭 력 | 1,686 | 24 | 183 | 266 | 357 | 405 | 451 |
| 교통사고 | 3,930 | 23 | 119 | 286 | 1,039 | 1,196 | 1,267 |
| 살 인 | 26 | 0 | 1 | 5 | 5 | 7 | 8 |
| 방 화 | 201 | 11 | 50 | 44 | 36 | 34 | 26 |

자료: 대검찰청(www.spo.go.rk) <2013 범죄분석>.
* 12세 이하는 생략.

### [표 25.6] 실종아동 및 가출청소년 현황

(단위: 명)

| 연 도 | 2006 | 2007 | 2008 | 2009 | 2010 | 2011 | 2012 | 2013 | 2014 | 2015 | 2016 | 2017 | 2018 | 2019 |
|---|---|---|---|---|---|---|---|---|---|---|---|---|---|---|
| 실종아동/미발견 | 7,071 | 8,615 | 9,485 | 9,257 | 10,872 | 11,425 | 10,655 | 23,089 | 21,591 | 19,428 | 19,870 | 19,956 | 21,980 | 21,551 |
| | 13 | 12 | 15 | 16 | 42 | 47 | 170 | 97 | 138 | 1 | 4 | 5 | 10 | 99 |
| 가출청소년 | 9,389 | 12,237 | 15,336 | 15,114 | 19,440 | 20,434 | 19,421 | – | – | – | – | – | – | – |

자료: 경찰청(www.police.go.kr) <실종아동 · 가출인 접수 및 처리현황>(2012, 2014), <경찰통계연보>(2019).
* 실종아동: 2012년까지는 '14세 미만', 2013년부터는 '18세 미만'(2013. 6. 4. **실종아동등의 보호 및 지원에 관한 법률** 개정으로 실종아동의 범위가 '실종 당시 14세 미만'에서 '실종 당시 18세 미만'으로 확대됨).
** 가출청소년: 14세 이상 19세 이하.

# Ⅱ. 위기청소년의 인권

## 1. 교육받을 권리

헌법이 보장하는 교육받을 권리(헌법 제31조 제1항)는 취학기회를 박탈당하지 않을 자유권적 측면과 학업에 필요한 지원을 받을 수 있는 사회권적 측면을 포함한다.[3] 위기청소년의 경우에는 취학기회 자체가 봉쇄되었다기보다는 주어진 취학기회를 여러 가지 여건과 환경 때문에 실현할 수 없다는 점에서 사회권적 측면이 강조될 필요가 있다. 따라서 국가는 위기청소년이 학업을 중단하지 않도록, 그리고 학업을 중단한 경우에는 신속하게 학업에 복귀할 수 있도록 다양한 지원책을 제공해야 할 사회복지적 과제를 부담한다. **학교 밖 청소년 지원에 관한 법률**(최근 개정: 2017. 3. 21. 법률 제14706호)은 국가와 지방자치단체에게 이른바 '학업중단 청소년'을 포함한 '학교 밖 청소년'이 학업에 복귀하고 자립할 수 있도록 초등학교·중학교로의 재취학 또는 고등학교로의 재입학, 대안학교로의 진학, 초·중·고등학교를 졸업한 사람과 동등한 학력이 인정되는 시험의 준비 등 교육지원을 할 수 있도록 하고 있다(동법 제9조 제1항). 여기서 학교 밖 청소년은 ① 초등학교나 중학교 또는 이와 동일한 과정을 교육하는 학교에 입학한 후 3개월 이상 결석하거나 취학의무를 유예한 청소년,[4] ② 고등학교 또는 이와 동일한 과정을 교육하는 학교에서 제적이나 퇴학의 처분을 받거나 자퇴한 청소년 및 ③ 고등학교 또는 이와 동일한 과정을 교육하는 학교에 진학하지 아니한 청소년을 의미한다(동법 제2조 제2호).

## 2. 주 거 권

위기청소년의 많은 부분은 가출청소년이다. 가출은 위기청소년의 현재 위기를 보여주는 동시에 미래의 다른 위기 가능성을 보여주기도 한다. 따라서 다른 위기로의 이동을 막기 위해서는 이들에게 주거의 보장은 필수적이다. 헌법은 거주·

3) 위기청소년, 특히 가출청소년의 인권침해 현실에 대해서는 김지혜(2006), 82면 이하 참조.
4) 질병·발육 상태 등 부득이한 사유로 취학이 불가능한 의무교육대상자에 대하여는 취학의무를 면제하거나 유예할 수 있다(초·중등교육법 제14조 제1항). 취학의무의 면제 또는 유예는 의무교육대상자의 보호자가 당해 학교의 장에게 신청하면, 학교의 장은 의무교육관리위원회의 심의를 거쳐 결정하고(초·중등교육법 시행령 제28조 제1항 및 2항), 취학의무의 유예는 원칙적으로 1년 이내로 하되 특별한 사유가 있으면 다시 이를 유예하거나 유예기간을 연장할 수 있다(동시행령 동조 제6항).

이전의 자유를 통하여 주거에 관한 자유권을 명시적으로 보장하고 있지만(헌법 제14조) 주거와 관련된 사회권이 보장되는지에 대해서는 논란이 있다. 하지만 사회권의 체계 안에 국가에 대해서 "쾌적한 주거생활"의 보장에 관한 국가의 의무를 규정하고 있다는 점에서(헌법 제35조 제3항) 이것은 주거권에 대한 보장으로 이해될 수 있다. 따라서 가출한 위기청소년에게도 사회권을 의미하는 주거권을 보장할 필요가 있다. 가출청소년은 일정한 주거 없이 떠돌아다니는 '노숙인'이 될 가능성이 높은데[5] 법적으로 보호받는 노숙인은 18세 이상으로(**노숙인 등의 복지 및 자립지원에 관한 법률 시행규칙** 제2조) 가출한 위기청소년은 노숙인에 대한 법적 보호를 받지 못하게 된다. 이에 따라 **청소년복지 지원법**은 가출한 청소년의 '청소년쉼터'의 설치·운영 및 청소년쉼터 퇴소 청소년에 대한 사후지원 등 필요한 지원을 해야 할 의무를 국가(여성가족부장관)와 지방자치단체에 부과하고 있다(동법 제16조 제1항). 여기서 청소년쉼터는 청소년복지시설의 하나로[6] 가출청소년에 대하여 가정·학교·사회로 복귀하여 생활할 수 있도록 일정 기간 보호하면서 상담·주거·학업·자립 등을 지원하는 시설을 의미한다(동법 제31조 제1호).

**[표 25.7] 청소년쉼터 현황** (단위: 개소)

| | 소계 | 일시(21) | 단기(50) | | 중장기(38) | |
|---|---|---|---|---|---|---|
| | | | 남 | 여 | 남 | 여 |
| 합계 | 119 | 28 | 26 | 25 | 18 | 22 |
| 서울 | 14 | 6 | 3 | 2 | 1 | 2 |
| 부산 | 6 | 2 | 1 | 1 | 1 | 1 |
| 대구 | 6 | 2 | 1 | 1 | 1 | 1 |
| 인천 | 8 | 2 | 2 | 2 | 1 | 1 |
| 광주 | 5 | 1 | 1 | 1 | 1 | 1 |
| 대전 | 6 | 2 | 1 | 1 | 1 | 1 |

5) '노숙인 등의 복지 및 자립지원에 관한 법률'은 노숙인을 ① 상당한 기간 동안 일정한 주거 없이 생활하는 사람이나 ② 노숙인시설을 이용하거나 상당한 기간 동안 노숙인시설에서 생활하는 사람 또는 ③ 상당한 기간 동안 주거로서의 적절성이 현저히 낮은 곳에서 생활하는 사람으로 정의하고 있다(동법 제2조 제1호). 노숙인의 문제에 대해서는 이 책 제23장 참조.

6) 청소년복지시설은 청소년쉼터 이외에 '청소년자립지원관'(일정 기간 청소년쉼터의 지원을 받았는데도 가정·학교·사회로 복귀하여 생활할 수 없는 청소년에게 자립하여 생활할 수 있는 능력과 여건을 갖추도록 지원하는 시설)과 '청소년치료재활센터'(학습·정서·행동상의 장애를 가진 청소년을 대상으로 정상적인 성장과 생활을 할 수 있도록 해당 청소년에게 적합한 치료·교육 및 재활을 종합적으로 지원하는 거주형 시설), '청소년회복지원시설'이 있다(청소년복지 지원법 제31조 제2호 및 제3호).

| | | | | | | |
|---|---|---|---|---|---|---|
| 울산 | 4 | – | 1 | 1 | 1 | 1 |
| 경기 | 27 | 5 | 7 | 8 | 2 | 5 |
| 강원 | 5 | 1 | 1 | 1 | 1 | 1 |
| 충북 | 5 | 1 | 1 | 1 | 1 | 1 |
| 충남 | 7 | 1 | 2 | 1 | 2 | 1 |
| 전북 | 5 | 1 | 1 | 1 | 1 | 1 |
| 전남 | 5 | 1 | 1 | 1 | 1 | 1 |
| 경북 | 6 | 1 | 1 | 1 | 1 | 2 |
| 경남 | 5 | 1 | 1 | 1 | 1 | 1 |
| 제주 | 5 | 1 | 1 | 1 | 1 | 1 |

자료: 여성가족부(www.mogef.go.kr) 웹사이트(2016년 12월 기준).

### 3. 생계와 근로에 관한 권리

위기청소년은 부모의 부양을 받지 못하는 상태에 있기 때문에 기본적인 생계의 유지에 필요한 비용의 제공이 필요하다. 또한 생계비를 벌어야 하는 위기청소년은 열악한 근로조건의 아르바이트로 생계비를 충당하게 되는데 정당한 임금을 받을 수 없다. 더욱이 이러한 아르바이트마저도 구하지 못하는 여성 위기청소년의 경우에는 성매매를 통해 생계비를 벌 수 밖에 없는 상황에 놓이게 된다. 여기서 위기청소년에게 일자리를 제공하고, 정당한 임금을 받을 수 있도록 해야 할 필요성을 확인하게 된다.

## Ⅲ. 위기청소년에 대한 지원

### 1. 상담 및 교육

청소년복지 지원법은 국가와 지방자치단체에게 위기청소년에 대한 효율적이고 적합한 지원을 위하여 위기청소년의 가족 및 보호자에 대한 상담 및 교육을 실시할 수 있는 근거를 제시하고 있다(동법 제13조 제1항). 또한 위기청소년의 가족이나 보호자는 국가와 지방자치단체가 상담이나 교육을 권고하는 경우에 이에 협조하여 성실히 상담이나 교육을 받아야 할 의무가 부과된다(동법 동조 제2항). 위기청소년을 포함한 청소년의 상담과 복지에 관한 정책과 사업의 개발 및 교육을 담당하는 기관으로 '청소년상담복지개발원'이 설립되어 있고(동법 제22조 제1항),[7] 지방자치단체에는 청소년에 대한 상담・긴급구조・자활・의료지원 등의 업무를 수행하기 위한 '청소년상담복지센터'가 설치되어 운영되고 있다(동법 제29조 제1항). 그 밖에 **학교 밖 청소년 지원에 관한 법률**도 학교 밖 청소년에 대하여 효율적이고 적합한 지원을 할 수 있도록 심리상담, 진로상담, 가족상담 등 상담을 제공할 수 있는 근거를 마련하고 있다(동법 제8조 제1항).

## 2. 특별지원

위기청소년에 대해서는 국가나 지방자치단체가 필요한 사회적・경제적 지원을 할 수 있는데 이것을 "특별지원"이라고 부른다(**청소년복지 지원법** 제14조 제1항).

### (1) 내 용

특별지원은 ① 생활지원, ② 학업지원, ③ 의료지원, ④ 직업훈련지원, ⑤ 청소년활동지원 등으로 구분되고, 원칙적으로 물품 또는 서비스의 형태로 제공되되 위기청소년의 지원에 반드시 필요하다고 인정되는 경우에는 금전의 형태로도 제공될 수 있다(동법 동조 제2항). **청소년복지 지원법 시행령**(최근개정: 2017. 6. 13. 대통령령 제28108호)은 이러한 특별지원을 ① 청소년이 일상적인 의・식・주 등 기초생활을 유지하는 데에 필요한 기초생계비와 숙식 제공 등의 지원, ② 청소년이 신체적・정신적으로 건강하게 성장하기 위하여 요구되는 건강검진 및 치료 등을 위한 비용의 지원, ③ 학교의 입학금 및 수업료, 중학교 졸업학력 검정고시 또는 고등학교 졸업학력 검정고시의 준비 등 학업을 지속하기 위하여 필요한 교육비용의 지원, ④ 취업을 위한 지식・기술・기능 등 능력을 향상시키기 위하여 필요한 훈련비의 지원, ⑤ 폭력이나 학대 등 위기상황에 있는 청소년에게 필요한 법률상담 및 소송비용의 지원, ⑥ 그밖에 청소년의 건전한 성장을 위하여 필요하다고 여성가족부장관이 인정하는 비용의 지원으로 구체화하고 있다(동시행령 제7조 제1항).

---

7) '청소년상담복지개발원'이 수행하는 구체적인 사업으로는 ① 청소년 상담 및 복지와 관련된 정책의 연구, ② 청소년 상담・복지 사업의 개발 및 운영・지원, ③ 청소년 상담기법의 개발 및 상담자료의 제작・보급, ④ 청소년 상담・복지 인력의 양성 및 교육, ⑤ 청소년 상담・복지 관련 기관 간의 연계 및 지원, ⑥ 지방자치단체 청소년복지지원기관의 청소년 상담・복지 관련 사항에 대한 지도 및 지원, ⑦ 청소년 가족에 대한 상담・교육, ⑧ 청소년에 관한 상담・복지 정보체계의 구축・운영, ⑨ 그 밖에 청소년상담원의 목적을 수행하기 위하여 필요한 부수사업이 포함된다(**청소년복지 지원법** 제22조 제1항).

이러한 특별지원은 국민기초생활 보장법, 긴급복지지원법, 의료급여법, 사회복지사업법, 성폭력방지 및 피해자보호 등에 관한 법률, 가정폭력방지 및 피해자보호 등에 관한 법률 등 다른 법령에 따라 동일한 내용의 지원을 받지 않는 경우에만 제공된다(동시행령 동조 제2항). 특별지원이 제공되는 기간은 원칙적으로 1년 이내로 하되, 필요한 경우 1년의 범위에서 한 번 연장할 수 있다(동시행령 동조 제3항).

### (2) 대　상

특별지원이 제공되는 대상으로 선정될 수 있는 청소년은 해당 청소년이 속한 가구의 소득인정액[8]이 일정한 범위에 있는 '9세 이상 18세 이하의 청소년'으로 ① 교육적 선도 대상자 중 비행·일탈 예방을 위하여 지원이 필요한 청소년이나 ② 학교에서 학업을 중단한 청소년 또는 ③ 보호자가 없거나 실질적으로 보호자의 보호를 받지 못하는 청소년 가운데 하나에 속하는 청소년이다(동시행령 제8조).

### (3) 절　차

위기청소년 가운데 특별지원을 받는 대상 청소년으로 선정되려면 특별자치도지사 또는 시장·군수·구청장에게 '신청'을 해야 하는데, 신청자격이 있는 사람으로는 ① 청소년 '본인' 또는 그 '보호자', ② 청소년기본법에 따른 '청소년지도자', ③ 초·중등교육법에 따른 '교원', ④ 사회복지사업법에 따른 '사회복지사', ⑤ 지방자치단체에서 청소년 업무를 담당하는 공무원이 포함된다(**청소년복지 지원법** 제15조 제1항). 신청을 받은 특별자치도지사 또는 시장·군수·구청장은 원칙적으로 '운영위원회의 심의'를 거쳐 선정 여부와 지원 내용 및 기간을 결정하여야 하지만 긴급하게 지원할 필요가 있다고 판단되는 경우 또는 운영위원회가 구성되지 않은 경우에는 운영위원회의 심의를 거치지 않고 결정을 할 수도 있다(동법 동조 제2항 및 제3항).

## 3. 문 제 점

위기청소년 가운데 특별지원을 받을 수 있는 대상은 "9세 이상 18세 이하의

8) 여기서 '소득인정액'은 국민기초생활보장법에서 정하는데 이것은 "보장기관이 급여의 결정 및 실시 등에 사용하기 위하여 산출한 개별가구의 소득평가액과 재산의 소득환산액을 합산한 금액"을 의미한다(동법 제2조 제9호).

청소년"으로 한정되어 있다. 하지만 청소년 기본법에 따른 청소년은 원칙적으로 "9세 이상 24세 이하인 사람"이라는 점에서(동법 제3조 제1항) 특별한 사정이 없는 한 이러한 정의규정에 따라야 하므로 특별지원이 제공되는 대상 청소년도 이러한 범위로 확대될 필요가 있다. 또한 특별지원의 유형은 열거되어 있지만 구체적인 내용은 시행령에 위임하고 있다. 위임입법에 관한 헌법적 원칙인 '포괄위임입법금지의 원칙'에 따르면(헌법 제75조) 법률이 시행령이나 시행규칙에 위임할 때는 이미 법률에 위임되는 내용의 대강이 정해져서 어떤 내용이 시행령이나 시행규칙에 포함될 것인지가 예측될 수 있어야 한다. 위기청소년에 대한 특별지원을 규율하고 있는 법률이 특별지원의 구체적 내용을 시행령에 위임하면서 이러한 헌법적 원칙을 준수하고 있는지에 대해서는 의문이 제기될 수 있다.

## Ⅳ. 쟁점과 대안

### 1. 가출의 원인과 대안

위기청소년의 대부분은 가출한 청소년이고, 청소년이 가출하는 원인은 다양하다.[9] 가출에 대한 단순한 호기심에서부터 부모를 포함한 가족과의 사이에서 발생한 갈등, 가정의 경제형편이 어려워진 상황, 학교에 다니는 것이나 공부하는 것이 싫어지는 마음, 공부(학업)에 대한 부담과 성적의 부진, 친구나 선후배로부터 받은 권유나 동조, 간섭 없이 자유롭게 살고 싶은 생각, 사회경험을 쌓고 싶은 동기 등이 가출의 원인이 될 수 있다(아래 [표 25.8] 참조). 이러한 가출의 원인에 따라 청소년의 가출을 막을 수 있는 다양한 대안이 제시될 수 있다. 예컨대 가출의 원인이 가족과의 갈등인 경우에 가출청소년의 숫자를 감소시키기 위한 최선의 대안은 가족관계의 개선, 특히 부모와 청소년 자녀 간의 갈등이 발생하지 않도록 학대나 차별과 같은 원인을 제거하고, 갈등이 발생했을 때 이를 원만하게 해결할 수 있는 능력을 배양시키는 것이다. 그렇지만 예를 들어 학교나 공부가 싫어서 가출한 경우처럼 대안의 모색이 쉽지 않을 수도 있다. 학교나 공부가 싫어지는 이유는 선생님과의 갈등일 수도 있고, 친구나 선후배와의 문제일 수도 있고, 그냥 놀고 싶기 때문일 수도 있고, 학교의 규율과 통제가 싫기 때문일 수도

---

9) 차명호/양종국/정경용(2010), 169면 이하에 따르면 가출발생의 원인은 가족적 원인, 또래적 원인, 학교적 원인, 개인적 원인으로 분류된다.

있는 등 매우 다양하기 때문이고, 경우에 따라서는 이러한 원인들이 복합적으로 작용했을 수도 있기 때문이다. 가출청소년마다 다를 수밖에 없는 가출원인에 대한 개별적이고 구체적인 접근과 그에 상응하는 종합적인 대책이 필요한 이유가 여기에 있다.

**[표 25.8] 가출의 원인**

(단위: %)

| | 2008 | 2009 | 2010 | 2011 | 2012 | 2013 | 2014 |
|---|---|---|---|---|---|---|---|
| 가출에 대한 호기심 | 5.9 | 20.7 | 26.5 | 9.5 | 5.2 | – | 6.1 |
| 가족과의 갈등 | 9.0 | 24.7 | 25.9 | 51.3 | 61.3 | 65.7 | 67.8 |
| 가정의 경제형편 | 3.4 | 11.2 | 12.5 | 3.2 | 1.3 | 0.4 | 0.6 |
| 학교에 대한 실증 | 10.5 | 32.3 | 39.0 | 18.5 | 4.6 | 2.1 | 3.0 |
| 공부에 대한 부담 | 1.2 | 2.9 | 5.2 | 13.3 | 3.9 | 14.5 | 3.3 |
| 친구나 선후배의 권유 | 7.0 | 19.6 | 20.2 | 7.6 | 2.0 | – | 2.3 |
| 자유로운 삶의 희망 | 13.1 | 42.8 | 47.7 | 25.5 | 12.8 | 9.1 | 9.5 |
| 사회경험의 축적 | 3.2 | 11.9 | 13.4 | 3.8 | 1.2 | – | 0.5 |
| 기타 | 2.8 | 6.1 | 3.5 | 7.7 | 7.8 | 8.3 | 4.4 |

자료: 여성가족부(www.mogef.go.kr) <청소년유해환경접촉실태조사>(2012, 2014) 및 한국청소년정책연구원(www.nypi.re.kr) <아동・청소년인권실태조사>(2013).

## 2. 가출과 범죄

가출청소년이 반드시 범죄를 저지르는 것은 아니다. 하지만 가출청소년이 생계를 위하여 아르바이트를 하고, 이것만으로 생계비를 충당할 수 없는 경우에 범죄의 유혹에 노출될 가능성이 높다. 기본적으로 가출청소년을 포함한 모든 청소년의 노동에 대하여 정당한 대가가 지불될 필요가 있다. 법적으로 청소년에게 금지된 노동이 아니라면 청소년이라는 이유로 부당한 임금이 제공되는 것은 제재가 부과되어야 한다. 특히 청소년의 가출을 이유로 부당한 임금이 지급되거나 임금이 체불되지 않도록 사용자에 대한 감시가 필요하다.

## 3. 소년범죄자의 범행동기와 대책

위기청소년의 상당 부분은 범죄를 저지른 청소년이 차지한다. 소년법은 19세 미만의 청소년을 "소년"으로 지칭하면서 이들의 범죄를 규율한다.10) 청소년이 범죄를 저지르게 되는 동기는 생활비나 유흥비를 마련하거나 허영심이나 사치심을 충족시키기 위한 목적 등으로 돈이 필요하여 돈에 대한 욕심 때문일 수도 있고, 사행심, 보복, 가정불화, 호기심, 현실불만, 부주의 등 다양할 수 있다(아래 [표 25.9] 참조).11) 통계에 따르면 청소년범죄는 대부분 우발적으로 발생하거나 돈에 대한 욕심 또는 호기심 때문에 발생한다. 우발적 범죄는 범죄에 대한 충동을 이기지 못하여 발생한 것이므로 이러한 범죄를 예방하기 위해서는 청소년의 감정조절 능력을 배양시킬 필요가 있고, 돈에 대한 욕심이나 호기심으로 인한 범죄는 청소년의 욕망이나 본능에 대한 자제력을 강화함으로써 예방될 수 있다. 한편 청소년 범죄는 부주의로 인하여 발생하는 경우도 많은데 주의력의 부족으로 발생하는 실수를 막기 위하여 훈련 등 다양한 대책이 모색될 필요가 있다. 이러한 맥락에서 지역사회에서 위기청소년을 통합적으로 지원하기 위한 체계인 '지역사회 청소년 지원망(Community Youth Support Network: CYS-net)'의 구축은 의미가 있다.12) 아무튼 범죄의 원인은 개인에게도 찾을 수 있지만 빈곤과 같은 사회구조적 원인에서도 찾을 수 있기 때문에 소년범죄의 경우에도 개인적 요인뿐만 아니라 사회구조적 요인에 주목할 필요가 있다.13)

---

10) 소년법은 소년을 연령에 따라 3가지 유형으로 구분한다(동법 제4조 제1항). ① 죄를 범한 소년, ② 형벌 법령에 저촉되는 행위를 한 10세 이상 14세 미만인 소년, ③ 집단적으로 몰려다니며 주위 사람들에게 불안감을 조성하는 성벽(性癖)이 있거나, 정당한 이유 없이 가출하거나, 또는 술을 마시고 소란을 피우거나 유해환경에 접하는 성벽이 있으면서 그의 성격이나 환경에 비추어 앞으로 형벌 법령에 저촉되는 행위를 할 우려가 있는 10세 이상인 소년이 그것이다.

11) 최근의 소념범죄 현황에 대한 분석으로 김봉수(2013), 178면 이하 참조. 이 분석에 따르면 최근에 소년범죄는 양적으로 감소하고 있는 반면에 소년범죄자의 연령이 낮아지고, 소년범죄가 점차 흉포화 및 폭력화되어 가고 있는 것을 특징으로 한다.

12) 지역사회 청소년지원망에 대한 자세한 설명은 김동일/윤현선/서창원/최수미(2008), 1770면 이하; 노성덕/배영태/김호정/김태성(2011), 5면 이하 참조.

13) 위기청소년의 발생원인에 관한 담론이 개인이나 그가 속한 가족으로 국한될 때 그들의 "비정상성"을 정당화하면서 "배제의 논리"로 작동할 수 있음을 강조하는 주장으로 김미란(2012), 64면 참조. 또한 위기청소년의 문제를 비행의 관점이 아니라 보호의 관점에서 바라볼 수 있는 인식개선이 필요하다는 주장도 경청할 만하다. 윤옥경/이유진(2018), 334면 이하 참조.

[표 25.9] 소년범죄자의 범행동기

(단위: 명)

| | | 2010 | 2011 | 2012 | 2013 | 2014 | 2015 | 2016 | 2017 | 2018 | 2019 |
|---|---|---|---|---|---|---|---|---|---|---|---|
| 이욕 | 소계 | 18,084 | 14,582 | 19,506 | 16,891 | 13,474 | 12,555 | 12,764 | 10,850 | 6,624 | 6,724 |
| | 생활비 마련 | 3,831 | 3,659 | 4,816 | 5,335 | 3,841 | 3,557 | 3,510 | 3,060 | 2,200 | 2,252 |
| | 유흥비 마련 | 5,231 | 4,177 | 6,144 | 5,655 | 3,327 | 2,661 | 2,525 | 1,936 | 1,064 | 988 |
| | 도박비 마련 | 17 | 10 | 42 | 51 | 73 | 141 | 126 | 90 | 62 | 114 |
| | 허영/ 사치심 | 350 | 259 | 440 | 260 | 116 | 101 | 93 | 126 | 55 | 42 |
| | 치부 | 175 | 117 | 122 | 80 | 44 | 22 | 20 | 26 | 7 | 11 |
| | 기타 | 8,480 | 6,360 | 7,942 | 5,510 | 6,073 | 6,073 | 6,490 | 5,612 | 3,236 | 3,317 |
| 사행심 | | 10,83 | 989 | 1,551 | 1,193 | 891 | 788 | 850 | 783 | 681 | 705 |
| 보복 | 소계 | 28 | 17 | 38 | 53 | 34 | 22 | 129 | 39 | 6 | 12 |
| | 신고/ 고소 | 7 | 8 | 20 | 23 | 16 | 2 | 13 | 8 | 1 | 6 |
| | 수사협조 | 1 | 1 | – | 4 | 1 | 1 | – | – | 1 | – |
| | 증언 | 3 | – | 1 | 2 | 1 | 1 | 2 | – | – | – |
| | 기타 | 17 | 8 | 17 | 24 | 16 | 18 | 114 | 31 | 4 | 6 |
| 가정불화 | | 39 | 69 | 68 | 81 | 75 | 171 | 259 | 260 | 181 | 223 |
| 호기심 | | 10,870 | 9,481 | 9,594 | 9,336 | 8,242 | 6,430 | 8,330 | 8,186 | 2,941 | 3,118 |
| 유혹 | | 1,745 | 1,679 | 2,264 | 2,237 | 1,460 | 1,058 | 1,168 | 1,049 | 513 | 459 |
| 우발적 | | 25,720 | 21,870 | 27,312 | 24,511 | 21,092 | 18,228 | 19,010 | 19,496 | 13,287 | 13,348 |
| 현실불만 | | 610 | 580 | 710 | 605 | 589 | 401 | 523 | 420 | 246 | 182 |
| 부주의 | | 5,777 | 5,271 | 5,849 | 5,117 | 4,777 | 4,537 | 4,632 | 4,510 | 2,639 | 2,295 |
| 기타 | | 17,765 | 20,708 | 29,229 | 21,953 | 19,741 | 18,266 | 19,549 | 18,280 | 10,662 | 10,833 |
| 미상 | | 8,055 | 7,814 | 11,369 | 9,656 | 7,219 | 8,579 | 8,786 | 8,886 | 28,362 | 28,348 |
| 합계 | | 89,776 | 83,060 | 107,490 | 91,633 | 77,594 | 71,035 | 76,000 | 72,759 | 66,142 | 66,247 |

자료: 대검찰청(www.spo.go.kr) <범죄분석>(2010~2019).

## V. 위기청소년을 품을 수 있는 사회

위기청소년 뒤에는 반드시 위기가정과 위기사회가 있다. 위기청소년에게 손가락질을 하기 전에 위기가정과 위기사회에 대한 성찰이 먼저 필요하다. 그리고 가출하거나 범죄를 저지르는 청소년들이 가출하지 않고 범죄의 유혹에 빠지지 않도록 가정과 사회가 그들에게 관심을 가지고 손을 내밀어야 한다. 가출하거나 범죄를 저질렀을 때는 이미 늦다. 가출청소년, 범죄청소년이라는 낙인 때문에 정상적인 생활로 돌아오기가 힘들기 때문이다. 그렇지만 이미 가출청소년이나 범죄청소년이 되었다고 해도 그들을 포기할 수는 없다. 그들에게 여전히 기회가 제공되어야 한다. 학업을 계속하고 직업을 가질 수 있도록 끊임없는 상담과 지원이 필요하다. 위기청소년이나 범죄청소년이 남의 이야기가 될 수 없다. 내 자녀도 언제 위기청소년이나 범죄청소년이 될 수 있다는 점에서 사회 전체가 그들을 품을 수 있어야 한다. 그들은 이 사회를 짊어져야 할 미래이므로 더 많은 관심과 지원이 요구된다.

**토론문제**

1. 가출청소년은 반드시 범죄청소년이 되는가?
2. 청소년의 범죄는 오로지 해당 청소년 개인의 책임인가?
3. 위기청소년의 발생을 예방할 수 있는 대안은 무엇인가?

**내 입장은?**

1. 청소년이 위기에 처한 것은 근본적으로 본인의 책임이다.
2. 청소년이 위기에 처한 것은 근본적으로 가정과 학교를 포함한 사회의 책임이다.
3. 청소년이 위기에 처한 것은 근본적으로 적절한 대책을 내놓지 못한 국가의 책임이다.

## 참고문헌

김동일/윤현선/서창원/최수미(2008), 위기청소년 통합지원체계(CYS-Net) 운영평가 연구, ≪상담학연구≫(한국상담학회), 제9권 제4호(2008), 1769～1783면.

김미란(2012), 청소년 이행(transition)과 '위기 청소년' 담론에 대한 분석, ≪교육사회학연구≫(한국교육사회학회), 제22권 제1호(2012), 51～76면.

김봉수(2013), 소년범죄의 최근 동향과 대책, ≪법학논총≫(전남대학교 법학연구소), 제33집 제1호(2013), 173～197면.

김지혜(2006), 청소년 가출에 따른 인권침해 연구, ≪아동과 권리≫(한국아동권리학회), 제10권 제1호(2006), 73ㅍ93면.

노성덕/배영태/김호정/김태성(2011), ≪지역사회청소년통합지원체계(CYS-Net) 발전방안 연구, －청소년상담지원센터 정착을 중심으로－≫, 한국청소년상담복지개발원, 2011.

배주미/김동민/정슬기/강태훈/박현진(2010), 2010년 전국 청소년 위기 실태조사, 한국청소년상담원, 2010.

윤옥경/이유진(2018), 인구절벽 시대의 위기청소년 정책 현황과 과제, ≪소년보호연구≫(한국소년정책학회), 제31권 제3호(2018), 321～345면.

윤철경/조흥식/김향초/이규미/우정자/윤진선(2006), ≪위기청소년 지역사회 안전망 실태와 발전방안≫, 한국청소년개발원, 2006.

지승희/양미진/이자영/김태성(2006), ≪위기청소년실태조사 연구≫, 한국청소년상담복지개발원, 2006.

차명호/양종국/정경용(2010), 청소년 가출의 위험요인과 보호요인의 분석, ≪소년보호연구≫(한국소년정책학회), 제15호(2010), 165～192면.

# 제26장
# 미등록 이주아동의 인권

아동은 출생 후 즉시 등록되어야 하며,
출생 시부터 성명권과 국적취득권을 가지며, ….
(아동권리협약 제7조 제1항)
The child shall be registered immediately after birth
and shall have the right from birth to a name,
the right to acquire a nationality ….
≪Convention on the Right of the Child≫

분명히 살아 있는데 존재하지 않는 아이들이 있다. 부모가 불법체류자이기 때문에 출생신고가 되지 않아 공부(公簿)에 기록되지 않은 '미등록 이주아동'은 외국인등록번호가 없다. 외국인등록번호가 없으면 은행도 병원도 인터넷도 이용하는 것이 불가능하다. 자국 대사관에 가서 출생신고를 하려 해도 불법체류자라는 사실이 알려지고 추방될까 두려워 그렇게 할 수도 없다.

불법체류자와 합법체류자를 동일하게 대우하면 불법으로 체류하는 외국인이 양산될 수 있다. 불안한 처지에 놓인 불법체류자는 잠재적인 범죄자일 수도 있다. 불법체류자가 아니더라도 어차피 외국인은 사회권의 주체가 될 수 없다. 교육이나 의료와 같은 사회보장은 국민에게만 제공하기에도 재정적 부담이 너무 크다. 자국민에 대한 사회보장은 해당 국가가 책임지는 것이 현실적으로 타당하다.

국경이 존재하고, 국민과 외국인의 구분이 뚜렷한 현실에서 불법체류자의 양산을 막기 위하여 아동이더라도 불법체류자의 추방은 당연하다는 주장과 아무리 불법체류자라지만 아동에 대해서는 아동의 보호를 위하여 특별한 예외가 인정되어야 한다는 주장이 대립하고 있다. 어떠한 주장이 타당한지 검토해 보기로 한다.

# Ⅰ. 개념과 현황

'불법체류자'라는 용어에 포함된 부정적 이미지 때문에 인권적 관점에서 '미등록 외국인'이나 '미등록 이주민'이라는 대체용어가 사용된다. 이에 따라 불법체류자 신분의 외국인 아동을 '미등록 이주아동'으로 부를 수 있다. 대표적으로 외국인인 부모와 함께 동반비자로 국내로 입국한 뒤에 부모가 불법체류자가 되자마자 동시에 불법체류자가 되어 버린 외국인 아동이 '미등록 이주아동'에 해당한다. 또한 불법체류자인 외국인 부부가 국내에 합법적으로 입국하였지만 체류기간이 지나 불법체류자가 된 후에 출산한 자녀 또는 불법체류 외국인으로 국내에서 다른 외국인과 결혼하여 출산한 자녀도 미등록 이주아동에 포함된다. 정리하면 미등록 이주아동은 국내에 체류하고 있는 외국인으로 '합법적인 체류자격이 없는 아동'을 의미한다.

2020년 12월을 기준으로 등록외국인은[1] 110만 명을 넘어서고 있는데, 이 가운데 불법체류자는 10퍼센트에 가까운 10만8천여 명에 이른다(아래 [표 26.1] 참조). 또한 90일 이하의 단기체류 외국인은 2019년에는 80만 명에 육박했으나 2020년에는 코로나의 영향으로 절반으로 줄었지만, 이 가운데 불법체류자는 28만여 명에 이른다([표 26.2] 참조). 외국인등록이나 거소신고를 한 외국인으로 불법체류자가 된 사람까지 포함하면 총 40만 명에 가까운 불법체류자가 국내에 거주하고 있다([표 26.3] 참조). 이들을 연령별로 구분해보면 19세 이하가 3퍼센트 정도를 차지하기 때문에 최소한 대략 6천 명의 미등록 이주아동이 거주하고 있고, 불법체류자인 부모가 국내에서 출산한 뒤에 출생신고를 하지 않은 아동까지 포함하면 미등록 이주아동의 숫자는 적게는 1만 명 이상, 많게는 2만 명에 육박할 것으로 추정된다.[2]

---

1) 출입국관리법에 따라 90일을 초과하여 국내에 장기간 체류하려면 외국인등록을 하여야 할 의무가 있는데 등록사항으로는 ① 성명, 성별, 생년월일 및 국적, ② 여권의 번호·발급일자 및 유효기간, ③ 근무처와 직위 또는 담당업무, ④ 본국의 주소와 국내 체류지, ⑤ 체류자격과 체류기간 등이 있다(동법 제32조).

2) 미등록 이주아동의 숫자를 2만으로 추정하는 견해로 김성천(2010), 12면 이하 참조.

**[표 26.1] 등록외국인 현황**

(단위: 명)

| 연 도 | 등록외국인 | 합법체류자 | 불법체류자 |
|---|---|---|---|
| 2010 | 918,917 | 840,372 | 78,545 |
| 2011 | 982,461 | 899,613 | 82,848 |
| 2012 | 932,983 | 840,421 | 92,562 |
| 2013 | 985,923 | 890,286 | 95,637 |
| 2014 | 1,091,531 | 997,607 | 93,924 |
| 2015 | 1,143,087 | 1,058,118 | 84,969 |
| 2016 | 1,161,677 | 1,086,436 | 75,241 |
| 2017 | 1,171,762 | 1,088,925 | 82,837 |
| 2018 | 1,246,626 | 1,156,559 | 90,067 |
| 2019 | 1,271,807 | 1,175,992 | 95,815 |
| 2020 | 1,145,540 | 1,036,875 | 108,665 |

자료: 법무부(www.moj.go.kr) <출입국・외국인정책 통계월보>(2020).

**[표 26.2] 단기체류 외국인 현황**

(단위: 명)

| 연 도 | 단기체류외국인 | 합법체류자 | 불법체류자 |
|---|---|---|---|
| 2010 | 258,673 | 169,435 | 89,238 |
| 2011 | 277,596 | 193,242 | 84,354 |
| 2012 | 324,504 | 240,791 | 83,713 |
| 2013 | 356,842 | 270,906 | 85,936 |
| 2014 | 419,673 | 306,885 | 112,788 |
| 2015 | 431,646 | 311,561 | 128,085 |
| 2016 | 518,902 | 386,113 | 132,789 |
| 2017 | 597,399 | 430,259 | 167,140 |
| 2018 | 679,874 | 415,830 | 264,044 |
| 2019 | 792,853 | 499,703 | 293,150 |
| 2020 | 425,752 | 143,895 | 281,857 |

자료: 법무부(www.moj.go.kr) <출입국・외국인정책 통계월보>(2020).

[표 26.3] 불법체류 외국인 현황

(단위: 명)

| 연 도 | 총 계 | 등록외국인 | 단기체류외국인 | 거소신고 |
|---|---|---|---|---|
| 2010 | 168,515 | 78,545 | 89,238 | 732 |
| 2011 | 167,780 | 82,848 | 84,354 | 578 |
| 2012 | 177,854 | 92,562 | 83,713 | 1,579 |
| 2013 | 183,106 | 95,637 | 85,936 | 1,533 |
| 2014 | 208,778 | 93,924 | 112,788 | 2,066 |
| 2015 | 214,168 | 84,969 | 128,085 | 1,114 |
| 2016 | 208,971 | 75,241 | 132,789 | 941 |
| 2017 | 251,041 | 82,837 | 1,064 | 167,140 |
| 2018 | 355,126 | 90,067 | 1,015 | 264,044 |
| 2019 | 390,281 | 95,815 | 1,316 | 293,150 |
| 2020 | 392,196 | 108,665 | 1,674 | 281,857 |

자료: 법무부(www.moj.go.kr) <출입국・외국인정책 통계월보>(2020).

[표 26.4] 불법체류자 연령별 분포

(단위: 명)

| 연령 | 19세 이하 | 20~29세 | 30~39세 | 40~49세 | 50~59세 | 60세 이상 |
|---|---|---|---|---|---|---|
| 인원<br>(비율) | 7,447<br>(1.9%) | 105,510<br>(26.9%) | 139,327<br>(35.5%) | 91,739<br>(23.4%) | 37,652<br>(9.6%) | 10,521<br>(2.7%) |

자료: 법무부(www.moj.go.kr) <2020 출입국・외국인정책 통계연보>(2021).

# Ⅱ. 미등록 이주아동의 인권

미등록 이주아동을 포함하여 모든 아동이 필수적으로 향유해야 하는 기본적 권리를 보장하기 위한 국제규범으로 아동권리협약(Convention on the Rights of the Child: CRC)이 제정되어 있으므로 이를 기초로 미등록 이주아동에게 보장되어야 하는 기본권 인권에 대해서 살펴보기로 한다.3)

3) 미등록 이주아동의 권리보장을 위한 국제법규에 대한 자세한 설명은 장진숙(2011), 354면 이하 참조.

## 1. 출생신고에 관한 권리

유엔의 아동권리협약은 아동이 출생 후에 즉각적으로 공부에 등록되도록 요구하고 있다.[4] 여기서 아동은 합법적으로 체류하고 있는 외국인을 부모로 둔 아동에게만 한정되지 않으므로 불법적으로 체류하고 있는 외국인을 부모로 둔 아동에게도 적용되어야 한다. 특히 한국에서는 출생신고와 함께 주민등록번호가 부여되고, 주민등록번호는 대부분의 생활영역에서 본인을 확인하는 정보로 요구되고 있는 것이 현실이다. 따라서 출생신고가 불가능해지면 주민등록번호를 부여받을 수 없어 사실상 모든 사회활동에서 곤란을 겪게 된다. 같은 맥락에서 대법원도 대한민국 국민으로 태어난 아동에게 "출생등록될 권리"를 기본권으로 인정하였다(아래 [판례 26.1] 참조). 외국인의 경우에는 외국인등록번호가 발급되는데 출생신고가 되지 않아 외국인등록번호가 없는 외국인은 주민등록번호가 없는 한국인과 마찬가지로 사회생활에서 어려움을 당할 수밖에 없다. 그렇기 때문에 체류자격의 합법 여부를 떠나 한국에서 출생한 모든 외국인 아동은 출생등록이 될 수 있도록 출생사실의 등록절차에 관한 입법이 마련될 필요가 있다.

**[판례 26.1] 아동의 출생등록될 권리**

출생 당시에 부 또는 모가 대한민국의 국민인 자(자)는 출생과 동시에 대한민국 국적을 취득한다(국적법 제2조 제1항). 대한민국 국민으로 태어난 아동에 대하여 국가가 출생신고를 받아주지 않거나 절차가 복잡하고 시간도 오래 걸려 출생신고를 받아주지 않는 것과 마찬가지 결과가 발생한다면 이는 아동으로부터 사회적 신분을 취득할 기회를 박탈함으로써 인간으로서의 존엄과 가치, 행복추구권 및 아동의 인격권을 침해하는 것이다(헌법 제10조). 현대사회에서 개인이 국가가 운영하는 제도를 이용하려면 주민등록과 같은 사회적 신분을 갖추어야 하고, 사회적 신분의 취득은 개인에 대한 출생신고에서부터 시작한다. 대한민국 국민으로 태어난 아동은 태어난 즉시 '출생등록될 권리'를 가진다. 이러한 권리는 '법 앞에 인간으로 인정받을 권리'로서 모든 기본권 보장의 전제가 되는 기본권이므로 법률로써도 이를 제한하거나 침해할 수 없다(대판 2020. 6. 8.자 2020스575).

---

4) 아동권리협약 제7조 제1항: 아동은 출생 후 즉시 등록되어야 하며, 출생 시부터 성명권과 국적취득권을 가지며, 가능한 한 자신의 부모를 알고 부모에 의하여 양육을 받을 권리를 가진다(The child shall be registered immediately after birth and shall have the right from birth to a name, the right to acquire a nationality and, as far as possible, the right to know and be cared for by his or her parents).

## 2. 교 육 권

불법체류자인 미등록 이주아동은 애초에 외국인등록이 되어 있지 않거나 불법체류자라는 사실이 드러나는 것을 두려워하여 외국인등록 사실을 확인하여 줄 수 없기 때문에 필수적인 교육을 받지 못함으로써 교육받을 권리[5]를 침해당할 수 있다.[6] 현행 **초·중등교육법 시행령**(최근개정: 2021. 3. 23. 대통령령 제31541호)에 따르면 외국인인 아동은 거주지가 속하는 학구 안에 있는 초등학교의 장에게 입학 또는 전학을 신청할 수 있다(동시행령 제19조 제1항 제4호). 신청을 받은 초등학교의 장은 '행정정보의 공동이용'[7]을 통하여 출입국에 관한 사실증명 또는 외국인등록 사실증명의 내용을 확인하여야 한다(동시행령 동조 제2항).[8] 하지만 외국인인 아동의 보호자가 그 확인에 동의하지 않을 때에는 ① 출입국에 관한 사실이나 외국인등록 사실을 증명할 수 있는 서류 또는 ② 임대차계약서, 거주사실에 대한 인우보증서 등 거주사실을 확인할 수 있는 서류를 첨부하게 할 수 있다. 이에 따라 거주사실을 확인해주는 서류의 제시만으로도 입학이 가능하기 때문에 미등록 이주아동의 경우에도 취학이 가능하다. 다만 불법체류자인 부모가 이와 같은 법령을 들어 자녀의 취학을 적극적으로 주장할 수 있을지는 미지수다. 합법체류자인 경우에는 외국인등록 사실의 확인에 동의하거나 적어도 외국인등록을 확인하는 서류를 제출할 것이므로 이러한 확인에 동의하지 않거나 확인하는 서류를 제출하지 않고 거주사실 확인서류를 제출하는 외국인은 불법체류자일 가능성이 높아 자신의 신분이 노출될 수 있기 때문이다.[9]

---

5) 미등록 이주아동의 교육권에 대해서는 김지혜(2018), 84면 이하 참조. 미등록 이주아동의 교육권을 "교육접근권"으로 설명하는 견해로 황필규(2009), 27면 이하 참조.

6) 미등록 이주아동을 포함하여 다문화가정의 아동이 향유해야 하는 교육권에 대한 자세한 설명은 최경옥(2012), 321면 이하 참조.

7) 전자정부법에 따르면 행정기관이나 공공기관의 장은 수집·보유하고 있는 행정정보를 필요로 하는 다른 행정기관이나 공공기관과 공동으로 이용하여야 하며, 다른 행정기관이나 공공기관으로부터 신뢰할 수 있는 행정정보를 제공받을 수 있는 경우에는 같은 내용의 정보를 따로 수집하는 것을 금지하고 있다(동법 제36조 제1항).

8) 출입국관리법(최근개정: 2017. 3. 14. 법률 제14585호)은 출입국관리사무소장·출장소장, 시·군·구 또는 읍·면·동의 장에게 출국 또는 입국한 사실 유무에 대하여 '출입국에 관한 사실증명'을 발급할 수 있고, 외국인등록을 한 외국인에게 '외국인등록 사실증명'을 발급할 수 있는 권한을 부여하고 있다(동법 제88조).

9) 그 밖에 이주아동의 교육권이 침해되는 현실에 대해서는 조금주(2011), 81면 이하 참조.

## 3. 건 강 권

건강보험에 가입되지 않은 미등록 이주아동은 아파도 병원에 갈 수 없어 아플 때 진료를 받을 수 있는 건강권을 침해받을 수 있다.10) 국민기초생활 수급권자에게 제공되는 의료급여도 원칙적으로 외국인에게는 제공되지 않기 때문에 의료급여의 혜택도 받을 수 없다. 외국인으로 국민기초생활 수급권자가 될 수 있는 예외는 국내에 체류하고 있는 외국인 중 ① 대한민국 국민과 혼인하여 본인 또는 배우자가 임신 중이거나 ② 대한민국 국적의 미성년 자녀를 양육하고 있거나 ③ 배우자의 대한민국 국적인 직계존속과 생계나 주거를 같이하고 있는 사람 또는 ④ 대한민국 국민인 배우자와 이혼하거나 그 배우자가 사망한 사람으로서 대한민국 국적의 미성년 자녀를 양육하고 있는 사람 또는 사망한 배우자의 태아를 임신하고 있는 사람으로 한정된다(**국민기초생활 보장법** 제5조의2 및 동법 시행령 제4조 제2호). 이에 따라 의료급여의 혜택에서 배제된 미등록 이주아동은 가장 기초적인 예방접종마저 받을 수 없는 열악한 상황에 놓일 수밖에 없다.

## 4. 체류 및 국적에 관한 권리

헌법상 거주・이전의 자유(헌법 제14조)에 의하여 보장되는 '입국과 출국의 자유'는 원칙적으로 국민의 자유다. 따라서 외국인의 입국과 체류에는 일정한 자격과 기간이 정해지고, 이러한 자격과 기간을 위반하면 강제로 퇴거시킬 수 있다.11) 미등록 이주아동은 부모가 불법체류자이기 때문에 체류자격이 없는 신분에 놓인다. 특히 국내에서 출생한 미등록 이주아동의 경우에도 불법체류자인 부모의 법적 신분과 묶여 불법체류자가 되어 체류자격이나 국적의 취득을 위한 신청에 제한을 당할 수밖에 없다. 여기서 본인의 의사와 상관없이 불법체류자가 된 미등록 이주아동에게 체류자격과 국적의 취득에서 예외를 인정해야 할 필요성이 제기된다. 적어도 한국에서 출생하여 일정 기간 체류하거나 일정 기간의 정규교육을 마친 미등록 이주아동에게는 강제퇴거의 원칙을 적용하는 것이 아니라12) 한국인으로서의 정체성을 인정하고 계속해서 체류할 권리를 인정함으로써13) 한국에 영주할 수

10) 미등록 이주아동의 건강권을 "의료접근권"으로 논의하는 견해로 장용진/임영덕(2011), 249면 이하 참조.

11) 외국인의 체류자격에 대해서는 이 책 제36장 [법령 36.4] 참조.

12) 미등록 이주아동에 대한 강제퇴거 원칙의 적용이 부당한 이유, 특히 강제퇴거로 침해되는 미등록 이주아동의 권리에 대해서는 이충은(2019), 540면 이하 참조.

있는 체류자격을 부여하여 국적을 취득할 수 있는 기회를 부여하는 것이 바람직하다고 보인다.

### 5. 가족에 관한 권리

미등록 이주아동의 경우에 본인이나 부모가 불법체류자로 확인되어 추방되면 부모와 강제로 결별해야 되는 상황에 처할 수밖에 없다. 특히 미등록 이주아동이 한국에서 태어나 한국어와 한국문화에 익숙한 상황에서 본인만 본국으로 추방되면 사실상 현지 생활에 대한 적응이 불가능한 상황이 발생할 수도 있다. 본인의 의사에 반하여 '부모로부터 분리되지 않을 권리'를 원칙적으로 보장하도록 요구하고 있는 아동권리협약(CRC)[14]을 주목해야 하는 이유가 여기에 있다.

## Ⅲ. 입법적 대안

### 1. 이주아동인권 기본법

미등록 이주아동의 기본적 인권을 보장하기 위한 **이주아동인권 기본법**의 제정이 필요하다.[15] 이 법률에는 미등록 이주아동에게 필수적으로 보장되어야 하는 출생신고, 교육, 건강, 체류 및 국적, 가족에 관한 권리가 명시되어야 한다.[16] 특히

13) 미등록 이주아동에게 '체류할 권리'를 부여해야 하는 당위적 근거에 대한 논의로 이탁건(2019), 166면 이하 참조.

14) 아동권리협약 제9조 제1항: 당사국은 아동이 그의 의사에 반하여 부모로부터 분리되지 않도록 보장하여야 하되, 사법적 심사에 구속되는 관할 행정기관이 관련 법률 및 절차에 따라서 분리가 아동에게 최선이 되는 이익을 위하여 필요하다고 결정하는 경우에는 예외로 한다. 이러한 결정은 아동에 대한 부모의 학대 또는 유기의 경우나 부모의 별거로 인하여 아동의 거소에 관한 결정이 내려져야 하는 등 특별한 경우에 필요할 수 있다(States Parties shall ensure that a child shall not be separated from his or her parents against their will, except when competent authorities subject to judicial review determine, in accordance with applicable law and procedures, that such separation is necessary for the best interests of the child. Such determination may be necessary in a particular case such as one involving abuse or neglect of the child by the parents, or one where the parents are living separately and a decision must be made as to the child's place of residence).

15) 이와 관련하여 독일의 관용처분제도가 인상적이다. 자세한 내용은 신옥주(2016), 295면 이하 참조.

16) 미등록 이주아동에게 보장되어야 하는 기본적 권리로서 체류할 수 있는 권리, 부모와 살 권리, 교육받을 권리, 보호받을 권리, 차별받지 않을 권리, 사회복지의 권리가 언급되기도 한다.

한국에서 태어난 미등록 이주아동에 대해서는 적어도 성년이 될 때까지는 체류자격을 보장하고, 국민과 동등한 정도의 의무교육 및 의료급여를 제공할 뿐만 아니라 부모와 함께 살 권리를 향유한다는 내용이 포함될 필요가 있다.

## 2. 모든 아동에 대한 의무교육의 보장

헌법은 '의무교육을 받을 권리'를 보장하면서 '의무교육에 대한 무상원칙'을 선언하고 있다(헌법 제31조 제3항). 문제는 무상의 의무교육을 받을 수 있는 권리의 주체가 국민에 한정되는지 여부다. 헌법상 보장된 기본권은 그 성질에 따라 '인간의 권리'와 '국민의 권리'로 구분할 수 있는데[17] 대체로 사회적 기본권은 국민의 권리로 외국인에게는 보장되지 않는다는 견해가 우세하다. 하지만 사회적 기본권의 경우에도 그 유형에 따라 외국인에게도 인정되는 인간의 권리가 있다고 보인다. 의무교육을 받을 권리가 그에 해당한다. 인간다운 생활을 위하여 필수적으로 요구되는 최소한의 교육은 외국인에 대해서도 보장되어야 하기 때문이다. 따라서 최소한의 교육에 해당하는 의무교육은 외국인에게도 인정되어야 하고, 체류자격이 없는 미등록 이주아동에게도 인정될 필요가 있다.

현재 **교육기본법**(최근개정: 2021. 3. 23. 법률 제17954호)은 6년의 초등교육과 3년의 중등교육을 의무교육으로 하면서 모든 국민에게 '의무교육을 받을 권리'를 보장하고 있다(동법 제8조). 또한 **초·중등교육법**(최근개정: 2021. 3. 23. 법률 제17958호)은 모든 국민에게 보호하는 자녀 또는 아동을 초등학교와 중학교에 입학시켜야 하고, 초등학교와 중학교를 졸업할 때까지 다니게 하여야 할 의무를 부과하고 있다(동법 제13조 제1항 및 제3항). 하지만 권리와 의무의 주체를 '국민'으로 한정하고 있기 때문에 외국인은 이러한 권리와 의무가 주체가 되지 못한다. 의무교육에 관한 권리와 의무의 주체를 예외적으로나마 외국인에게도 확대할 필요가 있다. 적어도 평등원칙의 관점에서 국적이나 체류의 불법성 때문에 미등록 이주아동이 최소한의 의무교육을 받을 권리로부터 배제되는 것은 차별에 해당할 수 있기 때문이다.[18]

---

장혜림/김성천(2009), 208면 이하 참조.

17) 자세한 설명은 이준일, ≪헌법학강의≫(2019), 제2편 제1부 제3장 제3절 Ⅰ. 2. 및 제2편 제2부 제10장 제2절 제2항 참조.

18) 미국의 판례를 중심으로 미등록 이주아동이 교육에서 배제될 때 발생하는 법적 문제에 대해서는 김지혜(2018), 78면 이하 참조.

### 3. 모든 아동에 대한 최소한 의료보장의 제공

**국민기초생활 보장법**(최근개정: 2019. 12. 3. 법률 제16734호)에 따라 외국인도 수급권자가 될 수 있는 예외가 인정된다(동법 제5조의2). 이처럼 국민기초생활수급권의 주체가 국민에게 한정되지 않는다면 장기체류 외국인 가운데 국민기초생활 수급권자의 요건을 충족한 사람들에 대해서는, 특히 그들의 아동에 대해서는 국민기초생활 수급권자의 자격을 부여하여 의료급여를 제공할 필요가 있다. 다만 불법체류자인 외국인에 대해서도 이러한 국민기초생활수급권자의 인정을 통해 그 자녀가 의료급여의 혜택을 받을 수 있을 것인지가 논란이 될 수 있다. 적어도 미등록 이주아동, 특히 한국에서 태어난 미등록 이주아동의 경우에는 본인의 의사와 상관없이 불법체류자가 되었다는 점, 국적과 상관없이 모든 아동은 생명과 건강에 위해를 초래할 수 있는 질병으로부터 자유로워야 한다는 점에서 최소한의 의료서비스를 제공하기 위하여 의료급여의 혜택이 제공되는 것이 바람직하다고 보인다.

## Ⅳ. 아동의 보편적 인권의 관점에서 미등록 이주아동의 보호

미등록 이주아동에 대한 특별한 혜택은 불법체류자를 양산할 수 있다는 비판이 제기된다. 대부분 이주노동자인 불법체류자는 한국인이 꺼려하는 이른바 3D업종에 종사하여 한국의 노동현실에서 불가피하게 발생할 수밖에 없는 측면이 있다. 또한 부모의 불법체류가 그 아동에 대한 보호를 금지하는 이유가 될 수는 없다. 특히 한국에서 출생하여 언어와 문화까지 이미 한국인이 되어 버린 외국인 아동의 경우에는 적어도 성인이 될 때까지 체류자격을 부여하여 안정적으로 체류할 수 있도록 보장할 필요가 있다. 그리고 인간다운 생활에 필수적으로 요구되는 최소한의 교육과 의료를 제공할 필요도 있다. 아무리 국적에 따라 국민과 외국인을 구분할 수밖에 없는 것이 국제적 현실이더라도 아동의 국적과 상관없이 아동의 인권에 대한 보호는 보편적 가치로 인정되어야 한다. 무엇보다도 '보편적 출생제도'를 도입하여 체류의 합법성 여부와 상관없이 국내에서 출생한 모든 아동의 출생사실이 공적 문서로 등록될 수 있도록 하는 것이야말로 아동인권의 보호를 위한 출발점이 될 것이다.[19] 현재 **가족관계의 등록 등에 관한 법률**에 따라 아동은

---

19) 미등록 이주아동을 위한 보편적 출생제도의 도입을 주장하는 견해로 이충은(2019), 546면 이하 참조. 특히 그 근거로서 "출생을 등록할 권리"를 제시하는 견해로 정상우/박지인

출생 후 1개월 이내에 출생신고가 되어야 하는데 원칙적으로 출생신고의 의무는 부모에게 부과되어(동법 제44조 제1항 및 제46조 제1항) 내국인 아동의 경우에도 출생신고가 누락되는 건수가 2020년에만 9천 건이 넘는다는 통계가 있다.[20] 이에 따라 아동이 병원에서 출생한 경우 해당 병원의 의료진 등에게 '출생통보의무'를 부과하거나 아동의 출산이 병원이 아닌 곳에서 이루어진 경우 출산에 관여한 의료인이나 출산 사실을 안 사람에게 '출생신고의무'를 부과하는 외국의 입법례를 참조하여 출생한 모든 아동의 출생사실이 등록되도록 하는 법률 개정이 필요하다.

### 토론문제

1. 외국인에게도 사회보장의 혜택이 제공되어야 하는가?
2. 불법체류자의 자녀인 미등록 이주아동에게 사회보장의 혜택을 부여해야 하는가?
3. 미등록 이주아동에 대한 사회보장은 불법체류자를 양산하는가?

### 내 입장은?

1. 사회보장은 오로지 국민에게만 제공되어야 한다.
2. 사회보장은 합법적으로 체류하고 있는 외국인에게는 예외적으로 제공될 수 있다.
3. 사회보장은 불법체류자인 미등록 이주아동에게는 예외적으로 제공될 수 있다.

(2018), 270면 이하 참조.

20) 국회도서관(2021), 2면 참조.

## 참고문헌

권용진/임영덕(2011), 미등록 이주아동 의료접근권에 관한 고찰, ≪고려법학≫(고려대학교 법학연구원), 제63호(2011), 243~285면.

김성천(2010), 미등록 이주아동의 권리보장을 위한 제도적 방안에 관한 연구, ≪21세기사회복지연구≫(21세기사회복지학회), 제7권 제1호(2010), 5~34면.

김지혜(2018), 미등록 이주아동의 교육권-미국 Plyler v. Doe 판결을 중심으로-, ≪미국헌법연구≫(미국헌법학회), 제29권 제1호(2018), 67~96면.

류유선(2014), 이주의 사회과학적 고찰: 가구화(householding)의 관점으로 본 미등록이주아동의 귀환결정, ≪민족연구≫(한국민족연구원), 제60권(2014), 24~49면.

신옥주(2016), 미등록 이주아동의 인권제고를 위한 비교법적 연구, ≪유럽헌법연구≫(유럽헌법학회), 제22호(2016), 275~320면.

이충은(2019), 강제퇴거로 인한 미등록 이주아동의 인권침해, ≪법학연구≫(한국법학회), 제19권 제3호(2019), 531~558면.

이탁건(2019), 미등록 이주아동의 머무를 권리-아동권리보장의 관점에서-, ≪이화젠더법학≫(이화여자대학교 젠더법연구소), 제11권 제1호(2019), 161~194면.

장진숙(2011), 이주아동의 법적 지위와 인권보장에 관한 소고, ≪유럽헌법연구≫(유럽헌법학회), 제10호(2011), 341~384면.

장혜림/김성천(2009), 한국의 미등록 이주아동의 권리문제에 관한 탐색적 연구, ≪아동과 권리≫(한국아동권리학회), 제13권 제2호(2009), 203~225면.

정상우/박지인(2018), 이주아동 권리보장을 위한 입법 필요성과 과제, ≪다문화사회연구≫(숙명여자대학교 아시아여성연구원), 제11권 제1호(2018), 261~293면.

조금주(2011), 국내 이주민 자녀들의 학교교육에서의 교육권 실현을 위한 과제, ≪청소년학연구≫(한국청소년학회), 제18권 제2호(2011), 73~96면.

최경옥(2012), 한국에서의 다문화가정 아동의 교육권, ≪공법학연구≫(한국비교공법학회), 제13권 제1호(2012), 307~339면.

황필규(2009), 한국의 이주민 법제의 시각과 관련 쟁점, ≪법학논총≫(조선대학교 법학연구소), 제16권 제2호(2009), 1~41면.

국회도서관(2021), 출생통보제 관련 영국, 미국, 캐타다, 독일 입법례, ≪최신 외국입법정보≫, 통권 제160호(2021), 1~6면.

# 제27장 낙태와 여성의 인권

"국가의 완전한 발전과 인류의 복지 및 평화를 위해서는 여성이 모든 분야에 남성과 평등한 조건으로 최대한 참여하는 것이 필요함을 확신하고, 현재까지 충분히 인식되지 못하고 있는 가정의 복지와 사회의 발전에 대한 여성의 지대한 공헌, 모성의 사회적 중요성 및 가정과 자녀양육에 있어서의 부모의 역할을 명심하며 …"
≪여성에 대한 모든 형태의 차별철폐에 관한 협약(CEDAW, 1979)≫

낙태했다고 처벌받은 여성이나 의사를 본 적이 있는가? 원하지 않은 임신을 했을 때 낙태하는 것은 당연하지 않은가? 아들을 원하는데 딸을 가졌거나, 심각한 장애를 가졌을 것이 틀림없는 아이를 지우는 것이 무엇이 잘못인가? 어차피 내가 키울 아이인데 상관하지 마라. 아이 키우는 일이 얼마나 힘든 일인데 낙태하지 말라는 것은 다 세상 물정 모르는 사람들이 하는 이야기다.

대부분의 부모들은 일단 임신이 되면 행복해한다. 열 달을 기다리고 태어난 아이를 보고 있으면 눈물이 날 지경이다. 생명이란 얼마나 경이롭고 아름다운가? 비록 원하지 않았을지라도 자식은 자식이다. 이 아이로 인해 많은 고통을 겪을 수도 있지만 이 아이가 가져다줄 기쁨에 견줄 바가 아니다. 원치 않는 임신이라는 이유로 낙태하는 것은 정말 무책임한 사람들의 행동이다.

남아선호사상이 팽배한 한국사회에서 낙태는 범죄가 아니었다. 그것은 차라리 아이를 위한 배려이자 선물이었다. 여자 아이가 갖지 못한 '그것' 하나를 더 달고 이 땅에 태어나는 것은 단지 생식기(生殖器) 차이 이상의 것이기 때문이다. 그러나 이것은 상황윤리에 지나지 않을 수도 있다. 상황은 얼마든지 바꿀 수 있는 것이니까. 이제 낙태는 경제적으로 독립한 여성들의 권리로 정당화되고 있다. 남성처럼 독립된 인격체인 여성에게 아이는 열심히 쌓아올린 캐리어를 한 순간에 허물어 버릴 수도 있는 존재다. 그렇다면 낙태에 대해서 좀 더 진지하게 생각해 볼 이유가 충분하다.

# Ⅰ. 개념과 문제제기

낙태(落胎, abortion)는 자연적인 출산(분만)시기 이전에 산모의 자궁으로부터 태아를 인위적으로 배출시키는 행위로 '인공임신중절(人工姙娠中絕)'이라고도 부른다. 한편 현행 **모자보건법**(최근개정: 2020. 3. 24. 법률 제17091호)에 따르면 '인공임신중절수술'은 '태아가 모체 밖에서는 생명을 유지할 수 없는 시기에 태아와 그 부속물을 인공적으로 모체 밖으로 배출시키는 수술'이라고 정의된다(동법 제2조 제7호). 따라서 태아가 모체 밖에서 생명을 유지할 수 있는 상태까지 포함하는 의미의 낙태는 모자보건법상의 인공임신중절보다 더 넓은 개념이다.

물론 낙태는 태아가 유산(miscarriage)된 경우, 즉 자연적인 출산시기 이전에 산모의 자궁에서 사망한 경우에도 시술될 수 있다. 이러한 경우를 '자연유산(spontaneous abortion)'이라고 부른다. 하지만 넓은 의미의 낙태에 포함될 수 있는 이러한 자연유산은 도덕적으로 또는 법적으로 전혀 문제가 되지 않기 때문에 우리가 여기서 다루는 주제에 포함되지는 않는다. 따라서 이하에서 다루게 될 낙태는 자연유산을 제외한 인공임신중절만을 의미한다.

낙태는 기계적인 방법으로 시술되거나(**외과적 낙태**, surgical abortion), 약물을 주사하여 시술될 수도 있다(**화학적 낙태**, chemical abortion).[1] 낙태는 일반적으로 의사가 시술하지만(**의사 낙태**) 의사가 아닌 자가 시술하는 경우도 있고, 심지어 산모 본인이 시술하는 경우(**자기 낙태**)도 있다.[2] 또한 낙태는 본인이 원해서 시술하는 경우(**자발적 낙태**)가 대부분이지만, 본인이 동의하지 않은 상태에서 타인의 결정으로 시술되는 경우(**강제적 낙태**)도 있다.[3] 그리고 낙태는 법이 허용하는 범위에서 시술되는 경우(**합법적 낙태**)도 있고, 불법적으로 낙태가 시술되는 경우(**불법적 낙태**)도 있다. 후자는 형법상의 낙태죄에 해당하는 경우를 말한다.[4] 이 경우는 당연히 형사처벌을 받게 된다. 하지만 한 해에 낙태가 100만 건 이상 된다는 추정에도 불구하고[5] 낙태죄로 기소되는 인원은 매년 10명 미만으로 매우 적고(아래 [표 27.1] 참조), 사실상 낙태죄는 사문화되었다는 주장이 많다.

---

1) 여러 가지 낙태의 방법에 대한 설명으로 윤종행(2003), 174면 참조.
2) 형법에 따르면 자기 스스로 낙태하는 경우(동법 제269조 제1항)뿐만 아니라 의사, 한의사, 조산사, 약제사, 약종상이 임산부에게 낙태하게 한 경우(동법 제270조 제1항)에도 처벌받는다.
3) 형법상 임산부 본인의 촉탁(부탁)이나 승낙(동의)이 없는 경우(동법 제270조 제2항)뿐만 아니라 있는 경우(동법 제269조 제2항 및 제270조 제1항)에도 처벌받는다.
4) 낙태에 대한 세계 각국의 입법태도에 대해서는 오정진(1997), 99면; 윤종행(2003), 279면 이하 참조.
5) 박숙자(2001), 75면 이하 참조.

**[법령 27.1] 형법상 낙태죄**

**형법**(최근개정: 2020. 12. 8. 법률 제17571호)

**제269조 (낙태)**

① 부녀가 약물 기타 방법으로 낙태한 때에는 1년 이하의 징역 또는 200만원 이하의 벌금에 처한다.

② 부녀의 촉탁 또는 승낙을 받아 낙태하게 한 자도 제1항의 형과 같다.

③ 제2항의 죄를 범하여 부녀를 상해에 이르게 한 때에는 3년 이하의 징역에 처한다. 사망에 이르게 한 때에는 7년 이하의 징역에 처한다.

**제270조 (의사 등의 낙태, 부동의낙태)**

① 의사, 한의사, 조산사, 약제사 또는 약종상이 부녀의 촉탁 또는 승낙을 받어 낙태하게 한 때에는 2년 이하의 징역에 처한다.

② 부녀의 촉탁 또는 승낙 없이 낙태하게 한 자는 3년 이하의 징역에 처한다.

③ 제1항 또는 제2항의 죄를 범하여 부녀를 상해에 이르게 한 때에는 5년 이하의 징역에 처한다. 사망에 이르게 한 때에는 10년 이하의 징역에 처한다.

④ 전 3항의 경우에는 7년 이하의 자격정지를 병과한다.

**[표 27.1] 낙태죄 처리 현황** (단위: 명)

| | 2003 | 2004 | 2005 | 2006 | 2007 | 2008 | 2009 | 2010 | 2011 | 2012 | 2013 |
|---|---|---|---|---|---|---|---|---|---|---|---|
| 처리 | 20 | 55 | 51 | 67 | 47 | 64 | 63 | 127 | 81 | 84 | 88 |
| 기소 | 4 | 6 | 3 | 10 | 7 | 9 | 9 | 28 | 19 | 18 | 16 |
| 불기소 | 16 | 49 | 48 | 55 | 35 | 54 | 50 | 83 | 56 | 56 | 58 |

자료: 대검찰청(www.spo.go.kr) <검찰연감>(2004~2014).

특히 낙태는 많은 경우에 특정한 성별의 아이를 가지기 원하는 부모에 의하여 결정된다는 문제점이 있다. 한국사회처럼 남아선호사상이 강한 나라에서 오로지 아들이 아니라는 이유로 낙태가 행해지는 것이다.[6] 이것은 사회적으로 성비(性比)의 불균형을 초래하므로 낙태는 사회적 문제를 발생시키는 원인이 되기도 한다.[7] 또한 낙태는 국가의 인구정책에 따라 권고되거나 묵인되는 경우도 있다. 인구밀도가 높은 나라에서 산아제한을 위한 정책적 목표를 위하여 낙태가 양성화되는 것이다. 이로써 낙태는 이와 직접적으로 관련되는 태아와 산모의 권리가 아닌 다른 요소에 의해 결정된다는 점에서 대단히 위험스런 결과를 초래할 수도 있다. 한편 피임에 대한 지식과 정보가 부족한 십대들의 임신이 낙태를 증가시키고 있다는 지적도 있다.[8]

---

6) 예를 들어 "최소한 여아낙태가 남아선호의 부산물"이라는 사실을 보여주는 실증적 연구결과가 있다. 진기남/이양재/송은일/김수련(1998), 100면 참조. 한편 남아선호도가 낙태와 유의미한 관련은 없다는 연구결과도 있다. 오선주(1993), 53면 이하 참조.

7) 그 밖에 아들을 낳기 위한 낙태는 "여성의 자율권의 포기"이며 "성차별을 영구화하는 방향으로의 행위"라는 점에서 비판하는 견해도 있다. 서정신(1994), 218면.

출산은 산모의 몸속에 잉태된 태아의 생명을 탄생시키는 행위이기도 하지만 산모의 입장에서는 태아를 출산하는 행위이기도 하다. 따라서 태아의 생명이라는 관점에서 보면 출산 여부는 산모가 자유롭게 결정할 수 있는 영역이 아니다. 하지만 산모의 건강과 생명 또는 단순하게 출산이 가져오는 여러 가지 고통들을 고려하면 출산 여부는 산모가 자유롭게 결정할 수 있는 영역이 된다. 이렇게 산모에게 출산 여부를 자유롭게 결정할 수 있는 권리를 부여하는 것은 단지 가정내에서 가정을 돌보며 출산하고 양육하는 지위만이 부여되던 여성이 가정으로부터 사회로 진출하여 독립적인 인격적 주체로서 활동하게 된 것을 배경으로 한다.[9] 따라서 낙태의 문제는 태아와 산모의 문제에 국한되지 않고 독립적인 인격적 주체로서 활동하는 여성의 권리에 관한 문제이기도 하다. 이하에서는 낙태의 문제를 여성의 권리라는 측면에서 살펴보고, 여성의 권리와 관련되는 몇 가지 문제를 함께 검토하기로 한다.

## Ⅱ. 낙태에서 문제가 되는 인권

### 1. 태아의 생명권

법적으로 문제가 되는 낙태는 정상적인 분만기 이전에 태아를 산모의 자궁 밖으로 인위적으로 배출하면서 태아의 생명이 박탈된다는 데 문제의 본질이 있다.[10] 여기서 우선 태아가 생명인지, 인간은 언제부터 생명으로 볼 수 있는지가 문제될 수 있다.[11]

생명의 시점에 대해서는 여러 가지 관점에서 다르게 본다. 크게는 정자와 난자가 수정된 시점으로 보는 견해(수정란설), 수정란이 자궁에 착상한 시점으로 보는 견해(착상설), 태아가 모체로부터 분리되는 시점으로 보는 견해(분리설), 모체에

---

8) 박순주(2000), 237면: "십대 여성들이 아이를 출산해서 신성한 어머니로서의 위치를 선택하지 않는 필연적인 이유가 있다. 미혼모나 혼전 성행위에 대한 사회적 낙인, 그들의 선택을 지지해줄 수 있는 사회복지시설의 부족, 결혼이 전제된 출산이 아니면 어머니로서의 지위도 박탈시키는 사회제도가 그것이다."

9) 같은 맥락에서 자식을 보호하는 여성성이 모성의 "페르소나"로 인정됨과 동시에 낙태하는 여성성도 모성의 "페르소나"로 인정되어야 한다는 법정신분석학적 주장이 흥미롭다. 민윤형(2011), 109면 이하 참조.

10) 물론 낙태로 인해 임산부의 생명이나 신체에도 위험이 초래될 수 있다는 점에서 낙태죄의 부차적 보호법익으로 임산부의 생명이나 신체를 들기도 한다. 배종대(1993), 91면; 이형국(1995), 50면 참조.

11) 낙태의 문제는 '태아가 인간인지'에 대한 물음에 대답함으로써가 아니라 태아의 존재론적 위상을 철학적으로 해명함으로써 해결될 수 있다는 견해도 있다. 유호종(2003), 176면 이하 참조.

서 나온 태아가 독립적으로 호흡하는 시점으로 보는 견해(독립적 호흡설) 등이 그것이다. 특히 수정란설과 착상설은 생명복제와 관련하여 배아(embryo)를 생명으로 볼 수 있는지와 관련하여 대립되는 견해다.[12] 자궁에 착상되기 이전의 상태인 배아는 수정란설에 따르면 생명이지만 착상설에 따르면 생명이 아니기 때문이다.

낙태는 자궁에 착상되어 태아로 발전한 생명을 인위적으로 배출하는 것이므로 일단 배아가 생명인지 여부는 낙태에서 중요한 문제는 아니다. 물론 극단적인 견해이기는 하지만 자궁에 착상되기 이전에 수정란을 파괴하거나 자궁에 착상되지 못하도록 방해하는 약물을 투여하는 것을 낙태로 보거나,[13] 심지어 피임기구나 피임약을 사용하는 것도 낙태로 보는 견해도 주장될 수 있다.

어쨌든 낙태는 태아의 생명권을 박탈하는 행위이기 때문에 특별한 보호가 필요하다. 이러한 맥락에서 낙태는 '태아의 권리'라는 측면에서 이해되기도 하고, 이를 위하여 이른바 '보호권'의 법리가 동원되기도 한다.[14] 보호권의 법리에 의하면 태아는 국가에 대해서 태아의 생명을 보호하는 법률을 제정하도록 요구할 수 있는 권리를 가지며, 그에 상응하여 국가는 태아의 생명을 보호하는 법률을 제정해야 할 의무를 부담한다. 이러한 법리에 따라 만약 국가가 태아의 생명을 보호하는 입법(낙태금지 및 금지위반에 대한 처벌)을 하지 않으면 위헌적 행위(부작위)가 된다. 물론 국가는 태아의 생명을 보호하는 '최선의 입법'을 하기 위하여 노력해야 하지만 국가에 대해서 법적으로 요구되는 입법의무는 '최소한의 입법'을 해야 하는 의무다. 따라서 국가가 태아의 생명권을 보호하는 최소한의 의무도 다하지 않은 경우에 비로소 위헌적 행위로 평가받게 된다.

## 2. 산모의 출산권

임신과 출산은 임신되어 출산되는 태아의 권리와 관련될 뿐만 아니라 임신하고 출산하는 산모의 권리와도 관련된다.[15] 임신 여부를 산모가 결정할 수 있

12) 생명복제의 문제에 대해서는 이 책 제13장 참조.
13) 윤종행(2003), 176면 참조.
14) 보호권의 법리가 문제되는 사회적 이슈로서 학교내의 종교교육의 문제를 이미 다루었다. 이에 대해서는 이 책 제12장 참조. 특히 태아의 생명권에 대한 국가의 보호의무에 대한 자세한 설명으로 장영철(2009), 136면 이하; 표명환(2010), 346면 이하 참조.
15) 같은 맥락에서 낙태와 관련된 철학적 논의를 '생명우선론'과 '선택우선론'으로 구별하기도 한다. 이진우(1994), 120면. 또한 여성학적 논의에서는 "생명존중담론"과 "여성존중담론"으로 대치시키기도 한다. 양현아(2005), 5면 이하 참조. 이러한 여성주의적 견해에 따르면 태아의 생명권과 충돌하는 것은 여성의 프라이버시권, 평등권, 성적 차이에 입각한 동등권, 재

다면 임신의 지속과 출산 여부도 산모가 결정할 수 있다는 논리가 여기서 나온다.[16] 물론 출산 여부의 결정은 태아의 생명과 직결된다는 점에서 한계를 가지게 되고, 산모의 출산권을 어디까지 인정할 것인지가 문제된다.

### 3. 해결방안

낙태는 태아의 생명권과 산모의 출산권이 충돌하기 때문에 어느 쪽을 강조하는지에 따라 전혀 다른 해결방안이 도출될 수 있다. 태아의 생명권을 절대적으로 보는 견해에 따르면 낙태는 결코 허용될 수 없다(**전면적 금지 모델**). 이러한 견해를 정당화하기 위하여 ① 낙태를 예외적으로라도 허용하면 생명경시풍조가 만연할 수 있다는 점, ② 낙태를 허용해 달라고 요구하는 것은 근본적으로 성적 욕망을 충족시키기 위한 행동의 결과에 대한 무책임한 태도라는 점, ③ 어떤 방식으로든 임신된 태아는 반드시 출산하도록 하여 입양 등으로 사회가 양육의 부담을 떠안으면 된다는 점, ④ 낙태에 대한 전면적 금지와 범죄화만이 최소한으로나마 낙태를 예방할 수 있는 유일한 방법이라는 점, ⑤ 낙태를 허용해야만 할 불가피한 사유는 존재하지 않는다는 점 등이 논거로 제시된다. 반면에 산모의 출산권을 절대적인 권리로 보게 되면 낙태는 전면적으로 허용되어야 한다(**전면적 허용 모델**).[17] 이와 같은 입장은 ① 낙태의 불법화로 낙태는 음성화되고 낙태하는 여성의 건강이 심각하게 침

---

생산권 등이다. 같은 여성주의적 관점에서 "생식적 자기결정권"이라는 용어가 사용되기도 한다. 이은영(2009), 425면 이하 참조.

16) 미국 판례는 Roe vs. Wade 사건(1973년 판례, 410 U.S. 113: 집단윤간을 당해 임신한 여성이 낙태를 금지한 텍사스[Texas] 주[州]의 법률에 대해서 제기한 위헌소송) 이래 낙태에 관한 헌법적 권리를 헌법의 해석상 인정할 수 있는 프라이버시(사생활)권에서 도출한다. 이러한 논리에 찬성하는 입장도 있지만 반대하는 입장도 있다. 자세한 설명은 도회근, 538면 이하 참조. 낙태에 관한 미국 대법원의 판례로 Webster v. Reproductive Health Service(1989년 판례, 492 U.S. 490: 낙태를 규제한 미주리[Missouri] 주의 법률에 대해서 일부 합헌으로 판결함으로써 Roe판결을 부분적으로 수정) 및 Planed Parenthood v. Southeastern Pa. v. Casey(1992년 판례, 505 U.S. 833: 낙태를 규제한 펜실배니아[Pennsylvania] 주의 법률에 대해서 합헌으로 판결)도 참조. 낙태에 관한 미국의 세 판례에 대한 자세한 설명은 김형남(2005), 208면 이하; 최희경(2007), 583면 이하; 지규철(2008), 87면 이하 참조. 그리고 최근 2000년의 Stenberg v. Carhart 사건(임산부의 건강을 위한 낙태의 예외를 인정하지 않은 네브래스카[Nebraska] 주의 법률에 대한 위헌소송)과 2007년의 Gonzales v. Carhart(일부노출낙태를 금지하는 네브래스카 주의 법률에 대한 위헌소송) 사건에 대한 설명으로 이종근(2009), 400면 이하 참조.

17) 예를 들어 임웅(2005), 388면: "자낙태(자기낙태: 필자주)와 동의낙태의 경우에 법정기관에서의 상담 내지 의사와의 상담을 거친 후 임신기간과 적응사유를 묻지 않고 낙태를 비범죄화하는 방안이 어떨까한다."

해된다는 점, ② 낙태의 범죄화는 낙태하는 여성에 대한 부정적 인식(범죄자라는 낙인)을 만들어 낙태한 여성이 그동안 만들어놓은 사회적 관계를 단절시킨다는 점, ③ 현실적으로 많은 낙태가 행해짐에도 불구하고 낙태죄로 처벌받는 사람이 없는 것은 낙태죄가 불필요한 명백한 증거라는 점, ④ 낙태를 범죄로 규정하는 것은 이미 낙태 그 자체로 양심의 가책이나 도덕적 죄의식을 가질 수밖에 없는 여성에게 범죄의식까지 만들어 여성의 자존감을 상실시킨다는 점, ⑤ 양육에 관한 현실적인 대책을 제시하지 않은 채 임신하면 무조건 출산하라고 강요하는 것은 양육의 부담을 전적으로 당사자에게만 지우는 무책임한 주장이라는 점, ⑥ 성적 욕망은 인간의 본성이고 인간은 누구나 실수할 수 있으므로 순간적 실수로 발생한 우연한 결과인 임신에 대해 책임지라고 요구하는 것은 과도하다는 점, ⑦ 성교육이나 피임 등의 방법으로 원치 않는 임신을 예방하는 데는 한계가 있다는 점 등의 논거를 통해 정당화된다. 물론 양자의 견해에 따르더라도 태아의 생명권과 산모의 출산권이 충돌하는 경우에 둘 중의 하나를 선택해야 하는 예외적인 경우(태아의 생명과 산모의 생명 가운데 하나를 선택해야 하는 경우)를 배제하지는 않는다. 하지만 이러한 견해들은 여전히 극단적인 견해들로 합리적인 문제해결의 방법이 될 수 없다.

결국 두 가지 권리를 조화시키는 방법이 모색되어야 한다. 그것은 두 가지 권리를 동시에 고려하면서 균형을 이루는 대안이 되어야 한다. 이러한 대안 가운데 하나는 태아의 생명권이 가지는 우월성을 원칙적으로 인정하면서도 산모의 출산권이 가지는 중요성을 고려하여 예외적으로나마 낙태를 허용하는 방법이다(**예외적 허용 모델**). 다른 하나는 원칙적으로 산모의 출산권에 우월성을 부여하면서 태아의 생명권을 고려하여 예외적으로 낙태를 제한하는 방법이다(**예외적 금지 모델**).

## Ⅲ. 낙태의 정당화

### 1. 기간규정방식과 정당화사유규정방식

낙태를 예외적으로 허용하는 경우에 낙태를 정당화하는 방식에는 두 가지가 있다. 첫째, 태아가 자궁에 착상된 후의 일정한 기간을 정해 그 기간 안에 있는 낙태는 원칙적으로 허용하는 방식이 있다(기간규정방식). 예를 들어 '착상 후 10주 또는 20주'라고 하는 방식으로 기간을 정해 낙태를 허용하는 방식이다. 이러한 기간규정방식에는 태아가 완전한 생명 또는 인격이 아니라는 생각이 전제되어 있다. 낙태를 허용한 미국 대법원의 판례가 제시한 '3분법'(임신기간을 3분하여 초기 3분의 1의 기간 안에서 시술된 낙태는 원칙적으로 허용)도 원칙적으로 이러한 생각에 기초하고 있다.

둘째, 낙태를 정당화할 수 있는 사유를 정하여 기간의 제한 없이 낙태를 허용하는 방식이 있다(정당화사유규정방식[18]). 예를 들어 유전적 질환이나 법적 전염병과 같은 '의학적 사유'가 있다든지 강간이나 근친상간과 같은 '법적 사유'가 있는 경우에 낙태를 허용하는 것이다. 물론 양자의 규정방식을 결합시켜 일정한 기간 안에서 정당화사유에 해당하는 경우에만 낙태를 허용하는 방식도 가능하다.

기간규정방식은 일정한 기간 안에서는 그 사유를 묻지 않고 모든 낙태를 허용하기 때문에 정당화사유규정방식보다 일반적으로 낙태를 넓게 허용한다. 따라서 기간규정방식은 태아의 생명권보다는 산모의 출산권을 더 보장하는 입법방식이고, 정당화사유규정방식은 태아의 생명권을 더 보장하는 입법방식이라고 할 수 있다. 물론 정당화사유규정방식도 정당화사유의 범위를 확대하는 경우에 반드시 기간규정방식보다 낙태를 좁게 허용하는 것은 아니다.

## 2. 모자보건법에서 낙태가 허용되는 경우

현행 모자보건법은 낙태가 허용되는 경우로 다섯 가지를 열거하고 있다. ① 첫째, 본인이나 배우자의 우생학적 또는 유전학적 정신장애나 신체질환, ② 둘째, 본인이나 배우자의 전염성 질환, ③ 셋째, 강간이나 준강간[19]에 의한 임신, ④ 넷째, 법률상 혼인할 수 없는 혈족이나 인척간의 임신, ⑤ 다섯째, 임신의 지속으로 모체의 건강을 심히 해하거나 해할 우려가 그것이다.[20] 따라서 이러한 경우에 해당하지 않으면 비록 산모의 요청이 있다고 해도 낙태를 시술하면 낙태죄가 성립할 수 있다.

**[법령 27.2] 모자보건법**(최근개정: 2020. 3. 24. 법률 제17091호)
**제14조 (인공임신중절수술의 허용한계)**
① 의사는 다음 각 호의 어느 하나에 해당되는 경우에만 본인과 배우자(사실상의 혼인관계에 있는 사람을 포함한다. 이하 같다)의 동의를 받아 인공임신중절수술

---

18) '정당화사유규정방식'을 '적응방식'이라고 부르기도 한다. 이형국(1995), 52면 이하; 임웅(2005), 381면 참조.

19) 형법 제299조에 따르면 사람의 심신상실 또는 항거불능의 상태를 이용하여 간음을 한 자는 강간죄에 의하도록 규정하고 있다.

20) 다섯 가지 정당화사유에 대한 해석론으로는 배종대(1993), 95면 이하; 김학태(1996), 394면 이하 참조. 한편 이러한 정당화사유의 문제점에 대해서는 이형국(1995), 57면 이하; 윤종행(2003), 190면 이하 참조. 특히 사회・경제적 사유를 제외하고 있는 문제점에 대한 비판으로 양현아(2010), 84면 이하; 윤진숙(2012), 69면 이하 참조. 한편 낙태정당화사유에 대한 외국의 입법례에 대한 설명으로 이인영(2010), 55면 이하; 정진주(2010), 127면 이하 참조.

을 할 수 있다.

1. 본인이나 배우자가 대통령령으로 정하는 우생학적(優生學的) 또는 유전학적 정신장애나 신체질환이 있는 경우
2. 본인이나 배우자가 대통령령으로 정하는 전염성 질환이 있는 경우
3. 강간 또는 준강간(準强姦)에 의하여 임신된 경우
4. 법률상 혼인할 수 없는 혈족 또는 인척 간에 임신된 경우
5. 임신의 지속이 보건의학적 이유로 모체의 건강을 심각하게 해치고 있거나 해칠 우려가 있는 경우

② 제1항의 경우에 배우자의 사망·실종·행방불명, 그 밖에 부득이한 사유로 동의를 받을 수 없으면 본인의 동의만으로 그 수술을 할 수 있다.

③ 제1항의 경우 본인이나 배우자가 심신장애로 의사표시를 할 수 없을 때에는 그 친권자나 후견인의 동의로, 친권자나 후견인이 없을 때에는 부양의무자의 동의로 각각 그 동의를 갈음할 수 있다.

**[판례 27.1] 임신의 지속이 모체의 건강을 해하는 경우**

모자보건법 제8조 제1항 제5호 소정의 인공임신중절수술 허용한계인 임신의 지속이 보건의학적 이유로 모체의 건강을 심히 해하고 있거나 해할 우려가 있는 경우라 함은 임신의 지속이 모체의 생명과 건강에 심각한 위험을 초래하게 되어 모체의 생명과 건강만이라도 구하기 위하여는 인공임신중절수술이 부득이하다고 인정되는 경우를 말하며 이러한 판단은 치료행위에 임하는 의사의 건전하고도 신중한 판단에 위임되어 있다(대판 1985. 6. 11. 84도1958; 2005. 4. 15. 2003도2780).

**[판례 27.2] 산모가 요청한 낙태**

인간의 생명은 잉태된 때부터 시작되는 것이고 회임된 태아는 새로운 존재와 인격의 근원으로서 존엄과 가치를 지니므로 그 자신이 이를 인식하고 있던지 또 스스로를 방어할 수 있는지에 관계없이 침해되지 않도록 보호되어야 한다 함이 헌법 아래에서 국민일반이 지니는 건전한 도의적 감정과 합치되는 바이므로 비록 모자보건법이 특별한 의학적, 우생학적 또는 윤리적 적응이 인정되는 경우에 임산부와 배우자의 동의 아래 인공임신중절수술을 허용하고 있다 하더라도 이로써 의사가 부녀의 촉탁 또는 승락을 받으면 일체의 낙태행위가 정상적인 행위이고 형법 제270조 제1항 소정의 업무상촉탁낙태죄에 의한 처벌을 무가치하게 되었다고 할 수는 없으며 임산부의 촉탁이 있으면 의사로서 낙태를 거절하는 것이 보통의 경우 도저히 기대할 수 없게 되었다고 할 수도 없다(대판 1985. 6. 11. 84도1958).

모자보건법에 규정하는 정당화사유는 대단히 제한적이다. 따라서 법적으로는 극히 예외적인 경우에만 낙태가 허용될 수 있다. 하지만 현실적으로 발생하는 낙태는 대부분 사회·경제적 사유 때문에 발생한다는 측면에서 볼 때 이러한 입법태도는 태아의 생명권에 더 많은 비중을 두고 있는 것으로 보인다. 따라서 산모의 출산권을 고려하여 정당화사유의 범위가 사회·경제적 사유까지 확대되어야 한

다는 견해도 제시된다.[21]

낙태의 허용에 관한 문제의 본질이 태아의 생명권과 산모의 출산권에 있다고 할 때 낙태의 허용 여부에 대한 결정에 배우자(남편)의 동의가 필요한지가 문제될 수 있다. 이에 대해서 낙태의 허용 여부가 배우자 또는 "잠재적 부(父)"에 의해 결정되는 것은 "가부장제적 유물"이라는 견해가 있다.[22] 이러한 견해는 임신이나 출산과 관련된 여성의 권리라는 측면에서 볼 때 분명히 타당한 측면이 있으나 임신이나 출산에 관여한 남성의 기대를 고려할 때 전적으로 타당한 것은 아니라고 보인다. 왜냐하면 출산 여부의 결정에 남성의 동의가 영향을 줄 수는 없지만 적어도 출산 여부의 결정에 남성이 참여할 수는 있다고 보아야 하기 때문이다. 다시 말해 여성이 출산 여부를 결정할 때는 반드시 임신에 관여한 남성과 상의하는 과정이 필요할 것으로 생각된다.

한편 모자보건법 시행령은 낙태가 가능한 기간을 '임신한 날로부터 24주일 이내'로 제한하고 있다.[23] 여기서 '임신(pregnancy)한 날'이란 정자와 난자가 만나 형성된 수정란이 자궁에 착상된 날을 의미한다. 또한 같은 시행령은 모자보건법에서 추상적으로 규정하고 있는 '우생학적 또는 유전학적 정신장애나 신체질환'[24] 및 '전염성질환'에 대해서도 구체적으로 설명하고 있다.

**[법령 27.3] 모자보건법 시행령**(최근개정: 2021. 4. 6. 대통령령 제31614호)
**제15조 (인공임신중절수술의 허용한계)**
① 법 제14조에 따른 인공임신중절수술은 임신 24주일 이내인 사람만 할 수 있다.
② 법 제14조 제1항 제1호에 따라 인공임신중절수술을 할 수 있는 우생학적 또는 유전학적 정신장애나 신체질환은 연골무형성증, 낭성섬유증 및 그 밖의 유전성 질환으로서 그 질환이 태아에 미치는 위험성이 높은 질환으로 한다.
③ 법 제14조 제1항 제2호에 따라 인공임신중절수술을 할 수 있는 전염성 질환은 풍진, 톡소플라즈마증 및 그 밖에 의학적으로 태아에 미치는 위험성이 높은 전

21) 정현미(2004), 703면; 모자보건법에 사회적·경제적 사유의 추가를 주장하면서 구체적 예로 경제적 궁핍으로 인한 낙태, 미성년자의 낙태, 자녀수 조절을 위한 낙태 등을 드는 견해로 임웅(2005), 389면 참조. 이러한 사회적·경제적 사유의 추가에 대한 비판적 견해로 배종대(2008), 241면 이하 참조.

22) 정현미(2004), 698면. 비슷한 견해로 오정진(1997): "낙태시술시 배우자의 동의를 얻도록 하는 것 역시 법에서 여성 신체 및 인격에 대한 고려가 결핍되어 있다는 증거가 된다." 이러한 견해는 미국 연방대법원이 낙태할 때 배우자의 동의를 필요로 한다는 펜실베니아 주의 법률조항이 위헌이라고 본 입장에서도 나타난다.

23) 이 기간이 지나치게 길다는 비판이 있다. 윤종행(2003), 189면 이하 참조.

24) 구 모자보건법 시행령(2009. 7. 7. 대통령령 제21618호로 개정되기 전의 것)에서 구체화하고 있는 '우생학적 또는 유전학적 정신장애나 신체질환' 가운데 특히 "현저한 범죄경향이 있는 유전성 정신장애"에 대해서는 범죄경향의 유전성에 의문을 제기하면서 비판하는 견해가 있다. 배종대(1993), 96면 참조.

염성 질환으로 한다.

결국 한국의 법제는 정당화사유규정방식과 기간규정방식을 결합시켜 운영하고 있는 법제에 해당한다. 그만큼 낙태의 허용이 제한되고 있다는 뜻이지만 현실적으로 이러한 허용한계 내에서 낙태가 시술되고 있는지는 대단히 의심스럽다. 오히려 낙태를 예외적으로 허용하고 있는 법령에 기대어 낙태가 원칙적으로 허용되는 것으로 오해되고 있는 것이 현실이다. 실제로 낙태로 인하여 처벌받은 의사나 산모는 적고, '애를 지운다'는 말로 표현되는 낙태는 '지운다'는 표현 속에 담긴 수월성처럼 대단히 쉽게 실행되고 있다.

성적 개방의 사회적 흐름과 함께 낙태는 증가할 가능성이 크다. 결혼해야 성관계를 갖는다는 생각은 이제 매우 낡은 생각으로 치부되는 현실에서 원하지 않는 임신의 증가는 낙태의 증가로 이어지기 때문이다. '애를 갖는다고 다 낳지는 않는다'는 것이 최근의 세태인 것으로 보인다. 따라서 낙태를 예외적으로 허용함으로써 낙태의 가능성을 열어둔 법제도가 낙태가 만연된 현실을 정당화하는 도구로 전락할 가능성도 배제할 수 없다.

## 3. 산모의 출산권을 고려한 대안

단순히 낙태가 빈번하게 발생하는 현실만이 낙태죄의 유지를 어렵게 만드는 것이 아니다. 낙태와 관련된 태아와 산모의 권리 가운데 산모의 권리를 강조하는 입장은 낙태의 자유를 법리적으로 정당화한다. 산모의 권리에 우월성을 부여하는 한 임신 또는 낙태는 산모가 자유롭게 선택하고 결정할 수 있는 영역에 속하기 때문이다. 물론 이 경우에도 태아의 생명권을 고려하여 산모의 출산권이 제한될 수 있다.

낙태를 전면적으로 허용하는 경우에 태아의 생명권을 고려하기 위한 제도로서 상담의무 및 숙려기간을 들 수 있다. 첫째, 산모가 낙태를 시술하기 전에 의사 또는 전문상담인과 산모 및 태아의 건강과 생명에 관한 상담 및 낙태의 의미에 대한 상담을 받도록 하는 것이다. 둘째, 상담이 끝나고 낙태에 관한 최종적 결정을 내릴 때까지 반드시 깊이 생각할 수 있는 기간(숙려기간)을 두는 것이다. 이러한 '제도적 이성'에 의한 낙태의 제한은 사회 전체의 합리성 수준이 고양된 성숙된 사회에서 낙태에 관한 합리적 결정을 도모할 수 있다고 생각된다.[25] 하지만 그러한

25) 상담절차를 통한 낙태의 규율방식을 지지하는 견해로 정철(2011), 308면 이하 참조. 한편 낙태에 대한 절차적 규제의 위헌성에 관한 미국 연방대법원의 판례를 분석한 논문으로 최

합리성 수준이 확보되지 못한 미성숙한 사회에서는 상담의무나 숙려기간이 낙태를 정당화하는 형식적 절차로 전락할 가능성도 배제할 수 없다.

아무튼 헌법재판소는 낙태를 정당화하는 사유에서 경제적・사회적 사유를 배제하는 것은 헌법에 불합치한다는 의견과 함께 임신 기간과 상관없이 전면적으로 낙태를 금지하는 것은 헌법에 위반된다는 의견을 제시하였다(아래 [판례 27.4] 참조).[26] 이에 따라 법무부는 형법개정안을 통해 일정한 임신 기간(14주) 안에서는 낙태를 전면적으로 허용하면서(낙태죄의 예외조항을 추가하면서) 낙태죄를 정당화하는 사유에 경제적・사회적 사유를 추가하는 내용의 모자보건법개정안을 제시하였다. 이에 대하여 국가인권위원회는 원칙적으로 낙태죄를 폐지하여 낙태를 '비범죄화'해야 한다는 의견을 제출하였다.[27] 낙태를 형법범죄에서 삭제해야 한다는 낙태 비범죄화의 논리에는 어차피 경제적・사회적 사유에 의한 낙태가 허용되는 24주까지 이내에서 대부분 여성의 낙태가 결정된다는 점에서 여성이 임신 25주 이후에 낙태할 가능성은 사실상 거의 없다는 논거가 존재한다. 임신 25주를 낙태금지기간으로 정한 의학적 근거는 현재의 의학적 수준에 따를 때 일반적으로 임신 25주 이후에 출산한 태아는 인큐베이터 등 의학적 도움으로 생존이 확실하다는 데 있다.[28] 물론 대체로 임신 35주 이후에 태아가 모체 밖으로 나오면 독립적 생존이 가능하므로 사실상 낙태할 여지가 없는 것도 사실이다. 하지만 임신 25주 이후 35주 전까지는 임신 25주 전에 낙태를 결심하지 못할만한 사유가 있었거나 임신 25주 이후에 불가피하게 낙태할 수밖에 없는 사정이 발생할 수 있으므로 여전히 낙태를 결심할 가능성을 배제할 수는 없다. 결국 임신한 여성이 임신 25주 이후 35주 전까지 낙태할 가능성에 대한 판단에 따라 낙태죄의 비범죄화 여부는 결정될 수 있을 것이다.

**[판례 27.3] 낙태죄의 합헌성**

[1] 인간의 생명은 고귀하고, 이 세상에서 무엇과도 바꿀 수 없는 존엄한 인간존재의 근원이며, 이러한 생명에 대한 권리는 기본권 중의 기본권이다. 태아가 비

---

희경(2007) 참조.

26) 헌법재판소의 낙태죄 헌법불합치결정에 대해서는 기본권충돌의 관점에서 태아의 생명권에 대한 보호가 충실하지 못했다는 비판이 제기되기도 한다. 조한상/이주희(2020), 100면 이하; 허완중(2020), 5면 이하 참조.

27) 낙태죄의 비범죄화에 관한 대표적 주장으로 김정혜(2019), 41면 이하 참조.

28) 태아의 독자적 생존가능성을 기준으로 낙태가 금지되어야 한다는 견해로 김학태(2021), 20면 참조. 반면에 태아의 독자적 생존이 가능한 기간을 중심으로 한 낙태범죄화 결정의 문제점에 대한 비판으로 김동식/김정혜/동제연/김채연(2020), 23면 이하 참조.

록 그 생명의 유지를 위하여 모(母)에게 의존해야 하지만, 그 자체로 모(母)와 별개의 생명체이고 특별한 사정이 없는 한 인간으로 성장할 가능성이 크므로 태아에게도 생명권이 인정되어야 하며, 태아가 독자적 생존능력을 갖추었는지 여부를 그에 대한 낙태 허용의 판단 기준으로 삼을 수는 없다. 한편, 낙태를 처벌하지 않거나 형벌보다 가벼운 제재를 가하게 된다면 현재보다도 훨씬 더 낙태가 만연하게 되어 자기낙태죄 조항의 입법목적을 달성할 수 없게 될 것이고, 성교육과 피임법의 보편적 상용, 임부에 대한 지원 등은 불법적인 낙태를 방지할 효과적인 수단이 되기에는 부족하다. 나아가 입법자는 일정한 우생학적 또는 유전학적 정신장애나 신체질환이 있는 경우와 같은 예외적인 경우에는 임신 24주 이내의 낙태를 허용하여(모자보건법 제14조, 동법 시행령 제15조), 불가피한 사정이 있는 경우에는 태아의 생명권을 제한할 수 있도록 하고 있다. 나아가 자기낙태죄 조항으로 제한되는 사익인 임부의 자기결정권이 위 조항을 통하여 달성하려는 **태아의 생명권 보호**라는 공익에 비하여 결코 중하다고 볼 수 없다. 따라서 자기낙태죄 조항이 임신 초기의 낙태나 사회적·경제적 사유에 의한 낙태를 허용하고 있지 아니한 것이 임부의 자기결정권에 대한 과도한 제한이라고 보기 어려우므로, 자기낙태죄 조항은 헌법에 위반되지 아니한다.

[2] [재판관 이강국, 재판관 이동흡, 재판관 목영준, 재판관 송두환의 반대의견] 태아에 대한 국가의 보호의무에는 여성이 임신 중 또는 출산 후 겪게 되는 어려움을 도와주는 것까지 포함된다고 보아야 할 것이고, 국가는 생명을 보호하는 입법적 조치를 취함에 있어 인간생명의 발달단계에 따라 그 보호정도나 보호수단을 달리할 수 있다. 현대 의학의 수준에서는 태아의 독자적 생존능력이 인정되는 임신 24주 이후에는 임부의 낙태를 원칙적으로 금지하고, 임부의 생명이나 건강에 현저한 위해가 생길 우려가 있는 등 특단의 사정이 있는 경우에만 낙태를 허용함이 바람직하다. 임신 중기(임신 13~24주)의 낙태는 임신 초기(임신 1~12주)의 낙태에 비하여 임부의 생명이나 건강에 위해가 생길 우려가 증가한다는 점에서 국가는 모성의 건강을 증진하기 위하여 낙태의 절차를 규제하는 등으로 임신중기의 낙태에 관여할 수 있다고 할 것이다. 그런데 임신 초기의 태아는 고통을 느끼지 못하는 반면, 임신 초기의 낙태는 시술방법이 간단하여 낙태로 인한 합병증 및 모성사망률이 현저히 낮아지므로 임신 초기에는 임부의 자기결정권을 존중하여 낙태를 허용해 줄 여지가 크다. 따라서 **임신 초기의 낙태까지 전면적, 일률적으로 금지하고 처벌**하고 있는 자기낙태죄 조항은 침해의 최소성 원칙에 위배된다. 한편, 형법상 낙태죄 규정이 현재는 거의 사문화되어 자기낙태죄 조항으로 달성하려는 태아의 생명보호라는 공익은 더 이상 자기낙태죄 조항을 통하여 달성될 것으로 보기 어려운 반면, 자기낙태죄 조항으로 제한되는 사익인 **임부의 자기결정권**은 결코 가볍게 볼 수 없어 법익의 균형성 요건도 갖추지 못하였다. 그러므로 자기낙태죄 조항은 임신 초기의 낙태까지 전면적, 일률적으로 금지하고 처벌하고 있다는 점에서, 임부의 자기결정권을 침해하여 헌법에 위반된다. 자기낙태죄 조항이 임부의 임신 초기의 낙태까지 전면적, 일률적으로 처벌하고 있다는 점에서 위헌이므로, 동일한 목표를 실현하기 위하여 임신 초기의 임부의 촉탁 또는 승낙을 받아 낙태시술을 한 조산사를 형사처벌하는 이 사건 법률조항도 위 범위 내에서 위헌이다(헌재 2012. 8. 23. 2010헌바402).

**[판례 27.4] 낙태죄의 위헌성**

[1] 재판관 유남석, 재판관 서기석, 재판관 이선애, 재판관 이영진의 헌법불합치의견

자기낙태죄 조항은 모자보건법이 정한 예외를 제외하고는 임신기간 전체를 통틀어 모든 낙태를 전면적·일률적으로 금지하고, 이를 위반할 경우 형벌을 부과함으로써 임신의 유지·출산을 강제하고 있으므로, 임신한 여성의 자기결정권을 제한한다. 자기낙태죄 조항은 태아의 생명을 보호하기 위한 것으로서, 정당한 입법목적을 달성하기 위한 적합한 수단이다. 임신·출산·육아는 여성의 삶에 근본적이고 결정적인 영향을 미칠 수 있는 중요한 문제이므로, 임신한 여성이 임신을 유지 또는 종결할 것인지 여부를 결정하는 것은 스스로 선택한 인생관·사회관을 바탕으로 자신이 처한 신체적·심리적·사회적·경제적 상황에 대한 깊은 고민을 한 결과를 반영하는 전인적(全人的) 결정이다. 현 시점에서 최선의 의료기술과 의료 인력이 뒷받침될 경우 태아는 임신 22주 내외부터 독자적인 생존이 가능하다고 한다. 한편 자기결정권이 보장되려면 임신한 여성이 임신 유지와 출산 여부에 관하여 전인적 결정을 하고 그 결정을 실행함에 있어서 충분한 시간이 확보되어야 한다. 이러한 점들을 고려하면, 태아가 모체를 떠난 상태에서 독자적으로 생존할 수 있는 시점인 임신 22주 내외에 도달하기 전이면서 동시에 임신 유지와 출산 여부에 관한 자기결정권을 행사하기에 충분한 시간이 보장되는 시기(이하 착상 시부터 이 시기까지를 '결정가능기간'이라 한다)까지의 낙태에 대해서는 국가가 생명보호의 수단 및 정도를 달리 정할 수 있다고 봄이 타당하다. 낙태갈등 상황에서 형벌의 위하가 임신종결 여부 결정에 미치는 영향이 제한적이라는 사정과 실제로 형사처벌되는 사례도 매우 드물다는 현실에 비추어 보면, 자기낙태죄 조항이 낙태갈등 상황에서 태아의 생명 보호를 실효적으로 하지 못하고 있다고 볼 수 있다. 낙태갈등 상황에 처한 여성은 형벌의 위하로 말미암아 임신의 유지 여부와 관련하여 필요한 사회적 소통을 하지 못하고, 정신적 지지와 충분한 정보를 제공받지 못한 상태에서 안전하지 않은 방법으로 낙태를 실행하게 된다. 모자보건법상의 정당화사유에는 다양하고 광범위한 사회적·경제적 사유에 의한 낙태갈등 상황이 전혀 포섭되지 않는다. 예컨대, 학업이나 직장생활 등 사회활동에 지장이 있을 것에 대한 우려, 소득이 충분하지 않거나 불안정한 경우, 자녀가 이미 있어서 더 이상의 자녀를 감당할 여력이 되지 않는 경우, 상대 남성과 교제를 지속할 생각이 없거나 결혼 계획이 없는 경우, 혼인이 사실상 파탄에 이른 상태에서 배우자의 아이를 임신했음을 알게 된 경우, 결혼하지 않은 미성년자가 원치 않은 임신을 한 경우 등이 이에 해당할 수 있다. 자기낙태죄 조항은 모자보건법에서 정한 사유에 해당하지 않는다면 결정가능기간 중에 다양하고 광범위한 사회적·경제적 사유를 이유로 낙태갈등 상황을 겪고 있는 경우까지도 예외 없이 전면적·일률적으로 임신의 유지 및 출산을 강제하고, 이를 위반한 경우 형사처벌하고 있다. 따라서, 자기낙태죄 조항은 입법목적을 달성하기 위하여 필요한 최소한의 정도를 넘어 임신한 여성의 자기결정권을 제한하고 있어 침해의 최소성을 갖추지 못하였고, 태아의 생명 보호라는 공익에 대하여만 일방적이고 절대적인 우위를 부여함으로써 법익균형성의 원칙도 위반하였으므로, 과잉금지원칙을 위반하여 임신한 여성의 자기결정권을 침해한다. 자기낙태죄 조항과 동일한 목표를 실현하기 위하여 임신한 여성의 촉탁 또는 승낙을 받아 낙태하게 한 의사를 처벌하는 의사낙태죄 조항도 같은 이유에서

위헌이라고 보아야 한다. 자기낙태죄 조항과 의사낙태죄 조항에 대하여 각각 단순위헌결정을 할 경우, 임신 기간 전체에 걸쳐 행해진 모든 낙태를 처벌할 수 없게 됨으로써 용인하기 어려운 법적 공백이 생기게 된다. 더욱이 입법자는 결정가능기간을 어떻게 정하고 결정가능기간의 종기를 언제까지로 할 것인지, 결정가능기간 중 일정한 시기까지는 사회적·경제적 사유에 대한 확인을 요구하지 않을 것인지 여부까지를 포함하여 결정가능기간과 사회적·경제적 사유를 구체적으로 어떻게 조합할 것인지, 상담요건이나 숙려기간 등과 같은 일정한 절차적 요건을 추가할 것인지 여부 등에 관하여 앞서 헌법재판소가 설시한 한계 내에서 입법재량을 가진다. 따라서 자기낙태죄 조항과 의사낙태죄 조항에 대하여 단순위헌 결정을 하는 대신 각각 헌법불합치 결정을 선고하되, 다만 입법자의 개선입법이 이루어질 때까지 계속적용을 명함이 타당하다.

[2] 재판관 이석태, 재판관 이은애, 재판관 김기영의 단순위헌의견

헌법불합치의견이 지적하는 기간과 상황에서의 낙태까지도 전면적·일률적으로 금지하고, 이를 위반한 경우 형사처벌하는 것은 임신한 여성의 자기결정권을 침해한다는 점에 대하여 헌법불합치의견과 견해를 같이한다. 다만 여기에서 더 나아가 이른바 '임신 제1삼분기(first trimester, 대략 마지막 생리기간의 첫날부터 14주 무렵까지)'에는 어떠한 사유를 요구함이 없이 임신한 여성이 자신의 숙고와 판단 아래 낙태할 수 있도록 하여야 한다는 점, 자기낙태죄 조항 및 의사낙태죄 조항(이하 '심판대상조항들'이라 한다)에 대하여 단순위헌결정을 하여야 한다는 점에서 헌법불합치의견과 견해를 달리 한다. 임신한 여성이 임신의 유지 또는 종결에 관하여 한 전인격적인 결정은 그 자체가 자기결정권의 행사로서 원칙적으로 보장되어야 한다. 다만 이러한 자기결정권도 태아의 성장 정도, 임신 제1삼분기를 경과하여 이루어지는 낙태로 인한 임신한 여성의 생명·건강의 위험성 증가 등을 이유로 제한될 수 있다. 한편, 임신한 여성의 안전성이 보장되는 기간 내의 낙태를 허용할지 여부와 특정한 사유에 따른 낙태를 허용할지 여부의 문제가 결합한다면, 결과적으로 국가가 낙태를 불가피한 경우에만 예외적으로 허용하여 주는 것이 되어 임신한 여성의 자기결정권을 사실상 박탈하게 될 수 있다. 그러므로 태아가 덜 발달하고, 안전한 낙태 수술이 가능하며, 여성이 낙태 여부를 숙고하여 결정하기에 필요한 기간인 임신 제1삼분기에는 임신한 여성의 자기결정권을 최대한 존중하여 그가 자신의 존엄성과 자율성에 터 잡아 형성한 인생관·사회관을 바탕으로 자신이 처한 상황에 대하여 숙고한 뒤 낙태 여부를 스스로 결정할 수 있도록 하여야 한다. 심판대상조항들은 임신 제1삼분기에 이루어지는 안전한 낙태조차 일률적·전면적으로 금지함으로써, 과잉금지원칙을 위반하여 임신한 여성의 자기결정권을 침해한다. 자유권을 제한하는 법률에 대하여, 기본권의 제한 그 자체는 합헌이나 그 제한의 정도가 지나치기 때문에 위헌인 경우에도 헌법불합치결정을 해야 한다면, 법률이 위헌인 경우에는 무효로 선언되어야 한다는 원칙과 그에 기초한 결정형식으로서 위헌결정의 존재 이유가 사라진다. 심판대상조항들이 예방하는 효과가 제한적이고, 형벌조항으로서의 기능을 제대로 하지 못하고 있으므로, 이들 조항이 폐기된다고 하더라도 극심한 법적 혼란이나 사회적 비용이 발생한다고 보기 어렵다. 반면, 헌법불합치결정을 선언하고 사후입법으로 이를 해결하는 것은 형벌규정에 대한 위헌결정의 효력이 소급하도록 한 입법자의 취지에도 반할 뿐만 아니라, 그 규율의 공백을 개인에게 부담시키는 것으로서 가혹하다. 또한 앞서 본 바와 같이

심판대상조항들 중 적어도 임신 제1삼분기에 이루어진 낙태에 대하여 처벌하는 부분은 그 위헌성이 명확하여 처벌의 범위가 불확실하다고 볼 수 없다. 심판대상조항들에 대하여 단순위헌결정을 하여야 한다.

# 보론: 폭력에 대한 여성의 권리

## 1. 가정폭력과 아내의 권리

가정폭력이란 가정구성원에게 가해지는 폭력행위를 말한다. 이러한 폭력행위는 신체적인 피해뿐만 아니라 정신적인 피해 및 재산적인 피해를 주는 것도 포함한다. 예를 들어 폭행, 상해, 학대, 감금, 협박, 모욕, 공갈, 재물손괴 등이 이에 해당한다. 특별히 남편이 아내에게 가하는 폭력이 사회적 문제가 되어 **가정폭력범죄의 처벌 등에 관한 특례법**과 **가정폭력방지 및 피해자보호 등에 관한 법률**이 제정되었다. 이 법률들에 따라 가정폭력의 가해자인 남편에 대해서는 격리명령이나 접근금지명령 등 임시조치를 할 수 있고, 접근제한이나 친권행사제한 또는 치료·상담 등 보호처분을 할 수 있다. 또한 가정폭력의 피해자인 아내를 보호하기 위하여 가정폭력상담소와 가정폭력피해자보호시설이 설치되어 운영되고 있다.29) 전국 200여 개의 가정폭력상담소에서는 매년 11만 건에서 13만 건의 가정폭력상담이 이루어지고 있다(아래 [표 27.2] 참조).

**[표 27.2] 가정폭력상담소 현황** (단위: 개소, 건)

| 구분 / 연도 | 가정폭력상담소 (개소) | 상담실적(건) | | | 개소당 평균 상담실적 |
|---|---|---|---|---|---|
| | | 계 | 가정폭력 | 기타 | |
| 2009 | 275 | 307,009 | 132,227 | 174,782 | 1,129 |
| 2010 | 251 | 296,686 | 135,069 | 161,617 | 1,182 |
| 2011 | 244 | 288,751 | 126,240 | 162,511 | 1,183 |

29) 가정폭력과 성폭력 피해자를 보호하기 위하여 여성가족부는 여성긴급전화 '1366'을 운영하고 있다. 이 전화를 통해 가정폭력상담소와 가정폭력피해자 긴급피난처 및 보호시설에 연결이 된다.

| 2012 | 228 | 272,580 | 118,178 | 154,402 | 1,196 |
|---|---|---|---|---|---|
| 2013 | 196 | 260,452 | 125,694 | 134,758 | 1,329 |
| 2014 | 201 | 291,244 | 143,190 | 148,054 | 1,449 |
| 2015 | 203 | 296,104 | 164,250 | 131,854 | 1,459 |
| 2016 | 205 | 303,745 | 178,533 | 125,212 | 1,482 |
| 2017 | 208 | 317,936 | 171,975 | 145,961 | 1,529 |
| 2018 | 203 | 394,192 | 219,459 | 174,733 | 1,942 |
| 2019 | 208 | 421,916 | 238,601 | 183,315 | 2,028 |
| 2020.6. | 215 | 179,887 | 103,763 | 76,126 | 837 |

자료: 여성가족부(www.mogef.go.kr) <2013년도 가정폭력상담소 운영실적> 및 <2015년도 가정폭력 피해자 지원시설 운영실적>

**[법령 27.4] 가정폭력범죄의 처벌 등에 관한 특례법**(최근개정: 2020. 10. 20. 법률 제17499호)

**제2조 (정의)**

이 법에서 사용하는 용어의 뜻은 다음과 같다.

1. "가정폭력"이란 가정구성원 사이의 신체적, 정신적 또는 재산상 피해를 수반하는 행위를 말한다.
2. "가정구성원"이란 다음 각 목의 어느 하나에 해당하는 사람을 말한다.
   가. 배우자(사실상 혼인관계에 있는 사람을 포함한다. 이하 같다) 또는 배우자였던 사람
   나. 자기 또는 배우자와 직계존비속관계(사실상의 양친자관계를 포함한다. 이하 같다)에 있거나 있었던 사람
   다. 계부모와 자녀의 관계 또는 적모(嫡母)와 서자(庶子)의 관계에 있거나 있었던 사람
   라. 동거하는 친족
3. "가정폭력범죄"란 가정폭력으로서 다음 각 목의 어느 하나에 해당하는 죄를 말한다.
   가. 「형법」 제2편 제25장 상해와 폭행의 죄 중 제257조(상해, 존속상해), 제258조(중상해, 존속중상해), 제258조의2(특수상해), 제260조(폭행, 존속폭행)제1항 · 제2항, 제261조(특수폭행) 및 제264조(상습범)의 죄
   나. 「형법」 제2편 제28장 유기와 학대의 죄 중 제271조(유기, 존속유기)제1항 · 제2항, 제272조(영아유기), 제273조(학대, 존속학대) 및 제274조(아동혹사)의 죄
   다. 「형법」 제2편 제29장 체포와 감금의 죄 중 제276조(체포, 감금, 존속체포, 존속감금), 제277조(중체포, 중감금, 존속중체포, 존속중감금), 제278조(특수체포, 특수감금), 제279조(상습범) 및 제280조(미수범)의 죄
   라. 「형법」 제2편 제30장 협박의 죄 중 제283조(협박, 존속협박)제1항 · 제2항, 제284조(특수협박), 제285조(상습범)(제283조의 죄에만 해당한다) 및 제286조(미수범)의 죄
   마. 「형법」 제2편 제32장 강간과 추행의 죄 중 제297조(강간), 제297조의2(유

사강간), 제298조(강제추행), 제299조(준강간, 준강제추행), 제300조(미수범), 제301조(강간등 상해 · 치상), 제301조의2(강간등 살인 · 치사), 제302조(미성년자등에 대한 간음), 제305조(미성년자에 대한 간음, 추행), 제305조의2(상습범)(제297조, 제297조의2, 제298조부터 제300조까지의 죄에 한한다)의 죄

바. 「형법」 제2편 제33장 명예에 관한 죄 중 제307조(명예훼손), 제308조(사자의 명예훼손), 제309조(출판물등에 의한 명예훼손) 및 제311조(모욕)의 죄

사. 「형법」 제2편 제36장 주거침입의 죄 중 제321조(주거 · 신체 수색)의 죄

아. 「형법」 제2편 제37장 권리행사를 방해하는 죄 중 제324조(강요) 및 제324조의5(미수범)(제324조의 죄에만 해당한다)의 죄

자. 「형법」 제2편 제39장 사기와 공갈의 죄 중 제350조(공갈), 제350조의2(특수공갈) 및 제352조(미수범)(제350조, 제350조의2의 죄에만 해당한다)의 죄

차. 「형법」 제2편 제42장 손괴의 죄 중 제366조(재물손괴등)의 죄

카. 가목부터 차목까지의 죄로서 다른 법률에 따라 가중처벌되는 죄

4. "가정폭력행위자"란 가정폭력범죄를 범한 사람 및 가정구성원인 공범을 말한다.
5. "피해자"란 가정폭력범죄로 인하여 직접적으로 피해를 입은 사람을 말한다.
6. "가정보호사건"이란 가정폭력범죄로 인하여 이 법에 따른 보호처분의 대상이 되는 사건을 말한다.
7. "보호처분"이란 법원이 가정보호사건에 대하여 심리를 거쳐 가정폭력행위자에게 하는 제40조에 따른 처분을 말한다.

7의2. "피해자보호명령사건"이란 가정폭력범죄로 인하여 제55조의2에 따른 피해자보호명령의 대상이 되는 사건을 말한다.

8. "아동"이란 「아동복지법」 제3조 제1호에 따른 아동을 말한다.

**제29조 (임시조치)**

① 판사는 가정보호사건의 원활한 조사 · 심리 또는 피해자 보호를 위하여 필요하다고 인정하는 경우에는 결정으로 가정폭력행위자에게 다음 각 호의 어느 하나에 해당하는 임시조치를 할 수 있다.

1. 피해자 또는 가정구성원의 주거 또는 점유하는 방실(房室)로부터의 퇴거 등 격리
2. 피해자 또는 가정구성원의 주거, 직장 등에서 100미터 이내의 접근 금지
3. 피해자 또는 가정구성원에 대한 「전기통신기본법」 제2조 제1호의 전기통신을 이용한 접근 금지
4. 의료기관이나 그 밖의 요양소에의 위탁
5. 국가경찰관서의 유치장 또는 구치소에의 유치

② 동행영장에 의하여 동행한 가정폭력행위자 또는 제13조에 따라 인도된 가정폭력행위자에 대하여는 가정폭력행위자가 법원에 인치된 때부터 24시간 이내에 제1항의 조치 여부를 결정하여야 한다.

③ ~ ④ 생략

⑤ 제1항 제1호부터 제3호까지의 임시조치기간은 2개월, 같은 항 제4호 및 제5호의 임시조치기간은 1개월을 초과할 수 없다. 다만, 피해자의 보호를 위하여 그 기간을 연장할 필요가 있다고 인정하는 경우에는 결정으로 제1항 제1호부터 제3호

까지의 임시조치는 두 차례만, 같은 항 제4호 및 제5호의 임시조치는 한 차례만 각 기간의 범위에서 연장할 수 있다.

⑥ 제1항 제4호의 위탁을 하는 경우에는 의료기관 등의 장에게 가정폭력행위자를 보호하는 데에 필요한 사항을 부과할 수 있다.

⑦ ~ ⑪ 생략

**제40조 (보호처분의 결정 등)**

① 판사는 심리의 결과 보호처분이 필요하다고 인정하는 경우에는 결정으로 다음 각 호의 어느 하나에 해당하는 처분을 할 수 있다.

1. 가정폭력행위자가 피해자 또는 가정구성원에게 접근하는 행위의 제한
2. 가정폭력행위자가 피해자 또는 가정구성원에게 「전기통신기본법」 제2조 제1호의 전기통신을 이용하여 접근하는 행위의 제한
3. 가정폭력행위자가 친권자인 경우 피해자에 대한 친권 행사의 제한
4. 「보호관찰 등에 관한 법률」에 따른 사회봉사 · 수강명령
5. 「보호관찰 등에 관한 법률」에 따른 보호관찰
6. 「가정폭력방지 및 피해자보호 등에 관한 법률」에서 정하는 보호시설에의 감호위탁
7. 의료기관에의 치료위탁
8. 상담소등에의 상담위탁

② ~ ⑥ 생략

**[법령 27.5] 가정폭력방지 및 피해자보호 등에 관한 법률**(최근개정: 2020. 6. 9. 법률 제17437호)

**제5조 (상담소의 설치 · 운영)**

① 국가나 지방자치단체는 가정폭력 관련 상담소(이하 "상담소"라 한다)를 설치 · 운영할 수 있다.

② 국가나 지방자치단체 외의 자가 상담소를 설치 · 운영하려면 특별자치도지사 · 시장 · 군수 · 구청장(구청장은 자치구의 구청장을 말하며, 이하 "시장 · 군수 · 구청장"이라 한다)에게 신고하여야 한다.

③ 생략

**제6조 (상담소의 업무)**

상담소의 업무는 다음 각 호와 같다.

1. 가정폭력을 신고받거나 이에 관한 상담에 응하는 일

1의2. 가정폭력을 신고하거나 이에 관한 상담을 요청한 사람과 그 가족에 대한 상담

2. 가정폭력으로 정상적인 가정생활과 사회생활이 어렵거나 그 밖에 긴급히 보호를 필요로 하는 피해자등을 임시로 보호하거나 의료기관 또는 제7조 제1항에 따른 가정폭력피해자 보호시설로 인도(引渡)하는 일
3. 행위자에 대한 고발 등 법률적 사항에 관하여 자문하기 위한 대한변호사협회 또는 지방변호사회 및 「법률구조법」에 따른 법률 구조법인(이하 "법률구조법인"이라 한다) 등에 대한 필요한 협조와 지원의 요청
4. 경찰관서 등으로부터 인도받은 피해자등의 임시 보호

5. 가정폭력의 예방과 방지에 관한 교육 및 홍보
6. 그 밖에 가정폭력과 그 피해에 관한 조사 · 연구

**제7조 (보호시설의 설치)**

① 국가나 지방자치단체는 가정폭력피해자 보호시설(이하 "보호시설"이라 한다)을 설치 · 운영할 수 있다.

② 「사회복지사업법」에 따른 사회복지법인(이하 "사회복지법인"이라 한다)과 그 밖의 비영리법인은 시장 · 군수 · 구청장의 인가를 받아 보호시설을 설치 · 운영할 수 있다.

③~④ 생략

**제8조 (보호시설의 업무)**

① 보호시설은 피해자 등에 대하여 다음 각 호의 업무를 행한다. 다만, 피해자가 동반한 가정 구성원에게는 제1호 외의 업무 일부를 하지 아니할 수 있고, 장기보호시설은 피해자 등에 대하여 제1호부터 제5호까지에 규정된 업무(주거편의를 제공하는 업무는 제외한다)를 하지 아니할 수 있다.

1. 숙식의 제공
2. 심리적 안정과 사회적응을 위한 상담 및 치료
3. 질병치료와 건강관리를 위한 의료기관에의 인도 등 의료지원
4. 수사기관의 조사와 법원의 증인신문에의 동행
5. 법률구조기관 등에 필요한 협조와 지원의 요청
6. 자립자활교육의 실시와 취업정보의 제공
7. 다른 법률에 따라 보호시설에 위탁된 사항
8. 그 밖에 피해자 등의 보호를 위하여 필요한 일

②~③ 생략

## 2. 부부강간죄의 성립과 아내의 성적 자기결정권

형법은 폭행이나 협박으로 부녀를 강간한 자를 처벌한다. 문제는 강간죄의 대상에 아내(처)가 포함될 수 있는지 여부다. 이 문제의 핵심은 부부간에도 강간죄가 성립할 수 있는지 하는 것이다. 부부강간을 부정하는 입장에 따르면 부부관계가 가지는 특수성과 사생활로서의 은밀성을 고려해야 한다는 점, 부부에게 법적으로 부과된 동거의무는 성생활의 의무도 포함한다는 점을 논거로 든다. 하지만 부부강간을 긍정하는 입장에서는 부부관계에서도 성적 자기결정권이 보장되어야 한다는 점, 부부의 동거의무에 강간수인의 의무가 포함되지 않는다는 점이 논거로 제시된다. 대법원은 강간죄의 보호법익이 여성의 성적 자기결정권임을 강조하면서 부부 간의 동거의무에는 강요된 성관계를 감내할 의무가 포함되어 있지 않아 처(아내)도 강간죄의 대상이 될 수 있다고 본다([판례 27.6] 참조).

**[판례 27.5] 부부강간죄의 성립**

처가 다른 여자와 동거하고 있는 남편을 상대로 간통죄고소와 이혼소송을 제기하였으나 그 후 부부간에 다시 새 출발을 하기로 약정하고 간통죄고소를 취하하였다면 그들 사이에 실질적인 부부관계가 없다고 단정할 수 없으므로 설사 남편이 강제로 처를 간음하였다 하여도 강간죄는 성립되지 아니한다(대판 1970. 3. 10. 70도29).

**[판례 27.6] 부부강간죄를 인정한 최초 판례**

필리핀 국적의 처가 생리중임을 이유로 성관계를 거부하자, 남편이 가스분사기와 과도로 협박하여 처의 반항을 억압한 후 1회 간음한 사안에서, 강간죄의 보호법익을 성적 성실을 의미하는 여성의 '정조'가 아닌 인격권에 해당하는 '성적 자기결정권'으로 보아 법률상 처를 강간죄의 객체로 인정한 사례(부산지법판결 2009. 1. 16. 2008고합808).

**[판례 27.7] 대법원의 부부강간죄 인정**

(가) 형법(2012. 12. 18. 법률 제11574호로 개정되기 전의 것, 이하 같다) 제297조는 부녀를 강간한 자를 처벌한다고 규정하고 있는데, 형법이 강간죄의 객체로 규정하고 있는 '부녀'란 성년이든 미성년이든, 기혼이든 미혼이든 불문하며 곧 여자를 가리킨다. 이와 같이 형법은 법률상 처를 강간죄의 객체에서 제외하는 명문의 규정을 두고 있지 않으므로, 문언 해석상으로도 법률상 처가 강간죄의 객체에 포함된다고 새기는 것에 아무런 제한이 없다. 한편 1953. 9. 18. 법률 제293호로 제정된 형법은 강간죄를 규정한 제297조를 담고 있는 제2편 제32장의 제목을 '정조에 관한 죄'라고 정하고 있었는데, 1995. 12. 29. 법률 제5057호로 형법이 개정되면서 그 제목이 '강간과 추행의 죄'로 바뀌게 되었다. 이러한 형법의 개정은 강간죄의 보호법익이 현재 또는 장래의 배우자인 남성을 전제로 한 관념으로 인식될 수 있는 '여성의 정조' 또는 '성적 순결'이 아니라, 자유롭고 독립된 개인으로서 여성이 가지는 성적 자기결정권이라는 사회 일반의 보편적 인식과 법감정을 반영한 것으로 볼 수 있다. 부부 사이에 민법상의 동거의무가 인정된다고 하더라도 거기에 폭행, 협박에 의하여 강요된 성관계를 감내할 의무가 내포되어 있다고 할 수 없다. 혼인이 개인의 성적 자기결정권에 대한 포기를 의미한다고 할 수 없고, 성적으로 억압된 삶을 인내하는 과정일 수도 없기 때문이다. (나) 결론적으로 헌법이 보장하는 혼인과 가족생활의 내용, 가정에서의 성폭력에 대한 인식의 변화, 형법의 체계와 그 개정 경과, 강간죄의 보호법익과 부부의 동거의무의 내용 등에 비추어 보면, 형법 제297조가 정한 강간죄의 객체인 '부녀'에는 법률상 처가 포함되고, 혼인관계가 파탄된 경우뿐만 아니라 혼인관계가 실질적으로 유지되고 있는 경우에도 남편이 반항을 불가능하게 하거나 현저히 곤란하게 할 정도의 폭행이나 협박을 가하여 아내를 간음한 경우에는 강간죄가 성립한다고 보아야 한다. 다만 남편의 아내에 대한 폭행 또는 협박이 피해자의 반항을 불가능하게 하거나 현저히 곤란하게 할 정도에 이른 것인지 여부는, 부부 사이의 성생활에 대한 국가의 개입은 가정의 유지라는 관점에서 최대한 자제하여야 한다는 전제에서, 그 폭행 또는 협박의 내용과 정도가 아내의 성적 자기결정권을 본질적으로 침해하는 정도에 이른 것인지 여부, 남편이 유형력

을 행사하게 된 경위, 혼인생활의 형태와 부부의 평소 성행, 성교 당시와 그 후의 상황 등 모든 사정을 종합하여 신중하게 판단하여야 한다(대판 2013. 5. 16. 2012도14788).

## 3. 미투 운동과 성폭력으로부터 자유로울 권리

2018년 한국사회를 강타한 사회적 이슈들 가운데 하나는 '미투(me too) 운동'이었다. 이것은 사회적 지위와 권력을 가진 남성으로부터 성희롱이나 성추행을 포함하는 넓은 의미의 성폭력을 당한 여성들이 사회관계망서비스(SNS)를 통해 '나도 피해자'라는 취지로 자신의 성폭력 경험을 고발하는 내용의 의사를 표현하는 사회적 현상을 지칭한다. 이른바 '권력형 성폭력'을 고발하는 이와 같은 움직임은 2017년 미국에서 하비 와인스타인(Harvey Weinstein)이라는 유명한 영화제작자에 의해 수십 년 동안 저질러진 성폭력의 피해자 여성들이 피해사실을 용기 있게 고발함으로부터 시작되었다고 알려져 있다. 이러한 권력형 성폭력의 본질은 그것이 명백하게 범죄행위에 해당함에도 불구하고 가해자의 사회적 권력을 배경으로 하는 2차 피해를 두려워한 피해자들이 감히 그 사실을 고발하지 못한다는 점에 있다. 이와 같은 현상을 막기 위해서는 무엇보다도 피해를 경험한 여성들의 연대뿐만 아니라 잠재적 피해자가 될 수 있는 모든 여성들의 연대가 중요할 뿐만 아니라 성폭력의 피해자는 남성도 될 수 있다는 점에서 성폭력으로부터 자유로울 권리를 향유하기 원하는 모든 사람들의 연대가 필요하다. 또한 수사기관의 엄정한 수사를 통해 사회적 지위와 권력을 가진 사람들의 성폭력 범죄사실이 객관적으로 밝혀질 수 있어야만 권력형 성범죄의 피해자가 피해 사실을 알리지 못한 채 숨죽이고 살아야만 하는 현실이 극복될 수 있을 것이다.

### 토론문제

1. 태아의 생명에 질적 차이가 존재하는가?
2. 모든 임신・출산에 대한 여성의 자기결정권이 인정될 수 있는가?
3. 낙태는 비범죄화될 수 있는가?
4. 부부 간에도 강간죄가 성립할 수 있는 근거는 무엇인가?
5. 미투 운동과 여성의 권리 향상 사이에는 어떠한 관계가 있는가?

**내 입장은?**

1. 현재의 입법(원칙적 금지와 예외적 허용)이 유지되어야 한다.
2. 사회적·경제적 정당화사유가 추가되어야 한다.
3. 일정한 기간(예: 임신 후 3개월)을 정하여 모든 낙태가 허용되어야 한다.
4. 여성의 자발적 결정에 따른 낙태는 모두 허용되어야 한다.

## 참고문헌

김동식/김정혜/동제연/김채윤(2020), 낙태죄 헌법불합치 결정 이후 여성의 재생산 건강 및 권리 보장을 위한 정책방향, 한국여성정책연구원 연구보고서, 2020.

김정혜(2019), 낙태죄 '폐지'를 말하는 이유－임신중단권 보장의 법적 쟁점과 방향, ≪페미니즘연구≫(한국여성연구소), 제19권 제1호(2019), 3～49면.

김학태(1996), 형법에서의 낙태죄와 모성보호－낙태에 관한 형법적·법철학적 고찰－, ≪외법논집≫(한국외국어대학교 법학연구소), 제3집(1996), 383～400면.

김학태(2021), 낙태죄 헌법불합치 결정에 따른 관련법개정 방향에 관한 연구, ≪외법연구≫(한국외국어대학교 법학연구소), 제45권 제1호(2021), 1～26면.

김형남(2005), 미국 헌법상 낙태 및 태아의 생명권에 대한 논의와 판례 분석, ≪미국헌법연구≫(미국헌법학회), 제16권 제1호(2005), 201～228면.

도회근(1997), 낙태에 관한 헌법이론적 연구－미국 헌법학계의 논의를 중심으로－, ≪헌법학연구≫(한국헌법학회), 제3권(1997), 535～553면.

민윤영(2011), 다형적 페르소나로서 법－낙태의 자유와 잊혀질 권리를 예로 하여－, ≪고려법학≫(고려대학교 법학연구원), 제61호(2011), 95～129면.

박숙자(2001), 여성의 낙태 선택권과 입법과제 연구, ≪한국여성학≫(한국여성학회), 제12권 2호(2001), 69～98면.

박순주(2000), 십대 여성들의 낙태는 선택인가?, ≪문화과학≫, 통권 21호(2000), 234～244면.

박승호(2014), 모자보건법 제14조에 대한 헌법적 검토, ≪법학논총≫(숭실대학교 법학연구소), 제31집(2014), 87～123면.

박승호(2014), 낙태와 헌법－헌재 2010헌바402결정과 관련하여－, ≪안암법학≫(안암법학회), 제43호(2014), 257～304면.

배종대(1993), 낙태죄, ≪고시연구≫, 통권 제230호(1993년 5월호), 91～105면.

배종대(2008), 낙태에 대한 형법정책, ≪고려법학≫(고려대학교 법학연구원), 제50호

(2008), 229～265면.
서정신(1994), 한국에서의 성별낙태에 대하여, ≪철학과 현실≫(철학문화연구소), 통권 제20호(1994), 217～225면.
양현아(2005), 여성 낙태권의 필요성과 그 함의, ≪한국여성학≫(한국여성학회), 제21권 제1호(2005), 5～39면.
양현아(2013), 낙태죄 헌법소원과 여성의 "목소리" [1]－낙태경험에 대한 인식을 중심으로－, ≪법학논총≫(한양대학교 법학연구소), 제30권 제1호(2013), 5～40면.
양현아(2010), 낙태에 관한 다초점 정책의 요청: 생명권 대(對) 자기결정권의 대립을 넘어, ≪한국여성학≫(한국여성학회), 제26권 제4호(2010), 63～100면.
오선주(1993), 종교, 여성의 사회참여 및 남아선호사상과 낙태경험유무, ≪가족학논집≫(한국가족학회), 제5집(1993), 43～60면.
오정진(1997), 법에 나타난 낙태문제, ≪여성과 사회≫(한국여성연구소), 제8권(1997), 94～112면.
유호종(2003), 낙태 논의에 있어서 태아의 존재론적 위상과 도덕적 위상, ≪철학연구≫(철학연구회), 제60집(2003), 175～189면.
윤종행(2003), 낙태방지를 위한 입법론, ≪법학연구≫(연세대학교 법학연구소), 제13권 제1호(2003), 171～198면.
윤진숙(2012), 낙태 법제에 대한 이론적 고찰, ≪법조≫(법조협회), 제61권 제1호(2012), 43～77면.
이선순(2014), 낙태논쟁 속 법담론의 탈관계성 비판－낙태죄 헌법소원을 중심으로, ≪젠더와 문화≫(계명대학교 여성학연구소), 제7권 제1호(2014), 169～203면.
이은영(2009), 법여성주의적 관점에서 본 출산관련 불법행위, ≪법과 사회≫(법과사회이론학회), 제36호(2009), 421～449면.
이인영(2010), 출산정책과 낙태규제법의 이념과 현실, ≪페미니즘연구≫(한국여성연구소), 제10권 제1호(2010), 35～87면.
이종근(2009), 낙태규제이론의 최근 동향, ≪헌법학연구≫(한국헌법학회), 제15권 제3호(2009), 391～421면.
이진우(1994), 낙태－자유인가 살인인가?, ≪철학연구≫(대한철학회), 제53집(1994), 117～134면.
이창신(2008), 여성의 육체에 대한 여성의 권리, ≪미국학논집≫(한국아메리카학회), 제40집 2호(2008), 215～250면.
이형국(1995), 낙태죄의 제문제, ≪고시연구≫, 통권 제253호(1995년 4월호), 47～58면.
임 웅(2005), 낙태죄의 비범죄화에 관한 연구, ≪성균관법학≫(성균관대학교 비교법연구소), 제17권 제2호(2005), 371～391면.
장영철(2009), 태아의 생명권에 대한 국가의 보호의무－헌재 2008. 7. 31. 2004헌바81결정에 대한 평석－, ≪공법학연구≫(한국비교공법학회), 제10권 제2호(2009), 129

~156면.
정진주(2010), 유럽 각국의 낙태 접근과 여성건강, ≪페미니즘연구≫(한국여성연구소), 제10권 제1호(2010), 123~158면.
정 철(2011), 상담을 통한 낙태 결정방식의 헌법적 검토, ≪공법연구≫(한국공법학회), 제40집 제1호(2011), 297~325면.
정 철(2013), 헌법재판소의 낙태결정(2010헌바402)에 대한 헌법적 검토, ≪헌법학연구≫(한국헌법학회), 제19권 제2호(2013), 323~360면.
정현미(2004), 낙태죄와 관련한 입법론, ≪형사법연구≫(한국형사법학회), 제22권(2004), 687~708면.
조 국(2013), 낙태 비범죄화론, ≪서울대학교 법학≫(서울대학교 법학연구소), 제54권 제3호(2013), 695~728면.
조한상/이주희(2020), 낙태죄 결정: 흠결된 논증, 불완전한 효과, ≪한국융합인문학≫(한국융합인문학회), 제8권 제1호(2020), 97~121면.
주호노(2012), 낙태에 관한 규정의 현황과 모자보건법의 합리적 개정방안, ≪한국의료법학회지≫(한국의료법학회), 제20권 제2호(2012), 51~81면.
지규철(2008), 미국과 독일의 낙태판결에 관한 비교법적 고찰, ≪공법학연구≫(한국비교공법학회), 제9권 제1호(2008), 85~109면.
진기남/이양재/송은일/김수련(1998), 남아선호도와 여아낙태에 대한 태도, ≪가족과 문화≫(한국가족학회), 제10집 제1호(1998), 91~105면.
최희경(2003), 미국 낙태법상의 부모동의요건과 사법적 우회절차, ≪헌법학연구≫(한국헌법학회), 제9권 제4호(2003), 351~380면.
최희경(2007), 낙태절차규제의 위헌성여부에 관한 연구, ≪헌법학연구≫(한국헌법학회), 제13권 제3호(2007), 581~611면.
표명환(2010), 태아의 생명보호에 관한 헌법적 고찰, ≪토지공법연구≫(한국토지공법학회), 제51집(2010), 343~364면.
허완중(2020), 낙태죄 조항에 대한 헌법불합치결정의 문제점, ≪법학논총≫(전남대학교 법학연구소), 제40권 제3호(2020), 1~32면.

# 제28장
# 감옥과 재소자의 인권

"창문은 수용자가 자연광선으로 독서하거나
작업을 할 수 있을 정도로 넓어야 하며,
인공적인 환기시설의 유무와 관계없이
신선한 공기가 유입될 수 있도록 설치되어야 한다."
≪유엔 수용자 처우에 관한 최저기준규칙(1955) 11.(a)≫

범죄자에게 무슨 인권이 있는가? 그들은 자신의 죄에 대한 대가를 치르고 있는 사람들이다. 범죄인은 일반인과 분명히 다른 사람들이다. 선량한 일반인들을 보호하기 위해 감옥을 만들어 범죄자들을 격리하는 것이다. 인권을 말하기 전에 자숙(自肅)해야 한다. 조금 불편해도 참아야 한다. 감옥이 불편하다면 다시는 범죄를 저지르지 않으면 된다. 감옥이 호텔과 같아지면 범죄자의 숫자는 더욱 늘어날 것이다.

감옥에 갇혀 있는 사람들은 이미 감옥에 있다는 사실만으로 충분한 벌을 받고 있다. 가족이나 친구들과 떨어져 제한된 공간에서 생활해야 한다는 것이 얼마나 큰 고통인가? 범죄자를 감옥에 가두는 것은 그에게 고통을 주기 위해서가 아니다. 감옥에 있는 동안 자신의 행동을 반성하고 새로운 사람으로 거듭나도록 돕기 위해서 세상으로부터 격리시킨 것이다.

범죄자도 사람이다. 죄는 미워하되 사람은 미워하지 말라고 하지 않았던가? 우리는 모두 어느 순간 범죄인의 자리에 서 있을지도 모른다. 범죄는 치료가 필요한 질병일 수도 있다. 범죄인의 인성(人性)은 충분히 개선될 여지가 있다는 뜻이다. 감옥은 오히려 사회에 대한 불만과 증오를 키울 수 있는 공간이 될 수도 있다. 심지어 감옥은 새로운 범죄를 학습하는 장소가 될 수도 있다. 감옥을 더 인간답게 만들어야 하는 이유가 여기에 있다. 인간다운 감옥의 최소조건은 재소자의 인권을 보장하는 것이다. 재소자에게 어떤 인권이 보장되어야 하는지 살펴보도록 한다.

## Ⅰ. 재소자의 기본권에 대한 제한의 필요성과 한계

범죄가 있는 한 형벌이 있는 것은 당연하고, 형벌이 있는 한 그것을 집행하기 위한 시설로서 감옥은 필수적이다. 또한 범죄가 있는 한 범죄자가 있기 마련이고, 범죄자가 있는 한 범죄자를 수용하는 시설로서 감옥의 존재는 불가피하다. 감옥은 형벌을 집행하는 장소이며, 범죄자를 수용하는 공간이다. 따라서 감옥은 특별한 질서가 요구되고, 수용된 범죄자들에 대한 특별한 조치가 요청된다. 하지만 감옥도 여전히 사람들이 사는 장소이며, 범죄자도 역시 기본적 권리를 향유하는 주체라는 사실에는 변함이 없다.

형벌의 집행에 관하여 규율하고 있는 **형의 집행 및 수용자의 처우에 관한 법률**(최근개정: 2020. 2. 4. 법률 제16925호, 이하 **형집행법**)은[1] 우리가 흔히 감옥이라고 부르는 시설을 '교도소' 또는 '구치소'라고 부른다.[2] 우선 '교도소'는 형이 확정된 범죄자가 형벌을 받기 위하여 수용되는 시설을 말한다. 형이 확정되어 형벌을 받는 범죄자를 '수형자(受刑者)'라고 부른다. 한편 '구치소'는 범죄혐의를 받고 있는 형사피의자 또는 검사에 의하여 공소가 제기된 형사피고인으로서 구속된 자가 수용되는 시설을 말한다. 구속된 형사피의자 또는 형사피고인으로서 구치소에 수용되어 있는 자를 '미결수용자(未決收容者)'라고 부른다. 이러한 미결수용자와 수형자를 합쳐 '수용자(收容者)'라고도 부른다. 따라서 감옥은 수용자를 수용하는 시설이라는 의미에서 '수용시설'이라고 부르는 것이 적절하다. 물론 수형자를 수용하는 교도소의 경우에는 수용의 목적이 교정이라는 점을 고려하여 '교정시설'이라고

---

1) 종래에 수용자의 처우와 수용시설의 질서를 규율하는 법률로 '행형법'이 있었다. 이 법은 1950년 3월 2일 제정되어 여러 차례 개정되었고, 마침내 2007년 12월 21일(시행일: 2008년 12월 22일) '형의 집행 및 수용자의 처우에 관한 법률'이라는 이름으로 전면 개정되었다. 또한 이와 같은 민간인 교정행정 체계의 변화에 발맞추어 '군행형법'도 2009년 11월 2일 '군에서의 형의 집행 및 군수용자의 처우에 관한 법률'로 전부 개정되었다. 군인의 인권에 대해서는 이 책 제44장 참조.

2) 교도소와 구치소로 구별되는 교정시설은 현재 56개가 있고, 4개의 지방교정청별로 구분되어 ① 서울지방교정청에는 2010년 12월에 개청하여 운영하고 있는 국내 최초 민영교도소외에도 15개(서울・서울남부・수원・성동・인천, 안양・여주・의정부・강릉・원주・춘천・서울남부・영월・화성직업교도소 및 평택지소), ② 대구지방교정청에 18개(부산・대구・울산・밀양・통영구치소 및 대구・부산・포항・진주・안동・김천소년・진주경북직업훈련・경북북부제2・경북북부제3・상주・창원・경주교도소), ③ 대전지방교정청에 10개(충주구치소, 대전・천안개방・천안・청주여자・공주・충주・홍성교도소 및 서산・논산지소), ④ 광주지방교정청에 9개(광주・전주・순천・목포・군산・제주・장흥・해남・정읍교도소)가 소속되어 있다. 전체 교정시설의 수용정원은 2015년 현재 4만 6천 600명이다. <2016 법무연감> 참조.

부르는 것도 가능하다. 여기서는 감옥이라는 용어 대신 수용시설 또는 교정시설이라는 용어를 사용하기로 한다.3)

19세 이상의 수형자는 '교도소'에 수용되고, 19세 미만의 수형자는 '소년교도소'에 수용된다. 한편 미결수용자는 수형자와 구분되어 구치소에 수용되는 것이 원칙이지만 교도소나 소년교도소에 설치된 미결수용실에 수용될 수도 있다. 하지만 미결수용자의 수용은 구속의 집행을 목적으로 하고, 수형자의 수용은 형의 집행을 목적으로 한다. 따라서 예외적인 경우라고 하더라도 미결수용자를 교도소 내에 수용하는 것에 대해서는 미결수용자의 처우보다 수용관리의 효율성만을 고려한 것이라는 비판이 가해진다.4) 또한 교도소와 소년교도소를 분리하면서 남성수용자와 여성수용자를 분리하여 수용하지 않는 것에 대해서도 비판이 가해진다.5) 특히 생물학적 성별과 정신적 성별이 일치하지 않는 트랜스젠더(성전환자)의 경우에 아직 법적 성별이 변경되지 않았다고 하더라도 성전환수술을 받았거나 상당한 기간 동안 호르몬제 투여를 받고 있는 수용자라면 정신적 성별(성별정체성)을 존중하여 그 성별에 맞는 수용시설에 수용되는 것이 합리적이라고 판단된다. 수용자는 원칙적으로 독거수용하고, 예외적으로 혼거수용한다. 하지만 현실적으로는 수용인구의 과밀화(아래 [표 28.1] 참조)와 수용시설확충을 위한 재정의 부족으로 인해 혼거수용이 일반화되어 있다.6)

**[표 28.1] 교정시설 1일 평균수용인원** (단위: 명)

| 구 분 \ 연 도 | | | 2002 | 2003 | 2004 | 2005 | 2006 | 2007 |
|---|---|---|---|---|---|---|---|---|
| 수용정원 | | | 58,440 | 44,350 | 46,150 | 46,090 | 47,390 | 43,100 |
| 1일평균수용인원 | | | 61,084 | 58,945 | 57,184 | 52,403 | 46,721 | 46,313 |
| 수용내용 | 기결구금자 | 소 계 | 38,173 | 37,692 | 36,546 | 35,110 | 31,905 | 31,086 |
| | | 수형자 | 37,111 | 36,458 | 34,609 | 32,933 | 29,923 | 29,289 |
| | | 노역수* | 1,062 | 1,234 | 1,937 | 2,177 | 1,982 | 1,797 |
| | 미결구금자 | 소 계 | 22,911 | 21,253 | 20,638 | 17,293 | 14,816 | 15,227 |
| | | 피의자 | 2,226 | 2,896 | 1,723 | 1,341 | 1,114 | 996 |
| | | 피고인 | 20,685 | 18,357 | 18,915 | 15,952 | 13,702 | 14,231 |

3) 국가인권위원회법은 수용시설이나 교정시설이라는 용어 대신 '구금시설'이라는 용어를 사용하고 있다(동법 제2조 제2호). 물론 이러한 구금시설에는 ① 교도소·소년교도소·구치소 및 그 지소, 보호감호소, 치료감호시설, 소년원 및 소년분류심사원, ② 경찰서 유치장 및 사법경찰관리가 그 직무수행을 위하여 사람을 조사·유치 또는 수용하는 데 사용하는 시설, ③ 군교도소(지소·미결수용실 및 헌병대영창 포함)가 포함되어 수용시설보다 넓은 개념이다.

4) 신양균(2006), 91면 참조.

5) 신양균(2006), 92면 참조.

6) 혼거수용에 대한 최근의 비판으로 이무선(2020), 314면 참조.

| 구분 | | 연도 | 2008 | 2009 | 2010 | 2011 | 2012 | 2013 |
|---|---|---|---|---|---|---|---|---|
| 수용정원 | | | 43,100 | 44,430 | 45,930 | 45,690 | 45,690 | 45,690 |
| 1일평균수용인원 | | | 46,684 | 49,467 | 47,471 | 45,845 | 45,488 | 47,924 |
| 수용내용 | 기결구금자 | 소 계 | 32,316 | 33,179 | 32,652 | 31,644 | 31,302 | 32,278 |
| | | 수형자 | 30,280 | 30,749 | 30,607 | 29,820 | 29,448 | 30,181 |
| | | 노역수* | 2,036 | 2,430 | 2,045 | 1,824 | 1,854 | 2,097 |
| | 미결구금자 | 소 계 | 14,368 | 16,288 | 14,819 | 14,201 | 14,186 | 15,646 |
| | | 피의자 | 937 | 1,008 | 786 | 724 | 703 | 712 |
| | | 피고인 | 13,431 | 15,280 | 14,033 | 13,477 | 13,483 | 14,943 |

| 구분 | | 연도 | 2014 | 2015 | 2016 | 2017 | 2018 | 2019 |
|---|---|---|---|---|---|---|---|---|
| 수용정원 | | | 46,430 | 46,600 | 46,600 | 47,820 | 47,820 | 47,990 |
| 1일평균수용인원 | | | 50,128 | 53,892 | 56,495 | 57,298 | 54,744 | 54,624 |
| 수용내용 | 기결구금자 | 소 계 | 32,751 | 34,625 | 35,618 | 37,006 | 35,877 | 35,281 |
| | | 수형자 | 30,727 | 32,649 | 33,791 | 35,382 | 34,380 | 33,813 |
| | | 노역수* | 2,024 | 1,976 | 1,827 | 1,624 | 1,497 | 1,468 |
| | 미결구금자 | 소 계 | 17,377 | 19,276 | 20,877 | 20,292 | 18,867 | 19,343 |
| | | 피의자 | 747 | 847 | 864 | 753 | 643 | 632 |
| | | 피고인 | 16,630 | 18,420 | 20,013 | 19,539 | 18,224 | 18,711 |

자료: 법무부(www.moj.go.kr), <법무연감>(2003~2020).

* 노역수: 벌금을 완납하지 아니하여 노역장 유치명령을 받은 수형자.

**[법령 28.1] 범죄자 또는 범죄혐의자의 수용**

**형의 집행 및 수용자의 처우에 관한 법률**(최근개정: 2020. 2. 4. 법률 제16925호)

**제2조 (정의)**

이 법에서 사용하는 용어의 뜻은 다음과 같다.

1. "수용자"란 수형자·미결수용자·사형확정자 등 법률과 적법한 절차에 따라 교도소·구치소 및 그 지소(이하 "교정시설"이라 한다)에 수용된 사람을 말한다.
2. "수형자"란 징역형·금고형 또는 구류형의 선고를 받아 그 형이 확정되어 교정시설에 수용된 사람과 벌금 또는 과료를 완납하지 아니하여 노역장 유치명령을 받아 교정시설에 수용된 사람을 말한다.
3. "미결수용자"란 형사피의자 또는 형사피고인으로서 체포되거나 구속영장의 집행을 받아 교정시설에 수용된 사람을 말한다.
4. "사형확정자"란 사형의 선고를 받아 그 형이 확정되어 교정시설에 수용된 사람을 말한다.

**제11조 (구분수용)**

① 수용자는 다음 각 호에 따라 구분하여 수용한다.

1. 19세 이상 수형자: 교도소
2. 19세 미만 수형자: 소년교도소
3. 미결수용자: 구치소
4. 사형확정자: 교도소 또는 구치소. 이 경우 구체적인 구분 기준은 법무부령으로 정한다.

② 교도소 및 구치소의 각 지소에는 교도소 또는 구치소에 준하여 수용자를 수용한다.

**제12조 (구분수용의 예외)**

① 다음 각 호의 어느 하나에 해당하는 사유가 있으면 교도소에 미결수용자를 수용할 수 있다.

1. 관할 법원 및 검찰청 소재지에 구치소가 없는 때
2. 구치소의 수용인원이 정원을 훨씬 초과하여 정상적인 운영이 곤란한 때
3. 범죄의 증거인멸을 방지하기 위하여 필요하거나 그 밖에 특별한 사정이 있는 때

② 취사 등의 작업을 위하여 필요하거나 그 밖에 특별한 사정이 있으면 구치소에 수형자를 수용할 수 있다.

③ 수형자가 소년교도소에 수용 중에 19세가 된 경우에도 교육·교화프로그램, 작업, 직업훈련 등을 실시하기 위하여 특히 필요하다고 인정되면 23세가 되기 전까지는 계속하여 수용할 수 있다.

④ 소장은 특별한 사정이 있으면 제11조의 구분수용 기준에 따라 다른 교정시설로 이송하여야 할 수형자를 6개월을 초과하지 아니하는 기간 동안 계속하여 수용할 수 있다.

**제13조 (분리수용)**

① 남성과 여성은 분리하여 수용한다.

② 제12조에 따라 수형자와 미결수용자, 19세 이상의 수형자와 19세 미만의 수형자를 같은 교정시설에 수용하는 경우에는 서로 분리하여 수용한다.

**제14조 (독거수용)**

수용자는 독거수용한다. 다만, 다음 각 호의 어느 하나에 해당하는 사유가 있으면 혼거수용할 수 있다.

1. 독거실 부족 등 시설여건이 충분하지 아니한 때
2. 수용자의 생명 또는 신체의 보호, 정서적 안정을 위하여 필요한 때
3. 수형자의 교화 또는 건전한 사회복귀를 위하여 필요한 때

구치소 또는 교도소에 수용된 재소자(=수용자)는 구속집행 또는 형집행의 목적과 구치소나 교도소 내의 질서유지의 목적을 위하여 그 기본적 인권이 제한될 수 있다.[7] 그러나 재소자의 기본적 인권에 대한 제한도 기본권제한에 관한 일반적인 헌법원칙인 비례성원칙(헌법 제37조 제2항)이 준수되어야 한다. 이 원칙에 따르면 재소자의 기본권을 제한하는 수단은 제한의 목적인 수용시설의 질서유지에 적합해야 하고, 재소자의 기본권에 대한 피해를 최소화해야 하며, 제한의 목적인 공익(수용시설의 질서유지)과 제한되는 기본권(재소자의 기본권)을 비례적으로 실현해야 한다.

**[판례 28.1] 수형자의 기본권제한**

수형자의 기본권 제한에 대한 구체적인 한계는 헌법 제37조 제2항에 따라 법률에 의하여, 구체적인 자유·권리의 내용과 성질, 그 제한의 태양과 정도 등을 교량하여 설정하게 되며, 수용 시설 내의 안전과 질서를 유지하기 위하여 이들 기본권의 일부

---

7) 수형자의 선거권 제한에 대해서는 이 책 제18장 Ⅲ. 3. 참조.

> 제한이 불가피하다 하더라도 그 본질적인 내용을 침해하거나, 목적의 정당성, 방법의 적정성, 피해의 최소성 및 법익의 균형성 등을 의미하는 과잉금지의 원칙에 위배되어서는 안 된다(헌재 2004. 12. 16. 2002헌마478).

수용자의 기본권에 대한 합리적 제한은 국제적 기준에 의해서도 요구되고 있다. 수용자의 처우에 관한 국제적 기준으로는 '시민적 · 정치적 권리에 관한 국제규약(International Covenant on Civil and Political Rights: ICCPR, 1966)',[8] '고문 및 그 밖의 잔혹한 · 비인도적인 또는 굴욕적인 대우나 처벌의 방지에 관한 협약(Convention against Torture and Other Cruel, Inhuman or Degrading Treatment or Punishment: CAT, 1984)',[9] '수용자의 처우에 관한 최저처우기준(Standard Minimum Rules for the Treatment of Prisoners, 1955)',[10] '모든 형태의 구금 혹은 징역 상태에 있는 모든 사람의 보호를 위한 원칙집(Body of Principles for the Protection of All Persons under Any Form of Detention or Imprisonment, 1988)'[11] 등이 있다.

수용자의 처우와 관련하여 특히 주목할 규정은 '시민적 · 정치적 권리에 관한 국제규약' 제7조와 제10조다. 우선 같은 규약 제7조에 따르면 "어느 누구도 고문 또는 잔혹한, 비인도적인 또는 굴욕적인 취급 또는 형벌을 받지 않는다"(동규약 제7조). 이에 따라 수용자에 대한 잔혹하고(cruel), 비인도적이며(inhumane), 굴욕적인(degrading) 대우와 처벌은 절대적으로 금지된다. 또한 같은 규약 제10조는 자유를 박탈당한 모든 사람을 인도적으로, 또한 인간의 고유한 존엄성을 존중하여 취급하도록 규정한다(동규약 제10조 제1항). 그리고 미결수용자를 기결수용자(수형자)와 격리하여 수용하고, 별도의 취급을 하도록 요구한다. 또한 미성년 피고인을 성인과 격리하고, 가능한 한 신속하게 재판에 회부하도록 요구한다(동조 제2항). 한편 교도소 수감제도의 기본적인 목적을 재소자들의 교정과 사회복귀에 두면서, 미성년 범죄자를 성인과 격리하여 수용하고, 그들의 연령 및 법적 지위에 상응하는 대우를 부여하도록 요구한다(동조 제3

---

8) '시민적 · 정치적 권리에 관한 국제규약'은 1966년 12월 16일 채택되어 1976년 3월 23일부터 발효되었다(제41조는 1979년 3월 28일부터 발효). 대한민국은 이 규약에 1990년 4월 10일 가입하였고, 이 규약은 1990년 7월 10일부터 대한민국에서 발효되었다(제22조 [결사의 자유]는 유보).

9) '고문 및 그 밖의 잔혹한 · 비인도적인 또는 굴욕적인 대우나 처벌의 방지에 관한 협약'은 1984년 12월 10일 채택되었고, 1987년 6월 26일부터 발효되었다. 대한민국은 1995년 1월 9일 이 규약에 가입하여 1995년 2월 8일부터 이 규약이 대한민국에서 발효되었다.

10) '수용자 처우에 관한 최저기준규칙'은 1955년 제네바에서 열린 제1차 유엔 범죄방지 및 범죄자처우회의에서 채택되었고, 1957년 유엔 경제사회이사회(UNESCO)가 이 규칙을 채택하였다.

11) '모든 형태의 구금 혹은 징역 상태에 있는 모든 사람의 보호를 위한 원칙집'은 1988년 9월 9일 유엔총회의 결의로 채택되었다.

항). 이러한 내용에서 우리는 수용의 목적(교정과 사회복귀)과 방법(인도적 처우 및 인간 존엄을 존중하는 처우)에 관한 최소한의 원칙(미결수와 수형자의 격리수용, 성인과 미성년자의 격리수용, 연령과 법적 지위에 상응하는 대우)을 확인할 수 있다.

## Ⅱ. 미결수용자의 권리

### 1. 수의착용금지

형이 확정되지 않은 미결수용자(未決收容者)는 형이 확정된 기결수용자(旣決收容者)와 마찬가지로 교도소에 수용되어 있는 동안 시설의 규율과 질서유지를 위하여 수의(재소자용 의류)를 착용시킬 수 있다. 그러나 최종적으로 형이 확정될 때까지는 무죄로 추정된다는 헌법원칙(헌법 제27조 제4항)에 따라 수용시설 밖에서 수사나 재판을 받을 때에는 수의착용을 강제당하지 않을 권리를 가진다. 수사나 재판을 받는 과정에서 수의를 착용하게 하면 일단 수용자가 심리적으로 위축당하게 되고, 수사나 재판을 담당하는 자도 수용자를 유죄가 확정된 자로 취급할 가능성이 크기 때문이다.

**[판례 28.2] 미결수용자의 수의착용**

구치소 등 수용시설 안에서는 재소자용 의류를 입더라도 일반인의 눈에 띄지 않고, 수사 또는 재판에서 변해(辯解)·방어권을 행사하는데 지장을 주는 것도 아닌 반면에, 미결수용자에게 사복을 입도록 하면 의복의 수선이나 세탁 및 계절에 따라 의복을 바꾸는 과정에서 증거인멸 또는 도주를 기도하거나 흉기, 담배, 약품 등 소지금지품이 반입될 염려 등이 있으므로 미결수용자에게 시설 안에서 재소자용 의류를 입게 하는 것은 구금 목적의 달성, 시설의 규율과 안전유지를 위한 필요최소한의 제한으로서 정당성·합리성을 갖춘 재량의 범위 내의 조치이다. 하지만 수사 및 재판단계에서 유죄가 확정되지 아니한 미결수용자에게 재소자용 의류를 입게 하는 것은 미결수용자로 하여금 모욕감이나 수치심을 느끼게 하고, 심리적인 위축으로 방어권을 제대로 행사할 수 없게 하여 실체적 진실의 발견을 저해할 우려가 있으므로, 도주 방지 등 어떠한 이유를 내세우더라도 그 제한은 정당화될 수 없어 헌법 제37조 제2항의 기본권 제한에서의 비례원칙에 위반되는 것으로서, 무죄추정의 원칙에 반하고 인간으로서의 존엄과 가치에서 유래하는 인격권과 행복추구권, 공정한 재판을 받을 권리를 침해하는 것이다(헌재 1999. 5. 27. 97헌마137).

**[판례 28.3] 별도의 형사재판에서의 수형자의 지위와 수의 착용**

수형자라 하더라도 확정되지 않은 별도의 형사재판에서만큼은 미결수용자와 같은 지위에 있으므로, 이러한 수형자로 하여금 형사재판 출석 시 아무런 예외 없이 사복착용을 금지하고 재소자용 의류를 입도록 하여 인격적인 모욕감과 수치심 속에서 재판을 받도록 하는 것은 재판부나 검사 등 소송관계자들에게 유죄의 선입견을 줄 수 있고, 이미 수형자의 지위로 인해 크게 위축된 피고인의 방어권을 필요 이상으로 제약하는 것이다. 또한 형사재판에 피고인으로 출석하는 수형자의 사복착용을 추가로 허용함으로써 통상의 미결수용자와 구별되는 별도의 계호상 문제점이 발생된다고 보기 어렵다. 따라서 ……, 형사재판의 피고인으로 출석하는 수형자에 대하여 사복착용을 허용하지 아니한 것은 청구인의 공정한 재판을 받을 권리, 인격권, 행복추구권을 침해한다(헌재 2015. 12. 23. 2013헌마712).

## 2. 변호인의 조력을 받을 권리

헌법은 형사피의자 및 피고인에게 '변호인의 조력을 받을 권리'를 보장하고 있다(헌법 제12조 제4항).12) 법에 대한 전문적 능력을 갖지 못한 일반인이 형사피의자나 피고인이 되는 경우에 자신의 상황을 충분히 설명하고 변호할 능력을 갖추지 못한다. 따라서 범죄와 관련된 실체적 진실을 발견해가는 과정에 형사피의자 또는 피고인이 충분히 참여하지 못함으로써 실체적 진실의 발견에 어려움이 발생할 뿐만 아니라 심지어 자신에게 대단히 불리한 결과에 이를 수도 있다. 이를 위하여 형사피의자나 피고인은 법에 대한 전문가인 변호인을 자신의 조력자로 삼음으로써 자신에게 유리한 변호와 실체적 진실의 발견을 가능하게 할 수 있다. 특히 수용시설에 구금된 미결수용자의 경우에 변호인의 충분한 조력을 받기 위하여 변호인과의 자유로운 접견과 교통이 원칙적으로 완벽하게 보장되어야 한다.

**[법령 28.2] 변호인과의 접견·교통권**
**형의 집행 및 수용자의 처우에 관한 법률**(최근개정: 2020. 2. 4. 법률 제16925호)
**제84조 (변호인과의 접견 및 서신수수)**
① 제41조 제4항에도 불구하고 미결수용자와 변호인(변호인이 되려고 하는 사람을 포함한다. 이하 같다)과의 접견에는 교도관이 참여하지 못하며 그 내용을 청취 또는 녹취하지 못한다. 다만, 보이는 거리에서 미결수용자를 관찰할 수 있다.
② 미결수용자와 변호인 간의 접견은 시간과 횟수를 제한하지 아니한다.
③ 제43조 제4항 단서에도 불구하고 미결수용자와 변호인 간의 편지는 교정시설에

12) 미결수용자를 포함한 형사피의자와 형사피고인에게 보장된 변호인의 조력을 받을 권리, 특히 최근에 변호인의 조력을 받을 권리의 핵심인 접견교통권이 독점되고 있는 현상에 대한 비판적 검토로 송승현(2019), 117면 이하, 특히 132면 이하 참조.

서 상대방이 변호인임을 확인할 수 없는 경우를 제외하고는 검열할 수 없다.

**[판례 28.4] 형사피의자·피고인의 변호인의 조력을 받을 권리**

헌법 제12조 제4항이 보장하고 있는 신체구속을 당한 사람의 변호인의 조력을 받을 권리는 무죄추정을 받고 있는 피의자·피고인에 대하여 신체구속의 상황에서 생기는 여러 가지 폐해를 제거하고 구속이 그 목적의 한도를 초과하여 이용되거나 작용하지 않게끔 보장하기 위한 것으로 여기의 "변호인의 조력"은 "변호인의 충분한 조력"을 의미한다. 변호인의 조력을 받을 권리의 필수적 내용은 신체구속을 당한 사람과 변호인과의 접견교통권이며 이러한 접견교통권의 충분한 보장은 구속된 자와 변호인의 대화내용에 대하여 비밀이 완전히 보장되고 어떠한 제한·영향·압력 또는 부당한 간섭없이 자유롭게 대화할 수 있는 접견을 통하여서만 가능하고 이러한 자유로운 접견은 구속된 자와 변호인의 접견에 교도관이나 수사관 등 관계공무원의 참여가 없어야 가능하다. 변호인과의 자유로운 접견은 신체구속을 당한 사람에게 보장된 변호인의 조력을 받을 권리의 가장 중요한 내용이어서 국가안전보장, 질서유지, 공공복리 등 어떠한 명분으로도 제한될 수 있는 성질의 것이 아니다(헌재 1992. 1. 28. 91헌마111).

## 3. 편지검열

수용자도 통신의 비밀을 향유할 수 있는 기본권주체에 포함된다. 따라서 수용자의 편지를 검열하는 행위는 원칙적으로 금지된다. 다만 수용시설의 안전과 질서 및 수용목적을 실현하기 위하여 필요한 경우에만 편지검열이 허용된다. 따라서 미결수용자라고 하더라도 구금의 목적을 실현하고 교도소 내의 질서를 유지하기 위하여 외부와 교환되는 편지를 검열할 수 있다. 하지만 미결수용자에게는 헌법이 변호인의 조력을 받을 권리를 보장하고 있는 이상 변호인과의 자유로운 교통을 보장하기 위하여 미결수용자와 변호인과의 편지에 대한 검열은 허용되지 않는다(형집행법 제84조 제3항).

**[판례 28.5] 미결수용자의 서신검열**

질서유지 또는 공공복리를 위하여 구속제도가 헌법 및 법률상 이미 용인되어 있는 이상, 미결수용자는 구속제도 자체가 가지고 있는 일면의 작용인 사회적 격리의 점에 있어 외부와의 자유로운 교통과는 상반되는 성질을 가지고 있으므로, 증거인멸이나 도망을 예방하고 교도소 내의 질서를 유지하여 미결구금제도를 실효성 있게 운영하고 일반사회의 불안을 방지하기 위하여 미결수용자의 서신에 대한 검열은 그 필요성이 인정된다고 할 것이고, 이로 인하여 미결수용자의 통신의 비밀이 일부 제한되는 것은 질서유지 또는 공공복리라는 정당한 목적을 위하여 불가피할 뿐만 아니라 유효적절한 방법에 의한 최소한의 제한으로서 헌법에 위반된다고 할 수 없다.

헌법 제12조 제4항 본문은 신체구속을 당한 사람에 대하여 변호인의 조력을 받을 권리를 규정하고 있는바, 이를 위하여서는 신체구속을 당한 사람에게 변호인과 사이의 충분한 접견교통을 허용함은 물론 교통내용에 대하여 비밀이 보장되고 부당한 간섭이 없어야 하는 것이며, 이러한 취지는 접견의 경우뿐만 아니라 변호인과 미결수용자 사이의 서신에도 적용되어 그 비밀이 보장되어야 할 것이다. 다만 미결수용자와 변호인 사이의 서신으로서 그 비밀을 보장받기 위하여는, 첫째, 교도소측에서 상대방이 변호인이라는 사실을 확인할 수 있어야 하고, 둘째, 서신을 통하여 마약 등 소지금지품의 반입을 도모한다든가 그 내용에 도주·증거인멸·수용시설의 규율과 질서의 파괴·기타 형벌법령에 저촉되는 내용이 기재되어 있다고 의심할 만한 합리적인 이유가 있는 경우가 아니어야 한다(헌재 1995. 7. 21. 92헌마144).

**[법령 28.3] 수용자의 편지에 대한 검열**

**형의 집행 및 수용자의 처우에 관한 법률**(최근개정: 2020. 2. 4. 법률 제16925호)

**제43조 (편지수수)**

① 수용자는 다른 사람과 편지를 주고받을 수 있다. 다만, 다음 각 호의 어느 하나에 해당하는 사유가 있으면 그러하지 아니하다.
   1. 「형사소송법」이나 그 밖의 법률에 따른 편지의 수수금지 및 압수의 결정이 있는 때
   2. 수형자의 교화 또는 건전한 사회복귀를 해칠 우려가 있는 때
   3. 시설의 안전 또는 질서를 해칠 우려가 있는 때

② 제1항 각 호 외의 부분 본문에도 불구하고 같은 교정시설의 수용자 간에 편지를 주고받으려면 소장의 허가를 받아야 한다.

③ 소장은 수용자가 주고받는 편지에 법령에 따라 금지된 물품이 들어 있는지 확인할 수 있다.

④ 수용자가 주고받는 편지의 내용은 검열받지 아니한다. 다만, 다음 각 호의 어느 하나에 해당하는 사유가 있으면 그러하지 아니하다.
   1. 편지의 상대방이 누구인지 확인할 수 없는 때
   2. 「형사소송법」이나 그 밖의 법률에 따른 편지검열의 결정이 있는 때
   3. 제1항 제2호 또는 제3호에 해당하는 내용이나 형사 법령에 저촉되는 내용이 기재되어 있다고 의심할 만한 상당한 이유가 있는 때
   4. 대통령령으로 정하는 수용자 간의 편지인 때

⑤ 소장은 제3항 또는 제4항 단서에 따라 확인 또는 검열한 결과 수용자의 편지에 법령으로 금지된 물품이 들어 있거나 편지의 내용이 다음 각 호의 어느 하나에 해당하면 발신 또는 수신을 금지할 수 있다.
   1. 암호·기호 등 이해할 수 없는 특수문자로 작성되어 있는 때
   2. 범죄의 증거를 인멸할 우려가 있는 때
   3. 형사 법령에 저촉되는 내용이 기재되어 있는 때
   4. 수용자의 처우 또는 교정시설의 운영에 관하여 명백한 거짓사실을 포함하고

있는 때
5. 사생활의 비밀 또는 자유를 침해할 우려가 있는 때
6. 수형자의 교화 또는 건전한 사회복귀를 해칠 우려가 있는 때
7. 시설의 안전 또는 질서를 해칠 우려가 있는 때
⑥~⑧ 생략

### 4. 수용자로서의 권리

교정시설에 수용된 미결수용자는 수형자와 마찬가지로 수용자로서의 권리를 가진다. 이러한 권리에는 접견권, 전화통화권, 신문 및 도서구독권, 라디오청취 및 텔레비전시청권, 운동 및 목욕권, 집필권 등이 있다. 이에 대해서는 아래에서 수형자의 권리를 설명하면서 함께 논의하기로 한다.

## Ⅲ. 기결수용자(수형자)의 권리

### 1. 변호인의 조력을 받을 권리

형사피의자나 형사피고인으로 구금되어 있는 자(미결수용자)에게는 변호인의 조력을 받을 권리가 보장되지만 형이 확정되어 수용된 자(기결수용자)에게는 전자에게 보장된 의미의 변호인의 조력을 받을 권리는 보장되지 않는다. 하지만 후자에게도 교정시설 내의 인권보장을 위해서는 변호인의 조력을 받을 권리가 보장되어야 한다.

**[판례 28.6] 수형자의 변호인의 조력을 받을 권리**

헌법 제12조 제4항 본문에서 "누구든지 체포 또는 구속을 당한 때에는 즉시 변호인의 조력을 받을 권리를 가진다"라고 규정하고 있고, 형사소송법 제30조 제1항에서는 "피고인 또는 피의자는 변호인을 선임할 수 있다"라고 규정하고 있을 뿐만 아니라, 원래 변호인의 조력을 받을 권리는 형사절차에서 피의자 또는 피고인이 검사 등 수사·공소기관과 대립되는 당사자의 지위에서 변호인 또는 변호인이 되려는 자와 사이에 충분한 접견교통에 의하여 피의사실이나 공소사실에 대하여 충분하게 방어할 수 있도록 함으로써 피고인이나 피의자의 인권을 보장하려는 데 그 제도의 취지가 있는 점에 비추어 보면, 형사절차가 종료되어 교정시설에 수용중인 수형자는 원칙적으로 변호인의 조력을 받을 권리의 주체가 될 수 없다. 다만, 수형자의 경우에도 재심절차 등에는 변호인 선임을 위한 일반적인 교통·통신이 보장될 수도 있다(헌재 1998. 8. 27. 96헌마398).

## 2. 보호장비사용의 제한

수용자를 안전하게 호송하고, 수용자의 생명과 신체를 보호할 뿐만 아니라 교정공무원의 정당한 공무집행을 확보하고, 교정시설의 안전과 질서를 유지하기 위하여 미결수용자를 포함한 모든 수용자에게 보호장비를 사용할 수 있다. 예를 들어 수용자의 도주나 자살, 자해 또는 동료수용자에 대한 폭행 등을 방지하기 위하여 포승이나 수갑과 같은 보호장비가 사용될 수 있다. 그러나 이러한 보호장비의 사용이 수용자의 인간으로서 존엄과 가치를 침해하는 정도까지 허용되는 것은 아니다. 특히 장시간의 보호장비사용은 인간존엄에 반하는 것으로서 허용될 수 없다.[13] 또한 보호장비의 사용은 수용자의 호송, 수용자의 생명과 신체의 보호, 교정공무원의 공무집행 확보 및 교정시설의 안전과 질서의 유지라는 목적을 위해서 최소한의 범위 안에서 사용될 수 있고(형집행법 제99조 제1항), 수용자에 대한 징벌의 수단으로 사용되는 것은 절대적으로 금지된다(동조 제2항).

**[법령 28.4] 보호장비의 사용**
**형의 집행 및 수용자의 처우에 관한 법률**(최근개정: 2020. 2. 4. 법률 제16925호)
**제97조 (보호장비의 사용)**
① 교도관은 수용자가 다음 각 호의 어느 하나에 해당하면 보호장비를 사용할 수 있다.
　1. 이송・출정, 그 밖에 교정시설 밖의 장소로 수용자를 호송하는 때
　2. 도주・자살・자해 또는 다른 사람에 대한 위해의 우려가 큰 때
　3. 위력으로 교도관의 정당한 직무집행을 방해하는 때
　4. 교정시설의 설비・기구 등을 손괴하거나 그 밖에 시설의 안전 또는 질서를 해칠 우려가 큰 때
② 보호장비를 사용하는 경우에는 수용자의 나이, 건강상태 및 수용생활 태도 등을 고려하여야 한다.
③ 교도관이 교정시설의 안에서 수용자에 대하여 보호장비를 사용한 경우 의무관은 그 수용자의 건강상태를 수시로 확인하여야 한다.
**제98조 (보호장비의 종류 및 사용요건)**
① 보호장비의 종류는 다음 각 호와 같다.
　1. 수갑
　2. 머리보호장비
　3. 발목보호장비
　4. 보호대
　5. 보호의자
　6. 보호침대
　7. 보호복

13) 같은 취지의 견해로 최종술(2003), 58면 참조.

8. 포승

② 보호장비의 종류별 사용요건은 다음 각 호와 같다.

1. 수갑 · 포승: 제97조 제1항 제1호부터 제4호까지의 어느 하나에 해당하는 때
2. 머리보호장비: 머리부분을 자해할 우려가 큰 때
3. 발목보호장비 · 보호대 · 보호의자: 제97조 제1항 제2호부터 제4호까지의 어느 하나에 해당하는 때
4. 보호침대 · 보호복: 자살 · 자해의 우려가 큰 때

③ 보호장비의 사용절차 등에 관하여 필요한 사항은 대통령령으로 정한다.

**제99조 (보호장비 남용 금지)**

① 교도관은 필요한 최소한의 범위에서 보호장비를 사용하여야 하며, 그 사유가 없어지면 사용을 지체 없이 중단하여야 한다.

② 보호장비는 징벌의 수단으로 사용되어서는 아니 된다.

**[판례 28.7] 인간존엄을 침해하는 계구사용**

계구는 수용자에 대한 직접강제로 작용하므로 이것이 사용되면 수용자는 팔 · 다리 등 신체의 움직임에 큰 지장을 받게 되고 육체적 · 정신적 건강을 해칠 가능성이 높다. 따라서 계구의 사용은 무엇보다 수용자들의 육체적 · 정신적 건강 상태가 유지되는 범위 내에서 이루어져야 하고 시설의 안전과 구금생활의 질서에 대한 구체적이고 분명한 위험이 임박한 상황에서 이를 제거하기 위하여 제한적으로 필요한 만큼만 이루어져야 한다. 그 경우에도 가능한 한 인간으로서의 기본적인 품위를 유지할 수 있도록 하여야 한다. 피청구인이 수용시설의 안전과 질서유지를 책임지는 교도소의 소장으로서 청구인의 도주 및 자살, 자해 등을 막기 위하여 수갑 등의 계구를 사용한 목적이 정당하고 이 사건 계구사용행위가 이를 위한 적합한 수단이라 볼 수 있다.

그러나 청구인은 1년이 넘는 기간 동안 일주일에 1회 내지 많으면 수회, 각 약 30분 내지 2시간 동안 탄원서나 소송서류의 작성, 목욕, 세탁 등을 위해 일시적으로 해제된 것을 제외하고는 항상 이중금속수갑과 가죽수갑을 착용하여 두 팔이 몸에 고정된 상태에서 생활하였고 이와 같은 상태에서 식사, 용변, 취침을 함으로써 일상생활을 정상적으로 수행할 수 없었으므로 그로 인하여 신체적, 정신적으로 건강에 해를 입었을 가능성이 높고 인간으로서 최소한의 품위유지조차 어려운 생활을 장기간 강요당했다. 또한 적어도 기본적인 생리현상을 해결할 수 있도록 일시적으로 계구를 해제하거나 그 사용을 완화하는 조치가 불가능하였다고 볼 수도 없고, 청구인에게 도주의 경력이나 정신적 불안과 갈등으로 인하여 자살, 자해의 위험이 있었다 하더라도 그러한 전력과 성향이 1년 이상의 교도소 수용기간동안 상시적으로 양팔을 몸통에 완전히 고정시켜둘 정도의 계구사용을 정당화 할 만큼 분명하고 구체적인 사유가 된다고 할 수 없다. 따라서 이 사건 계구사용행위는 기본권제한의 한계를 넘어 필요 이상으로 장기간, 그리고 과도하게 청구인의 신체거동의 자유를 제한하고 최소한의 인간적인 생활을 불가능하도록 하여 청구인의 신체의 자유를 침해하고, 나아가 인간의 존엄성을 침해한 것으로 판단된다(헌재 2003. 12. 18. 2001헌마163).

## 3. 접 견 권

수형자에게 교정시설 외부와 교통할 수 있는 권리를[14] 보장하는 것은 수형자도 기본적 인권을 향유하는 주체라는 사실을 확인해준다는 점에서 대단히 중요하다. 하지만 수형자는 형집행을 위하여 구금된 자이므로 이러한 목적을 실현하기 위하여 외부와의 교통이 제한될 수는 있다.

외부와의 교통을 보장하기 위하여 수형자에게도 가족이나 친지 또는 변호인과의 접견(면회)과 교통은 원칙적으로 보장되어야 한다. 수형자의 접견과 교통에 대한 교도소의 허가는 교정시설의 안전과 질서를 유지하기 위한 목적을 위하여 필요한 경우에만 예외적으로 허용된다.[15] 하지만 구 형집행법은 접견과 교통을 원칙적으로 허가받아야 하는 사항으로 규정하여 이미 신체의 자유를 제한받고 있는 수형자의 기본권을 또 다시 제한하는 것으로 이해될 수 있었다. 현재는 수형자의 접견과 교통이 원칙적으로 허용되고 예외적으로만 제한될 수 있는 형식으로 규정되어 있다. 한편 형집행법에 따르면 접견의 대상은 가족에게 한정되지 않고, 모든 일반인도 접견이 가능하다. 다만 접견의 시간과 횟수 및 장소에는 제한이 따른다.[16]

**[법령 28.5] 수용자의 접견 보장**
**형의 집행 및 수용자의 처우에 관한 법률**(최근개정: 2020. 2. 4. 법률 제16925호)
**제41조 (접견)**
① 수용자는 교정시설의 외부에 있는 사람과 접견할 수 있다. 다만, 다음 각 호의 어느 하나에 해당하는 사유가 있으면 그러하지 아니하다.
1. 형사 법령에 저촉되는 행위를 할 우려가 있는 때
2. 「형사소송법」이나 그 밖의 법률에 따른 접견금지의 결정이 있는 때
3. 수형자의 교화 또는 건전한 사회복귀를 해칠 우려가 있는 때
4. 시설의 안전 또는 질서를 해칠 우려가 있는 때
② 수용자의 접견은 접촉차단시설이 설치된 장소에서 하게 한다. 다만, 다음 각 호

14) 수형자의 외부교통권은 좁은 의미로는 접견, 서신, 전화통화를 포함하고, 넓은 의미로는 이외에 신문과 도서의 열람 및 라디오와 텔레비전의 시청까지 포함한다. 곽병선(2000), 44면 참조. 한편 외부교통권에 외부통근이나 귀휴를 포함하는 것은 타당하지 않다는 견해도 있다. 박영규(2005), 75면 참조.

15) 구 행형법에서 접견을 원칙적으로 허가사항으로 규정한 것에 대한 비판으로 박영규(2005), 94면: "접견은 허가사항으로 할 것이 아니라, 수형자의 법적 지위에 따른 권리로서 최소한의 범위를 법률로 보장하고, 더 나아가서 사회복귀라는 처우의 목적에 비추어 보다 적극적으로 정할 필요가 있다."

16) 독일과 미국 및 일본의 접견제도에 대한 설명과 한국의 제도와의 비교에 대해서는 박영규(2005), 81면 이하 참조.

의 어느 하나에 해당하는 경우에는 접촉차단시설이 설치되지 아니한 장소에서 접견하게 한다.
1. 미결수용자(형사사건으로 수사 또는 재판을 받고 있는 수형자와 사형확정자를 포함한다)가 변호인과 접견하는 경우
2. 수용자가 소송사건의 대리인인 변호사와 접견하는 경우로서 교정시설의 안전 또는 질서를 해칠 우려가 없는 경우

③ 제2항에도 불구하고 다음 각 호의 어느 하나에 해당하는 경우에는 접촉차단시설이 설치되지 아니한 장소에서 접견하게 할 수 있다.
1. 수용자가 미성년자인 자녀와 접견하는 경우
2. 그 밖에 대통령령으로 정하는 경우

④ 소장은 다음 각 호의 어느 하나에 해당하는 사유가 있으면 교도관으로 하여금 수용자의 접견내용을 청취·기록·녹음 또는 녹화하게 할 수 있다.
1. 범죄의 증거를 인멸하거나 형사 법령에 저촉되는 행위를 할 우려가 있는 때
2. 수형자의 교화 또는 건전한 사회복귀를 위하여 필요한 때
3. 시설의 안전과 질서 유지를 위하여 필요한 때

⑤ 제4항에 따라 녹음·녹화하는 경우에는 사전에 수용

⑥ 접견의 횟수·시간·장소·방법 및 접견내용의 청취·기록·녹음·녹화 등에 관하여 필요한 사항은 대통령령으로 정한다.

**형의 집행 및 수용자의 처우에 관한 법률 시행령**(최근개정: 2020. 8. 5. 대통령령 제30909호)

**제58조 (접견)**

① 수용자의 접견은 매일(공휴일 및 법무부장관이 정한 날은 제외한다)「국가공무원 복무규정」 제9조에 따른 근무시간 내에서 한다.

② 변호인(변호인이 되려고 하는 사람을 포함한다. 이하 같다)과 접견하는 미결수용자를 제외한 수용자의 접견시간은 회당 30분 이내로 한다.

③ 수형자의 접견 횟수는 매월 4회로 한다.

④ 삭제

⑤ 법 및 이 영에 규정된 사항 외에 수형자, 사형확정자 및 미결수용자를 제외한 수용자의 접견 횟수·시간·장소 등에 관하여 필요한 사항은 법무부장관이 정한다.

⑥ 소장은 교정시설의 외부에 있는 사람의 수용자 접견에 관한 사무를 수행하기 위하여 불가피한 경우「개인정보 보호법」 시행령 제19조에 따른 주민등록번호, 여권번호, 운전면허의 면허번호 또는 외국인등록번호가 포함된 자료를 처리할 수 있다.

**제59조 (접견의 예외)**

① 소장은 제58조 제1항 및 제2항에도 불구하고 수형자의 교화 또는 건전한 사회복귀를 위하여 특히 필요하다고 인정하면 접견 시간대 외에도 접견을 하게 할 수 있고 접견시간을 연장할 수 있다.

② 소장은 제58조 제3항에도 불구하고 수형자가 다음 각 호의 어느 하나에 해당하면 접견 횟수를 늘릴 수 있다.
1. 19세 미만인 때
2. 교정성적이 우수한 때
3. 교화 또는 건전한 사회복귀를 위하여 특히 필요하다고 인정되는 때

③ 법 제41조 제3항 제2호에서 "대통령령으로 정하는 경우"란 다음 각 호의 어느 하나에 해당하는 경우를 말한다.
  1. 수형자가 제2항 제2호 또는 제3호에 해당하는 경우
  2. 미결수용자의 처우를 위하여 소장이 특별히 필요하다고 인정하는 경우
  3. 사형확정자의 교화나 심리적 안정을 위하여 소장이 특별히 필요하다고 인정하는 경우

**구 형의 집행 및 수용자의 처우에 관한 법률 시행령**(2008. 10. 29. 대통령령 제21095호로 개정되어 2014. 6. 25. 대통령령 제25397호로 개정되기 이전의 것)

**제58조 (접견)**

①~③ 생략

④ 수용자의 접견은 접촉차단시설이 설치된 장소에서 하게 한다. 다만, 미결수용자가 변호인과 접견하는 경우에는 그러하지 아니하다.

⑤~⑥ 생략

**[판례 28.8] 접견 장소의 제한**

이 사건 접견조항[형의 집행 및 수용자의 처우에 관한 법률 시행령(2008. 10. 29. 대통령령 제21095호로 개정된 것) 제58조 제4항-필자 주]에 따르면 수용자는 효율적인 재판준비를 하는 것이 곤란하게 되고, 특히 교정시설 내에서의 처우에 대하여 국가 등을 상대로 소송을 하는 경우에는 소송의 상대방에게 소송자료를 그대로 노출하게 되어 무기대등의 원칙이 훼손될 수 있다. 변호사 직무의 공공성, 윤리성 및 사회적 책임성은 변호사 접견권을 이용한 증거인멸, 도주 및 마약 등 금지물품 반입 시도 등의 우려를 최소화시킬 수 있으며, 변호사접견이라 하더라도 교정시설의 질서 등을 해할 우려가 있는 특별한 사정이 있는 경우에는 예외를 두도록 한다면 악용될 가능성도 방지할 수 있다. 따라서 이 사건 접견조항은 과잉금지원칙에 위배하여 청구인의 재판청구권을 지나치게 제한하고 있으므로, 헌법에 위반된다(헌재 2013. 8. 29. 2011헌마122).

**[판례 28.9] 금치된 수형자의 접견권 제한**

금치 징벌의 목적 자체가 징벌실에 수용하고 엄격한 격리에 의하여 개전을 촉구하고자 하는 것이므로 접견·서신수발의 제한은 불가피하며, 행형법시행령 제145조 제2항은 금치 기간 중의 접견·서신수발을 금지하면서도, 그 단서에서 소장으로 하여금 "교화 또는 처우상 특히 필요하다고 인정되는 때"에는 금치 기간 중이라도 접견·서신수발을 허가할 수 있도록 예외를 둠으로써 과도한 규제가 되지 않도록 조치하고 있으므로, 금치 수형자에 대한 접견·서신수발의 제한은 수용시설 내의 안전과 질서 유지라는 정당한 목적을 위하여 필요·최소한의 제한이다. 형이 확정되어 자유형의 집행을 위하여 수용되어 있는 수형자는 미결수용자의 지위와 구별되므로 접견의 빈도 등이 상당 정도 제한될 수밖에 없고, 수형자와 변호사와의 접견을 일반 접견에 포함시켜 제한하더라도 접견 횟수에 대한 탄력적 운용, 서신 및 집필문서 발송, 전화통화에 의하여 소송준비 또는 소송수행을 할 수 있으므로 피청구인의 접견 불허 처분이 헌법 제27조의 재판청구권 등 청구인의 헌법상

보장된 권리를 침해하는 것이라고 보기는 어렵다(헌재 2004. 12. 16. 2002헌마478).

**[판례 28.10] 변호사와의 접견시간 및 횟수의 제한**

수형자의 접견 시간 및 횟수를 제한하는 것은 교정시설 내의 수용질서 및 규율을 유지하기 위한 것으로서 목적의 정당성이 인정되고, 소송대리인인 변호사와의 접견을 일반 접견에 포함시켜 그 시간 및 횟수를 제한하는 것은 이러한 입법목적의 달성에 기여하므로 수단의 적절성 또한 인정된다. 수형자와 소송대리인인 변호사가 접견 이외에 서신, 전화통화를 통해 소송준비를 하는 것이 가능하다고 하더라도, 서신, 전화통화는 검열, 청취 등을 통해 그 내용이 교정시설 측에 노출되어 상담과정에서 위축되거나 공정한 재판을 받을 권리가 훼손될 가능성이 있으며, 서신은 접견에 비해 의견교환이 효율적이지 않고 전화통화는 시간이 원칙적으로 3분으로 제한되어 있어 소송준비의 주된 수단으로 사용하기에는 한계가 있다. 따라서 수형자의 재판청구권을 실효적으로 보장하기 위해서는 소송대리인인 변호사와의 접견 시간 및 횟수를 적절하게 보장하는 것이 필수적이다. 변호사 접견 시 접견시간의 최소한을 정하지 않으면 접견실 사정 등 현실적 문제로 실제 접견 시간이 줄어들 가능성이 있고, 변호사와의 접견 횟수와 가족 등과의 접견 횟수를 합산함으로 인하여 수형자가 필요한 시기에 변호사의 조력을 받지 못할 가능성도 높아진다. 접견의 최소시간을 보장하되 이를 보장하기 어려운 특별한 사정이 있는 경우에는 예외적으로 일정한 범위 내에서 이를 단축할 수 있도록 하고, 횟수 또한 별도로 정하면서 이를 적절히 제한한다면, 교정시설 내의 수용질서 및 규율의 유지를 도모하면서도 수형자의 재판청구권을 실효적으로 보장할 수 있을 것이다. 이와 같이 심판대상조항들은 법률전문가인 변호사와의 소송상담의 특수성을 고려하지 않고 소송대리인인 변호사와의 접견을 그 성격이 전혀 다른 일반 접견에 포함시켜 접견 시간 및 횟수를 제한함으로써 청구인의 재판청구권을 침해한다(헌재 2015. 11. 26. 2012헌마858).

## 4. 편지교환에 관한 권리

수형자도 원칙적으로 통신의 비밀에 관한 기본권의 주체가 된다.[17] 수형자가 외부와 교통하는 중요한 수단인 서신의 경우에 원칙적으로 통신의 비밀이 보장되어야 하고 국가안보나 질서유지와 같은 공익적 목적이 있는 경우에만 제한될 수 있다. 따라서 수형자를 구금하는 목적을 실현하고 수용시설 내의 질서를 유지하는 목적으로만 수형자의 서신에 대해서 검열을 할 수 있다.[18]

17) 같은 견해로 박인수(2006), 196면 참조.

18) 수형자에 대한 현행 서신검열제도는 본질내용침해금지원칙을 위반하여 위헌이라는 견해가 있다. 박인수(2006), 200면: "검열 결과 서신을 폐기하거나 석방 시까지 교부를 금지하는 것은 통신의 자유에 대한 본질적 내용의 침해에 해당한다고 할 것이다."

수형자에게는 미결수용자에게 보장되는 변호인의 조력을 받을 권리가 원칙적으로 보장되지 않기 때문에 이러한 범위에서는 변호인과의 서신에 대한 검열이 허용될 수 있다.[19] 하지만 수형자의 경우에도 변호인의 조력을 받을 권리가 보장되는 한 그러한 범위 안에서는 변호인과의 자유로운 서신교환이 보장되어야 하므로 변호인과의 교통을 위한 서신인 경우에는 검열이 허용되지 않는다. 예를 들어 수형자가 재심을 청구하거나 교정시설내에서 발생한 인권침해에 대해서 구제받기 위하여 변호인의 조력이 필요한 경우에는 변호인과 교환하는 서신에 대해서는 비밀이 보장되어야 한다.

**[법령 28.6] 수용자의 편지교환과 검열**

**형의 집행 및 수용자의 처우에 관한 법률 시행령**(최근개정: 2020. 8. 5. 대통령령 제30909호)

**제64조 (편지수수의 횟수)**

수용자가 보내거나 받는 편지는 법령에 어긋나지 않으면 횟수를 제한하지 않는다.

**제65조 (편지내용물의 확인)**

① 수용자는 편지를 보내려는 경우 해당 편지를 봉함하여 교정시설에 제출한다. 다만, 소장은 다음 각 호의 어느 하나에 해당하는 경우로서 법 제43조 제3항에 따른 금지물품의 확인을 위하여 필요한 경우에는 편지를 봉함하지 않은 상태로 제출하게 할 수 있다.

1. 다음 각 목의 어느 하나에 해당하는 수용자가 변호인 외의 자에게 편지를 보내려는 경우
   가. 법 제104조 제1항에 따른 마약류사범·조직폭력사범 등 법무부령으로 정하는 수용자
   나. 제84조 제2항에 따른 처우등급이 법 제57조 제2항 제4호의 중(重)경비시설 수용대상인 수형자
2. 수용자가 같은 교정시설에 수용 중인 다른 수용자에게 편지를 보내려는 경우
3. 규율위반으로 조사 중이거나 징벌집행 중인 수용자가 다른 수용자에게 편지를 보내려는 경우

② 소장은 수용자에게 온 편지에 금지물품이 들어 있는지를 개봉하여 확인할 수 있다.

**제66조 (편지 내용의 검열)**

① 소장은 법 제43조 제4항 제4호에 따라 다음 각 호의 어느 하나에 해당하는 수용자가 다른 수용자와 편지를 주고받는 때에는 그 내용을 검열할 수 있다.

1. 법 제104조 제1항에 따른 마약류사범·조직폭력사범 등 법무부령으로 정하는 수용자인 때
2. 편지를 주고받으려는 수용자와 같은 교정시설에 수용 중인 때

---

19) 수형자와 변호인과의 서신에 대한 검열이 통신의 비밀에 관한 기본권을 침해한다는 견해가 있다. 박인수(2006), 202면: "수형자와 변호인간의 서신수발에 대한 원칙적 검열에 대하여는 변호인의 조력을 받을 권리 이전에 수형자의 통신의 비밀과 자유를 과도하게 제한하고 있는 것으로, 위헌의 의심이 농후하다고 볼 수 있다."

3. 규율위반으로 조사 중이거나 징벌집행 중인 때
4. 범죄의 증거를 인멸할 우려가 있는 때

② 수용자 간에 오가는 편지에 대한 제1항의 검열은 편지를 보내는 교정시설에서 한다. 다만, 특히 필요하다고 인정되는 경우에는 편지를 받는 교정시설에서도 할 수 있다.
③ 소장은 수용자가 주고받는 편지가 법 제43조 제4항 각 호의 어느 하나에 해당하면 이를 개봉한 후 검열할 수 있다.
④ 소장은 제3항에 따라 검열한 결과 편지의 내용이 법 제43조 제5항의 발신 또는 수신 금지사유에 해당하지 아니하면 발신편지는 봉함한 후 발송하고, 수신편지는 수용자에게 건네준다.
⑤ 소장은 편지의 내용을 검열했을 때에는 그 사실을 해당 수용자에게 지체 없이 알려주어야 한다.

**구 형의 집행 및 수용자의 처우에 관한 법률 시행령**(2008. 10. 29. 대통령령 제21095호로 개정되어 2013. 2. 5. 대통령령 제24348호로 개정되기 이전의 것)

**제65조 (서신 내용물의 확인)**
① 수용자는 보내려는 서신을 봉함하지 않은 상태로 교정시설에 제출하여야 한다.
② 생략

**[판례 28.11] 서신의 무봉함 제출의무**

이 사건 시행령조항[형의 집행 및 수용자의 처우에 관한 법률 시행령(2008. 10. 29. 대통령령 제21095호로 개정된 것) 제65조 제1항-필자 주]은 교정시설의 안전과 질서유지, 수용자의 교화 및 사회복귀를 원활하게 하기 위해 수용자가 밖으로 내보내는 서신을 봉함하지 않은 상태로 제출하도록 한 것이나, 이와 같은 목적은 교도관이 수용자의 면전에서 서신에 금지물품이 들어 있는지를 확인하고 수용자로 하여금 서신을 봉함하게 하는 방법, 봉함된 상태로 제출된 서신을 X-ray 검색기 등으로 확인한 후 의심이 있는 경우에만 개봉하여 확인하는 방법, 서신에 대한 검열이 허용되는 경우에만 무봉함 상태로 제출하도록 하는 방법 등으로도 얼마든지 달성할 수 있다고 할 것인바, 위 시행령 조항이 수용자가 보내려는 모든 서신에 대해 무봉함 상태의 제출을 강제함으로써 수용자의 발송 서신 모두를 사실상 검열 가능한 상태에 놓이도록 하는 것은 기본권 제한의 최소 침해성 요건을 위반하여 수용자인 청구인의 통신비밀의 자유를 침해하는 것이다(헌재 2012. 2. 23. 2009헌마333).

**[판례 28.12] 수형자의 서신에 대한 검열**

수형자를 구금하는 목적은 자유형의 집행이고, 자유형의 본질상 수형자에게는 외부와의 자유로운 교통·통신에 대한 제한이 수반된다. 따라서 수형자에게 통신의 자유를 구체적으로 어느 정도 인정할 것인가의 기준은 기본적으로 입법권자의 입법정책에 맡겨져 있다. 수형자의 교화·갱생을 위하여 서신수발의 자유를 허용하는 것이 필요하다고 하더라도, 구금시설은 다수의 수형자를 집단으로 관리하는 시설로서 규율과 질서유지가 필요하므로 수형자의 서신수발의 자유에는 내재적 한계가 있고, 구금의 목적을 달성하기 위하여 수형자의 서신에 대한 검열은 불가피하다. 현행법령과 제도하에서 수형자가 수발하는 서신에 대한 검열로 인하여 수형자의 통신의 비밀이 일부 제한되는 것은 국가안전보장·질서유지 또는 공공복리라는 정당한 목적을 위하여 부득이할 뿐만 아니라 유효적절한 방법에 의한 최소한의 제한이며 통신의 자유의 본질적 내용을 침해하는 것이 아니다. 형사절차가 종료되어 교정시설에 수용중인 수형자는 원칙적으로 변호인의 조력을 받을 권리의 주체가 될 수 없다. 다만, 수형자의 경우에도 재심절차 등에는 변호인 선임을 위한 일반적인 교통·통신이 보장될 수도 있겠으나, 기록에 의하면 청구인은 교도소 내에서의 처우를 왜곡하여 외부인과 연계, 교도소내의 질서를 해칠 목적으로 변호사에게 이 사건 서신을 발송하려는 것이므로 이와 같은 경우에는 변호인의 조력을 받을 권리가 보장되는 경우에 해당한다고 할 수 없다(헌재 1998. 8. 27. 96헌마398).

## 5. 전화통화에 관한 권리

수형자를 포함한 수용자는 수용시설의 외부와 전화통화할 수 있는 권리를 가진다.[20] 이러한 권리는 수용목적의 달성을 위하여 제한될 수 있다. 다시 말해 전화통화에 대한 허가가 가능하고, 통화내용의 청취와 같은 조건을 전제로 허가할 수 있다.

**[법령 28.7]  수용자의 전화통화권**
**형의 집행 및 수용자의 처우에 관한 법률**(최근개정: 2020. 2. 4. 법률 제16925호)
**제44조 (전화통화)**
① 수용자는 소장의 허가를 받아 교정시설의 외부에 있는 사람과 전화통화를 할 수 있다.
② 제1항에 따른 허가에는 통화내용의 청취 또는 녹음을 조건으로 붙일 수 있다.
③ 제42조는 수용자의 전화통화에 관하여 준용한다.
④ 제2항에 따라 통화내용을 청취 또는 녹음하려면 사전에 수용자 및 상대방에게 그 사실을 알려 주어야 한다.
⑤ 전화통화의 허가범위, 통화내용의 청취·녹음 등에 관하여 필요한 사항은 법무부령으로 정한다.

**형의 집행 및 수용자의 처우에 관한 법률 시행규칙**(최근개정: 2020. 8. 5. 법무부령 제976호)
**제25조 (전화통화의 허가)**
① 소장은 전화통화(발신하는 것만을 말한다. 이하 같다)를 신청한 수용자에 대하여

20) 수용자가 외부와 전화통화할 수 있는 권리는 1999년 7차 개정에서 행형법에 명문으로 규정되었다. 이러한 전화통화제도에 대해서는 “수용자들이 심적 안정을 찾는 데 기여”하고, “가족과의 단절감을 해소함으로써 교정·교화에도 도움”을 주고 있을 뿐만 아니라 “교정의 선진화를 도모”했다는 평가가 있다. 박영규(2005), 87면 참조.

다음 각 호의 어느 하나에 해당하는 사유가 없으면 전화통화를 허가할 수 있다.
1. 범죄의 증거를 인멸할 우려가 있을 때
2. 형사법령에 저촉되는 행위를 할 우려가 있을 때
3. 「형사소송법」 제91조 및 같은 법 제209조에 따라 접견·편지수수 금지결정을 하였을 때
4. 교정시설의 안전 또는 질서를 해칠 우려가 있을 때
5. 수형자의 교화 또는 건전한 사회복귀를 해칠 우려가 있을 때

② 소장은 제1항에 따른 허가를 하기 전에 전화번호와 수신자(수용자와 통화할 상대방을 말한다. 이하 같다)를 확인하여야 한다. 이 경우 수신자에게 제1항 각 호에 해당하는 사유가 있으면 제1항의 허가를 아니할 수 있다.
③ 전화통화의 통화시간은 특별한 사정이 없으면 3분 이내로 한다.

**제26조 (전화이용시간)**
① 수용자의 전화통화는 매일(공휴일 및 법무부장관이 정한 날은 제외한다) 「국가공무원 복무규정」 제9조에 따른 근무시간 내에서 실시한다.
② 소장은 제1항에도 불구하고 평일에 전화를 이용하기 곤란한 특별한 사유가 있는 수용자에 대해서는 전화이용시간을 따로 정할 수 있다.

## 6. 목욕·운동할 수 있는 권리

수형자는 교정시설에 격리됨으로써 이미 신체의 거동에 관한 기본적 인권을 제한당한다. 따라서 교정시설 내에서 실외운동을 금지할 때는 합리적 범위 내에서만 허용된다. 운동의 자유는 행복추구권의 중요한 내용 가운데 하나인 일반적 행동의 자유에서 도출되는 기본권으로서 수용자에게도 원칙적으로 보장되는 권리로 이해되기 때문이다. 또한 수형자에게는 신체의 청결과 건강을 위하여 목욕할 수 있는 권리가 보장되어야 한다. 다만 수용시설의 질서를 위하여 횟수나 시간은 제한을 받는다. 이와 관련하여 형집행법은 수용자에게 자신의 신체와 의류 등을 청결하게 해야 할 '청결의무'를 부과하면서(동법 제32조 제1항) 위생을 위하여 머리카락과 수염을 단정하게 유지해야 의무를 부담시키고 있는데(동조 제2항) 이에 대해서는 종교적 의미에서 두발이나 수염을 기르는 사람의 종교의 자유에 대한 침해가 될 수 있다는 비판이 제기된다.[21)]

**[법령 28.8] 수용자의 운동과 목욕에 관한 권리**
**형의 집행 및 수용자의 처우에 관한 법률**(최근개정: 2020. 2. 4. 법률 제16925호)
**제33조 (운동 및 목욕)**
① 소장은 수용자가 건강유지에 필요한 운동 및 목욕을 정기적으로 할 수 있도록

21) 성중탁(2017), 314면 이하 참조.

하여야 한다.

② 운동시간・목욕횟수 등에 관하여 필요한 사항은 대통령령으로 정한다.

**형의 집행 및 수용자의 처우에 관한 법률 시행규칙**(최근개정: 2020. 8. 5. 법무부령 제976호)

**제49조 (실외운동)**

소장은 수용자가 매일(공휴일 및 법무부장관이 정하는 날은 제외한다) 「국가공무원 복무규정」 제9조에 따른 근무시간 내에서 1시간 이내의 실외운동을 할 수 있도록 하여야 한다. 다만, 다음 각 호의 어느 하나에 해당하면 실외운동을 실시하지 아니할 수 있다.

1. 작업의 특성상 실외운동이 필요 없다고 인정되는 때
2. 질병 등으로 실외운동이 수용자의 건강에 해롭다고 인정되는 때
3. 우천, 수사, 재판, 그 밖의 부득이한 사정으로 실외운동을 하기 어려운 때

**제50조 (목욕횟수)**

소장은 작업의 특성, 계절, 그 밖의 사정을 고려하여 수용자의 목욕횟수를 정하되 부득이한 사정이 없으면 매주 1회 이상이 되도록 한다.

**[판례 28.13] 수용자의 실외운동 금지**

실외운동은 구금되어 있는 수형자의 신체적・정신적 건강 유지를 위한 최소한의 기본적 요청이라고 할 수 있는데, 금치 처분을 받은 수형자는 일반 독거 수용자에 비하여 접견, 서신수발, 전화통화, 집필, 작업, 신문・도서열람, 라디오청취, 텔레비전 시청 등이 금지되어(행형법 시행령 제145조 제2항 본문) 외부세계와의 교통이 단절된 상태에 있게 되며, 환기가 잘 안 되는 1평 남짓한 징벌실에 최장 2개월 동안 수용된다는 점을 고려할 때, 금치 수형자에 대하여 일체의 운동을 금지하는 것은 수형자의 신체적 건강뿐만 아니라 정신적 건강을 해칠 위험성이 현저히 높다. 따라서 금치 처분을 받은 수형자에 대한 절대적인 운동의 금지는 징벌의 목적을 고려하더라도 그 수단과 방법에 있어서 필요한 최소한도의 범위를 벗어난 것으로서, 수형자의 헌법 제10조의 인간의 존엄과 가치 및 신체의 안전성이 훼손당하지 아니할 자유를 포함하는 제12조의 신체의 자유를 침해하는 정도에 이르렀다고 판단된다(헌재 2004. 12. 16. 2002헌마478).

**[판례 28.14] 금치기간 동안의 실외운동**

형집행법 제112조 제3항 본문 중 제108조 제13호에 관한 부분은 금치의 징벌을 받은 사람에 대해 금치기간 동안 실외운동을 원칙적으로 정지하는 불이익을 가함으로써, 규율의 준수를 강제하여 수용시설 내의 안전과 질서를 유지하기 위한 것으로서 목적의 정당성 및 수단의 적합성이 인정된다. 실외운동은 구금되어 있는 수용자의 신체적・정신적 건강을 유지하기 위한 최소한의 기본적 요청이고, 수용자의 건강 유지는 교정교화와 건전한 사회복귀라는 형 집행의 근본적 목표를 달성하는 데 필수적이다. 그런데 위 조항은 금치처분을 받은 사람에 대하여 실외운동을 원칙적으로 금지하고, 다만 소장의 재량에 의하여 이를 예외적으로 허용하고

있다. 그러나 소란, 난동을 피우거나 다른 사람을 해할 위험이 있어 실외운동을 허용할 경우 금치처분의 목적 달성이 어려운 예외적인 경우에 한하여 실외운동을 제한하는 덜 침해적인 수단이 있음에도 불구하고, 위 조항은 금치처분을 받은 사람에게 원칙적으로 실외운동을 금지한다. 나아가 위 조항은 예외적으로 실외운동을 허용하는 경우에도, 실외운동의 기회가 부여되어야 하는 최저기준을 법령에서 명시하고 있지 않으므로, 침해의 최소성 원칙에 위배된다. 위 조항은 수용자의 정신적·신체적 건강에 필요 이상의 불이익을 가하고 있고, 이는 공익에 비하여 큰 것이므로 위 조항은 법익의 균형성 요건도 갖추지 못하였다. 따라서 위 조항은 청구인의 신체의 자유를 침해한다(헌재 2016. 5. 26. 2014헌마45).

## 7. 집필할 수 있는 권리

운동과 마찬가지로 수형자의 집필행위도 원칙적으로 허용되어야 한다. 집필행위가 수용시설의 질서유지에 방해가 되지 않을 뿐만 아니라 오히려 수형자의 교화에 도움이 될 수 있기 때문이다. 물론 집필의 시간과 장소는 제한될 수 있다. 어쨌든 집필의 자유는 수형자도 당연히 그 주체가 되는 학문의 자유나 예술의 자유 또는 표현의 자유를 보장하는 구체적인 수단이 될 것이다.

**[법령 28.9] 수용자의 집필활동 보장**
**형의 집행 및 수용자의 처우에 관한 법률**(최근개정: 2020. 2. 4. 법률 제16925호)
**제49조 (집필)**
① 수용자는 문서 또는 도화(圖畫)를 작성하거나 문예·학술, 그 밖의 사항에 관하여 집필할 수 있다. 다만, 소장이 시설의 안전 또는 질서를 해칠 명백한 위험이 있다고 인정하는 경우는 예외로 한다.
② 제1항에 따라 작성 또는 집필한 문서나 도화를 지니거나 처리하는 것에 관하여는 제26조를 준용한다.
③ 제1항에 따라 작성 또는 집필한 문서나 도화가 제43조 제5항 각 호의 어느 하나에 해당하면 제43조 제7항을 준용한다.
④ 집필용구의 관리, 집필의 시간·장소, 집필한 문서 또는 도화의 외부반출 등에 관하여 필요한 사항은 대통령령으로 정한다.

**형의 집행 및 수용자의 처우에 관한 법률 시행령**(최근개정: 2020. 8. 5. 대통령령 제30909호)
**제74조 (집필용구의 구입비용)**
집필용구의 구입비용은 수용자가 부담한다. 다만, 소장은 수용자가 그 비용을 부담할 수 없는 경우에는 필요한 집필용구를 지급할 수 있다.
**제75조 (집필의 시간대·시간 및 장소)**
① 수용자는 휴업일 및 휴게시간 내에 시간의 제한 없이 집필할 수 있다. 다만, 부득이한 사정이 있는 경우에는 그러하지 아니하다.

② 수용자는 거실 · 작업장, 그 밖에 지정된 장소에서 집필할 수 있다.

**제76조 (문서 · 도화의 외부 발송 등)**

① 소장은 수용자 본인이 작성 또는 집필한 문서나 도화를 외부에 보내거나 내가려고 할 때에는 그 내용을 확인하여 법 제43조 제5항 각 호의 어느 하나에 해당하지 아니하면 허가하여야 한다.

② 제1항에 따라 문서나 도화를 외부로 보내거나 내갈 때 드는 비용은 수용자가 부담한다.

③ 생략

**[판례 28.15] 집필의 제한**

이 사건 시행령조항은 규율 위반자에 대해 불이익을 가한다는 면만을 강조하여 금치처분을 받은 자에 대하여 집필의 목적과 내용 등을 묻지 않고, 또 대상자에 대한 교화 또는 처우상 필요한 경우까지도 예외 없이 일체의 집필행위를 금지하고 있음은 입법목적 달성을 위한 필요최소한의 제한이라는 한계를 벗어난 것으로서 과잉금지의 원칙에 위반된다(헌재 2005. 2. 24. 2003헌마289).

## 8. 신문 · 도서를 구독할 수 있는 권리

수용자는 신문이나 도서를 구독할 수 있는 권리가 있다. 수용자도 헌법상 보장된 알권리의 주체가 되기 때문이다. 물론 수용시설의 질서유지를 위하여 수용자에게 일정한 기사가 삭제된 신문을 구독하게 할 수 있다. 하지만 명확한 기준도 없이 기사삭제를 무제한으로 허용하면 수용자의 기본적 인권인 알권리를 침해할 수 있는 가능성이 있다. 따라서 기사삭제의 목적과 범위에 관한 명확한 기준이 마련될 필요가 있다. 구 행형법에 따르면 "교도소 등의 안전과 질서를 해하거나 교화상 특히 부적당하다고 인정되는 등의 사유"를 신문이나 도서에 대한 구매와 열람을 제한하는 기준으로 규정하고 있었다(동법 제33조 제2항). 현행 형집행법에서는 유해간행물인 경우에 한해서 신문이나 도서의 구독을 제한하고 있다(동법 제47조 제2항).

**[법령 28.10] 신문 · 도서구독과 라디오청취 · 텔레비전시청**

**형의 집행 및 수용자의 처우에 관한 법률**(최근개정: 2020. 2. 4. 법률 제16925호)

**제47조 (신문 등의 구독)**

① 수용자는 자신의 비용으로 신문 · 잡지 또는 도서(이하 "신문 등" 이라 한다)의 구독을 신청할 수 있다.

② 소장은 제1항에 따라 구독을 신청한 신문 등이 「출판문화산업 진흥법」에 따른 유해간행물인 경우를 제외하고는 구독을 허가하여야 한다.

③ 제1항에 따라 구독을 신청할 수 있는 신문 등의 범위 및 수량은 법무부령으로 정한다.

**제48조 (라디오 청취와 텔레비전 시청)**

① 수용자는 정서안정 및 교양습득을 위하여 라디오 청취와 텔레비전 시청을 할 수 있다.

② 소장은 다음 각 호의 어느 하나에 해당하는 사유가 있으면 수용자에 대한 라디오 및 텔레비전의 방송을 일시 중단하거나 개별 수용자에 대하여 라디오 및 텔레비전의 청취 또는 시청을 금지할 수 있다.

1. 수형자의 교화 또는 건전한 사회복귀를 해칠 우려가 있는 때
2. 시설의 안전과 질서유지를 위하여 필요한 때

③ 방송설비·방송프로그램·방송시간 등에 관하여 필요한 사항은 법무부령으로 정한다.

**형의 집행 및 수용자의 처우에 관한 법률 시행규칙**(최근개정: 2020. 8. 5. 법무부령 제976호)

**제35조 (구독신청 수량)**

법 제47조에 따라 수용자가 구독을 신청할 수 있는 신문·잡지 또는 도서(이하 이 절에서 "신문 등"이라 한다)는 교정시설의 보관범위 및 수용자가 지닐 수 있는 범위를 벗어나지 않는 범위에서 신문은 월 3종 이내로, 도서(잡지를 포함한다)는 월 10권 이내로 한다. 다만, 소장은 수용자의 지식함양 및 교양습득에 특히 필요하다고 인정하는 경우에는 신문 등의 신청 수량을 늘릴 수 있다.

**제39조 (방송편성시간)**

소장은 수용자의 건강과 일과시간 등을 고려하여 1일 6시간 이내에서 방송편성시간을 정한다. 다만, 토요일·공휴일, 작업·교육실태 및 수용자의 특성을 고려하여 방송편성시간을 조정할 수 있다.

**[판례 28.16] 신문기사 삭제**

교화상 또는 구금목적에 특히 부적당하다고 인정되는 기사, 조직범죄 등 수용자 관련 범죄기사에 대한 신문기사 삭제행위는 구치소내 질서유지와 보안을 위한 것으로, 신문기사 중 탈주에 관한 사항이나 집단단식, 선동 등 구치소내 단체생활의 질서를 교란하는 내용이 미결수용자에게 전달될 때 과거의 예와 같이 동조단식이나 선동 등 수용의 내부질서와 규율을 해하는 상황이 전개될 수 있고, 이는 수용자가 과밀하게 수용되어 있는 현 구치소의 실정과 과소한 교도인력을 볼 때 구치소내의 질서유지와 보안을 어렵게 할 우려가 있다. 이 사건 신문기사의 삭제 내용은 그러한 범위내에 그치고 있을 뿐 신문기사 중 주요기사 대부분이 삭제된 바 없음이 인정되므로 이는 수용질서를 위한 청구인의 알 권리에 대한 최소한의 제한이라고 볼 수 있으며, 이로서 침해되는 청구인에 대한 수용질서와 관련되는 위 기사들에 대한 정보획득의 방해와 그러한 기사 삭제를 통해 얻을 수 있는 구치소의 질서유지와 보안에 대한 공익을 비교할 때 청구인의 알 권리를 과도하게 침해한 것은 아니다(헌재 1998. 10. 29. 98헌마4).

## 9. 건강보험

수형자가 교정시설에 수용된 경우에 국민건강보험급여가 정지된다. 이러한 제도는 국가로 하여금 수형자의 건강을 보호해주도록 하는 장점이 있다. 하지만 국가가 수용자에게 충분한 의료서비스를 보장해주지 못할 때 수용자는 대단히 어려운 상황에 처하게 된다. 여기서 수용자에게 국가의 의료보장과 국민건강보험 가입 가운데 하나를 선택할 수 있도록 하는 제도의 도입도 생각해볼 수 있다.

**[판례 28.17] 건강보험의 정지**

교도소에 수용된 때에는 국민건강보험급여를 정지하도록 한 국민건강보험법 제49조 제4호는 수용자에게 불이익을 주기 위한 것이 아니라, 국가의 보호, 감독을 받는 수용자의 질병치료를 국가가 부담하는 것을 전제로 수용자에 대한 의료보장제도를 합리적으로 운영하기 위한 것이므로 입법목적의 정당성을 갖고 있다. 가사 국가의 예산상의 이유로 수용자들이 적절한 의료보장을 받지 못하는 것이 현실이라고 하더라도 이는 수용자에 대한 국가의 보건의무불이행에 기인하는 것이지 위 조항에 기인하는 것으로 볼 수 없다. 위 조항은 수용자의 의료보장수급권을 직접 제약하는 규정이 아니며, 입법재량을 벗어나 수용자의 건강권을 침해하거나 국가의 보건의무를 저버린 것으로 볼 수 없으므로 수용자의 건강권, 인간의 존엄성, 행복추구권, 인간다운 생활을 할 권리를 침해하는 것이라 할 수 없다(헌재 2005. 2. 24. 2003헌마31).

## 10. 징　　벌

수용자가 수용시설의 질서를 위반하는 경우에는 징벌할 수 있다. 하지만 수용자에 대한 징벌은 합리적인 기준과 절차에 따라 합리적인 범위 안에서만 허용된다.22) 형집행법에 따르면 수용자에 대한 징벌은 '징벌위원회'의 의결로써 정하고, 징벌에는 경고, 근로봉사, 작업장려금 삭감, 각종 활동의 제한, 금치가 있다. 이 가운데 금치의 경우에 2개월 이내에서 외부와의 교통이 완전히 단절된 채 징벌실에 수용된다는 점에서(구 행형법 시행령 제145조 제2항) 합리적인 범위를 넘는 가혹한 징벌이라는 비판이 있었는데 개정된 형집행법은 금치기간을 30일 이내로 제한하고 있다.23)

---

22) 합리적인 절차에 의한 합리적인 범위의 징벌만 허용된다는 점에서 교도관에 의한 폭행은 징벌의 방법이 될 수 없다. 같은 견해로 최종술(2003), 62면: "지시명령 위반 수형자에 대하여는 행형법규에서 규정하는 절차와 방법을 거쳐 제지해야 하는 것이지 구타 등과 같은 폭행을 사용해서는 안 된다."

**[법령 28.11] 수용자의 징벌**

**형의 집행 및 수용자의 처우에 관한 법률**(최근개정: 2020. 2. 4. 법률 제16925호)

**제107조 (징벌)**

소장은 수용자가 다음 각 호의 어느 하나에 해당하는 행위를 하면 제111조의 징벌위원회의 의결에 따라 징벌을 부과할 수 있다.

1. 「형법」, 「폭력행위 등 처벌에 관한 법률」, 그 밖의 형사 법률에 저촉되는 행위
2. 수용생활의 편의 등 자신의 요구를 관철할 목적으로 자해하는 행위
3. 정당한 사유 없이 작업・교육 등을 거부하거나 태만히 하는 행위
4. 제92조의 금지물품을 지니거나 반입・제작・사용・수수・교환・은닉하는 행위
5. 다른 사람을 처벌받게 하거나 교도관의 직무집행을 방해할 목적으로 거짓 사실을 신고하는 행위
6. 그 밖에 시설의 안전과 질서유지를 위하여 법무부령으로 정하는 규율을 위반하는 행위

**제108조 (징벌의 종류)**

징벌의 종류는 다음 각 호와 같다.

1. 경고
2. 50시간 이내의 근로봉사
3. 3개월 이내의 작업장려금 삭감
4. 30일 이내의 공동행사 참가 정지
5. 30일 이내의 신문열람 제한
6. 30일 이내의 텔레비전 시청 제한
7. 30일 이내의 자비구매물품(의사가 치료를 위하여 처방한 의약품을 제외한다) 사용 제한
8. 30일 이내의 작업 정지(신청에 따른 작업에 한정한다)
9. 30일 이내의 전화통화 제한
10. 30일 이내의 집필 제한
11. 30일 이내의 편지수수 제한
12. 30일 이내의 접견 제한
13. 30일 이내의 실외운동 정지
14. 30일 이내의 금치

**제111조 (징벌위원회)**

① 징벌대상자의 징벌을 결정하기 위하여 교정시설에 징벌위원회(이하 이 조에서 "위원회"라 한다)를 둔다.

② 위원회는 위원장을 포함한 5명 이상 7명 이하의 위원으로 구성하고, 위원장은 소장의 바로 다음 순위자가 되며, 위원은 소장이 소속 기관의 과장(지소의 경우에는 7급 이상의 교도관) 및 교정에 관한 학식과 경험이 풍부한 외부인사 중에서 임명 또는 위촉한다. 이 경우 외부위원은 3명 이상으로 한다.

③ 위원회는 소장의 징벌요구에 따라 개회하며, 징벌은 그 의결로써 정한다.

④~⑥ 생략

23) 곽병선(2000), 153면 참조.

### 11. 강제급식

수용자가 급식을 거부하는 경우에 국가는 급식을 강제할 수 있는지가 문제될 수 있다. 인간은 누구나 '단식할 권리', 즉 먹기를 원하지 않으면 식사하지 않을 권리를 향유하기 때문이다. 수용시설에서 벌어지는 급식거부는 주로 수용시설에 대한 항의를 표현하는 단식행위의 형태로 이루어진다. 이때 수용시설은 수용자가 건강악화로 사망하는 것을 막기 위하여 강제급식을 실시하게 되는데(예: 콧속으로 튜브를 넣어 영양분을 공급하는 방식) 이 과정에서 수용자의 신체에 대한 고통을 가져오게 되어 사실상 '고문'에 가까운 결과를 초래하게 된다. 형집행법에 따르면 급식을 거부하는 수용자에게는 원칙적으로 조언이나 설득을 통해 음식물의 섭취가 이루어지도록 요구하고 있고, 강제급식은 "생명에 위험을 가져올 급박한 우려"가 있는 경우로 한정하고 있다(동법 제40조). 이에 따라 극히 예외적이기는 하지만 강제급식의 가능성을 남겨두고 있다. 독일의 형집행법도 수용자에 대한 강제급식을 생명에 대한 위험이나 건강에 대한 중대한 위험이 초래될 경우로 한정하면서도 '수용자의 자발적 의사결정'에 따라 급식을 거부하는 경우에 이러한 강제급식이 의무가 아님을 확인함으로써(동법 제101조 제1항) 한국의 형집행법과는 달리 규정하고 있다.

**[법령 28.12] 수용자에 대한 강제급식**
**형의 집행 및 수용자의 처우에 관한 법률**(최근개정: 2020. 2. 4. 법률 제16925호)
**제40조 (수용자의 의사에 반하는 의료조치)**
① 소장은 수용자가 진료 또는 음식물의 섭취를 거부하면 의무관으로 하여금 관찰·조언 또는 설득을 하도록 하여야 한다.
② 소장은 제1항의 조치에도 불구하고 수용자가 진료 또는 음식물의 섭취를 계속 거부하여 그 생명에 위험을 가져올 급박한 우려가 있으면 의무관으로 하여금 적당한 진료 또는 영양보급 등의 조치를 하게 할 수 있다.

## Ⅳ. 행형과 형벌의 목적을 고려한 재소자의 대우

구속의 집행을 위하여 수용된 미결수용자와 형의 집행을 위하여 수용된 수형자는 수용시설에 구금되어 사회와 격리됨으로써 이미 자신의 기본권을 제한받는다. 수용자는 구금됨으로써 이미 신체의 자유를 제한받는 것이다. 하지만 수용자는 여전히 인간으로서 존엄과 가치를 가지며 모든 인간에게 보장된 자유와 권리를 동일하게 보장받는다.24) 다만 수용시설의 안전과 질서를 유지하고 구금의 목적과 형집행의 목적을 달성하기 위하여 필요한 한도 안에서만 다른 기본권을 제한받을 수 있다.

특히 수형자의 경우에 구금과 격리, 그리고 이를 통한 범죄자로부터 사회의 보호는 행형의 본질적 목적이 될 수 없다. 행형의 본질적 목적은 수형자의 재사회화와 사회복귀라는 데 있어야 한다.25) 이러한 행형의 목적을 고려할 때 수형자를 사회와 '단절'시키는 처우보다 사회와 '연결'하는 처우가 되도록 개선될 필요가 있다. 수형자의 처우를 개선하기 위하여 무엇보다도 민간교도소를 확대하는 방안이 제시된다.26) 현행 형집행법에 따라 민간교도소의 설치에 관한 법적 근거가 이미 마련되어 있다.27) 또한 가석방제도의 확대도 수형자의 처우를 개선하기 위한 대안으로 제시된다. 그리고 또 다른 대안으로서 귀휴제도(행형성적이 우수한 수형자에게 외출이나 외박을 허가하는 제도)의 확대도 제시되고 있다. 이러한 대안들은 수형자를 가능한 한 사회를 향해 개방시킴으로써 수형자의 재사회화와 사회복귀에 도움이 되도록 하는 목적에 지향되어 있다.28) 종래에 행형의 목적으로 이해되었던

24) 형집행법도 이와 같은 사실을 확인하고 있다. 동법 제4조(인권의 존중): "이 법을 집행하는 때에 수용자의 인권은 최대한으로 존중되어야 한다."; 동법 제5조(차별금지): "수용자는 합리적인 이유 없이 성별, 종교, 장애, 나이, 사회적 신분, 출신지역, 출신국가, 출신민족, 용모 등 신체조건, 병력(病歷), 혼인 여부, 정치적 의견 및 성적(性的) 지향 등을 이유로 차별받지 아니한다."

25) 행형의 목적을 수용자의 재사회화와 사회복귀에 둔다는 점에 대해서는 조준현(2005), 8면: "행형법은 어디까지나 수형자를 사회에 복귀시키고, 수형자를 사회에 통합시키는 것, 즉 그를 재사회화하는 것을 목적으로 한다. 수형자의 수용이 꼭 필요하고 일정기간만이라도 사회는 그로부터 안전을 보장받아야 한다는 취지도 인정되지만, 행형목적을 추구하는 과정에서 부수적으로 나타나는 효과라고 이해한다." 이러한 재사회화는 헌법의 기본원리인 사회국가원리에 의해서 정당화되기도 한다. 이호중(2003), 397면: "사회화의 결함을 보충한다는 의미에서 수형자에 대한 재사회화는 헌법적으로는 사회국가원리에 의하여 뒷받침될 수 있다." 그 밖에 재사회화를 사회국가원리에 근거해서 다음과 같이 설명하기도 한다. 문정민(2001), 239면: "행형에 있어서 재사회화는 수형자에 대한 치료행위가 아니라 사회국가원칙에 그 근거를 두고 있는 일종의 원조행위이다. 즉 수형자는 환자가 아니라 사회적으로 일정한 도움이 필요한 사람이다."

26) 수형자의 재사회화라는 행형의 목적과 교정처우의 개방화를 연결시키는 견해가 있다. 강영철(2000): "오늘날 행형의 궁극적 목적이 수형자의 재사회화에 있다면 교정처우의 사회화와 개방화를 통한 수형자와 사회와의 접촉과 교제의 가능성을 최대한 확대하는 것이 필요할 것이다."

27) 형집행법 제7조(교정시설 설치·운영의 민간위탁) ① 법무부장관은 교정시설의 설치 및 운영에 관한 업무의 일부를 법인 또는 개인에게 위탁할 수 있다. ② 제1항에 따라 위탁을 받을 수 있는 법인 또는 개인의 자격요건, 교정시설의 시설기준, 수용대상자의 선정기준, 수용자 처우의 기준, 위탁절차, 국가의 감독, 그 밖에 필요한 사항은 따로 법률로 정한다.

28) 수용자의 가족관계를 복원하고 심리적 안정을 도모하기 위해서 교정시설내에 '가족만남의

구금과 격리만으로는 수형자의 재사회화와 사회복귀가 불가능하기 때문이다.

행형의 목적에 대한 올바른 이해는 형벌의 목적에 대한 이해와 맞물려 있다. 전통적으로 형벌의 목적은 범죄에 대한 응보와 이를 통한 일반인의 범죄가능성에 대한 예방이었다. 하지만 최근에는 형벌의 목적을 범죄자의 교정 또는 교화(재사회화)와 정상적인 사회복귀로 이해하는 견해가 우세하다. 범죄자를 응징하기 위하여 사회로부터 격리시키는 것이 아니라 범죄자를 정상적인 사회생활에 적응할 수 있도록 교정하여 사회에 통합시키는 것이 형벌의 목적이 되고 있다. 이러한 이해에는 범죄자도 기본적 인권의 주체라는 인식이 깔려 있다. 인간은 응징과 이로 인한 범죄예방의 수단이 아니라 존엄과 가치를 가진 존재로서 그에 상응하는 교정과 재사회화가 필요한 목적이라는 이해가 그러한 인식의 본질적인 내용이다. 따라서 범죄자를 교정시설 내에 격리시키는 것은 격리 그 자체가 목적이 아니라 교정과 재사회화를 위한 물적 시설을 제공하는 것으로 이해된다.

행형과 형벌의 목적을 고려할 때 교도소와 수형자의 관계를 이른바 '특별권력관계'로 이해하는 견해는 더 이상 유지될 수 없다. 특별권력관계이론에 따르면 교도소와 수형자 사이에는 포괄적인 지배와 복종의 관계가 형성된다.[29] 따라서 교도소는 이미 신체의 자유를 제약당하고 있는 수형자의 다른 기본권도 법률적 근거나 절차 없이 제약할 수 있는 포괄적인 권한을 부여받는다. 그리고 수형자는 이러한 기본권제약에 대해서 구제받을 수 있는 권리도 절차도 보장될 필요가 없게 된다. 하지만 이러한 견해는 법치주의원리에 정면으로 부딪힌다. 어떠한 국민의 기본권도 법률적 근거와 절차 없이 제한될 수 없는 것이고, 기본권침해에 대해서는 구제를 받을 수 있는 절차가 반드시 보장되어야 하기 때문이다.

현재 수용자의 기본권침해를 예방하고 구제하기 위한 제도로서 고지제도(형집행법 제17조), 순회점검 및 시찰제도(동법 제8조, 제9조), 소장면담제도(동법 제116조), 청원제도(동법 제117조), 정보공개청구제도(동법 제117조의2) 등이 규정되어 있다. 그 밖에도 일반적인 권리구제수단인 행정심판이나 행정소송제도, 국가배상제도, 헌법소원제도 및 국가인권위원회에의 진정제도[30]를 통해서 기본권을 침해받

---

집'을 설치하여 1박 2일 동안 가족과 함께 숙식하며 접견할 수 있도록 한다든지, '가족만남의 날'을 실시하여 접견실 외에서 수용자와 가족이 만나 음식물을 취식하며 접견할 수 있도록 하고 있는 것도 수용자의 사회복귀를 돕는 바람직한 제도로 평가할 수 있다.

29) 재소자와 관련된 특별권력관계이론에 대한 자세한 설명은 신양균(2000), 83면; 조준현(2004), 37면 이하 참조.

30) 국가인권위원회법 제31조(시설수용자의 진정권 보장) ① 시설수용자가 위원회에 진정하려고 하면 그 시설에 소속된 공무원 또는 직원(이하 "소속공무원등"이라 한다)은 그 사람에게 즉시 진정서 작성에 필요한 시간과 장소 및 편의를 제공하여야 한다. ② 시설수용자가 위원

은 수용자가 권리를 구제받을 수 있다.

**[법령 28.13] 형집행법의 고지제도, 순회점검제도, 청원제도**

**형의 집행 및 수용자의 처우에 관한 법률**(최근개정: 2020. 2. 4. 법률 제16925호)

**제8조 (교정시설의 순회점검)**

법무부장관은 교정시설의 운영, 교도관의 복무, 수용자의 처우 및 인권실태 등을 파악하기 위하여 매년 1회 이상 교정시설을 순회점검하거나 소속 공무원으로 하여금 순회점검하게 하여야 한다.

**제9조 (교정시설의 시찰 및 참관)**

① 판사와 검사는 직무상 필요하면 교정시설을 시찰할 수 있다.

② 생략

**제17조 (고지사항)**

신입자 및 다른 교정시설로부터 이송되어 온 사람에 대하여는 말이나 서면으로 다음 각 호의 사항을 알려 주어야 한다.

1. 형기의 기산일 및 종료일
2. 접견·편지, 그 밖의 수용자의 권리에 관한 사항
3. 청원, 「국가인권위원회법」에 따른 진정, 그 밖의 권리구제에 관한 사항
4. 징벌·규율, 그 밖의 수용자의 의무에 관한 사항
5. 일과(日課) 그 밖의 수용생활에 필요한 기본적인 사항

**제116조 (소장 면담)**

① 수용자는 그 처우에 관하여 소장에게 면담을 신청할 수 있다.

② 소장은 수용자의 면담신청이 있으면 다음 각 호의 어느 하나에 해당하는 사유가 있는 경우를 제외하고는 면담을 하여야 한다.

1. 정당한 사유 없이 면담사유를 밝히지 아니하는 때
2. 면담목적이 법령에 명백히 위배되는 사항을 요구하는 것인 때
3. 동일한 사유로 면담한 사실이 있음에도 불구하고 정당한 사유 없이 반복하여

---

또는 위원회 소속 직원 앞에서 진정하기를 원하는 경우 소속공무원 등은 즉시 그 뜻을 위원회에 통지하여야 한다. ③ 소속공무원등은 제1항에 따라 시설수용자가 작성한 진정서를 즉시 위원회에 보내고 위원회로부터 접수증명원을 받아 이를 진정인에게 내주어야 한다. 제2항의 통지에 대한 위원회의 확인서 및 면담일정서는 발급받는 즉시 진정을 원하는 시설수용자에게 내주어야 한다. ④ 제2항에 따라 통지를 받은 경우 또는 시설수용자가 진정을 원한다고 믿을 만한 상당한 근거가 있는 경우 위원회는 위원 또는 소속 직원으로 하여금 구금·보호시설을 방문하게 하여 진정을 원하는 시설수용자로부터 구술 또는 서면으로 진정을 접수하게 하여야 한다. 이때 진정을 접수한 위원 또는 소속 직원은 즉시 접수증명원을 작성하여 진정인에게 내주어야 한다. ⑤ 제4항에 따른 위원 또는 소속 직원의 구금·보호시설의 방문 및 진정의 접수에 관하여는 제24조 제3항 및 제4항을 준용한다. ⑥ 시설에 수용되어 있는 진정인(진정을 하려는 사람을 포함한다)과 위원 또는 위원회 소속 직원의 면담에는 구금·보호시설의 직원이 참여하거나 그 내용을 듣거나 녹취하지 못한다. 다만, 보이는 거리에서 시설수용자를 감시할 수 있다. ⑦ 소속공무원등은 시설수용자가 위원회에 제출할 목적으로 작성한 진정서 또는 서면을 열람할 수 없다. ⑧ 시설수용자의 자유로운 진정서 작성과 제출을 보장하기 위하여 구금·보호시설에서 이행하여야 할 조치와 그 밖에 필요한 절차와 방법은 대통령령으로 정한다.

면담을 신청하는 때
4. 교도관의 직무집행을 방해할 목적이라고 인정되는 상당한 이유가 있는 때
③ 소장은 특별한 사정이 있으면 소속 교도관으로 하여금 그 면담을 대리하게 할 수 있다. 이 경우 면담을 대리한 사람은 그 결과를 소장에게 지체 없이 보고하여야 한다.
④ 소장은 면담한 결과 처리가 필요한 사항이 있으면 그 처리결과를 수용자에게 알려야 한다.

**제117조 (청원)**

① 수용자는 그 처우에 관하여 불복하는 경우 법무부장관·순회점검공무원 또는 관할 지방교정청장에게 청원할 수 있다.
② 제1항에 따라 청원하려는 수용자는 청원서를 작성하여 봉한 후 소장에게 제출하여야 한다. 다만, 순회점검공무원에 대한 청원은 말로도 할 수 있다.
③ 소장은 청원서를 개봉하여서는 아니 되며, 이를 지체 없이 법무부장관·순회점검공무원 또는 관할 지방교정청장에게 보내거나 순회점검공무원에게 전달하여야 한다.
④ 제2항 단서에 따라 순회점검공무원이 청원을 청취하는 경우에는 해당 교정시설의 교도관 등이 참여하여서는 아니 된다.
⑤ 청원에 관한 결정은 문서로 하여야 한다.
⑥ 소장은 청원에 관한 결정서를 접수하면 청원인에게 지체 없이 전달하여야 한다.

**제117조의2 (정보공개청구)**

① 수용자는 「공공기관의 정보공개에 관한 법률」에 따라 법무부장관, 지방교정청장 또는 소장에게 정보의 공개를 청구할 수 있다.
②~④ 생략

**제118조 (불이익처우 금지)**

수용자는 청원, 진정, 소장과의 면담, 그 밖의 권리구제를 위한 행위를 하였다는 이유로 불이익한 처우를 받지 아니한다.

### 토론문제

1. 범죄자에게 형벌을 부과하는 목적은 무엇인가?
2. 수용시설에 수용된 사람들에게 보장되어야 하는 인권은 어떤 것들이 있는가?
3. 형이 확정되지 않은 미결수와 형이 확정된 기결수 사이에 인권보장과 관련된 차등적 대우가 가능한가?

### 내 입장은?

1. 사회의 방어를 위하여 범죄자는 격리되어야 한다.

2. 범죄자의 사회복귀를 돕기 위하여 범죄자는 사회로 통합되어야 한다.

## ▌참고문헌▐

강영철(2000), 행형의 목적과 수형자의 재사회화, ≪교정연구≫(한국교정학회), 제11호(2000), 251~274면.

곽병선(2000), 개정 행형법상 수형자의 외부교통권－시민적 및 정치적 권리에 관한 국제규약의 관점에서－, ≪형사정책≫(한국형사정책학회), 제12권 제2호(2000), 137~160면.

김종세(2014), 수형자의 선거권 제한과 한계－헌법재판소 2014.1.28. 선고, 2012헌마409－, ≪법학연구≫(한국법학회), 제56집(2014), 37~50면.

문정민(2001), 수형자의 권리침해에 대한 구제, ≪교정연구≫(한국교정학회), 제13호(2001), 233~234면.

박영규(2005), 수형자의 외부교통권, ≪교정연구≫(한국교정학회), 제28호(2005), 75~104면.

박인수(2006), 수용자의 서신검열과 통신의 자유, ≪공법학연구≫(한국비교공법학회), 제7권 제2호(2006), 191~208면.

박찬운(2014), 수형자의 변호사 접견교통권－헌재 결정의 국제인권법적 검토－, ≪법학논총≫(한양대학교 법학연구소), 제31권 제2호(2014), 97~121면.

성중탁(2017), 수용자의 종교적 기본권 행사 보장 문제－미연방 대법원 Holt v. Hobbs, 574 U.S. (2015) 사건을 계기로, ≪법학연구≫(인하대학교 법학연구소), 제20집 제1호(2017), 295~324면.

송승현(2019), 변호인 접견교통권과 인권 보장 간의 괴리, ≪법학논문집≫(중앙대학교 법학연구원), 제43집 제3호(2019), 115~151면.

신양균(2000), 행형법 개정과 수형자의 인권보장, ≪형사정책≫(한국형사정책학회), 제12권 제2호(2000), 79~105면.

신양균(2006), 행형법상 수용과 처우에 대한 일반적 검토－행형법 개정안에 대한 검토를 중심으로－, ≪형사정책≫(한국형사정책학회), 제18권 제1호(2006), 85~108면.

이무선(2020), 헌법 측면에서 본 형집행법 개정방향: 수형자 인권, ≪교정담론≫(아시아교정포럼), 제14권 제1호(2020), 295~324면.

이석배/오연수(2013), 수형자의 치료받을 권리, 의사의 진단과 형집행정지, ≪의료법학≫(대한의료법학회), 제14권 제2호(2013), 87~112면.

이호중(2003), 행형의 통제구조와 수형자의 기본권 제한−누진처우와 준법서약을 중심으로−, ≪형사정책≫(한국형사정책학회), 제15권 제2호, 385~415면.

정진수(2002), ≪수형자의 법적 권리에 관한 연구≫, 한국형사정책연구원, 2002.

조성용(2015), 수형자와 변호사 간의 접견내용 녹취행위−헌법재판소 결정(2011헌마398)에 대한 평석−, ≪법조≫(법조협회), 제64권 제5호(2015), 278~314면.

조준현(2000), 수형자의 법적 지위와 처우의 구체적 내용, ≪고시계≫, 통권 제516호(2000년 2월호), 108~116면.

조준현(2004), 수형자의 인권과 그 한계, ≪교정연구≫(한국교정학회), 제25호(2004), 35~65면.

조준현(2005), 행형의 이념·목적과 행형법 개정방향, ≪교정연구≫(한국교정학회), 제29호(2005), 7~31면.

최정기(2001), 총체적 통제시설과 수형자의 일상문화−1960년대 이후 한국의 비전향장기수를 중심으로−, ≪형사정책≫(한국형사정책학회), 제13권 제1호(2001), 193~217면.

최종술(2003), 행형의 목적과 수용자 인권, ≪교정연구≫(한국교정학회), 제21호(2003), 47~82면.

# 제29장
# 성(性)의 상품화와 성매매여성의 인권

"매춘행위와 매음을 목적으로 하는 인신매매에 따르는 해독은
인간의 존엄성과 가치에 부합하지 않으며
또한 개인과 가정 및 공동사회의 복지를 위태롭게 하며, …"
≪유엔 인신매매금지 및 타인의 매춘행위에 의한 착취금지에 관한 협약(1950)≫

미스코리아는 아름답다. 아름다움은 비싸다. 이미지를 사고파는 시대에 아름다움은 훌륭한 이미지 상품이다. 아름다움은 선하고, 추함은 악하다는 고정관념이 우리 모두에게 자리 잡았는지도 모른다. 아름다움과 성적 이미지는 흔히 섞인다. 성적 이미지가 포함된 아름다움은 대단히 매력적인 상품이 된다. 상품화된 성적 이미지는 흔히 거친 성매매의 현실로 변질되기도 한다.

가난 때문에 어쩔 수 없이 성을 파는 사람이 있다. 그냥 재미가 있고 돈벌이가 되기 때문에 성을 파는 사람도 있다. 심지어 강압에 못 이겨 성을 파는 사람도 있다. 자본주의 경제질서 안에서 무엇을 파는 것이 악일 수는 없다. 단순히 성과 관련된 어떤 것을 파는 것도 악한 일이 아니다. 하지만 '몸을 판다'로 표현되는 성매매는 원칙적으로 악하다는 고정관념이 널리 유포되어 있다.

성을 파는 사람은 남성일 수도 있다. 하지만 성을 파는 사람은 대부분 여성이다. '노는 여자', '몸을 파는 여자'를 의미하는 창녀(娼女)가 있다면 그 여자와 '같이 노는 남자'나 '몸을 사는 남자'도 있게 마련이다. 성매매는 노는 여자와 남자, 몸을 파는 여자와 사는 남자를 하나의 개념 안에 묶음으로써 노는 행위와 파는 행위를 완전하게 표현하는 단어가 된다. 문제는 모든 노는 행위와 파는 행위가 금지되는 것인지, 금지된다면 노는 여자 혹은 파는 여자를 어떻게 보호할 것인지, 그리고 금지되지 않는다면 그것은 어떤 경우이고, 이 경우에 노는 여자 혹은 파는 여자에게는 어떠한 권리가 보장되는지 하는 점이다.

# Ⅰ. 개념과 문제제기

자신의 성(性)을 파는 행위를 흔히 '매춘' 또는 '윤락'으로, 자신의 성을 파는 여성들을 '창녀'나 '윤락녀'로 부른다.[1] 이제 폐지된 **윤락행위등방지법**(2004. 3. 22. 법률 제7196호로 폐지)도[2] 성을 파는 행위, 즉 "불특정인을 상대로 하여 금품 기타 재산상의 이익을 받거나 받을 것을 약속하고 성행위를 하는 것"을 "윤락행위(淪落行爲)"로 규정하였다. 그리고 이러한 윤락행위뿐만 아니라 윤락행위의 상대자가 되는 행위, 윤락행위를 하도록 권유·유인·알선 또는 강요하거나 그 상대자가 되도록 권유·유인·알선 또는 강요하는 행위, 윤락행위의 장소를 제공하는 행위, 윤락행위를 한 자 또는 윤락행위의 상대자에게 금품 기타 재산상의 이익을 요구하거나, 받거나 또는 받을 것을 약속하는 행위가 금지되었고 이러한 행위를 한 자는 처벌받았다.

한편 새로 제정된 **성매매알선 등 행위의 처벌에 관한 법률**(최근개정: 2021. 3. 16. 법률 제17931호, 이하 **성매매처벌법**)은[3] 성을 사고파는 행위를 "성매매"라고 부른다. '성매매'라는 용어는 '윤락'이라는 용어보다 성을 사고파는 행위에 대한 객관적이고 중립적인 이해를 가능하게 하는 장점이 있다. 이러한 성매매뿐만 아니라 성매매의 알선 등과 성매매 목적의 인신매매, 성매매를 위한 고용·모집, 그리고 성매매와 성매매업소에 대한 광고는 모두 금지된다.[4] 성매매처벌법에서 중요한 변화는 성매매를 강요당하거나 성매매 목적의 인신매매를 당한 자를 '성매매피해자'로 규정하여 자발적인 성매매자와 구별하고 있다는 점이다.[5] 이에 따라 선불금이

---

1) 매춘(賣春)은 성을 파는(賣) 사람을 중심으로 표현된다는 점에서, 더 나아가 성을 파는 행위를 봄(春)을 파는 행위로 묘사함으로써 성을 사는 남성의 행위를 사회적 필요악으로 정당화하고 있다는 점에서 비판받았다. 또한 윤락(淪落)은 도덕적으로 타락(落)한 행위를 한다는 의미이기 때문에 성을 파는 행위를 개인의 도덕적 문제로 축소시키고, 성을 파는 여성은 성도덕을 문란하게 하거나 가정을 파괴하는 여성으로 묘사된다는 점에서 비판이 가해졌다. 이처럼 매춘이나 윤락과 같은 용어에서 나타나듯이 종래에 성을 사고파는 행위에 대한 비난의 중점은 '성을 파는 여성'에게 있었다. 같은 맥락에서 성을 파는 여성을 창녀로 낙인찍는 사회적 맥락에 대한 연구로 원미혜(2011), 50면 이하 참조.

2) 윤락행위등방지법을 포함한 우리나라 성매매 법제의 역사에 대해서는 최병각(2004), 50면 이하 참조. 한편 성매매 관련법률의 집행 현황에 대해서는 김은경(2004), 139면 이하 참조.

3) 성매매처벌법에 대한 자세한 설명과 집행현황 및 문제점에 대해서는 윤덕경(2006), 24면 이하 참조. 또한 이 법률의 제정을 위한 운동과정에 대해서는 조영숙(2006), 189면 이하 참조.

4) 성매매처벌법에 대해서는 실효성도 없이 형벌의 과잉만을 초래했다는 비판이 있다. 임상규(2005), 183면 이하 참조. 그 밖에도 성매매처벌법에 대한 법이론적 비판에 대해서는 박혜진(2007), 385면 이하 참조.

5) 이러한 중요한 변화를 포함하여 성매매처벌법이 가지는 장점에 대해서 "성매매규제에 대한 새로운 패러다임"으로 평가하기도 한다. 한상희(2006), 63면 이하 참조. 하지만 성매매여성을 구분하는 것은 "반여성주의적"이라는 비판도 있다. 김애령(2008), 262면 참조.

나 폭행, 협박 또는 감금 등에 의하여 성매매를 강요당한 성매매피해자는 처벌받지 않고, 자발적으로 성매매를 한 여성만 처벌을 받게 된다.

**[법령 29.1] 성매매알선 등 행위의 처벌에 관한 법률**(최근개정: 2021. 3. 16. 법률 제17931호)

**제2조 (정의)**

① 이 법에서 사용하는 용어의 뜻은 다음과 같다.

1. "성매매"란 불특정인을 상대로 금품이나 그 밖의 재산상의 이익을 수수(收受)하거나 수수하기로 약속하고 다음 각 목의 어느 하나에 해당하는 행위를 하거나 그 상대방이 되는 것을 말한다.
   가. 성교행위
   나. 구강, 항문 등 신체의 일부 또는 도구를 이용한 유사 성교행위
2. "성매매알선 등 행위"란 다음 각 목의 어느 하나에 해당하는 행위를 하는 것을 말한다.
   가. 성매매를 알선, 권유, 유인 또는 강요하는 행위
   나. 성매매의 장소를 제공하는 행위
   다. 성매매에 제공되는 사실을 알면서 자금, 토지 또는 건물을 제공하는 행위
3. "성매매 목적의 인신매매"란 다음 각 목의 어느 하나에 해당하는 행위를 하는 것을 말한다.
   가. 성을 파는 행위 또는 「형법」 제245조에 따른 음란행위를 하게 하거나, 성교행위 등 음란한 내용을 표현하는 사진·영상물 등의 촬영 대상으로 삼을 목적으로 위계(僞計), 위력(威力), 그 밖에 이에 준하는 방법으로 대상자를 지배·관리하면서 제3자에게 인계하는 행위
   나. 가목과 같은 목적으로 「청소년보호법」 제2조 제1호에 따른 청소년(이하 "청소년"이라 한다), 사물을 변별하거나 의사를 결정할 능력이 없거나 미약한 사람 또는 대통령령으로 정하는 중대한 장애가 있는 사람이나 그를 보호·감독하는 사람에게 선불금 등 금품이나 그 밖의 재산상의 이익을 제공하거나 제공하기로 약속하고 대상자를 지배·관리하면서 제3자에게 인계하는 행위
   다. 가목 및 나목의 행위가 행하여지는 것을 알면서 가목과 같은 목적이나 전매를 위하여 대상자를 인계받는 행위
   라. 가목부터 다목까지의 행위를 위하여 대상자를 모집·이동·은닉하는 행위
4. "성매매피해자"란 다음 각 목의 어느 하나에 해당하는 사람을 말한다.
   가. 위계, 위력, 그 밖에 이에 준하는 방법으로 성매매를 강요당한 사람
   나. 업무관계, 고용관계, 그 밖의 관계로 인하여 보호 또는 감독하는 사람에 의하여 「마약류관리에 관한 법률」 제2조에 따른 마약·향정신성의약품 또는 대마(이하 "마약등"이라 한다)에 중독되어 성매매를 한 사람
   다. 청소년, 사물을 변별하거나 의사를 결정할 능력이 없거나 미약한 사람 또는 대통령령으로 정하는 중대한 장애가 있는 사람으로서 성매매를 하도록 알선·유인된 사람
   라. 성매매 목적의 인신매매를 당한 사람

② 다음 각 호의 어느 하나에 해당하는 경우에는 대상자를 제1항 제3호 가목에 따른 지배·관리하에 둔 것으로 본다.
 1. 선불금 제공 등의 방법으로 대상자의 동의를 받은 경우라도 그 의사에 반하여 이탈을 제지한 경우
 2. 다른 사람을 고용·감독하는 사람, 출입국·직업을 알선하는 사람 또는 그를 보조하는 사람이 성을 파는 행위를 하게 할 목적으로 여권이나 여권을 갈음하는 증명서를 채무이행 확보 등의 명목으로 받은 경우

**제4조 (금지행위)**
누구든지 다음 각 호의 어느 하나에 해당하는 행위를 하여서는 아니 된다.
 1. 성매매
 2. 성매매알선 등 행위
 3. 성매매 목적의 인신매매
 4. 성을 파는 행위를 하게 할 목적으로 다른 사람을 고용·모집하거나 성매매가 행하여진다는 사실을 알고 직업을 소개·알선하는 행위
 5. 제1호, 제2호 및 제4호의 행위 및 그 행위가 행하여지는 업소에 대한 광고행위

성매매 및 그와 관련된 행위는 법률에 따라 금지된 행위로서 처벌받는다. 여기서 성매매는 성을 파는 자의 동의가 있는지에 따라 자발적 성매매와 강제적 성매매,[6] 그리고 성매매의 규모에 따라 개인적 성매매와 조직적 성매매로 구분할 수 있다. 문제는 강제적이고 조직적인 성매매뿐만 아니라 자발적이면서 개인적인 성매매까지도 금지하고 처벌해야 하는지 하는 점이다. 물론 모든 성매매는 절대적으로 금지되어야 한다는 견해가 우세하다. 하지만 성매매여성의 생존권 또는 인권의 관점에서 자발적이고 개인적인 성매매는 허용될 수 있어야 한다는 견해가 조심스럽게 제기되고 있다. 아래에서는 먼저 강제적이고 조직적인 성매매의 피해여성이 보호받기 위한 권리를 살펴보고, 자발적이고 개인적인 성매매를 원하는 여성의 권리에 대해서 검토하기로 한다.

## Ⅱ. 강제적 성매매와 피해여성의 권리

### 1. 강제적 성매매의 절대적 금지

어떤 경우에도 당사자의 의사에 반하여 강요되는 강제적 성매매는 허용되지 않는다. 강제적 성매매는 피해여성의 성적 자기결정권을 침해할 뿐만 아니라[7] 대

6) 자발적 성매매를 '단순 성매매', 강제적 성매매를 '노예성매매'라고 부르기도 한다. 이호용(2005), 33면 이하 및 46면 참조.

부분 인신매매와 관련되어 있다는 점에서 반사회적이기 때문에 더욱 그렇다. 또한 강제적 성매매가 조직적으로 이루어지는 경우에는 폭력이나 착취가 동반된다는 점에서 심각한 반사회적 범죄가 될 수 있다. 따라서 성매매를 강제(강요)하는 행위는 금지될 뿐만 아니라 처벌받아야 한다. 반면에 강제로 성을 판 여성은 처벌의 대상이 아니라 피해자로서 보호의 대상이 된다. 대법원은 감금된 성매매여성을 보호하지 못하고 방치한 국가의 책임을 인정한 바 있다(아래 [판례 29.1] 참조).

**[판례 29.1] 성매매여성에 대한 경찰의 보호의무**

윤락녀들이 윤락업소에 감금된 채로 윤락을 강요받으면서 생활하고 있음을 쉽게 알 수 있는 상황이었음에도, 경찰관이 이러한 감금 및 윤락강요행위를 제지하거나 윤락업주들을 체포·수사하는 등 필요한 조치를 취하지 아니하고 오히려 업주들로부터 뇌물을 수수하며 그와 같은 행위를 방치한 것은 경찰관의 직무상 의무에 위반하여 위법하므로 국가는 이로 인한 정신적 고통에 대하여 위자료를 지급할 의무가 있다(대판 2004. 9. 23. 2003다49009).

### 2. 성매매 피해여성의 권리

강제적 성매매의 피해여성은 자신의 성매매로 인해 처벌받지 않는다(성매매처벌법 제6조 제1항). 또한 성매매여성이 성매매알선 등을 한 자, 성을 파는 행위를 할 자를 고용·모집하거나 그 직업을 소개·알선한 자 또는 성매매 목적의 인신매매를 한 자와 맺은 계약은 무효가 된다(동법 제10조 제1항). 강제적 성매매와 관련된 채무를 원천적으로 무효로 한다는 의미다. 한편 성매매피해 사실을 신고한 사람을 보호하는 제도들도 성매매피해여성을 보호하기 위한 것으로 이해된다.

## Ⅲ. 자발적 성매매와 성매매여성의 권리

### 1. 자발적 성매매의 허용가능성

#### (1) 반 대 론

모든 성매매가 금지된다는 입장에서는 자발적 성매매도 금지되어야 한다고 본다. 성매매는 모두 비인간적인 인신매매에 해당하고, 선량한 성도덕을 타락시키

7) 성적 자기결정권에 대해서는 이 책 제4장 Ⅱ. 참조.

며,[8] 나쁜 질병을 전염시킬 수 있는 위험성도 크기 때문에[9] 성을 파는 자의 자발성 여부와 상관없이 모두 다 반인권적이고, 비도덕적이며, 반사회적이라는 것이다. 특히 대부분 성을 사는 사람은 남성이고 성을 파는 사람은 여성이기 때문에 성매매는 남성과 여성의 '불평등한 권력관계'로부터 파생되고 본질적으로 '여성의 성에 대한 착취'라는 점을 지적한다.[10]

비록 성을 파는 자의 자발적 의사가 있다고 하더라도 대부분 성을 파는 자는 경제적 약자이기 때문에 자발성의 외관을 띠지만 실제로는 사회구조적으로 강제된 의사에 지나지 않는다는 것이[11] 자발적 성매매를 반대하는 중요한 논거다.[12] 같은 맥락에서 자발적 성매매의 경우에도 성매매여성은 피해자이기 때문에 처벌되지 않지만 성매수자인 남성은 여전히 처벌의 대상이 된다는 결론을 도출한다. 또한 고용의 형태 또는 기업적 형태의 자발적 성매매는 경제적 착취라는 성매매의 본질을 강화시킨다는 점에서 더욱 강하게 부정된다. 그리고 성매매의 합법화는 경제적으로 빈궁한 제3세계 여성들을 성매매가 합법화된 국가로 이주시켜 성매매에 종사하게 할 뿐만 아니라 국제적 인신매매를 조장할 것이라는 주장도 제기된다.

### (2) 찬 성 론

하지만 성을 파는 자의 자발적 의사가 있는 성매매는 허용될 수 있다는 입장도 있다.[13] 도덕의 관점에서 볼 때도 성행위가 악한 것은 아니고,[14] 적어도 자본

8) 성매매를 도덕의 관점에서 금지하고 처벌하는 주장을 '도덕적 금지주의' 또는 '처벌주의'라고 부른다.

9) 성매매의 금지를 도덕의 관점에서 정당화하는 입장을 '도덕주의'라고 부르면서 공중위생의 관점에서 정당화하는 입장을 '규제주의'라고 부르기도 한다. 이호용(2005), 38면 참조.

10) 성매매를 성착취로 이해하는 견해를 '급진적 여성주의'와 관련시키는 입장이 있다. 김은경(2005), 45면. 또한 이러한 입장을 '페미니즘 성정치학'으로 부르기도 한다. 이호중(2002), 17면 이하 참조.

11) 같은 맥락에서 성매매여성에게 성매매는 '강요된 신분이나 운명'으로 이해하기도 한다. 한상희(2006), 56면: "그들이 매춘을 선택한 것이 아니라, 매춘을 자신의 존재양태로 수용하도록 강요되었으며 바로 그 순간부터 그들은 매춘여성이라는 신분을 획득한다는 점에서 그들은 매춘이 운명지워진 것이다."

12) 이러한 견해에 대해서는 인간의 자유의사가 사회구조에 의해 결정된다는 전제가 오히려 국가개입을 강화할 수 있다는 비판이 있다. 임상규(2005), 187면 이하 참조.

13) 예를 들어 성매매는 어느 누구에게도 해악이 되지 않고 건전한 성풍속을 침해하지 않기 때문에 처벌할 수 없다는 견해로 최병각(2004), 65면 참조.

14) 물론 성매매는 결혼이나 사랑을 전제로 하지 않는 성행위 또는 남성의 성욕만을 만족시키는 일방적인 성행위라는 점에서 도덕적 비난이 가해질 수 있다. 하지만 결혼 또는 가정을 전제로 한 성행위만을 인정하게 되면 성행위의 목적이 오로지 생식에 한정될 수 있고, 사랑하는 사람들 간의 성행위, 그것도 양 당사자의 성욕을 모두 만족시키는 쌍방적인 성행위만을 인정하게

주의 경제질서 안에서 무엇을 파는 행위가 악한 행위가 되지 않기 때문이다.[15] 따라서 성매매는 성을 파는 자와 사는 자의 성적 자기결정권 또는 계약의 자유, 그리고 성을 파는 자의 직업의 자유라는 측면에서 접근할 수 있다.[16] 더 나아가 성매매를 직업으로 인정하지 않는 것은 특정 직업에 대한 편견에 기초한 차별일 수 있기 때문에 성매매여성의 평등권이라는 관점에서도 성매매가 정당화될 수 있다.

물론 성매매의 자유가 성도덕을 타락시킬 수 있다는 반론도 있지만 이미 성이 개방된 사회에서 이러한 반론은 현실에 부합하지 않는 논거가 될 수 있다. 오히려 자발적 성매매는 다양한 욕망이 거래되는 자본주의라는 현실적 조건 속에서 성적 욕망이 자유롭게 해소되는 공간으로 이해될 수도 있다. 또한 성을 파는 자가 반드시 경제적 약자가 아닐 수도 있다는 사실도 자발적 성매매를 긍정하는 논거로 인용된다. 그리고 만약 성을 파는 자가 경제적 약자인 경우에도 그들의 생존권이라는 측면에서 자발적 성매매가 긍정될 수도 있다.[17]

또한 공중의 도덕이나 건강을 이유로 성매매를 범죄화하여 금지하고 처벌하는 경우에 성을 파는 여성을 범죄자로 취급하거나 또는 적어도 피해자로 취급함으로써 그들을 보호하는 것이 아니라 오히려 비하하고 멸시할 수 있다는 논거도 제시된다.[18] 한편 성적 욕구와 성적 유혹의 능력이 불평등하다는 점에서 성매매에 대한 수요와 공급은 항상적으로 존재할 수밖에 없다는 논거도 성매매를 정당화하는 논거가 된다.[19] 그 밖에도 역사적으로 볼 때 성매매가 항상적으로 존속해

되면 사랑 없이 단순한 욕정에 따라 이루어지는 모든 성행위 또는 남성의 욕구만이 충족되는 모든 성행위를 금지해야 하는 현실성 없는 결론이 도출될 수 있다는 반론도 가능하다.

15) 성의 상품화에 반대하는 입장은 성을 신성하고 고귀한 것으로만 보는 편견에 기초하고 있다는 비판이 있다. 이호용(2005), 50면: "단순히 성의 관계에 금전이 개입되어 있다고 해서 이것을 비윤리적이라고 비난하는 것은 성에 대한 특정적 편견에 불과하다는 비난을 면하기 어렵다." 한편 오고간 돈이 성행위의 대가가 아니라고 주장하거나 당사자들이 서로 사랑하는 사이라고 주장하면 성매매 혐의에서 벗어날 수 있다는 점에서 성행위를 중심으로 돈이 오고간 경우를 모두 성매매로 보기 어려운 점이 있다.

16) 성을 파는 일을 직업으로 인정하게 되면 성을 파는 행위는 노동으로 이해되게 된다. 성매매여성의 일을 '성노동'으로 보는 견해로 고정갑희(2006), 28면 이하 및 고정갑희(2009), 115면 이하 참조. 한편 한국의 성노동자운동의 역사에 대해서는 이하영(2011), 13면 이하 참조.

17) 최근에는 여성주의 진영에서도 그동안 성매매를 근절의 대상으로 이해함으로써 성매매 현장에서 성을 팔며 살아가는 여성들의 목소리를 침몰시키고 있다는 주장이 있다. 원미혜(2006), 139면 참조. 이러한 주장도 성매매여성의 생존권을 고려하는 것으로 이해될 수 있다.

18) 예를 들어 성매매여성을 '핸디캡을 가진 사회적 약자'로 보호하자는 견해가 있다. 이호용(2005), 54면 참조. 또한 성매매여성을 성매매피해자가 아니라 주체성과 정체성을 가진 성노동자로 이해하자는 견해도 비슷한 맥락이다. 조은주(2008), 264면 이하 참조.

19) 김은경(2002), 60면: "인간의 본능적 욕구와 더불어 유혹과 관련된 능력의 불평등 때문에, 성적 서비스에 대한 수요는 항시 존재할 것이고, 이러한 수요가 있는 한, 성적 서비스를 제

왔고, 성매매에 대한 단속은 사실상 실효성이 없었던 현실을 논거로 성매매를 정당화하기도 한다.

#### 1) 합법화와 규제

네덜란드는 성매매를 합법화한 대표적인 나라다.[20] 이 나라에서 성매매는 합법적인 직업이고, 성매매로 얻은 소득에 대해서는 세금도 부과된다고 알려져 있다. 성매매가 합법화되면 성매매는 일종의 노동으로 인식되므로 성매매여성은 법적으로 노동을 제공하고 임금을 받는 노동자와 동일한 지위를 갖게 된다.[21] 따라서 노동조합을 결성할 수 있고, 다른 노동자들이 향유하는 사회보장이나 사회복지의 혜택을 누릴 수 있다. 또한 성매매로 얻은 수입에 대해서는 당연히 세금을 내야 한다.

성매매가 법적으로 허용되는 경우에도 일정한 규제가 가해질 수 있다. 우선 성매매를 위하여 등록이나 허가 또는 면허가 필요할 수도 있다. 그리고 성매매가 허용되는 나이(예: 성인)나 장소(예: 성매매 지정지역)에 대한 제한이 가해질 수도 있다. 또한 오로지 개인적 성매매만 허용할 수도 있고, 고용형태의 성매매나 기업적 방식의 성매매는 물론 성매매의 알선이나 중개 또는 광고까지 허용할 수도 있다.

#### 2) 비범죄화

한편 자발적 성매매의 합법화는 성매매가 형벌이 부과될 수 있는 범죄는 아니라는 관점에서 접근되기도 한다.[22] 자발적 성매매의 경우에 돈이 오고간다는 점만 빼면 상호 동의하에서 이루어진 성행위이기 때문에 반사회적 불법성이 적고,[23] 성행위의 성격상 현실적으로 통제되기 어렵다는 점을 그 논거로 삼는다. 실제로 당사자 사이에 오고간 돈이 성행위의 대가인지를 입증해야 하고, 적발된 성매매에 대해서만 처벌이 가해지는 비형평성의 문제를 해결해야 하는 어려움도 있다. 자발적 성매매에 대한 통제가 필요하다면 그것은 형벌에 의한 것이 아니라 교육이나 치료를 통해 가능하다는 입장이다.

---

공함으로써 수익을 얻고자 하는 다른 사람이 있을 수 있기 때문이다."

20) 성매매에 관한 세계 각국의 입법례를 ① 금지주의, ② 규제주의, ③ 폐지주의로 나누어 설명하는 견해로 변화순(2004), 103면 이하 참조.

21) 성매매를 노동으로, 성매매여성을 노동자로 보는 입장을 '포스트 페미니즘'으로 정의하기도 한다. 이호중(2002), 19면 참조.

22) 성적 자기결정권과 건전한 성도덕・성풍속의 관점에서 성매매의 비범죄화를 주장하는 견해로 송승현(2015), 86면 이하 참조.

23) 자발적 성매매의 비범죄화에 대한 논거로 이덕인(2008), 162면 이하 참조.

**[판례 29.2] 성매매한 자에 대한 형사처벌**

[법정의견]

심판대상조항은 성매매를 형사처벌하여 성매매 당사자의 성적 자기결정권, 사생활의 비밀과 자유 및 성판매자의 직업선택의 자유를 제한하고 있다. 그런데 개인의 성행위 그 자체는 사생활의 내밀영역에 속하고 개인의 성적 자기결정권의 보호대상에 속한다고 할지라도, 그것이 외부에 표출되어 사회의 건전한 성풍속을 해칠 때에는 법률의 규제를 받아야 하는 것이다. 외관상 강요되지 않은 자발적인 성매매행위도 인간의 성을 상품화함으로써 성판매자의 인격적 자율성을 침해할 수 있고, 성매매산업이 번창하는 것은 자금과 노동력의 정상적인 흐름을 왜곡하여 산업구조를 기형화시키는 점에서 사회적으로 매우 유해한 것이다. 성매매는 그 자체로 폭력적, 착취적 성격을 가진 것으로 경제적 대가를 매개로 하여 경제적 약자인 성판매자의 신체와 인격을 지배하는 형태를 띠므로 대등한 당사자 사이의 자유로운 거래 행위로 볼 수 없고, 인간의 성을 상품화하여 성범죄가 발생하기 쉬운 환경을 만드는 등 사회 전반의 성풍속과 성도덕을 허물어뜨린다. 성매매를 형사처벌함에 따라 성매매 집결지를 중심으로 한 성매매 업소와 성판매 여성이 감소하는 추세에 있고, 성구매사범 대부분이 성매매처벌법에 따라 성매매가 처벌된다는 사실을 안 후 성구매를 자제하게 되었다고 응답하고 있는 점 등에 비추어 보면, 성매매를 형사처벌함으로써 사회 전반의 건전한 성풍속 및 성도덕을 확립하려는 심판대상조항의 입법목적은 정당하고 수단의 적절성도 인정된다. 한편, 성매매에 대한 수요는 성매매 시장을 형성, 유지, 확대하는 주요한 원인인바, 우리 사회는 잘못된 접대문화 등으로 인하여 성매매에 대한 관대한 인식이 팽배해 있으며, 성매매 집결지를 중심으로 한 전통적인 유형의 성매매뿐만 아니라 산업형(겸업형) 성매매, 신·변종 성매매 등 다양한 유형의 성매매 시장이 활성화되어 있고, 불법 체류자나 이주 노동자들의 성매매, 청소년·노인의 성매매 등 성매매의 양상도 점차 복잡해지고 있다. 이러한 상황에서 성매매에 대한 지속적인 수요를 억제하지 않는다면, 성인뿐만 아니라 청소년이나 저개발국의 여성들까지 성매매 시장에 유입되어 그 규모가 비약적으로 확대될 우려가 있고, 재범방지 교육이나 성매매 예방교육 등이 형사처벌과 유사하거나 더 높은 효과를 갖는다고 볼 수 없으므로 성구매자에 대한 형사처벌이 과도하다고 볼 수 없다. 성매매 공급이 확대되거나 쉽게 접근할 수 있는 길을 열어줄 위험과 불법적인 조건으로 성매매를 유도할 가능성이 있는 점 등을 고려할 때 성판매자도 형사처벌의 대상에 포함시킬 필요성이 인정된다. 사회구조적 요인이 성매매 종사에 영향을 미칠 수는 있으나 이는 성매매에만 국한된 특유한 문제라고 볼 수 없고, 만약 이들에게 책임을 묻기 어려운 사정이 있는 경우에는 성매매피해자로 인정되어 형사처벌의 대상에서 제외될 수 있는 가능성도 존재하는 점, 형사처벌 외에 보호사건으로 처리될 수도 있는 점, 성매매피해자 등의 보호, 피해 회복 및 자립·자활을 지원하기 위하여 법적, 제도적 장치가 마련되어 있는 점 등에 비추어 성판매자에 대한 형사처벌도 과도하다고 볼 수 없다. 또한 나라별로 다양하게 시행되는 성매매에 대하여 정책의 효율성을 판단하는 것도 쉽지 않으므로, 전면적 금지정책에 기초하여 성매매 당사자 모두를 형사처벌하도록 한 입법을 침해최소성에 어긋난다고 볼 수 없다. 자신의 성 뿐만 아니라 타인의 성을 고귀한 것으로 여기고 이를 수단화하지 않는 것은 모든 인간의 존엄과 평등이 전제된 공동체의 발전을 위한 기본전제가 되는 가치관이므로, 사회 전반의 건전한 성풍속과 성도덕이라는 공익적 가치는 개인의 성적 자기결정권 등 기본권 제한의 정도에 비해 결코 작다고 볼 수 없어 법익균형성원칙에도 위배되지 아니한다. 따라서 심판대상조항은 개인의 성적 자기결정권, 사생활의 비밀과 자유, 직업선택의 자유를 침해하지 아니한다.

[재판관 2인의 일부 위헌의견]

심판대상조항의 입법목적이 정당하고, 성구매자에 대한 처벌이 헌법에 위반되지 않는다는 점은 다수의견과 같으나, 성판매자에 대한 형사처벌은 과잉금지원칙에 위배되는 과도한 형벌권 행사로 헌법에 위반된다. 성매매는 본질적으로 남성의 성적 지배와 여성의 성적 종속을 정당화하는 수단이자 성판매자의 인격과 존엄을 침해하는 행위이고, 여성과 모성 보호라는 헌법정신에 비추어도 여성 성판매자를 특별히 보호해야 한다. 이들이 성매매를 할 수밖에 없는 이유는 절박한 생존 문제 때문이고, 이는 사회구조적인 것으로 개인이 쉽게 해결할 수 있는 것이 아니다. 성판매자에 대한 형사처벌은 여성의 성이 억압되고 착취되는 상황을 악화시키고, 성매매 시장을 음성화하여 오히려 성매매 근절에 장해가 되므로 수단의 적합성이 인정되지 않는다. 성판매자로 하여금 성매매 이탈을 촉진하고 유입을 억제하려면 형사처벌 대신, 다른 경제활동을 할 수 있는 지원과 보호를 하는 것이 바람직하며, 성매매 예방교육, 성매매로 인하여 수익을 얻는 제3자에 대한 제재와 몰수, 추징 등의 방법으로 성산업 자체를 억제하는 방법이나 보호나 선도 조치 등과 같이 기본권을 보다 덜 제한하는 방법도 있으므로 성판매자에 대한 형사처벌은 침해최소성에도 반한다. 건전한 성풍속 내지 성도덕의 확립이라는 공익은 추상적이고 막연한 반면, 성판매자들이 받게 되는 기본권 침해의 정도는 중대하고 절박하다고 할 것이므로 법익균형성원칙에도 위배된다(헌재 2016. 3. 31. 2013헌가2).

## 2. 자발적 성매매여성의 권리

성을 파는 행위가 하나의 노동으로 허용될 수 있다면 성매매노동자로서의 여성은 그의 노동과 관련된 일정한 권리를 보장받아야 한다. 성매매에 관한 계약은 합법적인 계약이고, 성의 제공에 대한 정당한 대가의 지불을 요구할 수도 있다. 따라서 성매매계약의 내용을 미리 당사자 간의 합의에 따라 정하고, 약속한 내용에서 벗어난 성행위를 거부하며, 계약내용에서 서로 합의한 대가는 법률상 보장된 권리(채권)가 된다.

또한 국가는 성매매여성의 인권, 특히 건강에 관한 권리를 보호하기 위하여 법률로서 성매매여성이 노동하는 시간이나 일수, 성행위의 회수나 방법 또는 장소 등을 제한할 수 있다. 정기적인 건강검진을 받을 권리라든지 성매매남성의 건강상태를 확인해주도록 요구할 수 있는 권리 등도 보장된다.

더 나아가 성매매노동자도 다른 근로자와 마찬가지로 건강보험, 연금보험, 실업보험, 산재보험과 같은 사회보장제도의 수혜자가 될 수 있는 권리도 갖는다. 고용형태나 기업적 형태의 성매매에 종사하는 근로자의 경우에 근로자에게 일반적으로 인정되는 노동3권도 당연히 보장된다.

**[판례 29.3] 포주와 윤락녀의 화대에 관한 계약**

포주가 윤락녀와 사이에 윤락녀가 받은 화대를 포주가 보관하였다가 절반씩 분배하기로 약정하고도 보관중인 화대를 임의로 소비한 경우, 포주와 윤락녀의 사회적 지위, 약정에 이르게 된 경위와 약정의 구체적 내용, 급여의 성격 등을 종합해 볼 때 포주의 불법성이 윤락녀의 불법성보다 현저히 크므로 화대의 소유권이 여전히 윤락녀에게 속한 것이어서 횡령죄를 구성한다(대판 1999. 9. 17. 98도2036).

## Ⅳ. 성매매에 관한 이성적 논의의 필요성

성매매는 시대와 공간을 뛰어넘어 존재했고, 지금도 존재하며, 앞으로도 존재할 가능성이 크다.[24] 그래서 성매매는 '세상에서 가장 오래된 직업(the oldest job in the world)'이라는 말도 있다. 성매매가 이렇게 오랜 역사를 가지고 대부분의 국가에서 행해지는 이유는 언제, 어디서나 성을 사는 사람과 성을 파는 사람이 있기 때문이다. 따라서 성을 사고파는 것은 반드시 모든 것이 상품화되는 자본주의 경제질서 때문만은 아니다. 자본주의가 없어진다고 성매매가 사라질 것이라는 믿음은 환상일 수도 있다.[25]

어쨌든 강제적 성매매는 어떤 경우에도 허용될 수 없다. 문제는 자발적 성매매다. 자발적 성매매는 전면적으로 금지하는 것보다 국가가 합법화하여 합리적인 범위 안에서 규제하는 것이 설득력 있는 대안으로 보인다. 또한 적어도 성매매를 형사처벌의 대상으로 삼는 것은 문제가 있다.[26] 무엇보다 자발적 성매매의 경우에 경제적 사정으로 어쩔 수 없이 성매매라는 직업을 선택할 수밖에 없는 여성의 생존권이 관련되어 있기 때문이다.

---

24) 성매매의 역사적, 사회적 맥락에 대해서는 권수현(2005), 155면 이하 참조. 한편 한국사회의 성매매 현황에 대해서는 김은경(2004), 125면 이하 참조.

25) 자본주의와 성매매 간에 필연적 관련성이 없다는 명제는 성매매가 발생한 역사적, 사회적 맥락을 기초로 정당화되기도 한다. 주승희(2005), 286면 참조.

26) 성매매를 원칙적으로 불법행위로 규정하면서 성매매여성의 성행위는 보호처분을 해야 한다는 주장으로 양현아(2006), 85면 참조.

성매매의 합법화 또는 비범죄화는 남성의 성욕을 합리화하려는 데 목적이 있지 않다. 그것은 불법적인 성매매와 합법적인 성매매를 구분하는 불법성의 본질이 어디에 있는지를 분명하게 보여주고, 자발적 성매매에 종사하게 된 여성의 권리를 보장하려는 데 있다. 성매매를 합법화하거나 비범죄화하면 지금보다 성매매가 급속하게 증가하게 되고, 성매매에 종사하는 여성의 숫자도 급격하게 증가하게 될 것이라는 우려가 있다. 물론 그러한 우려가 완전히 잘못된 것은 아니지만 성급한 예측일 수도 있다. 성매매의 선택은 여전히 '최후의 선택'일 수 있기 때문이다. 성매매라는 직업은 아무리 많은 돈을 벌 수 있다고 하더라도 '대단히 힘들고 위험한 직업'인 것이다.[27)]

성매매에 비도덕성이나 불법성이 없음에도 불구하고 성매매에 대한 통제가 필요하다면 그것은 처벌이 아니라 교육에 의한 것이어야 한다. 성매매의 통제는 대부분 남성인 성구매자(성매수자)의 무절제한 욕정으로 인한 경우든, 대부분 여성인 성판매자의 경제적 욕망으로 인한 경우든 성매매를 절제할 수 있는 정신의학적 프로그램을 필요로 한다. 절제되지 못한 정신상태는 처벌로는 치료될 수 없거나 심지어 더 악화될 수 있는 것이기 때문이다.

성매매의 문제에 대한 최선의 대안은 성매매여성이 탈성매매할 수 있도록 지원하는 것이다.[28)] 자발적 성매매여성을 처벌한다고 하여도 그들에게 자립할 수 있는 직업이 보장되지 않으면 그들은 다시 자발적 성매매라는 직업을 선택할 수밖에 없다. 또한 최초에는 강요된 성매매피해자일지 모르지만 피해여성이 자립할 수 있는 길이 제공되지 않으면 결국 자발적 성매매에 종사하게 되는 가능성도 배제할 수 없다.

---

27) 평등권의 관점에서 볼 때 여성에 대한 불평등이 존재하는 현실에서 성매매는 "젠더에 기반한 차별과 폭력"으로 이해되기도 한다. 신상숙(2017), 26면 이하 참조.

28) 물론 성매매의 문제가 복잡한 층위를 가지고 있기 때문에 섬세하고 지속적인 해결모색이 필요하다는 견해에 전적으로 동의한다. 권수현(2005): "성매매 문제는 현상의 다양성을 무시하고 오로지 원칙적이고 보편적인 규범의 차원에서 이해되어서는 안 된다. 반대로 이 문제는 상황의 맥락을 고려하여 섬세한 접근과, 인내를 가지고 끈질기게 풀어나가는 지속성을 필요로 한다." 다만 성매매여성을 피해자로 보든, 범죄자로 보든, 혹은 노동자로 보든 그들이 선택한 직업은 여전히 힘들고 위험하다는 점에서 더 나은 직업의 선택을 가능하게 하는 지원은 필수적이라는 점을 지적하고 싶다. 한편 성매매여성의 탈성매매 지원을 위한 구체적인 법제도에 대해서는 김용화(2010), 48면 이하 참조. 그리고 성매매여성에 대한 자활지원사업이 탈성매매에 미치는 긍정적 효과에 대한 실증적 연구로 최희경/정경숙(2009), 423면 이하 참조.

**토론문제**

1. 사회구조적 원인(예: 빈곤)으로 인한 성매매는 강제적 성매매인가?
2. 성매매와 장기매매의 공통점과 차이점은 무엇인가?
3. 사회적 합의에 의하여 성매매의 합법화는 가능한가?

**내 입장은?**

1. 현재의 입법(자발적 성매매의 금지)을 유지해야 한다.
2. 자발적 성매매는 비범죄화되어야 한다.
3. 생계를 위한 자발적 성매매는 허용되어야 한다.
4. 자발적 성매매는 노동으로 취급되어야 한다.

## 참고문헌

고정갑희(2006), 성매매특별법과 여성주의자들의 방향 감각, 이재인(엮음), ≪성매매의 정치학－성매매특별법 제정 1년의 시점에서≫, 2006, 17～35면.

고정갑희(2009), 매춘 성노동의 이론화와 성/노동/상품의 위계화, ≪경제와 사회≫(한국산업사회학회), 통권 제81호(2009), 112～130면.

권수현(2005), 성매매특별법과 관련하여, ≪철학과 현실≫(철학문화연구소), 통권 제64호(2005), 150～164면.

김애령(2008), 지구화 시대의 성매매와 한국의 「성매매방지법」, ≪경제와 사회≫(한국산업사회학회), 통권 제79호(2008), 254～273면.

김용화(2010), 성매매여성의 탈성매매 지원방안에 관한 연구, ≪성균관법학≫(성균관대학교 법학연구소), 제22권 제3호(2010), 45～75면.

김은경(2002), 성매매에 관한 페미니즘 담론과 형사정책적 딜레마, ≪형사정책≫(한국형사정책학회), 제14권 제2호(2002), 37～73면.

김은경(2004), 한국의 성매매 현황과 형사법적 대응실태, 조국(편), ≪성매매－새로운 법적 대책의 모색≫, 2004, 123～170면.

김지혜(2013), 여성성노동자 처벌조항 위헌제청과 성노동자의 권리, ≪여/성이론≫(도서출판여이연), 통권 제28호(2013. 6.), 227～234면.

박은경(2004), 여성장애인의 성매매와 성매매방지법률(안)의 문제점－여성장애인의 성매매 실태를 중심으로-, ≪여성연구논집≫(신라대학교 여성문제연구소), 제15집(2004), 171~200면.

박찬걸(2014), 최근의 성매매피해자 개념 확대 논의에 대한 검토, ≪형사정책연구≫(형사정책연구원), 제25권 제1호(2014), 175~204면.

박혜진(2007), 성매매특별법의 실효성, ≪형사법연구≫(한국형사법학회), 제19권 제4호(2007), 373~394면.

변화순(2004), 성매매 관련 국제기구의 동향과 각국의 법, 조국(편), ≪성매매-새로운 법적 대책의 모색≫, 2004, 101~122면.

송승현(2015), 성매매처벌법 제21조 제1항의 위헌성 여부, ≪서울대학교 법학≫(서울대학교 법학연구소), 제56권 제3호(2015), 79~116면.

신상숙(2017), 젠더와 평등의 관점에서 본 성매매 처벌의 프레임 경합-성매매처벌법 제21조제1항 위헌법률심판을 중심으로, ≪한국여성학≫(한국여성학회), 제33권 제4호(2017), 1~37면.

양현아(2006), 성매매방지법 읽기: 매개자 처벌과 여성의 피해 규명을 중심으로, 이재인(엮음), ≪성매매의 정치학-성매매특별법 제정 1년의 시점에서≫, 2006, 68~88면.

원미혜(2006), 여성주의 성정치: 성매매 '근절' 운동을 넘어서서, 이재인(엮음), ≪성매매의 정치학-성매매특별법 제정 1년의 시점에서≫, 2006, 121~146면.

원미혜(2011), 여성의 성 위계와 '창녀'낙인, ≪아시아여성연구≫(숙명여자대학교 아시아여성연구소), 제50권 제2호(2011), 45~84면.

윤덕경(2006), 성매매처벌법의 시행 현황과 향후 과제, ≪젠더리뷰≫(한국여성개발원), Vol. 2(2006), 23~32면.

이덕인(2008), 자발적 대가성 성관계의 비범죄화, ≪형사정책≫(한국형사정책학회), 제20권 제1호(2008), 153~186면.

이하영(2011), 한국 성노동자운동의 전개, ≪진보평론≫, 제49호(2011), 12~34면.

이호용(2005), 단순 성매매 규제의 법정책에 대한 새로운 접근, ≪규제연구≫(한국경제연구원), 제14권 2호(2005), 31~63면.

이호중(2002), 성매매방지법안에 대한 비판적 고찰-성매매에 관한 여성학적 담론과 형사정책의 담론 사이에서-, ≪형사정책≫(한국형사정책학회), 제14권 제2호(2002), 7~35면.

임상규(2005), 성매매특별법의 필요성과 문제점, ≪형사정책≫(한국형사정책학회), 제17권 제1호(2005), 179~201면.

조 국(2003), 성매매에 대한 시각과 법적 대책, ≪형사정책≫(한국형사정책학회), 제15권 제2호(2003), 255~288면.

조영숙(2006), 성매매방지법 제정운동 평가와 이후 과제, 이재인(엮음), ≪성매매의 정치학-성매매특별법 제정 1년의 시점에서≫, 2006, 189~205면.

조은주(2008), 여성 하위주체에서 "성노동자" 운동으로, ≪경제와 사회≫(한국산업사회학회), 통권 제78호(2008), 256~280면.

주승희(2005), 법여성주의 이론의 흐름과 형사법에의 투영-성매매특별법을 중심으로-, ≪법철학연구≫(한국법철학회), 제8권 제2호(2005), 275~296면.

최병각(2004), 성매매 행위와 형벌권의 한계, 조국(편), ≪성매매-새로운 법적 대책의 모색≫, 2004, 45~71면.

최희경/정경숙(2009), 집결지 성매매 여성 자활지원사업의 탈(脫) 성매매 효과에 관한 실증적 연구, ≪사회복지정책≫(한국사회복지정책학회), 제36집 제1호(2009), 413~435면.

한상희(2006), 성매매방지법과 여성인권, ≪민주법학≫(민주주의법학연구회), 제30호(2006), 49~76면.

# 제30장
# 대리출산과 대리모의 인권

대리모들이 노동의 착취를 당한다는 주장은 페미니스트들이 주장하는 바인데,
… 페미니스트의 주장에 의하면 대리모들의 성은 경제의 도구로 이용이 되고
대리모들은 그저 매춘부의 일종일 뿐이라는 것이다.
리처드 포스터, ≪성과 이성 - 섹슈얼리티의 역사와 이론≫ 중에서

임신을 못하는 딸을 위하여 딸의 난자와 사위의 정자를 체외수정한 후 엄마가 대신 임신을 했다. 이렇게 태어난 아이는 할머니를 엄마라고 불러야 하는가? 임신을 못하는 부부를 위하여 가끔씩 난자를 공여하는 사람이 있다. 난자공여자는 이렇게 태어난 모든 아이들의 엄마인가?

집안의 대를 잇기 위하여 '씨받이'를 들여 아이를 낳는 전통이 있었다. 집안의 대를 이으려는 목적과 씨받이의 대가로 생계를 유지하려는 목적이 만나면서 만들어진 전통이었다. 씨받이를 이용한 출산을 비밀에 붙이기 위하여 씨받이를 살해하기도 했다. 자신의 난자를 제공하여 인공수정이나 체외수정으로 임신된 아이를 출산한 여성은 현대판 씨받이인가?

난자, 자궁, 엄마가 모두 결합되어야 한다는 고정관념을 과학은 깨뜨려 버렸다. 난자나 자궁을 제공하지 않고서도 엄마가 될 수 있고, 난자나 자궁 가운데 어떤 것도 제공하지 않고서도 엄마가 될 수 있는 대리임신이나 대리출산의 시대가 되었다. 다른 여성을 위하여 난자나 자궁을 제공하는 대리모의 문제를 살펴보아야 하는 이유가 여기에 있다.

## Ⅰ. 개념과 쟁점

대리모(surrogate mother)는 대가(보상) 없이 또는 일정한 대가를 받고 타인(의뢰인)을 위하여 난자나 자궁을 제공하는 여성을 의미한다.1) 경우에 따라서는 난자와 자궁을 모두 제공하는 대리모도 있다. 따라서 기본적으로는 난자 또는 자궁의 제공이 허용될 수 있는지, 특히 대가를 받고 난자나 자궁을 제공하는 이른바 '대리모계약'이 허용될 수 있는지가 문제된다.

난자나 자궁의 제공은 대리모가 단순히 '임신이나 출산의 도구'로 전락한다는 점에서 대리모의 모성을 침해할 수 있고, 임신이나 출산에 대가가 오고감으로써 '모성의 상품화'를 의미할 수 있다. 또한 대리모의 문제는 난자나 자궁을 제공한 대리모, 특히 태어난 아이와 특별한 친밀감을 가질 수밖에 없는, 난자와 자궁을 모두 제공한 대리모 또는 자궁을 제공한 대리모가 아이의 '인도를 거부'하고 친모임을 주장하는 경우에는2) '친자관계에 혼란'을 가져와 누가 친모인지에 대한 법적 확정을 필요로 한다. 흔하지는 않지만 대리모가 장애아 등 대리출산을 의뢰한 사람들이 원치 않는 아이를 출산하여 대리모가 출산한 아이의 '인수를 거부'하는 경우에도 누가 친모인지에 대한 법적 확정이 필요하게 된다. 또한 대리모계약을 체결한 후에 사망이나 이혼 등으로 사정의 변경이 생겨 대리모가 출산한 자녀를 인수하는 것이 불가능하거나 인수가 가능한데도 인수하지 않은 경우도 발생할 수 있다. 그리고 대리모가 일정한 혈연관계에 있는 여성인 경우(예: 불임인 딸을 위하여 엄마가 대신 임신한 경우)에는 본래의 친족관계에 추가하여 '새로운 친족관계가 형성'됨으로써 친족관계의 혼란을 불러일으킬 수도 있다. 이러한 문제점들 때문에 세계 각국은 대리모에 관한 법률을 제정하고 있는 추세에 있다.3)

---

1) 대가를 받는 대리모를 "영리적 대리모"로, 대가를 받지 않는 대리모를 "비영리적 대리모"로 지칭하는 견해가 있다. 엄동섭(2001), 90면 참조. 한편 대가를 받고 대리모가 되는 경우를 "상업적 대리모"로, 대가를 받지 않고 대리모가 되는 경우를 "비상업적 대리모" 또는 "이타적 대리모"로 부르기도 한다. 이인영(2005), 279면 이하 참조.

2) 의뢰인인 남성의 정자를 인공수정의 방식으로 주입하여 임신함으로써 난자와 자궁을 제공한 대리모가 아이를 출산한 후 의뢰인에게 아이를 인도하지 않아 발생했던 미국의 Baby M 사건에 대해서는 엄동섭(2001), 92면 이하 참조. 한편 난자에는 문제가 없으나 자궁에 문제가 있는 여성이 자신의 난자와 남편의 정자를 체외수정한 한 후 대리모의 자궁에 착상시키도록 의뢰하여 임신한 대리모가 아이를 출산한 후 아이를 의뢰인에게 인도하지 않아 발생한 Johnson v. Clavert 사건에 대해서는 엄동섭(2001), 93면 이하 참조.

3) 대리모에 관한 세계 각국의 입법례에 대해서는 이봉림(2012), 160면 이하; 김상찬(2013), 137면 이하; 이병화(2016), 129면 이하; 현소혜(2018), 115면 이하 참조. 예를 들어 독일은 1989년 '입양중개법'을 통해 대리모의 알선을 금지하고, 1990년 '배아보호법'을 통해 대리모

## Ⅱ. 문제가 되는 인권

### 1. 대리모의 인권

#### (1) 주장가능한 인권

타인을 위하여 난자나 자궁을 제공하는 대리모의 경우에 자신의 신체 일부인 '난자나 자궁에 대한 처분권'이 있는지가 문제될 수 있다. 무엇보다도 자궁의 제공은 임신과 출산의 과정에 대한 직접적 경험을 의미하기 때문에 대리모의 건강, 심지어 생명에도 영향을 줄 수 있으므로 건강과 생명에 대한 처분권을 의미할 수도 있다. 특히 난자나 자궁의 제공에 대한 대가가 오고가는 경우에는 '난자의 매매' 또는 '자궁의 임대'를 의미하거나 심지어 대리모를 통해 태어난 '아동의 매매'를 의미할 수도 있기 때문에 난자를 판매하거나 자궁을 임대할 수 있는 권리가 있는지, 근본적으로는 난자와 자궁이 거래의 대상이 될 수 있는지가 문제될 수 있다. 마지막으로 혼인한 상태에 있는 여성이 대리모가 되면 혼인외 출생자를 출산하는 문제가 발생하기 때문에 대리모의 혼인 여부에 따라 기혼인 여성이 대리모가 될 수 있는지도 문제가 될 수 있다.

#### (2) 무상 대리모계약과 신체에 대한 처분권

장기기증에서 볼 수 있는 것처럼[4] 인간에게는 자신의 신체에 대한 처분권(결정권)이 있다고 보아야 하므로 기본적으로 난자나 자궁의 제공은 허용될 수 있다. 특히 임신과 출산에 관한 결정을 의미하는 자궁의 제공은 모든 여성에게 보편적으로 인정되는 '임신・출산에 관한 자기결정권'을 고려할 때 허용될 수밖에 없다.[5] 신체에 대한 처분권이든 임신・출산에 관한 자기결정권이든 중요한 것은 대리모의 인권을 고려할 때 난자나 자궁을 제공하는 것이 허용되기 위하여 해당 여성의 '자발적인 결정(동의)'이 필수적이라는 점이다. 다만 대가를 받고 난자나 자궁을 제공하는 경우에는 동의가 있다고 하더라도 경제적 형편 때문에 난자나 자궁을 제공한 여성의 동의가 순순하게 자발적인 동의였는지에 대해서는 의문이 제기될 수 있다. 이러한 맥락을 고려할 때 원칙적으로 인간의 신체는 거래의 대상이

---

계약을 금지하였다. 또한 프랑스에서도 대리모계약은 무효가 된다. 자세한 내용은 김현진(2018), 82면 이하 참조.

4) 장기기증의 문제와 관련하여 신체에 관한 자기결정권에 대해서는 이 책 제3장 Ⅱ. 참조.

5) 임신・출산에 관한 자기결정권에 대해서는 이 책 제27장 Ⅱ. 참조.

될 수 없다는 점에서 본인의 동의가 있다고 하더라도 난자나 자궁의 제공에 대가가 오고가는 것은 금지될 필요가 있다. 따라서 대리모가 본인의 자발적인 결정에 따라 난자나 자궁을 제공하고 이에 대한 대가가 오고가지 않는 무상 대리모계약의 경우에만 난자나 자궁의 제공이 허용될 수 있다는 주장이 제기된다. 이러한 주장에 따르면 대리모계약도 계약이기 때문에 '계약의 자유'도 추가적 근거로 제시되고, 계약을 위반했을 때는 법원에 의한 강제집행이나 손해배상을 청구할 수 있다고 한다.

### (3) 유상 대리모계약과 계약의 자유

그렇지만 대가 없이 난자나 자궁을 제공하는 대리모를 구하기 힘들다는 것이 현실이라는 점에서, 난자나 자궁을 제공하는 대리모의 관점에서도 난자나 자궁의 제공으로 인한 건강상 또는 일상생활상의 부담을 금전적으로 보상해줄 필요가 있다는 점에서 난자나 자궁의 제공에 대가를 인정할 수 있다는 주장도 가능하다.[6] 이러한 주장에 따르면 마찬가지로 '계약의 자유'에 따라 대리모의 대리출산과 출산 후 아동의 인도와 인수 및 이에 따른 비용과 수고비의 지급을 내용으로 하는 유상 대리모계약이 체결될 수 있다. 만약 이러한 대리모계약을 한 쪽 당사자(대리모 또는 의뢰인)가 불이행하면 법원에 의한 강제집행의 방법이 선택될 수도 있다. 한편 유상 대리모계약뿐만 아니라 무상 대리모계약의 경우에도 대리모의 혼인 여부에 따라 대리모가 허용될 수 있는지는 생식의 방식에 따라 달라질 수 있다. 대리모가 미혼인 여성이든 대리모가 혼인상태에 있든 인공수정이나 체외수정의 경우에는 직접적인 성교행위가 없다는 점에서 금지될 이유가 없고, 직접적인 성교행위가 있는 체내수정의 경우에는 윤리적인 문제 때문에 허용될 수 없을 것으로 보인다.

## 2. 대리모를 필요로 하는 사람의 인권

### (1) 혼인한 부부와 자녀를 가질 권리

대리모를 필요로 하여 대리출산을 의뢰하는 사람들은 대체로 혼인한 부부로서 배우자인 여성의 난자나 자궁에 문제가 있어 임신이 불가능한 사람들이다. 이

6) 대리모에 대한 최소한의 보상은 불가피하다는 견해로 김상찬(2013), 144면 참조.

러한 불임부부에게만 대리모를 통한 대리출산이 제한적으로 허용되어야 한다는 견해도 있지만 원칙적으로 대리출산이 허용될 수 있다면 임신이 가능함에도 불구하고 어떤 이유에서건 직접 임신을 원하지 않아 대리출산을 원하는 부부에게도 대리출산이 금지될 이유는 없다고 보인다.

우선 자신의 난자에 문제가 있어(양쪽 난소를 모두 절제하여 난자를 만들 수 없는 경우) 임신이 불가능한 여성의 경우에는 단지 타인의 난자만을 제공받아 자신의 남편의 정자와 체외수정한 후 자신의 자궁에 착상시킬 수도 있고(대리모유형 1: 난자만 제공하는 대리모), 직접 임신하기를 원하지 않는다면 난자를 제공한 여성의 자궁에 착상시킬 수도 있다(대리모유형 2: 체외수정의 방식으로 난자와 자궁을 모두 제공하는 대리모). 난자와 자궁을 모두 제공하는 대리모의 경우에는 체외수정이 아니라 정자를 자궁에 주입하여 수정시키는 인공수정(artificial insemination)의 방법이 선택될 수도 있고(대리모유형 3: 인공수정의 방식으로 난자와 자궁을 모두 제공하는 대리모), 성교를 통한 체내수정의 방법이 선택될 수도 있다(대리모유형 4: 체내수정의 방식으로 난자와 자궁을 모두 제공하는 대리모).

다음으로 자신의 난자에는 문제가 없으나 자궁에 문제가 있거나(자궁을 적출하여 자궁이 없거나 자궁에 기형이나 이상이 있는 경우) 일정한 의학적 이유로[7] 임신이 불가능한 여성의 경우에는 자신의 난자와 남편의 정자를 체외수정한 후 타인의 자궁에 착상시킬 수 있다(대리모유형 5: 자궁만을 제공하는 대리모). 마지막으로 자신의 난자와 자궁에 모두 문제가 있어 임신이 불가능한 여성의 경우에는 인공수정이나 체외수정의 방식으로 난자와 자궁을 모두 제공할 대리모가 필요하고(대리모유형 2 또는 3), 이때 경우에 따라서는 성교를 통한 체내수정이 방식이 선택될 수도 있다(대리모유형 4). 이처럼 난자와 자궁을 모두 제공하는 대리모는 자신의 난자와 자궁에 모두 문제가 있어 불임인 여성뿐만 아니라 단지 자신의 난자만이 문제가 있어 불임인 여성도 필요할 수 있다.

난자만 또는 자궁만 제공하는 대리모든 난자와 자궁을 모두 제공하는 대리모든 혼인한 부부가 대리모를 필요로 하는 이유는 자녀를 갖고자 하는 데 있다. 특히 자궁을 제공하는 대리모를 원하는 경우에는 자신의 난자를 제공함으로써 자신의 유전자를 물려받은 자녀를 가지려는 데 있다. 자녀를 갖고자 하는 욕망, 무엇보다도 자신의 유전자를 물려받은 자녀를 갖고자 하는 욕망은 인간의 본질적인 욕망이므로 이것은 하나의 인권(자녀를 가질 권리)으로 보장될 필요가 있다. 이러

7) 자궁에는 문제가 없으나 당뇨나 고혈압과 같은 의학적 이유로 임신의 유지가 불가능한 경우에도 자궁을 제공하는 대리모가 필요할 수 있다.

한 자녀를 가질 권리는 일반적 자유권을 의미하는 행복추구권(헌법 제10조 제1문 후단)을 근거로 도출할 수 있는 열거되지 않은 개별적 기본권(헌법 제37조 제1항)의 하나로 이해될 수도 있다.

### (2) 독신남성 또는 독신여성의 자녀를 가질 권리

대리출산이 허용될 수 있다면 독신남성이나 독신여성에게도 대리모를 통한 출산이 허용되어야 한다. 사별이나 이혼 등으로 홀로 자녀를 양육하는 한부모가 있다는 점에서 독신남성이나 독신여성도 친부나 친모가 될 수 있어야 하기 때문이다. 혼인하지 않은 남성이 자신의 정자와 대리모의 난자를 이용한 임신을 통하여 친부가 되기를 원하는 경우 또는 혼인하지 않은 여성이 자신의 난자와 타인의 정자를 수정하여 임신함으로써 친모가 되기를 원하지만 자신이 직접 임신하기를 원하지 않거나 임신이 불가능하여 다른 여성의 난자나 자궁을 빌려 임신을 원하는 경우에도 대리모가 필요할 수 있다.[8)]

우선 혼인하지 않은 남성이 자신의 정자와 대리모의 난자를 이용한 임신을 원하는 경우에 체외수정이나 인공수정의 방식이 선택될 수도 있고(대리모유형 2 또는 3), 성교를 통한 체내수정의 방식이 선택될 수도 있다(대리모유형 4). 다음으로 혼인하지 않은 여성이 자녀를 갖기 원하는 경우에 정자를 제공받아 자신의 난자와 체외수정한 후 대리모의 자궁에 착상시킬 수 있다(대리모유형 5). 또한 혼인하지 않은 여성으로 자녀를 갖기 원하지만 자신의 난자에 문제가 있어 제3자 또는 대리모의 난자와 제공받은 정자를 체외수정한 후 대리모에게 착상시킬 수 있다(대리모유형 1 또는 2). 그리고 혼인하지 않은 여성으로 자녀를 갖기 원하지만 자신의 난자와 자궁에 모두 문제가 있다면 정자를 제공받아 제3자의 또는 대리모의 난자와 체외수정이나 인공수정으로 대리모의 자궁에 착상시킬 수도 있다(대리모유형 1, 2 또는 3). 이처럼 제3자의 난자를 제공받아 대리모의 자궁에 착상시킴으로써 난자를 제공하는 여성과 자궁을 제공하는 여성이 다르면 2명의 대리모가 존재하게 된다.

## 3. 대리모유형의 정리

대리모는 크게 ① 난자만 제공하는 대리모, ② 자궁만 제공하는 대리모, ③

8) 대리모는 불임부부에게만 제한적으로 허용되어야 한다는 견해로 김상찬(2013), 145면 참조.

난자와 자궁을 모두 제공하는 대리모로 구분할 수 있다. 그리고 자궁을 제공하는 대리모, 즉 출산을 직접 경험해야 하는 대리모(출산대리모)의 경우에 수정방식에 따라 ① 체외수정에 의한 대리모와 ② 인공수정(정자를 자궁에 주입하는 방식)에 의한 대리모, ③ 체내수정(성교행위)에 의한 대리모로 구분이 가능하다. 또한 대리모의 혼인 여부에 따라 ① 혼인상태에 있는 대리모(기혼 대리모), ② 혼인상태에 있지 않은 대리모(미혼 대리모)로도 구분될 수 있다.

한편 대리모를 필요로 하는 사람의 유형에 따라 ① 혼인한 부부가 필요로 하는 대리모와 ② 혼인하지 않은 남성이 필요로 하는 대리모, ③ 혼인하지 않은 여성이 필요로 하는 대리모로 구분될 수도 있다. 또한 대리모를 필요로 하는 여성의 유형에 따라 ① 난자만 문제가 있는 여성이 필요로 하는 대리모, ② 자궁만 문제가 있는 여성이 필요로 하는 대리모, ③ 난자와 자궁이 모두 문제가 있는 여성이 필요로 하는 대리모, ④ 난자와 자궁에 문제가 없으나 직접 출산을 원하지 않는 여성이 필요로 하는 대리모로 구분하는 것도 가능하다.

대리모의 문제는 원칙적으로 대리모의 인권을 중심으로 논의되어야 필요가 있고, 대리모를 필요로 하는 여성의 관점은 부차적으로 고려되어야 한다. 따라서 기본적으로 대리모가 난자와 자궁 가운데 무엇을 제공하는지에 따라 대리모를 구분하여 대리모 허용 여부와 법적 쟁점을 살펴보기로 한다.

## Ⅲ. 대리모의 허용 여부 및 법적 쟁점

친모가 되려는 의지와 난자의 제공 및 자궁의 제공이 결합되어야만 '완전한 모성'으로 이해하는 입장에 따르면 친모가 되려는 의지가 없이 난자만 또는 자궁만 제공하거나 난자와 자궁을 모두 제공하는 대리모는 모성의 완전성을 파괴하여 허용될 수 없다. 특히 자궁만 제공하는 대리모의 경우에는 '인간 인큐베이터'와 같은 역할을 수행한다는 점에서 완전성이 파괴된 모성의 극단적인 형태로 비난받을 수도 있다. 이러한 입장에서 보면 대리모계약은 "선량한 풍속 기타 사회질서에 위반한 사항을 내용으로 하는" 계약으로 무효가 될 수밖에 없다(민법 제103조). 법원도 같은 입장을 취하고 있다(아래 [판례 30.1] 참조).[9] 하지만 대리모의 신체에 관한 자기결정권과 임신·출산에 관한 자기결정권, 그리고 의뢰인의 자녀를 가질 권리

9) 대리모계약과 관련된 법원 판례의 입장에 대한 자세한 분석은 최성경(2020), 351면 이하 참조.

를 종합적으로 고려한다면 난자의 제공이나 대리출산을 내용으로 하는 대리모계약은 기본적으로 허용될 수 있다.

**[판례 30.1] 사회질서에 위반되는 계약으로서 대리모계약**

출생신고에 관한 가족관계등록 법령의 문언이나 그 취지를 고려할 때에 출생신고서 및 출생증명서에 '모의 성명 및 출생연월일'을 기재하게 한 것은 우리 민법상 모자관계를 결정하는 기준인 '모의 출산사실'을 출생신고에 의하여 확인하고, 출산에 의하여 자연적으로 형성된 모자관계를 법률적으로도 일치시키기 위한 조치이므로, 출생신고서에 기재된 모의 인적사항과 출생증명서에 기재된 모의 인적사항은 동일하여야 하고, 만일 그것이 일치하지 않을 때에는 출생신고서를 수리하여서는 아니 된다. … 우리 민법상 모자관계의 결정 기준이 '모의 출산사실'인 점, 가족관계등록법상 출생신고를 할 때에는 출생신고서에 첨부하는 출생증명서 등에 의하여 모의 출산사실을 증명하여야 하는 점, 인간의 존엄과 가치를 침해하는 것을 방지함으로써 생명윤리와 안전을 확보하고 국민의 건강과 삶의 질 향상에 이바지하고자 하는 생명윤리법의 입법 목적 등을 종합하여 볼 때, 남편이 배우자 아닌 여성과의 성관계를 통하여 임신을 유발시키고 자녀를 낳게 하는 고전적인 대리모의 경우뿐만 아니라, 본건과 같이 부부의 정자와 난자로 만든 수정체를 다른 여성의 자궁에 착상시킨 후 출산케 하는 이른바 '자궁(출산)대리모'도 우리 법령의 해석상 허용되지 아니한다고 할 것이고, 이러한 대리모를 통한 출산을 내용으로 하는 계약은 선량한 풍속 기타 사회질서에 위반하는 것으로써 민법 제103조에 의하여 무효라고 할 것이다(서울가정법원 2018. 5. 9. 2018브15 결정).

## 1. 난자만 제공하는 대리모

난자만 제공하는 대리모, 즉 직접 임신과 출산의 과정은 경험하지 않고 단지 난자만을 제공하여 수정과정에만 기여하는 대리모의 경우에는 정자제공자인 의뢰인과 어떠한 법적 관계에 있는지에 따라 대리모 허용 여부가 결정될 수 있다.[10] 정자제공자와 난자제공자는 해당 정자와 난자가 수정되어 임신된 자녀의 '유전학적 부모'로서 법적으로 친부와 친모가 되기 때문이다. 따라서 정자제공자와 난자제공자가 가까운 친족이 아니어서 법적으로 혼인이 가능한 관계에 있는 경우에만

10) 타인을 위하여 난자를 제공하는 여성인 대리모와 대비하여 타인을 위하여 정자를 제공하는 남성인 '대리부'를 상정해볼 수도 있다. 실제로 한 유명한 여성 연예인이 타인의 정자를 기증받아 자신의 난자와 수정시킨 뒤 임신하여 아들을 출산했다는 기사가 언론에 공개되자 이 보도는 결혼하지 않은 여성이 타인의 정자를 기증받아 임신하고 출산하는 것이 허용될 수 있는지에 대한 사회적 논란을 불러 일으켰다. 결론을 말하자면 대리모와 마찬가지로 정자제공자와 난자제공자가 가까운 혈족이 아니어서 법적으로 혼인이 가능한 관계에 있는 경우로 한정된다면 대리부의 허용도 특별한 문제가 없을 것으로 보인다.

대리모가 허용될 수 있도록 제한되어야 한다. 예를 들어 난자에 문제가 있는 딸을 위하여 친모가 난자를 제공하고 딸의 남편이 정자를 제공하여 이를 체외수정한 후에 그 딸의 자궁에 착상시키거나 인공수정시킨다고 하더라도 사위와 장모는 법적으로 혼인이 가능한 관계에 있지 않기 때문에 이러한 대리모는 허용될 수 없어야 한다. 물론 현실적으로 이처럼 가까운 친족 가운데 한 사람이 자발적으로 대리모가 될 가능성을 배제할 수는 없다. 그리고 대리모를 자청한 친족이 친모임을 주장할 가능성은 거의 없기 때문에 법적 분쟁이 발생하지는 않을 것이다. 그렇지만 법적으로 혼인이 가능한 관계라는 원칙에 비추어볼 때 친족간의 대리모는 문제가 될 여지를 남긴다.

정자제공자와 난자제공자가 법적으로 혼인가능한 관계에 있어 대리모가 허용되는 경우에 '유전학적 부모가 법적 친부와 친모가 된다'는 원칙에 따라 정자제공자는 유전학적 친부로서 법적 친부가 되고, 난자제공자는 유전학적 친모로서 법적 친모가 된다. 그렇지만 현실적으로는 남편의 정자와 대리모의 난자를 체외수정하여 처의 자궁에 착상시키는 방식으로 임신이 된 후에 자녀를 출산하고 친생자로 출생신고를 할 개연성이 높기 때문에 난자제공자가 친모임을 주장하지 않는 한 법적 분쟁이 발생할 여지는 없다. 그러나 출산 후에 난자제공자가 친모라고 주장할 수도 있는데 '출산한 여성을 친모로 추정하는 법원칙'에 따르면 난자제공자가 친모라고 주장할 수 있는 방법은 친생자관계존부확인의 소(민법 제865조 제1항)를 제기하는 것이다. 또한 난자를 제공한 대리모 외에 별도로 자궁을 제공하는 대리모를 이용하는 경우에는 직접 출산하게 되는 대리모가 출산한 자녀의 친모라고 주장할 가능성이 있는데 이런 경우에는 우선 자궁만을 제공한 대리모가 법적 친모가 될 수 있는지에 대한 논의가 필요하다. 특히 자궁만을 제공한 여성도 법적 친모가 될 수 있고, 난자를 제공한 대리모와 자궁을 제공한 대리모가 다른 여성일 경우(한 번의 출산을 위해 2명의 대리모를 이용한 경우)에는 의뢰인을 포함하여 친모임을 주장하는 사람이 세 사람이 되기 때문에 누가 법적 친모가 되어야 하는지를 결정해야만 한다. 이 경우에도 출산한 여성을 친모로 추정하는 법원칙에 따라 자궁만을 제공한 대리모가 친모로 추정되기 때문에 난자를 제공한 대리모는 친생관계존부확인의 소를 제기하여 친모로 인정받을 수 있다.

## 2. 자궁만 제공하는 대리모

자궁만 제공하는 대리모를 '출산대리모'라고 부르기도 하는데 이 경우에도 정자제공자인 의뢰인과 난자제공자가 법적으로 혼인한 상태에 있거나 혼인가능한 관계에 있는 경우로 대리모의 허용이 제한되어야 한다.[11] 출산대리모 외에 난자를 제공하는 별도의 대리모를 필요로 하는 경우는 흔치 않을 것이고, 대체로 의뢰인인 처의 자궁에 문제가 있고 난자에는 문제가 없는 경우일 것이므로 처의 난자와 남편의 정자를 체외수정하여 대리모의 자궁에 착상시키는 방식으로 대리모에게 임신되게 하여 출산하게 한 후 의뢰인 부부의 친생자로 출생신고를 할 것이다. 다만 이렇게 출산한 아동과 출산대리모 사이에 가까운 친족관계가 있는 경우도 존재할 것이므로 대리모를 허용할지 여부가 문제될 수 있다. 예를 들어 자궁에 문제가 있는 딸을 위하여 친모의 자궁에 체외수정한 수정란을 착상시키는 경우가 이에 해당한다. 자궁만 제공하는 대리모도 친모로 볼 수 있다면 가까운 친족을 대리모로 이용하는 것은 금지되어야 한다.

자궁만을 제공하는 출산대리모는 출산한 아동의 유전자에 아무런 영향도 주지 않는다는 점에서 '유전학적 친모'는 아니지만 아이가 출산할 때까지 아이와 신체적, 심리적 교감을 나눈다는 점에서 '생물학적 친모'이기는 하다.[12] 유전학적 친모만을 친모라고 한다면 출산대리모는 법적 친모가 될 수 없지만 생물학적 친모도 친모라고 한다면 출산대리모도 법적 친모가 될 수 있다. 문제는 난자를 제공한 유전학적 친모와 자궁을 제공한 생물학적 친모가 서로 친모라고 주장하는 경우에 누구를 법적 친모로 결정할 것인지 하는 점이다. 더구나 난자를 제공한 유전학적 친모도 대리모인 경우에는 대리출산을 의뢰한 여성과 난자제공자 및 자궁제공자 모두 친모임을 주장하면 3명의 여성 가운데 법적 친모를 결정해야 하는 문제에 부딪히게 된다. 이 경우에는 출산한 자녀의 관점에서 이 자녀가 어떤 친모에게 양육을 받는 것이 자녀의 복리에 최선이 될 수 있는지에 따라 결정되어야 한다. 결국 현실적으로는 난자를 제공한 대리모나 자궁을 제공한 대리모가 아니라 정자제공자인 의뢰인의 처가 대리출산에 동의한 경우에는 대리모가 출산한 자녀의 친권

---

11) 가까운 친족에 의한 대리출산이 금지되어야 한다는 견해도 같은 취지로 이해된다. 김상찬(2013), 146면 각주 52) 참조.

12) 유전학적 친모와 생물학적 친모를 구분하는 견해에 대해서는 김향미(2012), 84면 참조. 이 견해에 따르면 대리모가 유전학적 친모이면서 생물학적 친모인 경우(난자와 자궁을 모두 제공하는 대리모인 경우)에만 대리모로 부르고, 오로지 생물학적 친모인 경우(자궁만을 제공하는 대리모인 경우)에는 "임신대리모"로 부른다.

자가 되는 것이 합리적이다. 따라서 대리모에 관한 법률이 제정되어 정자제공자인 의뢰인의 처를 친모로 명시할 필요가 있으나 현재는 법률이 없으므로 현행 가족법에 따라 친권자를 정할 수밖에 없다.

우선 자궁을 제공한 출산대리모가 계약대로 출산한 자녀를 의뢰인 부부에게 인도하는 경우에는 출산대리모가 미혼자이면 대리모가 출산한 자녀는 '혼인외의 자'가 되기 때문에 정자제공자인 의뢰인이 먼저 출산한 자녀가 친자라는 인지(認知)를 하고(민법 제855조 이하), 출산대리모와 협의하여 단독친권자가 된 후에 정자제공자의 배우자인 여성이 입양하는 절차(민법 제866조 이하)를 거쳐야 하는 것이 원칙이다. 반면에 출산대리모가 기혼자이면 그 남편이 친부로 추정되기 때문에(민법 제844조) 우선 출산대리모의 남편이 친생부인절차(민법 제847조 이하)를 거친 후에 출산대리모가 미혼자인 경우에 거쳐야 하는 인지와 협의에 의한 단독친권자 지정 및 입양의 절차를 동일하게 거쳐야 하는 것이 원칙이다. 하지만 이러한 원칙과 달리 현실적으로는 대리출산 사실을 숨기고 의뢰인 부부의 친생자인 것처럼 허위로 출생신고될 가능성이 높다.

다음으로 자궁을 제공한 출산대리모가 계약을 위반하여 출산한 자녀를 의뢰인 부부에게 인도하지 않는 경우에 대리모계약의 이행을 요구하는 유아인도청구소송을 통해 강제집행을 함으로써 대리모로부터 아이를 강제로 뺏어오는 방법이 선택될 수 있다는 주장도 가능하다. 하지만 출산대리모도 생물학적 친모이기 때문에 곧바로 의뢰인의 유아인도청구권을 인정하여 강제집행을 할 수 있도록 하기보다는 우선은 정자제공자인 의뢰인이 출산한 자녀가 친자라는 인지를 하도록 하는 것이 바람직하다. 그렇지만 출산한 자녀를 인도하지 않으려는 대리모와 양육자결정에 관한 협의가 이루어지지 않을 것이므로[13] 가정법원에 양육자지정을 청구하고, 법원의 결정에 따라야 한다. 대체로 가정법원은 자녀의 복리를 고려하여 정자제공자인 친부를 양육자로 지정하겠지만 출산대리모를 양육자로 지정할 가능성도 배제할 수 없다. 만약 법원이 출산대리모를 양육자로 지정하면 의뢰인은 계약불이행에 따른 계약금반환 및 손해배상을 청구할 수 있을 뿐이다. 한편 친부가 양육자로 결정되는 경우에는 그 배우자가 입양을 통해 친권자가 될 수 있다.

친부가 양육자로 결정되었음에도 불구하고 대리모가 자녀를 친부에게 인도하지 않으면 법원에 유아인도를 구하는 심판을 청구하고, 유아를 인도하라는 법

13) 자녀가 인지된 경우에 친부와 친모는 자녀의 양육에 관한 사항, 즉 양육자, 양육비, 면접교섭권 등을 협의에 의하여 결정하고(민법 제837조 제1항), 양육에 관한 사항의 협의가 이루어지지 아니하거나 협의할 수 없는 때에는 가정법원은 직권으로 또는 당사자의 청구에 따라 이에 관하여 결정하게 된다(동법 동조 제4항).

원의 심판이 있음에도 불구하고14) 대리모가 여전히 자녀를 인도하지 않으면 강제집행을 집행관에게 위임할 수 있다. 이 경우에 집행관이 대리모로부터 아이를 빼앗아 양육자에게 인도하여야 하기 때문에15) 양육자인 친부는 강제집행에 의한 자녀의 인도에 신중을 기할 수밖에 없다. 이러한 직접적 강제방식 외에 간접적 강제방식으로 법원에 유아인도의무의 이행을 명령하는 결정을 신청하고(가사소송법 제64조 제1항 제2호), 법원이 유아인도의무이행의 명령을 했음에도 불구하고 계속해서 자녀의 인도를 거부하면 대리모에게 과태료를 부과할 수 있으며(동법 제67조 제1항), 과태료를 부과 받고도 자녀를 인도하지 않으면 감치명령을 할 수 있다(동법 제68조 제1항 제2호).

**[법령 30.1] 가사소송법**(최근개정: 2021. 1. 26. 법률 제17905호)

**제64조 (이행 명령)**

① 가정법원은 판결, 심판, 조정조서, 조정을 갈음하는 결정 또는 양육비부담조서에 의하여 다음 각 호의 어느 하나에 해당하는 의무를 이행하여야 할 사람이 정당한 이유 없이 그 의무를 이행하지 아니하는 경우에는 당사자의 신청에 의하여 일정한 기간 내에 그 의무를 이행할 것을 명할 수 있다.

1. 생략
2. 유아의 인도 의무
3. 생략

② 생략

**제67조 (의무 불이행에 대한 제재)**

① 당사자 또는 관계인이 정당한 이유 없이 제29조, 제63조의2 제1항, 제63조의3 제1항·제2항 또는 제64조의 명령이나 제62조의 처분을 위반한 경우에는 가정법원, 조정위원회 또는 조정담당판사는 직권으로 또는 권리자의 신청에 의하여 결정으로 1천만원 이하의 과태료를 부과할 수 있다.

②~③ 생략

**제68조 (특별한 의무 불이행에 대한 제재)**

① 제63조의3 제4항 또는 제64조의 명령을 받은 사람이 다음 각 호의 어느 하나에 해당하면 가정법원은 권리자의 신청에 의하여 결정으로 30일의 범위에서 그 의무를 이행할 때까지 의무자에 대한 감치를 명할 수 있다.

1. 생략

---

14) 가사소송에서 가정법원이 금전의 지급, 물건의 인도(引渡), 등기, 그 밖에 의무의 이행을 명하는 심판을 하게 되면 그 심판은 집행권원(執行權原)이 된다(가사소송법 제41조).

15) 민사집행법에 따르면 금전채권 외의 채권에 기초한 강제집행의 경우에 채무자가 특정한 동산이나 대체물의 일정한 수량을 인도하여야 할 때에는 집행관은 이를 채무자로부터 빼앗아 채권자에게 인도하여야 하기 때문에(동법 제257조) 대리모가 아동을 인도하지 않으면 동산에 대한 강제집행을 준용하여 집행관이 아동을 빼앗아 양육자인 친부에게 인도할 수 있다.

2. 유아의 인도를 명령받은 사람이 제67조 제1항에 따른 제재를 받고도 30일 이내에 정당한 이유 없이 그 의무를 이행하지 아니한 경우
3. 생략

② 생략

**[법령 30.2] 유아인도를 명하는 재판의 집행절차**(최근개정: 2003. 9. 17. 대법원재판예규 제917호)

유아인도를 명하는 재판(화해, 조정 등의 조서를 포함한다)이 있는 경우에 이를 집행관에 의한 유체동산인도 집행절차에 준하여 집행할 수 있는지, 아니면 간접강제의 방법에 의하여 집행하여야 하는지에 관한 견해의 대립이 있어 실무상의 혼란과 당사자의 불편이 초래되고 있는 바, 이에 관한 지침을 다음과 같이 시달하니 업무처리에 착오없기 바랍니다.

- 다음 -

1. 집행의 방법

유체동산인도청구권의 집행절차(민사집행법 제257조)에 준하여 집행관이 이를 강제집행할 수 있다. 이 경우 집행관은 그 집행에 있어서 일반동산의 경우와는 달리 수취할 때에 세심한 주의를 하여 인도(人道)에 어긋남이 없도록 하여야 한다. 다만 그 유아가 의사능력이 있는 경우에 그 유아 자신이 인도를 거부하는 때에는 집행을 할 수 없다.

2. 생략

한편 자궁을 제공한 출산대리모 외에 난자를 제공한 별도의 대리모가 있는 경우에도 출산대리모가 계약대로 출산한 자녀를 의뢰인 부부에게 인도하고 난자를 제공한 대리모도 친모라는 주장을 하지 않으면 현실적으로는 친생자로 허위출생신고를 하겠지만 법적으로는 인지, 협의에 의한 단독친권자 지정, 입양의 절차를 거쳐야 대리모계약의 목적을 달성할 수 있다. 또한 자궁을 제공한 출산대리모가 계약을 위반하여 출산한 자녀를 의뢰인 부부에게 인도하지 않으면 곧바로 법원에 의한 강제집행은 허용될 수 없다고 보아야 하므로 계약의 내용이 아동의 출산과 인도라는 점에서 인지, 법원에 친권자지정 신청, 입양의 절차를 거쳐 대리모계약의 목적이 달성될 수 있다. 문제는 자궁을 제공한 출산대리모 외에 난자를 제공한 대리모가 친모라고 주장하는 경우인데 난자를 제공한 대리모가 법원에 친생관계존부확인의 소를 제기하면 법원은 아동의 복리를 고려하여 아동의 양육에 최선이 되는 사람을 친권자로 지정할 수 있다.

**주요개념**

**【인지】** 혼인한 상태에 있지 않은 여성이 임신하여 출산하면 그 상대방은 곧바로 친부로 추정되지 않기 때문에 대리모가 출산한 자녀(혼인외의 출생자)를 자신의 아이로 주장하려면 인지(認知)가 필요하다(민법 제855조 제1항). 인지는 가족관계등록법에 따라 신고하면 효력이 발생한다(민법 제859조 제1항).

**【인지의 경우에 친권자지정】** 혼인외의 자가 인지된 경우에는 부모의 협의로 친권자를 결정하여야 하기 때문에(민법 제909조 제4항) 대리모가 임신하여 출산한 아이는 정자제공자인 의뢰인과 대리모의 협의로 친권자를 결정해야 하는데 대부분 대리모계약 단계에서 의뢰인을 친권자로 하는 내용이 계약에 포함되게 된다.

**【친생부인의 소】** 여성이 혼인 중에 임신하여 출산하면 그 남편의 자녀로 추정되기 때문에(민법 제844조 제1항) 대리모의 남편은 자신의 처가 대리모로 출산한 아이가 자신의 친자가 아니라고 주장하기 위해서는 친생부인의 소를 제기하여야 한다(민법 제846조). 친생부인의 소는 그 사유가 있음을 안 날로부터 2년 이내에만 제기할 수 있다(민법 제847조 제1항).

## 3. 난자와 자궁을 모두 제공하는 대리모

난자와 자궁을 모두 제공하여 체외수정이나 인공수정에 의하여 임신하는 대리모의 경우에는 난자만을 제공하는 대리모와 자궁만을 제공하는 대리모가 결합된 형태이다. 따라서 이러한 대리모는 정자제공자와 난자제공자가 혼인가능한 관계에 있다면 허용될 수 있다. 하지만 난자와 자궁을 모두 제공하여 성교를 통한 체내수정에 의하여 임신하는 대리모의 경우에는 대리모가 혼인한 상태에 있거나 상대방 남성이 혼인한 상태에 있다면 윤리적인 문제가 발생할 수도 있으므로 금지되어야 한다.

체외수정이나 인공수정이든 체내수정이든 난자와 자궁을 모두 제공하는 대리모는 출산한 아이의 유전학적 친모이기 때문에 법적 친모가 된다. 따라서 대리모가 계약대로 출산한 자녀를 의뢰인에게 인도하는 경우에 현실적으로는 친생자로 허위출생신고될 개연성이 높다. 하지만 법적으로는 대리모가 미혼자이면 정자제공자인 의뢰인의 인지와 대리모와의 협의를 통한 단독친권자 지정 및 정자제공자의 배우자의 입양을 거쳐야만 출산한 자녀의 법적 친권자가 될 수 있다. 반면에 대리모가 기혼자이면 대리모의 남편의 친생부인 및 정자제공인 의뢰인의 인지와 대리모와의 협의를 통한 단독친권자 지정, 그리고 정자제공자의 배우자의 입양을 거쳐야만 출산한 자녀의 법적 친권자가 될 수 있다. 한편 대리모가 계약을 위반하여 출산한 자녀를 의뢰인에게 인도하지 않는 경우에는 계약의 성격상 법원이 강제집행을 할 수 없다고 보아야 하기 때문에 인지와 법원에 친권자지정 신청을 통해 법원이 정자제공자인 의뢰인을 친권자로 지정하면 그 배우자가 입양함으로써 대리모계약의 목적이 실현될 수 있다. 하지만 법원이 대리모를 친권자로 지정하면 대리모를 상대로 하여 계약위반을 이유로 계약금반환 및 손해배상을 청구할 수 있을 뿐이다.

### 4. 의뢰인이 대리모가 출산한 아동의 인수를 거부하는 경우

자궁만 제공하거나 난자와 자궁을 모두 제공하는 출산대리모의 경우에 자녀를 출산하고 의뢰인에게 자녀를 인도하려고 해도 의뢰인이 배우자의 사망, 이혼 등을 이유로 그 자녀를 인수하지 않는 경우가 발생할 수 있다. 이 경우에 대리모는 정자제공자인 생부를 상대로 인지청구소송을 제기하고, 계약위반을 이유로 손해배상청구소송을 제기할 수는 있겠으나 법원에 유아인수청구의 소를 제기하여 강제집행의 방법으로 자녀의 인수를 강제할 수는 없다고 보인다. 의뢰인이 자녀를 인수하지 않으면 현실적으로는 대리모가 입양을 선택할 수밖에 없겠지만 직접 양육하는 경우에는 생부인 의뢰인에게 양육비를 청구할 수 있을 것이다.

## Ⅳ. 대리모 관련 입법의 필요성

자녀를 갖기 원하지만 임신이 불가능한 부부의 사정은 충분히 고려되어야 한다. 또한 혼인하지 않은 남성이나 여성으로서 자녀를 갖기 원하는 사람들의 욕망도 존중될 필요가 있다. 하지만 이들을 위하여 난자나 자궁을 제공하는 대리모의 인권도 반드시 함께 고려되어야 한다. 특히 자궁을 대여하는 대리모는 스스로 임신과 출산의 과정을 경험하게 되기 때문에 특별한 고려가 요구된다. 한편 대리모에 의한 출산은 대리모에 대한 친모 인정 여부, 그리고 출산한 아동과 대리모의 법적 관계의 확정과 같은 법적 문제를 발생시킨다는 점에서 의뢰인의 인권과 대리모의 인권 및 아동의 복리가 조화롭게 실현될 수 있도록 법적 관계를 합리적으로 설정할 필요가 있다.

가족법은 임신·출산과 관련하여 기본적으로 남녀의 성교에 의한 임신·출산을 가정하였다. 또한 가족법은 친자관계의 확정과 관련하여 출산한 여성을 친모로, 그 남편을 친부로 추정하고, 만약 혼인하지 않은 남녀의 경우에는 역시 출산한 여성을 친모로 추정하지만 그 상대방은 인지를 통해 친부가 된다는 원칙에서 출발하였다. 만약 남편이 친부가 아니면 친생부인의 소를 제기하고, 친부가 인지하지 않으면 인지청구의 소(민법 제863조)를 제기하며, 인지가 잘못되었으면 인지취소청구의 소(민법 제861조)나 인지이의의 소(민법 제862조)를 제기하면 된다는 것이 원칙이다. 또한 그 밖에 다른 사유가 원인이 되어 친자관계의 결정이 필요하면 친생관계존부확인의 소(민법 제865조)를 제기해야 한다는 것이 원칙이다. 하지만 이러한 원칙들은 남녀의 성교를 통해 임신·출산하는 여성이 난자와 자궁을 모두 제공한다는 전제에서 출발하였지만 인공수정이나 체외수정의 기술이 발전하면서 남녀의 성교가 없는 임신·출산이나 대리모를 이용한 임신·출산이 가능해지고, 특히 체외수정은 임신·출산하는 여성이 반드시 난자와 자궁을 모두 제공한다는 전제를 깨뜨렸다. 이에 따라 남녀의 성교 없는 임신·출산이나 대리모를 이용한 임신·출산의 경우에도 친자관계가 성립할 수 있고, 난자제공자와 자궁제공자가 다른 경우에 누가 친모가 되는지를 확정할 필요가 발생한다.

임신과 출산에서 성기의 결합을 특별히 강조할 이유는 없기 때문에 남녀의 성교 없이 또는 대리모를 이용하여 임신·출산한 경우에도 친자관계를 인정하는 데는 문제가 없다. 또한 이 경우에 종래의 가족법상 원칙을 적용하여 친모추정과 친부추정 및 친생부인, 인지와 인지청구 및 인지이의, 친생관계존부확인과 같은 절차를 통해 친자관계를 확정하면 된다. 그리고 난자제공자와 자궁제공자가 다른 경우에도 난자제공자가 정자제공자의 처이면 정자제공자가 인지를 통해, 난자제공자가 또 다른 대리모이면 친생자관계존부확인을 통해 친모를 결정하면 된다. 하지만 대리모계약의 효력 유무와 유효한 대리모계약의 이행방식과 관련된 논란이 있기 때문에 대리모계약에 관한 독립적인 법률을 제정하거나 새로운 법률조항을 삽입하여 대리모계약의 유효성과 대리모에 의한 출산에서 친자관계의 확정에 관한 규율을 명확하게 할 필요가 있다.16)

16) 대리모에 관한 외국의 입법례 및 국내의 입법추친 현황에 대해서는 최아름/김성은/백경희(2020), 386면 이하 및 391면 이하 참조.

**토론문제**

1. 대리모는 허용될 수 있는가, 특히 대가를 받는 대리모는 허용될 수 있는가?
2. 대리모는 출산한 아이의 친모가 될 수 있는가?
3. 대리모에 관한 새로운 입법이 필요한가? 아니면 현행법으로도 충분한가?

**내 입장은?**

1. 무상이든 유상이든 대리모계약은 금지되어야 한다.
2. 무상의 대리모계약은 허용될 수 있다.
3. 모든 대리모계약은 허용될 수 있다.

## 참고문헌

김상찬(2013), 대리모에 관한 입법론적 연구, ≪법과 정책≫(제주대학교 법과정책연구소), 제19집 제1호(2013), 129~156면.

김향미(2012), 대리모 논란에 대한 법리적 이해, ≪법철학연구≫(한국법철학회), 제15권 제1호(2012), 79~104면.

김현진(2018), 대리모를 둘러싼 프랑스의 법적 동향, ≪강원법학≫(강원대학교 법학연구소), 제54권(2018), 71~114면.

김희수(2006), 대리모 출산과 관련된 윤리적 법적 문제들에 대한 고찰, ≪기독교사회윤리≫(한국기독교사회윤리학회), 제12권(2006), 99~122면.

엄동섭(2001), 대리모계약, ≪저스티스≫(한국법학원), 제34권 제6호(2001), 88~112면.

이병화(2016), 국제대리모계약에 관한 연구, ≪국제사법연구≫(한국국제사법학회), 제22권 제1호(2016), 123~188면.

이봉림(2012), 대리모계약의 유효성 여부와 입법논의를 위한 제요소 연구, ≪원광법학≫(원광대학교 법학연구소), 제28권 제4호(2012), 153~183면.

이인영(2005), 대리모에 관한 법률적 쟁점사항과 사회적 수용태도, ≪법과 사회≫(법과사회이론학회), 제29호(2005), 275~311면.

최성경(2020), 대리모계약의 효력과 모자관계 결정－서울가정법원 2018. 5. 18. 자 2018브15 결정을 계기로 하여－, ≪홍익법학≫(홍익대학교 법학연구소), 제21권 제2호(2020), 341~375면.

최아름/김성은/백경희(2020), 대리모 계약·출산과 관련된 국내외 입법동향 및 국내 의료계와 법조계의 시각차에 대한 검토, ≪과학기술과 법≫(충북대학교 법학연구소), 제11권 제2호(2020), 381~412면.

현소혜(2018), 대리모를 둘러싼 쟁점과 해결방안, ≪가족법연구≫(한국가족법학회), 제32권 제1호(2018), 107~148면.

# 제31장 고령사회에서 사는 노인의 인권

노인의 모든 것이 늙거나 낡아 있었다.
하지만 두 눈만은 그렇지 않았다.
바다와 똑같은 빛깔의 파란 두 눈은 여전히 생기와
불굴의 의지로 빛나고 있었다.
어니스트 헤밍웨이(Ernest Hemingway), <노인과 바다> 중에서

지하철 경로우대석에 앉아 있던 젊은이가 나이 지긋한 노인에게 한 소리를 듣는다. 자기 자리를 빼앗겼다고 생각한 노인은 왜 젊은이가 경로우대석에 앉아 있냐며 큰 소리를 치고, 잠시 잠들어 있다가 봉변을 당한 젊은이는 피곤한 듯 충혈된 눈을 치켜뜨며 그렇다고 큰 소리를 치면 되냐며 되받아친다. 노인은 지지 않고 요즘 것들은 버릇이 없다며 삿대질을 하자 젊은이는 나는 늙어도 당신 같이 늙지 않겠다며 얼굴을 붉힌다. 노인세대와 청년세대가 마치 지하철 좌석을 놓고 전쟁을 벌이는 듯하다. 노인세대는 마치 청년시절을 지내오지 않았던 것처럼, 청년세대는 결코 노인이 되지 않을 것처럼 그렇게 말이다.

평균수명이 늘어나는 대신해 출산율은 떨어져 노인인구의 비율이 증가하는 고령사회를 살고 있다. 과거에는 상대적으로 높은 비율의 청장년세대가 노인세대를 부양하였지만 이제는 상대적으로 낮은 비율의 청장년세대가 많은 노인세대를 부양해야 하는 시대가 도래한 것이다. 청년세대가 어렸던 시절 노인세대는 경제활동을 하며 그들을 부양했으므로 이제는 청년세대가 경제활동으로 노인세대를 부양하는 것이 공평하다. 하지만 과거에 비해 청장년세대가 부담해야 할 몫이 그 이전 세대보다 훨씬 커진 것도 사실이다.

인간은 모두 나이 들어 노인이 되어 간다. 노인이 되면 일할 수 없고 누군가의 부양이 필요하다. 공동체적 부양의무는 공동체의 존립에 필수적이다. 일할 수 있을 때 일할 수 없는 노인들에 대한 공동체적 부양의무를 부담하고, 일할 수 없는 노인이 되었을 때 일할 수 있는 젊은 세대의 공동체적 부양을 받는 것은 공평

할 뿐만 아니라 자연스러운 것이다. 그럼에도 불구하고 노인세대가 겪어야 하는 불편한 학대와 차별, 빈곤을 넘어 그들의 행복을 보장할 복지에 대해서 생각해 볼 필요가 있다. 누구나 노인이 되어야만 하므로 그렇다.

## Ⅰ. 개념과 현황

노인을 구분하는 나이(연령)는 나라마다 시대마다 다를 수 있지만 현행 **노인복지법**에 따르면 노인은 65세 이상의 사람을 의미한다(동법 제1조의2 제5호). 평균연령은 점점 높아지고, 경제활동인구의 증가에 비하여 노인인구의 증가는 현저하게 높아지는 것을 확인할 수 있다([표 31.1]). 일반적으로 전체 인구에서 노인인구가 차지하는 비율이 7퍼센트를 넘으면 '고령화사회(aging society)', 14퍼센트를 넘으면 '고령사회(aged society)', 20퍼센트를 넘으면 '초고령사회(super-aged society)'로 부르는데 한국은 2017년 말을 기준으로 노인인구가 14퍼센트를 넘어 고령화사회를 지나 고령사회로 진입하였으며 조만간 초고령사회로 이전할 것이 분명하다. 한편 15세 이상 64세 이하의 경제활동인구가 점차 감소하면서 경제활동인구가 부양해야 하는 노인인구의 비중은 계속 높아질 전망이다. 유엔인구기금(United Nations Population Fund)이 2019년에 발표한 통계에 따르면 노인인구 비율은 전체 인구의 9퍼센트로 한국의 노인인구 비율은 이보다 훨씬 높다는 것을 알 수 있다.

**[표 31.1] 노인인구 현황**

| | 노인인구 | 경제활동인구 | 평균연령 | 총인구 |
|---|---|---|---|---|
| 2000 | 3,394,896 | 22,151 | 33.1 | 47,008,111 |
| 2005 | 4,320,787 | 23,718 | 35.5 | 48,184,561 |
| 2010 | 5,366,109 | 24,956 | 37.9 | 49,554,112 |
| 2015 | 6,541,168 | 27,153 | 40.2 | 51,014,947 |
| 2016 | 6,757,083 | 27,418 | 40.7 | 51,217,803 |
| 2017 | 7,066,060 | 27,748 | 41.2 | 51,361,911 |
| 2018 | 7,372,160 | 27,895 | 41.7 | 51,606,633 |
| 2019 | 7,684,199 | 28,186 | 42.2 | 51,709,098 |
| 2020 | 8,125,432 | 28,012 | 42.8 | 51,780,579 |

자료: 통계청, 국가통계포털(KOSIS).

**[표 31.2] 유엔인구기금(UNFPA) 노인인구 비율** (2019년 기준)

| 총인구 | 0-14세 | 10-24세 | 15-64세 | 65세 이상 |
|---|---|---|---|---|
| 7,715백만 명 | 26% | 24% | 65% | 9% |

# Ⅱ. 노인학대

노령은 신체적 또는 정신적 능력의 저하를 야기하여 신체적으로 또는 정신적으로 약자에 속하는 노인은 학대에 쉽게 노출될 수 있다. 따라서 노인을 학대로부터 보호하기 위한 법적 절차가 요구된다.[1) ] 노인학대는 "노인에 대하여 신체적·정신적·정서적·성적 폭력 및 경제적 착취 또는 가혹행위를 하거나 유기 또는 방임을 하는 것"으로 정의된다(노인복지법 제1조의2 제4호).[2)] 이에 따라 구체적으로 ① 노인의 신체에 폭행을 가하거나 상해를 입히는 행위, ② 노인에게 성적 수치심을 주는 성폭행·성희롱 등의 행위, ③ 자신의 보호·감독을 받는 노인을 유기하거나 의식주를 포함한 기본적 보호 및 치료를 소홀히 하는 방임행위, ④ 노인에게 구걸을 하게 하거나 노인을 이용하여 구걸하는 행위, ⑤ 노인을 위하여 증여 또는 급여된 금품을 그 목적 외의 용도에 사용하는 행위, ⑥ 폭언, 협박, 위협 등으로 노인의 정신건강에 해를 끼치는 정서적 학대행위는 금지된다(동법 제39조의9). 노인학대 건수는 매년 증가하고 있는데 2017년의 경우에 피해노인수 기준으로는 총 4,622건, 피해건수 기준으로는 총 7,287건이 발생하였고, 이 가운데 신체적 학대와 정서적 학대 및 중복학대의 비율이 가장 높다(아래 [표 31.3] 및 [표 31.4] 참조). 한편 학대받는 노인과의 관계에서 볼 때 학대행위자의 대부분은 배우자와 자녀 등 친족이 차지한다(아래 [표 31.5] 참조).

**[표 31.3] 노인학대 현황: 피해노인수별** (단위: 건)

| 연 도 | 합 계 | 신체적 학대 | 정서적 학대 | 성적 학대 | 경제적 학대 | 방 임 | 자기 방임 | 유 기 | 중복 학대 |
|---|---|---|---|---|---|---|---|---|---|
| 2008 | 1,177 | 107 | 493 | 3 | 91 | 381 | 85 | 17 | - |
| 2009 | 2,674 | 115 | 507 | 8 | 99 | 331 | 73 | 29 | 1,512 |

1) 노인학대 피해자의 보호와 관련된 법적 절차에 대해서는 김태동(2018), 142면 이하; 최영진(2019), 79면 이하 참조.

2) 노인학대의 개념과 실태에 대해서는 문영희/강동욱(2018), 202면 이하 참조.

| | | | | | | | | | |
|---|---|---|---|---|---|---|---|---|---|
| 2010 | 3,068 | 201 | 562 | 7 | 115 | 419 | 142 | 37 | 1,585 |
| 2011 | 3,441 | 93 | 472 | 16 | 80 | 300 | 183 | 37 | 2,260 |
| 2012 | 3,424 | 101 | 416 | 18 | 78 | 312 | 315 | 32 | 2,152 |
| 2013 | 3,520 | 78 | 397 | 15 | 52 | 300 | 323 | 34 | 2,321 |
| 2014 | 3,532 | 94 | 406 | 11 | 61 | 281 | 392 | 35 | 2,252 |
| 2015 | 3,818 | 121 | 392 | 16 | 62 | 291 | 511 | 19 | 2,406 |
| 2016 | 4,280 | 132 | 285 | 17 | 48 | 189 | 320 | 22 | 3,267 |
| 2017 | 4,622 | 322 | 298 | 10 | 54 | 168 | 131 | 33 | 3,606 |
| 2018 | 5,188 | 384 | 361 | 63 | 29 | 248 | 95 | 16 | 3,992 |
| 2019 | 5,243 | 432 | 358 | 61 | 31 | 208 | 101 | 14 | 4,038 |

자료: 보건복지부 <노인학대 현황>(2019).

**[표 31.4] 노인학대 현황: 피해건수별** (단위: 건)

| 연 도 | 합 계 | 신체적 학대 | 정서적 학대 | 성적 학대 | 경제적 학대 | 방 임 | 자기 방임 | 유 기 |
|---|---|---|---|---|---|---|---|---|
| 2008 | 3,897 | 874 | 1,561 | 20 | 446 | 839 | 117 | 40 |
| 2009 | 4,588 | 1,127 | 1,853 | 37 | 554 | 806 | 129 | 82 |
| 2010 | 5,076 | 1,304 | 1,981 | 39 | 574 | 891 | 196 | 91 |
| 2011 | 5,765 | 1,419 | 2,307 | 72 | 607 | 1,038 | 236 | 86 |
| 2012 | 5,570 | 1,326 | 2,134 | 63 | 540 | 1,042 | 394 | 71 |
| 2013 | 5,832 | 1,430 | 2,235 | 90 | 526 | 1,087 | 375 | 89 |
| 2014 | 5,772 | 1,426 | 2,169 | 131 | 521 | 984 | 463 | 78 |
| 2015 | 6,154 | 1,591 | 2,330 | 102 | 542 | 919 | 622 | 48 |
| 2016 | 6,811 | 2,132 | 2,730 | 91 | 491 | 778 | 523 | 66 |
| 2017 | 7,287 | 2,651 | 3,064 | 150 | 41 | 649 | 291 | 71 |
| 2018 | 8,176 | 3,046 | 3,508 | 228 | 381 | 718 | 240 | 55 |
| 2019 | 8,229 | 3,138 | 3,465 | 218 | 426 | 741 | 200 | 41 |

자료: 보건복지부 <노인학대 현황>(2019).

**[표 31.5] 학대행위자 유형** (단위: 건)

| 유 형 | 연 도 | 2013 | 2014 | 2015 | 2016 | 2017 | 2018 | 2019 |
|---|---|---|---|---|---|---|---|---|
| 총 계 | 합 계 | 4,013 | 3,893 | 4,224 | 4,637 | 5,101 | 8,176 | 8,229 |
| 학대피해 노인본인 | 본 인 | 375 | 463 | 622 | 522 | 290 | 259 | 190 |
| 친 족 | 소 계 | 3,092 | 2,882 | 2,940 | 3,502 | 3,931 | 7,040 | 6,771 |
| | 배우자 | 551 | 588 | 652 | 952 | 1,263 | 2,601 | 2,889 |
| | 아 들 | 1,619 | 1,504 | 1,523 | 1,729 | 1,913 | 3,300 | 2,819 |
| | 며느리 | 240 | 184 | 183 | 157 | 131 | 185 | 154 |
| | 딸 | 519 | 476 | 451 | 475 | 424 | 599 | 606 |
| | 사 위 | 28 | 18 | 21 | 23 | 27 | 50 | 38 |
| | 손자녀 | 81 | 56 | 64 | 103 | 124 | 226 | 184 |
| | 친 척 | 54 | 56 | 467 | 63 | 49 | 79 | 81 |

| 타 인 | 소 계 | 253 | 246 | 283 | 221 | 176 | 252 | 318 |
|---|---|---|---|---|---|---|---|---|
| 관련기관 | 소 계 | 293 | 285 | 379 | 392 | 704 | 625 | 950 |

자료: 보건복지부 <노인학대 현황>(2019).

이와 같은 노인학대가 발생한 경우에 이를 알게 된 사람은 누구나 '노인보호전문기관'이나 '수사기관'에 신고할 수 있다(동법 제39조의6 제1항). 특히 노인학대를 알게 된 의료인이나 노인복지시설 종사자 등에게는 '신고의무'가 부과된다(동조 제2항). 한편 노인학대 신고를 받은 노인보호기관의 직원이나 사법경찰관리는 지체 없이 노인학대 현장에 출동하여 피해자를 보호하기 위한 조사와 질문 등 필요한 조치를 해야 할 '응급조치의무'가 있다(동법 제39조의7 제1항 및 제2항). 또한 학대받은 노인이 학대행위자로부터 분리되거나 치료가 필요한 경우에는 노인보호전문기관이나 의료기관에 인도해야 할 의무도 신고의무자에게 부과된다(동조 제5항). 하지만 신고의무자의 의무위반에 대한 법적 제재가 약하여 신고가 제대로 이루어지고 있지 않다는 점, 신고의무자나 친족에 의한 노인학대는 신고 자체가 불가능하다는 점 등이 문제점으로 지적된다.3)

**[법령 31.1] 노인학대 신고의무자**

**노인복지법 제39조의6 (노인학대 신고의무와 절차 등)**

② 다음 각 호의 어느 하나에 해당하는 자는 그 직무상 65세 이상의 사람에 대한 노인학대를 알게 된 때에는 즉시 노인보호전문기관 또는 수사기관에 신고하여야 한다.

1. 의료법 제3조 제1항의 의료기관에서 의료업을 행하는 의료인 및 의료기관의 장
2. 제27조의2에 따른 방문요양과 돌봄이나 안전확인 등의 서비스 종사자, 제31조에 따른 노인복지시설의 장과 그 종사자 및 제7조에 따른 노인복지상담원
3. 「장애인복지법」 제58조의 규정에 의한 장애인복지시설에서 장애노인에 대한 상담・치료・훈련 또는 요양업무를 수행하는 사람
4. 「가정폭력방지 및 피해자보호 등에 관한 법률」 제5조 및 제7조에 따른 가정폭력 관련 상담소 및 가정폭력피해자 보호시설의 장과 그 종사자
5. 「사회복지사업법」 제14조에 따른 사회복지전담공무원 및 같은 법 제34조에 따른 사회복지관, 부랑인 및 노숙인보호를 위한 시설의 장과 그 종사자
6. 「노인장기요양보험법」 제31조에 따른 장기요양기관의 장과 그 종사자
7. 「119구조・구급에 관한 법률」 제10조에 따른 119구급대의 구급대원
8. 「건강가정기본법」 제35조에 따른 건강가정지원센터의 장과 그 종사자
9. 「다문화가족지원법」 제12조에 따른 다문화가족지원센터의 장과 그 종사자
10. 「성폭력방지 및 피해자보호 등에 관한 법률」 제10조에 따른 성폭력피해상담소 및 같은 법 제12조에 따른 성폭력피해자보호시설의 장과 그 종사자

3) 최영진(2019), 83면 이하 참조.

11. 「응급의료에 관한 법률」 제36조에 따른 응급구조사
12. 「의료기사 등에 관한 법률」 제1조의2 제1호에 따른 의료기사
13. 「국민건강보험법」에 따른 국민건강보험공단 소속 요양직 직원
14. 「지역보건법」 제2조에 따른 지역보건의료기관의 장과 종사자
15. 제31조에 따른 노인복지시설 설치 및 관리 업무 담당 공무원

노인학대로 피해를 입은 노인(학대피해노인)들에게는 심신의 치유를 위한 프로그램을 제공하기 위하여 전용쉼터가 설치된다(노인복지법 제39조의19). 이러한 '학대피해노인 전용쉼터'는 노인복지시설의 한 유형으로 포함되어 관리되고 있다. 한편 노인학대 관련 범죄를 저지른 사람에 대하여 법원은 노인관련 시설이나 기관을 운영하거나 노인관련 시설이나 기관에 취업하지 못하도록 하는 '취업제한명령'을 판결과 동시에 선고할 수 있다(동법 제39조의17 제1항).

## Ⅲ. 노인차별

평등은 어떠한 사유로도 차별을 금지하므로 연령을 사유로 노인을 차별하는 것도 평등원칙에 따라 금지된다. 하지만 현실에서 수많은 노인들이 연령을 사유로 차별을 받고 있다. 다양한 형태의 '노인차별'이 존재하지만[4] 특히 고용영역에서 노인은 물론 일정한 연령 이상의 고령자가 받을 수 있는 차별을 예방하기 위하여 연령차별금지법이 제정되어 있다. '**고용상 연령차별금지 및 고령자고용촉진에 관한 법률**'에 따라 ① 모집·채용, ② 임금, 임금 외의 금품 지급 및 복리후생, ③ 교육·훈련, ④ 배치·전보·승진, ⑤ 퇴직·해고와 같은 고용의 세부적 분야에서 합리적 이유 없이 연령을 이유로 근로자 또는 근로자가 되려는 자를 차별하는 행위는 금지된다(동법 제4조의4 제1항). 다만 ① 직무의 성격에 비추어 특정 연령기준이 불가피하게 요구되는 경우, ② 근속기간의 차이를 고려하여 임금이나 임금 외의 금품과 복리후생에서 합리적인 차등을 두는 경우, ③ 이 법이나 다른 법률에 따라 근로계약, 취업규칙, 단체협약 등에서 정년을 설정하는 경우, ④ 이 법이나 다른 법률에 따라 특정 연령집단의 고용유지·촉진을 위한 지원조치를 하는 경우에는 예외적으로 연령차별로 보지 않는다(동법 제4조의5). 연령차별을 당한 피해자는 국가인권위원회에 '진정'할 수 있고, 국가인권위원회는 진정을 조사하여 연령차별이 있다고 판단되면 가해자인 피진정인 등에게 '권고'를 할 수 있다. 한편 권

4) 노인차별의 개념에 대해서는 진재문/김수영/문경주(2017), 139면 이하 참조.

고를 받고도 정당한 사유 없이 이행하지 않는 경우에 고용노동부장관은 '시정명령'을 할 수 있다(동법 제4조의7 제1항). 이러한 시정명령은 ① 피해자가 다수인인 연령차별행위에 대한 권고 불이행, ② 반복적 연령차별행위에 대한 권고 불이행, ③ 피해자에게 불이익을 주기 위한 고의적 권고 불이행 또는 ④ 그밖에 피해의 내용과 규모 등을 고려하여 시정명령이 필요하다고 고용노동부령으로 정하는 경우 가운데 어느 하나에 해당하고, 그 피해의 정도가 심각하다고 인정된 경우에 할 수 있다.

평등은 상대적 평등을 의미하므로 노인집단이 다른 집단과 차이가 없을 때는 동등한 대우를 받아야 하고, 노인집단이 다른 집단과 차이가 있을 때는 차등적 대우를 받아야 한다. 노인집단이 다른 집단과 차이가 없음에도 불구하고 차등적 대우를 받거나 노인집단이 다른 집단과 차이가 있음에도 불구하고 동등한 대우를 받으면 그것은 원칙적으로 차별에 해당한다. 다만 합리적 이유가 있다면 노인집단과 다른 집단 사이에 차이가 없어도 노인집단을 차등적으로 대우할 수도 있고, 노인집단과 다른 집단 사이에 차이가 있어도 노인집단을 동등하게 대우할 수도 있다. 예컨대 노인복지법에 따르면 노인들에게 국가 또는 지방자치단체의 수송시설 및 고궁·능원·박물관·공원 등의 공공시설을 무료로 또는 그 이용요금을 할인하여 이용하게 할 수 있도록 이른바 '경로우대'를 할 수 있는데(동법 제26조 제1항) 이것은 합리적 이유가 있는 차별적 대우로 차별에 해당하지 않는다고 볼 수 있다.

## Ⅳ. 노인빈곤

노령은 경제활동능력의 감소나 정지로 이어지므로 자산이나 소득이 없는 노인은 타인에 의한 부양을 필요로 한다.[5] 물론 이러한 부양은 가족에 의한 사적 부양이 기본이겠으나 사람은 누구나 노령이 될 수 있다는 점에서 노령은 모든 사람이 경험할 수 있는 보편적 위험으로 노인에 대한 공적 부양의 필요성이 요구된다. 특히 소득을 기준으로 정확하게 중간의 소득을 의미하는 '중위소득'의 절반(50%)에도 미치지 못하는 소득을 가진 노인인구의 비율(노인빈곤율)에서 한국은 경제협력개발기구(OECD) 가입국 가운데 가장 높다는 점을 고려할 때 노인빈곤을 해결하기 위한 방안으로서 공적 부양의 강화는 중요하다. 기본적으로 국민연금 수급자

5) 노인빈곤의 원인에 대한 분석은 조성숙(2017), 122면 이하 참조. 특히 한국 노인빈곤의 심각성과 그 원인에 대해서는 이용우/이미진(2014), 300면 이하 참조.

인 노인에게는 국민연금이 지급되고, **국민기초생활보장법**에 따라 연령과 상관없이 일정한 소득수준에 이르지 못하는 빈곤한 국민들에게는 생계급여 등 여러 가지 급여가 제공된다.[6] 추가적으로 **기초연금법**에 따라 빈곤한 노인에게는 일정한 금액의 연금이 지급되는데 이를 "기초연금"으로 지칭한다. 여기서 빈곤한 노인은 "소득인정액"이 일정한 금액 이하인 사람으로 이러한 금액을 "선정기준액"(2021년 기준, 단독가구 1,690,000원, 부부가구 2,704,000원)이라고 부른다(기초연금법 제3조 제1항). 기초연금법에 따르면 선정기준액은 빈곤한 노인에게 지급되는 연금의 수급자가 전체 노인의 70퍼센트 수준이 될 수 있도록 결정되어야 한다(동조 제2항). 국민연금공단에 따르면 2014년 7월 기초연금제도가 도입되고 5년이 지난 2019년 7월 현재 기초연금 수급자는 520만 명을 넘어섰다고 한다.[7]

## Ⅴ. 노인복지

노인들이 겪는 학대나 차별 또는 빈곤으로부터 그들이 자유로워지는 것은 물론 이제는 노인들의 삶의 질을 향상시키기 위하여 다양한 복지제도가 제공될 필요가 있다. 우선 노인의 복지를 위하여 제공되는 시설과 서비스를 포함하는 노인복지시설에는 ① 노인주거복지시설, ② 노인의료복지시설, ③ 노인여가복지시설, ④ 재가노인복지시설, ⑤ 노인보호전문기관, ⑥ 노인일자리지원기관, ⑦ 학대피해노인 전용쉼터가 있다(노인복지법 제31조). 2019년을 기준으로 노인복지시설은 79,382개소가 설치되어 있고, 여기에 입소할 수 있는 정원은 266,325명으로 보고되고 있다(아래 [표 31.6] 참조).

첫째, **노인주거복지시설**은 ① 노인을 입소시켜 급식과 그밖에 일상생활에 필요한 편의를 제공함을 목적으로 하는 시설인 '**양로시설**', ② 노인들에게 가정과 같은 주거여건과 급식, 그밖에 일상생활에 필요한 편의를 제공함을 목적으로 하는 시설인 '**노인공동생활가정**', ③ 노인에게 주거시설을 임대하여 주거의 편의·생활지도·상담 및 안전관리 등 일상생활에 필요한 편의를 제공함을 목적으로 하는 시설인 '**노인복지주택**'으로 구분된다(동법 제32조 제1항).

둘째, **노인의료복지시설**에는 ① 치매·중풍 등 노인성질환 등으로 심신에 상당한 장애가 발생하여 도움을 필요로 하는 노인을 입소시켜 급식·요양과 그밖에

6) 이에 대한 자세한 설명은 제22장 참조.

7) 2019년 7월 4일 국민연금공단 보도자료 참조.

일상생활에 필요한 편의를 제공함을 목적으로 하는 시설인 '**노인요양시설**'과 ② 치매·중풍 등 노인성질환 등으로 심신에 상당한 장애가 발생하여 도움을 필요로 하는 노인에게 가정과 같은 주거여건과 급식·요양, 그밖에 일상생활에 필요한 편의를 제공함을 목적으로 하는 시설인 '**노인요양공동생활가정**'이 있다(제34조 제1항).

셋째, **노인여가복지시설**은 ① 노인의 교양·취미생활 및 사회참여활동 등에 대한 각종 정보와 서비스를 제공하고, 건강증진 및 질병예방과 소득보장·재가복지, 그밖에 노인의 복지증진에 필요한 서비스를 제공함을 목적으로 하는 시설인 '**노인복지관**', ② 지역노인들이 자율적으로 친목도모·취미활동·공동작업장 운영 및 각종 정보교환과 기타 여가활동을 할 수 있도록 하는 장소를 제공함을 목적으로 하는 시설인 '**경로당**', ③ 노인들에 대하여 사회활동 참여욕구를 충족시키기 위하여 건전한 취미생활·노인건강유지·소득보장 기타 일상생활과 관련한 학습프로그램을 제공함을 목적으로 하는 시설인 '**노인교실**'로 구분된다(동법 제36조 제1항).

넷째, **재가노인복지시설**은 ① 가정에서 일상생활을 영위하고 있는 노인("재가노인")으로서 신체적·정신적 장애로 어려움을 겪고 있는 노인에게 필요한 각종 편의를 제공하여 지역사회 안에서 건전하고 안정된 노후를 영위하도록 하는 '**방문요양서비스**', ② 부득이한 사유로 가족의 보호를 받을 수 없는 심신이 허약한 노인과 장애노인을 주간 또는 야간 동안 보호시설에 입소시켜 필요한 각종 편의를 제공하여 이들의 생활안정과 심신기능의 유지·향상을 도모하고, 그 가족의 신체적·정신적 부담을 덜어주기 위한 '**주·야간보호서비스**', ③ 부득이한 사유로 가족의 보호를 받을 수 없어 일시적으로 보호가 필요한 심신이 허약한 노인과 장애노인을 보호시설에 단기간 입소시켜 보호함으로써 노인 및 노인가정의 복지증진을 도모하기 위한 '**단기보호서비스**', ④ 목욕장비를 갖추고 재가노인을 방문하여 목욕을 제공하는 '**방문목욕서비스**', ⑤ 그밖에 재가노인에게 제공하는 서비스로서 보건복지부령으로 정하는 '**그 밖의 서비스**'를 포함한다(동법 제38조 제1항).

**[표 31.6] 노인복지시설 현황**

| 유 형 | | 2015 | | 2016 | | 2017 | | 2018 | | 2019 | |
|---|---|---|---|---|---|---|---|---|---|---|---|
| | | 시설수 | 입소 정원 | 시설수 | 입소 정원 | 시설수 | 입소 정원 | 시설수 | 입소 정원 | 시설수 | 입소 정원 |
| | 합 계 | 75,029 | 201,648 | 75,708 | 212,601 | 76,371 | 219,476 | 77,370 | 231,857 | 79,382 | 266,325 |

| | | | | | | | | | | | |
|---|---|---|---|---|---|---|---|---|---|---|---|
| 노인 주거 복지 시설 | 소 계 | 427 | 19,909 | 425 | 19,993 | 404 | 19,652 | 390 | 19,897 | 382 | 21,674 |
| | 양로시설 | 265 | 13,446 | 265 | 13,283 | 252 | 12,562 | 238 | 12,510 | 232 | 13,036 |
| | 노인공동생활가정 | | | | | | | | | 115 | 954 |
| | 노인복지주택 | | | | | | | | | 35 | 7,684 |
| 노인 의료 복지 시설 | 소 계 | 5,063 | 160,115 | 5,163 | 167,899 | 5,242 | 170,926 | 5,287 | 177,318 | 5,529 | 190,820 |
| | 노인요양시설 | 2,933 | 141,479 | 3,136 | 150,025 | 3,261 | 153,785 | 3,390 | 160,594 | 3,595 | 174,015 |
| | 노인요양공동생활가정 | 2,130 | 18,636 | 2,027 | 17,874 | 1,981 | 17,141 | 1,897 | 16,724 | 1,934 | 16,805 |
| 노인 여가 복지 시설 | 소 계 | 66,292 | - | 66,787 | - | 67,324 | - | 68,013 | - | 68,413 | - |
| | 노인복지관 | 347 | - | 350 | - | 364 | - | 385 | - | 391 | - |
| | 경로당 | 64,568 | - | 65,044 | - | 65,604 | - | 66,286 | - | 66,737 | - |
| | 노인교실 | 1,377 | - | 1,393 | - | 1,356 | - | 1,342 | - | 1,285 | - |
| 재가 노인 복지 시설 | 소 계 | 3,089 | 21,624 | 3,168 | 24,709 | 3,216 | 28,898 | 3,482 | 34,642 | 4,821 | 53,831 |
| | 방문요양서비스 | 1,021 | - | 1,009 | - | 1,001 | - | 1,051 | - | 1,513 | - |
| | 주야간보호서비스 | 1,007 | 20,467 | 1,086 | 23,767 | 1,174 | 27,934 | 1,312 | 33,815 | 1,816 | 53,087 |
| | 단기보호서비스 | 112 | 1,157 | 95 | 942 | 80 | 964 | 73 | 827 | 78 | 744 |
| | 방문목욕서비스 | 617 | - | 588 | - | 609 | - | 650 | - | 942 | - |
| | 방문간호서비스 | - | - | - | - | 10 | - | 21 | - | 60 | - |
| | 재가노인지원서비스 | 332 | - | 390 | - | 342 | - | 375 | - | 412 | - |
| 노인 보호 전문 기관 | | 29 | - | 29 | - | 32 | - | 33 | - | 34 | - |

| | | | | | | | | | | | |
|---|---|---|---|---|---|---|---|---|---|---|---|
| 노인 일자리 지원 기관 | | 129 | - | 136 | - | 153 | - | 165 | - | 184 | - |
| 학대 피해 노인 쉼터 | - | - | - | - | - | - | - | - | - | 19 | - |

자료: 보건복지부 <노인복지시설현황>(2019).

특히 홀로 사는 노인(독거노인)에 대한 복지의 제공이 중요한데 노인복지법에 따라 홀로 사는 노인에게는 여러 가지 서비스와 보호조치가 제공될 수 있도록 하고 있다(동법 제27조의2). 또한 노인성 질환을 앓고 있는 사람들에 대한 의료지원의 법적 근거도 마련되어 있다(동법 제27조의4). 그밖에도 노인이나 중풍·치매·파킨슨병 등과 같은 노인성 질병을 앓고 있는 사람들에게 필요한 생활지원이나 가사지원과 같은 급여의 제공을 위하여 '노인장기요양보험제도'가 도입되어 있다.[8] **노인장기요양보험법**에 따라 국민건강보험가입자는 자동으로 노인장기요양보험가입자가 되고(동법 제7조 제3항), 장기요양보험료는 국민건강보험료에 일정한 비율을 곱한 금액으로 계산되어 국민건강보험료와 통합하여 징수된다(동법 제9조 제1항 및 제8조 제2항).

## Ⅵ. 노인의 권리는 모든 사람의 권리

누구나 나이 들면 경제활동능력이 저하되지만 아무리 늙어도 여전히 먹고 살아야 한다는 점에서 노인들에게도 일자리와 소득의 보장이 필요하다. 또한 아무리 건강한 사람이라고 해도 나이 들면 질병에 노출되기 쉽기 때문에 특별히 노인들에게는 보건·의료 및 간호·간병 서비스의 제공도 필수적으로 요구된다. 그리고 인간은 나이와 상관없이 평생 공부하고 사회활동을 하는 존재이므로 노인들에 대한 학습기회 및 사회참여도 보장될 필요가 있다. 대부분의 사람은 나이 들고 노인이 된다. 따라서 노인의 권리에 대한 보장은 다름 아닌 모든 사람의 권리에 대한 보장

8) 노인장기요양보험제도 도입의 배경과 과정에 대해서는 정희선(2012), 165면 이하 참조. 이 제도의 문제점에 대해서는 박현식(2013), 338면 이하 참조.

을 의미한다. 많은 노인들이 경험하고 있는 학대와 차별, 그리고 빈곤의 문제를 우리 모두의 문제로 인식하여 해결책을 제시할 뿐만 아니라 더 나아가 노인의 복지를 향상시키기 위하여 모든 사람의 지혜를 모아야 하는 이유가 바로 여기에 있다.

**토론문제**

1. 노인은 사회적 약자에 속하는가?
2. 노인은 공적(사회적) 부양을 필요로 하는가?
3. 노인세대와 청장년세대의 세대갈등은 어떻게 해소될 수 있는가?

**내 입장은?**

1. 모든 노인은 개인적 처지와 상관없이 무조건 보호받아야 한다.
2. 노인이 처한 경제적 여건이나 노인이 가진 사회적 지위에 따라 사회적 약자로 포함시킬 필요는 없다.
3. 노인에 대한 부양은 기본적으로 해당 가족이 부담해야 한다.

## 참고문헌

김태동(2018), 아동학대와 노인학대 관련법 법적 비교, ≪사회복지법제연구≫(사회복지법제학회), 제9권 제2호(2018), 139～162면.

문영희/강동욱(2018), 노인학대 방지를 위한 법정책적 개선방안, ≪법학연구≫(인하대학교 법학연구소), 제21집 제3호(2018), 199～235면.

박현식(2013), 노인장기요양보험법의 법제적 문제점과 개선방안, ≪법학연구≫(한국법학회), 제51집(2013), 333～350면.

이용우/이미진(2014), 국가 간 비교분석을 통한 한국 노인빈곤 심각성의 원인에 대한 연구, ≪한국지역사회복지학≫(한국지역사회복지학회), 제48집(2014), 291～318면.

정희선(2012), 노인장기요양보험법 제정사, ≪사회보장법연구≫(서울대 사회보장법연구회), 제1호(2012), 163～187면.

조성숙(2017), 고령사회 노인빈곤의 인과순환구조 분석, ≪한국시스템다이내믹스 연구≫(한국시스템다이내믹스학회), 제18권 제2호(2017), 115～137면.

진재문/김수영/문경주(2017), 노인차별에 대한 사회적 자본의 영향에 관한 연구－공동체 의식의 개효과를 중심으로, ≪사회적경제와 정책연구≫(충북대학교 사회과학연구소), 제7권 제2호(2017), 135～166면.

최영진(2019), 노인학대에 관한 법적 대응방안, ≪법학연구≫(경상대학교 법학연구소), 제27권 제2호(2019), 65～93면.

# 제32장
# 성(性)의 개방화와 미혼모의 인권

모자는 특별한 보살핌과 도움을 받을 권리를 가진다.
모든 어린이는 부모의 혼인 여부에 관계없이 동등한 사회적 보호를 향유한다.
Motherhood and childhood are entitled to special care and assistance,
All children, whether born in or out of wedlock,
shall enjoy the same social protection.
≪세계인권선언(UDHR, 1948) 제25조 제2항≫

유명한 여성 방송인이 당당하게 싱글맘(single mom)이 되는 과정을 방송을 통해 공개했다. 그녀는 자신이 임신한 자녀의 (생물학적) 아버지가 누구인지에 대해서 입을 다물었다. 그녀에게 중요한 것은 오로지 그녀가 자녀의 임신과 출산을 원한다는 사실뿐이다. 캐리어우먼으로 살면서 홀로 아이를 낳고 키우는 것이 결코 쉽지 않은 일임은 그녀가 가장 잘 알지만 그녀는 그 길을 선택했다.

십대 여학생이 화장실에서 아기를 출산하고 달아나 아기가 사망했다는 보도를 심심치 않게 만나게 된다. 출산일이 가까워지도록 임신 사실도 모른 채 갑작스럽게 출산을 경험하고, 당황해서 도망할 수밖에 없었다는 강변(强辯)이 이어진다. 임신 사실을 미리 알아도 낙태를 시도하거나, 출산을 원해서 아이를 낳지만 가정으로부터 쫓겨나 혼자서 자녀를 양육해야 하는 처지에 놓이기도 한다.

흔히 '처녀의 임신'으로 지칭되기도 하는, 결혼하지 않은 여성의 임신과 출산, 특히 학생 신분인 청소년의 임신과 출산은 쉽게 도덕적 비난의 대상이 되곤 한다. 한편으로 출산율감소를 걱정하고, 인구의 고령화를 염려하는 목소리가 크다. 이런 현실 속에서 성인(成人)이 되어 결혼한 부부만이 아이를 임신하고 출산할 수 있다는 생각이 여전히 타당한지에 대해서 검토해 보기로 하자.

# Ⅰ. 개 관

## 1. 개 념

넓은 의미의 미혼모는 '결혼(혼인)하지 않은 채' 자녀를 출산한 모든 여성을 의미한다. 하지만 미혼모 문제의 핵심은 '배우자 없이' 자녀를 출산하는 데 있으므로 일단 법률혼은 아니더라도 사실혼(동거) 관계에서 자녀를 출산한 여성은 미혼모의 개념에서 제외될 수 있다.[1] 따라서 일반적으로 미혼모는 법률혼이든 사실혼이든 상관없이 '결혼하지 않고 배우자 없이' 자녀를 출산한 여성을 지칭한다. 여기서 결혼한 상태로 배우자와 함께 자녀를 출산하고 이후에 사별 또는 이혼으로 배우자 없이 자녀를 양육하는 여성은 개념상 미혼모의 범위에 포함될 수 없음을 확인할 수 있다. 반면에 인공임신시술이 의학적으로 가능한 상황에서 배우자가 아닌 남성의 정자를 제공받아 인공임신의 방법으로 자녀를 출산한 여성도 배우자가 없다면 미혼모의 범주에 포함될 수 있다.[2] 또한 임신했다고 반드시 출산하는 것은 아니므로 배우자 없이 임신한 여성이 모두 미혼모는 아니지만 미혼모의 모성 전반, 즉 임신·출산·양육에 관한 전과정을 보호하려는 목적을 고려하여 배우자 없이 임신한 상태에 있는 여성도 미혼모의 범주에 포함시킬 필요가 있다.

현행 법률은 미혼모에 대해서 규율하면서 미혼모와 그 자녀를 묶어 '한부모가족'의 한 유형으로 정의한다. **한부모가족지원법**[3](최근개정: 2020. 10. 20. 법률 제17540호)에 따르면 한부모가족은 모자가족 또는 부자가족을 의미한다(동법 제4조 제2호). 이에 따라 미혼모와 함께 미혼부도 법적 보호를 받게 된다. 또한 미혼모와 유사하게 사별 또는 이혼 등으로 혼자서 어린 자녀(아동)를 양육해야 하는 사람들도 법적 보호의 대상에 포함된다. 아무튼 미혼모는 배우자 없이 혼자서 어린 자녀와 생활하는 한부모가족의 한 유형으로서 법적 보호를 받는다. 또한 미혼모의 개념상 포함될

---

1) 물론 사실혼 관계에서 자녀가 출생한 경우에도 '결혼하지 않은 부모(unmarried parents)'의 권리에 관한 법적 문제가 발생한다. 예를 들어 현행 민법은 혼인중에(결혼한 상태에서) 아내(妻)가 아이를 임신한 경우에만 그 남편(夫)을 그 아이의 아버지(父)로 추정한다(동법 제844조 제1항). 반면에 혼인외에(결혼하지 않은 상태에서) 아이가 출생한 경우에 생부는 인지(認知)라는 법률행위를 통해서만 그 아이의 아버지임을 주장할 수 있다. 따라서 결혼하지 않은 상태에서 아이가 출생하게 되면 친권이나 양육권에 관한 법적 분쟁이 발생할 수 있다. 이러한 법적 분쟁과 관련된 문제들도 법적으로 중요한 주제들이지만 여기서 다루어지고 있는 미혼모의 문제와는 거리가 있다.

2) 견해에 따라서는 대리모도 미혼모에 포함시킨다. 조은희(2007), 1063면 참조.

3) 한부모가족지원법은 1989년에 제정된 모자복지법을 모태로 하여 2007년에 만들어졌다. 한부모가족지원법의 입법연혁에 대해서는 이우영(2018), 34면 이하 참조.

수 없는 미혼부뿐만 아니라 어린 자녀를 키우는 사별/이혼한 배우자도 입법목적에 따라 미혼모와 동일한 법적 취급을 받게 된다. 하지만 법률이 보호하는 미혼모는 원칙적으로 이미 자녀를 출산하여 가족을 구성한 경우로 한정되어 미혼모에 대한 보호는 미혼모의 임신과 출산에까지 미치지 못하여 충분하지 않다는 문제점을 지적할 수 있다.[4] 1985년 이후 20년에 걸쳐 늘어난 한부모 가구 수(45만)보다 2005년과 2015년 사이의 10년 동안 증가한 한부모 가구 수(150만)가 훨씬 더 많을 정도로 한부모 가구는 급격히 증가해 2015년 기준으로 전체 가구의 13퍼센트에 달한다. 특히 미혼의 한부모 가구도 1990년 이후 꾸준히 증가하여 18만 가구를 넘어섰다(아래 [표 32.1] 참조). 2019년을 기준으로 한부모 가구는 전체 가구의 7.3퍼센트에 해당하는 153만 가구에 육박한다(아래 [표32.2] 참조).

**[표 32.1] 한부모 가구 현황** (단위: 천가구, %)

| | | 1985 | 1990 | 1995 | 2000 | 2005 | 2010 | 2015 |
|---|---|---|---|---|---|---|---|---|
| 총 계 | | 594 | 662 | 744 | 871 | 1,042 | 1,594 | 2,552 |
| | 사 별 | 443 | 489 | 526 | 502 | 501 | 474 | 403 |
| | 이 혼 | 50 | 79 | 124 | 246 | 399 | 523 | 1,969 |
| | 미 혼 | 101 | 85 | 94 | 123 | 142 | 185 | 180 |
| 비 율 | | 6.2 | 5.8 | 5.7 | 6.1 | 6.7 | 9.2 | 13.0 |

자료: 통계청(www.kostat.go.kr) <인구주택총조사>(1985~2010) 및 <한부모 가족 실태조사>(2015).

**[표 32.2] 한부모 가구 비율** (단위: 천가구, %)

| | 전체가구 | 한부모가구 | 비율 |
|---|---|---|---|
| 2016 | 19,838 | 1,540 | 7.8 |
| 2017 | 20,168 | 1,533 | 7.6 |
| 2018 | 20,500 | 1,539 | 7.5 |
| 2019 | 20,891 | 1,529 | 7.3 |

자료: 통계청, <장래가구추계>, <인구총조사>.

4) 한부모가족지원법에 따른 한부모가족복지시설에는 '미혼모가족복지시설'이 포함되어 있고, 이 시설은 미혼 여성의 임신·출산 시 안전 분만 및 심신의 건강 회복과 출산 후 아동의 양육 지원을 위하여 일정 기간 보호하는 것을 목적으로 하는 시설이기 때문에(동법 제19조 제1항 제3호) 미혼모의 임신과 출산도 일정 부분 법적으로 보호받는 것은 사실이지만 적어도 같은 법률의 개념정의와 일치하지는 않는다.

**[법령 32.1] 한부모가족지원법**(최근개정: 2020. 10. 20. 법률 제17540호)
**제4조** (정의)
이 법에서 사용하는 용어의 뜻은 다음과 같다.

1. "모" 또는 "부"란 다음 각 목의 어느 하나에 해당하는 자로서 아동인 자녀를 양육하는 자를 말한다.
   가. 배우자와 사별 또는 이혼하거나 배우자로부터 유기된 자
   나. 정신이나 신체의 장애로 장기간 노동능력을 상실한 배우자를 가진 자
   다. 교정시설・치료감호시설에 입소한 배우자 또는 병역복무 중인 배우자를 가진 사람
   라. 미혼자(사실혼 관계에 있는 자는 제외한다)
   마. 가목부터 라목까지에 규정된 자에 준하는 자로서 여성가족부령으로 정하는 자

1의2. "청소년 한부모"란 24세 이하의 모 또는 부를 말한다.
2. "한부모가족"이란 모자가족 또는 부자가족을 말한다.
3. "모자가족"이란 모가 세대주(세대주가 아니더라도 세대원을 사실상 부양하는 자를 포함한다)인 가족을 말한다.
4. "부자가족"이란 부가 세대주(세대주가 아니더라도 세대원을 사실상 부양하는 자를 포함한다)인 가족을 말한다.
5. "아동"이란 18세 미만(취학 중인 경우에는 22세 미만을 말하되, 「병역법」에 따른 병역의무를 이행하고 취학 중인 경우에는 병역의무를 이행한 기간을 가산한 연령 미만을 말한다)의 자를 말한다.
6.~7. 생략

## 2. 문제제기

배우자 없이 자녀를 출산한 여성의 경우에 임신과 출산 및 양육과 함께 가족의 '생계'를 동시에 꾸려나가야 하는 어려움에 봉착하게 된다. 특히 학생인 청소년이 미혼모가 되는 경우[5]에는 출산을 준비하거나 자녀를 양육하면서 '교육'까지도 받아야 하기 때문에 생계유지가 더욱 막연하게 되는 중첩된 난관에 부딪히게 된다. 물론 미혼모의 상대방, 즉 미혼모 자녀의 아버지가 사망하거나 그를 찾을 수 없는 경우가 아니라면 자녀의 임신과 출산 및 양육에 관한 책임을 그에게 공동으로 지우는 것이 기본적으로 바람직하다.[6] 실제로 미혼모와 관련된 법적 분쟁은

---

5) 청소년 미혼모와 정확하게 일치하는 것은 아니지만 한 통계에 따르면 20세 이하의 미혼모가 전체 미혼모의 3분의 1(15세 이하 1.7% 및 16~20세 31.5%)을 차지하였다. 여성가족부(2005), 2면 참조. 한편 다른 통계는 청소년 미혼모를 24세 이하의 미혼모로 이해하면서 청소년 미혼모의 비율이 전체 미혼모의 3분의 2(19세 미만 30.6% 및 20~24세 31.8%)에 가깝다는 수치를 보여준다. 김혜영/선보영/김은영/정재훈(2009), 38면 이하 참조.

6) 미혼모처럼 혼외자(婚外子)의 경우에 출산한 자녀에 대해서 미혼부가 자발적으로 인지(認

주로 임신・출산과 자녀양육에 필요한 비용의 분담에 관한 사적 분쟁일 수밖에 없다.[7] 따라서 미혼모와 관련된 문제들은 원칙적으로 당사자들이 알아서 해결해야 할 것으로 보인다. 하지만 미혼모의 상대방이 살아 있고 확인할 수 있는 경우에도 그가 자녀를 양육할 경제적 능력을 갖추지 못하고 있다면 미혼모와 그 자녀에 대한 국가의 경제적 지원이 필요하게 된다.[8] 더 중요한 문제는 배우자 없이 자녀를 출산한 여성, 특히 학생 신분으로 자녀를 출산한 미성년자(이른바 '10대 미혼모')에 대한 사회의 부정적 인식과 낙인, 그리고 이로 인한 인권침해와 차별의 가능성이다. 따라서 미혼모의 문제는 공동체 전체가 풀어야 할 사회적 이슈로 다루어질 필요성이 있다.[9]

미혼모에 관한 정확한 통계는 없다. 앞서 언급한 한부모 가구에 관한 통계가 하나의 자료가 될 수 있지만 이것은 미혼모가 자녀를 양육하는 경우에만 해당한다. 그 밖에 입양아동이나 요보호아동에 관한 통계도 하나의 자료가 될 수 있다. 미혼모가 출산한 자녀는 미혼모와 그 가족에 의해 양육되는 경우도 있지만 흔히 다른 가정으로 입양되거나[10] 보호시설에 맡겨지기 때문이다. 입양아동이나 보호가 필요한 아동 중에 모(또는 부)가 미혼인 경우를 고려하면(아래 [표 32.3] 및 [표 32.4] 참조), 국내입양의 비율이 높아진 2007년 이후를 기준으로 최소한 많게는 6천여 명 이상에서 적게는 2천여 명 이상의 미혼모가 매년 새로 발생하는 것으로 추정된다.

---

知)할 가능성이 높지 않기 때문에 미혼모가 자녀의 법정대리인으로서 재판상 인지청구를 하여 인지를 받은 뒤에 부양비(양육비)를 청구할 수 있다. 이렇게 복잡한 방식으로 미혼모가 부양비를 청구하는 경우에 이에 대한 법적 지원을 위하여 법제도적 개선이 필요하다는 견해로 조은희(2007), 1064면 이하 참조.

7) 미혼모와 관련된 다른 사적인 법적 분쟁으로는 미혼모의 자녀에 대한 친권자가 누구인지, 누가 친구권자인지 결정된 경우에, 특히 미혼모가 친권자로 결정된 경우에 그 상대방이 자녀에 대한 방문이나 면담에 관한 권리를 갖는지 등이 가능하다.

8) 미혼모에게 가장 필요한 도움으로서 미혼모들이 직접 선택한 항목 가운데 가장 높은 비율을 차지한 것이 '아동양육을 위한 경제적 지원'(28%)과 '분만지원'(25%)이라는 점에 주목할 필요가 있다. 통계는 여성가족부(2005), 9면 참조.

9) 공동체 전체의 문제로서 미혼모의 인권에 대한 전반적인 고찰과 이를 근거로 한 법정책의 방향에 대해서는 이준일(2012), 142면 이하 참조.

10) 미혼모 자녀의 해외입양에 대해서는 비판적 견해가 많다. 예를 들어 이미정(2009a), 74면 이하 및 이미정(2009b), 71면 참조.

[표 32.3] 입양아동 현황 (단위: 명)

| | 국내 | 국외 | 합계 |
|---|---|---|---|
| 2011 | 1,548 | 916 | 2,464 |
| 2012 | 1,125 | 755 | 1,880 |
| 2013 | 686 | 236 | 922 |
| 2014 | 637 | 535 | 1,172 |
| 2015 | 683 | 374 | 1,057 |
| 2016 | 546 | 334 | 880 |
| 2017 | 465 | 398 | 863 |
| 2018 | 378 | 303 | 681 |
| 2019 | 387 | 317 | 704 |
| 2020 | 260 | 232 | 492 |

자료: 통계청 <e-나라지표>(www.indes.go.kr).

[표 32.4] 보호대상아동 현황 (단위: 명)

| | 합 계 | 학대/빈곤/실직 | 비행/가출/부랑 | 미혼부모/혼외자 | 유 기 | 미 아 |
|---|---|---|---|---|---|---|
| 2011 | 7,483 | 3,928 | 741 | 2,515 | 218 | 81 |
| 2012 | 6,926 | 3,944 | 708 | 1,989 | 235 | 50 |
| 2013 | 6,020 | 3,668 | 512 | 1,534 | 285 | 21 |
| 2014 | 4,994 | 2,965 | 508 | 1,226 | 282 | 13 |
| 2015 | 4,503 | 2,866 | 360 | 930 | 321 | 26 |
| 2016 | 4,583 | 3,139 | 314 | 855 | 264 | 11 |
| 2017 | 4,125 | 2,778 | 227 | 847 | 261 | 12 |
| 2018 | 3,918 | 2,726 | 231 | 623 | 320 | 18 |
| 2019 | 4,047 | 2,865 | 473 | 464 | 237 | 8 |

자료: 통계청 <e-나라지표>(www.indes.go.kr).

# Ⅱ. 미혼모의 인권

## 1. 혼전 성관계와 성적 자기결정권

임신과 출산의 전제는 성관계(sexual intercourse)이므로 미혼모 문제는 성관계 여부를 자유롭게 결정하고, 성관계의 상대방을 자유롭게 선택할 수 있는 성적 자기결정권에서 출발해야 한다. 성적 자기결정권은 인권이고, 열거되지 않았으나 헌법상 보장된 기본권에 포함될 수 있다.11) 이러한 성적 자기결정권의 주체에는 원칙적으로 결혼하지 않은 사람도 포함된다. 특히 여성의 결혼 여부가 성적 자기결정권의 주체성을 결정하지 않는다. 또한 미혼인 청소년 여성의 경우에도 성적 자기결정권의 주체가 될 수 있다.

결혼하지 않은 사람의 성적 자기결정권을 제한해야 하는 근거로 제시될 수 있는 것은 성도덕(sexual moral)이다. 전통적인 성도덕에 따르면 성관계는 결혼한 부부 사이에서만 허용된다. 이러한 성도덕은 심지어 서로 사랑하는 커플도 결혼 전에는 성관계(혼전 성관계)를 가질 수 없도록 요구한다. 이른바 '혼전순결(婚前純潔)'로 요약되는 도덕적 요청에 따라 결혼하지 않은 사람들의 성관계를 금지하는 또 다른 도덕적 근거는 배우자 없는 모(엄마)의 가능성이고, 실제적 근거는 출산한 자녀의 유기가능성이다.

우선 결혼하지 않은 여성의 임신·출산은 그에 대한 도덕적 고정관념만 버리면 그 자체로 사회적 해악은 존재하지 않는다. 도덕적 고정관념에 따르면 자녀의 임신과 출산 및 양육은 부모가 모두 존재하는 경우에만 '정상'이라는 판단을 내린다. 따라서 부모 가운데 한 쪽이 결핍된 상황에서, 특히 아버지가 없는 상황에서 자녀를 임신·출산하여 양육하는 것은 '비정상'이라는 평가를 받게 된다.12) 하지만 부모 전부의 존재유무, 무엇보다도 아버지의 유무에 따른 정상/비정상의 구분은 부계혈통주의의 견고한 전통에 근거할 뿐이지 다른 합리적 근거가 없는 것으로 보인다. 따라서 결혼하지 않은 여성이 임신·출산하여 혼자서 아이를 키우겠다고 해도 그것은 개인이 선택할 수 있는 문제이지 애초에 공동체의 이익과 관련되어 공동체가 법률로써 관여할 사항은 아니다. 현실적으로 결혼한 여성이 자녀를 출산한 후에 배우자가 사망하거나 배우자와 이혼하여 혼자서 자녀를 양육하는 경우에도 사회적 해악은 존재하지 않는 것처럼 홀로 자녀를 양육한다는 이유로 결혼하지 않은 여성의 임신·출산에 대해서 사회적 해악을 인정할 수는 없다.

반면에 결혼하지 않은 여성이 출산한 자녀의 유기가능성은 사회적 해악이 될 수도 있다. 출산한 자녀를 유기하는 것은 해당 자녀의 복리에 반할 뿐만 아니라

---

11) 성적 자기결정권에 대해서는 이 책 제4장 Ⅱ. 참조.

12) 일상 언어 가운데 '홀어미'나 '홀아비'가 가지는 부정적 이미지, 그리고 심지어 '호로(호래)자식'이라는 용어가 보여주는 모욕적 의미는 배우자의 결핍에 대한 '비정상'의 평가를 잘 보여준다.

유기된 자녀에 의한 범죄의 양산과 같은 사회적 문제를 야기할 수도 있기 때문이다. 물론 결혼하지 않은 여성은 사회적 비난이나 경제적 궁핍 때문에 출산한 자녀를 유기할 가능성이 없지 않다. 하지만 결혼하지 않은 여성의 출산에 대한 사회적 비난의 도덕적 기초가 무너지고, 결혼하지 않고 출산한 여성에 대한 차별도 사라져 그들이 독립적 생활이 가능한 일자리를 가질 수만 있다면 결혼하지 않은 여성의 출산이 곧바로 출산한 자녀의 유기로 이어지는 것은 아니다. 또한 결혼하지 않은 여성이 출산한 자녀의 양육을 공동체가 책임질 수 있다면(여기에는 입양이 포함된다) 결혼하지 않은 여성의 출산이 반드시 사회적 해악이 되는 것도 아니다. 따라서 결혼한 사람들만이 성관계를 맺을 수 있다는 도덕적 요구에 근거해서 중대하고 명백한 사회적 해악이 존재하지 않음에도 불구하고 결혼하지 않은 사람들의 성관계를 금지하는 것은 그들의 성적 자기결정권을 과도하게 침해하는 결과를 초래한다.

## 2. 혼전 임신과 임신·출산에 관한 자기결정권

사랑과 결혼은 성관계의 필수적 전제조건이 아닌 것처럼 임신·출산의 필수적 전제조건도 아니다. 사랑하지 않는 사람의 아이를 가질 수도 있고, 사랑하지만 아직 결혼하지 않은 사람 혹은 심지어 결혼하지 않을 사람의 아이를 임신하여 출산할 수도 있다. 임신·출산에 관한 자기결정권은 임신과 출산 여부 및 그 시기를 여성 스스로 결정할 수 있는 권리이므로 임신과 출산을 가능하게 한 상대방 남성이 누구인지, 특히 그 남성이 사랑하는 사람인지 또는 이미 결혼하거나 앞으로 결혼할 사람인지는 중요하지 않다.[13)]

미혼모에 관한 사회적 이슈의 핵심에는 사랑하지 않는 사람 또는 결혼하지 않거나 결혼하지 않을 사람의 자녀를 임신·출산하는 행위에 대한 도덕적 비난이 전제되어 있다. 이러한 도덕적 비난의 기초가 되고 있는 성도덕은 임신·출산에 관한 여성의 권리를 제약하는 사회적 요소가 된다. 전통적 성도덕은 현재 결혼한 사람 또는 적어도 언젠가 결혼할 사람의 아이를 임신·출산하도록 요구한다. 물론 여기에는 심지어 사랑이 결혼의 전제가 되어야 한다는 요구가 포함되어 있다. 하지만 미혼모의 임신·출산이 반드시 애정 없이 우연한 만남과 일시적 충동에서 비롯되는 것은 아니다.[14)] 그리고 비록 사랑하지 않는 사람 또는 결혼하지 않

13) 물론 임신한 아이를 여성의 임신·출산권에 근거하여 아이의 아버지가 되는 남성의 동의 없이도 낙태할 수 있는지는 다른 문제다. 이에 대해서는 이 책 제27장 Ⅲ. 2. 참조.

거나 결혼하지 않을 사람의 아이를 임신하고 출산하여도 그것에 대해 당사자가 서로 합의했다면 그 자체로 사회적 해악은 존재하지 않는다. 결혼한 부부의 임신・출산과 비교하더라도 사랑하지 않아도 결혼하여 아이를 임신・출산할 수 있고, 사랑해서 결혼했다고 해도 반드시 사랑의 결실로서 아이를 임신・출산하는 것도 아니다. 결혼한 부부의 경우에도 중요한 것은 당사자가 합의하여 자녀를 임신・출산했다는 사실이다.

한편 사랑하지 않는 사람 또는 결혼하지 않거나 결혼하지 않을 사람의 아이를 임신・출산한 경우에 혹시나 발생할 수 있는, 출산한 자녀의 유기가능성으로 정리되는 사회적 해악은 이미 언급한 것처럼 미혼모의 경제적 자립에 대한 보장이나 공동체의 양육부담으로 해결될 수 있다. 더욱이 타인의 정자를 제공받아 인공임신의 방식으로 자녀를 출산하기 원하는 여성들에서 볼 수 있는 것처럼 여성 스스로 자녀의 출산과 양육을 적극적으로 원하는 경우에 출산한 자녀의 유기가능성이라는 사회적 해악은 애초에 존재할 수도 없다. 따라서 단지 전통적 성도덕에 근거하여 결혼하지 않은 여성의 임신과 출산을 제한하는 것은 명백하고 중대한 사회적 해악이 없이 그들의 임신・출산에 관한 권리를 침해하게 된다. 더욱이 결혼하지 않은 여성의 임신과 출산에 대한 제한은 결혼 여부에 따라 여성의 임신과 출산을 두 부류로 구분하고 결혼하지 않은 여성의 임신과 출산을 배제하는 것으로 차별에 해당하기 때문에 미혼모의 평등권을 침해하는 행위이기도 하다.

## 3. 배우자 없는 출산과 자녀양육권

배우자 없이 자녀를 임신・출산하여 양육하는 문제를 혼전 성관계나 혼전 임신과 관련된 성도덕과 분리시키고 나면 남는 문제의 핵심은 경제적 요소다.[15] 임신・출산 및 자녀양육에 경제적 비용이 요구되는 측면도 있지만 자녀의 임신・출산・양육으로 인해 생계유지에 필요한 경제활동이 상당한 제약을 받기 때문이

14) 통계에 따르면 미혼모가 상대방을 만나게 된 계기는 '친구나 친지의 소개'가 40퍼센트를 넘고, 더 중요한 것은 90퍼센트가 넘는 미혼모가 교제하다가 임신하게 되었으며 교제한 미혼모의 평균 교제기간도 1년 6개월 이상으로 나타나고 있다는 사실이다. 김혜영/선보영/김은영/정재훈(2009), 78면 이하 참조. 다만 교제중에 성관계를 가지면서도 임신을 원하지 않은 경우가 80퍼센트를 넘고, 원하지 않는 임신임에도 불구하고 임신을 지속한 이유는 주로 임신중절 시기를 놓쳤거나 낙태에 대한 죄책감 또는 생명에 대한 애착이라는 점을 통계는 보여주고 있다. 같은 이, 66면 이하 참조.

15) 물론 양육과 관련된 소극적 권리로서 출산한 자녀를 익명으로 유기할 수 있는 권리가 논의될 수 있다. 영아유기의 합법화에 대한 논의로 이준일(2011a), 338면 이하 참조.

다. 바로 이러한 상황은 미혼모에 대한 사회의 부정적 평가와 맞물려 미혼모가 출산한 자녀를 직접 양육하기를 포기하고, 입양시키기를 선택할 수밖에 없는 결정적 이유가 된다.16) 따라서 국가는 미혼모가 자녀와 함께 생활하거나 자녀를 위탁할 수 있는 시설의 설치 또는 스스로 자녀를 양육하기 원하는 미혼모의 생계유지와 자녀양육에 필요한 비용을 제공할 필요가 있다. 이에 따라 세계 각국은 미혼모에 대하여 공공부조, 의료지원, 교육지원, 주거지원, 복지서비스 등 국가적 차원의 다양한 지원을 제공하고 있다.17)

한부모가족지원법에 따르면 보호대상자가 되는 미혼모는 ① 생계비, ② 아동교육지원비, ③ 아동양육비, ④ 그 밖에 대통령령으로 정하는 비용을 내용으로 하는 **복지급여**를 신청할 수 있다(동법 제12조 제1항). 아동양육비를 지급할 때에 ① 미혼모나 미혼부가 5세 이하의 아동을 양육하는 경우 또는 ② 34세 이하의 모 또는 부가 아동을 양육하는 경우에는 예산의 범위에서 추가적인 복지 급여(추가아동양육비)를 실시하여야 하는데 이 경우 모 또는 부의 직계존속이 5세 이하의 아동을 양육하는 경우에도 동일하다. 한부모가족지원법(제12조 제4항) 및 동법 시행규칙(제6조)에 따라 매년 여성가족부장관이 고시해야 하는 복지급여의 지급기준은 현재 '기준 중위소득 52퍼센트'(2021년 2인 가족 기준 1,605,801원)인데 이에 해당하는 한부모가족에 가구당 월 5만 원의 생계비, 만 18세 미만의 자녀에게 월 20만 원의 아동양육비, 중고등학교학생 자녀에게 연 1인당 8.3만 원 등이 지급된다(아래 [표 32.5] 및 [표 32.6] 참조). 한편 국가나 지방자치단체는 한부모복지시설의 하나로 **미혼모자가족복지시설**을 설치하여 운영할 수 있다(동법 제20조 제1항). 2021년을 기준으로 미혼모자복지시설은 기본생활지원시설 22개소, 공동생활지원시설 43개소가 설치되어 있고, 이곳에 입소할 수 있는 기본생활지원시설에 561명, 공동생활지원설에 328세대와 15명(출산 후 해당 아동을 양육하지 않는 미혼모)이다(아래 [표 32.7] 및 [표 32.8] 참조). 반드시 미혼모에게만 해당하는 것은 아니지만 **모자가족복지시설**도 2020년을 기준으로 42개소로 여기에 총 1,397명이 입소해 있는데 이 가운데 미혼모자가족은 51세대를 차지한다(아래 [표 32.9] 참조).

16) 같은 맥락에서 미혼모가 출산한 자녀의 입양이 자녀의 복리를 위해 긍정적 측면도 있지만 이른바 '정상가족'의 신화를 유지하기 위해 미혼모의 양육권이 희생된다는 비판은 타당하다. 강은화(2006), 40면: "입양을 통해 혼외자가 법적으로 혼인관계에 있는 양친의 자녀가 됨으로서, 미혼모와 아동으로 이루어지는 모자가정이 회피된다는 측면에서 볼 때, 입양은 가족규범을 완화하는 역할을 하는 것이 아니라, 오히려 '정상적인 가족 규범'을 재생산하는 통로가 되고 있다고 할 수 있다."

17) 미혼모에 대한 세계 각국의 지원제도에 대해서는 김유경/조애저/노충래(2006), 113면 이하; 김혜영/선보영/김은영/정재훈(2009), 281면 이하 참조.

**[표 32.5] 한부모가족 복지급여 지원 유형**

| 지원종류 | 지원대상 | 지원금액 |
|---|---|---|
| 아동양육비 | • 소득인정액이 기준 중위소득 52% 이하인 가족의 만 18세 미만 자녀 | 월 20만원 |
| | • 「국민기초생활보장법」에 따른 생계급여를 지원받는 한부모가족의 만 18세 미만 자녀 | 자녀 1인당 월 10만원 |
| 추가 아동양육비 | • 소득인정액이 기준 중위소득 52% 이하인 조손 및 만 35세 이상 미혼 한부모가족의 만 5세 이하 아동 | 자녀 1인당 월 5만원 |
| | • 소득인정액이 기준 중위소득 52% 이하인 만 25세 이상 34세 이하 청년 한부모가족의 만 5세 이하 아동 | 자녀 1인당 월 10만원 |
| | • 소득인정액이 기준 중위소득 52% 이하인 만 25세 이상 34세 이하 청년 한부모가족의 만 6세 이상 18세 미만 아동 | 자녀 1인당 월 5만원 |
| 아동교육 지원비 (학용품비) | • 소득인정액이 기준 중위소득 52% 이하인 가족의 중학생·고등학생 자녀 | 자녀 1인당 연 8.3만원 |
| 생계비 (생활보조금) | • 한부모가족복지시설에 입소한 가족 중 소득인정액이 기준 중위소득 52% 이하인 가족 | 가구당 월 5만원 |

자료: 통계청 <e-나라지표>(www.indes.go.kr).

**[표 32.6] 한부모가족 복지급여 지원기준** (단위: 원)

| 가구규모 | 2021년 기준 중위소득 | 기준 중위소득 52% (아동양육비 등 복지급여 지원) | 기준 중위소득 60% (한부모가족증명서 발급) |
|---|---|---|---|
| 2인 가구 | 3,088,079 | 1,605,801 | 1,852,847 |
| 3인 가구 | 3,983,950 | 2,071,654 | 2,390,370 |
| 4인 가구 | 4,876,290 | 2,535,671 | 2,925,774 |
| 5인 가구 | 5,757,373 | 2,993,834 | 3,454,424 |
| 6인 가구 | 6,628,603 | 3,446,874 | 3,977,162 |

자료: 여성가족부 웹사이트(www.mogef.go.kr).

**[표 32.7] 한부모가족 복지시설 현황**

| 시설 유형 | | 2017 | 2018 | 2019 | 2020 |
|---|---|---|---|---|---|
| | 합계 | 125 | 123 | 124 | 124 |
| 모자가족 복지시설 | 기본생활지원 | 42 | 42 | 42 | 42 |
| | 공동생활지원 | 3 | 3 | 3 | 3 |
| | 자립생활지원 | 3 | 2 | 2 | 2 |
| 부자가족 | 기본생활지원 | 2 | 2 | 2 | 2 |

| | | | | | |
|---|---|---|---|---|---|
| 복지시설 | 공동생활지원 | 2 | 2 | 1 | 1 |
| | 자립생활지원 | - | - | - | - |
| 미혼모자가족 복지시설 | 기본생활지원 | 39 | 39 | 40 | 41 |
| | 공동생활지원 | 2 | 2 | 2 | 2 |
| 일시지원복지시설 | | 11 | 11 | 10 | 9 |

자료: 여성가족부, <2021년 한부모가족지원사업 안내>.

### [표 32.8] 한부모가족 복지시설 수용 현황

| 시설 유형 | | 시설수 | 입소 대상 및 기능 | 입소시간<br>연장가능기간 | |
|---|---|---|---|---|---|
| 모자가족 복지시설 | 기본 생활 지원 | 42 | 만 18세 미만의 자녀를 양육하는 무주택 저소득 모자가족 | 3년(2년) | 971세대 |
| | 공동 생활 지원 | 3 | 독립적인 가정생활이 어렵고 일정기간 공동으로 가정을 이우러 생활하면서 자립을 준비하고자 하는 부자가족 | 2년(1년) | 45세대 |
| | 자립 생활 지원 | 2 | 만 18세 미만의 자녀를 양육하는 무주택 저소득 모자가족, 기본생활지원형에서 퇴소한 부자세대로서 자립준비가 미흡한 모자가족 | 3년(2년) | 31세대 |
| 부자가족 복지시설 | 기본 생활 지원 | 2 | 만 18세 미만의 자녀를 양육하는 무주택 저소득 부자가족 | 3년(2년) | 40세대 |
| | 공동 생활 지원 | 1 | 독립적인 가정생활이 어렵고 일정기간 공동으로 가정을 이우러 생활하면서 자립을 준비하고자 하는 부자가족 | 2년(1년) | 5세대 |
| | 자립 생활 지원 | - | 기본생활지원형에서 퇴소한 부자세대로서 자립준비가 미흡한 부자가족 | - | - |
| 미혼모자 가족 복지시설 | 기본 생활 지원 | 22 | 이혼, 사별 또는 미혼의 임신여성 및 출산 후(6월 미만) 지원을 요하는 여성 | 1년(6월) | 561명 |
| | 공동 생활 지원 | 41 | 3세 미만의 영유아를 양육하는 미혼모<br>*휴지시설 1개소 포함 | 2년(1년) | 328세대 |
| | | 2 | 출산 후 해당 아동을 양육하지 아니하는 미혼모 | 2년(6월) | 15명 |
| 일시지원복지시설 | | 9 | 배우자의 학대로 인하여 아동의 건전한 양육과 모의 건강에 지장을 초래할 우려가 있는 모와 아동<br>* 휴지시설 1개소 포함 | 6월(6월) | 257명 |

| 한부모가족 복지상담소 | 8 | 한부모가족에 대한 위기자립상담 및 문제해결 지원<br>* 미운영 1개소 포함 | 이용시설 |
|---|---|---|---|

자료: 여성가족부, <2021년 한부모가족지원사업 안내>.

**[표 32.9] 모자가족복지시설 현황**

| | 시설수 | 입소자수(명) | 입소사유(세대) | | | |
|---|---|---|---|---|---|---|
| | | | 이혼 | 부의 사망 | 미혼모 | 기타 |
| 2010 | 41 | 2,124 | 179 | 14 | 34 | 27 |
| 2011 | 41 | 2,232 | 209 | 27 | 76 | 14 |
| 2012 | 41 | 2,174 | 202 | 28 | 59 | 12 |
| 2013 | 41 | 2,083 | 202 | 34 | 46 | 4 |
| 2014 | 41 | 2,078 | 185 | 19 | 55 | 10 |
| 2015 | 41 | 1,829 | 156 | 18 | 54 | 16 |
| 2016 | 42 | 1,803 | 148 | 13 | 55 | 6 |
| 2017 | 42 | 1,835 | 173 | 15 | 65 | 9 |
| 2018 | 42 | 1,723 | 144 | 12 | 76 | 2 |
| 2019 | 42 | 1,588 | 133 | 9 | 50 | 14 |
| 2020 | 42 | 1,397 | 120 | 6 | 51 | 7 |

한편 자녀양육을 위한 경제적 비용은 미혼모의 상대방 남성이 함께 부담하는 것이 타당하다. 이에 따라 한부모가족지원법은 여성가족부장관에게 자녀양육비 산정을 위한 자녀양육비 가이드라인을 마련하여 법원이 이혼 판결 시 적극 활용할 수 있도록 노력해야 할 의무를 부과하고 있다(동법 제17조의3). 또한 **양육비 이행확보 및 지원에 관한 법률**에 따라 '양육비이행관리원'이 설치되어 양육비의 청구 및 이행확보를 위한 법률지원 등을 담당하고 있다(동법 제7조).

미혼모에 대한 국가의 지원은 자녀의 임신·출산·양육과 관련하여 결혼한 부부에 대한 차별의 문제를 발생시킬 수 있다. 결혼한 부부의 경우에도 자녀의 임신·출산·양육과 관련된 경제적 어려움을 가질 수 있기 때문이다. 우선 경제적 빈곤을 충분히 예상할 수 있는 미혼모에 대한 국가의 경제적 지원은 합리적 근거가 있으므로 헌법상 금지된 차별에 해당하지 않는다. 그리고 일반적으로 경제적 빈곤의 문제는 국가의 사회복지적 과제라는 관점에서 해결되어야 한다.[18] 따라서

18) 경제적 빈곤과 사회복지적 인권에 대해서는 이 책 제22장 참조.

경제적으로 빈곤한 국민에 대해서는 미혼모의 가정이든 결혼한 부부의 가정이든 반드시 국가의 지원이 필요하다. 동시에 자녀의 임신・출산・양육은 미혼모든 결혼한 부부든 사회복지의 문제로 접근해야 한다. 우리 헌법도 '모성의 보호'를 국가의 과제로 선언하고 있다(헌법 제36조 제3항). 따라서 국가는 모든 국민의 임신・출산・양육과 관련하여 적극적으로 경제적 재원을 마련하고 지원해야 할 의무를 진다고 말할 수 있다. 이렇게 임신・출산・양육의 문제를 국가의 사회복지적 과제로 해결한다면 자연스럽게 차별의 문제도 발생시키지 않으면서 미혼모의 문제도 합리적으로 해결할 수 있을 것으로 기대된다.

미혼모의 자녀양육에서 가장 현실적인 문제는 양육비다. 이에 따라 미성년 자녀를 직접 양육하는 부 또는 모가 미성년 자녀를 양육하지 아니하는 부 또는 모로부터 양육비를 원활히 받을 수 있도록 양육비 이행확보 등을 지원하기 위하여 **'양육비 이행확보 및 지원에 관한 법률'**(최근개정: 2021. 1. 12. 법률 제17897호)이 제정되어 있다. 그리고 이 법률에 근거하여 미성년 자녀의 양육비 청구와 이행확보 지원 등에 관한 업무를 수행하기 위하여 「건강가정기본법」에 따라 설립된 한국건강가정진흥원에 **양육비이행관리원**이 설치되어 있다(동법 제7조).

## 4. 청소년 미혼모의 특수성

청소년 미혼모의 경우에는 임신・출산・양육으로 인해 교육받을 기회를 박탈당하는 문제가 발생한다.[19] 청소년의 섹스와 임신, 그리고 출산은 가중된 도덕적 비난의 대상이 되기 때문이다. 따라서 교사와 동료학생들의 편견과 냉대로 인해 임신・출산한 학생들이 자발적으로 학교를 그만두게 될 가능성이 크다.[20] 심지어 학교행정의 관행은 임신・출산한 학생의 퇴학을 자명한 것으로 전제하기까지 한다.[21] 학생의 임신・출산은 다른 학생의 학습권을 침해하고 학습분위기를 해칠 수 있다(대체적으로 학칙에서 '불건전한 이성교제로 인한 풍기문란'으로 규정[22])고 보기 때문이다.

---

19) 청소년 미혼모의 교육 받을 권리에 대해서는 정다영(2010), 75면 이하 참조.

20) 반대로 학교중퇴가 미혼모의 임신연령을 낮춘다는 통계도 있다. 김만지(2004), 15면 이하 참조.

21) 국가인권위원회는 임신한 고등학교 3학년 여학생에 대해서 자퇴를 강요한 것이 임신을 이유로 한 차별에 해당한다고 결정한 바 있다. 국가인권위원회 2009. 7. 6. 09진차535결정 참조.

22) 학생의 임신・출산을 규제하는 학칙에 대한 자세한 소개는 국가인권위원회(2010), 83면 이하 참조.

하지만 학생의 임신·출산이 다른 학생의 학습을 방해하거나 다른 학생의 임신·출산을 조장한다는 명백한 증거는 없다. 설령 그렇다고 하더라도 이러한 문제점은 임신·출산한 학생에게 일정 기간 동안 '휴가'를 부여하는 대안(이른바 '학생 출산·육아휴가제')을 통해 해결되어야지 자퇴나 퇴학으로 해결하는 것은 바람직하지 않다. 학생의 임신과 출산을 장려해서도 안 되겠지만 어쩔 수 없이 임신·출산한 여학생을 학교에서 쫓아내는 것은 교육적 측면에서도 바람직하지 못하기 때문이다. 무엇보다도 교육은 직업과 직결된다는 점에서 교육기회의 박탈로 직업을 얻을 기회마저 상실하고, 이로 인해 평생 사회적 낙오자로 살아야 하는 문제점을 인식할 필요가 있다. 불가피하게 임신한 여학생은 임신기간 동안 특별한 보호가 필요하고, 안전하고 위생적으로 출산할 수 있도록 국가와 가정, 그리고 학교가 지원할 필요가 있다. 또한 출산한 여학생이 학교과정을 정상적으로 이수할 수 있도록 자녀의 양육에 필요한 비용이나 시설을 국가가 제공할 필요도 있다. 예를 들어 미혼모와 그 자녀의 공동생활을 위한 시설을 설치할 뿐만 아니라 이 시설에서 정규 교육과정과 동일하지는 않더라도 그와 유사한 대안교육과정이나 직업훈련과정을 운영하여 본인의 교육과 자녀의 양육이 동시에 이루어질 수 있도록 하는 지원하는 방법이 하나의 대안이 될 수 있다.[23] 여기서 서울시와 경기도의 학생인권조례[24]가 모든 학생들에게 차별받지 않을 권리를 보장하면서 차별금지사유로 임신이나 출산을 열거하고 있는 점을 주목할 필요가 있다. 차별은 교육기회의 차별뿐만 아니라 교육여건의 차별을 의미하기도 하기 때문이다.

---

23) 청소년 미혼모의 학습권 보장을 위한 세계 각국의 정책에 대해서는 국가인권위원회(2010), 21면 이하 참조.

24) 서울특별시 학생인권 조례(최근개정: 2020.1.9. 서울특별시조례 제7436호)
제5조 (차별받지 않을 권리)
① 학생은 성별, 종교, 나이, 사회적 신분, 출신지역, 출신국가, 출신민족, 언어, 장애, 용모 등 신체조건, 임신 또는 출산, 가족형태 또는 가족상황, 인종, 경제적 지위, 피부색, 사상 또는 정치적 의견, 성적 지향, 성별 정체성, 병력, 징계, 성적 등을 이유로 차별받지 않을 권리를 가진다.
② 학교의 설립자·경영자, 학교의 장 및 교직원은 제1항에 예시한 사유로 어려움을 겪는 학생의 인권을 보장하기 위하여 적극적으로 노력하여야 한다.
경기도 학생인권 조례(최근개정: 2021.1.4. 경기도조례 제6852호)
제5조 (차별받지 않을 권리)
① 학생은 성별, 종교, 나이, 사회적 신분, 출신지역, 출신국가, 출신민족, 언어, 장애, 용모 등 신체조건, 임신 또는 출산, 가족형태 또는 가족상황, 인종, 피부색, 사상 또는 정치적 의견, 성적 지향, 병력, 징계, 성적 등을 이유로 정당한 사유 없이 차별받지 않을 권리를 가진다.
② 학교는 제1항에 예시한 사유로 어려움을 겪는 학생의 인권을 보장하기 위하여 적극적으로 노력하여야 한다.

## Ⅲ. 임신과 출산에 관한 새로운 평가와 미혼모

임신과 출산은 오로지 여성에게만 부여된 '능력'이다. 생식능력을 유지한 채 남성으로 성전환한 트랜스젠더가 아니라면 남성의 임신은 의학적으로 불가능하다. 종래에 임신과 출산은 공동체의 풍요를 상징했고, 공동체의 존속과 유지를 위해서 임신과 출산의 능력은 여성에게 부과된 '의무'로 인식되었다. 같은 맥락에서 태아의 생명권이라는 인권의 관점이 개입되지 않더라도 낙태는 공동체의 이익을 해하는 범죄가 되었다. 따라서 임신과 출산에 대해서 여성은 선택할 수 있는 여지가 없었다. 그러나 이제 임신과 출산은 여성이 스스로 결정할 수 있는 '권리'로 이해되고 있다. 여성은 이제 본인이 원하지 않는 아이를 임신한 경우에 낙태할 수 있을 뿐만 아니라,[25] 본인이 원하면 어떤 방식으로든 아이를 임신하고 출산할 수 있다는 인식이 자리를 잡아가고 있다. 이에 따라 상대방 남성을 사랑하지 않아도 임신·출산할 수 있고, 결혼하지 않은 상대방 남성의 아이를 임신·출산할 수도 있다는 경향이 나타나고 있다. 심지어 신원을 알 수 없는 남성의 정자를 제공받아 임신·출산할 수도 있다는 생각이 낯설지 않게 되었다.

동시에 임신과 출산의 전제가 되는 성관계도 사랑이나 결혼으로부터 해방되었다. 사랑해야 결혼하고, 결혼해야 섹스할 수 있다는 성도덕은 이제 낡은 유물이 되어 버린 성(性)개방화의 시대를 살고 있다. 사랑하면 섹스할 수 있고, 심지어 사랑하지 않아도 섹스할 수 있는 시대다. 그리고 결혼하지 않은 사람, 심지어 결혼하지 않을 사람과도 섹스할 수 있는 시대다. 섹스는 단지 출산(생식)의 방법에 지나지 않은 것이 아니라 쾌락의 통로가 되었다. 한 명의 배우자만을 상대로 하는 지속적인 섹스만이 존재하는 것이 아니라 우연히 만난 여러 명의 파트너와 나누는 일회적 섹스도 존재한다. 인간의 성에 무겁게 매달려 있던 도덕의 굴레는 이미 폐기처분되었다.

임신·출산에 관한 여성의 권리, 그리고 성의 개방화는 배우자 없이 출산하는 여성의 증가를 불러오고 있다. 게다가 인공임신기술의 눈부신 발전은 여전히 임신과정에서 남성의 존재를 완전히 배제할 수는 없지만 배우자 없는 출산의 현실적 가능성을 확대하고 있다. 더욱이 혈연적 관계로 맺어진 부모와 자녀를 필수적 구성요소로 하는 가족의 개념조차 희박해지고 있다. 이런 상황에서 미혼모는 더 이상 도덕적 비난의 대상이 될 수 없고, 특별한 법적 보호의 대상이 되어야 한다. 특히 출산율의 감소나 인구의 고령화를 걱정하는 현실에서 자녀 출산을 원하

25) 낙태에 관한 여성의 권리에 대해서는 이 책 제27장 참조.

지 않은 부부들에게 자녀를 출산하도록 유인하기 위해 들어가는 비용으로 차라리 임신한 미혼모를 보호하고, 미혼모가 출산한 자녀를 양육하는 데 사용하는 것이 합리적일 것으로 보인다.[26] 공동체가 미혼모에 대해서 낙인을 찍고, 국가가 미혼모를 위한 특별한 보호를 제공하지 않으면 그들은 낙태로 내몰려 건강에 심각한 타격을 받거나 최소한의 안전과 위생도 보장받지 못한 상태에서 출산한 자녀를 결국 해외로 입양시키거나 홀로 어린 자녀를 양육해야 하는 정신적·경제적 부담에 짓눌릴 수밖에 없는 비인간적인 처지에 놓이게 될 것이다.

한편 그동안 미혼모가 입양하는 경우에 출산전에 입양에 동의해야 하거나 입양동의서에 친권포기의 의사를 표시(친권포기각서)해야 하는 문제점[27]은 입양특례법의 개정으로 아동이 출생한 후에만 입양에 동의할 수 있고, 입양동의로 친부모의 친권행사가 정지되는 것으로 해결되었다.[28]

### 토론문제

1. 혼전순결과 혼전임신금기의 도덕률은 아직도 타당한가?
2. 혼인하지 않은 여성의 출산은 사회적 해악이 되는가? 된다면 어떤 해악이 되는가?
3. 미혼모에 대한 사회적 지원은 미혼모의 증가를 조장하는가?

### 내 입장은?

1. 혼전순결과 혼전임신금기의 도덕률은 개인적 도덕에 지나지 않는다.
2. 혼전순결과 혼전임신금지의 도덕률은 여전히 사회적으로 요구되는 도덕이다.
3. 혼전순결과 혼전임신금지의 도덕률은 특정한 종교를 신봉하는 사람들에게는 여전히 유효한 도덕이다.

---

26) 미혼모의 문제와 저출산의 문제는 서로 다른 사회적 맥락에서 발생하기 때문에 미혼모에 대한 보호가 저출산의 문제를 해결하는 방안이 될 수는 없지만 저출산으로 인한 출산(신생아)의 감소를 상쇄하는 효과의 측면에서 보면 저출산에 대한 하나의 대안이 될 수 있음은 부인할 수 없다. 이러한 전제에서 '정책의 효율성'이라는 측면까지 고려하면 출산장려보다는 미호모보호가 결과적으로 저출산에 대한 효과적 정책이 될 수 있다.

27) 친권포기각서의 위헌성에 대해서는 이준일(2011b), 177면 이하 참조.

28) 법률개정 전에 친권포기제도를 친권정지제도로 개선해야 된다는 주장으로 정현미(2011), 126면 이하 참조.

# 참고문헌

강은화(2006), 미혼모의 양육권 보장을 위한 논의, ≪한국여성학≫(한국여성학회), 제22권 3호(2006), 39~59면.

김만지(2004), 미혼모의 임신 연령과 관련 요인에 관한 연구-개인, 또래, 학교 요인을 중심으로, ≪한국청소년연구≫(한국청소년정책연구원), 통권 제40호(2004), 5~25면.

김상용(2013), 베이비박스와 익명의 출산-가족관계등록법의 개정과 관련하여, ≪법학연구≫(부산대학교 법학연구소), 제54권 제4호(2013. 11.), 315~341면.

김유경/조애저/노충래(2006), ≪미혼모의 출산·양육환경 개선을 위한 사회적 지원방안≫, 한국보건사회연구원, 2006.

김정희/김향미(2018), 청소년미혼모의 사회적 인정과 법정책, ≪사회복지법제연구≫(사회복지법제학회), 제9권 제3호(2018), 109~132면.

김혜영/선보영/김은영/정재훈(2009), ≪미혼부모의 사회통합에 관한 연구≫, 한국여성정책연구원, 2009.

김혜영(2013), 미혼모에 대한 사회적 차별과 배제-차별의 기제와 특징을 중심으로, ≪젠더와 문화≫(계명대학교 여성학연구소), 제6권 제1호(2013), 7~41면.

서종희(2014), 익명출산제도에 관한 비교법적 고찰-베이비박스를 둘러싼 논의를 중심으로, ≪법학논총≫(국민대학교 법학연구소), 제27권 제2호(2014. 10.), 79~128면.

송효진(2019), 비혼모에 대한 법제도 운영 현황과 개선방안, ≪젠더법학≫(한국젠더법학회), 제10권 제2호(2019), 63~92면.

안재진/김지혜(2004), 미혼모의 사회적 관계망이 자아존중감에 미치는 영향, ≪한국사회복지학≫(한국사회복지학회), 제56권 제3호(2004), 61~87면.

윤진숙(2014), 현행 입양특례법에 대한 소고-미국 입양법과 비교를 통한 미혼모와 입양아의 인권 보호-, ≪법학연구≫(연세대학교 법학연구원), 제24권 제4호(2014), 159~184면.

이미정(2009a), 미혼모가족에 대한 무관심과 해외입양, ≪젠더리뷰≫(한국여성정책연구원), 제13권(2009), 71~75면.

이미정(2009b), 미혼모에 대한 한국사회 처우와 국제입양, ≪젠더리뷰≫(한국여성정책연구원), 제14권(2009), 67~72면.

이삼식(1998), 미혼모 증가문제와 정책방향, ≪보건복지포럼≫(한국보건사회연구원), 통권 제26호(1998), 54~61면.

이우영(2018), 「한부모가족지원법」에 대한 입법평론, ≪입법학연구≫(한국입법학회), 제15집 제1호(2018), 31~52면.

이준일(2011a), 영아유기의 합법화에 대한 헌법적 검토, ≪법제연구≫(한국법제연구원), 제40호(2011), 337~363면.
이준일(2011b), 친권포기각서의 위헌성, ≪헌법논총≫(헌법재판소), 제22호(2011), 177~206면.
이준일(2012), 미혼모의 인권과 법정책, ≪고려법학≫(고려대학교 법학연구원), 제64호(2012), 139~171면.
정다영(2010), ≪청소년 미혼모의 기본권 보장에 관한 연구≫, 고려대학교 대학원 석사학위논문, 2010.
정현미(2011), 비혼모에 대한 한국사회 처우와 권리 보장 방안, ≪이화젠더법학≫(이화여자대학교 젠더법학연구소), 제2권 제2호(2011), 109~134면.
조은희(2007), 가족관련법의 입법적 동향에 관한 연구, ≪고려법학≫(고려대학교 법학연구원), 제49호(2007), 1035~1072면.
조은희(2011), 미혼모 가족의 법적 지위, ≪홍익법학≫(홍익대학교 법학연구소), 제12권 제2호(2011), 141~165면.
차선자(2009), 미혼모의 법률문제와 대안에 관한 검토, ≪젠더법학≫(한국젠더법학회), 제1권 제2호(2009), 75~110면.

국가인권위원회(2010), ≪청소년 미혼모 학습권 보장 관련 공개토론회 자료집≫, 2010.
여성가족부(2005), ≪미혼모 현황 및 욕구조사 결과≫, 2005.

# 제33장
# 위험한 스포츠와 격투기선수의 인권

비록 시대와 대상은 바뀌었지만
일본 여성들은 이와 같은 대리만족을 격투기에서나마 찾으려 하는 것인지도 모른다.
부드러움의 차원을 넘어 연약해져 버린 일본 남자들에게서 얻지 못하는 '남성'을,
격투기선수들을 통해서나마 느끼고 찾으려는 것은 아닐까?
≪스모 남편과 벤토 부인≫ 중에서

러시아 출신 이종격투기(mixed martial arts: MMA) 선수의 왼발 하이킥(high-kick)이 상대방의 머리에 작렬한다. 관중들은 미친 듯이 환호하며 박수를 친다. 쓰러진 선수는 아직도 의식을 회복하지 못한 채 의료진의 손이 바빠진다. 상대방을 녹아웃(knock-out)시킨 승자는 개선장군처럼 링 위를 돌며 거만하게 손을 흔들고, 겨우 눈을 뜬 패자는 얼이 빠진 듯 주변을 두리번거린다.

돈을 걸고 투견(鬪犬)하다 걸린 사람들이 구속되었단다. 돈을 받고 사람을 때려도 스포츠가 되는 세상에서 개들에게 싸움을 시키고 돈을 걸었다고 범죄가 되는 것은 아이러니가 아닌가? 성적 쾌락을 위하여 여성의 몸을 사고파는 것이 범죄라면 폭력적 쾌감을 위하여 남성의 몸을 사고파는 것도 범죄가 아닌가?

세상 어떤 것도 상품화될 수 있을 것 같은 자본주의 사회에서 서로 때리고 맞는 '싸움'도 상품화되는 것이 이상할 것은 없다. 섹스, 그리고 공포(horror)와 함께 가장 상품성이 높은 것이 '폭력(violence)'이 아니던가? 그렇지만 명백하게 상대방에게 또는 서로에게 해악이 되는 폭력이나 싸움이 '스포츠'라는 이름으로 사고 팔리는 세상은 야만적일 수 있다.

# Ⅰ. 문제제기

## 1. 성매매와 격투기의 차이점

일반적으로 성매매는 도덕적 비난의 대상이 되지만[1] 격투기는 도덕적 비난의 대상이 되지 않는다. 성매매는 주로 사회적 약자인 '여성'이 문제되고, 격투기는 대체로 사회적 강자인 '남성'이 문제되기 때문일 수 있다.[2] 또한 성매매는 도덕적으로 '타락한' 행위로 인식되는 반면에 격투기는 도덕적으로 '용맹한' 행위로 평가되기 때문일 수도 있다. 그리고 성매매에서 문제가 되는 성행위는 다른 사람에게 숨기고 싶은 '은밀한' 행위지만 격투기에서 문제가 되는 때리기는 다른 사람에게 보여주고 싶은 '자랑스러운' 행위이기 때문일 수도 있다. 더욱이 성매매를 하는 여성은 '창녀'로 비하되는 데 비해 격투기를 하는 남성은 '전사'로 칭송받기 때문이고, 근본적으로 여성성은 열등한 것인 데 비하여 남성성은 우월하다는 인식이 전제되기 때문일 수 있다.[3]

## 2. 성매매와 격투기의 공통점

하지만 성매매가 여성의 몸(성)을 사고파는 행위로서 도덕적 비난의 대상이 될 수 있다면 격투기도 남성의 몸(매[4])을 사고파는 행위로서 도덕적 비난의 대상이 되어야 한다. 또한 인간의 성에 관한 원초적 욕망을 만족시키는 행위가 동물적이어서 도덕적으로 비난가능하다면 인간의 폭력에 관한 원초적 욕망을 만족시키는 행위도 동물적이므로 도덕적으로 비난가능하다. 그리고 대체로 경제적 약자인 여성들이 성을 판다는 점에서 성매매를 반대한다면 격투기도 주로 경제적으로 빈곤한 남성들이 한다는 점에서 반대해야 한다. 반대로 본인의 동의가 있을 때 그 사람을 때리는 행위(구타)가 정당화될 수 있다면 본인의 동의가 있을 때 그 사람을 성행위의 도구로 삼는 행위도 정당화될 수 있어야 한다. 또한 격투기가 그것을

---

1) 성매매의 문제에 대해서는 이 책 제29장 참조.

2) 최근 이종격투기 경기에 여성선수도 등장하여 격투기의 문제가 반드시 생물학적 성별구분에 따른 남성의 문제가 아님을 보여주고 있다.

3) 격투기 경기장에 등장하는 격투기선수와 라운드걸의 비교를 통해 남성성과 여성성을 극명하게 대비시키고 있는 논의로 장승현/이근모/이남미(2010), 133면 이하 참조.

4) 격투기에서 많이 맞고도 잘 버티는 선수에게 '맷집이 좋다'는 표현을 통해서 알 수 있는 것처럼 격투기의 본질은 '매질'이다.

보는 사람들의 스트레스를 해소한다는 점에서 정당화될 수 있다면[5] 성을 구매하는 사람의 스트레스를 해소시키는 성매매도 정당화될 수 있고, 격투기만큼 오래된 스포츠가 없다는 점에서[6] 정당화될 수 있다면 성매매 역시 오래된 역사로 정당화될 수 있다. 그리고 격투기처럼 공격성, 폭력성, 야만성, 잔인성을 내포한 위험한 스포츠가 허용될 수 있다면 격투기만큼 폭력적이고 야만적이며 위험한 성매매도 허용되어야 한다.

### 3. 쟁 점

성매매와 매우 유사한 성격을 가지는 행위임에도 불구하고 그 정당성에 대해서 아무도 의심하지 않은 채 많은 애호가를 몰고 다니는 격투기의 정당성에 대하여 그 일을 직업으로 삼고 살아가는 사람들의 인권의 관점에서 논의할 필요가 있다. 따라서 우선 격투기에서 문제가 되는 인권을 살펴보아야 한다. 또한 격투기는 목숨을 건 '위험한 스포츠'라는 점에서 근본적으로 인간의 생명을 위협하는 위험한 스포츠가 허용될 수 있는지, 허용될 수 있다면 어떠한 근거로, 어떠한 범위에서, 그리고 어떠한 조건으로만 허용될 수 있는지에 대한 논의가 필요하다.

## Ⅱ. 격투기에서 문제가 되는 인권

'무술(武術)'이나 '무도(武道)' 또는 '무예(武藝)'라고도 불리는 격투기(martial arts)는 상대방을 타격하거나 꺾기나 조르기 또는 넘어뜨리기를 통해 상대방에게 고통을 줌으로써 상대방의 생명과 신체를 침해한다. 따라서 격투기에서 문제가 되는 인권은 '생명권'과 '신체의 완전성(불훼손성)에 관한 권리'다.[7] 이러한 권리들은 헌법상 명시된 기본권은 아니지만 '열거되지 않은 기본권'으로서 인정된다. 타인의 생명과 신체의 완전성은 침해될 수 없으므로 다른 사람을 폭행하거나 살해하는 행위 또는 다른 사람에게 상해를 입히는 행위는 금지되고 처벌받는다. 다만

5) 같은 맥락에서 격투기를 '카타르시스'의 관점에서 정당화하는 견해로 이원일/여인성(2005), 82면 이하 참조.
6) 격투기의 역사는 고대 그리스의 올림픽에서 열렸던 레슬링과 복싱(권투)으로까지 거슬러 올라간다. 격투기의 역사에 대해서는 김옥주(2004), 625면 이하; 서희진(2004), 63면 이하; 이정연/김방출/오현택(2006), 51면 이하 참조.
7) 생명권과 신체의 완전성에 관한 권리에 대해서는 이 책 제1장 Ⅱ. 및 제3장 Ⅱ. 참조.

폭행죄의 경우에는 '반의사불벌죄'이기 때문에 본인의 의사에 반하여 공소를 제기할 수 없을 뿐이다(형법 제260조 제3항). 한편 원칙적으로 '피해자의 승낙'이 있으면 처벌하지 않기 때문에 피해자의 승낙을 받아 피해자를 폭행하거나 피해자에게 상해를 입혀도 처벌 받지 않지만(동법 제24조) 피해자의 촉탁(부탁)이나 승낙을 얻어 살인한 경우에는 처벌을 받게 된다(동법 제252조 제1항).[8] 또한 법령에 의한 행위나 업무로 인한 행위, 그 밖에 사회상규에 위배되지 않는 행위는 '정당행위'로 인정되어 처벌받지 않는다(동법 제20조). 정리하면 살인행위는 정당행위에 해당하는 경우에만 처벌받지 않는 반면 폭행이나 상해는 처벌받지 않는 경우가 많다. 어떻게 이것이 가능한가?

## 1. 기본권포기론

기본권포기론[9]에 따르면 기본권은 포기될 수 있고, 기본권을 포기한 사람의 법익에 대한 침해는 허용된다.[10] 따라서 생명이나 신체의 완전성에 관한 기본권을 포기하면 그 주체가 되는 사람의 생명이나 신체의 완전성을 침해해도 불법성이 완화되거나 제거된다. 하지만 기본권을 포기할 수 있는지 여부가 논란이 될 수 있다. 기본권을 부분적으로, 그리고 일시적으로 포기할 수는 있어도 기본권을 전면적으로, 그리고 영원히 포기할 수는 없다. 기본권에 대한 전면적이고 영원한 포기는 인간의 존엄성 자체에 대한 포기를 의미하기 때문이다. 아무튼 기본권포기는 원칙적으로 국가에 대하여 기본권을 포기하는 것을 의미한다. 예를 들어 수사기관에 대하여 거짓말탐지기의 사용을 승낙함으로써 진술거부권을 포기하는 경우가 있다. 이처럼 기본권포기는 보통 국가를 상대방으로 이루어지지만 기본권은 국가가 아닌 사인(제3자)에 대해서도 효력을 갖기 때문에 사인에 대하여도 기본권포기가 이루어질 수 있다. 사인들 사이에서 일시적이고 부분적으로 기본권을 포기하는 내용의 계약을 체결하는 경우가 대표적인 예에 해당한다. 따라서 격투기선수는 격투기경기에 참여함으로써 격투기경기가 열리는 동안 일시적으로, 그리고 경기규칙이 허용하는 범위에서 부분적으로 자신의 생명과 신체에 관한 기본권

---

8) 격투기경기에서도 선수가 사망하면 과실치사죄로 처벌을 받을 수 있다. 이에 관한 논의로 김성환(2010), 262면 이하 참조.

9) 기본권포기론에 대해서는 강태수(2001), 133면 이하; 장영철(2019), 45면 이하 참조.

10) 기본권의 표기를 "기본권적 보호이익에 대한 승낙"으로 부르기도 한다. 표명환(2008), 162면 참조.

을 포기했다고 볼 수 있다. 다만 기본권포기는 '자발적 의사'에 의하여야 하기 때문에 격투기경기에 대한 참여는 자발적 의사에 따라 결정되어야 한다.

## 2. 생명·신체에 관한 자기결정권

생명권이나 신체의 완전성에 관한 권리는 생명이나 신체의 완전성에 관한 자기결정권을 포함할 수 있다. 이에 따르면 생명을 중단하거나 신체의 완전성이 침해되도록 스스로 결정할 수 권리가 인정된다.[11] 아직 살아 있는 환자가 안락사를 선택하거나[12] 뇌사자가 아닌 사람이 장기를 기증하기로 선택한 경우[13]가 생명·신체의 자기결정권을 행사한 경우에 해당한다. 같은 맥락에서 격투기선수는 자신의 생명이나 신체의 완전성에 대한 피해가 예상되는 격투기경기에 참여하는 데 동의함으로써 생명이나 신체의 완전성에 관한 자기결정권을 행사했다고 볼 수 있다.

## 3. 생명·신체에 관한 권리의 객관성

생명·신체에 관한 권리의 포기나 생명·신체에 관한 자기결정권이 인정된다고 해도 생명·신체에 대한 타인의 침해로부터 보호해야 되는 의무가 국가에 대해서 부과된다. 이러한 생명·신체에 대한 '국가의 보호의무'(기본권보호의무)는 기본권의 객관성에서 도출된다. 기본권은 단지 국가에 대해서 주장할 수 있는 '주관적 권리'일 뿐만 아니라 국민과 국가를 모두 구속하는 '객관적 규범'이기도 하기 때문이다. 따라서 국가는 국민의 생명과 신체를 보호해야 할 의무가 있기 때문에 타인의 생명이나 신체를 침해하는 행위를 금지하고 이를 위반하는 행위를 범죄로 규정하여 형벌을 부과할 수 있다. 여기서 생명이나 신체에 관한 자기결정권과 생명이나 신체에 관한 국가의 보호의무가 충돌하게 되고, 무엇을 우선시킬 것인지가 문제된다.[14] 최선의 대안은 둘 중의 하나만을 실현하는 양자택일적 방안이 아니라 둘 다 모두 실현시킬 수 있는 조화로운 균형점을 찾는 방안이다. 그것은 비

11) 자신의 생명을 중단하거나 신체의 완전성이 침해되도록 하는 행위를 "자기위행행위"로 부르기도 한다. 강태수(2008), 18면 이하 참조.

12) 안락사의 문제에 대해서는 이 책 제2장 참조.

13) 장기이식의 문제에 대해서는 이 책 제3장 참조.

14) 생명이나 신체에 대한 자기결정권의 행사를 "자기위해행위"로 이해하는 견해에 따르면 그러한 자기결정권에 대한 제한 "자기위해행위에 대한 제한"으로 이해되기도 한다. 강태수(2008), 19면 이하 참조.

례성원칙(과잉금지원칙)에 따라 양자를 최적의 상태로 실현하는 것이다.

## Ⅲ. 위험한 스포츠의 허용에 관한 논의

생명과 신체의 완전성에 위험을 초래하는 다양한 스포츠가 있다. 그러한 스포츠에는 혼자서 인내하며 위험과 싸우는 스포츠도 있지만 여러 명이 경쟁하면서 위험이 초래되는 스포츠, 심지어 서로 상대방의 몸에 타격을 가하여 위험을 가하는 스포츠도 존재한다.

### 1. 혼자 하는 스포츠의 경우

암벽등반이나 무산소 고산등정, 스키점프나 스케이트보드 또는 오토바이점프 등 소위 '익스트림 스포츠(extreme sports)'는 생명이나 신체의 완전성에 위험을 초래할 가능성이 명백함에도 불구하고 인간의 한계를 뛰어넘는 도전적인 스포츠로 인정된다. 이 경우에는 타인이 아니라 스스로 자신의 생명이나 신체의 완전성에 대한 위험을 초래하고 있다는 점에서 허용될 수 있다. 자살이나 자해를 처벌할 수 없는 것과 같은 맥락이다. 물론 자살이나 자해는 대체로 다른 사람들에게 공개되지 않은 채 은밀하게 진행되지만 익스트림 스포츠는 '대회'의 형태로 타인에게 공개되어 진행된다는 점에서 차이가 있다. 여기서 과연 국가가 국민의 생명이나 신체에 대한 보호를 목적으로 이러한 스포츠대회를 금지할 수 있는지가 문제될 수 있다.[15] 국가는 위험한 스포츠로 인하여 생명・신체에 대한 위험이 발생할 수 있는 가능성(확률)을 고려하여 위험을 예방할 대책이 충분히 마련되었는지 여부에 따라, 그리고 위험이 발생했을 때 그에 대한 충분한 안전대책이 마련되었는지 여부에 따라 위험한 스포츠의 금지 여부에 대하여 결정하여야 한다. 이러한 조건들을 고려하지 않은 채 자신의 생명이나 신체의 완전성에 대한 위험을 초래하는 스포츠에 대하여 국가가 개입하여 금지하는 경우에는 '과도한 후견주의'라는 비난을 피할 수 없기 때문이다.

---

15) 위험한 스포츠를 금지하는 또 다른 목적은 청소년보호일 수 있다. 위험한 스포츠를 직접 관람하거나 미디어를 통해 시청한 청소년이 공격적 또는 폭력적 행동을 저지를 수 있기 때문이다. 이러한 맥락에서 이종격투기의 시청이 공격적 행동을 유발하지 않는다는 연구결과가 흥미롭다. 구봉진/김기용/이용국(2019), 515면 이하 참조.

## 2. 상대방이 있는 스포츠의 경우

자동차나 오토바이 또는 말과 같은 동물을 이용한 경주, 구기경기(축구, 럭비, 미식축구, 아이스하키 등)처럼 사람의 신체가 서로 부딪힐 수 있는 스포츠의 경우, 그리고 격투기(복싱, 프로레슬링, 킥복싱, 이종격투기 등)처럼 처음부터 사람의 신체가 서로 부딪히는 것을 내용으로 하는 스포츠의 경우에는 문제가 좀 다르다. 생명이나 신체의 완전성에 대한 침해의 가능성이 처음부터 명백하기 때문이다. 하지만 이 경우에도 원칙적으로 위험발생의 가능성과 위험의 강도 및 안전대책의 마련 여부에 따라 허용 여부가 결정되어야 하기 때문에 애초에 위험발생의 가능성이 높고, 위험의 강도도 대단히 큰 격투기는 선수의 안전을 보호하기 위한 심판과 경기규칙의 마련이나 선수의 부상에 대비한 의료진과 구급차의 대기와 같은 완벽하고 충분한 안전대책이 마련되는 경우에만 허용될 수 있다고 본다.

# Ⅳ. 스포츠의 상품화에 내포된 문제점과 해결책

많은 것이 상품화될 수 있는 자본주의사회에서 어떤 것보다 관람하는 사람에게 강한 스릴과 쾌감을 제공하는 스포츠만큼 좋은 상품은 없다. 더욱이 더 자극적인 스릴과 더 강렬한 쾌감을 제공하는 위험한 스포츠의 경우에는 더 많은 수요를 창출할 수 있다는 점에서 비싼 상품이 될 수밖에 없다. 상품화 자체가 문제될 수 없다면 스포츠의 상품화도 문제될 수는 없다. 문제는 거기에 종사하는 선수들이 상품화되고, 더불어 그들의 생명과 신체도 상품화된다는 점이다. 결국 위험한 스포츠에 종사하는 선수들은 자신의 목숨과 몸뚱이를 걸고 돈을 번다고 말할 수 있다. 특히 매맞는 스포츠의 경우에 목숨과 몸뚱이의 상품화가 직접적으로 드러난다. 마치 성이 상품화되어 매매되는 것(성매매)처럼 서로 때리고 맞는 폭력과 싸움(fighting)이 매매되는 것이다(폭력매매 또는 싸움매매). 사람의 싸움이 상품화됨으로써 동물의 싸움(소싸움, 투견 등)에서 동물이 돈벌이의 수단이 되는 것처럼 싸움에 참여하는 사람들은 돈벌이를 위한 수단으로 전락한다. 그렇다면 이러한 스포츠가 무제한적으로 허용되는 것은 문제가 있다. 매맞는 스포츠를 통해 돈을 버는 선수를 성매매여성에, 그러한 스포츠를 기획하고 진행하는 사람(프로모터)들을 포주에 비교해도 무리는 없어 보이기 때문이다.

물론 모든 스포츠는 선수의 생명과 신체에 어느 정도의 위험을 발생시킬 수 있고, 일정한 스포츠가 선수의 생명과 신체에 미치는 위험의 가능성과 강도를 평가하는 일은 쉽지 않다. 그럼에도 불구하고 선수의 생명과 신체에 대한 위험의 가능성과 강도가 객관적으로 명백한 스포츠가 존재한다. 특히 격투기의 경우에는 그러한 객관성이 명백해 보인다. 나아가 격투기는 사람을 때리고 맞는 행위를 '스포츠'라는 이름으로 상품화할 뿐만 아니라 사람을 때리고 싶은 욕망과 사람을 때릴 때의 흥분과 쾌감을 상품화하여 폭력과 싸움을 정당화하기 때문에 원칙적으로 금지되는 것이 바람직하다. 더욱이 격투기는 사람을 때리고도 영웅이 되고 많은 돈을 벌 뿐만 아니라 사람을 더 잔인하게 때릴수록 대중의 인기를 더 많이 얻게 됨으로써 대중들에게 폭력을 당연시하게 만들고 폭력을 휘두르는 사람을 미화하며 영웅시한다는 점에서 원칙적으로 금지되어야 할 필요가 있다. 기본적으로 사람을 때리고 맞는 스포츠는 다른 위험한 스포츠와 구분되어야 하는 이유가 여기에 있다. 다만 본인이 그러한 스포츠경기에 참여하는 데 동의하였다는 점에서 불법성은 제거될 수 있지만 선수의 보호라는 측면에서 선수의 생명과 건강을 보호할 수 있도록 경기규칙이 완비되어야 하고, 의료진과 의료장비가 충분히 마련되어야 한다.

### 토론문제

1. 성매매와 격투기의 차이점과 공통점은 무엇인가?
2. 격투기가 금지되어야 하는 근거는 무엇인가?
3. 격투기가 허용될 수 있는 근거는 무엇인가?

### 내 입장은?

1. 모든 격투기는 금지되어야 한다.
2. 모든 격투기는 허용되어야 한다.
3. 선수의 안전이 보장되는 조건에서만 모든 격투기가 허용될 수 있다.

# 참고문헌


강태수(2001), 기본권포기론, ≪공법연구≫(한국공법학회), 제29집 제2호(2001), 133~154면.

강태수(2008), 자기위해행위의 제한에 관한 헌법적 고찰, ≪경희법학≫(경희대학교 법학연구소), 제43권 제1호(2008), 17~28면.

구봉진/김기용/이용국(2019), 청소년의 이종격투기 시청에 따른 공격행동이 일탈행동에 미치는 영향, ≪한국스포츠학회지≫(한국스포츠학회), 제17권 제4호(2019), 511~519면.

김성환(2008), 이종격투기 사망사건에 대한 형법적 검토, ≪스포츠와 법≫(한국스포츠엔터테인먼트법학회), 제11권 제1호(2008), 255~273면.

김옥주(2004), 이종격투기 출현과 사회·문화적 이데올로기의 변화, ≪한국스포츠리서치≫, 제15권 제3호(2004), 623~630면.

김이수/지동철(2006), 현대사회에서 이종격투기의 인식에 관한 고찰, ≪움직임의 철학≫(한국체육철학회), 제14권 제2호(2006), 1~17면.

서희진(2004), 이종격투기에 반영된 사회문화적 코드읽기, ≪한국스포츠사회학회지≫(한국스포츠사회학회), 제17권 제1호(2004), 61~71면.

송일훈/조충현//안진규(2008), 한·중·일 격투무예(수박, 상박, 각저)에 관한 연구 - 고대 중국 위진남북조시대부터 명청시대 중심으로 -, ≪한국체육학회지≫(한국체육학회), 제47권 제4호(2008), 9~15면.

윤여탁/김학덕(2004), 스포츠화된 이종격투기의 윤리적 의미에 관한 고찰, ≪움직임의 철학≫(한국체육철학회), 제12권 제2호(2004), 231~250면.

이원일/여인성(2005), 이종격투기에 대한 철학적 접근 - 아리스토텔레스의 카타르시스 관점으로 -, ≪대한무도학회지≫(대한무도학회), 제7권 제2호(2005), 81~92면.

이정연/김방출/오현택(2006), 포스트모던 스포츠로서의 이종격투기 탐구와 그 윤리성에 대한 논의, ≪움직임의 철학≫(한국체육철학회), 제14권 제1호(2006), 49~67면.

장승현/이근모/이남미(2010), 종합격투기경기에서 재현되는 남성성의 상징체계에 대한 기호학적 접근, ≪한국스포츠사회학회지≫(한국스포츠사회학회), 제23권 제4호(2010), 129~144면.

장영철(2019), 기본권행사포기로서 기본권포기에 관한 고찰, ≪서울법학≫(서울시립대학교 법학연구소), 제27권 제3호(2019), 43~74면.

표명환(2008), 기본권적 보호이익의 침해에 대한 승낙과 그 한계, ≪공법학연구≫(한국비교공법학회), 제9권 제2호(2008), 161~181면.

# 제34장
# 광기의 시대에 정신장애인의 인권

정신질환자 또는 그런 사람으로 취급받는 사람은 누구나
인간다움과 인간의 선천적 존엄성에 대한 존중을 가지고 대우받아야만 한다.
≪유엔 정신질환자의 보호와 정신의료의 증진을 위한 원칙, 1991≫
All persons with a mental illness, or who are being treated as such persons,
shall be treated with humanity
and respect for the inherent dignity of the human person.
≪Principles for the Protection of Persons with Mental Illness
and for the Improvement of Mental Health Care, 1991≫

흉악한 범죄의 발생을 보도하는 언론은 확인되지도 않은 토를 단다. 피의자가 정신이상으로 추정된다는. 차라리 모든 범죄의 원인을 '정신이상'이라고 말하자. 제 정신으로는 범죄를 저지를 수 없을 테니까. 범죄의 원인을 정신이상으로 치부하는 것은 동물보다 우등하다고 믿는 인간의 자기합리화가 아닐까? 정신이상이란 인간이 동물의 상태로 잠시 이동한 것을 의미하는 것이므로.

사람은 누구나 무엇인가에 미쳐 산다. 그것은 종교나 신념일 수도 있고, 비전이나 열정일 수도 있다. 그러면서도 자신을 미친 사람이라고 생각하지 않는다. 오히려 무언가에 미쳐 사는 사람을 미친 사람이라고 폄하하기 일쑤다. 우리는 '모두' 미친 사람이거나 '아무도' 미친 사람이 아닐 수 있다. 미친 사람과 미치지 않은 사람의 경계가 있는 것이 아니라 미친 정도의 차이일 것이므로.

정신장애인에 대해서는 장애를 이유로 한 차별에 정신장애를 이유로 한 차별이 가중된다. 심지어 정신장애인은 악마(악령)로부터 정신을 지배당하는 사람으로 취급되기도 한다. 하지만 현대의학은 정신장애나 정신질환의 범위를 무한대로 확대해 놓았다. 명확한 경계설정도 없이 정신장애인을 한 통 속으로 몰아넣는 행위가 얼마나 무지한 것인지, 심지어 야만적인 것인지, 그리고 비록 정도가 심한 정신장애인의 경우에도 인간으로 대접받아야 하는 이유에 대해서 논의해 보기로 한다.

# Ⅰ. 개 념

**장애인복지법**(최근개정: 2020. 12. 29. 법률 제17791호)에 따르면 '장애인'은 "신체적·정신적 장애로 오랫동안 일상생활이나 사회생활에서 상당한 제약을 받는 자"로 정의된다(동법 제2조 제1항).1) 그리고 '신체적 장애'는 주요 외부 신체 기능의 장애, 내부기관의 장애 등을, '정신적 장애'는 발달장애 또는 정신질환으로 발생하는 장애를 의미한다(동조 제2항). 장애인에 대한 이러한 정의는 유엔의 장애인권리협약(Convention on the Rights of Persons with Disabilities: CRPD)2)의 정의와 대단히 유사하다.3) **장애인차별금지 및 권리구제 등에 관한 법률**(최근개정: 2020. 12. 29. 법률 제17792호, 이하 **장애인차별금지법**)4)도 신체적·정신적 손상 또는 기능상실이 장기간에 걸쳐 개인의 일상 또는 사회생활에 상당한 제약을 초래하는 상태에 있는 사람으로 정의하여(동법 제2조) 장애인을 유사하게 이해하되 장애의 개념을 '손상과 기능상실'로 구체화하고 있다. 장애인복지법 시행령(대통령령)은 장애인의 종류를 15가지로 나누고 있는데5) 이 가운데 정신장애인에는 지적 장애인, 자폐성장애인, 정신장애인이 포함될 수 있다. 이에 따르면 2019년을 기준으로 등록된 장애인 260여만 명 가운데 정신장애인은 35만여 명으로 13퍼센트이다(아래 [표 34.1] 참조). 한편 **정신건강증진 및 정신질환자 복지서비스 지원에 관한 법률**(최근개정: 2020. 12. 29. 법률 제17794호: 이하 '**정신건강복지법**'으로 약칭)6)은 '정신질환자'를 "망

1) 법령에서 사용되는 다양한 장애(인) 개념에 대해서는 강희원(2010), 18면 이하 참조.

2) 장애인권리협약(CRPD)은 2006년 12월 13일 유엔총회에서 채택되어서 2008년 5월 3일부터 발효되었고, 대한민국은 2007년 3월 30일에 서명하고, 2008년 12월 11에 비준하였다. 장애인권리협약의 역사와 내용에 대한 상세한 설명으로 이익섭(2004), 10면 이하 참조. 한편 차별의 장애인권리협약의 의미와 한국 장애인치별금지법에 미친 영향에 대해서는 전윤구(2011), 263면 이하 및 267면 이하 참조.

3) 장애인권리협약에 따르면 장애인(Persons with disabilities)은 "장기적인 신체적, 정신적, 지적, 감각적 손상으로 인하여 상호작용에서 여러 가지 지장을 받아 다른 사람과 동등하게 사회생활에 완전하고 효과적으로 참여하는 데 방해받는 사람(those who have long-term physical, mental, intellectual or sensory impairments which in interaction with various barriers may hinder their full and effective participation in society on an equal basis with others)을 의미한다(CRPD 제1조 제2문).

4) 장애인차별금지법에 대해서는 이준일(2011), 101면 이하 참조.

5) 장애인복지법 시행령(최근개정: 2021. 3. 2. 대통령령 제31516호)은 장애인의 유형을 ① 지체장애인, ② 뇌병변장애인, ③ 시각장애인, ④ 청각장애인, ⑤ 언어장애인, ⑥ 지적장애인, ⑦ 자폐성장애인, ⑧ 정신장애인, ⑨ 신장장애인, ⑩ 심장장애인, ⑪ 호흡기장애인, ⑫ 간장장애인, ⑬ 안면장애인, ⑭ 장루·요루(腸瘻·尿瘻)장애인, ⑮ 뇌전증(腦電症)장애인으로 구분하고 있다(동시행령 제2조 제1항 및 별표1).

6) 1995년에 제정된 정신보건법은 2016년 정신건강복지법으로 명칭을 변경하였다. 정신보건

상, 환각, 사고(思考)나 기분의 장애 등으로 인하여 독립적으로 일상생활을 영위하는 데 중대한 제약이 있는 사람"으로 정의한다(동법 제3조 제1호). 정신장애인을 넓은 의미로 사용하면 좁은 의미의 정신장애인인 정신지체자뿐만 아니라 정신질환자를 모두 포함할 수 있으므로 이하에서는 '정신장애인'이라는 개념을 사용하기로 한다.

**[표 34.1] 등록 장애인 현황**

| | 2010 | 2011 | 2012 | 2013 | 2014 | 2015 | 2016 | 2017 | 2018 | 2019 |
|---|---|---|---|---|---|---|---|---|---|---|
| 지 체 | 1,337,722 | 1,333,429 | 1,322,131 | 1,309,285 | 1,295,608 | 1,281,497 | 1,267,174 | 1,254,130 | 1,238,532 | 1,223,135 |
| 뇌병변 | 261,746 | 260,718 | 257,797 | 253,493 | 251,543 | 250,862 | 250,456 | 252,819 | 253,083 | 252,188 |
| 시 각 | 249,259 | 251,258 | 252,564 | 253,095 | 252,825 | 252,874 | 252,794 | 252,632 | 252,957 | 253,055 |
| 청 각/언 어 | 277,610 | 278,530 | 276,332 | 273,229 | 271,054 | 269,147 | 291,252 | 322,324 | 363,326 | 398,579 |
| 지 적 | 161,249 | 167,479 | 173,257 | 178,866 | 184,355 | 189,752 | 195,283 | 200,903 | 206,917 | 212,936 |
| 자 폐 | 14,888 | 15,857 | 16,906 | 18,133 | 19,524 | 21,103 | 22,853 | 24,698 | 26,703 | 28,678 |
| 정 신 | 95,821 | 94,739 | 94,638 | 95,675 | 96,963 | 98,643 | 100,069 | 101,175 | 102,140 | 102,980 |
| 신 장 | 57,142 | 60,110 | 63,434 | 66,551 | 70,434 | 74,468 | 78,750 | 83,562 | 87,892 | 92,408 |
| 심 장 | 12,864 | 9,542 | 7,774 | 6,928 | 6,401 | 5,833 | 5,507 | 5,399 | 5,304 | 5,266 |
| 호흡기 | 15,551 | 14,671 | 13,879 | 13,150 | 12,445 | 12,033 | 11,831 | 11,807 | 11,761 | 11,522 |
| 간 | 7,920 | 8,145 | 8,588 | 9,194 | 9,668 | 10,324 | 11,042 | 11,843 | 12,524 | 13,154 |
| 안 면 | 2,696 | 2,715 | 2,709 | 2,696 | 2,689 | 2,685 | 2,680 | 2,692 | 2,689 | 2,673 |
| 장 루/요 루 | 13,072 | 13,098 | 13,374 | 13,546 | 13,867 | 14,116 | - | 15,290 | 15,027 | 14,404 |
| 간 질 | 9,772 | 8,950 | 7,806 | 7,271 | 7,084 | 7,069 | - | 7,054 | 7,021 | 6,956 |
| 총 계 | 2,517,312 | 2,519,241 | 2,511,159 | 2,501,112 | 2,494,460 | 2,490,406 | 2,511,051 | 2,545,637 | 2,585,876 | 2,618,918 |

자료: 보건복지부, <시 · 도 장애인등록현황>.

## Ⅱ. 정신장애인의 인권

정신장애인의 인권에 대한 분류는 여러 가지 관점에서 가능하지만7) 여기서

---

법의 역사와 내용에 대해서는 이철호(2007), 231면 이하; 김창휘(2017), 307면 이하 참조. 또한 정신건강복지법의 연혁에 대해서는 권현주/유영미(2020), 55면 이하 참조.

7) 정신장애인의 인권을 존엄권, 차별받지 않을 권리, 자발적 입원결정권, 통신의 자유로 구분하는 견해도 있다. 서미경(2003), 244면 이하 참조. 한편 이 견해는 정신과시설, 지역사회, 가족으로 구분하여 정신질환자의 인권을 분류하기도 한다. 서미경(2007), 97면 이하 참조. 그 밖에 정신장애인의 인권과 관련된 주요 과제별로 입·퇴원과정의 인권보장, 정신보건시설 내에서의 인권보장, 지역사회를 통한 인권보장, 정신장애인에 대한 차별해소로

는 일반적으로 인권을 자유권, 평등권, 사회권의 세 가지 범주로 분류하는 입장에 따라 정신장애인에게 보장되어야 하는 인권을 검토해 보기로 한다.[8]

## 1. 자 유 권

### (1) 입·퇴원에 관한 자기결정권

정신장애인에게 가장 크게 문제가 되는 주제는 '강제입원(비자발적 입원)'이다.[9] 강제입원은 '자의입원(자발적 입원)'과는 달리 타인에 의해 입원 여부가 결정된다는 데 문제가 있다. 원칙적으로 정신장애인은 '입·퇴원에 관한 자기결정권'에 따라 정신의료기관에 입원과 퇴원 여부를 스스로 결정할 수 있는 권리를 가진다. 정신건강복지법도 정신장애인이 신청하면 정신의료기관이나 정신요양시설에 자유롭게 입·퇴원할 수 있는 권리를 보장하고 있다(동법 제41조). 다만 정신질환자가 보호의무자의 동의를 받아 자발적으로 입원한 경우에는 퇴원을 원하면 원칙적으로 퇴원시켜야 하지만 보호의무자의 동의를 받지 못하면 정신의료기관은 진단 후 환자의 치료와 보호의 필요성이 인정되면 72시간 이내에서 퇴원을 거부할 수 있다(동법 제42조 제2항). 이러한 퇴원거부제도로 인하여 보호자에 의한 강제입원을 예방하기 위한 목적에서 도입된 동의입원이 실제로는 강제입원의 외관을 회피하기 위한 제도도 악용될 여지를 남기고 있다.[10] 또한 원칙적으로 정신건강의학과전문의의 대면 진단에 의하지 아니하고 정신질환자를 정신의료기관 등에 입원 등을 시키거나 입원 등의 기간을 연장하는 행위는 금지된다(동법 제68조 제1항). 그리고 정신의료기관 등에 입원하고 있는 자 또는 그 보호의무자에게는 당해 입원환자의 퇴원을 청구할 수 있는 권리가 보장된다(동법 제55조 제1항). 다만 퇴원 여부는 '기초정신건강심사위원회'의 심사를 거쳐 결정된다.[11]

그렇지만 정신장애인은 본인의 의사와 상관없이 '보호자의 신청'이나 '지방자치단체장의 결정'에 의해 강제로 입원될 수 있다. 우선 **보호자신청입원**의

---

구별하여 정신장애인의 인권을 분류하기도 한다. 이근희(2009), 137면 이하 참조.

8) 정신보건시설 내의 구체적인 인권실태를 중심으로 정신질환자에게 보장되어야 할 인권의 내용에 대해서는 국가인권위원회(2003), 26면 이하; 국가인권위원회(2008c), 14면 이하 참조.

9) 강제입원에 관한 통계로 나영희(2008), 391면 이하 참조.

10) 동의입원제도의 문제점에 대한 비판으로 김창휘(2017), 324면 참조.

11) 기초정신건강심사위원회에 해당하는 구 정신보건심판위원회의 구성과 운영에서 나타나는 문제점에 대해서는 이철호(2007), 245면 이하 참조.

경우에 정신질환자의 보호의무자 2명 이상이 신청한 경우로서 정신건강의학과전문의가 입원 등이 필요하다고 진단한 경우에만 해당 정신질환자를 입원 등을 시킬 수 있다(동법 제43조 제1항). 증상의 정확한 진단을 위하여 2주의 범위에서 기간을 정하여 입원하게 할 수 있으며(동법 동조 제3항) 진단 결과 해당 정신질환자에 대하여 계속 입원 등이 필요하다는 서로 다른 정신의료기관 등에 소속된 2명 이상의 정신건강의학과전문의의 일치된 소견이 있는 경우 최초로 입원 등을 한 날부터 3개월 이내로 치료를 위하여 입원시킬 수 있다(동법 동조 제4항 및 제5항). 기간을 연장하여 입원이 필요한 경우에는 서로 다른 정신의료기관 등에 소속된 2명 이상의 정신건강의학과전문의가 입원 등 기간을 연장하여 치료할 필요가 있다고 일치된 진단을 하면서 보호의무자 2명이상이 입원 등의 기간연장에 대한 동의서를 제출한 경우에 한하여(동법 동조 제6항) 연장에 대한 심사를 청구하여야 하고 이에 대한 '기초정신건강심의위원회'[12]의 심사가 필요하다(동법 제53조 제3항 제1호).[13] 이는 **구 정신보건법**의 보호의무자에 의한 입원(동법 제24조)보다 입원요건과 절차를 강화한 것이다.

또한 정신건강의학과전문의가 정신질환자로 의심되는 사람에 대하여 자신의 건강 또는 안전이나 다른 사람에게 해를 끼칠 위험이 있어 그 증상의 정확한 진단이 필요하다고 인정한 경우에 특별자치시장・특별자치도지사・시장・군수・구청장은 그 사람을 보건복지부장관이나 지방자치단체의 장이 지정한 정신의료기관(이하 "지정정신의료기관"이라 한다)에 2주의 범위에서 기간을 정하여 입원하게 할 수 있으며(동법 제44조 제4항), 진단 결과 그 정신질환자가 계속 입원할 필요가 있다는 2명 이상의 정신건강의학과전문의의 일치된 소견이 있는 경우에만 그 정신질환자에 대하여 지정정신의료기관에 치료를 위한 입원을 의뢰할 수 있다(동법 동조 제7항). 특별자치시장・특별자치도지사・시장・군수・구청장은 입원한 정신질환자에 대하여 최초로 입원을 한 날부터 3개월 이내에 입원을 해제하여야 하며(동법 제62조 제1항), 3개월을 초과하여 입원시킬 필요가 있는 경우에는 2명 이상의 정신건강의학과전문의가 진단하고 소관 정신건강심사위원회에서 심사가 반드시 요구된다(동법 제62조 제2항).

12) 정신보건에 관한 자문에 응하고 정신보건에 관한 중요한 사항의 심의와 심사를 위하여 '정신건강심의위원회' 인 광역정신건강심의위원회나기초정신건강심의위원회를 두고(정신보건법 제 53조 제1항), 정신질환자의 퇴원에 관한 심사를 위하여 기초정신건강심의위원회 안에 기초정신건강심사위원회를 둔다(동법 제53조 제3항 및 제54조 제1항).

13) 이러한 보호의무자에 의한 입원결정과 입원연장제도로 인한 '장기입원'의 문제점에 대해서는 서미경(2007), 69면 이하 참조.

보호자의 신청이든 지방자치단체의 결정이든 강제입원의 적합성을 심사하기 위하여 설치된 '입원적합성위원회'의 심사를 받아야만 한다(동법 제46조 제1항 및 제2항). 한편 정신질환자로 추정되는 자로서 자신 또는 타인을 해할 위험이 큰 자를 발견한 자는 그 상황이 매우 급박하여 위에서 설명한 자의입원이나 강제입원이 불가능한 경우에 의사와 경찰관의 동의를 얻어 정신의료기관에 '응급입원'을 의뢰할 수 있다(동법 제50조 제1항).

**[법령 34.1] 강제입원**

**구 정신보건법**(2016. 5. 29. 법률 제14224호로 개정되기 이전의 것)

**제24조 (보호의무자에 의한 입원)**

① 정신의료기관 등의 장은 정신질환자의 보호의무자 2인의 동의(보호의무자가 1인인 경우에는 1인의 동의로 한다)가 있고 정신건강의학과전문의가 입원 등이 필요하다고 판단한 경우에 한하여 당해 정신질환자를 입원 등을 시킬 수 있으며, 입원 등을 할 때 당해 보호의무자로부터 보건복지부령으로 정하는 입원 등의 동의서 및 보호의무자임을 확인할 수 있는 서류를 받아야 한다.

② 정신건강의학과전문의는 정신질환자가 입원 등이 필요하다고 진단한 때에는 제1항에 따른 입원 등의 동의서에 당해 정신질환자가 다음 각 호의 어느 하나에 정한 경우에 해당된다고 판단한다는 의견을 기재한 입원 등의 권고서를 첨부하여야 한다.

1. 환자가 정신의료기관 등에서 입원 등 치료 또는 요양을 받을 만한 정도 또는 성질의 정신질환에 걸려 있는 경우
2. 환자 자신의 건강 또는 안전이나 타인의 안전을 위하여 입원 등을 할 필요가 있는 경우

③ 제1항의 입원 등의 기간은 6개월 이내로 한다. 다만, 정신의료기관 등의 장은 6개월이 지난 후에도 계속하여 입원 등의 치료가 필요하다는 정신건강의학과전문의의 진단이 있고 보호의무자가 제1항에 따른 입원 등의 동의서를 제출한 때에는 6개월마다 시장·군수·구청장에게 입원 등의 치료에 대한 심사를 청구하여야 한다.

④~⑨ 생략

**정신건강증진 및 정신질환자 복지서비스 지원에 관한 법률**(최근개정: 2020. 12. 29. 법률 제17794호)

**제43조 (보호의무자에 의한 입원 등)**

① 정신의료기관 등의 장은 정신질환자의 보호의무자 2명 이상(보호의무자 간 입원 등에 관하여 다툼이 있는 경우에는 제39조 제2항의 순위에 따른 선순위자 2명 이상을 말하며, 보호의무자가 1명만 있는 경우에는 1명으로 한다)이 신청한 경우로서 정신건강의학과전문의가 입원 등이 필요하다고 진단한 경우에만 해당 정신질환자를 입원 등을 시킬 수 있다. 이 경우 정신의료기관 등의 장은 입원 등을 할 때 보호의무자로부터 보건복지부령으로 정하는 바에 따라 입원 등 신청서와 보호의무자임을 확인할 수 있는 서류를 받아야 한다.

② 제1항 전단에 따른 정신건강의학과전문의의 입원 등 필요성에 관한 진단은 해당 정신질환자가 다음 각 호의 모두에 해당하는 경우 그 각각에 관한 진단을 적은 입원 등 권고서를 제1항에 따른 입원 등 신청서에 첨부하는 방법으로 하여야 한다.

1. 정신질환자가 정신의료기관 등에서 입원치료 또는 요양을 받을 만한 정도 또는 성질의 정신질환을 앓고 있는 경우
2. 정신질환자 자신의 건강 또는 안전이나 다른 사람에게 해를 끼칠 위험(보건복지부령으로 정하는 기준에 해당하는 위험을 말한다. 이하 같다)이 있어 입원 등을 할 필요가 있는 경우

③ 정신의료기관 등의 장은 정신건강의학과전문의의 진단 결과 정신질환자가 제2항 각 호에 모두 해당하여 입원 등이 필요하다고 진단한 경우 그 증상의 정확한 진단을 위하여 2주의 범위에서 기간을 정하여 입원하게 할 수 있다.

④ 정신의료기관 등의 장은 제3항에 따른 진단 결과 해당 정신질환자에 대하여 계속 입원 등이 필요하다는 서로 다른 정신의료기관 등에 소속된 2명 이상의 정신건강의학과전문의(제21조 또는 제22조에 따른 국립·공립의 정신의료기관 등 또는 보건복지부장관이 지정하는 정신의료기관 등에 소속된 정신건강의학과전문의가 1명 이상 포함되어야 한다)의 일치된 소견이 있는 경우에만 해당 정신질환자에 대하여 치료를 위한 입원 등을 하게 할 수 있다.

⑤ 제4항에 따른 입원 등의 기간은 최초로 입원 등을 한 날부터 3개월 이내로 한다. 다만, 다음 각 호의 구분에 따라 입원 등의 기간을 연장할 수 있다.

1. 3개월 이후의 1차 입원 등 기간 연장: 3개월 이내
2. 제1호에 따른 1차 입원 등 기간 연장 이후의 입원 등 기간 연장: 매 입원 등 기간 연장 시마다 6개월 이내

⑥ 정신의료기관 등의 장은 다음 각 호의 모두에 해당하는 경우에만 제5항 각 호에 따른 입원등 기간의 연장을 할 수 있다. 이 경우 정신의료기관 등의 장은 입원 등 기간을 연장할 때마다 관할 특별자치시장·특별자치도지사·시장·군수·구청장에게 대통령령으로 정하는 기간 이내에 그 연장에 대한 심사를 청구하여야 한다.

1. 서로 다른 정신의료기관 등에 소속된 2명 이상의 정신건강의학과전문의(제21조 또는 제22조에 따른 국립·공립의 정신의료기관 등 또는 보건복지부장관이 지정하는 정신의료기관 등에 소속된 정신건강의학과전문의가 1명 이상 포함되어야 한다)가 입원 등 기간을 연장하여 치료할 필요가 있다고 일치된 진단을 하는 경우
2. 제1항에 따른 보호의무자(이하 "신청 보호의무자"라 한다) 2명 이상(제1항에 따른 입원 등 신청 시 신청 보호의무자가 1명만 있었던 경우에는 1명으로 한다)이 제5항에 따른 입원 등의 기간 연장에 대한 동의서를 제출한 경우

⑦ 생략

⑧ 정신의료기관 등의 장은 제1항이나 제3항부터 제5항까지의 규정에 따라 입원 등을 시키거나 입원 등의 기간을 연장하였을 때에는 지체 없이 입원 등을 한 사람 및 보호의무자에게 그 사실 및 사유를 서면으로 통지하여야 한다.

⑨ 정신의료기관 등의 장은 입원 등을 한 사람 또는 보호의무자가 퇴원 등을 신청한 경우에는 지체 없이 그 사람을 퇴원 등을 시켜야 한다. 다만, 정신의료기관

등의 장은 그 입원 등을 한 사람이 제2항 각 호에 모두 해당하는 경우에는 퇴원 등을 거부할 수 있다.

⑩ ~ ⑪ 생략

**제44조 (특별자치시장 · 특별자치도지사 · 시장 · 군수 · 구청장에 의한 입원)**

① 정신건강의학과전문의 또는 정신건강전문요원은 정신질환으로 자신의 건강 또는 안전이나 다른 사람에게 해를 끼칠 위험이 있다고 의심되는 사람을 발견하였을 때에는 특별자치시장 · 특별자치도지사 · 시장 · 군수 · 구청장에게 대통령령으로 정하는 바에 따라 그 사람에 대한 진단과 보호를 신청할 수 있다.

② 경찰관(「국가공무원법」 제2조 제2항 제2호에 따른 경찰공무원과 「지방공무원법」 제2조 제2항 제2호에 따른 자치경찰공무원을 말한다. 이하 같다)은 정신질환으로 자신의 건강 또는 안전이나 다른 사람에게 해를 끼칠 위험이 있다고 의심되는 사람을 발견한 경우 정신건강의학과전문의 또는 정신건강전문요원에게 그 사람에 대한 진단과 보호의 신청을 요청할 수 있다.

③ 제1항에 따라 신청을 받은 특별자치시장 · 특별자치도지사 · 시장 · 군수 · 구청장은 즉시 그 정신질환자로 의심되는 사람에 대한 진단을 정신건강의학과전문의에게 의뢰하여야 한다.

④ 정신건강의학과전문의가 제3항의 정신질환자로 의심되는 사람에 대하여 자신의 건강 또는 안전이나 다른 사람에게 해를 끼칠 위험이 있어 그 증상의 정확한 진단이 필요하다고 인정한 경우에 특별자치시장 · 특별자치도지사 · 시장 · 군수 · 구청장은 그 사람을 보건복지부장관이나 지방자치단체의 장이 지정한 정신의료기관(이하 "지정정신의료기관"이라 한다)에 2주의 범위에서 기간을 정하여 입원하게 할 수 있다.

⑤ ~ ⑥ 생략

⑦ 특별자치시장 · 특별자치도지사 · 시장 · 군수 · 구청장은 제6항에 따른 진단 결과 그 정신질환자가 계속 입원할 필요가 있다는 2명 이상의 정신건강의학과전문의의 일치된 소견이 있는 경우에만 그 정신질환자에 대하여 지정정신의료기관에 치료를 위한 입원을 의뢰할 수 있다.

⑧ ~ ⑩ 생략

**제62조 (특별자치시장 · 특별자치도지사 · 시장 · 군수 · 구청장에 의한 입원의 해제)**

① 특별자치시장 · 특별자치도지사 · 시장 · 군수 · 구청장은 제44조 제7항에 따라 입원한 정신질환자에 대하여 최초로 입원을 한 날부터 3개월 이내에 입원을 해제하여야 하며, 입원의 해제 사실을 그 정신질환자가 입원하고 있는 정신의료기관의 장에게 서면으로 통지하여야 한다. 이 경우 그 정신의료기관의 장은 지체 없이 그 정신질환자를 퇴원시켜야 한다.

② 제1항에도 불구하고 특별자치시장 · 특별자치도지사 · 시장 · 군수 · 구청장은 2명 이상의 정신건강의학과전문의가 진단하고 소관 정신건강심사위원회에서 심사한 결과 그 정신질환자가 퇴원할 경우 정신질환으로 인하여 자신의 건강 또는 안전이나 다른 사람에게 해를 끼칠 위험이 명백하다고 인정되는 경우에는 다음 각 호의 구분에 따라 입원 등의 기간을 연장할 수 있다.

1. 제1항에 따른 3개월 이후의 1차 입원 기간 연장: 3개월 이내
2. 제1호에 따른 1차 입원 기간 연장 이후의 입원 기간 연장: 매 입원 기간 연장

시마다 6개월 이내
③ 생략

이처럼 정신장애인 본인의 의사와 상관없이 입원되는 '강제입원'의 경우에 정신과전문의의 판단이 가장 중요하다. 하지만 이러한 판단이 객관적인 기준과 공정한 절차에 따라 이루어지지 않는 경우에, 특히 정신장애인을 보호해야 하는 부담을 회피하거나 심지어 의도적으로 가족을 정신장애인으로 몰아가고자 하는 보호자의 이기심과 병원의 수익만을 고려한 비양심적 의사의 판단이 결합되는 경우에 남용될 여지가 충분히 있다. 또한 지방자치단체장에 의한 강제입원의 경우에는 '자신이나 타인에 대한 해악의 위험성'도 해악의 경중을 구분하지 않은 매우 포괄적인 개념이어서 자의적 판단에 따른 남용의 가능성이 크다. 더욱이 '응급입원'의 경우에는 '상황의 급박성'이라는 요건이 있다고 해도 '정신질환자로서의 추정'이나 '자신이나 타인에 대한 해악의 위험성'과 같은 불명확하거나 포괄적인 요건에 대하여 정신과전문의가 아닌 일반 의사의 판단만으로 가능하기 때문에 마찬가지로 남용의 위험성을 배제할 수 없다. 실제로 입원한 정신장애인 가운데 강제입원의 비율이 90퍼센트에 이를 정도로 높다는 통계가 제시된다.14) 또한 정신보건심판위원회의 심사를 거쳐 이루어지는 퇴원결정의 비율도 5퍼센트에 미치지 않을 정도로 낮아 계속(장기)입원의 비율도 매우 높다는 통계도 나와 있다.15)

이러한 문제점을 해결할 수 있는 입법적 대안은 유엔(UN)이 1991년에 결의한 '**정신질환자의 보호와 정신의료의 증진을 위한 원칙**(Principles for the Protection of Persons with Mental Illness and for the Improvement of Mental Health Care: 'MI원칙'으로 약칭)'16)에서 찾을 수 있다. 이 원칙에 따르면 어떤 사람이 정신질환을 가졌는지 여부에 대한 결정은 '국제적으로 인정된 의료기준'에 따라 이루어져야 하고(MI원칙 제4조 제1항), 특히 강제입원허가(involuntary admission)는 '자격을 가진 정신과전문의'만 내릴 수 있다(MI원칙 제16조 제1항 본문). 또한 강제입원허가의 요건은 자신이나 타인에 대하여 '긴급한 해악을 끼칠 상당한 개연성(serious likelihood of immediate or imminent harm)'이 있는 경우 또는 '중증의(severe) 정신질환'으로 판단력을 상실한 정신질환자를 강제로 입원시키지 않으면 자신의 상황에 '심각한 위험(serious deterioration)'이 초래되거나 강제입원을 통해서만 '적절한 치료(appropriate treat-

14) 나영희(2008), 391면 이하 참조.
15) 입원기간이 6개월을 넘는 장기입원 정신질환자의 비율이 75퍼센트에 이른다는 통계가 나와 있다. 국가인권위원회(2008a), 21면 이하 참조. 147면 이하에는 퇴원결정에 관한 통계도 수록되어 있다.
16) MI원칙에 대한 자세한 설명은 이철호(2007), 236면 이하 참조.

ment)'가 제공될 수 있는 경우로서 최소침해의 원칙(principle of the least restrictive alternative)을 준수하도록 하여 매우 엄격하다(동조 동항 (a)항, (b)항). 그리고 강제입원 허가는 '단기간'이어야 하고, '심사기관(review body)'에 의해 이루어져야 한다(동조 제2항). 이러한 심사기관은 법률상 설치되고 법적 절차에 따라 직무를 수행하는 사법기관이거나 독립적이고 중립적인 기관이어야 한다(MI원칙 제17조 제1항). 한편 정신질환자는 자신을 대변할 대리인(council)을 선임할 수 있고(MI원칙 제18조 제1항), 법적 절차에 따라 이의(complaint)를 제기할 수 있는 권리를 가진다(MI원칙 제21조). 이러한 원칙에 따르면 강제입원의 허가요건은 엄격하고 명확하게 정해져야 하고, 허가기관은 독립적이고 중립적이어야 할 뿐만 아니라 허가기간은 가능한 한 단기간이어야 하며, 허가절차에서 정신질환자가 대리인, 특히 변호인의 조력을 받을 권리와 이의를 제기할 수 있는 권리가 보장되어야 한다.17)

**[판례 34.1] 보호의무자에 의한 보호입원 제도의 남용 위험성과 정신질환자의 신체의 자유**

보호입원은 정신질환자의 신체의 자유를 인신구속에 버금가는 수준으로 제한하므로 그 과정에서 신체의 자유 침해를 최소화하고 악용·남용가능성을 방지하며, 정신질환자를 사회로부터 일방적으로 격리하거나 배제하는 수단으로 이용되지 않도록 해야 한다. 그러나 현행 보호입원 제도가 입원치료·요양을 받을 정도의 정신질환이 어떤 것인지에 대해서는 구체적인 기준을 제시하지 않고 있는 점, 보호의무자 2인의 동의를 보호입원의 요건으로 하면서 보호의무자와 정신질환자 사이의 이해충돌을 적절히 예방하지 못하고 있는 점, 입원의 필요성이 인정되는지 여부에 대한 판단권한을 정신과전문의 1인에게 전적으로 부여함으로써 그의 자의적 판단 또는 권한의 남용 가능성을 배제하지 못하고 있는 점, 보호의무자 2인이 정신과전문의와 공모하거나, 그로부터 방조·용인을 받는 경우 보호입원 제도가 남용될 위험성은 더욱 커지는 점, 보호입원 제도로 말미암아 사설 응급이송단에 의한 정신질환자의 불법적 이송, 감금 또는 폭행과 같은 문제도 빈번하게 발생하고 있는 점, 보호입원 기간도 최초부터 6개월이라는 장기로 정해져 있고, 이 또한 계속적인 연장이 가능하여 보호입원이 치료의 목적보다는 격리의 목적으로 이용될 우려도 큰 점, 보호입원 절차에서 정신질환자의 권리를 보호할 수 있는 절차들을 마련하고 있지 않은 점, 기초정신보건심의회의 심사나 인신보호법상 구제청구만으로는 위법·부당한 보호입원에 대한 충분한 보호가 이루어지고 있다고 보기 어려운 점 등을 종합하면, 심판대상조항은 침해의 최소성 원칙에 위배된다. 심판대상조항이 정신질환자를 신속·적정하게 치료하고, 정신질환자 본인과 사회의 안전을 도모한다는 공익을 위한 것임은 인정되나, 정신질환자의 신체의 자유 침해를

17) 영국의 예를 들어 MI원칙의 국내적 수용을 강조하는 견해로 신창식(2006), 75면 참조. 정신장애인의 인권에 관한 세계 각국의 입법례에 대해서는 국가인권위원회(2009), 38면 이하 참조.

최소화할 수 있는 적절한 방안을 마련하지 아니함으로써 지나치게 기본권을 제한하고 있다. 따라서 심판대상조항은 법익의 균형성 요건도 충족하지 못한다.

그렇다면 심판대상조항(보호의무자 2인의 동의와 정신건강의학과 전문의 1인의 진단으로 정신질환자에 대한 보호입원이 가능하도록 한 구 정신보건법(2011. 8. 4. 법률 제11005호로 개정된 것) 제24조 제1항 및 제2항)은 과잉금지원칙을 위반하여 신체의 자유를 침해한다(헌재 2016. 9. 29. 2014헌가9).

### (2) 치료에 관한 자기결정권

의학적 치료는 약물을 투여하거나 수술이 시행된다는 점에서 '신체를 훼손당하지 않을 권리(신체불훼손권)'에 대한 침해를 동반한다. 정신질환의 경우에도 약물을 투여하는 의학적 치료가 이루어진다는 점에서 신체를 훼손당하지 않을 권리를 침해할 수 있기 때문에 치료를 받아야 하는 정신질환자 본인의 동의가 필수적으로 요구된다. 문제는 정신질환자가 동의할 수 있는 능력이 없는 경우에 본인이 직접 동의할 수 없기 때문에 치료에 대한 결정은 보호자가 내리게 된다는 점이다. 이에 따라 정신질환이 의심되는 사람의 경우에 본인이 정신질환자임을 부인하는 경우에조차 보호자의 판단에 따라 약물이 투여될 수 있는 문제가 발생한다. 여기서도 정신과전문의의 판단이 중요하기 때문에 이러한 판단이 객관적이고 공정하지 않은 경우에는 해당 당사자의 인권을 침해할 여지가 있다.

### (3) 치료내용에 관한 알 권리

정신질환자에 대해서는 일반 환자와는 다른 치료, 특히 중추신경계에 영향을 주는 약물이 투여되는 치료가 시행되는 경우가 많다. 그럼에도 불구하고 정신질환자는 본인에게 시행되는 치료의 내용을 알지 못하는 경우가 허다하다. 다시 말해 정신질환자가 치료에 동의한다고 해도 치료의 내용과 효과(부작용을 포함)에 대한 충분한 정보가 제공되지 못한 채 동의가 이루어지는 경우가 많다는 것이다. 따라서 정신질환자에게는 본인에게 시행되는 치료의 내용의 효과에 대하여 충분한 설명을 받을 권리가 보장되어야 한다. 정신건강증진 및 정신질환자 복지서비스 지원에 관한 법률은 정신질환자에 대한 전기충격요법·인슐린혼수요법·마취하최면요법·정신외과요법 그 밖에 대통령령이 정하는 특수치료행위[18]는 당해 정

18) 정신건강증진 및 정신질환자 복지서비스 지원에 관한 법률 시행령(최근개정: 2017. 5. 29. 대통령령 제28074호)에 따르면 정신건강증진 및 정신질환자 복지서비스 지원에 관한 법률 제73조 제1항의 "그 밖에 대통령령이 정하는 특수치료행위"는 ① 정신질환증상의 완화를 목적으로 하는 신체일부절제술, ② 정신질환의 증상교정을 위하여 시행되는 혐오자극법과

신의료기관이 구성하는 협의체에서 결정하되 본인 또는 보호의무자에게 특수치료에 대한 필요한 정보를 제공하고 그 동의를 얻도록 요구하고 있다(동법 제73조 제1항). 이러한 특수치료행위 외에도 모든 치료행위에 대해서는 충분한 설명과 정보의 제공이 필수적으로 이루어져야 한다.

### (4) 가혹행위를 당하지 않을 권리

모든 인간은 '신체를 훼손당하지 않을 권리'(헌법 제37조 제1항 열거되지 않은 개별적 기본권, 제10조 제1문 인간의 존엄과 가치 및 행복추구권)를 가지기 때문에 정신질환자의 경우에도 구타나 폭행과 같은 가혹행위를 당하지 않을 권리를 보장받는다. 정신건강증진 및 정신질환자 복지서비스 지원에 관한 법률도 정신보건시설의 장이나 그 종사자에게 정신보건시설에 입원 또는 입소하거나 시설을 이용하는 정신질환자를 폭행하거나 가혹행위를 하지 못하도록 금지하면서(동법 제72조 제2항) 이러한 금지의 위반에 대해서 형벌을 부과하고 있다(동법 제84조 제11호).

### (5) 행동의 자유를 침해당하지 않을 권리

정신의료기관에 입원 또는 입소한 정신질환자에 대해서 다양한 형태의 행동제한이 가해질 수 있다. 특히 신체의 강박이나 격리가 대표적인 행동제한조치에 해당하다. 하지만 정신질환자도 인간의 기본적 권리를 향유하는 주체이므로 '치료의 목적'에 필요한 범위 안에서만 행동의 자유가 제한될 수 있다. 구체적으로 치료의 목적에 필요한 행동자유의 제한인지 여부는 '비례성원칙'에 따라 결정되어야 한다. 다시 말해 치료의 목적에 '적합한' 자유제한인지, 정신질환자의 권리를 최소한 침해하는 '필요한' 자유제한인지, 치료의 목적과 환자의 권리를 '균형적으로' 실현하는 자유제한인지가 고려되어야 한다. 이를 구체화하는 정신건강증진 및 정신질환자 복지서비스 지원에 관한 법률도 정신의료기관 등의 장에게 정신질환자에 대하여 의료를 위하여 필요한 경우에 한해서만 통신의 자유, 면회의 자유를 제한할 수 있도록 하면서 이러한 행동을 제한은 최소한의 범위 안에서만 행해져야 하고, 그 이유를 진료기록부에 기재하도록 요구하고 있다(동법 제74조 및 제30조).

---

같은 치료행위를 말한다(동시행령 제35조 제1항).

### (6) 사생활의 비밀에 관한 권리

헌법은 주거의 비밀(헌법 제16조), 통신의 비밀(헌법 제18조), 사생활의 비밀(헌법 제17조)과 같이 개인의 '비밀'에 관한 기본권을 보장하고 있다.[19] 따라서 장애인의 경우에도 이러한 기본적 인권을 보장받아야 한다. 그렇지만 **개인정보보호법**(최근개정: 2020. 2. 4. 법률 제16930호)은 CCTV(영상정보처리기기)의 설치에 관한 법적 근거를 마련하면서 원칙적으로 목욕탕이나 화장실 또는 탈의실처럼 개인의 사생활을 현저하게 침해할 우려가 있는 장소에 CCTV의 설치를 금지하고 있다(동법 제25조 제2항). 문제는 교도소나 정신보건시설 등에 대하여 이러한 원칙의 예외를 허용하고 있다는 점이다. 자신이나 타인에 대한 해악을 방지하고 교정시설이나 정신보건시설의 질서를 유지할 목적으로 CCTV를 설치하는 것이 정당하다고 해도 개인의 가장 은밀한 부분을 감시할 수 있도록 목욕탕이나 화장실 또는 탈의실에까지 CCTV를 설치할 수 있게 한 법률조항은 과도한 후견주의(paternalism)적 간섭으로서 기본권을 침해하는 위헌적 조항이라고 볼 수 있다.

## 2. 평 등 권

### (1) 차별받지 않을 권리

헌법은 평등권을 규정하면서 "성별, 종교 또는 사회적 신분"에 따른 차별금지원칙을 선언하고 있다. 하지만 차별금지사유는 헌법에 열거된 것에 한정되지 않기 때문에 장애를 이유로 한 차별도 금지된다. **국가인권위원회법**도 차별금지사유의 하나로 장애를 열거하고 있을 뿐만 아니라 **장애인차별금지법**은 장애를 이유로 한 차별을 금지하는 개별적 차별금지법으로 이해된다. 장애인차별금지법에 따르면 장애인에 대한 차별행위는 장애인에 대하여 장애를 사유로 정당한 사유 없이 제한·배제·분리·거부 등에 의하여 불리하게 대우하는 행위로 정의된다(동법 제4조 제1항 제1호).[20] 장애인에 대한 차별행위에는 이러한 '직접차별(direct

19) 주거의 비밀, 통신의 비밀, 사생활의 비밀에 관한 권리와 같이 '감시받지 않을 권리'에 대해서는 이 책 제9장 참조.

20) 장애인권리협약은 장애차별(Discrimination on the basis of disability)을 "장애를 이유로 한 모든 구별, 배제, 제한으로서 정치적, 경제적, 사회적, 문화적, 시민적 영역이나 그 밖의 영역에서 모든 인권과 기본적 자유를 다른 사람과 동등하게 인정받고 향유, 행사하는 것을 방해하거나 무력화시키려는 목적이나 효과를 가진 것(any distinction, exclusion or restriction

discrimination)'뿐만 아니라 '간접차별(indirect discrimination)'도 포함된다. 장애인에 대한 간접차별은 장애인에 대하여 형식상으로는 제한·배제·분리·거부 등에 의하여 불리하게 대우하지는 않지만 정당한 사유 없이 장애를 고려하지 않는 기준을 적용함으로써 장애인에게 '불리한 결과'를 초래하는 경우를 의미한다(동법 동조 제2호). 장애인권리협약(CRPD)도 장애인의 인권을 제약할 수 있는 '효과(effect)'가 있는 행위도 차별로 인정함으로써 장애차별에 간접차별을 포함시키고 있다. 이처럼 처음부터 의도하지는 않았지만 결과적으로 불리하게 된 경우를 간접차별로 부른다. 그 밖에 장애인에 대한 불리한 대우를 표시·조장하는 광고(동법 동조 제4호)나 장애인을 돕기 위하여 장애인을 대리·동행하는 자에 대한 불리한 대우(동법 동조 제5호) 또는 보조견이나 장애인보조기구의 사용을 방해하는 행위(동법 동조 제6호) 등도 장애인에 대한 차별행위에 포함된다.

정신장애인을 차별하는 대표적 법률조항으로 '구 상법 제732조'가 거론된다. 이 법률조항에 따르면 심신상실자나 심신박약자의 사망을 보험사고로 한 보험계약은 무효가 된다. 문제가 되는 것은 심신상실자나 심신박약자의 개념이 불명확하고 그 대상자가 광범위하여 피한정후견이나 피성년후견의 심판을 받지 않은 정신장애인까지 포함하여 사실상 모든 정신장애인의 보험가입을 거부할 수 있는 법적 근거가 됨으로써 정신장애자를 차별하는 법률조항이 된다는 점이다.[21] 따라서 국가인권위원회는 이 법률조항의 삭제를 권고하였다.[22] 하지만 이 법률조항은 국가인권위원회의 삭제 권고 조치에도 불구하고 정신장애인을 피보험자로 하여 보험계약을 체결한 뒤에 인위적 사고를 통해 이익을 얻는 행위를 예방하여 정신장애인을 보호한다는 취지에서 10년간 효력을 유지하다가[23] 2014년 상법 개정을 통해 심신박약자가

---

on the basis of disability which has the purpose or effect of impairing or nullifying the recognition, enjoyment or exercise, on an equal basis with others, of all human rights and fundamental freedoms in the political, economic, social, cultural, civil or any other field)"고 정의한다(CRPD 제2조).

21) 김선광(2006), 261면 이하 참조.

22) 2005년 8월 22일 국가인권위원회는 민간보험에서의 장애인차별과 관련하여 ① '법무부장관'에게 민간보험에서 정신적 장애인에 대한 차별 개선을 위하여 구 상법 제732조를 삭제할 것을, ② '재정경제부장관'에게 민간보험에서의 장애인에 대한 차별 방지와 실효적인 구제를 위하여 보험업법의 개정을, 그리고 장애인 시설 등의 단체보험을 통한 재해대비를 위하여 「화재로 인한 재해보상과 보험가입에 관한 법률」의 개정을, ③ '금융감독원장'에게 민간보험에서의 장애인 차별 개선을 위하여 장애관련 공통계약심사기준의 개선과 보험사의 보험인수기준, 보험상품 약관 등의 불합리한 내용에 대한 적극적인 관리감독을, ④ '국무총리'에게 민간보험에서 장애인 차별의 실질적 개선을 위해 필수적으로 요구되는 관련 정책 및 재정지원 등이 이루어질 수 있도록 정책조정 등 적극적인 조치를 권고하였다.

23) 구 상법 제732조가 정신장애인을 차별하지 않고 보호하는 입법목적을 가지고 있어 존치되

보험계약을 체결하거나 단체보험의 피보험자가 될 때에 의사능력이 있는 경우 보험계약을 유효로 보는 예외 규정을 추가했다.

**주요개념**

**【피성년후견인】** 질병, 장애, 노령, 그 밖의 사유로 인한 정신적 제약으로 사무를 처리할 능력이 지속적으로 결여된 사람(심신상실자-필자주)으로서 가정법원의 성년후견개시의 심판을 받은 사람을 말한다(민법 제9조). 피성년후견인의 법률행위는 취소할 수 있다(동법 제10조).

**【피한정후견인】** 질병, 장애, 노령, 그 밖의 사유로 인한 정신적 제약으로 사무를 처리할 능력이 부족한 사람(심신박약자-필자주)으로서 가정법원의 한정후견개시의 심판을 받은 사람을 말한다(민법 제12조). 한정후견인의 동의가 필요한 법률행위를 피한정후견인이 한정후견인의 동의 없이 하였을 때에는 그 법률행위를 취소할 수 있다(동법 제13조 제4항).

**[법령 34.2] 무효인 보험계약**

**상법**(2014. 3. 11. 법률 제12397호로 개정된 것)

**제732조 (15세미만자 등에 대한 계약의 금지)**

15세미만자, 심신상실자 또는 심신박약자의 사망을 보험사고로 한 보험계약은 무효로 한다. 다만, 심신박약자가 보험계약을 체결하거나 제735조의3에 따른 단체보험의 피보험자가 될 때에 의사능력이 있는 경우에는 그러하지 아니하다.

**제735조의3 (단체보험)**

① 단체가 규약에 따라 구성원의 전부 또는 일부를 피보험자로 하는 생명보험계약을 체결하는 경우에는 제731조를 적용하지 아니한다.

② 생략

③ 제1항의 보험계약에서 보험계약자가 피보험자 또는 그 상속인이 아닌 자를 보험수익자로 지정할 때에는 단체의 규약에서 명시적으로 정하는 경우 외에는 그 피보험자의 서면 동의를 받아야 한다.

**구 상법**(1991. 12. 31. 법률 제4470호로 개정된 것)

**제732조 (15세미만자 등에 대한 계약의 금지)**

15세미만자, 심신상실자 또는 심신박약자의 사망을 보험사고로 한 보험계약은 무효로 한다.

### (2) 정당한 편의를 제공받을 권리

장애인에 대한 차별의 특이한 점은 장애인에게 제공되어야 하는 정당한 편의(reasonable accommodation)가 제공되지 않으면 장애를 이유로 한 차별이 된다는 점

어야 한다는 견해로 김선정(2007), 187면 이하 참조.

이다. 여기서 정당한 편의는 "장애인이 장애가 없는 사람과 동등하게 같은 활동에 참여할 수 있도록 장애인의 성별, 장애의 유형 및 정도, 특성 등을 고려한 편의시설·설비·도구·서비스 등 인적·물적 제반 수단과 조치"를 의미한다(장애인차별금지법 제4조 제2항). 장애인에게 합리적인(정당한) 편의를 제공하지 않는 것을 차별로 규정하고 있는 장애인권리협약(CRPD)에 따르면 합리적인 편의는 "장애인이 다른 사람과 평등하게 모든 인권과 기본적 자유를 향유하고 행사할 수 있도록 개별적인 상황에서 필요한 경우에 과도한 부담이 되지 않는 범위 내에서 제공되어야 하는 필요하고 적절한 수정이나 변경"[24]으로 정의된다. 따라서 합리적인 범위에서 장애인에게 필요한 편의는 원칙적으로 제공되어야 하지만 이러한 편의를 제공해야 하는 측에서는 이러한 편의제공이 과도한 부담이 된다는 사실을 증명하면 편의제공의 의무를 면제받거나 경감받을 수 있다.

### (3) 권리구제절차

장애를 이유로 한 차별행위로 피해를 입은 장애인은 **국가인권위원회**에 '진정'할 수 있다(장애인차별금지법 제38조). 장애인의 진정을 조사하여 차별행위가 있다고 인정되면 국가인권위원회는 차별시정을 권고할 수 있고(국가인권위원회법 제44조), 권고를 받은 가해자(피진정인)가 정당한 사유 없이 권고를 이행하지 않으면 피해자인 장애인은 **법무부**에 '시정명령을 신청'할 수 있다(장애인차별금지법 제43조 제1항).[25] 또한 차별행위로 피해를 입은 장애인은 **법원**에 '손해배상청구소송'을 제기할 수 있다(동법 제46조 제1항). 그리고 이러한 손해배상청구소송을 제기하기 전 또는 소송을 제기하는 중에 본안 판결 전까지 법원이 차별행위의 중지 등 그 밖의 적절한 '임시조치를 명해주도록 신청'할 수도 있다(동법 제48조 제1항). 그 밖에 차별적 행위의 중지, 임금 등 근로조건의 개선, 그 시정을 위한 '적극적 조치 등의 판결을 청구하는 소송을 제기'할 수도 있다(동조 제2항). 한편 ① 차별의 고의

---

24) 장애인권리협약(CRPD) 제2조 제4문: "Reasonable accommodation" means necessary and appropriate modification and adjustments not imposing a disproportionate or undue burden, where needed in a particular case, to ensure to persons with disabilities the enjoyment or exercise on an equal basis with others of all human rights and fundamental freedoms.

25) 법무부가 시정명령을 하기 위해서는 ① 피해자가 다수인인 차별행위에 대한 권고 불이행, ② 반복적 차별행위에 대한 권고 불이행, ③ 피해자에게 불이익을 주기 위한 고의적 불이행, ④ 그 밖에 시정명령이 필요한 경우 가운데 하나에 해당하고, 그 피해의 정도가 심각할 뿐만 아니라 공익에 미치는 영향이 중대하다고 인정되는 경우이어야 한다. 시정명령의 내용으로는 ① 차별행위의 중지, ② 피해의 원상회복, ③ 차별행위의 재발방지를 위한 조치, ④ 그 밖에 차별시정을 위하여 필요한 조치가 포함된다(동법 제43조 제1항 및 제2항).

성, ② 차별의 지속성 및 반복성, ③ 차별 피해자에 대한 보복성, ④ 차별 피해의 내용 및 규모를 고려하여 가해자의 차별행위가 '악의적'이라고 판단되면 형벌이 부과될 수 있다(동법 제49조 제1항 및 제2항).

## 3. 사 회 권

국가의 사회보장(사회복지)을 받을 권리를 의미하는 사회권은 공공부조, 사회보험, 사회복지서비스 등의 영역으로 구분되는데 이러한 구분에 따라 정신장애인에게 보장되어야 하는 사회권의 구체적 내용을 살펴보기로 한다.[26]

### (1) 국민기초생활수급권

생활능력이 없는(생활이 어려운) 정신장애인에게는 공공부조의 하나인 '국민기초생활 보장법'상의 급여가 제공된다.[27] 이것은 모든 국민에게 '인간다운 생활을 할 권리'(헌법 제34조 제1항)를 보장하고 있을 뿐만 아니라 특히 '생활능력이 없는 국민'에게 '국가의 보호를 받을 권리'(헌법 제34조 제5항)를 보장하고 있는 헌법적 요청을 구체화하는 것이다. **국민기초생활 보장법**(최근개정: 2019. 12. 3. 법률 제16734호)에 따른 급여를 제공받기 위해서는 소득이 급여의 종류별 선정기준 이하여야 하는데(동법 제8조 제2항, 제11조 제2항, 제12조 제3항, 제12조의3 제2항 및 주거급여법 제5조 제1항), 급여의 종류별 선정기준 및 최저보장수준은 국민의 소득·지출 수준과 수급권자의 가구 유형 등 생활실태, 물가상승률 등을 고려하여 보건복지부장관 또는 소관 중앙행정기관의 장이 결정한다(동법 제2조 제6호 및 제6조 제1항).[28] 중요한 것은 소득이 급여의 종류별 선정기준 이하이더라도 부양의무자가 있으면서 부양능력이 있고 부양을 할 수 있으면 수급권자가 될 수 없다는 점이다. 정신장애인의 경우에는 부양의무자가 있더라도 정신장애인에 대한 사회적 편견 때문에 정신장애인을 가족의 치욕으로 인식하는 부양의무자로로부터 분리될 가능성이 높기 때문에 부양의무자 요건을 정신장애인의 경우에는 배제하거나 완화

26) 정신장애인에게 보장되어야 하는 사회권을 "발달보장사상"에 근거하여 설명하는 견해로 강희원(2010), 31면 이하 참조.

27) 국민기초생활 보장법에 따른 급여에는 ① 생계급여, ② 주거급여, ③ 의료급여, ④ 교육급여, ⑤ 해산급여, ⑥ 장제급여, ⑦ 자활급여가 포함된다(동법 제7조 제1항). 정신장애인의 50퍼센트 정도가 국민기초생활보장 수급자라는 통계가 있다. 국가인권위원회(2010), 41면 이하 참조.

28) 최저생계비와 급여의 종류별 선정기준 및 최저보장수준에 대해서는 이 책 제22장 III. 참조.

할 필요가 있다.

### (2) 건강보험수급권

정신장애인의 정신질환에 대해서는 사회보험의 하나인 건강보험제도(**국민건강보험법**)에 따라 '요양급여'[29]를 받을 수 있다. 정신질환을 가진 정신장애인이 건강보험에 가입할 수 없을 정도로 생활이 어려운 경우에는 공공부조의 하나인 의료급여제도(**의료급여법**)에 따라 '의료급여'[30]를 받게 된다.

### (3) 사회복지서비스수급권

헌법은 특별히 장애인에게 '국가의 보호를 받을 권리'(헌법 제34조 제5항)를 보장하고 있다. 사회적 기본권의 취지에 비추어 우선적으로 '생활능력이 없는(가난한) 장애인'에 대한 보호를 보장한 것으로 이해할 수 있지만 장애인은 대체로 장애로 인한 근로능력의 감소나 상실로 생활능력이 없을 개연성이 높다는 점에서 사실상 모든 장애인에게 보장된 권리로 이해할 수도 있다. 더욱이 장애인에게는 생활능력과 상관없이 장애인의 특수성에서 비롯되는 다양한 복지서비스가 제공되어야 한다는 점에서 국가의 보호를 받을 권리는 모든 장애인의 권리로 인정될 필요가 있다. 특히 교육, 고용, 시설이나 교통수단에서 편의제공과 관련하여 장애인에 대한 복지서비스가 제공되어야 한다. 장애인에 대한 복지서비스를 제공하기 위한 근거법률로는 장애인복지법, 장애인연금법,[31] 장애인 등에 대한 특수교육법, 장애인고용촉진 및 직업재활법, 장애인・노인・임산부 등의 편의증진보장에 관한 법률, 교통약자의 이동편의 증진법[32], 장애인 활동 지원에 관한 법률 등이 있다.

---

29) 국민건강보험법(최근개정: 2021. 6. 8. 법률 제18211호)에 따른 '요양급여'에는 ① 진찰・검사, ② 약제・치료재료의 지급, ③ 처치・수술 기타의 치료, ④ 예방・재활, ⑤ 입원, ⑥ 간호, ⑦ 이송이 포함된다(동법 제41조).

30) 의료급여법(최근개정: 2019. 4. 23. 법률 제16374호)에 따른 '의료급여'의 내용은 국민건강보호법에 따른 '요양급여'의 내용과 동일하다(동법 제7조 제1항).

31) 장애인연금법(최근개정: 2021. 6. 8. 법률 제18221호)은 장애인 가운데서도 '중증장애인'에게 급여(연금)을 제공하기 위한 법률이다. 여기서 중증장애인은 등록 장애인 가운데 근로능력이 상실되거나 현저하게 감소된 사람으로서 대통령령으로 정하는 사람을 의미한다(동법 제2조 제1호).

32) 교통약자의 이동편의 증진법(최근개정: 2020. 12. 22. 법률 제17735호)에 따르면 교통약자는 "장애인, 고령자, 임산부, 영유아를 동반한 사람, 어린이 등 일상생활에서 이동에 불편을 느끼는 사람"을 의미한다(동법 제2조 제1호).

## Ⅲ. 정신장애인의 사회통합을 위한 대안

정신장애인은 돌발적인 이상행동으로 본인이나 타인에게 해악을 끼칠 수 있어 '사회적으로 위험한 존재'라는 편견이 일반인의 의식을 지배한다.[33] 따라서 정신장애인과 관련된 정책의 기본방향은 '격리와 규제'가 일반적이다.[34] 하지만 정신장애의 유형과 정도는 매우 상이하므로 정신장애인이 본인이나 타인에게 해악을 끼칠 가능성이 있다는 명백한 증거가 없는 한 정신장애인에 대한 정책의 기본방향은 '통합과 배려'로 변경되어야 한다. 따라서 의료시설이나 복지시설에 감금하고 통제하는 형태의 정책방향에서 가족이나 지역사회에 흡수되어 통합되는 형태의 정책방향으로 전환이 요구된다.[35] 특히 폐쇄된 격리공간에서 장애아동에 대한 구타와 성폭력이 자행된 사례에서도 볼 수 있듯이 격리와 규제 위주의 정책이 가져오는 폐해는 명백하다. 오히려 그러한 격리와 규제 위주의 국가정책은 장애인, 특히 정신장애인에 대한 사회적 편견에서 비롯되었다는 점에서[36] 사회적 책임도 간과될 수 없는 부분이다. 장애인도 동등한 인격체로서 사회구성원의 일부라는 사회적 인식이 필요한 이유가 여기에 있고, 오히려 장애인의 "탈시설권리"[37]가 주장될 수 있는 근거도 여기에 있다. 특히 정신장애인은 사회적으로 위험한 존재라는 편견과 낙인이 그들을 격리시키고 통제하는 방향으로 국가정책을 유도한다는 점에서 정신장애인에 대한 사회적 인식의 변화가 강조될 필요가 있다. 성년후견인제도[38]가 사회적으로 위험한 존재로서 정신장애인의 행위능력을 박탈하는 문제점을 해결할 수 있는 제도로 이해되는 까닭도 이러한 인식의 변화에 대한 요구 때문이다. 통계에 따르면 평생 동안 1번이라도 정신장애를 가질 수 있는 확률(정신장애 유병율)은 30퍼센트에 이른다. 담배나 술로 인한 정신장애를 제외하더라도 10명 중 1명 이상은 평생 동안 한 번 이상 정신장애를 가진다(아래 [표

33) 정신장애인에 대한 일반인의 편견을 보여주는 실증적 연구로 김정남/서미경(2004), 595면 이하; 국가인권위원회(2008b), 37면 이하 참조.

34) 정신병원의 병상수와 입원환자가 많다는 통계는 이를 증명한다. 조형석(2008), 41면 참조.

35) 지역사회 안에서의 정신장애인 치료와 관련하여 지역사회에서 치료받도록 강제로 명령하는 뉴질랜드의 '지역사회명령제도'에 대해서는 서미경(2007), 77면 이하 참조. 그 밖의 세계 각국의 지역사회명령제도에 대해서는 국가인권위원회(2006), 36면 이하 참조.

36) 정신장애인에 대한 편견이 없는 사회복지사를 예로 들어 정신장애인에 대한 편견이 없을수록 그들의 인권에 대한 인식이 명확하다는 실증적 연구가 있다. 양옥경/김충희(2004), 367면 이하 참조.

37) 김명연(2011), 152면 이하 참조.

38) 정신장애인을 보호하는 제도로서 성년후견인제도의 의의에 대해서는 이정식(2009), 276면 이하 참조.

34.2] 참조). 이처럼 많은 사람이 정신장애인이 될 수 있다는 점에서 정신장애인에 대한 인식변화는 시급한 과제다.

**[표 34.2] 정신장애 평생유병률**

| 진단 \ 조사연도 | 2006 | | | 2011 | | |
|---|---|---|---|---|---|---|
| | 전체 | 남자 | 여자 | 전체 | 남자 | 여자 |
| 알코올 의존/남용 | 16.2 | 25.5 | 6.9 | 13.4 | 20.7 | 6.1 |
| 니코틴 의존/금단 | 9.0 | 16.3 | 1.6 | 7.2 | 12.7 | 1.7 |
| 정신병적 장애 | 0.5 | 0.5 | 0.5 | 0.6 | 0.3 | 0.9 |
| 기분장애 | 6.2 | 4.0 | 8.4 | 7.5 | 4.8 | 10.1 |
| 불안장애 | 6.4 | 4.2 | 8.6 | 8.7 | 5.3 | 12.0 |
| 섭식장애 | 0.1 | - | 0.2 | 0.2 | 0.1 | 0.2 |
| 신체형장애 | 1.2 | 0.4 | 2.0 | 1.5 | 0.7 | 2.2 |
| 모든 정신장애 | 30.0 | 38.2 | 21.7 | 27.6 | 31.7 | 23.5 |
| 모든 정신장애 (니코틴 사용장애 제외) | 25.7 | 30.5 | 20.9 | 24.7 | 26.4 | 23.0 |
| 모든 정신장애 (니코틴/알코올 사용장애 제외 | 12.3 | 8.2 | 16.5 | 14.1 | 9.2 | 19.6 |

자료: 보건복지부(www.mohw.go.kr) <2006 정신질환실태 역학조사>(2007) 및 <2011 정신질환실태 역학조사>(2012).

* 정신장애 평생유병률: 평생 동안 한 번 이상 정신장애를 앓은 적이 있는 대상자의 비율.
** 표준 오차(SE: Standard Error)는 표에서 생략.

**토론문제**

1. 정신장애인은 위험한 존재인가?
2. 정신장애인에게 보장되어야 하는 인권에는 어떤 것들이 있는가?

**내 입장은?**

1. 정신장애인과 일반인은 모든 경우에 동등하게 대우받아야 한다.
2. 정신장애인과 일반인은 모든 경우에 차별적으로 대우받아야 한다.
3. 정신장애의 유형과 정도에 따라 차별적으로 대우할 수 있다.

## 참고문헌

강희원(2010), 정신장애인과 기본적 인권, ≪정신보건과 사회사업≫(한국정신보건사회복지학회), 제35집(2010), 5~50면.

권현주/유영미(2020), 정신건강복지법의 문제점과 지역사회 탈원화를 위한 개선방안, ≪사회복지법제연구≫(사회복지법제학회), 제11권 제1호(2020), 53~77면.

김명연(2011), 장애인의 탈시설권리, ≪민주법학≫(민주주의법학연구회), 제45호(2011), 149~178면.

김선광(2006), 보험법상 장애인차별에 관한 검토, ≪민주법학≫(민주주의법학연구회), 제30호(2006), 241~278면.

김선정(2007), 상법 제732조 개정안에 대한 검토, ≪보험학회지≫(한국보험학회), 제78집(2007), 165~195면.

김정남/서미경(2004), 정신장애인에 대한 편견과 차별에 관한 연구, ≪한국심리학회지: 건강≫(한국심리학회), 제9권 제3호(2004), 589~607면.

김창휘(2017), 정신건강복지법의 주요 내용과 개선 방안에 관한 연구, ≪토지공법연구≫(한국토지공법학회), 제80집(2017), 303~331면.

나영희(2008), 정신장애인의 인권침해사례 연구, ≪정신보건과 사회사업≫(한국정신보건사회복지학회), 제29집(2008), 389~419면.

서미경(2003), 정신장애인의 인권보장과 제한에 관한 연구, ≪한국사회복지학≫(한국사회복지학회), 제55호(2003), 231~254면.

서미경(2005), 정신보건환경과 정신장애인의 인권, ≪상황과 복지≫(비판과 대안을 위한 사회복지학회), 제20호(2005), 89~117면

서미경(2007), 뉴질랜드 정부의 정신장애인 인권보호 정책에 관한 연구, ≪정신보건과 사회사업≫(한국정신보건사회복지학회), 제27집(2007), 64~91면.

서미경(2014), 정신장애인의 법적 권리보호로서 성년후견제도의 적용가능성－정신보건법과의 관련성을 중심으로, ≪비판사회정책≫(비판과 대안을 위한 사회복지학회), 제45호(2014), 161~193면.

신창식(2006), 인권법 제정이 정신보건정책에 미친 영향에 관한 연구, ≪사회과학논문집≫(대전대학교 사회과학연구소), 제25권 제1호(2006), 45~82면.

양옥경/김충희(2004), 정신장애인의 인권과 편견, ≪사회과학 연구논총≫(이화여자대학교), 제12권(2004), 357~373면.

이근희(2009), 정신장애인의 인권 보호와 증진을 위한 국가보고서에 대한 고찰, ≪사회복지실천≫(서울여자대학교 사회복지연구센터), 제8호(2009), 129~149면.

이동진(2019), 인권존중과 탈수용화를 위한 정신건강복지법 재개정 연구, ≪의료정책포럼≫(대한의사협회 의료정책연구소), 제16권 제4호(2019), 75~79면.

이익섭(2004), 세계인권선언과 국제 장애인 권리조약, ≪한국장애인복지학≫(한국장애인복지학회), 제1호(2004), 7～36면.

이정식(2009), 성년후견제도의 사회보장적 법적 방안에 관한 고찰, ≪세계헌법연구≫(국제헌법학회 한국학회), 제15권 제3호(2009), 251～294면.

이준일(2011), 한국 장애인차별금지법의 법적 쟁점, ≪안암법학≫(안암법학회), 제34호(2011), 101～141면.

이철호(2007), 정신보건법과 정신장애인의 인권, ≪헌법학연구≫(한국헌법학회), 제13권 제4호(2007), 229～258면.

전윤구(2011), UN 장애인권리협약이 한국의 장애인차별금지법에 미치는 법적 영향－근로계약에서의 차별개념과 계약체결에서의 자기결정권을 중심으로－, ≪안암법학≫(안암법학회), 제35호(2011), 253～285면.

조형석(2008), 정신장애인의 인권보호를 위한 국가인권위원회의 방향, ≪월간 복지동향≫(참여연대사회복지위원회), 제120호(2008), 34～43면.

국가인권위원회(2003), 정신과 관련시설 인권상황 실태조사, 2003.

국가인권위원회(2006), 정신장애자 인권개선을 위한 법제연구, 2006.

국가인권위원회(2008a), 장기입원의 구조적 원인과 지속요인, 2008.

국가인권위원회(2008b), 정신질환자에 대한 차별과 편견 실태조사, 2008.

국가인권위원회(2008c), 정신보건시설 재원자 및 시설 실태조사, 2008.

국가인권위원회(2009), 정신장애인 인권개선을 위한 각국의 사례연구와 선진모델 구축, 2009.

국가인권위원회(2010), 정신장애인의 지역사회 적응을 위한 실태조사－기초생활보장, 주거권을 중심으로－, 2010.

# 제35장
# 한반도의 분단과 탈북자의 인권

"모든 국가가 난민문제의 사회적, 인도적 성격을 인식하고,
이 문제가 국가간의 긴장의 원인이 되는 것을 방지하기 위하여
가능한 모든 조치를 취할 것을 희망하며, …"
≪난민의 지위에 관한 협약(1951)≫

북한 사람을 '머리에 뿔 달린 사람'으로 생각하던 시대가 있었다. 오래 지속된 한반도의 분단은 남과 북에 대한 편견을 강화시켰다. 시간이 지나면 지날수록 편견은 기정사실이 된다. 탈북자에 대한 이미지는 이러한 편견과 연결되어 있다. 사상교육으로 말 잘하는 사람들, 군사훈련으로 몸까지 단련된 사람들, 게다가 탈북하여 중국을 떠도는 동안 겪었을 혹독한 고통으로 심한 피해의식까지 있을 것 같은 사람들, 그것이 탈북자에 대한 우리의 고정된 이미지다.

남과 북의 진정한 통일은 지리적 분단의 극복이 아니라 심리적 편견의 극복이어야 한다. 통일된 독일에서는 옛날 동쪽 사람들과 서쪽 사람들이 서로 부담스러워 한다. 동쪽 사람들은 부자인 서쪽 사람들이 자신을 이류시민으로 보는 것 같아 부담스럽다. 서쪽 사람들은 가난한 동쪽 사람들이 자신들이 번 돈을 빼앗아 가는 것 같아 부담스럽다. 우리도 통일이 되면 똑같은 부담감이 생길 것이다.

어떤 식의 통일이 되어야 하는지는 잘 모른다. 하지만 어떤 식의 통일이든 우리 체제의 자부심인 인권을 기본가치로 삼아야 한다. 따라서 탈북자의 인권을 보장하는 것은 우리 체제의 우월성을 보여주는 거울이고, 통일을 앞당기는 초석이기도 하다. 그렇다면 탈북자에게 어떠한 인권이 보호되어야 하는가? 그것을 알아보자.

# Ⅰ. 문제제기

한국전쟁이 발발한 지 70년이 넘었지만 한국은 아직도 종전상태가 아니라 휴전상태에 있다. 남한과 북한은 정치적으로, 군사적으로 대치하면서 각각 하나의 독립된 국가로 유엔에 가입되어 있다. 하지만 한반도 남쪽에 위치한 대한민국은 헌법에서 '대한민국의 영토는 한반도와 그 부속도서로 한다'고 규정함으로써(헌법 제3조) 북한을 하나의 국가로서 인정하고 있지 않다. 북한을 하나의 '단체'에 지나지 않는 것으로, 그것도 한반도의 북쪽 지역을 불법적으로 점령하고 있는 '반국가단체'로 규정하고 있는 것이다. 국가보안법은 이 사실을 다시 한 번 명확하게 확인하고 있다.[1)]

**[판례 35.1] 북한의 실체**

대한민국과 북한 사이에 "남북 사이의 화해와 불가침 및 교류협력에 관한 합의서"가 체결, 발효되었다고 하여도 북한이 국가보안법상의 반국가단체가 아니라거나 국가보안법이 그 규범력을 상실한 것으로 볼 수 없다(대판 1993. 2. 9. 92도1815).

**[판례 35.2] 남북관계의 법적 성격**

"남북 사이의 화해와 불가침 및 교류협력에 관한 합의서"는 남북관계가 '나라와 나라 사이의 관계가 아닌 통일을 지향하는 과정에서 잠정적으로 형성되는 특수관계'임을 전제로, 조국의 평화적 통일을 이룩해야 할 공동의 정치적 책무를 지는 남북한 당국이 특수관계인 남북관계에 관하여 채택한 합의문서로서, 남북한 당국이 각기 정치적인 책임을 지고 상호간에 그 성의 있는 이행을 약속한 것이기는 하나 법적 구속력이 있는 것은 아니어서 이를 국가간의 조약 또는 이에 준하는 것으로 볼 수 없고, 따라서 국내법과 동일한 효력이 인정되는 것도 아니다(대판 1999. 7. 23. 98두14525).

이렇게 이해하면 북한지역에 거주하고 있는 북한주민은 '반국가단체의 구성원'이 되어 언뜻 매우 이상한 지위를 부여받게 되는 것처럼 보인다. 하지만 반드시 그런 것만도 아니다. 북한주민도 대한민국의 국민이 되기 때문이다. 다만 반국가단체에 소속된 국민이라는 사실만 다를 뿐이다. 따라서 북한주민이 남한에 들어오는 것도 전혀 문제가 되지 않는다. 그러나 현실은 그렇지 않다. 국가보안법에 규정된 잠입죄를 구성할 수도 있고, 아니면 법률에 따라 탈북자로서 보호와 정착지원을 받을 수도 있다.

---

1) 국가보안법에 대해서는 이 책 제11장 참조.

**[판례 35.3] 북한주민의 국적**

조선인을 부친으로 하여 출생한 자는 남조선과도정부법률 제11호 국적에관한임시조례의 규정에 따라 조선국적을 취득하였다가 제헌헌법의 공포와 동시에 대한민국 국적을 취득하였다 할 것이고, 설사 그가 북한법의 규정에 따라 북한국적을 취득하여 중국 주재 북한대사관으로부터 북한의 해외공민증을 발급받은 자라 하더라도 북한지역 역시 대한민국의 영토에 속하는 한반도의 일부를 이루는 것이어서 대한민국의 주권이 미칠 뿐이고, 대한민국의 주권과 부딪치는 어떠한 국가단체나 주권을 법리상 인정할 수 없는 점에 비추어 볼 때, 그러한 사정은 그가 대한민국 국적을 취득하고 이를 유지함에 있어 아무런 영향을 끼칠 수 없다(대판 1996. 11. 12. 96누1221).

대한민국으로 입국하는 탈북자(귀순자)의 숫자는 휴전 후 1989년까지 600여 명에 불과했던 것이 1990년대를 지나면서 꾸준히 증가해 1999년에만 148명을 기록했고, 2002년부터 매년 1천 명을 넘어 2006년에는 2천 명을 넘었고, 2007년까지 총 1만 명대에 진입할 것으로 예상되었다. 2007년 이후 연간 2천여 명의 탈북자가 입국하면서 2010년에는 누적 인원이 총 2만 명에 이르렀고, 연간 입국 인원이 줄어들기는 했지만 2016년에는 총 3만 명에 다다르고 있다(아래 [표 35.1] 참조). 탈북자의 숫자가 급격하게 증가하게 된 중요한 원인으로는 일반적으로 북한의 식량난 또는 경제난을 든다.[2] 특히 1995년과 1996년의 대홍수(큰물) 이후 식량난이 악화되었다는 견해가 설득력이 있는 것으로 보인다. 하지만 최근에는 탈북원인을 정치적 이유나 더 나은 삶에 대한 희망에서 찾기도 한다.[3]

2004년 개정된 북한형법에 따르면 "비법적으로" 국경을 넘나드는 자는 2년 이하의 "로동단련형"에(동법 제233조), 국경을 넘나드는 자를 도와준 국경관리부문 일군은 2년 이하의 "로동교화형"에 처해진다(동법 제234조). 탈북자가 증가하는 현실을 반영하여 1987년 형법이나 1999년 형법보다 많이 완화되었다고 한다.[4] 하지만 북한으로 강제송환된 탈북자는 가혹한 형벌에 처해지는 것으로 알려져 탈북자가 정치적 난민으로 취급되어야 한다는 주장이 제기되고 있다.

---

2) 김현호(1996), 12면; 임채완/최영관(2001), 133면 이하; 박명희(2005), 118면.

3) 윤여상(2001), 15면 이하 참조.

4) 박정원(2005), 107면 참조; 2005년 개정된 북한형법에 대해서는 김종일(2005), 129면 이하 참조.

**[표 35.1] 북한이탈주민 입국 현황** (단위: 명)

| 구분 | ~1998 | ~2001 | 2002 | 2003 | 2004 | 2005 | 2006 |
|---|---|---|---|---|---|---|---|
| 남성 | 831 | 565 | 510 | 474 | 626 | 424 | 515 |
| 여성 | 116 | 478 | 632 | 811 | 1,272 | 960 | 1,513 |
| 합계 | 947 | 1,043 | 1,142 | 1,285 | 1,898 | 1,384 | 2,028 |
| 누계 | 947 | 1,990 | 3,132 | 4,417 | 6,315 | 7,699 | 9,727 |
| 구분 | 2007 | 2008 | 2009 | 2010 | 2011 | 2012 | 2013 |
| 남성 | 573 | 608 | 662 | 591 | 795 | 404 | 369 |
| 여성 | 1,981 | 2,195 | 2,252 | 1,811 | 1,911 | 1,098 | 1,145 |
| 합계 | 2,554 | 2,803 | 2,914 | 2,402 | 2,706 | 1,502 | 1,514 |
| 누계 | 12,281 | 15,084 | 17,998 | 20,400 | 23,106 | 24,608 | 26,122 |
| 구분 | 2014 | 2015 | 2016 | 2017 | 2018 | 2019 | 2020 |
| 남성 | 305 | 251 | 299 | 188 | 168 | 202 | 72 |
| 여성 | 1,092 | 1,024 | 1,119 | 939 | 969 | 845 | 157 |
| 합계 | 1,397 | 1,275 | 1,418 | 1,127 | 1,137 | 1,047 | 229 |
| 누계 | 27,519 | 28,794 | 30,212 | 31,339 | 32,476 | 33,523 | 33,752 |

자료: 통일부 웹사이트(www.unikorea.go.kr).

# Ⅱ. 탈북자에 대한 법적 규율

**북한이탈주민의 보호 및 정착지원에 관한 법률**(최근개정: 2021. 4. 20. 법률 제18082호, 이하 **탈북자법**)은 탈북자를 "북한이탈주민"이라고 부른다. 그리고 이들을 "북한에 주소, 직계가족, 배우자, 직장 등을 두고 있는 사람으로서 북한을 벗어난 후 외국 국적을 취득하지 아니한 사람"으로 정의한다(동법 제2조). 최근에는 탈북자를 "새터민(새로운 터전에서 삶을 시작하는 사람)"으로 부르기도 한다.

탈북자가 이 법률에 따른 "보호대상자"로 결정되면 통일부장관이 설치・운영하는 정착지원시설에서 보호를 받을 수 있게 된다(동법 제11조). 현재 '하나원'이라는 정착지원시설이 설치되어 있다.[5] 이곳에서 3개월간의 적응훈련을 실시한다고

5) 하나원을 인상적으로 묘사한 글이 있다. 정병호(2001), 236면: "<뉴스위크>에 의해 서울행 지하 철도의 종착역으로 표현된 이곳은 철망과 높은 담에 둘러싸이고 경찰이 지키고 있지만 감옥이나 수용소는 아니다. 혼자 온 사람들과 가족들을 위해 장급 여관과 콘도를 혼합한 듯

한다. 탈북자가 북한 또는 외국에서 이수하거나 취득한 학력이나 자격을 인정받을 수 있다(동법 제13조 및 제14조). 또한 사회적응교육(동법 제15조), 직업훈련(동법 제16조), 취업보호(동법 제17조),[6] 영농정착지원(동법 제17조의3), 특별임용(동법 제18조), 가족관계 등록 창설의 특례(동법 제19조), 이혼의 특례(동법 제19조의2), 주거지원(동법 제20조), 정착금 등의 지급(동법 제21조), 거주지보호(동법 제22조), 교육지원(동법 제24조), 의료급여(동법 제25조), 생활보호(동법 제26조), 국민연금에 대한 특례(동법 제26조의2), 생업지원(동법 제26조의3) 등 각종 지원과 혜택을 받게 된다.[7]

## Ⅲ. 구체적 문제들

탈북자의 인권과 관련하여 다양한 쟁점들이 지적될 수 있다. 탈북자와의 직접 인터뷰를 통해 확인된 탈북자 인권에 관한 쟁점으로 ① 정부합동조사기관에서 발생하는 인권문제,[8] ② 하나원에서 발생하는 인권문제,[9] ③ 정착지 생활에서 발생하는 인권문제가[10] 제시된다. 이러한 인권문제들의 구체적인 내용들을 살펴보면 언뜻 사소하게 보이기도 하지만 매우 현실적이고 민감한 문제들이다. 따라서 탈북자들과 직접적으로 관련되는 이러한 문제들은 우선적으로 해결되어야 할 것이다. 아래에서는 좀 더 일반적인 관점에서 탈북자의 인권을 살펴보기로 한다.

---

한 연수원 시설에서 카페테리아식 식사를 하며 남한 사회에서 생활하는 데 필요한 지식과 정보를 배운다. 예를 들어 옷 사는 법, 은행 사용법, 신문 보기, 생활 외래어와 영어, 한자, 직업의 종류, 세금과 보험, 병원과 약국, 생활용품 사용법, 음식 만들기에서 컴퓨터와 자동차 운전까지 이들이 3개월 동안 남한 사회 적응을 위해 익혀야 할 일들은 정말 다양하고 많다."

6) 탈북자의 취업을 지원하기 위하여 실시되는 고용지원금제도, 취업보호담당관제도, 직업훈련지원제도의 실태와 문제점에 대해서는 선한승/강일규/김영윤/윤인진/이영훈/정성훈/김화순(2005), 158면 이하 참조.

7) 탈북자의 정착을 위한 지원제도에 대해서는 길준규(2009), 267면 이하 참조.

8) 예를 들어 조사단계에서의 독방생활, 거짓말탐지기 사용, 성적 모욕 등이 있다. 박성호(2005), 13면 이하, 22면 이하, 95면 이하 참조.

9) 현실과 거리가 있는 교육내용, 탈북자의 연령을 고려하지 않은 무례한 말과 행동, 먼저 입국한 가족과의 면회 제한 등이 대표적인 예로 제시된다. 박성호(2005), 14면, 35면 이하, 98면 이하 참조.

10) 정착금의 부족, 취업난과 고용상의 차별, 학교에서 탈북자를 이유로 한 따돌림, 이혼과 혼인의 문제, 담당경찰관의 과잉보호, 북한에 남은 가족에 대한 송금 제한, 동사무소의 은행계좌 추적, 여권 본적란에 하나원 주소 기재 등이 문제로 지적된다. 박성호(2005), 14면 이하, 41면 이하, 99면 이하 참조.

## 1. 탈북자의 국적

대한민국의 영토를 한반도 전체로 보는 경우에 북한지역도 대한민국의 영토가 된다. 따라서 북한주민도 대한민국의 국민이기 때문에 탈북자는 대한민국의 국민이 된다. 헌법은 대한민국의 국민이 되는 법적 자격인 국적을 법률에서 규정하도록 하고 있다(헌법 제2조 제1항). 이에 따라 국적법이 제정되었고, 국적법은 속인주의(혈통주의)원칙을 채택하고 있다.[11] 따라서 원칙적으로 출생할 당시에 아버지나 어머니 가운데 적어도 한 사람이 대한민국의 국민이어야 대한민국 국적을 취득할 수 있다. 이러한 원칙에 따라 탈북자는 대한민국 국적을 취득할 수 있는가?

탈북자의 국적은 그 부모의 국적에 따라 결정되고, 그 부모의 국적은 그들의 부모의 국적에 따라 결정된다. 이런 식으로 올라가다 보면 결국 남북이 분단되고 남한만의 단독정부가 구성되어 제정된 최초의 국적법에 따라 탈북자의 국적은 결정된다고 볼 수 있다. 최초의 국적법(1948년 국적법: 아래 [법령 35.1] 참조)에는 원칙적으로 출생할 당시의 아버지의 국적을 기준으로 국적이 결정되었다.

**[법령 35.1] 최초의 국적법**(1948. 12. 20. 법률 제16호로 제정된 것)
**제2조** 다음 각 호의 1에 해당하는 자는 대한민국의 국민이다.
1. 출생한 당시에 부(父)가 대한민국의 국민인 자
2. 출생하기 전에 부가 사망한 때에는 사망한 당시에 대한민국의 국민이던 자
3. 부가 분명하지 아니한 때 또는 국적이 없는 때에는 모가 대한민국의 국민인 자
4. 부모가 모두 분명하지 아니한 때 또는 국적이 없는 때에는 대한민국에서 출생한 자, 대한민국에서 발견된 기아는 대한민국에서 출생한 것으로 추정한다.

**제12조** 대한민국의 국민으로서 다음 각 호의 1에 해당한 자는 국적을 상실한다.
1. 외국인과 혼인하여 그 배우자의 국적을 취득한 자
2. 외국인의 양자로서 그 국적을 취득한 자
3. 혼인으로 인하여 대한민국의 국적을 취득한 자가 혼인의 취소 또는 이혼으로 인하여 외국의 국적을 취득한 자
4. 자진하여 외국의 국적을 취득한 자
5. 이중국적자로서 법무부장관의 허가를 얻어 국적을 이탈한 자
6. 미성년인 대한민국의 국민이 외국인의 인지로 인하여 외국의 국적을 취득한 자. 단, 대한민국의 국민의 처 또는 양자가 된 자는 예외로 한다.

그렇다면 문제는 최초의 국적법에 따라 국적결정에 중요한 기준이었던 부(父)의 국적은 어떻게 결정되는가? 대한민국은 아직 헌법과 정부가 구성되어 있지

---

11) 제헌헌법에 따라 1948년 12월 20일 제정된 국적법은 이후 7차례 개정되었다. 국적에 대해서는 이 책 제35장 참조.

않았던 과도정부 시절인 1948년 5월 11일에 '국적에 관한 임시조례'(이하 임시조례)를 제정하여 국적을 결정하였다. 이에 따르면 원칙적으로 아버지가 '조선인'인지에 따라 국적이 결정되었다. 아버지의 '국적'이 아니라 조선인이라는 '민족'에 따라 국적이 결정된 것이다.12) 이러한 기준에 따르면 남한뿐만 아니라 북한에 거주하던 조선인은 모두 대한민국 국적을 취득할 수 있게 된다. 그리고 제헌헌법과13) 그에 근거한 최초의 국적법에 따라 대한민국 국민인 아버지로부터 태어난 사람은 대한민국 국적을 취득하게 된다. 이것은 원칙적으로 아버지가 조선인이면 남한에 거주하든 북한에 거주하든 대한민국 국적을 취득하게 된다는 뜻이다.

하지만 임시조례와 최초의 국적법이 실제로 북한지역에 거주하던 조선인에게도 적용되는지는 의문이다. 분단과 함께 북한은 이미 남한의 법령이 효력을 미치지 않는 하나의 국가로 인정될 수 있기 때문이다. 한편 임시조례와 최초의 국적법이 북한지역에 거주하던 조선인에게도 적용될 수 있다고 하더라도 북한은 독자적인 국적법에 따라 국적을 부여했기 때문에 북한지역에 거주하던 조선인은 남한과 북한의 국적을 동시에 가지는 복수국적자가 된다. 이 경우에는 복수국적자의 국적을 판정하는 조항에 따라 북한주민의 국적을 결정하면 된다. 여기서 문제는 북한을 하나의 국가로 인정할 수 있는지, 그리고 인정할 수 있다면 어느 시점부터 인정할 수 있는지 하는 점이다.

---

12) 조선인의 의미를 "조선호적에 등재되었거나 등재될 대상"으로 해석하는 견해가 있다. 헌재 2006. 3. 30. 2003헌마806 조대현 재판관의 반대의견: "일제는 대한제국을 강제병합한 후 칙령 제318호로 대한제국을 조선이라 개칭한 점, 일제는 대만인과 사할린인에게는 일본 국적법을 적용하면서도 조선인에게는 일본 국적법을 적용하지 아니한 점, 일제시대 민적법에 따른 민적이나 조선호적령에 따른 조선호적은 일본의 호적법에 따른 일본호적과 준별되었으며 조선호적과 일본호적 간의 교류는 혼인·이혼·입양·인지 등 특별한 신분변동사유가 있는 경우에만 매우 제한적으로 인정되었던 점, 그리하여 일제시대에는 호적을 기준으로 일본인으로서의 지위를 가진 사람과 조선인으로서의 지위를 가진 사람에 대한 법적 구별이 존재하였던 점, 일제는 1941년부터 3개년 계획으로 만주 거주 무호적 조선인에 대하여 간이한 절차로 취적케 하는 재만조선인(在滿朝鮮人) 취적사업을 실시한 점, 조선호적령은 일제 패망 이후에도 재조선미국육군사령부군정청 법령 제21호에 의하여 효력이 지속된 점, 임시조례 제5조는 일본호적을 취득한 혈통상 조선인이 일본호적에서 이탈하면 조선국적을 소급적으로 회복한다는 취지의 규정을 두고 있는 점, 호적의임시조치에관한규정(1948. 4. 1. 남조선과도정부 법령 제179호)에 의하여 38선 이북에 본적을 두고 38선 이남에 거주하는 자의 신고를 받아 38선 이북에 거주하는 자에 대해서도 가호적이 편제된 점 등을 종합해 볼 때, 위 임시조례에서 말하는 조선인이란, 일제시대에 조선인으로서의 법적 지위를 가졌던 사람, 즉 조선호적에 등재되었거나 등재될 사람을 의미한다고 할 것이다."

13) 제헌헌법 제100조는 제헌 당시의 현행 법령이 헌법에 저촉되지 않는 한 효력을 갖는다고 명시하고 있었기 때문에 '국적에 관한 임시조례'도 제헌헌법하에서 효력을 갖는다.

북한을 남북이 분단된 시점으로부터 독립된 국가로 인정할 수 있다면 북한주민은 처음부터 외국인의 지위를 얻게 된다. 그리고 외국인으로서 북한주민의 국적은 북한의 국적법에 따라 결정된다. 따라서 탈북자가 대한민국에 입국하는 경우에 외국인이 대한민국에 입국할 때와 동일한 법적 요건과 절차가 요구된다. 다만 대한민국의 국적법에 따라 북한주민이 동시에 대한민국 국적을 취득했다면 북한주민은 복수국적자가 된다. 이 경우에는 현행 국적법에 규정된 복수국적자의 국적판정조항에 따라 국적을 결정하면 된다. 1997년 전면개정된 국적법(1997. 12. 13. 법률 제5431호로 개정된 것)은 대한민국 국적의 취득이나 유지 여부가 불분명한 사람들의 국적을 판정하는 제도와 절차를 규정했다. 이 국적법에 따르면 자진해서 외국의 국적을 선택했을 때 대한민국 국적을 상실하고, 복수국적자는 국적선택의무에 따라 하나의 국적을 선택해야 하며 법정기한내에 선택하지 않은 경우에 대한민국 국적을 상실한다. 현행 **국적법**(최근개정: 2019. 12. 31. 법률 제16851호)도 동일한 원칙을 유지하고 있다. 따라서 북한주민이 복수국적자라고 해도 법률이 정한 요건에 해당하는 자는 대한민국의 국적을 상실한다.

**[법령 35.2] 복수국적자의 국적 결정**

**국적법**(2019. 12. 31. 법률 제16851호)

**제12조 (복수국적자의 국적선택의무)**

① 만 20세가 되기 전에 복수국적자가 된 자는 만 22세가 되기 전까지, 만 20세가 된 후에 복수국적자가 된 자는 그 때부터 2년 내에 제13조와 제14조에 따라 하나의 국적을 선택하여야 한다. 다만, 제10조 제2항에 따라 법무부장관에게 대한민국에서 외국 국적을 행사하지 아니하겠다는 뜻을 서약한 복수국적자는 제외한다.

② 제1항 본문에도 불구하고 「병역법」 제8조에 따라 병역준비역에 편입된 자는 편입된 때부터 3개월 이내에 하나의 국적을 선택하거나 제3항 각 호의 어느 하나에 해당하는 때부터 2년 이내에 하나의 국적을 선택하여야 한다. 다만, 제13조에 따라 대한민국 국적을 선택하려는 경우에는 제3항 각 호의 어느 하나에 해당하기 전에도 할 수 있다.

③ 직계존속(直系尊屬)이 외국에서 영주(永住)할 목적 없이 체류한 상태에서 출생한 자는 병역의무의 이행과 관련하여 다음 각 호의 어느 하나에 해당하는 경우에만 제14조에 따른 국적이탈신고를 할 수 있다.

1. 현역・상근예비역・보충역 또는 대체역으로 복무를 마치거나 마친 것으로 보게 되는 경우
2. 전시근로역에 편입된 경우
3. 병역면제처분을 받은 경우

**제15조 (외국 국적 취득에 따른 국적 상실)**

① 대한민국의 국민으로서 자진하여 외국 국적을 취득한 자는 그 외국 국적을 취득

한 때에 대한민국 국적을 상실한다.

② 대한민국의 국민으로서 다음 각 호의 어느 하나에 해당하는 자는 그 외국 국적을 취득한 때부터 6개월 내에 법무부장관에게 대한민국 국적을 보유할 의사가 있다는 뜻을 신고하지 아니하면 그 외국 국적을 취득한 때로 소급(遡及)하여 대한민국 국적을 상실한 것으로 본다.

1. 외국인과의 혼인으로 그 배우자의 국적을 취득하게 된 자
2. 외국인에게 입양되어 그 양부 또는 양모의 국적을 취득하게 된 자
3. 외국인인 부 또는 모에게 인지되어 그 부 또는 모의 국적을 취득하게 된 자
4. 외국 국적을 취득하여 대한민국 국적을 상실하게 된 자의 배우자나 미성년의 자(子)로서 그 외국의 법률에 따라 함께 그 외국 국적을 취득하게 된 자

③ 외국 국적을 취득함으로써 대한민국 국적을 상실하게 된 자에 대하여 그 외국 국적의 취득일을 알 수 없으면 그가 사용하는 외국 여권의 최초 발급일에 그 외국 국적을 취득한 것으로 추정한다.

④ 제2항에 따른 신고 절차와 그 밖에 필요한 사항은 대통령령으로 정한다.

**구 국적법**(1997. 12. 13. 법률 제5431호로 전부개정된 것)

**제12조 (이중국적자의 국적선택의무)**

① 출생 기타 이 법의 규정에 의하여 만 20세가 되기 전에 대한민국의 국적과 외국국적을 함께 가지게 된 자(이하 "이중국적자"라 한다)는 만 22세가 되기 전까지, 만 20세가 된 후에 이중국적자가 된 자는 그 때부터 2년 내에 제13조 및 제14조의 규정에 의하여 하나의 국적을 선택하여야 한다. 다만, 병역의무의 이행과 관련하여 대통령령이 정하는 사유에 해당하는 자는 그 사유가 소멸된 때부터 2년 내에 하나의 국적을 선택하여야 한다.

② 제1항의 규정에 의하여 국적을 선택하지 아니한 자는 그 기간이 경과한 때에 대한민국의 국적을 상실한다.

## 2. 탈북자의 난민으로서의 지위

북한주민이 북한을 탈출한 이유는 대부분 식량난과 기근이라는 경제적 사정이다. 따라서 탈북자는 정치적 난민이나 망명자로서 인정받지 못하고 있다.[14] 정치적 난민으로 인정되려면 정치적 박해가 있다는 충분한 근거가 제시되어야 하기 때문이다. 실제로 중국은 탈북자의 난민인정으로 초래될 북한주민의 대량유입을 경계하고,[15] 외교적으로 북한과의 관계를 의식하여 탈북자를 불법적으로 국경을 넘어온 범죄자(불법입국 · 체류자)로 취급하면서 북한으로 강제송환하고 있다.[16] 그러러

14) 난민의 정의에 대해서는 임태근(2000), 132면 이하 참조.

15) 현재 중국에 거주하는 탈북자는 "10~30만"이라는 추정적 통계가 있다. 임채완/최영관(2001), 124면.

16) 중국인 탈북자를 강제송환하는 법적 근거로 북한과 중국이 1960년대 초 비밀리에 체결한 '조 · 중탈주자범죄인상호인도협정', 1986년에 체결한 '조 · 중국경지역업무협정' 및 1993년

나 북한으로 송환된 탈북자는 구타와 고문 및 중노동에 처해진다고 전해진다. 따라서 이러한 관점에서 탈북자를 정치적 난민이나 망명자로 인정해야 한다는 주장이 제기되고 있다.[17] 무엇보다도 중국이 난민협약(The Convention relating to the Status of Refugees, 1951)과 난민의정서(Protocol of 1967 relating to the Status of Refugees)에 가입한 국가라는 점이 중요한 논거로 제시된다.[18]

북한주민을 난민으로 인정할 것인지 여부는 국제법적 원칙에 따라 체류국의 주권을 존중하여 체류국에 결정권이 있으므로 전적으로 중국이 결정할 문제다.[19] 따라서 유엔안전보장이사회의 상임이사국인 중국의 대국적 결단을 촉구하는 주장이라면 몰라도[20] 탈북자는 당연히 국제법적 의미의 정치난민이라는 전제로부터 출발하는 주장은 전혀 현실성이 없어 보인다. 오히려 중국은 적어도 인도적 입장에서 탈북자의 체포와 강제송환을 중단해야 한다는 주장[21]이 더 설득력 있어 보인다.

## 3. 탈북자의 이혼과 재혼

북한에서 이미 결혼한 탈북자들이 남한에서 새로 가정을 꾸미는 것은 그동안 어려웠다. 북한에서 결혼한 배우자와의 이혼이 쉽지 않았기 때문이다. 이에 따라 법률이 개정되어 북한에서 결혼한 탈북자의 이혼에 특례가 적용되고 있다. 이러한 특례에 따르면 북한에 있는 배우자를 상대로 재판상 이혼을 청구할 수 있고, 이를 위하여 배우자가 대한민국에 살고 있지 않다는 사실을 증명하는 통일부장관의 서면을 첨부하면 된다(동법 제19조의2).[22]

**[법령 35.3] 북한이탈주민의 보호 및 정착지원에 관한 법률**(최근개정: 2021. 4. 20. 법률 제18082호)

**제19조의2 (이혼의 특례)**

① 제19조에 따라 가족관계 등록을 창설한 사람 중 북한에 배우자를 둔 사람은 그

---

통과된 '길림변경관리조례'를 든다. 박명희, 120면 참조.

17) 정인숙(2001), 267면 이하; 박명희(2005), 128면 이하.

18) 난민협약과 난민의정서에 대한 자세한 설명은 임채완/최영관(2001), 126면 이하; 장복희(2008), 482면 이하 참조.

19) 특히 중국에 거주하는 탈북자의 난민인정 여부와 관련해서는 정상우/최희(2017), 126면 이하 참조.

20) 이신화(2002), 107면 참조.

21) 정인숙(2001), 269면 참조. 탈북자에 대한 난민법적 접근보다 인권법적 접근을 강조하는 견해로 조정현(2009), 184면 이하 참조.

22) 탈북자의 이혼과 재혼에 관한 법적 규율의 문제에 대해서는 최금숙(2011), 107면 이하 참조.

배우자가 남한에 거주하는지 불명확한 경우 이혼을 청구할 수 있다.

② 제19조에 따라 가족관계 등록을 창설한 사람의 가족관계등록부에 배우자로 기록된 사람은 재판상 이혼의 당사자가 될 수 있다.

③ 제1항에 따라 이혼을 청구하려는 사람은 배우자가 보호대상자에 해당하지 아니함을 증명하는 통일부장관의 서면을 첨부하여 서울가정법원에 재판상 이혼청구를 하여야 한다.

④ 서울가정법원이 제2항에 따른 재판상 이혼의 당사자에게 송달을 할 때에는 「민사소송법」 제195조에 따른 공시송달(公示送達)로 할 수 있다. 이 경우 첫 공시송달은 실시한 날부터 2개월이 지나야 효력이 생긴다. 다만, 같은 당사자에게 첫 공시송달 후에 하는 공시송달은 실시한 다음 날부터 효력이 생긴다.

⑤ 제4항의 기간은 줄일 수 없다.

## 4. 탈북아동의 문제

탈북아동들은 탈북한 성인들보다 훨씬 고통스러운 생활을 하고 있는 것으로 알려져 있다.[23] 그들은 삶을 구걸로 연명하며 기아와 질병 및 인신매매의 위험에 노출되어 있다. 그리고 이로 인한 정신적 충격과 피폐는 상상할 수 없는 정도에 이른 것으로 파악된다. 특별히 탈북아동을 보호해야 할 필요성이 여기에 있다. 물론 북한이나 중국과 외교적 마찰을 일으킬 소지는 있으나 무엇보다도 한국정부가 국내외의 비정부 인권기구(NGO)들과 협력하여 탈북아동들에 대한 특별한 보호와 지원을 모색할 필요가 있다. 또한 중국의 협조가 전제되어야 하지만 한국정부는 중국에 소재한 유엔난민고등판무관(UNHCR)과 협력하여 식량이나 피난처의 제공과 같은 탈북아동에 대한 최소한의 인도적 조치를 취해야 할 것이다.

또한 탈북아동들이 대한민국에 입국한 후에도 북한의 경제적 어려움, 탈북후 장기간의 유랑생활 등으로 교육공백이 생겨 한국학교에서의 적응도 힘들다고 한다.[24] 따라서 이들을 위한 특별한 교육프로그램의 개발과 특별한 교사의 배치, 그리고 가능한 한 빠른 시간 안에 한국학교에 통합되기 위한 지원이 필요할 것으로 보인다.[25]

---

23) 탈북아동들의 생생한 증언이 정인숙(2001), 259면 이하에 가슴 아프게 기록되어 있다. 한편 탈북여성과 중국인 사이에 태어나 국적을 갖지 못한 무국적 아동의 문제도 새롭게 등장하고 있다. 장복희(2010), 259면 이하 참조.

24) 정병호(2001), 249면 이하 참조.

25) 탈북아동에 대한 "맞춤형 교육"을 대안으로 제시하는 견해로 구해우(2010), 108면 이하 참조.

## 5. 탈북여성의 문제

매년 대한민국에 입국한 탈북자의 숫자 가운데 여성이 차지하는 비율은 2001년을 기점으로 남성의 비율과 엇비슷해지다가 2002년부터 50퍼센트를 넘었다. 중국내 탈북자 가운데 여성비율은 이미 75퍼센트 정도에 달한다는 통계는[26] 실제로 2006년 이후 탈북여성 입국자의 비율이 70퍼센트를 넘어섬으로써 국내에서도 비슷한 형태로 나타나고 있다(아래 [표 35.2] 참조). 이렇게 탈북여성의 비율은 증가하고 있지만 탈북여성의 인권수준은 탈북남성보다 더 열악한 것으로 보고되고 있다.

우선 탈북여성들은 신체적, 정신적, 경제적 고통과 함께 인신매매의 위험에 노출되어 고통을 받는 것으로 알려져 있다.[27] 경제적 이유 때문에 성매매의 유혹에 빠질 수도 있고, 불법체류자의 신분을 악용한 현지인들에 의해 매매혼을 포함한 인신매매의 대상이 될 수도 있다. 또한 약속한 임금을 받지 못하고 노동을 착취당하거나 강제노동을 당하기도 한다. 따라서 특별히 인권침해에 노출된 탈북여성에 대한 보호와 구호를 위해 한국정부는 국내외의 비정부기구나 유엔난민고등판무관과 긴밀하게 협력할 필요가 있다.

또한 대한민국에 입국한 탈북여성들의 취업률은 탈북남성들보다 낮다는 통계가 있다.[28] 그리고 탈북여성의 고용형태도 비정규직이나 일용근로자의 비율이 탈북남성보다 높은 것으로 나타나고 있다. 탈북여성들의 삶이 대한민국에 와서도 여전히 고단하다는 사실을 보여주는 대목이다.

**[표 35.2] 북한이탈주민 입국자 중 여성비율** (단위: 명)

| | ~1998 | ~2001 | 2002 | 2003 | 2004 | 2005 | 2006 |
|---|---|---|---|---|---|---|---|
| 입국자 (전체) | 947 | 1,043 | 1,142 | 1,285 | 1,898 | 1,384 | 2,028 |
| 여 성 | 116 | 478 | 632 | 811 | 1,272 | 960 | 1,513 |
| 비 율 | 12% | 46% | 55% | 63% | 67% | 69% | 75% |

| | 2007 | 2008 | 2009 | 2010 | 2011 | 2012 | 2013 |
|---|---|---|---|---|---|---|---|
| 입국자 (전체) | 2,554 | 2,803 | 2,914 | 2,402 | 2,706 | 1,502 | 1,514 |
| 여 성 | 1,981 | 2,195 | 2,252 | 1,811 | 1,911 | 1,098 | 1,145 |

26) 임채완/최영관(2001), 131면 이하; 박명희(2005), 115면, 122면 참조.
27) 임채완/최영관(2001), 136면 이하; 박명희(2005), 123면 참조.
28) 윤여상(2006), 55면.

| 비 율 | 78% | 78% | 77% | 75% | 70% | 72% | 76% |
|---|---|---|---|---|---|---|---|

| | 2014 | 2015 | 2016 | 2017 | 2018 | 2019 | 2020 |
|---|---|---|---|---|---|---|---|
| 입국자 (전체) | 1,397 | 1,275 | 2,914 | 1,127 | 1,137 | 1,047 | 229 |
| 여 성 | 1,092 | 1,024 | 2,252 | 939 | 969 | 845 | 157 |
| 비 율 | 78% | 80% | 77% | 83.3% | 85.2% | 80.7% | 68.6% |
| 누 계 | 33,752 | | | | | | |

자료: 통일부(www.unikorea.go.kr) 통계자료 <북한이탈주민 입국 현황표>(2020) 원자료.

## 6. 탈북자의 사회적응

탈북자들에게 필요한 것은 무엇보다도 남한생활에 빨리 적응할 수 있도록 돕는 것이다. 이를 위하여 최소한의 생활터전과 경제적 여건을 제공하는 것이 필요하다. 하지만 경제적 보호와 지원보다 더 중요한 것은 남한사회의 건강한 주체로 독립적으로 살아갈 수 있도록 자립과 통합의 기초를 제공하는 것이다. 따라서 이들이 직업 또는 직장을 찾도록 지원하는 것이 요구된다. 이를 위해서는 교육, 특히 직업교육을 받을 수 있도록 하는 재정적 지원과 시설의 제공이 필요하다. 탈북자의 특성에 맞는 자영업에 대한 공적 지원도 하나의 좋은 모델이 될 것이다.[29] 남한사회에 적응하지 못해 재입북을 기도하거나 마약이나 범죄에 빠져드는 일도 간혹 발생하고 있다. 이것은 그러한 탈북자 개인의 문제가 아니라 남한사회 전체의 사회적 문제로 확대될 수 있다. 따라서 탈북자의 사회적응은 대한민국 전체가 건강한 사회로 발전하기 위한 토대가 될 것이다.

# Ⅳ. 한반도의 평화와 통일을 조화시키는 관점에서 탈북자 문제의 해결책

북한주민이 국민이든 외국인이든 탈북자를 '인도적 차원'에서 보호하고 지원하는 일은 당연해 보인다. 하지만 북한주민을 국민으로 대우해야 하는지 아니면 외국인으로 대우해야 하는지는 중요한 문제다. 북한을 하나의 국가로 인정해야

29) 윤인진(2000), 155면 이하 참조.

하는지 여부와 결부되어 있기 때문이다. 더 나아가 북한을 국가로 인정할지의 문제는 한반도의 통일이 나아가야 할 방향과 밀접하게 연관된다.

북한을 국가로 인정하게 되면 반드시 통일이 필요한 것도 아니다. 한반도에서 두 개의 국가가 평화롭게 살아가는 것이 통일보다 더 앞선 가치가 되기 때문이다. 하지만 통일은 민족의 정서상 포기할 수 없는 과제이자 현실적으로 국제사회에서 강력한 국가가 되기 위한 조건으로 이해되기도 한다. 따라서 북한을 국가로 인정하든 인정하지 않든 통일은 민족의 당위적 과제로서 심지어 한반도의 평화보다 더 큰 가치로 평가될 수도 있다. 이처럼 한반도의 통일을 한반도의 평화보다 절대적으로 우선시키면 통일이 반드시 평화적 통일일 필요가 없고, 북한을 무력으로 흡수하는 통일을 의미할 수도 있다. 그러나 통일은 전쟁을 통한 통일이 아니라 '평화적 통일'이어야 한다.

여기서 한반도의 통일과 한반도의 평화를 동시에 추구하면서, 특히 평화적 통일의 형태로 한반도의 통일을 지향하는 방법을 모색할 필요가 있다. 그것은 기본적으로 북한을 국가로 인정하는 것이고, 북한체제의 불안으로 한반도에 전쟁이 발생하여 민족이 공멸하거나 이로 인해 미국이나 중국과 같은 강대국이 개입하지 못하도록 북한을 궁지에 몰아넣지 않는 것이다. 현실적으로도 독일의 예를 보면 통일은 엄청난 비용을 요구한다는 점에서 통일을 단지 민족정서적 차원에서 또는 통일의 비용을 고려하지 않은 통일의 효과라는 차원에서만 보고 무조건적으로 요구함으로써 북한을 국가로 인정하지 않은 채 북한체제를 자극하면서까지 통일을 추구할 필요는 없다. 오히려 북한의 경제적 불안이 가중되어 정치적 불안이 촉발되지 않도록 경우에 따라서는 북한에 대한 경제적 지원도 요구된다. 이것이 결국 경제적 궁핍으로 인해 북한을 탈출해야 하는 탈북자의 숫자를 감소시키는 방법이 될 수도 있다.

물론 북한에 대한 경제적 지원으로 북한체제가 유지됨으로써 북한에서 빈번하게 발생한다고 알려진 인권침해의 현실도 지속될 수 있지만 북한인권의 문제는 북한체제의 문제와 별개로 다루어질 필요가 있다. 북한을 국가로 인정하지 않거나 북한에 대한 경제적 지원을 중단한다고 북한의 인권문제가 해결되지는 않기 때문이다. 북한인권의 문제는 국제적 공조를 통해 지속적으로 지적되어야 하겠지만 인권문제와 경제지원을 연계시켜 경제적 지원을 거부한다면 북한의 경제적 사정은 더욱 악화되고, 이것은 탈북자의 증가로 이어질 수밖에 없다. 오히려 북한에 대한 경제적 지원을 유지하면서도 북한에서 발생하는 인권침해의 현실을 동시에 지적하고 해결함으로써 북한이 건강한 국가로 체질을 바꿀 수 있도록 돕는 것이 북한을 탈출하는 주민의 문제에 대한 근원적 해결책이 될 수 있다.

**토론문제**

1. 북한주민은 대한민국 국민인가?
2. 탈북자를 난민으로 인정해야 하는 이유는 무엇인가?
3. 북한주민이 대한민국 국적을 취득하는 절차에 관한 입법이 필요한가?

**내 입장은?**

1. 북한주민은 대한민국 국민이다.
2. 북한주민은 외국인이다.
3. 북한주민은 국내에서도 난민으로 인정되어야 한다.

## 참고문헌

구해우(2010), 탈북자 정착지원에 관한 법적대응과 과제, ≪안암법학≫(안암법학회), 제32호(2010), 79~116면.

길준규(2009), 북한이탈주민 정착지원제도의 법적 검토, ≪공법학연구≫(한국비교공법학회), 제10권 제4호(2009), 249~275면.

김종일(2005), 북한사회주의 형법 개정의 실상, ≪북한≫(북한연구소), 통권 제398호(2005), 129면.

김현호(1996), 북한주민 탈북사태의 원인과 대책, ≪전략연구≫(한국전략문제연구소), 통권 제7호(1996), 12면.

박명희(2005), 중국내 탈북여성의 생존실태와 난민지위문제, ≪신아세아≫(신아시아연구소), 제12권 제2호(2005),

박정원(2005), '탈북자'의 인권보장, ≪공법연구≫(한국공법학회), 제33집 제5호(2005), 105~137면.

박호성(2005), ≪국내 탈북자의 인권상황 개선에 관한 연구≫(국가인권위원회 2005년도 인권상황실태조사 연구용역보고서), 2005.

선한승/강일규/김영윤/윤인진/이영훈/정성훈/김화순(2005), ≪북한 이탈주민의 취업실태와 정책과제 연구≫, 한국노동연구원, 2005.
윤여상(2006), 국내 북한이탈주민 문제와 적응실태, 남한사회 정착을 위한 정부와 민간 단체, 북한이탈주민 당사자들의 역할 분담과 노력이 요구, ≪북한≫(북한연구소), 통권 제415호(2006), 52~59면.
윤인진(2000), 탈북자의 자립정착을 위한 자조모델: 자영업 기반형성을 중심으로, ≪아세아연구≫(고려대학교 아세아문제연구소), 통권 104호(2000), 143~183면.
이신화(2002), 난민 신청 받아들여 '인도적'으로 처리해야, ≪북한≫(북한연구소), 통권 제367호(2002년 7월호), 101~107면.
이희훈(2006), 중국 내 탈북자의 법적 지위와 인권보호에 대한 연구, ≪공법연구≫(한국공법학회), 제35집 제2호(2006), 209~235면.
임태근(2000), 탈북자의 국제적 보호, ≪민주법학≫(민주주의법학연구회), 제17호(2000), 131~147면.
임채완/최영관(2001), 중국내 탈북자의 난민적 상황과 그 대책: 연변자치주지역 조사를 중심으로, ≪통일문제연구≫(평화문제연구소), 제13권 2호(2001), 121~151면.
장복희(2008), 탈북자(자발적 북한이탈자)의 인권보호와 국제인권법, ≪토지공법연구≫(한국토지공법학회), 제40집(2008), 477~497면.
장복희(2010), 무국적 탈북자의 인권 보호, ≪홍익법학≫(홍익대학교 법학연구소), 제11권 제1호(2010), 257~280면.
정병호(2001), 분단의 틈새에서: 탈북 난민의 삶과 인권, ≪당대비평≫, 통권 제16호(2001), 236~255면.
정상우/최희(2017), 재중탈북자의 난민인정 여부와 법적보호 방안, ≪공법학연구≫(한국비교공법학회), 제18권 제4호(2018), 111~141면.
정인숙(1999), 그들은 난민으로 대우받아야 한다, ≪당대비평≫, 통권 제16호(2001), 256~273면.
조정현(2009), 국제인권법상 탈북자의 보호가능성 및 그 실행, ≪국제법학회논총≫(대한국제법학회), 제54권 제1호(2009), 183~206면.
최경옥(2001), 한국 헌법상 탈북자의 법적 지위, ≪헌법학연구≫(한국헌법학회), 제5집 제1호(1999), 106~142면.
최금숙(2011), 북한이탈주민의 혼인 및 이혼에 관한 법적 고찰, ≪법학논집≫(이화여자대학교 법학연구소), 제15권 제3호(2011), 107~138면.
최대석/조영주(2008), 탈북자 문제의 주요 쟁점과 전망, ≪북한학보≫(북한학회), 제33집 2호(2008), 87~119면.

# 제36장
# 세계화와 외국인노동자의 인권

나에겐 꿈이 있습니다.
언젠가 나의 네 아이들이 그들의 피부색이 아니라
그들의 인격에 의하여 평가받을 수 있는 그런 나라에서
살 수 있는 날이 올 것이라는 꿈을 가지고 있습니다.
"I have a dream that my four children will one day live in a nation
where they will not be judged by the color of their skin
but by the content of their character."
≪Martin Luther King의 Washington대행진 연설(1963) 중에서≫

세계가 하나의 동네가 되었다. 지구촌(地球村)이라는 말도 생겼다. 교통과 통신의 발전을 토대로 하나의 경제질서 안에 역사와 문화가 전혀 다른 세계 각국이 하나로 묶이고 있다. 세계화의 흐름에서 한국도 예외는 아니다. 피부도 다르고 말과 문화도 다른 사람들이 우리 땅에서 일하고 있다. 그들은 한국인과 결혼해서 아이를 낳기도 한다. 이제 그들은 남이 아니다. 이미 깊숙이 우리 안에 들어와 있다.

7, 80년대 노동운동은 인권운동 그 자체였다. 2000년대를 사는 우리에게 외국인노동자는 인권운동의 중심에 서 있다. 그들은 열심히 일하지만 사람취급을 받지 못하고, 저임금과 열악한 노동조건 속에서 장시간 노동하고 있다. 심지어 '불법체류자'라는 신분 때문에 범죄자와 같은 취급을 받기도 한다. 그들이 우리에게 정말 해를 끼쳤는가? 단지 그들의 피부색이 다르고, 못 사는 나라에서 왔다는 사실만으로 그들에게 지독한 편견을 가지고 있는 것은 아닌가?

국경(國境)은 냉혹한 현실이다. 국적(國籍)도 엄연한 현실이다. 한국 국적을 갖지 않은 사람이 한국 땅에서 한국인과 동일한 취급을 받을 수는 없다. 하지만 인간이면 누구나 향유할 수 있는 인권에는 예외가 없다. 외국인도 인간이다. 잘 사는 나라에서 온 사람만 외국인이 아니다. 전문적 지식과 기술을 가진 사람만 외국인인 것도 아니다. 잘 사는 나라의 사람들만 대접하고, 못 사는 나라의 사람들을 홀대하는 것은 대단히 비겁하고 옹졸한 처사다. 우리보다 못한 처지에 있는 나라에서 우리 안에 들어와 아직도 우리가 되지 못한 채 고단한 삶을 살아가고 있는 사람들에 대해서 생각해보도록 한다.

# Ⅰ. 개념과 문제제기

## 1. 국민과 외국인

외국인은 국민과 대칭되는 개념이다. 국민은 대한민국의 국적을 가지고 있는 사람을 말하고, 외국인은 외국의 국적을 가지고 있는 사람을 말한다. 현행 **국적법**(최근개정: 2019. 12. 31. 법률 제16851호)은 이른바 **속인주의**(혈통주의)원칙에 따라 출생 당시에 아버지(父) 또는 어머니(母) 가운데 한 사람이 대한민국 국적을 가졌으면 그 자녀에게 대한민국 국적을 부여한다(동법 제2조 제1항 제1호). 예외적으로 **속지주의**(출생지주의)원칙을 적용하여 아버지와 어머니가 모두 불분명하거나 또는 아버지와 어머니 둘 다 무국적자인 경우에 대한민국에 출생한 아이에게 대한민국 국적을 부여한다(동법 동조 동항 제3호). 그리고 대한민국에서 발견된 기아(棄兒)는 대한민국에서 출생한 것으로 추정한다(동법 동조 제2항).

그 밖에도 인지(동법 제3조), 귀화(동법 제4조), 수반취득(동법 제8조), 국적회복(동법 제9조), 국적재취득(동법 제11조)의 방법으로 대한민국 국적을 취득할 수 있다.[1)] 원칙적으로 복수국적은 금지되기 때문에 하나의 국적을 선택해야 한다(동법 제12조). 한편 자진해서 외국 국적을 취득하거나 혼인, 입양, 인지 등의 사유로 외국 국적을 취득하게 되면 대한민국 국적을 상실하게 된다(동법 제15조). 대한민국 국적을 상실하게 되면 대한민국 국민만이 향유할 수 있는 권리를 향유할 수 없게 된다(동법 제18조 제1항). 또한 그러한 권리들 가운데 대한민국 국민이었을 때 취득한 것으로서 양도가 가능한 것은 원칙적으로 3년 이내에 대한민국 국민에게 양도해야 한다(동법 동조 제2항).

국경을 없애고, 국적이 사라지면 국민과 외국인의 구분이 불필요하게 된다는 주장이 가능하다. 하지만 현실적으로 국경이 존재하는 한 국민과 외국인의 구분은 불가피하다. 이 경우에도 국민의 요건을 어떤 방식으로 정할 것인지에 따라 국민과 외국인의 구분은 무의미해질 수 있다. 예를 들어 일반적인 관행처럼 부모의 국적이나 출생지에 따라 국적을 결정하고 고정하는 것이 아니라 해당

1) 국적취득의 방법에 대한 자세한 설명은 이준일, ≪헌법학강의≫(2019), 제1편 제2부 제3장 제1절 Ⅱ. 2. 참조.

국가에 일정 기간 동안 살고 있는지에 따라 국적을 취득하고 상실하게 되면 국적선택이 자유롭게 되어 국민과 외국인의 형식적 구분에서 나오는 문제는 어느 정도 제거할 수 있다.

아무튼 국민과 외국인을 구분해야 할 필요성이 있다고 해도 국적에 따른 차별대우는 다른 차별대우와 마찬가지로 합리적인 이유가 있는 경우에만 허용된다. 예를 들어 외국인은 범죄자가 될 가능성이 높다거나 사회적 해악을 끼칠 개연성이 크다든지 또는 외국인은 사회적 책임감이 떨어진다든지 등은 외국인에 대한 차별대우를 허용할 만한 합리적인 이유가 되지 못한다. 오히려 외국인이 범죄를 저지르거나 사회적 해악을 끼치게 될 수밖에 없을 정도로 외국인에 대한 사회적 차별이 심각하지는 않았는지, 외국인이지만 오랫동안 거주하고 있음에도 불구하고 사회가 외국인을 구성원으로 인정하는 데 인색하지는 않았는지를 먼저 반성할 필요가 있다. 국민과 외국인의 현실적 구분에서 발생하는 불가피한 차별대우가 아니라면 외국인에 대해 가해지는 가혹한 차별대우는 허용될 수 없다.

## 2. 문제제기

국적의 취득과 상실은 보편적 원칙이 존재한다기보다 우리 국적법처럼 각국의 사정에 따라 일정한 원칙을 정하여 부여된다. 어쨌든 국적은 국민과 외국인을 구분하는 법적 기준이다.[2] 국민이든 외국인이든 인간이면 누구나 향유할 수 있는 인권의 경우에는 국민과 외국인의 구분이 무의미하다. 하지만 국민만이 향유할 수 있는 권리의 경우에는 국민과 외국인의 구분은 대단히 중요하다. 예를 들어 거주·이전의 자유에 포함되는 출국의 자유는 국민이나 외국인 모두에게 인정되지만 입국의 자유는 외국인에게 일정한 제한이 따른다.[3]

자신의 노동을 제공하고 임금을 받을 수 있는 권리는 원칙적으로 모든 인간에게 부여된 인권이라고 부를 수 있다. 따라서 외국인도 원칙적으로 다른 나라에서 노동할 수 있고,[4] 이렇게 자신의 국적과 다른 나라에서 일하는 노동자를 '외국인노동자'라고 부를 수 있다.[5] 하지만 각국의 고용정책에 따라 일정한 직업의 경

2) 세계화에 따른 국적의 의미변화에 대해서는 이승택(2008), 39면 이하 참조.
3) 외국인이 대한민국에 입국할 때는 비자(사증査證)가 필요하다. 출입국관리법 제7조 제1항: 외국인이 입국하고자 할 때에는 유효한 여권과 법무부장관이 발급한 사증을 가지고 있어야 한다.
4) 외국인노동자가 이주하여 노동하는 원인에 대해서는 설동훈(1999), 37면 이하; 장준오(2002), 42면 이하; 홍원표(2006), 93면 이하 참조.
5) '외국인노동자'라는 용어 대신 '이주노동자'라는 용어도 자주 사용된다.

우에는 노동할 수 있는 권리를 국민에게만 부여하고 외국인에게는 제한하는 경우가 있다. 이에 따라 국가는 외국인에게 노동허가 여부를 결정하여 국내에서 노동할 수 있는 외국인과 노동할 수 없는 외국인을 구분하기도 한다.

대한민국은 외국인노동자를 ① '전문기술인력'과 ② '단순기능인력'으로 구분하여 규율하고 있다. 우리가 여기서 다루고자 하는 외국인 노동자는 후자를 의미한다.

전문기술인력의 경우에는 원칙적으로 고용계약이 체결된 경우 등 체류자격을 요건으로 취업을 허가해왔다. 이에 관해서는 **출입국관리법**에서 규정하고 있다. 구체적으로 출입국관리법 시행령의 체류자격 분류에 따르면 전문기술인력은 교수(E-1), 회화지도(E-2), 연구(E-3), 기술지도(E-4), 전문직업(E-5), 예술활동(E-6), 특정활동(E-7)에 해당하는 자를 말한다(아래 '별표1 외국인의 체류자격' 참조).

하지만 단순기능인력의 경우에는 원칙적으로 취업을 금지하면서 이를 보완하기 위하여 종래에 '산업연수생제도'를 실시해오다가[6] 2003년 **외국인근로자의 고용 등에 관한 법률**을 제정하면서 2004년 8월부터 고용허가제를 도입하여 병행 실시하였다.[7] 하지만 2007년부터 산업연수생제도를 폐지하고 고용허가제로 일원화하는

6) 산업연수생제도는 1993년부터 중소기업의 인력난을 해소하기 위하여 도입된 제도다. 산업연수생들의 불법체류가 늘어나자 1998년부터 산업연수 후 취업할 수 있는 '연수취업제'로 변화를 도모하기도 했다. 하지만 산업연수생들이 불법적으로 체류를 계속함으로써 불법체류자를 양산하고, 임금체불이나 폭행 등 산업연수생들에 대한 인권침해가 증가하며, 노동시장을 왜곡하는 등 문제점을 발생시켜 폐지되기에 이르렀다. 이제 폐지된 산업연수생에게 폐지되기 전부터 근로자의 성격을 인정해야 한다는 견해가 주장되었다. 최홍엽(1999), 87면 이하 참조. 한편 대법원은 산업연수생도 근로기준법의 적용을 받는 근로자에 포함된다고 판시한 바 있다. "산업기술연수사증을 발급받은 외국인이 정부가 실시하는 외국인 산업기술연수제도의 국내 대상 업체에 산업기술연수생으로 배정되어 대상 업체와 사이에 연수계약을 체결하였다 하더라도 그 계약의 내용이 단순히 산업기술의 연수만으로 그치는 것이 아니고 대상 업체가 지시하는 바에 따라 소정시간 근로를 제공하고, 그 대가로 일정액의 금품을 지급받으며 더욱이 소정시간 외의 근무에 대하여는 근로기준법에 따른 시간외 근로수당을 지급받기로 하는 것이고, 이에 따라 당해 외국인이 대상 업체의 사업장에서 실질적으로 대상 업체의 지시・감독을 받으면서 근로를 제공하고 수당 명목의 금품을 수령하여 왔다면 당해 외국인도 근로기준법 제14조에 정한 근로자에 해당한다"(대판 2005. 11. 10. 2005다50034). 또한 대법원은 "외국인근로자에 대하여도 국내의 근로자들과 마찬가지로 근로기준법상의 퇴직금 지급에 관한 규정이나 최저임금법상의 최저임금의 보장에 관한 규정이 그대로 적용된다"고 판결하였다(대판 2006. 12. 7. 2006다53627). 그 밖에 외국인노동자에 대한 정책의 변화에 대해서는 설동훈(1999), 415면 이하; 홍원표(2006), 100면 이하 참조.

7) 고용허가제는 2004년 8월 17일부터 실시되었고, 2005년 7월 31일까지 고용허가제를 통해 근로계약을 체결한 외국인력은 32,172명이며, 입국인원은 2004년 3,167명이고 2005년에는 11,668명이라는 통계가 있다. 유길상/이규용/박성재(노동연구원), ≪외국인 고용허가제 시행 1년의 평가 및 향후 발전방향≫, 2면.

정책이 실시되고 있다. 고용허가제와 함께 실시되고 있는 외국인노동자에 대한 3년의 취업활동기간 제한(동법 제18조)과 3회의 사업장변경 제한(동법 제25조 제4항)에 대해서는 위헌성 여부에 대한 논란이 있다.8) 헌법재판소는 3회의 사업장변경 제한이 합헌이라고 보았다.9)

**[법령 36.1] 외국인근로자의 고용 등에 관한 법률**(최근개정: 2021. 4. 13. 법률 제18041호)
**제2조 (외국인근로자의 정의)**
이 법에서 "외국인근로자"라 함은 대한민국의 국적을 가지지 아니한 사람으로서 국내에 소재하고 있는 사업 또는 사업장에서 임금을 목적으로 근로를 제공하고 있거나 제공하려는 사람을 말한다. 다만, 출입국관리법 제18조 제1항에 따라 취업활동을 할 수 있는 체류자격을 받은 외국인 중 취업분야 또는 체류기간 등을 고려하여 대통령령으로 정하는 사람은 제외한다.

**[법령 36.2] 외국인근로자의 고용 등에 관한 법률 시행령**(최근개정: 2020. 3. 3. 대통령령 제30509호)
**제2조 (적용제외 외국인근로자)**
「외국인근로자의 고용 등에 관한 법률」(이하 "법"이라 한다) 제2조 단서에서 "대통령령이 정하는 사람"이란 다음 각 호의 어느 하나에 해당하는 사람을 말한다.

1. 「출입국관리법 시행령」 제23조 제1항에 따라 취업활동을 할 수 있는 체류자격 중 9. 단기취업(C-4), 19. 교수(E-1)부터 25. 특정활동(E-7)까지의 체류자격에 해당하는 사람
2. 「출입국관리법 시행령」 제23조 제2항부터 제4항까지의 규정에 따라 체류자격의 구분에 따른 활동의 제한을 받지 아니하는 사람
3. 「출입국관리법 시행령」 제23조 제5항에 따라 체류자격 30. 관광취업(H-1)의 자격에 해당하는 사람으로서 취업활동을 하는 사람

**[법령 36.3] 출입국관리법**(최근개정: 2021. 3. 16. 법률 제17934호)
**제18조 (외국인고용의 제한)**
① 외국인이 대한민국에서 취업하려면 대통령령으로 정하는 바에 따라 취업활동을 할 수 있는 체류자격을 받아야 한다.

---

8) 예를 들어 고준기/이병운(2010), 13면 이하 및 20면 이하; 표명환(2011), 58면 이하 참조.
9) 헌재 2011. 9. 29. 2007헌마1083: "이 사건 법률조항은 외국인근로자의 무분별한 사업장 이동을 제한함으로써 내국인근로자의 고용기회를 보호하고 외국인근로자에 대한 효율적인 고용관리로 중소기업의 인력수급을 원활히 하여 국민경제의 균형 있는 발전이 이루어지도록 하기 위하여 도입된 것이다. 나아가 이 사건 법률조항은 일정한 사유가 있는 경우에 외국인근로자에게 3년의 체류기간 동안 3회까지 사업장을 변경할 수 있도록 하고 대통령령이 정하는 부득이한 사유가 있는 경우에는 추가로 사업장변경이 가능하도록 하여 외국인근로자의 사업장 변경을 일정한 범위 내에서 가능하도록 하고 있으므로 이 사건 법률조항이 입법자의 재량의 범위를 넘어 명백히 불합리하다고 할 수는 없다. 따라서 이 사건 법률조항은 청구인들의 직장 선택의 자유를 침해하지 아니한다." 이에 대해서 사업장변경 횟수 제한의 폐지를 주장하는 견해도 있다. 손영화(2018), 25면 참조.

②~⑤ 생략.

**[법령 36.4] 출입국관리법 시행령**(최근개정: 2021. 1. 19. 대통령령 제31400호)
**제23조 (외국인의 취업과 체류자격)**

① 법 제18조 제1항에 따른 취업활동을 할 수 있는 체류자격은 별표 1 중 5. 단기취업(C-4), 별표 1의2 중 14. 교수(E-1)부터 22. 선원취업(E-10)까지 및 29. 방문취업(H-2) 체류자격으로 한다. 이 경우 "취업활동"은 해당 체류자격의 범위에 속하는 활동으로 한다.

② 다음 각 호의 어느 하나에 해당하는 사람은 제1항에도 불구하고 별표 1 및 별표 1의2의 체류자격 구분에 따른 취업활동의 제한을 받지 아니한다.

1. 별표 1의2 중 24. 거주(F-2)의 가목부터 다목까지 및 자목부터 카목까지의 어느 하나에 해당하는 체류자격을 가지고 있는 사람
2. 별표 1의2 중 24. 거주(F-2)의 라목·바목 또는 사목의 체류자격을 가지고 있는 사람으로서 그의 종전 체류자격에 해당하는 분야에서 활동을 계속하고 있는 사람
3. 별표 1의2 중 27. 결혼이민(F-6)의 체류자격을 가지고 있는 사람

③ 별표 1의2 중 26. 재외동포(F-4) 체류자격을 가지고 있는 사람은 제1항에도 불구하고 다음 각 호의 어느 하나에 해당하는 경우를 제외하고는 별표 1 및 별표 1의2의 체류자격 구분에 따른 활동의 제한을 받지 아니한다. 다만, 허용되는 취업활동이라도 국내 법령에 따라 일정한 자격이 필요할 때에는 그 자격을 갖추어야 한다.

1. 단순노무행위를 하는 경우
2. 선량한 풍속이나 그 밖의 사회질서에 반하는 행위를 하는 경우
3. 그 밖에 공공의 이익이나 국내 취업질서 등을 유지하기 위하여 그 취업을 제한할 필요가 있다고 인정되는 경우

④ 제3항 각 호의 구체적인 범위는 법무부령으로 정한다.

⑤ 별표 1의2 중 28. 관광취업(H-1) 체류자격을 가지고 있는 사람이 취업활동을 하는 경우에는 제1항에 따른 취업활동을 할 수 있는 체류자격에 해당하는 것으로 본다.

**[출입국관리법 시행령 별표1]** (최근개정: 2019. 6. 11.)

단기체류자격(제12조 관련)

| 체류자격 (기호) | 체류자격에 해당하는 사람 또는 활동범위 |
|---|---|
| 1. 사증면제 (B-1) | 대한민국과 사증면제협정을 체결한 국가의 국민으로서 그 협정에 따른 활동을 하려는 사람 |
| 2. 관광·통과 (B-2) | 관광·통과 등의 목적으로 대한민국에 사증 없이 입국하려는 사람 |
| 3. 일시취재 (C-1) | 일시적인 취재 또는 보도활동을 하려는 사람 |

| | |
|---|---|
| 4. 단기방문<br>(C-3) | 시장조사, 업무 연락, 상담, 계약 등의 상용(商用)활동과 관광, 통과, 요양, 친지 방문, 친선경기, 각종 행사나 회의 참가 또는 참관, 문화예술, 일반연수, 강습, 종교의식 참석, 학술자료 수집, 그 밖에 이와 유사한 목적으로 90일을 넘지 않는 기간 동안 체류하려는 사람(영리를 목적으로 하는 사람은 제외한다) |
| 5. 단기취업<br>(C-4) | 가. 일시 흥행, 광고·패션 모델, 강의·강연, 연구, 기술지도 등 별표 1의2 중 14. 교수(E-1)부터 20. 특정활동(E-7)까지의 체류자격에 해당하는 분야에 수익을 목적으로 단기간 취업활동을 하려는 사람<br>나. 각종 용역계약 등에 의하여 기계류 등의 설치·유지·보수, 조선 및 산업설비 제작·감독 등을 목적으로 국내 공공기관·민간단체에 파견되어 단기간 영리활동을 하려는 사람<br>다. 법무부장관이 관계 중앙행정기관의 장과 협의하여 정하는 농작물 재배·수확(재배·수확과 연계된 원시가공 분야를 포함한다) 및 수산물 원시가공 분야에서 단기간 취업 활동을 하려는 사람으로서 법무부장관이 인정하는 사람 |

**[출입국관리법 시행령 별표 1의2]** (최근개정: 2020. 8. 5.)

장기체류자격(제12조 관련)

| 체류자격<br>(기호) | 체류자격에 해당하는 사람 또는 활동범위 |
|---|---|
| 1. 외 교<br>(A-1) | 대한민국정부가 접수한 외국정부의 외교사절단이나 영사기관의 구성원, 조약 또는 국제관행에 따라 외교사절과 동등한 특권과 면제를 받는 사람과 그 가족 |
| 2. 공 무<br>(A-2) | 대한민국정부가 승인한 외국정부 또는 국제기구의 공무를 수행하는 사람과 그 가족 |
| 3. 협 정<br>(A-3) | 대한민국정부와의 협정에 따라 외국인등록이 면제되거나 면제할 필요가 있다고 인정되는 사람과 그 가족 |
| 4. 문화예술<br>(D-1) | 수익을 목적으로 하지 않는 문화 또는 예술 관련 활동을 하려는 사람(대한민국의 전통문화 또는 예술에 대하여 전문적인 연구를 하거나 전문가의 지도를 받으려는 사람을 포함한다) |
| 5. 유 학<br>(D-2) | 전문대학 이상의 교육기관 또는 학술연구기관에서 정규과정의 교육을 받거나 특정 연구를 하려는 사람 |
| 6. 기술연수<br>(D-3) | 법무부장관이 정하는 연수조건을 갖춘 사람으로서 국내의 산업체에서 연수를 받으려는 사람 |
| 7. 일반연수<br>(D-4) | 법무부장관이 정하는 요건을 갖춘 교육기관이나 기업체, 단체 등에서 교육 또는 연수를 받거나 연구활동에 종사하려는 사람[연수기관으로부터 체재비를 초과하는 보수(報酬)를 받거나 유학(D-2)·기술연수(D-3) 체류자격에 해당하는 사람은 제외한다] |
| 8. 취 재<br>(D-5) | 외국의 신문사, 방송사, 잡지사 또는 그 밖의 보도기관으로부터 파견되거나 외국 보도기관과의 계약에 따라 국내에 주재하면서 취재 또는 보도활동을 하려는 사람 |
| 9. 종 교<br>(D-6) | 가. 외국의 종교단체 또는 사회복지단체로부터 파견되어 대한민국에 있는 지부 또는 유관 종교단체에서 종교활동을 하려는 사람 |

| | |
|---|---|
| | 나. 대한민국 내의 종교단체 또는 사회복지단체의 초청을 받아 사회복지활동을 하려는 사람<br>다. 그 밖에 법무부장관이 인정하는 종교활동 또는 사회복지활동에 종사하려는 사람 |
| 10. 주 재<br>(D-7) | 가. 외국의 공공기관·단체 또는 회사의 본사, 지사, 그 밖의 사업소 등에서 1년 이상 근무한 사람으로서 대한민국에 있는 그 계열회사, 자회사, 지점 또는 사무소 등에 필수 전문인력으로 파견되어 근무하려는 사람[기업투자(D-8) 체류자격에 해당하는 사람은 제외하며, 국가기간산업 또는 국책사업에 종사하려는 경우나 그 밖에 법무부장관이 필요하다고 인정하는 경우에는 1년 이상의 근무요건을 적용하지 않는다]<br>나. 「자본시장과 금융투자업에 관한 법률」 제9조 제15항 제1호에 따른 상장법인 또는 「공공기관의 운영에 관한 법률」 제4조 제1항에 따른 공공기관이 설립한 해외 현지법인이나 해외지점에서 1년 이상 근무한 사람으로서 대한민국에 있는 그 본사나 본점에 파견되어 전문적인 지식·기술 또는 기능을 제공하거나 전수받으려는 사람(상장법인의 해외 현지법인이나 해외지점 중 본사의 투자금액이 미화 50만 달러 미만인 경우는 제외한다) |
| 11. 기업투자<br>(D-8) | 가. 「외국인투자 촉진법」에 따른 외국인투자기업의 경영·관리 또는 생산·기술 분야에 종사하려는 필수전문인력으로서 법무부장관이 인정하는 사람[외국인이 경영하는 기업(법인은 제외한다)에 투자한 사람 및 국내에서 채용된 사람은 제외한다]<br>나. 지식재산권을 보유하는 등 우수한 기술력으로 「벤처기업육성에 관한 특별조치법」 제2조의2 제1항 제2호 다목에 따른 벤처기업을 설립한 사람 중 같은 법 제25조에 따라 벤처기업 확인을 받은 사람 또는 이에 준하는 사람으로서 법무부장관이 인정하는 사람<br>다. 다음의 어느 하나에 해당하는 사람으로서 지식재산권을 보유하거나 이에 준하는 기술력 등을 가진 사람 중 법무부장관이 인정한 법인 창업자<br>1) 국내에서 전문학사 이상의 학위를 취득한 사람<br>2) 외국에서 학사 이상의 학위를 취득한 사람<br>3) 관계 중앙행정기관의 장이 지식재산권 보유 등 우수한 기술력을 보유한 사람으로 인정하여 추천한 사람 |
| 12. 무역경영<br>(D-9) | 대한민국에 회사를 설립하여 경영하거나 무역, 그 밖의 영리사업을 위한 활동을 하려는 사람으로서 필수 전문인력에 해당하는 사람[수입기계 등의 설치, 보수, 조선 및 산업설비 제작·감독 등을 위하여 대한민국 내의 공공기관·민간단체에 파견되어 근무하려는 사람을 포함하되, 국내에서 채용하는 사람과 기업투자(D-8) 체류자격에 해당하는 사람은 제외한다] |
| 13. 구 직<br>(D-10) | 가. 교수(E-1)부터 특정활동(E-7)까지의 체류자격[예술흥행(E-6) 체류자격 중 법무부장관이 정하는 공연업소의 종사자는 제외한다]에 해당하는 분야에 취업하기 위하여 연수나 구직활동 등을 하려는 사람으로서 법무부장관이 인정하는 사람<br>나. 기업투자(D-8) 다목에 해당하는 법인의 창업 준비 등을 하려는 사람으로서 법무부장관이 인정하는 사람 |
| 14. 교 수 | 「고등교육법」 제14조 제1항·제2항 또는 제17조에 따른 자격요건을 갖 |

| | |
|---|---|
| (E-1) | 춘 외국인으로서 전문대학 이상의 교육기관이나 이에 준하는 기관에서 전문 분야의 교육 또는 연구·지도 활동에 종사하려는 사람 |
| 15. 회화지도 (E-2) | 법무부장관이 정하는 자격요건을 갖춘 외국인으로서 외국어전문학원, 초등학교 이상의 교육기관 및 부설어학연구소, 방송사 및 기업체 부설 어학연수원, 그 밖에 이에 준하는 기관 또는 단체에서 외국어 회화지도에 종사하려는 사람 |
| 16. 연　　구 (E-3) | 대한민국 내 공공기관·민간단체으로부터 초청을 받아 각종 연구소에서 자연과학 분야의 연구, 사회과학·인문학·예체능 분야의 연구 또는 산업상 고도기술의 연구·개발에 종사하려는 사람[교수(E-1) 체류자격에 해당하는 사람은 제외한다] |
| 17. 기술지도 (E-4) | 자연과학 분야의 전문지식 또는 산업상 특수한 분야에 속하는 기술을 제공하기 위하여 대한민국 내 공공기관·민간단체로부터 초청을 받아 종사하려는 사람 |
| 18. 전문직업 (E-5) | 대한민국 법률에 따라 자격이 인정된 외국의 변호사, 공인회계사, 의사, 그 밖에 국가공인 자격이 있는 사람으로서 대한민국 법률에 따라 할 수 있도록 되어 있는 법률, 회계, 의료 등의 전문업무에 종사하려는 사람[교수(E-1) 체류자격에 해당하는 사람은 제외한다] |
| 19. 예술흥행 (E-6) | 수익이 따르는 음악, 미술, 문학 등의 예술활동과 수익을 목적으로 하는 연예, 연주, 연극, 운동경기, 광고·패션 모델, 그 밖에 이에 준하는 활동을 하려는 사람 |
| 20. 특정활동 (E-7) | 대한민국 내의 공공기관·민간단체 등과의 계약에 따라 법무부장관이 특별히 지정하는 활동에 종사하려는 사람 |
| 20의2. 계절근로(E-8) | 법무부장관이 관계 중앙행정기관의 장과 협의하여 정하는 농작물 재배·수확(재배·수확과 연계된 원시가공 분야를 포함한다) 및 수산물 원시가공 분야에서 취업 활동을 하려는 사람으로서 법무부장관이 인정하는 사람 |
| 21. 비전문취업 (E-9) | 「외국인근로자의 고용 등에 관한 법률」에 따른 국내 취업요건을 갖춘 사람(일정 자격이나 경력 등이 필요한 전문직종에 종사하려는 사람은 제외한다) |
| 22. 선원취업 (E-10) | 다음 각 목에 해당하는 사람과 그 사업체에서 6개월 이상 노무를 제공할 것을 조건으로 선원근로계약을 체결한 외국인으로서 「선원법」 제2조제6호에 따른 부원(部員)에 해당하는 사람<br>가. 「해운법」 제3조 제1호·제2호·제5호 또는 제23조 제1호에 따른 사업을 경영하는 사람<br>나. 「수산업법」 제8조 제1항 제1호, 제41조 제1항 또는 제57조 제1항에 따른 사업을 경영하는 사람<br>다. 「크루즈산업의 육성 및 지원에 관한 법률」 제2조 제7호에 따른 국적 크루즈사업자로서 같은 조 제4호에 따른 국제순항 크루즈선을 이용하여 사업을 경영하는 사람 |
| 23. 방문동거 (F-1) | 가. 친척 방문, 가족 동거, 피부양(被扶養), 가사정리, 그 밖에 이와 유사한 목적으로 체류하려는 사람으로서 법무부장관이 인정하는 사람<br>나. 다음의 어느 하나에 해당하는 사람의 가사보조인<br>1) 외교(A-1), 공무(A-2) 체류자격에 해당하는 사람<br>2) 미화 50만 달러 이상을 투자한 외국투자가(법인인 경우 그 임직원을 포함한다)로서 기업투자(D-8), 거주(F-2), 영주(F-5), |

| | |
|---|---|
| | 결혼이민(F-6) 체류자격에 해당하는 사람<br>3) 인공지능(AI), 정보기술(IT), 전자상거래 등 기업정보화(e-business), 생물산업(BT), 나노기술(NT) 분야 등 법무부장관이 정하는 첨단·정보기술 업체에 투자한 외국투자가(법인인 경우 그 임직원을 포함한다)로서 기업투자(D-8), 거주(F-2), 영주(F-5), 결혼이민(F-6) 체류자격에 해당하는 사람<br>4) 취재(D-5), 주재(D-7), 무역경영(D-9), 교수(E-1)부터 특정활동(E-7)까지의 체류자격에 해당하거나 그 체류자격에서 거주(F-2) 바목 또는 별표 1의3 영주(F-5) 제1호의 체류자격으로 변경한 전문인력으로서 법무부장관이 인정하는 사람<br>다. 외교(A-1)부터 협정(A-3)까지의 체류자격에 해당하는 사람의 동일한 세대에 속하지 않는 동거인으로서 그 체류의 필요성을 법무부장관이 인정하는 사람<br>라. 그 밖에 부득이한 사유로 직업활동에 종사하지 않고 대한민국에 장기간 체류하여야 할 사정이 있다고 인정되는 사람 |
| 24. 거 주<br>(F-2) | 가. 국민의 미성년 외국인 자녀 또는 별표 1의3 영주(F-5) 체류자격을 가지고 있는 사람의 배우자 및 그의 미성년 자녀<br>나. 국민과 혼인관계(사실상의 혼인관계를 포함한다)에서 출생한 사람으로서 법무부장관이 인정하는 사람<br>다. 난민의 인정을 받은 사람<br>라. 「외국인투자 촉진법」에 따른 외국투자가 등으로 다음의 어느 하나에 해당하는 사람<br>1) 미화 50만 달러 이상을 투자한 외국인으로서 기업투자(D-8) 체류자격으로 3년 이상 계속 체류하고 있는 사람<br>2) 미화 50만 달러 이상을 투자한 외국법인이 「외국인투자 촉진법」에 따른 국내 외국인투자기업에 파견한 임직원으로서 3년 이상 계속 체류하고 있는 사람<br>3) 미화 30만 달러 이상을 투자한 외국인으로서 2명 이상의 국민을 고용하고 있는 사람<br>마. 별표 1의3 영주(F-5) 체류자격을 상실한 사람 중 국내 생활관계의 권익보호 등을 고려하여 법무부장관이 국내에서 계속 체류하여야 할 필요가 있다고 인정하는 사람(강제퇴거된 사람은 제외한다)<br>바. 외교(A-1)부터 협정(A-3)까지의 체류자격 외의 체류자격으로 대한민국에 5년 이상 계속 체류하여 생활 근거지가 국내에 있는 사람으로서 법무부장관이 인정하는 사람<br>사. 비전문취업(E-9), 선원취업(E-10) 또는 방문취업(H-2) 체류자격으로 취업활동을 하고 있는 사람으로서 과거 10년 이내에 법무부장관이 정하는 체류자격으로 4년 이상의 기간 동안 취업활동을 한 사실이 있는 사람 중 다음 요건을 모두 갖춘 사람<br>1) 법무부장관이 정하는 기술·기능 자격증을 가지고 있거나 일정 금액 이상의 임금을 국내에서 받고 있을 것(기술·기능 자격증의 종류 및 임금의 기준에 관하여는 법무부장관이 관계 중앙행정기관의 장과 협의하여 고시한다)<br>2) 법무부장관이 정하는 금액 이상의 자산을 가지고 있을 것<br>3) 대한민국 「민법」에 따른 성년으로서 품행이 단정하고 대한민국에서 거주하는 데 필요한 기본 소양을 갖추고 있을 것 |

| | |
|---|---|
| | 아. 「국가공무원법」 또는 「지방공무원법」에 따라 공무원으로 임용된 사람으로서 법무부장관이 인정하는 사람<br>자. 나이, 학력, 소득 등이 법무부장관이 정하여 고시하는 기준에 해당하는 사람<br>차. 투자지역, 투자대상, 투자금액 등 법무부장관이 정하여 고시하는 기준에 따라 부동산 등 자산에 투자한 사람 또는 법인의 임원, 주주 등으로서 법무부장관이 인정하는 외국인. 이 경우 법인에 대해서는 법무부장관이 투자금액 등을 고려하여 체류자격 부여인원을 정한다.<br>카. 자목이나 차목에 해당하는 사람의 배우자 및 자녀(법무부장관이 정하는 요건을 갖춘 자녀만 해당한다) |
| 25. 동 반<br>(F-3) | 문화예술(D-1)부터 특정활동(E-7)까지의 체류자격에 해당하는 사람의 배우자 및 미성년 자녀로서 배우자가 없는 사람[기술연수(D-3) 체류자격에 해당하는 사람은 제외한다] |
| 26. 재외동포<br>(F-4) | 「재외동포의 출입국과 법적 지위에 관한 법률」 제2조 제2호에 해당하는 사람(단순 노무행위 등 이 영 제23조 제3항 각 호에서 규정한 취업활동에 종사하려는 사람은 제외한다) |
| 27. 결혼이민<br>(F-6) | 가. 국민의 배우자<br>나. 국민과 혼인관계(사실상의 혼인관계를 포함한다)에서 출생한 자녀를 양육하고 있는 부 또는 모로서 법무부장관이 인정하는 사람<br>다. 국민인 배우자와 혼인한 상태로 국내에 체류하던 중 그 배우자의 사망이나 실종, 그 밖에 자신에게 책임이 없는 사유로 정상적인 혼인관계를 유지할 수 없는 사람으로서 법무부장관이 인정하는 사람 |
| 28. 관광취업<br>(H-1) | 대한민국과 "관광취업"에 관한 협정이나 양해각서 등을 체결한 국가의 국민으로서 협정 등의 내용에 따라 관광과 취업활동을 하려는 사람(협정 등의 취지에 반하는 업종이나 국내법에 따라 일정한 자격요건을 갖추어야 하는 직종에 취업하려는 사람은 제외한다) |
| 29. 방문취업<br>(H-2) | 가. 체류자격에 해당하는 사람: 「재외동포의 출입국과 법적 지위에 관한 법률」 제2조 제2호에 따른 외국국적동포(이하 "외국국적동포"라 한다)에 해당하고, 다음의 어느 하나에 해당하는 18세 이상인 사람 중에서 나목의 활동범위 내에서 체류하려는 사람으로서 법무부장관이 인정하는 사람[재외동포(F-4) 체류자격에 해당하는 사람은 제외한다]<br>1) 출생 당시에 대한민국 국민이었던 사람으로서 가족관계등록부, 폐쇄등록부 또는 제적부에 등재되어 있는 사람 및 그 직계비속<br>2) 국내에 주소를 둔 대한민국 국민 또는 별표 1의3 영주(F-5) 제5호에 해당하는 사람의 8촌 이내의 혈족 또는 4촌 이내의 인척으로부터 초청을 받은 사람<br>3) 「국가유공자 등 예우 및 지원에 관한 법률」 제4조에 따른 국가유공자와 그 유족 등에 해당하거나 「독립유공자예우에 관한 법률」 제4조에 따른 독립유공자와 그 유족 또는 그 가족에 해당하는 사람<br>4) 대한민국에 특별한 공로가 있거나 대한민국의 국익 증진에 기여한 사람<br>5) 유학(D-2) 체류자격으로 1학기 이상 재학 중인 사람의 부모 |

및 배우자

6) 국내 외국인의 체류질서 유지를 위하여 법무부장관이 정하는 기준 및 절차에 따라 자진하여 출국한 사람

7) 1)부터 6)까지의 규정에 해당하지 않는 사람으로서 법무부장관이 정하여 고시하는 한국어시험, 추첨 등의 절차에 따라 선정된 사람

나. 활동범위

1) 방문, 친척과의 일시 동거, 관광, 요양, 견학, 친선경기, 비영리 문화예술활동, 회의 참석, 학술자료 수집, 시장조사 · 업무연락 · 계약 등 상업적 용무, 그 밖에 이와 유사한 목적의 활동

2) 한국표준산업분류표에 따른 다음의 산업 분야에서의 활동

가) 작물 재배업(011)

나) 축산업(012)

다) 작물재배 및 축산 관련 서비스업(014)

라) 연근해 어업(03112)

마) 양식 어업(0321)

바) 천일염 생산 및 암염 채취업(07220)

사) 제조업(10~34). 다만, 상시 사용하는 근로자 수가 300명 미만이거나 자본금이 80억원 이하인 경우에만 해당한다.

아) 하수, 폐수 및 분뇨 처리업(37)

자) 폐기물 수집, 운반, 처리 및 원료재생업(38)

차) 건설업(41~42). 다만, 발전소 · 제철소 · 석유화학 건설현장의 건설업체 중 업종이 산업 · 환경설비 공사인 경우는 제외한다.

카) 육지동물 및 애완동물 도매업(46205)

타) 기타 산업용 농산물 도매업(46209)

파) 생활용품 도매업(464)

하) 기계장비 및 관련 물품 도매업(465)

거) 재생용 재료 수집 및 판매업(46791)

너) 기타 생활용품 소매업(475)

더) 기타 상품 전문 소매업(478)

러) 무점포 소매업(479)

머) 육상 여객 운송업(492)

버) 냉장 및 냉동 창고업(52102). 다만, 내륙에 위치한 업체에 한정한다.

서) 호텔업(55101). 다만, 「관광진흥법」에 따른 호텔업은 1등급 · 2등급 및 3등급의 호텔업으로 한정한다.

어) 여관업(55102)

저) 한식 음식점업(5611)

처) 외국인 음식점업(5612)

커) 기타 간이 음식점업(5619)

터) 서적, 잡지 및 기타 인쇄물 출판업(581)

퍼) 음악 및 기타 오디오물 출판업(59201)

허) 사업시설 유지관리 서비스업(741)

고) 건축물 일반 청소업(74211)

노) 산업설비, 운송장비 및 공공장소 청소업(74212)

| | |
|---|---|
| | 도) 여행사 및 기타 여행보조 서비스업(752)<br>로) 사회복지 서비스업(87)<br>모) 자동차 종합 수리업(95211)<br>보) 자동차 전문 수리업(95212)<br>소) 모터사이클 수리업(9522)<br>오) 욕탕업(96121)<br>조) 산업용 세탁업(96911)<br>초) 개인 간병 및 유사 서비스업(96993)<br>코) 가구 내 고용활동(97) |
| 30. 기 타<br>(G-1) | 별표 1, 이 표 중 외교(A-1)부터 방문취업(H-2)까지 또는 별표 1의3의 체류자격에 해당하지 않는 사람으로서 법무부장관이 인정하는 사람 |

고용허가를 받지 않아 국내에서 노동할 수 없는 외국인이 국내에서 노동하는 것은 금지되지만 이러한 외국인이 불법적으로 노동하는 경우가 있다. 또한 이러한 노동자들은 합법적인 체류기간을 넘겨 국내에 체류하면서 노동하는 경우도 있다. 외국인노동자가 불법체류자와 동의어로 사용되는 이유가 여기에 있다. 불법체류 외국인노동자를 '미등록 외국인노동자'라고 부르기도 한다.[10)]

불법체류 외국인노동자의 경우에는 불리한 상황에 처해 있기 때문에 형편없는 임금과 열악한 노동환경에서 노동할 수밖에 없다. 또한 고용허가를 받은 합법적인 외국인노동자의 경우에도 대부분 제3세계에서 이주해왔기 때문에 한국인노동자보다 적은 임금과 불리한 노동조건에서 일할 수밖에 없는 것이 현실이다.

이러한 현실 속에서 외국인노동자에게 한국인노동자가 보장받는 권리를 얼마나 보장해줄 수 있는지가 문제된다. 임금과 노동조건 및 노동3권에 이르기까지 모든 권리에서 한국인노동자와 외국인노동자는 동등한 권리를 향유할 수 있는지, 아니면 일정한 경우 외국인노동자가 향유할 수 없는 권리도 있는 것인지가 문제다.

## Ⅱ. 한국 내 외국인노동자의 현실

### 1. 전체숫자

외국인노동자가 국내에 증가하게 된 시점은 보통 1988년 올림픽으로 잡는다. 올림픽 이후 경제성장이 가파르게 진행되면서 소득이 증가하고 이른바 더럽고 힘들고 위험한 '3D업종'에 취업하는 것을 꺼리는 현상이 나타나게 된 것이

10) 미등록 외국인노동자의 개념과 현황 및 법적 쟁점에 대해서는 노재철(2010), 40면 이하 참조.

계기가 된다.[11] 이후 약 20년 동안 꾸준히 증가한 외국인노동자의 숫자는 이제 40~50만에 이르고, 앞으로도 더욱 증가할 것이라는 예상이 많다.[12]

이 가운데 불법체류자는 20만 명을 훨씬 넘고 있다. 2003년 고용허가제 실시 이후에 한국에서 3년 계약기간으로 일한 외국인노동자는 자국으로 돌아가 1개월이 지나면 다시 한국에 들어와 취업할 수 있다. 하지만 다시 한국에 돌아와 일하는 것을 보장받지 못하기 때문에 외국인노동자는 여전히 불법체류자의 길을 선택하고 있다. 따라서 불법체류자는 더욱 늘어날 것으로 보는 견해가 많다.

## 2. 출신국가

한국에 이주해온 외국인 노동자는 제3세계국가 출신이 대부분을 차지한다. 고용허가제에 따라 한국과 인력송출 양해각서(MOU: Memorandum of Understanding)를 체결한 국가로는 필리핀, 태국, 베트남, 인도네시아, 스리랑카, 몽골(이상 2004년 체결), 우즈베키스탄, 파키스탄, 캄보디아(이상 2006년 체결)가 있다.[13] 그 밖에도 중국은 인력송출 양해각서는 체결되어 있지 않지만 국내에 체류하는 외국인노동자의 많은 부분을 차지하고 있는 것으로 알려지고 있다. 실제로 불법체류 외국인에 관한 통계도 이와 일치한다(아래 [표 36.1] 참조).

**[표 36.1] 국적별 외국인 불법체류 현황** (단위: 명)

| 연 도 / 국 적 | 2015 | 2016 | 2017 | 2018 | 2019 | 2020 |
|---|---|---|---|---|---|---|
| 태 국 | 52,519 | 56,099 | 68,449 | 138,591 | 152,439 | 151,468 |
| 중 국 | 67,333 | 55,831 | 62,827 | 71,070 | 70,536 | 63,549 |
| 베 트 남 | 26,563 | 27,862 | 31,691 | 42,056 | 58,686 | 66,046 |
| 몽 골 | 8,274 | 10,146 | 12,719 | 15,919 | 17,510 | 17,006 |
| 필 리 핀 | 12,358 | 11,295 | 11,954 | 13,020 | 13,095 | 13,291 |

11) 한중수교 이후 중국교포의 입국증가를 외국인노동자가 증가하게 된 원인으로 보기도 한다. 박경주(2002), 257면 참조.

12) 외국인노동자의 국제적 이동을 "자본의 전지구화"로 설명하는 견해가 있다. 설동훈(2001), 359면 참조. 이러한 견해에 따르면 자본의 세계화에서 벗어날 수 없는 한국의 경우에도 외국인노동자의 증가는 불가피한 현상이다.

13) 인력송출국가의 정책에 대한 자세한 설명은 조성환(2006), 57면 이하 참조.

| 러 시 아 | 1,600 | 3,849 | 8,533 | 10,906 | 12,090 | 11,172 |
|---|---|---|---|---|---|---|
| 카자흐스탄 | 1,337 | 2,914 | 7,214 | 11,413 | 11,092 | 10,452 |
| 인도네시아 | 7,269 | 7,181 | 7,626 | 8,110 | 8,460 | 8,603 |
| 우즈베키스탄 | 4,680 | 4,452 | 5,241 | 6,162 | 7,137 | 8,239 |
| 캄보디아 | 3,556 | 3,886 | 30,072 | 31,982 | 33,137 | 7,050 |
| 기 타 | 28,679 | 25,456 | 30,072 | 31,982 | 33,137 | 35,320 |
| 합 계 | 214,168 | 208,971 | 251,041 | 355,126 | 390,281 | 392,196 |

자료: 법무부 출입국 · 외국인정책본부, <2020 출입국 · 외국인정책 통계연보>(2021).

## 3. 진출업종

외국인노동자가 취업하는 대부분의 업종은 국내 노동자가 꺼리는 제조업, 건설업, 식당주방 · 청소 · 서빙, 가정부 · 파출부 등 3D업종에 속한다. 예를 들어 제조업의 경우에 화합물 · 석유 · 석탄 · 고무 및 플라스틱 제조업, 섬유 · 의복 및 가죽산업, 조립금속제품 · 기계 및 장비 제조업 등의 순으로 외국인노동자가 많이 취업하고 있다.[14)]

## 4. 임금수준

외국인노동자가 받는 월평균 임금은 2002년을 기준으로 100만원에 가깝다는 통계가 있다.[15)] 이러한 임금 수준은 외국인노동자가 본국에서 받은 것보다 대략 7~8배 정도가 된다고 한다. 하지만 문제는 이러한 임금을 받기 위해서 장시간 일해야 한다는 점이다. 같은 기간을 기준으로 월평균 270여 시간(휴일포함 1일 평균 9시간)을 일했으므로 시간당 평균임금은 대략 3600여 원 정도로 계산된다. 이러한 저임금과 장시간 노동은 외국인노동자에 대한 대표적인 인권침해로 지적되고 있다.[16)] 국가인권위원회의 실태조사에 의하면, 2015년 건설업 종사 외국인노동자의 경우 39.2%가 임금체불을 경험하였으며, 이중 불법취업자는 7개월 이상 임금 체

14) 자세한 통계는 국가인권위원회 인권실태조사(2002), 14면 참조.
15) 임금 수준은 합법적 체류자인지 아니면 불법적 체류자인지, 그리고 한국계인지 아니면 비한국계인지에 따라서 차이가 있다고 한다. 국가인권위원회 인권실태조사(2002), 70면 참조.
16) 국가인권위원회의 '국내거주 외국인노동자 인권향상을 위한 정책권고' 결정(2003. 2. 10.) 참조.

불을 경험한 사람이 12.5%에 이르렀다 한다.[17]

**[표 36.2] 내국인과 외국인 근로자 월평균 임금 현황 비교**

| | 연 도 | 2013 | 2014 | 2015 | 2016 | 2017 | 2018 | 2019 | 2020 |
|---|---|---|---|---|---|---|---|---|---|
| 내국인 월평균 임금 (만원) | 임금근로자 | 218.9 | 224.0 | 230.4 | 237.2 | 243.0 | 255.8 | 264.3 | 268.1 |
| | 정 규 직 | 255.1 | 261.1 | 270.2 | 279.9 | 285.1 | 300.9 | 316.5 | 323.4 |
| | 비정규직 | 143.4 | 145.9 | 147.3 | 149.8 | 156.9 | 164.4 | 172.9 | 171.1 |

자료: 통계청, <경제활동인구조사 근로형태별 부가조사 결과>(2020.8.)

| | | 임금근로자 | 100만원 미만 | 100만원~200만원 미만 | 200만원~300만원 미만 | 300만원 이상 |
|---|---|---|---|---|---|---|
| 외국인 월평균 임금 | 2020년 5월 기준 | 803.7천 명 | 38.2천 명 | 223.1천 명 | 410.8천 명 | 131.7천 명 |
| | | 100% | 4.8% | 27.8% | 51.1% | 16.4% |
| | 비전문취업 (E-9) | 251.1천 명 | 0 | 67.4천 명 | 160천 명 | 23.5천 명 |
| | 방문취업 (H-2) | 116.3천 명 | 4.4천 명 | 29.6천 명 | 63천 명 | 19.3천 명 |

자료: 통계청, <이민자 체류실태 및 고용조사 결과>(2020.12.)

## 5. 권리보장수준

외국인노동자가 겪는 어려움 가운데 가장 많이 발생하는 것은 임금체불이다.[18] 특히 불법체류자라는 사실을 악용해 사용자가 임금지불을 의도적으로 미루는 사례가 많다. 그리고 산업재해와[19] 폭행이나 감금 등 가혹행위도 외국인노동자를 힘들게 하는 노동환경에 속한다.[20] 또한 불법체류자를 단속하는 과정에서 외국

17) 국가인권위원회 2015년도 인권상황 실태조사, "건설업 종사 외국인 근로자 인권상황 실태조사", 87면 참조.

18) 미등록노동자(불법체류 외국인근로자) 가운데 임금체불 경험이 있는 노동자는 한국계의 경우 55.1%, 비한국계의 경우 56.9%라는 통계가 있다. 국가인권위원회 인권실태조사(2002), 98면 참조.

19) 매년 2000명 이상의 외국인노동자가 산업재해를 당하고 이 가운데 70명 이상이 사망한다는 통계가 있다. 구체적으로 2003년 2천666명, 2004년 2천724명, 2005년 2천517명이 산업재해를 당했고, 2003년 79명, 2004년과 2005년 각각 74명이 산업재해로 사망했다고 한다. 중앙일보 2007년 2월 12일자 인터넷판 뉴스(www.joins.com) 참조.

20) 임금체불, 산업재해, 폭행은 외국인노동자에 대한 인권침해의 문제로 오래전부터 제기되었다. 박석운(1995), 279면 이하 참조. 따라서 이 세 가지 영역은 외국인노동자의 인권과 관련하여 반드시 해결되어야 할 핵심적인 주제로 이해된다.

인노동자에게 가해지는 모욕과 폭행도 노동환경과 직접적인 관련은 없지만 외국인 노동자의 인권을 침해하는 중요한 사례가 되고 있다.21) 물론 단속을 피해 도망가다 목숨을 잃거나 중상을 입는 피해는 인권침해의 통계에 포함되지도 않는다.22)

## Ⅲ. 외국인노동자에게 보장되어야 할 권리

고용허가를 받은 외국인노동자는 원칙적으로 국민인 노동자와 평등한 대우를 받는다. 따라서 사용자는 외국인노동자라는 이유로 부당한 차별적 처우를 하는 것은 금지된다(외국인근로자법 제22조). 국적을 이유로 근로조건에 대한 차별적 처우를 금지하는 '균등한 처우의 원칙'은 이미 **근로기준법**(최근개정: 2021. 5. 18. 법률 제18176호)에서도 확인되고 있다(동법 제6조). 불법체류자인 외국인노동자도 근로기준법이 적용되는 근로자로 보는 것이 타당하다.23) 대법원도 이미 이와 같은 사실을 확인하였다(아래 [판례 36.1] 참조).

**[판례 36.1] 불법체류 외국인근로자의 법적 지위**

출입국관리법에서 외국인이 대한민국에서 체류하여 행할 수 있는 활동이나 대한민국에 체류할 수 있는 신분 또는 지위에 관한 체류자격과 그 체류기간에 관하여 규율하면서 아울러 외국인 고용제한을 규정하고 있는바, 그 입법취지가 단순히 외국인의 불법체류만을 단속할 목적으로 한 것이라고는 할 수 없고, 위 규정들은 취업자격 없는 외국인의 유입으로 인한 국내 고용시장의 불안정을 해소하고 노동인력의 효율적 관리, 국내 근로자의 근로조건의 유지 등의 목적을 효율적으로 달성하기 위하여 외국인의 취업자격에 관하여 규율하면서 취업자격 없는 외국인의 고용을 금지시키기 위한 입법목적도 아울러 갖고 있다. … 이는 취업자격 없는 외국인의 고용이라는 사실적 행위 자체를 금지하고자 하는 것뿐이지 나아가 취업자격 없는 외국인이 사실상 제공한 근로에 따른 권리나 이미 형성된 근로관계에 있

---

21) 불법체류 외국인노동자에 대한 단속과정에서 보장되어야 하는 인권 목록에 대해서는 김병록(2010a), 191면 이하 참조.

22) 그 밖에도 외국인노동자에 대한 인권침해 사례로 신분증압류, 성희롱 · 성폭행 · 성매매, 열악한 주거환경, 인종차별 등도 지적된다. 국가인권위원회의 인권실태조사(2002), 91면 이하 및 '국내거주 외국인노동자 인권향상을 위한 정책권고' 결정(2003. 2. 10.); 장준오(2002), 124면 이하 참조. 외국인노동자의 고단한 현실을 잘 보여주는 웹사이트로 '고기복의 <이주노동자 이야기>'(www.ohmynews.com/serialpage/character_view.asp? serial_no=227) 참조.

23) 불법체류 외국인노동자(미등록 이주노동자)의 보호에 관한 국제적 기준으로서 '이주노동자와 그 가족의 권리보호에 관한 국제협약'(International Convention on the Protection of the Rights of All Migrant Workers and Members of Their Families, 1990: 발표일은 2003년 4월 1일)이 있다. 이에 대한 자세한 설명은 설동훈(2005), 63면 이하 참조.

> 어서의 근로자로서의 신분에 따른 노동 관계법상의 제반 권리 등의 법률효과까지 금지하려는 규정으로는 보기 어렵다. … 취업자격 없는 외국인이 출입국관리법상의 고용제한 규정을 위반하여 근로계약을 체결하였다 하더라도 그것만으로 그 근로계약이 당연히 무효라고는 할 수 없고, 취업자격은 외국인이 대한민국 내에서 법률적으로 취업활동을 가능케 하는 것이므로 이미 형성된 근로관계가 아닌 한 취업자격 없는 외국인과의 근로관계는 정지되고, 당사자는 언제든지 그와 같은 취업자격이 없음을 이유로 근로계약을 해지할 수 있다(대판 1995. 9. 15. 94누12067).

### 1. 임　　금

근로기준법에 따르면 사용자는 근로자가 사망 또는 퇴직한 경우에는 그 지급 사유가 발생한 때로부터 14일 이내에 임금 · 보상금 기타 일체의 금품을 지급하여야 한다. 다만, 특별한 사정이 있을 경우에는 당사자 간의 합의에 의하여 기일을 연장할 수 있다(동법 제36조). 또한 임금은 원칙적으로 통화로 직접 근로자에게 그 전액을 지급해야 하고(동법 제43조 제1항), 매월 1회 이상 일정한 기일을 정하여 지급해야 한다(동조 제2항). 이 규정들을 위반한 사용자는 3년 이하의 징역 또는 2,000만원 이하의 벌금에 처해진다(동법 제109조 제1항). 다만, 이 규정들을 위반한 자에 대하여는 피해자의 명시한 의사에 반하여 공소를 제기할 수 없다(동조 제2항). 이러한 규정들은 '균등한 처우의 원칙'에 따라 외국인노동자에게도 적용된다.[24] 따라서 임금을 체불당한 외국인노동자는 민사소송과 형사소송을 통해 권리를 구제받고 사용자를 처벌받게 할 수 있다.

또한 최저임금을 보장하는 **최저임금법**(최근 개정: 2020. 5. 26. 법률 제17326호) 조항은 외국인 노동자에게도 적용되어야 한다.[25] 대법원은 외국인 산업연수생에게도 근로기준법과 최저임금법이 적용된다고 판결한 바 있다(대판 2006. 12. 7. 2006다53627: 위의 각주 6)의 판례 참조). 최저임금에 관한 규정에 위반한 사용자는 3년 이하의 징역 또는 2천만원 이하의 벌금에 처하거나 이를 병과할 수 있다(동법 제28조). 한편 사용자는 외국인근로자에 대한 임금체불에 대비하여 **보증보험**에 가입하여야 한다(외국인 고용법 제23조).

---

24) 근로계약과 관련되어 외국인노동자에게 보장되어야 하는 개별적인 노동인권에 대해서는 전형배(2010), 135면 이하 참조.

25) 같은 취지에서 법령의 개정을 통해 외국인근로자에게 최저임금법을 배제하는 규정을 두는 것도 외국인근로자의 강한 종속성 때문에 허용될 수 없다는 견해가 있다. 최홍엽(2003), 88면 이하 참조. 최저임금법에 대해서는 이 책 제22장 Ⅳ. 2. 참조.

**[법령 36.5] 외국인근로자의 고용 등에 관한 법률**(최근개정: 2021. 4. 13. 법률 제18041호)
**제23조 (보증보험 등의 가입)**
① 사업의 규모 및 산업별 특성 등을 고려하여 대통령령으로 정하는 사업 또는 사업장의 사용자는 임금체불에 대비하여 그가 고용하는 외국인근로자를 위한 보증보험에 가입하여야 한다.
② 산업별 특성 등을 고려하여 대통령령으로 정하는 사업 또는 사업장에서 취업하는 외국인근로자는 질병·사망 등에 대비한 상해보험에 가입하여야 한다.
③ 제1항 및 제2항에 따른 보증보험, 상해보험의 가입방법·내용·관리 및 지급 등에 필요한 사항은 대통령령으로 정한다.

## 2. 사회보장

산업재해보상보험법(최근개정: 2021. 5. 18. 법률 제18181호)의 적용을 받는 근로자는 근로기준법에서 규정한 근로자와 동일하다(동법 제5조 제2호).26) 따라서 근로기준법의 적용을 받는 외국인노동자도 산업재해보상보험법에 따라 **산업재해**로 인한 보상을 받을 수 있다.27) 대법원은 불법체류자인 외국인노동자도 산재보험의 대상이 된다고 판시한 바 있다.28) 사용자는 고용한 외국인노동자의 퇴직금 지급을 위하여 **출국만기보험**이나 신탁에 가입하여야 한다(외국인 고용법 제13조). 또한 **건강보험**에 관한 법률규정은 외국인노동자와 이들을 고용한 사용자에게 그대로 적용된다(동법 제14조).29) 견해에 따라서는 불법체류 외국인노동자에게도 건강보험이 적용될 수 있다고 본다.30) 하지만 현실적으로 불법체류 외국인노동자가 건강보험에 가입하여 혜택을 받을 수 있을지는 의문이다. 한편 외국인노동자는 원칙적으로 **고용보험**의 대상이 되지 않는다(고용보험법 제10조 제5호 및 동법시행령 제3조 제2항 제1호).31)

---

26) 산업재해보상법에 대해서는 이 책 제22장 V. 4. 참조. 외국인노동자의 산업재해 현황과 산업안전과 관련된 법적 대안의 제시로 조흠학(2010), 59면 이하 참조. 한편 외국인노동자에 대한 사회권보장에 대한 일반적 설명으로 박진완(2010), 164면 이하 참조.

27) 외국인근로자의 "체류상태나 사용자의 보험가입 여부와 관계없이 산재보험법상의 보장을 받아야 한다"는 견해도 있다. 최홍엽(2002b), 158면.

28) 대판 1995. 9. 15. 94누12067: "외국인이 취업자격이 아닌 산업연수 체류자격으로 입국하여 구 산업재해보상보험법(1994. 12. 22. 법률 제4826호로 전문 개정되기 전의 것)의 적용대상이 되는 사업장인 회사와 고용계약을 체결하고 근로를 제공하다가 작업 도중 부상을 입었을 경우, 비록 그 외국인이 구 출입국관리법상의 취업자격을 갖고 있지 않았다 하더라도 그 고용계약이 당연히 무효라고 할 수 없고, 위 부상 당시 그 외국인은 사용 종속관계에서 근로를 제공하고 임금을 받아 온 자로서 근로기준법 소정의 근로자였다 할 것이므로 구 산업재해보상보험법상의 요양급여를 받을 수 있는 대상에 해당한다."

29) 건강보험법에 대해서는 이 책 제22장 V. 2. 참조.

30) 최홍엽(2002b), 162면 참조.

31) 고용보험법에 대해서는 이 책 제22장 V. 3. 참조.

**[법령 36.6] 외국인근로자의 고용 등에 관한 법률**(최근개정: 2021. 4. 13. 법률 제18041호)

**제13조 (출국만기보험 · 신탁)**

① 외국인근로자를 고용한 사업 또는 사업장의 사용자(이하 "사용자"라 한다)는 외국인근로자의 출국 등에 따른 퇴직금 지급을 위하여 외국인근로자를 피보험자 또는 수익자(이하 "피보험자 등"이라 한다)로 하는 보험 또는 신탁(이하 "출국만기보험 등"이라 한다)에 가입하여야 한다. 이 경우 보험료 또는 신탁금은 매월 납부하거나 위탁하여야 한다.

② 사용자가 출국만기보험 등에 가입한 경우 「근로자퇴직급여 보장법」 제8조 제1항에 따른 퇴직금제도를 설정한 것으로 본다.

③ 출국만기보험 등의 가입대상 사용자, 가입방법 · 내용 · 관리 및 지급 등에 필요한 사항은 대통령령으로 정하되, 지급시기는 피보험자 등이 출국한 때부터 14일(체류자격의 변경, 사망 등에 따라 신청하거나 출국일 이후에 신청하는 경우에는 신청일부터 14일) 이내로 한다.

④ 출국만기보험 등의 지급사유 발생에 따라 피보험자 등이 받을 금액(이하 "보험금 등"이라 한다)에 대한 청구권은 「상법」 제662조에도 불구하고 지급사유가 발생한 날부터 3년간 이를 행사하지 아니하면 소멸시효가 완성한다. 이 경우 출국만기보험 등을 취급하는 금융기관은 소멸시효가 완성한 보험금 등을 1개월 이내에 한국산업인력공단에 이전하여야 한다.

**제14조 (건강보험)**

사용자 및 사용자에게 고용된 외국인근로자에게 국민건강보험법을 적용하는 경우 사용자는 같은 법 제3조에 따른 사용자로, 사용자에게 고용된 외국인근로자는 같은 법 제6조 제1항에 따른 직장가입자로 본다.

**[표 36.3] 외국인 근로자 사회보험 가입률** (단위: %)

| | 임금근로자 | 고용보험 | | | 산재보험 | | |
|---|---|---|---|---|---|---|---|
| | | 가 입 | 미 가 입 | 모르겠음 | 가 입 | 미 가 입 | 모르겠음 |
| 외 국 인 | 100.0 | 54.3 | 37.2 | 8.5 | 68.1 | 23.1 | 8.8 |
| 남 자 | 100.0 | 56.7 | 34.9 | 8.3 | 74.9 | 16.9 | 8.2 |
| 여 자 | 100.0 | 49.0 | 42.2 | 8.8 | 53.2 | 36.6 | 10.2 |
| 귀화허가자 | 100.0 | 65.9 | 30.1 | 4.1 | 65.4 | 28.9 | 5.7 |

자료: 통계청, <이민자 체류실태 및 고용조사 결과>(2020.12.)

## 3. 폭행금지

근로기준법은 근로자에 대한 사용자의 폭행이나 구타를 금지하고 있다(동법 제8조). 이 조항이 외국인노동자에게도 적용된다는 점은 의문의 여지가 없다. 근로자를 폭행하거나 구타한 사용자는 5년 이하의 징역 또는 3,000만원 이하의 벌금에 처해진다(동법 제107조).

한편 **남녀고용평등과 일·가정 양립 지원에 관한 법률**(최근개정: 2021. 5. 18. 법률 제18178호)은 사업주, 상급자 또는 근로자에 대해서 직장 내 성희롱을 금지한다(동법 제12조). 여기서 '직장 내 성희롱'이란 사업주·상급자 또는 근로자가 직장 내의 지위를 이용하거나 업무와 관련하여 다른 근로자에게 성적 언동 등으로 성적 굴욕감 또는 혐오감을 느끼게 하거나 성적 언동 그 밖의 요구 등에 대한 불응을 이유로 고용에 있어서 불이익을 주는 것을 말한다(동법 제2조 제2호). 사업주가 직장 내 성희롱을 한 경우에는 1천만원 이하의 과태료 처해진다(동법 제39조 제1항). 성희롱의 금지와 처벌은 외국인노동자에게도 당연히 적용된다. 특히 여성 내국인노동자보다 강한 종속적 관계 때문에 항시적으로 성희롱에 노출되어 있는 여성 외국인노동자가 성희롱으로부터 보호받아야 할 필요성이 크다.[32)]

## 4. 노동3권

우리 헌법은 근로자에게 근로조건의 향상을 위하여 노동3권, 즉 단결권·단체교섭권·단체행동권을 보장한다(헌법 제33조 제1항). 합법적인 외국인노동자가 노동3권의 주체가 된다는 사실은 분명하다. 문제는 불법체류 외국인노동자에게 노동3권이 보장되는지 여부다. 이 문제는 더 근본적으로 볼 때 체류의 불법성으로 인해 근로계약이 무효가 되는지 여부와 연결되어 있다. 체류의 합법성 여부가 근로계약의 효력 및 노동3권의 향유 여부를 결정하지는 못한다.[33)] 따라서 불법체류 외국인노동자가 사용자와 체결한 근로계약은 계약이 해지될 때까지 유효하다. 그렇다면 불법체류 외국인노동자가 근로계약에 따라 제공된 노동에 대해서는 임금을 청구할 수 있는 권리가 있다. 그리고 불법체류 외국인노동자에게도 노동3권이 보장되어야 한다. 서울고등법원은 불법체류 외국인노동자에게도 노동조합을 결성하고 가입할 수 있는 권리가 보장된다고 판시하였다.[34)] 하지만 이에 앞서 서울행

---

32) 외국인 여성노동자에 대한 성희롱 및 성폭력 실태에 대해서는 김엘림/오정진(2001), 59면 이하 참조.

33) 같은 견해로 최홍엽(1999), 89면: "출입국관리법 규정은 그 법규 위반에 대해서 사법적 효력까지를 부인하는 규정, 즉 효력규정은 아니라고 해석하는 것이 타당하다."

34) 이 사건은 서울·경기·인천 지역의 외국인근로자를 조합원으로 하여 제출한 노동조합 설립신고에 대한 반려처분의 취소를 구하는 것으로서 2심인 서울고등법원의 판결 이후 2년이 지나도록 대법원의 판단이 이루어지지 않자 2009년 3월에 국제노동기구(ILO: International Labour Organization)에 제소됐다. 그 이후 이 사건에 대해서는 결사의 자유 위원회(CFA: the Committee of Freedom of Association)의 지속적인 권고가 이루어져 왔고, 최근 2015년 3월

정법원은 이러한 권리를 인정하지 않는 판결을 내린 바 있다. 같은 사건에 대한 상고심은 2007년에 접수되었으나, 수년간 판단이 미루어져 오다가 8년 만인 2015년에 대법원은 원심인 서울고등법원의 판결을 그대로 확정하여 취업자격 없는 외국인근로자가 노동조합을 결성하거나 노동조합에 가입할 수 있는 노동조합법상 근로자에 해당한다는 판결을 선고했다(아래 [판례 36.2] 참조).

**[판례 36.2] 불법체류자의 노동조합설립**

[1] 타인에게 사용종속관계 하에서 근로를 제공하고 그 대가로 임금 등을 받아 생활하는 사람은 노동조합법상 근로자에 해당하며, 그러한 근로자가 취업자격 없는 외국인이라고 하여 노동조합법상 근로자의 범위에 포함되지 않는다고 볼 수는 없으므로, 취업자격 없는 외국인근로자도 노동조합을 결성하거나 노동조합에 가입할 수 있다(대판 2015. 6. 25. 2007두4995).

[2] 노동조합 및 노동관계조정법 제2조 제1호, 제4호, 제5조, 제9조, 근로기준법 제5조의 규정에 근로자의 단결권·단체교섭권 및 단체행동권을 보장하여 근로조건의 유지·개선과 근로자의 경제적·사회적 지위의 향상을 도모한다는 노동조합 및 노동관계조정법의 목적을 더하여 보면, 불법체류 외국인이라 하더라도 우리나라에서 현실적으로 근로를 제공하면서 임금·급료 기타 이에 준하는 수입에 의하여 생활하는 이상 노동조합을 설립할 수 있는 근로자에 해당한다고 보아야 한다. 또한, 외국인의 취업자격에 관하여 규율하는 출입국관리법이 취업자격 없는 외국인의 고용을 금지하기 위한 입법목적을 아울러 가지고 있다 하더라도 이는 취업자격 없는 외국인의 고용이라는 사실적 행위 자체를 금지하고자 하는 것에 불과할 뿐이고, 취업자격 없는 외국인근로자가 사용자와 대등한 관계를 이루어 근로조건을 향상시키기 위한 근로자단체를 결성하는 것까지 금지하려는 취지로 보기는 어렵다. 따라서 불법체류 외국인도 노동조합 결성, 가입이 허용되는 근로자에 해당되므로, 지방노동청장으로서는 노동조합의 조합원이 적법한 체류자격이 있는 자인지 여부에 관하여 심사할 권한이 없음에도 불구하고, 이를 심사하기 위하여 아무런 법령상 근거 없이 노동조합에 대하여 조합원 명부의 제출을 요구하고, 그 보완요구에 대한 거절을 이유로 노동조합설립신고서를 반려한 것은 위법하다(서울고법 2007. 2. 1. 2006누6774).

[3] 대한민국에 체류자격이 없는 이른바 불법체류 외국인은 출입국관리법상 취업이 엄격히 금지되어 있고, 때문에 이들은 장차 적법한 근로관계가 계속될 것임을 전제로 근로조건의 유지·개선과 지위향상을 도모할 법률상 지위에 있는 것으로는 보이지 아니하므로 불법체류 근로자들이 노동조합 및 노동관계조정법 제2조

---

스위스 제네바에서 열린 회의의 보고서에 따르면 이주노동자의 기본권으로서 결사의 자유와 단체교섭권을 보장하라는 권고에 대해 우리 정부는 8년이 지나도록 대법원의 판결이 내려질 때까지 기다려 달라는 반복적인 답변을 지속해왔음을 확인하고 있다. 또한 이 보고서는 우리 정부를 이주민 노동조합에 대해 적대적인(antagonistic) 입장에 있는 것으로 파악하면서 단체를 설립하고, 단체에 가입할 노동자의 선택의 자유는 전체로서 매우 근본적인 결사의 자유이기 때문에 연기됨으로써 타협될 수 있는 것이 아니라는 점을 지적한다. 이에 대한 자세한 내용은 ILO(2015), para. 293~294 참조.

제4호 (라)목의 노동조합가입이 허용되는 근로자에 해당한다고 보기 어렵다(서울행법 2006. 2. 7. 2005구합18266).

**[판례 36.3] 외국인의 근로의 권리에 관한 기본권 주체성**

헌법상 근로의 권리는 '일할 자리에 관한 권리'만이 아니라 '일할 환경에 관한 권리'도 의미하는데, '일할 환경에 관한 권리'는 인간의 존엄성에 대한 침해를 방어하기 위한 권리로서 외국인에게도 인정되며, 건강한 작업환경, 일에 대한 정당한 보수, 합리적인 근로조건의 보장 등을 요구할 수 있는 권리 등을 포함한다. 여기서의 근로조건은 임금과 그 지불방법, 취업시간과 휴식시간 등 근로계약에 의하여 근로자가 근로를 제공하고 임금을 수령하는 데 관한 조건들이고, 이 사건 출국만기보험금은 퇴직금의 성질을 가지고 있어서 그 지급시기에 관한 것은 근로조건의 문제이므로 외국인인 청구인들에게도 기본권 주체성이 인정된다(헌재 2016. 3. 31. 2014헌마367).

## 5. 강제퇴거

출입국관리법에 따르면 외국인은 그 체류자격과 체류기간의 범위에서 대한민국에 체류할 수 있다(동법 제17조 제1항). 특히 외국인이 대한민국에서 취업하려면 취업활동을 할 수 있는 체류자격을 받아야 한다(동법 제18조 제1항). 그리고 이를 위반한 외국인은 강제퇴거시킬 수 있다(동법 제46조 제1항 제8호). 문제는 강제퇴거명령 자체가 위법하거나 부당한 경우가 존재할 수 있다는 점이다.[35] 그리고 강제퇴거명령을 받은 사람이 여권 미소지 또는 교통편 미확보 등의 사유로 즉시 대한민국 밖으로 송환할 수 없으면 송환할 수 있을 때까지 그를 보호시설에 보호할 수 있다는 점도 문제다(동법 제63조 제1항). 또한 불법체류 외국인노동자만 강제퇴거되는 경우에 그 배우자 및 자녀와 강제로 분리되어야 하는 문제도 발생한다.[36] 그 밖에도 임금체불이나 산업재해와 같은 법적 분쟁이 발생한 경우에 이러한 분쟁이 해결되기도 전에 강제퇴거될 수밖에 없는 문제점도 있다. 이러한 문제점을 해결하기 위해서는 위법·부당한 강제퇴거명령에 대한 구제절차가 보장되어야 하고, 보호시설에 수용된 외국인노동자에 대한 보호해제제도를 적극적으로 활용하거나 법원에 의한 보호해제명령제도를 도입하여 부당한 인신구속이 장기화되지 않도록 해야 하며, 이미 가족을 형성한 외국노동자에 대해서는 가족에 관

35) 불법체류 외국인노동자의 강제퇴거명령제도의 문제점에 대해서는 정승규(2009), 360면 이하 참조.

36) 불법체류 외국인의 강제퇴거에서 가족과의 분리 문제에 대해서는 김병록(2010b), 27면 이하 참조.

한 인권을 우선시켜 강제퇴거의 예외를 인정하고, 법적 분쟁이 완전히 해결된 뒤에 비로소 강제퇴거될 수 있도록 보장해야 한다.

## Ⅳ. 다문화사회를 위한 전제조건

외국인노동자를 포함하여 많은 외국인이 이미 한국사회에 깊이 뿌리를 내리고 있다. 단일민족을 자랑으로 삼던 한국사회도 이제 다문화사회로 발전할 가능성이 높다. 외국인노동자와 결혼한 한국여성의 숫자가 증가하고 있을 뿐만 아니라 농촌남성과 결혼한 외국인여성의 숫자도 점차 증가추세에 있기 때문이다.[37] 따라서 단일혈통이나 순수혈통은 이제 자랑거리라기보다 오히려 편견이나 차별의 원인으로서 부끄러운 것일 수 있다.

한 통계에 따르면 다문화가족의 구성원들은 정부가 가장 시급하게 해결해야 할 과제가 다문화가족에 대한 편견을 없애는 사회분위기를 조성하는 것이라고 밝히고 있다(아래 [표 36.2] 참조). 편견과 고정관념의 제거라는 의식의 전환도 중요하지만[38] 법과 제도로서 편견과 차별을 시정하는 것도 대단히 중요하다. 외국인에 대한 차별의 이유는 주로 출신국가와 한국어능력 및 외모다(아래 [표 36.5] 참조). 현행 **국가인권위원회법**(최근개정: 2020. 3. 24. 법률 제17126호)에 따르면 출신국가와 출신민족은 물론 인종과 피부색을 이유로 합리적인 이유 없이 차별하는 행위를 금지하고 있다(동법 제2조 제3호). 이것은 외국인에 대한 편견과 차별을 시정하기 위한 최소한의 제도적 장치로 이해될 수 있다.

**[표 36.4] 다문화(혼혈인) 가구주***

| | | 전체 | 도시(동부) | 농어촌(읍면 부) | 남자 | 여자 |
|---|---|---|---|---|---|---|
| 다문화(혼혈인)가구** | | 0.4 | 0.3 | 0.7 | 0.4 | 0.3 |
| 정부에서 | 직업훈련 | 15.1 | 17.7 | 9.1 | 16.2 | 7.8 |

37) 외국인과 결혼하는 한국인의 증가와 관련된 문제에 대해서는 이 책 제37장 I. 참조.
38) 외국인노동자에 대한 차별대우와 인권침해를 없애기 위하여 무엇보다도 외국인노동자를 "더불어 사는 이웃"으로 대접해야 한다는 주장이 인상적이다. 설동훈(2001), 371면 참조.

| | | | | | | |
|---|---|---|---|---|---|---|
| 시급히 해결해야 할 사항 | 취업알선 | | | | | |
| | 경제적 지원 | 19.9 | 20.8 | 17.7 | 19.4 | 23.2 |
| | 사회적응을 위한 한글문화 교육서비스 | 25.7 | 25.5 | 26.2 | 28.0 | 10.8 |
| | 다문화가족 편견 없애는 사회분위기 조성 | 30.6 | 29.5 | 33.0 | 26.4 | 58.2 |
| | 혼혈인자녀 위한 특별교육과정 지원 | 6.1 | 6.5 | 5.3 | 7.0 | 0.0 |
| | 기 타 | 2.6 | 0.0 | 8.7 | 3.0 | 0.0 |

자료: 통계청 <2006년 사회통계조사결과(가족, 보건, 사회참여, 노동)>(2006).
* 가구주: 혈연관계와 상관없이 가구를 실질적으로 대표하는 사람.
** 다문화 가구원(혼혈인자녀, 외국인배우자 등)이 있는 가구의 비율.

**[표 36.5] 외국인의 차별경험 및 주된 이유** (단위: %)

| | 합 계 | 있 음 | 차별을 받은 주된 원인 | | | | | | 없 음 |
|---|---|---|---|---|---|---|---|---|---|
| | | | 출신 국가 | 한국어 능력 | 외 모 | 경제력 | 직 업 | 기 타 | |
| 외 국 인 | 100.0 | 20.3 | 61.1 | 24.9 | 7.0 | 1.4 | 2.1 | 3.5 | 79.7 |
| 남 자 | 100.0 | 18.3 | 59.6 | 24.7 | 7.9 | 1.9 | 2.8 | 3.1 | 81.7 |
| 여 자 | 100.0 | 23.0 | 62.6 | 25.1 | 6.0 | 1.0 | 1.3 | 3.9 | 77.0 |
| 귀화허가자 | 100.0 | 24.1 | 63.2 | 28.2 | 4.3 | 1.7 | 0.9 | 1.7 | 75.7 |

자료: 통계청, <이민자 체류실태 및 고용조사 결과>(2020.12.)

### 토론문제

1. 국경과 국적은 여전히 필요한가?
2. 복수국적이 원칙적으로 허용될 수 있는가?
3. 이주노동자는 항상 국민인 노동자와 동등한 대우를 받아야 하는가?

### 내 입장은?

1. 이주노동자와 국민인 노동자는 언제나 평등한 대우를 받아야 한다.
2. 이주노동자와 국민인 노동자는 언제나 불평등한 대우를 받아야 한다.

3. 사안에 따라 이주노동자에 대한 차별적 대우가 허용될 수 있다.

## 참고문헌

고준기/이병운(2010), 개정 고용허가제의 문제점과 개선방안, ≪노동법논총≫(한국비교노동법학회), 제18집(2010), 1~36면.

고형면(2006), 국내 외국인노동자의 현황과 전망, ≪민족연구≫(한국민족연구원), 제28호(2006), 6~19면.

김병록(2010a), 출입국관리행정과 인권문제, ≪법학논총≫(조선대학교 법학연구소), 제17권 제1호(2010), 179~215면.

김병록(2010b) 불법체류 외국인 강제퇴거의 인권 문제, ≪법학논총≫(조선대학교 법학연구소), 제17권 제3호(2010), 23~52면

김엘림/오정진(2001), ≪외국인 여성노동자의 인권보장 연구≫, 한국여성개발원, 2001.

노재철(2010), 미등록외국인근로자의 문제점과 해결방안, ≪노동법논총≫(한국비교노동법학회), 제18집(2010), 37~90면.

박경주(2002), 외국인노동자의 인권 현주소를 찾아서, ≪문화과학≫, 통권 29호(2002), 257~271면.

박석운(1995), 한국의 외국인 노동자 인권문제와 대책, ≪법과 사회≫(법과사회이론학회), 제11호(1995), 273~299면.

박진완(2010), 이주노동자권리협약에 규정된 권리들의 헌법적합성에 대한 검토, ≪세계헌법연구≫(국제헌법학회 한국학회), 제16권 제2호(2010), 139~170면.

설동훈(1999), ≪외국인노동자와 한국사회≫(서울대학교출판부), 1999.

설동훈(2001), 차별과 연대－외국인노동자 인권침해 실태와 극복방안－, ≪창작과 비평≫, 통권 112호(2001), 358~374면.

설동훈(2005), 외국인노동자와 인권－'국가의 주권'과 '국민의 기본권' 및 '인간의 기본권'의 상충요소 검토－, ≪민주주의와 인권≫(전남대학교 5·18연구소), 제5권 2호(2005), 39~77면.

설동훈(2007), 국제노동력이동과 외국인노동자의 시민권에 대한 연구, ≪민주주의와 인권≫(전남대학교 5·18연구소), 제7권 2호(2007), 369~419면.

손영화(2018), 외국인노동자에 대한 법정책의 연구－인권침해의 방지 및 사회통합을 중심으로, ≪법과 정책연구≫(한국법정책학회), 제18권 제1호(2018), 3~33면.

이승택(2008), ≪국적에 관한 헌법적 고찰-국적에 관한 이해의 변화와 한국 헌법상 국적 문제를 중심으로≫, 고려대학교 대학원 석사학위논문, 2008.

장준오(2002), ≪불법외국인 노동자의 실태와 문제점≫, 한국형사정책연구원, 2002.

전형배(2010), 외국인근로자의 노동인권, ≪노동법논총≫(한국비교노동법학회), 제18집(2010), 125～157면.

정승규(2009), 외국인근로자에 대한 강제퇴거처분과 절차적 구제수단의 모색, ≪노동법논총≫(한국비교노동법학회), 제17집(2009), 347～380면.

조성환(2006), 외국인노동자 송출국가의 현황과 정책－고용허가제하의 인력송출 국가 중심으로, ≪민족연구≫(한국민족연구원), 제28호(2006), 55～64면.

조흠학(2010), 외국인근로자의 법률적 보호와 사업주 책임, ≪노동법논총≫(한국비교노동법학회), 제19집(2010), 57～84면.

채형복(2007), EU의 사례에 비추어 본 한국내 외국인 노동자의 이동에 관한 법제도적 문제, ≪세계헌법연구≫(국제헌법학회, 한국학회), 제13권 1호(2007), 377～406면.

최홍엽(1999), 외국인근로자의 노동법상 지위, ≪노동법학≫(한국노동법학회), 제9호(1999), 85～92면.

최홍엽(2002a), 외국인근로자 도입제도와 고용허가제, ≪노동법연구≫(서울대학교 노동법연구회), 제13호(2002), 443～469면.

최홍엽(2002b), 외국인근로자의 사회보장, ≪민주법학≫(민주주의법학연구회), 제22호(2002), 149～179면.

최홍엽(2003), 외국인근로자와 균등대우, ≪노동법학≫(한국노동법학회), 제17호, 2003. 12, 69～112면.

표명환(2011), 외국인근로자 고용제도에 관한 법적 고찰, ≪법학연구≫(한국법학회), 제41집(2011), 45～65면.

홍원표(2006), 한국의 외국인노동자 정책변화와 과제, ≪민족연구≫(한국민족연구원), 제28호(2006), 87～127면.

국가인권위원회 인권실태조사(2002): 전북대학교 사회과학연구소/외국인노동자대책협의회, ≪국내 거주 외국인노동자 인권실태조사≫(국가인권위원회 2002년도 인권상황실태조사), 2002.

ILO(2015), 374th Report of the Committee on Freedom of Association(323rd Session, 12-27 March 2015), GB.323/INS/9(Case No. 2620), 2015.

# 제37장
# 다문화시대와 혼혈인의 인권

"그런 가정에서 혼혈아를 입양할까요?"
"그런 경멸적인 표현은 이제 쓰면 안 돼요.
오스카, 우리는 모두 어떤 면에서 혼혈이잖아요.
포르투갈인-독일인 부모, 러시아인-영국인 부모, 스웨덴인-스페인인 부모 등등
대를 거슬러 올라가면 누구나 다 그렇잖아요."
≪펄 벅, 자라지 않는 아이 서문 중에서≫

조각처럼 잘생긴 백인계 혼혈인들이 방송과 스크린을 점령해가고 있다. 그러고 보니 이전에도 유명한 혼혈인 가수가 몇 명 있었다. 한때 유명했던 '하인스 워드'라는 흑인계 혼혈인도 그의 직업인 미국식 풋볼은 모르지만 어쨌든 대부분의 국민이 그를 알고 있었다. 혼혈인도 성공할 수 있는 시대에 혼혈인이 왜 문제되는가? 성실하게 살지 않는 사람들이 꼭 다른 사람과 사회를 탓하지 않던가?

많은 혼혈인이 오늘도 밤무대를 전전한다. 뼛속 깊이 한국인이지만 외모와 피부색은 그들이 설 곳을 빼앗아 버렸다. 특히 흑인계 혼혈인이 설 자리는 매우 좁다. 멸시와 냉대, 그리고 차별은 도처에 도사리고 있다. 이런 현실에서 생명을 부지하고 있는 것이 차라리 기적에 가깝다. 텔레비전에 나오는 일부 혼혈인들은 그들의 문제를 제대로 부각시키지 못한다. 성공한 혼혈인이 보여주는 것은 오로지 그들의 장점뿐이니까.

거의 모든 영역에서 국경이 무너진 현대사회에서 아직도 국적과 민족이 중요한가? 이중국적, 심지어 다중국적도 허용하는 나라들도 있다는데 출신국가나 출신민족은 특별한 의미가 없다는 주장도 일리는 있다. 하지만 그래도 열강(列强)에 둘러싸여 이만큼 잘 살게 된 것도 단일민족의 순수혈통 때문이라고 주장할지도 모른다. 우리만이 아니라 여전히 단일민족성과 순혈주의를 강조하는 국가와 민족이 세계 곳곳에 존재한다는 반론을 펼칠 수도 있다. 과연 어떤 주장이 옳은지에 대해서 살펴보도록 하자.

# Ⅰ. 끝나지 않은 혼혈인의 문제

미군과의 법률혼 또는 사실혼 관계에서 또는 생계를 위한 성매매 과정에서 출생한 아이들을 '혼혈아'로 불렀다.[1] 혼혈아는 성장이 멈춘 것처럼 계속해서 혼혈'아'로 불리는 미성숙한 존재에 지나지 않았다. 그래도 혼혈아라는 지칭은 나은 편이었고, 혼혈아를 대신하는 경멸적 표현이 더 많이 존재했다. 물론 '혼혈'은 이미 '더럽다'는 의미를 포함하는 '잡종'의 다른 말이므로 혼혈이라는 말 자체가 경멸의 의미를 함유한다. 혼혈이라는 말만큼이나 실제로 혼혈인이 받은 인권침해와 차별의 현실은 상당히 가혹했다. 어쨌든 미군과 한국여성 사이에서 출생한 많은 혼혈인들이 1982년 미국의 이민법 개정[2]에 따라 미국으로 이주하면서 혼혈인의 문제는 끝난 것처럼 보였다.[3]

**[표 37.1] 외국인과의 혼인** (단위: 건)

| | 2010 | 2011 | 2012 | 2013 | 2014 | 2015 | 2016 | 2017 | 2018 | 2019 | 2020 |
|---|---|---|---|---|---|---|---|---|---|---|---|
| 총 혼인건수 | 326,104 | 329,087 | 327,073 | 322,807 | 305,507 | 302,828 | 281,635 | 264,455 | 257,622 | 239,159 | 213,502 |
| 외국인과의 혼인 | 34,235 | 29,762 | 28,325 | 25,963 | 23,316 | 21,274 | 20,591 | 20,835 | 22,698 | 23,643 | 15,341 |
| 한국남성 + 외국여성 | 26,274 | 22,265 | 20,637 | 18,307 | 16,152 | 14,677 | 14,822 | 14,869 | 16,608 | 17,687 | 11,100 |
| 한국여성 + 외국남성 | 7,961 | 7,497 | 7,688 | 7,656 | 7,164 | 6,597 | 5,769 | 5,966 | 6,090 | 6,956 | 4,241 |

자료: 통계청, 인구동향조사, 국가통계포털(www.kosis.kr) <시 · 군 · 구별 외국인과의 혼인>(2010~2020).

그러나 오늘날도 새로운 혼혈인들이 출생하고 있다. 이른바 '국제결혼'이라고 부르는 외국인과의 결혼은 이제 특별한 의미를 갖는 것으로 보이지도 않는다. 따라서 국제결혼에서 태어난 혼혈인들은 더럽다는 의미의 잡종도 아니고, 이미 우

1) 미군기지 주변의 혼혈인을 1950년대, 1960~70년대, 1980년의 3세대로 구분하여 상이한 발생원인을 분석하고 있는 견해가 흥미롭다. 김동심(2003), 9면 이하 참조.

2) 자세한 내용은 김동심(2003), 8면 참조.

3) 혼혈인 숫자에 대한 정확한 통계는 없는 것으로 보이는데 1968년에 1,623명으로 정점을 이룬 뒤 계속 감소하여 1984년 현재 829명으로 추산된다는 정부의 통계, 1969년에는 2,300명이었으나 1999년에 613명으로 줄었다는 펄벅재단의 통계, 1999년 현재 433명이라는 한국혼혈인협회의 통계를 기준으로 2003년을 기준으로 대략 400~500명 정도의 혼혈인이 존재한다는 주장이 설득력이 있다고 판단된다. 김동심(2003), 41면 이하 참조.

리 사회의 중요한 구성원으로 자리 잡았는데 굳이 그들의 문제를 부각시켜야 할 필요성이 어디 있는가? 한국인과 외국인의 연간 혼인건수는 평균 10퍼센트 정도이며, 2005년까지 꾸준히 증가하여 4만 건을 넘었다가 조금씩 감소하는 추세에 있다. 2019년에는 대략 절반인 2만 3천여 건으로 감소하였다([표 37.1] 참조).

혼혈인 문제와 관련하여 외국인과의 혼인 통계가 보여주는 중요한 사실은 ① 외국인과 혼인한 한국남성의 숫자가 보여주는 과도함, ② 한국남성과 혼인한 외국여성의 국적에서 나타나는 편중성, 그리고 ③ 외국여성과 혼인한 한국남성의 거주지역이다. 첫째, 2016년의 경우에 외국인과 혼인한 한국남성의 숫자는 1만 4천여 명으로 외국인과 혼인한 한국여성의 숫자인 5천 700여 명의 2.5배에 이를 정도로 매우 기형적이다. 둘째, 한국남성과 혼인한 외국여성은 중국과 일본 등 몇 나라를 제외하면 대부분 베트남, 필리핀, 캄보디아 등의 동남아시아 국가로 심각하게 편중되어 있다(아래 [표 37.2] 참조). 셋째, 외국여성과 혼인한 많은 한국남성이 거주하는 지역은 농어촌이다([표 37.3] 참조). 특히 주목할 사실은 세 번째인데 누적된 통계를 살펴보면 외국여성과 혼인한 한국남성의 숫자는 도시지역(동부)보다 농어촌지역(읍·면부)에서 2배 가까이 많게 나타난다. 예를 들면, 2007년의 지역별 총 혼인건수 중에 한국남성과 외국여성의 혼인건수가 차지하는 비율은 농촌지역이 13.5퍼센트로 도시지역의 7.3퍼센트보다 1.8배 정도 높고, 2016년의 경우

**[표 37.2] 한국남성과 혼인한 여성의 국적** (단위: 건)

| | 2010 | 2011 | 2012 | 2013 | 2014 | 2015 | 2016 | 2017 | 2018 | 2019 | 2020 |
|---|---|---|---|---|---|---|---|---|---|---|---|
| 한국남자+외국여자 | 26,274 | 22,265 | 20,637 | 18,307 | 16,152 | 14,677 | 14,822 | 14,869 | 16,608 | 17,687 | 11,100 |
| 중 국 | 9,623 | 7,549 | 7,036 | 6,058 | 5,485 | 4,545 | 4,198 | 3,880 | 3,671 | 3,649 | 2,524 |
| 베트남 | 9,623 | 7,636 | 6,586 | 5,770 | 4,743 | 4,651 | 5,377 | 5,364 | 6,338 | 6,712 | 3,136 |
| 필리핀 | 1,906 | 2,072 | 2,216 | 1,692 | 1,130 | 1,006 | 864 | 842 | 852 | 816 | 367 |
| 일 본 | 1,193 | 1,124 | 1,309 | 1,218 | 1,345 | 1,030 | 838 | 843 | 987 | 903 | 758 |
| 캄보디아 | 1,205 | 961 | 525 | 735 | 564 | 524 | 466 | 480 | 455 | 432 | 275 |
| 태 국 | 438 | 354 | 323 | 291 | 439 | 543 | 720 | 1,017 | 1,560 | 2,050 | 1,735 |
| 몽 골 | 326 | 266 | 217 | 193 | 145 | 145 | 170 | 174 | 197 | 195 | 154 |
| 우즈베키스탄 | 317 | 324 | 365 | 269 | 255 | 224 | 232 | 236 | 276 | 285 | 133 |
| 기 타 | 1,532 | 1,979 | 2,060 | 2,081 | 2,046 | 2,009 | 1,957 | 2,033 | 2,272 | 2,645 | 2,018 |

자료: 통계청, 인구동향조사, 국가통계포털(www.kosis.kr) <한국인 남편의 혼인종류/외국인 아내의 국적별 혼인>(2010~2020).

농촌지역은 7.9퍼센트로 도시지역의 4.8퍼센트보다 1.6배 이상 높게 나타난다. 이것은 농어촌에 거주하는 한국남성의 배우자선택이 '자율적'이라기보다 '구조적'으로 결정되고 있고, 이러한 이유 때문에 특별한 사회구조적 변화가 없다면 이와 같은 경향은 오랫동안 지속될 가능성이 높다. 한편 농업이나 어업에 종사하는 한국

**[표 37.3] 외국여성과 혼인한 한국남성의 거주지역과 농림어업종사자**

(단위: 건, %)

| | | 혼인건수 (A) | 한국 남자와 외국 여자와의 혼인 | | 농림어업종사 남자의 혼인 | | 농림어업종사 남자와 외국 여자와의 혼인 | |
|---|---|---|---|---|---|---|---|---|
| | | | 건수 (B) | 구성비 (B/A) | 건수 (C) | 구성비 (C/A) | 건수 (D) | 구성비 (D/C) |
| 2007 | 전국 | 343,559 | 28,580 | 8.3 | 7,667 | 2.2 | 3,171 | 41.4 |
| | 동부* | 274,592 | 20,145 | 7.3 | 1,718 | 0.6 | 522 | 30.4 |
| | 읍·면부** | 59,397 | 8,016 | 13.5 | 5,948 | 10.0 | 2,649 | 44.5 |
| 2008 | 합계 | 327,715 | 28,163 | 8.6 | 6,458 | 2.0 | 2,472 | 38.3 |
| | 동부 | 262,357 | 19,893 | 7.6 | 1,499 | 0.6 | 434 | 29.0 |
| | 읍·면부 | 57,035 | 7,853 | 13.8 | 4,959 | 8.7 | 2,038 | 41.1 |
| 2009 | 전국 | 309,759 | 25,142 | 8.1 | 5,640 | 1.8 | 1,987 | 35.2 |
| | 동부 | 248,050 | 17,846 | 7.2 | 1,295 | 0.5 | 307 | 23.7 |
| | 읍·면부 | 52,918 | 6,839 | 12.9 | 4,341 | 8.2 | 1,679 | 38.7 |
| 2010 | 전국 | 326,104 | 26,274 | 8.1 | 5,971 | 1.8 | 2,023 | 33.9 |
| | 동부 | 261,077 | 18,605 | 7.1 | 1,481 | 0.6 | 338 | 22.8 |
| | 읍·면부 | 56,502 | 7,219 | 12.8 | 4,489 | 7.9 | 1,684 | 37.5 |
| 2011 | 전국 | 329,087 | 22,265 | 6.8 | 5,355 | 1.6 | 1,559 | 29.1 |
| | 동부 | 266,713 | 15,709 | 5.9 | 1,395 | 0.5 | 267 | 19.1 |
| | 읍·면부 | 54,541 | 6,074 | 11.2 | 3,959 | 7.3 | 1,291 | 32.6 |
| 2012 | 전국 | 327,073 | 20,637 | 6.3 | 5,396 | 1.6 | 1,396 | 25.9 |
| | 동부 | 266,463 | 14,623 | 5.5 | 1,352 | 0.5 | 219 | 16.2 |
| | 읍·면부 | 52,829 | 5,462 | 10.3 | 4,042 | 7.7 | 1,176 | 29.1 |
| 2013 | 전국 | 322,807 | 18,307 | 5.7 | 5,204 | 1.6 | 1,180 | 22.7 |
| | 동부 | 263,992 | 13,196 | 5.0 | 1,440 | 0.5 | 197 | 13.7 |
| | 읍·면부 | 50,906 | 4,552 | 8.9 | 3,758 | 7.4 | 981 | 26.1 |
| 2014 | 전국 | 305,507 | 16,152 | 5.3 | 4,726 | 1.5 | 877 | 18.6 |
| | 동부 | 248,965 | 11,587 | 4.7 | 1,222 | 0.5 | 145 | 11.9 |

| | | | | | | | | |
|---|---|---|---|---|---|---|---|---|
| | 읍・면부 | 48,818 | 3,940 | 8.1 | 3,500 | 7.2 | 730 | 20.9 |
| 2015 | 전국 | 302,828 | 14,677 | 4.8 | 4,693 | 1.5 | 752 | 16.0 |
| | 동부 | 247,486 | 10,762 | 4.3 | 1,278 | 0.5 | 134 | 10.5 |
| | 읍・면부 | 48,638 | 3,534 | 7.3 | 3,410 | 7.0 | 615 | 18.0 |
| 2016 | 전국 | 281,635 | 14,822 | 5.2 | 4,332 | 1.5 | 739 | 17.0 |
| | 동부 | 229,747 | 11,040 | 4.8 | 1,198 | 0.5 | 107 | 8.9 |
| | 읍・면부 | 46,792 | 3,743 | 7.9 | 3,134 | 6.6 | 632 | 20.1 |

자료: 통계청, 인구동향조사, 국가통계포털(www.kosis.go.kr) <시・군・구별 외국인과의 혼인>(2007~2016) 및 <농림어업종사자와 외국인아내와의 혼인>(2007~2016).
* 동부: 도시지역.
** 읍・면부: 농어촌지역.

남성이 외국여성과 혼인하는 비율은 다른 직업에 비해 대단히 높고, 그 차이는 도시와 농촌 사이의 차이보다 더욱 크다. 2007년의 총 혼인건수 중에 외국여성과 한국남성의 혼인건수는 8.3퍼센트인 반면 농림어업에 종사하는 한국남성이 외국여성과 혼인한 비율은 41.3퍼센트로 다른 직업 종사자에 비해 5배나 많고, 2016년의 경우에도 전체적인 비율은 낮아졌지만 3배 이상 높게 나타난다([표 37.3 참조]). 이때 농림어업에 종사하는 한국남성의 배우자가 되는 외국여성의 국적이 중국을 제외하면 베트남, 필리핀, 캄보디아가 대부분을 차지하여(아래 [표 37.4] 참조) 외관상 명백한 혼혈인인 자녀의 출생가능성이 높다는 점도 주목할 필요가 있다. 결국 사회구조적으로 한국의 남성들, 특히 농어촌 지역에 거주하거나 농업이나 어업에 종사하는 남성들이 동남아시아 출신의 여성과 혼인하는 비율이 높게 유지된다면 그만큼 혼혈인의 숫자는 계속적으로 늘어날 것이라고 추정할 수 있다.

**[표 37.4] 농림어업에 종사하는 한국남성과 혼인한 외국여성의 국적**

| | 2007 | | | | | 2008 | | | | |
|---|---|---|---|---|---|---|---|---|---|---|
| 국적 | 계 | 베트남 | 중국 | 캄보디아 | 기타 | 계 | 베트남 | 중국 | 필리핀 | 기타 |
| 건수 | 3,171 | 1,353 | 842 | 484 | 492 | 2,472 | 1,290 | 673 | 207 | 302 |

자료: 통계청(www.kostat.go.kr) <2008년 혼인통계 결과>.

## Ⅱ. 혼혈인에 대한 인권침해의 현실

### 1. 전생애적 인권침해

과거 미군과 한국여성 사이에서 출생한 혼혈인이 경험한 인권침해의 현실은 전생애를 걸쳐 나타났다.[4] 혼혈인은 태어나면서부터 피부색과 생김새가 다르다는 이유로 가족과 이웃들로부터 냉대를 받았다. 미군과의 혼인에서 성매매적 성격이 분명하게 드러날수록 가족과 이웃의 멸시는 더욱 강화된다. 유아기를 지나 학교에 입학하면 역시 피부색과 생김새가 다르다는 이유로 동료들로부터 조롱과 따돌림의 대상이 된다. 이에 따라 혼혈인들은 정상적인 학교교육으로부터 소외되면서 졸업 후에 일반인이 선택하는 직장을 얻지 못할 가능성이 높아지고, 그 결과 평범한 사회인의 그룹에서 낙오되는 경험을 하게 된다. 빈곤한 환경에서 생활해야 하는 혼혈인은 마찬가지로 혼혈인이 될 수밖에 없는 자녀에게 가난을 대물림하는 악순환이 계속된다.

현재 한국남성과 외국여성의 결합에서는 성매매적 성격이 사라졌다고 볼 수도 있지만 1주일도 안 되는 짧은 시간에 맞선을 보고 결혼식을 거행할 뿐만 아니라,[5] 사실상 배우자선택권이 한국남성에게만 주어지는 현실은 여전히 그들의 혼인에서 성매매적 성격의 존재를 의심할 수밖에 없게 만든다.[6] 더욱이 외국여성과 혼인할 수밖에 없는 한국남성, 특히 농촌남성은 한국사회에서 '소수자(minority)'라는 점에서 그들이 선택한 결혼의 양식은 '일반적'이지도 않고, 또한 결혼에 관한 그들의 결정은 사회구조적으로 강요된 측면이 있다는 점에서 그들이 결정한 결혼의 방식은 '정상적'이지도 않다.[7] 따라서 상대적으로 자율적인 선택과 결정에 따라 결혼한 일반인의 관점에서 그들의 결혼은 '열등한 결합'으로 평가받을 가능성이 높다. 이것은 그러한 결합에서 탄생한 혼혈인 자녀에 대해서도 열등한 존재로

4) 전생애에 걸쳐 혼혈인이 경험하는 인권침해의 현실에 대해서는 김동심(2003), 49면 이하 참조.

5) 한국남성과 몽골여성 사이에 이루어지는 국제결혼의 경우에 맞선에서 결혼까지의 기간이 길게는 7박 8일, 짧게는 3박 4일이 걸린다는 구체적인 통계도 있다. 김현미/김민정/김정선(2008), 133면 참조.

6) 최근의 국제결혼에서 나타나는 인신매매적 성격에 대해서는 박선영(2007), 14면 이하; 김재련(2008), 94면 이하 참조.

7) 한국남성의 측면에서뿐만 아니라 결혼을 위해 한국으로 이주해오는 여성의 측면에서도 혼인 이외에 다른 목적이 강하게 드러나는 위장결혼의 사례가 자주 목격됨으로써 그들에게 '진정한 혼인의사'가 있는지를 의심할 수밖에 없기 때문에 한국남성과 외국여성의 혼인의 정상성에 대해서 더욱 강한 의혹이 제기될 수 있다.

인식하도록 만들 개연성을 높인다. 과거에 전생애적 차별을 받았던 혼혈인이 여전히 평생토록 차별을 받게 될 것이라는 추정이 가능한 이유가 여기에 있다.8)

## 2. 인종차별

혼혈인이 겪는 가혹한 현실은 기본적으로 '피부색(color)'이 다르다는 점에서 출발한다. 피부색이 다르다는 이유로 받게 되는 차별은 인종차별에 속한다. 인종차별은 출신국가나 출신민족(national or ethnic origin)을 이유로 한 차별과 중첩되기도 한다. 외국인이나 다른 민족에 대한 차별에서 나타나듯이 인종차별은 출신국가나 출신민족에 따른 차별과 중첩되면서 독특한 성격을 보여주게 된다. 피부색이나 인종 또는 출신국가나 출신민족은 전혀 합리적인 이유가 없음에도 불구하고 견고한 편견과 혐오감의 기초를 형성한다. 한국사람 또는 한민족이 일본사람 또는 일본민족에 대해서 갖는 뿌리깊은 적대감처럼 매우 정서적이고 극단적인 특성을 갖는 것이 특정한 인종이나 민족에 대한 편견과 혐오감이다. 그것은 심지어 맹목적이고 집단적이며 폭력적이기까지 하기 때문에 매우 위험하다. 독일민족이 유태인에게 가졌던 편견과 혐오감을 생각해보자. 특정한 인종이나 민족에 대한 맹목적이고 폭력적인 형태의 편견과 혐오감은 '인종주의(racism)'라고 부를 수 있는데 바로 이러한 인종주의는 서로 다른 인종이나 민족 상호간의 단순한 대립이나 갈등을 넘어 인종청소나 민족말살을 위한 무자비한 폭력과 전쟁으로 이어질 수 있기 때문에 치명적으로 위험하다.

앞서 살펴본 통계가 보여주듯이 과거에 미군과 한국여성 사이에서 태어난 혼혈인보다 이제 한국의 남성과 결혼을 위해 이주한 제3세계 출신의 여성 사이에서 태어난 혼혈인 또는 외국에서 이주해온 남성노동자와 한국여성 사이에서 태어난 혼혈인의 숫자가 점차 증가하고 있다. 미군과 한국여성 사이의 많은 결합이 성매매적 성격이 강했기 때문에 혼혈인 자녀가 숫자가 많지 않았던 것에 비해 결혼이주여성이나 이주노동자와 한국의 남성 또는 여성 사이의 결합은 일반적인 혼인과 다르지 않기 때문에 혼혈인 자녀의 숫자가 더 많이 증가할 가능성이 크다. 그리고 결혼이주나 이주노동은 사회구조적인 이유 때문에 발생하기 때문에 장기간 지속될 개연성이 높다. 따라서 한국사회에서도 인종간 대립과 갈등을 부추길 수 있는 인종주의의 발생가능성은 충분히 예견할 수 있고, 이러한 위험한 사태의 발생을

8) 이러한 맥락에서 보육과 교육에서 혼혈인 아동에 대한 국가와 지방자치단체의 차별을 금지하는 '다문화가족지원법'의 규정은 의미가 있다고 보인다(동법 제10조 제1항).

사전에 예방하는 것이 중요하다고 판단된다. 동일한 맥락에서 혼혈인에 대한 병역면제가 제도화된 것으로 보이는데 과연 혼혈인의 병역면제가 인종간 대립과 갈등을 사전에 예방하는 적절한 수단인지에 대해서는 신중한 접근이 필요하다.

## 3. 병역면제의 차별적 성격

### (1) 제2국민역 편입대상으로서 혼혈인

**구 병역법**(2009. 6. 9. 법률 제9754호로 개정된 것)에 따르면 인종·피부색 등으로 인하여 병역을 수행하는 데 심각한 영향을 받을 것으로 인정되는 사람으로서 대통령령으로 정하는 사람은 제2국민역에 편입될 수 있다(동법 제65조 제3호).[9] 이에 따라 제정된 **구 병역법 시행령**(2009. 12. 7. 대통령령 21867호로 개정된 것)은 '외관상 식별이 명백한 혼혈인'을 제2국민역 편입대상으로 열거했다(동시행령 제136조 제1항 제2호 나목). 혼혈인과 함께 제2국민역에 편입되는 대상에는 수형자, 고아, 귀화 외국인, 저학력자가 있다. 장애인이나 탈북자는 병역면제를 받을 수 있는 대상임에 비하여(동법 제64조 제1항 제1호 및 제3호) 혼혈인은 제2국민역 편입대상이라는 점에서 차이가 있다. 하지만 제2국민역 편입대상은 전쟁 등 국가비상사태가 발생한 경우에만 제한적인 병역의무만을 부담하기 때문에[10] 평시에는 사실상 병역을 면제받은 것과 같은 효과가 있다. 간단히 말해서 혼혈인은 병역을 면제받는다고 해도 실제적으로는 틀린 말이 아니다.

**[법령 37.1] 병역법**(최근개정: 2021. 4. 13. 법률 제18003호)
**제64조 (병역준비역의 병역면제 등)**
① 지방병무청장은 병역준비역으로서 제1호(신체등급이 6급에 해당하는 사람만 해당한다) 또는 제2호에 해당하는 사람은 원할 경우 병역판정검사를 하지 아니하

9) 2007. 12. 31. 개정된 구 병역법(법률 제8834호)에서 "인종이나 피부색 등으로 인하여 병역수행에 심각한 영향을 받을 것으로 인정되는 사람으로서 대통령령으로 정하는 사람"에 대해 보충역 편입 또는 제2국민역 편입을 할 수 있는 규정이 신설되었다(동법 제65조 제1항 제4호), 2009. 6. 9. 개정(법률 제9754호)을 통해 동법 제65조 제1항 제3호에 같은 내용이 규정되었고, 2010. 1. 25. 개정(법률 제9946호)을 통해 동 규정은 삭제됐다.

10) 병역법 제53조 제1항: ① 전시근로소집은 전시·사변 또는 이에 준하는 국가비상사태에 군사업무를 지원하기 위하여 다음 각 호의 1에 해당하는 사람에 대하여 실시한다.
1. 제44조 제2호의 보충역 중 병력동원소집지정에서 제외된 자
2. 제2국민역(「국가기술자격법」 기타 다른 법령에 의하여 면허 또는 자격을 취득한 자 및 외국의 법령에 의하여 기술면허 또는 자격을 취득한 자로서 행정안전부장관이 인정하는 자를 제외한다)

고 병역을 면제할 수 있고, 제1호에 해당하는 사람 중에서 신체등급이 5급에 해당하는 사람과 제3호에 해당하는 사람은 원할 경우 병역판정검사를 하지 아니하고 전시근로역에 편입할 수 있다. 다만, 제1호에 따라 병역을 면제받은 사람 또는 전시근로역으로 편입된 사람 중 19세 이전에 장애상태가 변하여 「장애인복지법」 제2조에 따른 장애등급이 조정되거나 같은 법 제32조에 따른 장애인등록증 반환사유가 발생한 경우에는 그 처분을 취소하고 병역판정검사를 받게 할 수 있다.

1. 전신기형, 질병, 심신장애 등으로 인하여 병역을 감당할 수 없는 사람
2. 군사분계선 이북지역에서 이주하여 온 사람
3. 제65조 제1항 제2호 및 제3호의 사유에 해당되는 사람

② 제1항에 해당하는 사람의 범위와 출원절차 등에 필요한 사항은 대통령령으로 정한다.

**제65조 (병역처분 변경 등)**

① 현역병(제21조 및 제25조에 따라 복무 중인 사람과 현역병입영 대상자를 포함한다), 승선근무예비역 또는 보충역으로서 제1호에 해당하는 사람에 대하여는 신체검사를 거쳐 보충역 편입・전시근로역 편입 또는 병역면제 처분을 할 수 있고, 제2호 및 제3호에 해당하는 사람에 대하여는 보충역 편입 또는 전시근로역 편입을 할 수 있다.

1. 전상・공상・질병 또는 심신장애로 인하여 병역을 감당할 수 없는 사람
2. 수형자(受刑者)로서 대통령령으로 정하는 사람
3. 「국적법」에 따른 귀화 및 그 밖에 대통령령으로 정하는 사유로 병역에 적합하지 아니하다고 인정되는 사람

②~⑫ 생략

**[법령 37.2] 병역법 시행령**(최근개정: 2017. 5. 29. 대통령령 제28074)

**제136조 (수형자 등의 병역처분)**

① 현역병입영 대상자, 승선근무예비역 또는 보충역(보충역의 장교・준사관・부사관 및 보충역의 복무를 마친 사람은 제외한다)으로서 법 제65조 제1항 제2호 및 제3호에 따라 보충역 또는 전시근로역으로 편입할 수 있는 사람은 다음 각 호에 따른다. 이 경우 형이 부정기형으로서 장기와 단기를 정하여 선고된 경우에는 장기를 적용한다.

1. 보충역 편입 대상은 다음 각 목의 어느 하나에 해당하는 사람. 다만, 법 제86조에 따라 병역의무를 기피하거나 감면받을 목적으로 신체를 손상하거나 속임수를 써서 징역형을 선고받은 사람은 제외한다.
   가. 6개월 이상 1년 6개월 미만의 징역 또는 금고의 실형을 선고받은 사람
   나. 1년 이상의 징역이나 금고의 형의 집행유예를 선고받은 사람
2. 전시근로역 편입 대상은 다음 각 목의 어느 하나에 해당하는 사람
   가. 1년 6개월 이상의 징역 또는 금고의 실형을 선고받은 사람. 다만, 법 제86조에 따라 병역의무를 기피하거나 감면받을 목적으로 신체를 손상하거나 속임수를 써서 징역형을 선고받은 사람은 제외한다.
   나. 삭제
   다. 가족관계등록부상 부모를 알 수 없는 사람

라. 13세 이전에 부모가 사망하고 부양할 가족(「민법」 제779조 및 제974조에 따른 가족을 말한다)이 없는 사람
마. 18세 미만의 아동으로 「아동복지법」 제52조 제1항에 따른 아동양육시설·아동보호치료시설 및 공동생활가정에 5년 이상 보호된 사실이 있는 사람
바. 「국적법」 제5조부터 제8조까지의 규정에 따라 대한민국국적을 취득한 사람
사. 삭제
아. 성을 전환하여 가족관계등록부상 여성에서 남성으로 성별이 정정된 사람

②~⑦ 생략

**구 병역법 시행령**(2009. 12. 7. 대통령령 21867호로 개정된 것)
**제136조 (수형자 등의 병역처분)**

① 현역병입영대상자 또는 보충역(보충역의 장교·준사관·부사관 및 보충역의 복무 또는 의무종사를 마친 사람을 제외한다)으로서 법 제65조 제1항 제3호 및 제4호에 따라 보충역 또는 제2국민역으로 편입할 수 있는 사람은 다음 각호에 의한다. 이 경우 형이 부정기형으로서 장기와 단기를 정하여 선고된 때에는 장기를 적용한다.
1. 생략
2. 제2국민역 편입대상은 다음 각 목의 어느 하나에 해당하는 사람
가. 1년 6월이상의 징역 또는 금고의 실형을 선고받은 사람
나. 외관상 식별이 명백한 혼혈인
다. 호적상 부모를 알 수 없는 사람
라. 13세이전에 부모가 사망하고 부양할 가족(「민법」 제779조 및 제974조의 규정에 의한 가족을 말한다)이 없는 사람이나 「아동복지법」에 의한 아동양육시설에 5년 이상 수용된 사실이 있는 사람
마. 귀화에 의하여 대한민국국적을 취득한 사람
바. 중학교를 졸업하지 아니한 사람

②~⑤ 생략

### (2) 병역면제는 혜택인가, 차별인가?

병역의무는 국민의 기본의무이므로 병역의무를 면제해주는 것은 외형적으로만 보면 혼혈인에 대한 '혜택'으로 인식될 수도 있다. 하지만 실제적인 측면에서 병역면제는 혼혈인에 대한 '차별'이 될 수도 있다.[11] 차별은 외관상 보이는 '행위'의 측면뿐만 아니라 그러한 행위가 초래하는 '결과'까지도 고려해야 파악될 수 있는 개념이기 때문이다. 병역면제는 우선 일반국민과 혼혈인을 분리(separation)한다. 혼혈인은 장애인, 탈북자, 수형자, 고아, 귀화외국인, 중졸자와 함께 병역면제처분이나 사실상의 병역면제를 의미하는 제2국민역편입처분의 대상이 된다. 신체

11) 자세한 설명은 이준일(2009), 45면 이하 참조.

적인 조건상 병역을 감당하기 어려운 장애인, 병역수행에 필요한 일정한 도덕성 또는 지적 능력이 부족하다고 판단되는 수형자나 저학력자, 한국어능력이 부족한 귀화외국인은 제외한다고 해도 혼혈인은 탈북자, 고아와 함께 합리적인 이유 없이 일반국민으로부터 분리되어 병역의무에서 배제된다고 보인다. 이러한 배제는 오랫동안 대단히 가혹하게 차별받아온, 그리고 현재도 심각하게 차별받고 있는 혼혈인을 분리하여 열등한 집단으로 규정하는 사실상의 차별로 평가할 수 있다. 혼혈인이 차별받는 현실은 시정하지 않은 채 그들에 대한 차별을 당연한 것으로 전제하면서 차별받을 것이 분명한 군대로부터 그들을 분리함으로써 그들에 대한 차별을 영속화하는 정책이 병역면제다. 혼혈인을 차별하지 않고 존중하는 방법은 오히려 그들을 한국사회의 동등한 구성원으로서 통합될 수 있도록 다른 국민과 다름없이 동일하게 병역의무를 이행할 수 있게 제도적으로 보장하는 것임을 분명하게 인식해야 한다. 결국 병역법의 개정으로 제2국민역 편입사유로서 인종·피부색에 관한 조항은 삭제되었고, 2011년 1월 1일부터 1992년 1월 1일 이후에 출생한 혼혈인은 제2국민역에 편입되지 않는다(동법 부칙 제1조 및 제3조).

## 4. 혼혈인의 어머니로서 결혼이주여성의 문제

혼혈인의 문제는 그들만의 문제가 아니다. 그들이 이 땅에 존재할 수밖에 없는 사회구조적 맥락에는 혼혈인 자녀를 낳을 것을 알면서도 외국인 신부를 수입해서라도 결혼해야 하는 그들의 한국인 아버지가 있고, 그 아버지와 결혼하기 위해 한국으로 이주할 수밖에 없는 그들의 외국인 어머니가 있다. 앞서 살펴본 것처럼 현재의 혼혈인 문제는 구조적으로 발생한다는 점이 특징이다. 한국에서 신부를 구하지 못한 한국남성들, 특히 40퍼센트가 넘는 농어촌의 한국남성들이 동남아시아를 비롯한 제3세계의 외국여성들과 결혼하면서 피부색과 생김새가 다른 혼혈인이 증가하고 있다. 여기서 혼혈인의 어머니로서 결혼을 위해 한국으로 이주해오는 외국여성들에 주목할 필요가 있다. 특별히 이들의 출신국가가 동남아시아를 포함한 제3세계의 '가난한 나라'라는 사실이 중요하다. 신부를 수입해야 하는 한국의 현실과 결혼이주를 통해서라도 열악한 경제사정을 벗어나 보려는 제3세계의 현실이 타협한 결과로 보인다.

문제는 이 과정에서 결혼이주여성들의 인권이 심각하게 침해되고 있는 또 하나의 현실이다.[12] 결혼성사과정에서 벌어지는 결혼중개의 인신매매적 행태, 한국에 입국한 후의 정착과정에서 발생하는 남편과 가족의 욕설과 구타, 성적 학대와 노동의 강요, 감금에 가까운 인신구속, 외국인으로서 받는 차별 등과 같은 인권침해의 현실은 그들의 자녀인 혼혈인에 대한 인권침해와 함께 국제결혼이 구조적으로 증가할 수밖에 없는 한국적 상황에서 반드시 해결되어야 하는 중요한 인권사안이다. 한국문화나 한국어에 관한 교육프로그램의 제공처럼 결혼이주여성과 그들의 혼혈인 자녀가 한국생활에 적응하고 한국사회에 통합될 수 있도록 지원하는 정책도 중요하지만 바로 이러한 시급한 인권사안에 대해서 구체적이고 실현가능한 대안을 제시하는 것이 더 중요해 보인다.

## Ⅲ. 다문화사회와 다문화가정

과학기술 분야의 눈부신 활약에 힘입은 교통과 통신의 발전은 국경과 문화의 경계를 허물어가고 있다. 국적, 인종, 민족, 언어, 문화가 다른 사람들의 결합은 이제 일상적인 현상에 속한다. 그럼에도 불구하고 한국사람의 의식과 무의식을 강하게 지배하는 것은 여전히 '단일민족의 순혈주의'다. 수백 번의 외침(外侵)을 받은 고난의 한민족이 어떻게 단일민족의 순수혈통을 유지해왔다고 자부할 수 있는가? 단일민족의 순수혈통은 허상이거나 희망에 지나지 않을 수 있다.[13] 설령 그것이 진실이라고 하더라도 이제는 버려야 할 진실이 되었다. 지금의 진실은 국적과 인종, 민족과 문화가 혼재되어가는 다문화적 현상[14]이다. 이러한 다문화적 현상의 구체적 현실은 다문화가정에서 구현된다.[15] 앞서 살펴본 통계가 보여주듯이 이미 한국사회에서도 매년 전체 혼인가정의 10퍼센트가 넘는 비율을 다문화가정이 차지하고 있다. 이런 현실을 고려할 때 다문화가정에서 태어난 혼혈인은 숨겨

12) 결혼이주여성의 인권에 대해서는 이 책 제36장에서 다시 자세하게 논의하기로 한다.
13) "순수한 혈통은 과학적 근거가 없는 환상에 불과하다"는 주장을 주목할 필요가 있다. 설동훈(2007), 127면 참조.
14) 다문화 또는 다문화사회에 대한 정의는 김혜순(2008), 39면 이하; 서보건(2010), 82면 이하; 조규범(2010) 347면 이하 참조. 그리고 다문화현상에 대한 헌법적 대안에 대한 모색으로 김선택(2010), 1면 이하 및 전광석(2010), 105면 이하 참조.
15) 다문화가족지원법에 따르면 "다문화가족"이란 ① 결혼이민자와 대한민국 국민으로 이루어진 가족 또는 ② 국적법 제3조(인지에 의한 국적취득) 및 제4조(귀화에 의한 국적취득)에 따라 대한민국 국적을 취득한 자와 대한민국 국민으로 이루어진 가족을 의미한다(동법 제2조 제1호). 여기서 "결혼이민자"는 '재한외국인 처우 기본법'에 따르면 대한민국 국민과 혼인한 적이 있거나 혼인관계에 있는 재한외국인을 뜻한다(동법 제2조 제3호).

야 할 범죄의 결과도, 자랑스럽지 못한 결합에서 나온 잡종도 아니다. 그들은 다양한 국적과 민족, 그리고 인종의 사람들이 함께 어우러져 살아가야 하는 현대사회에서 당당하게 자신의 역할을 담당해야 하는 동등한 구성원일 뿐이다. 혼혈인에 대한 존중과 배려는 병역면제처럼 그들을 분리함으로써가 아니라 통합시킴으로써만 실현될 수 있다는 사실을 명심할 필요가 있다. 이러한 기본적 태도의 변화는 혼혈인을 포함한 모든 사회적 소수자에 대한 정책의 바로미터가 될 수 있다. 사회적 소수자는 구별과 분리를 통한 보호가 아니라 인정과 통합을 통한 배려에 의해서만 다양성을 기반으로 하는 건강한 사회의 구성원으로 편입될 수 있다.

### 토론문제

1. 혼혈인에 대한 병역면제는 특혜인가? 차별인가?
2. 다문화사회에서 단일민족의 자부심은 어떤 의미를 갖는가?
3. 한민족 혈통의 순수성은 과학적 근거에 기반한 것인가?

### 내 입장은?

1. 단일민족의 자부심은 유지되어야 한다.
2. 단일민족의 자부심은 포기되어야 한다.
3. 다문화가정을 제외한 일반가정에서 단일민족의 자부심은 유지되어야 한다.

## ▌참고문헌▐

김동심(2003), 기지촌 혼혈인 인권실태조사, 국가인권위원회, 2003.

김선택(2010), 다문화사회와 헌법, ≪헌법학연구≫(한국헌법학회), 제16권 제2호(2010), 1~41면.

김재련(2008), 국제결혼을 통한 이주여성의 지위, ≪가족법연구≫(한국가족법학회), 제22권 1호(2008), 91~122면.

김현미/김민정/김정선(2008), '안전한 결혼 이주'?, ≪한국여성학≫(한국여성학회), 제24권 1호(2008), 121~155면.

김혜순(2008), 결혼이주여성과 한국의 다문화사회 실험, ≪한국사회학≫(한국사회학회), 제42집 2호(2008), 36~71면.

박선영(2007), 이주여성과 그 자녀의 인권, ≪저스티스≫(한국법학원), 통권 제96호(2007), 7~26면.

서보건(2010), 다문화가족통합을 위한 법제 연구, ≪공법학연구≫(한국비교공법학회), 제11권 제1호(2010), 77~105면.

설동훈(2007), 혼혈인의 사회학: 한국인의 위계적 민족성, ≪인문연구≫(영남대학교 인문과학연구소), 제53권(2007), 125~160면.

이준일(2009), 혼혈인병역면제의 평등권침해성, ≪고려법학≫(고려대학교 법학연구원), 제52호(2009), 41~64면.

전광석(2010), 다문화사회와 사회적 기본권, ≪헌법학연구≫(한국헌법학회), 제16권 제2호(2010), 105~146면.

정의철/이창호(2007), 혼혈인에 대한 미디어 보도 분석, ≪한국언론학보≫(한국언론학회), 제51-5호(2007), 84~110면.

조규범(2010), 다문화사회를 위한 입법론적 소고, ≪미국헌법연구≫(미국헌법학회), 제21권 제1호(2010), 345~390면.

# 제38장 국경을 넘은 결혼의 증가와 결혼이주여성의 인권

돈만을 위하여 결혼하는 것보다 더 나쁜 것이 없고,
사랑만을 위하여 결혼하는 것보다 더 어리석은 일은 없다.
≪Samuel Johnson(1709~1784)≫

너무 진부하지만, 사랑에 국경은 없다. 당연히 결혼에도 국경은 없다. 국경 없는 사랑과 결혼이지만 사랑한다고 다 결혼하지 않는 것처럼 결혼했다고 다 사랑하는 사이인 것도 아니다. 결혼 자체가 목적일 수 있고, 심지어 신분상승과 같은 다른 목적을 위해 결혼할 수도 있다. 물신(物神)이 지배하는 현대사회에서 물질적 궁핍에서 벗어나려고, 또는 물질적 풍요를 찾아 부자(富者)와 결혼하는 것이 무슨 문제가 되는가? 신데렐라 콤플렉스는 누구나 태어날 때부터 가지고 있는 유전자처럼 우리 의식 속에 딱 달라붙어 있지 않던가?

결혼중개업이 성업 중이다. 혹자는 어차피 모든 결혼은 '거래'라고 비관적 평가를 서슴지 않는다. 아내를 찾아 동남아를 헤매는 농촌총각들에 대한 관대한 태도도 이제 일상이 되었다. 자국 여성의 보호를 위해 동남아국가의 정부들이 일시적으로 중개에 의한 국제결혼을 금지시키고 있다. 아내를 찾아 외국에까지 나온 한국남성들의 절박한 심정, 빈곤으로부터 탈출하기 위해 외국남성과 결혼해야만 하는 자국여성들의 한 맺힌 사정을 이 정부들은 모른단 말인가?

어떤 목적과 이유에서 결혼했든지, 어떤 사람과 어떤 방법으로 결혼했든지 모든 결혼은 행복해야 한다. 하지만 행복해 보이지 않는 결혼들이 있다. 서둘러 결혼식을 올리고 성매매하듯 의무적으로 첫날밤을 치른다. 결혼생활은 감금과 협박, 폭언과 구타로 얼룩진다. 결혼을 위해 한국으로 이주한 외국여성들에 대해서 생각해 보아야 하는 이유가 여기에 있다.

## Ⅰ. '국경 없는 결혼'의 증가

국경이나 국적이 결혼에 대한 현실적 제약은 될 수 있어도 법적 제약은 될 수 없다. 외국인과의 결혼을 법적으로 제한해야 할 중대한 공익적 이유는 찾기 어렵기 때문이다. 국적에 관한 출생지주의(속지주의)를 채택하고 있는 예외적인 국가를 제외하면 일반적으로 국적은 혈통주의(속인주의)에 따라 결정되므로[1] 국적은 인종이나 민족과 같은 혈연적 개념과 밀접하게 관련되어 있다. 따라서 국적에 따른 결혼의 제한은 '순수한 혈통의 보존'과 같은 근거로 정당화될 수 있다. 그렇지만 조만간 멸절될 위기에 봉착한 특정한 민족의 보존이라는 긴박한 공동체적 이익이 존재하는 경우가 아니라면 어느 국가에서도 혈통의 순수성을 보존하려는 공익적 목적을 근거로 배우자의 국적을 제한할 수는 없다. 심지어 결혼이 순수하지 않은 목적을 달성하기 위해 이루어진다고 해도 객관적으로 증명하기 어려운 내면의 목적이나 동기만 가지고 결혼을 제한할 수도 없다.

더욱이 외국인과의 결혼에 대한 현실적 제약마저도 거의 사라진 듯하다. 외국인과 결혼하는 것에 대한 사회의 부정적 인식도 많이 달라졌고, 혼혈의 자녀[2]를 낳게 될 것이라는 개인적 걱정도 결혼의 결정을 방해하지 않는다. 언어와 문화가 다른 배우자의 나라에서 살게 됨으로써 부딪히게 될 어려움도 극복이 가능한 것으로 보인다. 오히려 교통과 통신의 발달은 외국인과의 만남을 촉진시킬 뿐만 아니라 결혼 후에 모국을 방문하거나 친지와 연락하는 것도 용이하게 만들어 국적이 다른 사람과의 결혼가능성을 높이고 있다. 실제로 우리나라에서도 한 해에 결혼하는 부부 가운데 10퍼센트 정도는 외국인을 배우자로 결혼하고 있다.[3]

이처럼 현실적으로, 그리고 법적으로도 국적이 다른 사람들 사이의 결혼을 제한할 수는 없을 것으로 보인다.[4] 오히려 경제적 궁핍으로부터 벗어나려는 목적에서, 또는 더 나은 경제적 조건을 가진 배우자를 찾아 결혼하기 위해 외국으로 이주하는 여성의 숫자는 증가할 수밖에 없다. 이런 현실 속에서 상대적으로 경제적 풍요를 누리고 있는 한국도 결혼을 위해 이주해오는 여성의 증가를 막을 수는 없을 것으로 보인다.[5] 2015년 말 현재 한국에 거주하는 결혼이주여성의 숫자는

1) 국적의 결정방식에 대해서는 이 책 제36장 참조.
2) 외국인과의 결혼 증가에 따른 혼혈인의 문제에 대해서는 이 책 제37장 참조.
3) 자세한 통계는 이 책 제37장 Ⅰ. 참조.
4) 국제결혼이 증가하는 원인에 대한 좀 더 이론적 분석은 황정미(2009), 10면 이하 참조. 한편 증가하는 국제결혼에 따라 결혼이주여성을 규율하는 외국의 입법례에 대해서는 형근혜(2011), 73면 이하 참조.

12만 8천 명에 이르는데 이것은 2005년 12월 말과 비교하면 두 배가량 증가한 것이다(아래 [표 38.1] 참조). 2020년 말을 기준으로 하면 결혼이주여성의 숫자는 거의 17만 명에 육박한다. 결혼이주여성, 특히 가난한 제3세계에서 결혼을 위해 한국에 이주해온 여성들의 인권현실은 크게 나아진 것으로 보이지 않는다.6)

**[표 38.1] 연도별 결혼이주여성 현황** (단위: 명)

| 2005 | 2006 | 2007 | 2008 | 2009 | 2010 | 2011 | 2012 |
|---|---|---|---|---|---|---|---|
| 66,659 | 82,828 | 97,236 | 107,799 | 109,961 | 123,093 | 125,031 | 126,704 |
| 2013 | 2014 | 2015 | 2016 | 2017 | 2018 | 2019 | 2020 |
| 128,826 | 128,193 | 128,336 | 152,374 | 155,457 | 159,206 | 166,025 | 168,594 |

자료: 법무부 출입국・외국인정책본부(www.immigration.go.kr) 2005~2020년도 <출입국・외국인정책 통계연보>(2006~2020).

**[표 38.2] 주요 국적별 결혼이주여성 현황** (단위: 명)

| 연도 | 전체 | 중국 | 베트남 | 필리핀 | 일본 | 캄보디아 | 태국 | 몽골 | 미국 | 기타 |
|---|---|---|---|---|---|---|---|---|---|---|
| 2009 | 109,961 | 55,874 | 30,014 | 4,557 | 6,157 | 3,221 | 1,988 | 2,249 | 1,638 | 5,901 |
| 2010 | 123,093 | 55,488 | 35,191 | 9,603 | 7,272 | 4,188 | 2,494 | 2,366 | 2,177 | 6,491 |
| 2011 | 125,031 | 52,718 | 37,335 | 10,152 | 8,140 | 4,577 | 2,561 | 2,334 | 2,410 | 7,214 |
| 2012 | 127,540 | 51,220 | 39,068 | 10,617 | 9,334 | 4,535 | 2,568 | 2,326 | 2,653 | 7,872 |
| 2013 | 128,826 | 50,325 | 39,427 | 11,037 | 10,091 | 4,638 | 2,580 | 2,287 | 2,845 | 8,441 |
| 2014 | 128,193 | 48,575 | 39,099 | 10,736 | 11,380 | 4,601 | 2,605 | 2,312 | 3,006 | 8,885 |
| 2015 | 128,336 | 46,909 | 39,953 | 11,039 | 11,641 | 4,510 | 2,746 | 2,280 | 3,192 | 9,258 |
| 2016 | 152,374 | 56,930 | 41,803 | 11,606 | 13,110 | 4,473 | 3,182 | 2,381 | 3,354 | 18,889 |
| 2017 | 155,457 | 57,644 | 42,205 | 11,783 | 13,400 | 4,459 | 3,671 | 2,396 | 3,471 | 19,899 |
| 2018 | 159,206 | 58,706 | 42,460 | 11,836 | 13,738 | 4,496 | 4,411 | 2,438 | 3,658 | 21,121 |
| 2019 | 166,025 | 60,324 | 44,172 | 12,030 | 14,184 | 4,641 | 5,130 | 2,497 | 3,883 | 21,661 |
| 2020 | 168,594 | 60,072 | 44,058 | 12,002 | 14,595 | 4,638 | 5,929 | 2,486 | 4,312 | 22,988 |

자료: 법무부 출입국・외국인정책본부(www.immigration.go.kr) 2009~2020년도 <출입국・외국인정책 통계연보>(2010~2021).

5) 한국에서 결혼이주여성이 증가한 원인에 대해서는 김선희/전영평(2008), 307면 이하 참조.
6) 결혼이주여성의 인권침해 현실에 대해서는 김상찬/김유정(2011), 322면 이하 참조.

## Ⅱ. 결혼할 권리

### 1. 내 용

인간은 누구나 결혼할 권리를 갖는다. 결혼할 권리의 본질은 결혼 여부를 스스로 결정할 수 있고, 자신이 원하는 사람과 결혼할 수 있다는 데 있다. 일반적으로 결혼의 상대방은 자신이 사랑하는 사람이다. 하지만 반드시 사랑하는 사람하고만 결혼하도록 국가가 강제할 수는 없다. 결혼할 권리의 핵심은 '사랑'이 아니라 '배우자'의 선택(결정)이기 때문이다. 따라서 원칙적으로 결혼할 권리에 근거하여 자유롭게 배우자를 선택할 수 있다. 이것은 결혼에 있어서 기본적으로 배우자의 성별이나 연령 또는 국적은 중요하지 않음을 의미한다. 결혼에서 중요한 것은 본인이 상대방을 배우자로 선택하여 결혼하겠다는 '자유로운 의사'다. 따라서 결혼하고자 하는 당사자 상호간에 상대방을 배우자로서 선택하여 결혼하겠다는 의사의 합치가 존재하지 않는다면 그 결혼은 성립되지 않는다. 현행 민법도 당사자 사이에 결혼에 관한 합의가 존재하지 않은 경우에 그 결혼을 무효로 보고 있다(동법 제815조 제1항).

한편 결혼할 권리(right)는 결혼할 자유(freedom)로 이해될 수 없다. 결혼은 이로 인해 부부로서 가져야 되는 일정한 권리와 의무를 내용으로 하는 제도적 효과를 발생시키므로 일정한 결혼제도가 인정하는 자격(권한)을 가진 자만이 결혼할 수 있기 때문이다. 다시 말해 결혼은 처음부터 아무런 제한 없이 누구나 향유할 수 있는 '자유'가 아니라 일정한 결혼제도에 따라 일정한 자격을 가진 자만이 제한적으로 행사할 수 있는 '권리'다.

### 2. 제 한

애초에 일정한 결혼제도 안에서 제한적으로만 존재할 수 있는 결혼할 권리는 법규범에 의해 규율되면서 그 제한의 경계가 명확해질 뿐만 아니라 다시금 제한될 수도 있다. 전통에 따라 인정되던 결혼할 수 있는 나이나 촌수가 법으로 확정되고, 관습적으로 행해지던 축첩이 법으로 금지되는 것과 같다.

### (1) 결혼을 제한하는 보편적 원칙

결혼할 권리는 이를 행사할 수 있는 법적 자격의 내용에 따라 구체적으로 제한된다. 대체로 **조혼금지의 원칙** 때문에 '연령'에 따른 제한이 일반적이다. 이 원칙은 아직 신체적·정신적으로 성숙하지 않은 어린 여성을 보호하려는 취지로 이해된다. 주지하다시피 한국에서 민법상 혼인할 수 있는 연령(혼인적령)을 만 18세로 정하는 것과 같다(동법 제807조).[7] 또한 일부다처제(또는 일처다부제)가 허용되는 일부 국가를 제외하고는 **중혼금지의 원칙**에 따라 현재 결혼한 상태에 있는 자가 다른 사람과 결혼하는 것은 제한된다. 사회질서의 유지를 위하여 금지되는 중혼(重婚)은 형법상 처벌되는 범죄가 되기도 하지만 우리 형법은 중혼죄에 대해서 규정하지 않고, 다만 민법에서 중혼금지원칙이 규정되어 중혼은 취소될 수 있다(동법 제810조).[8] 그리고 마찬가지로 사회질서의 유지를 목적으로 하는 **근친혼금지의 원칙**에 근거하여 일정한 범위의 친족관계에 있는 사람들 사이에 혼인하는 것도 제한된다. 예를 들어 한국 민법은 8촌 이내의 혈족 사이에서 결혼을 금지하면서(동법 제809조 제1항)[9] 근친혼금지의 원칙에 위반된 결혼을 취소할 수 있도록 하고 있다. 마지막으로 **동성혼금지의 원칙**은 종래에 보편적 원칙으로 인식되었지만 현재는 혼인이 반드시 이성간의 결합인지에 대해서 논쟁중이다.[10] 아무튼 연령이나 성별 또는 결혼 여부나 친족관계가 결혼할 권리를 제한할 수는 있어도 국적이 결혼할 권리를 제한할 수 없음은 분명하다.

### (2) 위장결혼의 문제

대부분의 국가에서 외국인과의 결혼은 배우자의 법적 신분을 변화시킨다. 배우자에게 영주권이나 시민권(국적)이 부여되기 때문이다. 이로 인해 공동생활과

---

7) 민법상의 혼인연령이 되지 않은 사람의 혼인은 법원에 그 취소를 청구할 수 있고(동법 제816조 제1항), 이러한 취소의 청구는 당사자 또는 그 법정대리인이 할 수 있다(동법 제817조).

8) 민법에 따르면 혼인이 중혼에 해당한 경우에는 법원에 그 취소를 청구할 수 있고(동법 제816조 제1항), 이러한 취소의 청구는 당사자 및 그 배우자, 직계존속, 4촌 이내의 방계혈족 또는 검사가 할 수 있다(동법 제818조).

9) 민법 제809조 (근친혼 등의 금지)
① 8촌 이내의 혈족(친양자의 입양 전의 혈족을 포함한다) 사이에서는 혼인하지 못한다.
② 6촌 이내의 혈족의 배우자, 배우자의 6촌 이내의 혈족, 배우자의 4촌 이내의 혈족의 배우자인 인척이거나 이러한 인척이었던 자 사이에서는 혼인하지 못한다.
③ 6촌 이내의 양부모계(양부모계)의 혈족이었던 자와 4촌 이내의 양부모계의 인척이었던 자 사이에서는 혼인하지 못한다.

10) 이러한 논쟁에 대해서는 이 책 제43장 Ⅲ. 및 이준일, ≪섹슈얼리티와 법≫, 2009 참조.

같은 결혼의 실질이 없음에도 불구하고 형식상 결혼신고를 하는 '위장결혼'이 이루어지기도 한다. 공익에 해악이 되는 이와 같은 행위를 방지하기 위하여 국가는 배우자의 법적 신분이 변경되기 위한 요건으로 일정한 기간의 국내거주를 법률에 규정하기도 한다.[11] 예를 들어 한국의 국적법(최근개정: 2019. 12. 31. 법률 제16851호)은 결혼한 외국인 배우자의 국적취득요건으로 '2년 이상의 계속 거주'라는 원칙을 요구하고 있다(동법 제6조 제2항 제1호).[12] 이와 같은 거주요건이 어차피 결혼해서 함께 살 커플들에게는 그들의 결혼할 권리에 대한 제약이 되지 않을 수도 있다. 반면에 결혼해서도 불가피하게 떨어져 살아야 할 커플들에게 거주요건은 결혼의 결정을 방해하는 중요한 요소로 작용할 수 있으므로 그들의 결혼할 권리를 제약하게 된다. 하지만 이와 같이 국적을 근거로 한 결혼의 제한은 원칙적으로 위장결혼의 방지라는 공익적 목적에 의해 정당화되고 이러한 목적을 달성하기 위한 불가피한 방법으로 이해되므로 결혼할 권리에 대한 침해가 되지 않는다.[13] 다만 법률상 요구되는 국내거주기간이 과도한 경우에는 결혼할 권리를 침해할 수도 있는데 현행법상의 2년의 기간은 과도하다는 의심이 든다.

---

11) 체류나 국적취득을 목적으로 한 위장결혼의 법적 문제에 대해서는 최봉경(2010), 146면 이하; 최봉경(2011), 300면 이하 참조. 한편 이주민의 증가로 인한 다문화사회에서 복수국적이 허용되어야 한다는 주장으로 이종수(2010), 56면 이하 참조.

12) 국적법 제6조 제2항: 배우자가 대한민국의 국민인 외국인으로서 다음 각 호의 어느 하나에 해당하는 자는 제5조 제1호의 요건을 갖추지 아니하여도 귀화허가를 받을 수 있다.

1. 그 배우자와 혼인한 상태로 대한민국에 2년 이상 계속하여 주소가 있는 자
2. 그 배우자와 혼인한 후 3년이 지나고 혼인한 상태로 대한민국에 1년 이상 계속하여 주소가 있는 자
3. 제1호나 제2호의 기간을 채우지 못하였으나, 그 배우자와 혼인한 상태로 대한민국에 주소를 두고 있던 중 그 배우자의 사망이나 실종 또는 그 밖에 자신에게 책임이 없는 사유로 정상적인 혼인 생활을 할 수 없었던 자로서 제1호나 제2호의 잔여기간을 채웠고 법무부장관이 상당하다고 인정하는 자
4. 제1호나 제2호의 요건을 충족하지 못하였으나, 그 배우자와의 혼인에 따라 출생한 미성년의 자를 양육하고 있거나 양육하여야 할 자로서 제1호나 제2호의 기간을 채웠고 법무부장관이 상당하다고 인정하는 자

13) 외국인 배우자의 국적취득을 위한 요건으로 국내거주기간을 두는 것 자체가 위헌이라는 견해로 표명환(2009), 112면 참조. 이러한 견해에 따르면 외국인 배우자는 결혼과 동시에 한국 국적을 취득할 수 있도록 이중(복수)국적제도가 도입되어야 한다고 주장한다. 같은 이, 109면 이하 참조. 하지만 이중국적제도가 예외적으로만 이중국적을 허용하는 경우에 결혼이주여성이 이러한 예외에 해당하는지가 논란이 될 수 있고, 더 근본적으로는 예외적 이중국적허용이 평등원칙에 위반될 수 있다는 점을 지적해야만 한다. 한편 개정된 국적법에 따라 예외적으로나마 복수국적이 허용되고 있다.

### 3. 결혼의 성매매적 성격

일반적으로 서로 사랑하는 사람들이 결혼하기는 하지만 반드시 사랑해야 결혼할 수 있는 것은 아니므로 사랑이 결혼의 필수적 요건은 아니다. 마찬가지로 결혼한 부부는 대체로 성관계를 맺지만 섹스하지 않는 부부 또는 어떤 사정으로 인해 섹스할 수 없는 부부도 존재하기 때문에 섹스도 결혼의 필수적 요건은 아니다. 그렇지만 사랑과 섹스는 여전히 결혼에서 중요한 요소임에 틀림없다. 중요한 것은 사랑과 섹스도 상품화되어 거래될 수 있으므로[14] 사랑과 섹스를 중요한 요소로 포함하는 결혼도 일종의 성매매가 될 수 있다는 점이다. 특히 경제적 강자(부자)와 약자(빈자)의 결혼, 특히 대체로 경제적 강자인 남성과 경제적 약자인 여성의 결합은 성매매적 성격을 강하게 내포할 수 있다.

하지만 결혼을 이렇게 이해하면 경제적으로 완전하게 평등한 세상이 이루어지기 전에는 모든 결혼이 경제적 강자와 경제적 약자의 결합이 되기 때문에 성매매가 될 수밖에 없다. 심지어 경제적으로 불평등한 현실에서 결혼에 관한 결정을 포함한 인간의 모든 결정은 결코 진정한 의미의 자유로운 결정이 될 수 없다. 인간의 모든 결정은 경제적 권력관계에 따라 이미 규정되어 버리기 때문이다. 결국 경제적 조건으로부터 자유로운 의사결정의 가능성을 인정하는 한 결혼의 결정에서 성매매적 성격을 완전히 부인하기는 어려워도 결혼의 모든 성격, 적어도 본질적 성격을 성매매로 규정하는 것은 문제가 있다.

## Ⅲ. 결혼이주여성의 인권

### 1. 결혼성사 단계에서 배우자선택권

#### (1) 배우자의 선택에 필수적인 숙려기간

결혼할 권리의 본질적 요소는 '배우자선택권'이므로 결혼을 목적으로 이주해오는 여성들에게 가장 기본적으로 보장되어야 할 인권은 자신의 의사에 따라 배

14) 섹스는 거래될 수 있지만 사랑은 거래될 수 없다는 소박한 반론이 가능하지만 돈으로 섹스에 관한 상대방의 결정을 이끌어낼 수 있는 것처럼 돈으로 상대방의 사랑하는 마음도 얻을 수 있다는 많은 경험들이 그에 대한 훌륭한 반박이 될 수 있다. 그 밖에 성의 상품화에 대해서는 이 책 제27장 참조.

우자를 선택할 수 있는 권리다. 물론 한국의 경제수준과 비교할 때 상대적으로 빈곤한 국가의 출신인 여성들에게 완벽한 의미의 배우자선택권을 보장하는 것은 불가능한 일일지도 모른다. 그들의 실제 결혼목적은 상대적으로 풍요로운 경제력을 가진 배우자를 찾는 것(이를 흔히 '상향혼'이라고 부른다), 다시 말해 그들이 한국남성을 배우자로 선택하게 만든 결정적 요소는 상대적으로 우위에 놓인 한국의 경제수준이기 때문이다. 같은 이유에서 성관계가 포함될 수밖에 없는 결혼의 속성상 한국남성과의 결혼을 '매매혼'이라고 단정적으로 말할지도 모른다. 그리고 그렇기 때문에 동남아시아를 포함한 제3세계 여성과의 결혼은 모두 법적으로 금지되어야 한다는 주장도 가능하다.

하지만 출신국가의 경제적 수준에 대한 비교만 가지고 결혼의 결정에서 배우자선택권이 가지는 의미를 완전히 부정하거나 결혼의 성격을 매매혼으로 단정짓는 것은 합리적이지 않다. 배우자선택권과 관련된 현실적 장애와 결혼의 부분적인 매매혼적 성격에 대해서 부정할 수는 없지만 적어도 결혼이주여성에게 배우자의 선택을 위한 '충분한 숙고의 시간'이 보장된다면 그러한 장애와 부정적 성격은 상당 부분 제거될 수 있기 때문이다. 또한 결혼이주여성이 결혼을 결정하는 데 경제적 요소가 결정적으로 작용하지 않도록 과도한 '결혼지참금'이 오고가는 부분도 금지될 필요가 있다. 그렇지만 어느 정도의 시간이 배우자의 선택에 충분한 시간인지에 대해서는 보편적 합의가 존재하지 않고, 심지어 첫눈에 반해서 결혼을 결정하는 사람들도 있으므로 숙고를 위해 요구되는 시간을 과도하게 확대하면 오히려 결혼이주여성의 배우자선택권을 제한할 가능성도 있다. 그리고 결혼할 배우자 또는 그 가족에게 합리적인 범위의 경제적 부조를 제공하는 것은 허용될 수 있으므로 지나치도록 엄격하게 결혼지참금의 범위를 제한하는 것도 결혼이주여성의 배우자선택권을 제약할 수 있음을 인식할 필요가 있다.

### (2) 결혼중개를 통한 배우자의 선택과 충분한 정보

결혼할 사람을 스스로 찾을 수만 있다면 이상적이겠지만 많은 경우에 배우자후보는 다른 사람의 중매(仲媒)를 통해서도 만나게 된다. 심지어 영리를 목적으로 배우자후보와 연결시켜주는 일을 하는 결혼중개업소[15]도 존재한다. 배후자후보

15) 결혼중개업의 관리에 관한 법률에 따르면 결혼중개업은 대한민국 국민을 대상으로 하는 '국내결혼중개업'과 대한민국 국민과 외국인을 대상으로 하는 '국제결혼중개업'으로 구분된다. 국내결혼중개업은 신고만으로 가능하지만(동법 제3조 제1항) 국제결혼중개업은 등록이 요구된다(동법 제4조 제1항). 또한 국제결혼중개업을 등록하고자 하는 자는 전문지식 및 윤

를 연결시켜주는 일, 특히 영리목적으로 이와 같은 일을 하는 것은 그 자체로 공익에 해악이 되지는 않으므로 이를 금지시킬 합리적 근거는 없다. 다만, 결혼을 중개하는 일을 하면서 사람을 속여 경제적 이득을 얻는 행위가 개입된다면 이는 금지시킬만한 충분한 이유가 존재하게 된다. 따라서 우선 배우자후보의 인적 사항이나 건강상태 또는 가족관계나 경제상황 등에 관한 정확한 정보를 제공받을 권리가 결혼이주여성에게 보장되어야 한다.

이를 구체화하여 **결혼중개업의 관리에 관한 법률**[16](최근개정: 2019. 4. 30. 법률 제16413호, 이하 **결혼중개업법**)은 결혼중개업자에 대해서 결혼중개를 함에 있어서 이용자에게 거짓된 정보를 제공하는 것을 금지하고(동법 제12조 제2항), 이를 위반하면 형사처벌을 받을 수 있고(동법 제26조 제2항 제7호), 특히 국제결혼중개업자가 이를 위반하면 등록을 취소하도록 규정하고 있다(동법 제18조 제1항 제17호). 또한 **민법**은 혼인 당시 당사자 일방에 부부생활을 계속할 수 없는 악질 기타 중대 사유있음을 알지 못한 경우 또는 사기 또는 강박으로 인하여 혼인의 의사표시를 한 경우를 혼인취소의 사유로 규정하고 있다(동법 제816조 제2호 및 제3호).

한편 결혼중개와 관련하여 과도한 대가를 요구하거나 심지어 결혼당사자 간에 오고가는 '결혼지참금'을 중간에서 가로채는 행위, 결혼이주여성에게 성급하게 결혼을 결정하도록 재촉하거나 강요하는 행위는 금지될 필요가 있다. 영리를 목적으로 하는 결혼중개를 직업으로 삼는 자들이 영업의 자유나 직업의 자유[17]를 주장할지는 모르지만 타인의 기본권을 침해하고 사회적 해악을 야기하는 행위조차 기본권에 근거하여 주장할 수는 없기 때문이다. 이에 따라 국제결혼중개업자는 결혼중개를 함에 있어서 결혼중개업법을 위반하여 이용자에게 손해를 발생하게 한 때에는 고의 또는 과실이 없음을 입증하지 않는 한 그 손해를 배상할 책임이 있고(결혼중개업법 제25조 제2항), 이러한 손해배상책임을 보장하기 위하여 결혼중개업자에게는 보증보험에 가입할 의무가 부과된다(동법 동조 제3항).[18]

---

리의식을 높이기 위한 교육을 받아야 한다(동법 제24조 제2항). 국제결혼중개업을 할 수 있는 요건을 강화한 것은 결혼이민자, 특히 결혼이주여성을 보호하려는 취지로 이해된다. 한편 결혼중개업의 관리에 관한 법률의 문제점과 대안에 대해서는 김정선/김재원(2010), 339면 이하; 손영기(2011), 121면 이하 참조.

16) 결혼중개업법의 내용과 문제점에 대해서는 조홍석(2020), 149면 이하 참조.

17) 직업의 자유에 대해서는 이 책 제17장 참조.

18) 구 결혼중개업법(2007. 12. 14. 법률 제8688호로 제정된 것)에 따르면 결혼중개업자는 손해배상책임을 보장하기 위하여 보증보험에 가입하거나 예치금을 금융기관에 예치해야 했으나(동법 제25조 제2항), 2010. 5. 17. 개정(법률 제10301호)을 통해 예치금 방식이 삭제되었다.

## 2. 결혼생활 단계에서 배우자로서 존중받을 권리

결혼의 본질은 독립적인 인격체 간의 공동생활이므로 부부는 상대방을 인간의 존엄을 가진 동등한 존재로 인정하고 존중해야만 한다. 헌법도 혼인생활에서 '개인의 존엄'과 '양성의 평등'을 선언하고 있다(헌법 제36조 제1항).[19] 동등하게 존엄한 존재로 인정되는 결혼생활에서 폭언이나 구타는 원천적으로 배제될 수밖에 없고, 특히 부부간의 성생활에서도 동의 없는 성관계는 인정될 수 없으므로 부부간의 강요된 성관계는 법적으로 금지되고 처벌될 필요가 있다.[20] 심지어 배우자가 외국인이라는 신분을 악용하여 감금이나 학대를 일삼는 행위와 여권을 감추고 여행을 제한하거나 노동을 강요하는 행위는 엄격하게 금지되어야 한다. 이러한 행위들은 이미 형법상 범죄로 규정되어 있으므로 중요한 것은 결혼이주여성들에게 가해지는 인권침해에 대해서 이 규정들을 엄격하게 적용하는 일이다.

## 3. 자녀양육 단계에서 사회적 기본권

일반적으로 자녀의 임신과 출산 및 양육은 경제적 비용이 요구되는 영역이므로 국가에 대해서 일정한 급부를 요구할 수 있는 사회적 기본권의 대상이 된다. 특히 한국적 상황에서 결혼을 위해 이주해온 여성들의 경제적 여건은 상당히 열악할 수밖에 없다. 한국인 배우자가 대부분 빈곤한 농촌남성이기 때문이다. 여러 가지 사정으로 결혼이주여성이 별거나 이혼을 경험하게 되는 경우에 한부모가족의 가장으로서 경제적 어려움은 훨씬 가중된다.[21] 더욱이 결혼이주여성과 그들의 자녀들에 대해서는 한국어와 한국문화에 대한 교육이 필요하고, 이를 위해서도 경제적 비용이 요구되기 때문에 국가의 적극적 지원이 필요하다.[22] 이와 관련하여 현재 결혼이주여성이 속한 가정을 지원하기 위한 **다문화가족지원법**(최근개정: 2020. 5. 19. 법률 제17281호)이 제정되어 있다. 하지만 다문화가족에 대한 국가의 지원이 의무사항으로 규정되지 않아 국가의 노력이나 의지를 필요로 하는 임의사항에 지

19) 혼인과 가족에 관한 헌법적 권리를 근거로 결혼이주여성의 권리를 정당화하고 있는 주장으로 표명환(2009), 103면 이하 참조.

20) 결혼이주여성에 대한 가정폭력의 현황에 대해서는 소라미(2009), 6면 이하 참조. 한편 부부강간죄에 대해서는 이 책 제27장 보론 2. 참조.

21) 별거나 이혼 후 결혼이주여성이 겪게되는 경제적 어려움에 대한 사실적 연구로 박은경(2017), 14면 이하 참조.

22) 특히 자녀 교육과 관련된 한국어 교육의 문제에 대해서는 김현정(2020), 68면 이하 참조.

나지 않기 때문에 얼마나 실제적이고 효과적인 지원이 이루어질 수 있을지는 의심스럽다.[23)]

한편 **국민기초생활 보장법**(최근개정: 2019. 12. 3. 법률 제16734호)에 따라 국내에 체류하고 있는 외국인 중 대한민국 국민과 혼인하여 대한민국 국적의 미성년 자녀를 양육하고 있는 사람은 수급권자가 될 수 있다(동법 제5조의2). 대한민국 국민인 배우자와 이혼하거나 그 배우자가 사망한 자로서 대한민국 국적의 미성년 자녀를 양육하고 있는 사람이나 사망한 배우자의 태아를 임신하고 있는 사람도 국민기초생활보장법에 의한 수급권자가 될 수 있다(동법 시행령 제4조 제2호). 그렇지만 한국인과 결혼하여 자녀가 있는 외국인, 그것도 한국 국적을 가진 자녀가 있는 외국인에 대해서만 수급권자의 자격을 인정하는 것은 문제가 있다고 보인다.[24)] 반면에 **긴급복지지원법**(최근개정: 2018. 12. 11. 법률 제15878호)에 따르면 대한민국 국민과 혼인 중인 사람뿐만 아니라 대한민국 국민인 배우자와 이혼하거나 그 배우자가 사망한 사람으로서 대한민국 국적을 가진 직계존비속을 돌보고 있는 사람도 위기상황에 처한 사람으로서 긴급지원대상자가 된다(동법 제5조의2 및 동법 시행령 제1조의2).

## 4. 결혼이주여성의 국적취득에 관한 권리

결혼이주여성은 대한민국 국민과 결혼해도 여전히 외국인이다. **재한외국인 처우 기본법**(최근개정: 2017. 10. 31. 법률 제14974호)에 따르면 결혼이주여성은 대한민국에 합법적으로 체류하는 '재한외국인'의 한 유형으로서 대한민국 국민과 혼인한 적이 있거나 혼인관계에 있는 '결혼이민자'로 분류된다(동법 제2조 제3호). 따라서 앞서 언급한 것처럼 한국 남성과 결혼하기 위해 한국으로 이주한 여성은 일정한 기간 동안 국내에 거주해야만 대한민국 국적을 취득할 수 있다.[25)] 문제는 이러한 거주요건 이외에 생계유지에 필요한 경제력이나 한국어와 한국문화에 대한 이해를 국적취득의 법적 요건으로 요구하고 있다는 점이다.[26)] 외국인에게 대한민국

23) 다문화가족지원법에 대한 같은 취지의 비판으로 표명환(2009), 106면 참조. 다문화가족지원법의 개선방향에 대해서는 이지현(2011), 23면 이하 참조.

24) 자녀의 존재와 국적에 따라 수급권자 자격을 부여하는 것의 문제점에 대해서는 표명환(2009), 114면 이하 참조.

25) 이미 자녀가 있는 결혼이주여성의 경우에는 자녀의 국적 취득도 문제가 될 수 있는데 이러한 '중도입국자녀'의 국적 문제에 대해서 김대환(2020), 85면 참조. 한편 영주권 취득 요건의 완화도 하나의 방안으로 제시되기도 한다. 지성우(20, 264면 이하 참조.

26) 국적법에 따른 귀화허가를 받으려면 '귀화신청서'를 제출해야 하는데(국적법 시행령 제3조) 귀화신청서에 첨부하는 서류의 하나로서 3천만원 이상의 예금잔고증명 등과 같이 본인

국적을 부여할 때 생계유지능력이나 한국어능력 등을 요구하는 것은 일정한 측면에서 합리적 근거가 있다. 하지만 예외 없이 모든 외국인의 귀화에서 이와 같은 요건을 요구하는 것은 문제가 있다. 특히 결혼을 목적으로 이주한 외국인 여성에게 이러한 요건을 요구하는 것은 결혼할 권리를 직접적으로 침해하는 것은 아니지만 결혼의 전제가 되는 안정적 체류를 방해하여 결혼할 권리를 간접적으로 침해할 가능성이 있다.

## 5. 결혼이주여성의 이혼과 귀화

결혼하면 배우자의 국적을 취득할 수 있지만 앞서 언급한 위장결혼의 문제 때문에 일정한 국내거주요건이 요구된다. 따라서 국내거주요건을 충족하지 못한 상태에서 이혼하게 되면 결혼이민자들은 불법체류자로 전락하게 된다. 국민의 배우자로서 체류허가(F-2)[27]를 받게 되는 결혼이민자는 체류를 위하여 한국인 배우자의 신원보증이 필요한데 이혼하면 신원보증을 받을 수 없게 되기 때문이다.[28] 2011년말 현재 결혼이민자로서 한국에 입국해서 불법체류자가 된 사람의 숫자는 1만 명을 넘고 있다(아래 [표 38.3] 참조).[29] 이혼의 이유는 여러 가지가 있겠지만 배우자나 결혼중개업소의 기망으로 배우자에 대한 불충분 또는 부정확한 정보를 가졌거나 결혼이민자에 대한 배우자의 차별이나 인권침해가 원인이 될 수도 있다.

---

또는 생계를 같이하는 가족이 생계유지능력을 갖추고 있음을 증명하는 서류가 요구되고 있다(국적법 시행규칙 제3조 제2항 제2호). 또한 국적법에 따른 귀화허가를 받기 위해서는 필기시험과 면접심사로 구분되는 '귀화적격심사'를 받아야 하는데(국적법 시행령 제4조 제3항 및 제4항) 필기시험에서는 대한민국의 역사·정치·문화·국어 및 풍습에 대한 이해등 대한민국의 국민이 되기 위하여 갖추어야 할 기본소양에 관한 사항을 심사하고, 면접심사에서는 국어능력 및 대한민국 국민으로서의 자세와 자유민주적 기본질서에의 신념 등 대한민국 국민으로서 갖추어야 할 기본요건을 심사한다(국적법 시행규칙 제4조 제2항 및 제4항). 이러한 귀화적격심사는 법무부장관이 정하여 고시하는, 한국어 및 다문화 이해 등에 대한 교육과 정보제공 등을 내용으로 하는 사회통합프로그램을 이수한 자 등에 대해서는 면제되기도 한다(동시행규칙 동조 제1항). 귀화신청시 경제능력을 요구하는 것의 문제점에 대해서는 송서순(2009), 313면 이하 참조.

27) 외국인의 체류자격에 대해서는 이 책 제36장 [법령 36.4] 참조.

28) 출입국관리법에 따르면 법무부장관은 체류허가와 관련하여 필요하다고 인정할 때에는 초청자 기타 관계인에게 그 외국인(피보증외국인)의 신원을 보증하게 할 수 있도록 하여 '외국인의 체류허가를 위한 신원보증제도'를 규정하고 있다(동법 제90조 제1항). 이러한 신원보증제도의 문제점에 대해서는 장진숙(2010), 88면 이하 참조.

29) 법무부의 <출입국·외국인정책통계연보>에서 체류자격별 불법체류현황에 따르면, 2015년의 경우 결혼이민(F-6) 120,485명 중 3,536명이 불법체류 중이다.

또한 언어문제로 인한 의사소통의 곤란이나 문화적 차이 또는 결혼이민자의 가정이 처한 경제적 어려움이 이혼의 사유가 될 수도 있다. 아무튼 결혼의 파탄으로 여성 결혼이민자가 피해자가 될 가능성이 높다. 숫자만 보더라도 전체 결혼이민자 가운데 결혼이주여성이 85퍼센트가 넘기 때문에([표 38.4] 참조) 이혼으로 불법체류자가 되는 여성의 비율은 당연히 높다. 결혼이주여성이 이혼하면 불법체류자가 되고, 결국 본국으로 추방될 수밖에 없다. 하지만 이러한 현실은 대단히 가혹하다. 심지어 이러한 이유 때문에 심각한 차별과 인권침해에도 불구하고 결혼이주여성은 이혼하지 못한 채 결혼생활을 지속해야만 되는 불안한 처지에 놓이게 된다. 따라서 오로지 국적취득을 목적으로 한 위장결혼이 아니라면 이혼한 결혼이주여성의 귀화요건을 완화시켜 주거나 적어도 체류기간을 연장시켜 주는 대안이 모색될 필요가 있다.

**[표 38.3] 연도별 결혼이민자 불법체류 현황** (단위: 명)

| 구 분 | 2012년 | 2013년 | 2014년 | 2015년 | 2016년 | 2017년 | 2018년 | 2019년 |
|---|---|---|---|---|---|---|---|---|
| 결혼이민(F-6) | 335 | 1,469 | 3,482 | 3,536 | 3,321 | 3,439 | 3,541 | 3,350 |

자료: 법무부 출입국・외국인정책본부, <출입국・외국인정책 통계연보>(2020).

**[표 38.4] 성별 결혼이민자 현황** (단위: 명, %)

| | 2005 | 2006 | 2007 | 2008 | 2009 | 2010 | 2011 | 2012 |
|---|---|---|---|---|---|---|---|---|
| 전체 | 75,011 | 93,786 | 110,362 | 122,552 | 125,087 | 141,654 | 144,681 | 148,498 |
| 여성 (비율) | 66,659 (88.9) | 82,828 (88.3) | 97,236 (88.1) | 107,799 (88.0) | 109,211 (87.3) | 123,093 (86.9) | 125,031 (86.4) | 20,887 (85.9) |
| 남성 (비율) | 8,352 (11.1) | 10,958 (11.7) | 13,126 (11.9) | 14,753 (12.0) | 15,876 (12.7) | 18,561 (13.1) | 19,650 (13.6) | 126,704 (14.1) |

| | 2013 | 2014 | 2015 | 2016 | 2017 | 2018 | 2019 | 2020 |
|---|---|---|---|---|---|---|---|---|
| 전체 | 150,865 | 150,994 | 151,608 | 152,374 | 155,457 | 159,206 | 166,025 | 168,594 |
| 여성 (비율) | 21,953 (85.4) | 128,193 (84.9) | 128,336 (84.6) | 128,518 (84.4) | 130,227 (83.8) | 132,391 (83.2) | 137,094 (82.6) | 137,878 (81.8) |
| 남성 (비율) | 127,811 (14.6) | 22,801 (15.1) | 23,272 (15.4) | 23,856 (15.7) | 25,230 (16.2) | 26,815 (16.8) | 28,931 (17.4) | 30,716 (18.2) |

자료: 법무부 출입국・외국인정책본부(www.immigration.go.kr) 2005~2015년도 <출입국・외국인정책통계연보>(2006~2020).

## Ⅳ. 결혼이주여성에 대한 인정과 존중

단일민족과 순수혈통을 자랑하는 대한민국에서, 더구나 이제 경제적으로 좀 풍요해지면서 못사는 나라의 국민들을 멸시하는 태도가 자리를 잡아가면서 결혼을 위해 제3세계에서 이주해온 피부색이 다른 외국여성에 대한 차별과 냉대가 당연시될 가능성이 크다.[30] 하지만 '외국인'이라는 결혼이주여성의 신분은 차별의 이유이기보다 배려의 이유가 되어야 한다. 특히 결혼이주여성의 열악한 경제적 사정은 결혼이 결정되고, 결혼생활이 진행되는 모든 과정에서, 그리고 심지어 결혼이 파탄되어 이혼단계에 이르기까지 결혼이주여성을 특별히 배려해야 할 근본적인 이유가 된다. 여성이면서 외국인, 그것도 경제적으로 빈곤한 결혼이주여성은 중첩된 차별과 인권침해의 위험성에 노출되어 있다. 차별과 인권침해로부터 결혼이주여성을 보호해야 하는 소극적 과제보다 중요한 것은 결혼이주여성을 공동체의 한 구성원으로 인정하고 그들의 자유를 실현시키기 위한 물적 토대를 제공해야 하는 적극적 과제다.

**토론문제**

1. 한국남성과 제3세계 여성의 결혼은 성매매적 성격을 갖는가?
2. 모든 결혼에 성매매적 성격이 존재하는 것은 아닌가?
3. 결혼의 성매매적 성격을 극복할 수 있는 방법은 무엇인가?

**내 입장은?**

1. 성매매적 성격의 결혼은 금지되어야 한다.
2. 성매매적 성격의 결혼도 허용되어야 한다.
3. 성매매적 성격이 일부 포함되었다고 하더라도 전반적으로 평가하여 결혼으로 인정할 수 있다.

---

30) 결혼이주여성의 차별에 대한 경험적 연구로 김정희(2018), 80면 이하 참조.

## 참고문헌

김대환(2020), 다문화가족지원법의 문제점과 개선방안, ≪세계헌법연구≫(세계헌법학회 한국학회), 제26권 제3호(2020), 67~97면.

김상찬/김유정(2011), 국제결혼 이주여성의 인권보호를 위한 법적 과제, ≪법학연구≫(한국법학회), 제43집(2011), 319~344면.

김선희/전영평(2008), 결혼이주여성정책의 정체성 분석: 인권보호인가?, 가족유지인가?, ≪행정논총≫(서울대학교 한국행정연구소), 제46권 제4호(2008), 305~330면.

김정선/김재원(2010), 결혼중개업의 관리에 관한 법률, 의미 없지만 유효한 법, ≪경제와 사회≫(비판사회학회), 제86호(2010), 305~344면.

김정희(2018), 사회통합을 위한 결혼이주여성의 차별 경험 의미화 과정 연구, ≪문화콘텐츠연구≫(건국대학교 글로컬문화전략연구소), 제12호(2018), 75~99면.

김현정(2020), 결혼이주여성이 겪는 가족생활의 문제와 권리 보호, ≪법학논총≫(단국대학교 법학연구소), 제44권 제4호(2020), 63~98면.

김혜순(2008), 결혼이주여성과 한국의 다문화사회 실험, ≪한국사회학≫(한국사회학회), 제42집 2호(2008), 36~71면.

노호창(2017), 이주여성과 사회보장법제, ≪이화젠더법학≫(이화여자대학교 젠더법학연구소), 제9권 제2호(2017), 159~214면.

박은경(2017), 현행 다문화가족지원법의 개정 방향에 관한 연구, ≪경성법학≫(경성대학교 법학연구소), 제26집(2017), 21~49면.

소라미(2009), 결혼 이주여성의 인권 실태와 한국 법제도 현황에 대한 검토, ≪법학논총≫(조선대학교 법학연구소), 제16권 제2호(2009), 1~32면.

손영기(2011), 결혼이주여성의 인권보호를 위한 현행 법제도 고찰, ≪인문과학연구≫(대구가톨릭대학교 인문과학연구소), 제16집(2011), 109~131면.

송서순(2009), 결혼이주여성의 법적보호에 관한 고찰, ≪유럽헌법연구≫(유럽헌법학회), 제6호(2009), 289~320면.

윤인진(2008), 한국적 다문화주의의 전개와 특성, ≪한국사회학≫(한국사회학회), 제42집 2호(2008), 72~103면.

이종수(2010), 다문화사회와 국적, ≪헌법학연구≫(한국헌법학회), 제16권 제2호(2010), 43~69면.

이지현(2011), 다문화가족의 혼인에 관한 헌법적 보호, ≪법학논문집≫(중앙대학교 법학연구소), 제35권 제1호(2011), 5~30면.

장진숙(2010), 결혼이주여성의 법적 지위와 인권, ≪교정복지연구≫(한국교정복지학회), 제20호(2010), 73~93면.

조홍석(2020), 국제결혼중개업법과 결혼이주여성의 인권보호, ≪법과 정책연구≫(한국법정책학회), 제20권 제4호(2020), 131~160면.
지성우(2016), 다문화가족 관련 법률의 현황과 입법과제, ≪유럽헌법연구≫(유럽헌법학회), 제22호(2016), 245~274면.
최봉경(2010), 국제이주여성의 법적 문제에 관한 소고, ≪서울대학교 법학≫(서울대학교 법학연구소), 제51권 제2호(2010), 131~162면.
최봉경(2011), 다문화가정에 관한 약간의 가족법적 문제점, ≪가족법연구≫(한구가족법학회), 제25권 제2호(2011), 297~328면.
표명환(2009), 재한 결혼이주여성의 국가적 보호에 관한 법적 고찰, ≪공법학연구≫(한국비교공법학회), 제10권 제3호(2009), 97~120면.
황정미(2009), '이주의 여성화' 현상과 한국 내 결혼이주에 대한 이론적 고찰, ≪페미니즘 연구≫(한국여성연구소), 제9권 제2호(2009), 1~37면.
형근혜(2011), 결혼이주여성에 대한 법적 권리 비교 연구-가족법과 국적법을 중심으로-, ≪인권복지연구≫(한국인권사회복지학회), 제9권(2011), 69~102면.

# 제39장
# 끝나지 않은 박해와 난민의 인권

"권고하고자 하는 난민의 정의는 …
자신의 생명이나 안전 또는 자유가 폭력의 만연, 외국의 침략, 내전,
대규모 인권침해 또는 공공질서를 심각하게 해하는 그 밖의 환경에 의해 위협받아
자신의 조국으로부터 도망쳐 나온 사람들을 난민에 포함시키는 정의다."
≪1984년 난민에 관한 카르타헤나선언(Cartagena Declaration on Refugees) 중에서≫

자신의 국적을 버리고 대한민국으로 귀화하는 사람들이 늘고 있다. 자신의 조국을 떠나 대한민국으로 고난의 망명길을 떠나온 사람들도 증가하고 있다. 나의 조국이 안식과 평화의 땅이 되어가고 있다는 소식은 나쁘지 않다. 하지만 분단된 남의 나라가 안식과 평화를 줄 만큼 박해와 고난으로 가득 찬 나라가 존재한다는 것은 기쁘지 않다.

고향과 조국을 등져야 하는 사람들의 처지는 딱하다. 다시 그곳으로 돌아갈 수 없기 때문이다. 누구나 고향과 조국을 떠나 살 수는 있지만 마음만 먹으면 언제든지 돌아갈 수 있는 곳이 고향과 조국이다. 고향과 조국을 떠나본 사람은 나그네의 심정을 잘 안다. 돌아갈 고향과 조국이 주는 평안함도 잘 안다. 진정으로 나그네의 심정을 아는 사람은 돌아갈 고향과 조국이 없는 사람들을 배려할 수 있어야 한다.

아직도 도처에 독재자의 탄압이 가혹하다. 독재자에 대한 저항은 더욱 잔혹한 박해로 돌아온다. 한 나라의 독재를 그 나라의 문제로 치부할 수는 없다. 보편적 인권의 힘으로 앙시앙 레짐에 대한 레지스탕스에게 힘을 보탤 필요가 있다. 돌아갈 고향과 조국이 없는 그들에게 새로운 고향과 조국을 선사해야 한다. '난민'이라는 이름의 그들에게 무엇이 필요한지 살펴보자.

# Ⅰ. 개 관

## 1. 현황과 문제제기

한국으로 귀화하는 사람들이 늘고 있고, 한국에서 난민신청을 하여 난민으로 인정받는 사람들도 증가하고 있다. 귀화하는 사람의 숫자는 2004년에 7천2백여 명에서 2011년에 1만6천여 명으로 2배 이상 증가하였다(아래 [표 39.1] 참조). 한편 2018년 말까지 1만6천2백 명에 가까운 난민심사가 종료되어 936명이 난민지위를 인정받았다.[1] 그리고 난민 중에서 최초로 한국 국적을 취득한 사람도 나오게 되었고,[2] 2011년부터는 난민 신청자가 매년 1천 명이 넘고 있으며, 2015년에는 5천 명, 2018년에는 1만6천 명이 넘는 신청자가 있었다([표 39.2] 참조). 아무튼 귀화하는 외국인의 숫자와 난민신청자의 숫자가 늘고 있다는 것은 어떤 이유에서든 대한민국이 이주를 원하는 국가가 되어가고 있다는 증거가 된다. 하지만 귀화든 난민이든 외국인의 국내 이주가 반드시 환영받는 것은 아니다. 외국인의 국내 이주는 국가에 경제적 부담이 될 수도 있을 뿐만 아니라 다양한 사회적 문제를 야기하기 때문이다. 특히 난민신청을 위해 국내에 이주하는 외국인의 경우에는 그 외국인의 국적국과 외교적 마찰마저 불러일으킬 수 있다. 어떤 외국인을 난민으로 인정하는 것은 그 외국인의 국적국을 정치적 박해를 일삼는 국가로 공인하는 것을 의미하기 때문이다.

**[표 39.1] 연도별 귀화 현황** (단위: 명)

| 연 도 | 2004 | 2005 | 2006 | 2007 | 2008 | 2009 | 2010 | 2011 | 2012 |
|---|---|---|---|---|---|---|---|---|---|
| 귀화자 수 | 7,261 | 12,299 | 7,477 | 8,536 | 11,518 | 25,044 | 16,312 | 16,090 | 10,541 |

| 연 도 | 2013 | 2014 | 2015 | 2016 | 2017 | 2018 | 2019 | 2020 |
|---|---|---|---|---|---|---|---|---|
| 귀화자 수 | 11,270 | 11,314 | 10,924 | 10,108 | 10,086 | 11,556 | 9,914 | 13,885 |

자료: 법무부 출입국·외국인정책본부(www.immigration.go.kr) 2004~2020년도 <출입국·외국인정책통계연보>(2005~2020).

1) 법무부 웹사이트(www.moj.go.kr) <난민통계> 참조. 한국의 난민 현황에 대한 분석으로 고문현(2011), 45면 이하 참조.

2) 법무부에 따르면 2005년 9월 난민지위를 인정받은 에티오피아 출신의 난민 한 명이 2010년 3월 19일에 한국 국적을 허가받았다고 한다. 법무부의 2010년 3월 19일자 보도자료 참조.

[표 39.2] 난민 신청 및 심사 현황 (단위: 명)

| 연도 | 신청 (누적) | 심사 종료 | | | | | 심사중 (누적) |
|---|---|---|---|---|---|---|---|
| | | 소계 (누적) | 인정 (누적) | 인도적 체류 (누적) | 불인정 (누적) | 철회 (누적) | |
| 1994~2004 | 399 (399) | 151 (151) | 32 (32) | 14 (14) | 57 (57) | 48 (48) | 248 (248) |
| 2005 | 410 (809) | 130 (281) | 9 (41) | 13 (27) | 79 (136) | 29 (77) | 280 (528) |
| 2006 | 278 (1,087) | 181 (462) | 11 (52) | 13 (40) | 114 (250) | 43 (120) | 97 (625) |
| 2007 | 717 (1,804) | 170 (632) | 13 (65) | 9 (49) | 86 (336) | 62 (182) | 547 (1,172) |
| 2008 | 364 (2,168) | 238 (870) | 36 (101) | 14 (63) | 79 (415) | 109 (291) | 126 (1,298) |
| 2009 | 324 (2,492) | 1,289 (2,159) | 70 (171) | 22 (85) | 994 (1,409) | 203 (494) | -965 (333) |
| 2010 | 423 (2,915) | 312 (2,471) | 47 (218) | 35 (120) | 168 (1,577) | 62 (556) | 111 (444) |
| 2011 | 1,011 (3,926) | 429 (2,900) | 42 (260) | 20 (140) | 277 (1,854) | 90 (646) | 582 (1,026) |
| 2012 | 1,143 (5,069) | 836 (3,736) | 60 (320) | 31 (171) | 558 (2,412) | 187 (833 | 307 (1,333) |
| 2013 | 1,574 (6,643) | 917 (4,653) | 57 (377) | 6 (177) | 523 (2,935) | 331 (1,164) | 657 (1,990) |
| 2014 | 2,896 (9,539) | 2,741 (7,394) | 94 (471) | 539 (716) | 1,745 (4,680) | 363 (1,527) | 155 (2,145) |
| 2015 | 5,711 (15,250) | 4,555 (11,949) | 105 (576) | 194 (910) | 3,976 (8,656) | 280 (1,807) | 1,156 (3,301) |
| 2016 | 7,542 (22,792) | 6,394 (13,393) | 98 (672) | 246 (1,156) | 5,050 (11,565) | 731 (2,538) | 418 (6,861) |
| 2017 | 9,942 (32,733) | 6,046 (19,424) | 121 (792) | 318 (1,474) | 5,607 (17,158) | 1,200 (3,738) | 4,820 (9,571) |
| 2018 | 16,173 (48,906) | 3,879 (23,208) | 144 (936) | 514 (1,988) | 3,221 (20,284) | 2,029 (5,767) | 14,654 (19,931) |
| 2019 | 15,451 (64,357) | 5,879 (31,852) | 71 (744) | 169 (1,790) | 5,639 (29,318) | 4,139 (10,183) | 2,391 (22,322) |
| 2020 | 6,684 (71,042) | 8,104 (39,954) | 55 (799) | 127 (1,927) | 7,922 (37,238) | 5,930 (16,112) | 14,976 |

자료: 법무부 출입국·외국인정책본부(www.immigration.go.kr) <출입국·외국인정책 통계연보>(2006~2020) 재구성.

해마다 조금씩 변화는 있지만 전 세계적으로 난민의 숫자는 매년 1천만 명 안팎이 되는 것으로 보고되고 있다(아래 [표 39.3] 참조). 최근에 난민은 주로 이라크, 아프가니스탄, 소말리아, 수단, 팔레스타인 등에서 발생하고([표 39.4] 참조), 난민을 비호하여 체류시키는 주요국가로는 파키스탄, 이란, 독일, 요르단 등이 있다([표

39.5] 참조).[3] 2008년 말을 기준으로 이라크 난민(난민유사상태에 있는 사람들을 포함하여 190만여 명) 가운데 110만여 명이 시리아에, 50만여 명이 요르단에 체류하고 있고, 아프가니스탄 난민(난민유사상태에 있는 사람들을 포함하여 283만여 명) 가운데 178만여 명 정도가 파키스탄에, 93만여 명이 이란에 체류하고 있다. 한편 2011년 시리아 내전이 발생하면서 주요 난민 비호국가였던 시리아는 2014년을 기준으로 아프가니스탄과 함께 가장 많은 난민을 발생시켰고, 이들은 주변국인 레바논, 터키, 요르단, 이라크 등에서 체류한다. 한국이나 일본에 체류하는 난민은 주로 미얀마 출신이다.

**[표 39.3] 대륙별 난민체류 현황** (단위: 천 명)

| | 2005 | 2006 | 2007 | 2008 | 2009 | 2010 | 2011 | 2012 | 2013 | 2014 |
|---|---|---|---|---|---|---|---|---|---|---|
| 아프리카 | 2,767.6 | 2,607.6 | 2,498.3 | 2,332.9 | 2,300.1 | 2,408.7 | 2,924.1 | 3,068.3 | 3,377.7 | 4,029.7 |
| 아 시 아 | 3,502.5 | 4,537.8 | 6,300.8 | 5,706.4 | 5,620.5 | 5,715.8 | 5,104.1 | 5,060.1 | 6,317.5 | 7,612.3 |
| 유 럽 | 1,747.4 | 1,612.4 | 1,569.4 | 1,613.4 | 1,628.1 | 1,587.4 | 1,534.4 | 1,522.1 | 1,152.8 | 1,497.1 |
| 중 남 미 | 37.7 | 40.6 | 530.6 | 350.3 | 367.4 | 373.9 | 377.8 | 380.7 | 382.0 | 92.9 |
| 북 미 | 526.5 | 995.3 | 457.0 | 453.2 | 444.9 | 430.1 | 429.6 | 425.8 | 424.0 | 416.3 |
| 오세아니아 | 80.3 | 84.0 | 34.9 | 33.6 | 35.6 | 33.8 | 34.8 | 41.0 | 45.3 | 42.2 |
| 총 계 | 8,662.0 | 9,877.7 | 11,391.1 | 10,489.8 | 10,549.7 | 10,549.7 | 10,404.8 | 10,498.0 | 11,699.3 | 13,690.8 |

자료: 유엔난민기구(UNHCR, www.unhcr.org) 2006~2014년도 <통계연보(UNHCR Statistical Yearbook)> (2007~2015).

**[표 39.4] 난민의 출신국가** (단위: 천 명)

| 연도 / 국가 | 2006 | 2007 | 2008 | 2009 | 2010 | 2011 | 2012 | 2013 | 2014 |
|---|---|---|---|---|---|---|---|---|---|
| 아프가니스탄 | 2,107.5 | 1,909.9 (3,057.7)* | 1,817.9 (2,833.1)* | 1,905.8 (2,887.1)* | 3,054.7 | 2,664.4 | 2,586.2 | 2,556.5 | 2,596.2 |
| 시리아 | 12.3 | 13.7 | 15.2 | 17.9 | 18.4 | 19.9 | 728.7 | 2,457.2 | 3,869.6 (3,887.4)* |
| 소말리아 | 464.0 | 455.4 | 559.2 | 678.3 | 770.1 | 1,075.1 | 1,136.7 | 1,121.8 | 1,106.4 |
| 수단 | 686.3 | 523.0 | 397.0 | 348.5 | 379.1 | 491.0 | 558.2 | 636.4 | 659.4 (665.9)* |
| 콩고민주공화국 | 401.9 | 370.4 | 368.0 | 455.8 | 476.7 | 491.5 | 509.1 | 499.4 | 14.5 |
| 이라크 | 1,450.9 | 2,279.2 | 1,873.5 | 1,785.2 | 1,683.6 | 1,428.3 | 746.2 | 401.5 | 369.9 |
| 베트남 | 373.3 | 327.8 | 328.2 | 339.3 | 338.7 | 337.8 | 336.9 | 314.1 | 313.4 |
| 에리트레아 | 193.7 | 208.7 | 182.0 | 197.3 | 205.5 | 220.7 | 248.0 | 273.1 | 330.5 (363.0)* |
| 중앙아프리카 공화국 | 71.7 | 98.1 | 120.1 | 154.0 | 162.8 | 160.7 | 162.4 | 249.0 | 410.7 (412.0)* |

3) 세계 각국의 난민에 관한 통계는 유엔난민기구(UNHCR) 웹사이트(www.unhcr.org) 참조.

| | | | | | | | | | |
|---|---|---|---|---|---|---|---|---|---|
| 미얀마 | 202.8 | 191.3 | 184.4 | 206.7 | 215.6 | 214.6 | 215.3 | 222.1 | 223.8<br>(479.0)* |
| 중국 | 140.6 | 149.1 | 175.2 | 180.6 | 184.6 | 190.4 | 193.5 | 195.1 | 210.8 |
| 말리 | 0.6 | 1.0 | 1.8 | 2.9 | 3.7 | 4.3 | 149.9 | 152.8 | 139.2 |
| 스리랑카 | 117.0 | 135.0 | 137.8 | 145.7 | 141.1 | 136.6 | 132.7 | 123.1 | 122.0 |
| 남수단** | – | – | – | – | – | 0.001 | 86.9 | 114.4 | 616.1<br>(616.2)* |
| 콜롬비아 | 72.8 | 70.1<br>(551.7)* | 77.2<br>(373.5)* | 104.4<br>(389.8)* | 113.2<br>(395.6)* | 113.6<br>(395.9)* | 111.8<br>(394.1)* | 108.1<br>(396.7)* | 103.1<br>(360.2)* |
| 팔레스타인 | 334.1 | 335.2 | 334.0 | 95.2 | 93.3 | 94.1 | 94.8 | 96.0 | 97.2 |
| 서사하라 | 90.6 | 90.0 | 90.5 | 90.5 | 90.4 | 90.4 | 90.5 | 90.5 | 90.4<br>(116.4)* |
| 코트디부아르 | 26.3 | 22.2 | 22.2 | 23.2 | 41.8 | 154.8 | 100.7 | 85.7 | 71.9 |
| 르완다 | 93.0 | 81.0 | 72.5 | 129.1 | 114.8 | 106.8 | 97.4 | 84.0 | 79.4 |
| 에티오피아 | 74.0 | 59.8 | 63.9 | 62.9 | 68.8 | 70.6 | 74.9 | 77.1 | 86.8 |
| 이란 | 102.5 | 68.4 | 69.1 | 72.8 | 68.8 | 72.3 | 75.9 | 75.1 | 82.1 |
| 러시아 | 159.4 | 93.2 | 103.1 | 109.5 | 108.3 | 109.8 | 110.6 | 74.3 | 70.5 |
| 부룬디 | 396.5 | 375.7 | 281.6 | 94.2 | 84.1 | 101.3 | 73.4 | 72.6 | 72.4 |
| 터키 | 227.2 | 222.0 | 214.4 | 146.4 | 146.8 | 139.8 | 135.4 | 66.6 | 63.8 |
| 크로아티아 | 93.8 | 100.4 | 97.0 | 76.5 | 65.9 | 62.6 | 62.6 | 49.8 | 40.1 |
| 세르비아 | 174.0 | 165.6 | 185.4 | 195.2 | 183.0 | 161.4 | 157.6 | 48.4 | 45.4<br>(45.7)* |
| 부탄 | 108.1 | 108.1 | 102.5 | 86.8 | 72.8 | 55.6 | 41.6 | 31.6 | 23.6 |
| 보스니아<br>헤르체고비나 | 199.9 | 78.3 | 74.1 | 69.9 | 62.9 | 58.5 | 51.8 | 26.8 | 21.8 |
| 앙골라 | 206.5 | 186.2 | 171.4 | 141.0 | 134.9 | 128.7 | 19.3 | 10.3 | 9.4 |
| 대한민국 | 1.3 | 1,2 | 1,1 | 0.6 | 0.6 | 0.5 | 0.6 | 0.5 | 0.4 |

자료: 유엔난민기구(UNHCR, www.unhcr.org) 2006~2014년도 <통계연보(UNHCR Statistical Yearbook)> (2007~2015), 2013년을 기준으로 난민 숫자가 많은 출신 국가 순.

* 괄호 안은 난민유사상태에 있는 사람들(people in refugee-like situation)을 포함.

** 남수단은 오랜 내전 끝에 2011년 7월 9일 독립국가가 되었다.

**[표 39.5] 주요 난민 비호(체류)국** (단위: 천 명)

| 연도 / 국가 | 2006 | 2007 | 2008 | 2009 | 2010 | 2011 | 2012 | 2013 | 2014 |
|---|---|---|---|---|---|---|---|---|---|
| 파키스탄 | 1,044.5 | 2,035.0* | 1,780.9* | 1,740.7* | 1,900.6 | 1,702.7 | 1,638.5 | 1,616.5 | 1,505.5 |
| 이란 | 968.4 | 963.5 | 980.1 | 1,070.5 | 1,073.4 | 886.5 | 868.2 | 857.4 | 982.0 |
| 레바논 | 20.2 | 50.3 | 50.3 | 50.3 | 7.9 | 8.8 | 133.5 | 856.5 | 1,154.0 |
| 요르단** | 500.2 | 500.3 | 500.4 | 450.8 | 450.9 | 451.0 | 302.7 | 641.9 | 654.1 |
| 터키 | 2.6 | 7.0 | 11.1 | 10.4 | 10.0 | 14.5 | 267.1 | 609.9 | 1,587.3 |
| 케냐 | 272.5 | 265.7 | 320.6 | 358.9 | 402.9 | 566.5 | 564.9 | 534.9 | 551.3 |
| 차드 | 286.7 | 294.0 | 330.5 | 314.4 | 347.9 | 366.5 | 373.7 | 434.5 | 452.8 |
| 에티오피아 | 97.0 | 85.2 | 83.6 | 121.9 | 154.3 | 288.8 | 376.4 | 433.9 | 659.5 |
| 중국 | 301.0 | 301.1 | 301.0 | 301.0 | 301.0 | 301.0 | 301.0 | 301.0 | 301.0 |

| 미국*** | 843.5 | 281.2 | 279.5 | 275.5 | 264.6 | 264.8 | 262.0 | 263.7 | 267.2 |
|---|---|---|---|---|---|---|---|---|---|
| 이라크 | 44.4 | 42.4 | 39.5 | 35.2 | 34.7 | 35.2 | 98.8 | 246.3 | 271.1 |
| 예멘 | 95.8 | 117.4 | 140.2 | 170.9 | 190.1 | 214.7 | 237.2 | 241.3 | 257.6 |
| 프랑스 | 146.0 | 151.8 | 171.2 | 196.4 | 200.7 | 210.2 | 217.9 | 232.5 | 252.2 |
| 이집트 | 88.0 | 97.6 | 97.9 | 94.4 | 95.1 | 95.1 | 109.9 | 230.1 | 236.0 |
| 남수단 | – | – | – | – | – | 105.0 | 202.6 | 229.6 | 248.1 |
| 우간다 | 272.0 | 229.0 | 162.1 | 127.3 | 135.8 | 139.4 | 197.9 | 220.6 | 385.5 |
| 인도 | 158.4 | 161.5 | 184.5 | 185.3 | 184.8 | 185.1 | 185.7 | 188.4 | 199.9 |
| 독일 | 605.4 | 578.9 | 582.7 | 593.8 | 594.3 | 571.7 | 589.7 | 187.6 | 216.9 |
| 캐나다 | 151.8 | 175.8 | 173.7 | 169.4 | 165.5 | 164.9 | 163.8 | 160.3 | 149.1 |
| 시리아** | 702.2 | 1,503.8 | 1,105.7 | 1,054.5 | 1,005.5 | 755.4 | 476.5 | 149.3 | 149.1 |
| 영국*** | 301.6 | 299.7 | 292.1 | 269.4 | 238.2 | 193.5 | 149.8 | 126.1 | 117.2 |
| 수단 | 196.2 | 222.8 | 181.6 | 152.4 | 144.0 | 113.4 | 126.2 | 124.3 | 277.8* |
| 스웨덴 | 79.9 | 75.1 | 77.0 | 81.4 | 82.6 | 86.6 | 92.9 | 114.2 | 142.2 |
| 콩고민주공화국 | 208.4 | 177.4 | 155.2 | 185.8 | 166.3 | 152.7 | 65.1 | 113.4 | 54.8 |
| 카메룬 | 35.1 | 60.1 | 81.0 | 100.0 | 104.3 | 100.4 | 99.0 | 107.3 | 264.1* |
| 탄자니아 | 485.3 | 435.6 | 321.9 | 118.7 | 109.3 | 131.2 | 101.0 | 102.1 | 88.4 |
| 네팔 | 128.2 | 128.2 | 122.3 | 106.2 | 87.5 | 70.3 | 56.3 | 46.3 | 38.4 |
| 대한민국 | 0.096 | 0.118 | 0.172 | 0.268 | 0.358 | 0.401 | 0.487 | 0.548 | 1.1 |

자료: 유엔난민기구(UNHCR, www.unhcr.org), 2006 ~ 2014년도 <통계연보(UNHCR Statistical Yearbook)>(2007~2015), 2013년을 기준으로 난민 체류자가 많은 국가 순 재구성.

* 난민유사상태에 있는 사람들(people in refugee-like situation)을 포함.

** 정부 추정치.

*** 10년간 난민신청자를 고려한 유엔난민기구(UNHCR)의 추정치(정주 난민 포함).

## 2. 난민의 개념

**출입국관리법**은 난민(refugee)을 "난민법 제2조 제1호에 따른 난민"으로 정의한다(동법 제2조 제3호). **난민법**은 난민이란 "인종, 종교, 국적, 특정 사회집단의 구성원인 신분 또는 정치적 견해를 이유로 박해를 받을 수 있다고 인정할 충분한 근거가 있는 공포로 인하여 국적국의 보호를 받을 수 없거나 보호받기를 원하지 아니하는 외국인 또는 그러한 공포로 인하여 대한민국에 입국하기 전에 거주한 국가(이하 "상주국"이라 한다)로 돌아갈 수 없거나 돌아가기를 원하지 아니하는 무국적자인 외국인"으로 정의한다(동법 제2조 제1호).[4] 난민법의 입법목적에서 인용되고 있는 '난민의 지위에 관한 협약'(이하 **난민협약**)은 1951년 유엔에서 의결된 협약

4) 난민에 관한 규정은 1992년 12월에 난민협약과 난민의정서에 가입한 직후인 1993년 12월 출입국관리법의 전면개정으로 신설되었다.

으로 대한민국은 1992년 12월에 가입하였다.[5] 난민협약에 따르면 난민이란 "1951년 1월 1일 이전에 발생한 사건의 결과로, 그리고 인종, 종교, 국적, 특정한 사회집단의 구성원 또는 정치적 의견을 이유로 박해를 받고 있다는 충분한 근거가 있는 공포로 인해 국적국(country of his nationality) 바깥에 거주하고 있는 자로서 국적국의 보호를 받을 수 없거나 그와 같은 공포로 인해 국적국의 보호를 받기 원하지 않는 자 또는 이전에 상주하던 국가 바깥에 거주하고 있는 무국적자로서 그 국가로 돌아갈 수 없거나 그와 같은 공포로 인해 그 국가로 돌아가기 원하지 않는 자"[6]를 의미한다(동협약 제1조 제A항 제2호).[7] 난민협약과 함께 난민법의 입법목적에서 인용되고 있는 '난민의 지위에 관한 의정서'(이하 **난민의정서**)는 1966년 12월 16일 유엔총회에서 의결되었는데[8] 난민협약에서 정의하고 있는 난민의 개념에서 "1951년 1월 1일 이전에 발생한 사건의 결과로서"라는 문구를 삭제함으로써[9] 시

---

5) 난민의 지위에 관한 협약(Convention relating to the Status of Refugees)은 1951년 7월 28일 유엔총회에서 의결되었고, 제43조에 따라 1954년 4월 22일부터 발효되었다. 총 45개 조항으로 제1장 총강(General Provisions), 제2장 사법적 지위(Judicial Status), 제3장 영리활동(Gainful Employment), 제4장 복지(Welfare), 제5장 행정조치(Administrative Measures), 제6장 집행 및 경과규정(Executory and Transitory Provisions), 제7장 (Final Clauses)로 구성되어 있다.

6) 난민협약 Article 1. - Definition of the term "refugee"

A. For the purposes of the present Convention, the term "refugee" shall apply to any person who:

(1) 생략

(2) As a result of events occurring before 1 January 1951 and owing to well-founded fear of being persecuted for reasons of race, religion, nationality, membership of a particular social group or political opinion, is outside the country of his nationality and is unable or, owing to such fear, is unwilling to avail himself of the protection of that country; or who, not having a nationality and being outside the country of his former habitual residence as a result of such events, is unable or, owing to such fear, is unwilling to return to it.

In the case of a person who has more than one nationality, the term "the country of his nationality" shall mean each of the countries of which he is a national, and a person shall not be deemed to be lacking the protection of the country of his nationality if, without any valid reason based on well-founded fear, he has not availed himself of the protection of one of the countries of which he is a national.

7) 난민협약상의 난민개념에 대한 자세한 주석으로는 김명기(1994a), 38면 이하; 장복희(1997), 180면 이하; 이용호(2007), 317면 이하; 고문현(2008), 6면 이하 참조.

8) 난민의 지위에 관한 의정서(Protocol relating to the Status of Refugees)는 제8조에 따라 1967년 10월 4일부터 발효되었다.

9) 난민의정서 Article 1. General provision

1. The States Parties to the present Protocol undertake to apply articles 2 to 34 inclusive of the Convention to refugees as hereinafter defined.
2. For the purpose of the present Protocol, the term "refugee" shall, except as regards the application of paragraph 3 of this article, mean any person within the definition of article I

간적 제한 없이 나머지 요건에 해당하면 난민에 해당하게 되었다.10)

난민협약과 난민의정서상의 난민 요건을 정리하면 난민으로 인정받기 위해서는 ① 인종·종교·국적·특정사회집단구성원·정치적 의견을 이유로(**박해사유**), ② 박해를 받고 있다는 공포감(fear)을 가지고 있고(**주관적·심리적 요건**), ③ 그러한 공포감에 충분한 근거(well-founded)가 존재해야 한다(**객관적·상황적 요건**). 따라서 경제적 사유(예: 빈곤)를 근거로 해서는 난민으로 인정받을 수 없고, 범죄를 저지르고 기소나 처벌을 회피하기 위하여 도망한 자는 난민이 될 수 없다. 통상적으로 박해의 주체는 국가권력(국가기관)이지만 국가가 특정집단의 위법한 박해를 의도적으로 묵인하거나 그러한 박해로부터 박해받는 자를 보호할 수 없는 경우에는 특정집단도 박해의 주체가 될 수 있다. 대법원에 따르면 난민의 요건으로서 요구되는 박해는 "생명, 신체 또는 자유에 대한 위협을 비롯하여 인간의 본질적 존엄성에 대한 중대한 침해나 차별을 야기하는 행위"를 의미하고, 강제징집의 거부는 원칙적으로 박해의 원인이 있었다고 볼 수 없지만 강제징집의 거부가 정치적 의견의 표명으로 평가될 수 있을 경우에는 박해의 원인이 있었다고 볼 수 있다고 한다.11) 정치적 박해를 중심으로 이해되는 난민의 개념은 새로운 형태의 난민을 포괄하지 못한다는 비판이 제기된다.12) 예를 들어 경제난민, 환경(자연재해)난민,13) 전쟁난민14)과 같은 "인도적 난민"15)은 전통적인 의미의 난민 개념에 포함될 수 없다. 앞서 통계를 통해 살펴본 것처럼 실제로 난민은 주로 전쟁이나 자연재해로 인해 발생하고 있다.

---

of the Convention as if the words "As a result of events occurring before 1 January 1951 and ..." and the words "... as a result of such events", in article 1 A (2) were omitted.

3. The present Protocol shall be applied by the States Parties hereto without any geographic limitation, save that existing declarations made by States already Parties to the Convention in accordance with article I B (I) (a) of the Convention, shall, unless extended under article I B (2) thereof, apply also under the present Protocol.

10) 난민의 개념과 관련된 그 밖의 국제협약에 대해서는 장복희(2002), 168면 이하; 박병도(2002), 132면 이하; 이용호(2007), 315면 이하 참조.

11) 대판 2008. 7. 24. 2007두3930 참조.

12) 임태근(1995), 161면; 박병도(2002), 130면; 이용호(2007), 317면; 서원상(2011), 182면 이하 참조.

13) 환경난민은 환경파괴나 자연재해로 고향을 떠나야 하는 난민을 말한다. 자세한 내용은 박병도(2002), 122면 이하 참조.

14) 전쟁난민에 대한 자세한 설명은 임태근(1995), 161면 이하 참조.

15) 최태현(1993), 166면.

## 3. 난민인정의 절차

난민으로 인정하는 절차는 국가마다 다르다. 난민협약이나 난민의정서에 구속력있는 난민인정절차가 명시돼 있지 않고, 난민문제를 해결하기 위한 국제기구인 유엔난민고등판무관(UNHCR)과 특별한 협정이 체결된 경우에만 그 내용에 따라 UNHCR과 협조하에 난민인정절차를 진행하기 때문이다. 난민인정절차를 규율하는 난민법은 난민인정 여부를 관할하는 국가기관으로 법무부장관을 지정하고 있다(동법 제5조 제1항). 따라서 대한민국 안에 있는 외국인으로서 난민인정을 받으려는 사람은 법무부장관에게 난민인정 신청을 할 수 있는데 이 경우 외국인은 **난민인정신청서**를 지방출입국・외국인 관저의 장에게 제출하면 된다(동법 제5조 제1항). 법무부장관은 난민인정 신청이 이유 있다고 인정할 때에는 난민임을 인정하는 결정을 하고 **난민인정증명서**를 난민신청자에게 교부하게 된다(동법 제18조 제1항). 난민불인정결정을 받은 사람은 그 통지를 받은 날부터 30일 이내에 법무부장관에게 이의신청을 할 수 있고, 이의신청서를 접수한 법무부장관은 지체 없이 **난민위원회**에 회부하여야 한다(동법 제21조 제1항 및 제3항). 이 경우에 난민위원회의 심의를 거쳐 법무부장관은 난민인정 여부를 다시 결정하게 된다(동법 동조 제6항). 법무부장관이 여전히 난민불인정결정을 하게 되면 행정소송을 제기할 수 있다.

**[판례 39.1] 난민의 개념과 증명의 정도**

① 출입국관리법 제2조 제2의2호, 제76조의2 제1항, 난민의 지위에 관한 협약 제1조, 난민의 지위에 관한 의정서 제1조의 규정을 종합하여 보면, 법무부장관은 인종, 종교, 국적, 특정 사회집단의 구성원 신분 또는 정치적 의견을 이유로 박해를 받을 충분한 근거 있는 공포로 인해 국적국의 보호를 받을 수 없거나 국적국의 보호를 원하지 않는 대한민국 안에 있는 외국인에 대하여 그 신청이 있는 경우 난민협약이 정하는 난민으로 인정하여야 한다. 이때 그 외국인이 받을 '박해'란 '생명, 신체 또는 자유에 대한 위협을 비롯하여 인간의 본질적 존엄성에 대한 중대한 침해나 차별을 야기하는 행위'라고 할 수 있고, 단순히 강제징집을 거부한 사정만으로는 박해의 원인이 있었다고 할 수 없으나, 그 징집거부가 정치적 동기에 의하여 이루어지는 등 정치적 의견을 표명한 것으로 평가될 수 있을 때에는 박해의 원인이 있었다고 할 수 있다. ② 박해를 받을 '충분한 근거 있는 공포'가 있음은 난민 인정의 신청을 하는 외국인이 증명하여야 하나, 난민의 특수한 사정을 고려하여 그 외국인에게 객관적인 증거에 의하여 주장사실 전체를 증명하도록 요구할 수는 없고, 그 진술에 일관성과 설득력이 있고 입국 경로, 입국 후 난민 신청까지의 기간, 난민 신청 경위, 국적국의 상황, 주관적으로 느끼는 공포의 정도, 신청인이 거주하던 지역의 정치・사회・문화적 환경, 그 지역의 통상인이 같은 상황에서 느끼는 공포의 정도 등에 비추어 전체적인 진술의 신빙성에 의하여 그 주장사실을 인정하는 것이

합리적인 경우에는 그 증명이 된 것이다(대판 2008. 7. 24. 2007두3930).

**[법령 39.1] 난민인정절차: 난민법**(최근개정: 2016. 12. 20. 법률14408호)

**제5조 (난민인정 신청)**

① 대한민국 안에 있는 외국인으로서 난민인정을 받으려는 사람은 법무부장관에게 난민인정 신청을 할 수 있다. 이 경우 외국인은 난민인정신청서를 지방출입국·외국인관서의 장에게 제출하여야 한다.

② 제1항에 따른 신청을 하는 때에는 다음 각 호에 해당하는 서류를 제시하여야 한다.

1. 여권 또는 외국인등록증. 다만, 이를 제시할 수 없는 경우에는 그 사유서
2. 난민인정 심사에 참고할 문서 등 자료가 있는 경우 그 자료

③ 난민인정 신청은 서면으로 하여야 한다. 다만, 신청자가 글을 쓸 줄 모르거나 장애 등의 사유로 인하여 신청서를 작성할 수 없는 경우에는 접수하는 공무원이 신청서를 작성하고 신청자와 함께 서명 또는 기명날인하여야 한다.

④ 출입국관리공무원은 난민인정 신청에 관하여 문의하거나 신청 의사를 밝히는 외국인이 있으면 적극적으로 도와야 한다.

⑤ 법무부장관은 난민인정 신청을 받은 때에는 즉시 신청자에게 접수증을 교부하여야 한다.

⑥ 난민신청자는 난민인정 여부에 관한 결정이 확정될 때까지(난민불인정결정에 대한 행정심판이나 행정소송이 진행 중인 경우에는 그 절차가 종결될 때까지) 대한민국에 체류할 수 있다.

⑦ 제1항부터 제6항까지 정한 사항 외에 난민인정 신청의 구체적인 방법과 절차 등 필요한 사항은 법무부령으로 정한다.

**제18조 (난민의 인정 등)**

① 법무부장관은 난민인정 신청이 이유 있다고 인정할 때에는 난민임을 인정하는 결정을 하고 난민인정증명서를 난민신청자에게 교부한다.

② 법무부장관은 난민인정 신청에 대하여 난민에 해당하지 아니한다고 결정하는 경우에는 난민신청자에게 그 사유와 30일 이내에 이의신청을 제기할 수 있다는 뜻을 적은 난민불인정결정통지서를 교부한다.

③ 제2항에 따른 난민불인정결정통지서에는 결정의 이유(난민신청자의 사실 주장 및 법적 주장에 대한 판단을 포함한다)와 이의신청의 기한 및 방법 등을 명시하여야 한다.

④ 제1항 또는 제2항에 따른 난민인정 등의 결정은 난민인정신청서를 접수한 날부터 6개월 안에 하여야 한다. 다만, 부득이한 경우에는 6개월의 범위에서 기간을 정하여 연장할 수 있다.

⑤~⑥ 생략

**제21조 (이의신청)**

① 제18조 제2항 또는 제19조에 따라 난민불인정결정을 받은 사람 또는 제22조에 따라 난민인정이 취소 또는 철회된 사람은 그 통지를 받은 날부터 30일 이내에 법무부장관에게 이의신청을 할 수 있다. 이 경우 이의신청서에 이의의 사유를 소명하는 자료를 첨부하여 지방출입국·외국인관서의 장에게 제출하여야 한다.

② 제1항에 따른 이의신청을 한 경우에는 「행정심판법」에 따른 행정심판을 청구할 수 없다.
③ 법무부장관은 제1항에 따라 이의신청서를 접수하면 지체 없이 제25조에 따른 난민위원회에 회부하여야 한다.
④ 제25조에 따른 난민위원회는 직접 또는 제27조에 따른 난민조사관을 통하여 사실조사를 할 수 있다.
⑤ 그 밖에 난민위원회의 심의절차에 대한 구체적인 사항은 대통령령으로 정한다.
⑥ 법무부장관은 난민위원회의 심의를 거쳐 제18조에 따라 난민인정 여부를 결정한다.
⑦ 법무부장관은 이의신청서를 접수한 날부터 6개월 이내에 이의신청에 대한 결정을 하여야 한다. 다만, 부득이한 사정으로 그 기간 안에 이의신청에 대한 결정을 할 수 없는 경우에는 6개월의 범위에서 기간을 정하여 연장할 수 있다.
⑧ 제7항 단서에 따라 이의신청의 심사기간을 연장한 때에는 그 기간이 만료되기 7일 전까지 난민신청자에게 이를 통지하여야 한다.

## Ⅱ. 난민의 인권

### 1. 비 호 권

난민에게는 기본적으로 비호(asylum)에 관한 권리가 인정되어야 한다.16) 정치적 박해를 피해서 안전을 찾아온 난민에게 인정되어야 할 우선적이고, 최소한의 권리는 비록 일시적일지라도 일단 해당 국가에 입국하여 체류하면서 편의제공을 받는 것이다. 하지만 전통적으로 비호권은 난민의 주관적 권리가 아니라 난민을 입국시켜 체류하도록 하고 본국의 인도를 거부할 수 있는, 체류국의 주권에 포함된 권한으로 이해되어 왔다. 따라서 정치적으로 박해를 받는 자가 다른 나라에서 난민으로 인정받기 위해서는 해당국가의 헌법이나 법률에 난민의 권리를 인정하는 규정이 존재해야 한다. 예를 들어 독일 헌법(Grundgesetz)처럼 비호권(Asylrecht)을 헌법상의 권리로 명시하는 경우에(독일 헌법 제16a조 제1항) 비로소 정치적으로 박해받는 자는 비호권을 주관적 권리로 주장할 수 있다.

난민의 비호권을 헌법상의 권리로 명시하지는 않았지만 난민협약에 가입한 대한민국에서 난민에 관하여 규율하던 구 출입국관리법이 비호에 관한 명시적 규정을 두지 않은 것에 대해서는 비판이 제기되었다. 난민법은 난민신청자에게 난

16) 외교적 비호와 영토적 비호의 구분을 포함한 비호의 개념에 대한 자세한 설명은 김명기(1994b), 72면 이하 참조.

민인정 여부에 관한 결정이 확정될 때까지(난민불인정결정에 대한 행정심판이나 행정소송이 진행 중인 경우에는 그 절차가 종결될 때까지) 대한민국에 체류할 수 있는 권리를 부여하여 비호권을 인정하고 있다(동법 제5조 제6항).

## 2. 추방당하지 않을 권리

난민은 추방(expel) 또는 송환(return)을 당하지 않을 권리를 향유한다(난민협약 제33조 제1항). 국제법상 이것을 **강제송환금지**(non-refoulement)**원칙**이라고 부른다.[17] 다만, 추방이나 송환을 당하는 경우에 해당국가에서 생명이나 자유에 대한 위협을 받아야 하므로 난민의 입장에서는 그러한 위협이 존재한다는 합리적 근거를 제시해야 하는 부담을 지게 된다. 한편 자신을 난민으로 인정한 국가의 안전에 위해를 끼칠 위험이 있다는 합리적 근거가 존재하거나 중대한 범죄로 확정판결을 받은 경우에 난민은 추방당하지 않을 권리를 주장할 수 없다. 난민법은 난민인정자와 인도적 체류자 및 난민신청자가 난민협약 제33조 및 「고문 및 그 밖의 잔혹하거나 비인도적 또는 굴욕적인 대우나 처벌의 방지에 관한 협약」 제3조에 따라 본인의 의사에 반하여 강제로 송환되지 않음을 확인하고 있다(동법 제3조).

## 3. 불법입국·체류에 대한 형벌을 면제받을 권리

생명이나 신체에 대한 위협을 피해 직접 입국한 난민에 대해서는 본인이 행정기관에 지체없이 출두하여 입국이나 체류기간연장에 관한 허가를 받지 못한 정당한 사유(good cause)를 제시하는 경우에는 불법입국(허가받지 않은 입국)이나 불법체류(허가된 체류기간을 도과한 체류)를 이유로 형벌을 부과할 수 없다(난민협약 제31조 제1항). 난민의 불법입국이나 불법체류에 대한 형벌의 면제가 곧바로 입국의 허가 또는 비호를 의미하지는 않는다. 출입국관리법도 난민의 불법입국이나 불법체류에 대한 형벌의 면제에 관한 규정을 두고 있다(동법 제99조의2).

---

17) 강제송환금지원칙에 대해서는 하재환/김태운(1992), 134면 이하; 최태현(1993), 168면 이하; 이용호(2007), 329면 이하 참조.

## 4. 자 유 권

### (1) 종교의 자유, 결사의 자유, 재판청구권

난민은 종교의 자유 및 자녀에 대한 종교교육의 자유를 보장받아야 한다(난민협약 제4조). 그리고 비정치적이거나 비영리적 목적의 결사의 자유 및 노동조합에 관한 권리는 난민에게도 보장되어야 한다(난민협약 제15조). 또한 난민은 자유롭게 법원에 접근할 수 있는 재판청구권 및 법률구조청구권을 보장받는다(난민협약 제16조).

### (2) 사법상 권리

난민은 가족법이나 재산법에 따라 인정받는 사법상 권리를 보장받아야 한다(난민협약 제12조 및 제13조). 따라서 혼인과 같은 가족법적 권리로서 이전부터 향유하던 지위를 계속적으로 보장받아야 하고, 동산이나 부동산에 관한 재산권에서 일반적으로 외국인에게 인정되는 수준의 대우를 받아야 한다. 또한 예술가로서의 권리나 지적 재산권과 같은 권리도 상주국 국민과 동등한 수준으로 보장받아야 한다(난민협약 제14조).

### (3) 직업의 자유

난민에게는 영리활동을 목적으로 하는 직업의 자유가 보장된다. 따라서 임금을 목적으로 하는 노동을 제공할 수 있는 권리와 자영업(self-employment)을 운영할 수 있는 자유를 가지고, 자유전문직(liberal professions)과 관련된 자격을 획득할 수 있어야 한다(난민협약 제17조에서 제19조). 특히 고용과 관련된 영역에서 자국의 노동시장을 보호하기 위하여 외국인에게 부과된 제한은 3년 이상 거주하고 있는 난민의 경우나 그 배우자가 거주국의 국적을 가지고 있는 난민의 경우 또는 그 자녀 중 1명 이상이 거주국의 국적을 가지고 있는 난민의 경우에는 적용되지 않아야 한다(난민협약 제17조 제2항).

### (4) 거주·이전의 자유

난민에게도 거주·이전의 자유가 보장된다(난민협약 제26조). 따라서 국내에서의 거주·이전의 자유뿐만 아니라 국외로의 거주·이전의 자유도 보장된다. 우선 국내에서의 자유로운 거주·이전을 위하여 난민에게는 신분증명서류(identity papers)가 발급되어야 한다(난민협약 제27조). 그리고 자유로운 해외여행에 필요한 서류(travel documents)도 발급되어야 한다(난민협약 제28조). 출입국관리법 시행령에 따르면 난민인정을 받은 외국인은 거주의 체류자격(F-2)을 얻어 국내에서의 체류와 이전이 자유롭게 된다.[18] 난민인정을 받은 외국인이 출국을 원하면 신청에 따라 **난민여행증명서**를 발급하도록 규정하고 있다(동법 제88조의5).

## 5. 사 회 권

난민은 공급이 부족한 물자의 배급(rationing)을 받을 권리, 법령에 따라 관리되거나 행정기관이 감독하는 주거시설(housing)에 관한 권리, 초등교육에 관한 권리 및 그 밖의 공교육을 받을 권리, 공적 부조를 받을 권리, 노동권, 사회보장수급권을 보장받아야 한다(난민협약 제20조에서 제24조).

## 6. 평 등 권

난민에게는 앞서 열거한 자유권들과 관련해서 평등하게 대우받을 권리가 보장된다. 우선 종교의 자유나 재판받을 권리의 경우에는 국적국(본국) 국민에게 인정되는 수준과 동등한 대우(treatment at least as favourable as that accorded to their nationals)를 받아야 한다. 그리고 재산권, 자영업이나 자유전문직과 관련된 직업의 자유는 일반적으로 외국인에게 인정되는 수준과 동등한 대우(treatment as favourable as possible that accorded to aliens generally)를 받아야 한다. 또한 결사의 자유나 임금을 목적으로 하는 직업의 자유에 대한 보장은 최혜국대우(the most favourable treatment)를 받아야 한다.

또한 사회권들과 관련하여 난민은 평등하게 대우받을 권리를 향유한다. 우선 공급이 부족한 물자에 대한 배급이 필요한 경우에 난민은 국적국 국민과 동등한 대우를 받는다(난민협약 제20조). 또한 법령에 따라 관리되거나 행정기관이 감독하는 주거시설의 경우에 가능하면 난민에게 유리한 대우를 하거나 적어도 동일한 상황에서 다른 외국인과 동일한 대우를 해야 한다(난민협약 제21조). 그리고 초등교육에 대해서는 국적국 국민과 동등하게, 그리고 초등교육 외의 교육에 대해서는 동일한 상황에서 가능하면 외국인과 동일하게 대우받아야 한다(난민협약 제22

18) 외국인의 체류자격에 대해서는 이 책 제36장 [법령 36.4] 참조.

조). 그 밖에도 난민에게 그를 난민으로 인정한 국가의 국민에게 동일한 상황에서 부과되는 것과 다르거나 과도한 의무나 부담 또는 세금을 부과하는 법령은 금지된다(난민협약 제29조 제1항).

## 7. 한국에서 난민에 대한 처우

난민의 처우에 대해서는 **난민법**에서 상세하게 규정하고 있다. 대한민국에 체류하는 난민인정자는 다른 법률에도 불구하고 난민협약에 따른 처우를 받는다(동법 제30조 제1항). 또한 난민으로 인정되어 국내에 체류하는 외국인은 대한민국 국민과 같은 수준의 사회보장을 받고(동법 제31조), 본인의 신청에 따라 「국민기초생활 보장법」에 따른 보호를 받으며(동법 제32조), 난민인정자나 그 자녀가 「민법」에 따라 미성년자인 경우에는 국민과 동일하게 초등교육과 중등교육을 받을 수 있다(동법 제33조 제1항). 그 밖에도 난민인정자는 외국에서 이수한 학력이나 외국에서 취득한 자격을 인정받을 수 있다. 한편 난민인정자의 배우자 또는 미성년자인 자녀가 입국을 신청하는 경우 「출입국관리법」에서 열거된 입국금지사유(동법 제11조)에 해당하는 경우가 아니면 반드시 입국이 허가되어야 한다(난민법 제37조 제1항). 그리고 인도적 체류자에 대해서는 취업활동이 허가될 수 있고(동법 제39조), 난민신청자에 대해서는 변호인의 조력을 받을 권리가 인정되며(동법 제12조) 생계비 등의 지원(동법 제40조), 주거시설의 지원(동법 제41조), 의료지원(동법 제42조), 교육보장(동법 제43조) 등이 제공될 수 있다.

한편 2007년 제정된 **재한외국인 처우 기본법**(최근개정: 2017. 10. 31. 법률 제14974호)에 따르면 원칙적으로 난민은 대한민국 국적을 갖지 않았지만 대한민국에 거주할 목적을 가지고 합법적으로 체류하는 외국인을 의미하는 '재한외국인'으로서 처우를 받게 된다(동법 제2조 제1호). 특히 난민으로 인정을 받은 자가 대한민국에서 거주하기를 원하는 경우에는 결혼이민자[19]와 동일한 대우를 받게 된다(동법 제14조 제1항). 동법은 결혼이민자에게 국어교육, 대한민국의 제도·문화에 대한 교육, 결혼이민자의 자녀에 대한 보육 및 교육 지원 등을 통하여 결혼이민자 및 그 자녀가 대한민국 사회에 빨리 적응하도록 지원할 수 있다고 규정한다(동법 제12조 제1항). 한편 국가는 난민의 인정을 받은 재한외국인이 외국에서 거주할 목적으로 출국하려는 경우에는 출국에 필요한 정보제공 및 상담과 그

19) 결혼이민자에 대해서는 결혼이주여성을 다루고 있는 이 책 제38장 참조.

밖에 필요한 지원을 할 수 있다(동법 제14조 제2항).

난민의 법적 지위에 관한 독립적인 법률의 필요성에 대한 지적에 따라 제정된 난민법(2012. 2. 10. 제정 및 2013. 7. 1. 시행)은 난민인정을 위한 절차와 난민인정자에 대한 처우 등에 대해서 규율하고 있는데 이 법률에 대해서는 개선이 필요하다는 의견이 제시되고 있다.[20] 특히 난민신청은 국내 입국 후 체류중에 또는 입국 전 출입국항에서 가능한데 후자의 경우에 심사에 회부하지 않는 결정(심사불회부결정)을 할 수 있도록 한 것과 관련하여(동법 제6조 제3항) 이로써 국내 체류중에 신청하는 것과 차등적으로 규율될 뿐만 아니라 심사불회부결정의 구체적 요건이 법률이 아니라 시행령에서 규율되고 있고 불회부결정을 받은 사람의 처우 및 불회부결정에 대한 불복절차가 결여되어 있다는 문제점이 지적될 수 있다.[21] 또한 난민신청자는 난민인정 여부에 관한 결정이 확정될 때까지 국내에 체류할 수 있는데(동법 제5조 제6항) 이것이 출입국항에서 난민신청을 한 사람에게도 적용되는지 여부도 불명확하다는 비판도 제기된다.[22]

## Ⅲ. 돌아갈 조국이 없는 자들에 대한 따뜻한 시선

정치적 억압에 저항하다 박해를 받고 이국땅에 들어온 사람들, 전쟁이나 자연재해를 피해 인접국가로 피신한 사람들은 외교적 실리만 고려하면 매우 불편한 존재들이다. 가치보다 실리가 우선하는 시대에 자국의 문제로 우리 땅에 들어온 그 사람들의 형편까지 돌아볼 여력이 없을 수도 있다. 하지만 이것은 단견(短見)에 불과하다. 장기적으로 가치를 생각하는 것이 가장 실리적인 선택이라는 사실을 인식할 필요가 있다. 인권은 보편적 가치이므로 정치적 억압으로 정치적 자유를 빼앗긴 피해자 또는 전쟁이나 자연재해로 피난처를 필요로 하는 이재민은 단지 자국문제의 희생자에 지나지 않는 것이 아니다. 그들은 보편적 가치에 대한 침해의 피해자이거나 불가항력적 재앙으로 인해 보편적 가치를 상실한 피해자다. 따라서 인권이라는 보편적 가치를 승인하는 국가는 그들을 보호해야 한다. 돌아갈 조국이 없는 그들에게 언젠가 그의 조국에서 독재 또는 전쟁이나 자연재해가 끝

20) 정궁심(2018), 668면 이하; 김용철(2020), 149면 이하 참조.
21) 같은 취지 박인현(2016), 105면; 최계영(2018), 173면 이하; 김대근(2019), 87면 이하; 김종세(2019), 49면 참조.
22) 이수현(2018), 183면 이하 참조.

나는 날까지 새로운 조국을 만들어줄 필요가 있다. 물론 정치적 억압과 박해 또는 전쟁이나 자연재해가 실제로 존재하는지에 대한 엄격한 평가의 절차가 선행되어야 하겠지만 이런 절차를 거쳐 난민으로 인정된 자들에게는 원칙적으로 다른 외국인과 동등한 권리를 보장하고, 가능하다면 국적을 부여하여 국민과 동등한 대우를 받도록 하는 것이 필요하다. 같은 맥락에서 보편적 가치인 인권의 대부분을 기본권으로 승인하고 있는 대한민국에서 헌법을 개정하는 경우에 정치적으로 박해받는 자의 비호권을 헌법적 권리로 명시할 필요가 있다는 점을 지적하고 싶다.

#### 토론문제

1. 난민의 무조건적 수용은 가능하고, 바람직한가?
2. 난민은 국민과 동등한 대우를 받아야 하는가?
3. 난민에 대한 인도적 대우와 한국의 사정 가운데 무엇이 우선해야 하는가?

#### 내 입장은?

1. 난민의 인정은 국제법적 기준에 따라야 한다.
2. 난민의 인정에서 국제법적 기준 외에 한국의 현실을 고려해야 한다.
3. 난민의 인정은 한국의 기준에 따라 이루어져야 한다.

## 참고문헌

고기복(2001), 난민보호를 위한 유엔난민고등판무관(UNHCR)의 역할, ≪아·태공법연구≫(아세아·태평양공법학회), 제9집(2001), 229~245면.

고기복(2003), 한국난민법의 문제점에 관한 연구, ≪아·태공법연구≫(아세아·태평양공법학회), 제11집(2003), 237~263면.

고문현(2008), 한국에서의 난민의 현황과 난민인정절차의 개선방안, ≪세계헌법연구≫(국제헌법학회 한국학회), 제14권 제3호(2008), 1~24면.

고문현(2011), 난민수용의 실태와 인정절차, ≪공법연구≫(한국공법학회), 제40집 제1호(2011), 35~62면.

김대근(2019), 출입국항 난민지위신청 절차의 법해석적 지평과 대안, ≪고려법학≫(고려대학교 법학연구원), 제93호(2019), 73~114면.

김명기(1994)a, 국제법상 난민에 관한 일반적 고찰(상), ≪사법행정≫(한국사법행정학회), 제35권 제9호(1994년 10월호), 36~44면.

김명기(1994)b, 국제법상 난민에 관한 일반적 고찰(하), ≪사법행정≫(한국사법행정학회), 제35권 제10호(1994년 10월호), 72~77면.

김용철(2020), 우리나라 난민법 체계의 문제점과 개선방안, ≪한국행정사학지≫(한국행정사학회), 제50호(2020), 139~158면.

김종세(2019), 현행 난민법의 개선점, ≪법이론실무연구≫(한국법이론실무학회), 제7권 제2호(2019), 37~59면.

김종철(2014), 국제법 관련 한국 법원 판례의 종합적 검토; 난민정의에 대한 한국 판례의 비판적 고찰–"합리적인 근거 있는 우려"를 중심으로–, ≪서울국제법연구≫(서울국제법연구원), 제21권 제2호(2014), 53~84면.

김종철/김재원(2012), 난민법 입법과정과 제정법의 의의 및 향후 과제, ≪공익과 인권≫(서울대학교 공익인권법센터), 제12권(2012), 135~187면.

박병도(2002), 환경난민의 법적 지위, ≪국제법학회논총≫(대한국제법학회), 제47권 제3호(2002), 121~144면.

박병도(2007), 우리나라 난민인정절차의 개선방안, ≪중앙법학≫(중앙법학회), 제9집 제2호(2007), 169~194면.

박선영(2013), 헌법재판으로 살펴 본 난민의 법적 지위–2008헌바161을 중심으로–, ≪세계헌법연구≫(국제헌법학회, 한국학회), 제19권 제1호(2013), 95~115면.

박인현(2016), 인권 보호 차원에서 본 우리나라 난민법, ≪법과 인권 교육≫(한국법과인권교육학회), 제9권 제2호(2016), 89~114면.

서원상(2011), 다문화사회의 법적 기반에 관한 소고–국제인권법을 중심으로–, ≪법학연구≫(연세대학교 법학연구원), 제21권 제1호(2011), 161~190면.

송영훈/이순복(2012), 난민법 제정과 난민의 권리보호: 법적 보호를 넘어 정착 지원프로그램 개발을 위하여, ≪공익과 인권≫(서울대학교 공익인권법센터), 제12권(2012), 189~212면.

안성경/윤이숙(2013), 난민의 지위와 인정 절차의 법제화에 대한 비판적 검토: 독일 난민법과 비교를 중심으로, ≪유럽헌법연구≫(유럽헌법학회), 제13호(2013. 6.), 127~150면.

오승진(2009), 냉전종식 이후의 난민법의 과제, ≪국제법학회논총≫(대한국제법학회), 제54권 제2호(2009), 183~202면.

오승진(2012), 난민법 제정의 의의와 문제점, ≪국제법학회논총≫(대한국제법학회), 제57권 제2호(2012), 91~112면.

이용호(2007), 난민의 개념과 그 보호, ≪국제법학회논총≫(대한국제법학회), 제52권 제2호(2007), 311~338면.
이현수(2018), 난민신청자 체류규정의 공법적 쟁점과 개선방안, ≪헌법재판연구≫(헌법재판연구원), 제5권 제2호(2018), 175~207면.
임태근(1995), 무력충돌에 있어서 난민의 보호, ≪국제법학회논총≫(대한국제법학회), 제40권 제2호(1995), 157~169면.
장복희(1997), 국제법상 난민보호와 그 문제해결, ≪국제법학회논총≫(대한국제법학회), 제42권 제2호(1997), 175~196면.
장복희(2002), 현대국제법상 난민의 정의와 박해의 의미의 변화, ≪국제법학회논총≫(대한국제법학회), 제47권 제1호(2002), 163~182면.
장복희(2009), 국제인권법에서 바라본 단일 난민법 제정의 의의, ≪저스티스≫(한국법학원), 통권 제110호(2009), 280~301면.
정금심(2018), 난민 인권 보호를 위한 난민법 개정 방향 연구－난민 심사 및 난민 처우를 중심으로, ≪법조≫(법조협회), 제67권 제3호(2018), 645~698면.
정인섭(2009), 한국에서의 난민 수용 실행, ≪서울국제법연구≫(서울국제법연구원), 제16권 제1호(2009), 197~222면.
최계영(2018), 출입국항 난민신청절차와 적법절차, ≪행정법연구≫(행정법이론실무학회), 제55호(2018), 153~180면.
최태현(1993), 국제법상 강제송환금지원칙에 관한 고찰, ≪법학논총≫(국민대학교 법학연구소), 제5집(1993), 165~196면.
하재환/김태운(1992), 난민의 국제적 지위와 보호, ≪법학연구≫(부산대학교 법학연구소), 제33권 제1호(1992), 123~146면.

# 제40장 실업의 시대와 비정규직 노동자의 인권

"단시간근로자는 근로자보호, 기본급, 사회보장, 근로조건에서 정규직근로자와 동등한 대우를 받아야 한다."
≪국제노동기구(ILO) 단시간근로에 관한 협약(제175호 협약), 1994≫

이태백. 시인의 이름이 아니다. '이'십대 '태'반이 '백'수인 시대를 패러디할 수 있는 여유는 오히려 역설적으로 고통스럽기까지 하다. 사람들은 어떤 일자리에서라도 일하려고 한다. 정년 따위는 상관없다. 단기간이라도 좋고, 시간제라도 좋다. 일단 일할 수만 있다면 무슨 일이든지 한다. 물론 그런 일자리가 어떤 현실인지도 잘 안다.

정년을 보장받은 자와 그렇지 못한 자의 차이는 하늘과 땅 차이이다. 봉급도 다르고, 대접도 다르다. 사람들과 만나 자기소개할 때도 불편하다. 적은 봉급보다, 나쁜 근로환경보다 더 기분 나쁜 것은 도대체 사람대접을 해주지 않는 것이다. 일하고 싶어도 일할 수 없는 것은 죄가 아니다. 오히려 일자리를 만들어주지 않는 사회와 정부, 혹은 일자리를 나눠 갖지 않는 다른 구성원의 책임이 더 클 수도 있다.

기업을 가진 사람들은 노동시장의 유연성을 주장한다. 원하는 기간만큼만 고용하고, 또한 해고하고 싶을 때 언제든지 해고할 수 있어야 한다고 부르짖는다. 그것이 국제적 경쟁력을 높일 수 있는 방법이라고도 한다. 기업에 고용된 사람들은 안정적인 직장에서 일하고 싶다고 외친다. 언제라도 해고될 수 있다면 어떻게 성실하게 일할 수 있느냐고 반문한다. 임금을 줄이고 근로시간을 나누어서라도 평생직장에서 일하고 싶어 한다. 평생직장도 아닌 일자리에서 적은 돈을 받으며 불안하게 일하고 있는 사람들의 고단한 삶을 들여다보자.

# Ⅰ. 개념과 유형

## 1. 근 로 자

노동자는 쉽게 말해 '자신의 노동을 팔아 돈을 버는 사람들'이라고 할 수 있다. 이렇게 노동을 제공하고 그 대가로 임금을 받는 노동자를 법률에서는 '근로자'라고 부른다. **근로기준법**(최근개정: 2021. 4. 13. 법률 제18037호)에 따르면 "근로자"는 "직업의 종류와 관계없이 임금을 목적으로 사업이나 사업장에 근로를 제공하는 자"라고 정의된다(동법 제2조 제1항 제1호).[1)]

## 2. 정규직 근로자와 비정규직 근로자

근로자의 입장에서는 자신이 일하는 직장에서 평생토록, 정확히 말하면 정년까지 계속해서 일할 수 있기를 기대한다. 따라서 대부분의 근로자는 정년을 보장받는 직장에서 일한다. 흔히 이러한 근로자를 '정규직 근로자'라고 부른다. 그에 비해 정년을 보장받지 못한 채 일정한 기간 동안만 일시적으로(임시로) 일하는 근로자도 있는데 이러한 근로자를 '비정규직 근로자'라고 부른다.[2)] 이러한 비정규직 근로자에는 통상의 근로시간보다 짧은 시간만 일하는 파트타임 근로자나 파견 또는 용역으로 일하는 근로자가 포함된다. '구 공공기관 비정규직 근로자 관리 등에 관한 규정(국무총리훈령)'도 '비정규직 근로자'를 고용형태에 따라 ① 한시적 근로자, ② 단시간근로자, ③ 파견근로자, ④ 비전형근로자로 정의한다(동규정 제2조 제2호).

**[법령 40.1] 구 공공기관 비정규직 근로자 관리 등에 관한 규정**(2008. 11. 17. 국무총리훈령 제527호로 개정된 것으로 2009. 8. 31. 실효된 것)

**제2조 (정의)**

이 규정에서 사용하는 용어의 뜻은 다음과 같다.

1. 생략

---

1) 근로자의 개념을 이와 비슷하게 정의하고 있는 법률로 근로복지기본법(최근개정: 2016. 1. 27. 법률 제13900호) 등이 있다. 한편 근로자의 개념을 더 넓게 정의하고 있는 법률도 있다. 예를 들어 '노동조합 및 노동관계조정법'(최근개정: 2014. 5. 20. 법률 제12630호)은 근로자를 "직업의 종류를 불문하고 임금·급료 기타 이에 준하는 수입에 의하여 생활하는 자"(동법 제2조 제1호)로, **'근로자직업능력 개발법'**(최근개정: 2016. 1. 27. 법률 제13902호)은 근로자를 "사업주에게 고용된 사람과 취업할 의사를 가진 사람"(동법 제2조 제4호)으로 정의한다.

2) 비정규직에 대한 다양한 개념은 서혁준/전영평(2006), 279면; 그 밖에도 이희성(2004), 63면 이하; 이정(2005), 25면 이하; 김종숙(2007), 5면; 박창용(2007), 6면 이하 참조.

2. "비정규직 근로자"란 고용형태가 다음 각 목의 어느 하나에 해당하는 근로자를 말한다.
   가. 한시적근로자: 기간의 정함이 있는 근로계약을 체결한 근로자(이하 "기간제근로자"라 한다) 및 기간의 정함이 없는 근로계약을 체결하였으나 비자발적 사유로 계속 근무를 기대할 수 없는 자
   나. 단시간근로자: 「근로기준법」 제2조 제8호에 따른 근로자
   다. 파견근로자: 「파견근로자보호 등에 관한 법률」 제2조 제5호에 따른 근로자
   라. 비전형근로자: 용역・호출 등의 형태로 종사하는 근로자
3. ~ 4. 생략

## 3. 비정규직 근로자의 유형

기간제근로자와 단시간근로자에 대해서는 **기간제 및 단시간근로자 보호 등에 관한 법률**(이하 **기간제법**)에서 정의하고 있다. 기간제근로자는 기간이 정하여진 근로계약을 체결한 근로자를 뜻한다. 그리고 단시간근로자는 통상근로자의 근로시간보다 짧은 근로시간 동안만 근로를 제공하는 근로자를 말한다.

**[법령 40.2] 기간제 및 단시간근로자 보호 등에 관한 법률**(최근개정: 2020. 5. 26. 법률 제17326호)

**제2조 (정의)**

이 법에서 사용하는 용어의 정의는 다음과 같다.

1. "기간제근로자"라 함은 기간의 정함이 있는 근로계약(이하 "기간제 근로계약"이라 한다)을 체결한 근로자를 말한다.
2. "단시간근로자"라 함은 「근로기준법」 제2조의 단시간근로자를 말한다.
3. 생략

**[법령 40.3] 근로기준법**(최근개정: 2021. 4. 13. 법률 제18037호)

**제2조 (정의)**

8. "단시간근로자"란 1주 동안의 소정근로시간이 그 사업장에서 같은 종류의 업무에 종사하는 통상 근로자의 1주 동안의 소정근로시간에 비하여 짧은 근로자를 말한다.

파견근로자에 대해서는 **파견근로자보호 등에 관한 법률**(이하 **파견법**)에서 정의하고 있다. 이 법률에 따르면 파견근로자(A)란 근로자파견사업을 행하는 파견사업주(B)가 고용한 근로자를 말한다. 파견사업주는 파견근로자를 사용하고자 하는 사용사업주(C)와 근로자파견계약을 맺고, 파견근로자를 사용사업주에게 파

견하여 사용사업주를 위한 근로에 종사하게 한다. 파견근로자를 사용하는 대표적인 업무로는 청소, 경비, 운전 등을 들 수 있다.[3)]

**[법령 40.4] 파견근로자보호 등에 관한 법률**(최근개정: 2020. 12. 8. 법률 제17605호)
**제2조 (정의)**
이 법에서 사용하는 용어의 정의는 다음과 같다.
1. "근로자파견"이라 함은 파견사업주가 근로자를 고용한 후 그 고용관계를 유지하면서 근로자파견계약의 내용에 따라 사용사업주의 지휘·명령을 받아 사용사업주를 위한 근로에 종사하게 하는 것을 말한다.
2. "근로자파견사업"이라 함은 근로자파견을 업으로 행하는 것을 말한다.
3. "파견사업주"라 함은 근로자파견사업을 행하는 자를 말한다.
4. "사용사업주"라 함은 근로자파견계약에 의하여 파견근로자를 사용하는 자를 말한다.
5. "파견근로자"라 함은 파견사업주가 고용한 근로자로서 근로자파견의 대상이 되는 자를 말한다.
6. "근로자파견계약"이라 함은 파견사업주와 사용사업주 간에 근로자파견을 약정하는 계약을 말한다.
7. 생략

## 4. 비정규직 근로자의 규모

이러한 정의에 따를 때 2005년 8월 기준으로 한국에는 548만여 명의 비정규직 근로자가 있고, 이것은 전체 임금근로자의 36.8퍼센트에 이른다는 보고가 있다.[4)] 또한 통계청조사(경제활동부가조사)에 따르면 2006년 8월 현재 비정규직 규모는 545만여 명으로 2005년 8월보다 2만 6천 명이 감소했다. 이것은 임금근로자 대비 비정규직 비중이 35.5퍼센트를 차지하는 것으로 2005년 8월보다 1.1퍼센트 포인트 하락한 것이다. 한편 2016년 8월 통계청 조사에서는 비정규직이 전체 임금근로자의 32.8퍼센트인 644만여 명으로 2008년 8월 조사보다 약 100만 명 증가했다.

3) 파견허용업종으로 26개가 열거된다. 김종숙(2007), 12면: ① 컴퓨터전문가, ② 사업전문가, ③ 기록보관원, 사서 및 관련 정보전문가, ④ 언어학자, 번역가 및 통역가, ⑤ 전신·전화통신 기술공, ⑥ 도안사, ⑦ 컴퓨터보조원, ⑧ 녹화장비 조작원, ⑨ 라디오 및 텔레비전 방송장비 조작원의 업무보조, ⑩ 달리 분류되지 않은 기타 교육 준전문가, ⑪ 관리비서 및 관련 준전문가, ⑫ 예술, 연예 및 경기 준전문가, ⑬ 비서, 타자원 및 관련 사무원, ⑭ 도서, 우편 및 관련 사무원, ⑮ 수금원 및 관련 근로자, ⑯ 전화교환 사무원, ⑰ 여행 안내요원, ⑱ 조리사, ⑲ 보모, ⑳ 간병인, ㉑ 가정 개인보호 근로자, ㉒ 주유원, ㉓ 자동차 운전원, ㉔ 전화외판원, ㉕ 건물청소원, ㉖ 수위.

4) 노동부 사람입국 일자리위원회가 제73회 국정과제회의(2006. 4. 11.)에 본보고서로 제출한 '비정규직 실태와 정책과제', 2면 참조.

2020년 통계청조사에서는 전체 임금근로자의 36.3퍼센트에 해당하는 724만여 명이 비정규직이다.

**[표 40.1] 비정규직 현황** (단위: 천 명)

| | | 2010.8. | 2011.8. | 2012.8. | 2013.8. | 2014.8. | 2015.8. | 2016.8. | 2017.8. | 2018.8. | 2019.8. | 2020.8. |
|---|---|---|---|---|---|---|---|---|---|---|---|---|
| 임금근로자 | | 17,048 | 17,510 | 17,734 | 18,240 | 18,776 | 19,312 | 19,627 | 20,006 | 20,045 | 20,559 | 20,446 |
| 정 규 직 | | 11,362 | 11,515 | 11,823 | 12,295 | 12,699 | 13,041 | 13,183 | 13,428 | 13,431 | 13,078 | 13,020 |
| 비정규직 | | 5,685 | 5,995 | 5,911 | 5,946 | 6,077 | 6,271 | 6,444 | 6,578 | 6,614 | 7,481 | 7,246 |
| 비정규직 | 한시적 | 3,281 | 3,442 | 3,403 | 3,431 | 3,508 | 3,638 | 3,657 | 3,725 | 3,823 | 4,785 | 4,608 |
| | 기간제 | 2,494 | 2,668 | 2,714 | 2,761 | 2,749 | 2,860 | 2,930 | 2,930 | 3,005 | 3,799 | 3,933 |
| | 시간제 | 1,620 | 1,702 | 1,826 | 1,883 | 2,032 | 2,236 | 2,483 | 2,663 | 2,709 | 3,156 | 3,252 |
| | 비전형 | 2,289 | 2,427 | 2,286 | 2,215 | 2,112 | 2,206 | 2,220 | 2,112 | 2,071 | 2,045 | 2,073 |

자료: 통계청(www.kosis.kr) 경제활동인구조사/근로형태별 부가조사(2010.8.~2020.8.).

비정규직 근로자가 발생하는 원인에 대해서는 여러 가지 관점에서 분석이 가능하다.[5] 여기서는 어떤 원인에서건 비정규직 근로자가 임금근로자의 많은 부분을 차지하고 있다는 사실을 확인하는 데 만족하기로 한다.

## Ⅱ. 비정규직 근로자의 현실

비정규직 근로자는 기본적으로 고용이 불안한 상태에 있다. 언제든지 해고될 수 있고, 재계약이 중단될 가능성이 있기 때문이다. 그 밖에도 비정규직 근로자는 임금, 근로복지, 사회보험, 노동조합활동 등에서도 차별을 받고 있는 것이 현실이다.

### 1. 임　　금

비정규직 근로자는 정규직 근로자에 비해 무엇보다 임금에서 차별받고 있는

5) 비정규직 근로자의 발생 원인에 대해서는 김유선(2003) 참조. 이에 따르면 비정규직 근로자가 발생하는 원인은 노동시장의 요소(노동공급과 노동수요)와 노동시장 외의 요소(기업전략, 노사관계)가 동시에 작용한다고 한다. 한편 비정규직의 긍정적 측면으로 ① 노동시장의 유연성(탄력성), ② 기업의 효율성, ③ 근로자의 삶의 다양화를 드는 견해가 있다. 이정(2005), 28면 이하 참조. 이러한 요소들도 비정규직이 발생하는 원인이 될 수 있다.

것으로 보고되고 있다. 2005년 8월 기준으로 비정규직 근로자는 정규직 근로자가 받는 임금의 62.6퍼센트의 임금을 받는 것으로 조사되었고, 대체로 정규직 근로자보다 평균 약 35퍼센트가 적은 임금을 받는 것으로 확인되고 있다.[6] 이 가운데 생산성 차이 등 합리적인 이유가 있는 차별은 80퍼센트 정도이기 때문에 20퍼센트 정도는 불합리한 차별로 인하여 발생한 임금차이라고 한다. 2015년 8월 및 2016년 8월을 기준으로 한 통계청조사에서는 비정규직 근로자의 임금이 정규직 근로자가 받는 임금의 54퍼센트로 그 차이가 확대되고 있다(아래 [표 40.2] 참조).[7]

**[표 40.2] 근로형태별 월평균 임금** (단위: 만원)

| | 임금근로자 | 정규 | 비정규 | 한시적 | 기간제 | 시간제 | 비전형 |
|---|---|---|---|---|---|---|---|
| 2010. 8. | 194.9 | 229.4 | 125.8 (54.8)* | 140.0 | 136.0 | 56.5 | 124.9 |
| 2011. 8. | 203.2 | 238.8 | 134.8 (56.4) | 150.2 | 146.3 | 60.4 | 132.1 |
| 2012. 8. | 210.4 | 246.0 | 139.3 (56.6) | 156.7 | 154.5 | 60.7 | 138.2 |
| 2013. 8. | 218.1 | 254.6 | 142.8 (56.0) | 160.2 | 158.1 | 65.4 | 141.2 |
| 2014. 8. | 223.1 | 260.4 | 145.3 (55.7) | 161.4 | 158.3 | 66.2 | 151.5 |
| 2015. 8. | 229.7 | 269.6 | 146.7 (54.4) | 162.9 | 162.6 | 70.5 | 150.6 |
| 2016. 8. | 236.8 | 279.5 | 149.4 (53.5) | 166.4 | 165.6 | 74.1 | 157.1 |
| 2017. 8. | 243.0 | 285.1 | 156.9 (55.0) | 174.2 | 170.8 | 80.3 | 170.3 |
| 2018. 8. | 255.8 | 300.9 | 164.4 (54.6) | 181.8 | 176.2 | 86.7 | 174.7 |
| 2019. 8. | 264.3 | 316.5 | 172.9 (54.6) | 186.0 | 180.6 | 92.7 | 185.8 |
| 2020. 8. | 268.1 | 323.4 | 171.1 (52.7) | 185.7 | 187.7 | 90.3 | 185.4 |

자료: 통계청(www.kosis.kr) 경제활동인구조사/근로형태별 부가조사(2010. 8. ~ 2020. 8.).
* 괄호는 정규직 평균임금에 대한 비정규직 평균임금의 비율.

6) 위 일자리위원회 보고서(각주 4) 19면 참조.
7) 산업별 및 사업체규모별 비정규직 근로자의 임금 수준에 대한 분석은 안주엽/김동배/이시균(2003), 98면 이하 참조.

## 2. 근로복지

퇴직금이나 상여금 등 근로복지에 있어서도 비정규직 근로자는 정규직 근로자와 비교하여 수혜 비율이 상당히 낮은 것으로 나타나고 있다.8) 예를 들어 2016년을 기준으로 정규직 근로자는 퇴직금 수혜율이 85퍼센트인 데 비해서 비정규직 근로자는 42퍼센트에 지나지 않는다(아래 [표 40.3] 참조).

**[표 40.3] 고용형태별 근로실태 조사**

| | | 2008 | 2009 | 2010 | 2011 | 2012 | 2013 | 2014 | 2015 | 2016 | 2017 | 2018 | 2019 | 2020 |
|---|---|---|---|---|---|---|---|---|---|---|---|---|---|---|
| 평균 근속 기간 (개월) | 임금 근로자 | 56 | 59 | 59 | 61 | 63 | 66 | 68 | 68 | 70 | 71 | 73 | 71 | 72 |
| | 정규직 | 73 | 77 | 77 | 79 | 81 | 84 | 85 | 87 | 89 | 91 | 93 | 94 | 97 |
| | 비정규직 | 26 | 23 | 23 | 26 | 29 | 29 | 31 | 29 | 29 | 30 | 31 | 29 | 29 |
| 평균 취업 시간 (시간) | 임금 근로자 | 47.0 | 45.6 | 45.0 | 45.2 | 44.6 | 43.5 | 43.6 | 43.6 | 43.0 | 38.1 | 36.6 | 35.9 | 37.1 |
| | 정규직 | 49.2 | 48.1 | 47.9 | 48.0 | 47.4 | 46.0 | 46.4 | 46.4 | 46.0 | 40.7 | 39.3 | 38.8 | 40.7 |
| | 비정규직 | 42.9 | 40.8 | 39.1 | 39.6 | 39.1 | 38.2 | 37.6 | 37.4 | 36.7 | 32.7 | 31.2 | 30.8 | 30.7 |
| 월평균 임금 (만원) | 임금 근로자 | 181.1 | 185.4 | 194.6 | 202.6 | 211.3 | 217.1 | 223.4 | 231.4 | 241.2 | 243.0 | 255.8 | 264.3 | 268.1 |
| | 정규직 | 210.4 | 216.7 | 228.9 | 236.8 | 245.4 | 253.3 | 260.1 | 271.3 | 283.6 | 285.1 | 300.9 | 316.5 | 323.4 |
| | 비정규직 | 127.2 | 123.2 | 125.3 | 135.6 | 143.2 | 141.2 | 145.9 | 146.7 | 151.1 | 156.9 | 164.4 | 172.9 | 171.1 |
| 국민 연금 가입률 (%) | 임금 근로자 | 63.4 | 64.9 | 65.6 | 65.7 | 66.6 | 67.9 | 68.4 | 67.9 | 68.6 | 69.1 | 69.8 | 69.5 | 69.8 |
| | 정규직 | 77.6 | 78.7 | 78.6 | 79.1 | 79.6 | 81.3 | 82.0 | 82.0 | 83.2 | 85.0 | 86.2 | 87.5 | 88.0 |
| | 비정규직 | 37.4 | 37.6 | 39.3 | 39.5 | 40.5 | 40.0 | 39.7 | 37.9 | 37.5 | 36.6 | 36.6 | 37.9 | 37.8 |
| 건강 보험 가입률 (%) | 임금 근로자 | 64.8 | 66.6 | 67.6 | 68.6 | 69.7 | 71.5 | 71.8 | 72.0 | 73.5 | 74.2 | 75.5 | 75.7 | 76.7 |
| | 정규직 | 78.2 | 79.5 | 79.6 | 80.6 | 81.3 | 83.2 | 83.9 | 84.7 | 86.3 | 88.4 | 90.1 | 91.5 | 92.6 |
| | 비정규직 | 40.2 | 40.9 | 43.3 | 45.1 | 46.5 | 46.8 | 46.2 | 45.2 | 46.3 | 45.3 | 45.9 | 48.0 | 49.0 |
| 고용 보험 가입률 (%) | 임금 근로자 | 55.6 | 57.9 | 63.8 | 65.3 | 66.5 | 67.9 | 68.6 | 69.3 | 70.6 | 71.2 | 71.6 | 70.9 | 72.6 |
| | 정규직 | 65.6 | 67.3 | 75.4 | 77.2 | 78.3 | 80.5 | 81.5 | 82.4 | 84.2 | 85.9 | 87.0 | 87.2 | 89.2 |
| | 비정규직 | 37.1 | 39.1 | 42.6 | 44.1 | 45.0 | 43.9 | 44.0 | 44.0 | 44.5 | 44.1 | 43.6 | 44.9 | 46.1 |

8) 산업별 및 사업체규모별 비정규직 근로자의 근로복지 수준에 대한 분석은 안주엽/김동배/이시균(2003), 100면 이하 참조.

| | | | | | | | | | | | | | | |
|---|---|---|---|---|---|---|---|---|---|---|---|---|---|---|
| 퇴직 급여 수혜율 (%) | 임금 근로자 | 60.0 | 62.2 | 63.4 | 65.2 | 66.4 | 68.4 | 68.9 | 70.0 | 71.6 | 72.6 | 73.9 | 74.0 | 73.2 |
| | 정규직 | 74.3 | 76.3 | 76.6 | 77.9 | 79.4 | 81.6 | 82.2 | 83.4 | 85.3 | 87.8 | 89.9 | 91.7 | 91.9 |
| | 비정 규직 | 33.7 | 34.1 | 36.8 | 40.2 | 40.6 | 40.7 | 40.7 | 41.6 | 42.4 | 41.5 | 41.5 | 42.9 | 40.4 |
| 상여금 수혜율 (%) | 임금 근로자 | 55.8 | 57.8 | 65.0 | 65.4 | 67.2 | 69.6 | 70.4 | 70.4 | 71.4 | 70.7 | 70.4 | 68.8 | 68.8 |
| | 정규직 | 71.2 | 73.5 | 79.4 | 79.8 | 81.4 | 83.7 | 84.6 | 84.4 | 86.1 | 86.2 | 86.4 | 86.4 | 86.6 |
| | 비정 규직 | 27.5 | 26.5 | 36.0 | 37.3 | 38.7 | 40.1 | 40.4 | 40.7 | 40.0 | 39.1 | 37.8 | 38.2 | 37.6 |
| 시간외 수당 수혜율 (%) | 임금 근로자 | 42.6 | 43.1 | 44.7 | 44.4 | 44.7 | 47.8 | 47.5 | 47.3 | 47.9 | 47.8 | 48.1 | 48.2 | 50.0 |
| | 정규직 | 54.9 | 55.0 | 55.5 | 54.6 | 55.2 | 58.4 | 58.4 | 58.3 | 58.7 | 59.3 | 59.7 | 60.9 | 62.8 |
| | 비정 규직 | 20.0 | 19.5 | 23.0 | 24.3 | 23.6 | 25.4 | 24.4 | 24.0 | 24.8 | 24.2 | 24.6 | 25.9 | 27.5 |
| 유급 휴가 수혜율 (%) | 임금 근로자 | 51.0 | 54.1 | 58.7 | 57.2 | 56.8 | 59.4 | 60.3 | 60.6 | 61.5 | 61.2 | 62.8 | 62.9 | 64.6 |
| | 정규직 | 64.6 | 67.4 | 70.9 | 69.6 | 69.0 | 71.5 | 73.4 | 73.8 | 74.9 | 75.7 | 77.9 | 80.1 | 82.1 |
| | 비정 규직 | 25.8 | 27.6 | 34.0 | 33.0 | 32.3 | 34.0 | 32.7 | 32.6 | 33.1 | 31.7 | 32.1 | 33.0 | 34.1 |

자료: 통계청(www.kosis.kr) 경제활동인구조사/근로형태별 부가조사(2020년 기준).

## 3. 사회보험

사회보험 가입률에 있어서도 비정규직 근로자는 차별을 받고 있는 것으로 나타나고 있다. 국가인권위원회의 국가인권정책기본계획(NAP) 권고안에서 제시된 통계를 보면[9] 2005년 8월 현재 비정규직 근로자의 사회보험 가입률은 국민연금의 경우 36.6퍼센트, 건강보험의 경우 37.7퍼센트, 고용보험의 경우 34.5퍼센트로 매우 낮게 나타나고 있다. 또한 2020년을 기준으로 통계청이 조사한 결과에 따르면 비정규직 사회보험 가입률은 고용보험 46.1퍼센트, 건강보험 49퍼센트, 국민연금 37.8퍼센트로 정규직과 비교하여 절반 이하 수준인 것으로 나타나고 있다([표 40.3] 참조).[10]

9) 국가인권위원회 NAP 권고안, 27면.

10) 비정규직의 사회보험 가입률이 낮은 원인으로는 비정규직과 그 사업장의 특성(잦은 휴폐업), 근로자의 빈번한 사업장 이동과 불규칙한 고용, 정확한 소득파악의 한계로 인한 보험료의 부과 및 징수에서의 강제성 미확보 등을 든다. 김연명(2001), 91면 이하 참조.

### 4. 노동3권

비정규직 근로자는 노동3권의 향유에 있어서도 배제되고 있다. 통계적 분석에 따르면[11] 특히 임시일용직의 경우에 노조가입률이 낮은 것으로 나타나고 있다. 그 원인으로는 ① 노조가 있는 일자리에 취직하는 비율이 낮다는 점,[12] ② 노조가입 자격이 상대적으로 제한적이라는 점,[13] ③ 불안정한 고용상의 지위와 정규직 중심의 기업문화 내지 노조문화[14]를 들고 있다.

## Ⅲ. 비정규직 근로자의 권리

### 1. 기간제한과 정규직전환

#### (1) 기간제근로자

사용자는 원칙적으로 기간제근로자를 2년을 초과하여 고용할 수 없다(기간제근로자법 제4조 제1항). 2년을 초과하여 기간제근로자로 고용된 경우에는 기간의 정함이 없는 근로계약을 체결한 것으로 본다(동법 동조 제2항). 이것은 기간제근로자가 비정규직에서 정규직으로 전환된다는 것을 의미한다. 하지만 이 규정으로 기간제근로자의 계약갱신(재계약)이 어려워지고 고용불안을 초래할 것이라는 예상도 있다.[15] 사용자의 입장에서는 기간제근로자를 정규직으로 전환하기보다 신규 기간제근로자의 채용을 선호할 수 있기 때문이다. 그렇지만 사용자가 신규채용으로 소요되는 비용보다 정규직전환으로 소요되는 비용이 적은 경우에 정규직전환을 선택할 가능성도 있다. 따라서 기간제근로자의 정규직전환에 관한 법조항은 기간제근로자에게 유리하게 작용할 수도 있다. 한편 사용자는 기간을 정하지 않는 근로계약을 체결하고자 할 때 기간제근로자를 우선적으로 고용하기 위하여 노력할 의무를 진다(동법 제5조).

---

11) 김유선(2005), 102면 이하.
12) 김유선(2005), 105면.
13) 김유선(2005), 107면.
14) 김유선(2005), 108면.
15) 김종숙(2007), 7면 참조. 한편 기간제근로자의 문제는 고용기간이 아니라 과도한 사용에 있다는 점에서 무분별한 사용을 제한하는 입법을 제안하는 견해도 있다. 강성태(2005), 23면 이하 참조. 따라서 이 견해는 기간제근로자를 보호하기 위한 대안으로서 '기간제한'이 아니라 '사유제한'을 제시하고 있다. 강성태(2005), 25면 이하 참조.

**[법령 40.5] 기간제 및 단시간근로자 보호 등에 관한 법률**(최근개정: 2020. 5. 26. 법률 제17326호)

**제4조 (기간제근로자의 사용)**

① 사용자는 2년을 초과하지 아니하는 범위 안에서(기간제 근로계약의 반복갱신 등의 경우에는 그 계속근로한 총기간이 2년을 초과하지 아니하는 범위 안에서) 기간제근로자를 사용할 수 있다. 다만, 다음 각 호의 어느 하나에 해당하는 경우에는 2년을 초과하여 기간제근로자로 사용할 수 있다.

1. 사업의 완료 또는 특정한 업무의 완성에 필요한 기간을 정한 경우
2. 휴직·파견 등으로 결원이 발생하여 해당 근로자가 복귀할 때까지 그 업무를 대신할 필요가 있는 경우
3. 근로자가 학업, 직업훈련 등을 이수함에 따라 그 이수에 필요한 기간을 정한 경우
4. 「고령자고용촉진법」 제2조 제1호의 규정에 의한 고령자와 근로계약을 체결하는 경우
5. 전문적 지식·기술의 활용이 필요한 경우와 정부의 복지정책·실업대책 등에 의하여 일자리를 제공하는 경우로서 대통령령이 정하는 경우
6. 그 밖에 제1호 내지 제5호에 준하는 합리적인 사유가 있는 경우로서 대통령령이 정하는 경우

② 사용자가 제1항 단서의 사유가 없거나 소멸되었음에도 불구하고 2년을 초과하여 기간제근로자로 사용하는 경우에는 그 기간제근로자는 기간의 정함이 없는 근로계약을 체결한 근로자로 본다.

**제5조 (기간의 정함이 없는 근로자로의 전환)**

사용자는 기간의 정함이 없는 근로계약을 체결하고자 하는 경우에 해당 사업 또는 사업장의 동종 또는 유사한 업무에 종사하는 기간제근로자를 우선적으로 고용하도록 노력하여야 한다.

### (2) 파견근로자

파견근로자의 경우에도 근로자파견을 원칙적으로 1년을 초과할 수 없고, 파견기간을 연장할 수는 있지만 총 파견기간이 2년을 초과하지 못한다(파견법 제6조 제1항·제2항). 2년을 초과하여 계속적으로 파견근로자를 사용하는 경우에는 직접적으로 고용해야 한다(동법 제6조의2 제1항). 이것은 파견근로자가 비정규직에서 정규직으로 전환됨을 의미한다. 하지만 기간제근로자의 경우와 마찬가지로 정규직전환으로 소요되는 비용이 신규채용으로 소용되는 비용보다 적은 경우에만 파견근로자의 정규직전환에 관한 법조항은 실질적으로 파견근로자에게 유리하게 작용할 수 있다. 한편 파견근로자를 사용하는 사업주가 파견근로자를 사용하고 있는 업무에 근로자를 직접 고용하고자 하는 경우에는 당해 파견근로자를 우선적으로 고용하기 위하여 노력해야 할 의무가 있다(동법 제6조의2 제4항).

**[법령 40.6] 파견근로자보호 등에 관한 법률**(최근개정: 2020. 12. 8. 법률 제17605호)

**제6조 (파견기간)**

① 근로자파견의 기간은 제5조 제2항에 해당하는 경우를 제외하고는 1년을 초과하여서는 아니 된다.

② 제1항에도 불구하고 파견사업주, 사용사업주, 파견근로자 간의 합의가 있는 경우에는 파견기간을 연장할 수 있다. 이 경우 1회를 연장할 때에는 그 연장기간은 1년을 초과하여서는 아니 되며, 연장된 기간을 포함한 총 파견기간은 2년을 초과하여서는 아니 된다.

③ 제2항 후단에도 불구하고 「고용상 연령차별금지 및 고령자고용촉진에 관한 법률」 제2조 제1호의 고령자인 파견근로자에 대하여는 2년을 초과하여 근로자파견기간을 연장할 수 있다.

④ 제5조 제2항에 따른 근로자파견의 기간은 다음 각 호의 구분에 따른다.

1. 출산·질병·부상 등 그 사유가 객관적으로 명백한 경우: 해당 사유가 없어지는 데 필요한 기간
2. 일시적·간헐적으로 인력을 확보할 필요가 있는 경우: 3개월 이내의 기간. 다만, 해당 사유가 없어지지 아니하고 파견사업주, 사용사업주, 파견근로자 간의 합의가 있는 경우에는 3개월의 범위에서 한 차례만 그 기간을 연장할 수 있다.

**제6조의2 (고용의무)**

① 사용사업주가 다음 각 호의 어느 하나에 해당하는 경우에는 해당 파견근로자를 직접 고용하여야 한다.

1. 제5조 제1항의 근로자파견 대상 업무에 해당하지 아니하는 업무에서 파견근로자를 사용하는 경우(제5조 제2항에 따라 근로자파견사업을 한 경우는 제외한다)
2. 제5조 제3항을 위반하여 파견근로자를 사용하는 경우
3. 제6조 제2항을 위반하여 2년을 초과하여 계속적으로 파견근로자를 사용하는 경우
4. 제6조 제4항을 위반하여 파견근로자를 사용하는 경우
5. 제7조 제3항을 위반하여 근로자파견의 역무를 제공받은 경우

② 제1항은 해당 파견근로자가 명시적으로 반대의사를 표시하거나 대통령령으로 정하는 정당한 이유가 있는 경우에는 적용하지 아니한다.

③ 제1항에 따라 사용사업주가 파견근로자를 직접 고용하는 경우의 파견근로자의 근로조건은 다음 각 호의 구분에 따른다.

1. 사용사업주의 근로자 중 해당 파견근로자와 같은 종류의 업무 또는 유사한 업무를 수행하는 근로자가 있는 경우: 해당 근로자에게 적용되는 취업규칙 등에서 정하는 근로조건에 따를 것
2. 사용사업주의 근로자 중 해당 파견근로자와 같은 종류의 업무 또는 유사한 업무를 수행하는 근로자가 없는 경우: 해당 파견근로자의 기존 근로조건의 수준보다 낮아져서는 아니 될 것

④ 사용사업주는 파견근로자를 사용하고 있는 업무에 근로자를 직접 고용하려는 경우에는 해당 파견근로자를 우선적으로 고용하도록 노력하여야 한다.

## 2. 초과근로제한

사용자가 근로기준법에 규정된 시간을 초과하여 단시간근로자를 사용하는 경우에는 근로자의 동의가 필요하다(기간제근로자법 제6조 제1항). 이 경우에도 1주 동안 12시간을 넘겨 근로시킬 수 없다. 사용자가 단시간근로자의 동의 없이 초과근로를 시키는 경우에 근로자는 거부할 수 있는 권리가 있다(동조 제2항). 근로자의 동의 없이 초과근로를 시키거나 근로제한시간을 위반한 경우에 처벌을 받는다(동법 제22조). 이로써 초과근로로 인해 사실상 통상근로자와 마찬가지로 전일제 근무를 해오던 단시간근로자의 근로여건이 개선될 것으로 기대되고 있다.

한편 사용자가 통상근로자를 채용하는 경우에 단시간근로자를 우선적으로 고용하기 위하여 노력할 의무를 진다(동법 제7조 제1항). 하지만 이 의무는 강제성이 없다는 점에서 그 실효성을 의심하는 견해도 있다.[16] 또한 근로자가 가사나 학업 등의 이유로 단시간근로를 신청하는 경우에는 해당 근로자를 단시간근로자로 전환하도록 노력해야 할 의무가 있다(동조 제2항).

**[법령 40.7] 기간제 및 단시간근로자 보호 등에 관한 법률**(최근개정: 2020. 5. 26. 법률 제17326호)

**제6조 (단시간근로자의 초과근로 제한)**
① 사용자는 단시간근로자에 대하여 「근로기준법」 제20조의 소정근로시간을 초과하여 근로하게 하는 경우에는 해당 근로자의 동의를 얻어야 한다. 이 경우 1주간에 12시간을 초과하여 근로시킬 수 없다.
② 단시간근로자는 사용자가 제1항의 규정에 따른 동의를 얻지 아니하고 초과근로를 하게 하는 경우에는 이를 거부할 수 있다.
③ 사용자는 제1항에 따른 초과근로에 대하여 통상임금의 100분의 50 이상을 가산하여 지급하여야 한다.

**제7조 (통상근로자로의 전환 등)**
① 사용자는 통상근로자를 채용하고자 하는 경우에는 해당 사업 또는 사업장의 동종 또는 유사한 업무에 종사하는 단시간근로자를 우선적으로 고용하도록 노력하여야 한다.
② 사용자는 가사, 학업 그 밖의 이유로 근로자가 단시간근로를 신청하는 때에는 해당 근로자를 단시간근로자로 전환하도록 노력하여야 한다.

**제22조 (벌칙)**
제6조 제1항의 규정을 위반하여 단시간근로자에게 초과근로를 하게 한 자는 1천만원 이하의 벌금에 처한다.

16) 김종숙(2007), 11면 참조.

## 3. 차별의 금지

사용자가 기간제근로자 또는 단시간근로자를 차별적 처우나 불리한 처우를 하는 행위는 금지된다. 이러한 금지를 위반한 사용자는 시정명령이나 처벌을 받을 수 있다.17)

우선 기간제근로자나 단시간근로자가 차별적 처우를 받은 경우에 노동위원회에 시정을 신청할 수 있다(기간제법 제9조 제1항). 신청을 받은 노동위원회는 지체없이 조사와 심문을 해야 한다(동법 제10조). 노동위원회는 심문과정에서 조정절차를 개시할 수도 있고, 중재를 할 수도 있다(동법 제11조). 여기서 근로자는 일방적으로 조정을 신청할 수도 있고, 상대방과 합의하여 중재를 신청할 수 있는 권한을 가진다. 노동위원회가 차별적 처우에 해당한다고 판정하는 경우에 **시정명령**을 할 수 있다(동법 제12조). 이러한 시정명령에는 차별적 행위의 중지, 임금 등 근로조건의 개선 및 적절한 배상 등이 포함될 수 있다(동법 제13조). 노동위원회의 시정명령에 불복하는 자는 중앙노동위원회에 재심을 신청할 수 있고, 중앙노동위원회의 재심결정에 불복하는 자는 행정소송을 제기할 수 있다(동법 제14조).

**[법령 40.8] 기간제 및 단시간근로자 보호 등에 관한 법률**(최근개정: 2020. 5. 26. 법률 제17326호)

**제8조 (차별적 처우의 금지)**

① 사용자는 기간제근로자임을 이유로 해당 사업 또는 사업장에서 동종 또는 유사한 업무에 종사하는 기간의 정함이 없는 근로계약을 체결한 근로자에 비하여 차별적 처우를 하여서는 아니 된다.

② 사용자는 단시간근로자임을 이유로 해당 사업 또는 사업장의 동종 또는 유사한 업무에 종사하는 통상근로자에 비하여 차별적 처우를 하여서는 아니 된다.

**제12조 (시정명령 등)**

① 노동위원회는 제10조의 규정에 따른 조사·심문을 종료하고 차별적 처우에 해당된다고 판정한 때에는 사용자에게 시정명령을 내려야 하고, 차별적 처우에 해당하지 아니한다고 판정한 때에는 그 시정신청을 기각하는 결정을 하여야 한다.

② 생략

다음으로 기간제근로자나 단시간근로자가 사용자의 부당한 초과근로요구를

17) 실효성을 근거로 이 제도에 의문을 표시하는 견해도 있다. 강성태(2005), 25면; 이달휴(2008), 119면 이하 참조. 그 밖에 이 제도의 문제점에 대한 분석으로 윤기택/한경식(2007), 363면 이하; 전윤구(2008), 370면 이하 참조. 한편 노동위원회의 차별시정판정례에 대한 분석으로 박은정(2008), 173면 이하; 강성태(2008), 173면 이하 참조. 또한 구체적인 차별시정사건에서의 법적 쟁점에 대해서는 박수근(2007), 51면 이하; 박주영(2008), 211면 이하 참조.

거부하거나, 차별적 처우의 시정을 신청하거나, 차별적 처우와 관련하여 노동위원회에 참석하여 진술하거나, 재심을 신청 또는 행정소송을 제기하거나, 시정명령 불이행을 신고했다는 이유로 사용자가 해고 또는 불리한 처우를 하는 것은 금지된다. 이러한 처우를 하는 사용자는 처벌받는다(동법 제16조).

**[법령 40.9] 기간제 및 단시간근로자 보호 등에 관한 법률**(최근개정: 2020. 5. 26. 법률 제17326호)

**제16조 (불리한 처우의 금지)**

사용자는 기간제근로자 또는 단시간근로자가 다음 각 호의 어느 하나에 해당하는 행위를 한 것을 이유로 해고 그 밖의 불리한 처우를 하지 못한다.

1. 제6조 제2항의 규정에 따른 사용자의 부당한 초과근로 요구의 거부
2. 제9조의 규정에 따른 차별적 처우의 시정신청, 제10조의 규정에 따른 노동위원회에의 참석 및 진술, 제14조의 규정에 따른 재심신청 또는 행정소송의 제기
3. 제15조 제2항의 규정에 따른 시정명령 불이행의 신고
4. 제18조의 규정에 의한 통지

**제21조 (벌칙)**

제16조의 규정을 위반하여 근로자에게 불리한 처우를 한 자는 2년 이하의 징역 또는 1천만원 이하의 벌금에 처한다.

한편 파견근로자의 경우에도 차별적 처우를 받은 때에는 노동위원회에 시정을 신청할 수 있다. 시정신청이나 시정절차에 관해서는 앞서 살펴본 '기간제 및 단시간근로자 보호 등에 관한 법률'의 규정을 준용한다(파견법 제21조).

**[법령 40.10] 파견근로자보호 등에 관한 법률**(최근개정: 2020. 12. 8. 법률 제17605호)

**제21조 (차별적 처우의 금지 및 시정 등)**

① 파견사업주와 사용사업주는 파견근로자임을 이유로 사용사업주의 사업 내의 동종 또는 유사한 업무를 수행하는 근로자에 비하여 파견근로자에게 차별적 처우를 하여서는 아니 된다.

② 파견근로자는 차별적 처우를 받은 경우 노동위원회에 그 시정을 신청할 수 있다.

③ 제2항의 규정에 따른 시정신청 그 밖의 시정절차 등에 관하여는 「기간제 및 단시간근로자 보호 등에 관한 법률」 제9조 내지 제15조 및 제16조(동조 제1호 및 제4호를 제외한다)의 규정을 준용한다. 이 경우 "기간제근로자 또는 단시간근로자"는 "파견근로자"로, "사용자"는 "파견사업주 또는 사용사업주"로 본다.

④ 제1항 내지 제3항의 규정은 사용사업주가 상시 4인 이하의 근로자를 사용하는 경우에는 이를 적용하지 아니한다.

## 4. 근로조건명시의무

사용자가 기간제근로자 또는 단시간근로자와 근로계약을 체결하는 경우에는 근로조건에 관한 사항을 반드시 서면으로 명시해야 할 의무가 있다(기간제근로자법 제17조). 파견근로자의 경우에도 사용자는 파견업무의 내용과 대가 등 취업조건을 서면으로 알려주어야 할 의무가 있다(파견법 제26조 및 제20조).

**[법령 40.11] 기간제 및 단시간근로자 보호 등에 관한 법률**(최근개정: 2020. 5. 26. 법률 제17326호)

**제17조 (근로조건의 서면명시)**

사용자는 기간제근로자 또는 단시간근로자와 근로계약을 체결하는 때에는 다음 각 호의 모든 사항을 서면으로 명시하여야 한다. 다만, 제6호는 단시간근로자에 한정한다.

1. 근로계약기간에 관한 사항
2. 근로시간・휴게에 관한 사항
3. 임금의 구성항목・계산방법 및 지불방법에 관한 사항
4. 휴일・휴가에 관한 사항
5. 취업의 장소와 종사하여야 할 업무에 관한 사항
6. 근로일 및 근로일별 근로시간

**[법령 40.12] 파견근로자보호 등에 관한 법률**(최근개정: 2020. 12. 8. 법률 제17605호)

**제20조 (계약의 내용 등)**

① 근로자파견계약의 당사자는 고용노동부령으로 정하는 바에 따라 다음 각 호의 사항을 포함하는 근로자파견계약을 서면으로 체결하여야 한다.

1. 파견근로자의 수
2. 파견근로자가 종사할 업무의 내용
3. 파견 사유(제5조 제2항에 따라 근로자파견을 하는 경우만 해당한다)
4. 파견근로자가 파견되어 근로할 사업장의 명칭 및 소재지, 그 밖에 파견근로자의 근로 장소
5. 파견근로 중인 파견근로자를 직접 지휘・명령할 사람에 관한 사항
6. 근로자파견기간 및 파견근로 시작일에 관한 사항
7. 업무 시작 및 업무 종료의 시각과 휴게시간에 관한 사항
8. 휴일・휴가에 관한 사항
9. 연장・야간・휴일근로에 관한 사항
10. 안전 및 보건에 관한 사항
11. 근로자파견의 대가
12. 그 밖에 고용노동부령으로 정하는 사항

② 사용사업주는 제1항에 따라 근로자파견계약을 체결할 때에는 파견사업주에게 제21조 제1항을 준수하도록 하기 위하여 필요한 정보를 제공하여야 한다. 이 경우 제공하여야 하는 정보의 범위와 제공방법 등에 관한 사항은 대통령령으로 정한다.

**제24조 (파견근로자에 대한 고지의무)**
① 파견사업주는 근로자를 파견근로자로서 고용하려는 경우에는 미리 해당 근로자에게 그 취지를 서면으로 알려 주어야 한다.
② 파견사업주는 그가 고용한 근로자 중 파견근로자로 고용하지 아니한 사람을 근로자파견의 대상으로 하려는 경우에는 미리 해당 근로자에게 그 취지를 서면으로 알리고 그의 동의를 받아야 한다.
**제26조 (취업조건의 고지)**
① 파견사업주는 근로자파견을 하려는 경우에는 미리 해당 파견근로자에게 제20조 제1항 각 호의 사항과 그 밖에 고용노동부령으로 정하는 사항을 서면으로 알려 주어야 한다.
② 파견근로자는 파견사업주에게 제20조 제1항 제11호에 따른 해당 근로자파견의 대가에 관하여 그 내역을 제시할 것을 요구할 수 있다.
③ 파견사업주는 제2항에 따라 그 내역의 제시를 요구받았을 때에는 지체 없이 그 내역을 서면으로 제시하여야 한다.

## 5. 남은 권리들

비정규직 근로자의 문제를 해결할 수 있는 가장 이상적 대안은 모든 비정규직 근로자를 정규직 근로자로 전환하는 것이다. 좀 더 소극적 말하자면 비정규직 근로자 고용의 남용을 방지하는 것이다. 하지만 비정규직 근로자는 여러 가지 이유에서 필요한 측면도 부정할 수 없다. 이러한 필요한 측면 이외에 비정규직이 발생하는 원인과 대책은 다른 연구를 필요로 한다. 중요한 것은 어떤 이유와 원인에서든 비정규직 근로자가 존재하고, 정규직 근로자와 비교하여 차별받고 있다는 현실이다.

비정규직 근로자가 처한 차별의 현실을 시정하고, 비정규직 근로자를 보호하기 위하여 비정규직 관련법이 제정되었다. 하지만 여전히 비정규직 근로자에게 보장되어야 하는 권리들이 남아 있다. 그것은 무엇보다도 임금, 근로복지, 사회보험, 노동조합활동에 있어서 정규직 근로자와 차별이 없도록 보장하는 권리들이다.[18) ]특히 임금과 관련되어 비정규직 근로자에 대한 차별의 금지가 중요한데 대법원은 '동일(가치)노동에 대한 동일임금의 원칙'을 지속적으로 확인하여 정규직 근로자와 비정규직 근로자의 동일노동에 대한 동일임금의 지급을 요구하고 있다(아래 [판례 40.1] 참조).

18) 이러한 권리들을 보장하는 제도적 대안에 대해서는 이정(2005), 41면 이하; 특히 비정규직 근로자의 고용보험과 산재보험 가입과 관련된 방안에 대해서는 안주엽/노용진/박우성/박찬임/이주희/허재준(2001), 210면 이하 참조.

**[판례 40.1] 차별금지의 원칙과 동일노동 동일임금의 원칙**

① 단체협약이나 취업규칙에서 근로관계에서의 차별적 처우를 금지하고 있는 경우 '차별적 처우'란 사용자가 근로자를 임금 그 밖의 근로조건 등에서 합리적인 이유 없이 불리하게 처우하는 것을 가리킨다. '합리적인 이유가 없는 경우'란 근로자가 제공하는 근로의 내용을 종합적으로 고려하여 달리 처우할 필요성이 인정되지 않거나 달리 처우하는 경우에도 그 방법·정도 등이 적정하지 않은 경우를 말한다. 합리적인 이유가 있는지는 개별 사안에서 문제가 된 불리한 처우의 내용과 사용자가 불리한 처우의 사유로 삼은 사정을 기준으로 근로자의 고용형태, 업무의 내용과 범위·권한·책임, 임금 그 밖의 근로조건 등의 결정요소 등을 종합적으로 고려하여 판단하여야 한다.

② 일반적으로 '동일가치의 노동'이란 해당 사업장 내에서 서로 비교되는 근로자 간의 노동이 동일하거나 실질적으로 거의 같은 성질의 노동 또는 직무가 다소 다르더라도 객관적인 직무평가 등에 따라 본질적으로 동일한 가치가 있다고 인정되는 노동에 해당하는 것을 말한다. 동일가치의 노동인지는 직무 수행에서 요구되는 기술, 노력, 책임과 작업조건을 비롯하여 근로자의 학력·경력·근속연수 등의 기준을 종합적으로 고려하여 판단하여야 한다(대판 2020. 11. 26. 2019다262193).

헌법상 요구되는 평등원칙은 모든 차별행위를 금지하지 않는다. 합리적 이유가 없는 차별행위만을 금지한다. 따라서 정규직 근로자와 비정규직 근로자에 대한 차별행위는 합리적 이유가 있는 범위 내에서만 허용될 수 있다. 이것은 정규직 근로자와 비정규직 근로자 사이에 임금, 근로복지, 사회보험, 노동조합 활동에 있어서 합리적 이유가 있는 정도의 차이만이 허용됨을 의미한다. 그것을 넘어서는 차이를 시정해주도록 요구할 수 있는 권리는 헌법상 보장된 평등권에 의해서 비정규직 근로자에게 보장된다고 볼 수 있다.

## 토론문제

1. 정규직과 비정규직은 항상 동등한 대우를 받아야 하는가?
2. 비정규직이 실업을 해소할 수 있는 방법인가?
3. 정규직의 임금이나 근로시간 감축으로 비정규직을 확대해도 되는가?

## 내 입장은?

1. 정규직과 비정규직은 언제나 동등한 대우를 받아야 한다.
2. 사정에 따라 비정규직에 대한 차별은 정당화될 수 있다.

3. 원칙적으로 정규직과 비정규직은 차별적 대우를 받아야 한다.

## 참고문헌

강성태(2005), 비정규직법안의 내용과 과제, ≪노동법학≫(한국노동법학회), 제21호(2005), 1~29면.

강성태(2008), 비정규직법 시행 1년의 평가-차별시정제도의 현황과 개선과제를 중심으로-, ≪법학논총≫(한양대학교 법학연구소), 제25집 제4호(2008), 169~186면.

강현주(2012), 비정규직 근로자: 반차별권과 사회보험에 의한 보호, ≪노동법학≫(한국노동법학회), 제41호(2012. 3.), 1~25면.

김연명(2001), 비정규 근로자에 대한 사회보험 확대 쟁점과 정책, ≪한국사회복지학≫(한국사회복지학회), 제45권(2001), 72~100면.

김유선(2003), 비정규직 증가 원인, ≪사회경제평론≫(한국사회경제학회), 제21호(2003), 289~326면.

김유선(2005), 비정규직 고용과 노동운동-임시근로가 노조가입에 미치는 부정적 효과, ≪아세아연구≫(고려대학교 아세아문제연구소), 통권 119호(2005), 95~121면.

김종숙(2007), 비정규직 관련법과 여성근로자, ≪젠더리뷰≫(한국여성개발원), Vol. 4(2007), 4~13면.

박수근(2007), 비정규직법의 해석과 과제, ≪노동법연구≫(서울대학교 노동법연구회), 제22호(2007), 49~86면.

박은정(2008), 비정규직차별시정제도 시행 이후 노동위원회 차별시정판정례 검토, ≪노동법학≫(한국노동법학회), 제27호(2008), 171~198면.

박종희(2011), 한국의 비정규고용의 실태와 법률적 쟁점, ≪외법논집≫(한국외국어대학교 법학연구소), 제35권 제4호(2011), 25~46면.

박주영(2008), 비정규직 차별사건의 쟁점과 과제-노동위원회의 차별판단기준의 문제점을 중심으로-, ≪민주법학≫(민주주의법학연구회), 제37호(2008), 203~244면.

박지순(2009), 비정규직법의 쟁점과 입법정책적 과제, ≪산업관계연구≫(한국고용노사관계학회), 제19권 제2호(2009), 27~65면.

박창용(2007), 비정규직관련 법률 입법이 주는 시사점, ≪법학논총≫(숭실대학교 법학연구소), 제17집(2007), 279~312면.

서혁준/전영평(2006), 소수자로서의 비정규직 근로자와 정책변동, ≪한국행정학보≫(한국행정학회), 제40권 제4호(2006), 277~302면.

안주엽/노용진/박우성/박찬임/이주희/허재준(2001), ≪비정규근로의 실태와 정책과제

(I)≫, 한국노동연구원, 2001.

안주엽/김동배/이시균(2003), ≪비정규근로실태와 정책과제(III)≫, 한국노동연구원, 2003.

윤기택/한경식(2007), 기간제 근로자의 차별처우금지제도에 관한 고찰, ≪법학연구≫(한국법학회), 제26집(2007), 353~380면.

이달휴(2008), 비정규직 보호법의 문제점과 해결 관점, ≪법과 정책연구≫(한국법정책학회), 제8집 제1호(2008), 111~131면.

윤진호(2004), ≪비정규직 차별시정을 위한 기초현황조사≫(2003년도 국가인권위원회 인권상황실태조사 연구용역보고서), 2004.

이 정(2005), 한국의 노동법과 사회변동－비정규근로에 대한 문제점 및 정책적 대안을 중심으로－, ≪외법논집≫(한국외국어대학교 법학연구소), 제20집(2005), 23~59면.

이희성(2004), 정규직과 비정규직 문제에 관한 공법적 검토, ≪공법학연구≫(한국비교공법학회), 제5권 제3호(2004), 61~97면.

전윤구(2008), 비정규직 관계법의 입법적 개선방향, ≪노동법학≫(한국노동법학회), 제28호(2008), 353~385면.

정 규(2010), 비정규직 근로자 보호에 관한 연구－비정규직 보호법의 차별금지제도를 중심으로－, ≪법과 정책연구≫(한국법정책학회), 제10권 제2호(2010), 683~705면.

조상균(2010), 비정규직 관련법의 문제점과 개선방안 ≪산업관계연구≫(한국고용노사관계학회) 제20권 제1호(2010), 111~134면.

조상균(2014), 비정규직 차별시정제도의 쟁점 및 전망, ≪동아법학≫(동아대학교 법학연구소), 제64호(2014), 1~31면.

조용만(2012), 비정규직 차별금지의 쟁점과 과제, ≪노동법학≫(한국노동법학회), 제42호(2012), 1~33면.

조임영(2007), 비정규직법 시행령 등의 제·개정 관련 주요 쟁점과 입법방향, ≪노동법학≫(한국노동법학회), 제24호(2007), 101~132면.

# 제41장
# 기업의 사회적 책임과 인권

기업은 기업활동으로 영향을 받는 사람들의 국제법적으로 승인된 인권을 존중해야만 한다.
≪OECD 다국적기업 가이드라인, 2011년판≫
Enterprises should respect the internationally recognised human rights of those affected by their activities.
≪OECD Guidelines for Multinational Enterprises 2011 Ed.≫

기업에게 사회적 책임을 지운다고? 기업의 사회적 책임을 운운하는 것은 사회주의적 발상이 아닌가? 자본주의 사회에서 기업은 오로지 최대의 이윤을 내면 그만이다. 기업은 단지 빵의 크기를 크게 할 뿐이지 그 빵이 누구에게 얼마만큼 돌아갈지를 결정하는 곳이 아니다.

기업은 망해도 소유자는 망하지 않는다. 망한 기업의 피해는 오로지 그 기업에서 일하던 근로자와 소비자에게 돌아간다. 기업을 성장시키는 데 근로자와 소비자도 기여를 한다. 기업이 성공해서 얻은 몫이 근로자와 소비자에게도 돌아가야 하는 이유가 여기에 있다.

기업은 단지 개인의 재산이므로 기업의 성공과 실패는 개인의 몫이라는 주장이 가능하다. 기업의 성공과 실패에 대해서는 다른 구성원도 영향을 미칠 뿐만 아니라 영향을 받기도 한다는 점에서 기업은 개인의 재산을 넘어 사회적 의미를 가진다는 주장도 제기된다. 어떠한 주장이 타당한지에 대해서 검토하기로 한다.

## Ⅰ. 기업에게 사회적 책임을 지울 수 있는가?

기업은 기업이 속한 공동체를 떠나 존재할 수 없다. 따라서 기업도 공동체에 대한 일정한 책임을 부담하지만 공동체의 다른 구성원들이 지는 책임 이상으로 공동체에 대한 책임을 부담할 필요는 없다. 공동체에 대한 기업의 책임은 무엇보다도 기업이 공동체 안에서 담당하는 기능을 충실하게 담당하는 것이다. 공동체 안에서 기업이 수행해야 하는 기능은 양질의 상품과 서비스를 판매하여 소비자의 욕구를 만족시키고, 이를 통해 많은 이윤을 남겨 주주들에게 많은 배당금을 분배하는 것이다. 따라서 공동체에 대한 기업의 책임은 우선적으로 기업에 투자한 주주들과 기업의 상품과 서비스를 구매하는 소비자들에 대한 책임이다. 하지만 최근에 기업은 주주와 소비자 이외에 다른 공동체구성원들에게도 책임을 진다는 '기업의 사회적 책임(corporate social responsibility: CSR)'에 대한 논의가 활발해지고 있다.[1)] 이에 따라 기업의 사회적 책임에 대한 국제적 기준들도 제시되고 있고,[2)] 세계 각국도 이를 입법화하기 노력하고 있다.[3)]

## 1. 주주(shareholder)에 대한 책임

극단적으로 말하면 기업의 존재목적은 오로지 '이윤추구'다.[4)] 따라서 가능한 한 많은 이윤을 올려 투자한 주주(shareholder)들에게 많은 몫을 돌려주는 것이 기업에게 부과된 사회적 책임이라고 볼 수 있다. 뒤집어서 말하면 기업이 파산하여 투자한 주주들에게 손실을 가져다주지만 않으면 사회적 책임을 다하는 것이다. 특히 주주가 없는 기업은 개인의 재산에 속하므로 기업을 어떻게 운영할 것인지는 전적으로 '재산권의 행사'와 관련된 문제다. 재산을 운영하다가 성공하든 망하든 모두가 개인의 책임일 뿐이지 사회적 책임을 물을 수는 없다.

## 2. 소비자에 대한 책임

굳이 주주에게 지는 책임 외에 기업의 사회적 책임이 있다고 한다면 기업이 판매하는 제품이나 서비스의 품질을 제고하여 소비자에게 '양질의 상품'을 제공하

1) 기업의 사회적 책임에 대한 논의의 시작은 1930년대로 거슬러 올라간다는 것이 대체적인 견해다. 기업의 사회적 책임에 대한 논의의 역사에 대해서는 최준선(2005), 475면 이하 참조.

2) 유엔의 '글로벌 콤팩트(Global Compact)'나 국제표준화기구의 'ISO26000' 등 기업의 사회적 책임에 대한 국제적 기준에 대해서는 양만식(2010), 260면 이하; 권한용(2011), 728면 이하 참조.

3) 기업의 사회적 책임에 대한 세계 각국의 입법례에 대해서는 정운용(2011), 185면 이하; 이상윤(2012), 288면 이하 참조. 그 밖에 기업의 사회적 책임에 관한 미국의 판례에 대해서는 김갑래(2012), 143면 이하 참조.

4) 기업의 목적을 이윤추구로 보는 입장에서는 기업의 사회적 책임을 부정하는 견해를 취하기도 한다. 이러한 부정론에 대해서는 안택식(2011), 385면 이하 참조.

는 것, 기업이 판매하는 제품이나 서비스에서 발생할 수 있는 건강이나 안전에 대한 위험을 감소시켜 '위생적이고 안전한 상품'을 제공하는 것이 기업이 부담해야 할 사회적 책임이다. 아무리 이윤추구가 목적인 기업이라고 할지라도 오로지 이윤을 목적으로 품질이 좋지 않은 상품, 위생적이지도 안전하지도 않은 상품을 판매하여 소비자에게 피해를 발생시키는 것까지 정당화되지는 못하기 때문이다. 기업에게 보장된 직업의 자유나 영업의 자유도 소비자의 건강과 안전에 관한 권리, 그리고 국민전체의 건강과 안전의 보호라는 공익보다 우월할 수는 없다.

### 3. 이해관계자(stakeholder)에 대한 책임

기업은 소유자나 경영자 또는 주주 이외에 해당 기업에 고용된 근로자 등 다양한 이해관계자(stakeholder)들에 대해서도 사회적 책임을 져야 한다. 기업이 망하는 것은 단순히 개인이 파산하거나 주주들에게 손해를 끼치는 차원을 넘어 해당 기업에 고용된 수많은 근로자에게 실업을 발생시킨다. 더 나아가 기업의 실패는 시장에 영향을 주어 국가경제에 파장을 미칠 수도 있다. 특히 실패한 기업의 규모가 크면 클수록 근로자나 국가경제에 미치는 영향의 강도도 증가한다는 점에서 기업에 사회적 책임을 물을 수밖에 없다. 더욱이 기업이 성공할 때도 기업이 얻는 이익은 소비자로부터 나온 것이라면 기업의 이익을 다른 사회구성원과 함께 나누는 사회적 책임도 요구된다.

## Ⅱ. 기업의 사회적 책임의 내용

### 1. 근로자의 인권 보장

근로자는 임금을 대가로 노동을 제공한다. 노동을 제공하는 대가로 받은 임금은 근로자와 그가 부양하는 가족이 생활하는 경제적 기초가 된다. 따라서 기업은 무엇보다도 근로자를 부당하게 해고하는 행위를 하지 않아야 한다. 또한 기업은 근로자에게 법에 정해진 '최저임금' 이상의 임금을 제공해야 하고, 제공된 노동을 고려한 '적정한 임금'을 제공해야 한다. 그리고 기업은 산업재해를 예방하고 근로자의 건강을 보호함으로써 근로자가 건강하고 안전하게 일할 수 있는 환경을 제공해야 한다.[5] 더욱이 기업은 근로자가 임금과 근로조건에 대하여 사용자와 대등하게 협상할 수 있도록 '노동3권'을 보장해야 한다. 이처럼 부당해고의 중지, 최저임금과 적정임금 및 노동3권을 고용된 근로자에게 보장해야 하는 의무는 기업이 사회에 대해서 지는 책임의 최소한이다. 국가는 기업이 이러한 사회적 책임을 이행하도록 강제해야 할 책임이 있다.[6] 이러한 국가의 책임을 구체화하여 최저임금법, 근로기준법, 노동조합법 등의 법률이 제정되어 있다.

한편 기업은 고용을 유지·증대하기 위하여 노력해야 하는 사회적 책임도 진다고 할 수 있다. 단지 부당해고를 중지해야 하는 '소극적 책임'뿐만 아니라 이미 고용된 근로자를 가능하면 해고하지 않고 계속적으로 고용하여 고용을 안정시킬 뿐만 아니라, 새로운 일자리를 만들어 고용을 창출시키는 '적극적 책임'도 진다고 볼 수 있다. 물론 사회적 기본권의 하나로 이해되는 근로권(헌법 제32조 제1항)은 국가에 대해서 '근로기회제공을 요구하는 권리'로 이해되기 때문에 고용의 증진에 관한 의무는 국가의 의무에 해당한다(헌법 제32조 제2항). 하지만 이러한 국가의 의무는 기업의 적극적 참여를 통해서 실현될 수 있으므로 근로권의 실현은 기업의 사회적 책임으로 이해될 수 있다.

## 2. 기업의 환경보호 의무

헌법은 모든 국민에게 환경보호의 의무를 부과하고 있다(헌법 제35조 제2항). 이러한 환경보호의무는 특히 기업에게 요구된다.[7] 상품을 생산하고 판매하는 과정에서 환경오염물질을 배출할 수 있기 때문이다. 따라서 기업에게는 허용된 범위를 넘어 환경오염물질이 배출되지 않도록 노력하고 환경오염예방을 위한 시설과 장비를 갖추어야 할 의무가 부과될 수 있다. **수질 및 수생태계 보전에 관한 법률**, **대기환경보전법** 등에서 이러한 의무가 기업에게 부과되고 있다.

**[법령 41.1] 산업폐수 및 대기오염물질의 배출규제**
**물환경보전법**(최근개정: 2021. 4. 13. 법률 제18030호)
**제32조 (배출허용기준)**

5) 근로자의 산업안전과 건강에 관한 기업의 사회적 책임에 대해서는 전형배(2010), 159면 이하 참조.

6) 근로자의 인권 보호에 대한 책임을 기본권의 제3자효(대사인적 효력)에서 도출하기도 한다. 정영화(2011), 117면 이하 참조.

7) 환경에 대한 기업의 사회적 책임에 대해서는 박오순(2009), 209면 이하 참조. 특히 "환경정의"라는 관점에서 환경에 대한 기업의 사회적 책임을 논의하고 있는 견해로 한철(2008), 151면 이하 참조.

① 폐수배출시설(이하 "배출시설"이라 한다)에서 배출되는 수질오염물질의 배출허용기준은 환경부령으로 정한다.

②~⑧ 생략

**제33조 (배출시설의 설치 허가 및 신고)**

① 배출시설을 설치하려는 자는 대통령령으로 정하는 바에 따라 환경부장관의 허가를 받거나 환경부장관에게 신고하여야 한다. 다만, 제7항에 따라 폐수무방류배출시설을 설치하려는 자는 환경부장관의 허가를 받아야 한다.

② 제1항에 따라 허가를 받은 자가 허가받은 사항 중 대통령령으로 정하는 중요한 사항을 변경하려는 경우에는 변경허가를 받아야 한다. 다만, 그 밖의 사항 중 환경부령으로 정하는 사항을 변경하려는 경우 또는 환경부령으로 정하는 사항을 변경한 경우에는 변경신고를 하여야 한다.

③ 제1항에 따라 신고를 한 자가 신고한 사항 중 환경부령으로 정하는 사항을 변경하려는 경우 또는 환경부령으로 정하는 사항을 변경한 경우에는 환경부령으로 정하는 바에 따라 변경신고를 하여야 한다.

④~⑨ 생략

**제41조 (배출부과금)**

① 환경부장관은 수질오염물질로 인한 수질오염 및 수생태계 훼손을 방지하거나 감소시키기 위하여 수질오염물질을 배출하는 사업자(공공폐수처리시설, 공공하수처리시설 중 환경부령으로 정하는 시설을 운영하는 자를 포함한다) 또는 제33조 제1항부터 제3항까지의 규정에 따른 허가·변경허가를 받지 아니하거나 신고·변경신고를 하지 아니하고 배출시설을 설치하거나 변경한 자에게 배출부과금을 부과·징수한다. 이 경우 배출부과금은 다음 각 호와 같이 구분하여 부과하되, 그 산정방법과 산정기준 등에 관하여 필요한 사항은 대통령령으로 정한다.

1. 기본배출부과금
   가.~나. 생략
2. 초과배출부과금
   가.~나.

②~⑧ 생략

**제42조 (허가의 취소 등)**

① 환경부장관은 사업자 또는 방지시설을 운영하는 자가 다음 각 호의 어느 하나에 해당하는 경우에는 배출시설의 설치허가 또는 변경허가를 취소하거나 배출시설의 폐쇄 또는 6개월 이내의 조업정지를 명할 수 있다. 다만, 제2호에 해당하는 경우에는 배출시설의 설치허가 또는 변경허가를 취소하거나 그 폐쇄를 명하여야 한다.

   1.~15. 생략

② 환경부장관은 사업자 또는 방지시설을 운영하는 자가 다음 각 호의 어느 하나에 해당하는 경우에는 6개월 이내의 조업정지를 명할 수 있다.

   1.~3. 생략

**제43조 (과징금 처분)**

① 환경부장관은 다음 각 호의 어느 하나에 해당하는 배출시설(폐수무방류배출시설은 제외한다)을 설치·운영하는 사업자에 대하여 제42조에 따라 조업정지를 명하여야 하는 경우로서 그 조업정지가 주민의 생활, 대외적인 신용, 고용, 물가 등

국민경제 또는 그 밖의 공익에 현저한 지장을 줄 우려가 있다고 인정되는 경우에는 조업정지처분을 갈음하여 매출액에 100분의 5를 곱한 금액을 초과하지 아니하는 범위에서 과징금을 부과할 수 있다.

1.~5. 생략

②~⑥ 생략

**제44조 (위법시설에 대한 폐쇄명령 등)**

환경부장관은 제33조 제1항부터 제3항까지의 규정에 따른 허가를 받지 아니하거나 신고를 하지 아니하고 배출시설을 설치하거나 사용하는 자에 대하여 해당 배출시설의 사용중지를 명하여야 한다. 다만, 해당 배출시설을 개선하거나 방지시설을 설치·개선하더라도 그 배출시설에서 배출되는 수질오염물질의 정도가 제32조에 따른 배출허용기준 이하로 내려갈 가능성이 없다고 인정되는 경우(폐수무방류배출시설의 경우에는 그 배출시설에서 나오는 폐수가 공공수역으로 배출될 가능성이 있다고 인정되는 경우를 말한다) 또는 그 설치장소가 다른 법률에 따라 해당 배출시설의 설치가 금지된 장소인 경우에는 그 배출시설의 폐쇄를 명하여야 한다.

**대기환경보전법**(최근개정: 2021. 4. 13. 법률 제18028호)

**제16조 (배출허용기준)**

① 대기오염물질 배출시설(이하 "배출시설"이라 한다)에서 나오는 대기오염물질(이하 "오염물질"이라 한다)의 배출허용기준은 환경부령으로 정한다.

②~⑥ 생략

**제23조 (배출시설의 설치 허가 및 신고)**

① 배출시설을 설치하려는 자는 대통령령으로 정하는 바에 따라 시·도지사의 허가를 받거나 시·도지사에게 신고하여야 한다. 다만, 시·도가 설치하는 배출시설, 관할 시·도가 다른 둘 이상의 시·군·구가 공동으로 설치하는 배출시설에 대해서는 환경부장관의 허가를 받거나 환경부장관에게 신고하여야 한다.

② 제1항에 따라 허가를 받은 자가 허가받은 사항 중 대통령령으로 정하는 중요한 사항을 변경하려면 변경허가를 받아야 하고, 그 밖의 사항을 변경하려면 변경신고를 하여야 한다.

③ 제1항에 따라 신고를 한 자가 신고한 사항을 변경하려면 환경부령으로 정하는 바에 따라 변경신고를 하여야 한다.

④~⑥ 생략

**제35조 (배출부과금의 부과·징수)**

① 환경부장관 또는 시·도지사는 대기오염물질로 인한 대기환경상의 피해를 방지하거나 줄이기 위하여 다음 각 호의 어느 하나에 해당하는 자에 대하여 배출부과금을 부과·징수한다.

1. 대기오염물질을 배출하는 사업자(제29조에 따른 공동 방지시설을 설치·운영하는 자를 포함한다)
2. 제23조 제1항부터 제3항까지의 규정에 따른 허가·변경허가를 받지 아니하거나 신고·변경신고를 하지 아니하고 배출시설을 설치 또는 변경한 자

② 제1항에 따른 배출부과금은 다음 각 호와 같이 구분하여 부과한다.

1. 기본부과금: 대기오염물질을 배출하는 사업자가 배출허용기준 이하로 배출하는 대기오염물질의 배출량 및 배출농도 등에 따라 부과하는 금액

2. 초과부과금: 배출허용기준을 초과하여 배출하는 경우 대기오염물질의 배출량과 배출농도 등에 따라 부과하는 금액

③ ~ ⑨ 생략

**제36조 (허가의 취소 등)**

환경부장관 또는 시·도지사는 사업자가 다음 각 호의 어느 하나에 해당하는 경우에는 배출시설의 설치허가 또는 변경허가를 취소하거나 배출시설의 폐쇄를 명하거나 6개월 이내의 기간을 정하여 배출시설 조업정지를 명할 수 있다. 다만, 제1호·제2호·제10호·제11호 또는 제18호부터 제20호까지의 어느 하나에 해당하면 배출시설의 설치허가 또는 변경허가를 취소하거나 폐쇄를 명하여야 한다.

1. ~ 20. 생략

**제37조 (과징금 처분)**

① 환경부장관 또는 시·도지사는 다음 각 호의 어느 하나에 해당하는 배출시설을 설치·운영하는 사업자에 대하여 제36조에 따라 조업정지를 명하여야 하는 경우로서 그 조업정지가 주민의 생활, 대외적인 신용·고용·물가 등 국민경제, 그 밖에 공익에 현저한 지장을 줄 우려가 있다고 인정되는 경우 등 그 밖에 대통령령으로 정하는 경우에는 조업정지처분을 갈음하여 매출액에 100분의 5를 곱한 금액을 초과하지 아니하는 범위에서 과징금을 부과할 수 있다. 다만, 매출액이 없거나 매출액의 산정이 곤란한 경우로서 대통령령으로 정하는 경우에는 2억원을 초과하지 아니하는 범위에서 과징금을 부과할 수 있다.

1. ~ 7. 생략

② ~ ⑥ 생략

**제38조 (위법시설에 대한 폐쇄조치 등)**

환경부장관 또는 시·도지사는 제23조 제1항부터 제3항까지의 규정에 따른 허가를 받지 아니하거나 신고를 하지 아니하고 배출시설을 설치하거나 사용하는 자에게는 그 배출시설의 사용중지를 명하여야 한다. 다만, 그 배출시설을 개선하거나 방지시설을 설치·개선하더라도 그 배출시설에서 배출되는 오염물질의 정도가 제16조에 따른 배출허용기준 이하로 내려갈 가능성이 없다고 인정되는 경우 또는 그 설치장소가 다른 법률에 따라 그 배출시설의 설치가 금지된 경우에는 그 배출시설의 폐쇄를 명하여야 한다.

## 3. 기업의 기부

기업이 기부(donation)의 형태로 사회적 책임을 다하는 경우를 자주 목격하게 된다. 장학재단을 만들어 생활이 어려운 학생들에게 학비를 제공하기도 하고, 대학 등 각급 학교에 장비를 제공하거나 건물을 지어 주기도 한다. 재난이 발생했을 때 이재민을 위해 성금을 내놓기도 하고, 이재민에게 필요한 식품과 물품을 무료로 제공하기도 한다. 기업의 기부는 기업의 이윤을 사회로 환원한다는 측면에서 중요한 의미를 갖는다. 가난한 자를 위해 기업이 제공하는 기부는 '소득의 재분배'

라는 효과를 거둘 수 있기 때문이다.

여기서 기업이 유의해야 할 것은 기부를 단지 기업의 브랜드가치를 높이거나 마케팅을 위한 수단 또는 경제적 착취를 가리기 위한 도구로 이용하는 행위는 오히려 기업의 이미지를 손상시키고 판매량을 감소시킬 수도 있다는 점이다. 따라서 기업은 일회적인 전시성 기부보다 장기적이고 진심을 보이는 기부를 통해 소비자를 감동시킬 필요가 있다. 오히려 이런 진심이 담긴 기부행위를 통해 기업의 이미지가 좋아지고 이로 인해 판매량이 증가한다면 이러한 효과까지 부정적으로 평가될 필요는 없을 것이다. 물론 기업의 기부로 부의 재분배에 관한 복지국가의 책임이 사라지는 것은 아니다.

## 4. 기업의 세습

기업이 단순히 개인의 재산에 속한 것이라면 법이 정한 증여세나 상속세를 납부하고 해당 기업을 자녀에게 증여하거나 상속하는 행위가 비난받을 이유는 없다. 문제는 증여세나 상속세를 납부하지 않거나 축소하기 위하여 불법이나 편법을 동원하는 행위다. 더욱이 규모가 큰 기업의 경우에 기업을 경영할 능력이 검증되지 않은 자녀에게 기업을 세습하는 행위는 주주에게 손해를 끼치기 때문에 문제가 될 수 있다.

기업의 세습을 위하여 불법이나 편법을 동원하는 행위는 현행법에 위반되는 한 엄격하게 법을 적용하여 처벌할 필요가 있다.[8] 단지 해당 기업의 규모가 크고, 이로 인해 관련자의 처벌이 경제에 미치는 파장을 염려하여 법을 엄격하게 적용하지 않는 것은 '법 앞의 평등'이라는 헌법의 대원칙을 파기하는 것을 의미한다. 심지어 형식적으로는 처벌이 되지만 대통령의 사면권을 통해 처벌 후 단기간 안에 사면됨으로써 실질적으로는 처벌의 효과를 무력화시키는 행위는 근절될 필요가 있다. 한편 경영능력이 검증되지 않은 자녀에 대한 세습은 일차적으로 주주들이 적극적으로 대응해서 해결해야 할 문제이지만 기업의 규모가 커서 해당 기업의 경영실패가 기업의 파산으로 이어지거나 국가경제에 심각한 영향을 미칠 수 있다면 해당 기업에 고용된 근로자나 국민 전체가 적극적으로 참여하여 문제를 해결할 필요도 발생한다. 사외이사나 감사위원회의 독립성을 확보하는 제도의 마련이 필요한 이유가 여기에 있다.

8) 기업의 세습을 "전대근성"으로 파악하는 견해가 있다. 이동승(2005), 110면 이하 참조.

## 5. 기업의 비자금

관료나 정치인에게 기업에 이익이 되게 할 목적으로 로비(lobby)를 하기 위하여 기업은 비자금을 조성하기도 한다. 정당한 절차를 거쳐 조성한 자금으로 합법적인 범위 안에서 로비하는 행위까지 비난받을 필요는 없다. 하지만 로비를 위하여 조성되는 자금은 흔히 기업의 재산을 비밀리에 빼돌리는 '횡령'인 경우가 많고, 이 과정에서 관련자들에게 맡겨진 책임과 배치되는 '배임'이 발생하게 된다. 또한 로비의 내용이 해당 기업에게 유리한 정책결정을 유도하거나 정책결정에 관한 정보를 미리 빼내는 것일 경우에는 뇌물죄의 요건에 해당할 수도 있다.

**[법령 41.2] 형법상 횡령과 배임의 죄**
**형법**(최근개정: 2020. 12. 8. 법률 제17571호)
**제355조 (횡령, 배임)**
① 타인의 재물을 보관하는 자가 그 재물을 횡령하거나 그 반환을 거부한 때에는 5년 이하의 징역 또는 1천500만원 이하의 벌금에 처한다.
② 타인의 사무를 처리하는 자가 그 임무에 위배하는 행위로써 재산상의 이익을 취득하거나 제삼자로 하여금 이를 취득하게 하여 본인에게 손해를 가한 때에도 전항의 형과 같다.
**제356조 (업무상의 횡령과 배임)**
업무상의 임무에 위배하여 제355조의 죄를 범한 자는 10년 이하의 징역 또는 3천만원 이하의 벌금에 처한다.

## 6. 대기업과 영세기업의 상생

대기업이 이른바 '기업형 슈퍼(super super-market: SSM)'[9]인 대형마트를 운영하면서 주택가 골목에 위치한 영세슈퍼 운영자와 전통시장에 자리 잡은 소형가게 운영자의 생계를 위협하고 있다는 비판이 제기되고 있다. 자율과 경쟁을 본질로 하는 자본주의적 시장경제질서가 기본이고(헌법 제119조 제1항) 직업의 자유와 영업의 자유가 보장되기 때문에(헌법 제15조) 누가, 어디서, 어떤 형태로 무슨 영업을 해도 합리적 근거 없이 이를 제한할 수는 없다. 하지만 대량으로 상품을 유통하는 대형마트가 할인된 가격에 상품을 판매하면 소량으로 상품을 유통하면서 상대적으로 비싼 가격에 판매해야 하는 영세슈퍼와 전통시장의 운영에 타격을 줄 수밖에 없다. 이것은 중산층에 속하는 자영업자의 소득활동을 위축시켜 국가경제에

9) 기업형 슈퍼(SSM)의 개념과 현황에 대해서는 나달숙(2012), 830면 이하 참조.

영향을 미칠 수 있다는 점에서 공공의 이익과 관련된다. 헌법에 따르면 직업의 자유도 공공복리를 위하여 제한될 수 있고, 헌법적 경제질서의 기본인 자본주의적 시장경제질서에 대한 국가의 규제와 조정이 가능하다(헌법 제119조 제2항).

물론 소비자의 입장에서는 저렴한 가격에 상품을 구매할 수 있다는 유익이 존재한다. 여기서 대형마트의 영업의 자유 및 소비자의 이익과 영세슈퍼 및 전통시장의 생존권 및 국가경제와 관련된 공익을 형량하여 조화점을 찾아가야 한다. 예를 들어 대형마트가 운영할 수 있는 업종이나 판매할 수 있는 품목을 제한한다든지, 가격할인을 할 수 있는 기준을 정한다든지, 영업할 수 있는 지역이나 시간을 제한한다든지 하는 대안이 제시될 수 있다. 이에 따라 유통산업발전법이 개정되면서 이에 근거하여 대형마트에 대해 일정한 시간대나 날짜에 영업하지 못하도록 강제하고 이를 위반하면 과태료를 부과하는 '영업시간제한제'나 '의무휴업제'를 실시하기 위하여 조례를 제정하는 지방자치단체가 늘어나고 있다.10)

**[법령 41.3] SSM 영업시간제한 및 의무휴업제: 유통산업발전법**(최근개정: 2020. 12. 29. 법률 제17761호)

**제12조의2 (대규모점포 등에 대한 영업시간의 제한 등)**

① 특별자치시장·시장·군수·구청장은 건전한 유통질서 확립, 근로자의 건강권 및 대규모점포 등과 중소유통업의 상생발전(相生發展)을 위하여 필요하다고 인정하는 경우 대형마트(대규모점포에 개설된 점포로서 대형마트의 요건을 갖춘 점포를 포함한다)와 준대규모점포에 대하여 다음 각 호의 영업시간 제한을 명하거나 의무휴업일을 지정하여 의무휴업을 명할 수 있다. 다만, 연간 총매출액 중 「농수산물 유통 및 가격안정에 관한 법률」에 따른 농수산물의 매출액 비중이 55퍼센트 이상인 대규모점포 등으로서 해당 지방자치단체의 조례로 정하는 대규모점포 등에 대하여는 그러하지 아니하다.
   1. 영업시간 제한
   2. 의무휴업일 지정

② 특별자치시장·시장·군수·구청장은 제1항 제1호에 따라 오전 0시부터 오전 10시까지의 범위에서 영업시간을 제한할 수 있다.

③ 특별자치시장·시장·군수·구청장은 제1항 제2호에 따라 매월 이틀을 의무휴업일로 지정하여야 한다. 이 경우 의무휴업일은 공휴일 중에서 지정하되, 이해당사자와 합의를 거쳐 공휴일이 아닌 날을 의무휴업일로 지정할 수 있다.

④ 제1항부터 제3항까지의 규정에 따른 영업시간 제한 및 의무휴업일 지정에 필요한 사항은 해당 지방자치단체의 조례로 정한다.

---

10) 대형마트에 대한 영업시간제한제나 의무휴업제 시행의 근거가 되는 유통산업발전법 및 그에 기초하여 제정된 조례의 문제점에 대해서는 김희곤(2013), 252면 이하 참조.

## 7. 금융기업의 사회적 책임

다른 어떤 기업보다 금융기업의 파산이 경제에 미치는 영향은 크다. 국제통화기금(IMF)의 구제금융을 받아야 했던 우리 경제의 위기, 미국의 서브프라임모기지 때문에 전세계의 금융이 처해야 했던 위기는 금융기업의 파산이 경제에 얼마나 큰 영향을 줄 수 있는지를 잘 보여준다. 어차피 금융의 본질이 '위험(risk)의 관리'라고 말할지도 모른다. 하지만 금융기업이 파산하면 경제에 미칠 영향을 축소하기 위하여 천문학적인 공적 자금이 투여되어야 한다. 공적 자금은 국민의 세금에서 나온 것이기 때문에 금융기업의 파산에 대한 책임은 모든 국민이 부담해야 한다.

## 8. 사회적 기업에 대한 기업의 사회적 책임

사회적 취약계층의 자립과 같은 사회적 목적을 실현하기 위해 설립된 '사회적 기업(social enterprise)'에 대한 논의가 활발하게 진행되고 있다.[11] 사회적 기업은 영리를 추구한다는 점에서는 다른 기업과 다르지 않지만 '사회적 목적(목표·사명)'을 분명히 한다는 점에서는 기업과 다르고 오히려 비영리단체와 같다. 사회적 기업은 의사결정구조에서도 일반 기업과는 달리 고용된 근로자가 모두 참여하는 방식을 채택한다. 그리고 사회적 기업에서 발생한 이윤도 사회로 환원하는 방식을 채택하는 것이 특징이다. 이처럼 기업의 설립목적이나 경영방식 등에서 일반 기업과 상당한 차이를 보이는 사회적 기업의 설립이나 경영에서 기업의 사회적 책임이 요구된다. 사회적 기업을 설립하는 단계에서 자본이나 기술을 제공하거나 사회적 기업을 경영하는 단계에서 경영에 관한 자문을 해주는 역할이 기업에게 요청되는 것이다. '사회적 기업 육성법'은 사회적 기업을 지원하는 기업을 '연계기업'으로 지칭하면서(동법 제2조 제4호) 연계기업에 대한 조세감면과 같은 세제혜택을 부여하고 있다(동법 제16조). 이것은 사회적 기업에 대한 기업의 사회적 책임을 적극적으로 유도하는 정책적 고려로 이해된다.

**[법령 41.4] 사회적 기업 육성법**(최근개정: 2012. 2. 1. 법률 제11275호)
**제2조 (정의)**
이 법에서 사용하는 용어의 뜻은 다음과 같다.
1. "사회적 기업"이란 취약계층에게 사회서비스 또는 일자리를 제공하거나 지역

11) 사회적 기업의 개념에 대해서는 곽관훈(2013), 4면 이하 참조.

사회에 공헌함으로써 지역주민의 삶의 질을 높이는 등의 사회적 목적을 추구하면서 재화 및 서비스의 생산·판매 등 영업활동을 하는 기업으로서 제7조에 따라 인증받은 자를 말한다.

2. "취약계층"이란 자신에게 필요한 사회서비스를 시장가격으로 구매하는 데에 어려움이 있거나 노동시장의 통상적인 조건에서 취업이 특히 곤란한 계층을 말하며, 그 구체적인 기준은 대통령령으로 정한다.
3. "사회서비스"란 교육, 보건, 사회복지, 환경 및 문화 분야의 서비스, 그 밖에 이에 준하는 서비스로서 대통령령으로 정하는 분야의 서비스를 말한다.
4. "연계기업"이란 특정한 사회적 기업에 대하여 재정 지원, 경영 자문 등 다양한 지원을 하는 기업으로서 그 사회적 기업과 인적·물적·법적으로 독립되어 있는 자를 말한다.
5. "연계지방자치단체"란 지역주민을 위한 사회서비스 확충 및 일자리 창출을 위하여 특정한 사회적 기업을 행정적·재정적으로 지원하는 지방자치단체를 말한다.

**제8조 (사회적 기업의 인증 요건 및 인증 절차)**

① 사회적기업으로 인증받으려는 자는 다음 각 호의 요건을 모두 갖추어야 한다.

1. 「민법」에 따른 법인·조합, 「상법」에 따른 회사·합자조합, 특별법에 따라 설립된 법인 또는 비영리민간단체 등 대통령령으로 정하는 조직 형태를 갖출 것
2. 유급근로자를 고용하여 재화와 서비스의 생산·판매 등 영업활동을 할 것
3. 취약계층에게 사회서비스 또는 일자리를 제공하거나 지역사회에 공헌함으로써 지역주민의 삶의 질을 높이는 등 사회적 목적의 실현을 조직의 주된 목적으로 할 것. 이 경우 그 구체적인 판단기준은 대통령령으로 정한다.
4. 서비스 수혜자, 근로자 등 이해관계자가 참여하는 의사결정 구조를 갖출 것
5. 영업활동을 통하여 얻는 수입이 대통령령으로 정하는 기준 이상일 것
6. 제9조에 따른 정관이나 규약 등을 갖출 것
7. 회계연도별로 배분 가능한 이윤이 발생한 경우에는 이윤의 3분의 2 이상을 사회적 목적을 위하여 사용할 것(「상법」에 따른 회사·합자조합인 경우만 해당한다)
8. 그 밖에 운영기준에 관하여 대통령령으로 정하는 사항을 갖출 것

② 고용노동부장관은 사회적기업을 인증한 경우에는 그 사실을 관보에 게재하여야 한다.

③ 사회적기업 인증의 방법 및 절차에 관하여 필요한 사항은 고용노동부령으로 정하고, 사회적기업 인증 심사기준은 고용노동부장관이 고시한다.

## Ⅲ. 기업의 사회적 책임에 관한 시대적 요구

기업에게도 사회적 책임이 요구되고 있다. 그저 돈만 버는 기업이 아니라 돈을 벌 때도 법과 윤리를 지키고, 번 돈의 일부를 근로자와 소비자 및 사회에 환원

시켜야 한다는 것이 시대정신(Zeitgeist)인 것으로 보인다. 이러한 시대정신의 반영이 2000년 유엔을 통해 합의된 글로벌 콤팩트(Global Compact) 및 2010년 국제표준화기구(ISO)에서 제시한 기업의 사회적 책임에 관한 국제규격인 'ISO26000'이다. 글로벌 콤팩트에는 인권, 노동, 환경, 반부패와 관련되어 기업이 준수해야 할 10가지 원칙이 제시되고 있고,[12)] ISO26000에는 인권, 고용, 환경, 경영, 소비자, 지역사회에 관련된 기업의 사회적 책임에 대해서 가이드라인이 제시되어 있다. 특히 기업의 사회적 책임을 상세하게 제시하고 있는 ISO26000의 주요원칙으로는 법준수의무, 일반적으로 승인된 국제법규의 존중, 이해관계자의 이익에 대한 인정, 책임성, 투명성, 윤리적 행동, 기본적 인권에 대한 존중 등이 채택되어 있다. 최근에는 '오너리스크(owner risk)'라는 개념을 통해 경영자의 책임도 새롭게 강조되고 있다. 예컨대 본사 경영자의 개인적 일탈이나 불공정거래행위로 인한 피해가 고스란히 가맹점에게 돌아가고 있기 때문이다.

'개처럼 벌어서 정승처럼 쓴다'는 속담마저도 실현되지 못하는 천박한 시대에 살고 있다. 개처럼 벌어서 개처럼 쓰는 천민자본가가 많은 사회는 건강하지 못하다. 기업의 사회적 책임은 수단과 방법을 가리지 않고 번 돈을 그나마 사회를 위해 쓰도록 요구하는 수준을 넘어 돈을 벌 때도 수단과 방법 정도는 가리는 윤리의식을 요구한다. 물론 이러한 윤리의식에 대한 통제는 자율적인 규제가 이상적이지만 법제도를 통해서 외부적으로 통제될 필요도 있다.[13)]

---

12) 글로벌 콤팩트의 10가지 원칙은 첫째, 인권보장과 관련하여 ① 인권보호와 ② 인권침해금지(Principle 1~2: Businesses should support and respect the protection of internationally proclaimed human rights; and make sure that they are not complicit in human rights abuses.), 둘째, 노동과 관련하여 ③ 노동3권 보장, ④ 강제노동 금지, ⑤ 아동노동 철폐, ⑥ 고용차별 철폐(Principle 3~6: Businesses should uphold the freedom of association and the effective recognition of the right to collective bargaining; the elimination of all forms of forced and compulsory labour; the effective abolition of child labour; and the elimination of discrimination in respect of employment and occupation.), 셋째, 환경과 관련하여 ⑦ 환경침해에 대한 주의, ⑧ 환경에 대한 책임의 제고, ⑨ 환경친화적 기술 개발(Businesses should support a precautionary approach to environmental challenges; undertake initiatives to promote greater environmental responsibility; and encourage the development and diffusion of environmentally friendly technologies.), 넷째 반부패와 관련하여 ⑩ 부패 반대(Principle 10: Businesses should work against corruption in all its forms, including extortion and bribery.)이다.

13) 기업의 사회적 책임에 대한 자율적 규제의 방식에 대하여 자율규제의 진정성 결여, 주주중심주의의 한계, 다국적 기업에 대한 규제의 특수성, 탈법적 법준수라는 측면에서 비판하고 있는 견해로 이동승(2009), 318면 이하 참조.

**토론문제**

1. 기업에 대해 법적 책임 외에 사회적 책임을 부담시키는 것은 정당한가?
2. 기업의 세습은 비난받아야 하는가?
3. 영세기업을 위하여 대형마트의 영업을 제한하는 조치는 정당한가?

**내 입장은?**

1. 기업은 법적 책임만을 부담하면 된다.
2. 기업은 법적 책임 이외에 사회적 책임을 부담하여야 한다.
3. 기업은 사회적 책임의 내용에 따라 사회적 책임을 져야 한다.

## 참고문헌

곽관훈(2013), 사회적 기업 육성법제 및 기타 창업관련 법제 정비방안, ≪증권법연구≫(한국증권법학회), 제13권 제3호(2013), 1~27면.

권한용(2011), 기업의 사회적 책임에 대한 국제적 논의와 법적 과제, ≪동아법학≫(동아대학교 법학연구소), 제53호(2011), 717~752면.

김갑래(2012), 기업의 사회적 책임에 관한 미국 판례 분석: 한국에 대한 정책적 시사점, ≪증권법연구≫(한국증권법학회), 제13권 제1호(2012), 139~181면.

김희곤(2013), SSM 영업규제조례를 둘러싼 자치입법의 문제점과 과제, ≪토지공법연구≫(한국토지공법학회), 제60집(2013), 249~284면.

나달숙(2012), SSM 규제의 법적 쟁점과 공존상생 방안에 관한 연구, ≪법학논총≫(단국대학교 법학연구소), 제36권 제2호(2012), 829~854면.

박오순(2009), 기업의 사회적 책임으로서 환경에 관한 연구, ≪비교법연구≫(동국대학교 비교법문화연구소), 제9권 제2호(2009), 189~218면.

서주환(2016), 기업가 정신 및 기업의 사회적 책임과 기업의 경영성과 관계, ≪한국콘텐츠학회논문지≫(한국콘텐츠학회), 제16권 제4호(2016), 426~433면.

송호신(2010), 기업의 사회적 책임(CSR)에 대한 배경과 회사법적 구현, ≪한양법학≫(한양법학회), 제21권 제1집(2010), 141~171면.

안택식(2011), 기업의 사회적 책임론과 회사법의 변화, ≪재산법연구≫(한국재산법학회), 제28권 제3호(2011), 383~415면.

양만식(2010), 기업의 윤리경영과 사회적 책임, ≪기업법연구≫(한국기업법학회), 제24권 제1호(2010), 245~275면.

이동승(2005), 재벌의 경영권세습에 관한 회사법적 연구, ≪기업법연구≫(한국기업법학회), 제19권 제4호(2005), 107~134면.

이동승(2009), 기업의 사회적 책임 - 법적 규제의 한계와 과제를 중심으로, ≪안암법학≫(안암법학회), 제29호(2009), 299~333면.

이상윤(2010), 기업의 사회적 책임(CSR)의 공법적 과제, ≪아주법학≫(아주대학교 법학연구소), 제4권 제1호(2010), 273~317면.

전형배(2010), 기업의 사회적 책임과 산업안전보건, ≪법조≫(법조협회), 통권 제649호(2010), 144~185면.

정영화(2011), 기업의 사회적 책임과 헌법의 기본권보호, ≪헌법학연구≫(한국헌법학회), 제17권 제3호(2011), 111~148면.

정운용(2011), 기업의 사회적 책임 제고를 위한 입법론적 제언, ≪기업법연구≫(한국기업법학회), 제25권 제3호(2011), 171~205면.

최준선(2005), 기업의 사회적 책임론, ≪성균관법학≫(성균관대학교 비교법연구소), 제17권 제2호(2005), 471~506면.

한 철(2008), 기업의 사회적 책임(CSR) - 그 현대적 과제 -, ≪기업법연구≫(한국기업법학회), 제22권 제1호(2008), 149~175면.

# 제42장 사이버세상에서 네티즌의 인권 –인터넷실명제·허위사실유포죄·사이버모욕죄를 중심으로–

"비록 나는 검열관의 지적에 내가 무죄임을 정당하게 주장하는 것을 마다하지는 않지만
그러나 그런 일을 해야 하는 것보다 나는 나의 평화를 더 사랑한다.
나에게 어떤 자유보다 양심에 따라 자유롭게 알고 말하고 주장할 수 있는 자유를 달라."
≪존 밀턴, 아레오파지티카 중에서≫

국민배우 최진실이 스스로 목숨을 끊었다. 자신에 대한 인신공격적 악성 리플(댓글)을 견디지 못했기 때문이란다. 인터넷은 어떠한 매체보다 전파력이 강하다. 진실과 거짓을 가리지 못한 채 한 번 만들어진 정보는 순식간에 전국민에게, 아니 전세계에 전파된다. 그리고 그것은 어느새 의심할 수 없는 진실이 되고 만다. 본인이 아무리 부정하려고 애써도 거짓인 진실이 마침내 거짓으로 판명되기까지는 너무나 많은 시간이 걸린다.

인터넷은 세상을 바꾸어 놓았다. 지구 어느 한 구석에서 만들어진 정보를 촘촘하게 연결된 네트워킹에 따라 지구촌의 모든 사람이 공유할 수 있는 시대다. 세상의 모든 사람을 평등하게 만든 것도 인터넷이다. 그 인터넷이 '미네르바'라는 이름의 네티즌을 유명하게 만들었다. 그리고 그를 구속시킨 것도 인터넷이다. 바로 그런 강한 전파력 때문에 사람들은 인터넷을 통한 글쓰기에 충동을 일으키거나 혹은 두려움을 느낀다.

인터넷으로 연결된 사이버세상의 도래는 이제 돌이킬 수 없는 현실이 되었다. 우리는 오늘도 절반의 시간을 가상의 현실에서 보낸다. 가상의 세계에서 살아가는 네티즌에게는 국경도, 국적도 없다. 네티즌이 무제한적으로 향유하고 있는 자유로운 소통의 천국에 국가는 다른 구성원과 공동체를 보호한다는 명목으로 간섭하고 통제하기를 원한다. 그렇다면 네티즌이 국가를 상대로 주장할 수 있는 인권이란 무엇인가?

# Ⅰ. 인터넷실명제

## 1. 개　　념

인터넷실명제는 정보통신망(인터넷)에 개설된 게시판에 정보를 게재하는 경우에 게재하는 사람의 신원을 확인하여 다른 이용자에게 인증해주는 조치를 하도록 정보통신망서비스제공자에게 강제하는 제도(**신원확인강제제도**)를 의미한다.[1) **정보통신망 이용촉진 및 정보보호 등에 관한 법률**(이하 **정보통신망법**)에 따르면 "게시판"이란 그 명칭과 관계없이 정보통신망을 이용하여 일반에게 공개할 목적으로 부호・문자・음성・음향・화상・동영상 등의 정보를 이용자가 게재할 수 있는 컴퓨터 프로그램이나 기술적 장치를 말한다(동법 제2조 제1항 제9호).[2) 문제가 되고 있는 제도의 명칭(실명제)처럼 신원을 확인하여 인증해주는 조치로서는 실명의 기재(표시 또는 노출)가 가장 분명한 방법이겠지만(**실명표시제**) 가명이나 별명을 기재하도록 한다고 해도 그러한 가명이나 별명을 기재한 사람의 신원을 확인할 수 있는 기록이 존재하여 본인확인이 가능하도록 해준다면(**본인인증제**) 이것도 넓은 의미에서 인터넷실명제라고 부를 수 있을 것이다. 실제로 정보통신망법에서 요구하고 있는 실명제도 본인확인에 관한 조치를 의미한다(동법 제44조의5 제1항). 주로 실명과 주민등록번호의 일치 여부를 가지고 본인 여부를 확인하여 인증하는 제도가 사용된다. 한편 공직선거법에서 요구하고 있는 실명제[3)는 실명확인에 관한 조치로 되어 있으나 사실상 본인확인에 관한 조치와 동일한 것으로 해석될 수 있는지에 대해서 논란이 된다.[4) 어쨌든 인터넷실명제는 인터넷상의 표현에 대해서 본인확인이나 실명확인이 요구되는 범위와 방식에 따라 다양한 형태가 존재할 수 있다.

---

1) 인터넷실명제의 개념과 유형에 대해서는 김혜경(2005), 217면 이하; 홍완식(2006), 286면 이하; 황창근(2008), 318면 참조.

2) 게시판의 개념에 대한 이러한 정의가 너무 포괄적이라는 비판이 제기된다. 황성기(2008), 22면 이하 참조.

3) 공직선거법상의 인터넷실명제의 문제점에 대해서는 김혜경(2005), 223면 이하 참조.

4) 정보통신망법상의 인터넷실명제를 "본인확인제"로, 공직선거법상의 인터넷실명제를 "실명확인제"로 구분하는 견해로 황창근(2008), 317면 및 320면 이하 참조. 한편 공직선거법상의 인터넷실명제도 실명인증을 통한 본인확인이라고 해석하는 견해로 황성기(2008), 4면 참조.

**[법령 42.1] 정보통신망법상 본인확인제**

**정보통신망 이용촉진 및 정보보호 등에 관한 법률**(최근개정: 2020. 6. 9. 법률 제17358호)

**제44조의5 (게시판 이용자의 본인 확인)**

① 다음 각 호의 어느 하나에 해당하는 자가 게시판을 설치·운영하려면 그 게시판 이용자의 본인 확인을 위한 방법 및 절차의 마련 등 대통령령으로 정하는 필요한 조치(이하 "본인확인조치"라 한다)를 하여야 한다.

1. 국가기관, 지방자치단체, 「공공기관의 운영에 관한 법률」 제5조 제3항에 따른 공기업·준정부기관 및 「지방공기업법」에 따른 지방공사·지방공단(이하 "공공기관 등"이라 한다)
2. 삭제

② 삭제

③~④ 생략

**구 정보통신망 이용촉진 및 정보보호 등에 관한 법률**(2008. 6. 13. 법률 제9119호로 개정된 것)

**제44조의5 (게시판 이용자의 본인 확인)**

① 다음 각 호의 어느 하나에 해당하는 자가 게시판을 설치·운영하려면 그 게시판 이용자의 본인 확인을 위한 방법 및 절차의 마련 등 대통령령으로 정하는 필요한 조치(이하 "본인확인조치"라 한다)를 하여야 한다.

1. 국가기관, 지방자치단체, 「공공기관의 운영에 관한 법률」 제5조 제3항에 따른 공기업·준정부기관 및 「지방공기업법」에 따른 지방공사·지방공단(이하 "공공기관 등"이라 한다)
2. 정보통신서비스 제공자로서 제공하는 정보통신서비스의 유형별 일일 평균 이용자 수가 10만 명 이상이면서 대통령령으로 정하는 기준에 해당되는 자

② 방송통신위원회는 제1항 제2호에 따른 기준에 해당되는 정보통신서비스 제공자가 본인확인조치를 하지 아니하면 본인확인조치를 하도록 명령할 수 있다.

③~④ 생략

**구 정보통신망 이용촉진 및 정보보호 등에 관한 법률**(2007. 1. 26. 법률 제8289호로 개정된 것, 제44조의5 신설)

**제44조의5 (게시판이용자의 본인확인)**

① 다음 각 호의 어느 하나에 해당하는 자가 게시판을 설치·운영하려는 경우에는 그 게시판이용자의 본인 확인을 위한 방법 및 절차의 마련 등 대통령령이 정하는 필요한 조치(이하 "본인확인조치"라 한다)를 하여야 한다.

1. 국가기관, 지방자치단체, 「정부투자기관 관리기본법」 제2조의 규정에 따른 정부투자기관, 「정부산하기관 관리기본법」의 적용을 받는 정부산하기관, 「지방공기업법」에 따른 지방공사 및 지방공단(이하 "공공기관 등"이라 한다)
2. 정보통신서비스제공자로서 제공하는 정보통신서비스의 유형별 일일평균 이용자수 10만 명 이상으로서 대통령령이 정하는 기준에 해당되는 자

② 정보통신부장관은 제1항 제2호의 규정에 따른 기준에 해당되는 정보통신서비스제공자가 본인확인조치를 하지 않은 경우 본인확인조치를 하도록 명령할 수 있다.

③~④ 생략

**[법령 42.2] 정보통신망법상 본인확인조치에 대한 시행령**

**정보통신망 이용촉진 및 정보보호 등에 관한 법률 시행령**(2014. 11. 28. 대통령령 제25789호로 개정된 것)

제29조 삭제

제30조 삭제

**구 정보통신망 이용촉진 및 정보보호 등에 관한 법률 시행령**(2009. 1. 28. 대통령령 제21278호로 개정된 것)

**제29조 (본인확인조치)**

법 제44조의5 제1항 각 호 외의 부분에서 "대통령령으로 정하는 필요한 조치"란 다음 각 호의 모두를 말한다.

1. 「전자서명법」 제2조 제10호에 따른 공인인증기관, 그 밖에 본인확인서비스를 제공하는 제3자 또는 행정기관에 의뢰하거나 모사전송·대면확인 등을 통하여 게시판이용자가 본인임을 확인할 수 있는 수단을 마련할 것
2. 본인확인 절차 및 본인확인정보 보관시 본인확인정보 유출을 방지할 수 있는 기술을 마련할 것
3. 게시판에 정보를 게시한 때부터 게시판에서 정보의 게시가 종료된 후 6개월이 경과하는 날까지 본인확인정보를 보관할 것

**제30조 (정보통신서비스 제공자 중 본인확인조치의무자의 범위)**

① 법 제44조의5 제1항 제2호에서 "대통령령으로 정하는 기준에 해당되는 자"란 전년도 말 기준 직전 3개월간의 일일평균 이용자수가 10만 명 이상인 정보통신서비스 제공자를 말한다.

② 생략

**구 정보통신망 이용촉진 및 정보보호 등에 관한 법률 시행령**(2007. 7. 27. 대통령령 200199호로 개정된 것, 제22조의2 신설)

**제22조의2 (본인확인조치)**

법 제44조의5 제1항 각 호 외의 부분에서 "대통령령이 정하는 필요한 조치"란 다음 각 호의 모두를 말한다.

1. 「전자서명법」 제2조 제10호에 따른 공인인증기관 그 밖에 본인확인서비스를 제공하는 제3자 또는 행정기관에 의뢰하거나 모사전송·대면확인 등을 통하여 게시판이용자가 본인임을 확인할 수 있는 수단을 마련할 것
2. 본인확인 절차 및 본인확인정보 보관시 본인확인정보 유출을 방지할 수 있는 기술을 마련할 것
3. 이용자가 게시판에 정보를 게시한 때로부터 6개월간 제22조의4에 따른 정보를 보관할 것

**제22조의3 (정보통신서비스제공자 중 본인확인조치의무자의 범위)**

① 법 제44조의5 제1항 제2호에서 "대통령령이 정하는 기준에 해당하는 자"란 다음 각 호의 어느 하나에 해당하는 자를 말한다.

1. 전년도말 기준 직전 3개월간의 포털서비스(다른 인터넷주소・정보 등의 검색과 전자우편・커뮤니티 등을 제공하는 서비스) 일일평균 이용자수가 30만 명 이상인 정보통신서비스제공자
2. 전년도말 기준 직전 3개월간의 인터넷언론서비스(「언론중재 및 피해구제 등에 관한 법률」 제2조 제1호에 따른 언론을 정보통신망을 이용하여 제공하는 서비스) 일일평균 이용자수가 20만 명 이상인 정보통신서비스제공자
3. 전년도말 기준 직전 3개월간의 전문손수제작물매개서비스(이용자가 직접 만든 디지털콘텐츠를 전문적으로 매개하는 서비스) 일일평균 이용자수가 30만 명 이상인 정보통신서비스제공자

② 생략

**[법령 42.3] 공직선거법상 실명확인제**

**공직선거법**(최근개정: 2021. 3. 26. 법률 제17981호)

**제82조의6 (인터넷언론사 게시판・대화방 등의 실명확인)**

① 인터넷언론사는 선거운동기간 중 당해 인터넷홈페이지의 게시판・대화방 등에 정당・후보자에 대한 지지・반대의 문자・음성・화상 또는 동영상 등의 정보(이하 이 조에서 "정보 등"이라 한다)를 게시할 수 있도록 하는 경우에는 행정안전부장관 또는 「신용정보의 이용 및 보호에 관한 법률」 제2조 제5호 가목에 따른 개인신용평가회사(이하 이 조에서 "개인신용평가회사"라 한다)가 제공하는 실명인증방법으로 실명을 확인받도록 하는 기술적 조치를 하여야 한다. 다만, 인터넷언론사가 「정보통신망 이용촉진 및 정보보호 등에 관한 법률」 제44조의5에 따른 본인확인조치를 한 경우에는 그 실명을 확인받도록 하는 기술적 조치를 한 것으로 본다.

② 정당이나 후보자는 자신의 명의로 개설・운영하는 인터넷홈페이지의 게시판・대화방 등에 정당・후보자에 대한 지지・반대의 정보 등을 게시할 수 있도록 하는 경우에는 제1항의 규정에 따른 기술적 조치를 할 수 있다.

③ 행정안전부 장관 및 개인신용평가회사는 제1항 및 제2항의 규정에 따라 제공한 실명인증자료를 실명인증을 받은 자 및 인터넷홈페이지별로 관리하여야 하며, 중앙선거관리위원회가 그 실명인증자료의 제출을 요구하는 경우에는 지체 없이 이에 따라야 한다.

④ 인터넷언론사는 제1항의 규정에 따라 실명인증을 받은 자가 정보 등을 게시한 경우 당해 인터넷홈페이지의 게시판・대화방 등에 "실명인증" 표시가 나타나도록 하는 기술적 조치를 하여야 한다.

⑤ 인터넷언론사는 당해 인터넷홈페이지의 게시판・대화방 등에서 정보 등을 게시하고자 하는 자에게 주민등록번호를 기재할 것을 요구하여서는 아니 된다.

⑥ 인터넷언론사는 당해 인터넷홈페이지의 게시판・대화방 등에 "실명인증"의 표시가 없는 정당이나 후보자에 대한 지지・반대의 정보 등이 게시된 경우에는 지체 없이 이를 삭제하여야 한다.

⑦ 인터넷언론사는 정당・후보자 및 각급선거관리위원회가 제6항의 규정에 따른 정보 등을 삭제하도록 요구한 경우에는 지체 없이 이에 따라야 한다.

## 2. 문제가 되는 인권

### (1) 사생활의 비밀

본인의 이름이나 신원을 드러내지 않는 것은 사생활의 비밀에 관한 기본권에 의해 보장받는다.5) 좁은 의미의 실명제로서 실명확인을 위한 조치는 강제로 이름을 공개하도록 요구하는 제도이고, 넓은 의미의 실명제로서 본인확인을 위한 조치는 강제로 개인의 정체를 확인할 수 있는 다양한 정보(예: 사진, 생년월일, 주민등록번호, 주소 또는 이메일주소, 전화번호, 직장 및 직위 등)를 공개하도록 요구하는 제도이므로 어떤 것이든 실명제는 개인의 정보를 공개하도록 강요한다는 점에서 사생활의 비밀을 제약하는 행위에 해당한다.6)

### (2) 익명표현의 자유

표현의 자유가 보장하는 영역에 익명(가명 또는 별명)에 의한 표현이 보장될 수 있다면 익명표현은 표현의 자유에 의해서도 보호받을 수 있다.7) 다만 표현의 자유는 표현의 내용과 방법 및 시간과 장소의 선택과 결정에 관한 기본적 인권이므로 익명표현이 표현의 자유로 주장되기에는 어려움이 있다. '익명'이 표현을 위한 하나의 방법으로 이해될 수 없고, 더 나아가 표현이라는 개념 자체가 실명을 전제로 하고 있다면 익명표현은 표현의 자유에 포함되지 않기 때문이다. 물론 표현은 익명일 때 더 자유롭게 이루어질 수 있다는 점에서, 특히 현실적인 권력의 서열관계 속에서 권력의 열세에 있는 자는 익명을 선택해야만 비로소 표현이 가능해진다는 점에서 익명이라는 방법은 표현의 자유를 실현하는 현실적 조건이 될 수는 있다. 따라서 표현활동에서 실명을 요구하는 것은 표현의 자유에 대한 '법적'

---

5) 사생활의 비밀에 대해서는 이 책 제7장 및 제8장 참조.

6) 인터넷실명제를 '개인정보자기결정권'의 관점에서 비판하는 견해도 같은 취지다. 황성기(2008), 17면 이하 참조.

7) 익명에 의한 표현은 표현의 자유에 의해서 보장된다는 견해로 권영준(2006), 15면; 황창근(2008), 324면 이하 참조. 특히 공적 영역에서의 익명표현은 표현의 자유가 문제된다는 견해로 조소영(2008), 236면 참조. 그 밖에 인터넷실명제의 목적을 "본인인증시스템의 강제적 구축을 통한 의사표현의 통제"로 보는 견해도 같은 취지로 이해할 수 있다. 황성기(2008), 5면 및 11면 이하 참조. 헌법재판소도 익명표현의 자유가 표현의 자유에 포함된다고 본다. 헌재 2010. 2. 25. 2008헌마324: "헌법 제21조에서 보장하고 있는 표현의 자유는 전통적으로 사상 또는 의견의 자유로운 표명(발표의 자유)과 그것을 전파할 자유(전달의 자유)를 의미하는 것으로서, … 자신의 신원을 누구에게도 밝히지 아니한 채 익명 또는 가명으로 자신의 사상이나 견해를 표명하고 전파할 익명표현의 자유도 그 보호영역에 포함된다."

제약이라기보다는 '사실적' 제약이라는 측면이 강하다. 그렇다면 실명으로도 자유롭게 표현할 수 있는 사회적 분위기, 더 근본적으로는 현실적인 권력의 서열관계를 완전히 제거하는 것이 더 중요하다. 어쨌든 모든 기본권적 자유는 원칙적으로 법적 자유이기 때문에 법적 제약이 아닌 현실적 제약에 따라 요구되는 익명표현은 적어도 법적인 의미에서의 표현의 자유에는 포함되지 않는다. 다만 모든 기본권적 자유는 자유를 실현하는 현실적 조건을 고려하지 않을 수 없는 것처럼 표현의 자유에서도 표현의 자유를 실현하기 위한 현실적 조건으로서 실명표현이 주는 '부담감', 현실적인 권력의 열세에서 오는 실명표현의 '곤란성'이 고려되어야 한다. 이러한 주관적 부담감이나 객관적 곤란성이 표현행위자의 표현의지를 위축시키고, 더 나아가 자기검열을 작동시킬 수 있는 가능성을 부인할 수는 없다.

### (3) 국가가 아닌 개인 또는 단체에 의한 실명·본인확인조치

인터넷실명제는 국가가 직접 인터넷게시판을 사용하는 개인에게 실명확인이나 본인확인을 하도록 요구하지는 않는다. 국가는 법률을 통해 인터넷언론사 또는 인터넷게시판의 운영자에게 인터넷게시판을 사용하는 개인의 실명에 대한 확인이나 본인확인을 해야 하는 의무를 부과할 뿐이다.[8] 하지만 인터넷게시판의 운영자를 매개로 사실상 인터넷게시판의 사용자에게 실명확인 또는 본인확인을 요구하고 있다는 점에서 인터넷실명제는 인터넷게시판 사용자의 기본권을 직접적으로 제한하는 것으로 볼 수 있다.

## 3. 비판과 대안

### (1) 책임감와 부담감의 균형

인터넷실명제는 무책임한 글쓰기에 대한 예방조치로 평가할 수 있다. 적어도 처음부터 자신의 이름을 걸고 쓰는 글, 나중에 누가 썼는지 확인할 수 있는 글은 글 쓰는 사람의 책임감을 높일 수 있기 때문이다. 하지만 거꾸로 생각해보면 자신의 이름을 보여주어야 하는 글, 내가 누구인지 나중에 확인이 되는 글은 글 쓰는

8) 이러한 의무는 의무위반에 대한 과태료의 부과로 강제된다(공직선거법 제261조 제3항 제3호, 구 정보통신망법 제76조 제1항 제6호). 정보통신망법이 개정(2014. 5. 28. 법률 제12681호)되면서 구 정보통신망법 제44조의5 제2항에 따른 방송통신위원회의 명령을 이행하지 아니한 자에게 과태료를 부과하는 동법 제76조 제1항 제6호는 삭제됐다.

사람에게 부담감을 주는 것도 사실이다. 부끄러운 내용의 글이기 때문이 아니라, 아무리 좋은 글이라고 하더라도 자신을 드러내는 글은 본인에게 부담으로 작용하기 때문이다. 결국 실명확인 등의 본인을 확인하는 조치가 부과된 글쓰기의 경우에는 글 쓰는 사람에게 주는 책임감과 부담감을 비교하여 양자를 균형적으로 실현하는 대안이 모색되어야 한다.

### (2) 기본권의 충돌과 합리적 형량

실명제가 부과하는 책임감의 본질은 일정한 표현을 할 때 타인의 권리와 공공의 이익을 고려하도록 만든다는 데 있다. 이에 따라 실명제는 다른 사람을 모욕하거나 그의 명예를 훼손시키는 표현, 공공의 안녕과 질서를 파괴하는 표현을 사전에 예방할 수 있는 효과가 있다. 반면에 실명제가 부과하는 부담감은 일정한 표현을 할 때 원치 않게 자신의 이름과 같은 개인정보를 드러내도록 만든다는 데 본질이 있다. 이로써 실명제는 하고 싶은 말을 하지 못하도록 심리적으로 위축시키는 효과(chilling effect)가 있다. 헌법적으로 말하면 실명제는 명예에 관한 타인의 권리 및 안녕·질서라는 공공의 이익과 사생활의 비밀 및 표현의 자유라는 기본적 인권이 충돌하는 문제다.

헌법상의 기본권이 다른 이익과 충돌하는 모든 경우에 그렇듯이 두 법익에 대한 합리적 형량이 필요하다. 우선 타인의 명예나 공공의 안녕·질서를 고려한다면 진실한 사실이 아니라 허위(거짓)의 사실을 가지고 타인의 권리나 공공의 안녕·질서에 해악을 끼치는 표현은 당연히 금지되어야 한다. 이러한 금지위반에 대해서는 민사상의 불법행위로 규정하여 대응할 수도 있고, 형사상의 범죄행위로 규정하여 처벌할 수도 있는데 입법자는 민법상 불법행위로서 명예훼손에 대한 특칙을 두고 있을 뿐만 아니라(동법 제764조) 형법상의 명예훼손죄(동법 제307조), 정보통신망법상의 명예훼손죄(동법 제70조), 전기통신기본법상의 허위통신죄(동법 제47조) 등을 대처방안으로 함께 선택하였다.[9]

한편 표현의 자유를 고려했을 때는 타인을 비방할 목적이 있었는지 또는 공공의 이익을 해할 목적이 있었는지 등과 같은 '주관적 의도'의 존재 여부, 그리고 비록 허위의 사실이지만 진실한 사실이라고 믿을 수밖에 없었던 '객관적 사정'의 존재 여부가 함께 검토되어야 한다. 또한 오로지 공익을 위한 목적에서 행한 경우에는 표현의 자유가 더욱 강조될 수밖에 없다. 같은 맥락에서 표현의 대상이 공인(public

9) 허위사실유포죄에 대해서는 아래 II. 참조.

figures) 또는 공적 관심의 대상인 경우에도 일단은 표현의 자유를 우선시켜야 한다.

하지만 인터넷상의 표현이 문제가 되는 경우에는 이러한 일반적인 형량결과에 일정한 수정이 요구된다는 점이다. 인터넷이 가지는 강한 전파력 때문에 타인의 명예나 공공의 이익에 대한 침해의 정도가 훨씬 심각하고 그 회복이 불가능할 수도 있기 때문이다. 우선 금지위반에 대한 형사제재의 방식은 사건이 발생한 후에 취해질 수 있는 응징적 또는 교정적 성격이 강하기 때문에 사전예방적 성격이 약할 수밖에 없다. 이에 인터넷상의 표현에 대해서는 사전예방적 조치가 필요하다는 논거에 의해 인터넷실명제를 정당화하는 것으로 보인다.

그러나 인터넷실명제는 단순히 표현의 자유와 관련된 문제만이 아니라 본인이 공개를 원치 않는 실명이나 개인정보가 강제로 공개되고 있다는 점에서 사생활의 비밀에 관한 기본권이 제약받게 된다는 사실을 고려할 필요가 있다. 따라서 비록 인터넷의 강한 전파력 때문에 사전예방적 조치가 필요하다고 해도 사생활의 비밀에 관한 기본권의 중요성에 비추어 인터넷실명제는 신중한 접근이 요구된다. 더욱이 실명이나 개인정보의 공개는 타인의 명예나 공공의 안녕·질서에 해악이 되지 않는 표현까지도 위축시키는 효과를 발생시킬 수 있다는 점에서 과도하게 타인의 권리나 공공의 이익만을 강조하는 제도가 아닌지 의문이 든다.[10] 헌법재판소는 정보통신서비스 제공자에게 본인확인조치의무를 부과한 구 정보통신망법상의 본인확인제에 대해서 과잉금지원칙에 위배하여 인터넷게시판 이용자의 표현의 자유, 개인정보자기결정권 및 인터넷게시판을 운영하는 정보통신서비스 제공자의 언론의 자유를 침해한다고 결정했다(아래 [판례 42.1] 참조). 한편 공직선거법상의 실명확인제에 대해서는 명확성원칙과 사전검열금지원칙 및 과잉금지원칙에 모두 위반되지 않는다고 결정하였고, 정보통신망법상 본인확인제에 대하여 위헌 결정이 이루어진 이후인 2015년의 결정에서도 공직선거법상의 실명확인조항이 게시판 이용자의 정치적 익명표현의 자유, 개인정보자기결정권 및 인터넷 언론사의 언론의 자유를 침해하지 않는다고 결정했다([판례 42.2] 참조).

**[판례 42.1] 정보통신망법상 본인확인제의 위헌성**

이 사건 법령조항들[정보통신망법(2008. 6. 13. 법률 제9119호로 개정된 것) 제44조의5 제1항 제2호와 동법 시행령(2009. 1. 28. 대통령령 제21278호로 개정된 것) 제

10) 구체적으로 공직선거법상의 인터넷실명제가 과잉금지원칙을 위반하여 위헌의 의심이 있다는 견해로 권영준(2006), 16면 이하; 황성기(2008), 15면 참조. 반면에 과잉금지원칙에 위반되지 않는다는 견해도 있다. 명재진(2003), 10면 참조. 그 밖에도 명확성원칙의 위반을 이유로 위헌성의 문제를 제기하는 견해로 신봉기(2007), 360면 참조.

29조 및 제30조 제1항-필자 주]이 표방하는 건전한 인터넷 문화의 조성 등 입법목적은, 인터넷 주소 등의 추적 및 확인, 당해 정보의 삭제·임시조치, 손해배상, 형사처벌 등 인터넷 이용자의 표현의 자유나 개인정보자기결정권을 제약하지 않는 다른 수단에 의해서도 충분히 달성할 수 있음에도, 인터넷의 특성을 고려하지 아니한 채 본인확인제의 적용범위를 광범위하게 정하여 법집행자에게 자의적인 집행의 여지를 부여하고, 목적달성에 필요한 범위를 넘는 과도한 기본권 제한을 하고 있으므로 침해의 최소성이 인정되지 아니한다. 또한 이 사건 법령조항들은 국내 인터넷 이용자들의 해외 사이트로의 도피, 국내 사업자와 해외 사업자 사이의 차별 내지 자의적 법집행의 시비로 인한 집행 곤란의 문제를 발생시키고 있고, 나아가 본인확인제 시행 이후에 명예훼손, 모욕, 비방의 정보의 게시가 표현의 자유의 사전 제한을 정당화할 정도로 의미 있게 감소하였다는 증거를 찾아볼 수 없는 반면에, 게시판 이용자의 표현의 자유를 사전에 제한하여 의사표현 자체를 위축시킴으로써 자유로운 여론의 형성을 방해하고, 본인확인제의 적용을 받지 않는 정보통신망상의 새로운 의사소통수단과 경쟁하여야 하는 게시판 운영자에게 업무상 불리한 제한을 가하며, 게시판 이용자의 개인정보가 외부로 유출되거나 부당하게 이용될 가능성이 증가하게 되었는바, 이러한 인터넷게시판 이용자 및 정보통신서비스 제공자의 불이익은 본인확인제가 달성하려는 공익보다 결코 더 작다고 할 수 없으므로, 법익의 균형성도 인정되지 않는다. 따라서 본인확인제를 규율하는 이 사건 법령조항들은 과잉금지원칙에 위배하여 인터넷게시판 이용자의 표현의 자유, 개인정보자기결정권 및 인터넷게시판을 운영하는 정보통신서비스 제공자의 언론의 자유를 침해를 침해한다(헌재 2012. 8. 23. 선고 2010헌마47 등).

### [판례 42.2] 공직선거법상 실명확인제

[1] ① 관계법령의 규정 내용이 구체적으로 인터넷언론사의 범위에 관하여 규정하고 있고 독립된 헌법기관인 중앙선거관리위원회가 설치·운영하는 인터넷선거보도심의위원회가 이를 결정·게시하는 이상, 해당 인터넷언론사가 자신이 실명확인 확인 조치의무를 지는지 여부에 관하여 확신이 없는 상태에 빠지는 경우를 상정할 수 없고, '지지·반대의 글'은 건전한 상식과 통상적인 법감정을 가진 사람이면 자신의 글이 이에 해당하는지를 충분히 알 수 있다고 할 것이므로 명확성의 원칙에 위배된다고 할 수 없다. ② 인터넷이용자로서는 스스로의 판단에 따라 실명확인 절차를 거치거나 거치지 아니하고 자신의 글을 게시할 수 있으므로 이 사건 법률조항이 사전검열금지의 원칙에 위배된다고도 할 수 없다. ③ 이 사건 법률조항은 소수에 의한 여론 왜곡으로 선거의 평온과 공정이 위협받아 발생하는 사회경제적 손실과 부작용을 방지하고 선거의 공정성을 확보하기 위한 것이므로 목적의 정당성이 인정되고 그 수단의 적합성 또한 인정되며, 인터넷의 특성상 흑색선전이나 허위사실이 빠르게 유포되어 정보의 왜곡이 쉬운 점, 짧은 선거운동기간 중 이를 치유하기 불가능한 점, 인터넷이용자의 실명이 표출되지 않고 다만 '실명확인' 표시만이 나타나는 점을 고려하면, 피해를 최소화하기 위한 요건도 갖추었다. ④ 인터넷언론사의 공개된 게시판·대화방에서 스스로의 의사에 의하여 정당·후보자에 대한 지지·반대의 글을 게시하는 행위가 양심의 자유나 사생활 비밀의 자유에 의하여 보호되는 영역이라고 할 수 없다. ⑤ 실명인증자료의 보관 및

제출의무는 개인의 인적정보를 수집할 목적으로 규정된 조항이 아니므로 개인정보를 대상으로 한 개인정보자기결정권에 대한 제한은 아니라고 할 것이다(헌재 2010. 2. 25. 2008헌마324 등).

[2] 선거운동기간 중 인터넷언론사 게시판 등을 통한 흑색선전이나 허위사실이 유포될 경우 언론사의 공신력과 지명도에 기초하여 광범위하고 신속한 정보의 왜곡이 일어날 수 있으므로, 실명확인조항은 이러한 인터넷언론사를 통한 정보의 특성과 우리나라 선거문화의 현실 등을 고려하여 입법된 것으로 선거의 공정성 확보를 위한 것이다. 실명확인조항은 실명확인이 필요한 기간을 '선거운동기간 중'으로 한정하고, 그 대상을 '인터넷언론사 홈페이지의 게시판 · 대화방' 등에 '정당 · 후보자에 대한 지지 · 반대의 정보'를 게시하는 경우로 제한하고 있는 점, 인터넷이용자는 실명확인을 받고 정보를 게시할 것인지 여부를 선택할 수 있고 실명확인에 별다른 시간과 비용이 소요되는 것이 아닌 점, 실명확인 후에도 게시자의 개인정보가 노출되지 않고 다만 '실명인증' 표시만이 나타나는 점 등을 고려하면, 실명확인조항이 게시판 이용자의 정치적 익명표현의 자유, 개인정보자기결정권 및 인터넷언론사의 언론의 자유를 침해한다고 볼 수 없다(헌재 2015. 7. 30. 2012헌마734).

# Ⅱ. 허위사실유포죄

## 1. 개　　념

구 전기통신기본법에 따르면 공익을 해할 목적으로 전기통신설비에 의하여 공연히 허위의 통신을 한 자는 처벌을 받는다(동법 제47조 제1항). 여기서 "전기통신"이라 함은 유선 · 무선 · 광선 및 기타의 전자적 방식에 의하여 부호 · 문언 · 음향 또는 영상을 송신하거나 수신하는 것을 말하고(동법 제2조 제1호), "전기통신설비"라 함은 전기통신을 하기 위한 기계 · 기구 · 선로 기타 전기통신에 필요한 설비를 뜻한다(동조 제2호). '미네르바'라는 이름의 네티즌을 구속시킨 범죄가 바로 이것이다. 인터넷이라는 전기통신설비에 의하여 공익을 해할 목적으로 불특정 다수인에게 허위의 통신을 했기 때문이다. 자기 또는 타인에게 이익을 주거나 타인에게 손해를 가할 목적으로 허위의 통신을 하는 경우에도 처벌을 받는다(동법 제47조 제2항). 문제는 무엇이 '허위의 통신'에 해당하는지 하는 점이다.

**[법령 42.4] 전기통신기본법상 허위통신죄**
**구 전기통신기본법**(2015. 12. 22. 법률 제13586호로 개정된 것)
**제47조 (벌칙)**
① 공익을 해할 목적으로 전기통신설비에 의하여 공연히 허위의 통신을 한 자는 5년 이하의 징역 또는 5천만원 이하의 벌금에 처한다.

② 자기 또는 타인에게 이익을 주거나 타인에게 손해를 가할 목적으로 전기통신설비에 의하여 공연히 허위의 통신을 한 자는 3년 이하의 징역 또는 3천만원 이하의 벌금에 처한다.
③ 제2항의 경우에 그 허위의 통신이 전신환에 관한 것인 때에는 5년 이하의 징역 또는 5천만원 이하의 벌금에 처한다.
④ 전기통신업무에 종사하는 자가 제1항 또는 제3항의 행위를 한 때에는 10년 이하의 징역 또는 1억원 이하의 벌금에 처하고, 제2항의 행위를 한 때에는 5년 이하의 징역 또는 5천만원 이하의 벌금에 처한다.

**전기통신기본법**(최근개정: 2015. 12. 22. 법률 제13586호)
**제47조 (벌칙)**
① 삭제
②~④ 생략

허위통신에 대한 전기통신기본법상의 처벌 이외에 허위사실유포에 대해서 처벌하는 경우가 몇 가지 더 있다. 우선 **형법상 명예훼손죄**의 경우에 허위의 사실을 적시하여 타인의 명예를 훼손하면 처벌을 받는다(동법 제307조 제2항). 또한 허위의 사실로 사자(死者)의 명예를 훼손하는 경우에도 처벌을 받고(동법 제308조), 출판물에 의하여 허위의 사실로 타인의 명예를 훼손하면 가중처벌을 받는다(동법 제309조 제2항). 사실을 적시하여 타인을 명예를 훼손한 경우에는 그 행위가 진실한 사실로서 오로지 공공의 이익에 관한 것이면 처벌받지 않지만(동법 제310조) 허위의 사실을 적시하여 타인의 명예를 훼손한 경우에는 이러한 예외(위법성조각사유)가 인정되지 않는다. 한편 **정보통신망법상의 명예훼손죄**에 따르면 정보통신망을 통해 거짓의 사실로 타인의 명예를 훼손한 경우에는 처벌을 받는다(동법 제70조 제2항). 대법원에 따르면 정신통신망법상의 명예훼손죄에 대해서는 형법상의 명예훼손죄에서 인정되는 예외가 인정되지 않는다.[11] 마지막으로 **공직선거법상의 허위사실공표죄**는 당선 또는 낙선의 목적으로 후보자나 후보자의 배우자 또는 가족에 관한 허위의 사실을 공표하는 경우에 처벌한다(동법 제250조).

**[법령 42.5] 형법상 명예훼손죄**
**형법**(최근개정: 2020. 12. 8. 법률 제17571호)
**제307조(명예훼손)**
① 공연히 사실을 적시하여 사람의 명예를 훼손한 자는 2년 이하의 징역이나 금고

11) 대판 2006. 8. 25. 2006도648 참조.

또는 500만원 이하의 벌금에 처한다.

② 공연히 허위의 사실을 적시하여 사람의 명예를 훼손한 자는 5년 이하의 징역, 10년 이하의 자격정지 또는 1천만원 이하의 벌금에 처한다.

**제308조 (사자의 명예훼손)**

공연히 허위의 사실을 적시하여 사자의 명예를 훼손한 자는 2년 이하의 징역이나 금고 또는 500만원 이하의 벌금에 처한다.

**제309조 (출판물 등에 의한 명예훼손)**

① 사람을 비방할 목적으로 신문, 잡지 또는 라디오 기타 출판물에 의하여 제307조 제1항의 죄를 범한 자는 3년 이하의 징역이나 금고 또는 700만원 이하의 벌금에 처한다.

② 제1항의 방법으로 제307조 제2항의 죄를 범한 자는 7년 이하의 징역, 10년 이하의 자격정지 또는 1천500만원 이하의 벌금에 처한다.

**제310조 (위법성의 조각)**

제307조 제1항의 행위가 진실한 사실로서 오로지 공공의 이익에 관한 때에는 처벌하지 아니한다.

### [법령 42.6] 정보통신망법상 명예훼손죄

**정보통신망 이용촉진 및 정보보호 등에 관한 법률**(최근개정: 2020. 6. 9. 법률 제17358호)

**제70조 (벌칙)**

① 사람을 비방할 목적으로 정보통신망을 통하여 공공연하게 사실을 드러내어 다른 사람의 명예를 훼손한 자는 3년 이하의 징역 또는 3천만원 이하의 벌금에 처한다.

② 사람을 비방할 목적으로 정보통신망을 통하여 공공연하게 거짓의 사실을 드러내어 다른 사람의 명예를 훼손한 자는 7년 이하의 징역, 10년 이하의 자격정지 또는 5천만원 이하의 벌금에 처한다.

③ 제1항과 제2항의 죄는 피해자가 구체적으로 밝힌 의사에 반하여 공소를 제기할 수 없다.

### [법령 42.7] 공직선거법상 허위사실공표죄

**공직선거법**(최근개정: 2021. 3. 6. 법률 제17981호)

**제250조 (허위사실공표죄)**

① 당선되거나 되게 할 목적으로 연설・방송・신문・통신・잡지・벽보・선전문서 기타의 방법으로 후보자(후보자가 되고자 하는 자를 포함한다. 이하 이 조에서 같다)에게 유리하도록 후보자, 후보자의 배우자 또는 직계존비속이나 형제자매의 출생지・가족관계・신분・직업・경력등・재산・행위・소속단체, 특정인 또는 특정단체로부터의 지지여부 등에 관하여 허위의 사실[학력을 게재하는 경우 제64조 제1항의 규정에 의한 방법으로 게재하지 아니한 경우를 포함한다]을 공표하거나 공표하게 한 자와 허위의 사실을 게재한 선전문서를 배포할 목적으로 소지한 자는 5년 이하의 징역 또는 3천만원 이하의 벌금에 처한다.

② 당선되지 못하게 할 목적으로 연설・방송・신문・통신・잡지・벽보・선전문서 기타의 방법으로 후보자에게 불리하도록 후보자, 그의 배우자 또는 직계존・비속이나 형제자매에 관하여 허위의 사실을 공표하거나 공표하게 한 자와 허위의

사실을 게재한 선전문서를 배포할 목적으로 소지한 자는 7년 이하의 징역 또는 500만원 이상 3천만원 이하의 벌금에 처한다.

③ 당내경선과 관련하여 제1항(제64조 제1항의 규정에 따른 방법으로 학력을 게재하지 아니한 경우를 제외한다)에 규정된 행위를 한 자는 3년 이하의 징역 또는 6백만원 이하의 벌금에, 제2항에 규정된 행위를 한 자는 5년 이하의 징역 또는 1천만원 이하의 벌금에 처한다. 이 경우 "후보자" 또는 "후보자(후보자가 되고자 하는 자를 포함한다)"는 "경선후보자"로 본다.

문제는 진실과 허위를 구분하기 쉽지 않거나 심지어 불가능할 수도 있다는 점이다. 대법원에 따르면 일정한 표현이 허위사실인지에 대한 판단을 위해서는 해당 표현의 "전체적인 취지"를 고려해야 한다고 한다.12) 또한 "단순한 가치판단이나 평가"는 허위사실이 될 수 없다고 한다.13) 물론 사실에 대한 주장과 가치에 대한 판단의 구분도 쉽지 않거나 불가능하다는 비판이 제기될 수 있다. 어쨌든 대법원은 진실이라는 증명이 없더라도 진실이라고 믿을 만한 상당한 이유가 있는 경우에는 허위사실로 보지 않는다.14)

---

12) 대판 2008. 5. 8. 2006다45275: "언론사 소속 기자들에게 보도자료 등을 배포한 다음 이를 토대로 하여 구두로 설명하는 방식으로 한 기자회견이 허위사실 적시에 의한 명예훼손이 되려면, 적시된 사실이 특정인의 사회적 평가를 저하시키는 것으로서 허위이어야 할 것인바, 그 허위 여부를 판단함에 있어서는 그 기자회견 **전체의 취지**를 살펴볼 때 중요한 부분이 객관적 사실과 합치되는 경우에는 세부에 있어서 진실과 약간 차이가 나거나 다소 과장된 표현이 있다고 하더라도 이를 허위의 사실이라고 볼 수는 없으므로, 그 기자회견의 **전체적인 취지**와의 연관 아래에서 배포된 보도자료 및 구두설명의 객관적 내용, 사용된 어휘의 통상적인 의미, 문구의 연결방법 등을 종합적으로 고려하여 기자들에게 주는 전체적인 인상도 그 판단 기준으로 삼아야 하고(대법원 2001. 1. 19. 선고 2000다10208 판결, 대법원 2004. 2. 27. 선고 2001다53387 판결 등 참조), 설령 기자회견과 관련하여 배포된 보도자료 중 일부 내용의 진위가 분명하지 아니하여 오해의 소지가 있거나 거기에 특정인에 대한 비판이 부가되어 있다고 하더라도, 그 보도자료 중의 다른 기재 내용이나 구두설명 등을 **전체적·객관적으로 파악하여** 그것이 허위사실의 적시에 해당하는지 여부를 가려야 할 것이고, 그 취지가 불분명한 일부 내용만을 따로 떼어내어 허위사실이라고 단정하여서는 안 될 것이다(대법원 2007. 1. 26. 선고 2004도1632 판결 등 참조)."

13) 대판 2007. 8. 24. 2007도4294: "공직선거법 제250조 제1항에서 규정하는 허위사실공표죄가 성립하려면, 우선 허위의 사실을 공표하여야 하고, 여기에서 허위의 사실이라 함은 진실에 부합하지 않은 사항으로서 선거인으로 하여금 후보자에 대한 정확한 판단을 그르치게 할 수 있을 정도로 구체성을 가진 것이면 충분하지만, **단순한 가치판단이나 평가를 내용으로 하는 의견표현**에 불과한 경우에는 이에 해당되지 아니한다 할 것인바, 어떤 진술이 사실주장인가 또는 의견표현인가를 구별함에 있어서는 선거의 공정을 보장한다는 입법 취지를 염두에 두고 언어의 통상적 의미와 용법, 문제된 말이 사용된 문맥, 입증가능성, 그 표현이 행하여진 사회적 상황 등 전체적 정황을 고려하여 판단하여야 한다(대법원 2003. 11. 28. 선고 2003도5279 판결, 대법원 2004. 4. 9. 선고 2003도4604 판결 등 참조)."

14) 대판 2006. 3. 23. 2003다52142: "방송 등 언론매체가 사실을 적시하여 타인의 명예를 훼손하는 행위를 한 경우에도 그것이 공공의 이해에 관한 사항으로서 그 목적이 오로지 공공의

## 2. 문제가 되는 인권

### (1) 표현의 자유

헌법상 언론·출판·집회·결사의 자유(헌법 제21조 제1항)에 의하여 보장되는 표현의 자유는 원칙적으로 어떠한 '내용'의 표현, 그리고 어떠한 '방식'의 표현도 보호한다.[15] 다만 다른 기본권과 마찬가지로 표현의 자유도 다른 사람의 기본권이나 공공의 이익에 해악을 끼치는 경우에는 제한될 수 있다. 헌법은 명시적으로 언론·출판이 타인의 명예나 권리 또는 공중도덕이나 사회윤리를 침해하는 행위를 금지하고 있다(헌법 제21조 제4항).

### (2) 인터넷상의 표현의 자유

표현의 자유에 의해 보호받는 표현방식에는 제한이 없으므로 인터넷에 의한 표현도 표현의 자유에 의해서 보호받는다. 물론 전기통신기본법에 따르면 인터넷상의 표현은 전자적 방식에 의한 송·수신행위를 의미하는 '전기통신'에 해당되어 헌법상 '통신의 비밀에 관한 기본권'에 의해서 보호받는 것으로 보일 수도 있다. 하지만 통신의 비밀에 관한 기본권은 전기통신에 관한 '비밀한 상태'를 보장하기 때문에[16] 전기통신에 의한 '표현행위'는 표현의 자유에 의해서 보호를 받는다. 다만 인터넷을 매체로 한 표현은 인터넷의 특성으로 인해 특수한 성격을 함유하게 된다. 인터넷이라는 표현매체의 특성은 무엇보다도 '강한 전파력'이다. 이러한 강한 전파력은 인터넷을 매체로 한 표현이 그 만큼 불특정 다수인에게 신속하게 전파되어 공유됨으로써 '이미 증명된 진실', 적어도 '합의된 진실'로 인식될 수 있게 만든다. 강한 전파력이 '강한 확신력(증명력)'을 만들어낸다는 뜻이다. 물론 이미 전파된 내용을 반박하는 내용을 인터넷을 통해 전파하면 문제가 해결될 수 있다는 주장도 가능하지만 이미 대중의 의식 속에 확신을 심어준 내용은 변경되기가 대단히 어렵다는 사실을 우리는 일반적 경험을 통해 확인할 수 있다. 이러한 맥락에서 인터넷상의 표현은 일반적 표현보다 제한이 더 필요하다는 논

---

이익을 위한 것일 때에는 적시된 사실이 진실이라는 증명이 있거나 그 **증명이 없다 하더라도 행위자가 그것을 진실이라고 믿었고 또 그렇게 믿을 상당한 이유가 있으면** 위법성이 없다고 보아야 할 것인바(대법원 1988.10.11. 선고 85다카29 판결 등 참조)"

15) 표현의 자유에 대해서는 이 책 제15장 및 제16장 참조.

16) 같은 맥락에서 인터넷상의 익명표현은 통신의 비밀에 관한 기본권에 의해 보장받지 않는다고 보는 견해는 타당하다. 명재진(2003), 9면 참조. 다만 앞에서 살펴본 것처럼 익명표현은 우선적으로 사생활의 비밀에 관한 기본권과 관련된다는 점에 주목해야 한다.

리가 가능해진다.

### 3. 비판과 대안

#### (1) 온라인상의 표현의 특성

인터넷을 매체로 한 이른바 온라인(on-line)상의 표현은 종래의 표현매체(인쇄매체+영상매체)를 통한 오프라인(off-line)상의 표현과 동일하게 취급되어야 한다는 주장이 있는 반면에 양자는 서로 다른 특성으로 인해 다르게 취급되어야 한다는 주장도 있다. 온라인상의 표현과 오프라인상의 표현은 그 전파력이라는 측면에서 본질적인 차이가 존재한다는 점은 분명하다. 따라서 양자는 달리 취급되는 것이 타당하다. 하지만 전파력에서 오는 차이 이상으로 양자를 달리 취급하는 것은 문제가 있다. 온라인도 하나의 표현매체에 지나지 않는다는 점에서 온라인상의 표현이 오프라인상의 표현과 달리 취급되어야 할 이유가 없기 때문이다.[17] 다만 온라인상의 표현은 기존의 매체와는 달리 인쇄매체의 특성과 영상매체의 특성이 융합될 수 있는 매체이기 때문에 경우에 따라서는 인쇄매체나 영상매체에 대해서 독자적으로 작동하던 규율방식이 적용될 수 없다는 점을 기억해야 한다. 온라인이 신문이나 잡지 또는 책 등과 같은 '인쇄매체'를 대체하는 경우에는 온라인상의 표현은 '신문'이나 '간행물'에 관한 규율방식과 동일하게 규율되어야 하고, 온라인이 텔레비전방송, 영화, 다큐멘터리 등과 같은 영상매체를 대체하는 경우에는 온라인상의 표현은 '방송'이나 '영상물'에 관한 규율방식과 동일하게 규율되어야 한다. 하지만 온라인상의 표현이 글이나 사진과 함께 동영상을 동시에 게재하는 방식을 선택한 경우에는 인쇄매체와 영상매체를 복합적으로 규율하는 방식을 적용해야 한다.

#### (2) 진실과 허위의 구분

중요한 것은 진실과 허위를 어떻게 구분할 것인지 하는 점이다. 주지하고 있는 상대성이론을 언급하지 않더라도 순수한 자연과학적 사실에 대해서도 진리의 개념이 도전을 받고 있는 현실을 우리는 이미 잘 알고 있다. 더욱이 사회과학적 사실의 경우에는 진실과 허위의 구분이 사실상 불가능하다는 점을 확인해야 한다.

17) 같은 취지의 주장으로 권영준(2006), 10면 참조.

사회과학적 사실에 대해서는 관찰자의 '주관적 가치평가'가 개입될 수밖에 없기 때문이다. 따라서 앞서 대법원이 제시한 하나의 기준으로서 사실주장과 가치판단의 구분은 사회과학적 사실의 경우에는 어쩌면 적용이 불가능한 것인지도 모른다. 특히 문제가 되는 것은 진실과 허위가 결합된 경우다. 도대체 얼마만큼의 진실과 또 얼마만큼의 허위가 섞여 있어야 진실 또는 허위라고 말할 수 있는가? 물론 대법원이 제시한 것처럼 '전체적 맥락'을 보는 것이 중요하다. 하지만 여기서도 관찰자의 주관적 가치평가가 개입될 수밖에 없다. 전체적 맥락을 판단할 때도 단순히 전체적 맥락에서 진실과 허위가 각각 차지하는 '양적 비중'보다 각각의 비중에 대한 '질적 평가'가 이루어져야 하기 때문이다. 더욱이 대부분의 사람이 허위라고 판단했을지라도 특정인이 진실이라고 믿는 경우에는 문제가 더 복잡해진다. 이 경우에 대법원이 제시하고 있는 '진실이라고 믿을만한 상당한 이유'라는 기준이야말로 관찰자의 주관적 가치판단이 매우 깊숙하게 개입할 수밖에 없기 때문이다.

### (3) 공익을 해할 목적

전기통신기본법상의 허위통신죄는 '공익을 해할 목적으로' 허위사실을 유포해야 성립한다. 우선 이러한 '공익'의 개념이 너무 포괄적이고 추상적이다. 따라서 공익에 대한 '해악'도 구체적인 위험이 아니라 추상적 위험에 지나지 않는다. 이것은 공익에 대한 사소한 해악 또는 예상하지 못한 해악이 발생한 경우에도 처벌이 가능하다는 뜻이다. 물론 공익에 대한 해악은 객관적 결과가 아니라 주관적 목적의 형태로 규정되어 있다. 여기서 주관적 목적을 어떻게 확인할 수 있는가? 아마도 주장하는 사실이 진실인지에 대한 확인의 노력을 주장자(피의자)가 얼마나 했는지에 따라 판단할 가능성이 높다. 이 과정에 판단자(수사기관)의 가치판단이 개입할 개연성이 높다. 또한 입증책임이 판단자가 아니라 주장자에게 이전될 개연성도 높다. 다시 말해 공익을 해할 목적이 '있었다'는 사실을 '판단자'가 증명해야 하는 것이 아니라, 공익을 해할 목적이 '없었다'는 사실을 '주장자'가 증명해야 하는 것이다. 한편 정보통신망법상의 명예훼손죄는 오로지 공공의 이익을 위한 경우에도 위법성이 조각되는 예외로 인정되지 않는 것처럼 전기통신법상의 허위사실유포죄의 경우에도 비록 진실이라고 믿을 만한 상당한 이유가 있는 경우에조차 범죄의 구성요건상 위법성이 조각될 수 있는 가능성이 없다. 공익을 해하면서 오로지 공공의 이익을 위한 경우는 존재할 수 없기 때문이다. 다시 말해 진실이라고 믿을 만한 상당한 이유가 있고, 오로지 공공의 이익을 위하여 일정한 주장을 했다고 하더라도 결과적으로 공익에 해악을 끼치면 처음부터 공익을 해할 목적이 있었다는 추정을 가능하게 하기 때문이다.

### (4) 소 결

전기통신기본법상의 허위통신죄는 무엇보다도 허위와 진실의 구분이 사실상 불가능하다는 점에서, 그리고 "공익을 해할 목적"이라는 구성요건상의 개념이 대단히 포괄적이고 불명확하여 법집행자가 자의적으로 적용할 위험성이 크다는 점에서 헌법상 보장된 표현의 자유를 침해할 수 있다고 판단된다. 헌법재판소도 허위사실유포죄의 구성요건이 명확성원칙에 위반된다고 결정하였다(아래 [판례 42.3] 참조).[18]

**[판례 42.3] 허위사실유포죄의 위헌성**

이 사건 법률조항(공익을 해할 목적으로 전기통신설비에 의하여 공연히 허위의 통신을 한 자를 형사 처벌하는 전기통신기본법 제47조 제1항)은 표현의 자유에 대한 제한입법이며, 동시에 형벌조항에 해당하므로, 엄격한 의미의 명확성원칙이 적용된다. 그런데 이 사건 법률조항은 "공익을 해할 목적"의 허위의 통신을 금지하는바, 여기서의 "공익"은 형벌조항의 구성요건으로서 구체적인 표지를 정하고 있는 것이 아니라, 헌법상 기본권 제한에 필요한 최소한의 요건 또는 헌법상 언론·출판의 자유의 한계를 그대로 법률에 옮겨 놓은 것에 불과할 정도로 그 의미가 불명확하고 추상적이다. 따라서 어떠한 표현행위가 "공익"을 해하는 것인지, 아닌지에 관한 판단은 사람마다의 가치관, 윤리관에 따라 크게 달라질 수밖에 없으며, 이는 판단주체가 법전문가라 하여도 마찬가지이고, 법집행자의 통상적 해석을 통하여 그 의미내용이 객관적으로 확정될 수 있다고 보기 어렵다. 나아가 현재의 다원적이고 가치상대적인 사회구조 하에서 구체적으로 어떤 행위상황이 문제되었을 때에 문제되는 공익은 하나로 수렴되지 않는 경우가 대부분인바, 공익을 해할 목적이 있는지 여부를 판단하기 위한 공익간 형량의 결과가 언제나 객관적으로 명백한 것도 아니다. 결국, 이 사건 법률조항은 수범자인 국민에 대하여 일반적으로 허용되는 '허위의 통신' 가운데 어떤 목적의 통신이 금지되는 것인지 고지하여 주지 못하고 있으므로 표현의 자유에서 요구하는 명확성의 요청 및 죄형법정주의의 명확성원칙에 위배하여 헌법에 위반된다(헌재 2010. 12. 28. 2008헌바157).

18) 헌법재판소의 위헌결정에도 불구하고 여전히 허위사실유포행위를 법적으로 규제해야 할 필요성이 있다는 주장으로 정완(2016), 84면 이하 참조.

# Ⅲ. 사이버모욕죄

## 1. 개 념

사이버모욕죄는 인터넷상의 모욕적인 표현으로 범죄에 해당하는 경우를 말한다. 현행 형법에서 이미 모욕죄를 규정하고 있으므로(동법 제311조) 인터넷상의 모욕적인 표현도 형법상의 모욕죄에 해당할 수 있다. 대법원판례[19]에 따르면 모욕죄에서 말하는 '모욕'이란 "사실을 적시하지 아니하고 사람의 사회적 평가를 저하시킬 만한 추상적 판단이나 경멸적 감정을 표현하는 것"을 뜻한다. 또한 "표시 당시에 제3자가 이를 인식할 수 있는 상태에 있으면 되고 반드시 제3자가 인식함을 요하지 않으며, 피해자가 그 장소에 있을 것을 요하지도 않고 피해자가 이를 인식하였음을 요하지도 않으므로" 행위자가 피해자를 대면할 때만 모욕죄가 성립하는 것은 아니라고 한다.[20] 따라서 인터넷 게시판에 타인을 비방하는 글을 게시한 경우에도 모욕죄에 해당할 수 있게 된다. 다만 "어떤 글이 특히 모욕적인 표현을 포함하는 판단 또는 의견의 표현을 담고 있는 경우에도 그 시대의 건전한 사회통념에 비추어 그 표현이 사회상규에 위배되지 않는 행위로 볼 수 있는 때에는 형법 제20조에 의하여 예외적으로 위법성이 조각된다"고 한다.[21] 한편 모욕죄의 경우에는 단지 모욕적 언사를 사용하는 것만으로 충분하고, 구체적인 사실을 적시하면서 모욕하는 경우에는 명예훼손죄에 해당하게 된다.[22] 그리고 '반의사불벌죄'인 명예훼손죄와는 달리 모욕죄는 피해자의 고소가 있어야 비로소 공소를 제기할 수 있는 '친고죄'에 해당한다.

**[법령 42.8] 형법상의 모욕죄**

**형법**(최근개정: 2020. 12. 8. 법률 제17571호)

**제311조 (모욕)**

공연히 사람을 모욕한 자는 1년 이하의 징역이나 금고 또는 200만원 이하의 벌금에 처한다.

**제312조 (고소와 피해자의 의사)**

① 제308조(사자의 명예훼손죄)와 제311조(모욕죄)의 죄는 고소가 있어야 공소를 제기할 수 있다.

② 제307조(명예훼손죄)와 제309조(출판물에 의한 명예훼손죄)의 죄는 피해자의 명

19) 대판 2003. 11. 28. 2003도3972; 2008. 12. 11. 2008도8917 등 참조.

20) 대판 2004. 6. 25. 2003도4934 참조.

21) 대판 2003. 11. 28. 2003도3972; 2005. 12. 23. 2005도1453; 2008. 7. 10. 2008도1433 등 참조.

22) 대판 1987. 5. 12. 87도739; 1989. 3. 14. 88도1397 등 참조.

시한 의사에 반하여 공소를 제기할 수 없다.

**[판례 42.4] 모욕의 의미**

[1] 동네사람 4명과 구청직원 2명 등이 있는 자리에서 피해자가 듣는 가운데 구청직원에게 피해자를 가리키면서 "저 망할년 저기 오네"라고 피해자를 경멸하는 욕설섞인 표현을 하였다면 피해자를 모욕하였다고 볼 수 있다(대판 1990. 9. 25. 90도873).

[2] "부모가 그런 식이니 자식도 그런 것이다"라는 표현으로 인하여 상대방의 기분이 다소 상할 수 있다고 하더라도 그 내용이 너무나 막연하여 그것만으로 곧 상대방의 명예감정을 해하여 형법상 모욕죄를 구성한다고 보기는 어렵다(대판 2007. 2. 22. 2006도8915).

[3] 임대아파트의 분양전환과 관련하여 임차인이 아파트 관리사무소의 방송시설을 이용하여 임차인대표회의의 전임회장을 비판하며 "전 회장의 개인적인 의사에 의하여 주택공사의 일방적인 견해에 놀아나고 있기 때문에"라고 한 표현은 전체 문언상 모욕죄의 '모욕'에 해당하지 않는다(대판 2008. 12. 11. 2008도8917).

[4] 인터넷 신문상의 특정 기사에 댓글형식으로 그 기사에 등장하는 특정인에 대하여 경멸의 의사를 표시하는 글을 게재하는 행위[23]는 모욕죄에 해당한다(서울중앙지법 2006. 3. 10. 2006고정885).

[5] "늙은 화냥년의 간나, 너가 화냥질을 했잖아"라고 한 피고인의 발언내용은 그 자체가 피해자의 사회적 평가를 저하시킬 만한 구체적 사실의 적시라기보다는 피고인이 피해자의 도덕성에 관하여 경멸적인 감정표현을 과장되게 강조한 욕설에 불과한 것으로서 이를 막바로 명예훼손죄로 의율할 수는 없다(대판 1987. 5. 12. 87도739).

[6] "아무것도 아닌 똥꼬다리 같은 놈"이라는 구절은 모욕적인 언사일 뿐 구체적인 사실의 적시라고 할 수 없고 "잘 운영되어 가는 어촌계를 파괴하려 한다"는 구절도 구체적인 사실의 적시라고 할 수 없으므로 명예훼손죄에 있어서의 사실의 적시에 해당한다고 볼 수 없다(대판 1989. 3. 14. 88도1397).

[7] 인터넷 신문사 소속 기자 갑이 작성한 기사가 인터넷 포털 사이트의 '핫이슈' 난에 게재되자, 피고인이 "이런걸 기레기라고 하죠?"라는 댓글을 게시함으로써 공연히 갑을 모욕하였다는 내용으로 기소된 사안에서, '기레기'는 모욕적 표현에 해당하나, 위 댓글의 내용, 작성 시기와 위치, 위 댓글 전후로 게시된 다른 댓글의 내용과 흐름 등을 종합하면, 위 댓글을 작성한 행위는 사회상규에 위배되지 않는 행위로서 형법 제20조에 의하여 위법성이 조각된다(대판 2021. 3. 25. 2017도17643).

[8] 갑 주식회사 해고자 신분으로 노동조합 사무장직을 맡아 노조활동을 하는 피고인이 노사 관계자 140여 명이 있는 가운데 큰 소리로 피고인보다 15세 연장자로서 갑 회사 부사장인 을을 향해 "야 ○○아, ○○이 여기 있네, 니 이름이 ○○이잖아, ○○아 나오니까 좋지?" 등으로 여러 차례 을의 이름을 불러 을을 모욕하였다는 내용으로 기소된 사안에서, 제반 사정을 종합하면, 피고인의 위 발언은 상대방을 불쾌하게 할 수 있는 무례하고 예의에 벗어난 표현이기는 하지만 객관적으

23) 인터넷신문 조선닷컴에 '통일의 꽃 임OO씨 9살 아들 필리핀서 익사'라는 제목의 기사를 읽고, 댓글란에 피해자 임OO에 대하여 경멸적이고 모욕적인 글을 게재한 행위를 말한다. 자세한 내용은 서울중앙지법 2006. 3. 10. 2006고정885 판결 참조.

로 을의 인격적 가치에 대한 사회적 평가를 저하시킬 만한 모욕적 언사에 해당하지 않는다(대판 2018. 11. 29. 2017도2661).

[9] 아파트 입주자대표회의 감사인 피고인이 관리소장 갑의 업무처리에 항의하기 위해 관리소장실을 방문한 자리에서 갑과 언쟁을 하다가 "야, 이따위로 일할래.", "나이 처먹은 게 무슨 자랑이냐."라고 말한 사안에서, 피고인의 발언은 상대방을 불쾌하게 할 수 있는 무례하고 저속한 표현이기는 하지만 객관적으로 갑의 인격적 가치에 대한 사회적 평가를 저하시킬 만한 모욕적 언사에 해당하지 않는다(대판 2015. 9. 10. 2015도2229).

형법상의 모욕죄는 피해자의 고소가 있어야만 공소를 제기할 수 있는 친고죄이므로(동법 제312조 제1항), 피해자의 고소가 없어도 공소를 제기할 수는 있지만 피해자의 명시적인 의사에 반하여 공소를 제기할 수 없는 반의사불벌죄와 구분된다. 따라서 인터넷상의 모욕적인 표현에 대해서는 강한 전파력에 기초한 피해의 심각성과 회복불가능성 때문에 처벌이 강화되어야 하고,[24] 이른바 '퍼나르기'로 인해 가해자를 특정하기 어렵기 때문에 피해자의 고소가 없이도 공소를 제기할 수 있는 반의사불벌죄로 규정해야 한다는 취지에서 사버버모욕죄의 신설이 주장되고 있다.[25] 이러한 주장은 모욕죄와 구성요건이 유사한 명예훼손죄의 경우에도 인터넷상의 표현에 의한 사이버명예훼손죄(정보통신망법 제70조)가 반의사불벌죄로 이미 도입되어 있다는 점을 논거로 들기도 한다.

24) 이러한 견해로 정완(2005), 7면 참조.

25) 2008년 10월 30일 장윤석의원이 대표발의한 '형법 일부개정법률안'에 따르면 "컴퓨터 등 정보통신체제를 이용하여 공연히 사람을 모욕한 자"에 대해서 3년 이하의 징역이나 금고 또는 1천만원 이하의 벌금으로 형사처벌하고(동법률안 제311조의2), 이러한 사이버상의 모욕행위를 반의사불벌죄로 규정한다(동법률안 제312조 제2항). 또한 2008년 11월 3일 나경원의원이 대표발의한 '정보통신망 이용촉진 및 정보보호 등에 관한 법률 일부개정법률안'에 따르면 "공공연하게 사람을 모욕하는 정보"를 불법정보로 규정하여 정보통신망을 통한 불법정보의 유통을 금지시키고(동법률안 제44조의7 제1항 제2의2호), 정보통신망을 통하여 공공연하게 사람을 모욕한 자에 대해서 2년 이하의 징역이나 금고 또는 1천만원 이하의 벌금으로 형사처벌할 수 있도록 하면서 반의사불벌죄로 규정한다(동법률안 제70조 제3항 및 제4항). 전자의 법률안이 '형법'의 개정을 통해 사이버모욕죄를 신설하려고 하는 데 비해 후자의 법률안은 '정보통신망법'의 개정을 통해 사이버모욕죄를 신설하려고 한다는 점, 그리고 전자의 법률안("3년 이하")이 후자의 법률안("2년 이하")보다 더 가중된 형사처벌을 규정하고 있다는 점에서 차이가 있다. 두 가지 법률안에 대한 비판으로 박혜진(2009), 318면 이하 참조.

## 2. 문제가 되는 인권

### (1) 표현의 자유

사이버모욕죄에서 문제가 되는 것은 타인을 경멸하거나 비하함으로써 모멸감을 주거나 명예를 손상시키는 인터넷상의 표현(예: 욕설, 비방, 인신공격)이므로 표현의 자유가 문제될 수 있다. 현행 헌법은 타인의 명예나 권리를 침해하는 표현을 명시적으로 금지하고 있기 때문에(헌법 제21조 제4항) 모욕적이거나 명예손상적인 표현은 헌법상 허용되지 않는다.

### (2) 명 예 권

명예권은 헌법이 보장하는 명시적인 기본권은 아니다.[26] 하지만 일반적 자유권으로 이해되는 행복추구권(헌법 제10조 제1문 후단)으로부터 일반적 인격권을 도출할 수 있고, 이러한 일반적 인격권을 직접적인 근거로 하거나, 일반적 인격권을 간접적 근거로 하여 열거되지 않은 개별적 기본권(헌법 제37조 제1항)으로서 명예권을 도출하는 데는 어려움이 없다.

## 3. 비판과 대안

인터넷상의 표현은 전파의 속도가 빠르고 전파의 범위도 넓다는 '강한 전파력' 때문에 그러한 표현이 타인을 모욕하는 욕설이나 비방의 내용을 담고 있는 경우에 타인에게 가하는 피해의 정도가 일반적인 모욕적 표현에 비해 상당히 심각하고, 피해의 회복을 불가능하게 할 수도 있다. 따라서 일반적인 모욕적 표현이 처벌되는 경우에 인터넷상의 모욕적 표현은 가중하여 처벌할 필요성이 있는 것처럼 보인다.

하지만 우선 모욕적 표현이 과연 형사상의 처벌이 필요한지에 대한 근본적인 의문을 제기해볼 수 있다. 모욕의 개념이 가지는 불명확성, 대법원의 지적처럼 사회상규상 허용될 수 있는 모욕적 표현이 존재할 수 있다는 점, 그리고 모욕죄를 친고죄로 규정한 점에 비추어 보아도 이러한 의문의 정당성을 확인할 수 있다. 따라서 일반적인 모욕적 표현을 민사상의 불법행위에 포함시키고 피해자에게 손해배상을 청구할 수 있도록 해도 문제가 없다면 인터넷상의 모욕적 표현의 경우에도 동일하게 취급될 필요가 있다. 일반적인 모욕적 표현보다 인터넷상의 모욕적

---

26) 명예권에 대해서는 이 책 제7장 Ⅱ. 참조.

표현이 더 많은 피해를 발생시킨다고 하더라도 모욕죄에 대해서 형사처벌이 필요한지에 대해서는 여전히 의문이 제기되기 때문이다.

굳이 인터넷상의 모욕적 표현에 대해서 형사처벌이 불가피하다면 기존의 형법상의 모욕죄를 적용하는 것이 바람직한 방향이 될 수도 있다.[27] 물론 사이버명예훼손죄가 있으니 사이버모욕죄도 필요하다고 주장할 수도 있다. 그러나 인터넷상의 표현이 형법상의 명예훼손적 출판물에 해당하는지에 대해서는 논란이 있지만 인터넷상의 표현이 형법상의 모욕적 표현에 해당하는지에 대해서는 논란이 없다는 점을 기억할 필요가 있다. 끝으로 인터넷상의 모욕적 표현도 일반적인 모욕적 표현과 같이 모욕의 효과는 그러한 표현에 대한 피해자의 주관적 태도나 감정에 따라 결정된다는 점에서 친고죄로 규정하는 것이 바람직하다는 점을 지적해야 한다. 그럼에도 불구하고 특별히 인터넷상의 모욕적 표현에 대해서만 피해자의 고소 없이도 공소를 제기할 수 있는 반의사불벌죄로 규정하려는 것은 인터넷상의 표현을 규제하려는 정치적 의도가 숨겨져 있다고 의심할 수밖에 없다.

**토론문제**

1. 익명의 표현과 실명의 표현에서 나타나는 차이는 무엇인가?
2. 진실(진리)인 표현만 허용되었을 때 발생할 수 있는 문제점은 무엇인가?
3. 모욕감은 주관적으로 달라지는 것 아닌가?

**내 입장은?**

1. 실명의 표현만 허용되어야 한다.
2. 모든 익명표현은 허용되어야 한다.
3. 익명표현은 예외적으로만 허용되어야 한다.

---

27) 하지만 여전히 사이버모욕죄의 신설이 필요하다는 주장이 제기된다. 류인모(2017), 154면 이하 참조.

# ▌참고문헌▐

권영준(2006), 인터넷상 표현의 자유와 명예의 보호, ≪저스티스≫(한국법학원), 통권 제91호(2006), 5~25면.

김두상(2013), 사이버 공간에서의 명예훼손 및 모욕에 관한 규정 검토, ≪법학연구≫(경상대학교 법학연구소), 제21권 제1호(2013), 175~196면.

김상겸(2011), 인터넷상 표현의 자유의 제한에 관한 연구－악성 댓글의 제재를 중심으로－, ≪비교법연구≫(동국대학교 비교법문화연구소), 제11권 제3호(2011), 47~72면.

김현철(2009), 사이버 모욕죄의 헌법적 쟁점, ≪공법학연구≫(한국비교공법학회), 제10권 제3호(2009), 205~227면.

김혜경(2005), 공직선거법과 인터넷실명제, ≪형사정책연구≫(한국형사정책연구원), 제16권 제4호(2005), 203~232면.

류인모(2017), 사이버 공간의 모욕행위와 형사책임－사이버모욕죄 신설 논의를 중심으로－, ≪경찰학논총≫(원광대학교 경찰학연구소), 제12권 제1호(2017), 135~161면.

명재진(2003), 공공기관의 인터넷게시판 실명제 실시에 관한 소고, ≪CLIS Monthly≫(정보통신정책연구원), (2003), 2~13면.

박혜진(2009), 사이버모욕죄 도입에 대한 비판적 검토, ≪안암법학≫(안암법학회), 제28호(2009), 315~347면.

변종필(2008), 사이버모욕죄 신설, 과연 필요한가, ≪법률신문≫, 제3699호(2008년 11월 20일), 14면.

송기춘(2009), 이른바 "허위사실유포죄"는 없다－전기통신기본법 제47조 제1항의 해석 및 위헌론－, ≪민주법학≫(민주주의법학연구회), 제35호(2009), 47~92면.

신봉기(2007), 정보통신법제와 선거－인터넷 선거보도와 선거운동을 중심으로－, ≪공법학연구≫(한국비교공법학회), 제8권 제2호(2007), 337~373면.

이향선(2009), 인터넷상의 표현규제에 관한 비교법적 고찰－사이버모욕죄 도입과 허위사실유포죄 유지의 법리적 정책성·타당성에 관하여, ≪언론과 법≫(한국언론법학회), 제8권 제1호(2009), 171~203면.

임무영(2013), 사이버 모욕죄와 관련한 헌법재판소 2007헌마461호 결정의 타당성 검토, ≪저스티스≫(한국법학원), 통권 제137호(2013), 273~300면.

정 완(2005), 사이버모욕에 관한 고찰, ≪형사정책연구소식≫(한국형사정책연구원), 제90호(2005년 7/8월호), 2~7면.

정 완(2016), 인터넷상 허위사실유포의 규제 필요성에 관한 고찰, ≪경희법학≫(경희법학연구소), 제51권 제1호(2016), 59~87면.

정필운(2013), 사이버공간에서 표현의 자유의 제한과 그 한계－헌재 2012. 8. 23. 2010헌마47, 252(병합) 결정과 후속 논의에 대한 비판적 검토－, ≪법학연구≫(연세대학교 법학연구원), 제23권 제4호(2013), 1～32면.

조소영(2008), 인터넷 선거운동 법제화의 현실검토와 헌법적 범주에서의 새로운 법제화를 위한 연구－인터넷실명제 검토를 중심으로－, ≪공법학연구≫(한국비교공법학회), 제9권 제4호(2008), 235～259면.

홍완식(2006), 인터넷실명제 관련 법률안의 입법원칙에 따른 검토, ≪토지공법연구≫(한국토지공법학회), 제31집(2006), 285～308면.

황성기(2008), 인터넷 실명제에 관한 헌법학적 연구, ≪법학논총≫(한양대학교 법학연구소), 제25집 제1호(2008), 7～37면.

황성기(2009), 헌법적 관점에서 본 미네르바판결－소위 '허위사실유포죄'의 헌법적 문제점을 중심으로－, ≪인권과 정의≫(대한변호사협회), 통권 제395호(2009), 6～29면.

황창근(2008), 정보통신망법상 본인확인제에 대한 공법적 고찰, ≪세계헌법연구≫(국제헌법학회 한국학회), 제14권 제2호(2008), 315～344면.

# 제43장
# 섹슈얼리티와 성적 소수자의 인권

남성으로 태어나, 여성이 된다는 사실이 인간의 성 체계를 무너뜨리고,
신의 뜻을 거역하는 일이라는 것이다. … 하느님의 주신 육체라고 이야기하지만,
하느님이 주신 영혼의 나는 어쩌란 말일까. 육체를 소중하게 생각하는 만큼,
영혼을 더 소중하게 생각할 수 있어야 하는 것은 아닐까.
≪김비, 못생긴 트랜스젠더 김비 이야기 중에서≫

트랜스젠더 하리수에게서 남자의 과거는 읽을 수 없다. 여자로서 그녀는 행복해 보인다. 그녀를 출생할 당시의 성별로 살아가도록 강요했다면 그녀는 지금처럼 행복할 수 있을까? 그녀는 창조주(創造主)의 결정에 무모하게 도전한 불경한 피조물인가? 아니면 신(神)이 그녀에게 부여한 성정체성대로 솔직하게 살아가고 있는 진실한 인간일까?

커밍아웃한 남자 배우가 자신이 출연하던 모든 프로그램에서 하차했단다. 그에 대한 사람들의 반응은 공포심일까? 아니면 혐오감일까? 남자는 여자만 사랑해야 하고, 여자는 남자만 사랑해야 한다면 남자가 남자를 사랑하는 것, 그리고 여자가 여자를 사랑하는 것은 죄악(sin)이고, 심지어 범죄(crime)가 될 수 있다. 남자로 태어났지만 남자를 사랑할 수밖에 없는 사람들, 여자로 태어났지만 여자를 사랑할 수밖에 없는 사람들이 세상으로 나오고 있다.

소수자로서의 삶은 고단하다. 특히 성(sexuality)과 관련된 소수자의 삶은 더욱 어렵고 힘들다. 다른 어떤 영역보다 성과 관련된 영역에는 '이중의 도덕'이 지배하기 때문이다. 사람들은 성에 대해서 한편으로 거룩하고 도덕적이지만 다른 한편으로 본능적이고 말초적이다. 성과 관련된 도덕의 전제가 되는 성별은 결정된 것인지, 사람은 반드시 자신과 반대되는 성별의 사람만을 사랑해야 하는지에 대해서 살펴보도록 한다.

# Ⅰ. 성별과 결혼의 문제

성별(sex)은 태어날 때부터 결정되어 죽을 때까지 변경될 수 없고, 결혼(marriage)은 이성간에만 허용된다는 고정관념이 오랫동안 사람들의 의식을 지배했다. 그러한 고정관념은 '불변의 진리'이었고, 이러한 진리를 거부하는 것은 '신(神)의 뜻'에 도전하는 행위가 되었다. 하지만 최근에 성별은 변경될 수 있고, 결혼은 동성간에도 가능하다는 주장이 제기되어 법제화하는 국가가 늘어나고 있다.[1] 성적 소수자(sexual minorities)로서 트랜스젠더와 동성애자(또는 양성애자)가 세상 밖으로 나와 자신들의 기본적 인권을 주장한 결과물이다. 물론 대부분의 사람은 태어날 때 성별이 결정되어 평생토록 변경되지 않고, 그러한 성별에 따라 자신과 반대되는 성별의 사람과 결혼한다. 따라서 성별의 생래성(innateness)과 불가변성, 그리고 이성간의 혼인은 여전히 일반적인 현상이고, 잘못된 것은 더 더욱 아니다. 중요한 것은 태어날 때 부여받은 성별을 변경하기 원하는 사람들, 자신과 동일한 성별의 사람과 결혼하기 원하는 소수의 사람들이 자신들의 존재를 인정해 주도록 요구하고 있다는 사실이다. 이것은 성별의 생래성과 불가변성 및 이성간의 혼인은 절대적인 불변의 진리가 아니라 상대적이고 가변적인 진리, 다만 여전히 일반적이기는 한 진리에 지나지 않는다는 뜻이다.

# Ⅱ. 트랜스젠더의 인권

트랜스젠더는 출생 당시의 성별과 반대되는(opposite) 성별을 자신의 성별로 인식하는 증상(transsexualism) 또는 그러한 증상을 가진 사람(transsexual)을 의미한다.[2] 종래에 성별은 성염색체 또는 생식기관에 따라 생물학적으로 또는 해부학적으로 결정되었는데 이러한 성별을 '신체적 성별'이라고 부른다. 한편 자신의 성별에 관한 정체성이나 자신이 주관적으로 인식하는 성별을 성정체성(sexual identity) 또는 '정신적 성별'이라고 부르는데 트랜스젠더의 경우에는 신체적 성별과 정신적 성별이 불일치한다. 이러한 불일치로 인한 정신적 질환은 심한 경우에 자살로 이어지기

1) 자세한 설명은 이준일(2008), 50면 이하; 이준일(2009), 166면 이하 참조. 그 밖에도 트랜스젠더의 이름과 성별의 변경에 관한 세계 각국의 입법에 대해서는 이로문(2007), 272면 이하도 참조.

2) 트랜스젠더의 입장에서 트랜스젠더 개념의 올바른 정의가 필요하다는 지적에 대해서는 김비(2002), 170면 참조.

도 하기 때문에 이를 치료하기 위하여 호르몬치료나 성전환수술(sex reassignment surgery)이 시행된다.[3] 이 경우에 성염색체에는 변화가 없지만 성염색체와 반대되는 성별의 성징과 생식기관이 인위적으로 형성된다.

## 1. 이름과 성별을 변경할 권리

트랜스젠더에게 보장되어야 할 가장 기본적인 인권은 신체적 성별이 아니라 정신적 성별을 의미하는 성정체성에 맞게 자신의 '이름'을 선택하고, 그러한 성정체성에 따라 자신의 '성별'을 결정할 수 있는 권리다. 이러한 권리는 헌법상 보장된 '일반적 인격권'[4]에서 도출할 수 있다. 중요한 것은 이와 같은 권리를 인정받을 수 있는 트랜스젠더에 해당하는지를 판정하는 기준이 무엇인지 하는 점이다.

우선 신체적 성별과 정신적 성별의 불일치는 이로 인한 정신적 질환을 유발하기 때문에 이에 관한 전문의사의 소견서가 반드시 필요하다. 여기서 전문의사는 반대의 성별에 대한 환자의 귀속감 및 성별의 불일치로 인한 환자의 불안증세가 얼마나 강력한지 등을 고려하여 트랜스젠더 여부를 판정해야 한다. 그리고 그러한 불일치 상태가 일정한 기간 동안 지속되어 왔고, 그 기간 동안 반대의 성별로 살아온 사실 및 변경된 성별이 앞으로 다시는 변경되지 않을 고도의 개연성이 증명되어야 한다. 가장 확실한 증명은 성전환수술이 될 수 있는데 성전환수술이 트랜스젠더를 판정하는 기준이 될 수 있는지에 대해서는 논란이 있다. 성별의 불일치로 인한 불안증세는 정신적 성별에 맞게 신체의 성징을 전환시켜주는 수술을 통하여 해소될 수 있다고 보는 것이 일반적인 입장이었지만 최근에는 그러한 불안증세의 해소를 위해 반드시 성전환수술이 필요한 것은 아니라는 주장도 제기되기 때문이다.

2006년 대법원[5]은 그동안 하급심에서 의견이 불일치했던 성별판단기준과 관련하여 성정체성을 성별판단기준으로 인정하여 트랜스젠더의 성별변경을 허가하는 결정을 하였다. 여기서 대법원은 트랜스젠더로서의 성정체성을 판정하는 기준으로 ① 반대의 성에 대한 일관된 귀속감, ② 반대의 성으로서의 역할수행, ③ 성전환증에 관한 정신과적 진단, ④ 성전환수술, ⑤ 사회적 허용가능성 등을 들고 있다.

---

3) 한국에는 대략 4,500명 정도의 트랜스젠더가 있고, 300~400명 정도가 성전환수술을 받았을 것이라는 추정적 통계가 제시된다. 김태명(2003), 33면 참조.

4) 일반적 인격권은 일반적 행동자유권과 함께 헌법 제10조 제1문의 행복추구권에서 도출된다.

5) 대판 2006. 6. 22. 2004스42 참조.

**[판례 43.1] 트랜스젠더의 판정기준**

성전환증을 가진 사람의 경우에도, 남성 또는 여성 중 어느 한쪽의 성염색체를 보유하고 있고 그 염색체와 일치하는 생식기와 성기가 형성·발달되어 출생하지만 출생 당시에는 아직 그 사람의 정신적·사회적인 의미에서의 성을 인지할 수 없으므로, 사회통념상 그 출생 당시에는 생물학적인 신체적 성징에 따라 법률적인 성이 평가될 것이다. 그러나 출생 후의 성장에 따라 일관되게 출생 당시의 생물학적인 성에 대한 불일치감 및 위화감·혐오감을 갖고 **반대의 성에 귀속감**을 느끼면서 **반대의 성으로서의 역할을 수행**하며 성기를 포함한 신체 외관 역시 반대의 성으로서 형성하기를 강력히 원하여, **정신과적으로 성전환증의 진단**을 받고 상당기간 정신과적 치료나 호르몬 치료 등을 실시하여도 여전히 위 증세가 치유되지 않고 반대의 성에 대한 정신적·사회적 적응이 이루어짐에 따라 일반적인 의학적 기준에 의하여 **성전환수술**을 받고 반대 성으로서의 외부 성기를 비롯한 신체를 갖추고, 나아가 전환된 신체에 따른 성을 가진 사람으로서 만족감을 느끼고 공고한 성 정체성의 인식 아래 그 성에 맞춘 의복, 두발 등의 외관을 하고 성관계 등 개인적인 영역 및 직업 등 사회적인 영역에서 모두 전환된 성으로서의 역할을 수행함으로써 주위 사람들로부터도 그 성으로서 인식되고 있으며, 전환된 성을 그 사람의 성이라고 보더라도 다른 사람들과의 신분관계에 중대한 변동을 초래하거나 사회에 부정적인 영향을 주지 아니하여 사회적으로 허용된다고 볼 수 있다면, 이러한 여러 사정을 종합적으로 고려하여 사람의 성에 대한 평가 기준에 비추어 사회통념상 신체적으로 전환된 성을 갖추고 있다고 인정될 수 있는 경우가 있다 할 것이며, 이와 같은 성전환자는 출생시와는 달리 전환된 성이 법률적으로도 그 성전환자의 성이라고 평가받을 수 있을 것이다(대법원 2006. 6. 22. 2004스42).

대법원은 이 결정 이후에 성별변경을 위한 지침[6]을 제정하였는데 이에 따르면 성별변경을 허가받기 위해서는 다음과 같은 사실이 인정되어야 한다: ① 신청인이 대한민국 국적자로서 만 19세 이상의 행위능력자이고 혼인한 사실이 없으며, 신청인에게 자녀가 없을 것, ② 신청인이 성전환증으로 인하여 성장기부터 지속적으로 선천적인 생물학적 성과 자기의식의 불일치로 인하여 고통을 받고 오히려 반대의 성에 대하여 귀속감을 느껴온 사정, ③ 신청인에게 상당기간 정신과적 치

6) 대법원예규로 제정된 '성전환자의 성별정정허가신청사건 등 사무처리지침'은 최근 2009년 1월 20일에 가족관계등록예규 제293호로 개정되었는데 인권침해조항으로 지적되었던, 남성에서 여성으로 성전환한 자(MTF)의 병역의무이행에 관한 규정은 삭제되었다. 이에 앞서 국가인권위원회는 개정 전의 지침상 성별변경허가요건 가운데 ① 성기수술, ② 만 20세 이상일 것, ③ 혼인한 사실이 없을 것, ④ 자녀가 없을 것, ⑤ 반대 성으로서의 삶을 성공적으로 영위할 것, ⑥ 병역의무를 이행하였거나 면제 받았을 것, ⑦ 범죄 또는 탈법행위의 의도나 목적이 없을 것, ⑧ 신분관계에 영향을 미치거나 사회에 부정적인 영향을 주지 아니하여 사회적으로 허용된다고 인정될 것, ⑨ 부모의 동의서를 제출할 것 등의 요건에 대해 인권침해요소가 없도록 개정할 것과 성전환자에 대한 비밀누설 금지 조항을 신설할 것을 권고한 바 있다. 국가인권위원회 2008. 8. 25. 06진차525·06진차673병합 결정 참조.

료나 호르몬요법에 의한 치료 등을 실시하였으나 신청인이 여전히 수술적 처치를 희망하여, 자격있는 의사의 판단과 책임 아래 성전환수술을 받아 외부성기를 포함한 신체외관이 반대의 성으로 바뀌었을 것, ④ 성전환수술의 결과 신청인이 생식능력을 상실하였고, 향후 종전의 성으로 재전환할 개연성이 없거나 극히 희박할 것, ⑤ 신청인에게 범죄 또는 탈법행위에 이용할 의도나 목적으로 성별정정허가신청을 하였다는 등의 특별한 사정이 없을 것(성전환자의 성별정정허가신청사건 등 사무처리지침 제6조).

이 지침과 관련하여 제기되는 첫 번째 문제는 우선 이러한 중요한 사항이 '법률'이 아니라 대법원의 '예규'로 규율되고 있다는 점이다. 국민의 기본권과 관련된 중요하고 본질적인 사항은 반드시 법률의 형식으로 규율되어야 한다는 헌법상의 '법률유보원칙'이 성별변경에서도 요구되기 때문이다. 따라서 무엇보다도 성별변경에 관한 법률의 제정이 시급하게 요청된다. 지침의 내용과 관련해서도 성별변경을 대한민국 국민이면서 성인이고, 혼인한 사실이 없는 자로 한정하고 있다는 점,[7] 성전환수술을 필수적 요건으로 하고 있다는 점도 문제점으로 지적할 수 있다. 예외적이기는 하지만 외국인에게도 성별변경이 허용될 수 있는 경우가 있고, 미성년자라는 이유로 성별변경을 허용하지 않을 이유가 없으며, 혼인한 자라고 하더라도 본래의 성별대로 살아가도록 강요할 수 없고,[8] 현재의 의학수준에서는 성전환수술이 성전환증을 치료하는 유일한 수단이 아니기 때문이다.

## 2. 혼인할 권리

트랜스젠더가 자신의 성정체성에 따라 결정된 성별을 법적 성별로 인정받게 되면 원칙적으로 변경된 성별에 따른 모든 법적 효과가 발생한다. 따라서 변경된 성별과 반대되는 성별의 상대방과 혼인할 수 있다는 사실에 일단은 의문이 없다. 하지만 혼인을 포함하여 성별변경의 법적 효과를 명확하게 하기 위해서는 이에 관한 입법이 필요하다고 보인다. 이러한 관점에서도 성별변경에 관한 법률의 제정은 필수적이다. 한편 트랜스젠더가 혼인하는 경우에 그 배우자는 신체적 성별

7) 독일의 경우에 성별변경의 요건을 독일 국민으로 한정하거나 25세 이하로 또는 혼인하지 않은 자로 제한한 법률조항이 헌법에 위배된다는 독일 연방헌법재판소의 결정이 있었다. '25세 이하 제한'에 관한 1982. 3. 16. 결정, '독일 국민 한정'에 관한 2006. 6. 18. 결정 및 '미혼자 제한'에 관한 2008. 5. 27. 결정 참조.

8) 더욱이 혼인한 자가 자녀가 있더라도 성별변경을 허용하지 않는 것은 당사자의 기본권을 침해한다는 주장으로 윤진수(2020), 15면 이하 참조.

로 보면 동성(same sex)이므로 문제가 될 수 있다. 특히 트랜스젠더로서 성전환수술을 받지 않은 경우에 신체적 성별에서 동성인 사람과 혼인할 권리를 주장하면 동성간의 혼인을 허용하는 외관을 줄 수도 있다. 이 문제를 해결하기 위해서도 트랜스젠더로 인정할 수 있는 명확한 기준에 대한 입법이 필요하고, 그 전제로서 성전환수술이 트랜스젠더로 인정받기 위한 필수적 요건인지에 대한 논의가 필요할 것으로 보인다.

## 3. 차별받지 않을 권리

신체적 성별과 정신적 성별이 불일치하는 트랜스젠더는 성적 소수자이기 때문에 일반인들의 편견과 고정관념이 생길 수 있고, 이에 따라 차별이 가해질 수 있다. 현행 **국가인권위원회법**(최근개정: 2020. 3. 24. 법률 제17126호)은 성적 지향(sexual orientation)에 따른 차별을 금지하고 있을 뿐, 성정체성은 차별금지사유로 열거되어 있지 않다.[9] 따라서 '성별'이나 '장애'와 같은 차별금지사유를 근거로 성정체성에 따른 차별의 금지를 주장할 수도 있지만 여전히 어려움이 남아 있다. 성별은 남성과 여성의 구분이 명확한 경우에 문제되지만 성정체성은 남성과 여성의 구분을 비로소 결정하는 문제이고, 성별의 불일치가 신체적·정신적 손상이나 질병을 의미하는 장애에 해당하는지가 불분명하기 때문이다.[10] 그러나 헌법이나 국가인권위원회법에 열거된 차별금지사유는 '예시적인 것'에 지나지 않기 때문에 어떠한 사유에 의해서도 차별을 금지하는 헌법의 이념에 비추어 성정체성을 이유로 한 차별도 금지된 것으로 보는 것이 타당하다. 이에 따라 트랜스젠더는 고용(기업), 교육(학교), 거래 등의 다양한 생활영역에서 성정체성을 이유로 한 차별을 받지 않을 권리를 주장할 수 있다.

## 4. 사생활의 비밀에 관한 권리

트랜스젠더는 대체로 출생 당시의 성별이 공개되는 것을 원하지 않는다. 문제는 법적으로 성별이 변경되기 전까지 출생 당시의 성별로 살아온 기록이 남아

9) 국가인권위원회법 제2조 제3호 참조.

10) 미국장애인법(Americans with Disability Act: ADA)에 따르면 신체적 손상에서 기인하지 않은 성정체성의 혼란에 관한 증세(transsexualism or gender identity disorder)는 장애에 해당하지 않는다. ADA §12111(b) 참조.

있거나 성별의 변경에 관한 의학적 기록 또는 그 밖에 다양한 문서상의 기록이 남아 있는 경우에 발생한다. 성별변경에 관한 사항은 중요한 '개인정보'이기 때문에 사생활의 비밀에 관한 기본권에서 도출되는 개인정보자기결정권[11]에 의해서 보호를 받을 수 있다. 이에 따라 트랜스젠더는 자신의 성별변경에 관한 정보를 자신의 의사에 반하여 공개하지 않을 권리와 함께 자신의 성별변경에 관한 정보의 비공개, 삭제, 이용중지 등을 요구할 수 있는 권리가 보장된다. 특히 성별변경과정에서 필수적인 치료나 수술에 관한 진료기록, 변경되기 전의 성별로 살면서 남아 있는 학교생활이나 금융거래에 관한 기록 등에 대해서 의료기관이나 교육기관 또는 금융기관으로 하여금 본인이 원하면 언제든지 삭제할 수 있도록 강제하고, 삭제할 수 없는 경우에는 본인의 동의 없이 절대로 공개하지 않도록 규제하는 법률의 제정이 요구된다. 물론 국가나 기업 등에서 경력이나 신용상태를 확인하기 위하여 불가피하게 졸업증명서나 신용거래증명서 등을 요구할 수밖에 없을 경우에는 과거의 성별에 관한 기록이 노출될 수밖에 없다. 따라서 이 경우에는 차별금지원칙을 엄격하게 적용하여 과거의 성별에 관한 정보를 악용하지 못하도록 트랜스젠더에 대한 불이익이 부과되는 경우에 이에 대해서 입증책임을 상대방(차별하는 자)에게 부담시키는 방법을 생각해 볼 수 있다.

### 5. 성전환치료에 관한 권리

트랜스젠더의 성별불일치는 일반적으로 치료와 수술이 필요하다고 알려져 있다. 하지만 이러한 증세를 보이는 사람은 극히 소수이기 때문에 치료와 수술에 필요한 비용이 상당히 높다고 한다. 따라서 트랜스젠더에게 무엇보다 필요한 것은 치료와 수술에 필요한 비용의 지원이다. 실제적으로 성전환증의 치료와 수술에 필요한 비용을 건강보험에서 지원받을 수 있는지가 문제된다.[12] 특히 수형자의 경우에 건강보험에 가입할 수 없기 때문에 트랜스젠더가 수용기간 동안 치료나 수술을 원하게 되면 국가가 부담을 져야 하는 문제가 발생한다.[13] 또한 만약 아직 법적으로 성별변경을 허가받지 못한 트랜스젠더를 현재의 성별에 따라 교정시설에 수용함으로써 발생할 수도 있는 피해(강제추행 또는 강간)에 대해서는 국가

11) 개인정보자기결정권에 대해서는 이 책 제8장 II. 참조.
12) 트랜스젠더의 치료와 수술에 관한 건강보험 지원의 문제에 대해서는 김태명(2003), 47면 이하 참조.
13) 이와 관련된 미국의 판례는 이준일(2008), 49면 각주 19) 참조.

도 책임을 면하기 어려울 수 있으므로 성별변경에 관한 치료나 수술이 필요한 수형자를 분리 수용하여 치료나 수술에 필요한 적절한 지원을 제공하는 것이 합리적이라고 판단된다.

## 6. 트랜스젠더에 대한 강간죄의 문제

법적으로 성별이 변경된 트랜스젠더는 다른 규정이 없는 한 모든 법적 효력에서 변경된 성별로 인정받는다. 따라서 남성에서 여성으로 법적 성별을 변경한 트랜스젠더가 강간을 당하게 되면 강간죄가 성립한다. 문제는 성전환수술을 받았지만 아직 법적으로 성별을 변경하지 않은 트랜스젠더가 강간을 당한 경우에 발생한다. 대법원[14]은 이러한 트랜스젠더를 여성으로 볼 수 없어 강간죄의 대상("부녀")에 해당하지 않는다고 보았다. 하지만 강간죄가 보호하는 법익을 '성적 자기결정권'으로 이해하는 경우에 강간죄의 성립을 인정할 수도 있다.[15] 강간죄의 보호법익이 성적 자기결정권이라면 단지 여성의 성기에 남성의 성기를 삽입했는지가 중요한 것이 아니라 피해자가 여성이든 남성이든 본인의 자발적인 동의 없이 그의 성기나 항문 또는 구강에 남성의 성기를 삽입했는지가 중요하기 때문이다. 물론 가장 바람직한 방향은 여성이든 남성이든 성폭력에 의해 성적 자기결정권을 침해받을 수 있으므로 강제적인 구강성교나 항문성교에 대해서도 강간죄를 구성한다고 규정하는 입법이다.

**[판례 43.2] 트랜스젠더에 대한 강간죄 성립 여부**

피해자가 비록 어릴 때부터 정신적으로 여성에의 성귀속감을 느껴 왔고 위의 성전환 수술로 인하여 남성으로서의 내·외부성기의 특징을 더 이상 보이지 않게 되었으며 남성으로서의 성격도 대부분 상실하여 외견상 여성으로서의 체형을 갖추고 성격도 여성화되어 개인적으로 여성으로서의 생활을 영위해 가고 있다 할지라도, 기본적인 요소인 성염색체의 구성이나 본래의 내·외부성기의 구조, 정상적인 남자로서 생활한 기간, 성전환 수술을 한 경위, 시기 및 수술 후에도 여성으로서의 생식능력은 없는 점, 그리고 이에 대한 사회 일반인의 평가와 태도 등 여러 요소를 종합적으로 고려하여 보면 위 피해자를 사회통념상 여자로 볼 수는 없다(대판 1996. 6. 11. 96도791).

---

14) 대판 1996. 6. 11. 96도791 참조.

15) 트랜스젠더에 대한 강간죄가 성립하는지 여부에 대한 자세한 논의는 류화진(2010), 192면 이하; 조현욱(2011), 646면 이하 참조.

# Ⅲ. 동성애자의 인권

## 1. 혼인할 권리(right to marry)

### (1) 세계적 추세

전통적인 혼인의 개념에 따르면 혼인은 '이성간의 결합(heterosexual union)', 다시 말해 한 사람의 남성과 한 사람의 여성이 결합하는 것(union between a man and a woman)을 의미한다. 따라서 '동성간의 결합(homosexual union)'은 혼인으로 인정될 수 없다. 하지만 최근에 전통적인 혼인의 개념을 버리고 동성간의 혼인을 인정하는 국가들이 생기고 있다. 네덜란드를 선두로 벨기에, 캐나다, 스페인, 남아프리카공화국, 노르웨이와 스웨덴이 동성간의 혼인을 인정했다.[16] 미국에서도 메사추세츠(Massachusetts)주와 코네티컷(Connecticut)주, 아이오와(Iowa)주가 판례를 통해, 버몬트(Vermont)주, 메인(Maine)주, 뉴햄프셔(New Hampshire)주가 입법을 통해 동성간의 혼인을 합법화했고,[17] 연방대법원은 2015년 6월 26일 판결을 통해 미국의 모든 주에서 동성간의 혼인을 합법화하였다.[18] 동성간의 혼인을 인정하지는 않더라도 동성간의 결합에 대해서 동반자관계(partnership)나 시민결합(civil union)과 같은 혼인대체제도를 인정하는 국가도 증가하고 있다.[19] 동반자관계나 시민결합은 혼인이라는 개념만 사용하지 않을 뿐, 혼인한 커플에게 인정되는 거의 모든 법적 보호와 혜택을 동일하게 제공받는다. 물론 이와 관련하여 동성간 혼인을 반대하는 입장으로부터 동성간의 결합에 대해서 사실상 혼인을 인정하는 것과 마찬가지라는 비판이 제기되기도 한다. 아무튼 오랫동안 동거해오면서, 그리고 공동으로 자녀도 양육하면서 사실상 혼인한 부부와 동일한 외관을 보이는 동성커플들은 혼인할 권리를 요구하면서 혼인이 이성커플만의 전유물은 아니라고 주장하고 있다.

---

16) 이준일(2009), 167면 이하 참조.

17) 이준일(2009), 174면 이하 참조. 1996년까지 전개된 동성애자의 기본권에 관한 사법적 논쟁에 대해서는 강달천(2000), 72면 이하 참조.

18) 이로써 그동안 동성 간의 혼인을 허용하지 않았던 앨라배마(Alabama)주, 아칸소(Arkansas)주, 조지아(Georgia)주, 켄터키(Kentucky)주, 루이지애나(Louisiana)주, 미시간(Michigan)주, 미시시피(Mississippi)주, 미주리(Missouri)주, 네브래스카(Nebraska)주, 노스다코타(North Dakota)주, 오하이오(Ohio)주, 사우스다코타(South Dakota)주, 테네시(Tennessee)주, 텍사스(Texas)주 등 14개 주에서도 동성간의 혼인이 허용된다.

19) 이준일(2009), 189면 이하 참조.

### (2) 한국의 경우

우리 헌법은 혼인과 가족생활에서 "양성의 평등"을 규정함으로써(헌법 제36조 제1항) 혼인의 개념을 이성간의 결합으로 이해하고 있는 듯하다. 만약 이러한 이해가 맞는다면 헌법의 개정 없이 동성혼의 법적 허용은 불가능하다. 하지만 이 규정을 이성간에 가능한 결합 가운데 동거의 형식보다 혼인의 형식을 더 보호하는 취지로 이해한다면 반드시 이성간의 결합을 혼인의 본질적 표지로 이해하고 있다고 해석할 필요는 없다.[20] 이와 같은 해석론에 따르면 헌법의 개정 없이도 동성혼은 법적으로 인정될 수 있다. 그럼에도 불구하고 혼인의 개념에서 공동의 자녀를 출산할 수 있는 이성간의 결합이 여전히 본질적 표지가 된다면 동성간의 결합에 대해서는 혼인을 인정할 수 없다.[21] 물론 혼인의 개념의 본질적 표지를 출산(생식)이 아니라 정서적 유대감, 상호배려, 헌신 등으로 이해하는 경우에는 동성간의 혼인을 인정하지 않을 이유가 없다. 그렇지만 기독교와 같은 종교적 관점[22]이나 혼인의 전통 또는 혼인의 사회적 기능(자녀의 출산과 양육)을 강조하는 입장에서 동성간의 혼인을 인정할 수 없다는 견해가 강하게 주장되고 있다.[23] 반면에 성적 자기결정권과 평등의 관점에서 동성간의 결합에 대해서도 혼인의 인정을 포함한 법적 보호가 필요하다는 견해도 마찬가지로 강하게 주장된다.[24] 결국 한국에서도 동성간의 혼인을 허용하든지 적어도 동반자관계나 시민결합과 같은 혼인대체제도를 통하여 동성간의 결합을 법적으로 보호해야만 할 것으로 보인다.

---

20) 혼인에 관한 헌법규정인 "양성의 평등"이 가지는 의미를 둘러싼 해석론의 대립에 대해서는 손명지(2019), 7면 이하; 이동훈(2019), 162면 이하 참조.

21) 그러나 "생식능력을 제외하고는 부부로서의 실질을 가지는 동성간의 결합에 혼인법적 이익의 부여를 부정할 합리적인 근거는 없다"고 보는 견해도 있다. 김민중(2004), 139면 참조.

22) 종교, 특히 기독교적 신앙과 동성혼에 대한 인식이 밀접하게 관련이 있다는 실증적 연구가 있다. 유은혜(2021), 179면 이하 참조. 기독교 신학의 관점에서 동성혼에 반대하는 논리는 대표적으로 이상원(2016), 65면 이하 참조. 불교적 관점에서 바라본 동성애에 대해서는 허남결(2008), 260면 이하 참조.

23) 이준일(2009), 178면 이하 참조. 인간의 존엄성이나 생명문화의 관점에서 동성혼에 반대하기도 한다. 정영화(2017), 142면 이하 참조. 또한 혼인을 제도로 이해하여 혼인제도가 혼인의 자유를 제한한다는 것을 근거로 동성혼을 반대하는 견해도 있다. 신은주(2019), 246면 이하 참조.

24) 이준일(2009), 184면 이하 참조. 성적 자기결정권이나 평등권 이외에도 사생활의 자유도 동성혼을 허용할 수 있는 헌법적 근거로 인용된다. 성중탁(2017), 246면 참조.

## 2. 차별받지 않을 권리

동성간의 결합에 대해서 혼인이라는 개념을 사용하지 못하게 함으로써 동성간 혼인을 인정하지 않는 것부터가 차별이라는 주장이 가능하다. 이성간의 결합은 '혼인'이라고 부르면서 동성간의 결합은 '동반자관계'나 '시민결합'이라고 부르는 것 자체가 이성커플과 동성커플을 분리(separation)하는 것이고, 이로 인해 동성커플은 이성커플보다 '열등한(inferior)' 커플 또는 '2등 시민(the second class citizen)'의 결합이라는 인상을 주기 때문이다.[25] 과거 미국에서 교육과 관련하여 흑인과 백인을 분리하지만 평등하게(separate but equal) 대우하는 것도 차별이 된다고 본 것처럼[26] 아무리 법적 보호와 혜택에서 혼인과 동일한 대우를 한다고 해도 동성커플을 혼인과 분리하게 되면 차별이 될 수도 있다. 하지만 흑인과 백인을 분리할 만한 합리적 이유는 없는 데 비해서 공동의 자녀출산 여부와 같이 이성간의 결합과 동성간의 결합에 근본적인 차이가 존재한다면 동성간의 결합에 대해서는 적어도 혼인의 개념을 인정하지 않는 차별이 허용될 수 있다는 주장도 가능하다. 동성간의 결합에 대해서 혼인을 인정하든 인정하지 않든 그 외의 차별적 대우가 어느 정도까지 가능한지가 문제될 수 있다. 평등권의 관점에서 동성간의 결합을 형성한 사람들은 자신들의 성적 지향에 따라 차별받지 않을 권리가 보장되기 때문이다. 특별히 국가인권위원회법은 성적 지향에 따른 차별을 금지하고 있으므로 고용, 교육, 거래 등에서 동성커플을 형성하고 있다는 이유로 차별하는 것은 금지된다.[27]

## 3. 동성애의 비범죄화

동성애가 여전히 범죄를 구성하여 형벌을 부과하는 국가도 많다. 동성애를 자연질서 또는 성도덕에 반하는 행위로서 처벌하는 것이다. 심지어 동성간 성행위에 대해서 사형이나 종신형으로 엄단하는 국가도 존재한다. 하지만 동성애가 성적 지향의 한 유형으로서 인정될 수 있다면 동성애를 범죄로서 처벌하는 것은 성적 지향을 이유로 한 차별에 해당할 뿐만 아니라 심각한 인권침해가 될 수 있다. 여기서 동성애를 비범죄화(decriminalization)해야 되는 필요성이 제기된다. 미국 연방대법원은 동성간의 성행위를 금지하고 있는 텍사스(Texas)주의 법률이 연방헌

25) In re marriage Cases, 43 Cal.4th 757, 76 Cal.Rptr.3d 683, 183 P.3d 384 (Cal. 2008) 참조.
26) 미국 연방대법원 Brown v. Board of Education 347 U.S. 483 (1954) 참조.
27) 고용영역에서 트랜스젠더를 이유로 한 차별금지에 대해서는 전윤구(2007), 819면 이하 참조.

법에 위반된다고 판시하였다.[28)]

군형법은 제정 당시부터 '계간(鷄姦)'을 범죄로 규정했다. 여기서 계간은 '남성간의 항문을 이용한 성교행위'를 의미한다. 현행 **군형법**(최근개정: 2016. 5. 29. 법률 제14183호)은 군인 또는 군인에 준하는 사람에 대한 항문성교를 범죄로 규정한다. 상대가 군인 또는 군인에 준하는 사람이기만 하면 되기 때문에 영내뿐만 아니라 영외에서 범죄를 저지른 경우에도 적용된다. 이는 군인 또는 이에 준하는 신분을 가진 사람이 동성애를 하는 행위를 전면적으로 처벌하는 규정이 된다. 비록 군인에 한정되어 있지만, 그리고 공동생활을 해야 하는 군대의 속성을 고려한다고 해도 동성애를 범죄로 규정하여 처벌하는 것은 기본적 인권에 대한 과도한 침해라는 의심을 지울 수 없다. 나아가 현행법의 규율방식은 군인 또는 군인에 준하는 사람에 대한 것이기만 하면 모든 항문성교를 처벌하는 것으로 해석될 여지가 있어 동성애뿐만 아니라 항문성교 방식의 이성애도 처벌될 수 있는 근거가 될 수 있다. 이처럼 개인이 어떠한 방식으로 성행위를 할 것인지에 대해 이와 같은 방식으로 개입하여 범죄로 처벌하는 것은 성적 자기결정권을 과도하게 침해하는 것이라는 비판을 면하기 어려울 것이다.

**[법령 43.1] 군형법상 추행죄**

**군형법**(2013. 4. 5. 법률 제11734호로 개정된 것, 최근개정: 2016. 5. 29. 법률 제14183호)

**제1조 (적용대상자)**

① 이 법은 이 법에 규정된 죄를 범한 대한민국 군인에게 적용한다.

② 제1항에서 "군인"이란 현역에 복무하는 장교, 준사관, 부사관 및 병(兵)을 말한다. 다만, 전환복무(轉換服務) 중인 병은 제외한다.

③ 다음 각 호의 어느 하나에 해당하는 사람에 대하여는 군인에 준하여 이 법을 적용한다.

1. 군무원
2. 군적(軍籍)을 가진 군(軍)의 학교의 학생·생도와 사관후보생·부사관후보생 및「병역법」제57조에 따른 군적을 가지는 재영(在營) 중인 학생
3. 소집되어 복무하고 있는 예비역·보충역 및 전시근로역인 군인

④~⑤ 생략

**제92조의6 (추행)**

제1조 제1항부터 제3항까지에 규정된 사람에 대하여 항문성교나 그 밖의 추행을 한 사람은 2년 이하의 징역에 처한다.

**구 군형법**(2009. 11. 2. 법률 제9820호로 개정된 것)

---

28) 미국 연방대법원 Lawrence v. Texas 539 U.S. 558 (2003) 참조. 이 판례에 대한 자세한 설명으로 허순철(2008), 117면 이하 참조.

**제92조의5 (추행)**
계간(鷄姦)이나 그 밖의 추행을 한 사람은 2년 이하의 징역에 처한다.

**제정 군형법**(1962. 1. 20. 법률 제1003호로 제정된 것)
**제92조 (추행)**
계간 기타 추행을 한 자는 1년 이하의 징역에 처한다.

**[판례 43.3] 군형법상 추행죄의 위헌성**

구 군형법 제92조의5는 예시적 입법형식을 취하는데 예시조항인 '계간'이 남성 사이의 항문성교를 의미하는 점, 동성 간에 폐쇄적으로 단체생활을 하는 군의 특성상 동성 사이의 비정상적인 성적 교섭행위가 발생할 가능성이 높은 점, 심판대상조항의 주된 보호법익이 사회적 법익인 '군이라는 공동사회의 건전한 생활과 군기'인 점을 고려할 때, 심판대상조항의 '그 밖의 추행'은 동성 군인 사이의 성적 행위에만 적용되는 것으로 해석된다. 한편 1962년 개정된 구 군형법은 모든 단계의 강제력 행사로 인한 추행을 단일조항인 제92조의 '기타 추행'으로 규제하여 처벌범위의 광범위성으로 인한 문제가 있었으나, 2009년 개정된 구 군형법은 폭행·협박에 의한 강제추행죄(제92조의2)와 심신상실·항거불능을 이용한 준강제추행죄(제92조의3)를 별도의 조항으로 분리하여 규정함으로써 심판대상조항의 '그 밖의 추행'은 강제추행 및 준강제추행을 제외한 범위에서의 추행으로 제한되게 되었다. 따라서 심판대상조항이 말하는 '그 밖의 추행'이란 강제추행 및 준강제추행에 이르지 아니한 추행으로, 객관적으로 일반인에게 혐오감을 일으키게 하고 선량한 성적 도덕관념에 반하며 계간에 이르지 아니한 동성 군인 사이의 성적 만족행위를 의미하는 것으로 해석되며, 그 해당 여부는 법원의 통상적인 법률해석·적용의 문제에 불과하다. 따라서 심판대상조항은 죄형법정주의의 명확성원칙에 위배되지 아니한다.(헌재 2016. 7. 28. 2012헌바258)

## Ⅳ. 성적 소수자에 대한 인정과 존중

사랑과 섹스는 인간의 본질에 속한다. 그리고 그 전제가 되는 성별(성차)도 인격의 핵심적인 요소다. 그런데 성별은 타고나는 '운명'으로, 그리고 사랑과 섹스는 이성간에만 허용된다는 '질서'가 존재한다고 보는 보편적 인식이 오랫동안 존재해왔다. 하지만 이러한 운명과 질서에 변화가 시도되고 있고, 성별변경 및 동성간 결합의 법적 보호에 관한 입법으로 구체화되고 있다. 세상에는 늘 다수자가 있고, 소수자가 있다. 인간의 성과 관련된 영역에서도 다수자와 소수자가 존재한다. 중요한 것은 소수자에 대한 다수자의 인정과 배려다. 특별히 성과 관련된 영역에서는 소수자에 대한 지독한 편견, 심지어 혐오감마저 존재한다. 따라서 성적 소수자가 인정받고 배려받기가 쉽지 않다. 그러나 세계적인 추세는 성적 소수자에 대한 법적 보호가 강화되고 있는 방향으로 가고 있다. 한국도 예외가 될 수는 없다. 영화 <브로크백 마운틴(Brokeback Mountain)>에 등장하는 잭과 에니스와 같은 동성애자에 대한 태도처럼 단순한 호기심 또는 공포심의 대상에서 동등한 사회구성원으로서 그들을 인정하고 존중하는 태도가 다수의 구성원들에게 요구된다.

#### 토론문제

1. 성별을 결정하는 근거는 무엇이 되어야 하는가?
2. 혼인의 개념에서 이성간의 결합은 본질적 요소인가?
3. 성소수자에 대한 입법이 없는 상황에서 법원은 어떠한 태도를 견지해야 하는가?

#### 내 입장은?

1. 동성간의 혼인은 금지되어야 한다.
2. 동성간의 혼인은 허용되어야 한다.
3. 동성간의 혼인은 금지하되 혼인대체수단이 인정되어야 한다.

## 참고문헌

강달천(2000), 미국 동성애자의 기본권 논쟁－Hardwick 판결과 Romer 판결을 중심으로－, ≪중앙법학≫(중앙법학회), 제2호(2000), 67～100면.

김민중(2004), 동성애관계의 법적 보호에 관한 시론적 검토, ≪인권과 정의≫(대한변호사협회), 제333호(2004), 135～150면.

김　비(2002), 작은 외침, ≪진보평론≫, 제12호(2002년 여름), 168～182면.

김선화(2015), 동성혼의 법제화에 관한 고찰, ≪이화젠더법학≫(이화여자대학교 젠더법학연구소), 제7권 제3호(2015), 31～63면.

김태명(2003), 성전환을 둘러싼 법적 문제점에 대한 검토, ≪저스티스≫(한국법학원), 통권 제71호(2003), 26～51면.

김학태(2015), 성전환자의 법적 지위에 관한 연구－판례 분석과 입법을 위한 제안－,

≪외법논집≫(한국외국어대학교 법학연구소), 제39권 제3호(2015), 1～19면.
류화진(2010), 우리 형법상 성전환자에 대한 강간행위의 형사책임－강간죄의 개정 논의와 관련하여－, ≪영산법률논총≫(영산대학교 법률연구소), 제7권 제2호(2010), 185～204면.
민윤영(2013), 트랜스젠더 문제에 대한 법미학적 조명, ≪법철학연구≫(한국법철학회), 제16권 제2호(2013), 167～198면.
성중탁(2017), 동성(同性)혼에 관한 법적 쟁점과 전망－미국에서의 동성혼 합법화 결정 이후의 논의를 포함하여－, ≪가족법연구≫(한국가족법학회), 제31권 제1호(2017), 229～252면.
손명지(2019), 동성혼에 대한 재고－현행법상 해석론을 중심으로－, ≪가족법연구≫(한국가족법학회), 제33권 제3호(2019), 1～32면.
신은주(2019), 우리나라에 있어서 동성혼의 법적 수용에 관한 고찰, ≪원광법학≫(원광대학교 법학연구소), 제35권 제1호(2019), 239～265면.
오미영(2013), 성전환자의 성별정정 허가에 관한 고찰－각국의 입법례 및 판례의 분석을 중심으로－, ≪미국헌법연구≫(미국헌법학회), 제24권 제3호(2013), 143～177면.
유은혜(2021), 한국인의 동성혼에 대한 인식 연구: 개신교의 역할과 생존 vs. 자기표현 가치를 중심으로, ≪현상과 인식≫(한국인문사회과학회), 제45권 제1호(2021), 165～188면.
윤진수(2020), 미성년 자녀를 둔 성전환자의 성별정정, ≪서울대학교 법학≫(서울대학교 법학연구소), 제61권 제3호(2020), 1～30면.
음선필(2017), 동성애・동성혼의 헌법적 수용에 대한 비판, ≪홍익법학≫(홍익대학교 법학연구소), 제18권 제3호(2017), 89～119면.
이동훈(2019), 동성혼의 헌법적 쟁점－헌법해석의 한계－, ≪공법학연구≫(한국비교공법학회), 제20권 제2호(2019), 155～182면.
이로문(2007), 성전환과 성전환자의 민법적 고찰, ≪법학논총≫(한양대학교 법학연구소), 제24집 제4호(2007), 263～289면.
이상원(2016), 동성혼에 대한 신학적 윤리적 평가－미국 성공회 자유주의자들의 결혼 신학에 대한 비판적 연구, ≪신학지남≫(신학지남사), 제83권 제1집(2016), 55～83면.
이준일(2008), 트랜스젠더의 헌법적 문제, ≪고려법학≫(고려대학교 법학연구원), 제50호(2008), 39～76면.
이준일(2009), 헌법상 혼인의 개념－동성간 혼인의 헌법적 허용가능성－, ≪공법연구≫(한국공법학회), 제37집 제3호(2009), 165～194면.
전윤구(2007), 트랜스젠더를 이유로 한 해고와 차별금지, ≪안암법학≫(안암법학회), 제25호(2007), 819～847면.

정영화(2017), '동성혼' 도입을 위한 헌법개정의 위헌성-미국 연방대법원 '동성혼' 판례의 '인간존엄' 해석의 분석-, ≪홍익법학≫(홍익대학교 법학연구소), 제18권 제3호(2017), 121~150면.

조재현(2002), 동성애에 관한 법적 고찰, ≪헌법학연구≫(한국헌법학회), 제8권 제3호(2002), 146~178면.

조현욱(2011), 성전환자(MTF형)의 강간죄 객체성 해당여부-대법원 2009. 9. 10. 선고, 2009도3580 판결-, ≪일감법학≫(건국대학교 법학연구소), 제20호(2011), 635~674면.

최성경(2013), 성전환자의 성별정정 허가기준과 그 입법적 제안-대상결정: 대법원·2011. 9. 2.자 2009스117·전원합의체 결정-, ≪가족법연구≫(한국가족법학회), 제27권 제1호(2013), 373~412면.

하민경(2018), 사회적 약자의 인권에 관한 대법원 판결과 사회 변화 : 양심적 병역거부자와 성전환자의 인권을 중심으로, ≪법과 사회≫(법과사회이론학회), 제57호(2018), 127~152면.

허남결(2008), 동성애와 불교의 입장, ≪불교연구≫(한국불교연구원), 제28집(2008), 259~286면.

허순철(2008), 미국헌법상 동성애, ≪공법학연구≫(한국비교공법학회), 제9권 제1호(2008), 111~134면.

홍성필/이승현(2013), 성전환자의 법적 성별 변경허용시 의료조치 강제에 대한 국제법적 평가-서울서부지방법원 2013. 3. 15. 2012호파4225 등 결정을 계기로-, ≪국제법학회논총≫, 제58권 제2호(2013), 131~160면.

# 제44장
# 잔혹한 시대에 범죄피해자의 인권

범죄피해자는 정부, 자원봉사단체, 지역사회의 수단과 각국에 특유한 수단을 통해 필수적으로 요구되는 물질적, 의료적, 심리적, 사회적 지원을 받아야 한다.
≪범죄와 국가불법의 피해자를 위한 기본정의원칙, 1985≫

Victims should receive the necessary material, medical, psychological and social assistance through governmental, voluntary, community-based and indigenous means.
≪UN Declaration of Basic Principles of Justice for Victims of Crime and Abuse of Power, 1985≫

연쇄살인사건 보도의 주인공은 언제나 잔인한 살인범이다. 잔혹하게 살해된 피해자는 피해자의 인권을 보호한다는 미명하에 이름까지 가려진 채 단지 여러 죽음 가운데 하나로만 언급된다. 살아 있는 자를 중심으로 생각하는 인간의 이기심일까? 억울하게 죽은 자의 영혼이 오늘도 산 자들의 주변을 맴돈다. '당신도 피해자가 될 수 있다'고 읊조리면서.

짐승 같은 남자 어른에게 성폭행당한 여자 아이의 선량한 눈동자가 서럽다. 피해아동의 처지를 동정하면서 책임은 오로지 범죄자에게 전가해버리는 대중은 자신의 책임을 모면하려 발버둥 친다. '저 짐승보다 못한 놈을 죽여 버려라!' 이성을 잃은 대중의 분노는 범죄자에게로 향하고, 국가는 슬며시 대중의 손가락질에서 벗어난다.

범죄에 대한 책임은 당연히 범죄자가 져야 한다. 하지만 범죄자는 사회가 만들어냈을 수도 있다. 더욱이 범죄를 막지 못한 국가는 결코 자신의 책임에서 자유로울 수 없다. 범죄피해자를 단지 '운이 나쁜 사람'으로 치부하는 사회는 건강하지 못하다. 심지어 범죄피해자를 '불쌍한 사람'으로 취급하고 단지 동정만 하는 사회는 무책임하기까지 하다. 범죄피해자의 인권은 범죄에 대한 사회적 책임을 인식하는 곳에서 시작된다. 그 책임의 내용이 무엇인지에 대해서 살펴보도록 한다.

## Ⅰ. 범죄에 대한 국가와 사회의 책임

'범죄자'의 인권을 강조하는 것은 범죄자라는 이유로 수사와 재판 과정에서 인간 대우를 받지 못할 수 있기 때문이다. 그래서 헌법은 형이 확정될 때까지 범죄자를 무죄로 추정한다는 원칙(무죄추정원칙: 헌법 제27조 제4항)까지 명시해 놓았다. 반면에 '피해자'의 인권이 부각되지 못한 까닭은 너무나 당연하기 때문일 수 있다.[1] 중요한 것은 범죄자의 인권에 대한 강조와 피해자의 인권에 대한 부각은 연계될 필요가 없다는 점이다. 범죄자의 인권은 여전히 강조되어야 한다. 범죄자의 인권을 깎아내린다고 피해자의 인권이 살아나는 것은 아니다. 연쇄살인범이나 아동성폭행범의 이름이나 얼굴을 공개한다고 피해자의 인권이 향상되는가? 피해자의 복수심이나 대중의 분노만을 만족시키는 대증치료(對症治療)는 범죄예방을 위한 근본적인 대안이 될 수 없다. 더욱이 범죄의 책임은 오로지 범죄자에게만 돌릴 수 없다. 국가는 국민의 인권보장을 위해 존재한다는 국가존재목적을 기억한다면 국가는 범죄를 예방하지 못한 책임에서 자유로울 수 없다. 더 나아가 국가는 범죄를 예방하지 못한 책임에 근거하여 피해자가 입은 손해를 범죄자와 함께 회복시킬 의무가 있다. 한편 범죄의 발생은 사회구조적 원인에서 유래할 수 있다. 모든 범죄의 원인을 사회구조적 원인으로 돌리는 것도 문제가 있지만 범죄의 모든 원인을 범죄자의 개인적 성향이나 심리에서만 찾는 것도 문제가 있다. 범죄에 대한 책임에는 범죄자 개인이 아니라 사회구성원 전체가 공동으로 짊어져야 할 부분이 분명히 있다.

## Ⅱ. 범죄피해자의 인권

### 1. 범죄로부터 보호받을 권리

국가는 범죄로부터 국민을 보호해야 할 '의무'(보호의무)가 있고, 국민은 범죄로부터 국가의 보호를 받을 '권리'(보호권)가 있다.[2] 이러한 보호의무/보호권의 법리에 따라 국가는 국민의 기본권, 특히 생명과 신체의 안전에 관한 기본권을 침해하는 행위로부터 국민을 보호하는 법률을 제정해야 하고, 이러한 보호입법이 존

1) 범죄피해자의 개념과 보호필요성에 대해서는 김종세(2008), 208면 이하 참조.
2) 범죄피해자에 대한 보호를 국가의 보호의무를 근거로 설명하는 견해로 이효원(2009), 102면 이하 참조.

재하지 않을 때 국민은 국가에 대해서 보호입법의 마련을 요구할 수 있다.[3] 일반적으로 국가는 형사입법(금지와 처벌)을 통해 범죄로부터 국민을 보호한다. 형사입법은 범죄와 그에 대한 응징으로서 형벌을 규정함으로써 잠재적 범죄자들에게 일반적으로 겁을 줄 뿐만 아니라(일반예방효과) 특별히 범죄경력자에게 재범에 대한 경고를 하여(특별예방효과) 이를 통해 범죄를 예방하고자 한다.[4] 형사입법에 이러한 범죄예방효과가 실제로 있는지 여부는 차치하고, 현실적으로 발생할 수 있는 범죄행위로부터 국가는 공권력을 동원하여 잠재적 범죄피해자를 보호해야 할 의무가 있다. 그리고 잠재적 범죄피해자인 국민은 타인의 범죄로부터 자신을 보호해주도록 요구할 수 있는 권리를 가진다.

**[판례 44.1] 국가의 보호의무**

기본권 보호의무란 기본권적 법익을 기본권 주체인 **사인에 의한 위법한 침해 또는 침해의 위험으로부터 보호하여야 하는 국가의 의무**를 말하며, 주로 사인인 제3자에 의한 개인의 생명이나 신체의 훼손에서 문제되는데, 이는 타인에 의하여 개인의 신체나 생명 등 법익이 국가의 보호의무 없이는 무력화될 정도의 상황에서만 적용될 수 있다. … 그런데 국가가 국민의 생명·신체의 안전을 보호할 의무를 진다 하더라도 국가의 보호의무를 입법자 또는 그로부터 위임받은 집행자가 어떻게 실현하여야 할 것인가 하는 문제는 원칙적으로 권력분립과 민주주의의 원칙에 따라 국민에 의하여 직접 민주적 정당성을 부여받고 자신의 결정에 대하여 정치적 책임을 지는 입법자의 책임범위에 속하므로, 헌법재판소는 단지 제한적으로만 입법자 또는 그로부터 위임받은 집행자에 의한 보호의무의 이행을 심사할 수 있는 것이다. 따라서 국가가 국민의 생명·신체의 안전에 대한 보호의무를 다하지 않았는지 여부를 헌법재판소가 심사할 때에는 국가가 이를 보호하기 위하여 적어도 적절하고 효율적인 최소한의 보호조치를 취하였는가 하는 이른바 '과소보호금지원칙'의 위반 여부를 기준으로 삼아, 국민의 생명·신체의 안전을 보호하기 위한 조치가 필요한 상황인데도 국가가 아무런 보호조치를 취하지 않았든지 아니면 취한 조치가 법익을 보호하기에 전적으로 부적합하거나 매우 불충분한 것임이 명백한 경우에 한하여 국가의 보호의무의 위반을 확인하여야 하는 것이다(헌재 2009. 2. 26. 2005헌마764).

## 2. 범죄피해자구조청구권

범죄에 대한 국가의 의무는 범죄예방에 대한 의무로 끝나지 않는다. 국가는 범죄예방을 충분하게 하지 못한 책임뿐만 아니라 범죄로 인한 피해에 대한 책임

3) 보호의무의 법리 외에 범죄피해자에 대한 국가의 보호와 지원의 다양한 헌법적 근거를 제시하는 견해로 김성환(2006), 477면 이하 참조.
4) 일반예방효과 또는 특별예방효과로서 형벌의 목적에 대해서는 이 책 제7장 I. 2. 참조.

도 져야 한다. 범죄피해자는 범죄로 인해 자신의 신체와 정신 및 생명에 대한 피해를 입을 수 있다. 신체와 정신에 입은 피해는 치료와 재활을 위해 비용이 소요될 뿐만 아니라 근로능력의 감소나 상실로 이어져 소득의 감소나 상실을 야기할 수 있다. 또한 생명에 대한 피해는 피해자에 의해 생계를 유지하는 유족의 경제적 곤란으로 작용할 수 있다. 여기서 범죄피해자와 그 유족에 대한 국가의 경제적 구조가 필요하게 된다. 이에 따라 세계 각국은 범죄피해자에 대한 경제적 구조에 관한 입법을 마련하고 있다.[5)]

한국의 헌법도 범죄피해자와 그 유족에게 국가에 대해서 경제적 구조를 청구할 수 있는 권리를 기본권으로서 보장하고 있다(헌법 제30조).[6)] 이러한 '범죄피해자구조청구권'은 범죄의 피해와 관련하여 국가가 부담해야 하는 책임에 대한 '손해배상(국가배상)의 성격'과 함께 범죄의 피해로 생계가 어려워진 피해자와 그 가족에 대한 '국가지원의 성격'을 동시에 갖는다.[7)] 이러한 범죄피해자구조의 "양면성"[8)]에도 불구하고 비록 생계가 곤란하지 않은 피해자라고 하더라도 범죄의 피해로 인하여 평생 동안 신체적·정신적 상처와 함께 이에 대한 치료로 발생할 수 있는 경제적 부담을 안고 살아야 한다는 점에서 범죄피해자구조청구권의 손해배상적 성격이 강조되어야 한다고 본다. 이것은 범죄피해자나 그 가족의 경제적 사정과 상관없이 범죄피해자의 피해에 대한 국가지원이 요구된다는 것을 의미한다.

## Ⅲ. 범죄피해자의 보호 및 구조에 관한 제도

범죄피해자의 보호와 구조에 관한 권리를 구체화하는 법률로서 **범죄피해자 보호법**이 제정되어 있다.[9)] 이 법률에서 범죄피해자는 "타인의 범죄행위로 피해를

5) 범죄피해자구조에 관한 외국의 입법례에 대해서는 이건호(1999), 47면 이하; 김용세(2002), 525면 이하; 장규원(2005), 239면 이하; 김창휘(2010), 444면; 원혜욱(2017), 59면 이하 참조. 한편 범죄피해자구조제도의 역사에 대해서는 김주영(2008), 4면 이하; 황태정(2019), 143면 이하 참조.

6) 범죄피해자구조청구권의 다양한 법적 쟁점에 대한 설명으로 임종훈(2009), 399면 이하; 이효원(2009), 93면 이하 참조. 한편 헌법상 보장된 범죄피해자구조청구권의 기본권적 성격에 의문을 제기하는 견해도 있다. 류병관(2006), 37면 이하 참조.

7) 범죄피해자구조청구권의 법적 성격을 둘러싼 논란에 대해서는 송인권(2000), 6면 이하 참조.

8) 범죄피해자구조에 포함된 "범죄예방책무"와 "사회보장책무"의 "양면성"에 대해서는 최상욱(2009), 365면 이하 참조.

9) 범죄피해자 보호법은 2005년에 제정된 범죄피해자 보호법이 1987년에 제정된 범죄피해자구조법과 통합되면서 2010년에 새롭게 전부 개정된 법률이다. 범죄피해자보호법의 연혁에

당한 사람과 그 배우자(사실상의 혼인관계를 포함), 직계친족 및 형제자매"를 의미한다(동법 제3조 제1항 제1호).

## 1. 범죄피해자보호제도

**범죄피해자 보호법**은 우선 범죄피해자의 '보호'를 위한 다양한 지원책을 규정하고 있다. 국가와 지방자치단체는 무엇보다도 범죄피해자의 피해정도 및 보호·지원의 필요성 등에 따라 상담, 의료 제공, 구조금 지급, 법률구조, 취업 관련 지원, 주거지원, 그 밖에 **범죄피해자의 보호에 필요한 대책**을 마련해야 한다(동법 제7조 제1항). 또한 국가는 범죄피해자와 그 가족에게 신체적·정신적 안정을 제공하고 사회복귀를 돕기 위하여 일시적 보호시설을 설치·운영해야 하는데 이 경우 국가는 보호시설의 운영을 범죄피해자 지원법인[10] 등에 위탁할 수 있다(동법 동조 제2항). 그리고 국가는 범죄피해자와 그 가족의 정신적 회복을 위해 필요한 **상담과 치료에 관한 프로그램**을 운영해야 한다(동법 동조 제3항).

한편 국가는 범죄피해자가 해당 사건과 관련하여 수사담당자와 상담하거나 재판절차에 참여하여 진술하는 등 **형사절차상의 권리**를 행사할 수 있도록 보장해야 한다(동법 제8조 제1항).[11] 이것은 특히 헌법상 보장된 범죄피해자의 기본권(범죄피해자법정진술권: 헌법 제27조 제5항)을 구체화한 것이다. 그리고 국가와 지방자치단체는 범죄피해자의 **명예와 사생활의 평온**을 보호하기 위하여 필요한 조치를 해야 하고(범죄피해자 보호법 제9조 제1항), 범죄피해자가 형사소송절차에서 한 진술이나 증언과 관련하여 보복을 당할 우려가 있는 등 범죄피해자를 보호할 필요가 있을 경우에는 적절한 조치를 마련해야 한다(동법 동조 제2항).

---

대해서는 김창휘(2010), 457면 이하 참조. 종래의 범죄피해자보호법에 대해서는 오영근(2007), 1024면 이하 참조.

10) "범죄피해자 지원법인"이란 범죄피해자 보호·지원을 주된 목적으로 설립된 비영리법인"을 의미한다(범죄피해자 보호법 제3조 제1항 제3호).

11) 형사절차상 범죄피해자에게 보장되어야 할 권리에 대해서는 하태훈(1993), 322면 이하; 황태정(2002), 22면 이하; 김성진(2010), 2면 이하; 장승일(2010), 219면 이하 참조.

## 2. 범죄피해자구조제도

### (1) 범죄피해구조금

범죄피해자 보호법은 범죄피해자의 '구조'를 위한 정책도 제시하고 있다. 범죄피해자가 가해자로부터 피해의 전부 또는 일부를 배상받지 못하는 경우에는 **범죄피해구조금**을 청구할 수 있다(동법 제16조 제1호).[12] 이것은 앞서 언급한 것처럼 피해자의 경제적 사정과 상관없이 범죄피해에 대한 국가의 책임이 인정되어야 한다는 원칙을 입법화한 것으로 이해할 수 있다. 또한 범죄의 직접적 피해자가 아니고, 자기 또는 타인의 형사사건의 수사 또는 재판에서 고소·고발 등 수사단서를 제공하거나 진술, 증언 또는 자료제출을 하다가 피해자가 된 경우에도 범죄피해자구조금을 청구할 수 있다(동법 동조 제2호). 범죄피해구조금은 유족에게 지급되는 **유족구조금**, 범죄피해자에게 지급되는 **장해구조금**과 **중상해구조금**으로 구분된다(동법 제17조). 이 가운데 유족구조금은 범죄피해자의 사망 당시(신체에 손상을 입고 그로 인하여 사망한 경우에는 신체에 손상을 입은 당시)의 월급액이나 월실수입액 또는 평균임금에 24개월 이상 48개월 이하의 범위에서 유족의 수와 연령 및 생계유지상황 등을 고려하여 정해진다(동법 제22조 제1항). 그리고 장해구조금과 중상해구조금은 범죄피해자가 신체에 손상을 입은 당시의 월급액이나 월실수입액 또는 평균임금에 2개월 이상 36개월 이하의 범위에서 피해자의 장해 또는 중상해의 정도와 부양가족의 수 및 생계유지상황 등을 고려하여 결정된다(동법 동조 제2항). '소득이나 수입'을 기초로 구조금이 결정되는 것은 합리적이라고 볼 수 있으나 구조금의 결정에서 '부양가족이나 생계' 등이 고려되는 것은 구조금의 성격을 여전히 손해배상보다 사회복지에 초점을 맞춘 것으로서 타당하지 못하다고 보인다. 실제로 지급된 범죄피해자구조금의 현황도 범죄피해자 구조금의 지급 요건이 매우 엄격하다는 것을 보여준다([표 44.1] 참조). 한편 피해자와 가해자 사이에 일정한 친족관계가 존재하는 경우에 원칙적으로 구조금을 지급하지 않도록 규정한 것(동법 제19조 제1항)도 문제가 있다. 구체적인 친족관계에 따라 구조금을 지급해야 할 사정도 존재하기 때문이다.[13] 그밖에도 과실범의 피해자에게 구조청구권이 인정되지 않고, 변호인의 조력을 받을 권리도 보장되고 있지 않다는 점,[14] 정신적 피해에 대한 보상이 이루어지고 있다는

12) 범죄피해자구조금제도에 대한 자세한 설명은 최상욱(2009), 367면 이하; 김용세(2010), 1216면 이하 참조.

13) 같은 견해로 김혜경(2015), 137면 참조.

점[15])도 문제점으로 지적된다.

**[법령 44.1] 구조금을 지급받을 수 없는 경우**

**범죄피해자 보호법**(최근개정: 2017. 3. 14. 법률 제14583호)

**제19조 (구조금을 지급하지 아니할 수 있는 경우)**

① 범죄행위 당시 구조피해자와 가해자 사이에 다음 각 호의 어느 하나에 해당하는 친족관계가 있는 경우에는 구조금을 지급하지 아니한다.
1. 부부(사실상의 혼인관계를 포함한다)
2. 직계혈족
3. 4촌 이내의 친족
4. 동거친족

② 범죄행위 당시 구조피해자와 가해자 사이에 제1항 각 호의 어느 하나에 해당하지 아니하는 친족관계가 있는 경우에는 구조금의 일부를 지급하지 아니한다.

③ 구조피해자가 다음 각 호의 어느 하나에 해당하는 행위를 한 때에는 구조금을 지급하지 아니한다.
1. 해당 범죄행위를 교사 또는 방조하는 행위
2. 과도한 폭행·협박 또는 중대한 모욕 등 해당 범죄행위를 유발하는 행위
3. 해당 범죄행위와 관련하여 현저하게 부정한 행위
4. 해당 범죄행위를 용인하는 행위
5. 집단적 또는 상습적으로 불법행위를 행할 우려가 있는 조직에 속하는 행위(다만, 그 조직에 속하고 있는 것이 해당 범죄피해를 당한 것과 관련이 없다고 인정되는 경우는 제외한다)
6. 범죄행위에 대한 보복으로 가해자 또는 그 친족이나 그 밖에 가해자와 밀접한 관계가 있는 사람의 생명을 해치거나 신체를 중대하게 침해하는 행위

④ 구조피해자가 다음 각 호의 어느 하나에 해당하는 행위를 한 때에는 구조금의 일부를 지급하지 아니한다.
1. 폭행·협박 또는 모욕 등 해당 범죄행위를 유발하는 행위
2. 해당 범죄피해의 발생 또는 증대에 가공(加功)한 부주의한 행위 또는 부적절한 행위

⑤ 유족구조금을 지급할 때에는 제1항부터 제4항까지의 규정을 적용할 때 "구조피해자"는 "구조피해자 또는 맨 앞의 순위인 유족"으로 본다.

⑥ 구조피해자 또는 그 유족과 가해자 사이의 관계, 그 밖의 사정을 고려하여 구조금의 전부 또는 일부를 지급하는 것이 사회통념에 위배된다고 인정될 때에는 구조금의 전부 또는 일부를 지급하지 아니할 수 있다.

⑦ 제1항부터 제6항까지의 규정에도 불구하고 구조금의 실질적인 수혜자가 가해자로 귀착될 우려가 없는 경우 등 구조금을 지급하지 아니하는 것이 사회통념에 위배된다고 인정할 만한 특별한 사정이 있는 경우에는 구조금의 전부 또는 일부를 지급할 수 있다.

---

14) 이공주(2016), 144면 이하 참조.

15) 원혜욱(2017), 82면 이하 참조.

### (2) 구조금지급절차

범죄피해구조금을 받으려는 사람은 그 주소지, 거주지 또는 범죄 발생지를 관할하는 지방검찰청에 설치된 '범죄피해구조심의회'(지구심의회)에 신청해야 한다(범죄피해자 보호법 제25조 제1항). 신청을 받은 지구심의회는 구조금을 지급하거나(지급한다는 결정을 하는 경우에는 그 금액을 정하는 것을 포함) 지급하지 않는다는 결정을 신속하게 내려야 한다(동법 제26조). 지구심의회에서 구조금 지급신청을 기각(일부기각된 경우를 포함) 또는 각하하면 신청인은 그 지구심의회를 거쳐 본부심의회에 '재심'을 신청할 수 있고(동법 제27조 제1항), 신청을 받은 본부심의회는 심의를 거쳐 다시 구조결정을 내려야 한다(동법 동조 제3항). 한편 지구심의회는 구조금 신청을 받았을 때 구조피해자의 장해 또는 중상해 정도가 명확하지 않거나 그 밖의 사유로 인하여 신속하게 결정을 할 수 없는 사정이 있으면 신청 또는 직권으로 '긴급구조금'을 지급하는 결정을 할 수도 있다(동법 제28조 제1항). 장애나 상해의 정도는 판단이 쉽지 않고, 범죄피해자에 대한 지원은 신속성이 핵심이라는 점에서 긴급구조금 지급의 요건을 너무 엄격하게 해석하지 않음으로써 이 제도를 활성화할 필요가 있다.

**[표 44.1] 범죄피해구조금 예산 및 지급 현황** (단위: 천원)

| 연도 \ 구분 | 예산 | 합계 | | 유족구조금 | | 장해구조금 | | 중상해구조금 | |
|---|---|---|---|---|---|---|---|---|---|
| | | 건수 | 지급액 | 건수 | 지급액 | 건수 | 지급액 | 건수 | 지급액 |
| 2008 | 1,878,388 | 155 | 1,411,000 | 141 | 1,345,000 | 14 | 66,000 | – | – |
| 2009 | 2,246,220 | 205 | 2,204,833 | 196 | 2,158,333 | 9 | 46,500 | – | – |
| 2010 | 3,268,220 | 209 | 3,416,782 | 196 | 3,299,614 | 13 | 117,168 | – | – |
| 2011 | 9,305,000 | 287 | 5,410,033 | 242 | 4,991,479 | 22 | 250,361 | 23 | 168,193 |
| 2012 | 9,584,000 | 291 | 6,250,686 | 244 | 5,664,511 | 18 | 421,426 | 29 | 164,749 |
| 2013 | 7,358,000 | 312 | 7,912,273 | 227 | 6,796,756 | 32 | 751,881 | 53 | 363,636 |
| 2014 | 7,728,000 | 331 | 7,070,624 | 233 | 6,056,915 | 28 | 541,441 | 70 | 472,268 |
| 2015 | 9,029,000 | 382 | 9,770,720 | 240 | 8,281,652 | 31 | 510,493 | 111 | 978,575 |
| 2016 | 9,842,000 | 279 | 9,257,268 | 198 | 8,080,208 | 26 | 760,835 | 55 | 416,225 |
| 2017 | – | 264 | 9,289,429 | 186 | 8,014,256 | 21 | 854,778 | 57 | 420,395 |
| 2018 | – | 248 | 10,175,047 | 188 | 9,234,467 | 24 | 736,133 | 36 | 204,445 |
| 2019 | – | 305 | 11,516,297 | 185 | 9,278,850 | 34 | 1,140,317 | 86 | 1,097,129 |
| 2020 | – | 206 | 9,567,057 | 145 | 8,214,365 | 27 | 985,276 | 34 | 367,416 |

자료: 법무부 인권국(www.hr.go.kr) 및 통계청 e-나라지표(www.index.go.kr), <연도별 범죄피해구조금 지급 현황>(2008~2020).

### 3. 범죄피해자보호기금

범죄피해자의 보호와 구조에 필요한 자금을 조성하기 위하여 정부는 '기금'을 설치해야만 한다(범죄피해자보호기금법 제3조).16) 이러한 범죄피해자보호기금은 법무부장관이 관리・운용하고(동법 제5조 제1항), 기금의 관리운용에 필요한 사항을 심의하기 위하여 '범죄피해자보호기금심의위원회'를 둔다(동법 제7조 제1항).17) 범죄피해자의 보호와 구조에 관한 구체적 내용은 현실적으로 재정에 의존할 수밖에 없으므로 정부는 범죄피해자보호기금의 안정적 확보와 효율적 관리・운용에 노력할 필요가 있다.

## Ⅳ. 범죄 없는 사회보다 범죄에 함께 책임지는 사회

범죄 없는 사회가 가장 이상적이다. 하지만 굳이 성악설(性惡說)을 믿지 않더라도 범죄 없는 사회는 현실적으로 불가능해 보인다. 인간이 천성적으로 선할 수 있지만 인간은 완전하지 않고, 실수할 수 있기 때문이다. 더욱이 인간은 사회적 환경의 영향으로부터 자유로울 수 없고, 누구나 범죄를 저지를 수밖에 없는 구조적 상황(궁지)에 처할 수도 있기 때문이다. 범죄 없는 사회를 꿈꾸는 사람들은 대체로 범죄의 책임을 오로지 범죄자에게만 돌리려 하고, 범죄자의 악한 본성을 개조하려 든다. 그럴수록 형벌만 강화되고, 어쩔 수 없이 발생할 수밖에 없는 범죄의 피해자는 뒷전으로 방치되고 만다. 반면에 범죄 없는 사회의 실현불가능성을 믿는 사람들에게 형벌의 강화만이 능사는 아니다. '범죄 없는 사회'가 아니라 '범죄를 만들어내지 않는 사회', 인간의 악한 본성을 개조하는 것이 아니라 인간의 악한 본성이 자극되지 않는 사회적 환경을 조성하는 것이 그들에게 중요하다. 더 중요한 것은 필연적으로 발생할 수밖에 없는 범죄의 피해자를 단지 '운이 없는 사람'으로 방치하지 않고, 사회적으로 관심을 갖고 돕는 일이다. 이것은 범죄에 대한 책임을 오로지 범죄자에게만 전가하는 것이 아니라 사회구성원 모두가 함께 부담하는 것으로부터 출발한다. 어떤 상황에서는 누구나 범죄자가 될 수 있기 때문이다. 같은 맥락에서 1985년 유엔총회에서 의결된 '범죄피해자와 권리남용에 관한 사법의 기본원칙 선언(Declaration of Basic Principles of Justice for Victims of Crime and Abuse of Power)'

16) 범죄피해자보호기금에 대한 자세한 설명은 원혜욱(2020), 178면 이하 참조.
17) 범죄피해자보호기금법의 문제점에 대해서는 김용세(2010), 1236면 이하 참조.

도 범죄피해자가 신체적 또는 정신적 피해를 입은 경우에 본인과 그 가족에 대한 국가의 보상을 강조하면서 범죄피해자에 대한 보상을 위한 기금의 조성이 필요하다는 점을 확인하고 있다.[18] 또한 그런 이유로 누구도 범죄의 피해자가 될 수 있기 때문이다. 여기에 범죄자에 대한 처벌보다 피해자에 대한 지원과 이를 통한 피해의 회복 및 가해자와 피해자의 화해가 강조되는 "회복적 사법(restorative justice)"[19]이 주목받는 이유가 있다.

### 토론문제

1. 범죄피해에 대한 배상책임은 가해자인 범죄자에게만 있는가?
2. 국가가 왜 범죄피해에 대한 배상책임을 져야 하는가?(국가배상적 책임 또는 사회복지적 책임)
3. 외국인도 범죄피해에 대한 보상을 받을 수 있는가?

### 내 입장은?

1. 범죄피해에 대한 배상책임은 가해자인 범죄자만 져야 한다.
2. 국가는 생계가 어려운 범죄피해자에 대한 최소한의 배상책임만을 진다.
3. 국가는 생계가 어려운 범죄피해자에 대해서 최대한의 배상을 해야 한다.

---

18) 범죄피해자와 권리남용에 관한 사법의 기본원칙 선언 제12조: 범죄자 또는 그 밖의 재원에 의한 보상이 충분하지 않은 경우에 국가는 (a) 중대한 범죄의 결과로 심각한 신체적 부상 또는 신체적이나 정신적 건강에 대한 손상을 입은 범죄피해자, (b) 가족, 특히 그러한 범죄로 결과로 사망하거나 신체적 또는 정신적 능력을 상실한 사람의 피부양자에게 재정적 보상을 지급하도록 노력해야만 한다(When compensation is not fully available from the offender or other sources, States should endeavour to provide financial compensation to: (a) Victims who have sustained significant bodily injury or impairment of physical or mental health as a result of serious crimes; (b) The family, in particular dependants of persons who have died or become physically or mentally incapacitated as a result of such victimization).
제13조: 범죄피해자의 보상을 위한 국가기금의 설립, 강화, 확충은 바람직하다. 여건만 된다면 이러한 목적을 위하여 다른 기금의 설립도 역시 가능한데 여기에는 범죄피해자가 국민인 해당 국가가 범죄피해자의 피해를 보상하는 지위에 있지 않은 경우를 포함된다(The establishment, strengthening and expansion of national funds for compensation to victims should be encouraged. Where appropriate, other funds may also be established for this purpose, including in those cases where the State of which the victim is a national is not in a position to compensate the victim for the harm).

19) 회복적 사법에 대해서는 김용세(2004), 29면 이하; 박광섭(2007), 381면 이하 참조.

4. 국가는 모든 범죄피해자에 대한 최소한의 배상책임을 져야 한다.
5. 국가는 모든 범죄피해자에 대해서 최대한의 배상을 해야 한다.

## 참고문헌

강동욱(2014), 범죄피해자보호와 피해자변호사제도, ≪한양법학≫(한양법학회), 통권 제45집, 199~224면.

김성진(2004), 형사절차상 범죄피해자 권리보호에 관한 연구, ≪법과 정책연구≫(한국법정책학회), 제4집 제1호(2004), 261~279면.

김성환(2006), 범죄피해자지원의 헌법적 근거, ≪헌법학연구≫(한국헌법학회), 제12권 제5호(2006), 463~492면.

김용세(2002), 범죄피해자구조제도에 관한 소고, ≪비교형사법연구≫(한국비교형사법학회), 제4권 제2호(2002), 523~551면.

김용세(2004), 회복적 사법의 개념과 활용가능성에 관한 소고 회복적 사법의 개념과 활용가능성에 관한 소고, ≪피해자학연구≫(한국피해자학회), 제12권 제2호(2004), 27~52면.

김용세(2010), 새로운 범죄피해자구조제도(2010. 5. 14)의 내용과 한계, ≪법과 정책연구≫(한국법정책학회), 제10집 제3호(2010), 1215~1241면.

김종세(2008), 범죄피해자에 대한 국가의 보호책무, ≪한양법학≫(한양법학회), 제22집(2008), 2051~228면.

김주연(2008), 범죄피해자 복지와 관련한 구조제도의 역사와 이론적 근거에 관한 고찰, ≪피해자복지연구≫(한국피해자복지학회), 제1호(2008), 1~32면.

김창휘(2010), 범죄피해자에 대한 국가의 보호, ≪토지공법연구≫(한국토지공법학회), 제50집(2010), 437~475면.

김혜경(2015), 범죄피해자 구조금지급의 법적 개선방안－헌법상 범죄피해자구조청구권의 본질과의 상관성을 중심으로－, ≪형사정책연구≫(한국형사정책연구원), 제26권 제1호(2015), 115~150면.

김혜정/강승기(2014), 범죄피해자보호법상 범죄피해자구조제도의 문제점과 개선방안, ≪영남법학≫(영남대학교 법학연구소), 제38호(2014), 1~20면.

류병관(2006), 형사절차상 범죄피해자권리의 헌법적 보장에 관한 연구, ≪피해자학연구≫(한국피해자학회), 제14권 제1호(2006), 23~45면.

박광섭(2007), 북미의 회복적 사법에 대한 고찰, ≪피해자학연구≫(한국피해자학회), 제15권 제2호(2007), 579~600면.

송인권(2000), 범죄피해자구조청구권의 본질적 특성과 보호입법의 범위, ≪법학연구≫(충남대학교 법학연구소), 제11권 제1호(2000), 319～356면.

오영근(2007), 범죄피해자보호법의 효율적 시행방안, ≪형사정책연구≫(한국형사정책연구원), 제18권 제3호(2007), 1021～1046면.

원혜욱(2017), 범죄피해자 보호・지원제도의 개선방안, ≪피해자학연구≫(한국피해자학회), 제25권 제3호(2017), 57～88면.

원혜욱(2020), 범죄피해자보호기금제도의 개선방안, ≪피해자학연구≫(한국피해자학회), 제28권 제2호(2020), 171～217면.

이건호(1999), ≪범죄피해자구조제도에 관한 연구>(한국형사정책연구원), 1999.

이공주(2016), 범죄피해자 구조청구권 강화에 관한 연구－범죄피해자보호법을 중심으로, ≪법학연구≫(한국법학회), 제64권(2016), 135～157면.

이효원(2009), 범죄피해자의 헌법상 기본권보호, ≪서울대학교 법학≫(서울대학교 법학연구소), 제50권 제4호(2009), 81～109면.

임종훈(2009), 범죄피해자구조청구권에 관한 고찰, ≪헌법학연구≫(한국헌법학회), 제15권 제4호(2009), 397～420면.

장규원(2005), 우리나라 범죄피해자 지원제도의 발전방향 우리나라 범죄피해자 지원제도의 발전방향, ≪피해자학연구≫(한국피해자학회), 제13권 제1호(2005), 235～262면.

장승일(2010), 형사절차상 범죄피해자 권리보호에 관한 연구, ≪법학연구≫(한국법학회), 제37집(2010), 217～235면.

최상욱(2009), 범죄피해자구조법의 몇 가지 쟁점, ≪비교형사법연구≫(한국비교형사법학회), 제11권 제1호(2009), 363～386면.

하태훈(1993), 범죄피해자의 형사절차상의 지위와 권리, ≪안암법학≫(안암법학회), 제1호(1993), 310～337면.

황태정(2006), ≪범죄피해자보호 관련법제 개선방안 연구≫(한국형사정책연구원), 2006.

황태정(2019), 헌법정신과 범죄피해자 보호, ≪피해자학연구≫(한국피해자학회), 제27권 제2호(2019), 137～157면.

# 제45장
# 문민의 시대에 군인의 인권

"제복 입은 시민"으로서 군인은 직업군인이든 징집군인이든 상관없이
다른 모든 시민과 동일한 인권과 기본적 자유를 향유할 권리를 가진다.
≪유럽안보·협력기구 군인기본인권지침서 서문 중에서≫
As "citizens in uniform", armed forces personnel
–whether they are career servicemen or –women or conscripts–
are entitled to the same human rights
and fundamental freedoms as all other citizens.
≪OSCE Handbook on Human Rights
and Fundamental Freedoms of Armed Forces Personnel≫

군기가 세기로 소문난 해병대에서 부대장이 병사를 성폭행했단다. 영리한 언론은 성폭행보다 동성애코드를 강조하며 독자의 관음증을 자극한다. 성폭행의 폭력성은 어느새 사라지고 그 자리에 대중의 가십거리만 남는다. 솔직한 대중은 호기심 가득 찬 눈으로 묻는다. 남자들끼리의 섹스도 강간이 되나요?

군대에서 읽어서는 안 되는 금서(禁書)의 목록이 화제다. 어떤 사람들은 그 목록을 찾아 일부러 서점을 찾기도 한다. 병영 내 금서가 베스트셀러가 되는 시대라면 군인에게 모든 베스트셀러의 독서를 금하라! 그런데 군인이 언제부터 오로지 '사람'만이 향유하는 인권의 주체가 되었지?

문민(文民)의 시대에 군대는 더 이상 성역(聖域)이 아니다. 오로지 '국토방위'라는 신성한 역무(聖役)만 있을 뿐이다. 군인은 거룩한 임무를 부여받은 자이기에 마치 성직자처럼 금욕이나 심지어 굴욕까지 강요당해야 하는가? 아니면 군인도 똑같은 인간이므로 민간인과 동일한 자유와 권리를 향유할 수 있어야 하는가? 제복(군복)만 벗으면 시민(국민)으로 돌아가는 군인도 사람대접을 받을 수 있는지에 대해서 함께 생각해보도록 한다.

## Ⅰ. 특별한 권력관계? No! 특수한 신분? Yes!

국민은 국가의 '명령'에 대해서 '복종'해야 하므로 국민과 국가는 서로 권력(명령·복종)관계에 놓여 있다. 여기서 명령은 좁은 의미의 명령(작위의 명령: '해라')과 금지(부작위의 명령: '하지 마라')를 포함하는 개념으로 법령을 통해 강제되는 '의무(obligation)'를 의미한다. 국민과 국가 사이에 일반적으로 존재하는 이러한 권력관계에 따라 국가는 법령으로 일정한 행위를 명령하거나 금지함으로써 국민에게 의무를 부과하고, 국민은 이러한 의무를 이행해야 하는 부담을 지게 된다. 국민과 국가 상호간에 존재하는 이러한 관계를 '일반적 권력관계'라고 부른다. 그런데 일반 국민과는 달리 군인, 경찰, 공무원, 수형자, 학생 등은 일반 국민보다 더 많은 생활영역에서, 더 높은 강도로 국가의 명령에 복종해야 되는 '특별한 권력관계'에 놓여 있다고 생각되었다(**특별권력관계이론**).[1] 이에 따라 국가와 특별한 권력관계를 맺는 집단의 구성원들은 일반 국민들이 통상적으로 향유하는 인권을 광범위하고도 심각하게 제한받을 수밖에 없었다.

여기서 군인, 경찰, 공무원, 수형자, 학생 등과 같은 '특수한 신분'을 가진 사람들도 원칙적으로 일반 국민과 동일하게 인권의 주체가 되고, 다만 그들의 특수한 신분에서 유래하는 공익적 요청에 따라 예외적으로 일반 국민과 다르게 취급될 수 있다는 생각이 탄생하게 되었다(**특수한 신분이론**). 이러한 생각이 종래의 생각과 다른 결정적인 차이는 특수한 신분에 해당하는 집단의 인권에 대해서 가해지는 제한이 '어떠한 경우에도 포괄적으로' 허용되는 것이 아니라 '사안에 따라 개별적으로만' 허용될 수 있다는 데 있다. 이와 같은 '합리적인 인권이론'에 따를 때 특수한 신분을 가진 집단에 대해서 부과되는 모든 명령(기본권제한)이 무조건 정당하여 언제나 복종이 요구되는 것은 아니다. 이들에 대한 명령은 설치 목적, 예를 들어 군대의 경우에는 국가안전보장과 국토방위(헌법 제5조 제2항)에 비추어 합리적인 범위 안에 있는 경우에만 복종을 요구할 수 있는 정당한 것이 된다.[2] 이러한 합리적인 인권이론의 관점으로 군대에서 제기되는 다양한 이슈를 검토해보기로 한다.

---

1) 특별권력관계이론에 대해서는 이강혁(1982), 56면 이하; 정하중(1994), 118면 이하; 오동석(2010), 130면 이하; 특히 수형자를 중심으로 한 특별권력관계이론에 대해서는 조준현(2004), 37면 이하 참조.

2) 이러한 내용을 '비례성원칙'의 관점에서 이해하는 견해는 타당하다. 이러한 견해로 이계수(2005), 172면 참조.

## Ⅱ. 군인의 복무에 관한 포괄적 위임의 문제

군인은 더 이상 국가에 대해서 포괄적인 명령·복종의 관계에 놓여 있지 않다는 기본적인 관점에서 볼 때 현재 가장 문제가 되는 것은 군인의 복무에 관한 법률의 규정이다. 군인의 인권을 구체적으로 제한하는 것이 군인의 복무에 관한 규정이기 때문이다. 군인의 복무를 규율하고 있는 구 군인사법은 군인의 복무에 대해서는 대통령령에서 규정하도록 위임하고 있다(동법 제47조의2). 따라서 일단 기본권에 대한 제한을 반드시 법률로써(법률에 의하여 또는 법률에 근거해서)만 하도록 요구하는 헌법적 요청인 **법률유보원칙**(헌법 제37조 제2항)에 위반되지 않는 것으로 보인다. 하지만 법률이 행정입법(시행령 또는 시행규칙)에 위임할 때는 반드시 '구체적으로 범위를 정해서'만 가능하도록 요구하는 헌법적 요청인 **포괄위임입법금지원칙**(헌법 제75조 및 제95조)에 위반된다. 군인의 복무를 규율함으로써 군인의 기본권을 제한하는 법률적 근거인 군인사법의 규정에서는 행정입법에서 군인의 복무가 어떠한 내용으로 규정될 것인지를 전혀 예측할 수가 없기 때문이다.[3] 이것은 군인의 복무를 구체적으로 규율하게 될 행정입법인 대통령령(시행령)에서 어떠한 내용도 포함될 수 있도록 '백지위임'한 것을 의미한다. 이러한 사실을 확인해주는 것은 대통령령인 구 군인복무규율(2016. 6. 28. 폐지 대통령령 제27263호)이다. 구 군인복무규율은 군인의 복무를 구체적으로 규율하면서 군인의 인권에 대한 침해의 소지가 있는 많은 규정들을 포함하고 있을 뿐만 아니라 심지어 군인의 복무에 관한 많은 사항을 국방부령(시행규칙)에 '재위임'하고 있다. 따라서 군인의 복무를 규율하는 법률인 군인사법은 군인의 복무에 관한 내용을 명확하게 한계짓는 규정으로 개정될 필요가 있었다. 이러한 명확한 한계설정을 통해서만 군인의 복무라는 명목으로 군인의 인권이 심각하게 침해되는 일을 원천적으로 예방할 수 있다. 그럼에도 불구하고 헌법재판소는 군인의 복무에 관한 군인사법의 규정이 포괄위임입법금지원칙을 위반하지 않았다고 판시하였다(아래 [판례 45.1] 참조). 이후 구 군인사법 제47조는 삭제되었고 2015년에 **군인의 지위 및 복무에 관한 기본법**(최근개정: 2019. 11. 26. 법률 제16584호, 이하 '**군인복무기본법**')이 제정되었다.

---

3) 같은 취지로 헌재 2010. 10. 28. 2007헌마890결정에서 이강국 재판관의 반대의견 참조: "병역의무를 수행하는 국군 장병들은 헌법상의 의무를 성실히 이행하고 있는 선량한 국민으로서 국가는 이들의 기본권이 자의적으로 제한되지 아니하도록 하여야 함에도 불구하고, 군인사법 제47조의2는 '군인의 복무'라는 광범위하고 기본권 제한의 문제가 제기될 수 있는 분야에 관하여 아무런 한정도 하지 않은 채 대통령령에 위임하고 있어 포괄위임입법금지원칙에 위반되며, ⋯."

**[법령 45.1] 군인의 복무**
**군인사법** (최근개정: 2021. 4. 13. 법률 제18000호)
**제47조의2** 삭제

**구 군인사법**(2015. 12. 29. 법률 제13631호로 개정된 것)
**제47조의2 (복무규율)**
군인의 복무에 관하여 이 법에 규정한 것을 제외하고는 따로 대통령령으로 정하는 바에 따른다.

**[판례 45.1] 군인의 복무에 관한 법률의 위헌성**

군인사법 제47조의2는 헌법이 대통령에게 부여한 군통수권을 실질적으로 존중한다는 차원에서 군인의 복무에 관한 사항을 규율할 권한을 대통령령에 위임한 것이라 할 수 있고, 대통령령으로 규정될 내용 및 범위에 관한 기본적인 사항을 다소 광범위하게 위임하였다 하더라도 포괄위임금지원칙에 위배된다고 볼 수 없다(헌재 2010. 10. 28. 2008헌마638).

## Ⅲ. 구타의 문제

### 1. 원 칙

한국 사회에서 발생하는 모든 폭력적 문화의 온상으로 군대가 지목되곤 한다.[4] 그만큼 군대는 구타로 대표되는 폭력이 일상화되어 있었다.[5] 구타는 인간이 존엄하기 위해 인정되어야 하는 가장 기본적인 가치(인권)인 신체적 완전성(불훼손성)에 대한 침해를 의미하는 폭력이다. 인간은 누구나 자신의 **신체적 완전성을 침해받지 않을 권리**를 향유한다.[6] 따라서 신체에 대한 폭력은 법적으로 금지되어 있고, 형사상 처벌이 가해지는 범죄다. 이러한 범죄행위가 군대라는 이름으로 정당화될 수는 없다. 군대가 비록 전투를 목적으로 존재하는 집단이더라도, 따라서 엄격한 상명하복(위계질서)이 요구되는 집단이더라도 통상적인 병영생활을 법령이 아니라 폭력으로 규율해서는 안 되기 때문이다. 결국 군대 내의 구타도 폭력이

---

4) 군대 내 폭력문화에 대한 실증적 분석으로 윤민재(2008), 81면 이하 참조. 이 분석에 따르면 군대 내 폭력은 대체로 구타, 언어폭력, 성폭력(성희롱, 성추행 포함)으로 나타나고 있다.
5) 구타와 함께 '언어폭력'을 군대 내 폭력의 대표적 예로 들기도 한다. 송기춘(2010), 250면 참조.
6) 신체적 완전성에 관한 권리가 문제되는 사회적 이슈로 이 책 제3장(장기이식)과 제24장(체벌) 및 제45장(운동선수에 대한 구타) 참조.

고, 범죄행위다. 특히 군대 내 구타는 피해자의 자살[7]이나 가해자에 대한 보복(총기난사 또는 수류탄투척)으로 이어진다는 점에서 엄격한 규제가 필요하다. 심지어 구타의 피해자가 사망한 원인이 자살로 처리됨으로써 피해자의 가족으로부터 사망원인에 대한 의문이 제기되는 이른바 '의문사'도 종종 발생한다는 점에서[8] 구타의 근절을 위한 근본적인 법적 대책이 요구된다. 군인복무기본법에서도 구타를 포함한 모든 '사적 제재'를 금지하고 있다(동법 제26조).

**[법령 45.2] 구타 · 폭언 및 가혹행위 등의 금지: 군인복무기본법**(최근개정: 2019. 11. 26. 법률 제16584호)

**제26조 (사적 제재 및 직권남용의 금지)**
군인은 어떠한 경우에도 구타, 폭언, 가혹행위 및 집단 따돌림 등 사적 제재를 하거나 직권을 남용하여서는 아니 된다.

## 2. 얼차려의 경우

군대 내에서 구타와 구별되지만 쉽게 폭력으로 전환될 수 있는 것이 얼차려(기합)다. 얼차려는 군기를 확립하거나 징계를 가할 목적에서 육체적으로 고통을 주는 행위를 의미한다. 군대 내에서 사용되는 얼차려는 일일이 열거하기 어려울 정도로 그 종류가 다양하다(예: 팔굽혀펴기, 앉았다 일어서기, 선착순 달리기, 쪼그려 뛰기, 머리박기, 완전군장구보, 호파고 메우기 등[9]). 문제는 얼차려가 군기확립이나 징계의 목적이 아닌 다른 목적으로, 특히 상급자가 사적인 감정을 풀기 위해 사용되거나 얼차려를 하급자가 감당할 수 없을 만큼 가혹한 정도로 부과하는 경우다. 사실 목적과 방법이 정당한 얼차려와 부당한 얼차려는 구분하기 힘든 경우가 많다. 따라서 정당한 얼차려의 목적과 방법이 규정으로 명시되어 일반인도 알 수 있도록 공개되어야 하고,[10] 하급자가 받은 얼차려에 대해서 그 부당성을 판단받을 수 있는 절차가 보장되어야 하며, 부당한 얼차려를 부과한 상급자에 대해서 징계나 처벌을 요구할 수 있는 절차가 보장되어야 한다. 그리고 더 중요한 것은 얼차려의

7) 군대 내 자살자의 숫자는 2005년에 64명, 2006년에 77명, 2007년에 80명이라는 통계가 있다, 권인숙(2009), 188면.
8) 군대 내 의문사의 문제에 대해서는 이계수(2009), 337면 이하 참조.
9) 군대 내 얼차려가 학생들에게 부과되는 체벌과 유사한 것은 군대의 문화가 학교로 전이된 것으로 이해될 수 있다. 학생에 대한 체벌의 문제와 관련해서는 이 책 제24장 참조.
10) 정당한 얼차려의 목적과 방법에 대해서는 '육군규정'에 명시되어 있는 것으로 알려져 있으나 현재는 일반인이 이 규정의 내용을 알 수 없도록 군사비밀로 되어 있다.

부당성에 대한 심사나 부당한 얼차려를 부과한 상급자의 징계나 처벌에 관한 절차를 요구하거나 거기에 참여했다는 이유로 불이익(보복)을 받지 않도록 보호하는 제도의 보장이다.

**[판례 45.2] 부당한 얼차려**

하사 배○○이 총검술교육 중 동작이 일치하지 않는다는 이유로 소대원을 상대로 하여 손등을 지면에 대고 팔굽혀펴기, 그리고 속칭 한강철교 등의 얼차려에 규정되지 않은 제재행위를 약 5분내지 10분 정도 시킨 다음 약 40내지 50미터 정도 떨어진 곳을 왕복하게 하는 이른바 선착순 구보를 2회에 걸쳐 명령하고 자신이 선두에 섰다고 인정할 자료가 없는 사안이라면 전체적으로 볼 때 그 내용에 있어서 정당한 얼차려가 아닌 가혹행위에 해당된다고 볼 것이고, 그 중 마지막 선착순 구보만을 떼어내어 정당한 얼차려 교육의 범주에 든다고 할 수는 없다(헌재 1989. 10. 27. 89헌마56).

## Ⅳ. 종교행사 참여강요의 문제

병사들에게 정서안정과 인성함양을 목적으로 종교행사에 참여하도록 강요한 행위도 문제가 된다.[11] 종교의 자유는 인간의 기본적 권리 가운데 하나로 기본적으로 특정한 종교를 가질 자유(종교선택의 자유)와 어떠한 종교도 갖지 않을 자유(무종교의 자유)를 포함한다.[12] 따라서 종교행사 참여강요는 '무종교의 자유(종교를 갖지 않을 자유)'를 침해한다. 폐쇄된 공간에서 힘든 전투훈련을 받아야 하는 군인들, 특히 장교가 아닌 병사들은 정신적 위안과 육체적 휴식을 위해 종교의식에 참여하게 되는데 이러한 참여가 상당 부분 군대라는 상황(환경)에 의해 결정된 것은 사실이지만 적어도 자발적으로 이루어지는 한에서 종교의 자유를 침해한다고 볼 수는 없다. 그러나 상황을 이유로, 정확히 말하자면 어떠한 상황으로 인해 왜곡될 수 있는 정서나 인성의 교정을 목적으로 병사들에게 종교를 갖도록, 그리고 그러기 위해 종교행사에 참여하도록 강요하는 것은 병사들의 종교의 자유를 침해한다. 목적 자체는 충분히 정당하다고 평가되지만 그러한 목적을 실현하기 위해 사용되는 수단으로 인해 병사들에게 보장되어야 할 종교의 자유가 심각하게 침해되기 때문이다(비례성원칙 위반). 더욱이 병사들에 대한 종교행사 참여강요는 특정한 종교에 기반하여 설립된 사립학교들이 학생들에 대해서 종교행사에 참여하도록 강

11) 국가인권위원회 2010. 8. 12. 권고 참조.

12) 종교의 자유에 대해서는 이 책 제12장 II. 참조.

요하는 것보다[13] 문제가 훨씬 심각하다. 사립학교의 경우에는 어쨌든 학교에 보장된 종교의 자유에 근거하여 강요행위의 정당성을 주장할 수 있지만 '국교부인 및 정교분리의 원칙'이 헌법상 요구되는 국가의 경우에는(헌법 제20조 제2항) 종교와 관련하여 엄격하게 중립성을 유지해야 하기 때문이다.

한편 비록 군대라는 특수한 상황이지만 기본적 인권에 속하는 종교의 자유는 당연히 군인에게도 보장되어야 한다. 따라서 자발적으로 종교행사에 참여하고자 하는 군인에게는 자신에게 맡겨진 임무를 수행하는 데 지장이 없는 범위 안에서 종교의 자유가 보장될 수 있도록 시간과 장소가 제공되어야 한다. 특히 기성종교뿐만 아니라 신생종교, 그리고 다수의 신도를 가지고 있는 종교(다수종교)뿐만 아니라 소속된 신도가 소수인 종교(소수종교)를 믿는 군인까지도 종교의 자유를 향유할 수 있도록 보장될 필요가 있다.

**[법령 45.3] 군인의 종교의 자유: 군인복무기본법**(최근개정: 2019. 11. 26. 법률 제16584호)

**제15조(종교생활의 보장)**

① 지휘관은 부대의 임무 수행에 지장이 없는 범위에서 군인의 종교생활을 보장하여야 한다.

② 영내 거주 의무가 있는 군인은 지휘관이 지정하는 종교시설 및 그 밖의 장소(이하 "종교시설 등"이라 한다)에서 행하는 종교의식에 참여할 수 있으며, 종교시설 등 외에서 행하는 종교의식에 참여하고자 할 때에는 지휘관의 허가를 받아야 한다.

③ 모든 군인은 자기의 의사에 반하여 종교의식에 참여하도록 강요받거나 참여를 제한받지 아니한다.

**제31조(집단행위의 금지)**

① 군인은 다음 각 호에 해당하는 집단행위를 하여서는 아니 된다.

1. 노동단체의 결성, 단체교섭 및 단체행동
2. 군무에 영향을 주기 위한 목적의 결사 및 단체행동
3. 집단으로 상관에게 항의하는 행위
4. 집단으로 정당한 지시를 거부하거나 위반하는 행위
5. 군무와 관련된 고충사항을 집단으로 진정 또는 서명하는 행위

② 군인은 사회단체에 가입하고자 하는 경우에는 국방부장관의 허가를 받아야 한다. 다만, 순수한 학술·문화·체육·친목·종교 활동을 목적으로 하는 단체 등 대통령령으로 정하는 단체의 경우에는 그러하지 아니하다.

③ 국방부장관은 제2항 단서에 따른 단체의 목적이나 활동이 군인의 의무에 위반되거나 직무 수행에 지장을 준다고 인정하는 경우에는 그 단체의 가입을 제한하거나 탈퇴를 명할 수 있다.

---

13) 사립학교의 종교행사 참여강요에 관한 문제에 대해서는 이 책 제12장 참조.

# Ⅴ. 불온서적의 문제

## 1. 불온서적금지

군대에서 읽을 수 있는 책과 읽을 수 없는 책이 구분되는가? 원칙적으로 '**독서의 자유**(책 읽을 자유)'는 일반 국민과 동일하게 군인에게도 허용되어야 한다. 독서의 자유는 모든 국민이 향유하는 **알 권리**에 포함되기 때문이다. 그렇지만 독서의 자유가 무제한의 자유는 아니다. 국가기밀에 관한 문서를 읽을 수 있는 자유가 보장되지는 않고, 청소년에게 포르노그래피를 읽을 수 있는 자유는 없다.[14] 군인의 경우에는 일반 국민보다 제한의 가능성과 정도가 상대적으로 더 클 수 있다. 하지만 군인이 책을 읽을 수 있는 자유를 제한하기 위해서는 합리적인 근거가 존재해야 한다. 군대는 전투력 향상을 위해 훈련하는 집단이므로 원칙적으로 전투력 향상에 도움이 되지 않는 책은 금지될 수 있다. 따라서 전투력의 손실과 관련이 없는 책의 금지는 정당화될 수 없다. 이것은 합리적이고 구체적인 근거 없이 '불온서적'이라는 포괄적이고 모호한 기준만으로 금서의 목록이 작성될 수 없고, 단지 정부의 정책에 비판적인 책이라고 독서가 금지될 수 없음을 의미한다.[15] 하지만 헌법재판소는 군인이 읽을 수 없는 불온서적의 소지 등을 금지하고 있는 군인복무규율이 헌법에 위반되지 않는다고 판시하였다.[16]

## 2. 물품반입금지

사실 불온서적의 문제는 군대 내 물품(책, 음식, 의류, 전자기기 등)의 반입을 일반적으로 금지하면서 허가된 물품에 대해서만 예외적으로 반입을 허용하는 원칙과 결부되어 있다. 이것은 군인(병사)을 범죄를 저지를 개연성이 높은 사람으로 취급하거나 판단이 미성숙한 미성년자로 취급하는 지휘관들의 태도를 잘 보여준다. 하지만 지휘관과 마찬가지로 일반 군인도 충분히 이성적 판단이 가능한 인간이라는 점을 고려한다면 군대 내 물품반입과 관련된 원칙도 군대 내 질서와 보안의 유지를 위해 반드시 반입이 금지되어야 하는 물품인 경우를 제외하고 일반적으로 반입을 허용하는 방향으로 개선될 필요가 있다.

---

14) 포르노그래피의 법적 문제에 대해서는 이 책 제14장 참조.
15) 불온서적 지정의 다양한 문제점에 대해서는 이재승(2009), 58면 이하 참조.
16) 헌재 2010. 10. 28. 2008헌마638 참조.

**[법령 45.4] 불온서적의 금지: 군인복무기본법**(최근개정: 2019. 11. 26. 법률 제16584호)
**제32조(불온표현물 소지 · 전파 등의 금지)**
군인은 불온 유인물 · 도서 · 도화, 그 밖의 표현물을 제작 · 복사 · 소지 · 운반 · 전파 또는 취득하여서는 아니 되며, 이를 취득한 때에는 즉시 상관 또는 수사기관 등에 신고하여야 한다.

**[판례 45.3] 불온서적금지의 위헌성**

[법정의견] 군인복무규율 제16조의2는 국군의 이념 및 사명을 해할 우려가 있는 도서로 인하여 군인들의 정신전력이 저해되는 것을 방지하기 위한 조항이라고 할 것이고, 규범의 의미내용으로부터 무엇이 금지되고 무엇이 허용되는 행위인지를 예측할 수 있으므로 명확성원칙에 위배되는 법령조항이라고 보기 어렵다. 군의 정신전력이 국가안전보장을 확보하는 군사력의 중요한 일부분이라는 점이 분명한 이상, 정신전력을 보전하기 위하여 불온도서의 소지 · 전파 등을 금지하는 규율조항은 목적의 정당성이 인정된다. 또한 군의 정신전력에 심각한 저해를 초래할 수 있는 범위의 도서로 한정함으로써 침해의 최소성 요건을 지키고 있고, 이 사건 복무규율조항으로 달성되는 군의 정신전력 보존과 이를 통한 군의 국가안전보장 및 국토방위의무의 효과적인 수행이라는 공익은 이 사건 복무규율조항으로 인하여 제한되는 군인의 알 권리라는 사익보다 결코 작다 할 수 없다. 이 사건 복무규율조항은 법익균형성원칙에도 위배되지 아니한다.

[재판관 이공현, 재판관 송두환의 반대의견] 이 사건 복무규율조항은 수범자인 군 장병들로 하여금 과연 어떠한 도서가 금지되는 도서인지 예측할 수 있는 기준을 제공하지 못할 뿐만 아니라, 집행기관의 자의적인 적용 가능성을 널리 열어두고 있는 조항으로서 명확성의 원칙에 위반되며, 핵심적 정신적 자유인 '책 읽을 자유'를 제한하면서 금지대상이 되는 도서의 범위를 엄격하게 한정하거나 지정권자 및 객관적 사전 심사절차를 규정하는 등 공익의 달성을 추구하면서도 기본권을 덜 제한하는 수단을 채택하지 아니한 채 자의적인 제한이 가능하도록 규정한 것으로서, **헌법상 비례의 원칙을 위반**한 것이다. 따라서 이렇게 위헌적인 복무규율조항에 근거한 '불온도서 차단' 지시 역시 위헌으로서, 아무런 심사절차를 거친 바 없이 국방부장관 등이 일정 도서를 불온도서로 지정하여 군내에서 금지함으로써 군장병들의 기본권을 직접 침해한 위헌적인 공권력 행사이므로 헌법재판소가 그 위헌성에 관한 판단을 명백히 하여야 한다(헌재 2010. 10. 28. 2008헌마638).

# Ⅵ. 성폭력의 문제

## 1. 성폭력 피해자의 성별

성폭행(강간), 성추행, 성희롱을 포괄하는 의미의 성폭력은 종래에 오직 이성간에만 발생할 수 있고, 피해자는 모두 여성이라는 것이 일반적인 생각이었다.17)

하지만 동성간에도 성폭력은 발생할 수 있고, 남성도 성폭력의 피해자가 될 수 있다. 무엇보다도 주로 남성들이 집단생활을 하는 병영에서 남성을 피해자로 하는 동성간의 성폭력이 발생할 수 있다. 여기서 성폭력을 단지 여성의 순결(정조), 특히 여성의 성기(genital organ)에 대한 침해가 아니라 성적인 의미를 가지는 원치 않는 모든 신체적 접촉이나 공격으로서 인간의 '성적 자기결정권'을 침해하는 행위로 이해할 필요가 있다.[18] 이것은 성폭력의 객체(피해자)가 여성뿐만 아니라 남성으로 확대되어야 함을 의미한다. 물론 대체로 성폭력의 대상은 여성이기 때문에 한국군대에 3천여 명 정도가 복무하고 있는 것으로 추정되는 여성 군인(주로 부사관)에게 가해질 수 있는 성폭력의 문제가 도외시될 수는 없다. 어쨌든 군대 내 성폭력은 '성군기(軍紀)사고'로 인식되고 있는데 이러한 인식으로부터 벗어나 군대 내에서 일어나는 성폭력도 우선적으로 피해자인 군인의 성적 자기결정권을 침해하는 인권침해사안으로 인식될 필요가 있다. 한편 대법원의 판례에 따르면 여성부하를 성희롱한 상급자는 현역복무 부적합자로서 전역처분이 내려질 수 있다고 한다(아래 [판례 45.4] 참조). 일반적으로 성희롱이 포함되는 것으로 이해되고 있는 성차별(sex discrimination)은 남성중심의 문화가 지배하는 군대 내에서 더욱 빈번하게 발생할 수 있다는 점에서 여성군인에 대한 성차별의 문제에 대해서도 주목할 필요가 있다.

**[판례 45.4] 부하 여군장교를 성희롱한 대대장에 대한 전역처분**

보급수송대대 대대장인 원고가 같은 소속대 행정장교인 중위를 성희롱하고 성적 접촉 등을 시도하는 등 자신의 직위를 이용하여 부하 여군장교의 성적 수치심을 유발하게 한 행위는 군인사법 제37조 제1항 제2호, 시행령 제49조 제1항 제2호, 시행규칙 제56조 제2항 제1호의 현역복무 부적합자에 해당한다는 이유로 전역심사위원회에서 원고를 전역시키기로 의결하여 국방부장관이 원고에게 전역을 명하는 처분을 한 것은 재량권을 일탈·남용한 것이 아니다(대판 2004. 4. 27. 2004두107).

## 2. 성폭력피해의 은폐와 반복

더 중요한 문제는 엄격한 상명하복의 질서가 요구되는 군대에서 성폭력이 발

17) 남성간에 발생하는 성폭력의 피해자가 스스로 피해를 감추는 중요한 이유 가운데 하나는 성폭력 피해로 인해 자신의 남성성을 상실했다는 수치심 때문이기도 한데 여기에는 성폭력 피해자가 항상 여성이라는 인식이 전제되어 있다.

18) 성적 자기결정권에 대해서는 이 책 제4장 II. 참조.

생한 경우에 피해자가 거부할 수 없거나[19] 법적 절차를 통해 구제받을 수 없게 될 가능성이 높다는 점이다. 군대 내 성폭력은 대부분 상대적으로 계급이 높은 상급자(선임병, 부사관, 장교)에 의해 저질러지기 때문에[20] 보복이나 불이익을 두려워한 하급자는 성폭력 피해를 스스로 감내하거나 은폐를 강요당하게 된다. 심지어 '군대 조직의 안정'이라는 미명하에 성폭력이 조직적으로 은폐되기도 한다. 하지만 이러한 위협이나 은폐로 성폭력이 사라질 수는 없고, 오히려 성폭력의 재발이라는 악순환이 반복될 뿐이다. 여기서 성폭력피해자에 대한 특별한 보호가 요구되고, 군대 내에서 성폭력이 발생한 경우에 피해자에게 불이익을 주거나 보복하는 행위를 처벌할 필요성도 제기된다. 더욱이 군대 내 성폭력은 애초에 상황적으로 저항이 어렵다는 점에서 군대 내 성폭력의 사회적 반가치성(죄질)을 높게 설정하여 엄격하게 처벌할 필요도 있다.

한편 대부분 상급자에 의해 저질러지는 군대 내 성폭력은 상급자가 제대할 때까지 지속적으로 반복된다는 특징을 가진다. 가해자가 제대하면 또는 제대해야 끝난다는 생각에 하급자는 성폭력에 의한 피해의 고통을 감내하게 된다. 또한 군대 내 성폭력의 또 다른 특징은 피해자이었던 하급자가 상급자가 되면 자신의 하급자에게 반복된다는 점이다.[21] 일종의 복수심으로 자신이 하급자이었을 때 당한 피해보다 더 큰 피해를 입히는 성폭력을 자신의 하급자에게 가한다는 점에서 성폭력의 악순환은 계속될 수밖에 없다. 더욱이 성폭력을 일종의 신체적 접촉에 의한 친근감의 표현이나 단순한 장난치기 정도로 이해하는[22] 병영 내 문화도 성폭력이 반복적으로 발생할 수밖에 없는 원인으로 지적될 수 있다. 그리고 많은 경우에 성폭력행위가 여러 사람이 보는 앞에서 공개적으로 이루어짐에도 불구하고[23]

19) 피해자가 거부할 수 없다는 점에서 군대 내 성폭력은 구타와 유사한 성격을 갖는다. 엄격한 위계질서하에서 하급자는 상급자의 명령에 대하여 거부하는 것이 불가능하기 때문에 하급자가 상급자의 구타를 거부할 수 없는 것처럼 상급자의 성폭력도 거부할 수 없다. 또한 같은 맥락에서 상급자는 구타와 마찬가지로 성폭력을 하급자에 대한 우위를 확인하는 수단 또는 하급자에 대한 통제를 강화하는 수단으로 사용하게 된다. 결국 구타든 성폭력이든 하급자의 신체에 대한 통제권을 확보함으로써 계급간 위계질서를 유지한다는 점에서 동일하다. 군대 내 성폭력 사건의 특징을 잘 보여주는 사례로 국가인권위원회 2010. 7. 23. 10진정0419300 결정 참조.

20) 군대 내 성폭력의 80퍼센트 이상은 상급자에 의한 것이라는 통계가 있다. 국가인권위원회(2004), 72면 이하 참조.

21) 성폭력 피해자와 가해자의 중첩성에 관한 통계는 국가인권위원회(2004), 54면 이하 참조.

22) 국가인권위원회(2004), 66면 이하 참조.

23) 군대 내 성폭력 실태조사에 따르면 군대 내에서 성폭력이 가장 빈번하게 발생하는 장소는 내무반이나 샤워실과 같은 사실상 공개된 장소이었다. 국가인권위원회(2004), 51면 이하, 58면 이하 및 84면 이하 참조.

목격자들이 어차피 신고해도 소용없다고 판단하거나 자신에게 돌아올 불이익을 두려워하여 신고하지 않은 문화[24]도 성폭력을 되풀이되도록 만든다.

이처럼 다양한 원인에서 반복되는 군대 내 성폭력의 고리를 자르기 위해서는 무엇보다도 병영 내 '성폭력이 범죄라는 인식'이 지휘관에서부터 병사에 이르기까지 확산되어야 한다. 그리고 성폭력 피해자가 최초의 피해를 당했을 때 신속하게 신고하고 보호를 받을 수 있는 제도가 필요하다. 특히 조직적 은폐가 시도될 수 있다는 점에서 사회단체나 인권단체에 의한 보호와 지원을 받을 수 있도록 제도가 개선되어야 한다. 구 군인복무규율(2015. 7. 13. 대통령령 제26394호로 개정된 것) 제25조 4항은 외부적 도움을 금지하였다가 「국가인권위원회법」등에 따라 그 해결을 요청할 수 있다고 개정하였었다. 제정된 군인복무기본법에 따르면 군인은 근무여건·인사관리 및 신상문제 등에 관하여 군인고충심사위원회에 고충의 심사를 청구할 수 있다(동법 제40조). 병영생활에서 다른 군인이 구타, 폭언, 가혹행위 및 집단 따돌림 등 사적 제재를 하거나, 성추행 및 성폭력 행위를 한 사실을 알게 된 경우에는 즉시 상관에게 보고하거나 군인권보호관 또는 군 수사기관 등에 신고하여야 하는 의무를 규정하고 있다. 또한 군인은 위와 관련된 사항에 대하여 별도로 「국가인권위원회법」, 「부패방지 및 국민권익위원회의 설치와 운영에 관한 법률」 또는 그 밖에 다른 법령에서 정하는 방법에 따라 국가인권위원회 등에 진정을 할 수 있다(동법 제43조). 하급자에서 또 다른 하급자로 이어지는 성폭력의 사슬을 끊기 위해서는 성폭력 피해자를 신속하게 발견하여 치료하고 교육할 필요도 있다. 그 밖에 성폭력행위는 계급의 고하를 막론하고 반드시 처벌받는다는 관행의 확립, 그리고 성폭력 목격자가 아무런 불이익을 받음이 없이 신고할 수 있도록 비밀을 유지해 주는 절차의 마련도 요구된다.

### 3. 성폭력피해자의 치료

단 1회의 성폭력피해만으로 피해자는 회복할 수 없을 정도의 심각한 정신적 상처를 입을 수 있다.[25] 따라서 성폭력피해자에게 가장 필요한 것은 신속하고 지속적인 치료의 제공이다. 이것은 성폭력피해자가 충분히 치료받지 못한 상태에서 성급하게 군대로의 복귀를 명령해서는 안 된다는 것을 의미한다. 물론 성폭력피

24) 국가인권위원회(2004), 87면 이하 참조.
25) 국가인권위원회(2004), 93면 이하, 특히 98면 이하 참조.

해의 정도는 성폭력의 유형에 따라, 그리고 피해자마다 달라질 수 있다. 어쨌든 피해자마다 성폭력피해를 치료하는 데 필요한 시간을 정확하게 판단하여 충분한 시간 동안 치료가 제공되어야 한다. 그리고 성폭력피해에 대한 장기간의 치료가 필요하거나 군대로의 복귀가 어려울 정도로 심각한 정신적 피해가 있다고 판단되는 경우에는 피해자를 제대시키고, 사회에서 지속적으로 치료를 받을 수 있도록 하는 것이 합리적이다.

## Ⅶ. 동성애의 문제

동성애, 심지어 동성혼(same-sex marriage)이 법적으로 허용될 수 있다고 하더라도[26] 군대 내 동성애에 대한 허용은 논란이 될 수 있다.[27] 현행 군형법(최근개정: 2016. 5. 29. 법률 제14183호)은 현역에 복무하는 군인이나 이에 준하는 사람[28]에 대한 항문성교를 금지하면서 형사상 처벌되는 범죄로 규정하고 있다(동법 제92조의6). 여기서 우선 동성애 자체가 문제되는 것인지, 다시 말해 '군인의 동성애'가 문제되는 것인지 아니면 '군인간의 동성애'가 문제되는 것인지, 특히 근무시간에 이루어지는 군인간 동성애 또는 병역 내에서 이루어지는 군인간 동성애가 문제되는 것인지가 정리될 필요가 있다.

### 1. 군인의 동성애

일단 동성애는 개인의 성적 지향(sexual orientation)에 속하고, 성적인 문제는 비밀이 요구되는 사적인(private) 영역에 속하여 법적 금지의 대상이 될 수 없다는

---

26) 이 책 제43장 참조.

27) 군대 내에서 발생하는 남성간의 성폭력은 동성애의 문제와 반드시 일치하는 것은 아니다. 남성간 성폭력의 가해자와 피해자 가운데 일방 또는 쌍방이 동성애자인 경우에만 동성애가 원인이 될 수 있고, 양자 모두가 동성애자가 아닌 경우에는 군대라는 폐쇄적이고 위계적인 집단생활이 원인이 될 수 있다.

28) 군형법에 따르면 군인은 "현역에 복무하는 장교, 준사관, 부사관 및 병(兵)을 말한다. 다만, 전환복무(轉換服務) 중인 병은 제외"한다(동법 제1조 제2항). 군인에 준하는 사람은 "군무원, 군적(軍籍)을 가진 군(軍)의 학교의 학생·생도와 사관후보생·부사관후보생 및「병역법」제57조에 따른 재영(在營) 중인 학생, 소집되어 복무하고 있는 예비역·보충역 및 전시근로역인 군인"을 말한다(동법 동조 제3항). 군형법상 추행죄에 대해서는 이 책 제43장 [법령 43.1] 참조.

점에서[29] 비록 군인이라고 할지라도 동성애 금지의 정당성은 없다고 보인다. 특히 군인의 동성애를 형사처벌의 대상(신분범)으로 삼는 것은 과도한 형사입법으로 볼 수밖에 없다. 비록 군인이라고 하더라도 타고난 성적 지향을 이유로, 제3자의 법익을 침해하지 않는 사적인 행위를 이유로 형사상 처벌을 부과할 수는 없기 때문이다. 만약 동성애자인 군인을 처벌하려면 애인이 있는 모든 군인을 처벌해야 한다. 또한 군인이 스스로 동성애자임을 밝혔다(coming-out)는 이유로 제대를 강요받거나 어떤 목적에서건 특정한 군인이 동성애자인지 여부에 대해서 밝히도록 강제할 수는 없다. 더욱이 동성애자임을 이유로 제대를 강요하거나 동성애자임을 표명하도록 강제하는 행위는 성적 지향을 이유로 한 차별행위에 해당하기도 한다. 같은 맥락에서 이른바 '묻지도 말고, 밝히지도 마라(Don't ask and Don't tell)'는 미국의 군대 내 동성애 정책은 문제를 잠시 회피할 뿐이지 근본적으로 해결할 수 있는 처방은 아니다.[30] 묻지 않는다고 모르는 것도 아니고, 밝히지 않는다고 알려지지 않는 것도 아니기 때문이다. 어차피 언젠가는 어떤 군인이 동성애자임을 알게 될 것이고, 동성애자임이 알려진 군인에 대해서 일정한 결정(제대)이 내려져야 한다. 따라서 중요한 것은 군인의 동성애를 인정할 것인지 여부에 대한 합리적 기준이 미리 설정되어야 한다는 점이다.

## 2. 군인간의 동성애

군인의 동성애가 허용될 수 있다면 원칙적으로 군인 상호간의 동성애도 허용될 수 있다. 군인의 동성애 파트너를 민간인으로 한정해야 할 합리적 이유가 없기 때문이다. 같은 맥락에서 상대방이 같은 병영 내에 있는 군인이라고 하더라도 군인간의 동성애는 허용될 수 있다. 물론 같은 병영 내 군인간의 동성애를 허용하면 군대 내에 동성애가 증가함으로써 군의 전투력이 상실되는 결과에 이를 수 있다는 우려가 제기될 가능성이 있다. 하지만 동성애적 성적 지향은 환경에 의해 결정되기보다는 선천적으로 타고나는 것이고, 세계 각국의 통계를 보면 대체로 2퍼센트 전후의 비율을 차지하기 때문에[31] 군인간의 동성애가 발생할 확률은 지극히

---

29) 그러나 헌법재판소는 동성애를 "객관적으로 일반인에게 혐오감을 일으키게 하고 선량한 성적 도덕관념에 반하는 성적 만족 행위"로 판단하여 금지의 대상이 될 수 있다고 판시하였다. 헌재 2011. 3. 31. 2008헌가21 참조.

30) 미국도 최근에 이러한 군대 내 동성애 정책을 폐기하는 법률을 통과시켰다.

31) 동성애에 관한 세계 각국의 통계에 대해서는 이준일, ≪섹슈얼리티와 법≫(2009), 159면 이하 참조.

희박하고, 오히려 군대 내 이성애(남성 군인과 여성 군인의 연애)가 발생할 확률보다 낮다고 볼 수도 있다.

남는 문제는 근무시간에 이루어지는 군인간의 동성애(애정행위)가 된다. 이것은 군인간의 이성애가 근무시간에 허용될 수 없는 것처럼 허용될 수 없다. 결국 군인간의 동성애도 근무시간 외에 이루어진다면 금지할 이유가 없고, 금지할 수도 없다고 보인다. 비밀스럽게 이루어지는 애정행위(눈길 주고받기, 손잡기, 스킨십 등), 특히 성행위는 그 속성상 당사자들이 공개하지 않으면 그것이 이성애든 동성애든 제3자가 인지할 수는 없다. 따라서 근무시간 외에 이루어지는 동성애에 대해서 금지하고 처벌하는 것은 이성애자인 군인이 근무시간 외에 애정행위를 하는 것을 금지하고 처벌하는 것처럼 합리적이지 않다. 근무시간 외의 동성애까지 금지하려면 모든 군인의 애정행위, 심지어 모든 군인의 결혼까지 금지할 수밖에 없다. 다만 엄격한 위계질서가 요구되는 군대의 속성상 이성애든 동성애든 직접적인 지휘관계가 있는 군인간의 애정행위는 금지될 수 있다.

**[판례 45.5] 군인의 동성애 금지**

[법정의견] 이 사건 법률조항(계간 기타 추행에 대한 금지와 처벌조항)은 군이라는 공동사회의 건전한 생활과 군기 확립을 목적으로 동성 군인 간의 성적 만족행위를 금지하고 이를 형사처벌하므로 입법목적의 정당성 및 수단의 적정성이 인정된다. 또한 추행의 유형이나 그 상대방의 피해상황 등을 구체적으로 구분하지 아니하고 '군이라는 공동사회의 건전한 생활과 군기'라는 사회적 법익을 침해한 모든 추행행위에 대하여 일괄적으로 1년 이하의 징역형으로 처벌하도록 규정하였다는 사유만으로는 입법재량권이 자의적으로 행사되었다고 보기 어렵고, 단순한 행정상의 제재만으로는 효과적으로 추행 행위를 규제하기 어려우며, 다른 법률에 규정된 추행 관련 범죄와 비교하여 그 법정형이 지나치게 무겁다고 볼 수 없을 뿐만 아니라, 선고유예도 가능하다는 점을 종합해 보면, 피해최소성원칙에 반한다고 볼 수 없다. 나아가 성적자기결정권이나 사생활의 비밀과 자유의 제한 정도가, '군이라는 공동사회의 건전한 생활 및 군기의 보호', 나아가 '국가안보'라는 공익보다 크다고 할 수 없어, 법익 균형성을 일탈하였다고 보기도 어려우므로, 이 사건 법률조항은 과잉금지원칙에 위반하여 군인들의 성적자기결정권이나 사생활의 비밀과 자유를 침해한 것으로 볼 수 없다. 군대는 동성 간의 비정상적인 성적 교섭행위가 발생할 가능성이 현저히 높고, 상급자가 하급자를 상대로 동성애 성행위를 감행할 가능성이 높으며, 이를 방치할 경우 군의 전투력 보존에 직접적인 위해가 발생할 우려가 크므로, 이 사건 법률조항이 동성 간의 성적 행위만을 금지하고 이를 위반한 경우 형사처벌한다고 볼 경우에도, 그러한 차별에는 합리적인 이유가 인정되므로 동성애자의 평등권을 침해한다고 볼 수 없다.

[재판관 김종대, 재판관 목영준, 재판관 송두환의 반대의견] 이 사건 법률조항은 그 구성요건에 단지 '계간 기타 추행'이라는 추상적이고 모호하며 포괄적인 용어만을 사용함으로써 강제성 여부, 행위의 정도, 행위의 주체와 객체 및 행위 장소

등에 있어서 범죄구성요건에 해당하는지 여부가 불명확하게 되었다. 그 결과, 가벌성이 현저히 다른 행위를 대등하게 처벌하게 되고, 형법상 친고죄의 입법취지를 유명무실하게 하며, 행위자의 예견가능성을 저해하여 자기책임주의원칙에 반하고, 수사기관, 공소제기기관 및 재판기관의 자의적 해석을 초래하고 있다. 그렇다면 이 사건 법률조항은 죄형법정주의의 내용인 형벌법규의 명확성원칙에 위배되어 헌법에 위반된다고 할 것이다(헌재 2011. 3. 31. 2008헌가21).

**[판례 45.6] 군형법상의 추행의 의미**

군형법 제92조의 추행죄는 군 내부의 건전한 공적생활을 영위하고, 이른바 군대가정의 성적 건강을 유지하기 위하여 제정된 것으로서, 주된 보호법익은 '개인의 성적 자유'가 아니라 '군이라는 공동사회의 건전한 생활과 군기'라는 사회적 법익이다. 형법이나 성폭력범죄의 처벌 및 피해자보호 등에 관한 법률(이하 '형법 등'이라 한다)에서 규정하고 있는 추행 관련 범죄와 달리 군형법 제92조의 추행죄는 구성요건적 수단이나 정황 등에 대한 제한이 없고 대표적 구성요건인 '계간'을 판단지침으로 예시하고 있을 뿐이며, 법정형도 일괄적으로 1년 이하의 징역형으로 처벌하도록 규정하고 있다. 따라서 개인적 성적 자유를 주된 보호법익으로 하는 형법 등에서 말하는 '추행'의 개념과 달리 군형법 제92조에서 말하는 '추행'이라 함은 계간(항문 성교)에 이르지 아니한 동성애 성행위 등 **객관적으로 일반인에게 혐오감을 일으키게 하고 선량한 성적 도덕관념에 반하는 성적 만족 행위**로서 군이라는 공동사회의 건전한 생활과 군기를 침해하는 것을 의미하고, 이에 해당하는지 여부는 행위자의 의사, 구체적 행위태양, 행위자들 사이의 관계, 그 행위가 공동생활이나 군기에 미치는 영향과 그 시대의 성적 도덕관념 등을 종합적으로 고려하여 신중히 결정하여야 한다(대판 2008. 5. 29. 2008도2222).

# Ⅷ. 병영생활의 문제

## 1. 내무생활의 문제

내무생활이란 영내 거주의무가 있는 군인의 생활관을 중심으로 이루어지는 일상활동을 말한다(군인복무기본법 제2조 제6호). 또한 병영생활이란 이러한 내무생활을 포함하여 근무, 교육훈련, 그 밖의 병영을 중심으로 이루어지는 모든 활동을 말한다(동법 동조 제5호). 문제는 내무생활이 20명 내외의 병사가 공동의 침상을 사용하는 형태로 이루어진다는 점이다. 이러한 집단생활에 따라 기본적 인권인 '사생활의 비밀(프라이버시권)'이 보장되지 않고, 내무생활에 필요한 업무가 하급자에게 가중되며 병사간, 특히 상급자(고참)와 하급자 간의 갈등이나 다툼, 이로 인한 구타와 따돌림이 빈번하게 일어나는 문제가 발생하게 된다. 이것은 명령체계와 단체생활에 적응하지 못하는 '병역부적합자'를 증가시키는 요인이 되기도 한다.[32] 따라서 1인용이나 2인용 침상 또는 침실이 제공되는 것이 바람직하지만 이는 막대한 재정이 소요되는 문제이기 때문에 재정이 허용하는 한도에서 가능한 한 시급하게 해결되어야 하는 문제라고 판단된다. 군인복무기본법에서는 병영생활에서의 사생활 비밀과 자유가 최대한 보장되도록 하여야 한다고 규정하고 있다(동법 제13조).

## 2. 영창의 문제

군인사법은 병사에 대한 징계의 종류로 '영창(營倉)'을 규정하고 있었다(동법 제57조 제2항 제2호).[33] 영창은 부대나 함정(艦艇) 내의 영창, 그 밖의 구금장소에 감금하는 것을 의미하고, 영창에 감금하는 기간은 15일 이내이다. 여기서 문제가 되는 것은 영창이 인신을 구속하는 징계임에도 불구하고 병사에 대한 징계권자가 중대장이나 이에 준하는 부대 또는 기관의 장이고(동법 제58조 제1항 제5호), 징계는 징계위원회의 심의를 거쳐야 하지만(동법 제58조의2 및 제59조 제1항) 병사에 대한 징계는 장교 및 그보다 선임인 부사관(원사, 상사, 중사, 하사) 3명 이상으로 구성될 수 있기 때문에(제58조의2 제2항 단서) 해당 부대의 중대장이나 소대장의 의사에 따라 영창이 결정됨으로써 남용의 가능성이 있다는 점이다. 이에 따라 개정된 군인사법은 영창의 요건을 명확하게 규정하고, '인권담당 군법무관' 제도를 통해 영창의 적법성을 심사하도록 하며, 영창처분을 법정대리인 등에게 알릴 의무를 부과하여(동법 제59조의2) 영창의 남용을 예방하고 있었다. 하지만 인권담당 군법무관도 군인이기 때문에 이러한 내부적 통제가 영창의 남용을 얼마나 예방할 수 있을지는 계속 의문으로 남았고, 결국 2020년 법률개정으로 영창제도는 폐지되었다.

**[법령 45.5] 군인사법**(최근개정: 2021. 4. 13. 법률 제18000호)
**제59조 (징계의 종류)**
① 생략
② 병에 대한 징계처분은 강등, 군기교육, 감봉, 휴가단축, 근신 및 견책으로 구분하되 징계의 종류에 따른 구체적인 내용은 다음 각 호와 같다.

---

32) 병역부적합자의 문제에 대해서는 윤민재(2008), 98면 이하 참조.
33) 군인사법에 따른 병상에 대한 징계는 영창 이외에도 강등, 휴가제한, 근신이 있다(동법 제57조 제2항).

1. 강등은 해당 계급에서 1계급 낮추는 것을 말한다.
2. 군기교육은 국방부령으로 정하는 기관에서 군인 정신과 복무 태도 등에 관하여 교육·훈련하는 것을 말하며, 그 기간은 15일 이내로 한다.
3. 감봉은 보수의 5분의 1에 해당하는 금액을 감액하는 것을 말하며, 그 기간은 1개월 이상 3개월 이하로 한다.
4. 휴가단축은 복무기간 중 정해진 휴가일수를 줄이는 것을 말하며, 단축일수는 1회에 5일 이내로 하고 복무기간 중 총 15일을 초과하지 못한다.
5. 근신은 훈련이나 교육의 경우를 제외하고는 평상 근무에 복무하는 것을 금하고 일정한 장소에서 비행을 반성하게 하는 것을 말하며, 그 기간은 15일 이내로 한다.
6. 견책은 비행 또는 과오를 규명하여 앞으로 그러한 행위를 하지 아니하도록 하는 훈계를 말한다.

③ 병은 이 법 또는 이 법에 따른 명령이나 다른 법률에 따르지 아니하고는 신체의 구금을 당하지 아니한다.
④ 생략

**제59조의2 (인권담당 군법무관)**
① 군인의 인권을 보호하고 법적인 조력을 받게 하기 위하여 국방부와 그 직할부대 또는 기관 및 각군에 인권보호를 담당하는 군법무관(이하 "인권담당 군법무관"이라 한다)을 둔다.
② 삭제
③ 인권담당 군법무관은 징계 사유, 징계 절차 및 징계 정도의 적정성 등 군기교육 처분의 적법성에 관한 심사를 하고 그 의견을 징계권자에게 통보하여야 한다.
④~⑤ 생략
⑥ 삭제

## 3. 복지의 문제

국방(병역)의 의무는 일정한 기간 동안 본인이 원하지 않는 장소에 강제로 거주하면서 병역을 이행해야 하는 의무이기 때문에 원칙적으로 거주·이전의 자유와 몇 가지 행동자유권, 특히 근로의 자유(근로권의 자유권적 측면인 강제노동거부권)에 대한 제한에 그쳐야 한다. 그럼에도 불구하고 병역의무를 이행하는 병사들은 다양한 기본권을 제한받고 있다. 특히 병역을 내용으로 하는 노동을 제공하고 있음에도 불구하고 병사에게 지급되는 봉급이 지나치게 적다는 점이 문제다.[34] 물론 병사의 봉급액수는 국가의 재정과 밀접하게 관련되기 때문에 과도하게 많은 봉급의 지급도 문제가 될 수 있지만 단지 병역의무의 이행이라는 이유로 과도하

34) 군인보수법에 따르면 병사의 봉급은 대통령령으로 정하도록 되어 있다(동법 제7조 제1항 제2문).

게 적은 봉급의 지급은 근로권(근로의 자유의 사회권적 측면인 적정임금청구권)에 대한 심각한 침해가 될 수 있다.[35] 한편 병역의무를 이행하는 병사(현역병)는 국민건강보험법의 적용대상에 제외된다(동법 제6조 제2항 제2호). 비록 병사에 대한 의료보장이 군대에서 제공된다고 하더라도 그 내용이 대단히 열악하다는 점에서[36] 의료서비스에 관한 병사의 사회보장수급권도 심각하게 침해받고 있다고 볼 수 있다. 마지막으로, 법리적으로 대단히 복잡하고 해결이 어려운 문제는 헌법이 군인에 대해서 국가배상청구권을 인정하지 않는다는 점이다(헌법 제29조 제2항). 이에 따라 군대에서 군인 상호간에 발생하는 피해에 대해서는 국가에 대한 손해배상의 청구가 원천적으로 불가능하다. 이와 관련하여 최근에 군대를 제대한 후 '이명(耳鳴)증세'가 발생하는 사람들이 증가하면서 이러한 증세가 나타나는 제대군인에 대한 국가유공자 인정 여부가 문제되고 있는데 입법을 통해 신속하게 해결되어야 할 문제라고 본다.

## Ⅸ. 군인의 성전환

남성 부사관이 수술을 받아 여성으로 성별을 전환한 뒤 군의 강제퇴역결정을 받고 행정소송을 제기했으나, 스트레스를 견디지 못하고 스스로 목숨을 끊는 사건이 발생하였다. 군인사법에 따라 '심신장애로 인하여 현역으로 복무하는 것이 적합하지 않다'고 판단한 것이다(동법 제37조 제1항 제1호). 하지만 성전환수술은 본인이 스스로 선택한 의학적 수술이므로 군인사법에서 규정하고 있는 심신장애에 해당하지 않는다는 점, 성전환수술로 인하여 남성에서 여성으로 성별을 전환한 군인의 전투력이 상실되었다는 객관적 증거가 없다는 점에서 군의 강제전역조치는 부당하다고 보인다.

**[법령 45.6] 강제전역: 군인사법**(최근개정: 2021. 4. 13. 법률 제18000호)

**제37조 (본인의 의사에 따르지 아니한 전역 및 제적)**

① 다음 각 호의 어느 하나에 해당하는 사람은 각군 전역심사위원회의 심의를 거쳐 현역에서 전역시킬 수 있다.

1. 심신장애로 인하여 현역으로 복무하는 것이 적합하지 아니한 사람

---

35) 병사의 봉급 수준을 구체적으로 "국민기초생활에 준하는 급여기준 또는 사회의 직장생활에서 받는 급여의 1/4 내지 1/3 수준의 급여"로 제시하기도 한다. 송기춘(2010), 254면 참조.

36) 군대 내 의료서비스에 대한 만족도에 관한 통계로 김의열(2009), 86면 이하 참조.

2. 제32조에 따라 같은 계급에서 두 번 진급 낙천된 장교. 다만, 소위의 경우에는 한 번 진급 낙천된 사람
3. 병력(兵力)을 줄이거나 복원(復員)할 때에 병력을 조정하기 위하여 전역시킬 필요가 있다고 인정된 사람
4. 그 밖에 대통령령으로 정하는 사유에 해당하여 현역 복무에 적합하지 아니한 사람

② 제1항 제1호에 해당하는 사람으로서 전상(戰傷)·공상(公傷)에 의하지 아니한 사람은 제적(除籍)시킬 수 있다.
③ 생략

## X. 군대가 생산적인 곳이 되기 위하여

군대가 성역(聖域)은 아니지만 그렇다고 들어가서는 안 되는 흉물스런 곳도 아니다. 그저 모든 사람들이 군복이라는 똑같은 제복(uniform)을 입고 생활하는 곳이라는 점에서 다를 뿐이다. 제복 안에 있는 사람들은 여전히 다른 사람들과 똑같은 사람들이다. 그래서 군인을 "제복 입은 시민(citizens in uniform)"으로 부르기도 한다.[37] 따라서 군인도 인간이고, 다만 군복이라는 제복으로 인하여 경우에 따라 다른 대우를 받을 뿐이다. 군복은 전투를 준비하는 사람들이 착용한다는 점에서, 그리고 일정한 폐쇄된 공간 안에서 공동생활을 하는 사람들이 착용한다는 점에서 군복을 입은 군인의 인권은 제한될 수 있다. 원칙적으로 군대는 지휘체계에 따라 일사분란하게 행동해야 하므로 일정한 기간 동안 일정한 공간에서 집단생활을 하면서 상관의 명령에 사실상 절대적으로 복종할 수밖에 없다. 하지만 그 이상도 그 이하도 아니다. 어떠한 군인도 합리적 근거 없이 명령할 권한을 부여받지 않는다. 따라서 어떤 군인도 다른 군인에게 폭력행위를 가할 수 없고, 다른 군인이 일반적으로 허용된 책을 읽을 자유를 금지시킬 수 없으며 다른 군인의 성적 지향을 방해할 수 없다.

군대는 일반적으로 외부의 침략으로부터 국토를 방위하기 위하여 전투를 준비하는 곳이므로 전투가 발생하기 전까지는 '소비적인' 집단으로 평가받는다. 하지만 군대가 단지 언제 발생할지도 모를 전투를 준비하기 위해 존재한다는 이유만으로 소비적인 집단이 되기보다는 다양한 인권침해와 차별행위로 가득 찰 때 소비적인 집단으로 전락하게 된다. 군대가 '사회의 축소판'으로서 집중적으로 인권을 배우고 향상시키는 장소가 될 때 비로소 '생산적인' 집단으로 거듭날 수 있

37) 이재승(2009), 53면 이하 참조.

다. 이를 위해서는 군대가 절대로 감시받지 않는 '성역'에서 벗어나 언제나 감시받을 수 있는 '광장'으로 나와야 한다. 무엇보다도 군인의 복무와 관련하여 국민의 대표인 의회가 제정하는 법률의 규율이 요구된다. 동시에 이를 구체화하는 시행령이나 군대 내 규정이 명확하게 제정되어 일반인도 접근할 수 있도록 공개되어야 한다. 그리고 군인의 복무에 관한 기본법으로서 이러한 법률과 시행령 및 여러 규정에 포함되는 내용은 오로지 군인에게 부과되는 의무 중심이 아니라 먼저 권리가 강조되고, 권리와 의무가 균형을 이루도록 편제되어야 한다.38) 또한 특히 군인의 권리와 관련하여 이러한 권리침해에 대한 감시와 구제 및 제재가 가능하도록 군대 내 인권침해를 감독하고 시정할 수 있는 독립적이고 중립적인 기구의 설치가 요구된다.39)

**토론문제**

1. 군인도 동등한 인권의 주체인가?
2. 군인의 인권은 다른 국민의 인권보다 강하게 제한될 수 있는가?
3. 군대의 속성상 여성 군인의 인권을 특별히 보호해야 할 필요가 있는가?

**내 입장은?**

1. 군인도 다른 국민과 동일하게 인권의 주체다.
2. 군인은 인권의 주체가 되지 못한다.
3. 군인도 인권의 주체지만 제한의 강도는 일반국민보다 높아야 한다.

---

38) 권리가 강조되는 군인의 복무에 관한 기본법의 내용에 대해서는 이계수(2005), 174면 이하 참조. 또한 이러한 기본법에 포함되어야 할 군인의 인권 목록에 대해서는 김웅규/황정호(2006), 10면 이하; 송기춘(2007), 327면 이하 참조.

39) 구 군인복무규율(2015. 7. 13. 대통령령 제26394호로 개정된 것)은 군인의 '고충심사청구권'을 인정하고 있지만 반드시 지휘계통을 따르도록 요구하고 있고(동규율 제25조 제1항), 고충해결을 위하여 군외부에 도움을 요청할 수 없도록 금지하고 있었다(동규율 동조 제4항)는 점에서 제도의 실효성에 한계가 있었다. 이러한 맥락에서 독일식 '국방감독관' 제도가 대안으로 제시되기도 하였다. 이계수(2009), 353면 이하 참조. 또한 더 넓은 의미에서 '군사옴부즈만'제도를 대안으로 제시하는 견해도 있다. 김종서(2008), 32면 이하 참조.

## 참고문헌


권인숙(2009), 징병제하 인권침해적 관점에서 군대문화 고찰, ≪민주주의와 인권≫(전남대학교 5·18연구소), 제9권 제2호(2009), 181~219면.

김용민(2020), 성전환 수술 부사관 강제 전역의 의미와 과제, ≪법학논총≫(조선대학교 법학연구원), 제27권 제1호(2020), 225~264면.

김웅규/황정호(2006), 군인의 기본권 향상을 위한 법적 고찰, ≪사회과학논문집≫(대전대학교 사회과학연구소), 제25권 제1호(2006), 1~44면.

김의열(2009), 신세대 장병의 적응실태 및 군 사회복지실천에 관한 연구, ≪한국군사회복지학≫(한국군사회복지학회), 제2권 제2호(2009), 67~108면.

김종서(2008), 군사옴부즈맨제도 연구, ≪공법연구≫(한국공법학회), 제37집 제1호 제2권(2008), 29~57면.

송기춘(2007), 참여정부에서의 법치주의의 발전: 헌법적 평가와 전망, ≪공법연구≫(한국공법학회), 제35집 제4호(2007), 297~335면.

송기춘(2010), 군인의 인권보장을 위한 기본원칙과 방향, ≪민주법학≫(민주주의법학연구회), 제42호(2010), 233~269면.

오동석(2010), 학생인권조례에 관한 몇 가지 법적 쟁점, ≪교육법학연구≫(대한교육법학회), 제22권 제2호, 125~144면.

윤민재(2008), 군인 인권과 사고(자살)예방프로그램 연구, ≪민주주의와 인권≫(전남대학교 5·18연구소), 제8권 제1호(2008), 79~109면.

이강혁(1982), 특별권력관계와 기본권의 제한, ≪고시계≫, 통권 제306호(1982년 8월호), 53~62면.

이계수(2005), 전근대적 군사문화와 군인의 인권, ≪민주법학≫(민주주의법학연구회), 제28호(2005), 160~180면.

이계수(2009), 군인의 죽음과 인권, ≪법학논총≫(국민대학교 법학연구소), 제21권 제2호(2009), 333~357면.

이재승(2009), 불온서적 지정의 위헌성, ≪민주법학≫(민주주의법학연구회), 제40호(2009), 45~77면.

이재승(2012), 능동적 시민으로서의 군인 -독일 군인법제를 중심으로-, ≪민주법학≫(민주주의법학연구회), 제49호(2012), 121~163면.

정하중(1994), 민주적 법치국가에서의 특별권력관계, ≪고시계≫, 통권 제451호(1994년 9월호), 117~144면.

조준현(2004), 수형자의 인권과 그 한계, ≪교정연구≫(한국교정학회), 제25호(2004), 35~65면.

국가인권위원회(2004), ≪군대내 성폭력 실태조사≫, 2004.

# 제46장
# 대중문화 시대에 연예인과 운동선수의 인권

Most of the bands, like Super Junior and Wonder Girls,
are household names; highly produced, sugary boy- and girl-bands
with slick dance routines and catchy tunes.
But the industry also has a less glamorous side:
a history of controversy and legal disputes over the way
it treats its young artists, which it is still struggling to shake.
≪2011년 6월 14일 BBC 인터넷판 뉴스 중에서≫

한류(韓流)의 중심에 서 있던 아이돌(idol) 그룹의 멤버들이 기자회견을 열었다. 자신들이 소속되어 있던 연예기획사가 그동안 자신들을 노예처럼 대우했다고 주장한다. 음반수입만으로도 족히 수십억을 넘게 벌었을 '어린 부자들'의 다소 황당한 주장을 그대로 믿어야 할까? 아니면 실제로 그들은 예쁜 옷을 입고 노래하며 춤추는 피에로(pierrot)에 불과했던 것일까?

국가대표이기도 한 운동선수를 그의 소속팀 감독이 심하게 구타한 사건이 발생했다. 실력만 믿고 감독에게 대든 그 선수가 '맞을 짓'을 했다는 반론이 제기되었다. 운동선수들이 맞고 운동한다는 사실은 공공연한 비밀이 아니던가? 스포츠의 발전을 위한 인적·물적 기반이 취약한 대한민국이 국제스포츠계에서 이만큼이라도 성장한 동력은 구타까지도 허용되는 스파르타식 훈련 덕택이 아니었던가?

대중에게 감동과 환희를 주는 연예인과 운동선수는 인기와 큰돈을 함께 얻을 수 있는 멋진 직업이다. 하지만 그들의 화려한 겉모습 뒤에는 노예와 같은 고단한 삶이 있었던 것은 아닐까? 대중의 환호성이 사라진 무대나 경기장 밖에서 그들은 대중과 동일한 하나의 인간으로서 어떠한 대우를 받아야 하는지에 대해서 검토해 보기로 한다.

# Ⅰ. 문제제기

흔히 '스타'라고 불리는 연예인(entertainer)과 운동선수(sportsman)가 보여주는 화려한 삶의 뒤편에는 어둡고 추한 이면(裏面)이 존재한다. 하늘의 별처럼 찬란하게 빛나는 스타가 되기까지 그들은 심지어 부당해 보이는 모욕적 대우까지도 견뎌내야 한다. 그러한 부당한 대우는 스타가 되기 위해 당연히 감내해야 할 대가(代價)인지도 모르기 때문이다. 하지만 스타가 경험해야 하는 부당한 대우의 가혹함이 인간의 존엄성을 침해할 정도로 과도하다면 그것은 분명히 사회적으로 용납될 수 없다. 비록 스타가 되어 많은 인기와 돈을 거머쥔다고 해도 그것이 그러한 비인간적 대우에 대한 경제적 보상으로 이해될 수는 없다. 직업의 성격상 대중에게 노출되어 '대중의 관심을 끄는 대상(public figures)'[1]이 될 수밖에 없는 연예인이나 운동선수도 무대나 경기장 밖에서는 자신을 환호하는 대중과 동일한 하나의 인간으로서 대접받아야 하기 때문이다. 대중의 우상인 연예인이나 운동선수도 모든 인간에게 보장된 인권의 주체가 되어야 하는 이유가 여기에 있다.

# Ⅱ. 노예계약과 계약의 자유

## 1. 노예계약의 내용

연예기획사가 신인・무명 연예인을 발굴하여 최초에 계약하는 단계에서 계약의 내용을 불합리(불공정)하게 정하는 경우가 종종 발생하는데 이를 흔히 '노예계약'이라 부른다. 노예계약은 ① 해당 연예기획사에 독점적으로 노무를 제공하는 '전속계약'의 형태로 이루어지고,[2] ② 대체로 계약기간이 상당히 장기간이며, ③ 수익분배율이 현저히 불합리할 뿐만 아니라 ④ 해당 연예인의 기본권을 심각하게 침해하는 계약내용이 포함되어 있고, ⑤ 계약내용을 불이행한 경우에 엄청난 손

---

1) 영어 'public figures'는 흔히 '공인(公人)'으로 번역되기도 하는데 이는 적절한 번역이 아니라고 본다. 공인이라는 말 속에서는 강한 윤리적 의무가 내포되어 있기 때문이다. 오히려 이 영어 단어는 그러한 윤리적 의무와 상관없이 '대중의 관심을 끄는 인물' 또는 '대중에게 많이 노출되어 있는 인물'이라는 의미가 강조되어야 하기 때문에 '대중적 인물'이라는 번역이 차라리 맞다고 생각된다. 같은 맥락에서 연예인을 공인으로 부르는 것은 사회과학적 엄밀성보다는 "사회적 관습"이라는 견해는 타당하다. 노명우(2010), 286면 참조.

2) 전속계약의 개념과 유형에 대해서는 장재옥(2005), 200면 이하; 연기영(2007), 157면 이하; 이우석(2010), 309면 이하; 최현태(2010), 459면 이하 참조.

해배상액을 예정하는 것을 특징으로 한다. 이에 따라 계약기간 중에는 해당 연예인이 계약을 해지하고 싶어도 해지할 수 없게 되고, 불합리한 계약내용을 참고 계속적으로 이행할 수밖에 없는 처지에 놓이게 된다. 노예계약은 계약이라는 '형식'은 가졌지만 해당 연예인이 대등한 계약의 주체가 되지 못하고, 이에 따라 사실상 해당 연예인의 기본권을 포기하는 내용의 계약이기 때문에 그 '실질'은 계약이라고 부를 수 없는 특징을 갖는다.

**[판례 46.1] 동방신기 사건**

연예인들(동방신기 구성원 3인)이 소속 연예기획사를 상대로 전속계약의 효력정지가처분을 신청한 사안에서, 장기간의 계약기간과 과다한 손해배상액 예정 조항 등을 주된 내용으로 하는 위 전속계약은, 연예기획사가 우월한 지위를 이용하여 부당한 지배력을 행사하고 소속 연예인들에게는 지나친 반대급부나 부당한 부담을 지워 그 경제적 자유와 기본권을 과도하게 침해하는 것으로, **선량한 풍속 기타 사회질서에 위반한 사항을 내용으로 하는 법률행위**로서 그 계약 내용의 전부 또는 일부가 무효이거나 합리적 존속기간의 도과를 이유로 그 효력이 소멸되었다고 볼 여지가 있고, 본안소송에서 권리관계의 다툼이 최종적으로 가려지기 전까지 위 신청인들이 독자적인 연예활동을 할 수 있도록 하는 임시의 지위를 정할 보전의 필요성도 소명되므로, 피신청인(SM엔터테인먼트)에 대하여 본안판단시까지 신청인들의 의사에 반하는 연예활동에 관한 제3자와의 계약 교섭·체결행위를 금지하고, 시장지배력을 이용하여 신청인들의 독자적 연예활동을 방해하는 행위를 금지한다(서울중앙지방법원 2009. 10. 27. 2009카합2869 결정).

[유사판례] 연예인이 연예기획사와 체결한 전속계약의 무효확인을 구한 사안에서, 계약기간, 이익의 분배, 계약의 해제, 손해배상 등 계약의 중요한 조항이 계약의 일방 당사자인 연예인에게 일방적으로 불공정한 내용이므로 **민법 제103조에 정한 선량한 풍속 기타 사회질서에 위반하여 무효**이고, 나머지 계약조항들만으로는 전속계약 자체의 목적을 달성할 수 없을 뿐만 아니라, 당사자들 역시 나머지 조항들만으로 전속계약을 체결하였을 것으로 보이지도 아니하므로, 위 전속계약은 그 전부가 무효다(서울고등법원 2010. 3. 17. 2009나38065 판결).

## 2. 계약의 자유

일정한 계약과 관련하여 스스로 결정할 수 있는 '계약의 자유'는 헌법상 명시적으로 보장된 기본권은 아니다. 하지만 헌법은 일반적 자유권으로 행복추구권을 보장하고 있고(헌법 제10조 제1문 후단), 열거되지 않은 개별적 기본권도 보장하고 있으므로(헌법 제37조 제1항) 계약의 자유를 헌법상 기본권으로서 도출하는 데는 어려움이 없어 보인다(아래 [판례 46.2] 참조). 이러한 계약의 자유에 따라 모든 국민은 자유롭게 다른 국민과 계약을 체결할 수 있고(당연히 계약을 체결하지 않을 자유도 포함된다), 계약의 상대방과 방식 및 내용도 자유롭게 결정할 수 있다. 이러한 계약의 자유는 '자본주의적 시장경제질서'(헌법 제119조 제1항)를 유지하는 기초가 되기도 한다. 자본주의적 시장경제질서는 '사적 자치의 원칙'에 따라 사인간의 자유로운 의사의 합치에 의한 계약을 통해 경제질서를 형성하는 것을 본질로 하기 때문이다. 물론 자본주의적 시장경제질서는 자본의 집중으로 시장이 독과점(지배)되는 현상이 나타나기 때문에 자유로운 의사의 합치에 의한 계약의 전제조건인 당사자간의 경제적 대등성이 이루어지 않는 상황이 발생할 수 있다. 헌법도 이를 예상하여 "시장의 지배와 경제력의 남용을 방지"하기 위하여 국가의 "규제와 조정"을 허용하고 있다(헌법 제119조 제2항). 이처럼 계약의 자유는 절대적인 자유가 아니라 계약의 자유의 경제적 토대인 시장의 공정성을 확보하기 위하여 국가의 간섭이 허용되는 상대적인 자유다.

**[판례 46.2] 계약의 자유**

[1] 헌법 제10조는 행복을 추구할 권리를 보장하고 있고, 여기의 행복추구권 속에는 일반적 행동자유권이 포함되며, 이 일반적 행동자유권으로부터 계약의 자유가 파생되는데, 계약의 자유란 계약 체결의 여부, 계약의 상대방, 계약의 방식과 내용 등을 당사자의 자유로운 의사로 결정하는 자유를 말한다(헌재 2002. 1. 31. 2000헌바35).

[2] 이른바 사적 자치의 원칙이란 자신의 일을 자신의 의사로 결정하고 행하는 자유뿐만 아니라 원치 않으면 하지 않을 자유로서 우리 헌법 제10조의 행복추구권에서 파생되는 일반적 행동자유권의 하나이다. 이런 사적 자치의 원칙은 법률행위의 영역에서는 계약자유의 원칙으로 나타나는데 계약자유의 원칙은 계약의 체결에서부터 종결에 이르기까지 모든 단계에서 자신의 자유의사에 따라 계약관계를 형성하는 것으로서 계약의 내용, 이행의 상대방 및 방법의 변경뿐만 아니라 계약 자체의 이전이나 폐기도 당사자 자신의 의사로 결정하는 자유를 말한다(헌재 2009. 6. 25. 2007헌바39).

## 3. 노예계약의 허용 여부

계약의 자유에 따라 어떠한 계약이라도 체결할 수 있다면 노예가 되는 계약의 체결도 가능하지 않은가? 사랑하는 사람이 결혼만 해주면 그 사람의 노예처럼 그 사람이 원하는 일이라면 무엇이든 해주겠다는 약속을 할 수 있는 것처럼 나를 스타로 키워주는 사람에게 그가 시키는 대로 무엇이든 모두 하겠다는 내용의 계약도 체결할 수 있는 것 아닌가? 이 물음들에 답변하기 위해서는 우선 노예계약의 경우에 연예기획사가 계약의 자유를 주장한다는 사실을 인식해야 한다. 그리고 연예인의 입장에서도 다른 연예기획사와 계약을 체결할 수 없으므로 계약의 자유를 주장할 수 있다. 또한 연예인의 경우에는 계약의 내용에 사생활의 감시라든지 합숙의 강요 또는 무리한 스케줄의 요구와 같이 해당 연예인의 기본적 인권에 대한 침해를 정당화하는 조항이 포함되므로 사생활의 비밀에 관한 권리(헌법 제17조)나 거주·이전의 자유(헌법 제14조) 또는 일반적 행동자유권(행복추구권)을 주장할 수도 있다.

이처럼 '국민과 국가' 사이에서가 아니라 '국민과 국민' 사이에서 발생하는 기본권침해의 문제를 해결하기 위한 법리가 '기본권의 대사인적 효력(제3자효)의 법리'다.[3] 이 법리에 따르면 기본권은 국민과 국가 사이에서뿐만 아니라 국민과 국민 사이에서도 발생한다. 다만 국민 상호간에 발생하는 기본권침해에 관한 분쟁은 1차적으로 사법(私法)을 적용하는 법원(민사법원)에서 해결되므로 민사법원의 법관이 '기본권을 존중하는 판결'을 내리는 것이 중요하다. 다시 말해 일정한 계약이 노예계약인지 여부는 해당 계약의 법적 효력에 대해서 판결해야 하는 법관이 문제가 된 계약을 통해 관련 연예인에게 헌법상 보장된 기본권이 과도하게 침해되었는지 여부를 고려하여 판단되어야 한다. 이때 법관이 우선적으로 적용할 수 있는 법률조항은 민법상의 '일반조항', 즉 **반사회질서의 법률행위나 불공정한 법률행위**는 무효로 한다는 조항이다(민법 제103조 및 제104조). 예를 들어 계약기간이 과도하게 장기간이어서 해당 연예인이 연예인으로 활동할 수 있는 기간 동안 소속 연예기획사로부터 자유롭게 탈퇴하는 것이 사실상 불가능하게 된다든지, 해당 연예인에게 분배되는 수익이 과도하게 적어 수익의 분배에서 결과적으로 배제되는 것과 마찬가지가 된다든지, 해당 연예인의 사생활에 대한 감시 또는 공연·방송·영화출연 및 광고촬영에 관한 무리한 스케줄의 강요가 무제한 허용되는 계약내용이 포함되어 있다든지 하는 경우에는 해당 연예인의 기본권을 침해하는 노예계약으로서 사회질서에 위반한 계약 또는 불공정한 계약으로 해당 계약은 무효로 선언되어야 한다.

**주요개념**

**【반사회질서의 법률행위**(민법 제103조)**】** 선량한 풍속 기타 사회질서에 위반한 사항을 내용으로 하는 법률행위는 무효로 한다.

**【불공정한 법률행위**(민법 제104조)**】** 당사자의 궁박, 경솔 또는 무경험으로 인하여 현저하게 공정을 잃은 법률행위는 무효로 한다.

3) 기본권의 대사인적 효력에 대한 자세한 내용은 이준일, ≪헌법학강의≫(2019), 제2편 제1부 제4장 제3절; 이준일(2009), 148면 이하 참조.

## 4. 드래프트 제도에 의한 계약의 경우

운동선수의 경우에는 이른바 '드래프트 제도(draft system)'에 따라 자신이 원하지 않는 팀과 계약을 체결해야만 하는 상황이 발생할 수 있다.[4] 드래프트 제도는 특정한 운동경기를 위해 만들어진 팀(구단)들이 상호간에 연합체(운동경기단체)를 구성하면서 체결된 일종의 계약으로서 새롭게 창단되거나 성적이 저조한 팀에게 신인선수를 먼저 지명(선택)하여 계약할 수 있는 권리를 부여하는 것을 내용으로 한다(**신인선수우선선발권제도**). 이러한 제도는 특정 선수와 계약하기 위하여 여러 팀들이 경쟁하는 과정에서 서로 제시하는 금액이 과도하게 증가하게 되는 것을 예방하고, 우수한 선수가 특정한 팀에 집중됨으로써 해당 팀의 전력이 다른 팀과 비교하여 과도하게 강화되는 것을 방지하기 위한 목적으로 고안되었다.

운동경기팀의 입장에서 보면 이러한 제도는 계약금의 과도한 지출을 막을 수 있을 뿐만 아니라 팀들 간의 전력을 평준화하여 경기의 흥미를 높임으로써 궁극적으로 더 많은 입장객이 운동경기장을 찾게 하여 전체적인 수입을 증가시킬 수 있는 제도로 작동한다. 반면에 이러한 제도에 의하여 특정 선수, 특히 우수한 신인선수는 본인이 원하는 팀과 계약을 체결하지 못하고, 선수를 우선적으로 지명할 수 있는 권리를 가진 팀과 계약을 체결할 수밖에 없게 된다. 어쨌든 운동경기단체 내부에 존재하는 드래프트 제도는 팀들 간의 이해관계가 서로 합치하여 자유롭게 체결한 계약이므로 계약의 자유를 주장할 수 있고, 운동선수는 자신이 원하지 않는 팀과의 계약을 강제당했으므로 계약의 자유에 대한 침해를 주장할 수 있다.[5] 결국 운동경기단체와 운동경기선수 모두 계약의 자유를 주장하는 것이고, 양측의 계약의 자유가 서로 충돌하게 된다. 드래프트 제도에 의한 계약의 경우에도 계약의 상대방은 결정되어 있지만 계약기간이 과도하게 길지 않거나 계약내용을 자유롭게 결정할 수 있는 여지가 남아 있다면 노예계약으로 부를 수는 없다. 하지만 단지 계약의 상대방이 결정되는 것에 그치는 것을 넘어 계약기간이나 계약내용마저도 자유롭게 결정할 여지가 전혀 없다면 그러한 계약은 노예계약으로 판단될 수 있다. 이와 관련하여 드래프트 제도를 통해 특정 팀과 계약한 선수가 일정한 기간이 지나면 다른 팀과 자유롭게 계약할 수 있는 '자유계약선수(free agent: FA) 제도'가 있는데 계약의 자유와 관련하여 중요한 내용은 자유계약선수가

---

4) 드래프트제도 이외에 보류선수제도, 자유계약선수제도 등의 문제점에 대해서는 백승흠(2008), 229면 이하 참조.

5) 드래프트제도의 문제점에 대해서는 김은경(2010), 150면 이하 참조.

되는 데 요구되는 기간이다. 예를 들어 프로농구(KBL)의 경우에는 5년이고, 프로야구(KBO)의 경우에는 9년이다.

## Ⅲ. 가혹행위와 신체불훼손권 · 학습권 · 성적 자기결정권

### 1. 처벌되어야 하는 범죄로서 구타

운동선수와 관련된 가장 중요한 사회적 이슈는 '구타'다. 일반적으로 감독이 선수를 구타하거나 선배선수가 후배선수를 구타하는 것이 현실이다. 운동선수가 학생인 경우에는[6] '교사의 체벌'이라는 문제와 중첩되기도 한다.[7] 구타든 체벌이든 그 본질은 '폭력'이다. 폭력은 피해자의 신체를 훼손한다는 점에서 '신체의 불훼손(완전성)에 관한 권리'를 침해하게 된다.[8] 이러한 권리는 헌법상 명시적으로 보장된 기본권은 아니지만 행복추구권과 열거되지 않은 권리를 헌법상 권리로 보장한 헌법의 취지에 따르면 이러한 권리가 헌법적 근거를 가지는 기본권임에 틀림없다. 그리고 이러한 기본권을 침해하는 폭력행위는 이미 형법상 처벌되는 범죄(폭행죄 및 상해죄)가 된다는 사실도 분명하다. 따라서 형법상의 구성요건에 해당하는 폭력행위인 구타에 대해서는 형사사법절차에 따라 처리하는 것이 당연하다. 문제는 운동선수에게 가해지는 구타가 보복(출전기회박탈)이나 집단적 괴롭힘에 대한 위협과 두려움 때문에 은폐된다는 점에 있다. 바로 이러한 사실로 인해 운동선수에 대한 구타의 문제를 해결하기 위해서는 보복행위나 괴롭힘에 대하여 처벌하는 규정을 마련하는 것과 같은 법적 보완이 요구된다.

### 2. 학생 운동선수와 연습생의 학습권

학생 운동선수의 경우에는 오로지 경기에서의 승리(경기성적)만을 목표로 운동에만 몰두하게 됨으로써 '학습권'을 박탈당하게 될 가능성이 높다.[9] 학습권을 박탈

6) 학생 운동선수에 대한 폭력 실태에 대해서는 국가인권위원회(2008), 37면 이하; 이성은/이명선/변혜정/김상범(2009), 48면 이하; 특히 대학생 운동선수에 대한 폭력 실태에 대해서는 국가인권위원회(2010), 86면 이하 참조.

7) 체벌의 문제에 대해서는 이 책 제24장 참조.

8) 신체의 불훼손에 관한 권리와 관련된 주제로 이 책 제3장, 제24장, 제45장 참조.

9) 학생 운동선수의 학습권 침해 실태에 대해서는 국가인권위원회(2008), 32면 이하; 이성은/

당한 채 운동만을 강요당하는 것도 학생에 대한 가혹행위가 될 수 있다. 학생 운동선수들이 승리에 몰두하는 이유는 이러한 승리가 자신의 상급학교 진학이나 취업과 직결되기 때문이다. 학습권은 '교육받을 권리'(헌법 제31조 제1항)의 자유권적 측면으로서 본인이 원하면 교육의 기회를 박탈당하지 않고 어떠한 교육도 받을 수 있는 권리를 의미한다.[10] 이러한 학습권은 단지 입학 단계에서 기회를 박탈당하지 않을 권리뿐만 아니라 입학 후의 학업 과정에서도 기회를 박탈당하지 않고 수업을 받을 수 있는 권리를 포함한다. 그런데 학생 운동선수들은 경기에서 좋은 성적을 올리기 위해서 많은 연습을 해야 하고, 그러기 위해서는 학습권에 대한 침해를 의미하는 수업결손과 이로 인한 학력저하를 피할 수 없다. 또한 '합숙훈련'이라는 이름으로 행해지는 과도한 연습은 학습권에 대한 침해와 함께 합숙(단체)생활에서 발생할 수 있는 다양한 형태의 인권침해도 야기한다. 특히 운동선수를 하다가 부상이나 실력부족으로 중도에 탈락하는 학생들의 경우에는 운동의 포기와 함께 학력의 회복도 어렵게 될 뿐만 아니라 사회적응도 어렵게 된다는 점에서 문제의 심각성이 두드러진다. 따라서 학생 운동선수의 학습권을 보장하기 위하여 최대한 허용될 수 있는 운동시간(최대운동시간)을 제한하고, 반드시 이수해야 할 최소한의 학습과정과 학습시간(최소학습시간)을 제도화하여 상급학교 진학시에 이를 의무적으로 반영하도록 하는 제도의 개선이 요구된다.[11] 같은 맥락에서 연예인이 되기 위하여 연예기획사에서 연습생 신분으로 노래와 춤을 연습하는 학생들에게도 최대한의 연습시간에 대한 제한과 최소한의 학습시간에 대한 보장이 필요하다고 보인다.

### 3. 여성 운동선수에 대한 성폭력의 경우

여성 운동선수의 경우에는 남성 지도자(감독 또는 코치)로부터 성폭력의 위험에 노출되기도 한다.[12] 여기서 성폭력은 성폭행(강간), 성추행, 성희롱을 포함하는

---

이명선/변혜정/김상범(2009), 44면 이하; 김동현/윤양진(2010), 62면 이하 참조.

10) 학생 운동선수의 학습권이 가지는 헌법적 의미에 대해서는 강명구(2010), 116면 이하 참조. 한편 학습권의 내용으로서 스포츠교육의 중요성을 강조하는 견해도 있다. 김상겸(2009), 29면 이하 참조.

11) 같은 취지에서 2007년 국가인권위원회도 학생 운동선수의 "최저학업인정기준제도"를 권고한 바 있다. 구체적으로 ① 초등학생과 중학생의 의무교육을 내실화하기 위한 수업결손금지원칙의 강조, ② 출석인정결석 허용일수의 제한 등을 포함하여 고등학생의 수업결손에 따른 보충수업 내실화 및 최저학력제의 예외 없는 적용, ③ 일일 및 주당 훈련시간 제한 기준 마련 및 엄격한 적용이 강조되기도 한다. 김현수/박성주(2020), 24면 이하 참조.

12) 스포츠 성폭력의 실태에 대해서는 국가인권위원회(2008), 52면 이하; 윤상민(2011), 65면

넓은 의미의 개념이다. 성폭력은 여성의 '성적 자기결정권'을 침해하는 범죄다.[13] 따라서 성폭력도 일반적인 형사사법절차에 따라 해결되어야 한다. 그렇지만 이 경우에도 피해자가 보복에 대한 두려움 때문에 사건이 은폐될 가능성이 높기 때문에 제도적 보완이 필수적이다. 성폭력범죄에 대한 고소·고발을 이유로 피해자인 해당 운동선수에게 불이익을 주는 보복행위에 대해서도 처벌하는 제도의 도입이 대표적인 보완책에 해당한다. 한 연구결과에 따르면 여성선수들은 자신들에 대한 성폭력의 문제를 대면하면서 이미 구축되어 근절될 수 없는 하나의 문화가 되었다는 비관적 생각을 가지거나 폐쇄적이고 불평등한 운동환경이 개선된다면 어느 정도는 변화될 수 있는 것으로 다소 희망적인 인식을 가지거나 사회구조적인 차원에서 발생하는 것으로 제도적 개선이 불가능한 것으로 파악한다고 한다.[14] 물론 성폭력의 문제도 사회구조적 맥락 안에서 발생하는 것이므로 사회구조 자체의 변화 없이는 근본적인 해결이 불가능하겠지만 그럼에도 불구하고 제도적 개선을 통한 점진적인 해결도 충분한 보완책이 될 수 있을 것으로 보인다.

## 4. 여성 연예인에게 요구되는 성상납의 경우

여성 연예인에게 요구되는 술자리접대나 성행위와 같은 이른바 '성상납'도 넓은 의미의 성폭력에 포함될 수 있다. 다만 성매매[15]와 중첩되는 성상납의 경우에는 성매매에 대한 이해에 따라 문제의 해결방식이 조금 달라질 수 있다. 강압적 성매매를 내용으로 하는 성상납의 경우에는 성을 상납한 여성을 피해자로 볼 수 있지만 자발적 성매매를 내용으로 하는 성상납의 경우에는 성을 상납한 여성을 피해자로 보기에는 어려움이 있다. 또한 성을 상납한 여성을 피해자로 보는 경우에도 성상납의 내용에 따라 가해자에 대한 처벌의 내용은 달라질 수 있다. 다시 말해 성상납이 성희롱이나 성추행에 해당하는지 아니면 심지어 성폭행(강간)에 포함되는지에 따라 상응하는 처벌이 부과되어야 한다.[16] 문제는 자발적 성매매의 외관을 갖지만 앞서 언급한 전속계약이라는 이름의 노예계약의 내용에 성상납을 의미하는 이른바 '스폰서계약'이 포함될 수 있다는 점이다. 스폰서계약은 성상납이라는 표현을 사용

---

이하; 특히 대학생 운동선수에 대한 성폭력의 실태에 대해서는 국가인권위원회(2010), 126면 이하 참조.

13) 성적 자기결정권에 대해서는 이 책 제4장 II. 참조.

14) 김민철/홍은아(2014), 119면 이하 참조.

15) 성매매의 문제에 대해서 이 책 제29장 참조.

16) 성상납의 문제를 성차별의 관점에서 이해하기도 한다. 허은주(2009), 26면 참조.

하지는 않지만 실제로는 언제라도 스폰서에게 성행위를 제공해야 하는 형태의 성상납을 의미하는 계약내용을 포함한다. 따라서 스폰서계약은 자발적으로 체결된 계약이라고 하더라도 계약내용이 노예계약과 다름없기 때문에 무효가 되어야 한다.

## Ⅳ. 사생활노출과 사생활의 비밀에 관한 권리

### 1. 스타의 사생활에 대한 대중의 알 권리

연예인이나 운동선수는 대중의 관심과 호기심이 집중되는 대상이라는 점에서 공통적이다. 이에 따라 이성교제와 같은 시시콜콜한 개인생활까지도 언론에 공개되는 것이 일반적이다. 연예인이나 운동선수에 대하여 알고 싶어 하는 대중의 관심과 호기심은 헌법상 보장된 '알 권리'에 근거하여 정당화된다. 더욱이 대중에게 노출되는 빈도에 따라 인기와 소득이 결정되는 직업의 특성상 연예인이나 운동선수는 공개되기를 원치 않는 사생활의 영역이 비교적 축소될 수밖에 없다. 그렇지만 연예인이나 운동선수의 모든 생활영역이 대중에게 공개될 수 있는 영역으로 이해되는 것은 곤란하다. 연예인이나 운동선수의 경우에도 공개될 수 있는 생활영역은 제한되어야 하고, 공개되는 생활영역에서 공개되는 정도도 일정한 한계가 설정될 필요가 있다. 결국 연예인이나 운동선수의 사생활에 대한 대중의 관심이 '알 권리'에 의해 주장된다고 하더라도 연예인이나 운동선수에게 헌법상 보장된 '사생활의 비밀에 관한 권리'(헌법 제17조)가 그러한 알 권리를 제한하게 된다.

### 2. 알 권리와 사생활의 비밀에 관한 권리의 균형적 실현

여기서 중요한 것은 대중의 알 권리와 연예인 · 운동선수의 사생활의 비밀에 관한 권리가 균형적으로 실현되어야만 한다는 점이다. 이러한 균형은 어느 일방의 권리를 과도하게 보장하기 위하여 다른 일방의 권리가 과도하게 희생(침해)되지 않는 것을 의미한다. 일단 대중의 관심이 집중되는 연예인이나 운동선수의 경우에는 일반인처럼 사생활의 비밀에 관한 권리에 근거하여 단지 자신이 공개하지 않기를 원한다는 이유만으로 모든 개인생활을 공개하지 않을 수는 없다. 하지만 비록 대중의 관심과 인기를 먹고사는 연예인 · 운동선수라고 하더라도 그들에 대한 과도한 관심과 호기심은 대중과 동일하게 보장된 그들의 인권을 침해하게 된다. 연예인이나 운동선수를 집요하게 쫓아다니면서 사생활을 깨내려는 파파라치(paparazzi)들의 모든 행동이 대중의 알 권리에 근거하여 정당화될 수 없는 이유가 여기에 있다.

## 3. 사생활과 계약위반

연예인이나 운동선수의 경우에 그들의 이미지를 기초로 광고계약을 체결하기 때문에 그들의 사생활로 인해 그 이미지가 손상되어 광고상품의 가치에 영향을 주면 광고주는 계약위반을 이유로 손해배상을 요구하게 된다. 대중에게 주는 이미지에 따라 상품적 가치가 결정되는 연예인이나 운동선수의 경우에는 일반인보다 자신의 이미지와 관련된 사생활을 통제할 필요가 있다. 이러한 내용이 이른바 '품위유지약정'이라는 이름으로 광고계약에 포함되는 것이 일반적이다. 이에 따라 본인의 고의나 과실로 본인의 이미지에 영향을 미치는 사생활의 문제(예를 들어 도박, 마약, 폭력, 음주운전)로 본인이 출연하는 광고에 포함된 상품의 가치가 추락하였다면 해당 연예인이나 운동선수는 광고주에게 손해를 배상할 책임이 있다. 하지만 타인에 의해 영향을 받은 사생활로 인해 그 이미지에 영향을 받았다면 그 책임을 해당 연예인이나 운동선수에게 돌리는 것은 과도한 요구라고 보인다. 예를 들어 이미 고인(故人)이 된 유명 연예인의 경우에 부부싸움 과정에서 남편으로부터 구타를 당한 사건이 세상에 알려지면서 배우로서의 '품위유지의무'를 위반했다는 이유로 광고주가 제기한 손해배상청구 사건에서 패소한 바 있다(아래 [판례 46.3] 참조).

**[판례 46.3] 고(故) 최진실 사건**

광고주가 모델이나 유명 연예인, 운동선수 등과 광고모델계약을 체결하면서 출연하는 유명 연예인 등에게 일정한 수준의 명예를 유지할 의무를 부과하는 품위유지약정을 한 경우, 위와 같은 광고모델계약은 유명 연예인 등을 광고에 출연시킴으로써 유명 연예인 등이 일반인들에 대하여 가지는 신뢰성, 가치, 명성 등 긍정적인 이미지를 이용하여 광고되는 제품에 대한 일반인들의 구매 욕구를 불러일으키기 위한 목적으로 체결되는 것이므로, 위 광고에 출연하기로 한 모델은 위와 같이 일정한 수준의 명예를 유지하기로 한 **품위유지약정**에 따라 계약기간 동안 광고에 적합한 자신의 긍정적인 이미지를 유지함으로써 그것으로부터 발생하는 구매 유인 효과 등 경제적 가치를 유지하여야 할 계약상 의무, 이른바 품위유지의무가 있고, 이를 이행하지 않는 경우에는 광고모델계약에 관한 채무불이행으로 인한 손해배상채무를 면하지 못한다. … 아파트 건설회사와 광고모델계약을 체결하면서 자신의 사회적, 도덕적 명예를 훼손하지 않기로 하는 품위유지약정을 한

> 유명 연예인이, 별거중인 남편과의 물리적인 충돌 사실이 언론에 노출되어 그 경위에 관한 관심이 늘어나자 사실과 다른 보도가 이루어지지 않도록 해명할 필요가 있다는 이유로, 기자들에게 그 충돌 경위를 상세히 진술하고 자신의 멍들고 부은 얼굴과 충돌이 일어난 현장을 촬영하도록 허락하여 그 진술 내용과 사진이 언론을 통하여 일반인들에게 널리 공개되도록 한 행위는, 광고모델계약에서 정한 품위유지약정을 위반한 것으로서 광고주인 아파트 건설회사에게 채무불이행으로 인한 손해배상책임을 진다(대판 2009. 5. 28. 2006다32354).

### 4. 사생활의 감시와 악용

연예기획사는 소속 연예인을 보호한다는 명목으로 그들의 사생활을 관리할 뿐만 아니라 감시하기도 한다. 연예활동을 하는 동안은 연애를 금지한다든지 휴대전화를 도청하는 행위가 흔히 사용된다. 또한 이른바 그룹으로 활동하는 연예인에 대한 합숙의 강요도 사실상 감시에 다름 아니다. 한편 연예인이 되기 전의 사생활이 연예인에 대한 일정한 행동을 강요하는 데 악용되기도 한다. 이러한 사생활의 감시나 악용은 명백하게 불법행위이기 때문에 보복이나 불이익에 대한 두려움만 극복할 수 있다면 해당 연예인이 법적 절차를 통해 충분히 대처할 수 있다고 본다.

## V. 연예인과 운동선수의 기본권을 보장하는 대안

연예인이나 운동선수의 기본권과 연예기획사나 구단의 기본권이 서로 충돌하는 경우에 이를 해결하는 방법으로는 우선 '기본권의 대사인적 효력'의 법리에 따라 사인간의 분쟁을 해결해야 하는 민사법원이 재판에서 서로 충돌하는 기본권이 균형적으로 실현될 수 있도록 문제가 되는 모든 기본권을 충분히 존중하여 판결을 내리는 방법이 있다.[17] 이러한 방법은 무엇보다도 '기본권을 존중해야 하는 법관의 의무'를 통해 실현될 수 있다. 하지만 이러한 의무가 단순히 법관의 직업윤리적 의무에 그친다면 연예인이나 운동선수의 기본권에 대한 보장은 오로지 법관의 양심에 맡겨질 수밖에 없다. 이를 제도적으로 관철하는 방법으로는 재판을 헌법소원의 대상으로 통제하는 방법이 있다. 두 번째로 고려할 수 있는 방법은

17) 전속계약과 관련된 분쟁은 '중재'의 방법으로 해결해야 신속성, 전문성, 비공개성, 경제성의 효과를 얻을 수 있다는 다수의 견해가 제시되고 있다. 최승수/안건형(2009), 66면 이하; 오석웅(2010), 129면 이하; 이범수(2010), 301면 이하; 최현태(2010), 471면 이하 참조.

'국가의 기본권보호의무(또는 국민의 기본권보호권)'의 법리에 따라 입법자인 국회에 대해서 기본권을 보호하는 입법을 요구하는 것이다. 이에 따르면 국회는 연예인이나 운동선수의 기본권을 보호할 의무가 있기 때문에 이에 관한 입법을 해야 할 의무를 부담하게 된다.[18] 만약 국회가 이러한 의무가 있음에도 불구하고 입법을 하지 않으면 연예인이나 운동선수는 자신의 기본권을 보호하는 입법을 하지 않은 입법부작위에 대해서 헌법재판소에 헌법소원을 청구할 수 있다. 하지만 입법부작위에 대해서는 헌법재판소가 국회의 입법의무를 인정하지 않아 각하되는 경우가 대부분이므로 실효성 있는 해결 방법이 될 수 있는지는 의문이다. 마지막으로 연예인이나 운동선수가 '입법운동'을 통해 국회가 연예인이나 운동선수의 기본권을 보장하는 입법을 하도록 영향력을 행사하는 방법인데 연예인이나 운동선수의 기본권을 보장하는 입법의 내용으로 다음과 같은 것을 검토할 수 있다.

## 1. 연예인의 근로자성 인정

연예인과 연예기획사가 체결하는 전속계약의 성격이 무엇인지에 따라 연예인을 근로자로 볼 수 있는지 여부가 결정된다. 따라서 만약 연예인과 연예기획사 사이에 체결되는 계약을 '고용계약'으로 보게 되면 연예인은 노동(노무)을 제공하고 그 대가로 임금(보수)을 받은 근로자가 된다.[19] 고용계약에 따라 제공되는 노동의 성격은 사용자에 대한 '종속성'에 있다. 하지만 연예인이 제공하는 노동의 성격은 일률적으로 확정하기 어렵다. 비록 똑같이 보수를 받는다고 해도 연예인의 제공하는 노동의 성격에 따라서 연예인이 상대방과 맺은 계약은 도급계약(민법 제664조)이나 위임계약(민법 제680조)의 성격을 갖기도 한다.[20] 도급계약은 '어떤 일을 완성'해 주는 것을 내용으로 하는 계약으로 그 대가로 보수를 받게 되는 반면에 위임계약은 어떤 일을 완성해 주는 것이 아니라 위임인이 요구하는 '사무를 처리'해 주는 것을 내용으로 하는 계약으로 그 대가로 보수를 받게 된다. 도급계약이나 위임계약의 경우에는 '종속성'이 인정되지 않기 때문에 연예인이 근로자성을 주장할 수 없게 된다. 하지만 연예인이 제공하는 노동은 고용과 도급 및 위임의

18) 부당한 전속계약을 통제하는 현행 법규에 대한 설명으로 한웅길(2008), 122면 이하 참조.
19) 연예인의 근로자성을 인정하는 견해로 장재옥(2005), 216면 이하; 이범수(2010), 314면 이하 참조.
20) 전속계약의 법적 성격에 대해서는 최승수/안건형(2009), 58면 이하; 이범수(2010), 313면 이하; 최현태(2010), 455면 이하 참조.

성격을 모두 가질 수 있고, 이 경우에 연예인의 근로자성은 인정될 수 있다.

**주요개념**

**【고용계약**(민법 제655조)**】** 고용은 당사자일방이 상대방에 대하여 '노무'를 제공할 것을 약정하고 상대방이 이에 대하여 '보수'를 지급할 것을 약정함으로써 그 효력이 생긴다.

**【도급계약**(민법 제664조)**】** 도급은 당사자일방이 '어느 일을 완성'할 것을 약정하고 상대방이 그 일의 결과에 대하여 '보수'를 지급할 것을 약정함으로써 그 효력이 생긴다.

**【위임계약**(민법 제680조)**】** 위임은 당사자일방이 상대방에 대하여 '사무의 처리'를 위탁하고 상대방이 이를 승낙함으로써 그 효력이 생긴다.

## 2. 전속계약의 표준약관화

연예인과 연예기획사가 체결하는 계약의 불공정성 문제를 해결하기 위한 대안으로 계약을 '약관'의 형식으로 하여 **약관의 규제에 관한 법률**(최근개정: 2020. 12. 29. 법률 제17799호)의 적용을 받도록 하고, '표준약관'을 만들도록 하여 공정거래위원회의 심사를 받도록 하는 방법이 제시된다. 우선 약관규제법에 따르면 공정성을 잃거나 과도한 손해배상액을 예정한 약관은 무효다(동법 제6조 및 제8조). 한편 불공정한 약관의 통용을 예방하기 위하여 약관에 대한 공정거래위원회의 심사제도가 마련되어 있다(동법 제19조의2). **공정거래위원회의 표준약관**(표준전속계약서)에 따르면[21] 연예기획사는 연예인의 인격권 보호를 위해 노력할 뿐만 아니라 연예인의 인격권을 침해하는 행위를 요구할 수 없으며, 특히 아동·청소년 연예인의 인권을 보장해야 한다. 이러한 표준약관은 전속계약을 체결하는 연예인의 기본적 인권을 보장하면서 계약의 공정성을 확보할 것으로 기대된다.

**[법령 46.1] 약관의 규제에 관한 법률**(최근개정: 2020. 12. 29. 법률 제17799호)
**제6조 (일반원칙)**
① 신의성실의 원칙을 위반하여 공정성을 잃은 약관 조항은 무효이다.
② 약관의 내용 중 다음 각 호의 어느 하나에 해당하는 내용을 정하고 있는 조항은 공정성을 잃은 것으로 추정된다.
1. 고객에게 부당하게 불리한 조항

21) 표준전속계약서의 내용과 문제점에 대해서는 이범수(2010), 327면 이하 참조.

2. 고객이 계약의 거래형태 등 관련된 모든 사정에 비추어 예상하기 어려운 조항
3. 계약의 목적을 달성할 수 없을 정도로 계약에 따르는 본질적 권리를 제한하는 조항

**제8조 (손해배상액의 예정)**
고객에게 부당하게 과중한 지연 손해금 등의 손해배상 의무를 부담시키는 약관 조항은 무효로 한다.

**제19조의3 (표준약관)**
① 사업자 및 사업자단체는 건전한 거래질서를 확립하고 불공정한 내용의 약관이 통용되는 것을 방지하기 위하여 일정한 거래 분야에서 표준이 될 약관의 제정·개정안을 마련하여 그 내용이 이 법에 위반되는지 여부에 관하여 공정거래위원회에 심사를 청구할 수 있다.
②~⑨ 생략

**[참고] 대중문화예술인(가수중심) 표준전속계약서**(최근개정: 2014. 9. 19. 공정거래위원회 표준약관 제10062호)

**제2조 (매니지먼트 권한의 부여 등)**
① 생략
② 갑(프로덕션)은 을(아티스트)이 자기의 재능과 실력을 최대한 발휘할 수 있도록 성실히 매니지먼트 권한을 행사하고, 갑의 매니지먼트 권한 범위 내에서의 연예활동과 관련하여 을의 사생활보장 등 을의 인격권이 대내외적으로 침해되지 않도록 최대한 노력한다.
③ 생략

**제5조 (갑의 매니지먼트 권한 및 의무 등)**
①~④ 생략
⑤ 갑은 이 계약에 따른 을의 연예활동 또는 연예활동 준비 이외에 을의 사생활이나 인격권을 침해하거나 침해할 우려가 있는 행위를 요구할 수 없고, 부당한 금품을 요구할 수도 없다.
⑥ 생략

**제18조 (아동·청소년의 보호)**
① 갑은 아동·청소년 연예인의 신체적·정신적 건강, 학습권, 인격권, 수면권, 휴식권, 자유선택권 등 기본적인 인권을 보장한다.
② 갑은 연예매니지먼트 계약을 체결하는 경우 연예인의 연령을 확인하고 아동·청소년의 경우 영리 또는 흥행을 목적으로 과다노출 및 지나치게 선정적으로 표현하는 행위를 요구할 수 없다.
③ 갑은 아동·청소년 연예인에게 과도한 시간에 걸쳐서 대중문화예술용역을 제공하게 할 수 없다.

## 3. 연예기획사의 설립에 대한 제한

연예인에 대한 연예기획사의 불공정행위를 예방하기 위한 대안으로 연예기

획사의 설립기준을 강화하고, 연예기획사의 업무를 수행하는 자의 자격제도를 도입하는 방안이 제시된다. 하지만 이러한 제한은 연예기획사에 보장된 '직업의 자유'를 침해할 수 있기 때문에 신중한 고려가 요구된다. 오히려 이러한 제한은 기존의 연예기획사를 보호하고 신생 연예기획사의 설립을 방해할 수도 있다. 따라서 연예기획사의 설립기준이나 자격제도를 통한 규제보다는 앞서 논의한 표준약관제도를 통한 규제가 연예기획사의 직업의 자유에 대한 제한을 최소화하면서도 연예인의 기본적 인권을 보장할 수 있는 대안이 될 수 있다고 보인다.

### 4. 스포츠인권법의 제정

운동선수에 대한 구타, 그리고 여성 운동선수에 대한 성폭력은 명백한 불법행위이다. 따라서 이러한 불법행위에 대해서는 기존의 형사법을 엄격하게 집행할 필요가 있다. 하지만 가해자에 대한 처벌은 사후적 방안에 지나지 않기 때문에 사전적 예방을 위해서는 운동지도자(감독, 코치)나 운동선수들에 대한 인권교육이 요구된다. 또한 이미 불법적 인권침해가 발생한 경우에는 피해자인 운동선수에 대한 보호와 상담 및 치료가 시급하기 때문에 이를 제공하기 위한 기관과 절차가 마련될 필요도 있다. 한편 학생 운동선수들에 대한 학습권 박탈은 최대한의 운동시간이나 최소한의 수업시간에 대한 명확한 기준의 불비에서 온다고 볼 수 있다. 그렇기 때문에 학생 운동선수들이 학기중에 운동할 수 있는 최대시간과 공부해야 하는 최소시간에 대한 법적 강제력이 있는 기준의 제시가 필요하다. 이러한 사정을 종합해 볼 때 운동선수에 대한 구타와 성폭력 등 폭력이 인권침해적 불법행위로서 금지된다는 사실을 확인하고, 운동지도자와 운동선수에 대한 인권교육을 필수적으로 요구하며, 피해자인 운동선수의 보호와 상담 및 치료에 관한 절차를 명문화할 뿐만 아니라 학생 운동선수의 학습권에 대한 보장과 그에 관한 구체적 기준을 제시하는 이른바 '스포츠인권법'의 제정이 대안으로 제시될 수 있다.[22] 물론 스포츠인권법은 운동선수가 폭력적이라는 편견을 강화하는 법률이 될 수도 있지만 스포츠 영역에서 폭력이 사라질 때까지 선택할 수밖에 없는 불가피한 대안이다. 따라서 스포츠인권법은 운동선수에 대한 인권침해적 불법행위가 근절되는 시

22) 여기서 스포츠계에서 발생하는 인권침해의 원인을 ① 국위선양에 따른 경기실적 중심 평가, ② 폐쇄적이고 수직적인 '침묵의 카르텔' 문화, ③ 비과학적이고 과도한 훈련 및 인권교육의 부재, ④ 가해자 징계시스템의 부실, ⑤ 피해자 보호시스템의 부실에서 찾으면서 결국 이 모든 것이 '스포츠강국' 패러다임에서 나오기 때문에 '모두를 위한 스포츠' 패러다임으로 전환될 필요가 있다는 주장을 주목할 필요가 있다. 홍덕기(2021), 41면 이하 참조.

점까지만 존재해야 되는 한시법일 수밖에 없다.

### 토론문제

1. 연예인이나 운동선수가 노동자일 수 있는가?
2. 대중의 관심을 받는 연예인이나 운동선수의 사생활은 어디까지 주장할 수 있는가?
3. 연예인의 직업은 성매매적 성격을 가질 수밖에 없는 것은 아닌가?

### 내 입장은?

1. 연예인이나 운동선수는 원칙적으로 노동자가 아니다.
2. 연예인이나 운동선수도 원칙적으로 노동자다.
3. 연예인이나 운동선수에 따라 노동자일 수 있다.

## 참고문헌

강구민(2010), 학생선수의 학습권에 대한 헌법적 함의, ≪스포츠와 법≫(한국스포츠엔터테인먼트법학회), 제13권 제4호(2010), 101~120면.

김동현/윤양진(2010), 학생선수 학습권 보호를 위한 법, 제도적 과제, ≪스포츠와 법≫(한국스포츠엔터테인먼트법학회), 제13권 제4호(2010), 57~81면.

김민철/홍은아(2014), 대학 여성 운동선수의 성희롱 및 성폭력에 대한 주관적 인식체계, ≪한국체육학회지≫(한국체육학회), 제53권 제6호(2014), 113~121면.

김상겸(2009), 학생선수의 인권과 일반학생의 학습권보장에 관한 연구－스포츠교육의 정상화 관점에서－, ≪스포츠와 법≫(한국스포츠엔터테인먼트법학회), 제12권 제1호(2009), 11~36면.

김성태(2012), 엔터테인먼트산업에 있어서 전속매니지먼트계약으로 발생하는 분쟁해결에 관한 연구－조정제도를 중심으로－, ≪스포츠와 법≫(한국스포츠엔터테인먼트법학회), 제15권 제2호(2012), 171~200면.

김은경(2010), 한국 프로스포츠에 관한 몇 가지 법적 문제－프로축구리그의 드래프트

제도를 중심으로-, ≪스포츠와 법≫(한국스포츠엔터테인먼트법학회), 제13권 제2호(2010), 145~158면.

김현수/박성주(2020), 스포츠인권 정책분석과 개선방향: 학습권 보호를 중심으로, ≪한국체육학회지≫(한국체육학회), 제59권 제5호(2020), 13~30면.

노명우(2010), '사회적 사실'인 연예인의 자살-셀레브리티는 동시에 공인일 수 없다, ≪현실분석≫, 제63호(2010), 283~291면.

백승흠(2008), 프로스포츠계약의 문제점과 스포츠 에이전시-국내 프로야구선수계약을 중심으로-, ≪스포츠와 법≫(한국스포츠엔터테인먼트법학회), 제11권 제1호(2008), 209~237면.

연기영(2007), 전속계약상 연예인의 법적 보호문제, ≪스포츠와 법≫(한국스포츠엔터테인먼트법학회), 제10권 제2호(2007), 155~183면.

오석웅(2010), 중재제도를 통한 엔터테인먼트분쟁의 해결-연예인전속매니지먼트계약관련 분쟁을 중심으로-, ≪스포츠와 법≫(한국스포츠엔터테인먼트법학회), 제13권 제4호(2010), 121~139면.

윤상민(2011), 스포츠 성폭력의 실태, 규제와 대책, ≪스포츠와 법≫(한국스포츠엔터테인먼트법학회), 제14권 제1호(2011), 59~84면.

이범수(2010), 연예인과 관련된 분쟁에서 중재제도의 활용에 관한 소고, ≪재산법연구≫(한국재산법학회), 제27권 제2호(2010), 295~322면.

이성은/이명선/변혜정/김상범(2009), 중·고교 학생 선수의 학습권-폭력-성폭력의 인권 침해 발생구조에 대한 성 정치학적 분석, ≪한국여성학≫(한국여성학회), 제25권 제1호(2009), 35~72면.

이우석(2010), 엔터테인먼트 전속계약에 따른 연예인의 법적보호, ≪법학연구≫(전북대학교 법학연구소), 제30집(2010), 305~336면.

이준일(2009), 기본권의 대사인적 효력의 적용, ≪헌법실무연구≫(헌법재판소 헌법실무연구회), 제10권(2009), 148~160면.

장재옥(2005), 전속계약에 관한 소고 - 연예인 전속매니지먼트계약을 중심으로, ≪중앙법학≫(중앙법학회), 제7집 제4호(2005), 197~228면.

최승수/안건형(2009), 연예인 전속매니지먼트계약의 법적 쟁점과 중재적합성에 관한 연구, ≪중재연구≫(한국중재학회), 제19권 제2호(2009), 49~72면.

최현태(2010), 전속계약에 따른 법적문제와 해결방안, 재산법연구(한국재산법학회), 제27권 제2호(2010), 453~478면.

한웅길(2008), 전속계약의 계약금(전속금), ≪동아법학≫(동아대학교 법학연구소), 제41호(2008), 115~163면.

허은주(2009), 죽어야 사는 여성 연예인들의 인권-고 장자연 씨의 죽음에서 기억해야 할 것-, ≪젠더리뷰≫(한국여성정책연구원), 제13호(2009), 22~28면.

홍덕기(2021), 스포츠 인권 정책분석을 통한 인권침해 원인과 향후 과제, ≪스포츠엔터테인먼트와 법≫(한국스포츠엔터테인먼트법학회), 제24권 제1호(2021), 23~52면.

국가인권위원회(2008), ≪운동선수 인권상황 실태조사－중・고교 학생선수의 학습권, 폭력, 성폭력 실태를 중심으로≫, 2008.

국가인권위원회(2009), ≪스포츠 인권침해 예방을 위한 정책 제안≫, 2009.

국가인권위원회(2010), ≪2010년도 국가인권위원회 운동선수 인권상황 실태조사≫, 2010.

# 제47장 디아스포라 시대에 재외동포의 인권

디아스포라는 민족적 집단과 다르다.
민족적 집단은 특정한 국가 안에 존재하는 민족적 내지 문화적 단위이다.
디아스포라는 국가들을 넘나드는 민족적 내지 문화적 공동체이다.
새뮤얼 헌팅턴, ≪미국(Who are we)≫ 중에서

가정이나 식당에서 도우미로 일하는 조선족 아주머니들을 흔하게 볼 수 있다. 억양은 좀 다르지만 한국말도 할 줄 알고 생김새도 다르지 않아 외모와 피부색부터 다른 외국인보다 편한 것이 사실이다. 언어도, 외모도, 문화도 비슷한 동포들을 외국인보다 우대한다고 해서 문제될 것은 없을 것 같아 보인다.

조선족은 외모와 언어만 한국 사람이지 자신을 중국 사람으로 생각하고 있다는 불만을 어렵지 않게 들을 수 있다. 심지어 취업을 목적으로 위장결혼하는 조선족도 늘어나고 있다. 외모와 언어만 같다고 동포들을 우대하는 것은 외모는 다르지만 같은 언어와 문화를 공유하고 있는, 한국인과 외국인이 결혼하여 출산한 아동들과 한국으로 귀화한 외국인을 차별하는 것이다.

혈통이 같은 동포들을 우대하는 것은 외국인에 대한 차별일 수 있다. 하지만 동포들을 우대하여 한국사회에 유익이 된다면 그러한 차별이 정당화될 수 없는 것은 아니다. 특히 해방 전에 본인의 의지와 상관없이 일본, 중국, 러시아로 이주한 동포들에 대한 특별한 배려가 요구된다.

## Ⅰ. 문제제기

국적으로 보면 외국인이지만 혈연적으로 보면 한국인과 동일한 혈통을 가진 사람들을 '재외동포'라고 부른다.[1] 따라서 재외동포는 대한민국 국적을 가졌지만 일정한 사유로 외국에 거주하거나 체류하는 '재외국민'과 구분된다. 2019년 현재 전 세계에 흩어져 사는 재외동포 및 재외국민의 숫자는 750만 명 정도로 추산된다(아래 [표 47.1] 참조). 이 가운데 45퍼센트 정도가 일본과 중국에 집중되어 거주하고 있고, 그 가운데서도 중국에 거주하는 동포가 258만여 명으로 가장 많은 비중을 차지하며, 다음으로는 미국에 거주하는 동포로 223만여 명이다.

**[표 47.1] 재외동포 현황** (단위: 명)

| 지역 \ 연도 | | 2013 | 2015 | 2017 | 2019 | | |
|---|---|---|---|---|---|---|---|
| | | | | | 전체 | 백분율(%) | 외국국적자(시민권자) |
| 총계 | | 7,012,917 | 7,184,872 | 7,430,688 | 7,493,587 | 100 | 4,806,473 |
| 동북아시아 | 소계 | 3,467,057 | 3,441,718 | 3,366,656 | 3,286,363 | 43.86 | 2,528,990 |
| | 일본 | 893,129 | 855,725 | 818,626 | 824,977 | 11.01 | 375,518 |
| | 중국 | 2,573,928 | 2,585,993 | 2,548,030 | 2,461,386 | 32.85 | 2,153,472 |
| 북미 | 소계 | 2,297,425 | 2,463,043 | 2,733,194 | 2,788,732 | 37.21 | 1,616,663 |
| | 미국 | 2,091,432 | 2,238,989 | 2,492,252 | 2,546,982 | 33.99 | 1,482,056 |
| | 캐나다 | 205,993 | 224,052 | 240,942 | 241,750 | 3.23 | 134,607 |
| 유럽 | | 627,089 | 627,089 | 630,693 | 687,059 | 9.17 | 554,350 |
| 남아시아/태평양 | | 485,836 | 510,633 | 557,791 | 592,441 | 7.91 | 67,086 |
| 중남미 | | 111,156 | 105,243 | 106,794 | 103,617 | 1.38 | 39,163 |
| 중동 | | 25,048 | 25,563 | 24,707 | 24,498 | 0.33 | 71 |
| 아프리카 | | 10,548 | 11,583 | 10,853 | 10,877 | 0.15 | 150 |

자료: 외교부(www.mofa.go.kr), <2019 재외동포 현황>(2019).

한편 **재외동포의 출입국과 법적 지위에 관한 법률**(최근개정: 2020. 2. 4. 법률 제16917호, 이하 **재외동포법**)은 재외동포를 "외국국적동포"로 지칭하면서 "대한민국의 국적을 보유하였던 자(대한민국정부 수립 전에 국외로 이주한 동포를 포함) 또는 그 직계비속으로서 외국국적을 취득한 자 중 대통령령으로 정하는 자"로 정의하고(동법 제2조 제2호), "대한민국의 국민으로서 외국의 영주권을 취득한 자 또는 영주할 목적으로 외국에 거주하고 있는 자"를 의미하는 "재외국민"을 포함하는 것으로 이해하기도 한다(동법 동조 제1호). 또한 **재외동포재단법**(최근개정: 2020. 5. 26. 법률 제17308호)도 "재외동포"를 "대한민국 국민으로서 외국에 장기체류하거나 외국

1) 재외동포는 문자 그대로 해석하면 '외국에 거주하는 동포'를 의미한다. 하지만 여기서는 일상적인 용례에 따라 거주지나 체류지와 상관없이 외국 국적을 가지고 있는, 즉 외국인이면서 혈연적으로 한국인의 혈통을 가진 사람들을 재외동포라고 부르기로 한다.

의 영주권을 취득한 사람"과 함께 "국적에 관계없이 한민족(韓民族)의 혈통을 지닌 사람으로서 외국에서 거주・생활하는 사람"으로 정의한다(동법 제2조). 재외동포법을 적용받기 위해서는 '거소신고'를 해야 되는데(동법 제6조) 국내에 입국하여 거소신고를 한 재외동포는 2020년 말을 기준으로 46만여 명에 이른다. 2010년 이후 매년 5만여 명씩 증가하고 있는데, 매년 4만 명 이상씩 늘어난 한국계 중국인인 '조선족'의 입국에 의한 영향으로 보인다(아래 [표 47.2] 참조). 국내 거소신고를 한 재외동포를 국적별로 살펴보면 조선족이 가장 많고, 다음으로 미국과 캐나다의 국적을 가진 재외동포와 옛 소련 지역에 속하는 러시아, 우즈베키스탄, 카자흐스탄 등의 국적을 가진 재외동포인인 '고려인'도 높은 비율을 차지하고 있다. 특히 고려인의 숫자는 짧은 기간에 급격한 증가했는데, 2010년 이후 10년 동안 5년도 채 되지 않는 기간 동안의 증가율이 10배를 넘는다.

**[표 47.2] 외국국적동포 국내 거소신고 현황** (단위: 명)

| 연도 | 합계 | 중국 | 미국 | 캐나다 | 러시아 | 우즈베키스탄 | 호주 | 뉴질랜드 | 독일 | 일본 | 카자흐스탄 | 영국 | 프랑스 |
|---|---|---|---|---|---|---|---|---|---|---|---|---|---|
| 2010 | 83,825 | 31,502 | 35,501 | 9,446 | 416 | 392 | 2,757 | 1,145 | 698 | 499 | 183 | 178 | 167 |
| 2011 | 135,020 | 72,870 | 40,421 | 11,273 | 978 | 1,423 | 3,222 | 1,422 | 788 | 637 | 454 | 222 | 188 |
| 2012 | 187,616 | 115,731 | 44,135 | 12,886 | 2,462 | 2,857 | 3,693 | 1,725 | 863 | 748 | 686 | 285 | 215 |
| 2013 | 233,269 | 157,443 | 44,701 | 13,470 | 3,679 | 3,749 | 3,910 | 1,953 | 841 | 793 | 751 | 363 | 227 |
| 2014 | 286,414 | 206,047 | 45,893 | 14,472 | 4,413 | 4,571 | 4,234 | 2,136 | 885 | 777 | 768 | 445 | 248 |
| 2015 | 324,786 | 238,582 | 46,100 | 15,250 | 7,669 | 5,431 | 4,459 | 2,282 | 885 | 781 | 863 | 486 | 250 |
| 2016 | 368,862 | 272,663 | 45,369 | 15,795 | 14,669 | 7,124 | 4,544 | 2,359 | 871 | 789 | 1,822 | 539 | 243 |
| 2017 | 411,337 | 307,292 | 44,414 | 15,777 | 20,192 | 8,876 | 4,556 | 2,368 | 812 | 793 | 3,186 | 602 | 237 |
| 2018 | 441,107 | 330,394 | 44,147 | 15,746 | 23,876 | 10,482 | 4,545 | 2,405 | 787 | 792 | 4,327 | 691 | 242 |
| 2019 | 459,996 | 343,886 | 44,559 | 15,776 | 26,190 | 11,681 | 4,660 | 2,428 | 752 | 807 | 5,185 | 765 | 233 |
| 2020 | 464,783 | 350,461 | 43,138 | 15,510 | 25,107 | 12,643 | 4,313 | 2,319 | 721 | 726 | 5,531 | 798 | 235 |

자료: 법무부(www.moj.go.kr) 이민정보과 <외국국적동포 거소신고 현황>(2010~2020).

**[법령 47.1] 국내거소신고제도**
**재외동포의 출입국과 법적 지위에 관한 법률**(최근개정: 2020. 2. 4. 법률 제16917호)
**제6조 (국내거소신고)**

① 재외동포체류자격으로 입국한 외국국적동포는 이 법을 적용받기 위하여 필요하면 대한민국 안에 거소(居所)를 정하여 그 거소를 관할하는 지방출입국・외국인관서의 장에게 국내거소신고를 할 수 있다.
② 제1항에 따라 신고한 국내거소를 이전한 때에는 14일 이내에 그 사실을 신거소(新居所)가 소재한 시・군・구(자치구가 아닌 구를 포함한다. 이하 이 조 및 제7조에서 같다) 또는 읍・면・동의 장이나 신거소를 관할하는 지방출입국・외국인관서의 장에게 신고하여야 한다.
③ 제2항에 따라 거소이전 신고를 받은 지방출입국・외국인관서의 장은 신거소가 소재한 시・군・구 또는 읍・면・동의 장에게, 시・군・구 또는 읍・면・동의 장은 신거소를 관할하는 지방출입국・외국인관서의 장에게 각각 이를 통보하여야 한다.
④ 생략

재외동포는 자발적으로 외국으로 이주하여 외국 국적을 취득한 경우도 있지만 일제강점기에 강제로 징용되어 외국으로 이주한 뒤 한국으로 돌아오지 못하고 외국 국적을 취득한 경우도 있다. 일제로부터 해방되고 대한민국 정부가 수립된 1948년 8월 15일 이후에 외국으로 이주한 재외동포들은 대부분 자발적으로 국적을 이탈하여 외국 국적을 취득한 사람들이다. 하지만 일제강점기에 군수산업노동자나 일본군위안부로 '강제징용'되어 외국으로 이주한 재외동포들의 경우에는 자발적으로 이주하지 않았을 뿐만 아니라 외국 국적의 취득도 본인의 선택이 아니라 체류국의 법률에 따라 자동으로 국적을 취득할 수밖에 없었던 특별한 사정이 존재한다. 또한 '독립운동'을 위해 외국으로 이주한 재외동포들의 경우에도 자발적으로 이주한 것이기는 하지만 강제로 징용당한 재외동포들과 유사한 특별한 사정이 존재한다. 그리고 러시아로 이주한 재외동포들의 경우에는 자발적으로 이주했을지라도 러시아정부에 의해 중앙아시아로 '강제이주'를 당한 특별한 사정이 존재한다. 따라서 특별히 주목해야 할 재외동포는 일제강점기에 강제로 징용되었거나 독립운동을 위해 이주할 수밖에 없었던 동포들과 중앙아시아로 강제이주를 당할 수밖에 없었던 동포들이다. 이처럼 특별한 주목이 필요한 재외동포를 포함하여 혈연적으로 같은 혈통을 가진 모든 재외동포를 특별하게 대우해야 하는 근거를 살펴보고, 재외동포의 유형에 따라 구체적인 문제들을 검토해 보기로 한다.

주요개념

**【주민등록】** 특정 관할구역(시/군/구)에 30일 이상 거주할 목적으로 거주지(주소/거소)를 가진 사람은 주민등록을 해야 한다(주민등록법 제6조 제1항). 재외국민의 경우에도 재등록(주민등록이 말소된 경우)이나 등록(최초등록의 경우)의 신청이 가능하고, 영내에 기거하는 군인도 주민등록 대상자에 해당한다.

**【국내거소신고】** 재외동포 체류자격(F-4)으로 국내에 입국한 외국국적동포는 '재외동포의 출입국과 법적 지위에 관한 법률'의 적용을 받으려면 국내에 정한 거소를 신고할 수 있는데 신고는 해당 거소를 관할하는 지방출입국·외국인관서의 장에게 한다(재외동포법 제6조 제1항).

**【외국인등록】** 국내에 입국한 날부터 90일을 초과하여 체류하려는 외국인은 그의 체류지를 관할하는 지방출입국·외국인관서의 장에게 외국인등록을 해야 한다(출입국관리법 제31조 제1항).

## Ⅱ. 재외동포에 대한 특별한 대우와 평등원칙

### 1. 재외동포법과 재외동포에 대한 특별한 대우

외국국적동포는 '재외동포 체류자격'을 부여받는다(재외동포법 제5조). 이러한 체류자격은 '출입국관리법 시행령 별표1'의 외국인 체류자격 구분에 따르면 'F-4'에 해당한다.[2] 재외동포 체류자격에 따른 체류기간은 최장 3년으로 다른 어떤 체류자격보다 길고, 연장받을 수도 있다(동법 제1항 및 제2항). 또한 외국국적동포는 부동산거래 또는 금융거래에서 국민과 동등한 권리를 갖는다(동법 제11조 및 제12조). 또한 90일 이상 체류하는 재외동포는 건강보험을 적용받게 된다(동법 제14조). 외국국적동포는 '국가유공자 등 예우 및 지원에 관한 법률' 또는 '독립유공자예우에 관한 법률'에 따른 보훈급여금을 받을 수도 있다(동법 제16조).

### 2. 평등원칙 위반 여부

재외동포는 외국인임에 불구하고 다른 외국인과는 달리 특별한 대우를 받는다. 평등원칙에 따르면 본질적으로 같은 것은 동등한 대우를 하고, 본질적으로 다

2) '외국인의 체류자격'에 대해서는 이 책 제36장 [법령 36.4] 참조.

른 것은 차등적 대우를 해야 한다. 중요한 것은 비교대상을 본질적으로 같은 것으로 보아 동등대우를 할 것인지, 아니면 본질적으로 다른 것으로 보아 차등대우를 할 것인지와 관련하여 합리적인 이유가 존재해야 한다는 점이다. 따라서 재외동포를 다른 외국인과 비교하여 다른 것으로 보아 차등대우하는 데 합리적인 이유가 있어야 평등원칙에 합치하게 된다. 재외동포는 한민족의 혈통을 가지고 있고, 한국문화와 한국어를 사용하여 문화적 또는 언어적 측면에서 상당 부분 동질성을 갖고 있다는 점에서 혈통과 국적뿐만 아니라 문화와 언어도 모두 다른 순수한 외국인과 차이가 있고, 이러한 차이에 따라 재외동포를 활용하여 국익에 도움이 될 수 있다는 점에서 차등대우를 할 만한 합리적인 이유가 있다고 보인다. 따라서 재외동포에 대한 특별한 대우는 합리적인 이유가 있어 평등원칙에 합치한다.

## Ⅲ. 동포유형에 따른 구체적 문제

### 1. 재일동포의 문제

#### (1) 개 관

재일동포는 주로 일제강점기에 일본으로 이주한 210만여 명의 한국인 가운데 해방 후 한국으로 돌아오지 못한 60만여 명의 동포들과 그 자손들이 대부분을 차지한다. 다시 말해 대한민국 국민으로서 1948년 대한민국 정부 수립 이전에 일본으로 이주하였다가 일본의 영주권이나 국적을 취득한 사람 및 그 자손들이 흔히 재일동포라고 부르는 집단에 속한다. 이들은 한국전쟁 후 한반도가 분단되어 한국이나 북한의 국적을 선택한 사람들도 있지만 분단 전의 한반도를 의미하는 '조선'의 국적(조선적)을 유지하기 원하여 무국적자로 남아 있는 사람들도 있다.

1965년 한국과 일본은 협정('일본에 거주하는 대한민국 국민의 법적 지위 및 대우에 관한 협정')을 체결하여 대한민국 국적으로 변경한 사람들에 대해서 영주권을 부여하였다.[3] 한편 대한민국 국적을 선택하지 않은 조총련계 동포들에 대해서는 1982년에 제정된 '출입국관리 및 난민인정법'에 따라 특례영주권을 부여하였다. 한국과 일본이 체결한 협정의 시효가 25년이었던 관계로 시효가 만료되는 1991년 이후에 태어난 재일동포들의 법적 지위가 문제되었는데 모든 식민지 출신자

3) 재일동포의 영주권과 국적 취득의 역사에 대해서는 허전(2012), 41면 이하 참조.

들과 그 자손들에게 특별영주권을 부여하는 법률('일본과의 평화조약에 근거하여 일본 국적을 이탈한 사람 등의 출입국관리에 관한 특례법')이 제정되어 이 문제가 해결되었다. 2019년을 기준으로 영주권을 가진 재일동포는 36만여 명 정도다(아래 [표 47.3] 참조).[4]

일본에서는 1985년부터 시행된 국적법에 따라 부모양계혈통주의를 채택하고 있어 부모 가운데 한 쪽만 일본 국민이면 국적을 취득하기 때문에 부모 가운데 한 쪽이 일본 국민인 재일동포의 경우에는 국적취득에 문제가 없다. 하지만 부모가 모두 대한민국 국적을 가지고 있는 재일동포는 귀화의 절차를 통해 일본 국적을 취득할 수 있는데 재일동포 2세나 3세들은 귀화하여 일본 국적을 취득하는 경우도 증가하고 있다. 2019년 현재 일본 국적을 가지고 있는 재일동포는 37만여 명이다. 영주권자를 포함하면 흔히 '재일동포'로 불리는 동포의 숫자는 대략 80만 명 정도라고 할 수 있다.

**[표 47.3] 재일동포 현황** (단위: 명)

| | 2013 | 2015 | 2017 | 2019 | | | | |
|---|---|---|---|---|---|---|---|---|
| | | | | 전체 | 일본국적자 | 영주권자 | 일반체류자 | 유학생 |
| 총계 | 893,129 | 855,725 | 818,626 | 824,977 | 375,518 | 361,351 | 71,058 | 17,050 |
| 일본국적자 | 345,774 | 355,274 | 365,530 | | | | | |

자료: 외교부(www.mofa.go.kr), <2019 재외동포 현황>(2020).

## (2) 국적 취득의 문제

현행 국적법은 혈통주의(속인주의)원칙에 따라 국적을 부여하기 때문에 원칙적으로 부모 가운데 한 사람만 대한민국 국민이면 그 자녀는 자동으로 대한민국 국적을 취득한다. 외국인이 대한민국 국적을 취득하려면 귀화절차를 밟아야 하기 때문에 외국 국적을 가지고 있는 재외동포의 경우에도 대한민국 국민이 되려면 귀화절차를 따라야 한다. 다만 부모 가운데 한 사람이 대한민국 국민이었던 사람은 '간이귀화절차'에 따라 대한민국 국적을 취득할 수 있다(국적법 제6조 제1항). 다시 말해 원칙적으로 귀화를 위해 요구되는 5년의 거주요건이 3년으로 단축된다. 한편 대한민국 국민이었던 사람은 법무부장관의 '국적회복허가'를 받아 국적을 취

4) 공직선거법의 개정으로 외국의 영주권을 가졌지만 여전히 대한민국 국적을 가지고 있는 재외국민에게도 선거권이 부여되었다. 공직선거법에 따르면 거소신고를 하고 3개월 이상 그 거소신고인명부에 올라 있는 사람은 선거권을 가진다(동법 제15조 제1항 제2호 및 제2항 제2호).

득할 수 있다(동법 제9조 제1항).

재일동포 1세들은 대한민국 정부 수립 이후에 최초로 제정된 국적법에 따르면 대한민국 국민이고,5) 그 자녀들도 대한민국 국민이 되어야 한다. 하지만 국적법에 따라 대한민국 국민이 자진하여 외국 국적을 취득하면 외국 국적을 취득한 때 대한민국 국적을 자동으로 상실하게 되기 때문에(동법 제15조 제1항) 재일동포가 이미 일본 국적을 취득하였다면 자동으로 대한민국 국적을 상실하였다. 하지만 부모 가운데 한 사람이 대한민국 국민이었을 때 간이귀화절차를 따르게 한다는 점, 그리고 대한민국 국민이었던 사람에게는 국적회복절차가 보장된다는 점을 고려하여 재일동포의 국적 취득을 간소화할 필요가 있다고 보인다. 특히 재일동포의 경우에는 강제로 징용되어 일본으로 이주할 수밖에 없었다는 점을 고려한다면 재일동포 1세가 대한민국 정부 수립 이전에 일본으로 이주하였을 시 그 2세나 3세의 대한민국 국적 취득에서 특별한 고려의 필요성이 있다.

### (3) 강제징용자와 일본군위안부에 대한 손해배상

일제강점기에 강제로 징용되거나 위안부를 강요받은 한국인들에 대한 손해배상의 문제가 여전히 해결되지 않은 채 남아 있다. 문제는 배상에 관한 한국 법원의 판결과 일본 법원의 판결이 배치되는 경우에 발생한다. 한국의 경우에 '민사소송법'에 따라 외국 법원의 판결은 효력이 인정될 수 있다(동법 제217조). 다만 효력인정의 요건으로 대한민국의 선량한 풍속이나 사회질서에 어긋나지 않아야 하므로 일본의 강점을 정당한 것으로 전제한 일본 법원의 판결은 한국 법원에서 효력이 인정될 수 없을 것이다.6) 그렇지만 일본 법원 판결의 효력을 인정하지 않고 한국 법원의 판결에 따라 강제집행을 하는 경우에 외교적인 분쟁이 발생할 수 있고, 국제사법재판소(International Court of Justice: ICJ)에 제소될 수 있는 가능성이 높다. 특히 1965년에 체결된 한일청구권협정('대한민국과 일본국 간의 재산과 청구권에 관한 문제의 해결과 경제협력에 관한 협정')에 따라 일본에 대한 손해배상청구권은 모두 소멸하여 강제징용자와 일본군위안부의 손해배상청구권을 인정할 수 없다는 것이 일본 정부의 일관된 입장이기 때문이다. 따라서 한국 법원이 일본 법원의 판결과 배치되는 내용의 판결을 내리기는 쉽지 않다. 그럼에도 불구하고 일본 법원의 판결을 인정하지 않은 대법원은 강제징용자와 일본군위안부의 손해배상청구

5) 대한민국 최초의 국적법에 대해서는 이 책 제35장 [법령 35.1] 참조.
6) 대판 2012. 5. 24. 2009다68620 및 2012. 5. 24 2009다22549 참조.

권을 인정함으로써 논란이 증폭되고 있다(아래 [판례 47.1] 참조).

**[판례 47.1] 강제징용된 한국인의 손해배상청구권에 대한 일본 판결의 부인**

대한민국 제헌헌법은 그 전문(前文)에서 "유구한 역사와 전통에 빛나는 우리들 대한국민은 기미삼일운동으로 대한민국을 건립하여 세상에 선포한 위대한 독립정신을 계승하여 이제 민주독립국가를 재건함에 있어서"라고 하고, 부칙 제100조에서는 "현행법령은 이 헌법에 저촉되지 아니하는 한 효력을 가진다"고 하며, 부칙 제101조는 "이 헌법을 제정한 국회는 단기 4278년 8월 15일 이전의 악질적인 반민족행위를 처벌하는 특별법을 제정할 수 있다"고 규정하였다. 또한 현행헌법도 그 전문에 "유구한 역사와 전통에 빛나는 우리 대한국민은 3·1운동으로 건립된 대한민국임시정부의 법통과 불의에 항거한 4·19 민주이념을 계승하고"라고 규정하고 있다. 이러한 대한민국 헌법의 규정에 비추어 볼 때, 일제강점기 일본의 한반도 지배는 규범적인 관점에서 불법적인 강점에 지나지 않고, 일본의 불법적인 지배로 인한 법률관계 중 대한민국의 헌법정신과 양립할 수 없는 것은 그 효력이 배제된다고 보아야 한다. 그렇다면 일본판결 이유는 일제강점기의 강제동원 자체를 불법이라고 보고 있는 대한민국 헌법의 핵심적 가치와 정면으로 충돌하는 것이므로, 이러한 판결 이유가 담긴 일본판결을 그대로 승인하는 결과는 그 자체로 대한민국의 선량한 풍속이나 그 밖의 사회질서에 위반되는 것임이 분명하다. 따라서 우리나라에서 일본판결을 승인하여 그 효력을 인정할 수는 없다(대판 2012. 5. 24. 2009다68620).

**[판례 47.2] 일본군위안부의 손해배상청구권의 실현에 관한 국가의 의무**

헌법 전문, 제2조 제2항, 제10조와 이 사건 협정 제3조의 문언에 비추어 볼 때, 피청구인이 이 사건 협정 제3조에 따라 분쟁해결의 절차로 나아갈 의무는 일본국에 의해 자행된 조직적이고 지속적인 불법행위에 의하여 인간의 존엄과 가치를 심각하게 훼손당한 자국민들이 배상청구권을 실현하도록 협력하고 보호하여야 할 헌법적 요청에 의한 것으로서, 그 의무의 이행이 없으면 청구인들의 기본권이 중대하게 침해될 가능성이 있으므로, 피청구인의 작위의무는 헌법에서 유래하는 작위의무로서 그것이 법령에 구체적으로 규정되어 있는 경우라고 할 것이다. 특히, 우리 정부가 직접 일본군위안부 피해자들의 기본권을 침해하는 행위를 한 것은 아니지만, 일본에 대한 배상청구권의 실현 및 인간으로서의 존엄과 가치의 회복에 대한 장애상태가 초래된 것은 우리 정부가 청구권의 내용을 명확히 하지 않고 '모든 청구권'이라는 포괄적인 개념을 사용하여 이 사건 협정을 체결한 것에도 책임이 있다는 점에 주목한다면, 그 장애상태를 제거하는 행위로 나아가야 할 구체적 의무가 있음을 부인하기 어렵다. 이러한 분쟁해결절차로 나아가지 않은 피청구인의 부작위가 청구인들의 기본권을 침해하여 위헌인지 여부는, 침해되는 기본권의 중대성, 기본권침해 위험의 절박성, 기본권의 구제가능성, 작위로 나아갈 경우 진정한 국익에 반하는지 여부 등을 종합적으로 고려하여, 국가기관의 기본권 기속성에 합당한 재량권 행사 범위 내로 볼 수 있을 것인지 여부에 따라 결정된다. 일본국에 의하여 광범위하게 자행된 반인도적 범죄행위에 대하여 일본군위안부 피해자들이 일본에 대하여 가지는 배상청구권은 헌법상 보장되는 재산권일 뿐만 아니라, 그 배상청구권의 실현은 무자비하고 지속적으로 침해된 인간으로서의 존엄과 가치 및 신체의 자유를 사후적으로 회복한다는 의미를 가지는 것이므로 피청구인의 부작위로 인하여 침해되는 기본권이 매우 중대하다. 또한, 일본군위안부 피해자는 모두 고령으로서, 더 이상 시간을 지체할 경우 일본군위안부 피해자의 배상청구권을 실현함으로써 역사적 정의를 바로세우고 침해된 인간의 존엄과 가치를 회복하는 것은 영원히 불가능해질 수 있으므로, 기본권 침해 구제의 절박성이 인정되며, 이 사건 협정의 체결 경위 및 그 전후의 상황, 일련의 국내외적인 움직임을 종합해 볼 때 구제가능성이 결코 작다고 할 수 없다. 국제정세에 대한 이해를 바탕으로 한 전략적 선택이 요구되는 외교행위의 특성을 고려한다고 하더라도, 피청구인이 부작위의 이유로 내세우는 '소모적인 법적 논쟁으로의 발전가능성'이나 '외교관계의 불편'이라는 매우 불분명하고 추상적인 사유를 들어, 기본권 침해의 중대한 위험에 직면한 청구인들에 대한 구제를 외면하는 타당한 사유라거나 진지하게 고려되어야 할 국익이라고 보기는 힘들다. 이상과 같은 점을 종합하면, 결국 이 사건 협정 제3조에 의한 분쟁해결절차로 나아가는 것만이 국가기관의 기본권 기속성에 합당한 재량권 행사라 할 것이고, 피청구인의 부작위로 인하여 청구인들에게 중대한 기본권의 침해를 초래하였다 할 것이므로, 이는 헌법에 위반된다(헌재 2011. 8. 30. 2006헌마788).

## 2. 중국동포(조선족)의 문제

### (1) 개　관

중국동포(조선족)는 19세기 중반부터 20세기 전반까지 중국으로 이주하였다가[7] 대한민국 정부 수립 이후에 한국으로 돌아오지 못한 동포들과 그 자손들로 거의 대부분 동북3성(헤이룽장성黑龍江省, 지린성吉林省, 랴오닝성遼寧省)에 집중되어 거주하고 있다. 이미 1930년에 동북지역에 거주하는 조선족이 60만 명을 넘어섰고,[8] 해방 직전에는 230만여 명에 이르렀으나 해방 후에는 한국으로 귀환하거나 다른 지역으로 이주한 동포들을 제외하고 130만여 명 정도로 줄었다.[9] 중국동포는 대부분 1949년 중화인민공화국이 수립된 이후에 중국의 국적을 취득하였다. 2015년을 기준으로 중국 국적을 가지고 있는 중국동포는 221만여 명에 이른다. 1992년에 한국과 중국이 수교하면서 양국간 교류가 활발해짐에 따라 중국동포의 한국 이주도 증가하게 되었다.

---

7) 한국인의 중국 이주 역사에 대해서는 김정현(2011), 215면 이하 참조.

8) 1840년부터 1930년까지 한국인의 중국 이주 현황에 대해서는 이바오중(2004), 63면 이하 참조.

9) 해방 후 조선족의 한국 귀환에 대해서는 김춘선(2004), 181면 이하 참조.

### (2) 국적 취득의 문제

중국동포의 경우에는 물론 일본의 강제징용으로 중국으로 이주한 동포들도 있지만 재일동포와는 달리 대부분 경제적 목적이나 독립운동을 위하여 자발적 의지에 따라 중국으로 이주하였다는 점에서 강제징용에 의해 일본으로 이주한 재일동포와는 차이가 있다. 또한 재일동포들은 자동으로 일본 국적을 취득하지 못한 반면에 중국동포들은 자동으로 중국 국적을 취득하였다는 점에서도 차이가

**[표 47.4] 중국동포 현황** (단위: 명)

| 2013 | 2015 | 2017 | 2019 | | | | |
|---|---|---|---|---|---|---|---|
| | | | 전체 | 중국국적자 | 영주권자 | 일반체류자 | 유학생 |
| 2,573,928 | 2,585,993 | 2,548,030 | 2,461,386 | 2,513,472 | 7,582 | 246,618 | 53,714 |

자료: 외교부(www.mofa.go.kr), <2019 재외동포 현황>(2020).

있다. 따라서 중국동포들은 대한민국 국적법에 따라 대한민국 국적을 취득했어야 하고, 중국 국적법에 따라 중국 국적을 취득한 복수국적자에 해당하지만 현실적으로 대한민국 국적을 가지고 있지 않기 때문에 중국인일 뿐이다. 이러한 맥락에서 중국 국적을 가진 동포들의 대한민국 국적 취득에서 특별한 고려가 필요하다. 특히 중국동포 1세가 강제징용으로 인하여 또는 독립운동의 목적으로 중국으로 이주한 경우에는 그 후손들에 대하여 국적 취득에 관한 특별한 규정이 필요하다고 보인다.

### (3) 이주노동자 및 불법체류자로서의 문제

2013년을 기준으로 기준으로 국내에 체류하고 있는 외국국적동포는 거의 60만 명을 넘는다.[10)] 이 가운데 85퍼센트에 해당하는 50만 명이 넘는 숫자를 중국동포가 차지하여(아래 [표 47.5] 참조) 사실상 국내에 들어와 있는 외국국적동포의 대부분은 중국동포라고 하여도 지나친 말이 아니다. 중국 동포의 절반에 가까운 45퍼센트는 방문취업(H-2) 자격으로 입국하여 체류 중인 반면, 재외동포(F-4) 자격을 가진 중국동포는 30퍼센트 정도에 지나지 않는다([표 47.6] 및 [표 47.7] 참조). 방

10) 2015년을 기준으로 국내에 체류중인 외국국적동포의 인원은 2013년 당시보다 10만 명 이상이 증가하여 75만 명을 넘는다. 자세한 통계 내용은 법무부 출입국・외국인정책본부, <출입국・외국인정책 통계연보>(2016), 66면 참조.

문취업비자를 소지한 외국인은 단순노무에 종사한다는 점에서 많은 중국동포들이 단순노무에 종사하고 있고,[11] 대부분의 중국동포들은 재외동포법에 따른 외국국적동포에 대한 혜택을 누리고 있지 못하고 있음을 확인할 수 있다. 또한 외국국적을 가진 동포 가운데 불법체류자는 2만여 명인데 이 가운데 95퍼센트 이상은 중국동포가 차지하고 있다(아래 [표 47.5] 참조). 이러한 통계는 중국동포의 국내 입국의 목적이 단순노무 형태의 생계형 이주노동이고, 18만여 명에 이르는 불법체류 외국인들[12] 가운데 중국동포들이 많은 부분을 차지하고 있다는 점을 확인시켜 준다. 중국동포와 관련된 인권 문제가 임금체불, 차별, 사회보장, 강제퇴거 등과 같은 외국인 노동자의 인권 문제와 상당 부분 중첩되어 있음을 보여주는 대목이다.

**[표 47.5] 외국국적동포 국내체류 현황** (단위: 명, %)

| 구 분 | 2016 | 2017 | 2018 | 2019 | 2020 |
|---|---|---|---|---|---|
| 중 국 | 652,028 | 702,932 | 728,539 | 719,269 | 662,845 |
| 미 국 | 46,050 | 45,177 | 45,011 | 45,655 | 44,039 |
| 우즈베키스탄 | 26,385 | 31,081 | 34,355 | 36,752 | 31,962 |
| 캐 나 다 | 15,959 | 15,947 | 15,933 | 16,046 | 15,975 |
| 러 시 아 | 15,555 | 21,264 | 25,302 | 28,020 | 26,871 |
| 호 주 | 4,609 | 4,617 | 4,624 | 4,783 | 4,430 |
| 뉴질랜드 | 2,387 | 2,395 | 2,436 | 2,490 | 2,393 |
| 카자흐스탄 | 5,236 | 9,223 | 12,586 | 14,992 | 13,033 |
| 키르기스스탄 | 1,857 | 2,407 | 2,775 | 2,931 | 2,469 |
| 독 일 | 908 | 854 | 841 | 809 | 787 |
| 일 본 | 817 | 827 | 826 | 847 | 768 |
| 기 타 | 3,924 | 4,584 | 5,437 | 5,845 | 5,639 |
| 총 계 | 775,715 | 841,308 | 878,665 | 878,439 | 811,211 |

자료: 법무부 출입국·외국인정책 본부(www.immigration.go.kr) <2019 출입국·외국인정책 통계연보>(2020).

**[표 47.6] 방문취업(H-2) 자격의 외국국적동포 체류현황** (단위: 명)

| 국적 \ 연도 | 2018 | 2019 | 2020 |
|---|---|---|---|
| 중 국 | 220,606 | 194,826 | 130,708 |

11) 중국동포를 포함하여 방문취업(H-2) 체류자격을 가진 외국국적동포의 고용실태에 대해서는 이형노(2019), 1660면 이하 참조.

12) 외국인의 불법체류 현황에 대해서는 이 책 제36장 [표 36.1] 참조.

| 우즈베키스탄 | 19,693 | 20,281 | 15,334 |
|---|---|---|---|
| 카자흐스탄 | 6,696 | 7,762 | 5,789 |
| 우크라이나 | — | 1,680 | 1,359 |
| 키르기스스탄 | — | 1,511 | 1,113 |
| 타지키스탄 | — | 127 | 98 |
| 투르크메니스탄 | — | 119 | 117 |
| 기 타 | 3,386 | 16 | 15 |
| 합 계 | 250,381 | 226,322 | 154,533 |

자료: 법무부 출입국·외국인정책본부(www.immigration.go.kr) <통계월보>(2018~2020).

**[표 47.7] 재외동포(F-4) 자격의 외국국적동포 체류현황** (단위: 명)

| 연 도 / 국 적 | 2018 | 2019 | 2020 |
|---|---|---|---|
| 중 국 | 333,046 | 346,539 | 351,078 |
| 미 국 | 44,692 | 45,291 | 43,613 |
| 러 시 아 | 24,115 | 26,395 | 25,274 |
| 캐 나 다 | 15,799 | 15,884 | 15,793 |
| 우즈베키스탄 | 10,547 | 11,873 | 12,749 |
| 카자흐스탄 | — | 5,215 | 5,566 |
| 호 주 | 4,589 | 4,729 | 4,367 |
| 키르기스스탄 | — | 1,021 | 1,022 |
| 우크라이나 | — | 341 | 508 |
| 타지키스탄 | — | 126 | 151 |
| 투르크메니스탄 | — | 137 | 142 |
| 기 타 | 12,092 | 6,601 | 6,419 |
| 합 계 | 444,880 | 464,152 | 466,682 |

자료: 법무부 출입국·외국인정책본부(www.immigration.go.kr) <통계월보>(2018~2020).

## 3. 러시아동포(고려인)의 문제

### (1) 현 황

1860년대부터 시작된 한국인의 러시아 이주는 일제강점기에 연해주가 항일 운동의 기지가 되면서 활성화되어 러시아에서 혁명이 일어난 1917년에는 러시아에 이주한 한국인(고려인)의 숫자가 10만여 명에 이르렀다.[13] 1937년 중일전쟁이 발발하자 스탈린 정부는 연해주에 살고 있던 18만여 명에 달하는 모든 한국인들을 중앙아시아로 강제이주시키게 된다. 1989년 소비에트연방(소련)이 해체되면서 여러 독립국가로 분리되어 2015년을 기준으로 우즈베키스탄에 18만여 명, 카자흐스탄에 10만여 명, 키르기스스탄(Kyrgyzstan)에 2만여 명, 타지키스탄(Tadzhikistan)에 1천여 명, 그리고 러시아에 17만여 명의 고려인이 거주하고 있다. 독립국가의 민족주의 경향이 강화되면서[14] 다른 민족에 대한 차별과 배척이 심화되자 러시아어를 사용하는 고려인들의 러시아 이주가 시작되어 연해주 지역이나 볼고그라드 지역으로 돌아오는 고려인의 숫자가 늘게 된다. 이 과정에서 1993년 러시아 정부는 '러시아 고려인의 명예회복에 관하여'라는 법령을 제정하여 중앙아시아 지역으로 강제이주당한 고려인들의 러시아 재이주들을 인정하게 된다. 이에 따라 이전에 거주하던 독립국가의 국적을 가지고 있거나 옛 소련의 국적을 가지고 있던 많은 고려인들은 러시아 국적을 취득하였지만 복잡한 국적취득절차 때문에 여전히 외국인이나 무국적자로 남아 있는 고려인들도 존재한다.

### (2) 국적 취득의 문제

러시아동포의 경우에는,[15] 특히 사할린 지역에 거주하는 러시아동포의 경우에는 재일동포의 경우처럼 장제징용되어 러시아로 이주한 사람들이 많고, 중국동포의 경우처럼 자발적으로 러시아로 이주한 사람들도 있다. 한편 대부분 연해주 지역에 살고 있던 러시아동포들은 러시아의 강제이주정책에 따라 중앙아시아 지역으로 강제이주당하여 해방 후 한국으로 돌아올 수 없었다는 점에서 다른 재외동포들과 차이가 드러난다. 일본에 의해 강제징용된 러시아동포의 경우에는 본인의 의사와 상관없이 러시아로 강제이주를 당하여 러시아 국적을 취득하였다는 점에서 대한민국 국적의 취득을 보장할 필요가 있고, 중앙아시아로 강제이주를 당

13) 한국인의 러시아 이주 역사에 대해서는 강 니콜라이(2005), 168면 이하 참조.

14) 독립국가의 민족주의 강화를 포함한 정치・경제적 변화에 대해서는 윤인진/장원창/이광규/이종훈/심헌용(2001), 147면 이하 참조.

15) 이전에는 재외동포법 시행령에서 재외동포의 범위를 "부모의 일방 또는 조부모의 일방이 대한민국의 국적을 보유하였던 자"로 한정함으로써(동시행령 제3조 제2호) 4세대 고려인(러시아동포)이 재외동포법의 보호를 받지 못하는 문제가 지적되었다. 이승우(2019), 64면 이하 참조. 하지만 이제는 법령의 개정으로 "출생에 의하여 대한민국 국적을 보유했던 사람으로 대한민국 수립 전에 국외로 이주한 동포의 직계비속"은 모두 재외동포의 범위에 포함됨으로써 4세대 고려인도 재외동포법의 보호를 받을 수 있게 되었다.

한 러시아동포의 경우에는 본인이 원한다면 우선적으로 러시아 국적의 취득을 보장할 필요가 있다. 또한 독립운동을 위하여 러시아로 이주한 동포의 경우에도 국적 취득에 관한 특별한 고려가 필요하다고 보인다.

**[표 47.8] 러시아동포 현황** (단위: 명)

| | 2013 | 2015 | 2017 | 2019 | | | | |
|---|---|---|---|---|---|---|---|---|
| | | | | 전체 | 국적자 | 영주권자 | 일반체류자 | 유학생 |
| 러시아 | 176,411 | 166,956 | – | 169,933 | 163,538 | 373 | 4,355 | 1,667 |
| 우즈베키스탄 | 173,832 | 186,186 | 181,077 | 177,270 | 175,431 | 59 | 1,755 | 25 |
| 카자흐스탄 | 105,483 | 107,613 | 109,133 | 109,923 | 108,396 | 0 | 1,410 | 117 |
| 키르기스스탄 | 18,403 | 18,709 | 19,035 | 18,515 | 17,074 | 94 | 1,347 | 0 |
| 타지키스탄 | 744 | 743 | 774 | 759 | 638 | 0 | 111 | 10 |

자료: 외교부(www.mofa.go.kr), <2019 재외동포 현황>(2019).

## Ⅳ. 재외동포에게 특별한 대우가 필요한 이유

국경과 국적이 엄존하는 현실에서 엄밀하게 말하면 외국 국적을 가지고 있는 재외동포는 단지 '외국인'일 뿐이다. 특히 1948년 정부 수립 이후에 (대체로 경제적 목적을 위하여) 외국으로 이주하여 해당 국가의 국적(시민권)을 취득한 재외동포의 경우에는 본인의 개인적 목적을 위하여, 그리고 자발적 의사에 따라 대한민국 국적을 포기하고 외국 국적을 취득하였으므로 그들이 외국인이라는 사실에 대해서 의문의 여지가 없다. 그들이 대한민국 국적을 회복하지 않는 한 단지 같은 혈통(민족)이라는 이유만으로 특별한 대우를 하자는 주장은 매우 순진한 생각인 것처럼 보이는 것이 사실이다. 하지만 정부 수립 이전에 외국으로 이주하여, 특히 일본, 중국, 러시아로 이주한 재외동포의 경우에는 사정이 다르다. 일본의 강제징용이나 강제이주정책에 따라 또는 조국의 해방을 위한 독립운동의 목적으로 이주한 것이지 자발적으로 또는 개인적 목적을 위하여 이주하지 않았을 뿐만 아니라 이후에 귀국도 불가능했고, 외국 국적의 취득도 본인의 의사와 상관없이 이루어졌기 때문이다. 따라서 그들과 그 자손들에게는 특별한 법적 지위를 부여하고, 경우에 따라서는 국적취득에서도 특별한 고려가 주어질 필요가 있다.

국적에 따라 국민과 외국인으로 구분되어 국민에게만 국가의 보호가 제공되는 냉혹한 현실 속에서 단지 혈통이 같다는 이유만으로 재외동포들에게 특별한 대우를 해야 할 현실적인 이유가 있다면 그것은 그들의 외모와 언어 및 문화가 우리와 같다는 동질성에서 나오는 국익에 대한 도움이다. 특히 정부 수립 이후에 자발적으로 외국에 이주하여 외국 국적을 취득한 재외동포의 경우에는 그러한 현실적 필요가 없다면 특별한 대우를 할 이유가 없다고 보인다. 그렇지만 현실적으로 국익에 도움이 되지 않는다고 해도 정부 수립 이전에 불가피하게 외국으로 이주하여 외국인이 되어 버린 재외동포들과 그 후손들에 대해서는 그들의 인권의 관점, 다시 말해 '국적의 포기와 선택에 관한 인권'의 관점에서 특별한 대우가 요구된다. 출입국이나 국내활동 또는 국적취득에서 정부 수립 이전에 외국으로 이주한 재외동포와 그 후손에게 특별한 고려가 필요한 이유가 여기에 있다.

**토론문제**

1. 국적과 민족 가운데 무엇이 사람들의 친밀감이나 연대성을 강화하는가?
2. 일본의 식민지지배를 정당화하는 일본 법원의 판결에 대해서 효력을 인정해야 하는가?
3. 재외동포의 국적 취득을 간소화할 필요가 있는가?

**내 입장은?**

1. 재외동포는 외국인일 뿐이다.
2. 재외동포도 국민과 동일한 대우를 받아야 한다.
3. 재외동포의 유형에 따라 국민의 대우를 받을 수 있다.

## 참고문헌

강 니콜라이(2005), 중앙아시아 고려인의 연해주 재이주 현황과 당면문제, ≪한반도 평화와 고려인≫(동북아해외학자토론회 자료집), 2005, 164～180면.

김정현(2011), 근대 중국 동북지역 한인 이주와 항일투쟁의 기억・기념, ≪만주연구≫(만주학회), 제12집(2011), 211～248면.

김춘선(2004), 광복후 중국 동북지역 한인들의 정착과 국내귀환, ≪한국근현대사연구≫(한국근현대사학회), 제28집(2004), 181～221면.

윤인진/장원창/이광규/이종훈/심헌용(2001), 독립국가연합의 정치경제적 상황과 고려인의 당면과제, ≪아세아연구≫(고려대학교 아세아문제연구소), 통권 106호(2001), 145～173면.

이바오중(2004), 조선인의 이주와 중국 동북지역의 논 개발-근대 중국 동북지역의 논(畓) 개발사 연구에 대한 새로운 시각, ≪농업사연구≫(한국농업사학회), 제3권 제2호(2004), 61～78면.

이승우(2019), 한국 내 고려인동포의 법적 지위와 개선방안, ≪재외한인연구≫(재외한인학회), 제47호(2019), 55～90면.

이형노(2019), 방문취업(H2) 제도에 대한 외국국적동포 고용실태조사, ≪인문사회 21≫(아시아문화학술원), 제10권 제5호(2019), 1655～1667면.

허 전(2012), 일본의 국적제도와 재일동포, ≪세계헌법연구≫(세계헌법학회 한국학회), 제18권 제3호(2012), 29～54면.

# 제48장 소수자의 차별과 평등권

"왼손과 오른손의 대립을 뛰어넘어 상보적인 관계,
즉 '따로 있으되 늘 함께하는' 공동선의 방책으로
불이(不二)를 꿈꾸지 않을 수 없다."
≪주강현, 왼손과 오른손(2002) 중에서≫

어떤 사회든 강자가 있고, 약자가 있다. 강자는 약자를 억압하기도 하고, 착취하기도 한다. 그래서 사람들은 '억울하면 출세하라'고 말한다. 강자는 약자에게 사람대접을 하지 않아도 되는가? 약자는 늘 강자에게 억누름을 당하고 빼앗겨야 하는가? 인간사회가 이래도 된다면 약육강식(弱肉强食)이라는 밀림의 법칙을 적용받는 동물과 인간은 무엇이 다른가?

여러 가지 이유로 차별받는 사회에서 살고 있다. 차별의 현실은 지옥과도 같다. 겪어보지 않은 사람은 모른다. 열심히, 성실하게 살지 않는 것도 아니다. 아무리 노력해도 차별의 현실은 바뀌지 않는다. 차별의 현실을 알아달라고 목이 터지게 외친다. 목숨을 걸기도 한다. 자신의 존재를 인정받기 위해 목숨을 걸어야 하는 사회는 슬프다. 아무리 작은 목소리에도 응답하는 공동체만이 건강한 공동체다.

평등은 정의와 동의어로 사용되기도 한다. 평등은 자유만큼 중요하다. 그렇지만 자유의 현실만큼 평등의 현실은 그 이념으로부터 멀리 떨어져 있다. 차별받는 사회적 약자들의 아우성 소리가 곳곳에서 들여온다. 너무나 그 수가 작아서 그 소리가 들리지 않는 소수자의 외침도 있다. 나는 소수자인가, 다수자인가? 오늘 우리도 소수자가 되어 보자. 그리고 그들의 목소리에 귀를 기울여 보자.

## Ⅰ. 소수자의 개념

어느 나라에도 소수자 또는 사회적 약자는 존재한다. 대표적으로 여성, 장애인, 유색인종, 동성애자 등을 들 수 있다.[1] 어쨌든 그들이 처한 현실은 대단히 가혹하다. 따라서 신속하게 그들의 현실이 개선될 필요가 있다. 이를 위해서는 먼저 소수자의 개념이 명확하게 정의될 것이 요구된다. 이러한 소수자의 개념은 여러 가지 관점에서 정의될 수 있다. 몇 가지 소수자의 개념을 먼저 살펴보도록 한다.[2]

## 1. 양적 소수자와 질적 소수자

소수자(minority)와 다수자(majority)는 우선 집단의 숫자에 따라 구분될 수 있다. 또한 집단이 보유하고 있는 권력이나 자본 또는 정치적 발언권에 따라 소수자가 구분될 수도 있다. 집단에 소속된 구성원의 숫자에 따른 소수자를 '양적 소수자'라고 부르고(예: 장애인), 숫자 이외의 기준에 따른 소수자를 '질적 소수자'라고 부르기로 한다(예: 여성).

## 2. 상대적 소수자와 절대적 소수자

소수자와 다수자의 관계는 변화될 수도 있지만 변화의 가능성이 거의 없는 경우도 있다. 경우에 따라서 다수자가 될 수도 있는 소수자를 '상대적(가변적) 소수자'라고 부르고,[3] 어떤 경우에도 다수자가 될 수 없는 소수자를 '절대적(불변적) 소수자'라고 부를 수 있다.

---

1) 예를 들어 한국사회의 소수자를 ① 홈리스(노숙자 · 부랑인 · 쪽방거주자), ② 학업중단 청소년, ③ 장애인, ④ 동성애자, ⑤ 장기수, ⑥ 정신병원 수용자, ⑦ 해외동포, ⑧ 화교, ⑨ 국제결혼 배우자, ⑩ 성매매 이주여성, ⑪ 탈북자, ⑫ 국내 조선족, ⑬ 외국인(이주)노동자로 구분하여 연구한 결과물이 있다. 최협/김성국/정근식/유명기(2004) 참조. 그 밖에 인종적 · 민족적 소수자를 중심으로 소수자를 ① 이주노동자, ② 화교, ③ 혼혈인, ④ 양심적 병역거부자, ⑤ 동성애자로 구분하는 견해도 있다. 박경태(2007), 44면 이하 참조. 이 책에서도 소수자로서 양심적 병역거부자(제10장), 철거민(제19장), 가난한 자(제22장), 노숙인(제23장), 아동(제24장, 제25장, 제26장), 여성(제27장, 제29장, 제30장, 제31장, 제37장), 재소자(제28장), 정신장애인(제33장), 탈북자(제34장), 외국인노동자(제35장), 혼혈인(제36장), 난민(제38장), 비정규직근로자(제39장), 트랜스젠더와 동성애자(제42장), 재외동포(제46장) 등의 문제를 앞에서 다루었다.

2) 여기서 설명하는 소수자에 대한 자세한 논의는 이준일(2003) 참조. 그 밖에 소수자의 개념적 표지로서 ① 식별가능성(다른 집단과의 신체적 · 문화적 차이) ② 권력의 열세, ③ 차별적 대우, ④ 집단의식을 드는 견해가 있다. 박경태(2007), 21면 참조. 동일한 견해로 전영평(2008), 20면 참조.

3) 예를 들어 일시적 장애인의 경우에 다시 비장애인이 되어 다수자가 될 수 있고, 아동이나 미성년자의 경우에 일정한 시간이 흐르면 성인이 되어 다수자가 될 수 있다.

다수자와 소수자의 관계가 가변적인 경우에는 다수자도 소수자가 될 수 있기 때문에 다수자가 소수자의 상황에 대해서 충분히 고려할 수 있다. 반면에 다수자와 소수자의 관계가 불변적인 경우에는 다수자가 소수자가 될 가능성이 전혀 없으므로 소수자에 대한 다수자의 관심이나 배려는 완전히 사라질 수도 있다. 결국 절대적 소수자의 상황은 사회의 중요한 이슈로서 제기되지 못할 개연성이 대단히 크다는 점에서 문제의 심각성이 있다.

### 3. 발굴된 소수자와 발굴되지 않은 소수자

소수자는 이미 사회적으로 충분히 확인된 경우도 있지만 여전히 음지에 묻혀 드러나지 않은 경우도 있다. 앞서 언급한 것처럼 특히 절대적 소수자의 경우에는 더욱 그렇다. 소수자는 어떤 형태로든, 심지어 목숨을 걸고 자신의 문제를 사회적 공론의 장에 드러내어 소수자로서의 지위를 확보할 수도 있다. 하지만 많은 경우에 소수자는 사회적 발언권을 얻지 못해 공론의 장에 등장하기조차 어려울 수 있다. 이 경우에는 다수자가 소수자의 문제를 사회적 공론의 장으로 대신 끌어내 줄 필요가 있다. 그렇지 않은 경우에 소수자는 극단적인 방법을 사용할 수 있고, 이것은 공동체 전체에 해악이 될 수도 있기 때문이다.

## Ⅱ. 차별의 개념과 유형

### 1. 차별의 개념

차별이란 우선 다르게 대우하는 모든 행위를 의미한다.[4] 이에 따르면 모든 차별적 대우는 차별이다. 반면에 차별은 합리적 이유 없이 차별적으로 대우하는 것으로 한정하여 이해될 수도 있다. 이 경우에 차별은 차별적 대우를 정당화하기 위하여 제시된 근거의 합리성 여부에 따라 결정된다. 합리적인 차별대우는 차별이 아니고, 불합리한 차별대우만이 차별에 해당하는 것이다.

모든 차별적 대우를 차별이라고 이해하는 생각에는 '절대적 평등'(absolute equality)의 이념이 전제되어 있다. 모든 사람을 어떠한 경우에나 항상 평등하게 대

4) 차별의 개념적 표지에 대해서는 이준일(2012), 26면 이하 참조.

우해야 하기 때문에 어떠한 차별적 대우도 허용될 수 없다고 생각하기 때문이다. 하지만 모든 사람을 항상 평등하게 대우하는 것은 가능하지도 않을 뿐만 아니라 합리적이지도 않다.

따라서 평등은 같은 것을 평등하게 대우하고 다른 것을 차별적으로 대우해야 하는 '상대적 평등'(relative equality)으로 이해되어야 한다. 평등을 상대적 평등으로 이해하게 되면 차별적으로 대우해야 할 만한 합리적 근거가 제시되는 경우에는 차별적 대우가 허용된다. 오로지 합리적 근거가 없는 차별적 대우만을 차별이라고 부를 수 있는 것이다.

## 2. 차별의 유형

차별은 다양하게 분류될 수 있다.5) 예를 들어 차별의 주체에 따라 국가에 의한 차별과 사인에 의한 차별로 구분될 수 있다. 아래에서는 가장 일반적인 차별유형을 간단하게 설명하기로 한다.

### (1) 직접차별과 간접차별

차별의 목적을 처음부터 가지고 의도적으로 차별하는 행위를 직접차별(direct discrimination)이라고 부른다. 반면에 밖으로 드러나는 차별의 의도는 없지만 결과적으로 차별의 효과를 발생시키는 행위를 간접차별(indirect discrimination) 이라고 부른다. 예를 들어 겉으로 보기에는 성별과 상관없는 중립적인 기준이 적용되고 있지만 실제로는 한쪽 성에 속하는 사람들이 훨씬 더 충족시킬 수 없는 기준이어서 결과적으로 한쪽 성에 대단히 불리한 효과를 발생시키는 경우에는 간접적인 차별이 된다.

간접적인 차별대우도 차별대우이지만 모든 차별대우와 마찬가지로 합리적인 근거가 없는 경우에만 차별로서 금지된다. 다시 말해 간접적인 차별대우의 경우에도 합리적인 근거가 제시될 수만 있다면 정당한 차별로서 허용될 수 있다.

### (2) 법적 차별과 사실적 차별

법규범 자체에 의한 차별을 '법적 차별'이라고 한다. 반면에 법규범 안에 차별

---

5) 차별의 유형에 대해서는 이준일(2012), 413면 이하 참조.

의 요소는 없지만 법규범이 적용되는 다양한 사실적인 조건과 상황에 따라 발생한 차별을 '사실적 차별'이라고 부른다. 사실적 차별은 현실에 존재하는 다양한 사회적 · 문화적 조건이나 경제적 상황에 의하여 결정된다.

이러한 사실적 차별을 제거하기 위한 목적으로 차별받는 소수자를 배려하여 우대하는 조치가 취해질 수 있는데 이러한 조치를 '적극적 우대조치' 또는 '적극적 평등실현조치'(affirmative action), 아니면 '소수자 우대정책'이라고 부른다. 이러한 적극적 조치는 소수자를 우대하여 차별적으로 대우하는 것이지만 소수자의 사실적 차별을 시정하기 위한 것이므로 차별에 포함되지 않는다. 다시 말해 이러한 형태의 차별대우는 합리적인 근거가 있는 것이므로 차별로 볼 수 없다.

다만 사실적 차별을 시정하기 위한 조치를 요구할 수 있는 권리는 그 권리를 주장하는 소수자에게 논증부담이 돌아간다. 왜냐하면 사실적 차별은 사실적 평등을 전제하는 개념이며 사실적 평등을 주장함으로써 법적 평등과 충돌하는 경우에는 사실적 평등을 주장하는 사람이 논증부담을 지기 때문이다.

### (3) 적극적 우대조치와 역차별

소수자의 사실적 차별을 제거하기 위하여 적극적 우대조치를 시행하는 경우에 이것은 다수자에게 또 다른 차별을 야기할 수 있다. 소수자를 보호하고 배려하는 정책들을 실시함으로써 그들에게 일정한 기회와 권리를 부여하면 그만큼 다수자의 기회와 권리를 박탈할 수 있기 때문이다. 이처럼 소수자를 보호하기 위한 차별시정정책으로 다수자에게 발생하는 또 다른 차별을 '역차별(reverse discrimination)'이라고 부른다.

다른 모든 차별과 마찬가지로 역차별도 합리적 근거가 있는 경우에만 허용된다. 따라서 경우에 따라 역차별은 허용될 수 있고, 역차별이 허용되는 범위 안에서 적극적 우대조치는 가능하다. 이것은 단지 역차별이 발생한다는 이유만으로 적극적 우대조치가 불가능하지 않다는 뜻이다. 또한 적극적 우대조치로 발생하는 역차별이 합리적인 범위 안에서만 그러한 조치가 가능하다는 뜻이기도 하다.

### (4) 차별사유에 따른 차별유형

차별은 차별의 사유에 따라 유형화할 수 있다. 헌법은 금지된 차별사유를 "성별, 종교, 사회적 신분"으로 3가지만 규정하고 있지만, 국가인권위원회법은 19가지 차별금지사유를 규정하고 있다. 언제든지 새로운 차별사유들이 발생할 수 있기 때문에 새로운 차별유형이 등장할 수 있는 가능성은 완전히 배제하기 힘들다.

**[법령 48.1] 평등에 관련된 헌법과 국가인권위원회법 조항**

**헌법**

**제11조**

① 모든 국민은 법 앞에 평등하다. 누구든지 성별·종교 또는 사회적 신분에 의하여 정치적·경제적·사회적·문화적 생활의 모든 영역에 있어서 차별을 받지 아니한다.

② 사회적 특수계급의 제도는 인정되지 아니하며, 어떠한 형태로도 이를 창설할 수 없다.

③ 훈장 등의 영전은 이를 받은 자에게만 효력이 있고, 어떠한 특권도 이에 따르지 아니한다.

**국가인권위원회법**(최근개정: 2020. 3. 24. 법률 제17126호)

**제2조 (정의)**

이 법에서 사용하는 용어의 뜻은 다음과 같다.

1. ~ 2. 생략

3. "평등권 침해의 차별행위"란 합리적인 이유 없이 성별, 종교, 장애, 나이, 사회적 신분, 출신 지역(출생지, 등록기준지, 성년이 되기 전의 주된 거주지 등을 말한다), 출신 국가, 출신 민족, 용모 등 신체 조건, 기혼·미혼·별거·이혼·사별·재혼·사실혼 등 혼인 여부, 임신 또는 출산, 가족 형태 또는 가족 상황, 인종, 피부색, 사상 또는 정치적 의견, 형의 효력이 실효된 전과(前科), 성적(性的) 지향, 학력, 병력(病歷) 등을 이유로 한 다음 각 목의 어느 하나에 해당하는 행위를 말한다. 다만, 현존하는 차별을 없애기 위하여 특정한 사람(특정한 사람들의 집단을 포함한다. 이하 이 조에서 같다)을 잠정적으로 우대하는 행위와 이를 내용으로 하는 법령의 제정·개정 및 정책의 수립·집행은 평등권 침해의 차별행위(이하 "차별행위"라 한다)로 보지 아니한다.

가. 고용(모집, 채용, 교육, 배치, 승진, 임금 및 임금 외의 금품 지급, 자금의 융자, 정년, 퇴직, 해고 등을 포함한다)과 관련하여 특정한 사람을 우대·배제·구별하거나 불리하게 대우하는 행위

나. 재화·용역·교통수단·상업시설·토지·주거시설의 공급이나 이용과 관련하여 특정한 사람을 우대·배제·구별하거나 불리하게 대우하는 행위

다. 교육시설이나 직업훈련기관에서의 교육·훈련이나 그 이용과 관련하여 특정한 사람을 우대·배제·구별하거나 불리하게 대우하는 행위

라. 성희롱[업무, 고용, 그 밖의 관계에서 공공기관(국가기관, 지방자치단체, 「초·중등교육법」 제2조, 「고등교육법」 제2조와 그 밖의 다른 법률에 따라 설치된 각급 학교, 「공직자윤리법」 제3조의2 제1항에 따른 공직유관단체를 말한다)의 종사자, 사용자 또는 근로자가 그 직위를 이용하여 또는 업무 등과 관련하여 성적 언동 등으로 성적 굴욕감 또는 혐오감을 느끼게 하거나 성적 언동 또는 그 밖의 요구 등에 따르지 아니한다는 이유로 고용상의 불이익을 주는 것을 말한다] 행위

4. "장애"란 신체적 · 정신적 · 사회적 요인으로 장기간에 걸쳐 일상생활 또는 사회생활에 상당한 제약을 받는 상태를 말한다.

# Ⅲ. 소수자의 평등권

소수자의 문제는 결국 차별의 문제다.[6] 소수자가 다수자와 비교하여 차별적 대우를 받기 때문이다. 물론 차별적 대우의 내용은 대부분의 자유와 권리이기 때문에 차별은 결국 소수자의 자유와 권리에 대한 제한을 의미한다. 여기서 소수자의 권리는 두 가지 측면을 갖는다. 첫째는 차별적 대우 그 자체와 관련된 것이고, 둘째는 차별적 대우의 내용인 자유와 권리와 관련된 것이다. 한편 사실적 평등의 이념에 따라 소수자를 위한, 즉 소수자에게 유리한 차별대우를 요구할 수 있는 권리가 주어지기도 한다.

## 1. 차별의 이유를 제시하도록 요구할 수 있는 권리

차별을 합리적 이유가 없는 차별대우로 이해할 때 차별받는 소수자는 우선 차별하는 다수자에게 차별대우에 대한 이유를 제시하도록 요구할 수 있는 권리를 갖는다. 차별대우에 대한 이유를 제시해야 할 의무를 차별하는 다수자가 부담하기 때문이다. 평등원칙에 따르면 평등대우를 주장하는 쪽이 아니라 차별대우를 주장하는 쪽이 논증부담을 진다. 다시 말해 평등원칙은 '평등대우에 유리한 논증부담규칙'으로서 작동하기 때문에 평등하게 대우할 것인지 아니면 차별적으로 대우할 것인지에 관한 논증게임에서 자신의 주장을 먼저 논증해야 할 부담은 차별대우를 주장하는 자에게 돌아간다. 물론 논증부담이 반드시 논증게임의 승패를 결정하는 것은 아니지만 논증게임의 결과에 영향을 줄 수 있다는 점에서 소수자에게 유리한 논증부담규칙은 중요한 의미를 갖는다.

## 2. 차별의 합리적 근거를 요구할 수 있는 권리

차별대우에 관한 근거는 합리적이어야 한다. 다수자가 소수자를 차별대우하

---

6) 이와 관련하여 한국사회에 차별금지법이 필요하다는 주장에 대해서는 홍성수(2018), 5면 이하 참조.

는 근거를 단순히 제시하는 것으로 충분하지 않고 그 근거는 다른 사람들, 특히 소수자가 납득할 만한 합리적인 것이어야 한다. 평등에 관한 논증게임에서 평등한 대우를 할 것인지 아니면 차별적 대우를 할 것인지는 각각의 주장이 제시하는 '논거의 질(quality of argument)'에 따라 결정된다. 비록 소수자에게 유리한 논증부담규칙이 논증게임의 결과에 영향을 준다고 하더라고 결국 논증게임의 승패는 논거의 질, 즉 논거의 합리성에 따라 결정된다. 중요한 것은 다수자가 차별대우를 주장하든 소수자가 평등대우를 주장하든 자신의 주장을 관철하기 위해서는 합리적인 근거가 제시되어야 한다는 점이다. 그리고 더 중요한 것은 상대편의 주장이 더 합리적이라고 생각되는 경우에는 그 주장을 받아들이는 자세다. 이것이 바로 논증게임에 임하는 이성적 시민의 기본적인 윤리이자 의무라고 말할 수 있다.

### 3. 가혹한 차별을 받지 않을 권리

차별대우에 합리적 근거가 존재한다고 하더라도 차별대우의 내용이 소수자에게 가혹한 결과를 초래하는 것은 허용되지 않는다. 차별적 대우에는 일정한 목적이 있고, 그러한 목적을 실현하기 위한 차별대우는 결국 소수자의 자유와 권리에 대한 제한을 초래한다. 여기서 차별을 위한 목적과 차별받는 소수자의 권리 사이에 조화와 균형이 필요하다. 한쪽의 일방적인 실현이나 다른 한쪽의 일방적인 제약이 아니라 충돌하는 목적과 권리의 조화롭고 균형잡힌 실현이 요구되는 것이다. 이 경우에만 소수자는 자신의 자유와 권리에 대한 제약을 받아들일 수 있고, 만약 그렇지 않은 경우에는 조화와 균형을 요구할 수 있는 권리를 가진다.

### 4. 사실적 차별의 시정을 요구할 수 있는 권리

차별은 법적 차별뿐만 아니라 사실적 차별을 포함한다. 따라서 소수자는 사실적 차별의 시정을 요구할 수 있는 권리를 가진다. 사실적 차별의 시정을 위한 조치는 소수자를 배려하여 우대하는 적극적인 조치를 의미한다. 가장 강력한 형태로는 소수자에 대한 '쿼터제(할당제)'가 될 것이지만 전체점수 또는 일정한 평가기준에 대한 '가산점제도'와 같은 약한 형태로도 시행될 수 있다. 물론 앞서 설명한 것처럼 사실적 차별을 시정하기 위하여 소수자를 우대하는 적극적 조치들은 다수자에 대한 역차별을 발생시키므로 그러한 적극적 조치들을 사용해야 하는 경우에는 합리적 근거가 제시되어야 한다. 그리고 이러한 근거의 합리성에 대한 논증의 부담은 소수자가 부담한다. 평등에 관한 논증게임에서는 언제나 평등대우를 주장하는 자가 차별대우를 주장하는 자가 논증부담을 지기 때문이다.

경우에 따라서 소수자는 사실적 차별의 해소를 위하여 평등권 대신에 사회적 기본권을 주장할 수도 있다. 사실적 차별의 해소를 평등권으로 주장하는 경우에는 논증부담을 지지만 사회적 기본권으로 주장하는 경우에는 논증부담에서 벗어날 수 있기 때문이다. 하지만 사회적 기본권을 근거로 사실적 차별의 해소를 주장하는 경우에는 사회적 기본권의 본질적 한계인 권리내용의 불명확성이라는 부담을 떠안을 수밖에 없다. 사회적 기본권처럼 그 내용과 범위가 확정적이지 않은 권리도 없기 때문이다. 이처럼 내용과 범위가 대단히 불명확한 사회적 기본권을 주장하는 경우에 자칫 소수자는 아무런 권리를 주장하지 않는 것과 같은 결과가 발생할 수도 있다.

## Ⅳ. 차별금지법의 필요성

소수자를 차별로부터 보호하기 위해서는 반드시 차별금지법이 필요하다. 차별금지법은 차별의 금지를 명시하면서 차별의 개념과 유형(직접차별/간접차별/괴롭힘/성희롱 등), 차별금지사유(성별/종교/장애/인종/피부색 등),[7] 차별금지영역(고용/교육/거래 등), 차별에 해당되지 않는 경우(적극적 우대조치/모성보호조치/진정직업자격 등), 차별피해자의 구제(진정/손해배상청구 등) 및 차별가해자의 제재(손해배상/형사처벌 등)에 관한 내용을 체계적으로 규정한 법규범을 의미한다. 현재 한국에는 일반적 차별금지법(차별금지사유와 차별금지영역을 모두 망라하여 열거하는 포괄적 차별금지법)으로 이해될 수 있는 국가인권위원회법을 포함하여 성차별금지법(남녀고용평등법), 장애인차별금지법, 비정규직차별금지법, 연령차별금지법과 같은 개별적 차별금지법(각각의 차별금지사유나 차별금지영역에 따라 규율하는 차별금지법)이 제정되어 있다. 여기서 국가인권위원회법은 일종의 조직법이나 절차법으로 이해되기 때문에 실체법에 포함될 수 있는 일반적 차별금지법으로서 '차별금지법'의 제정이 요구된다.[8]

---

7) 차별금지사유와 관련된 다양한 법적 쟁점에 대한 논의로 홍성수(2021), 31면 이하 참조.

8) 국내에서 차별금지법의 제정을 위한 역사에 대해서는 김종헌/이승길(2020), 290면 이하 참조.

### 토론문제

1. 누가 소수자인가?
2. 차별이란 무엇인가?
3. 소수자에 대한 우대조치는 어떤 경우에 정당화될 수 있는가?
4. 개별적 차별금지법과 상관없이 포괄적(일반적) 차별금지법은 필요한가?

### 내 입장은?

1. 소수자와 다수자의 구별과 차별은 허용되어야 한다.
2. 소수자와 다수자의 구별과 차별은 금지되어야 한다.
3. 소수자와 다수자의 구별과 차별은 허용될 수 있다.

## 참고문헌

김종헌/이승길(2020), 차별금지법안의 쟁점과 개선방안, ≪사회법연구≫(한국사회법학회), 제42호(2020), 383~444면.

박경태(2007), ≪인권과 소수자 이야기: 우리가 되지 못하는 사람들≫, 2007.

서현진(2003), 미국의 소수자 권리보호에 관한 연구: 동성애자 권리문제를 중심으로, ≪국제정치논총≫(한국국제정치학회), 제43집 제4호(2003), 269~293면.

안경환(1990), 소수자 보호를 위한 법리, ≪법과 사회≫(법과사회이론학회), 제2호(1990), 114~130면.

이준일(2002), 소수자와 평등원칙, ≪헌법학연구≫(한국헌법학회), 제8집 제4호(2002), 219~243면.

이준일(2003), 소수자의 기본권, ≪인권과 정의≫(대한변호사협회), 제328호(2003), 137~150면.

이준일(2012), ≪차별없는 세상과 법≫(홍문사), 2012.

장미경(2005), 한국사회 소수자와 시민권의 정치, ≪한국사회학≫(한국사회학회), 제39집 제6호(2005), 159~182면.

전영평(2008), 다문화시대의 소수자운동과 소수자행정, ≪한국행정학보≫(한국행정학회), 제42권 제3호(2008), 9~27면.

최　협/김성국/정근식/유명기(2004), ≪한국의 소수자, 실태와 전망≫, 2004.

홍성수(2018), 포괄적 차별금지법의 필요성, ≪이화젠더법학≫(이화여자대학교 젠더법학연구소), 제10권 제3호(2018), 1~38면.

홍성수(2021), 차별이란 무엇인가: 차별금지법상 차별금지사유의 의의, ≪법과 사회≫(법과사회이론학회), 제66호(2021), 25~70면.

# 제49장
# 증오의 시대와 혐오표현

신나치주의자들에게
홀로코스트의 생존자들이 다수 살고 있는 일리노이의 스코키에서
가두행진을 할 권리를 부여해야 하는가?
백인 우월주의자들이 펼치는 인종적 견해를
선전하도록 허락해야 하는가?
마이클 샌델, ≪왜 도덕인가(Why Morality)≫ 중에서

여성, 동성애자, 외국인, 특정지역사람 등에 대한 비속어들이 넘쳐난다. 그런 표현들을 쓰는 사람들은 하나같이 '표현의 자유'를 외친다. 표현의 자유를 주장하는 것이 잘못된 것은 아니다. 하지만 왠지 어색하고, 불편하다. 그들이 언제부터 표현의 자유를 수호하는 투사였던가.

혐오표현은 말 그대로 단지 '표현'만으로 그치지 않는다. 그러한 표현 속에 담긴 증오와 반감은 행동으로 표출되기도 한다. 이른바 '혐오범죄'라는 이름의 폭력이 특정한 집단에게 가해진다. 동성애자 결혼식에 난입하여 오물을 끼얹는 행위가 대표적이다.

타인에게 해악이 되는 표현도 자유로운 공론장에서 자연스럽게 퇴출되면 바람직하다. 하지만 도대체 말로 해서는 제거되지 않는 표현도 존재한다. 그래서 법적 규제의 필요성이 논의되기 시작한다. 그렇지만 표현들 가운데 좋은 것과 나쁜 것을 구분하기 시작하면 표현의 자유가 통제되고 자유로운 표현활동이 위축될 수밖에 없다. 분명히 문제가 있어 보이는 혐오표현에 대해서 어떻게 대응하는 것이 바람직한지에 대해서 논의해 보기로 한다.

# Ⅰ. 문제제기

특정 집단에 대한 증오와 반감을 담은 혐오표현(hate speech)들이 범람하고 있다.[1] 여성을 비하하거나 동성애자를 조롱하는 표현, 특정 지역 출신의 사람들을 폄하하거나 특정한 인종의 사람들을 희화화하는 표현들이 대표적이다. 이러한 표현들은 특정한 개인에 대한 혐오나 증오의 감정을 담고 있을 뿐만 아니라 그 사람이 속한 특정한 집단에 대한 혐오나 증오의 감정을 담는다는 것이 특징이다. 따라서 혐오표현은 특정인을 모욕하거나 그의 명예를 훼손하는 표현일 뿐만 아니라 특정 집단을 모욕하고 거기에 속한 다수의 사람들의 명예를 훼손하는 표현이 된다. 또한 특정 집단을 비하하거나 폄하하여 그들을 차별하는 표현이기도 하다. 경우에 따라서는 특정집단에 대한 혐오나 차별을 선동함으로써 특정집단에 속한 사람들에 대한 폭력의 원인이 되기도 한다. 이에 따라 혐오표현에 대해서는 적절한 대응이 요구된다. 특히 혐오표현의 대상이 되는 특정 집단이 결코 다수자가 될 수 없는 절대적 소수자인 경우에 그들의 힘만으로는 혐오표현에 대하여 적절하게 대응할 수 없기 때문이다.

# Ⅱ. 모욕죄와 명예훼손죄

혐오표현은 특정한 집단을 모욕하거나 특정한 집단의 명예를 훼손하는 표현이므로 형법상 범죄로 규정되어 있는 모욕죄(동법 제307조)나 명예훼손죄(동법 제311조)를 적용하여 대응하면 될 것처럼 보인다. 하지만 이 두 가지 범죄를 혐오표현에 적용하기에는 몇 가지 문제점이 있다.

**[법령 49.1] 형법상 명예훼손죄와 모욕죄**
**형법**(최근개정: 2020. 12. 8. 법률 제17571호)
**제307조 (명예훼손)**
① 공연히 사실을 적시하여 사람의 명예를 훼손한 자는 2년 이하의 징역이나 금고 또는 500만원 이하의 벌금에 처한다.
② 공연히 허위의 사실을 적시하여 사람의 명예를 훼손한 자는 5년 이하의 징역, 10년 이하의 자격정지 또는 1천만원 이하의 벌금에 처한다.

---

1) 혐오표현의 개념에 대해서는 박지원(2016), 107면 이하; 박해영(2015), 139면 이하; 이승현(2016), 136면 이하; ; 홍성수(2019), 30면 이하; 송현정(2020), 10면 이하 참조.

**제311조 (모욕)**
공연히 사람을 모욕한 자는 1년 이하의 징역이나 금고 또는 200만원 이하의 벌금에 처한다.

## 1. 양자의 구분

형법은 모욕죄나 명예훼손죄를 규정하고 있어 공연히 타인을 모욕하거나 타인의 명예를 훼손하는 행위는 범죄에 해당하여 처벌된다.[2] 명예훼손의 경우에는 사실적시 명예훼손죄와 허위사실적시 명예훼손죄가 구분되어 후자에 대해서 가중된 형벌이 부과된다. 모욕죄나 명예훼손죄에 공통적 구성요건인 '공연성'에 대하여 대법원은 "불특정 또는 다수인이 인식할 수 있는 상태를 의미하므로 비록 개별적으로 한 사람에 대하여 사실을 유포하더라도 이로부터 불특정 또는 다수인에게 전파될 가능성이 있다면 공연성의 요건을 충족하지만, 이와 달리 전파될 가능성이 없다면 특정한 한 사람에 대한 사실의 유포는 공연성이 없다"고 본다.[3]

대법원에 따르면 모욕은 "사실을 적시하지 아니하고 사람의 사회적 평가를 저하시킬 만한 추상적 판단이나 경멸적 감정을 표현하는 것"을 의미한다.[4] 한편 명예훼손은 구체적 사실을 적시하여 특정인의 사회적 가치나 평가를 침해하는 것을 의미한다.[5] 따라서 모욕과 명예훼손은 모두 특정인의 사회적 가치나 평가를 저하시키는 행위이지만 전자는 구체적 사실을 적시하지 않는 것인 반면에 후자는 구체적 사실을 적시하는 것을 의미한다는 점에서 다르다. 예컨대 구체적 사실을 적시하지 않은 채 특정인을 비방하는 글을 인터넷사이트에 올리면 모욕죄에 해당하지만[6] 특정인이 동성애자라는 구체적 사실을 적시하는 글을 인터넷사이트에 올리게 되면 명예훼손죄에 해당하게 된다.[7]

---

2) 모욕죄의 구성요건에 대해서는 표성수(2015), 17면 이하 참조.
3) 대판 2000. 2. 11. 99도4579; 2011. 9. 8. 2010도7497 참조.
4) 대판 2008. 12. 11. 2008도8917.
5) 대판 2007. 10. 25. 2007도5077 참조.
6) 대판 2004. 6. 25. 2003도4934 참조.
7) 대판 2007. 10. 25. 2007도5077 참조.

## 2. 집단적 모욕죄 또는 명예훼손죄

모욕죄나 명예훼손죄는 모두 특정한 '개인'의 사회적 가치를 저하시키는 행위를 범죄의 구성요건으로 규정하고 있으므로 원칙적으로 특정한 '집단'을 비방하는 행위를 모욕죄나 명예훼손죄로 처벌할 수는 없다. 하지만 비록 특정한 집단에 대한 비방이라고 하더라도 그것이 그 집단에 속한 각 개인들에 대한 비방으로 볼 수 있는 경우에는 모욕죄나 명예훼손죄로 처벌할 수 있다. 특정한 집단에 대한 비방을 '집단표시에 의한 모욕'의 법리[8]로 풀어가는 대법원도 우선 "모욕죄는 특정한 사람 또는 인격을 보유하는 단체에 대하여 사회적 평가를 저하시킬 만한 경멸적 감정을 표현함으로써 성립하므로 그 피해자는 특정되어야 한다"고 본다.[9] 따라서 "이른바 집단표시에 의한 모욕은 모욕의 내용이 집단에 속한 특정인에 대한 것이라고는 해석되기 힘들고, 집단표시에 의한 비난이 개별구성원에 이르러서는 비난의 정도가 희석되어 구성원 개개인의 사회적 평가에 영향을 미칠 정도에 이르지 아니한 경우에는 구성원 개개인에 대한 모욕이 성립되지 않는다고 봄이 원칙"이라고 한다. 하지만 "비난의 정도가 희석되지 않아 구성원 개개인의 사회적 평가를 저하시킬 만한 것으로 평가될 경우에는 예외적으로 구성원 개개인에 대한 모욕이 성립할 수 있다"고 본다.

같은 맥락에서 명예훼손죄의 경우에도 명예훼손적 표현이 특정한 집단에 속한 개개인의 사회적 평가를 저하시킬 수 있다면 구성원 개개인에 대한 명예훼손이 성립할 수 있다고 보인다. 대법원도 집단표시에 의한 모욕의 법리와 유사하게 집단표시에 의한 명예훼손의 법리를 전개한다. "이른바 집단표시에 의한 명예훼손은, 명예훼손의 내용이 그 집단에 속한 특정인에 대한 것이라고 해석되기 힘들고 집단표시에 의한 비난이 개별구성원에 이르러서는 비난의 정도가 희석되어 구성원 개개인의 사회적 평가에 영향을 미칠 정도에 이르지 아니하는 것으로 평가되는 경우에는 구성원 개개인에 대한 명예훼손이 성립되지 아니한다. 다만 명예훼손의 내용이 구성원 개개인에 대한 것으로 여겨질 정도로 구성원의 수가 적거나 당시 주위 정황 등으로 보아 집단 내 개별구성원을 지칭하는 것으로 여겨질 수 있는 때에는 집단 내 개별구성원이 피해자로서 특정된다고 보아야 할 것이고, 그

---

8) 집단표시에 의한 모욕의 법리에 대해서는 김봉수(2011), 119면 이하 참조. 이에 따르면 집단모욕은 특정한 집단에 대한 모욕을 의미하는 반면에 집단표시에 의한 모욕은 특정한 집단을 표시함으로써 거기에 소속된 구성원 개인에 대한 모욕이 초래됨을 뜻한다. 집단표시에 의한 모욕에 대해서는 이영희/이재진(2020), 154면 이하도 참조.

9) 대판 2014. 3. 27. 2011도15631 참조. 이 판례에 대한 평석으로 한상규(2014), 279면 이하 참조.

구체적 기준으로는 집단의 크기, 집단의 성격과 집단 내에서의 피해자의 지위 등을 들 수 있다."[10] 이처럼 특정한 집단에 대한 혐오표현을 모욕죄나 명예훼손죄로 처벌하려면 그러한 혐오표현이 해당 집단에 속한 개개인에 대한 모욕이나 명예훼손으로 환원될 수 있어야 한다는 점에서[11] 집단에 대한 혐오표현을 현행 모욕죄나 명예훼손죄를 통해서 규율하는 데 어려움이 있다.

**[판례 49.1] 집단표시에 의한 명예훼손죄**

명예훼손죄는 어떤 특정한 사람 또는 인격을 보유하는 단체에 대하여 명예를 훼손함으로써 성립하는 것이므로 피해자가 특정되어야 한다. 집합적 명사를 쓴 경우에도 어떤 범위에 속하는 특정인을 가리키는 것이 명백하면, 이를 각자의 명예를 훼손하는 행위라고 볼 수 있다. 그러나 명예훼손의 내용이 집단에 속한 특정인에 대한 것이라고 해석되기 힘들고 집단표시에 의한 비난이 개별구성원에 이르러서는 비난의 정도가 희석되어 구성원 개개인의 사회적 평가에 영향을 미칠 정도에 이르지 않는 것으로 평가되는 경우에는 구성원 개개인에 대한 명예훼손이 성립하지 않는다(대판 2018. 11. 29. 2016도14678).

## 3. 위 헌 론

모욕죄나 명예훼손죄에 대해서는 모욕감이나 명예감이 매우 주관적이어서 법적으로 명확한 개념이 아니라는 비판이 있다.[12] 하지만 헌법재판소는 모욕죄의 구성요건이 명확성원칙에 위반되지 않을 뿐만 아니라 비례성원칙에도 위반되지 않는다고 판시하였다.[13] 헌법재판소의 결정에도 불구하고 모욕죄나 명예훼손죄의 위헌성에 대한 논란이 계속되는 상황에서 특정집단에 대한 혐오표현을 모욕죄나 명예훼손죄로 처벌하는 것은 논란을 더욱 부추길 수 있는 여지가 크다.

**[판례 49.2] 모욕죄의 위헌성**

① 모욕죄에 있어서 '공연성'은 불특정 또는 다수인이 인식할 수 있는 상태에 있을 것임을 의미하는데 개개의 사안에 따라 불특정 또는 다수인이 인식할 수 있는 상태에 있을 것을 인정할 수 있는 상황이 다를 수 있으므로 입법자가 공연성을 인

10) 대판 2003. 9. 2. 2002다63558; 2006. 5. 12. 2004다35199; 2014. 4. 24. 2013다74837.

11) 집단표시에 의한 모욕죄나 명예훼손죄가 성립하기 위한 구체적 기준에 대해서는 변종필(2012), 346면 이하; 이용(2015), 67면 이하 참조.

12) 예컨대 박경신(2009), 269면 이하 참조. 징벌적 손해배상제도의 도입을 전제로 폐지론을 전개하기도 한다. 조국(2013), 37면 참조.

13) 헌재 2011. 6. 30. 2009헌바199 참조.

정할 만한 개개의 유형 및 기준을 일일이 세분하여 구체적으로 한정한다는 것은 입법기술상 불가능하거나 현저히 곤란하고, '공연성'이나 '모욕' 여부를 판단하는 기준은 추상적・일반적으로 결정될 수 없는 성질의 것으로서 사회통념과 건전한 상식에 따라 구체적・개별적으로 정해질 수밖에 없다. 결국 이 사건 형법 조항이 지닌 약간의 불명확성은 법관의 통상적인 해석 작용에 의하여 보완될 수 있고, 이 사건 형법 조항의 입법목적 등을 고려하면 건전한 상식과 통상적인 법감정을 가진 일반인이라면 이 사건 형법 조항에 의하여 금지되는 행위가 무엇인지를 예측하는 것이 현저히 곤란하다고 보기는 어려울 뿐만 아니라, 법집행기관이 이 사건 형법 조항을 자의적으로 확대하여 해석할 염려도 없으므로 이 사건 형법 조항이 죄형법정주의의 명확성원칙에 위반된다고 할 수 없다.

② 한편 이 사건 형법 조항은 사람의 가치에 대한 사회적 평가인 외부적 명예를 보호하기 위한 것으로서 입법목적이 정당하고 공연히 사람을 모욕하는 행위를 처벌하는 것은 그 입법목적 달성에 기여하는 적합한 수단에 해당한다. 그리고 사람의 인격을 경멸하는 가치판단의 표시가 공연히 이루어질 때 그 사람의 사회적 가치가 침해될 뿐만 아니라 현대사회에서 모욕적 행위가 쉽게 전파되고 그 피해가 극심하며 피해 회복이 쉽지 않다는 점을 고려하면 피해자의 고소가 있을 것을 조건으로 형사처벌을 그 제재 수단으로 선택한 것이 현저히 자의적인 것으로 보기 어렵고, 이 사건 형법 조항에 의하여 달성될 공익은 매우 중대한 반면, 제한되는 행위는 공연히 사람의 사회적 평가를 저하시킬 만한 추상적 판단이나 경멸적 감정을 표현하는 것이므로 공익과 제한되는 사익 사이에 현저한 불균형이 있다고 보기 어렵다. 따라서 이 사건 형법 조항은 과잉금지원칙에 위배된다고 보기 어렵다(헌재 2011. 6. 30. 2009헌바199).

**[판례 49.3] 모욕죄의 합헌성 확인**

① 모욕죄의 구성요건으로서 '모욕'이란 사실을 적시하지 아니하고 단순히 사람의 사회적 평가를 저하시킬 만한 추상적 판단이나 경멸적 감정을 표현하는 것으로서, 모욕죄의 보호법익과 그 입법목적, 취지 등을 종합할 때, 건전한 상식과 통상적인 법 감정을 가진 일반인이라면 금지되는 행위가 무엇인지를 예측하는 것이 현저히 곤란하다고 보기 어렵고, 법 집행기관이 이를 자의적으로 해석할 염려도 없으므로 명확성원칙에 위배되지 아니한다.

② 사람의 인격을 경멸하는 표현이 공연히 이루어진다면 그 사람의 사회적 가치는 침해되고 그로 인하여 사회구성원으로서 생활하고 발전해 나갈 가능성도 침해받지 않을 수 없으므로, 모욕적 표현으로 사람의 명예를 훼손하는 행위는 분명 이를 금지시킬 필요성이 있고, 모욕죄는 피해자의 고소가 있어야 형사처벌이 가능한 점, 그 법정형의 상한이 비교적 낮은 점, 법원은 개별 사안에서 형법 제20조의 정당행위 규정을 적정하게 적용함으로써 표현의 자유와 명예보호 사이에 적절한 조화를 도모하고 있는 점 등을 고려할 때, 심판대상조항이 표현의 자유를 침해한다고 볼 수 없다(헌재 2013. 6. 27. 2012헌바37).

**[판례 49.4] 모욕죄의 합헌성 재확인**

헌법재판소는 2013. 6. 27. 2012헌바37 결정에서 심판대상조항에 대해 합헌결정을 선고하였다. 헌법재판소는 이 결정에서, 모욕죄의 구성요건으로서 '모욕'이란 사실을 적시하지 아니하고 단순히 사람의 사회적 평가를 저하시킬 만한 추상적 판단이나 경멸적 감정을 표현하는 것으로서 명확성원칙에 위배되지 아니한다고 보았고, 사람의 인격을 공연히 경멸하는 표현을 금지할 필요가 있다는 점, 피해자의 고소가 있어야 형사처벌이 가능한 점, 그 법정형의 상한이 비교적 낮은 점 등을 고려할 때, 심판대상조항은 과잉금지원칙에 위배되어 표현의 자유를 침해하지 않는다고 판단하였다.

우리나라에는 혐오 표현에 대한 처벌조항이 따로 존재하지 않는바, 혐오 표현 중에는 모욕죄의 구성요건에 해당하는 것이 적지 않으므로 그러한 범위 내에서는 모욕죄가 혐오 표현에 대한 규제로 기능하고 있다는 측면을 고려해야 한다. 대법원은 무례하고 저속한 표현이더라도 객관적으로 피해자의 인격적 가치에 대한 사회적 평가를 저하시킬 만한 것이 아니라면 모욕죄의 구성요건에 해당하지 않는다고 판시하는 등, 표현의 자유가 지나치게 위축되지 않도록 심판대상조항을 해석·적용하고 있다. 이와 같은 점을 고려하여 보면, 이 사건에서 위 선례와 달리 판단할 만한 사정변경이 있다고 보기 어렵다.

[재판관 3인의 반대의견]

'모욕'의 범위는 지나치게 광범위하므로, 상대방의 인격을 허물어뜨릴 정도로 모멸감을 주는 혐오스러운 욕설 외에도 타인에 대한 비판이나 풍자·해학을 담은 표현 등도 모욕죄로 처벌될 수 있다. 모욕죄의 형사처벌은 다양한 의견 간의 자유로운 토론과 비판을 제한하는바, 이로 인하여 정치적·학술적 표현행위가 위축되고 열린 논의의 가능성이 줄어든다. 단순한 추상적 판단이나 경멸적 감정의 표현행위에 대하여는 민사적 책임을 지우는 등으로 규제할 수 있다. 대법원은 모욕죄의 공연성에 관하여 전파성 이론을 따르고 있으므로 모욕죄의 처벌범위가 지나치게 넓어질 우려가 있고, 혐오 표현은 심판대상조항이 아닌 별도의 법률을 통하여 규율될 수 있다. 이러한 점을 종합하면, 심판대상조항은 개인의 명예보호와 표현의 자유라는 충돌하는 법익을 비례적으로 형량하지 못하고 후자를 지나치게 제한하여 표현의 자유를 침해한다(헌재 2020. 12. 23. 2017헌바456).

## Ⅲ. 혐오표현에 대한 법적 대응

혐오표현은 현행 제도 하에서 모욕죄나 명예훼손죄로 처벌이 불가능한 것은 아니지만 집단적 모욕죄나 명예훼손죄에 관한 규정이 없고, 근본적으로 모욕죄나 명예훼손죄의 위헌론까지 주장되는 상황에서 다른 법적 제재수단이 도입될 필요가 있다.[14] 세계 자국은 각국의 현실에 맞게 혐오표현에 대한 규제책을

14) 혐오표현에 대한 법적 대응 방식에 유형화에 대해서는 이준일(2014), 68면 참조.

찾고 있다.15)

### 1. 사상의 자유시장론

공동체구성원들 간의 대화와 토론을 통해 공동체에 해악이 되는 의견과 사상은 자연스럽게 퇴출될 수 있다고 믿는 '사상의 자유시장론'에 따르면 혐오표현의 경우에도 공동체구성원들의 자유롭고 평등한 공론장에서 자연스럽게 도태될 수 있다고 본다. 헌법재판소도 기본적으로 사상의 자유시장에 의한 자정작용을 강조한다. "언론·출판에 대한 규제는 통상 그 언론·출판으로 말미암은 해악을 시정하고 방지하기 위한 것이고 이러한 국가의 노력은 정당하고 필요한 것이기는 하나, 국가의 개입에 앞서 그 해악을 해소시킬 수 있는 1차적 메커니즘, 즉 사상의 경쟁메커니즘이 시민사회 내부에 존재한다는 사실이다. 그리하여 만일 시민사회 내부에서 서로 대립되는 다양한 사상과 의견들의 경쟁을 통하여 유해한 언론·출판의 해악이 자체적으로 해소될 수 있다면 국가의 개입은 최소한도에 그쳐야 할 것이다."16) 사상의 자유시장에 대한 헌법재판소의 신뢰는 확고하다. "표현행위는 직접적인 범죄행위와 구분되어야 하고, 그 표현 자체로서 급박하고 심대한 사회적 해악을 발생시키는 경우가 아닌 이상, 가급적 자유의 영역으로서 보장할 필요가 있다. 이와 같은 표현은 다른 표현과 함께 사상의 자유시장 속에서 토론, 경쟁하도록 보장하여야 할 필요가 있는 것이다."17)

### 2. 법적 규제론

혐오표현은 그 정도가 심각하여 자유로운 토론을 통해 제거될 수 없다고 생각하는 입장에서 법적 규제가 요구된다. 헌법재판소도 사상의 자유시장에서 자율적으로 정화될 수 없는 표현이 존재할 수 있다는 점을 인정한다. "모든 표현이 시민사회의 자기교정기능에 의해서 해소될 수 있는 것은 아니다. 일정한 표현은 일단 표출되면 그 해악이 대립되는 사상의 자유경쟁에 의한다 하더라도 아예 처음부터

15) 혐오표현에 대한 세계 각국의 입법례에 대해서는 문연주(2014), 102면 이하; 이준일(2014), 74면 이하 참조. 그밖에 세계 각국의 혐오표현 판단기준에 대해서는 송현정(2020), 33면 이하 참조.

16) 헌재 1998. 4. 30. 95헌가16.

17) 헌재 2012. 2. 23. 2008헌마500.

해소될 수 없는 성질의 것이거나 또는 다른 사상이나 표현을 기다려 해소되기에는 너무나 심대한 해악을 지닌 것이 있다."[18] 이와 같은 표현에 대한 법적 규제는 크게 형사적 규제와 민사적 규제를 생각해볼 수 있다. 형사적 규제는 혐오표현을 범죄로 규정하고 처벌하는 방식이다. 예컨대 독일에서는 대중증오선동죄가 인정되어 혐오표현은 처벌을 받는다.[19] 한편 민사적 규제는 혐오표현에 대해서 처벌하지 않고 불법행위에 포함시켜 손해배상을 청구할 수 있는 대상으로 삼는 방식이다.

### 3. 차별행위론

혐오표현은 특정한 집단에 대한 반감을 표현함으로써 특정한 집단에 대한 편견을 드러내는 차별행위일 수 있다. 따라서 특정한 집단의 인격을 훼손하는 행위일 뿐만 아니라 특정한 집단이 평등하게 대우받아야 할 권리를 침해하는 행위일 수 있다. 여기서 혐오표현을 차별행위에 포함시켜 다른 차별행위와 마찬가지로 대응하는 방식을 생각해볼 수 있다.[20] 그것은 주로 국가인권기구가 차별의 당사자를 조정이나 중재함으로써 화해에 이르게 하는 방식이다.

## Ⅳ. 혐오표현에 대한 다층적 대응

혐오표현은 단지 말이나 글이라고 하더라도 상대방에게 치명적인 정신적 상처를 남길 수도 있다. 심지어 피해자가 죽음을 선택하게 만들 수도 있다.[21] 이런 경우에는 범죄행위로 규정하여 처벌할 필요도 있다. 하지만 대부분의 경우에는 적정한 금액이라면 민사상 손해배상으로 충분하다. 또한 혐오표현은 특정한 집단에 대한 편견과 고정관념에 기반한 차별행위일 수 있으므로 차별행위를 시정하는 일반적 절차에 따라 해결될 수도 있다. 이처럼 혐오표현은 그 내용이나 형식, 표현주체와 상대방의 관계, 피해의 규모 등에 따라 다른 의미를 가질 수 있으므로

---

18) 헌재 1998. 4. 30. 95헌가16.
19) 혐오표현에 관한 독일 법제에 대해서는 지성우(2019), 416면 이하 참조.
20) 혐오표현이 차별금지법 안에서 규율되어야 한다는 견해로는 대표적으로 한상희(2020), 153면 이하 참조.
21) 같은 맥락에서 국제사회도 혐오표현에 대한 법적 규제를 오랫동안 요구해왔다. 이와 관련된 논의는 한위수(2019), 155면 이하 참조. 또한 2020년 9월 국제연합(UN)이 발간한 혐오표현에 관한 행동전략은 김종서/이은희(2021), 222면 이하 참조.

형벌, 손해배상, 차별시정조치, 자율적 시정과 같은 다층적 대응방식이 필요하다고 보인다.22)

**토론문제**

1. 혐오표현이 차별에 해당할 수 있는가?
2. 혐오표현에 대해서 형벌을 부과할 수 있는가?
3. 혐오표현은 국가의 개입 없이도 시민사회 내부에서 정화될 수 있는가?

**내 입장은?**

1. 혐오표현에 대해서는 형벌로서 엄단해야 한다.
2. 혐오표현은 특정한 집단을 겨냥하고 있으므로 차별로 보고 규제해야 한다.
3. 혐오표현은 시민사회의 자정작용에 맡겨야 한다.

## 참고문헌

김봉수(2011), '집단표시에 의한' 모욕죄의 성립논리에 대한 검토－집단표시에 의한 모욕의 개인귀속과정에 대한 분석－, ≪형사법연구≫(한국형사법학회), 제23권 제4호(2011), 113～134면.

김종서/이은희(2021), 혐오표현에 관한 국제연합의 전략과 행동계획: 국제연합 현장조직을 위한 세부 이행 지침, ≪민주법학≫(민주주의법학연구회), 제75호(2021), 222～276면.

김현경/박보람/박승환(2012), 성소수자에 대한 혐오표현, 그 옹호의 논리를 넘어서: 표현의 자유론 비판과 시민권의 재구성, ≪공익과 인권≫(서울대학교 공익인권법센터), 제12호(2012), 215～249면.

문연주(2014), 일본의 혐오표현과 규제: 교토지방법원의 "가두선전금지 등 청구사건" 판결 사례를 중심으로, 현대일본학회, ≪일본연구논총≫(현대일본학회), 제39호(2014), 89～124면.

박경신(2009), 모욕죄의 위헌성과 친고죄 조항의 폐지에 대한 정책적 고찰, ≪고려법

22) 혐오표현에 대한 다양한 규제방식에 대해서는 박승호(2019), 65면 이하 참조.

학≫(고려대학교 법학연구원, 제52호(2009), 263~299면.

박승호(2019), 혐오표현의 개념과 규제방법, ≪법학논총≫(국민대학교 법학연구소), 제31권 제3호(2019), 45~88면.

박지원(2016), 혐오표현의 제재 입법에 관한 소고-주요국 입법례와 시사점을 중심으로, ≪미국헌법연구≫(미국헌법학회), 제27권 제3호(2016), 103~136면.

박해영(2015), 혐오표현에 관한 헌법적 고찰, ≪공법학연구≫(한국비교공법학회), 제16권 제3호(2015), 137~169면.

변종필(2012), 집합명칭에 의한 모욕에서 피해자의 특정, ≪형사법연구≫(한국형사법학회), 제24권 제3호(2012), 339~364면.

송현정(2020), ≪혐오 표현의 판단 기준에 관한 비교법적 연구≫(사법정책연구원), 2020.

이승현(2016), 혐오표현 규제에 대한 헌법적 이해, ≪공법연구≫(한국공법학회), 제44집 제4호(2016), 133~166면.

이영희/이재진(2020), '집단표시에 의한 모욕죄'와 혐오표현, ≪언론과 법≫(한국언론법학회), 제19권 제1호(2020), 147~191면.

이 용(2015), 집단표시에 의한 명예훼손죄와 모욕죄, ≪법조≫(법조협회), 제64권 제4호(2015), 45~94면.

이준일(2014), 혐오표현과 차별적 표현에 대한 규제의 필요성과 방식, ≪고려법학≫(고려대학교 법학연구원), 제72호(2014), 65~90면.

이준일(2017), 혐오표현의 판단기준, ≪헌법재판연구≫(헌법재판연구원), 제4권 제2호(2017), 99~121면.

조 국(2013), 명예훼손과 표현의 자유: 사실적시 명예훼손죄 및 모욕죄의 재구성, ≪형사정책≫(한국형사정책학회), 제25권 제3호(2013), 9~46면.

지성우(2019), 독일의 혐오표현 관련 규범 및 판례에 대한 헌법적 평가, ≪성균관법학≫(성균관대학교 법학연구소), 제31권 제4호(2019), 407~444면.

표성수(2015), 형법상 모욕죄의 문제와 개선방안, ≪법조≫(법조협회), 제64권 제4호(2015), 5~44면.

한상규(2014), 모욕죄에 있어서 피해자의 특정과 집단표시에 의한 모욕죄의 성부-대상판결: 대법원 2014. 3. 27. 선고 2011도15631 판결-, ≪법학논총≫(국민대학교 법학연구소), 제27권 제2호(2014), 277~309면.

한상희(2020), 헌법의 눈으로 본 차별금지법-혐오표현의 문제와 함께-, ≪민주법학≫(민주주의법학연구회), 제74호(2020), 149~194면.

한위수(2019), 혐오표현의 규제에 대한 인권법적 고찰-국제조약상 입법화 의무를 중심으로, ≪헌법논총≫(헌법재판소), 제30집(2019), 141~200면.

홍성수(2019), 혐오표현의 해악과 개입의 정당성: 금지와 방치를 넘어서, ≪법철학연구≫(한국법철학회), 제22권 제3호(2019), 27~64면.

# 제50장
# 의문의 죽음과 변사자의 인권

생명이 꺼지면 영혼은 고통 없는 곳으로 간다는 말을 당신은 믿습니까.
그 믿음에 의지해 때로 사람들은 피 흘리는 동료, 신음하는 개를 앞당겨 죽입니다.
하지만 사실일까요.
전장에서, 동물병원에서 그들의 고통을 사라지게 할 때,
정말 사라지는 것은 그들을 지켜보던 우리의 고통 아닐까요.
한강, <바람이 분다, 가라>(2010) 중에서

사인(死因)이 밝혀지지 않은 의문의 죽음이 잇따르던 시대가 있었다. 군대에서 병사가 사망하면 정확한 사인에 대한 철저한 규명도 없이 신속하게 자살이라는 통보가 가족들에게 전달되었다. 시신에 구타의 흔적들이 남아 있어 타살의 의혹이 제기되는데도 아무런 반박 자료 없이 자살이라는 주장만 반복해서 돌아왔다. 심지어 스스로 목숨을 끊을 이유가 전혀 없는 장교의 죽음에도 자살이라는 딱지가 붙었다. 무엇을 감추려는지 신속하게 장례가 치러졌다. 유족들은 망자의 사인을 밝혀달라고 울부짖었지만 어느 누구도 관심을 갖는 사람은 없었다.

행려(行旅)나 노숙인이 길거리에서 사망하면 그들의 죽음은 금세 자연사나 질병사로 확인되고 만다. 사고사일 수도 있고, 범죄사일 수도 있는데 급하게 경찰의 연락을 받고 출동한 뒤 검안을 맡은 의사는 귀찮다는 듯이 사인규명의 의지조차 포기한 채 이내 사망선고를 내린다. 유족을 찾을 수 없으면 간소하다 못해 초라하기까지 한 장례식이 치러지고 그들은 쓸쓸하게 세상을 떠난다. 억울한 죽음을 당한 채, 단 한 명의 조문객조차 찾지 않은 장례식이 끝나도 그들의 영혼은 구천을 떠돈다. 심지어 그들의 시신은 아무런 동의 없이 해부학 실습용으로 제공되기도 한다.

살아 있는 사람의 인권도 보장하기 힘든 현실에서 죽은 사람의 인권을 이야기하는 데 불편해하는 사람들도 있다. 하지만 억울한 죽음의 당사자가 본인이나 그 가족이라면 사정은 달라진다. 죽은 사람뿐만 아니라 산 사람의 억울함을 풀기 위해서라도 죽음의 원인을 밝히려 애쓸 것이다. 죽음은 결코 죽은 사람의 문제만

이 아니다. 누구나 죽을 수밖에 없고, 모든 사람의 죽음은 그 원인이 반드시 밝혀져야 하기 때문이다. 그래서 '인권의 종착점'이라고 부를 수 있는 죽은 사람의 인권을 진지하게 논의할 필요가 있는 것이다.

## Ⅰ. 문제제기

최근의 통계를 보면 대한민국에서 매년 적게는 30만 명 넘게, 많게는 40만 명 가까이가 태어나고, 최소 25만 명에서 최대 30만 명 정도가 사망하고 있다(아래 [표 50.1] 참조). 인구 1천 명을 기준으로 매년 사망하는 사람의 숫자를 의미하는 '조사망률'은 대략 5명 정도다. 사람의 출생이나 사망은 모두 중요한 사건이기 때문에 많은 사람들의 주목을 받지만 대체로 출생은 기쁨으로, 사망은 슬픔으로 기억된다. 인간의 출생이나 사망은 모두 인간의 문제이므로 인간이면 누구나 향유하는 인권과 관련된 문제다. 그렇지만 그동안 출생과 달리 사망은 인권의 관점에서 충분히 논의되지 못했다. 사망을 인권의 관점에서 논의할 때에는 특히 그 원인이 중요하다. 인간은 주어진 수명을 다하여 자연스럽게 사망하기도 하지만 질병이나 사고로 수명을 다하지 못한 채 사망하기도 한다. 질병도 삶의 자연스러운 과정의 일부로 이해함으로써 질병으로 사망하는 경우까지 자연사로 보는 경우에 인권의 관점에서 주목해야 할 것은 질병사를 포함한 자연사보다 사고로 사망하여 그 원인이 밝혀져야 할 '변사(accidental death)'다.[1] **죽은 자의 '죽음을 초래한 원인(死因)'을 밝혀주는 것**이 그 사람의 마지막 권리에 해당하기 때문이다. 교통사고를 제외하고 매년 사고로 발생하는 변사자의 숫자는 3만 명을 훨씬 웃돌고 있다(아래 [표 50.2] 참조). 매년 평균적으로 대략 25만 명 정도가 사망한다고 보면 12퍼센트 정도는 사고로 사망하는 변사자에 속한다는 뜻이다. 열 명 중 한 명 이상이 사고로 사망한다면 결코 적지 않은 숫자라고 할 수 있다.

---

1) 변사에 대해서는 이준일, <13가지 죽음>(2015), 제7장 참조.

[표 50.1] 최근 10년간 출생자 및 사망자 현황 (단위: 명)

| | 2011 | 2012 | 2013 | 2014 | 2015 | 2016 | 2017 | 2018 | 2019 | 2020 |
|---|---|---|---|---|---|---|---|---|---|---|
| 출 생 | 471,265 | 484,550 | 436,600 | 435,435 | 438,420 | 406,300 | 357,771 | 326,822 | 302,676 | 272,400 |
| 사 망 | 257,396 | 267,221 | 266,257 | 267,692 | 275,895 | 281,000 | 285,534 | 298,820 | 295,110 | 305,100 |
| 사 망 률 | 5.1 | 5.3 | 5.3 | 5.3 | 5.4 | 5.5 | 5.6 | 5.8 | 5.7 | 5.9 |

자료: 국가통계포탈(KOSIS)
* 조(粗)사망률: 인구 천 명당 사망자수

[표 50.2] 변사자 현황 (단위: 명)

| 연 도 | 2010 | 2011 | 2012 | 2013 | 2014 | 2015 | 2016 | 2017 |
|---|---|---|---|---|---|---|---|---|
| 변 사 자 | 39,526 | 39,303 | 35,924 | 35,794 | 33,741 | 34,291 | 28,563 | 29,233 |

자료: 검찰청 변사체 직접검시 현황

# Ⅱ. 변사자의 인권

## 1. 사자(死者)의 권리

인권(human rights)은 '사람의 권리(right of human being)'이고, 여기서 사람은 '살아 있는 사람(living human)'을 의미하므로 인권의 주체는 원칙적으로 살아 있는 사람이다. 그렇다면 중요한 것은 언제부터가 살아 있는 사람이고, 언제부터가 살아 있는 사람이 아닌지, 즉 죽은 사람인지에 관한 것인데 사람은 원칙적으로 출생 시부터 사망 직전까지를 살아 있는 것으로 본다. 태아도 예외적으로는 사람으로 인정되기도 하지만 출생은 일반적으로 모체로부터 분리되는 시점을 뜻하고, 사망은 종래에 폐와 심장이 멎어 숨을 쉬지 않고 맥박이 정지된 시점으로 보았으나 최근에는 뇌가 사망한 시점으로 보아 사망의 시점이 조금 앞당겨졌다.[2] 어쨌든 인권이 기본적으로 살아 있는 사람의 권리이지만 출생 이전의 배아나 태아도 생명권이나 재산권의 주체가 되고, 사자(死者, 죽은 사람)도 일정한 권리의 주체가 될 수 있다. 예컨대 태아도 상속권의 주체가 되고, 사자에게도 명예권이 인정되어 공연히 허위의 사실을 적시하여 사자의 명예를 훼손하면 처벌을 받는다(형법 제308조). 그 밖에도 사자에게는 신체에 관한 권리가 인정되어 사체나 유골 또는 유발(遺髮)

2) 뇌사에 대해서는 이 책 제3장 참조.

을 오욕하거나 손괴, 유기, 은닉 또는 영득한 자는 처벌을 받는다(동법 제159조 및 161조).

**[판례 50.1] 사자명예훼손죄**

[1] 사자명예훼손죄는 사자에 대한 사회적, 역사적 평가를 보호법익으로 하는 것이므로 그 구성요건으로서의 사실의 적시는 허위의 사실일 것을 요하는 바 피고인이 사망자의 사망사실을 알면서 위 망인은 사망한 것이 아니고 빚 때문에 도망다니며 죽은 척 하는 나쁜 놈이라고 함은 공연히 허위의 사실을 적시한 행위로서 사자의 명예를 훼손하였다고 볼 것이다(대판 1983. 10. 25. 83도1520).

[2] 역사적 인물을 모델로 한 드라마(역사드라마)가 그 소재가 된 역사적 인물의 명예를 훼손할 수 있는 허위사실을 적시하였는지 여부를 판단할 때에는 적시된 사실의 내용, 진실이라고 믿게 된 근거나 자료의 신빙성, 예술적 표현의 자유로 얻어지는 가치와 인격권의 보호에 의해 달성되는 가치의 이익형량은 물론 역사드라마의 특성에 따르는 여러 사정과 드라마의 주된 제작목적, 드라마에 등장하는 역사적 인물과 사건이 이야기의 중심인지 배경인지 여부, 실존인물에 의한 역사적 사실과 가상인물에 의한 허구적 이야기가 드라마 내에서 차지하는 비중, 드라마 상에서 실존인물과 가상인물이 결합된 구조와 방식, 묘사된 사실이 이야기 전개상 상당한 정도 허구로 승화되어 시청자의 입장에서 그것이 실제로 일어난 역사적 사실로 오해되지 않을 정도에 이른 것으로 볼 수 있는지 여부 등을 종합적으로 고려하여야만 한다(대판 2010. 4. 29. 2007도8411).

[3] 허위사실 적시에 의한 명예훼손죄에서 적시된 사실이 허위인지 여부를 판단함에 있어서는 적시된 사실의 내용 전체의 취지를 살펴볼 때 세부적인 내용에서 진실과 약간 차이가 나거나 다소 과장된 표현이 있는 정도에 불과하다면 이를 허위라고 볼 수 없으나, 중요한 부분이 객관적 사실과 합치하지 않는다면 이를 허위라고 보아야 한다. 나아가 행위자가 그 사항이 허위라는 것을 인식하였는지 여부는 성질상 외부에서 이를 알거나 증명하기 어려우므로, 공표된 사실의 내용과 구체성, 소명자료의 존재 및 내용, 피고인이 밝히는 사실의 출처 및 인지 경위 등을 토대로 피고인의 학력, 경력, 사회적 지위, 공표 경위, 시점 및 그로 말미암아 예상되는 파급효과 등의 여러 객관적 사정을 종합하여 판단할 수밖에 없으며, 범죄의 고의는 확정적 고의뿐만 아니라 결과 발생에 대한 인식이 있고 그를 용인하는 의사인 이른바 미필적 고의도 포함하므로 허위사실 적시에 의한 명예훼손죄 역시 미필적 고의에 의하여도 성립하고, 위와 같은 법리는 사자명예훼손죄의 판단에서도 마찬가지로 적용된다(대판 2014. 3. 13. 2013도12430).

## 2. 변사자의 권리

### (1) 변사자의 범위

사람마다 그에게 태어날 때부터 주어진 수명이 얼마인지 정확하게 알 수는 없다. 하지만 인간의 평균수명을 고려할 때 인간에게 주어진 평균수명이 다하여 자연스럽게 사망하는 것이 일반적이지만 뜻밖의 사고로 갑작스럽게 사망하는 경우도 흔히 볼 수 있다. 이처럼 사고, 특히 범죄로 갑작스럽게 사망한 사람을 '변사자'로 부르고, 그 시신(시체/사체)을 '변사체'로 부른다. 형법은 변사자의 사체 또는 변사의 의심 있는 사체를 은닉 또는 변경하거나 기타 방법으로 검시를 방해한 자를 처벌하도록 규정하고 있다(동법 제163조). 대법원에 따르면 형법 제163조의 "변사자는 부자연한 사망으로서 그 사인이 분명하지 않은 자를 의미하고 그 사인이 명백한 것은 변사자라 할 수 없다"고 한다.[3] 형법에 따른 '검시방해죄'의 경우에 자연사로 죽은 것이 아닐 뿐만 아니라 사망의 원인이 불분명해야 변사자로 본다는 뜻이다. 하지만 검시방해죄의 구성요건인 변사자는 검시 여부를 결정하는 전제조건이기 때문에 사망의 원인이 불분명한 경우로 한정되지만 일반적으로는 사망의 원인이 밝혀졌다고 해도 자연사가 아닌 방식으로 사망한 모든 사람을 변사자로 부를 수 있다. 따라서 변사자는 사망의 원인을 확인한 결과 자연사가 아니라 사고로 사망한 것이 분명한 사람뿐만 아니라 자연사인지 사고사인지가 아직 불분명한 사람도 포함한다.

사망의 원인이 명백하게 사고인 것으로 확인된 변사자의 경우에 사고의 유형은 ① 그 원인을 본인이 제공한 경우(투신, 음독, 가스중독 등과 같은 다양한 자살방법), ② 제3자가 제공한 경우(독살, 교살, 총살 등 다양한 살해수단), ③ 자연재해인 경우(낙뢰, 낙석, 홍수, 해일, 태풍, 지진, 화산폭발 등 다양한 자연현상)로 구분할 수 있다. 사망의 원인이 명백하게 밝혀진 변사자의 경우에는 그 원인이 본인에게 있는지 아니면 제3자에게 있는지가 피해자에게 손해배상을 하든 가해자를 처벌하든 중요한 법적 문제가 된다. 반면에 사망의 원인이 명백하게 밝혀지지 않은 변사자의 경우에는 사고에 대한 법적 책임을 묻기 위한 목적뿐만 아니라 애초에 자연사인지 변사인지를 확인하기 위한 목적에서도 사망의 원인과 과정 및 내용에 대한 규명이 법적으로 중요한 의미를 갖게 된다.

### (2) 억울하게 죽지 않을 권리

사망에 이르게 된 원인과 과정 및 내용이 명백하게 밝혀지지 않은 변사자의 경우에 사망의 원인과 과정 및 내용을 밝혀 가해자에 대한 법적 책임을 묻지 않게 되면 변사자의 죽음은 억울한 죽음이 된다. 변사자임에도 불구하고 자연사한 것

---

3) 대판 1970. 2. 24. 69도2272; 2003. 6. 27. 2003도1331 참조.

으로 취급되거나 변사의 원인이 제3자에게 있음에도 불구하고 자연재해나 본인에게 있는 것으로 처리될 수도 있기 때문이다. 여기서 변사자의 죽음이 억울한 죽음이 되지 않도록 사망의 원인과 과정 및 내용을 밝혀 법적 책임의 소재를 분명히 할 수 있도록 요구할 수 있는 권리가 변사자에게 보장되어야 한다. 이러한 권리를 모든 인간에 보장되어야 할 하나의 인권으로서 '**억울하게 죽지 않을 권리**'라는 이름을 붙일 수 있다. 물론 사망의 원인과 과정 및 내용이 밝혀지는 경우에 오히려 변사자의 사생활이 공개되거나 변사자의 명예가 훼손될 수도 있다. 여기서 억울한 죽음을 당하지 않을 권리와 사생활이나 명예에 관한 권리를 형량하여 합리적인 대안을 모색해야 한다. 이 경우에 변사자와 관련된 사건, 특히 범죄사건의 실체적 진실을 밝혀 변사자의 법익에 대한 침해행위를 처벌해야 하는 공익도 함께 고려될 필요가 있다. 이에 따라 변사자의 사생활이나 명예에 관한 권리보다 변사자의 억울하게 죽지 않을 권리와 변사사건의 실체적 진실 규명이 더 중요하고 필요한 경우에는 반드시 변사자의 사인을 밝힐 필요가 있다.

## Ⅲ. 검시제도

### 1. 검시의 개념

검시(檢視, inspection)[4]는 변사자 또는 변사자로 의심되는 사체가 사망에 이르게 된 원인을 밝히기 위하여 변사체를 포함하여 현장상황을 종합적으로 조사하는 행위를 의미한다.[5] 형사소송법은 검시의 주체를 '검사'로 규정하고 있기 때문에(형사소송법 제222조 제1항) 경찰이 변사자나 변사자로 의심되는 사체를 발견한 경우에는 검사의 지휘를 받아 검시를 하게 된다(검사의 사법경찰관리에 대한 수사지휘 및 사법경찰관리의 수사준칙에 관한 규정 제51조 제1항). 검시의 결과 범죄로 인하여 변사자가 사망하였다고 판명되면 수사기관은 수사절차를 개시하게 된다. 이처럼 검시는 수사를 개시하기 위한 전단계이기 때문에 이른바 '내사'의 단계에 해당하게 되고, 긴급을 요하기 때문에 법관의 영장이 필요 없다는 점이 특징이다. 검사가 주체가 되는 '사법검시'와 달리 '행정검시'는 경찰이 주체가 된다. 행정검시규칙에 따르면 행정검시는 수재, 낙뢰, 파선 등 자연재해로 인한 사망자 또는 행려

4) 검시의 개념에 대해서는 신승균(2016), 58면 이하 참조.
5) 검시제도에 대해서는 이준일(2015), 제7장 참조.

병사로서 범죄에 기인되지 않은 것이 명백한 시체가 대상이 되는 검시를 의미한다(동규칙 제2조). 행정검시는 사법검시의 예외로 자연재해로 인한 사망 등 범죄사가 아닌 것이 명백한 경우로 한정되지만 사인이 명백하지 않은 경우가 종종 발생할 수 있어 사고사나 범죄사를 은폐하기 위한 수단으로 악용될 수 있다는 점에서 현재보다 더 엄격한 요건과 절차가 명시될 필요가 있다.[6] 종래에 행려 사망자와 같이 인수자가 없는 시체를 생전의 본인의 의사와는 무관하게 해부용 시체로 제공될 수 있도록 규정한 '시체 해부 및 보존에 관한 법률' 조항은 시체처분에 대한 자기결정권을 침해하여 위헌결정을 받았다.[7]

**[판례 50.2] 인수자 없는 시신의 해부용 제공**

이 사건 법률조항은 인수자가 없는 시체를 해부용으로 제공될 수 있도록 함으로써 사인(死因)의 조사와 병리학적・해부학적 연구의 기초가 되는 해부용 시체의 공급을 원활하게 하여 국민 보건을 향상시키고 의학 교육 및 연구에 기여하기 위한 것으로서, 그 목적의 정당성 및 수단의 적합성은 인정된다. 최근 5년간 이 사건 법률조항으로 인하여 인수자가 없는 시체를 해부용으로 제공한 사례는 단 1건에 불과하고, 실제로 의과대학이 필요로 하는 해부용 시체는 대부분 시신기증에 의존하고 있어 이 사건 법률조항이 아니더라도 의과대학에서 필요로 하는 해부용 시체는 다른 방법으로 충분히 공급될 수 있다. 그런데 시신 자체의 제공과는 구별되는 장기나 인체조직에 있어서는 본인이 명시적으로 반대하는 경우 이식・채취될 수 없도록 규정하고 있음에도 불구하고, 이 사건 법률조항은 본인이 해부용 시체로 제공되는 것에 대해 반대하는 의사표시를 명시적으로 표시할 수 있는 절차도 마련하지 않고 본인의 의사와는 무관하게 해부용 시체로 제공될 수 있도록 규정하고 있다는 점에서 침해의 최소성 원칙을 충족했다고 보기 어렵고, 실제로 해부용 시체로 제공된 사례가 거의 없는 상황에서 이 사건 법률조항이 추구하는 공익이 사후 자신의 시체가 자신의 의사와는 무관하게 해부용 시체로 제공됨으로써 침해되는 사익보다 크다고 할 수 없으므로 이 사건 법률조항은 청구인의 시체 처분에 대한 자기결정권을 침해한다(헌재 2015. 11. 26. 2012헌마940).

## 2. 검시의 절차

좁은 의미의 검시인 사법검시의 주체는 검사이므로 원칙적으로 검시는 검사가 직접 행해야 하지만 경찰을 통해서 행할 수도 있다. 또한 경찰이 변사자나 변사의 의심이 있는 사체를 발견하여 검시를 하려면 검사에게 '변사사건 발생보고

6) 행정검시제도의 개선방안에 대해서는 김헌진(2012), 281면 이하 참조.
7) 헌재 2015. 11. 26. 2012헌마940 참조.

서'와 '지휘건의서'를 제출하고 검사의 지휘를 받아 검시할 수 있다. 검시는 우선 의사의 '검안(檢案)'에 의존한다. 의료법(최근개정: 2020. 12. 29. 법률 제17787호)에 따르면 의료업에 종사하고 직접 검안한 의사(치과의사, 한의사 포함)만이 '검안서'를 작성하여 교부할 수 있도록 규정하고 있고(동법 제17조 제1항), 의사나 조산사는 사체를 검안하여 변사한 것으로 의심되는 되면 사체의 소재지를 관할하는 경찰서장에게 신고해야 하는 의무가 있기 때문이다(동법 제26조). 검시의 절차에서 정확한 사인을 밝혀내기 위하여 사체를 해부하여 검사하는 부검(autopsy)이 필요한 경우가 있는데 사체의 해부에 관해서는 **시체 해부 및 보존 등에 관한 법률**(최근개정: 2020. 8. 11. 법률 제17472호)이 규율한다.[8] 이 법률에 따르면 시체를 해부하지 않고는 그 사인을 알 수 없는 경우나 국민보건에 중대한 위해를 끼칠 경우에는 시체를 해부할 수 있다(동법 제2조 제3호 및 동법 제6조). 또한 형사소송법에 따른 검증이나 감정을 위해 필요한 경우에도 시체를 해부할 수 있다(동법 제2조 제4호). 변사체가 발견되고 부검이 이루어지기까지는 통상 48시간에서 72시간 정도가 소요되는 것으로 알려져 있다.

**[법령 50.1] 검시의 권한: 형사소송법**(최근개정: 2020. 12. 8. 법률 제17572호)

**제222조 (변사자의 검시)**

① 변사자 또는 변사의 의심 있는 사체가 있는 때에는 그 소재지를 관할하는 지방검찰청 검사가 검시하여야 한다.

② 전항의 검시로 범죄의 혐의를 인정하고 긴급을 요할 때에는 영장 없이 검증할 수 있다.

③ 검사는 사법경찰관에게 전2항의 처분을 명할 수 있다.

**[법령 50.2] 검시의 절차: 검사의 사법경찰관리에 대한 수사지휘 및 사법경찰관리의 수사준칙에 관한 규정**(최근개정: 2020. 10. 7. 대통령령 제31089호)

**제51조 (변사자의 검시)**

① 사법경찰관리는 변사자(變死者) 또는 변사한 것으로 의심되는 사체가 있으면 별지 제51호 서식의 변사사건 발생 보고 및 지휘 건의서 또는 별지 제52호 서식의 교통사고 변사사건 발생 보고 및 지휘 건의서를 작성하여 즉시 관할 지방검찰청 또는 지청의 검사에게 보고하고 지휘를 받아야 한다. 이 경우 검사는 신속하게 지휘하여야 한다.

---

8) 부검과 관련하여 이것이 강제수사에 해당하는지 여부 및 강제수사에 해당한다고 했을 때 유족의 동의에 의한 부검이 가능한지, 그리고 유족에게 부검을 거부할 수 있는 권리가 있는지 여부에 대해서는 이성기(2017), 193면 이하 참조. 결국 변사자의 부검은 변사자 본인과 유족의 권리뿐만 아니라 변사자의 사인이 불분명한 경우에 부검을 통해 밝혀야 할 실체적 진실의 규명이라는 공익이 충돌하는 문제로 개별적이고 구체적인 사정을 종합하여 판단할 수밖에 없을 것이다.

② 사법경찰관리는 변사사건에 대한 검사의 지휘 내용 등에 대하여 조사를 마쳤을 때에는 별지 제53호 서식의 변사사건 처리결과 및 지휘 건의서를 작성하여 관할 지방검찰청 또는 지청의 검사에게 보고하고 지휘를 받아야 한다.
③ 검사의 지휘를 받아 검시(檢視)를 하였을 때에는 별지 제54호 서식에 따른 검시 조서를 작성하여야 한다.

**제52조 (검시의 주의사항)**
① 사법경찰관리는 검시에 착수하기 전에 변사자의 위치, 상태 등이 변하지 아니하도록 현장을 보존하여야 한다.
② 변사자의 소지품이나 그 밖에 변사자가 남겨 놓은 물건이 수사에 필요하다고 인정될 때에는 이를 보존하는 데에 유의하여야 한다.
③ 검시할 때에는 잠재지문 및 변사자의 지문을 채취하는 데에 유의하고 의사로 하여금 사체검안서를 작성하게 하여야 한다.
**제53조 (검시와 참여자)**
사법경찰관리는 검시에 특별한 지장이 없다고 인정하면 변사자의 가족・친족・이웃사람・친구, 시・군・구・읍・면・동의 공무원이나 그 밖에 필요하다고 인정하는 자를 참여시켜야 한다.

**[법령 50.3] 검찰사건사무규칙**(최근개정: 2021. 1. 1. 법무부령 제992호)
**제33조 (검시와 부검)**
① 사건사무담당직원은 사법경찰관으로부터 변사자 또는 변사가 의심되는 사체를 발견하였다는 통보가 있는 경우에는 검시사건부에 해당 사항을 기재하고, 즉시 검사에게 이를 보고해야 한다.
② 검시는 검사가 직접 하는 것을 원칙으로 하되, 필요한 경우에는 법 제222조 제3항에 따라 사법경찰관에게 검시 또는 검증을 하도록 명할 수 있다.
③ 검사 또는 사법경찰관이 검시 또는 검증을 마친 경우에는 검사는 관련 절차를 종결하도록 한다.
④ 검사는 사법경찰관의 변사사건 발생 통보서를 접수한 경우에는 별지 제23호 서식의 변사사건 발생통보에 대한 지휘 및 의견서에 따르고, 사법경찰관으로부터 교통사고 변사사건 발생 통보서를 접수한 때에는 별지 제24호 서식의 교통사고 변사사건 발생통보에 대한 지휘 및 의견서에 따른다.
⑤ 검사는 사법경찰관의 변사사건 처리 의견서를 접수한 경우에는 별지 제25호 서식의 변사사건 처리에 대한 검사 의견서로 의견을 제시한다.
⑥ 검사는 검시를 마쳤을 때에는 별지 제26호 서식의 검시조서를 작성한 후 변사사건 발생통보 기록에 첨부하여 사법경찰관에게 송부하고, 부본 1부를 사건사무담당직원에게 송부한다.
⑦ 사건사무담당직원은 검사 또는 사법경찰관이 검시조서를 송부한 경우에는 검시사건부에 해당 사항을 기재하고 해당 검시조서 또는 그 사본을 편철하여 보관해야 한다.
**제34조 (교정시설 내 변사사건 처리)**
① 사건사무담당직원은 「사법경찰관리의 직무를 수행할 자와 그 직무범위에 관한 법률」(이하 "사법경찰직무법"이라 한다) 제3조의 특별사법경찰관이 변사자 또

는 변사가 의심되는 사체를 발견하였다는 보고를 한 경우에는 검시사건부에 해당 사항을 기재하고, 즉시 검사에게 이를 보고해야 한다.

② 검시는 검사가 직접 하는 것을 원칙으로 하고, 필요한 경우 사법경찰직무법 제3조의 특별사법경찰관에게 검시를 명할 수 있으며, 검사는 지체 없이 사체에 대한 처리를 지휘해야 한다.

③ 검사는 사법경찰직무법 제3조의 특별사법경찰관으로부터 변사사건 발생 보고 및 지휘 건의를 받은 경우에는 별지 제27호 서식의 변사사건 발생보고 및 지휘건의에 대한 지휘서로, 교통사고 변사사건 발생 보고 및 지휘 건의를 받은 경우에는 별지 제28호 서식의 교통사고 변사사건 발생보고 및 지휘건의에 대한 지휘서로 각각 지휘한다.

④ 검사는 변사사건 처리결과 및 지휘 건의를 받은 경우에는 별지 제29호 서식의 변사사건 처리결과보고 및 지휘건의에 대한 지휘서로 지휘한다.

⑤ 검사는 검시를 마쳤을 때에는 별지 제26호 서식의 검시조서를 작성해야 한다.

## 3. 검시제도의 개선을 위한 대안

### (1) 검시관제도

현재 형사소송법에 따르면 검시의 주체는 검사이지만 실제로 검안이나 부검은 의사가 실시한다. 따라서 변사체나 변사로 의심되는 사체가 발견되면 검시만을 전문적으로 담당하는 검시관(coroner) 또는 법의관(medical examiner) 제도를 도입할 필요가 있다.[9] 검시관이나 법의관은 조직상 검찰이나 경찰 소속으로 둘 수 있지만 독립된 조직으로 구성할 수도 있다. 일본의 경우에는 경찰 소속으로 되어 있고, 영국의 경우에는 독립된 조직으로 되어 있다. 검시관 제도가 완비된 영국의 경우에 사람이 죽으면 의사로부터 사망진단서(medical certificate)를 발부받아 검시관에게 보고해야 하고, 검시관의 허가를 받아야 사망신고(register the death)를 할 수 있으며 사망신고를 하지 않으면 장례식을 거행할 수 없다.[10] 검시관이 사망보고를 받고서 사인이 불분명한 경우, 폭력에 의한 사망이나 자연사가 아닌 사망의 경우, 갑작스럽고 예기치 못한 사망인 경우, 사자가 최종적으로 아팠던 기간 동안 병원을 방문하지 않은 경우 등에는 의사로부터 보고를 받을 수 있다. 그리고 사자가 어떻게 죽었는지를 확인하기 위하여 필요한 경우에는 병원이나 영안실에서 검

9) 같은 취지로 하태훈(2006), 521면 이하 참조.

10) 영국의 검시관제도에 대한 자세한 설명은 이준일(2015), 제7장 및 박동균/조성제(2015), 93면 이하 참조. 그밖에 세계 각국의 검시제도에 대한 자세한 설명은 황적준(2003), 11면 이하; 도중진(2005), 17면 이하 참조.

안(post-mortems)을 실시하고, 여전히 사인이 불분명한 경우, 폭력에 의한 사망이거나 자연사가 아닐 가능성이 있는 경우 또는 교도소나 경찰유치장에서 사망한 경우에는 부검(inquest)을 실시할 수도 있다. 이처럼 영국에서는 변사자를 포함하여 사람이 사망하면 언제나 검시관의 허가를 받아야 사망신고가 가능하기 때문에 사망의 원인이 밝혀지지 않은 채 장례식이 거행될 가능성은 매우 희박하다.

### (2) 한국의 경우

영국처럼 사람이 사망하면 언제나 검시관이 사망원인을 확인하고 사망신고를 허가하는 제도를 도입할 수 없다고 한다면 적어도 변사자나 변사자로 의심되는 사체에 대해서라도 전문적으로 검시를 담당하는 검시관제도를 도입할 필요가 있다.[11] 흔히 행려병자로 불리는 변사체의 경우에 간단한 검시만으로, 그것도 행정검시만으로 질병사로 분류된 뒤 장례식도 없이 사체가 처리되는 일이 빈번하게 발생한다고 알려져 있다. 일반적으로 의사들이 검안의가 되는 것을 꺼려하는데 업무 자체가 사체를 다루는 부담스러운 일일 뿐만 아니라 검안의로 참가하여 사체를 검안하는 데 받는 돈(검안비)이 의사들의 일반적 수입에 비해 상대적으로 적기 때문이다. 그동안 발생했던 수많은 의문사도 제대로 된 사인규명이 이루어지지 않았기 때문이다. 특히 국가기관에 의해 자행되거나 군대 내에서 발생한 의문사의 경우에 자살로 위장되어 사망의 원인이 은폐되는 경우도 종종 발생하였다. 국립과학수사연구원의 부족한 인력만으로는 충분한 사인규명이 이루어지기를 기대할 수는 없다.

## Ⅵ. 억울한 죽음이 없는 세상을 바라며

한국처럼 귀신이야기가 많은 나라가 또 있을까. 심지어 한이 맺혀 이승을 떠도는 귀신들의 이야기가 많은 이유는 무엇일까. 그것은 죽은 사람이 죽게 된 원인을 명백하게 밝혀주는 시스템이 완비되어 있지 않은 까닭에서 연유하는 것은 아닐까. 인권의 완성은 사람이 죽은 원인을 명백하게 밝혀줌으로써 이루어진다. 죽은 당사자뿐만 아니라 그 유족의 관점에서도 정확한 사인규명은 필수적이다. 특

---

11) 그동안 검시제도 도입을 위한 입법안이 여러 차례 제출되었다. 이에 대한 분석과 평가에 대해서는 김태우(2013), 36면 이하; 민형동(2016), 109면 이하 참조.

히 사망의 원인이 범죄인 경우에는 공동체의 정의를 바로세우기 위해서라도 반드시 사인의 규명이 요구된다. 사인규명은 이 일을 전문적으로 수행하는 조직, 특히 사인규명에 관한 전문적 지식과 자격을 갖춘 인력이 완벽하게 갖춰진 과학적 장비와 시설을 활용할 수 있을 때 가능하다. 한국에서도 더 이상 억울한 죽음이 존재하지 않도록 충분히 자격을 갖춘 인력이 전문적으로 사인규명의 직무를 수행할 수 있는 시스템이 완비될 필요가 있다.

**토론문제**

1. 죽은 사람(死者)에게도 인권이 인정될 수 있는가?
2. 죽은 사람에게는 어떠한 인권이 보장되어야 하는가?
3. 검시제도는 죽은 사람의 인권을 보장할 수 있는가?

**내 입장은?**

1. 인권은 살아 있는 사람의 권리를 의미한다.
2. 죽은 사람도 예외적으로 인권이 인정될 수 있다.
3. 죽은 사람도 살아 있는 사람과 동등하게 인권이 인정되어야 한다.

## 참고문헌

김태우(2013), 검시제도 개선방안, ≪법제≫(법제처), 통권 제658호(2013), 22～55면.
김헌진(2012), 행정검시제도 개선방안, ≪한국콘텐츠학회지≫(한국콘텐츠학회), 제12권 제2호(2012), 276～283면.
도중진(2005), ≪검시제도의 실태와 개선방안≫, 한국형사정책연구원, 2005.
민형동(2016), 현행 검시(檢視)제도의 문제점과 입법방향에 관한 연구, ≪한국경찰학회보≫(한국경찰학회), 제18권 제5호(2016), 93～123면.
박동균/조성제(2012), 인권보장면에서 현행 검시제도의 개선방안, ≪한국위기관리논집≫(위기관리 이론과 실천), 제8권 제4호(2012), 87～102면.

신승균(2016), 우리나라의 검시제도 문제점 및 개선방안, ≪한국민간경비학회보≫(한국민간경비학회), 제15권 제4호(2016), 53~76면.

신승균/박현도(2017), 현행 변사자 처리 절차의 재조명, ≪한국범죄심리연구≫(한국범죄심리학회), 제13권 제4호(2017), 63~72면.

오동룡(2015), 유병언 변사 1년여, 한국의 검시제도 개선되나, ≪월간조선≫, 2015년 10월호, 305~317면.

이성기(2017), 검시제도의 개선 방안: 시체(屍體)부검에 관한 법적 논의를 중심으로, ≪법학연구≫(경상대학교 법학연구소), 제25권 제3호(2017), 185~207면.

하태훈(2006), 현행 검시제도(檢視制度)의 문제점과 개선방안, ≪형사정책≫(한국형사정책학회), 제18권 제2호(2006), 501~524면.

황적준(2003), ≪검시제도의 효율적 운영에 관한 연구≫, 치안연구소, 2003.

# 제51장 홈스쿨링과 대안 교육을 받을 권리

교육의 진짜 목표는
학생들이 외부에서 주어진 자료를 흡수하고 반복하는 것이 아니라
인생에서 할 일이기 때문에
스스로 배울 수 있는 지점에 도달하도록 돕는 것이다.
Education is really aimed at helping students get to the point
where they can learn on their own
because that is what you' re going to do during your life,
not just absorb materials given to you by the outside, and repeat it.
노암 촘스키(Noam Chomsky), <교육의 목적> 중에서

학교에 가기 싫다. 학교에서 보내는 하루하루가 지옥 같다. 그냥 집에서 엄마, 아빠가 가르쳐 주시면 좋겠다. 왜 학교는 그렇게 일찍 시작해서 잠도 충분히 자지 못하게 하는 걸까. 점심 먹기 전에 느긋하게 등교해서 저녁 먹을 때쯤 하교하는 학교는 없을까. 선행학습으로 수업내용이 재미없다는 친구도 있지만 학원을 다니지 않는 탓인지 수업내용을 좀처럼 따라가기 힘들다. 선생님도 공부 잘하는 아이들에 맞추어 수업하기를 원하시는 것 같다. 의무이기에 억지로 다니는 학교가 아니라 원해서 자유롭게 다니는 학교는 없을까.

아이가 지루하다며 학교에 가기를 싫어한다. 매일매일 아침 일찍 아이를 깨워 아침도 먹지 않은 채 학교에 보낼 때마다 지금 잘하고 있는지 하는 의문이 든다. 획일적인 교육으로 학생의 개성을 존중하지 않는 학교, 윽박지르면서 그저 강제로 주입하기를 원하는 학교에 자식을 보내는 것은 부모의 입장에서도 탐탐치가 않다. 그런데 법은 의무교육이라며 자녀를 반드시 학교에 보내라고 강요한다. 내가 내 자식을 내 방식대로 교육하겠다고 하는데 무상교육이니까 토 달지 말고 그냥 국가가 제공하는 의무교육이나 받으라고 한다.

공교육에 대한 불신이 임계점에 이를 정도로 커지고 있다. 비싼 사교육을 시키고 싶은 것은 아니라고 항변한다. 아이들의 상상력과 창의력을 키우는 교육을 원하는 사람들이 늘어나고 있는 것이다. 자신의 신념이나 가치관과 배치되는 교

육을 강요받고 싶지 않는다는 불만도 제기된다. 표준교육이라는 이름으로 강요되는 획일적 교육에 저항하여 대안교육이 주장되고, 그 하나로 홈스쿨링의 현상이 주목을 받고 있다. 의무교육과 대안교육은 접점을 찾을 수 있을까.

## Ⅰ. 문제제기

자녀를 정규학교[1]에 취학시키지 않고 자신의 가정에서 부모가 직접 교육하는 홈스쿨링(home schooling)[2] 현상이 증가하고 있다.[3] 이러한 홈스쿨링은 공교육에 실망한 부모들이 대안적 교육으로 선택한 고육책이다.[4] 하지만 헌법은 "그 보호하는 자녀에게 적어도 초등교육과 법률이 정하는 교육을 받게 할 의무"를 모든 부모에게 부과하고 있다(헌법 제31조 제2항).[5] 따라서 만약 헌법이 부모의 의무로서 요구하는 교육이 정규학교의 교육이라면 자녀에게 정규학교가 제공하는 교육이 아닌 대안적 교육으로서 홈스쿨링을 실시하는 것은 법적으로 허용될 수 없다. 따라서 문제는 헌법이 부모의 의무로서 요구하는 교육이 오로지 정규학교의 교육에만 국한되는지 여부다. 헌법이 부모의 의무로서 요구하는 교육이 정규학교의 교육으로만 한정되지 않는 경우에 정규학교 밖에서 교육하는 홈스쿨링은 허용될 수 있다. 다만 이 경우에도 홈스쿨링에 대한 국가적 개입과 규제가 가능한지가 문제 될 수 있다. 한편 헌법이 부모의 의무로서 요구하는 교육이 정규학교의 교육에 한정되는 경우에도 의무교육에 대한 예외가 인정될 수 없는지가 문제 될 수 있다. 헌법은 양심의 자유나 종교의 자유와 같은 기본권을 보장하고 있으므로 자신의 양심과 종교적 신념에 반하는 공교육을 강요받지 않을 권리가 존재하기 때문이다.

---

1) 초·중등교육법은 학교의 종류를 ① 초등학교, ② 중학교·고등공민학교, ③ 고등학교·고등기술학교, ④ 특수학교, ⑤ 각종학교로 구분한다(동법 제2조). 이 가운데 각종 학교는 나머지 유형의 학교들과 유사한 학교로서 이들 학교와 유사한 이름을 사용할 수 없다. 정규학교는 바로 이러한 각종학교를 제외한 학교를 의미한다.

2) 홈스쿨링의 개념에 대해서는 김재웅(2009a), 55면 이하 참조.

3) 한국과 미국의 홈스쿨링 현상에 대해서는 육권인/백일우(2016), 60면 이하 참조.

4) 홈스쿨링을 대안교육의 한 유형으로 이해하는 견해로 주은희/박선희(2009), 242면 이하 참조.

5) 헌법을 구체화하는 교육기본법은 6년의 초등교육과 3년의 중등교육을 의무교육으로 규정하면서 모든 국민에게 이러한 '의무교육을 받을 권리'를 보장하고 있다(동법 제8조).

# Ⅱ. 교육받을 자유에 대한 제한으로서 의무교육

## 1. 자유권으로서 교육을 받을 권리

헌법은 모든 국민에게 '교육을 받을 권리'를 보장하고 있다(헌법 제32조 제1항).[6] 이러한 교육을 받을 권리는 체계상 사회적 기본권(사회권)의 목록에 포함되어 사회적 기본권의 하나(개별적 사회권)로 규정되어 있지만 기본적으로 자유권적 성격을 가진다.[7] 자유권적 기본권으로서 교육을 받을 권리(교육을 받을 자유)는 자신의 의사에 따라 교육을 받을지 여부와 교육의 주체, 장소, 시간, 내용, 방법 등을 자유롭게 결정할 수 있는 권리를 의미한다. 여기서 교육을 받을 권리의 주체는 직접적으로 교육을 받는 대상인 자녀다. 대체로 18세 미만의 아동에 해당하는 그들은 아직 미성년자이지만 나이와 상관없이 헌법이 보장하는 기본적 인권의 주체가 되므로 교육받을 자유의 주체가 될 수 있다.

교육을 받을 권리와 구분되어야 하는 것은 자신의 자녀에게 교육을 시킬 수 있는(교육을 받게 할 수 있는) 부모의 권리다. 교육을 받을 권리가 '자녀'의 권리인 반면에 교육을 시킬 권리는 '부모'의 권리인 점이 서로 다르다. 자신의 자녀에게 교육을 시킬 권리가 친권에 포함된 권리라면 혼인과 가족에 관한 권리를 규정하고 있는 헌법 제36조 제1항에서 자신의 자녀에게 교육시킬 권리를 도출할 수 있다. 친권은 가족에 관한 권리의 핵심적 내용이기 때문이다. 아니면 일반적 자유권인 행복추구권을 간접적인 근거로 하면서 열거되지 않은 개별적 기본권(헌법 제37조 제1항)으로서 자녀에 대한 부모의 교육시킬 권리를 도출할 수도 있다. 자유권으로서 교육을 시킬 권리도 교육을 받을 권리와 유사하게 본인의 자녀에게 교육을 시킬지 여부와 교육의 주체, 장소, 시간, 내용, 방법 등을 자유롭게 결정할 수 있는 권리를 뜻한다.

## 2. 교육을 받을 권리에 대한 제한으로서 의무교육

자유권으로서 교육을 받을 권리도 제한될 수 있다. 우선 일반적 법률유보조

---

6) 교육을 받을 권리의 내용에 대해서는 홍석노(2014), 123면 이하 참조. 한편 헌법재판소는 교육을 받을 권리를 "수학권"으로 지칭하기도 한다. 헌재 1999. 3. 25. 97헌마130: "헌법 제31조 제1항은 "모든 국민은 능력에 따라 균등하게 교육을 받을 권리를 가진다."고 규정하여 국민의 교육을 받을 권리(이하 "수학권"(修學權)이라 한다)를 보장하고 있다."

7) 교육을 받을 권리의 자유권적 성격에 대해서는 김하열(2016), 339면 이하 참조.

항(헌법 제37조 제2항)에 근거하여 교육을 받을 권리는 법률로써 제한될 수 있다. 문제는 교육을 받을 권리가 의무교육조항(헌법 제31조 제3항)에 근거하여 제한될 수 있는지 여부다. 의무교육은 교육의 강제를 의미하기 때문에[8] 헌법상 의무교육조항은 헌법에 의해 직접적으로 교육의 자유를 제한하는 조항으로 이해될 수 있다. 의무교육조항은 교육받게 할 의무(교육시킬 의무)와 결합시켜 보면 우선 부모에게 적용되고, 자녀에게는 적용되지 않는다. 따라서 의무교육조항은 부모에게 보장된 교육시킬 권리를 제한하지 자녀에게 보장된 교육받을 권리를 제한하지는 않는 것으로 보인다.

하지만 의무교육조항이 자녀에게도 적용된다면 자녀의 교육받을 권리를 제한하게 된다. 의무교육은 교육을 받을 의사가 없는 사람에게도 교육을 받도록 강제함으로써 교육을 받지 아니할 자유를 제한하는 것이기 때문이다. 문제는 원칙적으로 부모에게 부과된 교육의무가 자녀에게도 부과될 수 있는지 하는 점이다. 부모에게 부과된 교육의무는 자녀의 교육의무를 개념적으로 내포한다거나 자녀의 교육의무는 부모의 교육의무에 논리적으로 전제되어 있다고 해석함으로써 자녀의 교육의무를 도출할 수도 있다. 하지만 부모에게 교육의무가 부여되어 있다고 해서 국가가 자녀에게 교육의무를 강제할 수 없다는 점에서 양자는 구분될 필요가 있다. 국가는 오로지 부모에게만 교육의무를 부과할 수 있을 뿐이고, 이러한 부모의 교육의무를 '매개로' 부모가 자녀에게 교육의무를 요구함으로써 자녀의 교육의무가 '간접적으로만' 부과될 수 있다. 부모는 친권자로서 자녀에게 지시하고 징계할 수 있기 때문에 자녀에게 교육을 받도록 지시하고 그러한 지시에 복종하지 않는 경우에 징계함으로써 자녀에게 교육의무를 부과할 수 있다. 헌법제정자가 자녀 본인이 아니라 그 부모에게 교육의무를 부과한 것은 자녀에 대한 친권을 고려한 불가피한 선택으로 판단된다.

의무교육은 평균적 시민에게 요구되는 최소한의 교양과 지식을 전달하고, 국민의 도덕적·지적 수준을 제고하기 위하여 국민에게 의무적으로 부과된 교육을 의미한다. 이처럼 모든 국민에게 교육의무를 부과하는 의무교육제도와 관련하여 헌법은 취학연령에 있는 아동에게 교육의무를 부과하지 않고, 그 부모에게 교육의무를 부과함으로써 간접강제의 방식을 선택하고 있다. 중요한 것은 의무교육제도를 통한 교육의무의 부과는 교육을 받는 **아동의 복리**라는 관점에서 이해되어야 한다는 점이다. 다시 말해 의무교육은 아동의 인격이 자연스럽게 발현되고 계발될 수 있도록 자극하기 위한 것이지 국가가 아동에게 일정한 교양이나 지식을 일

8) 의무교육의 의미에 대해서는 김재선(2016), 289면 이하 참조.

방적으로 전달하거나 주입하기 위한 것이 아니라는 점이다. 따라서 아동의 복리를 고려할 때 오히려 의무교육이 반드시 필요한 것이 아니라면 의무교육의 예외를 인정해야 한다.[9)]

### 3. 의무교육에 대한 한계로서 기본권

헌법상 부모에게 그 자녀를 교육시킬 의무가 부여된다고 하더라도 이로 인하여 헌법상 보장된 기본권이 침해될 수는 없다. 따라서 부모가 공교육을 담당하는 학교에 자녀를 보내는 것이 양심의 자유나 종교의 자유를 침해하게 된다면 부모에게 자녀를 학교에 보내지 않고 가정에서 교육시킬 수 있는 권리가 보장되어야 한다.[10)] 미국 연방대법원도 종교적 신념에 기초하여 자녀를 학교에 보내지 않을 권리를 인정하면서 의무교육(compulsory education)이 종교의 자유를 침해한다면 예외가 인정될 수 있다고 본다.[11)] 앞서 논의한 것처럼 의무교육이 절대적 가치는 아니다. 의무교육은 우선적으로 아동의 복리를 고려하여 실시되어야 한다. 또한 해당 아동의 부모가 가지고 있는 양심이나 종교적 신념을 고려하여 실시되어야 한다. 이처럼 아동의 복리와 부모의 기본권을 고려할 때 의무교육의 예외는 인정될 필요가 있다.

## Ⅲ. 무상교육과 교육을 받을 권리

### 1. 의무교육의 무상교육원칙

헌법은 의무교육이 "무상교육"이어야 함을 천명하고 있다(헌법 제32조 제3항). 따라서 교육에 필요한 시설이나 비용을 원칙적으로 국민에게 부담시킬 수 없다. 다만 교육에 필요한 시설이나 비용의 범위를 어디까지 설정해야 하는지가 문제될

---

9) 미국의 홈스쿨링 논의에서도 이를 정당화하는 주된 근거 중의 하나는 아동의 권리다. 자세한 내용은 정순원(2008), 257면 이하 참조.

10) 한국에서 자녀에게 홈스쿨링을 하는 주요 이유로는 공교육에 대한 회의, 부모의 신념체계, 자녀의 부적응이 들어진다. 김현주/양성은(2011), 192면 이하 참조. 이처럼 부모의 신념체계는 홈스쿨링의 주요 이유이므로 양심의 자유나 종교의 자유는 홈스쿨링을 정당화하는 헌법적 근거가 된다.

11) Wisconsin v. Yoder, 406 U.S. 205 (1972) 참조.

뿐이다. 무상교육의 범위와 관련하여 헌법재판소는 다음과 같이 설시하고 있다. "의무교육 무상의 범위에 있어서 학교 교육에 필요한 모든 부분을 무상으로 제공하는 것이 바람직한 방향이라고 하겠으나, 균등한 교육을 받을 권리와 같은 사회적 기본권을 실현하는 데는 국가의 재정상황 역시 도외시할 수 없으므로, 원칙적으로 의무교육 무상의 범위는 헌법상 교육의 기회균등을 실현하기 위해 필수불가결한 비용, 즉 모든 학생들이 의무교육을 받음에 있어서 경제적인 차별 없이 수학하는 데 반드시 필요한 비용에 한한다고 할 것이다. 따라서 의무교육에 있어서 무상의 범위에는 의무교육이 실질적이고 균등하게 이루어지기 위한 본질적 항목으로, 수업료나 입학금의 면제, 학교와 교사 등 인적·물적 시설 및 그 시설을 유지하기 위한 인건비와 시설유지비, 신규시설 투자비 등의 재원 부담으로부터의 면제가 포함된다 할 것이며, 그 외에도 의무교육을 받는 과정에 수반하는 비용으로서 의무교육의 실질적인 균등보장을 위해 필수불가결한 비용은 무상의 범위에 포함된다. 한편, 의무교육에 있어서 본질적이고 필수불가결한 비용 이외의 비용을 무상의 범위에 포함시킬 것인지는 국가의 재정상황과 국민의 소득수준, 학부모들의 경제적 수준 및 사회적 합의 등을 고려하여 입법자가 입법정책적으로 해결해야 할 문제이다."[12] 정리하면 의무교육을 위하여 본질적이고 필수적인 비용을 무상으로 하여야 한다는 것인데 어디까지가 의무교육을 위하여 본질적이고 필수적인지에 대해서는 여전히 의문이 남는다.

## 2. 사회적 기본권으로서 교육을 받을 권리와 무상교육

교육을 받을 권리에 자유권적 성격이 포함되어 있는 것은 분명하지만 교육을 받을 권리의 핵심은 여전히 사회적 기본권의 성격이다.[13] 사회적 기본권으로서 교육을 받을 권리는 교육에 필요한 시설과 비용의 제공을 국가에 대해서 요구할 수 있는 권리를 의미한다. 따라서 교육을 받을 권리에 포함된 사회적 기본권의 성격에 상응하여 국가가 부담해야 하는 의무는 교육에 필요한 시설과 비용을 국민에게 무상으로 제공해야 하는 무상교육에 관한 의무다. 이로써 자유권적 기본권

---

12) 헌재 2012. 4. 24. 2010헌바164 참조.

13) 헌법재판소도 교육을 받을 권리를 기본적으로 사회적 기본권으로 이해하고 있다. 헌재 1992. 11. 12. 89헌마88: "헌법 제31조 제1항은 … 국민의 교육을 받을 권리(…)를 보장하고 있는데, 그 권리는 통상 국가에 의한 교육조건의 개선·정비와 교육기회의 균등한 보장을 적극적으로 요구할 수 있는 권리로 이해되고 있다."

으로서 교육을 받을 권리에 대한 제한을 의미하는 의무교육과 사회적 기본권으로서 교육을 받을 권리가 결합된다. 자유권적 기본권으로서 교육을 받을 권리에 대한 제한을 의미하는 의무교육이 반드시 무상교육일 필요는 없다. 의무교육이 무상이어야 하는 근거는 사회적 기본권으로서 교육을 받을 권리가 보장되어 있다는 데 있다. 자유권적 기본권으로서 교육을 받을 권리에 대한 제한을 의미하는 의무교육에 이미 무상교육이 포함되어 있다면 사회적 기본권으로서 교육을 받을 권리의 의미는 사라지고 만다. 의무교육은 단지 자유권적 기본권으로서 교육을 받을 권리에 대한 제한의 의미를 가질 뿐이고, 이렇게 강제된 교육에 대해서 국가가 시설과 비용을 제공할 것인지 여부는 또 다른 의미다. 따라서 의무교육을 무상으로 제공함으로써 국가가 교육에 개입할 수 있다고 해도 그것이 의무교육을 정당화하는 근거가 될 수는 없다.

## Ⅳ. 의무교육의 내용에 대한 국가의 결정권과 홈스쿨링

### 1. 의무교육의 내용에 대한 국가의 결정권

의무교육은 (자녀의 교육의무를 포함하는 경우) 국가에 의해 직접적이든 (자녀의 교육의무를 포함하지 않는 경우) 부모를 통해 간접적이든 자녀에게 강제된다는 점이 특징이다. 문제는 국가가 의무교육의 내용까지도 결정할 수 있는지 여부다. 의무교육은 무상이어야 한다는 점에서 의무교육이 실시되는 범위는 국가가 경제수준이나 재정상황을 고려하여 선택할 수밖에 없다. 따라서 헌법은 기본적으로 초등교육은 의무교육으로 하되 그보다 상급교육은 법률에서 정하도록 위임하고 있다. 현재는 중학교까지의 교육이 무상으로 제공된다. 한편 의무교육을 통해서 달성하려는 교육목표와 교육과정 및 교재도 국가가 정할 수 있다.[14] 원칙적으로 교육제

14) 특히 초·중·고등학교 교재의 선택에 대한 국가의 개입에 대해서 헌법재판소는 다음과 같이 정당화하고 있다. 헌재 1992. 11. 12. 89헌마88: "초·중·고교교육에 있어서 교과용도서에 국가가 관여하는 이유는 초·중·고교의 교육이 가지는 특성과 그에 따르는 국가의 책무 때문이다. 일반적으로 초·중·고교교육 등 보통교육의 단계에서는 전문적인 지식의 습득이나 세계관, 사회관, 인생관 등에 대한 심오한 진리를 탐구하는 것보다는 각자가 사회의 구성원으로서 독자적인 생활영역을 구축하는데 필요한 기본적인 품성과 보편적인 자질을 배양하는 데 중점을 두고 있기 때문에(교육법 제93조, 제94조, 제100조, 제101조, 제104조, 제105조 참조) 보통교육의 과정에 있어서는 학교의 지역별·공사(公私)별·교육환경별 차이, 교원의 자질별·능력별 차이, 교과의 과목별·내용별 차이 등을 가능한

도에 관한 기본사항을 법률로써 정하도록 되어 있기 때문이다(헌법 제31조 제6항). 다만 이것이 국가가 의무교육의 모든 내용을 결정할 수 있다는 뜻은 아니다. 국가는 의무교육의 내용에 포함되어야 하는 최소한을 결정할 수 있을 뿐이다. 그러한 최소한의 의무교육 내용을 넘어서는 부분에 대해서는 교육주체가 자유롭게 결정할 수 있다.

## 2. 의무교육의 한 내용으로서 홈스쿨링

비록 의무교육의 범위와 교육목표 및 교육과정에 대하여 국가에 의해서 결정된다고 해도 의무교육의 장소까지 국가가 결정할 수는 없다. 교육이 시행되는 장소가 반드시 학교일 필요는 없다는 뜻이다. 학교교육과 유사한 교육목표와 교육내용 및 교육과정이 유지될 수만 있다면 가정에서 의무교육이 실시될 수도 있다. 여기서 의무교육은 의무교육이 이루어지는 장소가 아니라 의무교육의 목표와 내용 및 과정에 강조점이 놓이게 된다. 따라서 반드시 학교가 아니더라도 의무교육에 의하여 구상된 교육목표와 교육내용 및 교육과정이 실현되는 것이 중요하게 된다. 다만 학교가 아닌 장소에서 의무교육이 실시되는 경우에 의무교육에 의하여 달성하려는 교육목표와 교육내용 및 교육과정이 제대로 실현되고 있는지에 대해서 국가의 심사나 평가가 이루어질 필요는 있다. 하지만 이러한 심사나 평가는 수시로 진행되는 간섭이나 개입이 아니라 교육목표와 교육내용 및 교육과정이 최종적으로 달성되었는지를 확인하는 것으로 충분하다.[15]

현재 초·중등교육법(최근개정: 2021. 3. 23. 법률 제17958호)에 따라 정규학교 외에 대안학교가 인정되고 있다. 이 법률에 따르면 대안학교는 "학업을 중단하거나 개인적 특성에 맞는 교육을 받으려는 학생을 대상으로 현장 실습 등 체험 위주의 교육, 인성 위주의 교육 또는 개인의 소질·적성 개발 위주의 교육 등 다양한 교육을 하는 학교로서 각종학교에 해당하는 학교"로 정의된다(동법 제60조의3). 이러한 대안학교에 대해서는 교원의 자격, 교육과정, 수업, 교과서 등에 관한 규정이

한 축소시켜 피교육자에게 질적으로나 양적으로 균등한 교육을 제공하는 것이 바람직하다고 할 수 있다. 그런데 보통교육의 과정에 있는 학생은 사물의 시비, 선악을 합리적으로 분별할 능력이 미숙하기 때문에 가치편향적이거나 왜곡된 학문적 논리에 대하여 스스로 이를 비판하여 선별 수용할 것을 기대하기 어려우며, 따라서 공교육 책임을 지고 있는 국가가 어떤 형태로 이에 간여하는 것은 불가피한 것이라 할 수 있는 것이다."

15) 의무교육과 홈스쿨링이 조화를 이룰 수 있는 제도적 대안에 대해서는 김재웅(2009b), 15면 이하 참조.

적용되지 않는다. 다만 인가를 받은 대안학교가 되기 위해서는 대안학교의 설립・운영에 관한 규정(최근개정: 2017. 1. 10. 대통령령 제27772호)이 정한 요건을 충족해야 한다.16) 인가를 받은 대안학교의 경우에는 그 대안학교를 졸업한 학생들에게 학력이 인정될 수 있다. 따라서 굳이 졸업생들에게 학력을 인정받도록 하지 않으려는 대안학교는 교육청의 설립인가를 받을 필요가 없다.17)

한편 2021년 1월에 제정된 **대안교육기관에 관한 법률**(시행일: 2022. 1. 13.)에 따르면 '대안교육'은 "개인적 특성과 필요에 맞는 다양한 교육내용 및 교육방법을 통하여 개개인의 소질과 적성 개발을 목적으로 하는 학습자 중심의 교육"으로 정의된다(동법 제2조 제1호). 이러한 대안교육을 실시하는 '대안교육기관'을 설립・운영하려면 대안교육에 필요한 시설과 설비를 갖추고 등록해야 한다(동법 제5조). 대안교육기관에 재학중인 의무교육자에 대해서는 취학의무가 유예될 수 있다(동법 제10조 제1항).

## 3. 홈스쿨링에 대한 국가의 지원

홈스쿨링이 의무교육을 실시하는 하나의 방법이라면 국가는 홈스쿨링에 소용되는 비용을 지원해야 한다. 의무교육은 무상교육이어야 하고, 학교에서 실시되는 의무교육이 단지 그 장소만 옮겼다는 점에서 평등원칙의 관점에서 보면 홈스쿨링은 동등한 대우를 받아야 하기 때문이다. 이에 따라 학교에서 실시되는 의무교육뿐만 아니라 홈스쿨링으로 실시되는 의무교육에 대해서도 국민은 국가에 대해서 시설이나 비용을 요구할 수 있고, 국가는 의무교육을 대체하는 홈스쿨링에 대해서 그에 필요한 시설이나 비용을 제공해야 할 의무가 있다. 하지만 국가가 홈스쿨링에 대해서 지원할 경우 반드시 충족해야 할 일정한 요건과 기준을 요구할 수 있고, 그것들을 충족하지 못하면 국가는 지원을 거부할 것이다. 여기서 공교육에 대한 대안교육으로 등장한 홈스쿨링이 국가의 지원을 받기 위해 국가가 요구하는 요건과 기준을 충족시키는 과정에서 또 다시 공교육 체계로 편입될 위험성

---

16) 대안학교의 설립인가를 받으려면 ① 목적, ② 명칭, ③ 위치, ④ 학칙, ⑤ 학교헌장, ⑥ 경비와 유지방법, ⑦ 설비, ⑧ 교사(체육장을 포함한다)의 배치도・평면도, ⑨ 개교연월일, ⑩ 병설학교 등을 둘 때에는 그 계획서, ⑪ 설립자가 법인인 경우에는 등기 및 출연금 등에 관한 서류, ⑫ 설립자가 사인인 경우에는 경비의 지급 및 변제능력에 관한 서류, ⑬ 교육과정 운영계획서, ⑭ 교직원 배치계획서가 기재된 서류를 교육감에게 제출해야 한다(대안학교의 설립・운영에 관한 규정 제4조 제1항).

17) 홈스쿨링과 학력인정제도의 갈등에 대해서는 김진곤(2015), 127면 이하 참조.

이 존재한다. 결국 홈스쿨링은 공교육에 대한 대안교육으로 남기 위해 국가의 공교육 체계로부터 완전히 벗어나는 대신에 국가의 어떠한 지원도 거부하든지 재정적 문제를 해결하기 위해 국가의 지원을 받으려면 일정 정도는 국가의 공교육 체계에 편입될 수밖에 없다.[18]

## V. 맺는 글

홈스쿨링은 공교육과 대비되는 일종의 사교육이다.[19] 따라서 '과외'라는 이름으로 기존에 한국사회에서 실시되어온 사교육과 홈스쿨링이 혼동되기도 한다. 공교육을 통해서 충족되지 못하는 지식의 보충을 위하여 실시되는 사교육과 홈스쿨링은 구분될 필요가 있다. 학교에서 이루어지는 공교육을 장소만 가정으로 옮겨놓은 것이 홈스쿨링이기 때문에 오히려 홈스쿨링은 내용적 측면에서는 사교육보다는 공교육에 가깝다고 볼 수 있다. 문제는 홈스쿨링이 기존의 사교육으로 변질되는 것이다. 홈스쿨링이 합법화되면 그동안 사교육을 담당하던 집단이 홈스쿨링을 사교육화하려고 달려들지도 모른다. 하지만 홈스쿨링의 사교육화에 대한 염려만으로 공교육에 대한 대안적 교육으로서 의미를 가지는 홈스쿨링, 더 근본적으로는 교육에 대한 부모와 자녀의 자기결정권을 회복한다는 의미에서 홈스쿨링의 중요성은 강조될 필요가 있다. 국가가 교육을 독점함으로써 오는 폐해는 분명히 존재한다.[20] 국가에 의한 교육의 독점은 지식과 가치를 일반화하고 표준화함으로써 다양성과 창의성을 무시하도록 만들었다. 물론 교육은 어떤 면에서 보편적 지식과 가치를 전달해야 할 사명을 갖지만 그것이 반드시 공교육 제도만으로 실현되는 것은 아니다. 홈스쿨링의 합법화로 공교육 제도가 근본적으로 흔들리는 것도 아니다. 홈스쿨링은 공교육 제도의 문제점을 보완하기 위한 것이지 공교육 제도를 대체하는 것이 아니기 때문이다. 홈스쿨링이 합법화되면 경제적으로 부유한 계층에서 자녀를 고액의 사교육으로 교육함으로써 교육의 불평등이 초래될 수도 있다. 하지만 사교육은 원칙적으로 금지할 수 없고, 공교육을 의무적으로 받으

18) 한국에서 홈스쿨링의 법제화 방향에 대해서는 육권인/백일우(2017), 112면 이하 참조.

19) 교육의 이념을 공공성과 자율성으로 구분할 때 자율성을 강조하는 교육이 홈스쿨링으로 이해되기도 한다. 서덕희(2008), 269면 이하 참조.

20) 유사한 맥락에서 홈스쿨링의 금지는 교육을 받을 권리를 과도하게 제한하여 헌법에 위반된다는 주장으로 김희정/최규환(2020), 179면 이하 참조. 반면에 학교교육을 받지 않을 권리는 무제한적으로 인정될 수 없다는 견해로 주영달(2017), 180면 이하 참조.

면서 동시에 사교육을 받는 학생들은 현재도 존재한다. 사교육 시장이 존재하고, 경제적 불평등이 완전히 해소되지 않는 한 경제적 여건에 따른 사교육의 불평등은 불가피하다. 심지어 현재의 공교육 제도 안에서도 공립학교와 사립학교의 차이는 존재한다. 많은 학비를 내고 상대적으로 교육의 질이 나은 사립학교를 금지할 수는 없다.

### 토론문제

1. 공교육에 대한 대안교육은 허용될 수 있는가?
2. 대안교육의 한 유형으로서 홈스쿨링은 기존의 사교육과 무엇이 다른가?
3. 홈스쿨링은 국가의 지원을 받을 수 있는가?

### 내 입장은?

1. 홈스쿨링은 일종의 대안교육으로 허용되어야 한다.
2. 홈스쿨링은 사교육으로 변질될 가능성 때문에 허용될 수 없다.
3. 홈스쿨링은 원칙적으로 허용하되 사교육과 유사한 홈스쿨링만 금지해야 한다.

## 참고문헌

김민환(2008), 홈스쿨링의 제도화에 따른 주요 쟁점 검토, ≪학습자중심교과교육학회지≫(학습자중심교과교육학회), 제8권 제1호(2008), 43~64면.

김재선(2016), 미국 의무교육법상 국가의 의무교육 제공과 부모의 교육선택권에 관한 고찰: 최근 미국 의무교육법상 쟁점을 중심으로, ≪행정법연구≫(행정법이론실무학회), 제46호(2016), 275~303면.

김재웅(2009a), 미국 홈스쿨링 운동의 사회적 배경 및 요인, ≪비교교육연구≫(한국비교교육학회), 제19권 제4호(2009), 53~75면.

김재웅(2009b), 의무 취학제도 하에서 홈스쿨링 합법화의 의미와 전망, ≪열린교육연구≫(한국열린교육학회), 제17집 제1호(2009), 1~24면.

김진곤(2015), 취학의무의 거부와 국가의 교육권한 간 갈등에 대한 헌법적 해석, ≪공법연구≫(한국공법학회), 제43집 제4호(2015), 111~133면.

김하열(2016), 교육을 받을 권리의 자유권적 성격과 내용, ≪헌법학연구≫(한국헌법학회), 제22권 제3호(2016), 335~374면.

김현주/양성은(2011), 한국 가족의 홈스쿨링 경험에 대한 현상학적 고찰, ≪한국가정관리학회지≫(한국가정관리학회), 제29권 제4호(2011), 187~204면.

김희정/최규환(2020), 대안교육을 받을 권리에 대한 헌법적 검토-홈스쿨링을 중심으로-, ≪세계헌법연구≫(세계헌법학회 한국학회), 제26권 제3호(2020), 167~201면.

서덕희(2008), 교육의 자율성과 공공성의 관점에서 본 홈스쿨링의 이념, ≪아시아교육연구≫, 제9권 제2호(2008), 251~278면.

육권인/백일우(2016), 교육민영화 관점에서 미국과 한국의 홈스쿨링 비교연구, ≪비교교육연구≫(한국비교교육학회), 제26권 제6호(2016), 55~83면.

육권인/백일우(2017), 미국과 한국의 홈스쿨링 법제화 연구, ≪비교교육연구≫(한국비교교육학회), 제27권 제4호(2017), 97~126면.

육권인/백일우(2018), 미국과 한국의 홈스쿨링 교육과정 비교연구, ≪비교교육연구≫(한국비교교육학회), 제28권 제1호(2018), 51~87면.

이민경(2010), 홈스쿨링 청소년들의 유형과 학습경험 의미 분석, ≪교육학연구≫(한국교육학회), 제16권 제3호(2010), 155~179면.

정순원(2008), 미국헌법상 홈스쿨링과 공익심사, ≪미국헌법연구≫(미국헌법학회), 제19권 제1호(2008), 239~270면.

주영달(2017), 홈스쿨링의 헌법적 쟁점, ≪교육법학연구≫(대한교육법학회), 제29권 제2호(2017), 161~187면.

주은희/박선희(2009), 대안교육과 홈스쿨링, ≪아동학회지≫(한국아동학회), 제30권 제6호(2009), 237~248면.

홍석노(2014), 교육을 받을 권리의 헌법적 개념과 성격, ≪공법연구≫(한국공법학회), 제42집 제4호(2014), 115~146면.

# 제52장
# 코로나시대의 인권

페스트균은 결코 죽지도 사라지지도 않았으며,
수십 년의 세월을 가구나 속옷 사이에 잠자며 살아남을 수도 있고,
또 방이나 지하실 혹은 헌 종이의 갈피 속에서 여전히 집요하게 기다리고 있다.
≪알베르 카뮈, 페스트 중에서≫

수시로 문자메시지가 도착했다는 벨소리, 진동소리가 들려온다. 거기에는 어느 지역에서 몇 명의 코로나 확진자가 발생했다는 내용, 아니면 어떤 장소에서 확진자가 발생했으니 같은 시간 같은 장소를 방문했던 사람들은 가까운 보건소에 들려 감염 여부를 확인할 수 있도록 검사를 받으라는 내용이 들어 있다. 외출할 때마다 마스크를 착용했는지 확인해야 하고, 식당이나 상점 등 대중이용시설에 들어갈 때마다 열체크를 한 뒤 전화번호와 같은 개인정보를 기록해야 한다. 마스크를 착용하지 않고 승차하려다 운전기사나 다른 승객들과 싸움을 벌인 사람들에 관한 기사도 심심치 않게 등장한다.

분명 늘 겪을 수 있는 감염병이 아닌 것은 분명하다. 실제로 이렇게 전세계적으로 엄청난 속도로 광범위하게 전염되었던 감염병은 근래에 보지 못했던 것 같다. 국가마다 차이는 있지만 코로나가 상당히 많은 숫자의 목숨을 앗아간 것도 사실이다. 하지만 언제 끝날지도 모르는 감염병 앞에서 사람들은 수많은 자유를 볼모로 잡힌 채 답답한 생활을 이어가고 있다. 계속되는 방역조치 때문에 사람들은 피로감을 느끼고, 지속되는 이동제한으로 고립된 개인들의 우울감마저 증폭되고 있는 형편에 이르렀다. 백신이나 치료제가 개발되었다고 하더라도 여전히 변이 바이러스의 위험이 상존하여 코로나와 함께 살아가야 하는 새로운 일상이나 문화가 시작되었다면 이제는 일방적으로 자유를 제한당하지 않고, 감염병의 확산을 막으면서도 개인의 자유를 최대한 보장할 수 있는 새로운 규범(new normal)을 찾아가야 할 때가 되었다.

# Ⅰ. 문제제기

코로나바이러스감염병(Corona Virus Disease 19: COVID-19, 이하 '코로나19'로 약칭)이 '팬데믹(pandemic)'이라는 이름에 걸맞게 전세계적으로 확산되면서 국내에서도 마스크착용이 의무화되고, '사회적 거리두기(social distancing)'라는 이름으로 일정한 숫자 이상의 사적 모임이 금지될 뿐만 아니라 애초에 가능하면 자택에 머무르라며 이동의 제한마저 권고되고 있는 실정이다. 마스크착용의무와 일정한 숫자 이상의 사적 모임 금지는 마스크를 착용할지 여부를 스스로 결정할 수 있는 자유와 숫자 제한 없이 사적 모임을 가질지 여부를 알아서 결정할 수 있는 자유가 포함되는 '일반적 행동의 자유'를 제한한다. 또한 가택연금에 가까운 외출제한은 '신체의 자유'를 제약하고, 어쩌다 한 번 외출했다 들른 음식점이나 카페 출입 시 개인정보를 기록하도록 강제하는 것은 '개인정보자기결정권'을 제약한다. 심지어 확진자의 상세한 이동경로마저 공개하는 것도 중요한 개인정보인 위치정보를 공개하는 것으로 역시 개인정보자기결정권을 제한한다. 확진자로 판정되면 일정한 시설에 격리되고, '자가격리'라는 이름으로 밀접접촉자도 외출의 금지가 강제된다. 백신 개발이 일정한 궤도에 오르자 이제 백신접종마저 사실상 강제당하는 형편이라 '신체의 불가침성에 관한 권리'마저 제한되고 있다.

# Ⅱ. 감염병예방법의 내용과 인권침해 가능성

2003년 흔히 '사스'로 불리는 '중증 급성 호흡기 증후군(Severe Acute Respiratory Syndrome: SARS)'이 확산되면서 2004년 '**감염병의 예방 및 관리에 관한 법률**'(이하 '감염병예방법'으로 약칭)이 현재의 형태로 개정되고, 기존의 국립보건원을 확대하여 개편한 질병관리본부가 출범하여[1] 현재의 질병관리청으로 확대·개편되었다.

## 1. 감염병의 개념과 유형

헌법은 모든 자유와 권리가 국가안보, 질서유지, 공공복리와 같은 '공공의 이

---

1) 감염병예방법은 2009년 '전염병예방법'에서 현재의 명칭으로 변경되면서 전면적으로 개정되었다. 감염병예방법의 연혁과 내용에 대해서는 김기영(2020), 146면 이하 참조.

익(공익)'을 실현하기 위하여 '법률'에 근거하여 제한될 수 있다고 규정한다(헌법 제37조 제2항). 감염병의 예방과 퇴치를 통해 국민의 건강을 보호하는 것은 중요한 공공복리에 해당한다. 이를 근거로 제정된 감염병예방법에 따르면 **감염병**은 "제1급 감염병, 제2급 감염병, 제3급 감염병, 제4급 감염병, 기생충 감염병, 세계보건기구 감시대상 감염병, 생물테러 감염병, 성매개 감염병, 인수(人獸)공통 감염병 및 의료관련 감염병"을 의미한다(동법 제2조 제1호).

우선 **제1급 감염병**은 "생물테러 감염병 또는 치명률이 높거나 집단 발생의 우려가 커서 발생 또는 유행 즉시 신고하여야 하고, 음압격리와 같은 높은 수준의 격리가 필요한 감염병"을 뜻하는데 "갑작스러운 국내 유입 또는 유행이 예견되어 긴급한 예방·관리가 필요하여 질병관리청장이 보건복지부장관과 협의하여 지정하는 감염병"을 포함한다. 한 마디로 감염의 속도가 매우 빠르고 감염으로 인한 사망의 가능성이 상당히 높아 즉각적이고 강력한 대처가 필요한 감염병이 제1급 감염병이다. 다음으로 **제2급 감염병**은 "전파가능성을 고려하여 발생 또는 유행 시 24시간 이내에 신고하여야 하고, 격리가 필요한 감염병"을 말하는데 "갑작스러운 국내 유입 또는 유행이 예견되어 긴급한 예방·관리가 필요하여 질병관리청장이 보건복지부장관과 협의하여 지정하는 감염병"을 포함한다. 제1급 감염병보다 감염의 속도나 범위가 상대적으로 약하지만 여전히 긴급한 대처가 필요한 감염병이 제2급 감염병에 포함된다. 그리고 **제3급 감염병**은 "그 발생을 계속 감시할 필요가 있어 발생 또는 유행 시 24시간 이내에 신고하여야 하는 감염병"을 뜻하는데 "갑작스러운 국내 유입 또는 유행이 예견되어 긴급한 예방·관리가 필요하여 질병관리청장이 보건복지부장관과 협의하여 지정하는 감염병"을 포함하고, **제4급 감염병**은 "제1급 감염병부터 제3급 감염병까지의 감염병 외에 유행 여부를 조사하기 위하여 표본감시 활동이 필요한 감염병"을 말한다. 결국 제3급, 제4급 감염병은 제1급, 제2급 감염병보다 낮은 수준의 위험성을 가진 감염병으로 지속적인 감시가 필요한 감염병이 속하게 된다.

**[표 52.1] 감염병의 유형**

| 제1급 감염병 | 제2급 감염병 | 제3급 감염병 | 제4급 감염병 |
|---|---|---|---|
| 가. 에볼라바이러스병<br>나. 마버그열<br>다. 라싸열<br>라. 크리미안콩고출혈열 | 가. 결핵(結核)<br>나. 수두(水痘)<br>다. 홍역(紅疫)<br>라. 콜레라 | 가. 파상풍(破傷風)<br>나. B형간염<br>다. 일본뇌염<br>라. C형간염 | 가. 인플루엔자<br>나. 매독(梅毒)<br>다. 회충증<br>라. 편충증 |

<table>
<tr>
<td>마. 남아메리카출혈열<br>바. 리프트밸리열<br>사. 두창<br>아. 페스트<br>자. 탄저<br>차. 보툴리눔독소증<br>카. 야토병<br>타. 신종감염병증후군<br>파. 중증급성호흡기증후군(SARS)<br>하. 중동호흡기증후군(MERS)<br>거. 동물인플루엔자 인체감염증<br>너. 신종인플루엔자<br>더. 디프테리아</td>
<td>마. 장티푸스<br>바. 파라티푸스<br>사. 세균성이질<br>아. 장출혈성대장균감염증<br>자. A형간염<br>차. 백일해(百日咳)<br>카. 유행성이하선염(耳下腺炎)<br>타. 풍진(風疹)<br>파. 폴리오<br>하. 수막구균 감염증<br>거. b형헤모필루스인플루엔자<br>너. 폐렴구균 감염증<br>더. 한센병<br>러. 성홍열<br>머. 반코마이신내성황색포도알균(VRSA) 감염증<br>버. 카바페넴내성장내세균속균종(CRE) 감염증<br>서. E형간염</td>
<td>마. 말라리아<br>바. 레지오넬라증<br>사. 비브리오패혈증<br>아. 발진티푸스<br>자. 발진열(發疹熱)<br>차. 쯔쯔가무시증<br>카. 렙토스피라증<br>타. 브루셀라증<br>파. 공수병(恐水病)<br>하. 신증후군출혈열(腎症侯群出血熱)<br>거. 후천성면역결핍증(AIDS)<br>너. 크로이츠펠트-야콥병(CJD) 및 변종크로이츠펠트-야콥병(vCJD)<br>더. 황열<br>러. 뎅기열<br>머. 큐열(Q熱)<br>버. 웨스트나일열<br>서. 라임병<br>어. 진드기매개뇌염<br>저. 유비저(類鼻疽)<br>처. 치쿤구니야열<br>커. 중증열성혈소판감소증후군(SFTS)<br>터. 지카바이러스 감염증</td>
<td>마. 요충증<br>바. 간흡충증<br>사. 폐흡충증<br>아. 장흡충증<br>자. 수족구병<br>차. 임질<br>카. 클라미디아감염증<br>타. 연성하감<br>파. 성기단순포진<br>하. 첨규콘딜롬<br>거. 반코마이신내성장알균(VRE) 감염증<br>너. 메티실린내성황색포도알균(MRSA) 감염증<br>더. 다제내성녹농균(MRPA) 감염증<br>러. 다제내성아시네토박터바우마니균(MRAB) 감염증<br>머. 장관감염증<br>버. 급성호흡기감염증<br>서. 해외유입기생충감염증<br>어. 엔테로바이러스감염증<br>저. 사람유두종바이러스 감염증</td>
</tr>
</table>

**[법령 52.1] 감염병의 특별한 유형: 감염병예방법 제2조**

6. "기생충감염병"이란 기생충에 감염되어 발생하는 감염병 중 질병관리청장이 고시하는 감염병을 말한다.
7. 삭제
8. "세계보건기구 감시대상 감염병"이란 세계보건기구가 국제공중보건의 비상사태에 대비하기 위하여 감시대상으로 정한 질환으로서 질병관리청장이 고시하는 감염병을 말한다.
9. "생물테러감염병"이란 고의 또는 테러 등을 목적으로 이용된 병원체에 의하여 발생된 감염병 중 질병관리청장이 고시하는 감염병을 말한다.
10. "성매개감염병"이란 성 접촉을 통하여 전파되는 감염병 중 질병관리청장이 고시하는 감염병을 말한다.
11. "인수공통감염병"이란 동물과 사람 간에 서로 전파되는 병원체에 의하여 발생되는 감염병 중 질병관리청장이 고시하는 감염병을 말한다.
12. "의료관련감염병"이란 환자나 임산부 등이 의료행위를 적용받는 과정에서 발생한 감염병으로서 감시활동이 필요하여 질병관리청장이 고시하는 감염병을 말한다.

코로나19는 제1급 감염병에 속하는 '신종감염병증후군'의 하나로 분류되어 제1급 감염병으로 다루어지고 있다. 어쨌든 감염병과 관련해서는 ① 감염병환자, ② 감염병의사환자, ③ 병원체보유자, ④ 감염병의심자가 구분된다.[2] 우선 흔히 '유증상 확진자'로 불리는 **감염병환자**는 감염병의 병원체가 인체에 침입하여 증상을 나타내는 사람으로서 진단 기준에 따른 의사, 치과의사 또는 한의사의 진단이나 감염병병원체 확인기관의 실험실 검사를 통하여 확인된 사람을 뜻하고, **감염병의사환자**는 감염병병원체가 인체에 침입한 것으로 의심이 되나 감염병환자로 확인되기 전 단계에 있는 사람을 의미한다(동법 제2조 제13호 및 제14호). 한편 보통 '무증상 확진자'로 불리는 **병원체보유자**는 임상적인 증상은 없으나 감염병병원체를 보유하고 있는 사람을 뜻하고, **감염병의심자**는 ① 감염병환자, 감염병의사환자 및 병원체보유자(이하 "감염병환자 등")와 접촉하거나 접촉이 의심되는 사람(이하 "접촉자"), ② 「검역법」에 따른 검역관리지역 또는 중점검역관리지역에 체류하거나 그 지역을 경유한 사람으로서 감염이 우려되는 사람, ③ 감염병병원체 등 위험요인에 노출되어 감염이 우려되는 사람 중 어느 하나에 해당하는 사람을 의미한다(동조 제15호 및 제15호의2).[3] 아무래도 논란의 중심에는 늘 '감염병의심자'가 놓여 있는데 단순히 확진자를 접촉했다거나 확진자와 동선이 겹친다는 이유만으로 확진자와 유사한 대우를 받기 때문이다.

## 2. 역학조사

역학조사는 "감염병환자 등이 발생한 경우 감염병의 차단과 확산 방지 등을 위하여 감염병환자 등의 발생 규모를 파악하고 감염원을 추적하는 등의 활동과 감염병 예방접종 후 이상반응 사례가 발생한 경우나 감염병 여부가 불분명하나 그 발병원인을 조사할 필요가 있는 사례가 발생한 경우 그 원인을 규명하기 위하여 하는 활동"을 말하는데(동법 제2조 제17호) 질병관리청장과 지방자치단체장에게는 이러한 역학조사를 실시할 수 있는 권한이 부여된다. 좁은 의미에서의 역학조

2) 독일 감염병예방법(Gesetz zur Verhütung und Bekämpfung von Infektionskrankheiten beim Menschen, Infektionsschutzgesetz: IfSG)도 한국 감염병예방법과 유사하게 감염병환자(Kranker), 감염병의심환자(Krankenheitsverdächiger), 병원체배출자(Ausscheider), 감염의심자(Ansteckungsverdächiger)로 구분한다. 독일 감염병예방법의 주요 개념에 대한 자세한 설명은 박원규(2020), 114면 이하 참조.

3) '감염병의심자'라는 개념은 그 내용이 매우 포괄적이고 광범위하여 명확성원칙에 위반된다는 비판이 제기된다. 황성기(2021), 9면 이하 참조.

사는 흔히 현재 유행하고 있는 감염병이 어디서 유래되었고 또 어디로 전파되었는지 확인하기 위하여 확진자의 이동 경로와 접촉자 내역을 조사하는 과정으로 이해된다. 질병관리청장, 시・도지사 또는 시장・군수・구청장은 ① 감염병이 발생하여 유행할 우려가 있거나, ② 감염병 여부가 불분명하나 발병원인을 조사할 필요가 있다고 인정하면 지체 없이 역학조사를 해야만 하고, 그 결과에 관한 정보를 필요한 범위에서 해당 의료기관에 제공해야만 하는 의무를 부담한다(동법 제18조 제1항). 이에 따라 누구든지 질병관리청장, 시・도지사 또는 시장・군수・구청장이 실시하는 역학조사에서 ① 정당한 사유 없이 역학조사를 거부・방해 또는 회피하는 행위, ② 거짓으로 진술하거나 거짓 자료를 제출하는 행위, ③ 고의적으로 사실을 누락・은폐하는 행위가 금지되고(동조 제3항), 이를 위반하면 2년 이하의 징역 또는 2천만 원 이하의 벌금에 처해진다(동법 제79조 제1호). 종종 언론보도를 통하여 역학조사 과정에서 거짓진술이나 사실누락으로 처벌되는 사례를 접하게 되는데 바로 이러한 규정이 처벌의 근거가 된다. 여기서 감염병 유행의 우려 및 발병원인의 조사필요성에 대한 판단은 전적으로 질병관리청장과 지방자치단체장의 재량에 맡겨져 있고, 특히 감염병 여부에 대한 확인도 되지 않은 상황에서 역학조사 권한을 질병관리청장과 지방자치단체장에게 부여하는 것은 역학조사라는 이름으로 국민의 기본적 인권을 침해할 가능성이 상당히 높다고 보인다. 또한 역학조사를 거부하거나 방해하는 행위에 대하여 형사처벌이 부과된다는 점, 이것은 헌법이 보장하는 '불리한 진술을 거부할 권리(묵비권)'를 침해할 수 있다는 점이 문제점으로 지적되기도 한다.[4]

### 3. 정보공개

질병관리청장, 시・도지사 및 시장・군수・구청장에게는 국민의 건강에 위해가 되는 감염병 확산으로 인하여 「재난 및 안전관리 기본법」 제38조 제2항에 따른 주의 이상의 위기경보가 발령되면 감염병 환자의 이동경로, 이동수단, 진료의료기관 및 접촉자 현황, 감염병의 지역별・연령대별 발생 및 검사 현황 등 국민들이 감염병 예방을 위하여 알아야 하는 정보를 정보통신망 게재 또는 보도자료 배포 등의 방법으로 신속히 공개해야만 하는 의무가 부과된다(동법 제34조의2 제1항). 다만, 성별, 나이, 그밖에 감염병 예방과 관계없다고 판단되는 정보로서 대통령령

---

4) 김두식(2021), 17면 이하 참조.

으로 정하는 정보는 제외된다. 결국 감염병 환자는 그의 이동경로나 접촉자 등 자신의 개인정보가 본인의 의사와 상관없이 공개될 수밖에 없는 것이다. 감염병의 차단과 확산방지는 감염병환자가 이동한 경로(시간과 장소)와 그 사람이 접촉한 사람의 내역과 범위를 파악해야만 가능하다는 점에서 감염병환자의 개인정보, 특히 위치정보를 수집하여 공개하는 것은 불가피한 측면이 있다.5)

그렇다면 감염병환자 등의 개인정보는 어떠한 법적 근거에서 수집될 수 있는가? 질병관리청장 또는 시・도지사는 감염병 예방 및 감염 전파의 차단을 위하여 필요한 경우 관계 중앙행정기관(그 소속기관 및 책임운영기관을 포함)의 장, 지방자치단체의 장(교육감을 포함), 공공기관, 의료기관 및 약국, 법인・단체・개인에 대하여 감염병환자 등 및 감염병의심자에 관한 **개인정보**, 즉 성명, 주민등록번호, 주소, 전화번호 등 인적 사항, 처방전, 진료기록부와 같은 의료정보, 출입국관리기록, 신용카드・교통카드 사용내역 및 CCTV영상자료와 같은 정보를 제공해주도록 요청할 수 있으며, 요청을 받은 자는 이에 따라야 한다(동법 제76조의2 제1항 및 동법 시행령 제33조의2). 쉽게 말해서 거의 모든 공공기관이나 민간에서 수집될 수 있는 대부분의 개인정보는 확진자뿐만 아니라 확진자와 접촉하거나 그 사람이 머문 장소를 다녀간 사람의 것이고 감염병의 퇴치를 위해서라면 언제든지 활용이 가능한 것이다. 또한 질병관리청장, 시・도지사 또는 시장・군수・구청장은 감염병 예방 및 감염 전파의 차단을 위하여 필요한 경우 감염병환자 등 및 감염병의심자의 **위치정보**를 경찰청, 시・도경찰청 및 경찰서(이하 "경찰관서")의 장에게 요청할 수 있고, 요청을 받은 경찰관서의 장은 개인위치정보사업자나 전기통신사업자에게 감염병환자 등 및 감염병의심자의 위치정보를 요청할 수 있고, 요청을 받은 개인위치정보사업자와 전기통신사업자는 정당한 사유가 없으면 이에 따라야 한다(동조 제2항). 그리고 질병관리청장은 이렇게 수집한 정보를 관련 중앙행정기관의 장, 지방자치단체의 장, 국민건강보험공단 이사장, 건강보험심사평가원 원장, 보건의료기관 및 그 밖의 단체 등에게 제공할 수 있다(동조 제3항). 결국 경찰을 매개로 통신회사에 의한 수집이 가능한 모든 위치정보는 단지 확진자 또는 접촉자라는 이유만으로 본인의 의사와 상관없이 활용될 수 있는 것이다. 이처럼 감염병환자 등의 개인정보와 위치정보의 수집은 감염병 예방 및 감염 전파의 차단이라는 목적을 실현하기 위하여 법적으로 광범위하게 허용된다. 따라서 이러한 공익적 목적과 이를 실현하기 위한 개인정보와 위치정보의 수집이라는 수단은 비례성원칙

5) 2015년 메르스 사태 이후에 감염병환자 등의 개인정보수집이 필요하게 된 연혁에 대해서는 정준현(2021), 121면 이하 참조.

에 따라 심사될 필요가 있다. 위치정보를 포함한 개인정보의 수집은 '개인정보자기결정권'을 침해할 수 있으므로[6] 기본권침해 여부를 판단하는 헌법적 기준인 '과잉금지원칙'에 따라 헌법적 평가를 받아야 하는 것이다. 이러한 기준에 따르면 개인정보와 위치정보의 수집에서 정보주체의 동의와 영장주의원칙이 기본적으로 배제된다는 점,[7] 특정 지역에서 감염병환자가 발생했다는 이유만으로 비슷한 시간과 장소에 머물렀던 모든 사람들의 개인정보나 위치정보를 폭넓게 수집할 수 있도록 하는 점은 과도한 기본권제한이라는 의심을 지울 수 없다.[8]

**[법령 52.2] 개인정보의 제공**
**감염병의 예방 및 관리에 관한 법률**
**제76조의2 (정보 제공 요청 및 정보 확인 등)**

① 질병관리청장 또는 시·도지사는 감염병 예방 및 감염 전파의 차단을 위하여 필요한 경우 관계 중앙행정기관(그 소속기관 및 책임운영기관을 포함한다)의 장, 지방자치단체의 장(「지방교육자치에 관한 법률」 제18조에 따른 교육감을 포함한다), 「공공기관의 운영에 관한 법률」 제4조에 따른 공공기관, 의료기관 및 약국, 법인·단체·개인에 대하여 감염병환자 등 및 감염병의심자에 관한 다음 각 호의 정보 제공을 요청할 수 있으며, 요청을 받은 자는 이에 따라야 한다.

1. 성명, 「주민등록법」 제7조의2 제1항에 따른 주민등록번호, 주소 및 전화번호(휴대전화번호를 포함한다) 등 인적사항
2. 「의료법」 제17조에 따른 처방전 및 같은 법 제22조에 따른 진료기록부 등
3. 질병관리청장이 정하는 기간의 출입국관리기록
4. 그 밖에 이동경로를 파악하기 위하여 대통령령으로 정하는 정보

② 질병관리청장, 시·도지사 또는 시장·군수·구청장은 감염병 예방 및 감염 전파의 차단을 위하여 필요한 경우 감염병환자 등 및 감염병의심자의 위치정보를 「국가경찰과 자치경찰의 조직 및 운영에 관한 법률」에 따른 경찰청, 시·도경찰청 및 경찰서(이하 이 조에서 "경찰관서"라 한다)의 장에게 요청할 수 있다. 이 경우 질병관리청장, 시·도지사 또는 시장·군수·구청장의 요청을 받은 경찰관서의 장은 「위치정보의 보호 및 이용 등에 관한 법률」 제15조 및 「통신비밀보호법」 제3조에도 불구하고 「위치정보의 보호 및 이용 등에 관한 법률」 제5조 제7항에 따른 개인위치정보사업자, 「전기통신사업법」 제2조 제8호에 따른 전기통신사업자에게 감염병환자 등 및 감염병의심자의 위치정보를 요청할 수 있고, 요청을 받은 개인위치정보사업자와 전기통신사업자는 정당한 사유가 없으면 이에 따라야 한다.

③ 질병관리청장은 제1항 및 제2항에 따라 수집한 정보를 관련 중앙행정기관의 장,

---

6) 감염병환자 등의 개인정보수집으로 인하여 개인정보자기결정권을 침해할 수 있는 문제에 대해서는 엄주희(2020), 56면 이하 참조.

7) 이러한 문제점을 "새로운 감시의 장이 열린 것"이라고 표현하는 비판은 정당해 보인다. 김두식(2021), 128면 참조.

8) 개인정보의 긴급이용과 관련된 법적 문제에 대해서는 이정렬(2021), 156면 이하 참조.

지방자치단체의 장, 국민건강보험공단 이사장, 건강보험심사평가원 원장, 「보건의료기본법」 제3조 제4호의 보건의료기관(이하 "보건의료기관"이라 한다) 및 그 밖의 단체 등에게 제공할 수 있다. 이 경우 보건의료기관 등에 제공하는 정보는 감염병 예방 및 감염 전파의 차단을 위하여 해당 기관의 업무에 관련된 정보로 한정한다.

④~⑨ 생략

**감염병의 예방 및 관리에 관한 법률 시행령**

**제32조의2 (제공 요청할 수 있는 정보)**

법 제76조의2 제1항 제4호에서 "대통령령으로 정하는 정보"란 다음 각 호의 정보를 말한다.

1. 「여신전문금융업법」 제2조 제3호·제6호 및 제8호에 따른 신용카드·직불카드·선불카드 사용명세
2. 「대중교통의 육성 및 이용촉진에 관한 법률」 제10조의2 제1항에 따른 교통카드 사용명세
3. 「개인정보 보호법」 제2조 제7호에 따른 영상정보처리기기를 통하여 수집된 영상정보

## 4. 격리치료

감염병 중 특히 전파 위험이 높은 감염병으로서 제1급 감염병 및 질병관리청장이 고시한 감염병에 걸린 감염병환자 등은 감염병관리기관, 감염병전문병원 및 감염병관리시설을 갖춘 의료기관(이하 "감염병관리기관 등"이라 한다)에서 반드시 '입원치료'를 받아야 한다(동법 제41조 제1항). 의사가 자가치료 또는 시설치료가 가능하다고 판단하는 사람, 감염병관리기관 등에서 입원치료가 필요한 대상자가 아닌 사람, 감염병의심자의 경우에는 질병관리청장이나 지방자치단체장이 '자가치료'나 '시설치료' 또는 일반 의료기관에서의 '입원치료'를 하게 할 수도 있다(동조 제2항). 이러한 입원치료, 자가치료, 시설치료 등을 거부하면 1년 이하의 징역 또는 1천만 원 이하의 벌금에 처해진다(동법 제79조의3 제1호 및 제3호). 여기서 문제는 확진자와 접촉하거나 확진자가 머물렀던 장소를 다녀간 감염병의심자도 입원치료 등의 격리치료가 가능하다는 점인데 감염병의심자의 경우에 아직은 감염병에 걸렸는지 여부가 확실하지 않다는 점, 설령 감염병에 걸렸다고 해도 격리치료를 거부한다고 해서 타인과 접촉할지 여부가 여전히 확실하지 않다는 점에서 격리조치를 위반한 감염병의심자에 대한 처벌의 정당성에 의문이 제기되기도 한다.[9] 물론 확진자의 경우에도 강제치료가 가능하다는 점에서 치료(의료계약)에 관

한 자기결정권의 침해가 아닌지 문제될 수 있다.

시・도지사는 감염병 발생 또는 유행 시 이러한 감염병의심자를 격리하기 위한 시설(이하 "감염병의심자 격리시설")을 지정하여야 한다(동법 제39조의3 제1항). 질병관리청장이나 시・도지사는 감염병의심자가 대량으로 발생하거나 지정된 감염병의심자 격리시설만으로 감염병의심자를 모두 수용하기 어려운 경우에는 감염병의심자 격리시설로 지정되지 아니한 시설을 일정기간 동안 감염병의심자 격리시설로 지정할 수도 있다(동조 제2항). 이처럼 감염병의심자의 격리에 필요한 시설을 지정할 수 있는 권한을 지방자치단체장에게 부여함으로써 해당 시설의 소유자의 재산권을 제한하는 문제가 발생한다. 헌법은 재산권을 사용・수용・제한할 때는 반드시 법률에 근거하도록 하면서 정당한 보상을 지급하되 보상에 관한 규정을 재산권을 제한하는 법률에 두도록(결부/불가분조항) 규정하고 있으므로(헌법 제23조 제3항) 재산권의 사용을 내용으로 하는 규정과 함께 그로 인하여 발생할 수 있는 피해에 대한 보상을 규정하고 있지 않은 감염병예방법 조항의 위헌성에 대하여 의구심이 생긴다.

### 5. 강제처분

질병관리청장, 시・도지사 또는 시장・군수・구청장은 해당 공무원으로 하여금 제1급 감염병 등에 해당하는 감염병환자 등이 있다고 인정되는 주거시설, 선박・항공기・열차 등 운송수단 또는 그 밖의 장소에 들어가 필요한 조사나 진찰을 하게 할 수 있으며, 그 진찰 결과 감염병환자 등으로 인정될 때에는 동행하여 치료받게 하거나 입원시킬 수 있다(동법 제42조 제1항). 한편 질병관리청장, 시・도지사 또는 시장・군수・구청장은 제1급 감염병이 발생한 경우 해당 공무원으로 하여금 감염병의심자에게 ① 자가 또는 시설에 격리, ② 이러한 격리에 필요한 이동수단의 제한, ③ 유선・무선 통신, 정보통신기술을 활용한 기기 등을 이용한 감염병의 증상 유무 확인이나 위치정보의 수집(이 경우 위치정보의 수집은 자가격리나 시설격리에 따라 격리된 사람으로 한정), ④ 감염 여부 검사를 하게 할 수 있고, 이 경우 해당 공무원은 감염병 증상 유무를 확인하기 위하여 필요한 조사나 진찰을 할 수 있다(동조 제2항). 이러한 조사나 진찰 결과 감염병환자 등으로 인정된 사람에 대해서는 질병관리청장이나 시・도지사 또는 시장・군수・구청장이 해당 공무원

9) 유기훈/김도균/김옥주(2020), 138면 이하 참조.

과 동행하여 치료받게 하거나 입원시킬 수 있다(동조 제3항). 질병관리청장, 시·도지사 또는 시장·군수·구청장은 조사거부자를 자가 또는 감염병관리시설에 격리할 수 있으며, 조사·진찰 결과 감염병환자 등으로 인정될 때에는 감염병관리시설에서 치료받게 하거나 입원시켜야 한다(동조 제7항). 이러한 입원조치나 격리조치를 거부한 자에 대해서는 1년 이하의 징역 또는 1천만 원 이하의 벌금이 처해진다(동법 제79조의3 제3호). 헌법에서 주거에 대한 압수·수색의 경우 '영장주의원칙'을 규정한(헌법 제16조 제2문) 취지와 헌법이 요구하는 '적법절차원칙'(헌법 제12조 제1항)은 모든 공권력작용에 적용된다는 사실을 고려할 때 감염병환자 등에 대한 조사 등을 목적으로 주거시설 등에 대한 진입을 허용하면서 헌법이 규정한 원칙을 배제하고 있는 감염병예방법 규정의 위헌성에 대한 의문이 제기될 수 있다. 또한 이러한 영장주의원칙이나 적법절차원칙은 신체의 자유를 제한하는 경우에도 적용되는데 강제격리나 강제입원을 규정하면서 이러한 원칙들을 배제하고 있는 부분에 대해서도 위헌의 의심이 든다.

## 6. 예방조치

질병관리청장, 시·도지사 또는 시장·군수·구청장은 보건복지부령으로 정하는 바에 따라 ① 감염병환자 등의 가족 또는 그 동거인, ② 감염병 발생지역에 거주하는 사람 또는 그 지역에 출입하는 사람으로서 감염병에 감염되었을 것으로 의심되는 사람, 또는 ③ 감염병환자등과 접촉하여 감염병에 감염되었을 것으로 의심되는 사람에게 건강진단을 받거나 감염병 예방에 필요한 예방접종을 받게 하는 등의 조치를 할 수 있다(동법 제46조). 이와 관련하여 외국인노동자들이 밀집되어 생활하고 있는 기숙사에 코로나감염병이 확산되면서 전국의 지방자치단체가 외국인노동자들을 대상으로 코로나감염병 검사를 의무적으로 실시하는 조치를 취하면서 외국인에 대한 차별이 문제되었다. 감염병예방을 위해 실시되는 예방접종은 감염병에 대한 감염과 직접적으로 관련된 사람들에게만 실시되어야 하기 때문에 단순히 외국인노동자라는 이유로 예방접종을 강제하는 것은 명백한 차별이 될 수 있다. 오히려 문제의 본질은 그동안 외국인노동자들이 최소한의 인간다운 생활조차 향유할 수 없는 시설에 수용되어 있었다는 점이지 외국인노동자가 감염률이 높은 점이 아니라는 것이다.

한편 질병관리청장, 시·도지사 또는 시장·군수·구청장은 감염병을 예방하기 위하여 다음의 모든 조치를 하거나 그에 필요한 일부 조치를 해야만 한다(동법 제49조 제1항).

① 관할 지역에 대한 교통의 전부 또는 일부를 차단하는 것
② 흥행, 집회, 제례 또는 그 밖의 여러 사람의 집합을 제한하거나 금지하는 것
③ 감염병 전파의 위험성이 있는 장소 또는 시설의 관리자・운영자 및 이용자 등에 대하여 출입자 명단 작성, 마스크 착용 등 방역지침의 준수를 명하는 것
④ 버스・열차・선박・항공기 등 감염병 전파가 우려되는 운송수단의 이용자에 대하여 마스크 착용 등 방역지침의 준수를 명하는 것
⑤ 감염병 전파가 우려되어 지역 및 기간을 정하여 마스크 착용 등 방역지침 준수를 명하는 것
⑥ 건강진단, 시체 검안 또는 해부를 실시하는 것
⑦ 감염병 전파의 위험성이 있는 음식물의 판매・수령을 금지하거나 그 음식물의 폐기나 그 밖에 필요한 처분을 명하는 것
⑧ 인수공통 감염병 예방을 위하여 살처분(殺處分)에 참여한 사람 또는 인수공통 감염병에 드러난 사람 등에 대한 예방조치를 명하는 것
⑨ 감염병 전파의 매개가 되는 물건의 소지・이동을 제한・금지하거나 그 물건에 대하여 폐기, 소각 또는 그 밖에 필요한 처분을 명하는 것
⑩ 선박・항공기・열차 등 운송 수단, 사업장 또는 그 밖에 여러 사람이 모이는 장소에 의사를 배치하거나 감염병 예방에 필요한 시설의 설치를 명하는 것
⑪ 공중위생에 관계있는 시설 또는 장소에 대한 소독이나 그 밖에 필요한 조치를 명하거나 상수도・하수도・우물・쓰레기장・화장실의 신설・개조・변경・폐지 또는 사용을 금지하는 것
⑫ 쥐, 위생해충 또는 그 밖의 감염병 매개동물의 구제(驅除) 또는 구제시설의 설치를 명하는 것
⑬ 일정한 장소에서의 어로(漁撈)・수영 또는 일정한 우물의 사용을 제한하거나 금지하는 것
⑭ 감염병 매개의 중간 숙주가 되는 동물류의 포획 또는 생식을 금지하는 것
⑮ 감염병 유행기간 중 의료인・의료업자 및 그 밖에 필요한 의료관계요원을 동원하는 것
⑯ 감염병 유행기간 중 의료기관 병상, 연수원・숙박시설 등 시설을 동원하는 것
⑰ 감염병병원체에 오염되었거나 오염되었을 것으로 의심되는 시설 또는 장소에

대한 소독이나 그 밖에 필요한 조치를 명하는 것
⑱ 감염병의심자를 적당한 장소에 일정한 기간 입원 또는 격리시키는 것

이러한 조치들 가운데 보건복지부장관은 감염병을 예방하기 위하여 ②, ③~⑤, ⑮~⑯의 조치를 할 수 있다. 아무튼 ③~⑤, ⑥의 건강진단 부분, ⑱의 조치를 위반한 경우를 제외하고 나머지 조치들에 대한 위반에 대해서는 300만 원 이하의 벌금형 처해질 수 있다(동법 제80조 제7호).

마스크착용의무, 집합금지, 거리두기, 출입자 명단작성, 시설동원 등의 조치는 바로 이러한 권한에 근거하여 실시되고 있다. 마스크착용의무는 '일반적 행동의 자유' 가운데 원하지 않는 행위를 하지 않을 소극적 자유를 제한한다. 그리고 집합금지는 주로 음식점, 유흥주점, 학원, 공연장, 영화관, (실내)결혼식장 등 다중이용시설과 학교를 대상으로 하기 때문에 '집회의 자유'뿐만 아니라 '영업의 자유'도 제한한다.[10] 특히 종교집회의 금지와 관련하여 '종교의 자유'에 대한 침해가 논란이 되었다. 또한 집회의 금지와 관련해서는 일률적으로 집회를 허용하지 않는 것은 과도한 제한이 될 수 있다는 비판이 제기된다.[11]

## Ⅲ. 감염병과 인권이 함께 사는 길

감염병이 확산되는 시기에는 그렇지 않은 시기에 일상적으로 누렸던 기본적 인권이 제한될 수밖에 없다. 특히 전파력과 치명률이 높은 전염병이 창궐하는 시기에는 전염병의 전파와 확산을 막아 모든 사람의 건강과 생명을 지키기 위하여 특단의 조치가 긴급하게 취해져야 한다는 점도 부인할 수 없다. 하지만 아무리 전염병이 창궐하는 위중한 시기라서 기본적 인권이 제한되어야 한다고 해도 기본권제한과 관련된 헌법적 원칙은 반드시 준수되어야 한다. 기본권제한은 반드시 명확한 내용을 가진 법률에 근거해야 하고(법률유보원칙), 법령에 위임할 때는 위임하는 범위를 법률에 명확하게 설정해야 하며(포괄위임입법금지원칙), 적정한 법적 절차에 따라 이루어져야 하고(적법절차원칙), 제한되는 기본권이 과도하게 제한될

10) 영업장이나 영업장소에 따라 집합금지를 차등적으로 적용하는 것에 대해서는 비판이 제기된다. 김성률(2020), 77면 참조.
11) 이석민(2021), 161면 이하 참조.

수는 없다(과잉금지원칙). 이러한 맥락에서 전염병예방법이 '코로나19'라는 사상초유의 강력하고 치명적인 전염병을 퇴치하기 위하여 일반적 행동의 자유, 신체의 자유, 거주·이전의 자유, 집회의 자유, 영업의 자유, 개인정보자기결정권 등 다양한 기본권을 폭넓게 제한하면서도 과연 이러한 원칙들을 준수하고 있는지에 대하여 많은 의구심들이 존재한다. 누구나 감염병으로부터 모든 사람의 건강과 생명을 지키기 위하여 자신이 기본적 인권을 어느 정도 양보할 각오는 되어 있다. 하지만 그렇다고 감염병을 이유로 사실상 기본적 인권의 포기를 강요하는 정도로 기본적 인권을 박탈하는 것까지 용납할 사람은 아무도 없다. 어쩌면 앞으로도 상당히 오랫동안 감염병과 함께 살아가야 할지도 모르기 때문에 오로지 법률에 근거하여, 적정한 법적 절차에 따라, 과도하게 기본적 인권을 제한하지 않는 한도 안에서만 감염병으로부터 모든 사람의 건강과 생명을 지키기 위하여 자신의 기본적 인권을 양보하도록 요청하는 것만이 전염병의 시대와 기본적 인권이 공존하는 길이 될 것으로 보인다.

## 토론문제

1. 코로나19와 관련된 방역절차에서 침해될 수 있는 기본적 인권은 무엇인가?
2. 전염병이 창궐하는 시기에도 기본적 인권을 제한하기 위한 필수적 조건은 충족되어야 하는가?
3. 현행 감염병예방법에서는 어떠한 헌법적 문제점을 확인할 수 있는가?

## 내 입장은?

1. 감염병이 창궐하는 시기에는 언제나 개인의 기본적 인권보다 방역이라는 전체의 공익이 우선해야 한다.
2. 감염병이 창궐하여 방역이 필요한 시기에도 반드시 개인의 기본적 인권이 우선해야 한다.
3. 감염병이 창궐하는 시기에도 헌법적 원칙이 준수되는 한도에서만 기본적 인권이 제한될 수 있다.

## 참고문헌

김기영(2020), 코로나 19(COVID-19) 대유행과 법적 문제, ≪의생명과학과 법≫(원광대학교 법학연구원), 제24권(2020), 143～180면.

김두식(2021), 감염병예방법상의 이동경로 추적과 역학조사거부죄에 대한 비판적 검토, ≪법학연구≫(경북대학교 법학연구소), 제62권 제1호(2021), 121～156면.

김성률(2020), '집합금지명령'에 대한 헌법적 쟁점, ≪법학연구≫(한국법학회), 제20권 제4호(2020), 71～89면.

박원규(2020), 감염병예방법상 이동제한조치에 대한 법적 검토－코로나19 관련 독일의 법적상황 및 논의를 중심으로－, ≪경찰법연구≫(한국경찰법학회), 제18권 제2호(2020), 105～142면.

박진완(2021), 코로나 19시대의 영업의 자유와 재산권, ≪법학논고≫(경북대학교 법학연구원), 제73집(2021), 107～142면.

엄주희(2020), 코로나 통제에 따른 기본권의 제한과 국가의 역할, ≪법과 정책>(제주대학교 법과정책연구원), 제26집 제3호(2020), 51～73면.

유기훈/김도균/김옥주(2020), 코로나19 공중보건 위기 상황에서의 자유권 제한에 대한 '해악의 원리'의 적용과 확장－2020년 3월 개정 「감염병의 예방 및 관리에 관한 법률」을 중심으로－, ≪의료법학≫(대한의료법학회), 제21권 제2호(2020), 105～162면.

이경렬(2021), 안전을 위한 개인정보 긴급사용과 보호의 문제－코로나(Covid-19) 대응과 개인정보 보호－, ≪비교형사법연구≫(한국비교형사법학회), 제23권 제1호(2021), 137～166면.

이석민(2021), '코로나19' 공중보건위기와 헌법상 집회의 자유, ≪법학논고≫(경북대학교 법학연구원), 제73집(2021), 143～174면.

전상현(2020), 감염병 시대의 방역과 기본권보장의 쟁점, ≪공법연구≫(한국공법학회), 제49집 제2호(2020), 341～370면.

정준현(2021), 코로나 팬데믹 시대에 비추어 본 스마트 국가의 역할과 기본권, ≪저스티스≫(한국법학원), 통권 제182-2호(2021), 120～148면.

황성기(2021), 감염병예방법 상 감염병의심자 정보 제공 요청제도의 헌법적 문제점, ≪법학논총≫(한양대학교 법학연구소), 제38권 제1호(2021), 1～34면.

# 결 론
## 인권의 조화롭고 균형있는 실현을 위하여

사회에 등장할 수 있는 중요한 이슈들은 세계관이나 가치관에 따라 달리 보인다. 따라서 이 책에서 제시한 52개의 사회적 이슈들만이 한국사회에서 가장 중요한 이슈라고 말할 수는 없다. 새롭게 등장하는 사회적 이슈도 존재할 수 있고, 보기에 따라 이들 이슈보다 더 시급하게 해결되어야 이슈들도 많다.

또한 중요한 사회적 이슈가 잘 정리되었다고 하더라도 그에 접근하는 방식과 제시할 수 있는 해결대안도 상이할 수 있다. 다만 보편적 가치인 인권의 관점에서 사회적 이슈들에 접근하고 해결책을 제시하는 것은 인권이 어떤 경우에도 포기할 수 없는 기본적이고 필수적인 권리라는 점에서 대단히 의미있는 작업이다.

한국사회에서 시급하면서 진지하게 논의되고 해결되어야 할 사회적 이슈들로 52개를 골라 인권의 관점에서 충분히 검토하였다. 따라서 결론에 해당하는 이 장에서는 52개의 사회적 이슈들을 전체적으로 관통하는 주제들을 정리하기로 한다.

### Ⅰ. 생　명

지금까지 다룬 주제들 가운데 생명과 관련된 것으로 사형제도, 안락사, 뇌사, 생명복제, 낙태가 있었다. 생명의 시작은 어디고, 생명의 끝과 죽음의 시작은 어디인지, 그리고 국가가 국민의 생명을 박탈해도 되는지 하는 문제들이었다. 이러한 주제들에서 우리가 우선적으로 확인해야 하는 것은 생명권이 결코 제한될 수 없는 '절대적 기본권'이 아니라는 점이다. 생명권은 경우에 따라서 제한될 수 있는 '상대적 기본권'이다. 생명권을 상대적 기본권으로 이해해야만 생명권에 관한 진지하고 이성적인 논의가 가능하다. 생명권을 절대적 기본권으로 고집하는 경우에 생명에 관한 논의는 아무런 합의도 찾지 못하는 자명한 명제들의 전시장이 될 개연성이 대단히 크다.

물론 생명권은 아무 때나, 얼마든지 제한할 수 있는 기본권이 아니라 헌법과 법률에 근거가 있은 경우에만, 그리고 헌법이 요청하는 원칙에 따르는 경우에만 제한될 수 있다. 특히 생명권은 이 기본권보다 우월하다고 평가할 수 있는 다른 기본권이나 공공의 이익 또는 헌법적 법익이 존재하는 경우에만 제한될 수 있다는 헌법적 원칙을 준수하는 것이 중요하다. 생명권에 대한 우월성 여부는 민주적 입법절차와 헌법재판소의 통제절차 안에서 이루어져 하는 합리적 토론, 그리고 더 나아가 전체 국가공동체 구성원들 사이에서 진행되어야 하는 이성적 논의를 통해서만 결정될 수 있다. 이 경우에만 생명권의 우월성에 대하여 모든 구성원이 동의할 수 있는 권위있는 결정이 가능하다.

## Ⅱ. 형 벌

형벌과 관련되어 사형제도, 안락사, 대마초, 병역거부, 국가보안법, 포르노그래피, 낙태, 성매매, 재소자(수용자), 혐오표현 등의 주제를 다루었다. 여기서 확인한 것은 형벌의 목적이 범죄자를 사회로부터 격리하여 구금시설에 수용함으로써 범죄자에게 '고통'을 주는 데 있지 않다는 점이다. 형벌은 범죄자를 잠시 동안 사회로부터 격리하여 '개선 또는 재사회화'함으로써 다시 사회에 복귀시켜 정상적인 사회생활을 영위하도록 하는 데 그 목적이 있다.

형벌은 그 자체로 국가가 개입하여 국민의 기본권(신체의 자유 및 거주·이전의 자유)을 제한하는 것을 의미하기 때문에 가능한 한 자제되어야 한다. 다른 사람의 기본권이나 공공의 이익 또는 헌법적 법익에 대한 명백하고 현존하는 해악이 존재하지 않는 한 일정한 행위를 범죄로 규정하여 형벌을 부과하는 것은 축소되어야 한다. 이것은 가능한 한 비범죄화해야 할 대상이 확대되어야 함을 의미한다.

우리가 다룬 주제와 관련해서 본다면 소극적 안락사, 개인적·사회적 해악이 확인되지 않는 대마흡연, 양심·종교·신념에 따른 병역거부, 형법상 범죄에 해당하지 않는 국가보안법 위반행위, 소프트 포르노그래피, 일정기한 내의 정당한 사유가 있는 낙태, 자발적 성매매, 차별적 내용의 혐오표현 등에 대해서 형벌을 부과하여 재소자로 만들 것인지의 문제다. 결국 이러한 문제들은 다른 구성원들이나 공동체 전체에 대하여 구체적인 해악이 존재하지 않는 한 비범죄화하는 것이 타당할 것으로 보인다.

## Ⅲ. 법제도의 악용

사형제도, 안락사, 간통죄, 병역거부, 생명복제, 성매매, 포르노그래피, 낙태, 대리모, 세입자의 권리 등에서 등장하는 공통적인 논거로 법과 제도의 악용가능성을 든다. 법과 제도는 그 본래 목적에 반하여 악용될 수 있는 가능성이 언제나 존재한다. 따라서 법과 제도의 악용가능성이 법과 제도의 폐지를 정당화하는 결정적인 논거가 되는 것은 아니다. 하지만 법과 제도가 악용되는 현실의 가혹함이 대단히 심각하여 법과 제도의 본래 목적이 실현됨으로써 얻을 수 있는 가치나 이익보다 훨씬 큰 경우도 존재할 수 있다. 이 경우에 법과 제도의 악용가능성은 법과 제도에 반대하는 결정적인 근거가 될 수 있다.

한국역사에서 사형제도나 간통죄가 악용된 사례가 있고, 예외적 낙태허용은 현재도 악용되는 사례가 많이 발생하고 있다. 하지만 잉여배아의 연구는 합법화된 지 얼마 되지 않았고, 소극적 안락사, 양심적 병역거부, 자발적 성매매, 소프트코어 포르노그래피, 대리모가 아직 합법화가 되지 않은 상태에서(소극적 안락사의 경우에는 판례에 의한 허용이고, 아직 법률에 의한 허용이 아니라는 사실에 유의) 악용가능성을 이야기한다는 자체가 좀 성급한 일일 수 있다. 아마도 낙태의 예외적 허용이 보여준 것처럼 예외가 원칙이 되어 버리는 극단적 결과에 대한 반작용으로 생각된다. 이러한 반작용에는 이른바 '미끄러운 경사길(slippy slope)' 논거에 따라 한 번 허용하면 제어할 수 없을 사태에 이르게 될 것이라는 추정이 전제되어 있다. 물론 이러한 지적은 타당하다. 중요한 것은 원칙과 예외를 구분할 수 있는 사회전체의 균형감각과 합리성, 그리고 이것을 적절하게 통제할 수 있는 법과 제도일 것이다. 만약 이런 것들이 준비되어 있지 않다면 미끄러운 경사길에 대한 우려는 결코 과장된 위협만은 아니다. 따라서 일정한 제도의 도입에는 그 제도가 구체적으로 실현되는 한국사회의 현실에 대한 면밀한 분석과 엄격한 평가가 반드시 전제되어야 한다.

## Ⅳ. 통 계

한국 내에 사형수는 50여 명, 매년 양심적 병역거부로 수감되는 사람들은 평균 600여 명, 대마초흡연으로 수사를 받는 사람들은 1~2천 명, 1일 평균 교정시설에 수용되는 수용자는 4~5만 명 수준이다. 한국내 탈북자의 숫자는 현재 약 3만 명, 장기이식을 기다리는 사람의 전체 숫자는 4만여 명, 2019년에 외국인과 결혼한 한국인은 2만여 명, 국민기초생활수급자는 188만 명을 넘으며, 비정규직노동자는 700만 명을 넘는 수준이다. 4인 가족을 기준으로 2021년 최저생계비는 대략 290만원, 2021년 최저임금은 시간당 8,720원(하루 약 7만원) 등등. 우리가 중요한 사회적 이슈를 다루면서 확인한 통계들이다.

사회적 이슈에 대한 접근의 가장 기본은 정확한 현실인식을 위한 통계자료다. 구체적인 통계 없이 이슈들을 다루게 되면 공허한 논쟁이 될 가능성이 크다. 더 나아가 통계는 일정한 주장에 강한 설득력을 부여해 주기도 한다. 그 밖에도 통계수치는 미래에 대한 예측을 가능하게 해주고, 실현가능한 최선의 대안을 제시하는 데 도움을 줄 수 있다. 다만 통계는 사회적 맥락에서 그 의미가 해석되고, 이해되어야 한다. 따라서 사회적 맥락을 완전히 제거한 통계자료는 단순한 숫자의 나열에 지나지 않을 수 있다는 점을 기억해야 한다.

## Ⅴ. 성

성과 관련된 욕망이나 감정 또는 행동(sexuality)은 그 자체로 악하지도 선하지도 않다. 따라서 간통죄 또는 동성애에서 논의했던 것처럼 성적 자기결정권에 따라 성행위의 대상을 선택하는 것은 원칙적으로 자유다. 또한 포르노그래피에서 확인한 것처럼 예술의 자유나 표현의 자유에 근거하여 포르노그래피를 제작하거나 배포하는 것도 원칙적으로 자유다. 그리고 성매매에서 다룬 것같이 성적 자기결정권에 근거하여 돈을 대가로 하는 성행위 여부도 원칙적으로 자유다.

하지만 성과 관련된 자유가 다른 사람의 성적 자기결정권을 침해한다든지 청소년에게 해악을 끼치는 경우에 제한이 가해질 수 있다. 따라서 성행위 대상의 강제적 선택(강간, 성추행 등), 범죄적 포르노그래피(강간이나 아동대상 성행위 등 성범죄행위의 표현), 강제적 성매매는 금지된다. 그리고 이것은 범죄로서 형벌이 부과되어야 한다.

문제는 범죄행위에 이르지 않는 성과 관련된 행동을 어떻게 다룰 것인가이다. 예를 들어 당사자의 애정이나 합의에 기초한 간통행위, 소프트코어 포르노그래피나 누드, 자발적 성매매 등이 문제될 수 있다. 결국 이러한 행위들이 발생시킬 수 있는 구체적 해악의 정도에 따라 판단하는 것이 합리적이다. 간통행위는 배우자나 자녀에게 미치는 해악, 소프트코어 포르노그래피나 누드는 이런 것에 대해서 싫어하는 사람에게 일으키는 혐오감이나 불쾌감, 성매매여성의 건강이나 정신에 미치는 해악 등을 고려하여 판단할 수밖에 없다. 그렇다면 간통행위는 형벌보다는 손해배상으로, 소프트코어 포르노그래피나 누드도 형벌보다는 청소년의 접근이나 이것을 혐오하는 성인에 대한 무차별적 노출을 규제하는 방식으로, 자발적 성매매도 판매자든 구매자든 형벌보다는 규제의 방식으로 해결하는 것이 합리적으로 보인다.

## Ⅵ. 도 덕

법과 도덕은 엄격하게 구분되어야 한다는 견해도 있지만 양자는 밀접하게 연결되어야 한다는 견해도 있다. 도덕은 법의 정당성을 판단하는 기준으로서 반드시 법과 결합되어야 한다. 또한 법은 공동체에 필수적인 도덕을 강제적으로 관철하기 위하여 도덕과 결합된다. 법과 도덕이 결합한다고 하더라도 형벌이 부과되는 법은 가능한 한 최소로 제한되어야 한다. 도덕의 영역에 대한 법의 지나친 개입은 바람직하지 않기 때문이다.

간통죄, 포르노그래피, 성매매, 동성애 등은 도덕이나 윤리와 관련된 주제들이다. 이러한 주제들에 대하여 법의 간섭, 특히 형법의 간섭은 자제될 필요가 있다. 공동체의 일반적인 성도덕이나 성윤리를 보호한다는 이름으로 개인의 사적 영역, 또는 공동체에 대한 구체적 해악이 명백하지도 않고 현존하지도 않는 영역에 국가가 형벌권을 들고 개입하는 것은 바람직하지 않다. 구체적 해악이 없는 영역에 대한 국가형벌권의 개입은 심지어 특정 집단의 성도덕이나 성윤리를 일방적으로 다수의 시민에게 강제하는 행위가 될 수도 있다.

## Ⅶ. 매 매

장기매매와 성매매, 대리모, 격투기 등을 다루면서 인간이 매매의 대상이 될 수 있는지를 검토했다. 모든 것이 상품화되어 팔리고 살 수 있는 자본주의 경제질서하에서 인간의 노동 또는 이미지마저도 매매의 대상이 된다. 하지만 인간의 신체를 팔고 사는 장기매매나 성매매는 금지된다. 여기서 인간의 인격과 관련된 것 가운데 무엇을 매매할 수 있고, 무엇을 매매할 수 없는지가 논쟁의 대상이 될 수 있다.

우선 매매 자체가 불법일 수는 없다. 그리고 인간의 노동이나 이미지가 팔리고 살 수 있다는 점에서 인격과 관련된 대상의 매매도 원칙적으로 불법은 아니다. 또한 자발적 장기기증이나 자발적 성행위가 불법일 수 없다는 점도 분명하다. 그렇다면 왜 자발적인 장기매매나 성매매는 불법행위로서 금지되는가? 그 해답은 노예계약이 금지되는 이유에서 찾을 수 있다. 인간의 인격을 전적으로 지배하는 노예계약은 허용되지 않는다. 따라서 자발적인 장기매매나 성매매의 경우에도 그 허용 여부는 이러한 매매계약으로 인하여 당사자의 대등한 관계가 여전히 유지될 수 있는지에 따라 결정된다고 볼 수 있다. 장기매매계약 또는 성매매계약은 계약당사자를 대등한 관계로 유지시키는 계약인가?

## Ⅷ. 소수자(사회적 약자)

여성, 아동, 재소자, 성매매여성, 미혼모, 탈북자, 정신장애인, 외국인노동자, 혼혈인, 결혼이주여성, 난민, 비정규직노동자, 트랜스젠더, 동성애자에 대해서 다루면서 소수자 또는 사회적 약자의 인권을 보호하기 위하여 특별한 조치가 필요하다는 사실을 확인하였다. 소수자는 반드시 수적으로 열세에 있는 집단을 의미하지 않는다. 경제력이나 정치적 발언권에 있어서 영향력이 상대적으로 열세에 놓인 집단을 소수자라고 부를 수 있다. 이러한 힘의 열세 때문에 소수자는 인권의 사각지대에 놓이게 된다.

더욱이 사회적 약자는 부당하고 가혹한 차별에 노출되어 있다. 차별의 문제는 인권침해와 다른 범주의 문제이기 때문에 다양한 차별사유와 차별영역에 대한 독립적인 연구가 필요하다. 따라서 우리는 마지막 장에서 소수자의 차별에 대한 일반적 검토에 그쳤다. 개별적 차별사유나 차별영역에 따른 소수자의 인권침해는 다른 연구에서 자세하게 다루도록 한다.

## Ⅸ. 권리나 이익의 조화와 균형

사회적 이슈에 대한 인권적 접근은 사회적 이슈를 둘러싼 인권과 이익 또는 인권 상호간의 충돌을 동반한다. 예를 들어 어떤 사회적 이슈에 대하여 특정한 인권을 근거로 일정한 주장이 있으면 공공의 이익이나 헌법적 법익 또는 인권을 근거로 그에 반대하는 주장이 마주치게 된다. 여기서 서로 충돌하는 인권과 이익 또는 인권과 인권 가운데 하나를 완전히 배제하고 다른 하나를 선택하는 방안이 제시될 수 있다. 하지만 이러한 양자택일적 방안은 바람직하지 못하다. 인권과 이익 또는 인권 상호간의 충돌은 조화와 균형을 통해 해결되는 것이 바람직하다.

문제는 인권이나 이익이 반드시 수량화될 수 있는 것은 아니기 때문에 충돌하는 인권이나 이익의 수치를 더하고 빼는 방식으로 충돌이 해결될 수 없다는 점이다. 이 경우에 인권과 이익의 조화로운 또는 균형잡힌 해결은 각각의 이슈에 찬성하는 주장과 반대하는 주장이 논쟁을 벌이면서 각각의 주장에 기초가 되는 근거들 가운데 어느 쪽이 더 합리적이고 동의할 수 있는지를 판단하는 과정을 거쳐 찾아진다. 앞서 논의한 여러 가지 이슈들에 대해서도 동일한 원칙이 적용되어야 한다. 따라서 각각의 사회적 이슈에 찬성하는 주장의 논거와 반대하는 주장의 논거 가운데 어느 쪽이 더 합리적이고 동의할 수 있는지를 사회구성원 전체가 논의하는 과정에서 사회적 합의를 찾아내야 한다. 이러한 과정의 전제는 결국 사회구성원 모두가 상대방을 논의의 파트너로 인정하는 자세다. 사회적 합의에 도달하기 위하여 합리적 논의의 과정을 거치는 것과 이 과정에서 모든 구성원들이 참여자로 인정하는 것만이 사회적 이슈와 관련된 인권과 이익의 조화와 균형을 가능하게 만드는 유일한 길이다.

# 사항색인

[ㅇ]

[ㅈ]

[기타]

[저자약력]
고려대학교 법과대학 졸업
고려대학교 대학원 법학과 석사과정 졸업 및 박사과정 수료 (헌법전공)
독일 킬(Kiel)대학교 법과대학 박사과정 (Dr. jur.: 법학박사)
한동대학교 법학부 및 광운대학교 법과대학 교수 역임
헌법재판소 헌법연구위원 역임
(현재) 고려대학교 법학전문대학원(Law School) 교수
국가인권위원회 인권위원(비상임)

[저서 · 역서]
『Das Gebot der Vehältnißmäßigkeit in der grundrechtlichen Argumentation』, Frankfurt/M. 1998
『법학입문』, 박영사, 2004
『법의 개념과 효력』(R. Alexy, 『Begriff und Geltung des Rechts』, 1994), 고려대학교출판부, 2007
『기본권이론』(R. Alexy, 『Theorie der Grundrechte』, 1994), 한길사, 2007
『섹슈얼리티와 법』, 세창출판사, 2009
『헌법과 사회복지법제』, 세창출판사, 2010
『가족의 탄생』, 고려대학교출판부, 2012
『차별없는 세상과 법』, 홍문사, 2012
『감시와 법』, 고려대학교출판부, 2014
『13가지 죽음』, 지식프레임, 2015
『촛불의 헌법학 : 헌법학자가 쓴 대통령 탄핵 백서』, 후마니타스, 2017
『헌법학강의』(제7판), 홍문사, 2019
『외국인법』, 홍문사, 2021


**제9판 인 권 법 −사회적 이슈와 인권−**

2007년 8월 30일 제1판 발행
2009년 7월 30일 제2판 발행
2010년 7월 10일 제3판 발행
2012년 7월 30일 제4판 발행
2014년 2월 28일 제5판 발행
2015년 8월 24일 제6판 발행
2017년 8월 30일 제7판 발행
2019년 8월 20일 제8판 발행
2021년 8월 20일 제9판 발행

저 자 이 준 일
발행인 임 권 규
발행처 弘 文 社
05855 서울시 송파구 송파대로 167 테라타워 B동 802호
등록 1993. 6. 24. 제1-1543호
TEL: 712-5311(代) FAX: 716-5311

**값 52,000원**




ISBN 978-89-7770-705-4 93360